ARQUITETURA DO PLANEJAMENTO SUCESSÓRIO

DANIELE CHAVES TEIXEIRA
Coordenadora

Prefácio
Giselda Maria Fernandes Novaes Hironaka

ARQUITETURA DO PLANEJAMENTO SUCESSÓRIO

TOMO I

3ª edição revista, ampliada e atualizada

2ª reimpressão

Belo Horizonte
FÓRUM
CONHECIMENTO JURÍDICO
2025

2019 2ª edição
2022 3ª edição
2023 1ª reimpressão
2025 2ª reimpressão

FÓRUM
CONHECIMENTO JURÍDICO

Luís Cláudio Rodrigues Ferreira
Presidente e Editor

Coordenação editorial: Leonardo Eustáquio Siqueira Araújo
Thaynara Faleiro Malta

Rua Paulo Ribeiro Bastos, 211 – Jardim Atlântico – CEP 31710-430
Belo Horizonte – Minas Gerais – Tel.: (31) 2121.4900
www.editoraforum.com.br – editoraforum@editoraforum.com.br

Técnica. Empenho. Zelo. Esses foram alguns dos cuidados aplicados na edição desta obra. No entanto, podem ocorrer erros de impressão, digitação ou mesmo restar alguma dúvida conceitual. Caso se constate algo assim, solicitamos a gentileza de nos comunicar através do *e-mail* editorial@editoraforum.com.br para que possamos esclarecer, no que couber. A sua contribuição é muito importante para mantermos a excelência editorial. A Editora Fórum agradece a sua contribuição.

Dados Internacionais de Catalogação na Publicação (CIP) de acordo com a AACR2

A772 Arquitetura do planejamento sucessório / Daniele Chaves Teixeira (Coord.). 3. ed. rev. ampl. e atual. – 2. reimpressão. – Belo Horizonte : Fórum, 2022.
705p.; 17cm x 24cm

ISBN: 978-65-5518-459-4.

1. Direito Civil. 2. Direito Empresarial. 3. Direito Privado. 4. Planejamento sucessório. I. Teixeira, Daniele Chaves. II. Título.

CDD: 342.165
CDU: 347.6

Elaborado por Daniela Lopes Duarte – CRB-6/3500

Informação bibliográfica deste livro, conforme a NBR 6023:2018 da Associação Brasileira de Normas Técnicas (ABNT):

TEIXEIRA, Daniele Chaves (Coord.). *Arquitetura do planejamento sucessório*. 3. ed. 2. reimpr. Belo Horizonte: Fórum, 2022. Tomo I. 705p. ISBN 978-65-5518-459-4.

Para meus filhos, Vitória e Antônio, como sempre, com todo o meu amor.

planejar

1. *Elaborar o plano ou a planta de;*

2. *Organizar plano ou roteiro de; programar;*

3. *Ter a intenção de; tencionar*

(*Dicionário Houaiss da Língua Portuguesa*)

SUMÁRIO

PREFÁCIO DA PRIMEIRA EDIÇÃO

Giselda Maria Fernandes Novaes Hironaka 21

APRESENTAÇÃO DA TERCEIRA EDIÇÃO

Daniele Chaves Teixeira 23

APRESENTAÇÃO DA SEGUNDA EDIÇÃO

Daniele Chaves Teixeira 25

APRESENTAÇÃO DA PRIMEIRA EDIÇÃO

Daniele Chaves Teixeira 27

PARTE I

DIREITO DAS SUCESSÕES: NOVAS PERSPECTIVAS E DIREITOS CORRELATOS

NOÇÕES PRÉVIAS DO DIREITO DAS SUCESSÕES: SOCIEDADE, FUNCIONALIZAÇÃO E PLANEJAMENTO SUCESSÓRIO

Daniele Chaves Teixeira 31

1 Notas introdutórias 31

2 Direito Sucessório brasileiro em descompasso com a sociedade contemporânea 32

2.1 Pilares do Direito das Sucessões: família e propriedade 34

3 A função do Direito das Sucessões hoje 38

4 Planejamento sucessório: relevância e vantagens 42

5 Considerações finais 45

Referências 46

A COLAÇÃO E SEUS REFLEXOS NO PLANEJAMENTO SUCESSÓRIO

Alexandre Miranda Oliveira, Ana Carolina Brochado Teixeira 49

1 Introdução 49

2 Notas gerais sobre a colação 50

3 Dos bens sujeitos à colação 54

4 A avaliação dos bens doados e o impacto no planejamento sucessório 57

5 Conclusão 63

NOTAS SOBRE AS RELAÇÕES DE GÊNERO NO PLANEJAMENTO SUCESSÓRIO

Ana Carla Harmatiuk Matos, Isabela Hümmelgen 65

1 Introdução 65

2 A histórica desigualdade entre os gêneros no ordenamento jurídico brasileiro 66

3 Mulheres preteridas no planejamento sucessório: as *holdings* familiares e a preferência pelo herdeiro homem 69
4 Outras possibilidades: o planejamento sucessório como instrumento de tutela das vulnerabilidades 74
5 Conclusão 77
Referências 78

ALGUMAS CONSIDERAÇÕES SOBRE A UTILIZAÇÃO DA ARBITRAGEM NO DIREITO DE FAMÍLIA E SUCESSÓRIO NO BRASIL
Ana Carolina Beneti, Thiago Rodovalho 81
1 Introdução 81
2 Breve histórico da arbitragem no Brasil 81
3 Arbitragem – Requisitos para a utilização da arbitragem como meio de resolução de controvérsias 85
4 Possibilidades e impossibilidades de arbitragem no Direito de Família e no Direito Sucessório 86
Referências 91

SUCESSÃO E TRIBUTAÇÃO: PERPLEXIDADES E PROPOSIÇÕES EQUITATIVAS
Daniel Bucar, Caio Ribeiro Pires 93
1 Introdução 93
2 Direito das Sucessões e tributação 94
3 A problemática da tributação brasileira no Direito das Sucessões 95
3.1 Uma questão preliminar: a morte da *saisine* pela tributação 95
3.2 (Des)igualdade no Brasil e o imposto incidente sobre heranças: um cotejo necessário 96
3.2.1 Contributo para a reforma em matéria de tributação sucessória 99
3.2.1.1 Uma questão objetiva: progressividade em razão do monte 100
3.2.1.2 Uma questão subjetiva: progressividade em razão do parentesco 103
3.2.1.3 Isenções funcionalmente substantivas e uma possível ressurreição da *saisine*.. 105
4 Tributação sobre a herança: visão dos sistemas jurídicos estrangeiros 106
4.1 A configuração de paraíso fiscal e o turismo jurídico tributário sucessório 108
5 Considerações finais 109
Referências 110

PATRIMÔNIO INTERNACIONAL E SUCESSÕES: PERSPECTIVA DO DIREITO BRASILEIRO
Daniela Trejos Vargas 113
Introdução: a mobilidade das pessoas e do patrimônio 113
I Princípios aplicáveis aos conflitos de leis e de jurisdições em matéria de sucessões 115
II Determinação da jurisdição na sucessão – *forum sucessionis* 117
a. Sucessão no exterior com bens no Brasil 120
b. Sucessão no Brasil com bens no exterior 121
c. Partilha extrajudicial nas repartições consulares: impossibilidade 122

III A lei aplicável à sucessão ... 123
Lei aplicável à condição de herdeiro ... 125
A aplicação da lei brasileira aos herdeiros brasileiros ... 127
Aplicação da lei estrangeira e seus limites ... 127
IV A autonomia privada na sucessão testamentária ... 129
a. Testamentos feitos no exterior. Validade e requisitos ... 129
b. Testamentos feitos no Brasil: cumprimento no exterior ... 133
c. Validade no Brasil de *trusts* feitos no exterior ... 134
Conclusões ... 135
Referências ... 136

AUTONOMIA PRIVADA E A FLEXIBILIZAÇÃO DOS PACTOS SUCESSÓRIOS NO ORDENAMENTO JURÍDICO BRASILEIRO
Daniele Chaves Teixeira ... 137
1 Notas introdutórias ... 137
2 O direito sucessório brasileiro em descompasso com a sociedade contemporânea ... 138
3 Autonomia privada e sua funcionalização ... 139
4 A flexibilização dos pactos sucessórios ... 144
5 Considerações finais ... 152
Referências ... 152

FAZ SENTIDO A PERMANÊNCIA DO PRINCÍPIO DA INTANGIBILIDADE DA LEGÍTIMA NO ORDENAMENTO JURÍDICO BRASILEIRO?
Daniele Chaves Teixeira, Maici Barboza dos Santos Colombo ... 155
1 Introdução: premissas para a compreensão da legítima na sociedade contemporânea ... 155
2 A legítima no ordenamento jurídico brasileiro em uma perspectiva estrutural ... 159
3 A legítima em perspectiva funcional ... 161
4 A legítima e a proteção da família na sociedade contemporânea ... 163
5 Notas conclusivas ... 167
Referências ... 168

PLANEJAMENTO SUCESSÓRIO E TESTAMENTO DIGITAL: A PROTEÇÃO DINÂMICA DO PATRIMÔNIO VIRTUAL
Gabriel Honorato, Adriano Marteleto Godinho ... 171
1 Notas introdutórias ... 171
2 Mundo virtual e a proteção da pessoa entre a privacidade e o patrimônio ... 173
3 O reconhecimento dos bens digitais e suas implicações no acervo hereditário e na vida privada ... 175
4 O papel do Estado perante os *digital assets* ... 180
5 Mecanismos para inclusão da herança digital no planejamento sucessório ... 184
6 Considerações finais ... 188
Referências ... 189

A SUCESSÃO TESTAMENTÁRIA DA PESSOA COM DEFICIÊNCIA INTELECTUAL E/OU PSÍQUICA

Joyceane Bezerra de Menezes, Ana Beatriz Lima Pimentel Lopes 191

Introdução 191

1 Aspectos gerais da capacidade testamentária ativa no Brasil 192

2 A tomada de decisão apoiada e o exercício do direito de testar 197

3 A pessoa curatelada e o direito de testar 199

Conclusão 202

Referências 203

SUCESSÃO DO EMBRIÃO

Jussara Maria Leal de Meirelles 207

1 Esclarecimentos terminológicos sobre reprodução humana assistida e o art. 1.597 do Código Civil 207

2 Categorias tradicionais e embriões de laboratório 210

3 Opções legislativas: embriões excedentários e transmissão aos seres concebidos à época da abertura da sucessão 212

4 Seres ainda não concebidos: a concepção *post mortem* 215

5 Considerações finais 218

Referências 219

TRATAMENTO JURÍDICO DO CONTEÚDO DISPOSTO NA INTERNET APÓS A MORTE DO USUÁRIO E A DENOMINADA HERANÇA DIGITAL

Livia Teixeira Leal 221

1 Morte e luto na Internet: como a rede reconfigura a experiência da morte 221

2 Os projetos de lei sobre o tema e seus equívocos 225

3 A superação do paradigma da herança digital e a necessária distinção entre situações jurídicas patrimoniais e existenciais 229

4 Considerações finais 234

Referências 235

O PLANEJAMENTO SUCESSÓRIO COLOCADO EM XEQUE: AFINAL, O COMPANHEIRO É HERDEIRO NECESSÁRIO?

Luciana Pedroso Xavier, Marília Pedroso Xavier 237

1 Introdução 237

2 O planejamento sucessório e a ética precedentalista 239

3 A declaração de inconstitucionalidade do art. 1.790 do Código Civil 241

4 Considerações finais: é possível juridicamente e desejável afirmar que o companheiro seja herdeiro necessário? 248

Referências 254

A VULNERABILIDADE, A SOLIDARIEDADE FAMILIAR E A AFETIVIDADE COMO CRITÉRIOS PARA O RECONHECIMENTO DO HERDEIRO NECESSÁRIO NA SUCESSÃO LEGÍTIMA

Régis Gurgel do Amaral Jereissati 257

1 Introdução 257

2 Família sob a égide da Constituição Federal de 1988 258

2.1 Igualdade como fundamento da família democrática ... 259
2.2 Afetividade como elemento constitutivo da família ... 264
2.3 Liberdade de realização dos planos pessoais ... 267
2.4 Solidariedade como dever de cuidado dentro e fora da entidade familiar ... 268
3 Legítima no direito sucessório ... 271
3.1 Solidariedade familiar, afetividade e vulnerabilidade como critérios de identificação do perfil funcional da legítima ... 273
4 Conclusão ... 282
Referências ... 283

PROJEÇÕES SUCESSÓRIAS DA MULTIPARENTALIDADE
Ricardo Calderón, Camila Grubert ... 287
1 Introdução ... 287
2 Multiparentalidade no direito brasileiro ... 287
3 Efeitos sucessórios da multiparentalidade ... 289
3.1 Direito de herança do filho em relação aos seus múltiplos ascendentes ... 289
3.2 Direito de herança dos múltiplos ascendentes em relação ao filho ... 291
3.3 Descendência genética *versus* filiação ... 294
3.4 Ações abusivas ... 295
4 Considerações finais ... 297
Referências ... 299

PARTE II
SITUAÇÕES PATOLÓGICAS

SOBRE A INVALIDADE DA PARTILHA FEITA EM VIDA E A NECESSIDADE DE REVISITAR O TEXTO DO ART. 2.018 DO CÓDIGO CIVIL
André Luiz Arnt Ramos ... 303
Referências ... 311

PERFIL DINÂMICO DA INVALIDADE DO NEGÓCIO JURÍDICO E SUAS APLICAÇÕES AO PLANEJAMENTO SUCESSÓRIO
Eduardo Nunes de Souza ... 313
1 Introdução ... 313
2 Perfil funcional das invalidades negociais no direito civil contemporâneo ... 316
3 Conservação do negócio jurídico e planejamento sucessório ... 321
4 Requisitos formais, segurança jurídica e planejamento sucessório ... 326
5 Intangibilidade da legítima e vedação aos pactos sucessórios: fundamentos valorativos e perspectivas em matéria de invalidade negocial ... 333
6 Conclusão ... 340

FRAUDES NO PLANEJAMENTO SUCESSÓRIO
Mário Luiz Delgado, Jânio Urbano Marinho Júnior ... 343
1 Considerações iniciais ... 343
2 Aspectos gerais do planejamento sucessório ... 344
3 Limites ao planejamento sucessório ... 347

3.1 A legítima e sua intangibilidade ... 347
3.2 Mecanismos de proteção da legítima ... 349
4 Atos fraudentos, simulados e abusivos: ultrapassando os limites do planejamento sucessório ... 353
4.1 Simulação e planejamento sucessório ... 355
4.2 Integralização de capital social em fraude à legítima ... 356
4.3 Doação e venda de cotas sociais com objetivo de beneficiar determinados herdeiros ... 357
4.4 Pactos sucessórios e fraude à lei ... 358
4.5 *Trust* e fraude à legítima ... 359
4.6 Plano de previdência privada e seguro de vida ... 362
4.7 Fraude e evasão fiscal ... 364
5 Notas conclusivas ... 365
Referências ... 366

PESSOA JURÍDICA E PLANEJAMENTO SUCESSÓRIO: O RISCO DA DESCONSIDERAÇÃO
Sergio Marcos Carvalho de Ávila Negri ... 369
1 Introdução ... 369
2 Arranjos societários e planejamento sucessório ... 370
3 A desconsideração no Brasil e o incidente de desconsideração ... 371
4 Planejamento sucessório e a desconsideração inversa ... 374
5 Conclusão ... 377
Referências ... 378

DESCONSIDERAÇÃO DA PERSONALIDADE JURÍDICA NO DIREITO DAS SUCESSÕES
Rolf Madaleno ... 379
1 Herdeiros necessários ... 379
2 Proteção da legítima ... 381
3 Colação ... 381
4 Redução da legítima ... 383
5 Abuso do direito, fraude sucessória e ordem pública ... 384
6 A desconsideração da personalidade jurídica na sucessão legítima ... 387
7 Sua manifestação processual ... 394
8 Do incidente de desconsideração da personalidade jurídica ... 396
Referências ... 397

PARTE III
INSTRUMENTOS DE PLANEJAMENTO SUCESSÓRIO

PERSPECTIVAS PARA O PLANEJAMENTO SUCESSÓRIO
Ana Luiza Maia Nevares ... 401
1 Planejar a sucessão hereditária ... 401
2 A legítima e sua pertinência atual ... 402
3 Instrumentos para o planejamento sucessório: breve revista ... 406

4 Perspectivas para o planejamento sucessório 409
4.1 Cláusulas testamentárias 410
4.2 Partilha em vida 411
4.3 Proteção de sucessores incapazes 415
5 Conclusão 416

SEGURO DE VIDA NA APLICAÇÃO DO PLANEJAMENTO SUCESSÓRIO
Angélica Carlini 419
1 Introdução 419
2 Seguros de pessoas – definição e modalidades 420
3 Aspectos relevantes dos seguros de pessoas no planejamento sucessório 423
4 Conclusão 430
Referências 431

O USUFRUTO COMO INSTRUMENTO DE PLANEJAMENTO SUCESSÓRIO
Daniela de Carvalho Mucilo 433
Introdução 433
1 Definição e características do usufruto 434
2 Usufruto convencional e usufruto legal 436
3 O caráter personalíssimo do usufruto 438
4 O usufruto e o planejamento sucessório 438
4.1 O beneficiário do usufruto 440
4.2 A elasticidade do usufruto 441
4.3 O usufruto conjunto ou simultâneo 441
4.4 O direito de acrescer no usufruto 442
4.5 O usufruto legal em favor de filho menor 443
4.6 A doação com reserva de usufruto 445
4.7 Direitos e deveres do usufrutuário. A posse do usufrutuário 445
5 Conclusão 447
Referências 448

PLANEJAMENTO SUCESSÓRIO: CONCEITO, MECANISMOS E LIMITAÇÕES
Giselda Maria Fernandes Novaes Hironaka, Flávio Tartuce 449
1 Conceito de planejamento sucessório e alguns de seus mecanismos 449
2 Das duas "regras de ouro" do planejamento sucessório 450
3 Mecanismos tradicionais para a efetivação do planejamento sucessório 457
4 Novos mecanismos para a efetivação do planejamento sucessório 462
Referências 465

SUCESSÃO E CLÁUSULAS RESTRITIVAS
Eroulths Cortiano Junior 467
Referências 478

O PLANEJAMENTO SUCESSÓRIO DA HERANÇA DIGITAL
Guilherme Magalhães Martins, José Luiz de Moura Faleiros Júnior 481
1 Introdução 481

2 Os bens digitais (*digital assets*) na sociedade da informação ... 482
2.1 A propriedade dos bens digitais e sua aptidão à formação do espólio ... 484
2.2 A tutela das situações jurídicas existenciais ... 486
3 Proposições para a garantia da viabilidade sucessória do patrimônio digital ... 491
3.1 Privacidade e intimidade no contraponto ao direito à herança ... 494
3.2 Os Projetos de Lei nºs 4.099/2012 e 4.847/2012 ... 497
4 O planejamento sucessório da herança digital ... 498
5 Considerações finais ... 503
Referências ... 503

PARTILHA EM VIDA COMO FORMA DE PLANEJAMENTO SUCESSÓRIO
Heloisa Helena Barboza, Vitor Almeida ... 509
Aspectos introdutórios: o "estado da arte" do planejamento sucessório no Brasil ... 509
1 Sucessão *causa mortis* e disciplina jurídica da partilha em vida ... 511
2 Construção histórica e natureza jurídica do contrato de partilha em vida ... 512
3 Características da partilha em vida ... 519
4 Validade da partilha em vida ... 520
5 A partilha em vida como instrumento de planejamento sucessório ... 523

CONTRATO DE DOAÇÃO E TESTAMENTO COMO FORMAS DE PLANEJAMENTO SUCESSÓRIO
José Fernando Simão ... 525
I Introdução ... 525
II Natureza jurídica ... 526
a) Contrato de doação ... 526
b) Testamento ... 528
III Entre o presente e o futuro: testar ou doar? ... 529
a) Contrato de doação ... 529
b) Testamento ... 531
IV Questões financeiras a serem consideradas ... 532
a) Pagamento do imposto ... 532
b) Custas judiciais ou emolumentos do tabelionato ... 533
V Questões práticas e jurídicas ... 534
a) Desrespeito à legítima por meio de doação e de testamento ... 534
b) Doação de todos os bens com reserva de usufruto. Dever de aconselhar ... 536
VI Nota conclusiva ... 537
Referências ... 540

A INSTITUIÇÃO TESTAMENTÁRIA DE FUNDAÇÃO COMO ALTERNATIVA PARA O PLANEJAMENTO SUCESSÓRIO
Marcos Ehrhardt Júnior, Gustavo Henrique Baptista Andrade ... 541
Introdução ... 541
1 Autonomia privada e legítima no Direito Sucessório: necessidade de repensar seus limites ... 542
2 A disciplina das fundações no Código Civil ... 545

3 Testamento, fundações e o Poder Judiciário ... 548
Considerações finais ... 550
Referências ... 550

TRUST

Milena Donato Oliva ... 553
1 Introdução: noções gerais sobre o *trust* ... 553
2 Separação patrimonial e titularidade fiduciária: elementos essenciais do *trust* 555
3 Vantagens da incorporação do *trust* no Direito brasileiro. Alguns exemplos ... 558
3.1 O *trust* como importante instrumento protetivo ao lado da tutela ... 559
3.2 O *trust* e as diretivas antecipadas ... 562
3.3 O *trust* e as cláusulas de incomunicabilidade, inalienabilidade e impenhorabilidade ... 563
4 Conclusão ... 566
Referências ... 567

O PACTO PARASSOCIAL COMO INSTRUMENTO DE PLANEJAMENTO SUCESSÓRIO

Nelly Potter ... 571
1 Situando a questão ... 571
2 Pacto parassocial: acordo de acionistas ou de sócios ... 573
3 A sucessão no pacto parassocial ... 575
4 O pacto e os herdeiros ... 578
5 Os terceiros ... 580
6 O pacto parassocial e o princípio da manutenção da empresa ... 580
7 Conclusão ... 581
Referências ... 582

AS QUOTAS PREFERENCIAIS NA SOCIEDADE LIMITADA COMO INSTRUMENTO PARA O PLANEJAMENTO SUCESSÓRIO

Oksandro Gonçalves, Anelize Pantaleão Puccini Caminha ... 583
1 Introdução ... 583
2 A sociedade limitada no direito brasileiro ... 584
2.1 A sociedade limitada no Código Civil ... 584
3 A discussão doutrinária em torno das quotas preferenciais ... 586
4 As Instruções Normativas nºs 38 e 81 do DREI ... 588
4.1 A liberdade contratual e a regência supletiva das sociedades simples e das sociedades anônimas ... 589
4.2 A possibilidade de instituição de quotas com direitos diferenciados ... 592
4.3 As quotas preferenciais e sua utilidade para o planejamento sucessório ... 593
5 Conclusões ... 597
Referências ... 598

PARTILHA DA LEGÍTIMA POR MEIO DE TESTAMENTO

Renata Vilela Multedo, Rose Melo Vencelau Meireles ... 601
Introdução ... 601

1 A partilha-testamento e suas vantagens ... 602
2 Igualdade quantitativa e qualitativa na partilha-testamento ... 604
Considerações finais ... 609

A DILUIÇÃO NO QUADRO SOCIETÁRIO DE PESSOA JURÍDICA E A SUCESSÃO
Roberto Salles Lopes ... 611
1 Aspectos societários ... 613
2 Aspectos tributários ... 618
a) Para a sociedade investida – a reserva de ágio ... 619
b) Para os sócios "diluídos" – os ganhos ou perdas por variação de percentual de participação ... 621
c) Para o investidor pessoa jurídica – o ágio (*goodwill*) ou deságio (ganho por compra vantajosa) ... 623
d) Para o investidor pessoa física – o cuidado necessário com um potencial deságio ou ganho de capital ... 624
3 Conclusão ... 628

REFLEXÕES SOBRE *HOLDING* FAMILIAR NO PLANEJAMENTO SUCESSÓRIO
Simone Tassinari Cardoso Fleischmann, Valter Tremarin Junior ... 631
1 Considerações introdutórias ... 631
2 Objetivos do planejamento sucessório em empresas familiares ... 632
2.1 Organização familiar visando à perpetuidade do patrimônio ... 632
2.2 Eficiência tributária (?) ... 639
3 Alguns aspectos tributários do planejamento sucessório ... 640
3.1 Integralização de capital em *holding* familiar ... 641
3.2 Tributação em *holding* familiar ... 646
4 Considerações finais ... 649
Referências ... 651

A PREVIDÊNCIA PRIVADA ABERTA COMO INSTRUMENTO AO PLANEJAMENTO SUCESSÓRIO
Viviane Girardi, Luana Maniero Moreira ... 653
1 Introdução ... 653
2 Principais diferenças entre a previdência privada, a previdência oficial e o seguro privado ... 655
3 Natureza jurídica do instituto da previdência privada ... 656
4 Principais características da previdência privada aberta ... 657
5 Produtos de natureza previdenciária e produtos de natureza securitária ... 659
6 Principais planos de previdência privada aberta ... 659
7 Planos de natureza securitária com cobertura de sobrevivência ... 660
8 A previdência privada aberta como instrumento ao planejamento sucessório 662
9 As problemáticas envolvendo a previdência privada como instrumento ao planejamento sucessório ... 664
Conclusão ... 667
Referências ... 668

DO TESTAMENTO PARTICULAR
Zeno Veloso 669

ALGUMAS FERRAMENTAS JURÍDICAS UTILIZADAS EM UM PLANEJAMENTO SUCESSÓRIO: SEGURO DE VIDA, DOAÇÃO E FUNDO DE RENDIMENTO
Daniele Chaves Teixeira 683
1 Notas introdutórias 683
2 Seguro de vida 684
3 Doação 686
3.1 Institutos afins: usufruto e partilha em vida 689
4 Fundo de rendimento 693
5 Conclusão 696
Referências 697

SOBRE OS AUTORES 699

Com bastante entusiasmo recebi o convite de Daniele Chaves Teixeira para prefaciar tão importante obra sobre o Direito Sucessório, composta por contribuições de célebres juristas em temas de grande relevância e atualidade.

Minha história com a Daniele começou em 2006, quando participamos do Congresso do IBDFAM em Belo Horizonte. Além de mantermos contato constante em razão da organização e participação de eventos jurídicos, comungamos a dedicação ao estudo do Direito Civil no grupo de pesquisa que envolveu a UERJ e a USP, assim como a UFPE e a UFPR. Temos em comum esse apaixonado interesse pelo Direito Civil e especialmente pelo Direito das Sucessões.

Alegrei-me, assim, ao ver a autora enveredar pelos caminhos do planejamento sucessório em tese de doutoramento defendida na Universidade do Estado do Rio de Janeiro (UERJ), que em pouco tempo de lançamento já segue para a segunda edição. O mergulho acadêmico de Daniele no tema germinou também a presente obra, uma contribuição coletiva que aborda o Direito Sucessório sob seu aspecto interdisciplinar, aproveitando a experiência e o aprofundamento de cada generoso autor.

Dividida em três eixos, na primeira parte da obra, intitulada "*direito das sucessões: novas perspectivas e direitos correlatos*" são abordados os aspectos gerais do Direito Sucessório, enfrentando-se situações ainda pouco tratadas na doutrina jurídica relativas aos novos paradigmas do Direito Sucessório. São apresentadas nessa parte visões renovadas sobre a colação, a intangibilidade da legítima, o regime sucessório da união estável e o imposto de transmissão *causa mortis*. Em atenção às numerosas transformações sociais mais recentes, são também trabalhados os impactos da tecnologia no Direito Sucessório, as repercussões do Estatuto da Pessoa com Deficiência, a utilização da arbitragem, não apenas para a solução de conflitos sucessórios, mas também para a homologação de partilhas e o patrimônio internacional nas sucessões.

Em seguida, sob o título "*situações patológicas*" são apresentados os estudos que se dedicam aos possíveis conflitos oriundos da sucessão *causa mortis*, enfrentando-se as fraudes, o regime de invalidades negociais e a desconsideração da personalidade jurídica.

E, por fim, sob o título "*instrumentos de planejamento sucessório*" são abordados os diversos mecanismos de planejamento sucessório capazes de atender às demandas atuais da sociedade e da família brasileiras, marcadas pela dignidade humana e pela solidariedade, conforme manda a Constituição Federal de 1988. Nessa parte são tratados a partilha segundo as necessidades do herdeiro vulnerável, a partilha em vida, os testamentos, o usufruto, as cláusulas de restrição da propriedade, a fundação, o contrato de doação, a previdência privada, a *holding*, a diluição do quadro societário, o pacto parassocial, o seguro de vida e o fundo de rendimento.

O título, portanto, diz muito sobre a obra: o profundo estudo do Direito Sucessório e das ferramentas jurídicas hábeis a se construir uma sucessão *causa mortis* conforme a vontade do autor da herança e das necessidades específicas do caso concreto exprime um verdadeiro arquitetar pelo operador do Direito!

Por essa razão, muito me orgulho por dedicar algumas palavras a essa obra, que alia conhecimentos teóricos com o imperativo prático de instrumentalizar o planejamento sucessório e, assim, conceder aos operadores do Direito subsídios para a mais larga ampliação e aplicação dessas formas de suceder.

Na certeza de que se trata de uma relevante contribuição à doutrina jurídica e com uma imensa utilidade para a aplicação prática, recomendo a leitura dessa belíssima obra, projetada com enorme carinho e atenção e executada com a contribuição de competentes juristas, que fizeram desse trabalho um excelente estudo sobre o planejamento sucessório.

Boa leitura!

Giselda Maria Fernandes Novaes Hironaka
Professora Titular de Direito Civil da Faculdade de Direito da Universidade de São Paulo. Ex-Procuradora Federal.

APRESENTAÇÃO DA TERCEIRA EDIÇÃO

A obra *Arquitetura do Planejamento Sucessório* surgiu da necessidade de aprofundamento do Direito das sucessões quanto às novas perspectivas e direitos correlatos, especialmente em razão da escassez de doutrina sobre o tema.

Sem que esperássemos, o livro se tornou um sucesso editorial e um referencial doutrinário, passando a fazer parte de uma coleção que hoje conta com três Tomos. Mais que isso, consolidou-se em uma marca com diferentes produtos, tais como as *lives* "Arquitetura do Planejamento em Pauta", os Congressos "Arquitetura do Planejamento Sucessório®" e o Curso "Planejamento Patrimonial e Sucessório".

Logo após o lançamento da primeira edição deste Tomo, a recepção positiva dos leitores e a continuidade das nossas pesquisas ensejaram a publicação da segunda edição, revista, atualizada e ampliada com novos artigos.

As constantes alterações da doutrina, da legislação e da jurisprudência, aliadas ao nosso compromisso em manter a obra atualizada, foram a mola propulsora para a realização desta terceira edição do *Arquitetura do Planejamento Sucessório* – Tomo I, que continua dividida em três eixos temáticos escritos por competentes autores e autoras.

Desejamos que esta terceira edição possa contribuir ainda mais com o desenvolvimento do tema.

Por fim, agradeço aos autores e às autoras que participaram da obra. Faço um especial agradecimento ao Gláucio Nascimento Álvares, que foi importante no auxílio e organização desta edição, e à Editora Fórum, por propiciar a consolidação da Coleção Arquitetura do Planejamento Sucessório®

Daniele Chaves Teixeira

Rio de Janeiro/RJ, 2022.

APRESENTAÇÃO DA SEGUNDA EDIÇÃO

É com enorme prazer que apresento ao leitor a segunda edição revisada, ampliada e atualizada do livro *Arquitetura do Planejamento Sucessório*.

Na primeira edição do livro, a obra foi dividida em três eixos temáticos: (i) Direito das sucessões: novas perspectivas e direitos correlatos; (ii) Situações patológicas e (iii) Instrumentos de planejamento sucessório. Tive a honra de contar com professores admiráveis para desenvolver tema tão desafiador e importante para a realidade social brasileira.

Logo após concluir a edição inaugural, tive a certeza de que meu desejo era dar continuidade ao trabalho ali iniciado. Assim, a fascinação com o tema aliada à recepção positiva por parte dos operadores do direito foram o motor para a realização da presente edição.

Nesta segunda edição, preocupei-me em trazer novos temas que desafiam o planejamento sucessório. A obra continua a ser dividida em três eixos temáticos, a primeira parte da obra, "Direito das sucessões: novas perspectivas e direitos correlatos", passou a contar com os professores, Camila Grubert, Jussara Maria Leal de Meirelles, Régis Gurgel do Amaral Jereissati, Ricardo Calderón e um artigo de minha autoria.

A segunda seção, intitulada "Situações patológicas", ganhou a participação do professor André Luiz Arnt Ramos. Por fim, a terceira parte, "Instrumentos de planejamento sucecssório", foi agraciada com a participação dos professores: Anelize Pantaleão Puccini Caminha, Angélica Carlini, Eroulths Cortiano Junior; Flávio Tartuce Giselda Maria Fernandes Novaes Hironaka, Guilherme Magalhães Martins, José Luiz de Moura Faleiros Júnior, Oksandro Gonçalves, Renata Vilela Multedo e Rose Melo Vencelau Meireles.

Além da participação dos supracitados autores, ocorreram as necessárias adaptações na obra. Assim, procedeu-se na atualização da jurisprudência dos tribunais, bem como a legislação referente aos artigos que compunham a primeira edição.

Almejo que esta segunda edição possa contribuir ainda mais com o desenvolvimento do tema em terras brasileiras. Agradeço a todos os autores que participaram da primeira edição, bem como aqueles que se juntaram a essa empreitada nesta segunda edição.

Faço um especial agradecimento para Aline Naiade da Silva Alves, que foi importante no auxílio e organização nessa segunda edição. Por fim, agradeço à Editora Fórum incentivar a continuidade e aperfeiçoamento desse projeto.

Daniele Chaves Teixeira

A ideia de organizar este livro, *Arquitetura do planejamento sucessório*, surgiu devido à demanda doutrinária e após a ótima receptividade que meu livro *Planejamento sucessório: pressupostos e limites*, publicado pela Fórum, teve com a primeira tiragem em 2017, com o seu lançamento ao longo do V Congresso do Instituto Brasileiro de Direito Civil – IBDCivil, que ocorreu nos dias 21, 22 e 23 de setembro, em Curitiba, com a temática "Direito Civil, Constituição e Unidade Sistemática".

A carência de obras com o tema planejamento sucessório decorre da pouca doutrina existente e da relevância que passou a ter o tema na atualidade do ordenamento jurídico brasileiro. Com efeito, o Direito das Sucessões está enrijecido perante as drásticas transformações sociais ocorridas ao longo do século XX que tiveram marcante impacto no Direito Civil, principalmente, no Direito das Sucessões. Vale destacar que os pilares do Direito Sucessório são a família e a propriedade e que ambos sofreram grandes modificações em suas funções na sociedade contemporânea.

Por isso, buscou-se preparar um livro que abrangesse o planejamento sucessório, sob uma perspectiva didática, que englobasse a estrutura dos institutos e seus temas correlatos, mas que lhes fosse impressa uma visão contemporânea, problemática e crítica, sem abandonar as perspectivas doutrinárias e jurisprudencial. Por esses critérios, foram convidados coautores de vários Estados brasileiros para integrar esta obra coletiva.

O objetivo do livro é apresentar várias perspectivas que envolvem um planejamento sucessório, que se percebe, inicialmente, como algo que envolve várias áreas do Direito Civil, além do Direito das Sucessões. O planejamento sucessório tem por característica própria envolver outras áreas do Direito, tais como, o Direito Processual, o Direito Societário, o Direito Tributário e o Direito Internacional Privado, entre outros ramos do Direito. Cabe ressaltar que se buscou abarcar vários temas, inclusive, de legislações e problemáticas atuais.

A obra é apesentada no sumário por três eixos temáticos: (i) Direito das Sucessões: novas perspectivas e direitos correlatos; (ii) Situações Patológicas e (iii) Instrumentos de Planejamento Sucessório. Para a primeira parte da obra, "*Direito das Sucessões: novas perspectivas e direitos correlatos*" são abordados os aspectos gerais do Direito das Sucessões, defrontando-se com situações ainda pouco abordadas na doutrina, relativas aos novos paradigmas do Direito Sucessório, contribuíram os Professores Adriano Marteleto Godinho, Alexandre Miranda Oliveira, Ana Beatriz Lima Pimentel Lopes, Ana Carla Harmatiuk Matos, Ana Carolina Beneti, Ana Carolina Brochado Teixeira, Caio Ribeiro Pires, Daniel Bucar, Daniela T. Vargas, Daniele Chaves Teixeira, Gabriel Honorato de Carvalho, Isabela Hümmelgen, Joyceane Bezerra de Menezes, Livia Teixeira Leal, Luciana Pedroso Xavier, Maici Barboza dos Santos Colombo, Marília Pedroso Xavier e Thiago Rodovalho.

Como segundo eixo, os desafios atinentes às "*situações patológicas*" são abordados em estudos de possíveis conflitos da sucessão *causa mortis*, como as fraudes, o regime de invalidades negociais e a desconsideração da personalidade jurídica, e são enfrentados pelos Professores Eduardo Nunes de Souza, Jânio Urbano Marinho Júnior, Mário Luiz Delgado, Rolf Madaleno e Sergio Marcos Carvalho de Ávila Negri.

No último eixo, sob o título "*Instrumentos de planejamento sucessório*", são apresentados diversos mecanismos jurídicos, com o objetivo de expor, de forma exemplificativa, meios para um eficaz planejamento sucessório, para atender às demandas da sociedade contemporânea brasileira. Contribuíram com a temática os Professores Ana Luiza Maia Nevares, Daniela de Carvalho Mucilo, Daniele Teixeira, Eroulths Cortiano Junior, Gustavo Henrique Baptista Andrade, Heloisa Helena Barboza, José Fernando Simão, Luana Maniero Moreira, Marcos Ehrhardt Júnior, Milena Donato Oliva, Nelly Potter, Roberto Salles Lopes, Simone Tassinari Cardoso Fleischmann, Valter Tremarin Junior, Viviane Girardi, Vitor Almeida e Zeno Veloso.

Espero que *Arquitetura do Planejamento Sucessório* possa, realmente, contribuir para a reflexão, formação acadêmica e aprofundamento de todos nós. Agradeço, sinceramente, a todos os autores que participam deste livro e que tornaram o meu projeto possível. Dedico um diferenciado agradecimento a Ana Carolina Brochado Teixeira, que conheci durante o processo seletivo de pós-graduação *stricto sensu* da Faculdade de Direito da UERJ em 2005, oportunidade em que cursamos algumas matérias juntas. Companheira ao longo de quatro temporadas na Itália, durante a Especialização em Direito Civil pela Università degli Studi di Camerino. A ela agradeço pelo apoio incondicional em minha vida acadêmica, pelas trocas nas conversas fosse sobre nossas pesquisas, assuntos profissionais, familiares e, especialmente, pela amizade.

Gostaria, ainda, de fazer um agradecimento especial para Maici Barboza dos Santos Colombo, que foi essencial no auxílio da organização desta obra. Por fim, agradeço, também, à Editora Fórum, por ter acreditado e recepcionado meu projeto.

Daniele Chaves Teixeira

PARTE I

DIREITO DAS SUCESSÕES: NOVAS PERSPECTIVAS E DIREITOS CORRELATOS

NOÇÕES PRÉVIAS DO DIREITO DAS SUCESSÕES: SOCIEDADE, FUNCIONALIZAÇÃO E PLANEJAMENTO SUCESSÓRIO

DANIELE CHAVES TEIXEIRA

1 Notas introdutórias

O Direito das Sucessões é um tema que lida com a morte, ou seja, algo que a sociedade em geral não gosta de tratar. Entretanto, é a única certeza que temos na vida. E hoje o tempo não está propício para deixar tal assunto para ser tratado "depois". A composição da sociedade atual faz com que o tema seja de relevância na atualidade. Os principais fatores que estão proporcionando tais reavaliações do Direito das Sucessões decorrem de transformações das famílias e dos bens, ou seja, são oriundos de questões sociais e econômicas.

Tais mudanças decorrem: da industrialização; da urbanização; da redução da dimensão da família; do processo de mobilidade social; e da incorporação da mulher ao mercado de trabalho.

As necessidades de maior atenção ao Direito Sucessório – e, principalmente, ao crescimento e à importância dessa área – são realidades hoje. No passado, o impacto do Direito Sucessório, especialmente o Direito Sucessório Internacional, era bastante limitado, uma vez que os ganhos eram modestos, a real riqueza era para poucos e a posse de propriedades em países estrangeiros era rara. A tendência, nas próximas décadas, da transmissão de riqueza pela herança, é crescente, por diversos motivos.

É relevante a análise da sociedade atual, que tem uma perspectiva de uma sociedade líquida, globalizada, conectada, que vivencia os efeitos dessas transformações socioeconômicas.

O Direito Sucessório não tem merecido a devida atenção por parte da doutrina. Esse distanciamento associa-se à dificuldade técnica, intensificada por duas peculiaridades. Uma, a de que o Direito das Sucessões não comporta noções imprecisas; outra, a de que todos os problemas dos demais ramos do Direito Civil refletem no estudo das sucessões.

O objetivo deste artigo é fazer uma contextualização do Direito Sucessório brasileiro na sociedade contemporânea. Demonstra-se como os efeitos das transformações socioeconômicas desestruturaram os pilares do Direito das Sucessões, que são a família e a propriedade. Analisa-se, também, a evolução do Direito Privado, a interpretação do Direito Civil sob os valores e princípios da Constituição da República de 1988, a funcionalização dos institutos, no caso, o próprio Direito das Sucessões e seu engessamento, tornando, assim, o planejamento sucessório tão relevante na atualidade jurídica brasileira.

2 Direito Sucessório brasileiro em descompasso com a sociedade contemporânea

O Direito Sucessório trata de uma questão muito delicada para as pessoas, que é, exatamente, encarar a finitude humana: a própria morte. Como a morte é inexorável, abordar esse tema tabu é um esforço que demanda uma atitude de compreensão íntima e de observação externa.[1] A única certeza que se pode ter na vida é a de que todo ser humano morre; e essa certeza vem acompanhada de uma incerteza, que é precisar o momento exato do fim.

A sucessão, que é a transmissão de direitos, pode ocorrer durante a vida (*inter vivos*) ou após a morte (*causa mortis*).[2] Nesse contexto, o Direito Sucessório é todo dedicado à sucessão *causa mortis*, que, por seu turno, pode ocorrer a título universal ou singular. No primeiro caso, há a herança, e quem a recebe é o herdeiro; já a título singular, há o legado, e quem o recebe é o legatário. A função do Direito das Sucessões é estabelecer o destino das situações jurídicas transmissíveis do autor da herança, conforme os ditames constitucionais. Com a morte, ocorre a abertura da sucessão e é nesse momento que nascem os direitos hereditários.

O vigente Código Civil brasileiro pouco avançou, na parte do livro do Direito das Sucessões, pois ainda reflete institutos que não se coadunam com a sociedade contemporânea, com todas as complexidades sociais, porque, em geral, o sistema atual das sucessões não atende aos anseios finais dos indivíduos, detenham eles vastos patrimônios ou não. O Código Civil de 2002, no que concerne ao Direito Sucessório, baseia-se numa família que não corresponde ao perfil das famílias da atual sociedade brasileira.

Pode-se afirmar que, no novo diploma, poucas mudanças foram registradas quanto ao Direito das Sucessões, diferentemente do que ocorreu em outras áreas do Direito Civil. Constata-se, dessa maneira, que o Direito Sucessório, dentro do Direito Civil, é esquecido pela doutrina, e que os legisladores do Código Civil de 2002 perderam uma ótima oportunidade para esclarecer e atualizar institutos do Direito Sucessório, tornando-o mais coerente com a sociedade contemporânea.

---

[1] ARIÈS, Philippe. *História da morte no Ocidente*. Tradução de Priscila Viana de Siqueira. Rio de Janeiro: Ediouro, 2003. p. 8.

[2] A sucessão *inter vivos* trata da transferência de direitos e obrigações entre pessoas vivas, como exemplo, a doação. Na segunda forma, da sucessão *causa mortis*, em que ocorre morte, os direitos e obrigações de uma pessoa são transferidos a seus herdeiros legítimos, testamentários e legatários (TEIXEIRA, Silvia Maria Benedetti. Planejamento sucessório: uma questão de reflexão. *Revista Brasileira de Direito de Família*, Porto Alegre, ano VIII, n. 31, p. 5-18, ago./set. 2005. p. 6).

A expansão do Direito das Sucessões decorre do mundo globalizado, tecnológico, imediatista, consumista e fluido em que vive a sociedade contemporânea. É necessário fazer algumas considerações sobre o mundo atual, com base na seguinte pergunta: o que é a globalização? Ela, normalmente, é associada a processos econômicos, tais como a circulação de bens e capitais, as ampliações dos mercados ou, ainda, a integração produtiva em escala mundial.[3] Para Anthony Giddens, a globalização se define como "a intensificação de relações sociais em escala mundial que ligam localidades distantes de tal maneira, que acontecimentos locais são modelados por eventos ocorrendo a muitas milhas de distância e vice-versa".[4]

Deve-se dar destaque para a questão do desenvolvimento tecnológico e, consequentemente, da velocidade das novas técnicas de comunicação eletrônica. Isso levou à unificação de espaços, ou seja, à intercomunicação dos lugares, que se tornaram próximos. Assim também é o caso das empresas multinacionais que se transformaram em transnacionais. Hoje não há mais matrizes situadas em um território nacional controlando subsidiárias estrangeiras. Isso se deve ao fato de a globalização acarretar a mobilidade e a descentralização. Ou seja, uma empresa global opera em escala planetária.[5]

Zygmunt Bauman também retrata precisamente essa sociedade instantânea e fluida.[6] O autor considera que "o derretimento dos sólidos levou à progressiva libertação da economia de seus tradicionais embaraços políticos, éticos e culturais. Sedimentou uma nova ordem, definida principalmente em temos econômicos".[7] Seria imprudente negar a mudança que a "modernidade fluida" produziu na condição humana, alterando, dessa forma, a condição política-vida de um modo radical e, consequentemente, fazendo com que seja necessário repensar os velhos conceitos.

Outra característica da sociedade atual é o consumismo, o que nos leva de volta à teoria de Bauman. Para o autor, a vida líquida, assim como a sociedade líquido-moderna, não pode permanecer em seu curso por muito tempo, ou seja, a vida líquida é uma vida precária, vivida em condições de incerteza constante.[8]

---

3 A globalização também é descrita como fenômeno da esfera social. Assim, o processo relaciona-se à criação de instituições supranacionais, à universalização de padrões culturais e de questões relacionadas ao planeta, tais como o meio ambiente, o desarmamento nuclear, o crescimento populacional e os direitos humanos. Pode-se dizer que o termo "globalização" tem significado uma crescente transnacionalização, com as cinco dimensões que compõem o conceito: econômicas, políticas, sociais, ambientais e culturais Entre as principais transformações decorrentes da globalização, encontram-se a organização econômica, as relações sociais, os padrões de vida e cultura, o Estado e a política. Pode-se constatar também outros aspectos, que são as migrações e as viagens internacionais, como também o aumento dos contatos e das redes de comunicações, o crescimento de relações e organizações interestatais, o aumento de redes de organizações não governamentais, a difusão de novas tecnologias, a internacionalização do conhecimento social e as novas formas de interdependência mundial. VIEIRA, Liszt. *Cidadania e globalização*. 5. ed. Rio de Janeiro: Record, 2001. p. 72-74.

4 GIDDENS, Anthony. *The consequences of modernity*. Stanford: Stanford University Press, 1990. p. 27.

5 VIEIRA, Liszt. *Cidadania e globalização*. 5. ed. Rio de Janeiro: Record, 2001. p. 98.

6 Em sua obra *Modernidade líquida*, ele denomina de "'fluidez' a principal metáfora para o estágio presente da era moderna". Segundo ele, os fluidos não fixam o espaço, nem prendem o tempo; já para os sólidos, o que conta é o tempo mais do que o espaço que ocupa. As "descrições de líquidos são fotos instantâneas, que precisam ser datadas [...] A extraordinária mobilidade dos fluidos é o que os associa à ideia de 'leveza' [...]". Por isso, "fluidez" ou "liquidez" são metáforas adequadas quando se quer capturar "a natureza da presente fase, nova de muitas maneiras, na história da modernidade" (BAUMAN, Zygmunt. *Modernidade líquida*. Tradução de Plínio Dentzien. Rio de Janeiro: Jorge Zahar, 2001. p. 8-9).

7 *Ibid.*, p. 10.

8 Id. *Vida líquida*. Tradução de Carlos Alberto Medeiros. Rio de Janeiro: Jorge Zahar, 2007. p. 7-8.

Até este ponto, buscou-se contextualizar a sociedade contemporânea, demonstrar o descompasso com o Direito Sucessório brasileiro e ressaltar a necessidade de adequar o Direito das Sucessões a essa nova sociedade.

2.1 Pilares do Direito das Sucessões: família e propriedade

É importante destacar o papel do Direito como um produto social, cuja instauração não se resume à disciplina social, mas compreende, também, os valores jurídicos em si.[9] Ao se analisar brevemente a história do Direito Sucessório, será possível "explicar a gênese e a evolução do fenômeno sucessório, bem como a natureza e o sentido das atuais instituições sucessórias nos diferentes sistemas socioeconômicos".[10]

Conforme afirma Inocêncio Galvão Telles, "o fenômeno sucessório, com efeito, depende, em medida muito estreita, de fatores que jogam com o próprio cerne das instituições sociais e que são amparo e esteio de conservação da coletividade: a família e a propriedade".[11] Por isso, o estudo histórico do Direito das Sucessões é relevante,[12] pois será possível, por meio dessa análise, perceber as outras instituições, tais como a organização patrimonial e familiar, e a necessidade de sua contextualização com as referências sociais.[13]

Dessa maneira, faz-se necessária a análise das relações familiares, diante da conexão jurídica e social do Direito de Família com o Direito de Sucessões, somada à transformação enfrentada pela família com o reconhecimento jurídico de alguns novos modelos familiares. Consequentemente, ocorre uma alteração substancial no Direito Sucessório em sua concepção da titularidade e da posse do patrimônio e no destino destes após a morte.[14]

Assim, é fundamental verificar a evolução da família e de seus conceitos e de que forma o Código Civil, na legalidade constitucional, é capaz de acompanhar essas transformações. É essencial, ainda, refletir sobre o Direito Sucessório no contexto da família com suas atuais características.

---

9 Conforme António Manuel Hespanha, é algo que não depende apenas da capacidade de cada jurista para pensar, imaginar e inventar, mas de um "complexo que envolve, no limite, toda a sociedade, desde a organização da escola, aos sistemas de comunicação intelectual, à organização da justiça, à sensibilidade jurídica e muito mais". HESPANHA, António Manuel. *Cultura jurídica europeia* – Síntese de um milénio. Mem Martins: Europa-América, 2003. p. 27-28. Coleção Fórum da História.

10 Rabindranath Capelo de Sousa destaca que as instituições jurídicas vigentes não são obras do acaso, nem de legisladores que vão prevendo as melhores formas de relacionamento. São, sobretudo, um produto de fatores econômicos e sociais subjacentes às respectivas comunidades, sem prejuízo das potencialidades de autonomia do homem e de este poder assumir o próprio futuro. SOUSA, Rabindranath Capelo de. *Lições de direito das sucessões*. 3. ed. 2. reimpr. Coimbra: Coimbra Editora, 1997. p. 113. v. 1.

11 TELLES, Inocêncio Galvão. Apontamentos para a história do direito das sucessões português. *Revista da Faculdade de Direito da Universidade de Lisboa*, Lisboa, v. XV, 1963. Separata.

12 Ainda para o autor: "O *direito das sucessões* (ou *direito sucessório*) é um dos capítulos do direito privado, podendo definir-se como o direito regulador das sucessões *mortis causa*. Sucessão é o nome que se dá, em linguagem técnica, à transmissão de relações jurídicas, pelo menos quando essa transmissão tem a caracterizá-la a circunstância de o novo sujeito ficar em posição jurídica totalmente idêntica à do anterior. [...] Ora, como dizíamos, é isto que denomina sucessão: a palavra é expressiva porque, etimologicamente, significa o facto de uma pessoa tomar o lugar de outra, e tal é o que se dá na transmissão de direito e obrigações" (*Ibid*., p. 8-9).

13 *Ibid*., p. 8.

14 REBOLLEDO VARELA, Ángel Luis. La actualización del derecho sucesorio espanõl ante los cambios sociológicos y jurídicos de la familia: conclusiones de una investigación. *In*: REBOLLEDO VARELA, Ángel Luis (Coord.). *La familia en el derecho de sucesiones*: cuestiones actuales y perspectivas de futuro. Madrid: Dykinson, 2010. p. 23.

Maria Celina Bodin de Moraes ressalta que a família foi acusada, ao longo de parte do século XX, de ser uma instituição em crise, decadente e destinada a desaparecer;[15] contudo, o que estava morrendo não era a família em si, e, sim, o respectivo modelo. É com a transformação da própria sociedade que se está lidando, com a transformação de um modelo "quer se trate de sexualidade, da família monoparental, dos filhos ilegítimos ou legítimos".[16]

Enfim, pode-se dizer que "a 'foto' de família da pós-modernidade retrata muito além de suas funções simplesmente sociais, econômicas, ideológicas, reprodutivas, religiosas, morais".[17] Além disso, retrata os projetos pessoais de cada um dos seus membros, na busca de sua realização, mas sem perder de vista a mesma projeção para o todo familiar.

Ao mesmo tempo, os valores da família mudaram, mas não necessariamente para pior. A família é atualmente reivindicada como o único valor seguro ao qual ninguém quer renunciar. Ela é amada, sonhada e desejada por homens, mulheres e crianças de todas as idades, de todas as orientações sexuais e de todas as condições.[18]

No Brasil, ocorreu a passagem do Direito de Família clássico para o Direito de Família contemporâneo, mediante "um outro modo de ser e estar na relação jurídica e no reconhecimento da dimensão jurídica das relações sociais".[19] Constata-se que as famílias modernas já não compreendem um só tipo legal, aquela oriunda do casamento. Com o advento da CRFB/1988, ocorreram grandes alterações na família, com o tripé constitucional que inseriu a pluralidade das entidades familiares, como também a igualdade entre os cônjuges e entre os filhos. Transformaram-se, dessa maneira, as relações familiares, pois a família deixou de ser a institucional – ter a instituição como fim –, para ser a família instrumental, ou seja, o meio para realizar o desenvolvimento dos filhos e promover a dignidade de seus integrantes.[20]

Como se percebe, as transformações socioeconômicas abalaram um dos pilares do Direito das Sucessões: a família. Agora analisar-se-á o outro alicerce: a propriedade. Para além das várias exigências de adequação impostas ao regime sucessório, destacam-se, ainda, fatores inerentes aos próprios bens: natureza, função e fluidez.[21] Isso se deve, em

---

15 Na verdade, nos últimos decênios, a família transformou-se, passando a responder a muitas das aspirações individuais presentes no mundo ocidental. Isso porque, "quase quarenta anos depois do movimento cultural de jovens que a consideravam a principal fonte de repressão e de conformismo social, a família tem sido vista como um espaço privilegiado de solidariedade e de realização pessoal". MORAES, Maria Celina Bodin de. A família democrática. *In*: MORAES, Maria Celina Bodin de. *Na medida da pessoa humana* – Estudos de direito civil-constitucional. Rio de Janeiro: Renovar, 2010. p. 208.

16 DERRIDA, Jacques; ROUDINESCO, Elizabeth. *De que amanhã*: diálogo. Tradução de André Telles, revisão técnica de Antonio Carlos dos Santos. Rio de Janeiro: Jorge Zahar, 2004. p. 51.

17 HIRONAKA, Gisela Maria Fernandes Novaes. A incessante travessia dos tempos e a renovação dos paradigmas: a família, seu status e seu enquadramento na pós-modernidade. *In*: BASTOS, Eliene Ferreira; DIAS, Maria Berenice (Coord.). *A família além dos mitos*. Belo Horizonte: Del Rey, 2008. p. 65.

18 ROUDINESCO, Elizabeth. *A família em desordem*. Tradução de André Telles. Rio de Janeiro: Jorge Zahar, 2003. p. 198.

19 FACHIN, Luiz Edson. Princípios constitucionais do direito de família brasileiro contemporâneo. *In*: BASTOS, Eliene Ferreira; DIAS, Maria Berenice (Coord.). *A família além dos mitos*. Belo Horizonte: Del Rey, 2008. p. 122.

20 TEPEDINO, Gustavo. A disciplina civil-constitucional das relações familiares. *In*: TEPEDINO, Gustavo. *Temas de direito civil*. 3. ed. rev. e atual. Rio de Janeiro: Renovar, 2004. p. 398.

21 "Coisa constitui-se em gênero, que abrange todos os elementos perceptíveis, sendo bem a espécie, a traduzir aquilo que pode se constituir em objeto de direito, e que pode ser considerado coisa em sentido jurídico" (TEPEDINO,

boa parte, ao desenvolvimento tecnológico e científico, visto que "surgem a cada dia novos bens, deixando outros simplesmente de existir".[22] Como ressalta Pierre Catala, os direitos privados se modificam.[23] Afirma o autor, ainda, que os "novos bens" são complexos e imateriais; não somente em razão de sua substância material composta, mas também porque a pessoa e a atividade de seu titular são os próprios apoios. A atividade humana é fonte de riqueza, como demonstram, entre outras, as atividades criativas, artísticas e industriais.[24] O trabalho se incorpora ao capital quando o profissional age por sua conta e desenvolve por financiamento próprio o aparelho de produção ou de prestação que ele utiliza. A pura atividade humana gera um capital exclusivamente imaterial.[25]

No regime atual do Código Civil brasileiro,[26] as classificações dos bens decorrem de três critérios fundamentais: a) de suas características naturais (individualidade); b) de suas recíprocas relações quando considerados entre si (uns em relação aos outros); e c) de sua titularidade.[27] Por isso, destaque-se a necessidade de se observar a disciplina dos bens jurídicos, pois o Código Civil brasileiro os delineia de forma tipificadora e abstrata, difundida em seu aspecto estrutural, "a desenhar classificação aparentemente neutra de objetos sujeitos ao tráfego jurídico, adquire renovada dimensão e importância no direito contemporâneo. Para tanto, há que se deslocar a análise para a perspectiva funcional"[28] – ou seja, destacar o papel que o bem jurídico representa no exercício das liberdades fundamentais, da autonomia privada e do controle de riquezas.[29]

Gustavo. Regime jurídico dos bens no Código Civil. *In*: VENOSA, Sílvio de Salvo; GAGLIARDI, Rafael Villar; NASSER, Paulo Magalhães (Coord.). *10 anos do Código Civil*: desafios e perspectivas. São Paulo: Atlas, 2012. p. 48).

22 "Elementos da natureza, como o ar, o oceano, as camadas de águas profundas conhecidas como pré-sal; os rios, os animais selvagens, antes considerados como inaptos a despertar interesse jurídico, tornam-se a cada dia mais indispensáveis à humanidade, sendo igualmente objeto de direito as diversas formas de energia, como a eletricidade, o gás, o vapor" (*Ibid.*, p. 50).

23 CATALA, Pierre. *La transformation du patrimoine dans le droit civil moderne*. Septième Congrès Internacional de Droit Compare. Paris: l'Université de Paris, 1966. p. 162.

24 "Existem bens como o ouro que valem por sua própria substância. Outros como os domínios agrícolas, podem ter seu valor acrescentado a partir de uma boa exploração. A riqueza do solo é o elemento preponderante de seu valor. O valor da exploração pode valorizar ainda mais sobre seu valor intrínseco. A exploração do solo é, às vezes, um imperativo jurídico, sob pena de perder os direitos caso não o faça" (*Ibid.*, p. 164-165).

25 CATALA, loc. cit.

26 "O CC1916 não diferenciou coisas e bens. O CC unifica a linguagem, referindo-se a bens, de modo a abranger os objetos materiais e os imateriais" (TEPEDINO, Gustavo; BARBOZA; Heloisa Helena; MORAES, Maria Celina Bodin de. *Código Civil interpretado conforme a Constituição da República I*. Rio de Janeiro: Renovar, 2004. p. 171).

27 A primeira classificação está no Livro II, título único, Capítulo I do Código Civil de 2002, denominado "Dos Bens considerados em si mesmos", com as distinções entre bens imóveis e móveis (arts. 79 a 84); fungíveis e não fungíveis (art. 85); consumíveis e não consumíveis (art. 86); divisíveis e indivisíveis (arts. 87 e 88); singulares e coletivos (arts. 89 a 91). A segunda classificação está no Livro II, Capítulo II, intitulado "Dos Bens reciprocamente considerados", que regula os principais e acessórios (art. 92), as pertenças (arts. 93 e 94), os frutos e produtos (art. 95), e as benfeitorias (arts. 96 e 97). A terceira classificação está, também, no mesmo Livro II, Capítulo III, nomeado aos "Bens Públicos", que disciplina os bens que integram a titularidade do Poder Público (arts. 98 a 102).

28 Ainda o autor: "de tal modo que a qualificação do bem jurídico se encontre sempre associada à sua função, investigando-se, na dinâmica da relação jurídica em que se insere, a destinação do bem de acordo com os interesses tutelados" (TEPEDINO, Gustavo. Regime jurídico dos bens no Código Civil. *In*: VENOSA, Sílvio de Salvo; GAGLIARDI, Rafael Villar; NASSER, Paulo Magalhães (Coord.). *10 anos do Código Civil*: desafios e perspectivas. São Paulo: Atlas, 2012. p. 78).

29 TEPEDINO, *loc. cit.*

Judith Rochfeld, falando a respeito da classificação dos bens e da multiplicação dos bens especiais, destaca o fato de o alcance da classificação de bens em móveis e imóveis, fundada sobre um critério físico e sua natureza, marcar um começo importante no Direito Positivo. De certa forma, a classificação marcará a urgência de uma oposição, a de bens corpóreos e incorpóreos, igualmente focada na natureza dos bens e que se impõe à progressão dos valores incorpóreos.[30]

O conjunto dessas evoluções demostra, entretanto, que o Direito Positivo, longe de permanecer na primeira distinção, encontra-se atualmente habitando categorias de bens especiais e de regimes específicos, marcados pelos limites mais ou menos firmados à sua livre circulação ordinária.[31]

Segundo Gustavo Tepedino, "o bem jurídico pode representar coisas imateriais, incorpóreas ou intangíveis, a exemplo dos direitos autorais, da clientela, da marca, da informação, dentre outras".[32] Dessa forma, é preciso redimensionar a noção de bens, de relativa e mutável, para conformá-la ao contexto socioeconômico,[33] pois eles "compõem o patrimônio dos sujeitos e consistem em objeto de aproveitamento econômico, a demandarem tutela por parte do ordenamento jurídico".[34]

Quanto à significação sociopolítica dos bens incorpóreos, sabe-se que estão entre os mais produtivos, além de concentrar uma dimensão política particular. Isso porque são originários do trabalho de uma pessoa e seu reconhecimento revive, politicamente, a legitimação da importância desse trabalho, ao colocá-lo no mesmo nível da matéria, sem que haja a sobreposição desta sobre o trabalho em si.[35] Percebe-se, assim, que os bens de valor hoje existem de várias formas, detentores de maior fluidez no tráfego negocial.[36]

---

30 "Apesar da inegável evolução em relação à desmaterialização dos bens, o direito positivo não consagrou inteiramente a oposição dos bens corpóreos e incorpóreos. Os bens incorpóreos não são ainda reconhecidos pelo Código Civil francês. Tal consagração foi proposta em 1948, mas não prosperou. Mais recentemente o projeto de reforma do direito dos bens novamente evocou as categorias de bens corpóreos e bens incorpóreos no seu art. 520 do CC, mas acabou apontando o segundo para legislações específicas" (ROCHFELD, Judith. *Les grandes notions du droit privé*. Paris: Presses Universitaires de France, 2011. p. 245).

31 ROCHFELD, Judith. *Les grandes notions du droit privé*. Paris: Presses Universitaires de France, 2011. p. 242-245.

32 TEPEDINO, Gustavo. Livro (eletrônico) e o perfil funcional na experiência brasileira. *In*: VICENTE, Dário Moreira et al. (Org.). *Estudos de direito intelectual em homenagem ao Prof. Doutor José de Oliveira Ascensão*. 1. ed. Coimbra: Almedina, 2015. p. 270.

33 "O conceito de bem é histórico e relativo. Histórico, porque a ideia de utilidade tem variado de acordo com as diversas épocas da cultura humana, e relativo porque tal variação se verifica em face das necessidades diversas por que o homem tem passado. Nos primórdios, as necessidades eram puramente vitais, respeitantes à defesa e à sobrevivência do indivíduo e do grupo. As coisas úteis e apropriáveis diziam respeito à vida orgânica e material dos indivíduos. Com a evolução da espécie humana e o desenvolvimento da vida espiritual, expresso na arte, na ciência, na religião, na cultura, enfim, surgiram novas exigências e novas utilidades, passando a noção de bem a ter sentido diverso do que tinha primitivamente" (AMARAL, Francisco. *Direito civil*: introdução. 6. ed. rev., atual. e aum. Rio de Janeiro: Renovar, 2006. p. 309).

34 "De fato, a partir do exercício da titularidade sobre os bens, corpóreos ou incorpóreos, os sujeitos extraem as utilidades econômicas pretendidas, de sorte que as normas que irão reger o aproveitamento econômico dos bens serão determinadas de acordo com a finalidade e função que tais bens desempenham" (TEPEDINO, Gustavo. Livro (eletrônico) e o perfil funcional na experiência brasileira. *In*: VICENTE, Dário Moreira et al. (Org.). *Estudos de direito intelectual em homenagem ao Prof. Doutor José de Oliveira Ascensão*. 1. ed. Coimbra: Almedina, 2015. p. 272).

35 ROCHFELD, Judith. *Les grandes notions du droit privé*. Paris: Presses Universitaires de France, 2011. p. 249.

36 "No cenário contemporâneo, em que se avolumam transações cada vez mais aceleradas, intensifica-se a necessidade de fortalecer o mercado de crédito, desiderato apenas alcançável por meio do desenvolvimento de mecanismos capazes de garantir aos credores a rápida e eficaz recuperação do crédito" (GUEDES, Gisela Sampaio da Cruz; TERRA, Aline de Miranda Valverde. Alienação fiduciária em garantia de bens imóveis: possíveis soluções para as deficiências e insuficiências da disciplina legal. *Civilistica.com*, Rio de Janeiro, ano 4, n. 1, 2015. Disponível em: http://civilistica.com/alienacao-fiduciaria-em-garantia-de-bens-imoveis/. Acesso em: 6 jan. 2016).

Além disso, também se faz necessário apontar que houve valorização econômica e financeira desses bens, fato que tem direta e indeclinável repercussão na transmissão por força de sucessão, especialmente *mortis causa*.

3 A função do Direito das Sucessões hoje

O primeiro Código Civil brasileiro é de 1916 e sofreu grande influência do período oitocentista, vigorando até o Código Civil atual de 2002. Este, embora seja um Código do século XXI, tem origem num antigo projeto da década de 1970. Dessa forma, o Código, apesar de algumas novidades em Direito das Sucessões, está em franco descompasso com a sociedade atual. Porém, antes de o Código Civil brasileiro vigente entrar em vigor, foi promulgada, em 5.10.1988, a Constituição da República.

Trata-se de uma Constituição moderna e principiológica, posterior à Segunda Guerra Mundial e fundamentada, entre outros axiomas, na dignidade da pessoa humana (art. 1º, III). Encontra-se, também, "carregada de promessas de espalhar por todo o ordenamento ventos de personalização, dignificação e solidariedade. Cabia à doutrina e à jurisprudência levar esses novos ares aos vetustos institutos de direito civil".[37]

Com efeito, verifica-se a necessidade de releitura do Direito Civil à luz da Constituição. Passa-se, então, a aplicar a metodologia do Direito Civil Constitucional,[38] que implica reconhecer que o Código Civil não se encontra mais no epicentro do Direito Privado.[39] Decorrente dessa mudança de foco, estabelecem-se novas características, no sentido oposto às do Direito Civil tradicional,[40] como a prevalência das situações não patrimoniais, "o reconhecimento da historicidade das regras jurídicas, bem como a valorização da função dos institutos jurídicos".[41]

A despatrimonialização do Direito Civil – priorizando as situações jurídicas existenciais sobre as patrimoniais – e a difusão da técnica da aplicação direta e imediata dos princípios constitucionais às relações jurídicas auxiliaram na superação de obstáculos à efetiva tutela da pessoa. Ou seja, a despatrimonialização do Direito Civil é uma reconstrução do sistema segundo o valor da pessoa. Deve-se reconstruir o Direito Civil

---

37 MORAES, Maria Celina Bodin de. Prefácio. *In*: MORAES, Maria Celina Bodin de. *Na medida da pessoa humana* – Estudos de direito civil-constitucional. Rio de Janeiro: Renovar, 2010. p. IX.

38 A doutrina do Direito Civil na legalidade constitucional impõe ao civilista um extenso programa de estudos, que propõe a concretização de objetivos indicados a tempo de "individuar um sistema de direito civil harmonizado com os valores constitucionais e, antes de tudo, ao valor da pessoa humana; redefinir os fundamentos, as *rationes* e assim as extensões dos institutos, ressaltando-lhes seus perfis funcionais; adequar as técnicas e os conceitos tradicionais e, sobretudo, renovar *funditus* a argumentação jurídica, propondo uma teoria da interpretação respeitosa da legalidade constitucional" (PERLINGIERI, Pietro. A doutrina do direito civil na legalidade constitucional. *In*: TEPEDINO, Gustavo (Coord.). *Direito civil contemporâneo* – Novos problemas à legalidade constitucional. São Paulo: Atlas, 2007. p. 8).

39 Sobre a clássica dicotomia entre público e privado, "a relação direta entre o intérprete e a norma constitucional tenta evitar o isolamento desta última do restante sistema normativo, confirmando a unidade do ordenamento e a consequente superação da tradicional contraposição entre público e privado" (PERLINGIERI, Pietro. *O direito civil na legalidade constitucional*. Tradução de Maria Cristina De Cicco. Rio de Janeiro: Renovar, 2008. p. 590).

40 O Código Civil deixa de ser a Constituição do homem e passa, sim, a Constituição a ser o centro na unidade do ordenamento em consequência da superação da dicotomia do público e do privado (PERLINGIERI, Pietro. *Scuole tendenze e metodi*. Problemi del diritto civile. Napoli: Edizioni Scientifiche Italiane, 1989. p. 133).

41 MORAES, *op. cit.*, p. X.

não com uma redução, nem com um aumento de tutela das situações patrimoniais, mas com uma tutela qualitativamente diversa.[42]

No âmbito da metodologia civil constitucional, Pietro Perlingieri, ao tratar da função social do Direito Sucessório, destaca o fato de que a perspectiva funcional do direito hereditário vem sendo ignorada pela literatura jurídica e de que o esforço reconstrutivo deve ser realizado diante da transformação no contexto social e econômico. Quando se fala de sucessão *mortis causa*, não se pode deixar de considerar que a morte é um fato natural, não obstante a sucessão seja um produto da política legislativa.[43]

Pietro Perlingieri também indaga se a função social da sucessão *causa mortis* representa apenas a necessidade de continuação. Para o autor, a função social é um objetivo que o ordenamento constitucional impõe às instituições ao regular a relação interindividual, que não deve, contudo, ser lida sob uma perspectiva estatista e publicista. Função social e dimensão individual não são incompatíveis, já que elas se realizam exatamente pela satisfação do interesse individual de relevância constitucional. A função social apresenta-se sob uma perspectiva dinâmica: sua subsistência em relação a determinado fenômeno não pode ser avaliada aprioristicamente. Entretanto, qualquer instituto que não persiga a função social não é compatível com o ordenamento constitucional.[44]

Com base nos princípios constitucionais, é necessário olhar para renovação da disciplina sucessória, por meio de uma reforma que não se limite a modificações setoriais, mas abranja a matéria em toda a sua complexidade, adequando o conteúdo às transformações macroscópicas ocorridas no plano social e econômico.[45] A evolução histórica, cultural e econômica das últimas décadas – que influenciou tanto a estrutura quanto a função da família, estabelecendo uma nova solidariedade plurifamiliar, *continuum* de vida e afeto no interior do qual se realiza a personalidade de forma plena[46] – aliada à transformação dos bens, não deve ser preterida nesse processo de renovação.

Vale ressaltar que se devem ponderar direitos de liberdade e dever de solidariedade, para que a família e seus componentes singularmente considerados não sejam deixados à margem de uma consideração atenta aos perfis econômicos. Para tanto, é necessário revisitar o sistema hereditário em seu viés constitucional, desmembrando os conteúdos de modo a valorizar a autonomia negocial, equilibrada com o dever de solidariedade; prestar maior atenção às necessidades da pessoa no interior da família e elaborar

---

[42] Pode-se afirmar, dessa maneira, que este esforço "tem como consequência necessária que instrumentos jurídicos de cunho patrimonial deverão ser reformulados – ou ao menos reinterpretados – para que se possam aplicar às situações existenciais. Trata-se de um tratamento jurídico diferenciado às situações existenciais em comparação com situações patrimoniais" (TEIXEIRA, Ana Carolina Brochado; KONDER, Carlos Nelson. Situações jurídicas dúplices: controvérsias na nebulosa fronteira entre patrimonialidade e extrapatrimonialidade. *In*: TEPEDINO, Gustavo; FACHIN, Luiz Edson (Coord.). *Diálogos sobre direito civil*. Rio de Janeiro: Renovar, 2012. p. 5. v. III).

[43] Apesar de a morte ser natural, a disciplina das consequências jurídicas é deixada à discricionariedade do legislador. Entretanto, a discricionariedade normativa encontra um forte limite nos valores fundamentais da carta constitucional, em particular no modo pelo qual se fundamenta no dever de solidariedade familiar, que, por sua vez, encontra expressão no princípio da contribuição, no qual se deve inspirar para reler todo o sistema de sucessão (PERLINGIERI, Pietro. La funzione sociale del diritto sucessorio. *In*: PERLINGIERI, Pietro. *Rassegna di diritto civile 1*. Diretta da Pietro Perlingieri. Napoli: Edizioni Scientifiche Italiane, 2009. p. 131-132).

[44] *Ibid*., p. 135.

[45] PERLINGIERI, *loc. cit*.

[46] Ibid., p. 136.

critérios para a detecção dos legitimados mais flexíveis do que a mera proximidade do grau de parentesco.[47]

O confronto entre a disciplina sucessória atual e a realidade corrente, de qualquer forma, reforça a convicção de que o direito hereditário reclama uma reforma eficaz, que não se limite a modificações meramente setoriais de uma ou outra disposição singularmente considerada, mas que aspire, corajosamente, a remodelar a matéria em seu complexo, para garantir uma solução adequada aos problemas, pronta a desenvolver uma função mais adequada à sociedade em constante modificação.[48]

No ordenamento jurídico brasileiro – segundo a Constituição da República Federativa do Brasil de 1988 (CRFB/1988), em seu art. 5º, XXX,[49] sobre a sucessão *causa mortis* –, a herança é um direito fundamental.[50] Segundo Ana Luiza Maia Nevares, a legítima é uma opção do legislador, aceita pela sociedade, e tem sua intangibilidade[51] fundamentada pelo princípio constitucional de solidariedade e proteção familiar. Contudo, é crescente a discussão da autonomia do autor da herança mediante as limitações da legítima, havendo entendimento no sentido de que "a legítima respeite a autonomia privada do autor da herança".[52]

O sistema sucessório adotado pelo Código Civil brasileiro é dual, ou seja, a sucessão *causa mortis* é deferida por testamento ou por lei. A sucessão testamentária deriva de ato de última vontade praticado na forma e nas condições estabelecidas por lei.[53] Já a sucessão decorrente da lei chama-se legítima ou legal; a sucessão legal ou legitimária não pode ser afastada pela vontade de quem lhe dá causa,[54] sendo que a ordem de vocação vem definida em lei.

Com efeito, a consolidação do aumento da importância social do Direito Sucessório nos países europeus está relacionada não apenas à transferência de propriedade, mas, também, a outros fatores, destacando-se a mudança demográfica, que podem ser originados: a) da diminuição do número de filhos; b) do aumento da expectativa de vida; e c) da situação econômica favorável para a geração mais velha. O conjunto dessas razões provocou a transferência de patrimônios maiores para a geração subsequente com menor número de herdeiros. Contudo, o montante da herança não leva ao aumento da

---

47 PERLINGIERI, Pietro. La funzione sociale del diritto sucessorio. *In*: PERLINGIERI, Pietro. *Rassegna di diritto civile 1*. Diretta da Pietro Perlingieri. Napoli: Edizioni Scientifiche Italiane, 2009. p. 145.

48 *Ibid.*, p. 146.

49 CRFB/1988, art. 5º: "XXX – é garantido o direito de herança".

50 Judith Martins-Costa questiona se a introdução da herança como garantia em sede constitucional modifica o seu conteúdo ou as suas funções, pois, em sentido lato, a "palavra *herança* designa o acervo de bens, direitos e obrigações atribuíveis a alguém em virtude da sucessão *mortis causa*, significando a *universalidade* dos bens que alguém deixa por ocasião de sua morte e que os herdeiros adquirem" (MARTINS-COSTA, Judith. O direito sucessório na Constituição: a fundamentalidade do direito à herança. *Revista do Advogado AASP*, São Paulo, ano XXXI, n. 112, p. 79-87, jul. 2011. p. 81. Grifos no original).

51 NEVARES, Ana Luiza Maia. O princípio da intangibilidade da legítima. *In*: MORAES, Maria Celina Bodin de (Coord.). *Princípios do direito civil contemporâneo*. Rio de Janeiro: Renovar, 2006. p. 169.

52 CARMINATE, Raphael Furtado. O direito à legítima e a autonomia privada do testador. *Revista IBDFAM: Famílias e Sucessões*, Belo Horizonte, v. 2, p. 33-63, mar./abr. 2014. p. 59.

53 VELOSO, Zeno; AZEVEDO, Antônio Junqueira de (Coord.). *Comentário ao Código Civil* – Parte especial: direito das sucessões. Arts. 1.857 a 2.027. São Paulo: Saraiva, 2003. p. 2. v. 21.

54 GOMES, Orlando. *Sucessões*. 12. ed. rev., atual. e aum. de acordo com o Código Civil de 2002 e a Lei n. 11.441, de 04 de janeiro de 2007 por Mario Roberto Carvalho de Faria. Rio de Janeiro: Forense, 2004. p. 8.

prosperidade da sociedade como um todo, mas à redistribuição de bens e, em alguns casos, à concentração de recursos por determinadas pessoas.[55]

O instituto da legítima nasce para garantir a propriedade e para manter o patrimônio na família; pode-se dizer, ainda, que nasce para perpetuar o patrimônio na família, especificamente na linha reta masculina, pois a mulher, até bem pouco tempo, não podia sequer administrar bens particulares. A análise histórica revela que as riquezas eram oriundas da zona rural. Em consequência, o patrimônio era constituído por bens imóveis, primordialmente terras. Foi somente com a Revolução Industrial que se começou a mudar a origem das riquezas.

No entendimento de Judith Rochefeld, a noção de patrimônio aparece como uma das mais sedimentadas do Direito Privado francês. Por patrimônio se "designa o conjunto dos bens de uma pessoa, seus haveres, ou, ainda, tudo o que constitui seu ativo. Ela se associa, portanto, à sua fortuna, à sua riqueza".[56]

A autora afirma que, no entanto, essa simplicidade é enganosa, uma vez que já houve uma evolução importante da noção e a demonstração de que não existe um sentido "dado". Concluindo, a noção de patrimônio não é estável nem tão simples como parecia a princípio. Ela se revela, na verdade, diversa, pois seus diferentes sentidos não anulam uns aos outros.[57] Entretanto, a confusão conceitual que vincula o patrimônio à pessoa não despersonifica o indivíduo. É certo que o "patrimônio, portanto, não se confunde com o valor da pessoa humana, que não se limita a uma categoria abstrata".[58]

É importante ressaltar que a legítima é opção legislativa, ou seja, do Estado. Pode-se, assim, dizer que a legítima é um modelo de gerenciamento estatal do patrimônio. Cabe a indagação: seria, dessa forma, certo paternalismo do Estado para com a sociedade? Willem Van Boom apresenta a ideia de paternalismo como uma intervenção coerciva no comportamento de indivíduos para impedi-los de causar mal a si mesmos. A intervenção, nesse caso, seria como o elemento definidor do paternalismo, sob a

---

55 KROPPENBERG, Inge. Succession Law. *In*: BASEDOW, Jürgen et al. (Ed.). *The Max Planck Encyclopedia of European Private Law*. Oxford: Oxford University Press, 2012. p. 1619. v. I.

56 ROCHFELD, Judith. *Les grandes notions du droit privé*. Paris: Presses Universitaires de France, 2011. p. 351-359.

57 A noção de patrimônio se encontra, atualmente, submissa a dois movimentos que distorcem suas bases. De um lado, a ideia de um patrimônio único associado à pessoa e respondendo a todos os seus atos. As reformas sucessivas mostram que o Direito tem uma tendência de distinguir diversos patrimônios em função de cada um dos setores da vida de uma pessoa – sua vida privada, sua vida profissional e suas tarefas pontuais. Por outro lado, os juristas seguem a tendência de utilizar a noção de patrimônio em um novo sentido, ou que remete ao seu significado anterior: eles clamam pela ideia de patrimônios comuns, da humanidade, da Europa ou da nação. Eles insistem nas necessidades que se fazem significativas a respeito de certos recursos, de modo a conservá-los para gerações futuras (ROCHFELD, Judith. *Les grandes notions du droit privé*. Paris: Presses Universitaires de France, 2011. p. 351-359).

58 "O patrimônio foi considerado por muitos autores 'atributo da personalidade'. Duas reflexões devem ser levadas em consideração nessa perspectiva. Em primeiro lugar, a personalidade referida é a personalidade abstrata, ou seja, aquela que é conferida pelo ordenamento, tornando alguém apto a ser sujeito de direitos. Não se trata da pessoa concreta, com necessidades, sentimentos, desejos, aptidões, mas de uma categoria abstrata, que não se confunde com o ser humano em concreto. Em segundo lugar, a ideia de que o patrimônio seria atributo da personalidade faz com que se chegue à ideia de que a personalidade se confunde com o próprio patrimônio" (FACHIN, Luiz Edson; RUZYK, Carlos Eduardo Pianovski. Um Projeto de Código Civil na contramão da Constituição. *Revista Trimestral de Direito Civil – RTDC*, Rio de Janeiro, v. 4, p. 243-263, out./dez. 2000. p. 245).

justificativa de aumentar o bem-estar e a felicidade do indivíduo ou promover seus interesses, necessidades e valores.[59]

A sucessão legítima leva em consideração as pessoas próximas à família do autor da herança, que, provavelmente, já seriam contempladas se ele testasse. Ademais, o instituto da legítima possui, no Brasil, ampla aceitação social. Ocorre que essa aceitação representa necessariamente uma limitação à vontade do indivíduo. Embora haja uma facilidade na transmissão por intermédio da vontade presumida, esta poderá não ter sido, a rigor, a vontade absoluta do *de cujus*.

Com a Constituição da República de 1988, reconheceu-se a pluralidade das entidades familiares, não limitando a família apenas àquela oriunda do casamento. Dessa forma, a legítima adquire novos pilares nos princípios constitucionais da proteção e solidariedade familiar. Contemporaneamente, cabe indagar se, com a alteração da família, dos indivíduos que a compõem e com a inclusão do cônjuge e do companheiro como herdeiro necessário, a função de proteção da família pela legítima ainda seria a mesma e se a intangibilidade desta ainda seria coerente na sociedade atual.

A necessidade de se reavaliar o instituto da legítima é nítida. Entretanto, o problema não se resume a isso, ele é muito mais profundo. Apesar da significativa transformação pela qual a família passou, o centro da problematização não está na tutela constitucional, que só trouxe ganhos para a família. Na realidade, o problema está na possibilidade de término das relações, na temporalidade reduzida que as relações têm hoje, principalmente com as famílias recompostas. Pensar que o patrimônio construído não vai permanecer em família provoca receio por parte da sociedade.

Cabe ressaltar a reflexão necessária a se fazer, na compreensão de um direito das sucessões funcionalizado, conforme conceitos expostos, coerente à sociedade contemporânea, se justifica permanecer com o instituto da legítima, na base que se encontra legislada, que reflete uma sociedade oitocentista? Assim, constata-se que, com a legítima de 50% do patrimônio de uma pessoa, agrava-se a rigidez do Direito das Sucessões brasileiro.

4 Planejamento sucessório: relevância e vantagens

Percebe-se a importância que o Direito Sucessório adquiriu nas últimas décadas em função de questões socioeconômicas, principalmente como consequência das transformações nos institutos da família e do patrimônio, que constituem os pilares do Direito das Sucessões. Em virtude desses mesmos fatores, vários ordenamentos europeus sofreram alterações no Direito Sucessório. Faz-se igualmente necessário rever os institutos de uma forma funcional dessa área do Direito Civil brasileiro.

O Direito Sucessório brasileiro está extremamente engessado, distante das necessidades das famílias contemporâneas e das funções patrimoniais, que devem ser atendidas à luz dos princípios constitucionais, mas que dispõem de poucas alternativas

---

59 Para alguns autores, a autoridade para intervir encontra-se nos próprios poderes coercivos do Estado, enquanto, para outros, o paternalismo pode estar fundado em um contrato hipotético com o indivíduo, o qual reconhece sua falibilidade, presumindo-se que a capacidade de decidir foi delegada a outrem (VAN BOOM, Willem H; OGUS, Anthony. Introducing, defining and balancing "autonomy versus paternalismo". *In*: VAN BOOM, Willem H; OGUS, Anthony (Ed.). *Justaposing autonomy and paternalism in private law*. Oxford: Hart Publishing, 2011. p. 2-3).

para exercer a própria autonomia. Por isso, o planejamento sucessório é tão necessário na atualidade. Com base na liberdade de testar, é possível buscar instrumentos para a efetivação desejada e corrigir algumas distorções que o sistema jurídico provoca.

Entretanto, tratar da sucessão em vida sempre representou um enorme tabu. Culturalmente, seja por medo ou egoísmo, muitos não se interessam pela própria morte. Em geral, as pessoas afirmam que "não é um problema para eles, mas para os filhos e, havendo, para outros herdeiros. Eles que resolvam quando a hora chegar".[60] Contudo, as características da sociedade brasileira atual demandam uma melhor estruturação patrimonial para após a morte. Um adequado planejamento democratizaria e internalizaria a vontade do autor da herança.[61]

O planejamento sucessório atende à procura por organização e permite que as pessoas enfrentem a dificuldade humana de lidar com a morte. A procura crescente por maiores informações na questão sucessória em relação ao patrimônio e à família é questão fática na atualidade; pode-se entender que o planejamento sucessório é a consequência maior do fenômeno da pluralidade familiar da sociedade.[62]

Com efeito, deve-se analisar o que é um planejamento sucessório e com que finalidade é realizado. Primeiramente, o planejamento sucessório é o instrumento jurídico que permite a adoção de uma estratégia voltada para a transferência eficaz e eficiente do patrimônio de uma pessoa após a sua morte.[63] Importante destacar que esse planejamento é realizado em vida e que sua completa aplicabilidade de efeitos ocorrerá somente com a morte. Ele é essencial para quem quer a realização de sua vontade após sua morte e pode ser realizado por meio de diversos instrumentos jurídicos: o testamento é apenas um deles.

O planejamento sucessório envolve várias áreas do Direito Civil, tais como o próprio Direito das Sucessões, o Direito de Família, o Direito dos Contratos, entre outros institutos civis, conjugando-se, também, ao Direito Empresarial e ao Direito Tributário. Além disso, um planejamento envolve não somente Direito Privado, mas diversas áreas do Direito, tais como o Direito Processual, o Direito Administrativo e até o Direito Internacional Privado, "em face da sucessão de bens deixados no estrangeiro",[64] em virtude da globalização e da facilidade de se adquirir e administrar bens no exterior. Destaque-se que a finalidade do planejamento está exatamente na flexibilização dos instrumentos jurídicos de que ele se vale para adequar-se às variáveis das situações fáticas. Não existe um modelo padrão; pode-se até ter instrumentos mais utilizados conforme a complexidade do patrimônio, visto que cada pessoa tem relações familiares e patrimoniais diversas uma das outras.

---

[60] MAMEDE, Gladston; MAMEDE, Eduarda Cotta. *Planejamento sucessório*: introdução à arquitetura estratégica – patrimonial e empresarial – com vistas à sucessão *causa mortis*. São Paulo: Atlas, 2015. p. 2.

[61] OLIVA, Milena Donato. *Do negócio fiduciário à fidúcia*. São Paulo: Atlas, 2014. p. 118.

[62] HIRONAKA, Gisela Maria Fernandes Novaes. Planejar é preciso: planejamento sucessório para as novas famílias. *Revista IBDFAM*, Belo Horizonte, ed. 10, p. 5-7, abr. 2014. p. 6.

[63] OLIVEIRA, Euclides de. Planejamento sucessório: regime de bens e seu reflexo na transmissão da herança. *Federação das Indústrias do Estado de São Paulo – FIESP*. Disponível em: http://www.fiesp.com.br/irs/conjur/pdf/transparencias_reuniao_conjur_25_10_10_-_euclides_benedito_de_oliveira_planej_sucess_palest_conjur.pdf. Acesso em: 14 jul. 2011.

[64] PEREIRA, Caio Mario da Silva. *Instituições de direito civil*: direito das sucessões. 15. ed. rev. e atual. por Carlos Roberto Barbosa Moreira. Rio de Janeiro: Forense, 2005. p. 4. v. VI.

O objetivo do planejamento sucessório é determinar a sucessão, atividade "preventiva com o objetivo de adotar procedimentos, ainda em vida do titular da herança, com relação ao destino de seus bens após a sua morte".[65] Desse modo, faz-se necessária a busca de novas ferramentas, para "compor [a] sucessão de modo a atender a vontade dos titulares do patrimônio",[66] existentes em outros ramos do Direito Privado, para auxiliar nas novas exigências sociais, que evidenciam a necessidade crescente de se "planificar a transferência do patrimônio pessoal de uma forma racional e segura, respeitados os comandos da legislação vigente".[67]

Vale a pena destacar o preconceito sofrido pelo planejamento sucessório. É preciso desconstruir a imagem que se faz desse projeto organizacional do patrimônio. Há dois falsos pressupostos do planejamento: o primeiro, de que ele seria só para grandes riquezas. Isso não é verdade, pois muito da demanda por informação de um projeto patrimonial é oriundo de pessoas que possuem um patrimônio pequeno ou médio.[68] O segundo pressuposto a ser desconstruído é o de que, ao se falar de planejamento sucessório, sempre se quer fraudar a legítima. O presente estudo visa a um planejamento efetuado entre os limites legais. Desse modo, um planejamento bem-sucedido não pode dar origem a demandas judiciais, tendo em vista que um dos seus objetivos é, exatamente, evitar litígios jurídicos.

O planejamento sucessório enfrenta algumas dificuldades para sua efetivação. As principais são: a) a demanda por uma maior autonomia do autor da herança perante os limites de nosso sistema sucessório; e b) a questão legislativa e a problematização de leis no tempo.

O primeiro problema decorre exatamente da procura da sociedade por maior autonomia ao dispor de seu patrimônio, em contraposição à rigidez do sistema sucessório brasileiro, expresso nas disposições de limite da legítima, na proibição dos pactos sucessórios, nas limitações às doações, nos regimes de bens e seus respectivos efeitos no ordenamento jurídico.

Com o Código Civil de 2002, agravou-se a situação de pouca liberdade com a inserção do cônjuge como herdeiro necessário. O Supremo Tribunal Federal, no RE 878.694/MG, reconheceu a inconstitucionalidade do art. 1790 do CC/2002, devendo-se, por consequência, aplicar à sucessão do companheiro, a mesma disciplina legal do cônjuge estabelecida no art. 1829 do CC/2002. No entanto, a tese fixada não esclareceu se o companheiro também deve ser considerado herdeiro necessário.

A análise da questão por maior ou menor liberdade deve ser sempre realizada com base nos direitos e garantias fundamentais expressos na CRFB/1988. Na Constituição, não só estão presentes os direitos à propriedade privada, à livre-iniciativa, à herança, como também princípios da solidariedade, da proteção familiar e, principalmente, da funcionalização dos institutos do Direito Civil.

---

65 TEIXEIRA, Silvia Maria Benedetti. Planejamento sucessório: uma questão de reflexão. *Revista Brasileira de Direito de Família*, Porto Alegre, ano VIII, n. 31, p. 5-18, ago./set. 2005. p. 6.

66 DIAS, Maria Berenice. *Manual das sucessões*. São Paulo: Revista dos Tribunais, 2009. p. 382.

67 MADALENO, Rolf. Planejamento sucessório. *Revista IBDFAM: Famílias e Sucessões*, Belo Horizonte, v. 1, p. 11-33, jan./fev. 2014, p. 12.

68 MAMEDE, Gladston; MAMEDE, Eduarda Cotta. *Planejamento sucessório*: introdução à arquitetura estratégica – patrimonial e empresarial – com vistas à sucessão causa mortis. São Paulo: Atlas, 2015. p. 3

Outra dificuldade decorre do fato de o planejamento sucessório ser realizado em momento presente para ser cumprido, na completude de seus efeitos, somente após a morte do indivíduo. O planejamento está, portanto, sujeito a possíveis alterações supervenientes na legislação brasileira. Ou seja, "eventuais alterações legislativas impõem uma reavaliação do planejamento sucessório e a readequação às condições pessoais do titular e aos objetivos traçados".[69] Como exemplo dos efeitos supervenientes da alteração legislativa para o planejamento sucessório, há a significativa alteração do instituto da colação com o ingresso no ordenamento do Código de Processo Civil brasileiro de 2015, fator de significativa importância para um planejamento sucessório.

Conforme já assinalado, a relevância do planejamento sucessório e sua respectiva demanda são crescentes nos dias de hoje, em razão de diversos motivos. Entre os quais, podemos citar: as transformações das famílias e seus desdobramentos jurídicos; a valorização e fluidez dos bens;[70] a economia no pagamento de impostos; a possibilidade de maior autonomia do autor da herança; a celeridade da sucessão; a prevenção de litígios futuros; e o evitamento da dilapidação do patrimônio.

Entre as vantagens de se fazer o planejamento sucessório, um fator se destaca: a possibilidade de se pagar menos impostos. Com a organização fiscal e tributária, pode-se economizar dentro dos limites legais impostos pelo ordenamento.

Além da questão tributária, uma das principais justificativas para se fazer um planejamento sucessório está exatamente na busca de uma maior autonomia pelo autor da herança, para organizar, da melhor forma, o que deseja dentro de sua parte disponível, mas respeitando os limites da legítima quando houver herdeiros necessários; assim, evitam-se, futuramente, litígios sobre a herança e, consequentemente, dilapidação patrimonial.

Um planejamento sucessório efetivo é capaz de minimizar o risco de litígios judiciais, uma vez que respeita os limites legais da liberalidade do autor da herança e a parte legítima dos herdeiros necessários. Em contraposição, a ausência do planejamento sucessório ou sua existência ineficaz pode acarretar uma instabilidade em razão da multiplicidade de critérios utilizados pelos julgadores, com decisões judiciais muitas vezes contrariando a vontade do autor da herança. Há, ainda, de se considerar a lentidão dos processos judiciais, que termina por corroer o patrimônio.

5 Considerações finais

Atualmente, o Direito Sucessório encontra-se em desacordo com a sociedade brasileira. As transformações socioeconômicas abalaram os alicerces do Direito das Sucessões, que são a família e a propriedade. A falta de autonomia no Direito das Sucessões enrijece-o, conservando-o com um perfil de uma sociedade oitocentista.

[69] CRUZ, Elisa; AZEVEDO, Lilibeth. Planejamento sucessório. *In*: TEPEDINO, Gustavo; FACHIN, Luiz Edson (Orgs.). *Diálogos sobre direito civil*. Rio de Janeiro: Renovar, 2012. p. 540. v. III.

[70] "A multiplicidade e diversidade de bens tornam mais possível o conflito entre os herdeiros e, pior, tornam mais difícil a solução" (MAMEDE, Gladston; MAMEDE, Eduarda Cotta. *Planejamento sucessório*: introdução à arquitetura estratégica – patrimonial e empresarial – com vistas à sucessão causa mortis. São Paulo: Atlas, 2015. p. 3).

Principalmente nos dias de hoje, pois se deve interpretar os institutos do Direito Civil de uma forma mais funcionalizada do que estrutural.

Há a necessidade de que se revejam certos dogmas do Direito Sucessório em razão das transformações das famílias, que demandam atualizações da legislação sucessória; como também dos bens, que sofreram grandes modificações, surgiram novos bens, que constituem hoje o patrimônio de diversas formas de riquezas, não só mais na propriedade. Defende-se, dessa forma, a necessidade de haver uma funcionalização do Direito das Sucessões em consonância com os ditames constitucionais.

O artigo busca, portanto, demonstrar a importância e as vantagens do planejamento sucessório na atualidade brasileira, tendo em vista a necessidade de se rever todo o Direito das Sucessões, devido a seu descompasso com a sociedade. Contudo, antes que ocorra a desejada alteração legislativa, devem-se aplicar as regras disponíveis no ordenamento jurídico, com uma interpretação sistêmica na legalidade constitucional. Por isso, o planejamento sucessório se torna tão relevante e necessário para a funcionalização do Direito das Sucessões com base nos princípios da autonomia e da solidariedade familiar.

Referências

AMARAL, Francisco. *Direito civil*: introdução. 6. ed. ver., atual. e aum. Rio de Janeiro: Renovar, 2006.

ARIÈS, Philippe. *História da morte no Ocidente*. Tradução de Priscila Viana de Siqueira. Rio de Janeiro: Ediouro, 2003.

BAUMAN, Zygmunt. *Modernidade líquida*. Tradução de Plínio Dentzien. Rio de Janeiro: Jorge Zahar, 2001.

CARMINATE, Raphael Furtado. O direito à legítima e a autonomia privada do testador. *Revista IBDFAM: Famílias e Sucessões*, Belo Horizonte, v. 2, p. 33-63, mar./abr. 2014. p. 59.

CATALA, Pierre. *La transformation du patrimoine dans le droit civil moderne*. Septième Congrès Internacional de Droit Compare. Paris: l'Université de Paris, 1966.

CRUZ, Elisa; AZEVEDO, Lilibeth. Planejamento sucessório. *In*: TEPEDINO, Gustavo; FACHIN, Luiz Edson (Org.). *Diálogos sobre direito civil*. Rio de Janeiro: Renovar, 2012. p. 540. V. III.

DERRIDA, Jacques; ROUDINESCO, Elizabeth. *De que amanhã*: diálogo. Tradução de André Telles, revisão técnica de Antonio Carlos dos Santos. Rio de Janeiro: Jorge Zahar, 2004.

DIAS, Maria Berenice. *Manual das sucessões*. São Paulo: Revista dos Tribunais, 2009. p. 382.

FACHIN, Luiz Edson. Princípios constitucionais do direito de família brasileiro contemporâneo. *In*: BASTOS, Eliene Ferreira; DIAS, Maria Berenice (Coord.). *A família além dos mitos*. Belo Horizonte: Del Rey, 2008.

FACHIN, Luiz Edson; RUZYK, Carlos Eduardo Pianovski. Um Projeto de Código Civil na contramão da Constituição. *Revista Trimestral de Direito Civil – RTDC*, Rio de Janeiro, v. 4, p. 243-263, out./dez. 2000. p. 245.

GIDDENS, Anthony. *The consequences of modernity*. Stanford: Stanford University Press, 1990.

GOMES, Orlando. *Sucessões*. 12. ed. Ver., atual. E aum. De acordo com o Código Civil de 2002 e a Lei n. 11.441, de 4 de janeiro de 2007 por Mario Roberto Carvalho de Faria. Rio de Janeiro: Forense, 2004.

GUEDES, Gisela Sampaio da Cruz; TERRA, Aline de Miranda Valverde. Alienação fiduciária em garantia de bens imóveis: possíveis soluções para as deficiências e insuficiências da disciplina legal. *Civilistica.com*, Rio de Janeiro, ano 4, n. 1, 2015. Disponível em: http://civilistica.com/alienacao-fiduciaria-em-garantia-de-bens-imoveis/. Acesso em: 6 jan. 2016.

HESPANHA, António Manuel. *Cultura jurídica europeia* – Síntese de um milénio. Mem Martins: Europa-América, 2003. p. 27-28. Coleção Fórum da História.

HIRONAKA, Gisela Maria Fernandes Novaes. A incessante travessia dos tempos e a renovação dos paradigmas: a família, seu status e seu enquadramento na pós-modernidade. *In*: BASTOS, Eliene Ferreira; DIAS, Maria Berenice (Coord.). *A família além dos mitos*. Belo Horizonte: Del Rey, 2008. p. 65.

HIRONAKA, Gisela Maria Fernandes Novaes. Planejar é preciso: planejamento sucessório para as novas famílias. *Revista IBDFAM*, Belo Horizonte, ed. 10, p. 5-7, abr. 2014. p. 6.

KROPPENBERG, Inge. Succession Law. *In*: BASEDOW, Jürgen et al. (Ed.). *The Max Planck Encyclopedia of European Private Law*. Oxford: Oxford University Press, 2012. p. 1619. v. I.

MADALENO, Rolf. Planejamento sucessório. *Revista IBDFAM*: *Famílias e Sucessões*, Belo Horizonte, v. 1, p. 11-33, jan./fev. 2014, p. 12.

MAMEDE, Gladston; MAMEDE, Eduarda Cotta. *Planejamento sucessório*: introdução à arquitetura estratégica – patrimonial e empresarial – com vistas à sucessão causa mortis. São Paulo: Atlas, 2015.

MARTINS-COSTA, Judith. O direito sucessório na Constituição: a fundamentalidade do direito à herança. *Revista do Advogado AASP*, São Paulo, ano XXXI, n. 112, p. 79-87, jul. 2011.

MORAES, Maria Celina Bodin de. Prefácio. *In*: MORAES, Maria Celina Bodin de. *Na medida da pessoa humana* – Estudos de direito civil-constitucional. Rio de Janeiro: Renovar, 2010.

MORAES, Maria Celina Bodin de. A família democrática. *In*: MORAES, Maria Celina Bodin de. *Na medida da pessoa humana* – Estudos de direito civil-constitucional. Rio de Janeiro: Renovar, 2010.

NEVARES, Ana Luiza Maia. O princípio da intangibilidade da legítima. *In*: MORAES, Maria Celina Bodin de (Coord.). *Princípios do direito civil contemporâneo*. Rio de Janeiro: Renovar, 2006.

OLIVA, Milena Donato. *Do negócio fiduciário à fidúcia*. São Paulo: Atlas, 2014.

OLIVEIRA, Euclides de. Planejamento sucessório: regime de bens e seu reflexo na transmissão da herança. *Federação das Indústrias do Estado de São Paulo – FIESP*. Disponível em: http://www.fiesp.com.br/irs/conjur/pdf/transparencias_reuniao_conjur_25_10_10_-_euclides_benedito_de_oliveira_planej_sucess_palest_conjur.pdf. Acesso em: 14 jul. 2011.

PEREIRA, Caio Mario da Silva. *Instituições de direito civil*: direito das sucessões. 15. ed. ver. e atual. por Carlos Roberto Barbosa Moreira. Rio de Janeiro: Forense, 2005. p. 4. v. VI.

PERLINGIERI, Pietro. A doutrina do direito civil na legalidade constitucional. *In*: TEPEDINO, Gustavo (Coord.). *Direito civil contemporâneo* – Novos problemas à legalidade constitucional. São Paulo: Atlas, 2007.

PERLINGIERI, Pietro. *O direito civil na legalidade constitucional*. Tradução de Maria Cristina De Cicco. Rio de Janeiro: Renovar, 2008.

PERLINGIERI, Pietro. La funzione sociale del diritto sucessorio. *In*: PERLINGIERI, Pietro. *Rassegna di diritto civile 1*. Diretta da Pietro Perlingieri. Napoli: Edizioni Scientifiche Italiane, 2009.

PERLINGIERI, Pietro. *Scuole tendenze e metodi*. Problemi del diritto civile. Napoli: Edizioni Scientifiche Italiane, 1989.

REBOLLEDO VARELA, Ángel Luis. La actualización del derecho sucesorio espanõl ante los cambios sociológicos y jurídicos de la familia: conclusiones de una investigación. *In*: REBOLLEDO VARELA, Ángel Luis (Coord.). *La familia en el derecho de sucesiones*: cuestiones actuales y perspectivas de futuro. Madrid : Dykinson, 2010.

ROCHFELD, Judith. *Les grandes notions du droit privé*. Paris: Presses Universitaires de France, 2011.

ROUDINESCO, Elizabeth. *A família em desordem*. Tradução de André Telles. Rio de Janeiro: Jorge Zahar, 2003.

SOUSA, Rabindranath Capelo de. *Lições de direito das sucessões*. 3. ed. 2. Reimpr. Coimbra: Coimbra Editora, 1997. P. 113. V. 1.

TEIXEIRA, Ana Carolina Brochado; KONDER, Carlos Nelson. Situações jurídicas dúplices: controvérsias na nebulosa fronteira entre patrimonialidade e extrapatrimonialidade. *In*: TEPEDINO, Gustavo; FACHIN, Luiz Edson (Coord.). *Diálogos sobre direito civil*. Rio de Janeiro: Renovar, 2012. p. 5. v. III.

TEIXEIRA, Silvia Maria Benedetti. Planejamento sucessório: uma questão de reflexão. *Revista Brasileira de Direito de Família*, Porto Alegre, ano VIII, n. 31, p. 5-18, ago./set. 2005. p. 6.

TELLES, Inocêncio Galvão. Apontamentos para a história do direito das sucessões português. *Revista da Faculdade de Direito da Universidade de Lisboa*, Lisboa, v. XV, 1963. Separata.

TEPEDINO, Gustavo. A disciplina civil-constitucional das relações familiares. *In*: TEPEDINO, Gustavo. *Temas de direito civil*. 3. ed. Ver. E atual. Rio de Janeiro: Renovar, 2004.

TEPEDINO, Gustavo. Regime jurídico dos bens no Código Civil. *In*: VENOSA, Sílvio de Salvo; GAGLIARDI, Rafael Villar; NASSER, Paulo Magalhães (Coord.). *10 anos do Código Civil*: desafios e perspectivas. São Paulo: Atlas, 2012.

TEPEDINO, Gustavo; BARBOZA; Heloisa Helena; MORAES, Maria Celina Bodin de. *Código Civil interpretado conforme a Constituição da República I*. Rio de Janeiro: Renovar, 2004.

TEPEDINO, Gustavo. Livro (eletrônico) e o perfil funcional na experiência brasileira. *In*: VICENTE, Dário Moreira et al. (Org.). *Estudos de direito intelectual em homenagem ao Prof. Doutor José de Oliveira Ascensão*. 1. ed. Coimbra: Almedina, 2015.

VAN BOOM, Willem H.; OGUS, Anthony. Introducing, defining and balancing "autonomy versus paternalismo". *In*: VAN BOOM, Willem H; OGUS, Anthony (Ed.). *Justaposing autonomy and paternalism in private law*. Oxford: Hart Publishing, 2011.

VELOSO, Zeno; AZEVEDO, Antônio Junqueira de (Coord.). *Comentário ao Código Civil* – Parte especial: direito das sucessões. Arts. 1.857 a 2.027. São Paulo: Saraiva, 2003. p. 2. v. 21.

VIEIRA, Liszt. *Cidadania e globalização*. 5. ed. Rio de Janeiro: Record, 2001.

Informação bibliográfica deste texto, conforme a NBR 6023:2018 da Associação Brasileira de Normas Técnicas (ABNT):

TEIXEIRA, Daniele Chaves. Noções prévias do Direito das Sucessões: sociedade, funcionalização e planejamento sucessório. *In*: TEIXEIRA, Daniele Chaves (Coord.). *Arquitetura do planejamento sucessório*. 3. ed. Belo Horizonte: Fórum, 2022. p. 31-48. Tomo I. 978-65-5518-459-4.

A COLAÇÃO E SEUS REFLEXOS NO PLANEJAMENTO SUCESSÓRIO

ALEXANDRE MIRANDA OLIVEIRA
ANA CAROLINA BROCHADO TEIXEIRA

1 Introdução

Ante os fenômenos sociais contemporâneos – longevidade,[1] novos arranjos familiares, fragilidades dos vínculos conjugais que fazem crescer o número de divórcios e aumentar o de famílias reconstituídas,[2] etc. – e as atuais disposições codificadas de direito sucessório, há um grande anseio e necessidade de se planejar a própria sucessão, seja para prevenir litígios, seja para atender às peculiaridades de cada família.[3] No entanto, a ordem pública é um dos limites às manifestações da autonomia privada, sendo importante se investigar quais os atos validamente praticados no intuito de planejar o destino dos bens após a morte, e quais terão sua validade ou eficácia questionada.

Uma das possibilidades muito comuns no intuito de distribuir o patrimônio é a doação, que, se feita de ascendente a descendente ou a cônjuge/companheiro, configura adiantamento de legítima e está sujeita à colação, salvo se dispensada e realizada dentro dos limites legais. O grande desafio que se apresenta atualmente é em relação ao critério a ser adotado para equivalência das legítimas: (i) se o valor declarado ao tempo do ato de liberalidade ou se o valor do momento da abertura da sucessão; (ii) o valor equivalente do bem ou o próprio bem em si, o que acaba por colocar em risco

---

[1] "Os idosos – pessoas com mais de 60 anos – somam 23,5 milhões dos brasileiros, mais que o dobro do registrado em 1991, quando a faixa etária contabilizava 10,7 milhões de pessoas. Na comparação entre 2009 (última pesquisa divulgada) e 2011, o grupo aumentou 7,6%, ou seja, mais 1,8 milhão de pessoas. Há dois anos, eram 21,7 milhões de pessoas". Disponível em http://www.sdh.gov.br/assuntos/pessoa-idosa/dados-estatisticos/DadossobreoenvelhecimentonoBrasil.pdf. Acesso em: 15 maio 2018.

[2] Nos últimos anos (de 1984 a 2014), o número de divórcios cresceu de 30,8 mil para 341,1 mil, com a taxa geral de divórcios passando de 0,44 por mil habitantes na faixa das pessoas com 20 anos ou mais de idade, em 1984, para 2,41 por mil habitantes em 2014, o que significa um aumento de 1.007%. Em uma análise comparativa entre 2004 e 2014, "o Brasil registrou 341,1 mil divórcios em 2014, ante 130,5 mil registros em 2004. É um salto de 161,4% em dez anos". Em 10 anos, taxa de divórcios cresce mais de 160% no País. Disponível em: http://www.brasil.gov.br/cidadania-e-justica/2015/11/em-10-anos-taxa-de-divorcios-cresce-mais-de-160-no-pais. Acesso em: 15 maio 2018.

[3] TEIXEIRA, Daniele Chaves. *Planejamento sucessório:* pressupostos e limites. Belo Horizonte: Fórum, 2017.

os planejamentos sucessórios feitos até então, ante as sucessivas disposições entre o Código Civil e o Código de Processo Civil.

Antes de adentrar na análise desse problema, importante destacar os principais aspectos do instituto da colação.

2 Notas gerais sobre a colação

Define-se por colação o ato obrigatório dos descendentes, cônjuge e companheiro, que houver recebido doação, de trazer os referidos bens ao acervo hereditário a fim de igualar a legítima[4] com os demais herdeiros de mesma classe.[5] Os bens colacionados serão acrescidos à parte indisponível, sem aumentar a quota passível de ser testada. A colação baseia-se no princípio da preservação da igualdade entre os herdeiros na sucessão legítima, pois se entende que a doação anterior à abertura da sucessão se opera a título de antecipação do direito hereditário, e não no intuito de prejudicar algum herdeiro.

> Presume-se, por isso, que as doações e vantagens, feitas pelos pais ou outros ascendentes àquelas pessoas destinadas naturalmente a suceder-lhes, são apenas antecipações das respectivas quotas hereditárias, adiantamentos das legítimas, que hão de reverter ao acervo, submetendo-se, então, a uma medida de igualdade.[6]

O referido instituto origina-se, conforme o citado autor, da *collatio bonorum* (colação de bens) e da *colatio dottis* (colação de dotes) presentes no Direito romano.[7] Pela *collatio bonorum*, havendo herdeiros emancipados e herdeiros não emancipados, os primeiros deveriam trazer à colação todo o patrimônio amealhado após a emancipação para, assim, proceder à partilha em igualdade com os demais herdeiros não emancipados.

Justificava-se a medida, uma vez que todo o patrimônio adquirido pelos herdeiros não emancipados não lhe pertencia e sim ao pai, portanto ao acervo; já os herdeiros emancipados adquiriam bens em nome próprio, fora do monte hereditário. Entendiam os romanos que, com o falecimento, a *collatio bonorum* evitaria que os herdeiros sob o pátrio poder fossem prejudicados quando da partilha. Já pela *collatio dottis* as mulheres eram

---

4 Uma breve nota deve ser feita para ressaltar que estudos mais modernos têm apontado que a legítima (como quota obrigatória dos herdeiros necessários), tal qual foi concebida, está em crise, havendo um amplo movimento por maior autonomia no arranjo patrimonial para depois da morte do titular do patrimônio. Sobre o tema: TEIXEIRA, Daniele Chaves. A necessidade de revisitar o instituto da legítima. *In*: MONTEIRO, Carlos Edison do Rêgo (Org.). *Direito Civil*. Rio de Janeiro: Freitas Bastos Editora, 2015, p. 389-402.

5 "Consiste, pois, a colação, no ato judicial de reconstituição do acervo hereditário, por meio da adição dos bens doados em vida aos descendentes ao patrimônio deixado no momento da morte do *de cujus*, para que a partilha se faça segundo a justa e precisa equalização de todas as legítimas de todos os herdeiros descendentes" (THEODORO JÚNIOR, Humberto. *Curso de Direito Processual Civil*. V. II. 52. ed. Rio de Janeiro: Forense, 2018, p. 288).

6 BEVILÁQUA, Clóvis. *Direito das sucessões*. Campinas: Red Livros, 2000, p. 439. No mesmo sentido: "A colação integra no quanto da herança necessária o valor do que foi gratuitamente dado ao herdeiro, para que se compute no quinhão necessário do herdeiro o que a Ele, em vida do de cujo, foi outorgado. Não importa se tratou de direito real, ou de direito pessoal, ou de remissão de dívida, ou de renúncia, desistência, ou de outro ato atributivo que diminuiu o patrimônio de decujo" (MIRANDA, Pontes de. *Direito das Sucessões*: Sucessão em Geral: Sucessão Legítima; atualizado por Giselda Maria Fernandes Novaes Hironaka e Paulo Luiz Netto Lôbo. São Paulo: Revista dos Tribunais, 2012, p. 350).

7 BEVILÁQUA, Clóvis. *Direito das sucessões*. Campinas: Red Livros, 2000, p. 440.

obrigadas a conferir seus dotes *protecticios e adventícios*, quer se achassem emancipadas, no momento de serem chamadas à sucessão, quer estivessem sob o poder paterno.[8]

Com a evolução do Direito Civil, o código atual, a exemplo do anterior, determina que se tragam à colação as doações (de qualquer natureza) recebidas em vida pelos herdeiros concorrentes no intuito de se igualarem às legítimas, sob pena de não o fazendo serem aplicadas as penas da sonegação.

A função do instituto, como explicita o art. 2.003 CC, é efetivar a igualdade entre os herdeiros.[9] Corroborada pela igualdade constitucional entre os filhos (art. 227, §6º, CF, art. 1.596 CC, art. 20 ECA), à garantia de que os direitos sucessórios fossem tanto quantitativa quanto qualitativamente iguais,[10] a discussão foi mais fomentada pela inclusão do cônjuge na categoria de herdeiro necessário pelo atual Código (art. 1.845).[11]

A princípio, uma rápida leitura do art. 2.002 CC poderia dar a impressão de que o dever de colação estaria restrito aos *descendentes que concorrerem à sucessão do ascendente comum*, restringindo assim o dever e a legitimidade, ativa e passiva, apenas aos descendentes do morto.[12]

Essa interpretação, no entanto, não deve persistir no caso de sobrevivência do cônjuge, pois este passou a ser herdeiro do falecido concorrendo com os descendentes a depender do regime de bens adotado (art. 1.829, I, CC), desde que obedecidos os requisitos e circunstâncias apresentadas.[13] A jurisprudência tem entendido que o fato

---

8 BEVILÁQUA, Clóvis. *Direito das sucessões*. Campinas: Red Livros, 2000, p. 440.

9 "A teoria da igualdade entre descendentes inspirou o legislador pátrio na regulamentação do instituto. Os descendentes são herdeiros obrigatórios. Pertence-lhes, de pleno direito a metade dos bens do ascendente. Esta parte da herança tem de ser dividida em frações iguais. Quando o ascendente contempla, em vida, um deles, revogaria o princípio da igualdade das legítimas, se o bem doado não tivesse de ser conferido para constituição da metade indisponível. Os demais herdeiros seriam prejudicados, porque, além do que receberá gratuitamente antes da abertura da sucessão, o favorecido herdaria igual quota" (GOMES, Orlando. *Sucessões*. 12. ed. Rio de Janeiro: Forense, 2004, p. 287).

10 TEIXEIRA, Ana Carolina Brochado. Igualdade, formal e substancial, na filiação: repercussões no Direito das Sucessões. *Revista IOB de Direito da Família*, v. 9, p. 25-39, 2008.

11 "Desde o direito romano, a *collatio*, fundada em razões de equidade social, tem o objetivo de evitar tratamento desigual entre os herdeiros, e foi uma criação pretoriana. Há o parecer generalizado entre os autores de que a colação se baseia na vontade presumida do de cujus, ou seja, que as liberalidades feitas a seus descendentes visam apenas que estes recebam antecipadamente e desfrutem em vida do doador o que lhes foi agraciado, e não estabelecer uma desigualdade sucessória. Tanto é procedente essa concepção que, na hipótese de o doador desejar, realmente, beneficiar o donatário, colocando-o em posição privilegiada com relação aos demais descendentes, basta que ele diga isso, expressamente, dispensando o gratificado da colação (art. 2005, *caput*)". (VELOSO, Zeno. *Comentários ao Código Civil*: parte especial. Direito das sucessões. Vol. 21 (arts. 1.857 a 2.027). São Paulo: Saraiva, 2003, p. 406).

12 Os ascendentes não têm o dever de colacionar; essa regra certamente foi motivada pela ideia de ser natural que eles faleçam antes do descendente doador. Uma referência deve ser feita ao dever de colação dos netos, quando eles herdam por representação dos pais na sucessão dos avós: o art. 2.009 CC imputa-lhes o dever de colacionar os bens que seus pais receberam por doação (ainda que não o hajam herdado), com o escopo de igualar o quinhão hereditário com os demais descendentes em primeiro grau dos avós.

13 "No sistema do Código de 1916, somente se sujeitavam à colação os descendentes sucessíveis (art. 1.786); no atual, embora o art. 2.002 apenas a eles se refira, deve-se entender que também o cônjuge está obrigado a conferir o valor das doações que lhe tenham sido feitas pelo *de cujus*". (PEREIRA, Caio Mário da Silva. *Instituições de direito civil*. Vol. VI: direito das sucessões. 25. ed. Atualizado por Carlos Roberto Barbosa Moreira. Rio de Janeiro: Forense, 2018, p. 383). Zeno Veloso afirma que "A lei só obriga que tragam o valor dos bens doados à colação os descendentes, estando livres disso os ascendentes e (pelo menos aparentemente) o cônjuge sobrevivente. Houve uma omissão quanto ao cônjuge, uma vez que o art. 544 afirma que a doação de um cônjuge a outro importa adiantamento do que lhe cabe na herança, e a consequência lógica desse dispositivo é a que o cônjuge deve conferir as doações que, em vida, recebeu do outro cônjuge. Mas o art. 2002 só menciona os descendentes, o que causa dúvida. A contradição entre os arts. 544 e 2.002 é evidente, mas o intérprete tem de superá-la, vencer o

do cônjuge ter sido alçado à condição de herdeiro necessário faz com ele tenha o dever de colacionar os bens adquiridos por meio de doação do falecido: "A doação feita ao cônjuge antes da vigência do Código Civil de 2002 dispensa a colação do bem doado, uma vez que, na legislação revogada, o cônjuge não detinha a condição de herdeiro necessário".[14]

O mesmo se aplica ao companheiro, em face da igualdade sucessória estabelecida pelo STF no RE 646.721/RS, que firmou a seguinte tese: "No sistema constitucional vigente, é inconstitucional a distinção de regimes sucessórios entre cônjuges e companheiros, devendo ser aplicado, em ambos os casos, o regime estabelecido no art. 1.829 do CC/2002".

Não obstante a condição de herdeiro necessário do cônjuge, entende-se que ele apenas deve colacionar os bens com fins de igualar os quinhões quando efetivamente concorrer à herança, ou seja, nos regimes da comunhão parcial quando houver bens particulares, participação final nos aquestos, separação total de bens ou algum regime híbrido em que ele for herdeiro. Por isso, acertada a reflexão de Caio Mário da Silva Pereira ao afirmar que "daí dizer-se, procedentemente, que a colação pelo cônjuge do herdeiro está em função do regime de bens, não da doação em si mesma".[15]

Também devem colacionar os herdeiros por representação, independentemente da existência ou não, na data da abertura da sucessão, do patrimônio antecipado ou do grau de representação.[16] A colação alcança ainda o herdeiro que vier a renunciar à

---

obstáculo, esclarecer a situação. Não só na brasileira, como em muitas legislações estrangeiras, os ascendentes estão dispensados da colação". No entanto, posteriormente na mesma obra, leciona: "Como sabemos, o cônjuge foi muito beneficiado no direito sucessório, e aparece, neste Código, em posição realmente privilegiada. Não é razoável e justo que ele não fique obrigado a trazer à colação os valores de bens que recebeu em doação do *de cujus*, enquanto os descendentes têm esse dever". (VELOSO, Zeno. *Comentários ao Código Civil*: parte especial. Direito das sucessões. Vol. 21 (arts. 1.857 a 2.027). São Paulo: Saraiva, 2003, p. 416).

14 CIVIL. DIREITO DAS SUCESSÕES. CÔNJUGE. HERDEIRO NECESSÁRIO. ART. 1.845 DO CC. REGIME DE SEPARAÇÃO CONVENCIONAL DE BENS. CONCORRÊNCIA COM DESCENDENTE. POSSIBILIDADE. ART. 1.829, I, DO CC. DOAÇÃO EFETIVADA ANTES DA VIGÊNCIA DO NOVO CÓDIGO CIVIL. COLAÇÃO. DISPENSA. 1. O cônjuge, qualquer que seja o regime de bens adotado pelo casal, é herdeiro necessário (art. 1.845 do Código Civil). 2. No regime de separação convencional de bens, o cônjuge sobrevivente concorre com os descendentes do falecido. A lei afasta a concorrência apenas quanto ao regime da separação legal de bens prevista no art. 1.641 do Código Civil. Interpretação do art. 1.829, I, do Código Civil. 3. A doação feita ao cônjuge antes da vigência do Código Civil de 2002 dispensa a colação do bem doado, uma vez que, na legislação revogada, o cônjuge não detinha a condição de herdeiro necessário. 4. Recurso especial desprovido (STJ, 3ª T., REsp 1346324/SP, Rel. Min. Nancy Andrighi, Rel. p/ acórdão Min. João Otávio de Noronha, j. 19.8.2014, DJe 2.12.2014). Contra tal decisão, foi proposta Ação Rescisória cuja petição inicial foi indeferida liminarmente, julgado contra o qual foi interposto Agravo Interno que manteve, por maioria, o mesmo entendimento, vencidos os Mins. Nancy Andrighi e Raul Araújo. Os fundamentos dos votos divergentes se baseiam, basicamente, em que o instituto da sucessão se funda em fatos diversos dos quais se fundamentam o contrato de doação: "Ora, não se revela razoável, como pretende o acórdão rescindendo, a aplicação concomitante de normas jurídicas sucessórias do CC/1916 – para afastar o dever de colação - e do CC/2002 – para reconhecer a condição de herdeiro necessário do cônjuge sobrevivente casado sob o regime da separação convencional de bens. Na prática, isso significa que a cônjuge sobrevivente foi considerada herdeira necessária para auferir 1/5 da legítima em concorrência com os quatro filhos, mas não o foi para arcar com o dever de colacionar o que recebeu em doação do de cujus, dever este imposto a todos os demais herdeiros necessários." (STJ, 3ª T., AgInt na AÇÃO RESCISÓRIA 6.382 – DF, Rel. Min. Antônio Carlos Ferreira, julg. 22.9.2021, DJ 27.9.2021)

15 PEREIRA, Caio Mário da Silva. *Instituições de direito civil*. Vol. VI: direito das sucessões. 25. ed. Atualizado por Carlos Roberto Barbosa Moreira. Rio de Janeiro: Forense, 2018, p. 385.

16 "Observa-se que a lei só faz referência a netos, esquecendo a possibilidade de haver representação por herdeiros bisnetos, trinetos, etc., desde que os seus ascendentes estejam pré-mortos, ou excluídos da herança. Em tal caso, aqueles descendentes mais remotos assumem a mesma obrigação que caberia aos netos, de colacionar doações na sucessão do autor da herança, pois a representação em linha reta não se submete a limites de grau de parentesco" (OLIVEIRA, Euclides Benedito. Colação e sonegados. *In*: HIRONAKA, Giselda Maria Fernandes

herança, bem como o que for excluído dela, como estabelece o art. 2.008 CC; resta saber se devem ser devolvidos todos os bens em face da renúncia/exclusão ou apenas os que ultrapassarem a legítima ou a disponível.[17]

Neste sentido impõe-se entender que os herdeiros renunciantes ou excluídos devem trazer à colação os referidos bens, mas perderão apenas a parte que ultrapassar a legítima, que será então partilhada entre os demais herdeiros, à exclusão destes, conservando, entretanto, as doações que se enquadrarem dentro da parte disponível. A conclusão é clara, uma vez que tanto a exclusão quanto a renúncia se operaram após a doação, não podendo os efeitos retroagirem à liberalidade consumada em data anterior.

Não obstante a herança responda pelo pagamento das dívidas do falecido (limitada aos bens deixados), é certo que o patrimônio recebido pelo herdeiro pode ser reivindicado pelos credores para o pagamento de dívidas na proporção que couber àquele. Para tanto, o diploma processual, em seu art. 615, VI, VII, e IX, outorga legitimidade concorrente à Fazenda Pública, a credores e síndicos falimentares, tanto do autor da herança, do herdeiro ou do legatário, quanto do cônjuge sobrevivente, para requererem a abertura do inventário não efetivada. Embora poder-se-ia entender que os credores, uma vez aptos a assumirem a inventariança, também possuiriam legitimidade para requerer aos herdeiros que estes tragam à colação os bens antecipados em vida pelo falecido, este não é o entendimento prevalecente: a legitimidade ativa, neste caso, é exclusiva dos herdeiros necessários:[18] "Não têm interesse no objeto da colação, não são a ela obrigados e, pois, não podem exigi-la: a) os credores, para quem é indiferente que as legítimas

Novaes; PEREIRA, Rodrigo da Cunha (Coord.). *Direito das sucessões e o novo código civil*. Belo Horizonte, Del Rey, 2004, p. 375-376).

17 "Nota-se, nas hipóteses de renúncia e exclusão, que o sentido de liberalidade inoficiosa não se restringe ao que excedeu o permitido para dispor, mas que exceder também a legítima. O disponível compreende a metade do patrimônio pessoal. A legítima equivale à porção resultante de divisão da outra metade pelo número de herdeiros legítimos. Nestas duas situações – renúncia e exclusão –, portanto, impede que a doação tenha ultrapassado a metade disponível e atingido a legítima, para ensejar o direito à colação. Estes montantes, mesmo com a renúncia, ou exclusão, ultrapassaram aquilo que corresponderia à legítima e à metade disponível" (RIZZARDO, Arnaldo. *Direito das sucessões*. 2. ed. Rio de Janeiro: Forense, 2005, p. 676).

18 "Unicamente os descendentes e o cônjuge sobrevivente podem pedir a colação de bens recebidos por outros descendentes" (RIZZARDO, Arnaldo. *Direito das sucessões*. 2. ed. Rio de Janeiro: Forense, 2005, p. 677). Esta também é a corrente aceita pelo STJ, como se observa do Recurso Especial nº 170.037, que negou legitimidade inclusive ao testamenteiro, considerando o direito privativo aos herdeiros: "PROCESSUAL CIVIL. AGRAVO DE INSTRUMENTO. DIREITO DE EXIGIR COLAÇÃO EM PLEITO SUCESSÓRIO. HERDEIROS NECESSÁRIOS. JURISPRUDÊNCIA DO STJ. I – O direito de exigir colação é privativo dos herdeiros necessários, a teor do art. 1.785 do CCB – Ilegitimidade de o testamenteiro exigir a colação, a fim de possibilitar imputação legitimária – recurso provido. II – Matéria de fato (Súmula 07/STJ). III – Recursos não conhecidos". (STJ, REsp. 170037, 3ª T, Rel. Min. Waldemar Zveiter, julg. 13.4.1999. "Segundo o STJ, não têm legitimação ativa o testamenteiro (REsp 170037), a viúva, em relação às liberalidades recebidas pelas filhas do inventariado (REsp 167421) e o herdeiro testamentário (REsp 400948)". (LOBO, Paulo. *Direito civil*: sucessões. 2. ed. São Paulo: Saraiva, 2014, p. 97). Vale a citação do acórdão: RECURSO ESPECIAL. CIVIL. DIREITO DAS SUCESSÕES. PROCESSO DE INVENTÁRIO. DISTINÇÃO ENTRE COLAÇÃO E IMPUTAÇÃO. DIREITO PRIVATIVO DOS HERDEIROS NECESSÁRIOS. ILEGITIMIDADE DO TESTAMENTEIRO. INTERPRETAÇÃO DO ART. 1.785 DO CC/16. 1. O direito de exigir a colação dos bens recebidos a título de doação em vida do "de cujus" é privativo dos herdeiros necessários, pois a finalidade do instituto é resguardar a igualdade das suas legítimas. 2. A exigência de imputação no processo de inventário desses bens doados também é direito privativo dos herdeiros necessários, pois sua função é permitir a redução das liberalidades feitas pelo inventariado que, ultrapassando a parte disponível, invadam a legítima a ser entre eles repartida. 3. Correto o acórdão recorrido ao negar legitimidade ao testamenteiro ou à viúva para exigir a colação das liberalidades recebidas pelas filhas do inventariado. 4. Doutrina e jurisprudência acerca do tema. 5. Recursos especiais desprovidos. (STJ, 3ª T. REsp 167421 / SP, Rel. Min. Paulo de Tarso Sanseverino, j. 7.12.2010, DJe 17.12.2010)

sejam ou não igualadas. Podem, porém, usar da ação pauliana, se for caso disso e não estiver prescrita".[19]

3 Dos bens sujeitos à colação

É suscetível de colação a doação direta ou indireta de bens a herdeiro e, no caso de descendentes, daqueles que o representam na sucessão hereditária.[20] Importante destacar que o dever de colacionar alcança inclusive os bens que não mais existirem quando da abertura da sucessão, mas que foram fruto de doação, importando a origem do negócio jurídico motivador do ingresso do bem no patrimônio do herdeiro.

Tendo em vista que a doação objetiva antecipar a fruição do bem e não privilegiar um herdeiro em detrimento do outro, a alienação gratuita de bens do patrimônio do ascendente ao descendente, cônjuge ou companheiro, deve ser interpretada de forma ampla, incluindo tanto doações diretas como indiretas:

> Bens móveis ou imóveis, valores que o doador tenha doado ao herdeiro e este, adquirido outros bens como o dinheiro, rendimento de bens do progenitor, auferidos pelo filho, dádivas de qualquer espécie, realizadas diretamente ou por intermédio de terceiro, somas não módicas, pagamento de indenizações de responsabilidade do filho, valor para integralização de capital social de empresa da qual o filho partícipe, cessão gratuita de créditos, empréstimos de valores razoáveis, sem cobrança de juros, quitação de dívidas do filho para terceiros, em nome deste ou do próprio pai, pagamento de multas fiscais, impostos e multas administrativas, pagamento de fianças ou avais, etc.[21]

Está-se a afirmar que as doações indiretas também devem ser colacionadas, pois implicaram transferência patrimonial gratuita, não obstante não tenham, formalmente, nem natureza nem forma de doação.[22] Portanto, o dever de colacionar não se restringe ao negócio jurídico doação, formalizado enquanto tal, pois deve se fazer uma ampla investigação dessa transferência gratuita de um a outro.[23]

---

19 SANTOS, João Manoel de Carvalho. *Código Civil Brasileiro Interpretado*: principalmente do ponto de vista prático. Direito das Sucessões, Volume XXV. Rio de janeiro: Freitas Bastos, 1937, p. 20.

20 "Estão sujeitos à colação toda a liberalidade com que a pessoa, de cuja sucessão se trata, haja gratificado, direta ou indiretamente, o herdeiro, ou mesmo aquele a quem este substitui por direito de representação" (BEVILÁQUA, Clóvis. *Direito das sucessões*. Campinas: Red Livros, 2000, p. 440).

21 CATEB, Salomão de Araújo. *Direito das sucessões*. Belo Horizonte: Del Rey, 1999, p. 220.

22 "Posto aluda a lei a doações, tem-se admitido que também estão sujeiras à colação outras liberalidades, nomeadamente as chamadas doações indiretas. São negócios jurídicos que, sem terem a natureza e a forma da doação, encerram liberalidade, como a remissão de dívida, o *negotium misto cum donatione*, a renúncia com intenção translativa, a construção em terreno do filho ou a compra, em seu nome, de determinado bem". (GOMES, Orlando. *Sucessões*. 15. ed. Atualizado por Mario Roberto Carvalho de Faria. Rio de Janeiro: Forense, 2012, p. 309); "O descendente tem o dever de trazer à colação o valor da doação direta, como o da doação indireta ou dissimulada. O que viola a lei por meio de embustes e disfarces deve receber tanta (ou maior) punição quanto o outro, que descumpre a norma às claras e diretamente". (VELOSO, Zeno. *Comentários ao Código Civil*: parte especial. Direito das sucessões. Vol. 21 (arts. 1.857 a 2.027). São Paulo: Saraiva, 2003, p. 413).

23 "Tanto as liberalidades diretas quanto as indiretas devem ser conferidas. São exemplos de liberalidade indireta: o pagamento de dívida do filho pelo pai, a remissão de dívidas, aquisições para o ascendente, a construção de benfeitorias, etc." (BARBOZA, Heloisa Helena; MORAES, Maria Celina Bodin de; TEPEDINO, Gustavo. *Código Civil interpretado conforme a Constituição da República*, V. IV, Rio de Janeiro: Renovar, 2014, p. 872). Também colhe-se da jurisprudência: "AÇÃO DECLARATÓRIA DE SONEGADOS - CAUSA REMOTA - DOAÇÃO INDIRETA - CONTRATO DE COMPRA E VENDA - AÇÃO ADEQUADA E PRÓPRIA - INTERESSE DE AGIR

No entanto, não é toda liberalidade que se configura doação.[24] A doutrina entende, por exemplo, que o prêmio advindo de seguro de vida não é colacionável: "A doação deve ser interpretada, no seu conjunto ou em cada uma de suas cláusulas, de modo restritivo. Na dúvida, não se pode estender a certos atos, mesmo que de liberalidades, a qualidade de doação. Ou seja, nem toda liberalidade é doação. Por exemplo, o capital estipulado no seguro de vida ou de acidentes pessoais não se considera doação ou herança (CC, art. 794), não se lhe aplicando o dever de colação".[25]

Por outro lado, estão excluídos do dever de colacionar[26] os frutos e acréscimos provenientes do trabalho, do esforço do donatário, pois, se assim não o fosse, estar-se-ia sob a égide da *collatio bonorum* do Direito romano, em total desprestigio à boa administração do herdeiro; tratar-se-ia de flagrante enriquecimento sem causa dos demais herdeiros sobre o trabalho do donatário.[27]

PRESENTE - REFORMA DA SENTENÇA. Constando como causa remota a alegação de doação indireta sob o manto de Contrato de Compra e Venda, a 'Ação Declaratória de Sonegados' é adequada e própria ante o pedido imediato, eis que não há nenhuma vedação à propositura da mesma. Também se revela própria a 'Ação Declaratória de Sonegados', sob o aspecto do direito positivo e substancial, eis que visa trazer à colação o bem possivelmente doado e não a nulidade de Contrato de Compra e Venda que pode configurar numa antecipação de legítima. Não tendo os donatários trazido os bens espontaneamente à colação, o inventariante ou qualquer outro herdeiro possuem o interesse para agir, dada a necessidade do processo para a resolução do litígio. Provimento do recurso que se impõe" (TJMG, Ap. Civ. 1.0000.00.280554-7/000, Rel. Antônio Carlos Cruvinel, julg. 9.9.2002, DJ 8.4.2003); "No tocante à tese da impossibilidade de anulação do contrato de compra e venda em processo de inventário, consta dos autos que o Tribunal *a quo* não apreciou o tema, em virtude de considerar que a discussão se restringia ao pedido de colação dos bens doados pelo genitor falecido a uma das herdeiras e que, através do agravo de instrumento, não seria possível estabelecer um debate acerca da legalidade da doação realizada pelo de cujus. Diante dessa constatação, verifica-se inexistir interesse de agir da recorrente no exame da tese debatida no recurso especial, uma vez que o *decisum* recorrido não ofertou pronunciamento judicial contrário à sua pretensão." (STJ, 3ª T., AgInt no REsp 1839600 – MG, Rel. Min. Marco Aurélio Bellizze, julg. 1.6.2021).

24 O STJ decidiu que o comodato de bem imóvel realizado em vida do *de cujus* não constitui objeto colacionável: "No caso concreto, o acórdão recorrido esclareceu que a pretensão dos recorrentes está voltada a trazer à *colação* 'a ocupação e o uso de um imóvel e a respectiva garagem' utilizados por uma das herdeiras necessárias a título gratuito. 5. Distinção entre o contrato de comodato, empréstimo gratuito de coisas não fungíveis, com a doação, mediante a qual uma pessoa, por liberalidade, transfere do seu patrimônio bens ou vantagens para o de outra. 6. Somente na doação há transferência da propriedade, tendo o condão de provocar desequilíbrio entre as quotas-partes dos herdeiros necessários, importando, por isso, em regra, no adiantamento da legítima" (STJ, REsp nº 1722691/SP, 3ª T., Rel. Min. Paulo de Tarso Sanseverino, julg. 12.3.2019, *DJe* 15.3.2019).

25 LÔBO, Paulo. *Direito civil*: sucessões. 2. ed. São Paulo: Saraiva, 2014, p. 87. No mesmo sentido: "Se o pai fez seguro de vida, indicando como beneficiário apenas um dos filhos, o capital estipulado que este receber da Companhia de Seguro, ocorrendo a morte do genitor, não precisa ser levado a colação. Este filho, afinal, não auferiu um benefício por sucessão hereditária, na qualidade de herdeiro necessário, mas por direito próprio, por força de estipulação constante no contrato de seguro, em que aparece como terceiro beneficiário". (VELOSO, Zeno. *Comentários ao Código Civil*: parte especial. Direito das sucessões. Vol. 21 (arts. 1.857 a 2.027). São Paulo: Saraiva, 2003, p. 430).

26 Não obstante a obviedade, cabe uma lembrança de que a meação do cônjuge não está sujeita à colação. Embora ela possa integrar o processo de inventário para fins de delimitação dos bens que compõem a sua meação, ela não é objeto de transmissão hereditária, conforme já decidiu o STJ: "SUCESSÕES. BENS NÃO DECLARADOS PELA INVENTARIANTE, VÍUVA E SEGUNDA ESPOSA DO DE CUJUS. PENA DE SONEGADOS. APLICÁVEL SOMENTE AOS HERDEIROS. IMPOSSIBILIDADE DE EXTENSÃO À MEAÇÃO DO CÔNJUGE. PERDA DA HERANÇA. EXIGÊNCIA DE DOLO OU MÁ-FÉ NA OCULTAÇÃO. NECESSIDADE DE INTERPELAÇÃO. REQUISITO NÃO VERIFICADO. (...) 2. No caso em análise, a interpelação promovida pela parte autora foi dirigida somente à viúva inventariante, não havendo sequer menção aos nomes dos herdeiros do segundo casamento, um deles menor à época. 3. A colação possui como finalidade equalizar as legítimas dos herdeiros necessários, de modo que a pena de sonegados é inaplicável à meação pertencente à viúva não herdeira" (STJ, REsp nº 1.567.276 – CE, 4ª T., Relª. p/ acórdão Minª. Maria Isabel Gallotti, julg. 11.6.2019).

27 "Importante registrar que só o valor dos bens doados é conferido, estando excluídas da colação as benfeitorias acrescidas, que pertencerão ao herdeiro donatário, correndo também à conta deste os rendimentos ou lucros, assim como os danos e perdas que eles sofrerem (Código Civil, art. 2.004, §2º, e Código de Processo Civil de

Também podem ser excluídos da colação os gastos ordinários com os descendentes menores, fruto de despesas com educação, alimentação, vestuário, saúde, ou seja, relativas ao sustento em geral no exercício da autoridade parental, bem como estão excluídas também as despesas com o casamento e todo o enxoval, os gastos em defesa de processo criminal (art. 2.010 CC) ou remuneratórios de serviços prestados ao autor da herança (art. 2.011 CC).[28]

Não obstante essas exclusões legais, pode o doador, no exercício da sua autonomia privada, no próprio título ou em testamento – sendo o ato formal, portanto –, dispensar que o herdeiro traga à colação algum bem, desde que esta doação saia da parte disponível quando da realização do referido negócio jurídico,[29] conforme autoriza o art. 2.005 CC: "São dispensadas da colação as doações que o doador determinar saiam da parte disponível, contanto que não a excedam, computado o seu valor ao tempo da doação".[30] Não é possível, portanto, dispensa virtual ou presumida do dever de colacionar: "É inadmissível a dispensa virtual. Não obstante se possa depreender das cláusulas da doação, ou do testamento, a vontade de dispensar a colação, somente vale a declaração expressa por infensa à natureza do ato qualquer declaração tácita".[31] Ressalte-se que a doação, como a renúncia, é ato solene que exige atendimento à forma estabelecida para o ato, como já decidiu o STJ: "A dispensa do dever de colação só se opera por expressa e formal manifestação do doador, determinando que a doação ou ato de liberalidade recaia sobre a parcela disponível de seu patrimônio".[32]

2.015, art. 639, parágrafo único)". (NEVARES, Ana Luiza Maia. As inovações do Código de Processo Civil de 2015 no Direito das Sucessões. *Revista IBDFAM:* Família e sucessões, Belo Horizonte, v. 13, p. 69, jan./fev. 2016).

28 A função da transferência gratuita entre o patrimônio das partes deve ser comprovada no processo: "Ademais, não há qualquer comprovação nos autos de que os valores doados seriam destinados a gastos ordinários ou remuneratórios dispensados de serem levados à colação conforme expressamente permitem os artigos 2.010 e 2.011, também do CC. Da mesma forma, não há qualquer comprovação de que os valores doados foram objeto de administração conjunta pela autora e todos os herdeiros, como alega o réu. De outro turno, é cristalino e confesso que os valores foram doados e destinados ao réu e não trazidos ao inventário para nivelamento dos quinhões. Portanto, presentes, o requisito objetivo, qual seja, a ocultação de bens e o requisito subjetivo, qual seja, o dolo da conduta, necessários à configuração da sonegação de bens. Sob tal prisma, do que consta dos autos, é indubitável que o réu cometeu sonegação, pois, na condição de herdeiro necessário, não cumpriu seu dever de colação ao não mencionar no inventário os valores que lhe foram doados, o que é absolutamente incontroverso." (STJ, AREsp 1290858, Rel. Min. Paulo de Tarso Sanseverino, julg. 24.8.2020, DJ 2.9.2020)

29 "A dispensa da colação não pode ser tácita, presumida, mas não exige solenidade especial, palavras sacramentadas, podendo ser apurada pela interpretação das expressões utilizadas, revelando-se a vontade real do doador, inequivocamente". (VELOSO, Zeno. *Comentários ao Código Civil*: parte especial. Direito das sucessões. Vol. 21 (arts. 1.857 a 2.027). São Paulo: Saraiva, 2003, p. 422-423).

30 "Há dispositividade, e não *ius cogens*. O doador pode afastar a colação, isto é, a regra jurídica de se considerar adiantamento o que foi outorgado ao descendente. Uma vez que êle pode dispor da outra metade, fica a seu líbito incluir nessa metade o que exceda a metade indisponível". (MIRANDA, Pontes de. *Direito das Sucessões*: Sucessão em Geral: Sucessão Legítima; atualizado por Giselda Maria Fernandes Novaes Hironaka e Paulo Luiz Netto Lôbo. São Paulo: Revista dos Tribunais, 2012, p. 353).

31 GOMES, Orlando. *Sucessões*. 15. ed. Atualizado por Mario Roberto Carvalho de Faria. Rio de Janeiro: Forense, 2012, p. 307.

32 "Recurso especial. Sucessões. Inventário. Partilha em vida. Negócio formal. Doação. Adiantamento de legítima. Dever de colação. Irrelevância da condição dos herdeiros. Dispensa. Expressa manifestação do doador. Todo ato de liberalidade, inclusive doação, feito a descendente e/ou herdeiro necessário, nada mais é que adiantamento de legítima, impondo, portanto, o dever de trazer à colação, sendo irrelevante a condição dos demais herdeiros: se supervenientes ao ato de liberalidade, se irmãos germanos ou unilaterais. É necessária a expressa aceitação de todos os herdeiros e a consideração de quinhão de herdeira necessária, de modo que a inexistência da formalidade que o negócio jurídico exige não o caracteriza como partilha em vida. – A dispensa do dever de colação só se opera por expressa e formal manifestação do doador, determinando que a doação ou ato de liberalidade recaia

A liberação da colação visa refutar a presunção de que a doação representa uma antecipação da herança para o descendente, cônjuge ou companheiro do donatário, pois ela demonstra que a intenção do doador é privilegiar um dos herdeiros, destinando-lhe uma parte diferenciada de seus bens, o que é plenamente possível no nosso sistema sucessório, desde que não fira a legítima.

O STJ também já se pronunciou, em algumas oportunidades, a respeito da validade da dispensa da colação, principalmente quando todos os herdeiros comparecem ao ato concordando com a doação e com cláusula que os desobriga de trazê-la à colação, "devendo o eventual prejuízo ao herdeiro necessário decorrente da doação em vida feita pelos pais ser discutido em ação própria, não na ação de inventário".[33]

Questão interessante de direito intertemporal refere-se a doações feitas a cônjuge casado pelo regime da separação convencional de bens na vigência do código anterior e que, antes da vigência do atual código, recebeu doações. Entendeu o STJ, por maioria, no julgamento do Recurso Especial nº 1.346.324/SP[34] que, apesar do cônjuge ser herdeiro necessário pela leitura atual do art. 1.845 CC, como a doação se deu na vigência do Código de 1916, que não conferia esta mesma condição, ele está dispensado da colação, pois o patrimônio lhe foi transferido naquela oportunidade. No voto se observa ainda que a posição da maioria é que, caso a doação se efetivasse após a vigência do Código Civil em vigor, mesmo se por via de testamento anterior, o regime da separação convencional tornaria o cônjuge herdeiro necessário e o obrigaria a colacionar os bens que não saírem da parte disponível.

4 A avaliação dos bens doados e o impacto no planejamento sucessório

Como se mencionou na introdução a esse trabalho, a doação é uma das ferramentas para se efetivar um planejamento sucessório, dentro dos espaços de liberdade autorizados pela lei. Essa reflexão se faz necessária em razão das mudanças sucessivas de orientação quanto à forma e ao tempo de se valorar os bens que devem ser colacionados.

O Código Civil de 1916 continha dispositivo[35] – com redação praticamente idêntica ao atual Código Civil – que afirmava que os bens doados deviam ser trazidos ao inventário do donatário; todavia, se não mais estivessem em seu patrimônio, seriam conferidos pelo valor certo ou pela estimação que deles houver sido feita na data da doação; se do

sobre a parcela disponível de seu patrimônio. Recurso especial não conhecido" (STJ, Recurso Especial nº 730483, 3ª T, Rel. Min. Nancy Andrighi, julgado em 03.05.2005).

33 STJ, 4ª T., AgInt no ARE 837816 – SP, Relª. Minª Maria Isabel Gallotti, julg. 28.9.2020.

34 STJ, Recurso Especial nº 1.346.324, 3ª T, Rel. Min João Otávio de Noronha, julg. 19.8.2014. Trata-se de decisão por maioria e não unânime, portanto, sujeito ainda a eventual pacificação.

35 Art. 1.786. Os descendentes, que concorrerem à sucessão do ascendente comum, são obrigados a conferir as doações e os dotes, que dele em vida receberam. Parágrafo único. Se ao tempo do falecimento do doador ou doadores, os donatários já não possuírem os bens doados, trarão à colação o seu valor.

instrumento não constasse valor certo nem estimado, deveria ser feito cálculo de seu valor à época do ato de disposição.[36] [37]

Com o advento do Código de Processo Civil de 1973, estabeleceu-se outro parâmetro:

> Art. 1.014. No prazo estabelecido no art. 1.000, o herdeiro obrigado à colação conferirá por termo nos autos os bens que recebeu ou, se já os não possuir, trar-lhes-á o valor.
> Parágrafo único. Os bens que devem ser conferidos na partilha, assim como as acessões e benfeitorias que o donatário fez, calcular-se-ão pelo valor que tiverem ao tempo da abertura da sucessão (art. 1.014, parágrafo único).

O referido código filiou-se ao critério da colação por meio do próprio bem, ou seja, pela substância e, na hipótese de não mais ter o bem em seu poder, modificou o tempo de valoração do bem. Entendeu-se que a lei adjetiva derrogou a substantiva, posição esta prevalecente quando do julgamento do Recurso Especial nº 595.742-SC, no qual entendeu o STJ que "os bens trazidos à colação, para efeito de acertamento das legítimas, devem ser avaliados com base no valor que possuírem à época da abertura da sucessão, conforme o disposto no art. 1.014, parágrafo único, do CPC".[38] No entanto, mesmo antes da vigência do atual Código Civil, o próprio STJ divergia quanto ao critério da valoração do bem, no caso do bem doado já ter sido vendido antes do falecimento do doador:

> I - O instituto da colação tem por objetivo igualar a legítima, trazendo a partilha os bens ausentes ao acervo. Curial dizer-se que, em ciclo inflacionário, na conferência, se o bem doado já fora vendido antes da abertura da sucessão, seu valor há de ser atualizado na data desta, eis que a correção monetária tem por objeto precípuo elevar o valor nominal da moeda ao seu nível real.[39]

O atual Código Civil retomou o entendimento do CC/1916 – que determinava que a colação deveria trazer os bens pelo valor da época da doação –, uma vez que seu art. 2.004 determina que "o valor de colação dos bens doados será aquele, certo ou estimativo, que lhes atribuir o ato de liberalidade". Caso não conste valor certo nem estimado no instrumento de doação, os bens serão conferidos na partilha pelo que valiam ao tempo da liberalidade. Em caráter excepcional apenas, a colação poderá ocorrer em substância, caso o patrimônio remanescente do falecido seja bastante para garantir a igualdade dos quinhões dos descendentes e cônjuge/companheiro (art. 2.003, parágrafo único).

O trato da matéria conflita com o disposto no art. 639 do Código de Processo Civil de 2015, que estabelece, em seu parágrafo único, que "os bens a serem conferidos na partilha, assim como as acessões e benfeitorias que o donatário fez, calcular-se-ão pelo valor que tiverem ao tempo da abertura da sucessão", retornando o critério da conferência em substância, ou seja, levando-se em conta o próprio bem no momento do falecimento

---

36 Art. 1.792. Os bens doados, ou dotados, imóveis, ou móveis, serão conferidos pelo valor certo, ou pela estimação que deles houver sido feita na data da doação.

37 Certo é que já no julgamento do RE 76.454-2, entendeu o STF que a posição mais correta, analisando um cenário de inflação no país, era que a colação deveria se dar pelo valor à época da abertura da sucessão, harmonizando assim os dispostos nos artigos 1793, 1775 e 1785 do CC vigente, julgamento realizado pelo Pleno em 14.09.1978.

38 STJ, REsp 595742, 3ª T, Relª. Minª. Nancy Andrighi, julg. 6.11.2003.

39 STJ, 3ª T., REsp 10428/SP, Rel. Min. Waldemar Zveiter, j. 9.12.1991, DJ 17.2.1992 p. 1373.

do doador. Na hipótese de o donatário não mais possuir o bem, a conferência deve ser feita por valor, sendo o parâmetro o valor do bem no momento da abertura da sucessão.[40]

É certo que o critério da conferência pelo valor no momento da doação – critério dos Códigos Civis – pode apresentar problemas, pois há riscos de não cumprir a sua função de efetivamente igualar os quinhões hereditários:

> De fato, se um filho recebe um bem como adiantamento da legítima que posteriormente é muito valorizado, a conferência do mesmo segundo o valor ao tempo da doação não trará a igualdade entre a legítima dos herdeiros necessários, uma vez que aquele herdeiro donatário receberá mais do que os outros, pois conferirá valor menor do que aquele que efetivamente é atribuído ao bem no momento da abertura da sucessão. O mesmo se passa se o bem recebido por doação pelo herdeiro necessário sofrer profunda desvalorização sem culpa sua, como na hipótese de um tombamento, hipótese em que o prejuízo será do herdeiro donatário.[41]

No entanto, o critério da conferência pelo valor no momento do falecimento também apresenta problemas, no caso do bem não mais estar no patrimônio do donatário à época da morte do doador e, por ocasião do falecimento deste, tiver havido expressiva modificação no valor do bem. Nessas condições, também não haverá a igualdade desejada entre os herdeiros necessários do *de cujus*.[42]

A doutrina civilista aponta que, em razão da natureza de ordem material da colação, deveria prevalecer o critério estabelecido pelo Código Civil e não pelo Código de Processo Civil:

> Essas questões relacionadas à indagação sobre o modo pelo qual se realiza a colação – se em substância ou por estimação – e por qual valor – se o da época da liberalidade ou se o da abertura da sucessão – claramente dizem respeito ao Direito Civil e não ao Direito Processual Civil. A este competiria estabelecer as regras acerca de como conduzir a colação no

---

40 "O valor básico para colação, segundo o art. 2.004 do Código Civil, seria aquele pelo qual o bem figurou no ato de liberalidade. O novo CPC, entretanto, restabeleceu antiga regra do Código de 1973, determinando que os bens doados, assim suas acessões e benfeitorias, sejam colacionados 'pelo valor que tiverem ao tempo da abertura da sucessão' (NCPC, art. 639, parágrafo único), ou seja, a avaliação deverá reportar-se ao momento da morte do autor da herança. Com essa regra processual superveniente restou revogado o dispositivo do Código Civil que preconizava a colação pelo valor do tempo da doação" (THEODORO JÚNIOR, Humberto. *Curso de Direito Processual Civil*. V. II. 52 ed. Rio de Janeiro: Forense, 2018, p. 289).

41 NEVARES, Ana Luiza Maia. As inovações do Código de Processo Civil de 2015 no Direito das Sucessões. *Revista IBDFAM:* Família e sucessões, Belo Horizonte, v. 13, p. 69, jan./fev. 2016.

42 Em outra oportunidade, foram apontadas as dificuldades da compatibilização dos critérios de modo a efetivamente alcançar a igualdade pretendida pela lei: "Vejamos o simples caso em que dois irmãos recebem um lote, no mesmo quarteirão, onde o primeiro conserva o lote por 20 anos e o segundo vende, ou perde, logo em seguida. Com o passar dos anos, a região se valoriza, aumentando consideravelmente o valor do imóvel. Adotando a sistemática do enunciado e do Recurso Especial nº 595.742, o irmão que conservou o bem terá que trazê-lo à colação no valor da data da abertura da sucessão e o irmão que perdeu, simplesmente atualizará o valor do bem, pois não mais o possui. Ora, quem esta enriquecendo neste caso será o *filho pródigo*, pois a doação feita ao irmão será colacionada em valor superior a sua. Não se trata aqui de presunção de má-fé do herdeiro como atacado no julgamento do referido recurso, mas de adequar os efeitos patrimoniais; tanto está equivocada a decisão que, *mutatis mutantes*, basta fazermos o raciocínio contrário: imagine que o lote sofre uma forte desvalorização devido à invasão do terreno vizinho. Neste caso, o *filho pródigo* sairá prejudicado, uma vez que o valor atualizado do imóvel vendido anos atrás será superior ao valor atual, na abertura da sucessão, do imóvel conservado." (OLIVEIRA, Alexandre Miranda. Colação e sonegados. *In*: RIBEIRO, Gustavo Pereira Leite; TEIXEIRA, Ana Carolina Brochado. *Manual de Direito das Famílias e Sucessões*. 3. ed. Rio de Janeiro: Processo, 2017, p. 759-760).

procedimento do inventário. Mas, como se vê, a legislação instrumental também estabeleceu e estabelece regras a respeito do "modo" de se realizar a colação e a respeito do tempo de "valoração" do bem a ela trazido.[43]

Não obstante as normas estejam em um Código de Processo Civil, elas têm invariável natureza material. Por isso, entende-se que elas só se aplicam aos falecimentos ocorridos depois que o atual CPC entrou em vigor, e não se destinam aos inventários em andamento.[44] A jurisprudência define que a lei aplicável é aquela vigente ao tempo da morte do *de cujus*, ou seja, se a conferência dos bens se dará por valor ou por substância e tendo por referencial o momento da liberalidade ou o da morte do doador é questão a ser observada no comando normativo em vigor no momento do falecimento:[45]

> RECURSO ESPECIAL. SUCESSÃO. BENS À COLAÇÃO. VALOR DOS BENS DOADOS. APLICAÇÃO DA LEI VIGENTE À ÉPOCA DA ABERTURA DA SUCESSÃO. APLICAÇÃO DA REGRA DO ART. 2.004 DO CC/2002. VALOR ATRIBUÍDO NO ATO DE LIBERALIDADE COM CORREÇÃO MONETÁRIA ATÉ A DATA DA SUCESSÃO. RECURSO ESPECIAL IMPROVIDO. 1. Tendo sido aberta a sucessão na vigência do Código Civil de 2002, deve-se observar o critério estabelecido no art. 2.004 do referido diploma, que modificou o art. 1.014, parágrafo único, do Código de Processo Civil de 1973, pois a contradição presente nos diplomas legais, quanto ao valor dos bens doados a serem trazidos à colação, deve ser

43 HIRONAKA, Giselda Maria Fernandes Novaes; AGUIRRE, João Ricardo Brandão. Quais os parâmetros vigentes para a realização das colações das doações realizadas em adiantamento da legítima? Texto ainda não publicado gentilmente cedido pelos autores. No mesmo sentido: "o "como proceder à colação no procedimento do inventário" constitui matéria evidentemente de natureza processual; já o "de que modo se realiza a colação, se em substância ou por estimação, e, neste caso, por qual valor, se pelo da época da doação ou pelo da abertura da sucessão", por sua vez, constituem evidentemente questões de direito material" (CARVALHO, Felipe Quintella Machado de. O NCPC e o direito das sucessões: a nova disciplina dos modos de se proceder à colação. Disponível em: https://www.conpedi.org.br/publicacoes/02q8agmu/8v3pu3uq/l5C0cI2LDX1oE44x.pdf. Acesso em: 12 maio 2018.

44 "(...) o posicionamento que aqui se defende é no sentido de que, como as normas sobre o modo de se proceder à colação têm natureza material, ainda que alteradas por um Código de Processo, as alterações promovidas pelo NCPC no esquema do CC/02 somente devem ser aplicadas às sucessões abertas após a entrada em vigor do novo diploma processual." (CARVALHO, Felipe Quintella Machado de. O NCPC e o direito das sucessões: a nova disciplina dos modos de se proceder à colação. Disponível em: https://www.conpedi.org.br/publicacoes/02q8agmu/8v3pu3uq/l5C0cI2LDX1oE44x.pdf. Acesso em: 12 maio 2018. No mesmo sentido embora com fundamentos um pouco diversos, o STJ se pronunciou recentemente: "É indiscutível a existência de antinomia entre as disposições do Código Civil (arts. 1.792, *caput*, do CC/1916 e 2.004, *caput*, do CC/2002), que determinam que a colação se dê pelo valor do bem ao tempo da liberalidade, e as disposições do Código de Processo Civil (arts. 1.014, parágrafo único, do CPC/73 e 639, parágrafo único, do CPC/15), que determinam que a colação se dê pelo valor do bem ao tempo da abertura da sucessão, de modo que, em se tratando de questão que se relaciona, com igual intensidade, com o direito material e com o direito processual, essa contradição normativa somente é resolúvel pelo critério da temporalidade e não pelo critério de especialidade. Precedentes. 5. Na hipótese, tendo o autor da herança falecido antes da entrada em vigor do CC/2002, aplica-se a regra do art. 1.014, parágrafo único, do CPC/73, devendo a colação se dê pelo valor do bem ao tempo da abertura da sucessão" (STJ, REsp nº 1.698.638 – RS, 3ª T., Relª. Minª. Nancy Andrighi, julg. 14.5.2019, *DJe* 16.5.2019).

45 O STJ determinou a aplicação do art. 1.014 do CPC/73, "prescrevendo que a colação dos bens deve ser feita com base no valor do bem à época da abertura da sucessão, e não da realização da doação dos bens". No entanto, submetido à prova pericial de avaliação, "em razão da ausência de documentos recentes, o valor atualizado dos bens foi apurado com base nos valores constantes de escritura de doação, realizada em 1967". O magistrado então usou a equidade para adequar o laudo pericial ao valor do bem no momento do falecimento, o que foi entendido como conduta razoável para atendimento do equilíbrio entre os quinhões: "No caso ora em exame, as instâncias ordinárias concluíram que o valor obtido no laudo pericial a partir da atualização do valor dos bens à data da realização da doação viola o art. 1.014 do CPC/73, que determina que os bens trazidos à colação devem ser avaliados com base no seu valor à data da abertura da sucessão, razão pela qual, em observância ao mencionado dispositivo legal, fixou-se valor distinto daquele obtido na perícia e mais próximo ao valor dos bens à data da sucessão." (STJ, 4ª T., AgInt no REsp 1589841 – MG, Rel. Min. Raul Araújo, julg. 16.11.2020).

solucionada com observância do princípio de direito intertemporal *tempus regit actum*. 2. O valor de colação dos bens deverá ser aquele atribuído ao tempo da liberalidade, corrigido monetariamente até a data da abertura da sucessão. 3. Existindo divergência quanto ao valor atribuído aos bens no ato de liberalidade, poderá o julgador determinar a avaliação por perícia técnica para aferir o valor que efetivamente possuíam à época da doação. 4. Recurso especial não provido.[46]

Diante desse debate, há julgados que entendem pela prevalência do critério da estimação, mesmo depois da vigência do atual CPC, devendo, no entanto, atualizar o valor constante do título sucessório por meio de correção monetária:

> O valor da colação é matéria controversa na doutrina. O parágrafo único do art. 639 do NCPC, repetindo o que já constava no parágrafo único do art. 1.014 do CPC/73, prevê que o bem trazido à colação será calculado pelo valor que tiver ao tempo da abertura da sucessão. Por outro lado, o art. 2.004 do CC/02, dispõe que o valor de colação do bem será aquele que lhe atribuir o ato de liberalidade. A fim de conciliar esses dois dispositivos legais, aparentemente contraditórios, a jurisprudência, de forma acertada, tem decidido que se levará em consideração o valor do bem no ato da doação, mas este valor deve ser atualizado até a data da abertura da sucessão.[47]

---

46 STJ, 4ª T., REsp 1166568 / SP, Rel. Min. Lázaro Guimarães (desembargador convocado do TRF 5ª região), j. 12.12.2017, DJe 15.12.2017. No mesmo sentido: Processo civil. Recurso especial. Inventário. Preclusão. Prequestionamento. Ausência. Colação. Avaliação do bem. Valor à época da abertura da sucessão. (...) Os bens trazidos à colação, para efeito de acertamento das legítimas, devem ser avaliados com base no valor que possuírem à época da abertura da sucessão, conforme o disposto no art. 1.014, parágrafo único, do CPC, dispositivo esse que corresponde à norma vigente à época da abertura das sucessões examinadas nos presentes autos. Recurso especial parcialmente conhecido e provido. (STJ, 3ª T., REsp 595742 / SC, Relª Minª Nancy Andrighi, j. 6.11.2003, DJ 1.12.2003 p. 356); "Agravo de instrumento. Decisão agravada que determinou que a colação se desse pelo valor atribuído pelo ato de liberalidade acrescido de correção monetária. O recorrente busca que seja conferido à colação o valor atribuído pelo ato de liberalidade sem a incidência de quaisquer fatores de atualização. Sucessão iniciada na vigência do Código Civil de 2002 e do Código de Processo Civil de 1973. Caput do artigo 2.004 que define como valor da colação aquele que tiver sido atribuído pelo ato de liberalidade, e seu parágrafo segundo expressamente indica que não integrarão o valor da colação 'as benfeitorias acrescidas', 'os rendimentos ou lucros' ou 'os danos e perdas'. Doadas as quotas sociais, o subsequente sucesso ou insucesso na gestão da empresa, o aumento ou a diminuição do patrimônio líquido da pessoa jurídica, não terão efeitos sobre a partilha. Preserva-se os demais herdeiros da diminuição do monte mor pelo perecimento da coisa doada, ao mesmo tempo em que se atribui exclusivamente ao donatário a valorização decorrente das benfeitorias por ele realizadas. A norma de direito material desconsidera as ulteriores depreciações ou melhorias que o bem doado possa ter experimentado, substituindo-o pelo valor monetário que lhe foi atribuído à época da liberalidade. Art. 1.014 do CPC de 1973 (atual art. 639 do CPC de 2015) que estabelece que a colação deverá observar o valor do bem à época da sucessão. Interpretação conjunta dos aludidos dispositivos legais da qual resulta que, o bem doado seja substituído pelo valor monetário que possuía à época da doação (art. 2.004 do Código Civil), acrescido de atualização monetária a contar da data da doação até a abertura da sucessão (art. 1.014 do CPC de 1973). Do contrário estar-se-ia atribuindo exclusivamente aos demais herdeiros os riscos da corrosão da moeda pela inflação, não se cumprindo à finalidade legal de se igualar as legítimas (artigos 2.002 e 2.003 e do Código Civil). Recurso desprovido." (TJSP, 7ª Câmara de Direito Privado, Agravo de Instrumento 2070697-22.2017.8.26.0000, Rel. Des. Rômolo Russo, j. 25.4.2018, publ. 26.4.2018).

47 O acórdão está assim ementado: "INVENTÁRIO - Decisão que analisou a situação dos bens relativos à partilha - Inconformismo do herdeiro - Desacolhimento - Aplicação do art. 252 do RITJSP - Imóvel doado ao agravante pelos genitores - Adiantamento da legítima - Necessidade de colação - Valor do bem que deve ser atualizado a partir do ato de liberalidade até a data da abertura da sucessão - Inteligência do art. 2.004 do Código Civil - Decisão mantida - Recurso desprovido." (TJSP, 5ª Câmara de Direito Privado, Agravo de Instrumento 2099086-17.2017.8.26.0000, Rel. Des. J. L. Mônaco da Silva, j. 23.8.2017, publ. 24.8.2017). Na mesma direção: "AGRAVO DE INSTRUMENTO. SUCESSÕES. INVENTÁRIO. PRELIMINAR DE INADMISSIBILIDADE DO RECURSO. REJEIÇÃO. DOAÇÃO. VALOR DO BEM TRAZIDO À COLAÇÃO. COTAÇÃO DA ÉPOCA DA LIBERALIDADE. (...) 2. Possui conteúdo decisório a decisão que fixou data para efeitos de cálculo relativo ao valor dos bens recebidos pelos herdeiros como forma de adiantamento de legítima. 3. De acordo com o art.

Em meio a esse debate, a tendência parece ser a de adotar o critério do CPC atual: "A legítima em regra deve ser calculada no momento da abertura da sucessão segundo os critérios do art. 1.847 do Código Civil, assim como, no caso, o valor dos imóveis doados, por ainda integrarem à época da morte o patrimônio dos donatários".[48]

Em setembro de 2002, por ocasião da I Jornada de Direito Civil (motivada pela entrada em vigor do atual Código Civil), foi aprovado o Enunciado nº 119, cujo teor é o seguinte: "Art. 2.004: para evitar o enriquecimento sem causa, a colação será efetuada com base no valor da época da doação, nos termos do *caput* do art. 2.004, exclusivamente na hipótese em que o bem doado não mais pertença ao patrimônio do donatário. Se, ao contrário, o bem ainda integrar seu patrimônio, a colação se fará com base no valor do bem na época da abertura da sucessão, nos termos do art. 1.014 do CPC, de modo a preservar a quantia que efetivamente integrará a legítima quando esta se constituiu, ou seja, na data do óbito (resultado da interpretação sistemática do art. 2.004 e seus parágrafos, juntamente com os arts. 1.832 e 884 do Código Civil)".[49] O Enunciado acabou por buscar uma solução conciliatória, a depender do fato de o bem estar ou não no patrimônio do donatário no momento do falecimento do doador.

Uma outra possibilidade quando o bem não mais está no patrimônio do donatário quando da morte do doador busca apurar o real benefício auferido com o bem (devidamente corrigido), sendo este o referencial para cálculo com fins de colação, corrente à qual se filiam muitos estudiosos do Direito das Sucessões: "O critério que condiz com a igualdade dos quinhões hereditários é o proposto por Paulo Cezar Carneiro, para

---

2.002 do CC, os descendentes que concorrerem à sucessão do ascendente comum são obrigados, para igualar as legítimas, a conferir o valor das doações que receberam. 4. O art. 2.004 do CC dispõe que o valor de colação dos bens doados será aquele, certo ou estimativo, que lhes atribuir o ato de liberalidade. 5. Malgrado a existência do entendimento exposto no Enunciado nº 119 da Jornada de Direito Civil do Conselho da Justiça Federal, o qual preceitua que para evitar o enriquecimento sem causa, a colação será efetuada com base no valor da época da doação, nos termos do caput do art. 2.004, exclusivamente na hipótese em que o bem doado não mais pertença ao patrimônio do donatário. Se, ao contrário, o bem ainda integrar seu patrimônio, a colação se fará com base no valor do bem na época da abertura da sucessão, entendo que, para preservar a igualdade entre os herdeiros, aplica-se o art. 2.004, do Código Civil, devendo os bens levados à colação, em ambos os casos, ser calculados com base no valor atribuído ao tempo da doação. 6. Recurso conhecido e desprovido. Preliminar rejeitada." (TJDFT, 2ª Turma Cível, AI 07062764420178070000, Rel. Des. Sandoval Oliveira, j. 17.8.2017, DJ 22.8.2017). A doutrina também tem divergido sobre o melhor critério a ser aplicado, mesmo na vigência do atual CPC: "Diante da dinâmica e movimentação dos bens que compõem a patrimonialidade, parece, de fato, que o legislador processual terminou por adentrar em seara própria do civilista, o qual, no Código Civil de 2002, já havia escolhido aquela opção que, ainda que não seja perfeita, traduz maior senso de justiça, que é fotografar o valor da doação ao tempo da liberalidade." (BUCAR, Daniel; TEIXEIRA, Daniele. A colação no Código de Processo Civil de 2015. *In*: EHRHARDT JR., Marcos (Coord.). *Impactos do novo CPC e do EPD no Direito Civil Brasileiro*. Belo Horizonte: Fórum, 2016, p. 119).

48 A ementa do referido acórdão é a seguinte: "AGRAVO DE INSTRUMENTO – Inventário – Colação – A legítima em regra deve ser calculada no momento da abertura da sucessão segundo os critérios do art. 1.847 do Código Civil, assim como, no caso, o valor dos imóveis doados, por ainda integrarem à época da morte o patrimônio dos donatários – Avaliação da totalidade dos bens conforme valores reais vigentes à época da abertura da sucessão - Conflito do art. 639 do CPC/2015 com o art. 2.004 do Código Civil, acerca do momento em que se deve proceder ao cálculo dos bens – Recurso provido." (TJSP, 2ª Câmara de Direito Privado, AI 2064287-45.2017.8.26.0000, Rel. Des. Alcides Leopoldo, j. 1.9.2017, publ. 1.9.2017). Com a mesma conclusão: AGRAVO DE INSTRUMENTO. INVENTÁRIO. COLAÇÃO. A doação de ascendentes a descendentes importa adiantamento do que lhes cabe por herança. A avaliação do imóvel objeto de colação deve corresponder ao valor da época da abertura da sucessão, a fim de igualar os quinhões hereditários. Agravo de instrumento desprovido. (TJRS, 7ª C.C., Agravo de Instrumento 70074650755, Rel. Des. Jorge Luís Dall'Agnol, j. 12.12.2017, DJ 14.12.2017).

49 CENTRO DE ESTUDOS JUDICIÁRIOS. *Enunciados da I Jornada de Direito Civil*. Brasília: Conselho da Justiça Federal, 2002. Disponível em http://daleth.cjf.gov.br/revista/enunciados/IJornada.pdf. Acesso em: 16 maio 2018.

quem o valor a ser conferido deve ser o do benefício (...). Assim, se o donatário ainda possui o bem na época da abertura da sucessão, o valor deve ser o da época do óbito; todavia, se o donatário não mais possui o bem, o valor deve ser o da época em que o benefício ocorreu, devidamente corrigido. Desta forma, respeita-se a correta distribuição dos quinhões, assim como a igualdade dos quinhões dos descendentes. Mas, também, evita-se o enriquecimento sem causa".[50]

Na VIII Jornada de Direito Civil, realizada em abril de 2018, foi aprovado enunciado nesse sentido, com vistas a cumprir de forma mais efetiva a função da colação:

> Os arts. 2.003 e 2.004, do Código Civil e o art. 639, do CPC/2015 devem ser interpretados de modo a garantir a igualdade das legítimas e a coerência do ordenamento. O bem doado em adiantamento de legítima será colacionado de acordo com seu valor atual na data da abertura da sucessão se ainda integrar o patrimônio do donatário. Se o donatário já não mais possuir o bem doado, este será colacionado pelo valor do tempo de sua alienação, atualizado monetariamente.

O esquema hermenêutico proposto pelo Prof. Gustavo Tepedino sintetiza com clareza a solução para o problema: "conclui-se que o legislador brasileiro pretende levar à colação o bem segundo o real benefício econômico angariado pelos herdeiros donatários, que poderá ocorrer: I) na data da liberalidade (bens consumíveis; que foram transferidos a terceiros gratuitamente; ou que se deterioram por culpa do donatário); II) na abertura da sucessão (bens que permanecem com o donatário até a data do óbito do doador); ou III) na data da alienação onerosa a terceiros dos bens recebidos, hipótese em que tal momento traduzirá o efetivo benefício econômico auferido pelo donatário. Sobre tais valores não incidirão evidentemente juros de qualquer natureza, vez que desvirtuariam a natureza da liberalidade, restando ausentes os seus pressupostos fáticos de incidência".[51]

Parece que essa é a melhor saída interpretativa para cumprir efetivamente a função da colação.

5 Conclusão

Como se viu, a colação objetiva igualar os quinhões hereditários, pois prevalente o princípio da igualdade entre os herdeiros. Havendo bens doados, estes devem ser trazidos à colação no intuito de se verificar se a referida liberalidade se originou realmente da parte disponível, caso em que não correrá sua redução, ou, no caso contrário, será trazido para compor o monte-mor e realizada a equivalência das heranças.

---

50 BARBOZA, Heloisa Helena; MORAES, Maria Celina Bodin; TEPEDINO, Gustavo. *Código Civil interpretado conforme a Constituição da República*, V. IV, Rio de Janeiro: Renovar, 2014, p. 878. Também tem esse entendimento: "No entanto, como visto, o legislador de 2015 perdeu uma oportunidade de resolver de vez a aludida problemática, por meio da previsão do critério do real benefício do donatário que, sem dúvida, seria de maior valia para a finalidade da colação." (NEVARES, Ana Luiza Maia. As inovações do Código de Processo Civil de 2015 no Direito das Sucessões. *Revista IBDFAM:* Família e sucessões, Belo Horizonte, v. 13, p. 71, jan./fev. 2016).

51 TEPEDINO, Gustavo. Controvérsias hermenêuticas sobre a colação. In: NEVARES, Ana Luiza Maia; TEIXEIRA, Ana Carolina Brochado (coords.). *Direito das Sucessões:* problemas e tendências. Indaiatuba: Foco, 2022, p. 248-249.

A controvérsia maior sobre a colação na contemporaneidade é motivada pelas sucessivas leis materiais e processuais que trazem consigo critérios diversos para a declaração do bem doado no inventário do doador: os códigos civis aderem ao critério do valor ao tempo da doação e os códigos de processo civil, ao tempo da morte, sem falar em relação ao debate sobre a forma em que os bens devem ser levados ao inventário: pelo critério da estimação ou da substância.

Independentemente do parâmetro adotado, em todas as hipóteses, deve ser abatido dessa valoração todo o trabalho imputado ao herdeiro na valoração do bem, sob pena de se praticar enriquecimento sem causa, bem como averiguar sua desídia em caso de efetiva desvalorização.

Portanto, continua atual a reflexão de João Baptista Villela, feita em 1964: "nenhum dos sistemas já elaborados resolve cabalmente os tormentosos problemas postos pelas liberalidades colacionáveis. Nem será razoável esperar que de suas combinações possa provir um melhor resultado".[52]

Nota-se a insegurança jurídica gerada pelas sucessivas substituições de referências para o trato da matéria. E agora, com a vigência do atual CPC, será necessária uma revisão dos planejamentos sucessórios já elaborados, pois os padrões anteriores levavam em consideração, para igualar as legítimas, o valor dos bens à época da doação, tendo-se como norte a teoria da estimação. Será preciso verificar se eles continuam cumprindo os objetivos almejados, pois, segundo a lei atual, determina-se que (i) a colação far-se-á por substância e (ii) se o bem não estiver no patrimônio do donatário, seu valor deve ser levado ao inventário tendo como referência a data do falecimento do doador.

Informação bibliográfica deste texto, conforme a NBR 6023:2018 da Associação Brasileira de Normas Técnicas (ABNT):

OLIVEIRA, Alexandre Miranda; TEIXEIRA, Ana Carolina Brochado. A colação e seus reflexos no planejamento sucessório. *In*: TEIXEIRA, Daniele Chaves (Coord.). *Arquitetura do planejamento sucessório*. 3. ed. Belo Horizonte: Fórum, 2022. p. 49-64. Tomo I. ISBN 978-65-5518-459-4.

[52] VILLELA, João Baptista. *Contribuição à teoria do valor dos bens na colação hereditária*. Belo Horizonte: Imprensa da Universidade Federal de Minas Gerais, 1964, p. 60.

NOTAS SOBRE AS RELAÇÕES DE GÊNERO NO PLANEJAMENTO SUCESSÓRIO

ANA CARLA HARMATIUK MATOS
ISABELA HÜMMELGEN

1 Introdução

Diante das complexidades das relações familiares, o momento sucessório se apresenta como uma ocasião que, além de ocasionar conflitos entre os/as herdeiros/as, submete um inteiro grupo familiar às do processo de inventário e partilha dos bens do/a falecido/a.

Nesse contexto, as hipóteses de planejamento sucessório surgem como uma alternativa, propondo a adoção de providências que procuram preservar a autonomia privada e prevenir os conflitos familiares, por meio da adesão, pelos titulares do patrimônio, de soluções para a transmissão de seus bens. O objetivo é, pois, planificar e aperfeiçoar a transmissão desse patrimônio, garantindo a continuidade da sociedade familiar.[1]

No entanto, embora se reconheça a importância da operação do planejamento sucessório, buscamos aqui chamar atenção para uma realidade social e jurídica que oferece condições de desigualdade entre mulheres e homens.

Como a intenção do planejamento sucessório é garantir maior autonomia na disposição do patrimônio, abre-se a possibilidade de agravar ainda mais a condição de desigualdade das mulheres no processo de sucessão, devido à perpetuação dos reflexos do patriarcalismo. Tendo isso em mente, bem como as vulnerabilidades sociais e econômicas que atingem, sobretudo, às mulheres, procuramos pontuar algumas das questões pertinentes à temática do Direito Sucessório que podem ensejar situações de desigualdade entre os gêneros.

Não obstante, por outro lado, consideramos também algumas possibilidades nas quais o adequado planejamento sucessório pode conceder proteção aos indivíduos mais vulneráveis no ambiente familiar, realizando a tutela da dignidade dessas pessoas, à luz dos valores e princípios consagrados na Constituição Federal.

---

[1] DIAS, Maria Berenice. *Manual das sucessões*. 3. ed. São Paulo: Revista dos Tribunais, 2013, p. 389.

Afinal, a hipótese jurídica de planejar a sucessão pode suscitar a destinação do patrimônio aos/às herdeiros/as que estão em situação de maior vulnerabilidade, como deficientes, idosos/as ou parentes que dedicaram anos de sua vida para prestar cuidados ao/à falecido/a – normalmente, mulheres. Portanto, o objetivo deste ensaio consiste em levantar essas reflexões, a partir de uma conexão mais estreita do Direito com a realidade social, a fim de indicar novos caminhos a serem trilhados para as hipóteses de planejamento sucessório.

2 A histórica desigualdade entre os gêneros no ordenamento jurídico brasileiro

Partimos do pressuposto de que o Direito moderno, enquanto aparato institucional que se propõe a regular a vida em sociedade e centralizado na autoridade na figura estatal, não pode ser considerado neutro. Nota-se que diante das estruturas sociais complexas e hierarquizadas, relevante torna-se a problematização do campo jurídico, tendo em vista a desigualdade real das relações. Por esse motivo, compreendemos o Direito também como potencial prática discursiva que pode contribuir para legitimar o poder de um grupo dominante.[2]

Nesse sentido, entendemos que a desigualdade entre os gêneros, marcante na estrutura patriarcal da sociedade brasileira, não é natural, mas sim "posta pela tradição cultural, pelas estruturas de poder, pelos agentes envolvidos na trama de relações sociais".[3]

Consideramos a variável de gênero neste estudo, assim, por reconhecer que há diferenças sociais e históricas que operam para ocasionar a desigualdade também no âmbito jurídico. Define-se gênero, aqui, como um conjunto de características que, em um determinado contexto histórico e social, qualificam o feminino e o masculino, atribuindo diferentes papéis sociais à mulher e ao homem.[4]

Nessa atribuição de funções aos gêneros, foi concedida às mulheres a existência no espaço privado, a realização da esfera afetiva da família e o cuidado com a prole. Aos homens, por outro lado, conferiu-se o protagonismo na esfera pública e a ocupação dos postos de poder.[5] A categoria de gênero, por consequência, contribui na construção de uma sociedade hierarquizada, na qual as funções "femininas" são menos valorizadas que as funções "masculinas". Essa hierarquização, por sua vez, se reflete nas principais estruturas de poder da sociedade, inclusive no ordenamento jurídico. Afinal, o Direito em si tem sido produto das sociedades patriarcais, articulado a partir de um ponto de vista masculino.[6]

---

[2] LOPES, Ana Maria D'Ávila; MIRANDA, Sérgia Maria M. A discriminação de gênero no direito de família. *In*: MENEZES, Joyceane Bezerra de; MATOS, Ana Carla Harmatiuk (Org.). *Direito das famílias*: por juristas brasileiras. São Paulo: Saraiva, 2013, p. 136.

[3] SAFFIOTI, Heleieth I. B. *Gênero patriarcado violência*. 2. ed. São Paulo: Expressão Popular: Fundação Perseu Abramo, 2015, p. 75.

[4] LOPES; MIRANDA, 2013, *op. cit.*, p. 133.

[5] OLIVEIRA, Ligia Ziggiotti de. *Olhares feministas sobre o Direito das Famílias contemporâneo*. Rio de Janeiro: Lumen Juris, 2016.

[6] JARAMILLO, Isabel Cristina. La crítica feminista al derecho, estudio preliminar. *In*: WEST, Robin (Org.). *Género y teoría del derecho*. Bogotá: Siglo de Hombres Editores, Facultad de Derecho de la Universidad de Los Andes, Ediciones Uniandes, Instituto Pensar, 2000, p. 122.

Destaca-se que o ordenamento jurídico brasileiro se estruturou em torno de uma lógica sexista e masculina, resultado de um longo processo histórico excludente das mulheres: sexista porque distingue mulheres e homens em seus enunciados e aplicações, favorecendo, pela sua construção, os homens; e masculina por ter sido desenvolvido e operado quase que exclusivamente por homens, nas academias, nas legislações e nos tribunais, na maior parte de sua existência.[7]

Entender e questionar essa lógica, todavia, vai além de pleitear reformas legislativas e consagrar a igualdade material na aplicação das normas – uma vez que há toda uma estrutura social de valores que sustenta esse sistema – concedendo legitimidade para essas práticas.

Diante dessas problemáticas, buscamos trazer neste ensaio reflexões acerca de como a desigualdade entre os gêneros opera no Direito Civil e, em especial, no Direito das Sucessões. Partimos da constatação de que muitas vezes as mulheres são prejudicadas na divisão dos bens transmitidos por herança, se cotejadas com os herdeiros masculinos, bem como são preteridas na sucessão de empresas familiares.

Essa situação decorre especialmente da lógica masculina sobre a qual se formou a sociedade e o Direito brasileiros, que atribui aos herdeiros homens a disposição sobre o patrimônio familiar e relega às herdeiras mulheres uma série de normas discriminatórias, de modo a agravar sua situação de vulnerabilidade.

O Código Civil de 1916, nesse ponto, trazia um agrupamento de disposições discriminatórias em relação às mulheres, como a determinação de que a mulher era relativamente incapaz (art. 6º), precisava da autorização do marido para exercer uma profissão (art. 246) e não podia exercer o pátrio poder (art. 233).[8] O Código era expresso em afirmar, na sua redação original, que o marido era o chefe da sociedade conjugal; isto é, ao homem cabia a responsabilidade de tomar as decisões, sobretudo no que diz respeito às questões patrimoniais, enquanto à mulher restava ocupar um espaço secundário dentro da estrutura familiar rígida e hierarquizada.

Ademais, em relação à temática sucessória, o seu artigo 1.744, inciso III,[9] dispunha a possibilidade de deserção da filha, que, vivendo em casa paterna, cometesse "ato de desonestidade". A "honestidade" estava relacionada, nesse contexto, unicamente às suas práticas sexuais e era considerada fundamental para que se proferissem muitas decisões judiciais nos conflitos familiares.[10]

Atualmente, tal hipótese não é mais concebida pelo ordenamento, não se reconhecendo a deserção imposta nessas circunstâncias, ainda que ela tenha sido declarada pela parte no tempo de vigência da legislação anterior.[11] O Código Civil de 2002, nessa senda, acolheu a construção jurisprudencial que há anos vinha descartando a hipótese

---

7 OLIVEIRA, 2016, *op. cit.*, p. 40.

8 LOPES; MIRANDA, 2013, *op. cit.*, p. 140.

9 Transcreve-se o artigo mencionado: "Art. 1.744. Além das causas mencionadas no art. 1.595, autorizam a deserdação dos descendentes por seus ascendentes: (...) III. Desonestidade da filha que vive na casa paterna".

10 PIMENTEL, Silvia; PIOVESAN, Flávia. *A figura/personagem mulher em processos de família*. Porto Alegre: S.A. Fabris, 1993, p. 59-63.

11 CAHALI, Francisco José; HIRONAKA, Giselda Maria F. N. *Direito das sucessões*. 5. ed. rev. São Paulo: Revista dos Tribunais, 2014, p. 361.

de deserção da filha mulher por desonestidade, "desvencilhando-se o legislador do velho ranço de controle moral da sexualidade da descendente mulher".[12]

Dessa forma, não obstante o Código Civil de 1916 tenha se fundado na divisão rígida e estrutura hierarquizada entre os papéis das mulheres e dos homens no seio familiar, essa situação, que perdurou por grande parte do século XX, foi aos poucos modificada por alterações pontuais na legislação vigente, como o Estatuto da Mulher Casada.[13] Grande divisora de águas, a Constituição Federal de 1988 inaugurou uma nova realidade jurídica, ao conferir princípios fundantes para todo o ordenamento, como a dignidade da pessoa humana.

No âmbito do Direito Privado, com a "constitucionalização do direito civil", o modelo codificado das relações de família abriu espaço para um modelo principiológico e caracterizado pela tutela dos indivíduos envolvidos nas relações sociais.[14] O texto constitucional, assim, conferiu novos preceitos e características à noção jurídica de família, adotando um conceito aberto, abrangente e de inclusão das diversas entidades familiares.[15] A Carta Magna ainda estabeleceu a igualdade jurídica entre os mulheres e homens, tanto na vida social quanto na vida familiar (art. 5º, I, e art. 226, §3º),[16] permitindo uma releitura dos institutos civis.

Nesse sentido, o Direito Sucessório foi também conformado aos valores e princípios sociais trazidos pelo texto constitucional. Buscando conciliar os interesses individuais aos interesses sociais do grupo familiar, o texto do Código seguiu os preceitos constitucionais quando, por exemplo, ampliou o rol dos herdeiros necessários, incluindo o cônjuge e atribuindo-lhe o direito de concorrência com os demais.[17]

Destaca-se que essa disposição também tem reflexos na concretização da igualdade entre os gêneros. A colocação do cônjuge como herdeiro/a necessário/a, para além do direito à herança concorrente de usufruto (instituída pelo Estatuto da Mulher Casada[18]), ainda que se refira aos cônjuges de ambos os gêneros, é especialmente protetiva para as mulheres, que são mais vulneráveis econômica e socialmente. Nas palavras de

---

12 MADALENO, Rolf. *Novo direito sucessório brasileiro*. Disponível em: http://www.rolfmadaleno.com.br/web/artigo/o-novo-direito-sucessorio-brasileiro. Acesso em: 20 maio 2018.

13 CARBONERA, Silvana M. Aspectos históricos e socioantropológicos da família brasileira. *In*: MENEZES, Joyceane Bezerra de; MATOS, Ana Carla Harmatiuk (Org.). *Direito das famílias*: por juristas brasileiras. São Paulo: Saraiva, 2013, p. 40.

14 CARBONERA, 2013, *op. cit.*, p. 48.

15 LÔBO, Paulo. Entidades familiares constitucionalizadas: para além do *numerus clausus*. *Síntese*, Porto Alegre, n. 12, p. 17, jan./mar. 2002.

16 MORAES, Maria Celina Bodin de. Vulnerabilidades nas relações de família: o problema da desigualdade de gênero. *In*: MENEZES, Joyceane Bezerra de; MATOS, Ana Carla Harmatiuk (Org.). *Direito das famílias*: por juristas brasileiras. São Paulo: Saraiva, 2013, p. 154.

17 LÔBO, Paulo. *Direito civil*: sucessões. 3. ed. São Paulo: Saraiva, 2016, p. 39.

18 O Estatuto da Mulher Casada instituiu os seguintes direitos ao cônjuge sobrevivente, buscando tutelar sobretudo os interesses das mulheres:

"Art. 1.611. Em falta de descendentes e ascendentes, será deferida a sucessão ao cônjuge sobrevivente, se, ao tempo da morte do outro, não estavam desquitados.

§1º O cônjuge viúvo se o regime de bens do casamento não era o da comunhão universal, terá direito, enquanto durar a viuvez, ao usufruto da quarta parte dos bens do cônjuge falecido, se houver filho dêste ou do casal, e à metade se não houver filhos embora sobrevivam ascendentes do 'de cujus'.

§2º Ao cônjuge sobrevivente, casado sob o regime da comunhão universal, enquanto viver e permanecer viúvo será assegurado, sem prejuízo da participação que lhe caiba na herança, o direito real de habilitação relativamente ao imóvel destinado à residência da família, desde que seja o único bem daquela natureza a inventariar".

Sílvio Salvo Venosa, "a intenção da lei foi proteger a mulher (mas a situação se aplica a ambos os cônjuges) que, sem patrimônio próprio suficiente, poderia, talvez até em idade avançada, não ter meios de subsistência".[19]

No entanto, embora exista essa realidade jurídica de afirmação formal da igualdade, ressalta-se que a mera previsão de normas é insuficiente, considerando os valores preconceituosos e discriminatórios daqueles que as efetivam. Ocorre, assim, que o discurso jurídico, por vezes, prejudica os interesses das mulheres, uma vez que reproduz os comportamentos e preconceitos estabelecidos socialmente.[20]

Como pontua Maria Celina Bodin de Moraes:

> Apesar de a Constituição Federal de 1988 ter introduzido mudanças significativas no modelo de família, impondo normas isonômicas e antidiscriminatórias, nota-se que, culturalmente, o poder físico, econômico, psicológico, social e, sobretudo, emocional continua centrado na figura do homem. Isso denota, mais uma vez, que o avanço legislativo não é suficiente para a transformação da sociedade.[21]

Dessa forma, percebe-se que a legislação e a construção do Direito brasileiro em muito avançaram nas últimas décadas com relação às questões de gênero –, principalmente com a concretização dos princípios da igualdade e da dignidade da pessoa humana no texto constitucional.

Contudo, muitas vezes a aplicação das normativas e a sua interpretação, conforme a realidade social, acabam por se operar no mesmo sentido das discriminações de gênero socialmente estruturadas. Um possível exemplo disso ocorre quando do planejamento da sucessão, quando as mulheres tendem a ser preteridas em relação aos sucessores homens da família.

Nesse sentido, buscamos arquitetar as medidas de planejamento sucessório à luz da Constituição Federal, de modo a concretizar a substancial igualdade entre herdeiras mulheres e herdeiros homens e tutelar a dignidade humana das pessoas em situação de vulnerabilidade no meio familiar, assegurando-lhes meios de subsistência. Defendemos, assim, que a concretização da igualdade entre os gêneros, com o fim da discriminação fática das mulheres, é requisito essencial para a democratização das relações familiares.[22]

3 Mulheres preteridas no planejamento sucessório: as *holdings* familiares e a preferência pelo herdeiro homem

A Constituição Federal consagrou que todas as relações jurídicas, mesmo no âmbito sucessório,[23] devem ser funcionalizadas a partir do princípio da dignidade da pessoa

[19] VENOSA, Silvio de Salvo. *Direito Civil*: Direito das Sucessões. 3. ed. São Paulo: Atlas, 2003, p. 105.

[20] LOPES; MIRANDA, 2013, *op. cit.*, p. 146.

[21] MORAES, 2013, *op. cit.*, p. 155.

[22] MORAES, 2013, *op. cit.*, p. 160-161.

[23] Sobre essa questão, destacam-se aqui as considerações pertinentes de Paulo Lôbo (2016, *op. cit.*, p. 37): "A Constituição de 1988 apenas refere explicitamente ao direito das sucessões em dois dispositivos do art. 5º. O primeiro (inciso XXX) garante o direito à herança. O segundo (inciso XXXI) constitucionaliza antiga norma do direito internacional, adotada no Brasil a partir do art. 134 da Constituição de 1934, que opta pela lei mais favorável ao cônjuge e aos filhos brasileiros, para regular a sucessão de bens de estrangeiro situados no Brasil. Todavia,

humana de todos os membros da relação familiar. Essa noção, aliada à concepção da função social de propriedade, alterou as circunstâncias dos poderes individuais sobre o patrimônio, levando o Direito Privado a caminho da sua despatrimonialização e repersonalização, com o estabelecimento de limites a vários institutos, inclusive de ordem sucessória.[24]

Com efeito, o texto constitucional deu primazia à garantia de proteção da pessoa humana, impondo ao legislador infraconstitucional a edição de normas que respeitem esses direitos. Nesse sentido, os dispositivos do Código Civil que tratam da liberdade de contratar e dispor do patrimônio são interpretados em razão e nos limites da função social, afastando a autonomia ilimitada e o individualismo jurídico, e fundando uma noção de autonomia solidária, na qual a vontade das partes está condicionada aos interesses sociais.[25]

Não obstante, os dispositivos pertinentes ao Direito Sucessório trazidos pelo Código Civil foram criticados, por parte considerável da doutrina, por interferirem na autonomia privada para disposição do próprio patrimônio. Algumas alterações realizadas pela legislação civil – como a concorrência sucessória – ensejaram a busca por formas alternativas de compor a sucessão, de modo a atender à vontade dos/as sucedidos/as.

Nesse contexto, a realização de planejamento sucessório ganha destaque enquanto atividade estritamente preventiva, para que o titular da herança possa decidir previamente o destino de seus bens após sua morte.[26] Uma das hipóteses previstas, como prevenção dos futuros conflitos entre herdeiros, é a partilha dos bens do patrimônio em vida, de modo a individualizar ou determinar os bens destinados a cada herdeiro/a, tornando lícito, ainda, o afastamento da sucessão concorrente do cônjuge ou companheiro/a.

O planejamento sucessório, nesse passo, além da partilha em vida, pode assumir variadas formas para maior autonomia da ordem patrimonial, devendo apenas observar os limites decorrentes da legítima dos herdeiros necessários e as regras da sucessão concorrente.[27] Algumas das hipóteses mais frequentes são: a utilização do próprio instrumento do testamento para dispor sobre o patrimônio, a possibilidade de doação de bens em vida (com ou sem reserva de usufruto) e, ainda, a constituição de pessoas jurídicas para administração do patrimônio.[28] Destarte, traçamos aqui algumas considerações sobre a hipótese de sucessão das empresas familiares, tanto as constituídas para exploração de atividade empresarial quanto as *holdings* formadas para planejar a sucessão.

Como uma das possibilidades de planejamento sucessório, a formação das chamadas "*holdings* familiares" tem como objetivo reunir todos os bens pessoais de um indivíduo no patrimônio de uma sociedade, possibilitando que o titular ofereça aos seus herdeiros as quotas ou ações societárias, como bem desejar dispô-las, respeitando

apesar dessa aparente avareza constitucional em relação às sucessões, estas sofrem os reflexos diretos e indiretos dos princípios e regras constitucionais que dizem respeito aos direitos pessoais, às famílias e às titularidades sobre bens e valores econômicos".

24 DIAS, 2013, *op. cit.*, p. 33-35.

25 LÔBO, 2016, *op. cit.*, p. 41-42.

26 DIAS, 2013, *op. cit.*, p. 389-390.

27 LÔBO, 2016, *op. cit.*, p. 301-303.

28 DIAS, 2013, *op. cit.*, p. 390-392.

sua plena autonomia.[29] É possível, nesse caso, assegurar a igualdade econômica entre os/as filhos/as, por exemplo, como também aquinhoar um dos filhos com um maior número de ações, no que corresponde à parte disponível do patrimônio, atribuindo-lhe o poder de controle ou gestão da empresa.[30]

A *holding* familiar, assim, possibilita a proteção do patrimônio familiar e da continuidade do negócio por meio de uma organização societária, permitindo que seu fundador idealize a sucessão ainda em vida e antecipe o que seria objeto de um inventário, que, na grande maioria dos casos, dura longos anos e ameaça a continuidade da empresa.[31]

Nas palavras de Ana Claudia Redecker e Heloisa Korb Bodan:

> Destarte, a empresa *holding* familiar é, na grande maioria dos casos, o remédio para evitar conflitos de sucessão, pois permite ao fundador determinar, *a priori*, quem será o sucessor na direção dos negócios resguardando a continuidade do empreendimento, da mesma forma que protege a sobrevivência dos demais herdeiros, sem os prejudicar econômica ou financeiramente.[32]

Percebe-se, nesse âmbito, portanto, a grande autonomia conferida ao fundador para que disponha de seu patrimônio, inclusive de forma desigual entre seus herdeiros. Por um lado, consagra-se o princípio da autonomia privada e reconhece-se a importância de um espaço de liberdade no planejamento sucessório para evitar os conflitos familiares e a judicialização das questões sucessórias. Por outro, contudo, devem-se levar em consideração as estruturas discriminatórias existentes na sociedade que podem acarretar uma divisão desigual do patrimônio entre as herdeiras mulheres e os herdeiros homens, tanto por meio de disposição testamentária quanto pela concessão do controle acionário da *holding* familiar em função de seu gênero.

Nessa seara, em que pese o Código Civil de 2002 tenha instituído, em conformidade com os preceitos da Constituição Federal, o princípio da maior igualdade possível na partilha de bens hereditários (art. 2.017[33]) –, tem-se considerado que esse princípio pode ser afastado em nome da autonomia das partes de disporem sobre o próprio patrimônio, seja no momento da destinação da parte disponível do patrimônio, seja na partilha realizada de forma consensual entre os/as herdeiros/as.

A hipótese de consenso na partilha, feita por meio de acordo (judicial ou extrajudicial) entre as partes, então, confere a essa normativa uma natureza dispositiva, operando como uma "simples orientação" aos envolvidos, e não como imposição a

---

29 REDECKER, Ana Claudia; BONDAN, Heloisa Korb. A *holding* familiar como instrumento de efetivação do planejamento sucessório. *Revista Jurídica*, ano 63, n. 447, p. 80, jan. 2015.

30 LÔBO, 2016, *op. cit.*, p. 304.

31 REDECKER; BONDAN, 2015, *op. cit.*, p. 89.

32 REDECKER; BONDAN, 2015, *op. cit.*, p. 72.

33 Transcreve-se o artigo citado: "Art. 2.017. No partilhar os bens, observar-se-á, quanto ao seu valor, natureza e qualidade, a maior igualdade possível".

ser seguida.[34] O argumento é que "vale a autonomia", já que as partes estão de acordo quanto à divisão dos bens, não fazendo sentido "falar em igualdade".[35]

Porém, destacam-se as relações estruturais de poder que permeiam a sociedade e, de forma geral, colocam as mulheres em situação de desvantagem, por terem menor acesso aos recursos econômicos e, assim, menor poder de negociação em relação aos homens de sua família. Cabe ressaltar, em relação às *holdings* familiares, que a organização societária "segue as características individuais de cada sócio, observando sua situação conjugal e a condição de seus herdeiros".[36] Ademais, não é necessário obedecer à ordem de vocação hereditária.[37] Nada impede, portanto, que a divisão das quotas societárias se dê, prioritariamente, com base no gênero dos/as herdeiros/as envolvidos/as.

De forma geral, o caráter hereditário, sobretudo em famílias detentoras de significativas fortunas ou donas de grandes grupos societários, é focado na sucessão do filho homem – em especial, o primogênito –, que é enxergado como o sucessor "natural" ou "legítimo".[38] Esse herdeiro é então "preparado" para a sucessão, tendo acesso a um conjunto de estímulos, como treinamento e desenvolvimento para ocupar essa posição, sendo-lhe ainda possibilitado que tome as decisões pertinentes para o grupo familiar desde muito cedo.[39] Assim: "observa-se que as distinções sexuais são reproduzidas nas organizações de forma geral e, em especial, nas organizações familiares, nas quais a problemática de gênero torna-se evidente no âmbito da sucessão".[40]

Na sociedade brasileira contemporânea, conforme já mencionado, a posição de muitas mulheres ainda está condicionada ao papel social do cuidado com o espaço doméstico. Desse modo, estruturalmente, há uma dificuldade de inserção no mundo dos negócios,[41] mesmo em empresas familiares. Percebe-se, por conseguinte, que elas teriam seus papéis restritos a dar suporte para a família, não sendo consideradas aptas para assumirem o de gestoras da sociedade empresarial familiar. Por esse motivo, dificilmente recebem a mesma educação, encorajamento e oportunidades oferecidas aos sucessores homens que, em muitos casos, participam da rotina da empresa desde

---

34 MAZZEI, Rodrigo; MERÇON-VARGAS, Sarah. A partilha sucessória e a regra da maior igualdade possível. *Revista Jurídica*, ano 63, n. 447, p. 15, jan. 2015.

35 MAZZEI; MERÇON-VARGAS, 2015, *op. cit.*, p. 16.

36 DIAS, 2013, *op. cit.*, p. 392.

37 DIAS, 2013, *op. cit.*, p. 393.

38 ALBUQUERQUE, Ana Luiza; PEREIRA, Rafael Diogo; OLIVEIRA, Janete Lara de. *Sucessoras invisíveis*: o impacto das questões de gênero nos processos de sucessão em empresas familiares. *Revista Gestão e Planejamento*, Universidade de Salvador, v. 15, n. 2, p. 310, maio/ago. 2014.

39 MACÊDO, Kátia Barbosa; CAIXETA, Cássia Maria M.; GUIMARÃES, Daniela Cristina; MACÊDO, Goiacira Nascimento S.; HERNANDEZ, Janete Capel. O processo sucessório em organizações familiares e a exclusão da mulher. *Revista Psicologia e Sociedade*, n. 16 (3), p. 72, set./dez. 2004.

40 ALBUQUERQUE et al., 2014, *op. cit.*, p. 313.

41 De acordo com dados da Secretaria de Políticas para Mulheres, publicados em 2015, as mulheres encontram-se em número reduzido no que tange à ocupação de cargos diretivos em diferentes ramos de atividade econômica. A distribuição percentual por sexo dos cargos de direção indicava, em 2012, que 36,8% desses cargos eram ocupados por mulheres, ao passo que 63,2% eram ocupados por homens. A discriminação racial se intersecciona à desigualdade de gênero quando se analisa esse percentual: as mulheres brancas ocupavam, em 2012, 25,4% dos cargos de direção disponíveis, enquanto apenas 10,8% desses cargos eram ocupados por mulheres negras (SECRETARIA DE POLÍTICAS PARA AS MULHERES. *Relatório anual socioeconômico da mulher 2014*. Disponível em: http://www.spm.gov.br/central-de-conteudos/publicacoes/publicacoes/2015/. Acesso em: 28 maio 2018, p. 46-47, p. 151).

a infância, apreendendo os conhecimentos necessários para suceder na gestão da sociedade.[42]

Em outra esfera, as empresas familiares também podem possibilitar a inserção das mulheres em uma posição de direção ou gestão que dificilmente alcançariam em outros negócios. Faça-se a ressalva, porém, que mesmo esse processo, diante de uma cultura que privilegia a ocupação de cargos diretivos por homens, pode apresentar suas dificuldades –, uma vez que a sucessão dos cargos de chefia por mulheres tende a passar por um processo mais rigoroso de aceitação.[43]

De qualquer forma, defendemos aqui que as hipóteses jurídicas dadas pelo planejamento sucessório devem ter em consideração essa prospecção inclusiva. Nos casos em que se decide pela adoção de práticas de planejamento sucessório, tendo em mente os valores e princípios constitucionais (numa perspectiva da família democrática), é preciso conferir maior igualdade possível aos herdeiros e herdeiras.

Nesse sentido, destacam-se as considerações de Paulo Lôbo:

> A doutrina tem salientado a emersão de valores existenciais no direito das sucessões constitucionalizado, revelando o primado da pessoa humana, destacando na atual legislação civil a sucessão concorrente de cônjuge e companheiro, o direito real de habitação em favor do cônjuge e companheiro, a igualdade sucessória dos filhos, a designação testamentária de filho eventual de determinada pessoa, a necessidade de justa causa para as cláusulas de inalienabilidade, impenhorabilidade e incomunicabilidade. As normas do Código Civil de 2002 hão de ser interpretadas em conformidade com os princípios e regras constitucionais. Estes e estas prevalecem sobre aquelas. Na dúvida, o intérprete deve encontrar o sentido que melhor contemple o direito do herdeiro e não a vontade presumida do autor da herança.[44]

Tradicionalmente, o Direito Sucessório brasileiro esteve regulado a partir de uma ótica exclusivamente patrimonial, cujo sentido é conservar e transmitir a riqueza. Há pouca ou quase nenhuma consideração sobre a subjetividade dos indivíduos envolvidos na divisão dos bens. A pessoa humana, assim, em todas as dimensões concretas de sua existência, está excluída do horizonte normativo.[45] Não obstante, do ponto de vista jurídico, a Constituição consagrou a mudança de paradigma do conceito individualista e liberal de propriedade para a sua subordinação à função social, impondo a prioridade dos interesses sociais, inclusive no que diz respeito à sucessão.[46]

Deve-se, portanto, buscar conceder maior proteção possível à pessoa humana, com toda sua concretude e suas subjetividades. Isso significa, no âmbito sucessório, levar em conta as desigualdades sociais que afligem os diferentes grupos, para que se dê primazia à tutela de suas vulnerabilidades. No mesmo sentido, essa reflexão permite perceber quando práticas discriminatórias – como as de gênero – estão sendo

---

42 ALBUQUERQUE et al., 2014, *op. cit.*, p. 308 *et seq.*

43 MACÊDO et al., 2004, *op. cit.*, p. 76-78.

44 LÔBO, 2016, *op. cit.*, p. 40.

45 NEVARES, Ana Luiza Maia. *A tutela sucessória do cônjuge e do companheiro na legalidade constitucional.* Rio de Janeiro: Renovar, 2004, p. 54-55.

46 LÔBO, 2016, *op. cit.*, p. 40 *et seq.*

reproduzidas no modelo sucessório, em nome da autonomia privada de disposição do patrimônio aplicada de modo acrítico.

4 Outras possibilidades: o planejamento sucessório como instrumento de tutela das vulnerabilidades

A leitura do Direito Civil – e, consequentemente, do Direito Sucessório – à luz da Constituição Federal altera a ótica essencialmente patrimonialista do Direito Privado, para que a pessoa humana seja considerada não enquanto sujeito abstrato detentor de direitos, mas sim em sua dimensão concreta, reconhecendo-se suas diversidades e peculiaridades. Com efeito, é preciso repensar a indiferença quanto aos sucessores, para que a igualdade substancial possa também ser alcançada nos casos de transmissão de patrimônio aos herdeiros, de sorte que se concretize o princípio da dignidade da pessoa humana.[47]

Para tanto, o sistema jurídico está gradativamente se articulando com a realidade vigente, mostrando-se mais aberto às demandas de grupos sociais específicos, de modo a identificar elementos para uma proteção diferenciada, sustentada pelo princípio constitucional da igualdade material.[48] Há uma demanda, nesse contexto, para que as relações sociais sejam instauradas de forma mais justa e voltadas para a tutela das pessoas hipossuficientes econômica e socialmente, inclusive no âmbito sucessório.[49]

Nesse ponto, pertinente a crítica, pontuada por Paulo Lôbo,[50] de que é preciso afastar a concepção corrente do Direito das Sucessões enquanto um conjunto de institutos e regras para a transmissão da propriedade, não se considerando que essa propriedade deve ser interpretada em constância com sua função social para que garanta as condições mínimas de vida à população e seja coerente com os interesses sociais. Mesmo com o advento dos dispositivos constitucionais, o Direito Sucessório tem sido relegado à função patrimonial, sem ter ocorrido a funcionalização de seus institutos (como ocorreu com a propriedade e o contrato) e sem ter se enraizado em sua essência qualquer ideia de promoção e desenvolvimento da pessoa humana.

Uma das possibilidades que se coloca, nesse sentido, é a destinação de certos bens, por meio do Direito Sucessório, à satisfação de necessidades de pessoas que possuíam uma relação de dependência econômica ou de costume de vida com a pessoa falecida.[51]

Sobre esse cenário, o anteprojeto de lei para a reforma do Direito das Sucessões,[52] elaborado pelo Instituto Brasileiro de Direito de Família (IBDFAM), traça um dispositivo que busca alterar o art. 1.831 do Código Civil[53] para conceder o direito real de habitação

[47] NEVARES, 2004, *op. cit.*, p. 60.

[48] CARBONERA, 2013, *op. cit.*, p. 60.

[49] NEVARES, 2004, *op. cit.*, p. 61.

[50] LÔBO, 2016, *op. cit.*, p. 41 *et seq.*

[51] NEVARES, 2004, *op. cit.*, p. 61.

[52] INSTITUTO Brasileiro de Direito de Família. *Anteprojeto de lei para reforma do Direito das Sucessões*. Disponível em: http://ibdfam.org.br/assets/upload/anteprojeto_sucessoes/anteprojeto_sucessoes.pdf. Acesso em: 20 fev. 2018.

[53] A redação vigente do artigo é: "Art. 1.831. Ao cônjuge sobrevivente, qualquer que seja o regime de bens, será assegurado, sem prejuízo da participação que lhe caiba na herança, o direito real de habitação relativamente ao imóvel destinado à residência da família, desde que seja o único daquela natureza a inventariar". Segundo referido instituto, sugere-se a alteração para a seguinte redação: "Art. 1.831. Ao cônjuge e ao companheiro sobrevivente,

relativamente ao imóvel que era destinado à residência da família, além do cônjuge e companheiro/a sobrevivente (já abrangidos pela legislação), também aos filhos ou netos menores ou deficientes, bem como aos pais ou avós idosos que residiam com o autor da herança ao tempo de sua morte, sem prejuízo da participação que lhes caibam na herança. Na exposição dos motivos para o acréscimo dessa alteração, justifica-se que:

> Nessa direção, considerando o caráter protetivo do aludido benefício, este deve ser estendido para os vulneráveis na família, cuja moradia dependia daquela do autor da herança, enquanto perdurar tal situação de dependência. Assim, propõe-se que o direito real de habitação seja atribuído aos sucessores vulneráveis, cujas moradias dependiam daquela do autor da herança por ocasião da abertura da sucessão, sendo o referido benefício sucessório exercido coletivamente enquanto os titulares não adquirem renda ou patrimônio suficiente para manterem sua respectiva moradia ou não casarem ou constituírem união estável.[54]

É salutar a iniciativa do IBDFAM, visto que se almejam alternativas e soluções no Direito Sucessório que mais se aproximam das realidades das famílias brasileiras. Há, na proposta, um olhar voltado para as urgências e necessidades da realidade social, na qual muitos desses indivíduos em situação de vulnerabilidade se percebem desamparados diante do falecimento do ente querido que, anteriormente, era responsável pelo seu sustento. A questão da residência se torna pertinente, porquanto muitas vezes é, além do local de referência subjetiva, o verdadeiro lar familiar, formado e adaptado para atender às necessidades específicas deste familiar.

Ainda sobre a temática, ressaltam-se as ponderações de Ana Luiza Maia Nevares:

> Em atenção à qualidade específica do sucessor, qual seja, a sua impossibilidade para o trabalho em virtude de problemas de saúde, e, logo, a sua consequente dependência em relação ao *de cujus*, a lei estabelece àquele o direito real de habitação, quanto ao imóvel que servia de residência para a família, mormente quando se está diante de um acervo de pequeno valor.[55]

Nesse sentido, sugere-se aqui a extensão desse direito real, ademais dos/as sucessores/as que estão em condição latente de vulnerabilidade, também aquelas/es herdeiras/os que restam em situação de hipossuficiência econômica porque dedicaram anos de vida e, consequentemente, de possível trabalho lucrativo, a prestar exclusivamente cuidados à/ao falecida/o. Trata-se aqui da hipótese de famílias hipossuficientes economicamente em que, na ocasião de falecimento, o único bem deixado para ser partilhado é a residência da família, onde a/o idosa/o ou adulto/a deficiente ou portador/a de doença grave viveu durante toda a sua vida, dividindo o espaço, por exemplo, com aquela filha que

---

aos descendentes menores ou deficientes, bem como aos ascendentes que residiam com o autor da herança ao tempo de sua morte, será assegurado, sem prejuízo da participação que lhes caibam na herança, o direito real de habitação relativamente ao imóvel que era destinado à residência da família desde que seja bem a inventariar. O direito real de habitação poderá ser exercido em conjunto pelos respectivos titulares conforme seja a situação na data do óbito. Parágrafo único: Cessará o direito quando o titular adquirir renda ou patrimônio suficiente para manter sua respectiva moradia, bem como se casar ou iniciar união estável".

[54] IBDFAM, *op. cit.*, p. 20-21.

[55] NAVARES, 2004, *op. cit.*, p. 62.

lhe dispensou todos os cuidados. Nessas situações, destaca-se que a "cuidadora" é, na maioria dos casos, uma mulher.[56]

Isso porque, na estrutura patriarcal das relações sociais, as mulheres são socializadas para serem responsáveis pela realização dos trabalhos de cuidado com os indivíduos vulneráveis na esfera familiar, sejam as crianças e adolescentes, sejam os/as idosos/as ou adultos/as vulneráveis devido à situação de doença ou deficiência. Esses trabalhos de cuidado, porém, não apenas ocupam anos na vida de uma mulher adulta, mas também levam muitas a se afastarem do mercado de trabalho produtivo para exercerem os cuidados ao seu familiar vulnerável pelo tempo integral. Ocorre muitas vezes que, em razão do falecimento desse familiar, especialmente quando a cuidadora não é o cônjuge ou companheira/o do/a falecido/a – para a qual se aplica o direito real ao usufruto da residência –, como, por exemplo, a filha, ela se encontra em situação de desamparo econômico e estrutural.

Em muitas ocasiões, essas mulheres que viveram seus últimos anos na residência da pessoa falecida ficarão desprotegidas, pois o bem de moradia vai passar a integrar o processo de inventário e partilha do *de cujus*, sendo disputada pelos/as demais herdeiros/as. Trata-se aqui, sobretudo, de situação de verdadeiro desamparo social, no qual essas cuidadoras têm dificuldades de reinserção no mercado de trabalho devido a sua condição socioeconômica e aos anos dedicados aos cuidados daquele necessitado, imposto pelas circunstâncias familiares e pela sua condição feminina, que lhe encarrega dos trabalhos de cuidado. A alternativa que se vislumbra, nessas condições, entre outras, é a concessão de habitação ou usufruto do imóvel a essa mulher, até que ela consiga restabelecer uma renda para atender suas necessidades.

Já afirmamos nossa opinião no sentido da necessidade de alteração legislativa nesse campo. Enquanto isso não ocorre, creio defensável a aplicação para a temática da doação remuneratória do único imóvel para o herdeiro cuidador, desde que, claro, haja uma proporcionalidade entre o tempo de cuidado e o valor do bem, de modo a compensar o trabalho que nem sempre é reconhecido e valorizado por todos os herdeiros.

Segundo o artigo 2.011 do Código Civil, as doações remuneratórias de serviços feitos ao ascendente também não estão sujeitas à colação. Ou seja, mesmo para aqueles que apenas constam com um patrimônio mínimo para a sua dignidade, seria importante um planejar em vida sobre sua sucessão, a exemplo do caso mencionado, usando a possibilidade da doação remuneratória para reconhecer o trabalho de cuidado e proteger aquele que dedicou parte de sua vida, geralmente a uma filha mulher.

Levanta-se a possibilidade, portanto, da arquitetura do planejamento sucessório ser voltada também para essas pessoas em condição de vulnerabilidade econômica e

[56] Em pesquisa de campo realizada com 100 idosos com idade de 80 anos ou mais e seus respectivos familiares cuidadores, residentes em diversas cidades brasileiras, as autoras apresentaram os seguintes dados: "a residência onde vivem é de propriedade dos idosos em 70% dos casos e dos cuidadores em 23%. (...) Os familiares cuidadores participantes da pesquisa (tabela 3) têm, em média, 50 anos (± 14,53), e a maioria é do sexo feminino (89%). Quanto à escolaridade, 41% deles estudaram até o equivalente ao ensino fundamental. Sobre a ocupação, 22% dos cuidadores possuem outras atividades, além de cuidar do idoso. A maioria (67%) mora no mesmo domicílio do idoso e 33% deles cuidam também de outros dependentes. O grau de parentesco do familiar cuidador com o idoso prevalente é filha (50%), seguido de cônjuge (19%)." (GONÇALVES et al. *Convívio e cuidado familiar na quarta idade*: qualidade de vida de idosos e seus cuidadores. Rio de Janeiro: Revista Brasileira de Geriatria e Gerontologia, v. 16, n. 2, p. 318-320).

social. Incluem-se nesse rol pessoas com deficiência ou portadoras de enfermidades que ensejam a necessidade de uma proteção jurídica mais intensa e específica e, ainda, mulheres que dedicaram grande parte de suas vidas a serem "cuidadoras". Nesse sentido, o melhor conhecimento, utilização e acesso das possibilidades da autonomia privada para todas as classes sociais devem ser fomentados – sobretudo na hipótese de famílias com poucas condições econômicas, nas quais a busca por uma fonte de renda alternativa é bastante restrita.

A reforma legislativa extensiva do direito real de habitação, ou mesmo o usufruto do bem de família e a possibilidade da doação remuneratória já prevista no sistema jurídico brasileiro, para esses casos contribuiria com a proteção almejada. Mesmo que a tutela do/a sucessor/a como pessoa ainda seja estranha ao direito sucessório,[57] a proposta é que a família deixe de ser uma "instituição social", *servida* pelos seus membros, para se tornar um instrumento de tutela efetiva de suas necessidades e condições sociais; a família deve, portanto, *servir* seus membros, ser cunhada para a realização pessoal de cada um/a deles/as.[58]

Trata-se, pois, de tutela que se dirige à pessoa, "em todas as emanações de sua personalidade, e não para relações jurídicas predefinidas e eventuais pessoas que se submetam a tal regulamentação legal".[59] Ademais, incide também nessas circunstâncias o princípio da solidariedade consagrado na Constituição. Por meio dele, é possível alcançar uma igualdade de condições sociais, com a aplicação de um conjunto de instrumentos voltados à garantia da existência digna a todos os indivíduos, sem excluídos/as ou marginalizados/as.[60]

5 Conclusão

Diante das reflexões desse breve ensaio, destaca-se que, na senda da constitucionalização do Direito Civil, o Direito Sucessório precisa igualmente estar pautado nos princípios constitucionais de dignidade da pessoa humana, igualdade e solidariedade –, visando a sua crescente despatrimonialização. Essa circunstância, evidentemente, possui suas consequências na aplicação das regras relativas ao Direito das Sucessões e, ainda, nas hipóteses formuladas pelo planejamento sucessório. Destacamos, neste ensaio, algumas dessas questões pertinentes às relações de gênero socialmente estabelecidas.

À guisa de problematização, indicamos como a supervalorização do princípio da autonomia privada pode acarretar a reprodução de desigualdades na esfera social; em especial, trabalhamos com a hipótese de discriminação de gênero, nos casos em que o planejamento sucessório leva à primazia dos herdeiros homens, em detrimento das herdeiras mulheres –, justamente devido à percepção social de que os homens têm mais aptidões para administrar o patrimônio e/ou a empresa da família. Partimos, nesse ponto, da constatação de que a sociedade está estruturada em uma lógica patriarcal,

[57] NEVARES, 2004, *op. cit.*, p. 54-55.
[58] CARBONERA, 2013, *op. cit.*, p. 61
[59] CARBONERA, 2013, *op. cit.*, p. 49.
[60] MORAES, 2013, *op. cit.*, p. 158.

de modo que às mulheres foi delegado o zelo com o espaço doméstico e as funções de cuidado com os membros mais vulneráveis da família.

Dessa forma, encerramos refletindo sobre as possibilidades abertas pela fórmula jurídica do planejamento sucessório. Seus mecanismos, afinal, podem ser utilizados para a proteção e efetivação da tutela de indivíduos em estado de vulnerabilidade no contexto familiar, seja por estarem acometidos de alguma enfermidade ou deficiência, seja pela sua condição de dependência econômica da pessoa falecida.

Almeja-se, por fim, na leitura do Direito Sucessório a luz dos princípios consagrados na Constituição, sua função prospectiva e de viés emancipador.

Referências

ALBUQUERQUE, Ana Luiza; PEREIRA, Rafael Diogo; OLIVEIRA, Janete Lara de. Sucessoras invisíveis: o impacto das questões de gênero nos processos de sucessão em empresas familiares. *Revista Gestão e Planejamento*, Universidade de Salvador, v. 15, n. 2, p. 305-320, maio/ago. 2014.

CAHALI, Francisco José; HIRONAKA, Giselda Maria F. N. *Direito das sucessões*. 5. ed. rev. São Paulo: Revista dos Tribunais, 2014.

CARBONERA, Silvana M. Aspectos históricos e socioantropológicos da família brasileira. *In*: MENEZES, Joyceane Bezerra de; MATOS, Ana Carla Harmatiuk (Org.). *Direito das famílias*: por juristas brasileiras. São Paulo: Saraiva, 2013, p. 33-66.

DIAS, Maria Berenice. *Manual das sucessões*. 3. ed. São Paulo: Revista dos Tribunais, 2013.

GONÇALVES, LUCIA T. H.; LEITE, Marinês T.; HILDEBRANDT, Leila M.; BISOGNO, Silvana C.; BIASUZ, Sandra; FALCADE, Bruna L. *et al*. Convívio e cuidado familiar na quarta idade: qualidade de vida de idosos e seus cuidadores. *Revista Brasileira de Geriatria e Gerontologia*, Rio de Janeiro, v. 16, n. 2, p. 315-325.

JARAMILLO, Isabel Cristina. La crítica feminista al derecho, estudio preliminar. *In*: WEST, Robin (Org.). *Género y teoría del derecho*. Bogotá: Siglo de Hombres Editores, Facultad de Derecho de la Universidad de Los Andes, Ediciones Uniandes, Instituto Pensar, 2000.

LÔBO, Paulo. *Direito civil*: sucessões. 3. ed. São Paulo: Saraiva, 2016.

LÔBO, Paulo. Entidades familiares constitucionalizadas: para além do *numerus clausus*. *Síntese*, Porto Alegre, n. 12, jan./mar. 2002.

LOPES, Ana Maria D'Ávila; MIRANDA, Sérgia Maria M. A discriminação de gênero no direito de família. *In*: MENEZES, Joyceane Bezerra de; MATOS, Ana Carla Harmatiuk (Org.). *Direito das famílias*: por juristas brasileiras. São Paulo: Saraiva, 2013, p. 131-148.

MACÊDO, Kátia Barbosa; CAIXETA, Cássia Maria M.; GUIMARÃES, Daniela Cristina; MACÊDO, Goiacira Nascimento S.; HERNANDEZ, Janete Capel. O processo sucessório em organizações familiares e a exclusão da mulher. *Revista Psicologia e Sociedade*, n. 16 (3), p. 69-81, set./dez. 2004.

MADALENO, Rolf. *Novo direito sucessório brasileiro*. Disponível em: http://www.rolfmadaleno.com.br/web/artigo/o-novo-direito-sucessorio-brasileiro. Acesso em: 20 mar. 2018.

MAZZEI, Rodrigo; MERÇON-VARGAS, Sarah. *A partilha sucessória e a regra da maior igualdade possível*. *Revista Jurídica*, ano 63, n. 447, p. 9-22, jan. 2015.

MORAES, Maria Celina Bodin de. Vulnerabilidades nas relações de família: o problema da desigualdade de gênero. *In*: MENEZES, Joyceane Bezerra de; MATOS, Ana Carla Harmatiuk (Org.). *Direito das famílias*: por juristas brasileiras. São Paulo: Saraiva, 2013, p.149-170.

NEVARES, Ana Luiza Maia. *A tutela sucessória do cônjuge e do companheiro na legalidade constitucional*. Rio de Janeiro: Editora Renovar, 2004.

OLIVEIRA, Ligia Ziggiotti de. *Olhares feministas sobre o Direito das Famílias contemporâneo*. Rio de Janeiro: Lumen Juris, 2016.

PIMENTEL, Silvia; PIOVESAN, Flávia. *A figura/personagem mulher em processos de família*. Porto Alegre: S.A. Fabris, 1993, p.59-63.

REDECKER, Ana Claudia; BONDAN, Heloisa Korb. A *holding* familiar como instrumento de efetivação do planejamento sucessório. *Revista Jurídica*, ano 63, n. 447, p. 45-92, jan. 2015.

SAFFIOTI, Heleieth I. B. *Gênero patriarcado violência*. 2. ed. São Paulo: Expressão Popular: Fundação Perseu Abramo, 2015.

SECRETARIA DE POLÍTICAS PARA AS MULHERES. *Relatório anual socioeconômico da mulher 2014*. Disponível em: http://www.spm.gov.br/central-de-conteudos/publicacoes/publicacoes/2015/. Acesso em: 28 maio 2018.

VENOSA, Silvio de Salvo. *Direito Civil*: Direito das Sucessões. 3. ed. São Paulo: Atlas, 2003.

Informação bibliográfica deste texto, conforme a NBR 6023:2018 da Associação Brasileira de Normas Técnicas (ABNT):

MATOS, Ana Carla Harmatiuk; HÜMMELGEN, Isabela. Notas sobre as relações de gênero no planejamento sucessório. *In*: TEIXEIRA, Daniele Chaves (Coord.). *Arquitetura do planejamento sucessório*. 3. ed. Belo Horizonte: Fórum, 2022. p. 65-79. Tomo I. ISBN 978-65-5518-459-4.

ALGUMAS CONSIDERAÇÕES SOBRE A UTILIZAÇÃO DA ARBITRAGEM NO DIREITO DE FAMÍLIA E SUCESSÓRIO NO BRASIL

ANA CAROLINA BENETI
THIAGO RODOVALHO

1 Introdução

Arbitragem é um meio alternativo de solução de controvérsias, configurando verdadeira exceção à regra da submissão dos litígios ao Poder Judiciário. Chamada de "Justiça Privada", uma vez que o árbitro (particular) substitui o juiz togado na função decisória da disputa, a arbitragem é fundada na autonomia da vontade das partes.

No Brasil, a arbitragem evoluiu de forma surpreendente em um espaço de tempo relativamente curto desde a promulgação da Lei nº 9.307, de 26 de setembro de 1996 ("Lei de Arbitragem" ou "LArb"),[1] momento de sua "reintrodução" no ordenamento jurídico brasileiro.[2]

Atualmente, a arbitragem é mecanismo importante e comumente utilizado na resolução de disputas, tanto entre partes brasileiras e estrangeiras quanto entre partes exclusivamente brasileiras, e nos mais variados ramos do Direito, razão pela qual a análise, mesmo que breve, da sua utilização no Direito Sucessório e de Família nos parece oportuno.

2 Breve histórico da arbitragem no Brasil

Apesar de, como mencionado, esse meio alternativo de solução de controvérsias já estar há anos inserto no ordenamento jurídico brasileiro, alguns passos foram absolutamente necessários para que a arbitragem de fato se desenvolvesse com ênfase no Brasil e se tornasse uma essencial ferramenta de resolução de conflitos no país.

---

1 Recentemente reformada pela Lei nº 13.129/2015.

2 A arbitragem já era mencionada nas Constituições de 1824, 1934, 1937 e 1988 e também nos Códigos Comercial de 1850 (arts. 139, 184, 201 e 772), Civil de 1916 e de Processo Civil de 1973.

Antes da promulgação da Lei de Arbitragem, a questão era regulamentada por meio de legislação esparsa constante do Código Civil de 1916[3] e do Código de Processo Civil de 1973 ("CPC/1973"),[4] sendo que essa disposição difusa era um dos motivos pelos quais os contratantes no Brasil tinham dificuldades em utilizar a arbitragem.

Outro ponto que assombrava a comunidade jurídica era, principalmente, a ausência de eficácia imediata e vinculante (força obrigatória) da cláusula arbitral. Para que as partes contratantes pudessem iniciar uma arbitragem, executando-se a cláusula compromissória, elas teriam de, necessariamente, celebrar um *compromisso arbitral*, quando da efetiva existência de um litígio.[5]

Tal questão simplesmente tornava inútil a cláusula compromissória constante do contrato, uma vez que as partes – já em momento de litígio – tinham dificuldades de se reunir para buscar a negociação e a formalização do compromisso arbitral, dirigindo-se, então, diretamente ao Poder Judiciário com o intuito de já iniciar a discussão sobre suas divergências no foro tradicional.[6]

Com a promulgação da Lei de Arbitragem brasileira em setembro de 1996, a arbitragem começou a ganhar, rapidamente, força no país, fazendo com que o procedimento tivesse repercussão e seu uso tomasse o impulso.

Pela primeira vez no país, e seguindo uma tendência mundial, a Lei de Arbitragem reuniu, em uma única legislação, as principais diretrizes norteadoras do instituto, sendo essa a sua primeira vantagem.

Duas outras inovações trazidas pela Lei de Arbitragem foram fundamentais para o desenvolvimento do procedimento: (i) a executoriedade da cláusula compromissória, determinando a sua obrigatoriedade depois de celebrada em contrato; e (ii) a força executória da sentença arbitral (suprimindo a necessidade de homologação judicial), com a diminuição dos requisitos para o futuro cumprimento da sentença condenatória.

Outros dois fatores, provocados pela Lei de Arbitragem, ocorreram em seguida, e auxiliaram no desenvolvimento do instituto, sendo eles: a decisão do Supremo Tribunal Federal ("STF"), reconhecendo a constitucionalidade de alguns artigos da Lei de Arbitragem, e a ratificação, pelo Brasil, da Convenção de Nova Iorque de 1958 sobre o Reconhecimento e a Execução de Sentenças Arbitrais Estrangeiras, em 23 de junho de 2002 ("Convenção de NY").[7]

Com relação ao reconhecimento da constitucionalidade da Lei de Arbitragem, este se deu em processo de homologação de sentença arbitral estrangeira oriunda da Espanha,[8] finalmente julgado em 12 de dezembro de 2001, quando o STF decidiu, por

---

3 Arts. 1.037 e 1.048, Código Civil de 1916.

4 Arts. 267, 301 e 520, CPC/1973.

5 Art. 1.037, Código Civil (1916): "As pessoas capazes de contratar poderão, em qualquer tempo, louvar-se, mediante compromisso escrito, em árbitros, que lhes resolvam as pendências judiciais, ou extrajudiciais".

6 Um exemplo disso é a existência de somente dois procedimentos arbitrais processados perante o Centro de Arbitragem e Mediação da Câmara de Comércio Brasil-Canadá – CAM-CCBC entre 1979, data da criação do Centro de Arbitragem, e 1996 (Fonte: http://www.ccbc.org.br/Materia/1095/estat%C3%ADstica, acesso em: 18 dez. 2017).

7 Decreto nº 4.311, de 23 de julho de 2002.

8 STF, Pleno, AgReg na Sentença Estrangeira nº 5.206-7 – Reino da Espanha, rel. Min. Sepúlveda Pertence, m.v., j. 12.12.2001, DJ 30.4.2004:
Ementa: "1. Sentença estrangeira: laudo arbitral que dirimiu conflito entre duas sociedades comerciais sobre direitos inquestionavelmente disponíveis – a existência e o montante de créditos a título de comissão por

maioria de votos (7 a 4), pela constitucionalidade dos artigos 6º e 7º da Lei de Arbitragem, decidindo pela inexistência de violação ao princípio constitucional do acesso à justiça (art. 5º, inciso XXXV, Constituição Federal, "CF").[9] [10]

O segundo fator, também com grande impacto, principalmente para o investimento vindo do exterior, foi a ratificação, pelo Brasil, da Convenção de NY em 2002, a principal convenção internacional no âmbito do Direito Arbitral.[11] A Convenção garante, assim, o reconhecimento de cláusulas arbitrais e impõe regras para o reconhecimento e a execução de sentenças arbitrais proferidas em território diverso daquele no qual se busca o reconhecimento e a execução da sentença arbitral.[12] [13]

---

representação comercial de empresa brasileira no exterior: compromisso firmado pela requerida que, neste processo, presta anuência ao pedido de homologação: ausência de chancela, na origem, de autoridade judiciária ou órgão público equivalente: homologação negada pelo Presidente do STF, nos termos da jurisprudência da Corte, então dominante: agravo regimental a que se dá provimento, por unanimidade, tendo em vista a edição posterior da L. 9.307, de 23.9.96, que dispõe sobre a arbitragem, para que, homologado o laudo, valha no Brasil como título executivo judicial. 2. Laudo arbitral: homologação: Lei da Arbitragem: controle incidental de constitucionalidade e o papel do STF. A constitucionalidade da primeira das inovações da Lei da Arbitragem – a possibilidade de execução específica de compromisso arbitral – não constitui, na espécie, questão prejudicial da homologação do laudo estrangeiro; a essa interessa apenas, como premissa, a extinção, no direito interno, da homologação judicial do laudo (arts. 18 e 31), e sua consequente dispensa, na origem, como requisito de reconhecimento, no Brasil, de sentença arbitral estrangeira (art. 35). A completa assimilação, no direito interno, da decisão arbitral à decisão judicial, pela nova Lei de Arbitragem, já bastaria, a rigor, para autorizar a homologação, no Brasil, do laudo arbitral estrangeiro, independentemente de sua prévia homologação pela Justiça do país de origem. Ainda que não seja essencial à solução do caso concreto, não pode o Tribunal – dado o seu papel de 'guarda da Constituição' – se furtar a enfrentar o problema de constitucionalidade suscitado incidentemente (v.g. MS 20.505, Néri). 3. Lei de Arbitragem (L. 9.307/96): constitucionalidade, em tese, do juízo arbitral; discussão incidental da constitucionalidade de vários dos tópicos da nova lei, especialmente acerca da compatibilidade, ou não, entre a execução judicial específica para a solução de futuros conflitos da cláusula compromissória e a garantia constitucional da universalidade da jurisdição do Poder Judiciário (CF, art. 5º, XXXV). Constitucionalidade declarada pelo plenário, considerando o Tribunal, por maioria de votos, que a manifestação de vontade da parte na cláusula compromissória, quando da celebração do contrato, e a permissão legal dada ao juiz para que substitua a vontade da parte recalcitrante em firmar o compromisso não ofendem o artigo 5º, XXXV, da CF. Votos vencidos, em parte – incluído o do relator – que entendiam inconstitucionais a cláusula compromissória – dada a indeterminação de seu objeto – e a possibilidade de a outra parte, havendo resistência quanto à instituição da arbitragem, recorrer ao Poder Judiciário para compelir a parte recalcitrante a firmar o compromisso, e, consequentemente, declaravam a inconstitucionalidade de dispositivos da Lei 9.307/96 (art. 6º, parág. único; 7º e seus parágrafos e, no art. 41, das novas redações atribuídas ao art. 267, VII e art. 301, inciso IX do C. Pr. Civil; e art. 42), por violação da garantia da universalidade da jurisdição do Poder Judiciário. Constitucionalidade – aí por decisão unânime, dos dispositivos da Lei de Arbitragem que prescrevem a irrecorribilidade (art. 18) e os efeitos de decisão judiciária da sentença arbitral (art. 31)".

9 Art. 5º, inciso XXXXV, CF. "A lei não excluirá do Poder Judiciário lesão ou ameaça a direito".

10 De acordo com Francisco José Cahali: "(...) em ultima análise, a lei não impõe a utilização da arbitragem, mantendo íntegro aos interessados o acesso à jurisdição estatal, porém, como expressão da vontade e liberdade e contratar, nas questões relativas a direitos patrimoniais disponíveis, permite que seja eleito o palco arbitral para a solução de conflito (potencial, latente ou já manifestado)" (CAHALI, Francisco José. *Curso de Arbitragem*. 6. ed. São Paulo: Revista dos Tribunais, 2017, p. 24).

11 Disponível em: http://www.uncitral.org/pdf/english/texts/arbitration/NY-conv/New-York-Convention-E.pdf, acesso em: 21 jul. 2018.

12 Art. 34, LArb: "A sentença arbitral estrangeira será reconhecida ou executada no Brasil de conformidade com os tratados internacionais com eficácia no ordenamento interno e, na sua ausência, estritamente de acordo com os termos desta Lei.
Parágrafo único. Considera-se sentença arbitral estrangeira a que tenha sido proferida fora do território nacional".

13 A ratificação pelo Brasil da Convenção de NY foi importante, mas não teve o condão de alterar significativamente o que já era estabelecido pela legislação brasileira para o reconhecimento de sentenças arbitrais estrangeiras: (i) as cláusulas arbitrais já tinham força obrigatória em razão dos dispositivos da Lei de Arbitragem (arts. 1º, 3º e 4º); (ii) disputa levada ao Judiciário não poderia ter andamento e o caso deveria ser enviado, necessariamente, à resolução por arbitragem, conforme arts. 3º e 5º da Lei de Arbitragem e arts. 267, VII, e 301, IX, do CPC/1973; e (iii) com relação aos requisitos para o reconhecimento e a execução das sentenças arbitrais estrangeiras, a lei de

A convenção não impôs alteração significativa no âmbito legislativo interno do país, mas a ratificação da Convenção de NY pelo Brasil demonstrou a disposição do país de reconhecimento de sentenças arbitrais estrangeiras, essencial para a divulgação de um clima *investment friendly* e de segurança jurídica, favorecendo, assim, a análise do mercado internacional de eventuais riscos assumidos no potencial de investimento no país.

Paralelamente, as questões relacionadas à interpretação da Lei de Arbitragem vêm passando pela análise do Poder Judiciário brasileiro, que tem, em suas decisões, mantido os posicionamentos basilares da Lei de Arbitragem, no sentido de (i) garantir a compulsoriedade do uso da arbitragem diante da existência de cláusula arbitral nos contratos, sem a necessidade de celebração posterior de compromisso arbitral, determinando a extinção da ação judicial proposta em afronta a essa cláusula arbitral; e (ii) executando de forma direta as sentenças arbitrais proferidas no Brasil (art. 31, LArb) e as sentenças estrangeiras, após a homologação da sentença arbitral estrangeira pelo STJ (art. 34, LArb), sem reexame do mérito das decisões. O posicionamento favorável à arbitragem do Poder Judiciário brasileiro fortalece ainda mais a sua utilização no Brasil.[14] [15]

Como resume Francisco José Cahali:

> Sobrevivendo com vigor a suspeita de inconstitucionalidade, a partir de 2002 a arbitragem tomou fôlego e passou a ser amplamente estudada e praticada em nosso ambiente jurídico. Basta, para se confirmar esta afirmação, a constatação da expressiva produção científica gerada desde então, bem como do significativo número de instituições arbitrais e procedimentos por elas praticados nos últimos anos. E a própria reforma da Lei bem como a inclusão de algumas peculiaridades relativas à arbitragem no Código de Processo Civil de 2015 demonstraram a atenção legislativa ao desenvolvimento do Instituto.[16]

Em 2015, a Lei de Arbitragem foi modificada pela Lei nº 13.129/2015, sofrendo algumas alterações, mas que não descaracterizaram o instituto.

A Lei de Arbitragem acabou por manter os fundamentos da arbitragem, como, por exemplo, o princípio da vontade das partes, a independência do procedimento arbitral e a autonomia da cláusula arbitral em relação ao contrato.

Sendo que as principais alterações promovidas pela Lei nº 13.129/2015 envolveram: (i) a inclusão expressa da possibilidade de submissão de litígios de caráter econômico

---

arbitragem já eliminara o duplo *exequatur* (reconhecimento da sentença pelo judiciário local além do processo de homologação no Brasil) antes da execução da sentença pelo Judiciário brasileiro, e os requisitos exigidos pela Convenção de NY para a homologação da sentença arbitral estrangeira já existiam no regimento interno do STF e eram aplicados de forma consistente pelos tribunais brasileiros.

[14] Cfr. pesquisas empíricas da jurisprudência brasileira sobre arbitragem realizadas pelo CBAr – Comitê Brasileiro de Arbitragem (uma finalizada em 2007, em parceria com a FGV, e outra, em 2016, em parceria com a ABEArb – Associação Brasileira de Estudantes de Arbitragem) [(1) http://cbar.org.br/site/pesquisa-cbar-fgv-2007/ e (2) http://cbar.org.br/site/pesquisa-cbar-abearb-2016 (acessos em: 21 jul. 2018)].

[15] Da mesma forma, a jurisprudência do STJ nas homologações de sentenças arbitrais estrangeiras, após a mudança de competência para julgamento desses casos (Emenda Constitucional nº 45/2004). O Tribunal não realiza qualquer revisão do mérito das decisões levadas à homologação, verificando somente os requisitos formais e procedimentais previstos no Regulamento do STJ e na Convenção de NY. V. Pesquisa CBAr 2016, Introdução, item 2.4.

[16] CAHALI, Francisco José. *Curso...*, op. cit., p. 127.

pela Administração Pública direta e indireta; (ii) uma melhor definição da cooperação do Poder Judiciário com o tribunal arbitral por meio da "carta arbitral" para o cumprimento de medidas deferidas no âmbito da arbitragem; e (iii) definição legal da data da interrupção da prescrição nos casos submetidos à arbitragem, entre outras questões.

3 Arbitragem – Requisitos para a utilização da arbitragem como meio de resolução de controvérsias

Conforme já mencionado, a arbitragem é um meio alternativo de solução de controvérsias e é fundada na autonomia da vontade das partes, mas não são todos os tipos de litígios que podem ser submetidos à resolução por arbitragem.

Importante ponto de partida para a análise da possibilidade de utilização da arbitragem para casos envolvendo Direito Sucessório e de Família é o art. 1º da Lei de Arbitragem, que estabelece as diretrizes para o uso da arbitragem, *in verbis*:

> Art. 1º As pessoas capazes de contratar poderão valer-se da arbitragem para dirimir litígios relativos a direitos patrimoniais disponíveis.

O art. 1º da Lei de Arbitragem disciplina os requisitos de arbitrabilidade (*subjetivo* e *objetivo*) necessários para que determinadas partes possam submeter-se à arbitragem e para que determinada disputa ou direito possa ser passível de decisão por arbitragem.

Trata, assim, o art. 1º da *arbitrabilidade subjetiva*, pois somente poderão submeter-se à arbitragem as pessoas *capazes de contratar*, na forma das regras estabelecidas pelo Direito Civil.

Como explica Carlos Alberto Carmona:

> a capacidade jurídica consiste – como lembra Angelo Favata – "na aptidão de tornar-se sujeito de direitos e deveres", sendo tal capacidade o pressuposto de todos os direitos e obrigações. Esta aptidão genérica está estampada no art. 1º dado Código Civil brasileiro, sendo certo que a capacidade jurídica da pessoa natural é limitada, já que a pessoa pode ter o gozo de um direito, sem ter o seu exercício, razão pela qual seu representante legal é o que exercerá, em seu nome. Também pode a capacidade sofrer restrições quanto ao seu exercício por força de outras ocorrências, tais como idade (maioridade ou menoridade), fatores físicos (toxicômanos) ou psicológicos (deficiência mental). A estes a lei denomina incapazes, dando-lhes proteção jurídica, que se realiza por meio da representação ou assistência, o que lhes possibilita o exercício de direitos.[17]

Demais disso, o art. 1º da Lei de Arbitragem delimita, também, as *matérias* que poderão ser submetidas à arbitragem. Trata-se, assim, da *arbitrabilidade objetiva*, sendo que somente poderão ser objeto de decisão arbitral questões envolvendo *direitos patrimoniais disponíveis*.

Novamente na clara lição de Carlos Alberto Carmona sobre o assunto:

---

[17] CARMONA, Carlos Alberto. *Arbitragem e Processo*: um Comentário à Lei nº 9.307/96. 3. ed. São Paulo: Altas, 2009, p. 37.

> Diz-se que um direito é disponível quando ele pode ser ou não exercido livremente pelo seu titular, sem que haja norma cogente impondo o cumprimento do preceito, sob pena de nulidade ou anulabilidade do ato praticado com sua infringência. Assim, são disponíveis (do latim *disponere*, dispor, pôr em vários lugares, regular) aqueles bens que podem ser livremente alienados ou negociados, por encontrarem-se desembaraçados, tendo o alienante plena capacidade jurídica para tanto.[18]

Assim, somente questões patrimoniais disponíveis são admitidas, excetuando-se aquelas em que há maior interferência da ordem pública, como as falências, a propriedade industrial ou, em certos países, as relações de trabalho, sendo que as restrições de Direito Interno passam a ter efeitos internacionais. A regra estabelecida pela legislação francesa é encontrada, com ligeiras diferenças de grau, na maior parte dos países europeus e latino-americanos.

Entretanto, como lembra Luiz Olavo Baptista:

> É preciso, de resto, reconhecer que uma definição precisa da 'comercialidade' de um litígio não regularia todos os problemas específicos que podem surgir em cada caso concreto: a arbitrabilidade de um litígio é uma questão demasiado complexa, relativa às concepções nacionais muito específicas para serem tratadas abstratamente por um texto internacional, e mesmo por um texto nacional; para convencer-se disso basta recordar as controvérsias e hesitações da jurisprudência a propósito da definição e dos efeitos de um litígio 'relativo à ordem pública'.[19]

Feitas essas considerações iniciais, passemos à análise das possibilidades do uso da arbitragem no Direito de Família e no Direito Sucessório.

4 Possibilidades e impossibilidades de arbitragem no Direito de Família e no Direito Sucessório

O Direito de Família pode ser conceituado como "um conjunto de regras que disciplinam os direitos pessoais e patrimoniais das relações de família".[20] Já o Direito Sucessório, também chamado de hereditário, é conceituado como o "conjunto de regras e complexo de princípios jurídicos pertinentes à passagem da titularidade do patrimônio de alguém que deixa de existir aos seus sucessores".[21] Assim, tem-se que a matéria que os une e interessa neste estudo diz respeito ao *patrimônio*, quer o resultante de uma dissolução de casamento ou união estável, quer o resultante da passagem de titularidade de patrimônio por motivo de falecimento.

No Direito de Família, não há expressa previsão legal sobre as possibilidades de utilização de arbitragem, o que torna necessária uma análise de ambos os institutos para verificar em que momento as matérias convergem e se poderiam utilizar a arbitragem.

---

[18] CARMONA, Carlos Alberto. *Arbitragem..., op. cit.*, p. 38.

[19] BAPTISTA, Luiz Olavo. *Arbitragem Comercial e Internacional*. São Paulo. Lex Magister, 2011, p. 108-109.

[20] LÔBO, Paulo. *Direito Civil:* Famílias. 6. ed. São Paulo: Saraiva, 2015, p. 33.

[21] CAHALI, Francisco José; HIRONAKA, Giselda Maria Fernandes Novaes. *Direito das Sucessões*. 5. ed. São Paulo: Revista dos Tribunais, 2014, p. 22.

De início, verifica-se que o artigo 852 do Código Civil[22] veda a arbitragem nos casos referentes a «*questões de estado*» (como estado civil, filiação etc.), de «*direito pessoal de família*» e quaisquer outros que não tenham caráter estritamente patrimonial. Este artigo guarda íntima ligação com o já citado artigo 1º da Lei de Arbitragem, que preceitua que os litígios que podem se valer da arbitragem devem versar *estritamente* sobre direitos patrimoniais e disponíveis.

Note-se que estão excluídos quaisquer direitos não patrimoniais ou, em sendo patrimoniais, que sejam indisponíveis.

O que resta, portanto, é justamente aquilo que se refere a patrimônio disponível, devendo as partes ser *maiores* e *capazes*, conforme preceitua a Lei de Arbitragem, art. 1º. Assim, em não havendo menores ou incapazes, há possibilidade de que a solução do litígio se dê, efetivamente, por via arbitral, sendo certo que, no Direito de Família, este instituto pode ser aplicado quando da partilha dos bens, na dissolução do casamento ou da união estável, em ambos os casos, hetero ou homoafetivo.[23]

Desta forma, cônjuges, companheiros ou parceiros podem, em livre manifestação de vontade, convencionar em afastar a prestação jurisdicional do Poder Judiciário (com relação a questões de direitos disponíveis) e optar pelo instituto de arbitragem para a solução deste tipo de conflito. A opção pela arbitragem por livre vontade das partes pode se dar *antes* do litígio acontecer ou *após* sua ocorrência.

Embora não seja usual, as partes podem estipular uma cláusula arbitral (art. 4º, LArb) em um pacto antinupcial (no caso do casamento) ou em uma escritura (quando de um contrato de convivência),[24] o que as resguardaria com relação a eventuais conflitos que futuramente venham a existir, já elegendo, desde logo, a via arbitral para sua solução.

Essa iniciativa das partes também pode se dar quando do rompimento do vínculo afetivo, seja ele qual for – casamento ou união estável, hetero ou homoafetivo – após o litígio já instalado, podendo-se formalizar a opção pela arbitragem através de um compromisso arbitral (art. 9º, LArb).

Neste segundo caso, já houve um efetivo rompimento do vínculo afetivo [no casamento é necessário o divórcio (ou a separação, a depender da opção do casal),[25] podendo-se utilizar a via judicial ou extrajudicial, conforme o caso; na união estável, de igual sorte se faz necessário o rompimento da convivência para que cessem os efeitos patrimoniais] e, com isso, há litígio instaurado entre as partes quanto à partilha de bens (direito patrimonial disponível), podendo elas, em comum acordo, submeter sua resolução à via arbitral, em detrimento da judicial.

---

22 Cfr. Art. 852: "É vedado compromisso para solução de questões de estado, de direito pessoal de família e de outras que não tenham caráter estritamente patrimonial".

23 A esse respeito, v., entre outros, RODOVALHO, Thiago. Comentários aos arts. 731 a 734 do NCPC. *In*: RIBEIRO, Sérgio Luiz de Almeida et al. (Org.). *Novo Código de Processo Civil Comentado*, vol. II. São Paulo: Lualri Editora, 2017, p. 541-542.

24 O contrato de convivência é um contrato realizado entre pessoas que vivem juntas, mas que não são legalmente casadas. Embora não seja necessária sua formalização quando da convivência conjunta, este contrato é uma opção para que os casais (união estável/ relação homoafetiva) assegurem seus direitos e se protejam de eventuais conflitos que possam ocorrer quando da dissolução da sociedade afetiva.

25 RODOVALHO, Thiago. Comentários aos arts. 731 a 734 do NCPC. *In*: RIBEIRO, Sérgio Luiz de Almeida et al. (Org.). *Novo Código de Processo Civil Comentado*, vol. II. São Paulo: Lualri Editora, 2017, p. 537-540.

Cabe lembrar aqui que, nestes casos, a partilha segue a divisão na forma legal ou na prevista em pacto ou contrato e fica restrita às questões relacionadas ao patrimônio comum dos cônjuges ou companheiros, não recaindo sobre os bens particulares, sub-rogados (proporcionalmente).[26]

Referente ao tema em questão, quanto à utilização do instituto de arbitragem na partilha de bens em separação judicial, já há, inclusive, um *leading case* em que o E. Tribunal de Justiça de São Paulo reconheceu que o instituto da arbitragem deve ser respeitado, *verbis*:

> Arbitragem. Determinação pelo árbitro de realização de perícia contábil na empresa do recorrente. Possibilidade. Partes que elegeram o Tribunal Arbitral de São Paulo para solução do *litígio que versa sobre a revisão de partilha de bens em separação judicial. A instituição da arbitragem deve ser respeitada pela jurisdição estatal como qualquer convenção privada.* Evidente que não se afasta do controle do Poder Judiciário a apreciação da regularidade do processo de arbitragem, que como todo ato jurídico está sujeito a ser invalidado. Providência requerida que deverá ser postulada no órgão perante o qual se processa a arbitragem. Decisão mantida. Agravo não provido (destacamos)
> (TJSP, AgIn 501.512-4/4-00, j. 30.05.2007, Rel. Des. Élcio Trujillo).

Assim, temos o instituto da arbitragem reconhecido e confirmado como sendo uma alternativa à prestação jurisdicional do Poder Judiciário no Direito de Família, no que diz respeito à partilha de bens em separação judicial (direito patrimonial disponível), podendo, neste caso, as partes, desde que maiores e capazes, dispor livremente sobre esta questão.

Referente ao Direito Sucessório, como já verificado, em caso de falecimento há transmissão de bens do *de cujus* para seus herdeiros ou sucessores. Esse procedimento, que pode ser judicial ou extrajudicial, se dá através do inventário, que formaliza a transmissão dos bens sucedidos do falecido aos sucessores.

Conforme se depreende do artigo 1.786 do Código Civil,[27] a sucessão pode se dar por lei (legal ou legítima) ou por disposição de última vontade do *de cujus* (testamento). A sucessão é tida por legítima quando há herdeiros necessários (hipótese em que o testador não pode dispor da *totalidade* dos bens no testamento),[28] na hipótese de falecimento da pessoa sem deixar testamento (sucessão *ab intestato*) ou se o testamento caducar e for considerado nulo,[29] casos em que igualmente a herança será transmitida aos herdeiros legítimos.

Preceitua o artigo 610 do Código de Processo Civil[30] que, em havendo testamento ou interessado incapaz, o procedimento deve ser o inventário judicial. Na hipótese de haver incapaz, não se pode falar em arbitragem, vez que a lei determina, obrigatoriamente, o procedimento judicial, por ser caso de indisponibilidade de direitos. Quando se tratar *apenas* de testamento (sem incapaz), em tese, pode-se cogitar do uso da arbitragem, haja

26 CAHALI, Francisco José. *Curso de Arbitragem*. 5. ed. São Paulo: Revista dos Tribunais, 2015, p. 434.

27 Art. 1.786. A sucessão dá-se por lei ou por disposição de última vontade.

28 GOMES, Orlando. *Sucessões*. 9. ed. Rio de Janeiro: Forense, 2000, p. 35.

29 Cfr. Art. 1788 do CC.

30 Art. 610. Havendo testamento ou interessado incapaz, proceder-se-á ao inventário judicial.

vista, por exemplo, que, ao menos no Estado de São Paulo, há norma autorizando a *desjudicialização*[31] do inventário e partilha, após o necessário procedimento de abertura, cumprimento e registro judicial do testamento, mediante expressa autorização do juízo sucessório competente onde tramitou o aludido registro do testamento, e desde que todos os interessados sejam capazes e estejam concordes.[32]

Resumidamente, seguindo novamente os ensinamentos de Francisco José Cahali, sendo hipótese de *sucessão sem testamento* (ou legítima), deve-se seguir a ordem hereditária, com o Código Civil[33] estipulando quem são os herdeiros e qual será o quinhão equivalente de cada um. Havendo herdeiros menores ou incapazes, o processo será necessariamente judicial, como já verificado anteriormente, não se cabendo falar em arbitragem nestes casos.[34]

Diferentemente disto, sendo os herdeiros maiores e capazes, permite-se a partilha amigável, através de processo judicial ou até mesmo por escritura pública, conforme preceitua o artigo 2.015 do Código Civil. Neste caso, em havendo conflito quanto à partilha – direito patrimonial disponível –, os herdeiros podem se valer da arbitragem para a divisão litigiosa, devendo, em querendo, instituí-la através de livre manifestação de vontade, pelo compromisso arbitral, firmado após litígio e de comum acordo por todos os herdeiros.

Também com a imprescindível concordância de todos, pode-se levar a juízo arbitral a prestação de contas do inventariante aos demais herdeiros.

Nos casos de sucessão testamentária sem cláusula arbitral prevista no testamento, embora seja necessário o registro judicial do testamento[35] e o inventário, *em regra*, deva ser judicial nestes casos, entende-se que:

---

31 O incentivo ao chamado Tribunal Multiportas tem sido a tônica nos últimos anos:
"incentiva a desjudicialização dos conflitos e o sistema multiportas de acesso à justiça, mediante a adoção e o estímulo à solução consensual, aos métodos autocompositivos e ao uso dos mecanismos adequados de solução das controvérsias, sempre apostando na capacidade que possuem as partes de livremente convencionar e dispor sobre os seus bens direitos e destinos do modo que melhor lhes convier (o que se reflete, inclusive no âmbito do processo, com a possibilidade de celebração de negócios jurídicos processuais atípicos a partir de uma cláusula geral - art. 190 do CPC/15)" (STJ. Terceira Turma. REsp 1.623.475 / PR. Relatora Exma. Sra. Ministra NANCY ANDRIGHI. Julgado em: 17/04/2018).
Cfr. ainda CNJ Resolução nº 125 de 29/11/2010 - https://atos.cnj.jus.br/atos/detalhar/156:
"Art. 1º Fica instituída a Política Judiciária Nacional de Tratamento Adequado dos Conflitos de Interesses, tendente a assegurar a todos o direito à solução dos conflitos por meios adequados à sua natureza e peculiaridade.
Parágrafo único. Aos órgãos judiciários incumbe, nos termos do art. 334 do Código de Processo Civil de 2015, combinado com o art. 27 da Lei 13.140, de 26 de junho de 2015 (Lei de Mediação), antes da solução adjudicada mediante sentença, ***oferecer outros mecanismos de soluções de controvérsias, em especial os chamados meios consensuais****, como a mediação e a conciliação, bem assim prestar atendimento e orientação ao cidadão".*

32 Cfr. Provimento 37/2016 do E. TJSP:
"Artigo 1º. Dar nova redação ao item 129 e subitens, do Capítulo XIV, das NSCGJ, nos termos que seguem:
129. Diante da *expressa autorização do juízo sucessório* competente, nos autos do procedimento de abertura e cumprimento de testamento, *sendo todos os interessados capazes e concordes*, poderão ser feitos o *inventário e a partilha por escritura pública*, que constituirá título hábil para o registro imobiliário.
129.1 Poderão ser feitos o inventário e a partilha por escritura pública, também, nos casos de *testamento revogado ou caduco, ou quando houver decisão judicial, com trânsito em julgado, declarando a invalidade do testamento, observadas a capacidade e a concordância dos herdeiros*.
129.2. Nas hipóteses do subitem 129.1, o Tabelião de Notas solicitará, previamente, a certidão do testamento e, *constatada a existência de disposição reconhecendo filho ou qualquer outra declaração irrevogável, a lavratura de escritura pública de inventário e partilha ficará vedada*, e o inventário far-se-á judicialmente" (destacamos).

33 Cfr. artigo 1.829 e seguintes do Código Civil.

34 CAHALI, Francisco José. *Curso..., op. cit.*, p. 438.

35 Código de Processo Civil, artigos 735 e seguintes.

> [...] é possível ser feita a partilha no juízo arbitral, desde que a sentença retorne ao Poder Judiciário, para verificação do cumprimento das disposições testamentárias. [...] As duas sentenças, então, se integram, uma com a outra, formando a composição de um todo.[36]

Assim, mesmo sendo indispensável a verificação da vontade do testador quanto ao seu último pedido em vida (motivo pelo qual o Código de Processo Civil de 2015 alude ao inventário judicial, verificando-se inclusive a licitude das disposições presentes no testamento), em tese, os coerdeiros (maiores e capazes) poderiam optar pela convenção de arbitragem relativa à matéria patrimonial disponível, vez que, ao final, esta sentença pode ser levada ao Poder Judiciário para verificação do respeito às disposições de última vontade do testador, podendo, *se o caso*, ser anulada e devolvida ao juízo arbitral se as disposições testamentárias não tiverem sido devidamente respeitadas.

Ainda, como na sucessão legítima, aqui também se pode levar a juízo arbitral a prestação de contas do inventariante aos demais herdeiros desde que todos anuam ao compromisso arbitral.

Por fim, quanto à sucessão testamentária com cláusula arbitral no testamento, hoje, em nosso ordenamento, esbarra-se nos mesmos óbices já pontuados na sucessão testamentária sem cláusula arbitral (registro de testamento e inventário judicial necessário) e, ainda, em um terceiro, qual seja, a parcela legítima dos herdeiros necessários.[37] Poder-se-ia, em tese, utilizar-se da arbitragem apenas no que diz respeito à parcela patrimonial disponível, podendo ser, ao final, a referida sentença arbitral levada ao Poder Judiciário para verificação do cumprimento das disposições testamentárias.[38]

A título de exemplo, sobre a possibilidade de se estabelecer cláusula arbitral em Testamentos, podemos citar dois testamentos curiosos.[39]

O primeiro deles, do Pai da Aviação – Alberto Santos Dumont –, que instituiu um terceiro com poderes para decidir questões relativas à sua herança, disciplinando da seguinte maneira, em 7 de setembro de 1931:

> [...] f) é desejo do testador que seja aceito rigorosamente por todos os contemplados, as disposições contidas neste testamento e que sobre elas não se levantem qualquer dúvida, sob a pena constante da cláusula seguinte:
> g) Nomeia seu inventariante e testamenteiro a seu sobrinho Arnaldo Dumont Villares que em vida foi seu procurador em substituição a seu falecido pai Guilherme e *a quem delega por este testamento poderes completos para executar e fazer cumprir este testamento, resolvendo como entender dúvidas que dele surgirem e com o encargo e poderes expresso para excluir irrevogavelmente do benefício deste testamento qualquer aquinhoado que pretenda questioná-lo*. (destacamos)

---

36 CAHALI, Francisco José. *Curso...*, *op. cit.*, p. 438-439.

37 Cfr. Código Civil, Art. 1.846. Pertence aos herdeiros necessários, de pleno direito, a metade dos bens da herança, constituindo a legítima.

38 Como proposta à utilização da arbitragem testamentária temos o modelo espanhol, conforme se depreende da Ley de Arbitraje 60/2003:
"Artículo 10 – *Arbitraje testamentario*.
También será válido el arbitraje *instituido por disposición testamentaria para solucionar diferencias entre herederos no forzosos o legatarios por cuestiones relativas a la distribución o administración de la herencia*". (destacamos)

39 CAHALI, Francisco José. Ensaio sobre arbitragem testamentária no Brasil com paradigma no Direito Espanhol. *In*: WALD, Arnoldo (Coord.). *Revista de Mediação e Arbitragem*. São Paulo: n. 17, ano 5, p. 54, abr./jun. 2008.

No exemplo seguinte, podemos observar como disciplinou a esse respeito, em 9.7.1790, o primeiro presidente americano, George Washington, também instituindo terceiros para atuar de forma a resolver eventuais conflitos que pudessem existir em sua sucessão:

> [...] Por fim, nomeio e constituo meus amados esposa Martha Washington, e sobrinhos William Augustine Washington, Bushrod Washington, George Steptoe Washington, Samuel Washington & Lawrence Lewis, e meu "protegido" (filho de um de seus enteados e por ele "adotado"), George Washington Parke Custis, (quando ele tiver chegado à idade de vinte anos) *inventariantes e executores deste testamento*. [...] (Destacamos)
> [...] Que pela sua elaboração será facilmente percebido que *não tive aconselhamento ou assessoria de profissional* ou de escritório, e que, embora tenha ocupado muitas das minhas horas de lazer para amadurecer, pela sua forma, pode, não obstante, parecer bruto e incorreto. Mas, tendo me esforçado para ser simples e explícito em todas as disposições, mesmo à custa de prolixidade, talvez da tautologia (redundância), *espero e confio que não venham a surgir disputas sobre as disposições*; [...] (Destacamos)
> [...] Mas se, ao contrário das expectativas, por impropriedade na utilização de expressões legais ou de termos técnicos, ou ainda, por que eu tenha dito pouco sobre as disposições, ou venha a ter irregularidades, a minha vontade e determinação expressa é que todas as disputas (se infelizmente vierem a ocorrer) devem ser *decididas por 3 (três) homens imparciais e inteligentes, conhecidos por sua probidade e boa compreensão*; dois deles a serem escolhidos pelos litigantes, cada um com a escolha de um, e o terceiro para ser escolhido por aqueles dois. Os três homens assim escolhidos, deverão, sem restrições da lei ou de precedentes legais, *declarar o sentido das disposições e as intenções do testador. E tal decisão, para todos os efeitos, será tão vinculante para as partes, como se tivesse sido dada pela Suprema Corte dos Estados Unidos*. (destacamos)

Percebem-se, por esses dois exemplos, que já havia preocupação com uma forma de solução ágil e prática aos eventuais conflitos que pudessem surgir, referentes à partilha patrimonial ou às vontades do testante, e, em ambos os casos, terceiros (particulares) já possuíam poderes para atuar e decidir sobre essas questões relativas à herança, o que demonstra a necessidade e possibilidade de se criar, efetivamente, uma arbitragem atuante no Direito de Sucessões.

Referências

BAPTISTA, Luiz Olavo. *Arbitragem Comercial e Internacional*. São Paulo: Lex Magister, 2011.

BENETI, Ana Carolina. Dispute resolution: New Era for Arbitration in Brazil. *In*: *Mealey's International Arbitration Report*, vol. 16, n. 7, p. 2, July 2001.

BLACKABY, Nigel. Arbitration and Brazil: A Foreign Perspective. *In*: *Arbitration International*, London, vol. 17, n. 2, p. 129, 2001.

BORN, Gary B. *International Arbitration*: Law and Practice, second edition, Wolters Kluwer, 2016.

CAHALI, Francisco José. *Curso de Arbitragem*. 5. ed. São Paulo: Revista dos Tribunais, 2015.

CAHALI, Francisco José. *Curso de Arbitragem*. 6. ed. São Paulo: RT, 2017.

CAHALI, Francisco José. Ensaio sobre arbitragem testamentária no Brasil com paradigma no Direito Espanhol. *In*: *Revista de Mediação e Arbitragem*, São Paulo, n. 17, ano 5, abr./jun. 2008.

CAHALI, Francisco José; HIRONAKA, Giselda Maria Fernandes Novaes. *Direito das Sucessões*. 5. ed. São Paulo: Revista dos Tribunais, 2014.

CAHALI, Francisco José; RODOVALHO, Thiago. A necessidade de inclusão das alternativas adequadas de solução de conflitos (conciliação, mediação, arbitragem e outas) como disciplinas obrigatórias nos cursos de direito. *In*: *Revista Resultado – Revista da Câmara Brasileira de Mediação e Arbitragem Empresarial*, v. 49, p. 29-29, 2014.

CARMONA, Carlos Alberto. *Arbitragem e Processo*: um Comentário à Lei nº 9.307/96. 3. ed. São Paulo: Altas, 2009.

DINAMARCO, Cândido Rangel. *A Arbitragem na Teoria Geral do Processo*. São Paulo: Malheiros, 2013.

GAILLARD, Emmanuel; SAVAGE, John. *Fouchard Gaillard Goldman on international commercial arbitration*. Alphen aan den Rijn: Kluwer Law International.

GOMES, Orlando. *Sucessões*. 9. ed. Rio de Janeiro: Forense, 2000.

HOLANDA, Flavia; SALLA, Ricardo Medina (Coord.). *A nova Lei da Arbitragem brasileira – Lei n. 13.129/2015*. São Paulo: IOB Sage, 2015.

LÔBO, Paulo. *Direito Civil*: Famílias. 6. ed. São Paulo: Saraiva, 2015.

RODOVALHO, Thiago. *Cláusula arbitral nos contratos de adesão*. São Paulo: Almedina, 2016.

RODOVALHO, Thiago. *Aspectos básicos da arbitragem* (E-Book), Curitiba: Instituto de Direito Contemporâneo – IDC, 2017 (disponível em: https://cursodearbitragem.com.br/).

RODOVALHO, Thiago. Aspectos Introdutórios da Arbitragem. *In*: OAB/CACB (Org.). *Manual de Arbitragem para Advogados*. Brasília: OAB/CACB, 2015, p. 10-17.

RODOVALHO, Thiago. *Abuso de direito e direitos subjetivos*. São Paulo: Revista dos Tribunais, 2011.

RODOVALHO, Thiago. Comentários aos arts. 731 a 734 do NCPC. *In*: RIBEIRO, Sérgio Luiz de Almeida et al. (Org.). *Novo Código de Processo Civil Comentado*, vol. II, São Paulo: Lualri Editora, 2017.

Informação bibliográfica deste texto, conforme a NBR 6023:2018 da Associação Brasileira de Normas Técnicas (ABNT):

BENETI, Ana Carolina; RODOVALHO, Thiago. Algumas considerações sobre a utilização da arbitragem no Direito de Família e Sucessório no Brasil. *In*: TEIXEIRA, Daniele Chaves (Coord.). *Arquitetura do planejamento sucessório*. 3. ed. Belo Horizonte: Fórum, 2022. p. 81-92. Tomo I. ISBN 978-65-5518-459-4.

SUCESSÃO E TRIBUTAÇÃO: PERPLEXIDADES E PROPOSIÇÕES EQUITATIVAS

DANIEL BUCAR
CAIO RIBEIRO PIRES

1 Introdução

A compreensão do ordenamento jurídico como um sistema uno[1] impõe ao civilista depreender, a partir da complexidade das matérias envolvidas, a interpretação dos institutos de Direito Civil a partir da tabua axiológica constitucional. A metodologia noticiada vem sendo, com acuidade e denodo, aplicada a uma releitura do Direito Sucessório pela doutrina mais atenta,[2] e a interação do Direito Tributário com o Civil não pode deixar de ser objeto de problematização.

A este propósito e em razão, sobretudo, da crise financeira e fiscal dos Estados no pós-2014, o imposto de transmissão *causa mortis* de bens vem sendo objeto de reflexão por parte da doutrina tributária,[3] sobretudo à luz da (in)justiça fiscal na aplicação desta espécie de tributo no Brasil. Deste debate não pode fugir o Direito Civil, principalmente em matéria de planejamento sucessório: para além da questão normativo-axiológica do imperativo de funcionalização às transmissões proprietárias, por razões pragmáticas, conhecer tendências atuais no que toca à tributação da herança se torna parte central no debate sobre como e quando utilizar-se do referido instrumento jurídico.[4]

---

1 PIERLINGIERI, Pietro, tradução de Maria Cristina de Cicco. *Perfis de Direito Civil*. 3. ed. revista e ampliada. Rio de Janeiro: Renovar, 2002. p. 2.

2 Inseridas no contexto da metodologia civil-constitucional, destaquem-se as seguintes produções: NEVARES, Ana Luiza Maia. *A tutela sucessória do cônjuge e do companheiro na legalidade constitucional*. 1. ed. Rio de Janeiro: Renovar, 2004; TEIXEIRA, Daniele Chaves. *Planejamento sucessório*: pressupostos e limites. Belo Horizonte: Fórum, 2017; SILVA, Rafael Cândido da. *Pactos sucessórios*: ensaio sobre a perspectiva funcional da autonomia privada na sucessão causa mortis. Dissertação (mestrado em direito). Faculdade de Direito da Universidade do Estado do Rio de Janeiro. Rio de Janeiro, 2017.

3 RIBEIRO, Ricardo Lodi. Piketty e a reforma igualitária tributária no Brasil. *Revista de Finanças Públicas, Tributação e Desenvolvimento*, Rio de Janeiro, vol. 3, n. 3, 2015.

4 Tome-se como exemplo, e no sentido de tendências discutidas, o Estado do Rio de Janeiro, que a partir da Lei nº 7.786/2017 modificou o art. 26 da Lei nº 7.174/2015, de forma a estabelecer um sistema de alíquota progressiva para o ITCMD que chega ao teto de 8% na transmissão de patrimônios maiores do que R$ 400.000.

O presente texto não tem a pretensão – até porque o espaço não comporta – de abordar as múltiplas consequências interpretativas que o tema ocasiona. Contudo, não se poderia furtar de seu enfrentamento inicial, pois tributação e sucessão têm sido, nos últimos anos, objeto de reflexões acadêmicas empreendidas entre os autores e a coordenadora da presente obra.

2 Direito das Sucessões e tributação

O fenômeno tributário se encontra diretamente vinculado às sucessões. Desencadeia a morte de alguém fato gerador, pela existência de um patrimônio, intitulado herança, que será transmitido a seus herdeiros (sejam eles legítimos ou testamentários) ou legatários. Incide então o chamado Imposto de Transmissão *Causa Mortis* (o mesmo concernente a doações[5]), de competência dos Estados na forma do art. 155, inciso I, da Constituição da República.

Realizar os ditames da ordem constitucional na relação vinculativa enunciada perpassa uma complexa rede de normas: por força de mandamento pétreo nem ao menos pode ser cogitada abolição da herança (art. 5º, inciso XXX, CR), porém, também não se descura de sua íntima relação com o direito de propriedade (art. 5º, inciso XXII, CR), o qual deverá ser exercido nos limites da função social (art. 5º, inciso XXIII, CR) e também adaptar-se ao fundamento da ordem capitalista que a legítima, qual seja, a livre-iniciativa e o valor social do trabalho (art. 170, CR). Portanto, questiona-se: como concretizar o enunciado tecido na referida transmissão gratuita de bens (sem contraprestação do beneficiário) que se incorpora ao patrimônio dos herdeiros e será fonte de riqueza e utilização do herdeiro?

Nos dizeres de Orlando Gomes: "(...) a função social da propriedade é uma ideia estranha à sucessão hereditária como simples transmissão de bens, a que se reduz".[6] Diferente resposta nos oferece a interdisciplinaridade, a conectar os ramos do Direito: essencial o pagamento de tributos ao Estado pelo beneficiário destes bens, de modo a provocar a redistribuição de riqueza através da alocação destes recursos em benefício dos direitos sociais (educação, moradia, saúde). Eis aqui a essencial função cumprida pela tributação, qual seja, permitir que as riquezas circulem consoante o mercado capitalista e, ao mesmo tempo, promover o desenvolvimento da justiça social distributiva (no Brasil prevista no art. 3º, CR).[7]

Afinal, reside aqui a precípua tarefa dos Estados Sociais e Fiscais, entre os quais o Brasil se encontra, o que é demonstrado pelos já enunciados princípios emanados da Constituição: arrecadar receitas suficientes para que, mesmo dentro de uma ordem capitalista, seja possível proporcionar a maior igualdade e bem-estar social a seus

---

5 Esclareça-se que neste trabalho será utilizada a sigla majoritariamente atribuída ITCMD- Imposto de Transmissão *Causa Mortis* e Doação, embora alguns Estados utilizem a sigla ITCD.

6 GOMES, Orlando *Sucessões*, atualizado por Mario Roberto Carvalho de Faria. 15. ed. Rio de Janeiro: Forense, 2012. p. XXX.

7 RIBEIRO, Ricardo Lodi. Piketty e a reforma igualitária tributária no Brasil. *Revista de Finanças Públicas, Tributação e Desenvolvimento*, Rio de Janeiro, vol. 3, n. 3, p. 7, 2015.

cidadãos.[8] Neste contexto ainda, cumprir esta função de forma efetiva significa valorizar o trabalho e a poupança, além de obedecer basilar princípio do sistema constitucional: que a receita seja obtida pelo pagamento de acordo com a capacidade de fazê-lo relativa às características de cada contribuinte (art. 145, §1º, CR).

Estabelecidos tais pressupostos que relacionam o Direito das Sucessões à tributação, cabe perquirir se a legislação brasileira os obedece. Dito de outra forma, há que se indagar se o Estado valora corretamente o pagamento de tributos relativo à herança, de modo que a supracitada transmissão proprietária se realize e, ao mesmo tempo, promova os ditames constitucionais imperativos no sistema jurídico em que se insere.

3 A problemática da tributação brasileira no Direito das Sucessões

3.1 Uma questão preliminar: a morte da *saisine* pela tributação

Unanimidade na doutrina do Direito das Sucessões é a afirmação de que, em razão do art. 1.784, Código Civil, o Brasil haveria adotado o modelo de *saisine*, onde a partir da morte (abertura da sucessão) os bens são transmitidos automaticamente aos herdeiros.[9] O princípio da *saisine* remonta a tempos medievais, em que foi consagrado o acesso à terra pelos herdeiros, sem o pagamento de qualquer valor ao soberano.

Contudo, em que pese não ser possível haver a propriedade do monte sem pagamento de tributo ao Estado, ainda assim, em razão do artigo 1.784 abrir o Livro V do Código Civil (referente ao Direito das Sucessões), argumenta-se ser o dispositivo uma espécie de "peça fundamental" do "quebra-cabeça" sucessório.

O pressuposto não sobrevive a uma análise madura frente à unidade sistemática do ordenamento jurídico; a necessidade da reafirmação da *saisine* encontra obstáculos, sobretudo, na obrigatoriedade de chancela estatal, por meio da obrigatória submissão dos herdeiros ao procedimento do inventário (judicial ou cartorário).[10] Motiva-se tal decisão do ordenamento ante a necessidade do pagamento de tributos ao Estado (que aqui faz o papel do antigo soberano), pelo que se pode afirmar que o inventário, judicial ou extrajudicial, está mais vinculado a um procedimento tributário do que propriamente a um de jurisdição civil.

Com efeito a disciplina processual, regrada pelo Código de Processo Civil, prevê expressamente a necessidade de participação da Fazenda Pública no processo (arts. 626,

---

[8] RIBEIRO, Ricardo Lodi. Piketty e a reforma igualitária tributária no Brasil. *Revista de Finanças Públicas, Tributação e Desenvolvimento*, Rio de Janeiro, vol. 3, n. 3, p. 9, 2015. Sobre a imprescindibilidade de tais proposições para o desenvolvimento e modernização dos países europeus, a denotar escolha pelo mesmo caminho aos países da América Latina; PIKETTY, Thomas. *O capital no século XXI*. 1. ed. traduzida por Monica Baumgarten de Bolle. Rio de Janeiro: Intrínseca, 2014. p. 609-610. Ainda, sobre o desafio e tarefa iminente do Estado Social de conciliador entre o Capital e os Direitos Fundamentais, liberalismo e socialismo, seja permitido remeter a BONAVIDES, Paulo. *Do Estado Liberal ao Estado Social*. 11. ed. São Paulo: Malheiros Editores, 2013.

[9] Para maior exploração do tema e, sobretudo, porque a inexistência de responsabilidade dos herdeiros pela dívida *do de cujus* desconfigura por completo a *saisine*, seja permitido remeter a BUCAR, Daniel; TEIXEIRA, Daniele Chaves. Direito das Sucessões e Patrimônio Mínimo. In: EHRARDT, Marcos Júnior; CORTIANO, Eroulths Júnior (coord.). *Transformações no Direito Privado nos 30 anos da Constiuição: estudos em homenagem a Luiz Edson Fachin*. Belo Horizonte: Fórum, p. 337/355, 2019.

[10] Sobre o assunto, com mais detalhes, BUCAR, Daniel. Existe o *droit de* saisine no direito brasileiro? In: NEVARES, Ana Luiza; TEIXEIRA, Ana Carolina Brochado. *Direito das sucessões: problemas e tendências*. Indaiatuba, SP: Editora Foco, p. 1/22, 2022.

629, 630 e seguintes) e, ainda, a necessidade de pagamento do ITCMD – Imposto de Transmissão *Causa Mortis* e de Doação para que seja julgada a partilha (art. 654). Embora os cartórios não precisem aplicar o Código de Processo Civil (o art. 1º da Resolução nº 35 CNJ), a Consolidação Normativa da Corregedoria Geral de Justiça do Estado do Rio de Janeiro, a título de exemplo, apresenta normatização nos mesmos moldes.[11]

Pagar a tributação que apresenta como fato gerador a transmissão patrimonial *causa mortis* é condição de que não se afasta o herdeiro que pretende reaver para si o patrimônio do autor da herança, muito ao contrário do que seria sugerido pela enunciada teoria tradicional da *saisine*. Logo, configura-se este elemento como verdadeira peça fundante do sistema sucessório, a vinculá-lo inexoravelmente à tributação, pelas próprias escolhas do legislador infraconstitucional.

Deste modo, fortifica-se a necessidade de promoção dos valores constitucionais pela tributação incidente na transmissão sucessória, posto que inerente e essencial a esta, o que se concretiza até mesmo nos remédios processuais para realizá-la. Em última análise, estes impedem o exercício regular do direito material de propriedade caso não seja adimplida a obrigação tributária, a qual desponta como importante vetor da axiologia constitucional, que é base do ordenamento.

3.2 (Des)igualdade no Brasil e o imposto incidente sobre heranças: um cotejo necessário

O recurso à interdisciplinaridade faz-se necessário, aqui para além do direito, a resvalar nos meandros da economia. Neste sentido, são paradigmáticas as ideias do economista Thomas Piketty em seus estudos assessorados por amplos dados.[12] A partir delas, é possível concluir a insuficiência do atual regime tributário incidente na sucessão *causa mortis* para satisfação da axiologia enunciada.

O referido economista afirma subsistirem duas formas de garantia da subsistência e manutenção ao longo da vida: poupança dos rendimentos trabalhados ou o recebimento de herança. Após ampla análise, conclui o autor que o capital já existente, ou seja, herdado em passagens familiares intergeracionais e genéticas, começa a reproduzir sozinho, sem qualquer necessidade de trabalho e, além disso, que o rendimento da herança passa a ser maior que o do trabalho.[13]

---

[11] Art. 291. O recolhimento dos tributos incidentes deve anteceder a lavratura da escritura.

[12] O referido, na Introdução de seu livro, percorre algumas teorias econômicas essenciais e ainda hoje debatidas (Ricardo, Marx) para demonstrar que os maiores de seus erros eram provenientes da falta de base de dados, a qual só passa a ser ampla a partir de Kuznets, embora houvesse ali uma aposta "otimista demais" no sucesso do capitalismo. Propõe-se então, desde o começo do seu estudo, a estudar riqueza e evolução da renda e capital a partir de abundantes dados sobre a França, país de sua formação, além de outros 20 países do mundo, dentre os quais não se inclui o Brasil por falta de transparência nos dados fiscais que o permita. PIKETTY, Thomas. *O capital no século XXI*. 1. ed. traduzida por Monica Baumgarten de Bolle. Rio de Janeiro: Intrínseca, 2014. p. 11-45; RIBEIRO, Ricardo Lodi. Piketty e a reforma igualitária tributária no Brasil. *Revista de Finanças Públicas, Tributação e Desenvolvimento*, Rio de Janeiro, vol. 3, n. 3, p. 2, 2015.

[13] PIKETTY, Thomas. *O capital no século XXI*. 1. ed. traduzida por Monica Baumgarten de Bolle. Rio de Janeiro: Intrínseca, 2014. p. 478-479; Ricardo Lodi. Piketty e a reforma igualitária tributária no Brasil. *Revista de Finanças Públicas, Tributação e Desenvolvimento*, Rio de Janeiro, vol. 3, n. 3, p. 15, 2015. Trazendo esta teoria para o Direito Tributário brasileiro PAULA, Fernanda de. *A tributação da herança sob um enfoque de justiça*: considerações e propostas para um correto aproveitamento tributário das heranças nos sistemas do ITCMD e IRPF. Rio de Janeiro: Lumen Iuris, 2019. p. 67/68.

Seriam então as teorias do capital humano, as quais procuram demonstrar exatamente o oposto (a prevalência do trabalho e mérito como a grande causa da riqueza), ingênuas ao passo que, até mesmo para empreender, torna-se necessário o capital: a demanda por investir em escritórios, indústria, é a prova mais empírica disso. Tais suposições restam baseadas no pós-guerra, resultado de um momento em que muitos haviam perdido seus patrimônios de forma fatal, sem que fosse possível deixar qualquer herança a seus filhos, que acabaram por construir sua vida por meio do trabalho, a conquistar posição econômica mais confortável que a dos pais e, formando novamente patrimônios que, transmitidos entre gerações, tornaram a ressaltar a importância dos capitais herdados.[14]

É possível, assim, questionar o discurso meritocrático de que apenas a melhora da educação e o estudo (evidentes investimentos em capital humano) serão os propulsores da maior igualdade substancial, ao permitir que seus beneficiários acessem maiores rendas; embora apresente papel fundamental, não poderá, sozinho, ser o arauto da resolução.[15] O próprio acesso ao ensino superior, valores suficientes para iniciar o empreendedorismo e lastro financeiro para suportar suas crises, advém de condição desigual: a possibilidade de acessar rendimentos herdados ou de alguma forma doados para tanto.[16]

Remédio mais efetivo ao combate de desigualdade será a (re)distribuição.[17] A proposição perpassa, necessariamente, revisar de forma crítica a carga tributária para que atinja os maiores patrimônios (afinal, expropriação de suas propriedades não será possível, posto que a Constituição a erige como direito fundamental, art. 5º, inciso XXII, CR) de forma mais significativa que aos menos abastados. Tais receitas poderão ser utilizadas no dever de efetivar as prestações positivas, incumbências do Estado Social (não só educação, mas saúde, lazer, transporte), para organização das "bases de partida" em regime de equidade, a efetivar a meritocracia, além dos valores da livre-iniciativa e concorrência.

Esta é a denominada *reforma tributária igualitária*.[18] A sua concretude influi na redistribuição de valores das alíquotas referentes aos fatos geradores de tributação,

---

14 PIKETTY, Thomas. *O capital no século XXI*. 1. ed. traduzida por Monica Baumgarten de Bolle. Rio de Janeiro: Intrínseca, 2014. p. 487; p. 502-503; p. 504-511.

15 Para detalhado estudo sobre o assunto, MEDEIROS, Marcelo; GALVÃO, Juliana de Castro. Educação e Rendimento dos Ricos no Brasil. *DADOS – Revista de Ciências Sociais*, Rio de Janeiro, vol. 59, n. 2, p. 357-383, 2016, de onde é possível extrair o seguinte dado: 40% dos componentes do 1% mais rico da população (quase a metade) nesta situação continuariam apenas com curso médio, sem nem ao menos cursar a faculdade (p. 374).

16 FREITAS, Antônio Albano de. *O impacto da herança e de sua tributação na distribuição patrimonial e de rendimentos*: uma análise do Brasil e do Rio Grande do Sul no capitalismo contemporâneo. Tese (doutorado em Direito). Instituto de Economia da Universidade Federal do Rio de Janeiro. Rio de Janeiro, 2017. p. 29-30. Também defendendo esta carga filosófica existente na tributação do direito à herança, PAULA, Fernanda de. *A tributação da herança sob um enfoque de justiça*: considerações e propostas para um correto aproveitamento tributário das heranças nos sistemas do ITCMD e IRPF. Rio de Janeiro: Lumen Iuris, 2019. p. 68/71.

17 A (re)distribuição apresenta amplos efeitos, ao gerar um maior acesso à educação, saúde e outros Direitos Fundamentais na economia capitalista. Assim, as questões de diminuição da criminalidade, aumento da expectativa de vida e até o desenvolvimento de uma sociedade mais democrática, em que o poder de influência pulveriza-se entre seus membros, encontram na distribuição de riquezas um poderoso instrumento de sua concretização. Sobre o assunto, PAULA, Fernanda de. *A tributação da herança sob um enfoque de justiça*: considerações e propostas para um correto aproveitamento tributário das heranças nos sistemas do ITCMD e IRPF. Rio de Janeiro: Lumen Iuris, 2019. p. 70.

18 RIBEIRO, Ricardo Lodi. Piketty e a reforma igualitária tributária no Brasil. *Revista de Finanças Públicas, Tributação e Desenvolvimento*, Rio de Janeiro, vol. 3, n. 3, p. 8, 2015.

posto que demonstram quais as prioridades de um determinado ordenamento jurídico, como esclarece Piketty:

> O imposto não é uma questão apenas técnica, mas eminentemente política e filosófica, e sem dúvida a mais importante de todas. Sem impostos, a sociedade não pode ter um destino comum e a ação coletiva é impossível. Sempre foi assim. No cerne de cada transformação política importante, encontramos uma revolução fiscal (...).[19]

Assim, necessariamente, para tal fim, os tributos sobre consumo e salário devem ser menores que os incidentes sobre herança e outras formas de renda (que não seja contraprestação de trabalho),[20] posto que os primeiros são os que mais oneram as classes mais numerosas, a influenciar diretamente na sua percepção de riquezas; a equação contrária, ou igual (mesmo valor, ou menor, das alíquotas que atingem o patrimônio em si) apenas fomentará a desigualdade.

No sistema capitalista, toda a sociedade precisa adquirir bens necessários à sobrevivência (alimentação, vestimenta, moradia), além de outros que, em hipótese de falência do Estado Social, acabam por ser adquiridos pelos integrantes da classe média adiante (planos de saúde, escola particular). A partir deste contexto, os detentores de maior patrimônio sempre apresentarão mais comodidade para arcar com tais custos que oneram a todos os que necessitam pagá-los.

Mantém-se então a distribuição de renda estável: os que apresentam maior disponibilidade patrimonial pagam os supracitados custos com maior comodidade, enquanto as classes médias e baixas apresentam-se impossibilitadas de acumular riqueza, pelo alto preço do consumo e expressiva tributação sobre seus salários, além de muitas vezes encontrarem-se em situação de optar por quais serviços utilizaram do Estado, ao que pese a precariedade, e quais serão adquiridos, situação que pode desaguar até mesmo em superendividamento. Eis o caso do Brasil.

Segundo a Resolução nº 9, de 1992, a máxima tributação que poderá incidir sobre heranças e doações é de 8%, a ser definida pelos Estados se adotaram o teto ou não, a progressividade ou não, enquanto sobre a renda salarial acima de R$ 4.664,68 aplica-se o imposto de renda de 27,5%,[21] segundo o art. 1º, inciso IX, da Lei Federal nº 13.149/2015. Estima-se que, em 2015, a alíquota média nacional do ITCMD foi de 3,8%,[22] a tributação sobre o arroz, considerado produto de consumo essencial, foi de 7%.[23]

---

19 PIKETTY, Thomas. *O capital no século XXI*. 1. ed. traduzida por Monica Baumgarten de Bolle. Rio de Janeiro: Intrínseca, 2014. p. 612.

20 RIBEIRO, Ricardo Lodi. Piketty e a reforma igualitária tributária no Brasil. *Revista de Finanças Públicas, Tributação e Desenvolvimento*, Rio de Janeiro, vol. 3, n. 3, p. 8, 2015.

21 A específica discussão da incidência de alíquotas maiores para vultosos patrimônios, ao que tange a renda, também é essencial, porém, não faz parte do presente estudo.

22 Registre a possibilidade de aumento desta média, que apresentaria cálculo complexo a ser desenvolvido em outra sede, frente à adoção de maiores alíquotas e sistemas progressivos por treze dos Estados da Federação (CE, DF, GO, MT, MS, PB, PE, PI, RJ, RN, RS, SE, TO). Fonte: "Em crise, estados elevam imposto sobre herança", Jornal O Globo, notícia publicada em 20 de fevereiro de 2017, disponível em: https://oglobo.globo.com/economia/em-crise-estados-elevam-imposto-sobre-heranca-20950394.

23 Tabela oferecida pela Receita Federal disponível em: http://www.receita.fazenda.gov.br/publico/EducacaoFiscal/PrimeiroSeminario/22CARGATRIBUTARIAPRODUTOSDECONSUMOPOPULAR.pdf.

Resta, portanto, evidente o desacordo entre a legislação brasileira que institui o sistema tributário e as premissas aqui expostas: os encargos incidentes sobre o patrimônio (herança) transferido sem qualquer contraprestação são, em média, menores do que os relativos ao consumo e salário.[24] Em outras palavras, o valor que se extrai de um ordenamento posto como tal revela ser ontologicamente mais relevante a posição do herdeiro, em detrimento do trabalhador e consumidor.

O quadro apresentado se encontra em sentido diametralmente oposto da exigência capitalista de privilegiar a circulação de riquezas, aliada à solidariedade social, voltada para a distribuição de riquezas, conforme o art. 3º, incisos I, II e II, confirmado pelo art. 170, CR.

A diferença das alíquotas é também contrária à promoção do valor social do trabalho, com o qual a livre-iniciativa deve se harmonizar (art. 170, CR). Afinal, quem busque sua manutenção através de rendas, ou até mesmo a partir do empreendimento, e possui patrimônio herdado, encontra-se em situação favorável frente aquele que faz o mesmo através do trabalho e poupança, diante do próprio fisco.

3.2.1 Contributo para a reforma em matéria de tributação sucessória

As ponderações descritas no item anterior não podem deixar de ser seguidas de algumas proposições. Sob tal perspectiva, é possível visualizar constitucionalidade (até mesmo, promoção dos valores constitucionais) à majoração da alíquota máxima do ITCMD de *lege ferenda*.[25] [26] Mas não apenas. Necessário também que o sistema de arrecadação consiga se adaptar às novas configurações do Direito das Sucessões, sobretudo no que toca ao seu planejamento, quando o potencial autor da herança se encontra ainda vivo.

Tem-se, com efeito, no planejamento sucessório um "instrumento jurídico que permite a adoção de uma estratégia voltada para transferência eficaz e eficiente do patrimônio de uma pessoa após a morte".[27] Suas possibilidades, por muitas vezes, materializam-se por meio de contratos de doação ao longo do tempo, de previdência privada, entre outros.

---

24 RIBEIRO, Ricardo Lodi. Piketty e a reforma igualitária tributária no Brasil. *Revista de Finanças Públicas, Tributação e Desenvolvimento*, Rio de Janeiro, vol. 3, n. 3, p. 11, 2015.

25 Não se advoga, aqui, o simples aumento da carga tributária. Diversamente, um ajuste do ITCDM com a respectiva compensação (*i.e.* diminuição) de tributos que oneram o consumo e a renda em razão de contraprestação laboral, atividades de maior relevância constitucional em uma economia que se queira apresentar, minimamente, como capitalista. Para uma tese que trata, mais especificamente, do lugar do ITCMD no Sistema Tributário Nacional e da necessária relação entre este e o Imposto sobre a Renda da Pessoa Física, havendo essencial sentido de extrafiscalidade, em que o primeiro seja maior que o segundo (não para perseguir o fisco maiores receitas, mas para evitar a concentração de patrimônio apenas a título de pertencer a uma mesma família, sem que haja trabalho e mérito na conquista daqueles bens), remete-se à obra de PAULA, Fernanda de. *A tributação da herança sob um enfoque de justiça*: considerações e propostas para um correto aproveitamento tributário das heranças nos sistemas do ITCMD e IRPF. Rio de Janeiro: Lumen Iuris, 2019. p. 100- 121.

26 A orientação foi sugerida pelo CONFAZ (Conselho Nacional de Política Fazendária) em 2015 através do aumento do valor máximo da alíquota para 20%, e que não encontrou Senador para representação de eventual projeto de lei na casa. Fonte: "Em crise, estados elevam imposto sobre herança", Jornal O Globo, notícia publicada em 20 de fevereiro de 2017, disponível em: https://oglobo.globo.com/economia/em-crise-estados-elevam-imposto-sobre-heranca-20950394.

27 TEIXEIRA, Daniele Chaves. *Planejamento sucessório*: pressupostos e limites. Belo Horizonte: Fórum, 2017. p. 57.

Para além de evitar conflitos familiares e realizar uma melhor alocação dos bens – o que é possível por meio de um sistema de participação democrática que também diga respeito a eventuais herdeiros –, tais mecanismos pretendem a redução da carga tributária sobre o monte que seria herdado, o que é plenamente lícito na hipótese de atender uma função valorada pelo ordenamento. Imprescindível recorrer aqui aos instrumentos desenvolvidos pelo Direito Civil para a correta qualificação dos contratos[28] entre as partes, ao analisar o caso concreto, os efeitos essenciais presentes, sem subsunções automáticas que se tornam verdadeiros empecilhos à correta tributação.

Neste sentido a própria legislação tributária tem se adiantado ao referido procedimento e criado fatos geradores sobre os quais incidirá imposto exatamente a fim de preservar os já enunciados fundamentos que indicam a necessidade de tributação daquelas transmissões gratuitas que, embora de diferente estrutura, apresentam os mesmos fundamentos e valores, em análise funcional, daquelas hereditárias, mas visam realizá-la de forma antecipada. Tais razões são o principal motivo para algumas alterações legislativas que já têm ocorrido no Brasil.

Destaca-se a regulação das sucessivas doações entre mesmo doador e donatário: recalcula-se a base de cálculo da alíquota a cada nova doação, adicionando-se o valor dos bens já transmitidos e deduzindo os valores de impostos anteriormente pagos, a fim de evitar a doação de bens em "pequenas parcelas" de forma a coincidi-las com determinada faixa de isenção.[29] Ainda, a tributação da transmissão *causa mortis* por meio de planos de previdência privada[30] (as quais, sem tal imposição legislativa, não configurariam hipótese de incidência, pois, frente à estrutura contratual, o efeito da morte do instituidor seria o pagamento de valores pela instituição previdenciária contratada ao beneficiário instituído, de modo a inexistir qualquer transferência de patrimônio do falecido para terceiro).

Outra proposta que merece exposição seria a aplicação do sistema da progressividade tanto objetiva quanto subjetiva. Por sua centralidade como ferramenta de redistribuição da carga tributária, e maior complexidade, merece tratamento em apartado.

3.2.1.1 Uma questão objetiva: progressividade em razão do monte

Já se creditou à tributação progressiva o título da invenção mais importante do século XX.[31] Isto porque sua função é simples e se confunde com seu próprio conceito: a

---

28 Sobre o processo de qualificação na teoria contratual BODIN DE MORAES, Maria Celina. A causa do contrato. *Civilistica.com*, Rio de Janeiro, ano 2, n. 4, out./dez. 2013 e KONDER, Carlos Nelson. Interpretação dos contratos, interpretação da lei e qualificação: superando fronteiras. *Scientia Iuris*, Londrina, vol. 19, n. 1, p. 47/62, jun. 2015.

29 No Brasil os Estados de SP (art. 9º, §3º, Lei nº 10.705/2000), MG (art. 24, Lei nº 14.941/2003), DF (art. 13, §2º, Lei nº 3.804/2006), ES (art. 10, §6º, Lei nº 10.011/2003), MTS (art. 126, §1º, Lei nº 1.810/97), SC (art. 9º, parágrafo único, Lei nº 13.136/04) adotaram tal política. Ressalte-se que todos aplicam a regra para doações durante o mesmo ano civil, exceto Minas Gerais que a considera para aquelas ocorridas nos últimos três anos.

30 Hipótese existente no art. 23, Lei nº 7.174/2015 do Estado do Rio de Janeiro. Ressalte-se que, sobre esse assunto, subsistem debates a respeito da constitucionalidade de incidir o ITCMD sobre o recebimento de valores advindo da contratação de produtos PGBL e VGBL, muito utilizados no campo previdenciário. Neste sentido, o debate gira em torno da natureza securitária atribuída a tais produtos pela SUSEP. Afirmando a inconstitucionalidade da incidência de ITCMD quando do recebimento de valores provenientes do VGBL, STJ RE n° 1.961.488/RS, Rel. Min. Assusete Magalhães, 2ª Turma, julgado em: 16/11/2021, disponível em: https://processo.stj.jus.br/processo/revista/documento/mediado/?componente=ITA&sequencial=2104217&num_registro=202100004368&data=20211117&peticao_numero=-1&formato=PDF.

31 PIKETTY, Thomas. *O capital no século XXI*. 1. ed. traduzida por Monica Baumgarten de Bolle. Rio de Janeiro: Intrínseca, 2014. p. 612.

partir de diferentes faixas de incidência para um mesmo tributo, impõe-se uma alíquota maior para valores maiores, a permitir que os mais abastados, detentores de maior patrimônio, paguem mais tributo que aqueles menos afortunados[32] (a contribuição de cada um a partir de sua capacidade contributiva, conforme previsto no art. 145, §1º, CR). Este debate alcança precisamente a transmissão do monte hereditário.

A herança permite, ao herdeiro que a recebe, a utilização de um valor não proveniente do trabalho, que, quanto mais vultosa, garante maior aproveitamento; dela será possível retirar o acúmulo de riqueza do falecido e o aproveitamento para subsistência independente do trabalho e investimento. Assim, é possível concluir que o cumprimento dos objetivos constitucionais anteriormente delineados determina uma tributação maior, quanto maior a transmissão patrimonial *causa mortis*.

Fazê-lo na mesma medida aos que recebem diferentes patrimônios[33] é contrariar a isonomia substancial a partir de pressuposto da teoria da proporcionalidade.[34] A solução teórica pela progressividade foi adotada, inclusive, por liberais clássicos, como Stuart Mill (maior sacrifício daquele que apresenta maiores condições, sob pena de não o sacrificar), a demonstrar sua compatibilização com os ideais da meritocracia e livre concorrência.[35]

Mesmo a civilística brasileira conheceu tais caminhos a partir da obra de Caio Mário da Silva Pereira; após realizar revisão histórica sobre a necessidade do direito das sucessões e seu acolhimento até mesmo pela União Soviética, onde foi abolida a propriedade privada dos meios de produção, conclui que a transmissão hereditária é inerente ao sistema capitalista, pois caso contrário seriam os proprietários meros usufrutuários em vida de suas propriedades. Porém, como forma de harmonizá-la a justiça social propõe a utilização do instrumento da tributação progressiva.[36]

Salutar o registro da lição:

> O problema, mais do campo de política legislativa, deve ser posto em termos de análise socioeconômica. Enquanto perdurar a organização do Estado capitalista, fundado no princípio da livre iniciativa, e admitindo a apropriação privada dos bens de consumo e de produção, a herança subsistirá, como consequência natural e necessária. Neste regime econômico, a herança é o consectário lógico do conceito de propriedade privada. Os seus excessos podem e devem ser corrigidos, mediante o balanço equilibrado de dois princípios: a restrição na ordem de vocação hereditária e a tributação progressiva.[37]

---

32 PIKETTY, Thomas. *O capital no século XXI*. 1. ed. traduzida por Monica Baumgarten de Bolle. Rio de Janeiro: Intrínseca, 2014. p. 614.

33 A exemplo do Estado de São Paulo, onde vigora a única alíquota de 4% conforme o art. 16 da Lei nº 10.705/2000.

34 Consistente em afirmar que a alíquota não deve mudar por faixas progressivas, posto que a base de cálculo de incidência será maior diante da grandiosidade do patrimônio. RIBEIRO, Ricardo Lodi. Piketty e a reforma igualitária tributária no Brasil. Rio de Janeiro, *Revista de Finanças Públicas, Tributação e Desenvolvimento*. Rio de Janeiro, vol. 3, n. 3, p. 17/18, 2015.

35 Sublinhe-se que os próprios teóricos contrários à progressividade, como John Rawls, a assumem como boa solução para os países em desenvolvimento. RIBEIRO, Ricardo Lodi. Piketty e a reforma igualitária tributária no Brasil. *Revista de Finanças Públicas, Tributação e Desenvolvimento*, Rio de Janeiro, vol. 3, n. 3, p. 18/19, 2015.

36 PEREIRA, Caio Mário da Silva. *Instituições de direito civil, vol. VI, Direito das Sucessões*, atualizado por Carlos Roberto Barbosa Moreira. 21. ed. Rio de Janeiro: Forense, 2014. p. 28-29.

37 PEREIRA, Caio Mário da Silva. *Instituições de direito civil, vol.VI, Direito das Sucessões*, atualizado por Carlos Roberto Barbosa Moreira. 21. ed. Rio de Janeiro: Forense, 2014. p. 29.

Sob o viés pragmático, a referida política ganhou destaque como modo de financiar os Estados de Bem-Estar Social,[38] inserida em uma fundamental consciência da necessidade de intervenção estatal na atividade econômica.[39] Não é por outro motivo que os Estado brasileiros, diante da crise financeira e fiscal pós-2014, utilizaram-se da política pública ora defendida por meio de alterações das suas legislações que dizem respeito ao ITCMD.[40]

Aliás, também não foi outro o cenário desenhado pela crise de mesma natureza, cujos entes federativos enfrentaram diante da pandemia de COVID-19. Neste contexto, provocou-se, mais uma vez, a discussão sobre reformas nas leis que instituem o ITCMD – voltadas a instituir a progressividade e o aumento da alíquota do tributo, dentre outras mudanças – sendo o exemplo mais claro o Projeto de Lei nº 250/2020 do Estado de São Paulo, ainda em tramitação.[41]

Simetricamente ao entendimento aqui defendido, e fator potencializador de tais alterações, o Supremo Tribunal Federal, ao decidir no RE 562.045/RS, julgou possível o estabelecimento do critério capacidade contributiva para o ITCMD (e não apenas para o tributo que incida diretamente sobre renda e consumo), de modo a confirmar a viabilidade jurídica da progressividade. Assim, pode se dizer que a reforma igualitária, ao que tange à progressividade objetiva, encontra-se em pleno curso, além de reconhecida sua adequação.

Porém, a progressividade subjetiva, outra eficiente medida para regular o sistema tributário, é questão timidamente presente nas reformas estaduais. Ademais, foi negada pela mesma corte sua constitucionalidade, o que demonstra necessidade de evolução em seu debate e suporte doutrinário, oferecido, à luz do caráter interdisciplinar e da releitura civil-constitucional dos institutos do Direito Privado.

---

[38] RIBEIRO, Ricardo Lodi. Piketty e a reforma igualitária tributária no Brasil. *Revista de Finanças Públicas, Tributação e Desenvolvimento*, Rio de Janeiro, vol. 3, n. 3, p. 18, 2015.

[39] Para explicação de como este raciocínio permitiu, até mesmo, a crise econômica mundial de 2008, resultado menos devastador que aquele experimentado em 1929, PIKETTY, Thomas. *O capital no século XXI*. 1. ed. traduzida por Monica Baumgarten de Bolle. Rio de Janeiro: Intrínseca, 2014. p. 590/591.

[40] Adotaram tal postura os Estados: RJ (alteração do art. 26 da Lei nº 7.174/15, pela Lei nº 7.786/2017), RS (alteração do art. 18 da Lei nº 8.821/89, pela Lei nº 14.741/15), CE (art. 16, Lei nº 15.812/15), DF (alteração do art. 9º da Lei nº 3.804/06, pela Lei nº 5.549/15), MT (alteração do art. 19 da Lei nº 7.850/02 pela Lei nº 10.488/16), PB (alteração do art. 6º da Lei nº 5.123/89 pela Lei nº 10.507/15), PE (alteração do art. 8º, Lei nº 13.974/09 pela Lei nº 15.601/15), RN (alteração do art. 7º da Lei nº 5.887/89 pela Lei nº 9.993/15), GO (alteração do art. 78 da Lei nº 11.651/91, pela Lei nº 19.021/16). Cientes da conformidade que tal medida apresenta com o ordenamento jurídico, antes mesmo do contexto patológico que precedeu referidas alterações, as legislações de Rondônia (art. 13º do Decreto nº 15.474/10) e Santa Catarina (art. 9º da Lei nº 13.136/04) utilizaram-se da possibilidade. A última apresenta a melhor e mais completa sistemática de progressividade, à qual se faz menção: "As alíquotas para a cobrança do imposto são: I - um por cento sobre a parcela da base de cálculo igual ou inferior a R$ 20.000,00 (vinte mil reais); II - três por cento sobre a parcela da base de cálculo que exceder a R$ 20.000,00 (vinte mil reais) e for igual ou inferior a R$ 50.000,00 (cinquenta mil reais); III - cinco por cento sobre a parcela da base de cálculo que exceder a R$ 50.000,00 (cinquenta mil reais) e for igual ou inferior a R$ 150.000,00 (cento e cinquenta mil reais); IV - sete por cento sobre a parcela da base de cálculo que exceder a R$ 150.000,00 (cento e cinquenta mil reais); V - oito por cento sobre a base de cálculo, quando: a) o sucessor for: 1) parente colateral; ou 2) herdeiro testamentário ou legatário, que não tiver relação de parentesco com o de cujus. b) o donatário ou o cessionário: 1. for parente colateral; ou 2. não tiver relação de parentesco com o doador ou o cedente".

[41] Quanto ao assunto, BUCAR, Daniel; GIRARDI, Viviane. O projeto de alteração do ITCMD em SP: para além do aumento da alíquota, *Migalhas de Peso*, 24 de junho de 2020, disponível em: https://www.migalhas.com.br/depeso/329520/o-projeto-de-alteracao-do-itcmd-em-sp--para-alem-do-aumento-da-aliquota, acesso em: 10/01/2022.

3.2.1.2 Uma questão subjetiva: progressividade em razão do parentesco

Mudança bem-vinda no sistema de tributação hereditária brasileiro seria desenvolver a conjugação da progressividade objetiva com aquela subjetiva. A partir desta, quanto mais distante a classe preferencial da pessoa na ordem de vocação hereditária do art. 1.829, CC (exemplo mais eloquente é do colateral conforme o inciso III do dispositivo), maior a tributação a ser cobrada para recebimento do patrimônio deixado pelo autor da herança. Da mesma forma, seria razoável aplicar a mesma lógica aos herdeiros e legatários instituídos por meio do testamento, visto que não contemplados na ordem necessária e reservada à legítima, para cujo rol o legislador subentendeu valorada uma solidariedade familiar, axiologicamente elevada.

Novamente aqui, desenha a possibilidade Caio Mário da Silva Pereira:

> A transmissão aos descendentes e ao cônjuge é a consequência normal desta tendência de filosofia política. A sucessão dos ascendentes já seria um favor do Estado, porque não obedece ao mesmo critério de conservação dos bens acumulados no grupo familiar, e de segurança aos dependentes. A dos colaterais não se compadece com esses princípios econômicos, salvo entre irmãos. (...).[42]

Quanto à legislação civil, poderá a alteração encontrar mais completa congruência, pois o Direito das Sucessões é fundado na convergência de dois diferentes elementos: individual, que postula o respeito à vontade do testador, espelhado pela sucessão testamentária, e o sócio familiar, ao que tange à proteção existente na destinação obrigatória de metade da herança aos herdeiros necessários, consubstanciada na sucessão legítima.[43] Funcionalmente analisadas, as regras dos arts. 1.845 e 1.846, CC são a radiografia desta afirmação.

Respectivamente, a primeira prevê que são herdeiros necessários os descendentes, ascendentes e o cônjuge e a segunda, que metade do patrimônio deverá ser reservado a estes herdeiros quando existentes. O sistema codificado se baseia, neste sentido, em norma decorrente da proteção da família e da solidariedade familiar, consagrada pela aceitação social,[44] a partir do pressuposto que os referidos herdeiros dependeriam do

---

[42] PEREIRA, Caio Mário da Silva. *Instituições de direito civil, vol.VI, Direito das Sucessões*, atualizado por Carlos Roberto Barbosa Moreira. 21. ed. Rio de Janeiro: Forense, 2014. p. 29. Registre-se que a posição do autor apresenta sensível diferença daquela apresentada nesta sede, posto que defende a restrição da ordem de vocação hereditária de *lege ferenda*, no tocante aos colaterais (não apenas atingi-la por meio da progressividade tributária), além de aqui utilizar-se como critério a definição de herdeiros necessários, a ser o ascendente tributado por menor alíquota. Embora o tema seja passível de reflexão mais madura e detalhada, coaduna-se com a fundamental diferença do recebimento de patrimônio *causa mortis* nas diferentes classes hereditárias, a qual, para fins pragmáticos, poderá ser tocada pela progressividade subjetiva pelos Estados da Federação com maior facilidade do que polêmica alteração no sistema civil sucessório por meio de lei federal. Isto porque efetuar tal mudança significa ampliar as hipóteses em que a herança poderá ser considerada jacente e após vacante (art. 1.819 e seguintes), de forma a facilitar, em última análise, a arrecadação de bens pelo Estado.

[43] OLIVEIRA, Arthur Vasco Itabaiana de. *Tratado de Direito das Sucessões, Volume 1 - da sucessão em geral e da sucessão legitima*. 4. ed. revista e atualizada pelo autor com a colaboração de Aires Itabaiana de Oliveira. 4. ed. São Paulo: Max Limonad, 1952. p. 51.

[44] Para um amplo debate, que não poderá ser feito nesta sede, sobre a manutenção na contemporaneidade dos fundamentos da sucessão forçada, seja permitido remeter a TEIXEIRA, Daniele Chaves. *Planejamento sucessório*: pressupostos e limites. Belo Horizonte: Fórum, 2017. p. 63-85.

patrimônio do falecido para regular continuação de suas vidas e que, portanto, nem mesmo o testamento poderia prejudicar tal recebimento.

Outras duas normas, na esteira de proteção do cônjuge, demonstram a preocupação de proteger a transmissão destinada a herdeiros necessários: o direito real de habitação sobre o único imóvel da família a inventariar (art. 1.831, CC) e a reserva de quarta parte a ser herdada em concorrência na qual seja ascendente dos outros herdeiros (art. 1.832, CC). Destas normas, extrai-se a axiologia do sistema sucessório, privilegiando, dentre os necessários, a posição do próprio cônjuge.

De toda forma, a transmissão patrimonial *causa mortis* aos herdeiros necessários é presumida como solidariedade necessária e imprescindível para a manutenção dos bens na família (tida como) mais próxima, enquanto aos colaterais apenas subsiste sugestão do ordenamento a permitir segurança jurídica, no sentido de que, uma vez morto o autor da herança *ab intestato*, evita-se a inexistência de titular para aquele patrimônio. O tratamento diferenciado é legítimo e encontra justificativa constitucional: no caso do primeiro grupo de herdeiros a menor tributação é inspirada na solidariedade do art. 3º, CR, a permitir a distribuição de riqueza no seio da família, ou até mesmo a regular manutenção de seu uso.[45]

Porém, admitir que colaterais, os quais, presumidamente, apresentam menor relação com o patrimônio do autor da herança[46] sejam tributados da mesma forma que herdeiros necessários, é garantir uma transmissão não funcionalizada que atenta contra a (re)distribuição de riquezas. Efetivamente, aqui há um acréscimo patrimonial que deve encontrar guarida na função social da transmissão proprietária.

Internalizado o referido princípio a cada estatuto proprietário, este necessita promovê-la,[47] na precisa medida do caso concreto. Aqui, o enriquecimento não se justifica por uma expectativa de legítima, nem mesmo pela utilização e aproveitamento anterior do bem à morte do autor da herança: uma tributação maior, reconhecedora da situação distinta promove os valores constitucionais a partir desta estrutura proprietária e continua a garanti-la.

Semelhante *ratio* seria aplicável ao herdeiro testamentário ou legatário instituído que não se encontre inserido no rol dos necessários e dos legitimados. Assim, a tributação a maior sobre a transmissão *causa mortis* de origem testamentária deverá receber o mesmo (ou mais grave) caráter progressivo que aquela dos colaterais.

A defesa que ora se faz da progressividade subjetiva foi adotada em alguns Estados brasileiros,[48] entretanto, sua constitucionalidade foi questionada junto ao Supremo Tribunal Federal sobre a alteração do Estado do Pernambuco.

---

45 O excesso neste caso, constituído na permissão de que se viva de amplas rendas herdadas, de forma abastada, será corrigido pela progressividade objetiva.

46 Sugerível que a alteração não abarque os colaterais de segundo grau, irmãos, posto que, embora não sejam herdeiros necessários, a possibilidade empírica de proximidade revela situação funcionalmente muito próxima daquela dos supracitados. O remédio coerente, e permitido, para afastar o recebimento de herança pelo colateral de segundo grau no caso concreto seria o testamento e não a tributação desigual.

47 Sobre a posição TEPEDINO, Gustavo. Contornos constitucionais da propriedade privada. In: TEPEDINO, Gustavo. *Temas de Direito Civil*. 3. ed. Rio de Janeiro: Renovar, 2004. p. 303-329; p. 315-317.

48 AL (art. 24, inciso I, Decreto nº 10.306/11), SC (art. 9º da Lei nº 13.136/04, inciso V, alínea a.1. e a.2.).

Com efeito, no RE nº 602.256 PE,[49] cujo acórdão foi relatado pelo Ministro Luiz Edson Fachin, a Corte Constitucional afirmou que o art. 145, §1º, da CR apenas diria respeito à capacidade econômica de contribuir, da qual o recebimento patrimonial a título de herança de parentes mais distantes não poderia ser considerado manifestação de riqueza diversa daquela atribuída aos herdeiros necessários.

A questão, todavia, merece melhor reflexão pela doutrina. O art. 145, §1º, da CR não pode ser interpretado como uma proibição à progressividade contributiva em razão da posição dos herdeiros. Diversamente, ao incentivar a progressividade dos impostos, a majoração em razão da qualificação dos herdeiros é consentânea com a solidariedade familiar, ou seja, menor alíquota ao patrimônio deixado para aqueles (presumidamente) mais próximos do falecido, que com ele guardavam maior afeição.[50]

Afinal, se inexiste a expectativa legitimária, que caracteriza por si uma ligação com os bens, ou verdadeiro uso e aproveitamento destes, repita-se, subsiste acréscimo patrimonial não dotado de funcionalidade e que merece maior (re)distribuição, por configurar, mesmo que de forma momentânea e reduzida, verdadeira mudança na capacidade econômica existente.

3.2.1.3 Isenções funcionalmente substantivas e uma possível ressurreição da *saisine*

Uma questão de não menor valor no campo tributário sucessório diz respeito às isenções, que, em última análise, encontram-se no campo da capacidade contributiva e também objetivam romper o dogma da neutralidade sucessória para atender à realidade em que diferentes bens transmitidos realizam múltiplas funções.[51]

Conforme se viu no tópico 3.1, a imprescindível tributação da herança antes da efetiva transmissão de sua propriedade determina o ocaso da *saisine* no Brasil. Contudo, há hipóteses em que é possível afastar a utopia que acoberta aplicação do aludido princípio. Estas se baseiam, primordialmente, na essencialidade dos bens, que devem ser transmitidos com maior celeridade, com isenção de imposto e sem submissão ao inventário judicial ou extrajudicial.[52]

É a hipótese, com efeito, dos valores depositados em conta vinculada ao FGTS e os recursos de pequena monta disponíveis em conta bancária do falecido. Se, por um lado, a estes bens se dispensa o inventário (transmite-se por alvará judicial, conforme Lei nº 6.858/80), de outro, merecem a devida isenção de ITCMD, como ocorre, por exemplo, no Estado do Rio de Janeiro (art. 8º, incisos VI e VII, da Lei nº 7.174/15).

---

49 STF, RE 602.256 PE, 1ª Turma, Rel. Min. Luiz Edson Fachin, julgado em 16 de fevereiro de 2016, questionada a legislação de Pernambuco, que, por meio de tabela inserida pela Lei nº 11.413/1996, modificou a Lei nº 10.260/89, diferençou alíquotas aplicadas à transmissão operada no parentesco de 1º grau e outros. O dispositivo foi revogado por força da Lei nº 11.920/00.

50 Sobre a dificuldade brasileira de consideração do patrimônio não sobre a perspectiva do titular, mas das funções a que serve sua titularidade, RENTERIA, Pablo; OLIVA, Milena Donato. Fidúcia: a importância da incorporação dos efeitos do *trust* no direito brasileiro. *Revista Trimestral de Direito Civil*, Rio de Janeiro, vol. 48, p. 27-61, out./dez. 2011.

51 NEVARES, Ana Luiza Maia. *A tutela sucessória do cônjuge e do companheiro na legalidade constitucional*. 1. ed. Rio de Janeiro: Renovar, 2004. p. 60-61.

52 NEVARES, Ana Luiza. A sucessão do cônjuge e do companheiro na perspectiva civil-constitucional. 2. ed. Rio de Janeiro: Editora Gen, 2015. p. 60-61.

A transmissão imediata visa a garantir, nestes casos, que os dependentes do falecido possam assegurar renda que lhes garanta a sobrevivência diante do fato da morte, a concretizar verdadeira função de *saisine* em desfavor do procedimento do inventário destinado, precipuamente, à coleta do ITCMD, o qual aqui se apresenta inexigível.

Nesta seara, são benfazejas novas medidas para o alargamento das faixas de isenção tributária para além das hipóteses já previstas em legislações estaduais. Com este intento, espera-se que se utilize como critério de reforma legislativa em tal campo a essencialidade do bem a ser sucedido, de forma a minimizar os efeitos negativos causados pelos obstáculos ao acesso à propriedade decorrentes do inventário prévio à tributação. Tal medida objetivaria a garantia de um inexorável patrimônio mínimo, sem que haja barreiras à liquidez necessária para a regularização do bem inventariado.[53]

4 Tributação sobre a herança: visão dos sistemas jurídicos estrangeiros

A reforma que ora se defende é composta por grande número de alterações, as quais provocam uma (re)distribuição dos ônus sociais concernentes ao pagamento de tributos, os quais implicarão incidência maior que a atual frente a determinadas classes econômicas e podem parecer uma profunda cisão no atual sistema, passível de gerar descontentamentos, o que tornaria dificultosa sua aplicação. De fato, imputar a determinados contribuintes maiores pagamentos de tributos sempre será causa de indignação para com o fisco.[54] No entanto, a solução não pode ser obstada por opiniões maniqueístas quando se mostra conforme os ditames do ordenamento em sua unidade.

Não só, medidas que inspiram este sentido foram adotadas internacionalmente, desde países capitalistas, que atribuem precípuo fundamento à livre-iniciativa e meritocracia, até outros caracterizados pela busca de bem-estar social, presente nos Estados europeus. São exemplos os Estados Unidos e a França.

No que toca ao primeiro país, subsiste um imposto sobre a transmissão hereditária, estruturado em amplas faixas de progressividade, com o máximo de incidência de 40% e substanciais faixas de isenção,[55] as quais, postas em prática, fazem a tributação incidir apenas para patrimônios hereditários maiores do que, aproximadamente, cinco

---

53 TEIXEIRA, Daniele Chaves. *Planejamento sucessório*: pressupostos e limites. Belo Horizonte: Fórum, 2017. p. 197.

54 RIBEIRO, Ricardo Lodi. Piketty e a reforma igualitária tributária no Brasil. Rio de Janeiro, *Revista de Finanças Públicas, Tributação e Desenvolvimento*, Rio de Janeiro, vol. 3, n. 3, 2015. p. 9. Relevante o argumento indagado, no contexto brasileiro, sobre adequação de medidas que aumentam recursos de um Estado reconhecidamente corrupto e malversado ao administrar gastos (CATALAN, Marcos. Direito das Sucessões: Por que e para quem? Reflexões a partir da realidade brasileira. *Revista Brasileira de Direito Civil*, Rio de Janeiro, vol. 44, p. 135/147; p. 146, 2010); o remédio para tais situações encontra-se na paralela reforma política, não na diminuição dos atributos financeiros necessários ao desenvolvimento do Estado Social. Ademais, o planejamento sucessório no sentido de constituir fundação, doar a instituições caridosas, ou a entidades públicas específicas não só é permitido, como incentivado por isenção em alguns Estados (RS, art. 7º, inciso VII, §5º a §7º, da Lei nº 8.821/89, AL, art. 4º, inciso II, Decreto nº 10.306/2011, PE, art. 3º, inciso VIII da Lei nº 13.974/09) de forma a conciliar, ao todo ou em parte, o respeito a quem objeta deixar suas economias ao Estado *post mortem* e a obrigatoriedade de prestação positiva pecuniária em favor dos direitos sociais.

55 FREITAS, Antônio Albano de. *O impacto da herança e de sua tributação na distribuição patrimonial e de rendimentos*: uma análise do Brasil e do Rio Grande do Sul no capitalismo contemporâneo. Tese (doutorado em Direito). Instituto de Economia da Universidade Federal do Rio de Janeiro. Rio de Janeiro, 2017. p. 78-79.

milhões de dólares[56] e sempre apenas sobre o valor excedente àquele isento.[57] Serve a tributação, por meio do dever de informação, à função de recolher dados fiscais que permitem o ajuste de políticas públicas, mesmo frente ao não pagamento, e também como uma espécie de imposto para grandes fortunas.[58]

A resposta ao planejamento sucessório ocorre nas hipóteses de incidência do tributo, não apenas afeito às transmissões proprietárias *causa mortis*; também incide tributação quanto aos direitos reais instituídos a herdeiros, à propriedade reversa e transmissões proprietárias realizadas em até três anos anteriores à morte.[59] Instigante também – e passível de reflexão – a solução emprestada às situações em que existe propriedade dos bens, mas não liquidez necessária à imediata regularização pelo pagamento do imposto de *transmissão causa mortis*: apenas será paga tributação sobre a propriedade herdada em caso de sua venda.[60]

Quanto à França, o intrincado sistema de tributação hereditária conjuga progressividade subjetiva e objetiva, relacionada ao parentesco e a valores transferidos, composta por grande número de faixas de correspondente alíquota, as quais vão desde 5% (cinco por cento) até 45% (quarenta e cinco por cento).[61] Semelhante ao Brasil, aproximam-se às tributações de doações aquelas referentes às transmissões *causa mortis*.

Novamente, o fechamento consistente e equilibrado do sistema é garantido por amplas situações de isenções substanciais. São hipóteses não só doações a fundações, dentre outras funções de interesse público, como também a transferência entre cônjuges, situações em que o irmão-herdeiro é pessoa com deficiência e residência que era compartilhada entre o falecido e o herdeiro. De outro fito, as isenções também alcançam as propriedades sobre unidades protegidas no âmbito do patrimônio ambiental e histórico.[62]

---

56 Referidas imposições foram feitas pelo *American Tax Payer Relief Act* de 2013, quais sejam, isenção do imposto sobre propriedade em US$ 5,25 milhões para 2013 (efetivamente US$ 10,5 milhões por casal), e indexação deste nível pela inflação nos anos futuros, além de estabelecimento da alíquota máxima em 40%. FREITAS, Antônio Albano de. *O impacto da herança e de sua tributação na distribuição patrimonial e de rendimentos*: uma análise do Brasil e do Rio Grande do Sul no capitalismo contemporâneo. Tese (doutorado em direito). Instituto de Economia da Universidade Federal do Rio de Janeiro. Rio de Janeiro, 2017. p. 80.

57 FREITAS, Antônio Albano de. *O impacto da herança e de sua tributação na distribuição patrimonial e de rendimentos*: uma análise do Brasil e do Rio Grande do Sul no capitalismo contemporâneo. Tese (doutorado em Direito). Instituto de Economia da Universidade Federal do Rio de Janeiro. Rio de Janeiro, 2017. p. 94.

58 FREITAS, Antônio Albano de. *O impacto da herança e de sua tributação na distribuição patrimonial e de rendimentos:* uma análise do Brasil e do Rio Grande do Sul no capitalismo contemporâneo. Tese (doutorado em Direito). Instituto de Economia da Universidade Federal do Rio de Janeiro. Rio de Janeiro, 2017. p. 93.

59 FREITAS, Antônio Albano de. *O impacto da herança e de sua tributação na distribuição patrimonial e de rendimentos*: uma análise do Brasil e do Rio Grande do Sul no capitalismo contemporâneo. Tese (doutorado em Direito). Instituto de Economia da Universidade Federal do Rio de Janeiro. Rio de Janeiro, 2017. p. 85.

60 FREITAS, Antônio Albano de. *O impacto da herança e de sua tributação na distribuição patrimonial e de rendimentos*: uma análise do Brasil e do Rio Grande do Sul no capitalismo contemporâneo. Tese (doutorado em Direito). Instituto de Economia da Universidade Federal do Rio de Janeiro. Rio de Janeiro, 2017. p. 95-96.

61 FREITAS, Antônio Albano de. *O impacto da herança e de sua tributação na distribuição patrimonial e de rendimentos*: uma análise do Brasil e do Rio Grande do Sul no capitalismo contemporâneo. Tese (doutorado em Direito). Instituto de Economia da Universidade Federal do Rio de Janeiro. Rio de Janeiro, 2017. p. 106; p. 111-112.

62 FREITAS, Antônio Albano de. *O impacto da herança e de sua tributação na distribuição patrimonial e de rendimentos*: uma análise do Brasil e do Rio Grande do Sul no capitalismo contemporâneo. Tese (doutorado em Direito). Instituto de Economia da Universidade Federal do Rio de Janeiro. Rio de Janeiro, 2017. p. 106; p. 113-114.

Permitem os breves apontamentos concluir que as "linhas mestras básicas": alíquotas expressivamente maiores,[63] temperadas por sistemas de progressividade, equilibrados por substanciais isenções, são políticas adotadas por países capitalistas, sensivelmente distintas para compatibilização a seus ordenamentos jurídicos. Reformas brasileiras podem ancorar-se também nestas experiências já existentes.

Diante da internacionalização do capital, cada vez mais possível e recorrente, mudanças são um imperativo e não apenas aconselhamento. Caso contrário, a discrepância de critérios utilizados mundialmente pode tornar o país um polo de menor tributação para heranças, destinado à atração de turismo jurídico sob a pejorativa pecha de paraíso fiscal.

4.1 A configuração de paraíso fiscal e o turismo jurídico tributário sucessório

Embasa opinião contrária às reformas tributárias que não apresentem o abstrato objetivo de desonerar, o temor da "fuga de capitais", ou seja, a saída de investimentos do país.[64] Porém a manutenção de sistemas tributários desoneratórios deve ser alvo de acurada reflexão, a pensar principalmente a que bens e, consequentemente, formas de capital são destinados a favorecer.

No caso das heranças, o país será sede de patrimônios estáticos, os quais não produzirão empregos e tampouco serão distribuidores de riqueza, sendo amplamente provável que a transformação dos bens em capitais voláteis (dinheiro, ações) retire-os do país logo após a transmissão *causa mortis*. Assim, configura-se aquilo que é chamado de "paraíso fiscal", a atribuir entrada de renda estrangeira no país apenas com o fim parasitário e que não irá trazer qualquer benefício.

Constatação importante é que até os estudos sobre concorrência tributária internacional,[65] que a enxergam como algo positivo (o fato de países apresentarem maiores benefícios fiscais para instalação de capital), são voltados à entrada do investimento estrangeiro com o intuito de criar empresas, colocar produtos no mercado, instalar no país multinacionais,[66] mas nunca ao fomento de transmissão de herança em determinado país.

A OCDE (Organização para Cooperação e Desenvolvimento Econômico), por outro lado, aponta como critério danoso à produtividade internacional a baixa tributação sobre o capital de determinado país. Esta lesão concorrencial foi internalizada em

---

[63] Quanto aos Estados Unidos, necessário um esclarecimento; inexiste a efetiva incidência da faixa de 40% (quarenta por cento) frente ao sistema de isenções: em relação a 2014, quem realmente pagou o tributo o fez em média de 18,2%, ou seja, metade do máximo sobre o patrimônio total. Sobre todos, casa dos 9% e sobre os patrimônios maiores de 50 milhões, média 17%, ainda assim, alíquotas maiores que as brasileiras. FREITAS, Antônio Albano de. *O impacto da herança e de sua tributação na distribuição patrimonial e de rendimentos*: uma análise do Brasil e do Rio Grande do Sul no capitalismo contemporâneo. Tese (doutorado em direito). Instituto de Economia da Universidade Federal do Rio de Janeiro. Rio de Janeiro, 2017. p. 106; p. 94-95.

[64] RIBEIRO, Ricardo Lodi. Piketty e a reforma igualitária tributária no Brasil. *Revista de Finanças Públicas, Tributação e Desenvolvimento*, Rio de Janeiro, vol. 3, n. 3, p. 28, 2015; FREITAS, Antônio Albano de. *O impacto da herança e de sua tributação na distribuição patrimonial e de rendimentos*: uma análise do Brasil e do Rio Grande do Sul no capitalismo contemporâneo. Tese (doutorado em Direito). Instituto de Economia da Universidade Federal do Rio de Janeiro. Rio de Janeiro, 2017. p. 72-73.

[65] Tema que excede os limites do trabalho.

[66] Para defesa de tais pontos de vista, ALMEIDA, Carlos Otávio Ferreira de. *Concorrência Internacional e Tributação de Renda no Brasil* (Doutorado em Direito). Universidade Estadual de São Paulo, 2012. p. 49-51.

nosso ordenamento, o qual, quanto ao imposto sobre a renda, considera como paraíso fiscal (países com tributação favorecida) sistemas tributários estrangeiros que aplicam à renda alíquota inferior a 20% (art. 24 e 24-A, parágrafo único, inciso I, Lei nº 9.430/96).

A preocupação brasileira com a equalização tributária internacional não pode desprezar, entretanto, outros impostos. Um olhar sobre o ITCMD à luz deste critério indica enquadrar, com as devidas cautelas, a disciplina nacional em um cenário de privilégio fiscal frente à baixa tributação das heranças. Significaria tal comportamento até mesmo uma ofensa à basilar reciprocidade; preocupa-se com a circulação de riquezas em outros países com menor tributação, embora mantenha sistema que permita a entrada de capital estrangeiro relativo a patrimônio hereditário.

Frente à disparidade de alíquotas existentes entre a média do ITCMD no Brasil e aquelas apresentadas em outros países, não só subsiste a atração de turismo tributário sucessório, que não traz qualquer benefício ao país, mas também contrariedade aos ditames do ordenamento que privilegia a livre-iniciativa e a circulação de riquezas, o que apenas evidencia a urgência da reforma.

5 Considerações finais

Muito já se questionou sobre a possibilidade e adequação da transmissão *causa mortis*, ao que se concluiu sua inerência ao sistema capitalista e (im)possibilidade de abolição frente ao direito fundamental a recebimento de herança positivado no art. 5º, inciso XXX, CR. Porém, também não é possível a admissão da neutralidade do sistema constitucional, que conforma o Estado Social, a ordenar o cumprimento de função social pela propriedade (art. 5º, inciso XXIII, CR), a (re)distribuição das riquezas (art. 3º, CR) e a valorização social do trabalho pela ordem econômica capitalista (art. 170, CR) frente à matéria.

O equilíbrio possível encontra-se na correta tributação que permite plena efetivação dos direitos hereditários e, ao mesmo tempo, arrecadação de receita a ser utilizada na construção dos direitos sociais. Para o cumprimento dos ditames constitucionais defendidos, esta também deve ser mais onerosa do que aquela incidente sobre rendimentos trabalhados e os gastos que mais o afetam (consubstanciados no consumo).

Porém, a radiografia aqui produzida evidencia estar o atual sistema tributário brasileiro, no que toca ao regime das sucessões, em lado contrário, em razão da baixa tributação sobre a transmissão de bens *causa mortis*. Neste esteio, sugeriu-se uma redistribuição do sistema tributário brasileiro, a partir das ideias de Thomas Piketty.

É de se propor, portanto, o aumento das alíquotas de ITCMD, a incidência de tributação sobre os instrumentos de planejamento sucessório e um sistema de progressividade não só atrelada ao valor da renda tributada (objetiva), mas também ao parentesco a pressupor menor utilidade-necessidade do patrimônio herdado por determinados herdeiros (colaterais, testamentários e legatários) (subjetiva). Tudo, sem esquecer, evidentemente, a correção de eventuais distorções por meio de faixas de isenções.

Por fim, procurou-se a breve exposição dos sistemas de tributação americano e francês, para demonstrar as factíveis, atuais e possíveis mudanças defendidas. Caso contrário, torna-se o país o local onde será alocado o patrimônio estático, apenas para que herdeiros dele usufruam à custa da desoneração fiscal oferecida, sem qualquer benefício ao Brasil, com posterior fuga do capital, a configurar "paraíso fiscal".

Inevitável a provocação de debates e descontentamentos por reformas que pressupõem onerar alguns contribuintes em prol de outros. No entanto, no que tange ao sistema tributário sucessório, sua coerência ao ordenamento jurídico guiado pela tábua axiológica constitucional apenas propaga a possibilidade e urgência de efetuá-la para a construção de sociedade justa e igualitária, valorizadora do trabalho e da livre-iniciativa.

Referências

ALMEIDA, Carlos Otávio Ferreira de. *Concorrência Internacional e Tributação de Renda no Brasil* (Doutorado em direito). Universidade Estadual de São Paulo, 2012.

BONAVIDES, Paulo. *Do Estado Liberal ao Estado Social*. 11. ed. São Paulo: Malheiros Editores, 2013.

BODIN DE MORAES, Maria Celina. A causa do contrato. *Civilistica.com*, Rio de Janeiro, ano 2, n. 4, out./dez. 2013.

BUCAR, Daniel. Existe o *droit de* saisine no direito brasileiro? *In*: NEVARES, Ana Luiza; TEIXEIRA, Ana Carolina Brochado. *Direito das sucessões: problemas e tendências*. Indaiatuba, SP: Editora Foco, p. 1/22, 2022.

BUCAR, Daniel; GIRARDI, Viviane. O projeto de alteração do ITCMD em SP: Para além do aumento da alíquota, *Migalhas de Peso*, 24 de junho de 2020, disponível em: https://www.migalhas.com.br/depeso/329520/o-projeto-de-alteracao-do-itcmd-em-sp--para-alem-do-aumento-da-aliquota, acesso em: 10 jan. 2022.

BUCAR, Daniel; TEIXEIRA, Daniele Chaves. Direito das Sucessões e Patrimônio Mínimo. *In*: EHRARDT, Marcos Júnior; CORTIANO, Eroulths Júnior (coord.). *Transformações no Direito Privado nos 30 anos da Constituição: estudos em homenagem a Luiz Edson Fachin*. Belo Horizonte: Fórum, p. 337/355, 2019.

CATALAN, Marcos. Direito das Sucessões: Por que e para quem? Reflexões a partir da realidade brasileira. *Revista Brasileira de Direito Civil*, Rio de Janeiro, vol. 44, p. 135-147, 2010.

FREITAS, Antônio Albano de. *O impacto da herança e de sua tributação na distribuição patrimonial e de rendimentos*: uma análise do Brasil e do Rio Grande do Sul no capitalismo contemporâneo. Tese (doutorado em direito). Instituto de Economia da Universidade Federal do Rio de Janeiro. Rio de Janeiro, 2017.

GOMES, Orlando. *Sucessões*, atualizado por Mario Roberto Carvalho de Faria. 15. ed. Rio de Janeiro: Forense, 2012.

KONDER, Carlos Nelson. Interpretação dos contratos, interpretação da lei e qualificação: superando fronteiras. *Scientia Iuris*, Londrina, vol. 19, n. 1, p. 47-62, jun. 2015.

MEDEIROS, Marcelo; GALVÃO, Juliana de Castro. Educação e Rendimento dos Ricos no Brasil. *DADOS – Revista de Ciências Sociais*, Rio de Janeiro, vol. 59, n. 2, p. 357-383, 2016.

NEVARES, Ana Luiza Maia. *A tutela sucessória do cônjuge e do companheiro na legalidade constitucional*. 1. ed. Rio de Janeiro: Renovar, 2004.

OLIVEIRA, Arthur Vasco Itabaiana de. *Tratado de Direito das Sucessões, Volume 1- da sucessão em geral e da sucessão legitima*, revisto e atualizado pelo autor com a colaboração de Aires Itabaiana de Oliveira. 4. ed. São Paulo: Max Limonad, 1952.

PAULA, Fernanda de. *A tributação da herança sob um enfoque de justiça*: considerações e propostas para um correto aproveitamento tributário das heranças nos sistemas do ITCMD e IRPF. Rio de Janeiro: Lumen Iuris, 2019.

PEREIRA, Caio Mário da Silva. *Instituições de direito civil, vol.VI, Direito das Sucessões*, atualizado por Carlos Roberto Barbosa Moreira. 21. ed. Rio de Janeiro: Forense, 2014.

PIERLINGIERI, Pietro, tradução de Maria Cristina de Cicco. *Perfis de Direito Civil*. 3. ed., revista e ampliada. Rio de Janeiro: Renovar, 2002.

PIKETTY, Thomas. *O capital no século XXI*. 1. ed. traduzida por Monica Baumgarten de Bolle. Rio de Janeiro: Intrínseca, 2014.

RENTERIA, Pablo; OLIVA, Milena Donato. Fidúcia: a importância da incorporação dos efeitos do *trust* no direito brasileiro. *Revista Trimestral de Direito Civil*, Rio de Janeiro, vol. 48, p. 27/61, out./dez. 2011.

RIBEIRO, Ricardo Lodi. Piketty e a reforma igualitária tributária no Brasil. *Revista de Finanças Públicas, Tributação e Desenvolvimento*, Rio de Janeiro, vol. 3, n. 3, 2015.

TEIXEIRA, Daniele Chaves. *Planejamento sucessório*: pressupostos e limites. Belo Horizonte: Fórum, 2017.

TEPEDINO, Gustavo. Contornos constitucionais da propriedade privada. *In*: TEPEDINO, Gustavo. *Temas de Direito Civil*. 3. ed. Rio de Janeiro: Renovar, 2004.

SILVA, Rafael Cândido da. *Pactos sucessórios*: ensaio sobre a perspectiva funcional da autonomia privada na sucessão causa mortis. Dissertação (mestrado em Direito). Faculdade de Direito da Universidade Estadual do Rio de Janeiro. Rio de Janeiro, 2017.

Informação bibliográfica deste texto, conforme a NBR 6023:2018 da Associação Brasileira de Normas Técnicas (ABNT):

BUCAR, Daniel; PIRES, Caio Ribeiro. Sucessão e tributação: perplexidades e proposições equitativas. *In*: TEIXEIRA, Daniele Chaves (Coord.). *Arquitetura do planejamento sucessório*. 3. ed. Belo Horizonte: Fórum, 2022. p. 93-111. Tomo I. ISBN 978-65-5518-459-4.

PATRIMÔNIO INTERNACIONAL E SUCESSÕES: PERSPECTIVA DO DIREITO BRASILEIRO

DANIELA TREJOS VARGAS

Introdução: a mobilidade das pessoas e do patrimônio

A circulação das pessoas no plano internacional teve grande incremento nos séculos XX e XXI. As duas grandes guerras e a crise de 1929 levaram à migração de europeus em busca de novas oportunidades e tranquilidade contra perseguições de origem étnica e religiosa. Temos a diáspora judaica, e antes desta a diáspora armênia, apenas para mencionar duas.

No século XXI, a circulação de pessoas não se dá somente em razão de mudanças permanentes, com alteração definitiva de domicílio, como aconteceu no Brasil e em tantos outros países que receberam contingentes expressivos de migrantes nos dois séculos anteriores. A popularização do transporte internacional de passageiros e a crescente internacionalização das empresas e dos empregos por conta da tecnologia e do livre comércio tornaram bem mais comum a mudança de país (e portanto de domicílio) por motivos profissionais.

O Brasil sempre foi um país receptor de imigrantes em busca de melhores condições de vida. Essa situação se inverteu a partir do início das crises econômicas, começando com a chamada "década perdida" dos anos 1980's. Nova crise econômica e política desde 2008, aliada a programas de incentivo a investimentos, tem incentivado brasileiros de alto poder aquisitivo a transferirem seus domicílios para os Estados Unidos e para Portugal. O contingente de brasileiros residentes no exterior em 2016 era de mais de 3 milhões, sendo a metade nos Estados Unidos.[1]

A abertura da economia brasileira tornou o mercado financeiro internacional acessível aos brasileiros. Investimentos que outrora não eram permitidos passaram a ser permitidos, informados ao Banco Central e declarados à Receita Federal. Brasileiros afluentes cada vez mais adquirem imóveis ou fazem investimentos no exterior, pensando

1 Fonte: http://www.brasileirosnomundo.itamaraty.gov.br/a-comunidade/estimativas-populacionais-das-comunidades, último acesso em: 17 jul. 2018.

não apenas na diversificação e proteção contra o risco-país, mas muitas vezes também como planejamento para uma futura aposentadoria.[2] Este caminho é de mão dupla: estrangeiros também fazem investimentos em títulos públicos brasileiros, em ações de empresas brasileiras e em imóveis no Brasil, seja para investimento, seja para lazer ou pensando em uma futura aposentadoria.

Diferentemente dos migrantes japoneses e italianos, dos venezuelanos e haitianos e dos refugiados sírios, ou mesmo dos brasileiros que se aventuraram a tentar nova vida nos Estados Unidos, os emigrantes de alto poder aquisitivo que resolvem criar seus filhos em outro país ou optam por se aposentar em outro país possuem renda, patrimônio e investimentos que mais cedo ou mais tarde estarão sujeitos à sucessão em alguma jurisdição. Todos esses elementos internacionais – transferência de ativos, aquisição de bens em outros países, mudança de domicílio – suscitam questionamentos de Direito Internacional Privado. No que diz respeito especificamente ao Direito das Sucessões, precisaremos determinar onde serão inventariados os bens deixados pelo *de cujus* e qual a lei aplicável à sucessão.

Costumamos achar que os problemas de sucessão internacional são problemas contemporâneos, resultado dessa crescente mobilidade das pessoas e de seu patrimônio. Ainda que em termos quantitativos sejam hoje em maior número, essas questões, no entanto, não são novas. Os primeiros "*hard cases*", que deram origem ao que hoje chamamos de conflitos de leis e de jurisdições envolveram questões de sucessão no plano internacional.

Jacob Dolinger ressalta que o pós-glosador Bartolo di Sassoferato (1314-1357), considerado por muitos o primeiro jusprivatista, deixou relatos em seu compêndio acerca de casos envolvendo a sucessão de estrangeiros. Bartolo concluiu que as questões de forma seriam regidas pela lei do local onde o testamento foi feito, e as de fundo pela lei da cidade de origem do estrangeiro. Também distinguiu a lei aplicável aos direitos reais, entendendo que os bens de raiz deveriam ser regidos pela lei do local da sua situação. Sem sombra de dúvida, o caso mais famoso sobre o qual escreveu Bartolo foi a chamada "questão inglesa", um caso de sucessão internacional ocorrido no século XIV. Um inglês vem a falecer na Inglaterra, deixando bens naquele país e na Itália. Surgiu a dúvida sobre qual lei se aplicaria à sucessão, visto que pela lei inglesa da época somente o primogênito herdaria. Já pela lei do situs dos imóveis, os outros filhos também herdariam. A solução dada por Bartolo, ao qualificar a regra inglesa como um "estatuto odioso", foi de não aplicar a lei inglesa aos bens situados fora da Inglaterra. Assim, embora na Inglaterra o primogênito fosse o único herdeiro, no tocante aos bens situados no que hoje se conhece como Itália, se aplicaria a lei da situação dos bens em benefício dos demais herdeiros.[3]

Ainda que a argumentação de Bartolo tenha sido alvo de críticas pela doutrina por conta do método utilizado para chegar a essa conclusão,[4] um fato é inegável: a

---

2 Em alguns países, entre eles Portugal, a aquisição de um imóvel de certo valor ou um investimento no país abrem as portas para um visto de residência permanente ("golden visa") e até para uma naturalização.

3 DOLINGER, Jacob. *Direito Internacional Privado* (Parte Geral). 7. ed. Rio de Janeiro: Renovar, 2003, p. 134-135.

4 Na "questão inglesa", Bartolo foi criticado por ter invocado como argumento de apoio a ordem das palavras no Estatuto para qualificar a questão como de natureza pessoal ou real. CASTRO, Amilcar de. *Direito Internacional Privado*. 6. ed. Rio de Janeiro: Forense, 2005, p. 118.

dificuldade apresentada na aplicação extraterritorial das leis sucessórias. Do século XIV até nossos dias, as questões não são muito diferentes. Continuamos a indagar sobre a lei aplicável à sucessão, sobre a validade extraterritorial dos testamentos e sobre a lei que determina quem são os herdeiros. Continuamos, por fim, a observar o local da situação dos bens como elemento determinador da jurisdição.

I Princípios aplicáveis aos conflitos de leis e de jurisdições em matéria de sucessões

O Direito Internacional Privado se preocupa com a resposta a três perguntas principais: primeiro, qual a jurisdição competente; uma vez definida a jurisdição, qual a lei aplicável; por último, como assegurar a produção extraterritorial de efeitos de atos jurídicos e sentenças judiciais.

A solução dos conflitos de leis e dos conflitos de jurisdições pelo uso do método conflitual clássico do DIPr – identificação do elemento de conexão e aplicação da regra de conexão – leva, via de regra, à determinação da lei aplicável à situação jurídica e à indicação da jurisdição competente. Ao método clássico hoje em dia somam-se os esforços uniformizadores dos diversos organismos internacionais especializados, em especial a Conferência da Haia para o Direito Internacional Privado, e um consenso em torno da interpretação dos resultados sempre à luz dos direitos humanos e direitos fundamentais.[5]

Em matéria de sucessões, a universalidade do juízo sucessório e a unicidade da lei aplicável e da jurisdição existirão em uma sucessão eminentemente doméstica, entendendo-se como aquela onde todos os bens a partilhar estão situados no país onde o *de cujus* era domiciliado. Se o *de cujus* possuir bens em outro país, teremos duas questões de Direito Internacional Privado a resolver: a determinação da lei aplicável à sucessão e a determinação da jurisdição sobre os bens que serão objeto dessa sucessão, tanto móveis quanto imóveis. O poder de atração da jurisdição da localização dos bens leva, em grande parte dos países, ao "fracionamento" da sucessão, resultando na pluralidade de juízos sucessórios.

Assim, enquanto em termos domésticos a regra é da universalidade do juízo sucessório, a existência de bens do espólio em diferentes jurisdições pode engendrar uma situação de pluralidade de juízos sucessórios. A não ser que seja antecipada essa situação e feito um planejamento sucessório, além da abertura da sucessão no último domicílio do *de cujus*, pode ser necessária a realização de inventários e partilhas em outros países onde existam bens do espólio.[6]

Essa pluralidade ou fragmentação do juízo sucessório ocorre quando o legislador estatal coloca os bens como elemento central da sucessão. Nos sistemas jurídicos onde

---

[5] Veja-se a respeito ARAUJO, Nadia de. *Direito Internacional Privado*. Teoria e prática brasileira. 7. ed. rev. atual. São Paulo: Revista dos Tribunais, 2018, p. 27 e seguintes.

[6] O novo Regulamento (R650/2012) do Parlamento Europeu se propõe exatamente a consagrar a unicidade do juízo sucessório a despeito de uma transferência de residência habitual ou da localização dos bens. Veja-se a respeito, em português, CARAVACA, Alfonso-Luis Calvo, Residência habitual e lei aplicável à sucessão causa mortis internacional. *Cadernos do Programa de Pós-Graduação em Direito PPGDir/UFRGS*, edição digital, vol. XI n. 2, p. 4-45, 2016.

a sucessão está centrada na pessoa, a unicidade da sucessão pode existir não apenas no plano doméstico mas também internacional, ao menos em tese.[7] Na prática, um sistema centrado na pessoa não manterá sua unicidade diante de uma regra de jurisdição determinando a obrigatoriedade de fazer a partilha no local da situação dos bens.

No tocante à lei aplicável à sucessão, esta varia segundo a opção feita pelo legislador estatal, podendo ser a do domicílio ou da nacionalidade. No caso do Brasil, a regra de conexão por excelência para as questões envolvendo pessoas físicas é a *lex domicilii*. Nada mais natural que o legislador brasileiro tenha estabelecido que a lei aplicável à sucessão será a do último domicílio do *de cujus*. Também no tocante à lei aplicável teremos situações de fracionamento quando o *de cujus* e os herdeiros forem domiciliados em países diferentes ou tiverem nacionalidades diferentes. Embora a lei aplicável à sucessão seja uma apenas, nem sempre esta coincide com a lei aplicável à condição de herdeiro e à lei que regula a capacidade para suceder.

Outro ponto que não podemos desconsiderar é a aplicação de normas imperativas ou de ordem pública do Estado no qual estão situados os bens a inventariar, em especial aquelas que determinam limitações ao poder de testar. A lei estrangeira aplicável à sucessão, em razão do domicílio do *de cujus*, precisará passar pelo crivo da ordem pública do país da situação dos bens para ser aplicável à partilha. Como visto no clássico caso da sucessão do inglês resolvida por Bartolo no século XIV, os princípios consagrados pela *lex fori*, de igualdade entre os herdeiros, sem distinção quanto à ordem de nascimento, filiação e gênero, prevalecerão sobre a lei estrangeira que dispuser em sentido contrário.

Para as questões envolvendo forma e substância dos atos jurídicos, a regra por excelência do Direito Internacional Privado é de que seja a do local onde os atos foram praticados. Assim, diz-se que "a lei do local rege o ato": *locus regit actum*. Esta regra tanto se aplica para declarações de vontade, como testamentos, como também para os procedimentos judiciais e extrajudiciais, sempre regidos pela lei do país onde foram propostos (*lex causae*). Com efeito, pode-se dizer, concordando com André Carvalho Ramos, que a norma *locus regit actum* pode ser considerada "verdadeira norma consuetudinária de Direito Internacional Privado, fruto da boa-fé e da igualdade".[8]

No plano internacional, no entanto, o próprio conceito de domicílio tem sido objeto de questionamento, posto que a conceituação do que seja domicílio pode variar de país para país. Assim, é cada vez mais frequente fazer-se alusão à residência habitual em vez de domicílio, por ser um conceito mais amplo e por isso mais fácil de definir.

O legislador brasileiro privilegiou os elementos de natureza territorial para a determinação da jurisdição em matéria de sucessões e da lei aplicável a esta. Assim, a sucessão será regida pela lei do país onde era domiciliado o *de cujus*, e nesse país será aberta a sucessão.

---

7 A doutrina fala na existência de dois sistemas: o da "sucessão na pessoa" e o da "sucessão nos bens". MEINERO, Fernando. *Sucessões Internacionais no Brasil*. Curitiba: Juruá, 2017, p. 73.

8 RAMOS, André de Carvalho. O Direito Internacional Privado das Sucessões no Brasil. *Revista da Secretaria do Tribunal Permanente de Revisão do Mercosul*, ano 4, n. 7, p. 312, maio 2016.

II Determinação da jurisdição na sucessão – *forum sucessionis*

A determinação da jurisdição é sempre o primeiro questionamento feito em relação a situações jurídicas pluriconectadas. Assim, na sucessão com elementos internacionais cabe indagar qual ou quais elementos são levados em conta para definir o país de abertura da sucessão e a abrangência dessa jurisdição.

Em matéria de sucessões, o legislador brasileiro manteve-se coerente à opção pelo domicílio como elemento de conexão por excelência para as pessoas naturais. Assim, o domicílio do *de cujus* por ocasião do seu falecimento é o juízo natural para abertura da sucessão (para fins de determinação de jurisdição, o domicílio dos herdeiros ou legatários não exercerá qualquer influência). Em outros países, como Portugal, a determinação do domicílio quando o *de cujus* tiver múltiplas residências deve seguir os critérios usualmente utilizados para estabelecimento da residência habitual, tais como a existência de vínculos familiares e profissionais.

Uma vez determinada a jurisdição do país do domicílio ou da nacionalidade do *de cujus* para a sucessão, resta indagar sobre a abrangência dessa jurisdição, isto é, se incluirá a totalidade do patrimônio do *de cujus* ou se haverá uma limitação em razão da localização territorial dos bens, principalmente os imóveis.

No caso dos países que adotam a unicidade do juízo sucessório, a jurisdição do juízo da sucessão – determinada em razão da nacionalidade ou do domicílio do *de cujus* – será universal, englobando todos os bens a serem inventariados, no país do domicílio e no exterior. Trata-se de uma opção legislativa que pressupõe que os outros países também reconheçam a unicidade do juízo sucessório e por conseguinte os efeitos extraterritoriais da partilha feita pelo juízo estrangeiro. Em suma: para ter efetividade, é necessário que o país de destino do formal de partilha reconheça a competência do juízo que efetuou a partilha.

A unicidade do juízo sucessório pressupõe a possibilidade de se inventariar bens situados não apenas no país do domicílio do *de cujus*, mas também em outras jurisdições. O legislador brasileiro não optou por este caminho. Falou mais alto o elemento territorial, vinculado ao local da situação dos bens. Assim, somente o Judiciário brasileiro pode inventariar e partilhar bens situados no Brasil.

O acesso à jurisdição brasileira independe da nacionalidade ou domicílio do *de cujus*, bastando que haja bens no Brasil, móveis ou imóveis, para que se faça necessária a partilha em separado desses bens no Brasil. Por conseguinte, o juízo da sucessão, no exterior, não poderá incluir na partilha bens situados no Brasil, e se fizer essa inclusão, dita partilha não produzirá efeitos no Brasil.

A limitação do poder do juízo estrangeiro sobre os bens situados no Brasil tem, por sua vez, um efeito limitador da jurisdição do juiz brasileiro aos bens situados em território nacional. A consagração da jurisdição exclusiva leva à pluralidade de juízos sucessórios, pois o juiz brasileiro não poderá incluir na sucessão bens do espólio que estejam situados no exterior.

No Brasil não se faz distinção com base na nacionalidade ou no domicílio do *de cujus* com relação à jurisdição ou com relação à tributação dos bens. A alíquota do imposto de transmissão *mortis causae* é a mesma para nacionais ou estrangeiros, residentes ou não residentes. O artigo 35 do Código Tributário Nacional, ao definir o imposto sobre transmissão, não faz menção à situação domiciliar ou à nacionalidade do titular do direito que está sendo transmitido. O artigo 121, ao determinar o sujeito passivo da obrigação tributária, faz referência apenas à pessoa, sem distinção quanto à nacionalidade.

A opção brasileira pelo último domicílio do *de cujus* como elemento de determinação da jurisdição tem por origem o Código Bustamante, de 1929, que em seu artigo 327 estabeleceu: "Nos juízos de testamentos ou *ab intestato*, será juiz competente o do lugar em que o finado tiver tido o seu ultimo domicílio". As normas do Código Bustamante estão vigentes no Brasil, por ter sido ratificado, e supriu durante muitos anos uma lacuna deixada pelas regras processuais domésticas.

Oscar Tenório observa que o CPC de 1939 não continha uma regra sobre competência processual internacional em matéria sucessória,[9] nem deixava clara a abrangência do juízo da sucessão em relação aos bens a partilhar. O Código de 1939 continha apenas a regra interna de abertura do inventário no foro do último domicílio do *de cujus*:

> Art. 135. O foro do domicílio do *de cujus* será o competente para o inventário, a partilha e todas as ações relativas à herança.
> §1º Se o óbito houver ocorrido no estrangeiro, será competente o foro do último domicílio do *de cujus* no Brasil.
> §2º Na falta de domicílio certo, será competente o foro da situação do imóvel deixado pelo *de cujus* e, na falta, o do lugar do falecimento, si ocorrido no Brasil.

Com efeito, a regra do artigo 135 era uma regra de competência interna, cuja referência a elementos internacionais dizia respeito tão somente à forma de determinar o domicílio do *de cujus* falecido no exterior, e, não sendo possível essa definição, facultava a abertura do inventário no local da situação do imóvel (o legislador usou o termo no singular), ou, não havendo imóveis a partilhar, no local onde o óbito ocorreu, quando em território nacional.

Em 1942, o artigo 12, parágrafo 1º, da Lei de Introdução ao Código Civil estabeleceu a competência exclusiva da justiça brasileira para cuidar de ações envolvendo bens imóveis situados no Brasil, mas tampouco trouxe uma regra autônoma sobre competência internacional em matéria de sucessões.

A regra específica para sucessões internacionais somente é introduzida no ordenamento brasileiro pelo Código de Processo Civil de 1973. Os artigos 88 e 89 do CPC de 1973 tratam, respectivamente, da competência concorrente e da competência exclusiva da justiça brasileira no plano internacional.

O domicílio como elemento primordial de conexão e o afastamento da conexão pela nacionalidade estão consagrados no *caput* do artigo 88 e no inciso I, respectivamente. O Brasil será o juízo natural para todas as ações propostas contra pessoa natural domiciliada no Brasil, sem distinção entre nacionais e estrangeiros.

O último domicílio do *de cujus* é o elemento de conexão determinador não apenas da jurisdição mas também da lei aplicável à sucessão, nos termos do artigo 10 da Lei de Introdução (LINDB), texto que se mantém inalterado desde 1942:

---

9 TENORIO, Oscar, *op. cit.* volume 2 p. 366.

> Artigo 10 – A sucessão por morte ou por ausência obedece à lei do país em que domiciliado o defunto ou o desaparecido, qualquer que seja a natureza e a situação dos bens.

A conexão com o domicílio e a irrelevância da nacionalidade também é prevalente nas regras internas de competência. O artigo 96 do CPC/73 diz ser competente o "foro do domicílio do autor da herança, no Brasil", sem menção à nacionalidade, deixando claro que esta competência não é alterada pela nacionalidade do *de cujus* ou pelo fato do óbito ter ocorrido no exterior.

O artigo 89, sem dúvida, foi a maior novidade introduzida pelo Código de Processo Civil de 1973 em termos de competência internacional da justiça brasileira. Além de estabelecer no inciso I a competência exclusiva para questões envolvendo imóveis situados no Brasil, consagrando assim o *forum rei sitae,* traz uma regra específica para as questões sucessórias, no inciso II:

> Art. 89. Compete à autoridade judiciária brasileira, com exclusão de qualquer outra:
> I – conhecer de ações relativas a imóveis situados no Brasil;
> II – proceder a inventário e partilha de bens, situados no Brasil, ainda que o autor da herança seja estrangeiro e tenha residido fora do território nacional.

O legislador faz, assim, clara opção pelos bens como elemento de conexão com a jurisdição brasileira, e deixando igualmente claro que a nacionalidade do *de cujus* ou a ausência de domicílio no Brasil não modificarão a jurisdição exclusiva brasileira sobre esses bens. Deixa também claro que o fator de atração para a jurisdição brasileira não é o fato de se estar diante de bens imóveis, posto que os bens móveis e direitos também estão abrangidos nesse inciso II. Assim, posições acionárias em empresas brasileiras de capital aberto ou fechado, quotas de sociedades limitadas, recursos em conta-corrente ou de investimentos, e quaisquer outros bens pertencentes ao *de cujus* e que estejam em território brasileiro ficarão sob a jurisdição brasileira.

A modernização da legislação processual manteve inalterada a regra da jurisdição exclusiva. O artigo 23, II, do CPC de 2015 trouxe apenas uma leve modificação na redação, mas não na substância da norma:

> Art. 23. Compete à autoridade judiciária brasileira, com exclusão de qualquer outra:
> I – conhecer de ações relativas a imóveis situados no Brasil;
> II – em matéria de sucessão hereditária, proceder à confirmação de testamento particular e ao inventário e à partilha de bens situados no Brasil, ainda que o autor da herança seja de nacionalidade estrangeira ou tenha domicílio fora do território nacional;
> III – em divórcio, separação judicial ou dissolução de união estável, proceder à partilha de bens situados no Brasil, ainda que o titular seja de nacionalidade estrangeira ou tenha domicílio fora do território nacional.

Pode-se inclusive dizer que a introdução do inciso III, reproduzindo a regra já consagrada da sucessão para a partilha em dissolução de sociedade conjugal, só reforça essa opção legislativa pelo *forum rei sitae* em sentido amplo.

a. Sucessão no exterior com bens no Brasil

A determinação de uma jurisdição exclusiva para o inventário e partilha de bens situados no Brasil, independentemente do local do óbito, nacionalidade ou domicílio do *de cujus*, não deixa margem para fugir de um segundo procedimento no Brasil. O caso Gabriella Besansoni Lage é um claro exemplo, em um período anterior ao CPC/73. A viúva de Henrique Lage, de nacionalidade italiana, estava domiciliada na Itália por ocasião do seu falecimento. O testamento italiano foi cumprido na Itália, abrangendo os bens situados no Brasil. Esta sentença estrangeira teve sua homologação negada, em virtude de questionamentos acerca da validade do testamento ológrafo feito na Itália.

Muito embora o STF tenha admitido até 1973 a homologação de algumas sentenças estrangeiras envolvendo bens situados no Brasil,[10] a entrada em vigor do Código de Processo Civil de 1973 fechou a porta definitivamente para a produção de efeitos no Brasil de sentenças estrangeiras versando sobre a partilha de bens situados no Brasil. Veja-se a ementa do julgamento da SE 2289, de 1975:

> Sentença estrangeira. O artigo 89 do novo Código de Processo Civil estabeleceu competência exclusiva – e, portanto, absoluta – do juiz brasileiro para proceder a inventário e partilha de bens situados no brasil, ainda que o autor da herança seja estrangeiro, ou tenha residido fora do território nacional. Por isso, não pode ser homologada sentença proferida por juiz estrangeiro em inventário e partilha de bens situados no brasil, qualquer que seja a nacionalidade, o domicílio e a residência do autor da herança. Defere-se, ou não, a homologação em face da legislação nacional – que, em se tratando de competência absoluta, é de ordem pública – vigente ao tempo em que se decide a atribuição de eficácia a sentença estrangeira, no território brasileiro. Homologação indeferida. (SE 2289, Relator(a): Min. Moreira Alves, Tribunal Pleno, j. 18.09.1975).

A regra manteve-se inalterada na revisão da legislação processual em 2015. Cabe observar que a competência exclusiva estabelecida pelo artigo 89, II, do CPC 73 e confirmada pelo CPC 2015 não diz respeito apenas a bens imóveis, mas a quaisquer bens situados no Brasil, compreendendo assim também os bens móveis, investimentos, participações societárias e quaisquer outros bens objeto de transmissão hereditária. No CPC 2015 essa regra foi reproduzida para os casos de partilha de bens por dissolução de sociedade conjugal ou união estável,[11] reforçando essa opção do legislador pátrio pela partilha centrada nos bens, priorizando assim o elemento territorial.

Essa regra de competência exclusiva, de ordem pública, faz com que um planejamento sucessório seja sempre recomendável no caso da aquisição de um imóvel no Brasil por parte de um estrangeiro não residente. A utilização de uma pessoa jurídica como veículo para dita aquisição deve ser avaliada no caso concreto. A partilha extrajudicial, embora seja uma opção dependendo das circunstâncias, dependerá da formalização no Brasil, pois, como será visto adiante, não é ato passível de ser realizado por notário estrangeiro ou em repartição consular.

---

10 Veja-se a SE 2211, de relatoria do Min. Thompson Flores, julgada em 05.12.1973, proveniente do Chile, onde a homologação foi deferida, "sujeita sua execução ao pagamento dos tributos devidos pela transmissão, e em conformidade com as leis brasileiras".

11 Artigo 23, III.

b. Sucessão no Brasil com bens no exterior

Como vimos, a competência exclusiva da justiça brasileira para partilhar os bens situados no Brasil restringe o alcance extraterritorial do juízo da sucessão no exterior, tornando necessária a abertura de procedimento próprio no Brasil, judicial ou extrajudicial, para partilhar os bens aqui situados.

Essa regra unilateral existente no ordenamento brasileiro nada diz sobre a competência do juiz brasileiro sobre bens do espólio situados em outros países. A jurisprudência se encarregou de interpretar a norma, e o fez de maneira restritiva. Da mesma forma que o juiz estrangeiro não tem competência sobre bens situados no Brasil, o juiz brasileiro tampouco tem competência sobre bens situados fora do Brasil. Assim, se porventura o *de cujus* tiver deixado bens no exterior, estes deverão ser objeto de partilha em separado no país ou países da situação dos bens.

Na sucessão do ex-presidente Jânio Quadros, houve um pedido por parte do espólio para a expedição de carta rogatória (ativa) para a Suíça, de maneira a obter informações a respeito da existência de conta bancária em nome do ex-Presidente. O juiz da causa negou o pedido, por entender que a informação era irrelevante e desnecessária, visto que o valor dos recursos no exterior não poderia integrar o monte a ser partilhado. O espólio agravou da decisão do juiz, e o Tribunal de Justiça de São Paulo confirmou a decisão do juiz da sucessão acerca do não cabimento da carta rogatória ativa:

> Inventário – Competência internacional – Pretendida obtenção de informes sobre a existência de conta bancária, movimentação e saldo no exterior, em nome de falecidos, cujo inventário se processa no Brasil – Inadmissibilidade – Escapa à Justiça brasileira questão relativa à existência de contas bancárias em bancos do exterior, conforme estabelecido nos artigos 89, do C.P.C. e 12, parágrafo 1º, da Lei de Introdução ao Código Civil, pelo simples fato da inaplicabilidade da decisão judicial brasileira em país estrangeiro – Recurso desprovido.

O STJ confirmou a decisão do Tribunal de São Paulo, deixando clara a interpretação *a contrario sensu* da regra de jurisdição:

> Adotado no ordenamento jurídico pátrio o princípio da pluralidade de juízos sucessórios, inviável se cuidar, em inventário aqui realizado, de eventuais depósitos bancários existentes no estrangeiro.[12]

Essa é a posição que se mantém majoritária no STJ. Em caso mais recente, o STJ manteve-se firme no entendimento de que o "inventário e a partilha devem ser processados no lugar da situação dos bens deixados pelo falecido, não podendo o juízo brasileiro determinar a liberação de quantia depositada em instituição financeira estrangeira".[13]

No REsp 510.084,[14] o STJ entendeu cabível um pedido rogatório para obtenção de documentos relacionados a uma conta no exterior. Deixando claro que não é possível

---

[12] REsp 397.769, 3ª Turma, Relatora Min. Nancy Andrighi, j. 25.11.2002.

[13] REsp 510.084, 3ª Turma, Relatora Min. Nancy Andrighi.

[14] *Ibidem.*

fazer a partilha no Brasil, tem acolhido a pretensão de levar em conta a existência e o valor dos bens situados no exterior para fins de definição dos quinhões dos herdeiros.

c. Partilha extrajudicial nas repartições consulares: impossibilidade

Uma das atribuições das repartições consulares brasileiras no exterior é a prestação de assistência aos brasileiros, entre as quais encontramos a função notarial dos Consulados, nos termos do artigo 18 da LINDB.

> Art. 18. Tratando-se de brasileiros, são competentes as autoridades consulares brasileiras para lhes celebrar o casamento e os mais atos de Registro Civil e de tabelionato, inclusive o registro de nascimento e de óbito dos filhos de brasileiro ou brasileira nascido no país da sede do Consulado.

Esse dispositivo da Lei de Introdução foi atualizado em 2013 para permitir a realização, no exterior, das dissoluções extrajudiciais da sociedade conjugal. Foram acrescentados dois parágrafos ao artigo 18 da LINDB:

> §1º As autoridades consulares brasileiras também poderão celebrar a separação consensual e o divórcio consensual de brasileiros, não havendo filhos menores ou incapazes do casal e observados os requisitos legais quanto aos prazos, devendo constar da respectiva escritura pública as disposições relativas à descrição e à partilha dos bens comuns e à pensão alimentícia e, ainda, ao acordo quanto à retomada pelo cônjuge de seu nome de solteiro ou à manutenção do nome adotado quando se deu o casamento.
> §2º É indispensável a assistência de advogado, devidamente constituído, que se dará mediante a subscrição de petição, juntamente com ambas as partes, ou com apenas uma delas, caso a outra constitua advogado próprio, não se fazendo necessário que a assinatura do advogado conste da escritura pública.

Nada foi dito, no entanto, a respeito da permissão de se fazer também inventários extrajudiciais de brasileiros no exterior. Em um primeiro momento causa estranheza essa omissão e pensa-se que até seria possível no silencio da lei, visto que os consulados cumprem a função de ofícios de registros públicos no exterior. No entanto, uma análise um pouco mais detalhada mostra que está correta essa omissão.

Primeiro, temos a jurisdição exclusiva para inventários e partilhas *mortis causae*, que não comporta qualquer exceção, o que não existe na mesma intensidade no caso de dissolução de sociedade conjugal. A competência exclusiva no caso de sucessão hereditária abrange a sucessão e a partilha, enquanto que no caso da dissolução da sociedade conjugal somente a partilha de bens situados no Brasil, e somente desde 2015, está sujeita à competência exclusiva da justiça brasileira.[15]

Em segundo lugar, temos exigências no inventário e partilha extrajudiciais que não são passíveis de serem cumpridas no exterior. O artigo 610 do CPC elenca as

---

[15] O atual CPC incluiu mais uma hipótese de jurisdição exclusiva, artigo 23, III, determinando que somente a autoridade brasileira tem competência para "proceder à partilha de bens situados no Brasil, ainda que o titular seja de nacionalidade estrangeira ou tenha domicílio fora do território nacional".

condicionantes para a realização do inventário e partilha por escritura pública: que todos sejam "capazes e concordes" (§1º) e que todas as partes interessadas "estejam assistidas por advogado ou por defensor público, cuja qualificação e assinatura constarão do ato notarial" (§2º). Quanto a estes requisitos, aparentemente, não temos novidades em relação ao que já se exige para o divórcio extrajudicial. No entanto, já vemos diferença com relação à representação por defensor público (brasileiro), cuja atuação não se dá no exterior.

A grande diferença que existe entre o divórcio extrajudicial e o inventário extrajudicial se dá na determinação da lei aplicável. Na dissolução da sociedade conjugal, a lei aplicável às questões pessoais será a do domicílio das partes, e o regime de bens será regido pela lei do primeiro domicílio conjugal. No caso da sucessão, muito embora tenhamos também o uso da lei do último domicílio, temos a necessidade não apenas de verificar essa lei mas de cotejar os seus efeitos com relação aos herdeiros, em razão da prevalência da lei brasileira quando mais benéfica aos herdeiros de nacionalidade brasileira. Esta proteção, que vem da Constituição de 1934 e prevista no artigo 5º, XXXI, do atual texto constitucional, está reproduzida na mesma LINDB (artigo 10, §2º).[16]

No caso da dissolução de sociedade conjugal, nem sempre teremos bens no Brasil a serem partilhados, mas teremos sempre efeitos pessoais dessa dissolução no Brasil, ao menos com relação ao estado civil das pessoas. No caso do falecimento de brasileiro no exterior, apenas a certidão de óbito é documento de registro obrigatório, e antecede e independe do inventário.

No caso das partes optarem por uma partilha extrajudicial, deverá ser feita no Brasil. Os brasileiros domiciliados no exterior poderão lavrar uma procuração no Consulado brasileiro para esse fim específico. No caso de o cônjuge estrangeiro precisar também fazer uma procuração, esta não poderá ser feita no Consulado brasileiro e sim perante as autoridades notariais estrangeiras. Essa procuração deverá ser legalizada de acordo com as regras vigentes para documentos estrangeiros em geral: apostilamento pela Convenção da Haia da Apostila, se o país for signatário, e tradução juramentada, quando for o caso. Com alguns países dispensa-se o apostilamento por força de acordos bilaterais em vigor, como é o caso da França.[17]

III A lei aplicável à sucessão

O elemento de conexão relativo à pessoa física para fins de estatuto pessoal e também matéria sucessória depende de uma opção do legislador nacional. Com efeito, temos países que definem a nacionalidade como elemento preponderante, e outros que adotam a residência qualificada (domicílio ou residência habitual).

O Brasil inicialmente filiou-se ao grupo que privilegiava a nacionalidade. Na Introdução ao Código Civil, de 1916, o elemento de conexão em matéria sucessória era

---

[16] Veja-se Nadia de Araujo, *op. cit.* p. 313.

[17] O Brasil ratificou a Convenção sobre a Eliminação da Exigência de Legalização dos Documentos Públicos Estrangeiros, também conhecida como "Convenção da Apostila", em 14 de agosto de 2016. A Convenção da Haia da apostila substituiu a consularização de documentos de procedência estrangeira, e por força dessa ratificação o tratado bilateral com a Argentina deixou de vigorar. O acordo bilateral Brasil-França já dispensava a consularização, e por isso a apostila não é exigida em documentos públicos e notariais franceses.

a nacionalidade. O uso da nacionalidade – principalmente em um período histórico onde a polipatria raramente existia – parecia facilitar a definição da lei aplicável e a adoção da unidade da sucessão.

> Art. 14. A sucessão legitima ou testamenteira, a ordem da vocação hereditária, os direitos dos herdeiros e a validade intrínseca das disposições do testamento, qualquer que seja a natureza dos bens e o país onde se achem, guardado o disposto neste Código acerca das heranças vagas abertas no Brasil, obedecerão à lei nacional do falecido; se este, porém, era casado com brasileira, ou tiver deixado filhos brasileiros, ficarão sujeitos à lei brasileira.[18]

No entanto, dúvidas acerca da determinação da nacionalidade, e principalmente o advento de desnacionalizações na Europa, levaram o legislador a abandonar o critério da nacionalidade. Com a reforma legislativa e promulgação da Lei de Introdução ao Código Civil em 1942,[19] o Brasil passou a adotar o critério territorial para determinação da lei aplicável às situações pessoais, escolhendo o domicílio como elemento de conexão primordial.

O Brasil não subscreveu nenhuma das Convenções da Haia que dispõem direta e indiretamente sobre matéria sucessória. Sendo assim, a norma vigente ainda é a mesma da LICC de 1942, desde 2010 denominada Lei de Introdução às Normas do Direito Brasileiro (LINDB), e que estabelece que a sucessão será regida pela lei do último domicílio do *de cujus*:

> Art. 10. A sucessão por morte ou por ausência obedece à lei do país em que domiciliado o defunto ou o desaparecido, qualquer que seja a natureza e a situação dos bens.
> §1º A sucessão de bens de estrangeiros, situados no País, será regulada pela lei brasileira em beneficio do cônjuge ou dos filhos brasileiros, ou de quem os represente, sempre que não lhes seja mais favorável a lei pessoal do *de cujus*.
> §2º A lei do domicílio e do legatário regula a capacidade para suceder.

Observa André Carvalho Ramos que o alcance da lei do último domicílio do *de cujus* para reger a sucessão "é amplo, regulando a sucessão legítima ou testamentária em todos seus aspectos, a saber: (i) a definição da condição de herdeiro e a ordem da vocação hereditária, incluindo a substituição de pessoa sucessível; (ii) os direitos dos herdeiros e legatários; (iii) a validade intrínseca das disposições do testamento (a substância das disposições testamentárias e os seus efeitos) e os limites à liberdade de testar; (iv) a identificação e limite da cota de cada herdeiro necessário; (v) as hipóteses de deserdação e indignidade; (vi) as hipóteses de colação dos bens; e (vii) o modo de partilha dos bens e dívidas".[20]

No Direito brasileiro, o domicílio é uma residência qualificada: "residência com ânimo definitivo", diz o artigo 70 do Código Civil. Uma das formas de determinar essa intenção de permanência exigida no domicílio é por meio do domicílio fiscal do *de cujus*. O estrangeiro não residente não possui obrigações fiscais perante a Receita

---

[18] Código Civil de 1916, Lei nº 3.071, de 1º de janeiro de 1916.

[19] Decreto-Lei nº 4.657, de 04.09.1942.

[20] *Op. cit.* p. 312.

Federal. Estrangeiros que passam a residir no Brasil por mais de seis meses em cada ano-calendário, seja com visto temporário ou permanente, serão considerados residentes para fins fiscais. Passam a integrar o cadastro de contribuintes brasileiro. No caso dos brasileiros que transferem seu domicílio para o exterior, é necessária uma formalização junto à Receita Federal. Precisam fazer a comunicação de saída do país e apresentar a Declaração de Saída definitiva do país junto à Secretaria da Receita Federal.[21]

A questão que se coloca atualmente com relação ao domicílio com elemento de conexão diz respeito à variedade de definições do que seja domicílio: enquanto centro das relações familiares, ou da atuação profissional. Não por acaso, as convenções internacionais e algumas legislações estatais têm optado pelo conceito mais aberto de "residência habitual", termo que se amolda melhor às diferenças entre as legislações. Nas palavras de Luís de Lima Pinheiro:

> O conceito de residência habitual é menos carregado de elementos técnico-jurídicos que o conceito de domicílio. É mais fácil de aplicar e gera menos divergência na sua aplicação. Daí a preferência que lhe é concedida nas convenções internacionais, designadamente nas convenções da Haia, e em algumas codificações mais recentes.[22]

Observa Fernando Meinero que desde 1956 o conceito de residência habitual vem se consolidando no vocabulário de trabalho da Conferência da Haia, sendo utilizado em uma variedade de Convenções, mesmo fora do escopo de questões ligadas à família ou estatuto pessoal.

"Uma importante vantagem da residência habitual", diz Meinero, "é que serve como critério superador da dicotomia entre os sistemas da nacionalidade e do domicílio, e principalmente das divergências conceituais acerca do significado de domicílio entre os sistemas de *civil law* e de *common law*".[23]

O Brasil não subscreveu nenhuma das Convenções da Haia em matéria de sucessões, nem se tem notícia de qualquer iniciativa nesse sentido. Com efeito, a sistemática das Convenções é no sentido de patrocinar a unidade do juízo sucessório e a autonomia da vontade, enquanto que o Brasil optou por privilegiar o *situs* dos bens e com isso inviabilizar o tratamento unitário da sucessão.

Lei aplicável à condição de herdeiro

Em uma sucessão sem elementos internacionais, *de cujus* e seus herdeiros estão domiciliados em um mesmo país. Neste caso, não haveria que se questionar a respeito da lei aplicável à condição de herdeiro. Na hipótese, no entanto, de haver herdeiros domiciliados em país distinto, ou de nacionalidade distinta daquela do *de cujus*, podem

---

[21] As informações podem ser consultadas na página da SRF-MF. Disponível em: http://idg.receita.fazenda.gov.br/orientacao/tributaria/declaracoes-e-demonstrativos/dirpf/declaracao-de-saida-definitiva-do-pais/orientacoes-gerais-declaracao-de-saida-definitiva-do-pais, último acesso em: 19 jul. 2018.

[22] PINHEIRO, Luis de Lima. *Direito Internacional Privado*, Volume I – Introdução e Direito dos Conflitos, Parte Geral. Coimbra: Almedina, 2001, p. 351.

[23] MEINERO, Fernando. Alguns aportes da Conferência da Haia ao Regulamento Europeu n. 650/2012 sobre Sucessões. *In*: ARAUJO, Nadia de; RAMOS, André Carvalho (Org.). *A Conferência da Haia de Direito Internacional Privado e seus impactos na Sociedade* – 125 anos (1893-2018). Belo Horizonte: Arraes, 2018, cap. 4, p. 62.

surgir questionamentos a respeito de qual seria a lei aplicável à condição de herdeiro: a do domicílio do herdeiro ou a do domicílio do *de cujus*, que é a lei da sucessão.

Oscar Tenorio não deixa dúvida a esse respeito. "Os direitos dos herdeiros regulam-se pela lei da sucessão, isto é, pela lei do domicílio do falecido".[24] A qualidade de herdeiro se determina, portanto, pela lei da sucessão – no caso brasileiro, a do último domicílio do *de cujus* – e não pela lei pessoal do herdeiro.

Se o país do domicílio do *de cujus* atribui total liberdade de testar, ou restringe os herdeiros necessários a um rol distinto daquele existente no domicílio do pretenso herdeiro, não há como exigir o reconhecimento da condição de herdeiro com base na lei domiciliar desse herdeiro. A lei aplicável à condição de herdeiro continuará sendo a lei da sucessão, ou seja, a do último domicílio do *de cujus*.

Um dispositivo que tem gerado dúvidas interpretativas por parte da doutrina é o parágrafo 2º do artigo 10 da LINDB, ao dispor que "a lei do domicílio do herdeiro ou legatário regula a capacidade para suceder", que deu margem a interpretações e questionamentos pela doutrina a respeito do seu alcance e da sua interpretação e harmonização com o *caput* do mesmo artigo. Seria a lei domiciliar do herdeiro aquela a determinar sua condição de herdeiro, ou apenas sua capacidade para ser herdeiro?

Para Jacob Dolinger, em uma posição mais isolada, o parágrafo 2º do artigo 10º diz respeito "à qualidade de herdeiro, ou seja, sua relação familiar com o falecido".[25]

Para Amilcar de Castro o artigo 10 parágrafo 2º da LINDB, ao usar a expressão "capacidade para suceder", não estaria tratando da capacidade civil, mas sim também da qualidade de herdeiro.[26] No entanto, interpreta "qualidade de herdeiro" no sentido da capacidade para suceder, ao tempo da abertura da sucessão.

Para Oscar Tenório, o parágrafo 2º do artigo 10 diria respeito a essa capacidade específica para ser herdeiro, com atenção especial às situações de falta de capacidade sucessória: "a lei pessoal do herdeiro rege as questões da indignidade, da deserdação e da renúncia à herança por pacto".[27] O Código Civil português facilita essa compreensão ao tratar da indignidade como falta de capacidade sucessória, no seu artigo 2.034 (incapacidade por indignidade). "Carecem de capacidade sucessória, por motivo de indignidade", diz o legislador lusitano.

A condição de herdeiro não se confunde com a capacidade para suceder. A condição de herdeiro será determinada pela lei aplicável à sucessão, ou seja, pela lei do último domicílio do *de cujus*. Visto que o Direito brasileiro estabelece no artigo 7º da LINDB que é a *lex domicilii* a que vai ser utilizada para todas as questões de capacidade, também a capacidade sucessória do herdeiro e do legatário serão regidas pela lei do seu domicílio. A rigor, o legislador nem precisaria ter incluído o parágrafo 2º no artigo 10, o qual deu mais margem a dúvidas acerca da intenção do legislador.

---

24 TENORIO, Oscar. *Direito Internacional Privado*. 11. ed. Rio de Janeiro: Livraria Freitas Bastos, 1976, vol. II p. 360.

25 DOLINGER, Jacob; TIBURCIO, Carmen. *Direito Internacional Privado*. 12. ed. p. 357.

26 CASTRO, Amilcar de. *Direito Internacional Privado*. 6. ed. atualizada, p. 385.

27 TENORIO, Oscar, *op. cit.* p. 361.

A aplicação da lei brasileira aos herdeiros brasileiros

Por fim, o Direito brasileiro ainda consagra o princípio da proteção à família brasileira, garantindo a aplicação da lei brasileira à sucessão dos bens situados no Brasil quando for mais favorável do que a lei estrangeira. A justificativa dada para essa norma era proteger o cônjuge e os filhos brasileiros de discriminações existentes na lei estrangeira que viesse a reger a sucessão em virtude da nacionalidade ou último domicílio do *de cujus*.

O benefício da lei mais favorável, além de sempre ter constado dos textos normativos de Direito Internacional Privado brasileiro (artigo 14 da Introdução ao Código Civil de 1916 e parágrafo 1º do artigo 10 da LINDB), também integra os textos constitucionais brasileiros desde 1934. Naquele momento, a regra de conexão era a nacionalidade e por isso o legislador estabeleceu que a sucessão de estrangeiros somente seria regida pela lei brasileira na hipótese de haver cônjuge brasileiro ou filhos brasileiros.

Na LINDB e na Constituição de 1988 (artigo 5º, XXX), a aplicação da lei brasileira passa a ser subsidiária, posto que aplicável apenas quando se mostrar mais favorável do que a lei estrangeira da sucessão.

A constatação de que a lei brasileira é mais favorável pode se dar nos seguintes casos: quando pela lei do domicílio do *de cujus* não existe sucessão legítima; quando permite uma liberdade de testar mais ampla do que prevista no Brasil; quando o cônjuge ou companheiro não é considerado herdeiro pela lei da sucessão, mas seria herdeiro no Brasil; quando a lei estrangeira estabelece distinções entre os herdeiros, favorecendo uns em detrimento de outros. Este favorecimento em razão da nacionalidade é criticado com razão pela doutrina,[28] mostrando sua incompatibilidade com o princípio da isonomia consagrado em nossa Constituição.[29]

Aplicação da lei estrangeira e seus limites

Como vimos, no caso de uma sucessão de não residente com bens no Brasil, a lei aplicável ao processo de partilha desses bens no Brasil não será a lei brasileira, e sim a lei do último domicílio do *de cujus*. Quando a opção for pela via judicial, o juiz que fará a partilha precisará aplicar o Direito estrangeiro, nos termos previstos nos artigos 14, 16 e 17 da LINDB.

No caso de sucessões, é importante frisar que a lei estrangeira e declarações de vontade realizadas no exterior "não terão eficácia no Brasil quando ofenderem a soberania nacional, a ordem pública e os bons costumes".

Assim, não serão aplicáveis no Brasil disposições da lei estrangeira estabelecendo uma distinção de direitos hereditários entre filhos biológicos e adotivos, entre filhos havidos dentro e fora do casamento, ou por questões de gênero.

---

[28] Ver, a respeito, o interessante estudo de Fernando Meinero, a partir de um caso hipotético (sucessão de Alberto López) onde haveria herdeiros de distintas nacionalidades, mostrando o que chama de lógica discriminatória desse benefício da lei mais favorável. MEINERO, Fernando Pedro. *Sucessões Internacionais no Brasil*. Curitiba: Juruá, 2017.

[29] JATAHY, Vera M. O direito sucessório como exceção ao princípio constitucional de isonomia. DOLINGER, Jacob. *A nova constituição e o direito internacional*. Rio de Janeiro: Freitas Bastos, p. 180-181.

Uma dúvida recorrente é saber se um Direito estrangeiro que não contempla a sucessão legítima será considerado ineficaz porque contrário à ordem pública brasileira. Como visto em passagem anterior, a condição de herdeiro é regulada pela lei do último domicílio do *de cujus*. Assim, a lei brasileira que protege a legítima dos herdeiros necessários somente se aplicará se os herdeiros tiverem a nacionalidade brasileira. O mesmo raciocínio se aplica à situação do cônjuge e do companheiro. Se o Direito estrangeiro que regula a sucessão não os contempla como herdeiros, não haverá a aplicação da lei brasileira a não ser que o cônjuge seja brasileiro.

A sucessão testamentária também seguirá o previsto na lei estrangeira da sucessão, não se aplicando o limite previsto na lei brasileira para a parte disponível, exceto no caso de se qualificar como lei mais favorável aos herdeiros de nacionalidade brasileira.

Uma alteração de domicílio, seguida de uma morte inesperada, pode levantar dúvidas sobre a efetividade dessa mudança se ela vier a afetar os direitos sucessórios de pretensos herdeiros, em especial quando o país do mais recente domicílio consagra plena autonomia da vontade para testar e não possui o conceito de legítima ou de herdeiros necessários em seu ordenamento jurídico.

Dependendo das circunstâncias, podemos estar diante de uma situação de "fraude à lei", classificada como uma das exceções à aplicação do Direito estrangeiro, assim como é a violação da ordem pública, já analisada.

O conceito de fraude à lei no Direito Internacional Privado não deve ser confundido com o que se entende por fraude e suas consequências no Direito Civil. "A fraude à lei consiste na manipulação artificial dos elementos de conexão" para fugir à aplicação de uma determinada lei em virtude da norma de conflito.[30] Essa alteração do que Dolinger chama de centro de gravidade de uma relação jurídica será considerada como fraude à lei quando o objetivo almejado for elidir a aplicação de uma determinada lei, ou permitir a prática de um determinado ato que era vedado pela lei anteriormente aplicável.

São exemplos de alteração do centro de gravidade uma mudança de domicílio com a finalidade de alterar a lei aplicável à sucessão, visando uma maior liberdade de testar, ou uma naturalização se o país da nova residência habitual utiliza o critério da nacionalidade.

Muitas vezes, por reorganizações profissionais ou pessoais, existe a mudança de domicílio ou residência habitual, sem qualquer intenção de prejudicar os direitos dos herdeiros ou modificar um planejamento sucessório já feito anteriormente. Trazer para o cenário um direito desconhecido, dessa nova residência habitual, pode não ser desejável. Com isto em mente, o novo Regulamento Europeu sobre Sucessões (Regulamento nº 650/2012) permite uma manifestação expressa de vontade no sentido de poder declarar que a sucessão não será regida pela lei da nova residência habitual e sim pela lei do domicílio anterior ou da nacionalidade. Disposições legislativas como essa deveriam ser mais frequentes, como forma de preservar da maneira mais íntegra possível a vontade do *de cujus*.

---

30 RAMOS, André de Carvalho. *Curso de Direito Internacional Privado*. São Paulo: Saraiva Educação, 2018, p. 332.

IV A autonomia privada na sucessão testamentária

Testamentos, como manifestações de vontade que são, quando feitos no Brasil observarão a lei brasileira no tocante à sua forma e substância, nos termos do artigo 9º da LINDB (*lex loci contractus*). Já no tocante à liberdade de testar, a lei aplicável será a do domicílio do testador. O direito ou liberdade de testar integra o chamado "estatuto pessoal" – conjunto de direitos envolvendo nome, capacidade e direitos de família. No caso brasileiro, o estatuto pessoal é regido pela lei do domicílio, nos termos do artigo 7º *caput* da LINDB.

Um dos pontos controvertidos diz respeito aos reflexos sobre um testamento de uma mudança de domicílio do testador, vindo este a falecer na condição de domiciliado em um país distinto daquele onde o testamento foi realizado. O Código Civil brasileiro, ao dizer no artigo 1.861 que a incapacidade superveniente não invalida o testamento, ampara o entendimento de Oscar Tenório de que é "a lei domiciliar contemporânea do ato" a que deve ser observada, e não a lei domiciliar do momento do falecimento.[31] Assim, uma mudança posterior de domicílio do testador não implicará a utilização da lei desse novo domicílio para avaliar a validade ou invalidade do testamento já existente.[32] No entanto, a lei aplicável à sucessão deixará de ser a do domicílio anterior, passando a ser a do último domicílio. O citado artigo 10 da LINDB não distingue a sucessão legítima ou testamentária para fins de aplicação da lei do último domicílio do *de cujus*. Aquele testamento, feito sob a égide de um ordenamento jurídico, precisará ser interpretado à luz da lei aplicável à sucessão.

a. Testamentos feitos no exterior. Validade e requisitos

No caso de brasileiros, abrem-se duas possibilidades para a realização de um testamento no exterior. Se o testador não tem bens a não ser no Brasil, e seus herdeiros também estão no Brasil, pode fazer um testamento no Consulado brasileiro no exterior,[33] nos termos da lei brasileira. Esta solução pode ser conveniente para os que estão passando um período determinado no exterior (por exemplo, para um tratamento médico) e não vislumbram a possibilidade de ter de cumprir esse testamento no exterior. No entanto, não atende a boa parte dos casos dos brasileiros que se encontram domiciliados em país estrangeiro, e cuja sucessão ficará submetida à lei e à jurisdição do seu domicílio.

O testamento feito no exterior, por pessoa domiciliada no exterior, observará a lei do país onde foi praticado, no tocante à forma e substância, em observância à regra *locus regit actum* prevista no artigo 9º da LINDB. Como no Brasil o testamento por instrumento particular é permitido, não se cogita aqui de observância de forma essencial, como ocorre, por exemplo, com os pactos antenupciais. Sendo, no entanto, documento de

---

[31] TENORIO, Oscar. *Direito Internacional Privado,* 11. ed. rev. e atual. por Jacob Dolinger. Rio de Janeiro: Livraria Freitas Bastos, 1976, volume II, p. 198.

[32] RAMOS, André de Carvalho. O Direito Internacional Privado das Sucessões no Brasil. *Revista da Secretaria do Tribunal Permanente de Revisão do Mercosul*, ano 4, n. 7, p. 312, maio 2016.

[33] O Consulado possui funções de tabelionato, inclusive de Notas. Veja-se artigo 18 da LINDB e o Portal Consular do MRE, http://www.portalconsular.itamaraty.gov.br/testamento, último acesso em: 15 jul. 2018.

procedência estrangeira, precisará cumprir exigências de legalização. Essas exigências somente são dispensadas no caso do testamento feito no Consulado brasileiro.

O testamento feito no exterior, para ter validade no Brasil, deverá cumprir os requisitos de legalização previstos na Lei de Registros Públicos e nos tratados multilaterais e bilaterais vigentes. Assim, um testamento lavrado perante um notário público nos Estados Unidos precisará estar apostilado e acompanhado de tradução pública juramentada feita no Brasil para poder ser apresentado para cumprimento. Um testamento por instrumento público feito na França dispensará o apostilamento, mas não a tradução pública juramentada. Um testamento feito em Portugal dispensará a tradução, mas não o apostilamento, por ser documento de procedência estrangeira.

Uma vez apresentado para cumprimento no Brasil, o testamento estrangeiro pode ser questionado por conta de vícios de forma e também de substância. No tocante à forma e formalidades, aplica-se a regra *locus regit actum*, e, por conseguinte, o desatendimento a formalidades previstas no Direito brasileiro não torna o testamento estrangeiro nulo ou ineficaz. As disposições testamentárias só podem ser questionadas e julgadas ineficazes se forem manifestamente contrárias à ordem pública brasileira, como acontece com qualquer ato estrangeiro, judicial ou extrajudicial, que precise produzir efeitos no Brasil.

André Carvalho Ramos lembra que um tema importante na jurisprudência diz respeito à validade, no Brasil, do chamado "testamento conjuntivo" ou de mão comum.[34] Apesar de proibido no Brasil, tanto pelo anterior como pelo atual Código Civil (art. 1.863), é permitido em vários países. Se residentes no Brasil resolverem fazer um testamento conjuntivo no exterior, estaremos diante da prática de um ato proibido pelo Direito brasileiro que rege a capacidade do testador para a prática daquele ato. Sendo proibida essa manifestação de vontade segundo sua lei pessoal (a brasileira), estará proibido também de fazer esse testamento no exterior.

Por outro lado, um brasileiro domiciliado em um país onde o testamento conjuntivo é permitido[35] terá plena capacidade para testar sob essa forma. Como a lei aplicável à sucessão não é a brasileira, este testamento não será considerado nulo no Brasil, pois o testador tinha capacidade específica para essa manifestação de vontade nos termos da lei do local onde o documento foi produzido. Aplicaremos a regra do artigo 9º da LINDB: *locus regit actum*.

O Judiciário brasileiro teve oportunidade de se manifestar em alguns casos interessantes envolvendo cumprimento de testamentos feitos no exterior, confirmando a aplicação da *locus regit actum* ao testamento e esclarecendo a diferença entre forma e formalidade para fins de validade do testamento estrangeiro.

Um caso interessante de cumprimento de testamento realizado no exterior foi o do inventário de Lúcia Regina Curia Moreira Salles. Este caso guarda grandes semelhanças com o paradigmático caso da sucessão de Gabriella Besanzoni Lage Lillo, decidido em última instância pelo Supremo Tribunal Federal em 1972. Nos dois casos, havia

---

34 *Op. cit.* p. 313.

35 Embora a validade dos testamentos conjuntivos tenha sido questionada no passado, tanto na Inglaterra quanto nos Estados Unidos, com exceção da Louisiana, tanto os *"joint wills"* quanto os *"mutual wills"* são em regra permitidos, em especial se tratando de pessoas entre as quais existem as obrigações de mútua assistência, como ocorre entre cônjuges. Para uma análise da jurisprudência clássica, ver GLINSKI, Herman J. Wills – Joint and Mutual – Contracts to Devise. *Marquette Law Review*, vol. 24 issue 1 December 1939, p. 43.

testamentos realizados no exterior, cujas formalidades não coincidiam exatamente com as previstas no Direito brasileiro. Nos dois casos, não havia herdeiros necessários. Nos dois casos, a validade dos testamentos foi questionada por parentes que herdariam no caso do testamento ser considerado inexequível no Brasil.

Lúcia Regina Curia, à época residente em Nova York, casa-se em 1986 com o banqueiro e embaixador Walther Moreira Salles e, em virtude do casamento, volta a residir no Brasil, embora o casal também mantenha apartamento em Nova York. Walther Moreira Salles vem a falecer em 2001, e Lúcia opta por voltar a residir em Nova York. Diagnosticada com uma doença terminal, Lúcia faz suas disposições de última vontade, por meio de um testamento perante notário público em Nova York. Com a deterioração do seu estado de saúde em 2008, opta por voltar para o Brasil, onde vem a falecer em janeiro de 2009 após uma internação de alguns meses em um hospital particular em São Paulo. O escritório de advocacia Sullivan & Cromwell é designado "executor" do testamento nos Estados Unidos, no qual consta como único herdeiro o irmão da testadora, Miguel Angelo Curia. O cumprimento do testamento no Brasil, onde Lúcia também tinha bens, foi objeto de questionamento por parte de uma sobrinha, filha do irmão pré-morto. Não havendo ascendentes, descendentes ou cônjuge sobrevivente, a 7ª Câmara Cível do Tribunal de Justiça do Rio de Janeiro confirma a validade do testamento realizado em Nova York. Diz a ementa:

> APELAÇÃO CÍVEL. TESTAMENTO REALIZADO NO ESTRANGEIRO. VALIDADE. LOCUS REGIT ACTUM. AUSÊNCIA DE VIOLAÇÃO DA LEGÍTIMA. Cuida-se de testamento feito no exterior, devendo ser observados os requisitos formais exigidos pela lei do local (lex loci actus) ao tempo da manifestação de vontade do *de cujus*. No caso concreto, sob o ponto de vista material, não há que se falar em qualquer violação a direito sucessório, porquanto a falecida não deixou herdeiros necessários.[36]

O voto do Relator, Desembargador André Ribeiro, esclarece bem a questão:

> Cuida-se de testamento feito no exterior, devendo ser observados os requisitos formais exigidos pela lei do local (lex loci actus) ao tempo da manifestação de vontade do *de cujus*. Todavia, quanto aos aspectos materiais, deve ser analisado se houve violação a direito sucessório.
>
> No caso concreto, sob o ponto de vista material, não há falar em qualquer violação a direito sucessório, porquanto a falecida não deixou herdeiros necessários, podendo dispor sobre a totalidade da herança.
>
> Não comprova a autora, igualmente, qualquer vício formal no negócio jurídico.

Com efeito, além da falecida não ter deixado filhos, podendo desta forma testar sobre a totalidade dos seus bens, o testamento havia sido devidamente consularizado no Consulado Geral do Brasil em Nova York e traduzido por tradutora pública, atendendo assim a todos os requisitos formais de validade de um documento estrangeiro.

---

[36] Apelação Cível n. 0085795-20.2010.8.19.0001, TJ-RJ, 7ª Câmara Cível, Relator Des. André Ribeiro, j. 06.06.2012.

Um dos pontos levantados pela sobrinha de Lúcia Curia Moreira Salles era a desconformidade do testamento com aspectos essenciais do Direito brasileiro acerca das testemunhas do testamento. Quanto a este ponto, o Supremo Tribunal Federal já havia tido oportunidade de se manifestar ao julgar o Recurso Extraordinário 68.157-RJ, Relator Ministro Luiz Galloti.

Trata-se de questionamento sobre a validade do testamento feito por Gabriella Besanzoni Lage Lillo, cantora lírica de nacionalidade italiana que vem a se casar com o industrial brasileiro Henrique Lage. Com a morte de Henrique Lage em 1941, Gabriella Besanzoni retorna a seu país natal, a Itália, onde se casa novamente, vindo a falecer em 1962.

O citado precedente diz respeito à sucessão testamentária de Gabriella Besanzoni Lage Lillo no Brasil, onde havia deixado bens, herdados de seu marido. Os irmãos da testadora e o viúvo impugnam o cumprimento do testamento no Brasil, sob o argumento de que não era válido, por não ter observado a exigência da lei brasileira no tocante à existência de testemunhas no testamento particular.

O STF reafirmou a aplicação da regra *locus regit actum* ao testamento realizado no exterior, não podendo ser exigida a conformidade às formalidades previstas no Direito interno brasileiro, não aplicável ao testamento realizado no exterior por pessoa domiciliada no exterior.

Os fatos relacionados com o testamento de Gabriella Besanzoni eram um pouco diferentes, porque o testamento foi feito por instrumento particular, e não por instrumento público como o de Lúcia Moreira Salles, dando margem ao questionamento sobre a aplicação da exigência da "forma essencial" prevista no parágrafo 1º do artigo 9º da LINDB, *verbis*:

> Destinando-se a obrigação a ser executada no Brasil e dependendo de forma essencial, será esta observada, admitidas as peculiaridades da lei estrangeira quanto aos requisitos extrínsecos do ato.

A qualificação da exigência de testemunhas para validade do testamento particular, se considerada "forma essencial", tornaria o testamento inválido, e a sucessão se daria na forma da lei brasileira. Na ausência de ascendentes e descendentes, os irmãos de Gabriella Besanzoni se qualificariam como herdeiros.

O Supremo Tribunal Federal considerou que não havia vício de forma, posto que o testamento ológrafo também é admitido no Brasil. Questões como o número de testemunhas e exigência ou dispensa de solenidades são formalidades, regidas pelo *caput* do artigo 9º da LINDB (*locus regit actum*) e não pelo parágrafo 1º desse mesmo artigo. A ementa dos Embargos de Divergência no citado RE 68.157 assim dispõe:

> TESTAMENTO PARTICULAR FEITO NA ITÁLIA, SEM TESTEMUNHAS. SUA EXEQUIBILIDADE NO BRASIL. TANTO O ART. 10 DA NOSSA LEI DE INTRODUÇÃO COMO O ART. 23 DA ITALIANA DIZEM RESPEITO À LEI REGULADORA DA SUCESSÃO. E AQUI NÃO SE DISCUTE SOBRE A LEI REGULADORA DA SUCESSÃO MAS SOBRE FORMALIDADES DO TESTAMENTO. DA FORMA DO TESTAMENTO CUIDA, NÃO O CITADO ART. 23 MAS O ART. 26. DEVOLUÇÃO. A ESTA E INFENSA A ATUAL LEI

DE INTRODUÇÃO (ART. 16). A LEI ITALIANA E A LEI BRASILEIRA ADMITEM O TESTAMENTO ORÓGRAFO OU PARTICULAR, DIVERGINDO APENAS NO TOCANTE AS RESPECTIVAS FORMALIDADES, MATÉRIA EM QUE, INDUBITAVELMENTE, SE APLICA O PRINCÍPIO LOCUS REGIT ACTUM" II. EMBARGOS DE DIVERGÊNCIA CONHECIDOS MAS REJEITADOS.[37]

Neste caso, o STF destacou que os aspectos formais do ato jurídico devem se conformar com o ordenamento jurídico do país onde foi produzido. O Ministro Luiz Gallotti deixa bem claro que não existe ofensa à ordem pública, pois as formalidades em relação às testemunhas não se submetem à lei brasileira, pois incide a regra *locus regit actum*.

Outro caso envolvendo cumprimento de testamento feito no exterior foi o do artista plástico Jorge Guinle Filho. Em 1985, diagnosticado como soropositivo, fez um testamento no Brasil beneficiando seu companheiro, o fotógrafo Marco Aurélio Cardoso Rodrigues, com quem viveu durante 17 anos. Com a evolução da doença, a família optou por realizar o tratamento em Nova York. Jorge Guinle Filho veio a falecer em 18 de maio de 1987. A sucessão foi aberta no Brasil, por sua mãe, a americana Dolores Brosshard, que apresentou o testamento feito por Jorge Guinle Filho em Nova York, pelo qual não apenas deixava a parte disponível para sua mãe como também revogava expressamente o testamento anterior feito no Brasil. Ante a ausência de vícios que viessem a invalidar o testamento posterior feito em Nova York, o juiz da sucessão o reconheceu como válido, mas ao mesmo tempo reconheceu a existência de uma sociedade de fato entre Jorge Guinle Filho e Marco Rodrigues.[38]

b. Testamentos feitos no Brasil: cumprimento no exterior

Novamente, a regra *locus regit actum* se aplicará no tocante à forma e substância, e a capacidade para testar será aferida pela lei pessoal do testador, que já vimos ser a brasileira no caso dos domiciliados no Brasil. Um testamento feito no Brasil será submetido ao crivo da ordem pública estrangeira no momento de sua aplicação. No caso de uma sucessão aberta no Brasil, no último domicílio do *de cujus*, a lei aplicável à sucessão será a brasileira.

De forma a prevenir questionamentos sobre vícios de forma, ainda que a regra *locus regit actum* seja aplicável, a forma mais solene do instrumento público sempre é preferível do que o instrumento particular. Igualmente, deve-se legalizar o documento pela Convenção da Apostila.[39]

O cumprimento de testamento pressupõe a existência de bens em uma outra jurisdição. Neste caso, para evitar questionamentos que venham a fulminar de ineficácia o testamento, é recomendável, principalmente no caso de países de *common law*, uma

---

[37] RE 68157 EDv, Relator(a): Min. Thompson Flores, Tribunal Pleno, j. 14.12.1972, DJ 30.03.1973.

[38] Apelação Cível 731/89, TJRJ, 5ª Câmara Cível, j. 08.08.1989.

[39] O Conselho Nacional de Justiça (CNJ) é a autoridade brasileira encarregada da aplicação da Convenção da Apostila, e a lista de países signatários pode ser consultada tanto no Portal do CNJ como na página da Conferência da Haia, www.hcch.net.

consulta prévia a respeito das regras sucessórias e dos requisitos necessários para cumprimento de um testamento lavrado no estrangeiro.

A depender do valor dos bens, pode ser preferível um planejamento sucessório via constituição de um veículo no exterior – uma empresa ou então colocar em um *trust* – de modo a evitar a necessidade de fazer um inventário, de executar um testamento.

O grande problema diz respeito aos bens imóveis, bens de raiz. Investimentos detidos por não residentes junto a instituições financeiras ou em *trusts* permitem a indicação dos *beneficial owners* e uma partilha extrajudicial sem grandes transtornos.

A aquisição de residências de férias em regime de *time-sharing* é menos problemática, pois, além de não ser um direito real e sim ter natureza obrigacional, permite a indicação prévia dos beneficiários na hipótese de falecimento do titular.

No caso de uma mudança definitiva de domicílio, quando a pessoa já tem um testamento feito no Brasil, para um país que adota a *lex domicilii* como lei aplicável à sucessão, esta lei estrangeira do novo domicílio regerá a sucessão. Para evitar que o juiz estrangeiro tenha que interpretar e aplicar Direito estrangeiro, neste caso deve-se considerar a possibilidade de fazer novo testamento para uso nesse país. Isto é de especial importância em países como os Estados Unidos, onde não existe uma legislação unificada federal para as questões de família e sucessões. Na ausência de testamento válido, a comprovação da condição de herdeiro será feita perante um juiz estadual, que somente terá jurisdição sobre os bens situados naquele Estado federado.[40]

c. Validade no Brasil de *trusts* feitos no exterior

O *trust* é o clássico exemplo de "instituição desconhecida", pois não temos no Brasil o correspondente instituto de constituição de propriedade fiduciária em vida como forma de proteção patrimonial e planejamento sucessório.

A Convenção da Haia sobre Lei Aplicável ao *Trust* e ao seu Reconhecimento assim conceitua o instituto:

> Artigo 2º. Para os propósitos desta Convenção, o termo trust se refere a relações jurídicas criadas – inter vivos ou após a morte – por alguém, o outorgante, quando os bens forem colocados sob controle de um curador para o benefício de um beneficiário ou para alguma finalidade específica.[41]

No caso do *trust*, o patrimônio é transferido para o *trustee*, o qual fica encarregado de administrar esse patrimônio em benefício de determinadas pessoas previamente identificadas, que tanto pode ser o outorgante instituidor do *trust* como outras pessoas nomeadas pelo instituidor (*beneficial owners*). A vantagem do planejamento sucessório via os chamados *trust funds* no caso de estrangeiros não residentes é poder indicar desde logo como beneficiários os que seriam herdeiros. No caso de falecimento do instituidor, os beneficiários já estão previamente identificados, dispensando a realização

---

40 Já existem plataformas eletrônicas para preparação de testamentos simplificados, a custo muito acessível. Veja-se, como exemplo, http://www.legaldocs.com/ep_ind-s.htm.

41 Versão em português, não oficial, disponível em: https://www.hcch.net/pt/instruments/conventions/full-text/?cid=59.

de inventário e, principal vantagem, isentando os beneficiários do patrimônio fiduciário consubstanciado no *trust fund* do imposto de transmissão *mortis causae* no exterior.[42] A desvantagem é o custo da instituição do *trust fund* e a taxa de administração paga ao *trustee*. Em países como os Estados Unidos, a legislação estabelece uma diferença de tratamento tributário no caso dos herdeiros serem nacionais ou estrangeiros, residentes ou não residentes. No Brasil, embora tenhamos diferenças de alíquotas de imposto estadual *mortis causae*, não se faz essa distinção.

Conclusões

A maior circulação das pessoas e bens trouxe novos elementos para a mesa de deliberação de um planejamento sucessório. Como se viu, a adoção pelo Brasil da primazia do local da situação dos bens deixados pelo *de cujus* para determinar a jurisdição sobre eles levou à consagração da fragmentação da sucessão quando esta tiver elementos internacionais.

Não existe grande unidade nos procedimentos, formalidades ou critérios determinadores da lei aplicável à sucessão, e muito menos um consenso a respeito da extensão da autonomia da vontade do *de cujus* para dispor de seus bens. Alguns países, como o Brasil, possuem regras imperativas de determinação de herdeiros, enquanto outros países desconhecem o conceito de herdeiro necessário. O cônjuge é herdeiro em alguns países e não herda em outros. Mais delicada ainda é a situação decorrente de uniões estáveis, pois os direitos hereditários dos companheiros não são reconhecidos em países com legislações mais conservadoras.

O reconhecimento da autonomia da vontade na determinação da lei aplicável à sucessão cumpre um importante papel nesta sociedade multiconectada, permitindo a mudança de domicílio sem a necessária submissão às leis do país da nova residência habitual. Regulamentos de aplicação extraterritorial, como o Regulamento Europeu sobre Sucessões, que permitem essa definição da lei aplicável são uma resposta a essa maior mobilidade das pessoas, das famílias e dos bens.

Existem também questões tributárias importantes envolvidas em uma sucessão internacional. Alguns países impõem tributação maior quando os herdeiros são estrangeiros não residentes, enquanto que outros – como o Brasil – adotam a total neutralidade com relação à nacionalidade do herdeiro em questões fiscais. No caso dos casamentos e uniões estáveis entre pessoas de nacionalidades distintas é especialmente relevante verificar se a legislação que regerá a sucessão diferencia os direitos hereditários do cônjuge em virtude da sua nacionalidade – se nacional ou estrangeiro.

---

[42] No caso dos Estados Unidos, o *Estate Tax* sobre bens de estrangeiro não residente pode chegar a 40% do total que exceder o valor de isenção previsto na legislação federal (*federal estate and gift tax exemption*). Enquanto que para os estrangeiros não residentes esse valor de isenção é pequeno, da ordem de US$ 60 mil, para os norte-americanos ou residentes permanentes herdeiros de nacionalidade americana o valor da isenção passou de US$ 5,49 milhões em 2017 para US$ 11,18 milhões *per capita*, segundo alteração legislativa feita pelo Presidente Donald Trump, que passou a vigorar em 1º de janeiro de 2018, do monte a ser partilhado.

Um dos requisitos para a elaboração de um planejamento sucessório é o levantamento completo de todo o patrimônio,[43] e este planejamento sucessório se torna ainda mais complexo – ao mesmo tempo que mais necessário – quando existem bens e investimentos no exterior.

A busca pela segurança de uma economia mais estável do que a brasileira, e de uma moeda que mantém seu poder de compra, pode ter como contrapartida entraves morosos e custosos decorrentes da abertura de um inventário em outro país e da incidência de impostos sobre herança. Por isso, é de suma importância levar em consideração as questões sucessórias no momento de adquirir um bem no exterior ou fazer um investimento financeiro em outro país. Um testamento, ainda que para reproduzir o que consta como padrão, pode evitar questões jurídicas complexas para o cônjuge ou companheiro sobrevivente e para os demais herdeiros.

Referências

ARAUJO, Nadia de. *Direito Internacional Privado.* Teoria e prática brasileira. 7. ed. rev. atual. São Paulo: Revista dos Tribunais, 2018.

CASTRO, Amilcar de. *Direito Internacional Privado.* 6. ed. atual. por Carolina Cardoso Guimarães Lisboa. Rio de Janeiro: Forense, 2005.

DOLINGER, Jacob. *Direito Internacional Privado* (Parte Geral). 7. ed. ampl. e atual. Rio de Janeiro: Renovar, 2003.

MEINERO, Fernando Pedro. *Sucessões Internacionais no Brasil.* Curitiba: Juruá, 2017.

SALOMÃO NETO, Eduardo. O *Trust* e o Direito Brasileiro. **Revista Brasileira de Contabilidade**, [S.l.], n. 222, p. 95, jan. 2017. ISSN 2526-8414. Disponível em: http://rbc.cfc.org.br/index.php/rbc/article/view/1493. Acesso em: 17 jul. 2018.

RAMOS, André de Carvalho. *Curso de Direito Internacional Privado.* São Paulo: Saraiva Educação, 2018.

RAMOS, André de Carvalho. O Direito Internacional Privado das Sucessões no Brasil. *Revista da Secretaria do Tribunal Permanente de Revisão do Mercosul*, ano 4, n. 7, p. 307-324, maio 2016.

TEIXEIRA, Daniele Chaves. *Planejamento Sucessório*: Pressupostos e Limites. 2ª reimpr. Belo Horizonte: Fórum, 2018.

TENORIO, Oscar. *Direito Internacional Privado.* 11. ed. rev. e atual. por Jacob Dolinger. Rio de Janeiro: Livraria Freitas Bastos, 1976.

Informação bibliográfica deste texto, conforme a NBR 6023:2018 da Associação Brasileira de Normas Técnicas (ABNT):

VARGAS, Daniela Trejos. Patrimônio internacional e sucessões: perspectiva do Direito brasileiro. *In*: TEIXEIRA, Daniele Chaves (Coord.). *Arquitetura do planejamento sucessório.* 3. ed. Belo Horizonte: Fórum, 2022. p. 113-136. Tomo I. ISBN 978-65-5518-459-4.

[43] A respeito, ver TEIXEIRA, Daniele Chaves. *Planejamento Sucessório*: Pressupostos e Limites. 2ª reimpr. Belo Horizonte: Fórum, 2018 p. 164.

AUTONOMIA PRIVADA E A FLEXIBILIZAÇÃO DOS PACTOS SUCESSÓRIOS NO ORDENAMENTO JURÍDICO BRASILEIRO

DANIELE CHAVES TEIXEIRA

1 Notas introdutórias

O artigo tem como objetivo demonstrar a relevância que o direito das sucessões adquiriu nas últimas décadas em função de questões socioeconômicas, principalmente pelas consequências das transformações que ocorreram nos pilares do direito sucessório: a família e a propriedade.

Em razão desses fatores, ocorreram várias alterações no direito das sucessões de algumas legislações europeias. Entretanto, o direito sucessório brasileiro está extremamente enrijecido, muito aquém das necessidades das famílias contemporâneas e das funções patrimoniais, que devem ser atendidas à luz dos princípios constitucionais, mas que dispõem de poucas alternativas para exercer a própria autonomia. É exatamente essa falta de autonomia que demonstra a relevância que o planejamento sucessório[1] adquiriu e o motivo pelo qual se tornou tão necessário na atualidade brasileira.

O problema decorre da procura da sociedade por maior autonomia ao dispor de seu patrimônio, em contraposição ao engessamento do sistema sucessório brasileiro, expresso nas disposições de limite da legítima em 50%, na proibição dos pactos sucessórios, nas limitações às doações, por uma ordem vocatória rígida e dos efeitos sucessórios dos regimes de bens do cônjuge e companheiro como herdeiros necessários.

Com o Código Civil de 2002, agravou-se a situação de pouca liberdade, pois agora o cônjuge é considerado herdeiro necessário. Após a decisão do Supremo Tribunal Federal sobre a inconstitucionalidade do art. 1.790 do CC, pode-se interpretar que se

---

[1] "A relevância do planejamento sucessório e sua respectiva demanda são crescentes nos dias de hoje, em razão de diversos motivos. Entre eles, estão: as transformações das famílias e seus desdobramentos jurídicos; a valorização e a fluidez dos bens; economia no pagamento de impostos, a possibilidade de maior autonomia do autor da herança; a celeridade da sucessão; a prevenção de litígios futuros; e o evitamento da dilapidação do patrimônio". V. TEIXEIRA, Daniele Chaves. A relevância no atual ordenamento brasileiro. *In*: TEPEDINO, Gustavo; TEIXEIRA, Ana Carolina Brochado; ALMEIDA, Vitor (Coord.). *Da dogmática à efetividade do direito civil*: anais do Congresso Internacional de Direito Civil Constitucional – IV Congresso do IBDCIVIL. Belo Horizonte: Fórum, 2017. p. 260.

amplia ao companheiro o ingresso no rol como herdeiro necessário. O julgamento do Recurso Extraordinário nº 878.694/MG teve início em agosto de 2016 e seu trânsito em julgado ocorreu em 4.12.2018.

No ordenamento brasileiro não é permitido o pacto sucessório que tenha por objeto herança de pessoa viva, conforme disposto no art. 426 do Código Civil. O direito brasileiro não só veda qualquer contrato sucessório, como também não estabelece nenhuma exceção. Vale ressaltar que os fundamentos da doutrina para justificar tal dispositivo legal podem estar em desacordo com a sociedade.

Algumas legislações europeias, como a da França e a da Itália, que têm artigo semelhante à natureza do art. 426 do CC brasileiro, já encontram instrumentos para a flexibilização do dispositivo legal, permitindo maior autonomia por parte do autor da herança. Contudo, antes que ocorra a desejada alteração legislativa, deve-se explorar o sistema disponível do ordenamento jurídico na legalidade constitucional, com a funcionalização do direito das sucessões, conforme os princípios da autonomia e da solidariedade familiar.

2 O direito sucessório brasileiro em descompasso com a sociedade contemporânea

O direito sucessório trata de uma questão muito delicada para as pessoas, que é, exatamente, encarar a finitude humana: a própria morte. Como a morte é inexorável, "abordar o tema tabu da morte é um esforço que demanda uma atitude de compreensão íntima e de observação externa".[2] A única certeza que se pode ter na vida é a de que todo ser humano morre; e essa certeza vem acompanhada de uma incerteza, que é precisar o momento exato do fim.

A sucessão, que é a transmissão de direitos, pode ocorrer durante a vida (*inter vivos*) ou após a morte (*causa mortis*). Nesse contexto, o direito sucessório é todo dedicado à sucessão *causa mortis* que, por seu turno, pode ocorrer a título universal ou singular. No primeiro caso, há a herança, e quem a recebe é o herdeiro; já a título singular, há o legado, e quem o recebe é o legatário. A função do direito das sucessões é estabelecer o destino das situações jurídicas transmissíveis do autor da herança, conforme os ditames constitucionais.[3] Com a morte, ocorre a abertura da sucessão, e é nesse momento que nascem os direitos hereditários.

O vigente Código Civil brasileiro pouco avançou, na parte do livro do direito das sucessões, pois ainda reflete institutos que não se coadunam com a sociedade contemporânea, com todas as complexidades sociais, porque, em geral, o sistema atual das sucessões "não atende aos anseios finais dos indivíduos, detenham eles vastos patrimônios ou não".[4] O Código Civil de 2002, no que concerne ao direito sucessório,

---

[2] ARIÈS, Philippe. *História da morte no Ocidente*. Tradução de Priscila Viana de Siqueira. Rio de Janeiro: Ediouro, 2003. p. 8.

[3] NEVARES, Ana Luiza Maia. *A função promocional do testamento*: tendências do direito sucessório. Rio de Janeiro: Renovar, 2009. p. 8.

[4] GAYA, Karyna Saraiva Leão. Planejamento sucessório: uma saudável preocupação com o futuro. *Revista Síntese: Direito de Família*, Porto Alegre, ano XIII, n. 70, p. 124-125, fev./mar. 2012. p. 124.

baseia-se numa família que não corresponde ao perfil das famílias da atual sociedade brasileira.

Pode-se afirmar que, no novo diploma, poucas mudanças foram registradas quanto ao direito das sucessões, diferentemente do que ocorreu em outras áreas do direito civil.[5] Constata-se, dessa maneira, que o direito sucessório, dentro do direito civil, é esquecido pela doutrina, e que os legisladores do Código Civil de 2002 perderam uma ótima oportunidade para esclarecer e atualizar institutos do direito sucessório, tornando-o mais coerente com o perfil da sociedade contemporânea.

As necessidades de maior atenção ao direito sucessório – e, principalmente, ao crescimento e à importância dessa área – são destacadas por Walter Pintens. Segundo o doutrinador, no passado, o impacto do direito sucessório, especialmente o direito sucessório internacional, era bastante limitado, uma vez que os ganhos eram modestos, a real riqueza era para poucos e a posse de propriedades em países estrangeiros era rara.[6]

Essa expansão decorre do mundo globalizado, tecnológico, imediatista, consumista e fluido em que vive a sociedade contemporânea. É necessário fazer algumas considerações sobre o mundo atual, com base na seguinte pergunta: o que é a globalização? Ela, normalmente, é associada a processos econômicos, como: a circulação de bens e capitais, as ampliações dos mercados, ou, ainda, a integração produtiva em escala mundial.[7]

Nesse ponto, buscou-se contextualizar a sociedade contemporânea, demonstrar o descompasso com o direito sucessório brasileiro e ressaltar a necessidade de adequar o direito das sucessões a essa nova sociedade.

3 Autonomia privada e sua funcionalização

O conceito de autonomia passou por relevantes alterações em sua essência. De início, é indispensável considerar como conceito transnacional a dignidade humana, conceito que, segundo Luís Roberto Barroso, precisa ser amplo o suficiente para se adequar às variedades de circunstâncias religiosas, históricas e políticas. No entendimento do autor, uma forma minimalista da dignidade humana identifica: a) o valor intrínseco[8] de todos os seres humanos; b) a autonomia de cada indivíduo; e c) o valor comunitário –[9] "limitadas por algumas restrições legítimas impostas a ela em nome de valores sociais

[5] NEVARES, Ana Luiza Maia. *A função promocional do testamento*: tendências do direito sucessório. Rio de Janeiro: Renovar, 2009. p. 9.

[6] PINTENS, Walter. Need and opportunity of convergence in European succession laws. *In*: ANDERSON, Mirian; ARROYO I AMAYUELAS, Esther (Ed.). *The law of succession*: testamentary freedom. European perspectives. Amsterdam: European Studies in Private Law, 2011. p. 5.

[7] VIEIRA, Liszt. *Cidadania e globalização*. 5. ed. Rio de Janeiro: Record, 2001. p. 72.

[8] O valor intrínseco é o elemento ontológico da dignidade humana ligado à natureza do ser. Assim, o valor intrínseco é o oposto de valor atribuído ou instrumental, por ser um valor bom em si mesmo e que não tem preço (BARROSO, Luís Roberto. Aqui, lá e em todo lugar: a dignidade humana no direito contemporâneo e no discurso transnacional. *Revista dos Tribunais*, São Paulo, n. 919, maio 2012. p. 160-162).

[9] A dignidade humana como valor comunitário representa o elemento social da dignidade. A dignidade como valor comunitário enfatiza, portanto, o papel do Estado e da comunidade no estabelecimento de metas coletivas e de restrições sobre direitos e liberdades individuais em nome de certa concepção de vida boa. A questão relevante aqui é saber em quais circunstâncias e em que grau essas ações devem ser consideradas legítimas em uma democracia constitucional (BARROSO, Luís Roberto. Aqui, lá e em todo lugar: a dignidade humana no direito contemporâneo e no discurso transnacional. *Revista dos Tribunais*, São Paulo, n. 919, maio 2012. p. 174).

ou interesses estatais".[10] Importante destacar que se deve analisar esses elementos sob uma perspectiva filosófica que seja laica,[11] neutra[12] e universalista.[13]

Na compreensão de Pietro Perlingieri:

> a garantia e a realização da pessoa humana estão igualmente confiadas à liberdade fundamental expressa na Constituição. A definição de liberdade é influenciada de modo decisivo pelo contexto cultural, antropológico e ideológico, bem como pela concepção previamente acolhida pelo direito.[14]

A liberdade individual não só é importante na área jurídica, mas tem destaques também em campos como o da filosofia, o da psicologia, o da sociologia e o da teologia. É relevante, também, ter consciência de que toda pessoa sofre condicionamentos, sejam psicológicos, culturais, religiosos, biológicos e até genéticos, e todos esses condicionamentos influenciam as escolhas individuais. Dessa forma, a liberdade[15] pressupõe como seu elemento central a possibilidade de escolhas.[16]

No início da Idade Contemporânea havia, no ambiente jurídico, uma rígida dicotomia entre o direito público e o direito privado, propiciando, assim, um espaço de autonomia da vontade dos particulares, que podiam reger suas vidas sem a intromissão do Estado.[17] Ao longo do século XIX, principalmente a partir da Revolução Industrial, abusou-se da liberdade, pois o direito liberal conservava o Estado distante das relações interprivadas. Paralelamente a esse liberalismo exacerbado, os trabalhadores, oriundos do campo, sujeitavam-se a condições desumanas de moradia e de trabalho porque, em nome do exercício dessa liberdade, se submeteram a contratos de trabalho com salários vergonhosos, jornadas extenuantes e habitações insalubres. Esses contratos eram tutelados pela ordem jurídica com base na livre vontade.[18]

---

[10] BARROSO, Luís Roberto. Aqui, lá e em todo lugar: a dignidade humana no direito contemporâneo e no discurso transnacional. *Revista dos Tribunais*, São Paulo, n. 919, maio 2012. p. 167.

[11] A laicidade indica que Igreja e Estado devem ser separados, que a religião é uma questão privada de cada indivíduo e que, na política e nos assuntos públicos, uma visão racional e humanista deve prevalecer sobre concepções religiosas.

[12] A neutralidade é um ponto central do pensamento liberal contemporâneo e significa que o Estado não deve escolher lados quando diferentes concepções razoáveis de vida boa estão em conflito.

[13] O universalismo tem como ideia correlata o multiculturalismo. O multiculturalismo implica respeito e apreço pela diversidade étnica, religiosa e cultural.

[14] Ainda o autor: "Não é mais como no passado, uma liberdade natural, originária do indivíduo, como esfera de sua discricionariedade, limitada excepcionalmente pela lei, em razão de excepcional interesse do Estado. Nem tampouco é mais um 'âmbito de independência' concedido pelo Estado, liberdade negativa que corresponde à limitação da soberania do Estado nos confrontos com o indivíduo, ao qual são conferidos direitos: liberdade de pensar, de circular, de associar-se" (PERLINGIERI, Pietro. *Manuale di diritto civille*. 5. ed. amp. riv. agg. Napoli: Edizioni Scientifiche Italiane, 2005. p. 165).

[15] A liberdade sempre teve influência no ambiente jurídico. A expressão "autonomia da vontade" refletia os valores do período oitocentista, época em que se vivia, exatamente, o voluntarismo e o individualismo de maneira plena. O cenário era do homem proprietário, das relações contratuais e da liberdade econômica. Cabe esclarecer, porém, o porquê dessa liberdade, contextualizá-la para saber o que provocou sua valoração.

[16] MORAES, Maria Celina Bodin de. Uma aplicação do princípio da liberdade. Na medida da pessoa humana. *In*: MORAES, Maria Celina Bodin de. *Na medida da pessoa humana*. Rio de Janeiro: Renovar, 2010. p. 183-185.

[17] GIORGIANNI, Michele. O direito privado e as suas atuais fronteiras. *Revista dos Tribunais*, São Paulo, ano 87, v. 747, jan. 1998.

[18] SCHREIBER, Anderson. *A pessoa e a lei*. Direitos da personalidade. São Paulo: Atlas, 2011. p. 3-4.

Foram necessárias duas grandes guerras mundiais, e suas barbáries, que evidenciavam a vulnerabilidade da condição humana, para que surgisse a necessidade de uma nova ordem de valores. Percebe-se que países que saíam de regimes autoritários – como Itália, Alemanha, Portugal e Espanha –[19] necessitavam de novos textos constitucionais, fundados em uma visão mais humanista e solidária do direito.

No Brasil, a Constituição da República de 5.10.1988, chamada Constituição Cidadã, apresenta como seu fundamento a dignidade da pessoa humana, tornando-se ápice do ordenamento jurídico. A dignidade humana é o valor que deve embasar todos os objetivos da República, como também outros princípios constitucionais, principalmente no processo de releitura dos diversos setores do direito que, consequentemente, abandonam o liberalismo e o patrimonialismo de tempos passados em prol da recuperação de uma perspectiva mais humanista e mais solidária das relações jurídicas.

Com a nova Constituição brasileira, o Código Civil perde, definitivamente, o papel de lei máxima do direito privado, pois o texto constitucional define princípios relacionados a temas antes reservados, exclusivamente, "ao Código Civil e ao império da vontade: a função social da propriedade, os limites da atividade econômica, a organização da família, matérias típicas do direito privado, passam a integrar uma nova ordem pública constitucional".[20] Dessa forma, é indispensável que se revisite o instituto da autonomia, antes analisado sob a ótica voluntarista-contratual, não só para uma acertada compreensão, mas, principalmente, para o reconhecimento de seus efeitos jurídicos. Ademais, "tendo em vista a orientação constitucional, deve-se refletir sobre a proteção da autonomia, em geral pensada em termos absolutos, frente a situações especiais, como a de pessoas incapazes e vulneráveis".[21]

Segundo Heloisa Helena Barboza, "a autonomia privada enquanto exercício da liberdade, constitui instrumento de expressão e concretização da dignidade humana".[22] Destaca ainda a autora que, como a pessoa humana tem papel fundamental no ordenamento jurídico, não é possível compreender a autonomia como uma "concessão" ou "atribuição" do Estado, mas, sim, como "o reconhecimento do *poder* do sujeito privado de autorregular-se, nos limites da lei, aqui entendida em seu sentido amplo, e que tem na Constituição da República sua expressão maior".[23]

Pietro Perlingieri afirma: "a autonomia privada não é um valor em si, sobretudo não representa um princípio subtraído ao controle de sua correspondência e funcionalização ao

---

[19] "A Constituição italiana foi promulgada em 1947 e a Constituição alemã foi promulgada em 1949. Em países onde o autoritarismo perdurou, as novas Constituições só viriam algumas décadas mais tarde, como foi o caso da Constituição portuguesa de 1976 e a Constituição espanhola de 1978, frutos da derrubada dos regimes salazarista e franquista, respectivamente" (SCHREIBER, Anderson. *Direito civil e a Constituição*. São Paulo: Atlas, 2013. p. 7).

[20] TEPEDINO, Gustavo. A disciplina civil-constitucional das relações familiares. *In*: TEPEDINO, Gustavo. *Temas de direito civil*. 4. ed. Rio de Janeiro: Renovar, 2008. p. 7.

[21] BARBOZA, Heloisa Helena. Reflexões sobre a autonomia negocial. *In*: TEPEDINO, Gustavo; FACHIN, Luiz Edson (Coord.). *O direito e o tempo*: embates jurídicos e utopias contemporâneas. Estudos em homenagem ao Professor Ricardo Pereira Lira. Rio de Janeiro: Renovar, 2008. p. 407.

[22] BARBOZA, Heloisa Helena. Reflexões sobre a autonomia negocial. *In*: TEPEDINO, Gustavo; FACHIN, Luiz Edson (Coord.). *O direito e o tempo*: embates jurídicos e utopias contemporâneas. Estudos em homenagem ao Professor Ricardo Pereira Lira. Rio de Janeiro: Renovar, 2008. p. 410.

[23] BARBOZA, Heloisa Helena. Reflexões sobre a autonomia negocial. *In*: TEPEDINO, Gustavo; FACHIN, Luiz Edson (Coord.). *O direito e o tempo*: embates jurídicos e utopias contemporâneas. Estudos em homenagem ao Professor Ricardo Pereira Lira. Rio de Janeiro: Renovar, 2008. p. 410.

sistema das normas constitucionais".[24] A autonomia privada na legalidade constitucional sofre uma "profunda e marcante transformação conforme a sua incidência ocorra no âmbito de uma relação patrimonial ou de uma relação pessoal, não patrimonial".[25] Isso porque a Constituição brasileira, em seu art. 1º, III, traz como fundamento da República a dignidade da pessoa humana e, para que ela seja plena, precisa, intrinsecamente, dar maior liberdade possível para as relações não patrimoniais.

Para Perlingieri, a expressão e o conteúdo da "autonomia privada" devem ser repensados por duas razões: primeiro, por se encontrar superada a distinção entre natureza privada ou pública do sujeito que realiza o ato de regulamentação de interesses – o poder cabe a todos os sujeitos jurídicos, sejam estes privados ou públicos; em segundo, porque não bastaria utilizar-se a expressão *autonomia contratual*, restritiva, que designaria apenas a realização de negócios bi ou plurilaterais de conteúdo patrimonial. Assim, é preferível falar-se em autonomia negocial, capaz de abranger negócios com estrutura unilateral e com o conteúdo não patrimonial, definida como o poder reconhecido pelo ordenamento ao sujeito de direito público ou privado de regular com próprias manifestações da vontade interesses privados ou públicos, ainda que não necessariamente próprios.[26]

Cabe ressaltar que, para o autor, o dogma da autonomia privada se funda no valor da autodeterminação – com a vontade do sujeito no centro do ordenamento. Ele afirma que tanto as teorias voluntaristas[27] quanto as teorias perceptivas[28] justificam de modo incisivo o dogma da autonomia privada. Entretanto, a autonomia negocial não é um valor em si, pois é preciso verificar se as liberdades de negociar, de escolher o contratante, de determinar o conteúdo do contrato, entre outras coisas, serão merecedoras de tutela diante dos princípios presentes no ordenamento.[29] A autonomia só recebe tutela quando realiza uma "função socialmente apreciável juridicamente meritória".[30]

Segundo Perlingieri, a autonomia privada pode ser classificada como autonomia negocial e autonomia contratual.[31] A autonomia negocial está vinculada ao gênero – o negócio, pois a autonomia se manifesta com a realização de um negócio, de qualquer forma ou conteúdo. Já a autonomia contratual[32] está vinculada à espécie – contrato

---

24 PERLINGIERI, Pietro. *Perfis do direito civil*. Rio de Janeiro: Renovar, 1999. p. 7.

25 MORAES, Maria Celina Bodin de. Uma aplicação do princípio da liberdade. Na medida da pessoa humana. *In*: MORAES, Maria Celina Bodin de. *Na medida da pessoa humana*. Rio de Janeiro: Renovar, 2010. p. 190.

26 PERLINGIERI, Pietro. *O direito civil na legalidade constitucional*. Rio de Janeiro: Renovar, 2008. p. 334-338.

27 Teorias voluntaristas consideram o ato negocial como poder de vontade, apresenta total correspondência entre os efeitos desejados e os efeitos jurídicos.

28 Teorias preceptivas consideram a correspondência entre os efeitos declarados e os efeitos jurídicos, sendo o negócio como preceito, declaração normativa.

29 PERLINGIERI, Pietro. *O direito civil na legalidade constitucional*. Rio de Janeiro: Renovar, 2008. p. 339-343.

30 PERLINGIERI, Pietro. *Manuale di diritto civille*. 5. ed. amp. riv. agg. Napoli: Edizioni Scientifiche Italiane, 2005. p. 352.

31 PERLINGIERI, Pietro. *Manuale di diritto civille*. 5. ed. amp. riv. agg. Napoli: Edizioni Scientifiche Italiane, 2005. p. 340.

32 Segundo Heloisa Helena Barboza, "Apesar de sua relevância, a autonomia *contratual*, em razão de sua especificidade, não é adequada para descrever o fenômeno da regulamentação dos interesses na sua dimensão integral" (BARBOZA, Heloisa Helena. Reflexões sobre a autonomia negocial. *In*: TEPEDINO, Gustavo; FACHIN, Luiz Edson (Coord.). *O direito e o tempo*: embates jurídicos e utopias contemporâneas. Estudos em homenagem ao Professor Ricardo Pereira Lira. Rio de Janeiro: Renovar, 2008. p. 412).

se concretiza com a conclusão de um contrato, se realiza por meio de um negócio caracterizado pela pluralidade de partes e pelo conteúdo patrimonial.[33]

Vale destacar, ainda, que o autor entende que a patrimonialidade é um requisito utilizado para definir a obrigação e o contrato; já a autonomia "serve para verificar a idoneidade de um determinado bem para ser de qualquer maneira objeto de atos de autonomia".[34] Desse modo, essa verificação considera não a economicidade do regulamento acordado entre as partes, mas, sim, a sua essência, que está direcionada à realização de interesses merecedores de tutela, com fundamento no binômio "negociabilidade-merecimento" do ajuste de interesses; assim, os atos negociais não se exaurem nos acordos de conteúdo patrimonial.[35]

A importância da solidificação da autonomia é identificada com sentido de autodeterminação para as situações subjetivas existenciais. Dessa forma, a autonomia deve ter como equivalente a responsabilidade, isso porque a pessoa precisa ter discernimento para tomar as decisões autorreferentes e estar ciente das consequências de seus atos. Segundo Ana Carolina Brochado Teixeira, pode-se, "portanto, fazer a seguinte equação para evitar o paternalismo[36] que inferioriza e desvaloriza a dignidade do outro: discernimento + responsabilidade = autonomia".[37]

No entendimento, ainda, da autora, "deve-se pensar em aplicar a normativa referente à autonomia de maneira qualitativamente diversa nas situações existenciais, mas, nem por isso, essas deixarão de ser entendidas como negócios jurídicos".[38] Dessa forma, o negócio jurídico patrimonial obedece à lógica dos princípios contratuais como autonomia privada, justiça contratual, boa-fé objetiva,[39] função social, entre outros. Entretanto, esses princípios não se aplicariam aos negócios jurídicos não patrimoniais, pois estes "seguem a lógica da liberdade, do livre desenvolvimento da personalidade nos parâmetros que a própria pessoa estabeleceu para si e não do lucro, da paridade. Por isso, o tratamento qualitativo do negócio jurídico em ambas as situações deve ser individualizado".[40]

Luiz Edson Fachin afirma que essa autonomia é possível na contemporaneidade porque "o sujeito moderno é concebido enquanto ser que se autodetermina, que decide

---

[33] BARBOZA, Heloisa Helena. Reflexões sobre a autonomia negocial. *In*: TEPEDINO, Gustavo; FACHIN, Luiz Edson (Coord.). *O direito e o tempo*: embates jurídicos e utopias contemporâneas. Estudos em homenagem ao Professor Ricardo Pereira Lira. Rio de Janeiro: Renovar, 2008. p. 412.

[34] PERLINGIERI, Pietro. *Manuale di diritto civille*. 5. ed. amp. riv. agg. Napoli: Edizioni Scientifiche Italiane, 2005. p. 458.

[35] PERLINGIERI, Pietro. *Manuale di diritto civille*. 5. ed. amp. riv. agg. Napoli: Edizioni Scientifiche Italiane, 2005. p. 458.

[36] O paternalismo é de grande relevância para fazer contraponto com a autonomia, mas no caso deste estudo não será necessário abordá-lo, pois não se estarão analisando casos concretos e, sim, questões conceituais. Ficam para um próximo trabalho não só as ponderações dos casos entre paternalismo x autonomia, como o próprio estudo do instituto.

[37] TEIXEIRA, Ana Carolina Brochado. *Saúde, corpo e autonomia privada*. Rio de Janeiro: Renovar, 2010. p. 378-379.

[38] TEIXEIRA, Ana Carolina Brochado. *Saúde, corpo e autonomia privada*. Rio de Janeiro: Renovar, 2010. p. 159.

[39] Pietro Perlingieri ressalta que devem ser revistas as posições doutrinárias que exaurem o controle da autonomia negocial na cláusula de boa-fé, pois, no seu entender, esta sozinha não é idônea a suprir o desequilíbrio concreto entre as partes, que é consequência do fato de uma delas estar em posição de supremacia diante da outra (PERLINGIERI, Pietro. *O direito civil na legalidade constitucional*. Rio de Janeiro: Renovar, 2008. p. 400-403).

[40] TEIXEIRA, Ana Carolina Brochado. *Saúde, corpo e autonomia privada*. Rio de Janeiro: Renovar, 2010. p. 159-160.

livremente sobre a vida, com vistas ao autodesenvolvimento da personalidade, já que este possui capacidade de dominar a si e à natureza através da razão".[41]

Assim, a iniciativa econômica privada, ainda que livre, é submetida a controles, programas, intervenções por parte do legislador. A Constituição operou reviravolta qualitativa e quantitativa na ordem normativa. Os chamados limites à autonomia não são externos e excepcionais, mas internos, enquanto expressão direta do ato, e de significado constitucional. A atenção se desloca do dogma da autonomia ao ato, que deve ser valorado não apenas isoladamente, mas no âmbito da atividade exercida no caso concreto.[42] Compreende-se que será a partir da conjugação da liberdade com a solidariedade que a autonomia se fará legítima no ordenamento jurídico.[43]

4 A flexibilização dos pactos sucessórios

O pacto sucessório não é permitido no ordenamento jurídico que tenha por objeto herança de pessoa viva, conforme o disposto no art. 426 do Código Civil. O direito brasileiro não só veda qualquer contrato sucessório, como também não estabelece nenhuma exceção. A origem da proibição é do direito romano, no qual a vedação não era absoluta.[44]

A doutrina fundamenta em dois motivos a vedação dos pactos sucessórios, por eles serem: a) contrários aos bons costumes, constituindo a origem de consequências prejudiciais e despertando sentimentos imorais, como desejo da morte alheia, sentimentos em tentação para o crime, levando, por fim, o interessado ao extremo de eliminar autor da herança; e b) inconvenientes, por contrariarem o princípio da liberdade essencial às disposições de última vontade, que devem ser revogáveis até o momento da morte do disponente.[45]

Carvalho Santos apresenta um terceiro motivo, afirmando:

> os pactos sucessórios dariam margem, se tolerados, para ilidir as disposições legais que, em razão de interesse de ordem pública, reservam os direitos hereditários a determinadas pessoas, ou privam outras, no todo ou em parte, da faculdade de conseguir herança de um defunto.[46]

---

[41] FACHIN, Luiz Edson. Fundamentos, limites e transmissibilidade. Anotações para uma leitura crítica, construtiva e de índole constitucional da disciplina dos direitos da personalidade no Código Civil brasileiro. *Revista EMERJ*, Rio de Janeiro, v. 8, n. 31, 2005. p. 62.

[42] PERLINGIERI, Pietro. *O direito civil na legalidade constitucional*. Rio de Janeiro: Renovar, 2008. p. 358.

[43] Cf. BUCAR, Daniel; TEIXEIRA, Daniele Chaves. Autonomia e solidariedade. *In*: TEPEDINO, Gustavo; TEIXEIRA, Ana Carolina Brochado; ALMEIDA, Vitor (Coord.). *O direito civil entre o sujeito e a pessoa*: estudos em homenagem ao Professor Stefano Rodotà. Belo Horizonte: Fórum, 2016. p. 110.

[44] Cf. TEPEDINO, Gustavo; BARBOZA; Heloisa Helena; MORAES, Maria Celina Bodin de. *Código Civil interpretado conforme a Constituição da República II*. Rio de Janeiro: Renovar, 2006. p. 36.

[45] Cf. TEPEDINO, Gustavo; BARBOZA; Heloisa Helena; MORAES, Maria Celina Bodin de. *Código Civil interpretado conforme a Constituição da República II*. Rio de Janeiro: Renovar, 2006. p. 36.

[46] SANTOS, J. M. de Carvalho. *Código Civil brasileiro interpretado*. 13. ed. Rio de Janeiro: Freitas Bastos, 1988. v. XII. p. 196.

Dessa forma, o caráter absoluto da proibição, como a força do elemento moral, tem levado a jurisprudência a impor, de maneira rígida, a aplicação da lei civil, seja pelo atual art. 426 do CC de 2002 ou pelo antigo art. 1.089 do CC de 1916.

A rigidez – com a autonomia restrita a ser exercida na parte disponível – do sistema sucessório brasileiro está em descompasso com a sociedade contemporânea, o que torna necessária a análise de uma adequação do direito das sucessões às exigências sociais. Questiona-se se não estaria no momento de se verificar a justificação de sua vedação completa, ou se seria o caso de se admitir alguma exceção. Resta pacífico que sua vedação é um dogma do direito romano, que poderia ter sido flexibilizado na redação do Código Civil de 2002, mas, como se percebe, não ocorreram maiores debates entre os civilistas.

No que respeita ao planejamento sucessório, os seus grandes limitadores são a legítima e todas as restrições que existem no ordenamento para preservar o instituto, já que o sistema é uno e tem de ser coerente. O outro grande limitador é a proibição dos pactos sucessórios. Embora não seja possível aplicá-lo de maneira livre para contratos de qualquer natureza, o pacto sucessório poderia ser um ótimo instrumento em hipóteses bem definidas em lei, para proporcionar maior autonomia ao autor da herança, o que constitui uma demanda atual da sociedade.

Outra situação emblemática e foco de debate na doutrina é a questão de o cônjuge e o companheiro[47] serem herdeiros necessários, concorrendo com descendentes e ascendentes no regime de separação total ou convencional de bens. Sobre o assunto, a jurisprudência[48] e alguns autores[49] defendem que os nubentes, ao eleger o regime de separação de bens, não pretendiam se instituir como herdeiros recíprocos; pelo contrário, pretendiam uma total separação patrimonial. Entretanto, a lei determina exatamente o oposto. Quem defende essa posição entende que as consequências do regime de bens devem ser projetadas para a atribuição de direitos sucessórios ao cônjuge e ao

[47] Em 10.5.2017, o Supremo Tribunal Federal finalizou o julgamento sobre a inconstitucionalidade do art. 1.790 do Código Civil. Dois processos foram julgados em definitivo: RE nºs 646.721 e 678.694. Cabe destacar que a tese final foi a de que "no sistema constitucional vigente, é inconstitucional a diferenciação de regimes sucessórios entre cônjuges e companheiros, devendo ser aplicado, em ambos os casos, o regime estabelecido no artigo 1.829 do Código Civil". O acórdão teve por base a finalidade de preservar a segurança jurídica, e deve ser aplicado apenas nos inventários judiciais em que a sentença de partilha não tenha transitado em julgado e nas partilhas extrajudiciais em que ainda não haja escritura pública. Com o fim do julgamento do STF a principal vantagem é a de resolver a grande instabilidade jurídica sucessória verificada no Brasil desde a vigência do Código Civil de 2002, colocando fim a debates sobre a inconstitucionalidade ou não do art. 1.790 do Código Civil. Entretanto, ainda há vários questionamentos, como: como ficam os processos de inventário em curso? E os novos processos? Como devem ser elaboradas as escrituras públicas de inventários pendentes em tabelionatos de notas de todo o país? O companheiro passa a ser herdeiro necessário? A equiparação entre a união estável e o casamento é para todos os fins sucessórios? (TARTUCE, Flavio. STF encerra o julgamento sobre a inconstitucionalidade do art. 1.790 do Código Civil. E agora? Migalhas, 31 maio 2017. Disponível em: http://www.migalhas.com.br/FamiliaeSucessoes/104,MI259678,31047-STF+encerra+o+julgamento+sobre+a+inconstitucionalidade+do+art+1790+do. Acesso em: 15 mar. 2018).

[48] "Direito civil. Família e Sucessões. Recurso especial. Inventário e partilha. Cônjuge sobrevivente casado pelo regime de separação convencional de bens, celebrado por meio de pacto antenupcial por escritura pública. Interpretação do art. 1.829, I, do CC/02. Direito de concorrência hereditária com descendentes do falecido. Não ocorrência. [...]" (STJ, Terceira Turma. REsp nº 992.749/MS. Rel. Min. Nancy Andrighi, j. 1º.12.2009. *DJe*, 5 fev. 2010).

[49] Nesse sentido SILVA, Marcos Alves da. Cônjuge herdeiro desnecessário. *In*: RUZYK, Carlos Eduardo Pianovski *et al.* (Org.). *Direito civil constitucional*: ressignificação da função dos institutos fundamentais do direito civil contemporâneo e suas consequências. Florianópolis: Conceito, 2014. p. 509-525; MADALENO, Rolf. A crise conjugal e o colapso dos atuais modelos de regime de bens. *In*: PEREIRA, Rodrigo da Cunha. *Família*: entre o público e o privado. Porto Alegre: Magister/IBDFAM, 2012, entre outros.

companheiro. O companheiro é considerado herdeiro necessário, conforme decisão do julgamento do Recurso Extraordinário nº 878.694/MG do Supremo Tribunal Federal sobre a inconstitucionalidade do art. 1.790 do CC.

Esse entendimento está em oposição ao art. 426 do CC, segundo o qual "não pode ser objeto de contrato a herança de pessoa viva". Assim, sem dúvida, se o legislador "proíbe os pactos sucessórios, resta incoerente justificar a exclusão do cônjuge da sucessão com base em manifestação de vontade que, em relação à herança, é vedada nos negócios celebrados com efeitos *inter vivos*, como ocorre com o pacto antenupcial".[50]

Com essa necessidade da revisão do direito sucessório,[51] talvez fosse o momento de também reavaliar a permanência da vedação completa do pacto sucessório.[52]

Na legislação sucessória europeia, há posicionamentos diversos. Existem os ordenamentos que permitem os contratos sucessórios, outros que vedam, e alguns que aceitam com casos de exceção. Entretanto, com a tendência de maior autonomia do testador e de herdeiros, têm ocorrido reformas recentes em certos países. Vale traçar um panorama dessas restruturações, porque possuem algumas similaridades com o ordenamento brasileiro, visto que são países do sistema *civil law* e possuem o instituto da legítima.

Na Alemanha,[53] o uso de dispositivos contratuais no direito sucessório – embora na forma de *Erbvetrag* (contrato sucessório) ou em *Erbvezichtsvertrag* (contrato de renúncia de direitos sucessórios) – é expressamente admitido pela lei. Porém, o contrário é verdadeiro para muitos países europeus. Sistemas legais pertencentes à família românica, geralmente, analisam os pactos sucessórios com desconfiança.[54]

Os códigos da Bélgica, França, Itália e Espanha contêm disposições que estabelecem a invalidade dos pactos sucessórios referentes à herança futura. Os códigos, ao mesmo tempo, permitem certas exceções. Em recentes reformas nesses países, foi desafiado o

---

[50] NEVARES, Ana Luiza Maia. A proteção da família no direito sucessório: necessidade de revisão? *IBDFAM*, 20 maio 2015. Disponível em: http://www.ibdfam.org.br/artigos/1033/A+prote%C3%A7%C3%A3o+da+fam%C3%ADlia+no+Direito+Sucess%C3%B3rio%3A+necessidade+de+revis%C3%A3o%3F. Acesso em: 7 de nov. 2015.

[51] O IBDFAM – Instituto Brasileiro de Direito de Família, em seu *Anteprojeto de lei para reforma do direito das sucessões*, não trata do tema como dispõe em seu texto, "Entretanto, duas grandes omissões precisam ser ressaltadas. A primeira refere-se ao art. 1.798 e às discussões que grassam em torno da legitimidade sucessória dos embriões extracorpóreos. A matéria foi exaustivamente debatida, mas não se alcançou o mínimo consenso necessário à inclusão de qualquer proposta de alteração redacional do dispositivo. Pela mesma razão, não foi possível avançar nas propostas que relativizavam a vedação ao pacta corvina. Foi apresentada sugestão legislativa no sentido de se admitir a renúncia prévia à herança manifestada em pacto antenupcial e em contrato de convivência, mas o dissenso que emergiu dos debates impediu a incorporação da proposta ao texto projetado" (IBDFAM – INSTITUTO BRASILEIRO DE DIREITO DE FAMÍLIA. *Anteprojeto de lei para reforma do direito das sucessões*. Disponível em: file:///C:/Users/User/Downloads/anteprojeto_sucessoes%20(2).pdf. Acesso em: 31 maio 2018).

[52] Nesse sentido, Rolf Madaleno "sugere até a superação da vedação dos pactos a respeito da sucessão de pessoa viva (*pacta corvina*), inserindo no pacto antenupcial um pacto sucessório" (MADALENO, Rolf. A crise conjugal e o colapso dos atuais modelos de regime de bens. *In*: PEREIRA, Rodrigo da Cunha. *Família*: entre o público e o privado. Porto Alegre: Magister/IBDFAM, 2012. p. 324-329).

[53] A Alemanha reconhece outras formas de estruturação sucessória na forma de *joint will* (testamento em conjunto – 2.265 ss., *BGB*), contrato de herança (*inheritance contract* – 2.274, *BGB*). Apenas cônjuges ou parceiros civis podem fazer o testamento em conjunto, enquanto os contratos sucessórios podem ser feitos por qualquer um. No testamento em conjunto as formalidades são simplificadas, podendo ser manuscritos, enquanto os contratos sucessórios devem ser realizados em cartório. Cf. RÖTHEL, A. Law of succession and testamentary freedom in Germany. *In*: ANDERSON, Mirian; ARROYO I AMAYUELAS, Esther (Ed.). *The law of succession*: testamentary freedom. European perspectives. Amsterdam: European Studies in Private Law, 2011. p. 164.

[54] BRAUN, Alexandra. Towards a greater autonomy for testators and heirs: some reflections on recent reforms in France, Belgium and Italy. *ZEuP Zeitschrift für Europäiches Privatrecht*, Berlin, n. 3, p. 461-483, 2012. p. 461-462.

instituto dos pactos sucessórios, com a aplicação de maiores possibilidades. As reformas revelaram uma tendência à contratualização do direito das sucessões, com a introdução de novos tipos de pactos sucessórios, principalmente na França, na Bélgica e na Itália.[55]

Os contratos sobre o patrimônio de pessoa viva[56] são, também, em princípio, proibidos no direito francês e belga (art. 1.130(2), CC francês e belga).[57] Na França, alguns tipos de pactos sucessórios eram comuns durante o Antigo Regime. Contudo, eles foram abolidos no decorrer do século XVIII. O Código Civil francês manteve a abordagem e introduziu a proibição dos pactos sobre a sucessão futura, que representa princípio da ordem pública e é expresso em vários artigos. Entretanto, o Código Civil reconhece exceções, sendo as mais significantes a instituição contratual – *institution contratuelle* –[58] doação de bens a vir – e a *donation-partage*.[59]

Em 2006, a legislação francesa sofreu grandes mudanças no campo das sucessões e das liberalidades. Um dos objetivos por trás dessa reforma era garantir ao testador maior liberdade e flexibilidade ao organizar sua sucessão. A legislação francesa aumentou o espaço contratual de acordos de herança ao estender o espaço da *donation-partage* e, o mais importante, introduziu a *renonciation anticipee à la reduction pour cause dátteinte à la reserve*.[60]

Para garantir segurança jurídica, a renúncia é, a princípio, irrevogável. O renunciante pode demandar a revogação da sua renúncia, mas ela é limitada a um número de circunstâncias.[61] A razão por trás da possibilidade de o herdeiro renunciar ao direito

---

[55] BRAUN, Alexandra. Towards a greater autonomy for testators and heirs: some reflections on recent reforms in France, Belgium and Italy. *ZEuP Zeitschrift für Europäiches Privatrecht*, Berlin, n. 3, p. 461-483, 2012. p. 461-462.

[56] O direito espanhol e o direito português oferecem soluções comparáveis, duas pessoas afetam as doações correspondentes num contrato de casamento antes do matrimônio (art. 1.700, CC português, art. 1341(2), CC espanhol). Contratos de herança têm tradicionalmente exercido um papel importante nos sistemas legais germânicos: direito alemão (§§2.274-2.300, *BGB*) e direito suíço (art. 494, CC suíço, *ZGB*). Direito inglês não reconhece contratos de herança.

[57] Ao mesmo tempo, essas disposições podem ser feitas não só por um cônjuge em benefício do outro, mas também por terceiro em benefício dos cônjuges e dos filhos futuros. Ademais, cônjuges podem fazer acordo correspondente por meio de doação *mortis causa* (arts. 1.081 ff e 1.091 ff, CC francês e belga), apesar de ser livremente revogável (art. 1.096, CC francês e belga). Esses acordos são formalmente analisados como doação de bens a vir (*donation de bien à venir*) e são, por isso, considerados contrato *inter vivos*. Entretanto, os efeitos desses acordos, se comparados aos de contratos de herança, são vistos como *institution contractuelle* pela doutrina francesa. Cf. HELMS, Tobias. Contracts of inheritance and joint wills. *In*: BASEDOW, Jürgen *et al*. (Ed.). *The Max Planck Encyclopedia of European Private Law*. Oxford: Oxford University Press, 2012. v. I. p. 388-392.

[58] A *institution contratuelle* representa o tipo mais antigo de pacto sucessório estipulado no interesse da família. Pode ser feito como contrato antenupcial pelos ascendentes, parentes colaterais ou por terceiro em favor dos cônjuges futuros ou por seus filhos. Pode também ser feito pelos próprios cônjuges, ou por meio de acordo quando já estão casados. A última forma ainda é comum na prática legal francesa, mesmo com a melhora da posição do cônjuge sobrevivente em 2001.

[59] Outra exceção é a *donation-partage*. Dá aos ascendentes a possibilidade de fazerem um acordo com seus descendentes para determinar o que cada parte receberá. Ouras exceções são permitidas no contexto de acordos de separação ou acordo pré-nupciais. Desde 1978, o direito comercial francês reconhece os pactos referentes a futuras sucessões para facilitar a continuação da empresa entre os herdeiros. *Attribution preferentielle*: torna possível transferir os direitos de propriedade a um herdeiro e o pagamento aos outros como garantia de continuidade do negócio. O direito francês reconhece uma série de exceções à proibição dos pactos sucessórios.

[60] BRAUN, Alexandra. Towards a greater autonomy for testators and heirs: some reflections on recent reforms in France, Belgium and Italy. *ZEuP Zeitschrift für Europäiches Privatrecht*, Berlin, n. 3, p. 461-483, 2012. p. 463-466.

[61] Primeiro, se a pessoa que é beneficiada pela renúncia não consegue manter o bem; segundo, quando, no momento em que a sucessão é aberta, o herdeiro renunciante está em estado de necessidade, o qual ele não se encontraria se não tivesse feito a renúncia; terceiro, quando o beneficiário do renunciante tiver cometido crime contra o herdeiro. Quando o herdeiro se encontrar em estado de necessidade, a revogação pode ser pedida em um ano

de contestar a doação ou o legado que excede a parte disponível é permitir ao testador e a seus herdeiros alcançar um acordo contrário às regras da legítima, permitindo uma divisão desigual do patrimônio.[62]

Como destaca Alexandra Braum, a flexibilização da legítima é desejável quando os membros da família estão em necessidade especial, como exemplo, crianças com deficiência, às quais o testador deseja fazer provisões especiais para uma melhor proteção do vulnerável. Além disso, o dono de um negócio com muitos filhos pode desejar transferir bens apenas ao filho mais apto a assumir o desafio, sem que tenha de temer que a cessão seja contestada quando morrer. Ademais, avós podem desejar deixar sua riqueza diretamente aos netos em vez de aos filhos.[63]

De fato, as provisões referentes à renúncia são ligadas ao reconhecimento da *donation-partage* transgeracional, outra novidade introduzida na reforma de 2006. Permite a divisão da propriedade entre os descendentes da próxima geração, sendo apenas possível se o filho do testador concordar em desistir dos direitos da herança. A razão por trás da novidade não é apenas beneficiar um herdeiro particular, mas estimular a economia por acelerar a passagem dos bens às gerações mais novas. Essa possibilidade foi fortemente favorecida pelos cartórios franceses, especialmente tendo em vista o aumento da expectativa de vida na França.[64]

Da mesma forma que o CC francês, o CC belga de 1804[65] proíbe o uso de pactos sucessórios, mas há exceções. Nesse sentido, encontram-se *institution contractuelle/ contractuele erfstelling*, e a *donation-partage*. Em abril de 2003, houve o advento de legislação com o objetivo de reformar as provisões que regulam os direitos sucessórios do cônjuge sobrevivente, introduzindo mais uma exceção à proibição dos pactos sucessórios.[66]

A legislação italiana a princípio considera os pactos como inválidos, sendo que o art. 458 do CC estabelece a invalidade de três pactos sucessórios, que podem ser: *patti istitutivi, patti dispositivi* e *patti rinunciativi*.[67] O CC italiano não excepciona os arranjos sucessórios contidos nos acordos matrimoniais e antenupciais.[68] À parte de tentativas de abolir o art. 458 do CC, nenhuma foi bem-sucedida. Contudo, em 2006, introduziu-se

---

a contar do momento da sucessão. Nos outros dois casos, o ano corre do momento em que o evento alegado ocorreu ou foi de conhecimento dos herdeiros do herdeiro renunciante.

62 BRAUN, Alexandra. Towards a greater autonomy for testators and heirs: some reflections on recent reforms in France, Belgium and Italy. *ZEuP Zeitschrift für Europäiches Privatrecht*, Berlin, n. 3, p. 461-483, 2012. p. 463-466.

63 BRAUN, Alexandra. Towards a greater autonomy for testators and heirs: some reflections on recent reforms in France, Belgium and Italy. *ZEuP Zeitschrift für Europäiches Privatrecht*, Berlin, n. 3, p. 461-483, 2012. p. 463-466.

64 BRAUN, Alexandra. Towards a greater autonomy for testators and heirs: some reflections on recent reforms in France, Belgium and Italy. *ZEuP Zeitschrift für Europäiches Privatrecht*, Berlin, n. 3, p. 461-483, 2012. p. 463-466.

65 O art. 1.287 do Código Judiciário compele cônjuges que tenham se divorciado a fazer acordos mútuos para determinar, no meio das *conventions prealables*, seus direitos hereditários ante o julgamento na corte.

66 BRAUN, Alexandra. Towards a greater autonomy for testators and heirs: some reflections on recent reforms in France, Belgium and Italy. *ZEuP Zeitschrift für Europäiches Privatrecht*, Berlin, n. 3, p. 461-483, 2012. p. 467-468.

67 Seguem definições sucintas dos institutos italianos – *patti istitutivi*: os pactos em que a pessoa dispõe da sua própria herança; *patti dispositivi*: pactos em que a pessoa dispõe dos direitos hereditários de uma futura sucessão; e *patti rinunciativi*: pactos em que a pessoa renuncia seus direitos em favor de outrem.

68 BRAUN, Alexandra. Towards a greater autonomy for testators and heirs: some reflections on recent reforms in France, Belgium and Italy. *ZEuP Zeitschrift für Europäiches Privatrecht*, Berlin, n. 3, p. 461-483, 2012. 469-472.

exceção no campo dos pactos sucessórios, o *patto de famiglia*,[69] que garante a passagem dos negócios de uma geração para a outra.[70]

Dessa forma, a Lei nº 55, de 14.2.2006, tem como finalidade facilitar a transmissão da empresa familiar ou de cotas societárias e contribuir para a continuidade geracional das pequenas e médias empresas. A lei define o pacto de família como "o contrato no qual a empresa transfere, em todo ou em parte, a fazenda; ou o titular de participação societária transfere, em todo ou em parte, suas próprias cotas, a um ou mais descendentes".[71]

O objeto do pacto de família[72] é encontrar um equilíbrio entre os direitos dos herdeiros necessários e as necessidades do dono da empresa, que deseja transferir seu negócio para um herdeiro que ele pensa como o mais adequado. Apesar de a legislação italiana definir expressamente o pacto de família como exceção à proibição dos pactos sucessórios contidos no art. 458 do CC, sua natureza é debatida entre os estudiosos, que indagam se seria *patti istitutivo*; *patti dispositivi*; ou *patti rinunciativi*.[73]

Alguns autores têm sugerido que o pacto de família não fala sobre sucessão futura e por isso não vai de encontro à proibição do pacto sucessório expresso no art. 458 do CC italiano. Ao mesmo tempo, pode-se alegar que, ao participar do contrato, o herdeiro necessário abre mão do direito que poderia ter cristalizado apenas no futuro. Não obstante, parece que o legislador quis estabelecer o pacto de família como uma exceção à proibição expressa no art. 458 CC italiano.[74]

---

69 Art. 768-bis do CC italiano define o pacto de família como um contrato no qual o dono do negócio pode atribuir totalmente ou parte do seu negócio para um ou mais descendentes. A atribuição é gratuita e tem efeito imediato. O atribuído só pode ser descendente do atribuidor, não pode ser cônjuge ou terceira parte. No entanto, art. 768-quarter do CC italiano estabelece que o cônjuge ou outros herdeiros legítimos (se a sucessão fosse aberta naquele momento) devem ser parte do contrato.

70 BRAUN, Alexandra. Towards a greater autonomy for testators and heirs: some reflections on recent reforms in France, Belgium and Italy. *ZEuP Zeitschrift für Europäiches Privatrecht*, Berlin, n. 3, p. 461-483, 2012. p. 469-472.

71 ÁLVAREZ LATA, Natalia. Empresa familiar y planificación sucesoria. Un acercamiento a los protocolos familiares como instrumentos de esa ordenación. *In*: REBOLLEDO VARELA, Ángel Luis (Coord.). *La familia en el derecho de sucesiones*: cuestiones actuales y perspectivas de futuro. Madrid: Dykinson, 2010. p. 568.

72 O legislador italiano pensou primeiramente em salvaguardar a continuidade e a estabilidade do negócio, mas de uma forma que protegesse os herdeiros necessários. Isso acontece ao permitir que o dono transfira o negócio a um ou mais descendentes, que irão compensar os outros herdeiros, a menos que estes decidam desistir desse direito. Interessante é o fato de que a legislação italiana garante aos herdeiros legítimos que não foram atribuídos do negócio a possibilidade de renúncia, total ou parcial, ao direito de compensação. É um importante detalhe, pois excepciona o atribuído de ter de juntar o dinheiro necessário para compensar os herdeiros, aumentando a chance de a transferência ser bem-sucedida no negócio. O *patto di famiglia* é contrato anulável nos casos de erro, fraude ou violência. Cf. BRAUN, Alexandra. Towards a greater autonomy for testators and heirs: some reflections on recent reforms in France, Belgium and Italy. *ZEuP Zeitschrift für Europäiches Privatrecht*, Berlin, n. 3, p. 461-483, 2012. p. 469-472.

73 Como é contrato *inter vivos*, que determina a transferência imediata do negócio – sucessão antecipada –, a maioria dos autores argumenta que não pode ser qualificada como *patto istitutivo*, pacto no qual um herdeiro/legatário é determinado. O pacto é mais bem qualificado como *patto dispositivo* – pacto no qual uma pessoa dispõe de seus direitos hereditários referentes à sucessão de terceira pessoa. Ademais, os herdeiros necessários abriram mão da cláusula de regresso contra a transferência e ao pagamento feito aos outros herdeiros, podendo renunciar ao direito de receber compensação, fazendo com que o pacto de família possa ser visto como *patto rinunciativo*. Um pode, no entanto, arguir que o herdeiro legítimo ao qual não é atribuído só renunciou ao direito de receber o pagamento da quota calculada com base no valor do negócio no tempo da transferência, sem renunciar à perspectiva de herdar do transferido no momento de sua morte.

74 BRAUN, Alexandra. Towards a greater autonomy for testators and heirs: some reflections on recent reforms in France, Belgium and Italy. *ZEuP Zeitschrift für Europäiches Privatrecht*, Berlin, n. 3, p. 461-483, 2012. p. 469-472.

Na Espanha, o art. 1.271.2º[75] do Código Civil, em conjunto com o art. 658, não reconhece os pactos sucessórios[76] como modos de se legitimar a sucessão, já que são acordos contrários ao princípio essencial de revogação das disposições sucessórias. Apesar da proibição, a jurisprudência espanhola e o direito civil das comunidades autônomas da Espanha[77] admitem distintos tipos de pactos sucessórios.[78] Na falta de pactos e acordos, os tribunais deveriam fixar critérios claros e precisos que proporcionem segurança jurídica, não prejudicando os cônjuges sobreviventes.[79]

O regime de pactos sucessórios é, sem dúvida, a inovação mais importante apresentada pelo livro quarto em relação ao antigo Código de Sucessões no Direito Civil catalão.[80] A intenção naquele momento era ter diferentes instrumentos sucessórios e familiares que poderiam ser uma solução para determinar com maior segurança jurídica[81] o futuro da empresa.

---

75 O art. 1271.2º, CC, é um dos artigos em que está disposta a proibição aos pactos sucessórios no Código Civil. A experiência do direito comparado leva a Espanha para reconsiderar a questão; o direito francês e o italiano recentemente foram reformados para modificar a realidade da proibição, que também era tratada como um princípio pétreo em ambos os sistemas. Cf. ÁLVAREZ LATA, Natalia. Empresa familiar y planificación sucesoria. Un acercamiento a los protocolos familiares como instrumentos de esa ordenación. *In*: REBOLLEDO VARELA, Ángel Luis (Coord.). *La familia en el derecho de sucesiones*: cuestiones actuales y perspectivas de futuro. Madrid: Dykinson, 2010. p. 555-586.

76 O contrato sucessório é um negócio jurídico bilateral, que tem como finalidade a ordenação, de modo irrevogável, do destino total ou parcial da herança do futuro causante. O contrato sucessório exige participação de duas ou mais pessoas, independentemente de que um deles seja ou não o futuro beneficiário da sucessão. Cf. ROCA I TRÍAS, Encarna. *Derecho de sucesiones*. Valencia: Tirant lo Blanch, 2002. p. 297-306.

77 As disposições sucessórias do Código Civil espanhol aplicam-se a sete das dezessete comunidades autônomas (mais Ceuta e Melilla) em que a Espanha é dividida. Fenômeno chamado *derecho foral* (direito local), em que as comunidades autônomas remanescentes têm suas próprias leis, revisadas várias vezes, combina a tradição histórica a um desejo de modernização. Todas as regiões permitem que Código Civil seja aplicado supletivamente ou subsidiariamente em questões que não são cobertas pelas disposições regionais. Cf. CÁMARA LAPUENTE, Sergio. Testamentary formalities in Spain. *In*: REID, Kenneth G. C.; WAAL, Marius J. de; ZIMMERMANN, Reinhard (Ed.). *Testamentary formalities*. Oxford: University Press, 2011. p. 72-73.

78 Como exemplo, há a existência de diversos instrumentos e técnicas jurídicas à Lei nº 6/1999, de 26 de março, relativa a uniões estáveis de Aragão, a qual dispõe, em seu art. 16, que os membros do casal estável poderão outorgar pactos sucessórios nos termos previstos na legislação sucessória de Aragão. Além dessa lei, pode-se observar também que a Lei nº 1/1973 do "Fuero Nuevo" não apenas regula os pactos, como exige apenas a maioridade para sua legitimação. Também, no país basco, a Lei nº 2/2003 de 7 de maio regula a união de fato: em seu art. 9º, o casal pode fazer um pacto em que, à morte de um, o outro pode conservar em usufruto os bens comuns a ambos. Assim, a Lei nº 2/2006 de 14 de junho do direito civil da Galícia elucida alguns tipos de pacto: o de melhora (arts. 214 a 218), o de *apartación* (arts. 224 a 227), o de manutenção de posse (arts. 229 a 233) e o de usufruto voluntário da viuvez. Cada membro da união pode individualmente empregar tais pactos para favorecer algum de seus descendentes. A Lei nº 10/2008 de 10 de julho da Catalunha, relativa às sucessões, dispõe em seu art. 431 que se podem outorgar pactos sucessórios com a pessoa com quem há união estável. Cf. NIETO ALONSO, Antonia. Uniones extrapatrimoniales: derechos sucesorios y atribuiciones post mortem de naturaleza familiar y social. *In*: REBOLLEDO VARELA, Ángel Luis (Coord.). *La familia en el derecho de sucesiones*: cuestiones actuales y perspectivas de futuro. Madrid: Dykinson, 2010. p. 136-137.

79 NIETO ALONSO, Antonia. Uniones extrapatrimoniales: derechos sucesorios y atribuiciones post mortem de naturaleza familiar y social. *In*: REBOLLEDO VARELA, Ángel Luis (Coord.). *La familia en el derecho de sucesiones*: cuestiones actuales y perspectivas de futuro. Madrid: Dykinson, 2010. p. 142.

80 NIETO ALONSO, Antonia. Uniones extrapatrimoniales: derechos sucesorios y atribuiciones post mortem de naturaleza familiar y social. *In*: REBOLLEDO VARELA, Ángel Luis (Coord.). *La familia en el derecho de sucesiones*: cuestiones actuales y perspectivas de futuro. Madrid: Dykinson, 2010. p. 138.

81 É recomendável e preferível a sucessão por meio de pactos. A irrevogabilidade característica do pacto está relacionada à maior segurança jurídica na sucessão empresarial. Por meio dele, o fundador assegura e comprova a transmissão *causa mortis* da empresa às mãos do herdeiro mais capacitado. Em alguns países, como a Itália, o *patto di famiglia* demonstra que se quebrou o princípio férreo da proibição dos pactos sobre a sucessão. Assim, permite-se a utilização de alguns pactos, como os para sucessão de empresa familiar ou de participação social. Cf. ÁLVAREZ LATA, Natalia. Empresa familiar y planificación sucesoria. Un acercamiento a los protocolos

Desde a reforma do direito sucessório Catalão, aconselha-se uma estratégia de planificação atualizada à sucessão da empresa, à modificação e à renovação dos protocolos para acompanhar novas situações familiares empresariais. Entretanto, a imutabilidade do pacto torna mais difícil essa reformulação da planificação, exigindo, por exemplo, cláusulas de reversão. É preciso frisar os custos desses pactos sucessórios, pois, em alguns momentos, é melhor não os realizar, e, sim, efetuar um testamento.[82] Como se pode verificar, é uma tendência à realização de pactos sucessórios ligados às empresas, com a finalidade de não inviabilizar a administração da pessoa jurídica com a transmissão sucessória.

Em Portugal, a Lei nº 48/2018 introduziu, no art. 1700º, nº 1, alínea c, do Código Civil,[83] a possibilidade de os nubentes, na convenção antenupcial, renunciarem reciprocamente à condição de herdeiro necessário um do outro, desde que o regime de bens, convencional ou imperativo, seja o da separação total. Essa nova previsão configura uma exceção ao princípio da vedação aos pactos sucessórios estabelecido no art. 2028º, nº 2, do Código Civil.

Os pactos sucessórios constituem expressão da autonomia das partes, pois ampliam o número de ferramentas e, consequentemente, as possibilidades pelas quais a transmissão de patrimônio pode ser organizada.[84] Em geral, pactos sucessórios não privam os herdeiros da legítima de seus direitos sem seu consentimento. Nesse âmbito, são neutros em relação à proteção dos membros da família. Essa neutralidade não beneficia o herdeiro, que já era parte do pacto, e concordou em renunciar, inteiramente ou em parte, a seus direitos irrevogáveis.[85] Entretanto, viabiliza outras possibilidades.

O que se verifica é que, na legislação da União Europeia, ocorreram várias mudanças no direito sucessório, todas permitindo uma maior liberdade de testar como também recepcionando exceções ou adotando, especificamente, a aplicação de espécies de pactos sucessórios. Esta é a tendência dos ordenamentos europeus de ampliar a autonomia privada em matéria sucessória.

---

familiares como instrumentos de esa ordenación. *In*: REBOLLEDO VARELA, Ángel Luis (Coord.). *La familia en el derecho de sucesiones*: cuestiones actuales y perspectivas de futuro. Madrid: Dykinson, 2010. p. 560.

82 Os custos transacionais não são compensados pela utilidade e pelo bem-estar social, que eram a pedra do sistema socioeconômico anterior. Organização sucessória *mortis causa* por acordo sucessório, no lugar do testamento, acarreta maiores custos, o que explica a preferência aos testamentos em relação aos acordos testamentários. A regulação legal para ser eficiente deve ser feita para reduzir os custos transacionais e prover o possível em retorno de bem-estar e utilidade às partes. Apesar das mudanças feitas pelo legislador catalão, a regulação legal dos acordos sucessórios não é eficiente o suficiente para a sucessão entre famílias comerciantes. A regulação legal que gera menos custos e como resultado é a mais eficiente economicamente é a regulação por testamento. Cf. NAVAS NAVARRO, Susana. Freedom of testation versus freedom to enter into succession agreements and transaction costs. *In*: ANDERSON, Mirian; ARROYO I AMAYUELAS, Esther (Ed.). *The law of succession*: testamentary freedom. European perspectives. Amsterdam: European Studies in Private Law, 2011. p. 117-125.

83 Código Civil português, art. 1700º 1. A convenção antenupcial pode conter: c) A renúncia recíproca à condição de herdeiro legitimário do outro cônjuge. (...) 3.A estipulação referida na alínea c) do nº 1 apenas é admitida caso o regime de bens, convencional ou imperativo, seja o da separação.

84 TEIXEIRA, Daniele. *Planejamento sucessório*: pressupostos e limites. 2. reimpr. Belo Horizonte: Fórum, 2018. p. 185.

85 BONOMI, Andrea. Testamentary freedom or forced heirship? Balancing party autonomy and the protection of family members. *In*: ANDERSON, Mirian; ARROYO I AMAYUELAS, Esther (Ed.). *The law of succession*: testamentary freedom. European perspectives. Amsterdam: European Studies in Private Law, 2011. p. 26-27.

5 Considerações finais

É imperiosa a necessidade de se ajustar o direito sucessório brasileiro. Nessa investigação, foi imprescindível o exame do direito das sucessões com aprofundamento da análise de alguns institutos da legislação sucessória e princípios constitucionais, já que se compreende que a interpretação do direito civil deva ser funcionalizada.

Para que uma legislação sucessória baseada nos princípios constitucionais da autonomia e da solidariedade seja concretizada é necessário revisitar a vedação ao pacto sucessório, não necessariamente com a alteração legislativa, que também poderia ser flexibilizada pela interpretação funcional dos institutos com base nos valores constitucionais, utilizando parâmetros e casos de exceção. É o que se tem feito em outros ordenamentos jurídicos do sistema de *civil law*, mesmo naqueles em que o dogma do direito romano ainda é muito presente.

Cabe destacar que o pacto sucessório pode viabilizar um aumento da liberdade tanto do testador como do herdeiro. Dessa forma, os testadores podem planejar a transmissão da herança de maneira mais organizada, econômica, ágil, segura e efetiva. Podem, inclusive, tomar decisões levando em conta os próprios desejos, as necessidades e os méritos dos membros da família.

O que se verifica é que o direito sucessório precisa de meios com maior flexibilização para que o autor da herança exerça sua autonomia, até mesmo para que este possa ser, efetivamente, solidário. Antes de qualquer e possível alteração na legislação sucessória, o que o ordenamento jurídico nos possibilita é exercer a liberdade de testar.

Referências

ÁLVAREZ LATA, Natalia. Empresa familiar y planificación sucesoria. Un acercamiento a los protocolos familiares como instrumentos de esa ordenación. *In*: REBOLLEDO VARELA, Ángel Luis (Coord.). *La familia en el derecho de sucesiones*: cuestiones actuales y perspectivas de futuro. Madrid: Dykinson, 2010.

ANDERSON, Mirian; ARROYO I AMAYUELAS, Esther (Ed.). *The law of succession*: testamentary freedom. European perspectives. Amsterdam: European Studies in Private Law, 2011.

ARIÈS, Philippe. *História da morte no Ocidente*. Tradução de Priscila Viana de Siqueira. Rio de Janeiro: Ediouro, 2003.

BARBOZA, Heloisa Helena. Reflexões sobre a autonomia negocial. *In*: TEPEDINO, Gustavo; FACHIN, Luiz Edson (Coord.). *O direito e o tempo*: embates jurídicos e utopias contemporâneas. Estudos em homenagem ao Professor Ricardo Pereira Lira. Rio de Janeiro: Renovar, 2008.

BARROSO, Luís Roberto. Aqui, lá e em todo lugar: a dignidade humana no direito contemporâneo e no discurso transnacional. *Revista dos Tribunais*, São Paulo, n. 919, maio 2012.

BONOMI, Andrea. Testamentary freedom or forced heirship? Balancing party autonomy and the protection of family members. *In*: ANDERSON, Mirian; ARROYO I AMAYUELAS, Esther (Ed.). *The law of succession*: testamentary freedom. European perspectives. Amsterdam: European Studies in Private Law, 2011.

BRAUN, Alexandra. Towards a greater autonomy for testators and heirs: some reflections on recent reforms in France, Belgium and Italy. *ZEuP Zeitschrift für Europäiches Privatrecht*, Berlin, n. 3, p. 461-483, 2012.

BUCAR, Daniel; TEIXEIRA, Daniele Chaves. Autonomia e solidariedade. *In*: TEPEDINO, Gustavo; TEIXEIRA, Ana Carolina Brochado; ALMEIDA, Vitor (Coord.). *O direito civil entre o sujeito e a pessoa*: estudos em homenagem ao Professor Stefano Rodotà. Belo Horizonte: Fórum, 2016.

CÁMARA LAPUENTE, Sergio. Testamentary formalities in Spain. *In*: REID, Kenneth G. C.; WAAL, Marius J. de; ZIMMERMANN, Reinhard (Ed.). *Testamentary formalities*. Oxford: University Press, 2011.

FACHIN, Luiz Edson. Fundamentos, limites e transmissibilidade. Anotações para uma leitura crítica, construtiva e de índole constitucional da disciplina dos direitos da personalidade no Código Civil brasileiro. *Revista EMERJ*, Rio de Janeiro, v. 8, n. 31, 2005.

GAYA, Karyna Saraiva Leão. Planejamento sucessório: uma saudável preocupação com o futuro. *Revista Síntese: Direito de Família*, Porto Alegre, ano XIII, n. 70, p. 124-125, fev./mar. 2012.

GIORGIANNI, Michele. O direito privado e as suas atuais fronteiras. *Revista dos Tribunais*, São Paulo, ano 87, v. 747, jan. 1998.

HELMS, Tobias. Contracts of inheritance and joint wills. *In*: BASEDOW, Jürgen *et al.* (Ed.). *The Max Planck Encyclopedia of European Private Law*. Oxford: Oxford University Press, 2012. v. I.

IBDFAM – INSTITUTO BRASILEIRO DE DIREITO DE FAMÍLIA. *Anteprojeto de lei para reforma do direito das sucessões*. Disponível em: file:///C:/Users/User/Downloads/anteprojeto_sucessoes%20(2).pdf. Acesso em: 31 maio 2018.

MADALENO, Rolf. A crise conjugal e o colapso dos atuais modelos de regime de bens. *In*: PEREIRA, Rodrigo da Cunha. *Família*: entre o público e o privado. Porto Alegre: Magister/IBDFAM, 2012.

MORAES, Maria Celina Bodin de. Uma aplicação do princípio da liberdade. Na medida da pessoa humana. *In*: MORAES, Maria Celina Bodin de. *Na medida da pessoa humana*. Rio de Janeiro: Renovar, 2010.

NAVAS NAVARRO, Susana. Freedom of testation versus freedom to enter into succession agreements and transaction costs. *In*: ANDERSON, Mirian; ARROYO I AMAYUELAS, Esther (Ed.). *The law of succession*: testamentary freedom. European perspectives. Amsterdam: European Studies in Private Law, 2011.

NEVARES, Ana Luiza Maia. *A função promocional do testamento*: tendências do direito sucessório. Rio de Janeiro: Renovar, 2009.

NEVARES, Ana Luiza Maia. A proteção da família no direito sucessório: necessidade de revisão? *IBDFAM*, 20 maio 2015. Disponível em: http://www.ibdfam.org.br/artigos/1033/A+prote%C3%A7%C3%A3o+da+fam%C3%ADlia+no+Direito+Sucess%C3%B3rio%3A+necessidade+de+revis%C3%A3o%3F. Acesso em: 7 de nov. 2015.

NIETO ALONSO, Antonia. Uniones extrapatrimoniales: derechos sucesorios y atribuiciones post mortem de naturaleza familiar y social. *In*: REBOLLEDO VARELA, Ángel Luis (Coord.). *La familia en el derecho de sucesiones*: cuestiones actuales y perspectivas de futuro. Madrid: Dykinson, 2010.

PERLINGIERI, Pietro. *Manuale di diritto civille*. 5. ed. amp. riv. agg. Napoli: Edizioni Scientifiche Italiane, 2005.

PERLINGIERI, Pietro. *O direito civil na legalidade constitucional*. Rio de Janeiro: Renovar, 2008.

PERLINGIERI, Pietro. *Perfis do direito civil*. Rio de Janeiro: Renovar, 1999.

PINTENS, Walter. Need and opportunity of convergence in European succession laws. *In*: ANDERSON, Mirian; ARROYO I AMAYUELAS, Esther (Ed.). *The law of succession*: testamentary freedom. European perspectives. Amsterdam: European Studies in Private Law, 2011.

ROCA I TRÍAS, Encarna. *Derecho de sucesiones*. Valencia: Tirant lo Blanch, 2002.

RÖTHEL, A. Law of succession and testamentary freedom in Germany. *In*: ANDERSON, Mirian; ARROYO I AMAYUELAS, Esther (Ed.). *The law of succession*: testamentary freedom. European perspectives. Amsterdam: European Studies in Private Law, 2011.

SANTOS, J. M. de Carvalho. *Código Civil brasileiro interpretado*. 13. ed. Rio de Janeiro: Freitas Bastos, 1988. v. XII.

SCHREIBER, Anderson. *A pessoa e a lei*. Direitos da personalidade. São Paulo: Atlas, 2011.

SCHREIBER, Anderson. *Direito civil e a Constituição*. São Paulo: Atlas, 2013.

SILVA, Marcos Alves da. Cônjuge herdeiro desnecessário. *In*: RUZYK, Carlos Eduardo Pianovski *et al.* (Org.). *Direito civil constitucional*: ressignificação da função dos institutos fundamentais do direito civil contemporâneo e suas consequências. Florianópolis: Conceito, 2014.

TEIXEIRA, Ana Carolina Brochado. *Saúde, corpo e autonomia privada*. Rio de Janeiro: Renovar, 2010.

TEIXEIRA, Daniele Chaves. A relevância no atual ordenamento brasileiro. *In*: TEPEDINO, Gustavo; TEIXEIRA, Ana Carolina Brochado; ALMEIDA, Vitor (Coord.). *Da dogmática à efetividade do direito civil*: anais do Congresso Internacional de Direito Civil Constitucional – IV Congresso do IBDCIVIL. Belo Horizonte: Fórum, 2017.

TEIXEIRA, Daniele. *Planejamento sucessório*: pressupostos e limites. 2. reimpr. Belo Horizonte: Fórum, 2018.

TEPEDINO, Gustavo. A disciplina civil-constitucional das relações familiares. *In*: TEPEDINO, Gustavo. *Temas de direito civil*. 4. ed. Rio de Janeiro: Renovar, 2008.

TEPEDINO, Gustavo; BARBOZA; Heloisa Helena; MORAES, Maria Celina Bodin de. *Código Civil interpretado conforme a Constituição da República II*. Rio de Janeiro: Renovar, 2006.

VIEIRA, Liszt. *Cidadania e globalização*. 5. ed. Rio de Janeiro: Record, 2001.

Informação bibliográfica deste texto, conforme a NBR 6023:2018 da Associação Brasileira de Normas Técnicas (ABNT):

TEIXEIRA, Daniele. Autonomia privada e a flexibilização dos pactos sucessórios no ordenamento jurídico brasileiro. *In*: TEIXEIRA, Daniele Chaves (Coord.). *Arquitetura do planejamento sucessório*. 3. ed. Belo Horizonte: Fórum, 2022. p. 137-154. Tomo I. ISBN 978-65-5518-459-4.

FAZ SENTIDO A PERMANÊNCIA DO PRINCÍPIO DA INTANGIBILIDADE DA LEGÍTIMA NO ORDENAMENTO JURÍDICO BRASILEIRO?

DANIELE CHAVES TEIXEIRA
MAICI BARBOZA DOS SANTOS COLOMBO

1 Introdução: premissas para a compreensão da legítima na sociedade contemporânea

Aos herdeiros necessários,[1] que são, segundo o texto do Código Civil brasileiro, os ascendentes, os descendentes e o cônjuge,[2] defere-se, de pleno direito, a metade dos bens da herança, a qual constitui a legítima.[3] Trata-se de disposição legal do Direito Sucessório que restringe a liberdade de testar em favor daqueles que, vinculados ao *de cujus* por estreitos laços familiares, são considerados pela lei como merecedores *in abstrato* de parcela mínima da herança, disso extraindo-se, portanto, o princípio da intangibilidade da legítima.

O sistema jurídico brasileiro, ao impor uma limitação parcial ao autor da herança na disposição de seus bens para depois da morte, destaca a tensão entre a liberdade de testar fundada na autonomia patrimonial e a solidariedade entre os membros mais próximos da família. A análise que se debruça sobre a legítima deve, então, considerar que ambos os valores, liberdade[4] [5] e solidariedade,[6] permeiam o ordenamento jurídico

---

1 Código Civil, art. 1.845. São herdeiros necessários os descendentes, os ascendentes e o cônjuge.

2 Em relação ao regime sucessório na união estável, o Supremo Tribunal Federal (STF) julgou recentemente os Recursos Extraordinários 646.721/RS e 878.694/MG, em sede de Repercussão Geral, fixando a seguinte tese: "No sistema constitucional vigente, é inconstitucional a distinção de regimes sucessórios entre cônjuges e companheiros, devendo ser aplicado, em ambos os casos, o regime estabelecido no art. 1.829 do CC/2002".

3 Código Civil, art. 1.846. Pertence aos herdeiros necessários, de pleno direito, a metade dos bens da herança, constituindo a legítima.

4 Constituição Federal de 1988, art. 1º: A República Federativa do Brasil, formada pela união indissolúvel dos Estados e Municípios e do Distrito Federal, constitui-se em Estado Democrático de Direito e tem como fundamentos:
[...]
IV - os valores sociais do trabalho e da livre iniciativa; [...].

5 Entenda-se a liberdade em uma perspectiva civil-constitucional, não sob o dogma liberal-individualista, mas conformada com os valores constitucionais orientadores do sistema jurídico. Sobre isso: "[a] liberdade de cada um deve ser compatível com o valor de tutela da pessoa, com a qual a liberdade é obrigada a se medir; de outro modo, a liberdade individual torna-se prepotência com os 'menores em sentido amplo', arrogância contra pessoas não organizadas; afirmação que não pretende, minimamente, ofender o pluralismo que, justamente, no respeito à minoria afunda as raízes históricas ideais" (PERLINGIERI, Pietro. *Perfis do Direito Civil:* Introdução ao Direito Civil Constitucional. 3. ed. Rio de Janeiro: Renovar, 2007. p. 40).

6 Constituição Federal de 1988, art. 3º. Constituem objetivos fundamentais da República Federativa do Brasil:
I - construir uma sociedade livre, justa e solidária; [...].

brasileiro e se alternam em predominância, conforme atendam melhor ao princípio basilar da dignidade humana, consagrado no art. 1º, III, da Constituição Federal.[7]

Contudo, a legislação sucessória, sobretudo o Código Civil vigente e, portanto, também o regramento sobre a intangibilidade da legítima, ainda reflete um modelo hierarquizado de família, preocupado com a preservação do casamento e com o patrimônio familiar, revelando um grande descompasso com os valores constitucionais vigentes, e, nisso, reproduzindo a essência do Código Civil de 1916.

É de fundamental importância observar também que a sucessão legítima como um todo e, mais ainda, a proteção aos herdeiros necessários devem caminhar *pari passu* com as profundas mudanças incidentes nas relações sociais em geral e, especificamente, nas relações de família, ao longo do último século, e que culminaram na tutela jurídica constitucional concretizada pelo legislador constituinte de 1988. Desde então, passou-se a compreender que a proteção jurídica da família se justifica, não como um fim em si mesmo, mas na medida em que constitui instrumento de desenvolvimento e de proteção de seus membros. Com isso, modalidades de família que eram relegadas à marginalidade da lei passaram a gozar do reconhecimento e da proteção constitucional,[8] [9] superando-se o monopólio antes detido pelo casamento heteroafetivo.[10] Essa transição da família patriarcal para uma família democrática no Direito brasileiro[11] decorre do reconhecimento de "um outro modo de ser e estar na relação jurídica e no reconhecimento da dimensão jurídica das relações sociais".[12]

---

[7] A metodologia civil-constitucional, que é observada nesse estudo, pressupõe "argumentar sobre normas-princípios, cuja aplicação não assume a forma silogística da subsunção, mas aquela da otimização ao realizar o preceito, segundo uma sua hierarquia, mas também segundo uma sua razoável ponderação em relação ao caso concreto a ser decidido" (PERLINGIERI, Pietro. *O direito civil na legalidade constitucional*. Rio de Janeiro: Renovar: 2008. p. 596.)

[8] Em rol exemplificativo, a Constituição Federal estendeu a tutela jurídica às famílias baseadas na união estável e às famílias monoparentais, em seu art. 226, *in verbis*: "[a] família, base da sociedade, tem especial proteção do Estado.
[...]
§3º Para efeito da proteção do Estado, é reconhecida a união estável entre o homem e a mulher como entidade familiar, devendo a lei facilitar sua conversão em casamento.
§4º Entende-se, também, como entidade familiar a comunidade formada por qualquer dos pais e seus descendentes. [...]".

[9] Segundo Maria Celina Bodin de Moraes: "[q]uanto à diversidade na família, cabe reafirmar que o fenômeno familiar deixou de ser unitário, não se constituindo o casamento mais como a única referência constitutiva do grupo familiar, como ocorria antigamente. Juridicamente, de fato, admitem-se entidades diferenciadas. A própria Constituição, como se salientou, reconhece, em rol exemplificativo, estruturas distintas de relacionamento familiar. De modo que outras configurações são possíveis e até desejáveis. Além das uniões estáveis, das chamadas famílias recompostas e das famílias monoparentais devem usufruir de proteção formas alternativas, tais como as famílias concubinas, as famílias homoafetivas, a adoção de adultos, entre outras" (MORAES, Maria Celina Bodin de. A Família Democrática. In: PEREIRA, Rodrigo da Cunha (Org.). *Anais do V Congresso Brasileiro do Direito de Família*. Disponível em: http://www.ibdfam.org.br/_img/congressos/anais/31.pdf. Acesso em: 5 jul. 2018.)

[10] Por efeito do julgamento da Ação de Descumprimento de Preceito Fundamental (ADPF) 132, em 2011, o Supremo Tribunal Federal reconheceu a união estável homoafetiva como modalidade de família, a gozar de toda a tutela estatal conferida a qualquer outra entidade familiar. O Conselho Nacional de Justiça, por consequência, editou a Resolução 175, de 14 de maio de 2013, que regulamenta o casamento homoafetivo, proibindo as autoridades competentes a recusar a habilitação, o casamento e a conversão de união estável em casamento, solicitada por pessoas do mesmo sexo.

[11] A família democratizada assenta suas bases no seguinte tripé principiológico: a igualdade na relação conjugal, a igualdade entre os filhos e a pluralidade das formas de família. Sobre o tema, Cf. MORAES, Maria Celina Bodin. A nova família, de novo. *Pensar*, Fortaleza, v. 18, n. 2, p. 587-628, maio/ago. 2013.

[12] FACHIN, Luiz Edson. Princípios constitucionais do direito de família brasileiro contemporâneo. In: BASTOS, Eliene Ferreira; DIAS, Maria Berenice (Coord.). *A família além dos mitos*. Belo Horizonte: Del Rey, 2008. p. 122.

Portanto, as demandas da sociedade contemporânea tiveram por efeito a reconstrução da disciplina jurídica das relações sociais em geral e das relações familiares, o que repercute no Direito Sucessório. Entre essas demandas, destaca-se a igualdade de gêneros,[13] prevista no art. 5º, I,[14] e no art. 226, §5º,[15] ambos da Constituição Federal. A mulher, antes limitada à atuação na vida privada,[16] [17] responsabilizando-se pela criação dos filhos e pela administração do lar, emancipou-se, tomando as rédeas de seu próprio destino, franqueando-se, no plano jurídico, ao menos teoricamente, o acesso à mesma posição ocupada pelo homem na vida social, política, econômica e em qualquer esfera de atuação.

Apesar de ainda se estar muito aquém do ideal e de uma igualdade material plena, as demandas feministas repercutem na regulamentação jurídica das interações familiares. Cite-se como exemplo a Convenção Internacional sobre a Eliminação de Todas as Formas de Discriminação contra a Mulher, internalizada no Brasil por meio da promulgação do Decreto nº 4.377/2002, que dispõe em seu art. 16 que os Estados-Partes adotarão todas as medidas adequadas para eliminar a discriminação contra a mulher em todos os assuntos relativos ao casamento e às relações familiares e, em particular, com base na igualdade entre homens e mulheres.

Ao lado da igualdade de gêneros, a tutela das vulnerabilidades[18] reforça a personalização e o processo de democratização das relações familiares. Nesse grupo destacam-se as tutelas do idoso e dos filhos menores de idade, impostas pela Constituição Federal, no art. 229, que determina que "[o]s pais têm o dever de assistir, criar e educar os filhos menores, e os filhos maiores têm o dever de ajudar e amparar os pais na velhice,

---

13 Sobre o tema Cf. TEIXEIRA, Daniele Chaves. *Planejamento Sucessório:* pressupostos e limites. Belo Horizonte: Fórum, 2017.

14 Constituição Federal, art. 5º: Todos são iguais perante a lei, sem distinção de qualquer natureza, garantindo-se aos brasileiros e aos estrangeiros residentes no País a inviolabilidade do direito à vida, à liberdade, à igualdade, à segurança e à propriedade, nos termos seguintes:
I - homens e mulheres são iguais em direitos e obrigações, nos termos desta Constituição.

15 Constituição Federal, art. 226. A família, base da sociedade, tem especial proteção do Estado.
§5º Os direitos e deveres referentes à sociedade conjugal são exercidos igualmente pelo homem e pela mulher.

16 Até a edição da Lei nº 4.121, de 1962, a mulher casada era considerada pessoa relativamente incapaz e não podia sequer escolher a própria profissão, segundo o Código Civil de 1916, em razão da sujeição ao marido. Apesar de revogada a redução da capacidade civil de fato, mesmo depois da lei, o homem continuava a ser considerado o "chefe da família", a quem incumbia, inclusive, a escolha do domicílio conjugal, a representação legal da família e a administração dos bens comuns e dos bens particulares, a depender do regime de bens do casal.

17 O *locus* histórico-social da mulher no ordenamento brasileiro foi assim explicado por Ana Carla Matos e Isabela Hümmelgen: "[n]essa atribuição de funções aos gêneros, foi concedida às mulheres a existência no espaço privado, a realização da esfera afetiva da família e o cuidado com a prole. Aos homens, por outro lado, conferiu-se o protagonismo na esfera pública e a ocupação dos postos de poder. A categoria de gênero, por consequência, contribui na construção de uma sociedade hierarquizada, na qual as funções 'femininas' são menos valorizadas que as funções 'masculinas'. Essa hierarquização, por sua vez, reflete nas principais estruturas de poder da sociedade, inclusive no ordenamento jurídico. Afinal, o Direito em si tem sido produto das sociedades patriarcais, articulado a partir de um ponto de vista masculino" (MATOS, Ana Carla; HÜMMELGEN, Isabela. Notas sobre as relações de gênero no planejamento sucessório. Nesta edição).

18 Para o conceito de vulnerabilidades, Cf. BARBOZA, Heloísa Helena; ALMEIDA, Vitor. A tutela das vulnerabilidades na legalidade constitucional. In: TEPEDINO, Gustavo; TEIXEIRA, Ana Carolina Brochado; ALMEIDA, Vitor (Coord.). *Da dogmática à efetividade do Direito Civil:* Anais do Congresso Internacional de Direito Civil Constitucional – IV Congresso do IBDCivil. Belo Horizonte: Fórum, 2017. p. 37-50.

carência ou enfermidade". Além disso, os artigos 229[19] e 230[20] da Constituição Federal dispõem especificamente da tutela das crianças e adolescentes e dos idosos como deveres da família, da sociedade e do Estado. Assim, a família contemporânea assume natureza instrumental no desenvolvimento da personalidade de seus membros e de proteção dos integrantes mais vulneráveis, motivo pelo qual recebe especial proteção do Estado.

Outro fator deve ser considerado na releitura do Direito das Sucessões e, consequentemente, também da legítima: o patrimonialismo que marcou os códigos civis oitocentistas foi sobrepujado pelas situações existenciais, de modo que a proteção ao patrimônio deixou de ser um fim em si mesmo no Direito Civil e passou a ser condicionada pela realização concreta da dignidade humana. Diante disso, o dogma liberal-individualista outrora predominante cede lugar ao solidarismo, superando-se a centralidade do indivíduo de forma insular e substituindo-a pela noção de pessoa,[21] conformada com os valores fundadores do sistema.

Em relação à propriedade, ela também sofreu a transformação socioeconômica ocorrida a partir do fim do século passado, mudando sua funcionalidade na era contemporânea.[22] O patrimônio não se restringe mais aos bens imóveis, como se verificava no passado predominantemente rural da história brasileira. Embora ainda conservem grande importância, eles cedem espaço a novos bens jurídicos, tão ou até mais valiosos e cuja imaterialidade favorece a fluidez no trânsito jurídico, tais como valores mobiliários, moedas criptografadas, direitos autorais, entre outros. Surgem, também, com valor jurídico, perfis e dados em redes sociais, que ressignificam a própria noção de herança e patrimônio, acentuando-se a insuficiência do paradigma patrimonial para a solução dessas questões no âmbito do Direito Sucessório.[23]

---

19 Constituição Federal, art. 227. É dever da família, da sociedade e do Estado assegurar à criança, ao adolescente e ao jovem, com absoluta prioridade, o direito à vida, à saúde, à alimentação, à educação, ao lazer, à profissionalização, à cultura, à dignidade, ao respeito, à liberdade e à convivência familiar e comunitária, além de colocá-los a salvo de toda forma de negligência, discriminação, exploração, violência, crueldade e opressão.

20 Constituição Federal, art. 230. A família, a sociedade e o Estado têm o dever de amparar as pessoas idosas, assegurando sua participação na comunidade, defendendo sua dignidade e bem-estar e garantindo-lhes o direito à vida.

21 Segundo Rodotà, pode-se compreender uma transição do conceito kelseniano do sujeito – entendido como "unidade personificada de normas" e a pessoa física como "unidade de deveres e direitos" – ao da pessoa como o caminho para a recuperação integral da individualidade e da identificação dos valores fundadores do sistema (RODOTÀ, Stefano. *Dal sogetto alla persona*. Napoli: Editoriale Scientifica, 2007. p. 25).

22 COMPARATO, Fábio Konder. Direitos e deveres fundamentais em matéria de propriedade. *Revista Ministério Público*, Rio de Janeiro, n. 7, p. 73-87, 1998, p. 78.

23 Lívia Teixeira Leal aponta que "[o] debate referente à denominada *herança digital* remonta ao caso retratado em matéria publicada no *The Washington Post*, em 2005, do pai de um soldado norte-americano morto no Iraque que pretendia obter acesso à conta de *e-mail* do filho. Para o pai, a conta deveria ser transmitida a ele, na medida em que seria propriedade do filho, transferindo-se após a morte deste. Contudo, o provedor se recusou a fornecer informações para o acesso à conta, considerando a proteção do direito à privacidade". Ao final, conclui-se que "[...] não obstante as situações jurídicas existenciais não se transfiram após a morte, as situações jurídicas patrimoniais, como a exploração econômica dos direitos da personalidade, podem ser transferidas, devendo esta mesma lógica ser aplicada no caso das situações jurídicas dúplices, quando devem ser discriminados os dois interesses – existenciais e patrimoniais. Por isso, a necessidade de se promover tal diferenciação. Deve-se buscar a funcionalidade concreta presente na situação analisada, a fim de conferir tratamento adequado a cada situação jurídica que se constitui no âmbito da rede". Cf. LEAL, Lívia Teixeira. Internet e morte do usuário: a necessária superação do paradigma da herança digital. *Revista Brasileira de Direito Civil – RBDCivil*, Belo Horizonte, v. 16, p. 181-197, abr./jun. 2018. p. 184/196.

Diante desse contexto, é pertinente questionar-se os efeitos dessas mudanças que afetam não apenas a produção das leis, mas toda a interpretação do ordenamento jurídico pátrio, sobre o instituto da legítima.

2 A legítima no ordenamento jurídico brasileiro em uma perspectiva estrutural

A sucessão testamentária é espécie de sucessão *causa mortis* que se verifica quando o autor da herança houver deixado testamento válido e eficaz. Caso contrário, se não houver testamento ou, havendo, o ato estiver eivado de nulidade, houver caducado, ou não contemplar todo o acervo patrimonial do falecido,[24] os bens do falecido são transmitidos por meio da sucessão legítima, ou seja, segundo as regras do Código Civil. Nesse passo, a qualidade de herdeiro pode ser atribuída a alguém i) no testamento, caso em que é designado *herdeiro testamentário*; ou ii) pelo Código Civil, situação em que se denomina *herdeiro legítimo*.

A legítima consiste em limitação à liberdade de testar do autor da herança, que se verifica quando houver herdeiros que a lei – portanto, herdeiros legítimos – considera inafastáveis por ato de vontade imotivado do autor da herança: são eles os herdeiros necessários ou reservatários, assim considerados por manterem estreitos laços familiares com o falecido. Despir essas pessoas da condição de herdeiros atribuída pela lei é ato condicionado à verificação de circunstâncias de fato bastante graves, legalmente tipificadas, e que, de modo geral, atentam contra a vida, a integridade ou a honra do autor da herança ou de familiar próximo. São os casos de indignidade[25] e deserdação.[26]

Além de não poderem ser afastados injustificadamente, aos herdeiros necessários defere-se outro benefício: a garantia de recebimento de metade da herança. Eis, então, o *locus* da legítima no ordenamento jurídico brasileiro. Trata-se de instituto próprio da sucessão *causa mortis* que impõe a incidência das normas da sucessão legítima, caso haja herdeiros necessários. Quanto ao remanescente do patrimônio do falecido, ou seja, quanto à metade disponível, esta sim poderá ser objeto de livre decisão do testador. Portanto, caso o falecido tenha deixado herdeiros necessários, titulares da legítima

---

[24] Código Civil, art. 1.788. Morrendo a pessoa sem testamento, transmite a herança aos herdeiros legítimos; o mesmo ocorrerá quanto aos bens que não forem compreendidos no testamento; e subsiste a sucessão legítima se o testamento caducar, ou for julgado nulo.

[25] Código Civil, art. 1.814. São excluídos da sucessão os herdeiros ou legatários:
I - que houverem sido autores, coautores ou partícipes de homicídio doloso, ou tentativa deste, contra a pessoa de cuja sucessão se tratar, seu cônjuge, companheiro, ascendente ou descendente;
II - que houverem acusado caluniosamente em juízo o autor da herança ou incorrerem em crime contra a sua honra, ou de seu cônjuge ou companheiro;
III - que, por violência ou meios fraudulentos, inibirem ou obstarem o autor da herança de dispor livremente de seus bens por ato de última vontade.

[26] Código Civil, art. 1.961. Os herdeiros necessários podem ser privados de sua legítima, ou deserdados, em todos os casos em que podem ser excluídos da sucessão.
Art. 1.962. Além das causas mencionadas no art. 1.814, autorizam a deserdação dos descendentes por seus ascendentes:
I - ofensa física;
II - injúria grave;
III - relações ilícitas com a madrasta ou com o padrasto;
IV - desamparo do ascendente em alienação mental ou grave enfermidade.

(reserva de bens), e tenha também deixado testamento, conviverão as sucessões legítima e testamentária, uma regulando a transmissão da metade indisponível e, a outra, respectivamente, regulando a transmissão da metade disponível.

A restrição da liberdade de testar é tradição no Direito brasileiro. Ainda sob a vigência das Ordenações Filipinas, no direito pré-codificado, a legítima recaía sobre 2/3 do patrimônio do falecido – razão por que a parte disponível era denominada de "terça" – e favorecia os filhos do autor da herança então considerados legítimos.[27] Em 1907, por meio do Decreto nº 1.839, também conhecido como "Lei Feliciano Pena", o *quantum* reservado à legítima foi reduzido para metade dos bens da herança,[28] disposição que foi mantida no direito codificado tanto do Código Civil de 1916[29] quanto do Código Civil de 2002.[30]

Observa-se que a preocupação do Estado com a família é uma constante nos diplomas legais que vigem e vigeram no Direito brasileiro, principalmente porque, em comum, todas as disposições sobre a legítima partem da presunção de afeto decorrente das relações familiares, principalmente entre ascendentes e descendentes e, atualmente, abarcando as relações de conjugalidade.[31]

Contudo, em contextos sociais tão acentuadamente distintos, torna-se relevante identificar as rupturas que ocorreram na função da legítima ao longo do tempo, a fim de se superar o excesso de abstração da lei, por meio da adequação do instituto à experiência social contemporânea. Ou seja, considerando-se que o significado de qualquer instituto jurídico, e, especialmente, da legítima, é dinâmico, flexível, se amolda às necessidades sociais em cada contexto, deve-se questionar a função da legítima na atualidade, pois, segundo Konder, "[o]s institutos jurídicos mudam de significado com a passagem do tempo, prestando-se a funções que antes não realizavam e deixando de ser aplicados para as finalidades que originalmente foram concebidos".[32] Portanto, diante das significativas mudanças jurídico-sociais já mencionadas é pertinente a indagação sobre

---

27 Ordenações Filipinas, Quarto livro: Quando no testamento o pai não faz menção ao filho, ou o filho do pai, e dispõem somente da terça. [...] "E, dispondo o pai, ou mãi, em seu testamento de todos os seus bens e fazenda, não fazendo menção e seu filho legítimo, sabendo que o tinha, ou desherdando-o, não declarando a causa legítima, porque o desherda, tal testamento he por direito nenhum e de nenhum vigor, quanto a instituição, ou desherdação nelle feita, mas os legados conteúdos no dito testamento serão em todo o caso firmes e valiosos, em quanto abranger a terça da herança". SALGUEIRO, Angela dos Santos Aguiar et al. Disponível em: http://www1.ci.uc.pt/ihti/proj/filipinas/l4p912.htm. Acesso em: 29 jun. 2018.

28 Art. 2º O testador que tiver descendente ou ascendente succesivel só poderá dispor de metade de seus bens, constituindo a outra metade a legitima daquelles, observada a ordem legal.

29 Art. 1.721. O testador que tiver descendente ou ascendente sucessível, não poderá dispor de mais da metade de seus bens; a outra pertencerá de pleno direito ao descendente e, em sua falta, ao ascendente, dos quais constitui a legítima, segundo o disposto neste Código (arts. 1.603 a 1.619 e 1.723).

30 Art. 1.846. Pertence aos herdeiros necessários, de pleno direito, a metade dos bens da herança, constituindo a legítima.

31 Quanto à união estável, remete-se o leitor à nota 2.

32 Sobre o tema: "É fundamental construir a dogmática sem recair no dogmatismo e isto implica reconhecer as diversas rupturas que ocorrem na função de um instituto jurídico durante a sua utilização na história. Afinal, se um mesmo instituto foi capaz de estar presente em sociedades tão díspares como a Roma clássica, a França revolucionária e o Brasil do século XX, é inevitável que não desempenhasse exatamente a mesma função em cada um desses contextos. Até mesmo porque, como observado, o significado funcional do instituto somente se constrói na interação com demais elementos do sistema jurídico e, principalmente, com os elementos extrajurídicos pertinentes à experiência social como um todo" (KONDER, Carlos Nelson. Apontamentos iniciais sobre a contingencialidade dos institutos de direito civil. In: MORAES, Carlos Eduardo Guerra de.; RIBEIRO, Ricardo Lodi (Coord.). *Direito Civil*. Coleção Direito UERJ. v. 2. Rio de Janeiro: Freitas Bastos, 2015. p. 43).

as interferências que elas exerceram e exercem na compreensão da função do instituto, perquirindo-se sobre o significado da legítima na sociedade atual.

3 A legítima em perspectiva funcional

É nítido que, no Brasil, o instituto da legítima sofreu fortes influências do dogma liberal-individualista, vigente mesmo durante a elaboração do Código Civil de 2002,[33] que retratava uma família matrimonializada, hierarquizada, patriarcal e transpessoal: representativa da tríade formada pelo liberalismo, pelo individualismo e pelo patrimonialismo.[34]

Havia uma hipervalorização do patrimônio e de tudo o quanto girasse em torno dele. Dessa forma, a pessoa era vista não em uma perspectiva humanista, mas em sua relação com os seus bens, como proprietário, como contratante, como *pater familias* e como testador. Nesse contexto, a proteção da família era limitada em termos patrimoniais: a legítima garantia que o patrimônio se perpetuasse nas mãos de seus integrantes, mais especificamente na linha reta masculina, mesmo porque, até bem pouco tempo, a mulher sequer era autorizada a gerir seu próprio patrimônio.

Era também flagrante a importância do aspecto sanguíneo, da perpetuação do patrimônio aos herdeiros legítimos, como forma de proteger a própria descendência, caracterizada pelo laço de sangue.

É importante ressaltar que a legítima é opção legislativa, ou seja, é opção do Estado. Pode-se, assim, dizer que a legítima é um modelo de gerenciamento estatal do patrimônio. Cabe a indagação: seria, dessa forma, um certo paternalismo[35] do Estado para com a sociedade?

Willem Van Boom apresenta a ideia de paternalismo como uma intervenção coerciva no comportamento de indivíduos para impedi-los de causar mal a si mesmos. A intervenção, nesse caso, seria considerada o elemento definidor do paternalismo, sob a justificativa de aumentar o bem-estar e a felicidade do indivíduo ou promover seus interesses, necessidades e valores. Para alguns autores, a autoridade para intervir encontra-se nos próprios poderes coercivos do Estado, enquanto, para outros, o

---

[33] FACHIN, Luiz Edson. O direito de família gauche. *Revista Trimestral de Direito Civil – RTDC*, Rio de Janeiro, v. 9, p. 51-73, jan./mar. 2002. p. 61.

[34] FACHIN, Luiz Edson. O direito de família gauche. *Revista Trimestral de Direito Civil – RTDC*, Rio de Janeiro, v. 9, p. 51-73, jan./mar. 2002. p. 61.

[35] De acordo com a terminologia, diferentes subcategorias são utilizadas. "Paternalismo puro" é distinguido do "paternalismo impuro". O primeiro objetiva diretamente à pessoa que se presume precisar de proteção, enquanto o segundo trata da intervenção de um guardião. "Paternalismo impuro", assim, envolve não apenas o protegido, mas também um terceiro que possui um dever legal de assegurar que o protegido esteja separado de uma fonte de perigo. Pode-se pensar em um *barman* que é legalmente obrigado a vender álcool para uma pessoa abaixo de uma certa idade a ou um consumidor já intoxicado. Outra categoria distingue "paternalismo forte" e "paternalismo fraco". O paternalismo fraco trata de leves intervenções estatais, com a intenção de educar, informar e influenciar o processo decisório, assim "empurrando" os indivíduos para o que é perseguido como melhor resultado. A lei é frequentemente utilizada como instrumento para esse fim e é considerada uma alternativa para companhas informacionais do Estado. O paternalismo forte é mais intervencionista, e sua missão é não meramente informar ou persuadir, mas assegurar que o comportamento do indivíduo que leve a consequências adversas seja alertado ou parado se necessário. O foco é em mudar preferências, e não informar as vantagens e desvantagens de preferências. Assim, é associado ao direito mandatório (VAN BOOM, Willem H.; OGUS, Anthony. Introducing, defining and balancing "autonomy versus paternalismo". In: VAN BOOM, Willem H.; OGUS, Anthony (Ed.). *Justaposing autonomy and paternalism in private law*. Oxford: Hart Publishing, 2011. p. 2-3).

paternalismo pode estar fundado em um contrato hipotético com o indivíduo, o qual reconhece sua falibilidade, presumindo-se que a capacidade de decidir foi delegada a outrem.[36]

A estratégia do legislador foi eficaz, tendo contribuído para a substituição do sistema, o qual, de centrado na vontade individual, passa a enfatizar a vontade presumida, predominantemente legal, em detrimento do testamento. A sucessão legítima, que passou a ser regulada, leva em consideração as pessoas próximas à família do autor da herança, que, provavelmente, já seriam contempladas se ele testasse.

É incontestável a eficácia do recurso da vontade presumida, como uma forma mais simples e segura da sucessão legítima.[37] No Brasil, "a sucessão testamentária é rara, e, quando ela aparece, na maioria das vezes, o testamento é público".[38] Ademais, o instituto da legítima possui, no Brasil, ampla aceitação social. Ocorre que essa aceitação representa, necessariamente, uma limitação à vontade do indivíduo. Embora haja uma facilidade na transmissão por intermédio da vontade presumida, esta poderá não ter sido, a rigor, a vontade absoluta do *de cujus*.

No âmbito da metodologia civil constitucional, Pietro Perlingieri, ao tratar da função social do Direito Sucessório, destaca o fato de que a perspectiva funcional do direito hereditário vem sendo ignorada pela literatura jurídica e de que o esforço reconstrutivo deve ser realizado diante da transformação no contexto social e econômico. Quando se fala de sucessão *mortis causa*, não se pode deixar de considerar que a morte é um fato natural, não obstante a sucessão seja um produto da política legislativa.[39]

Pietro Perlingieri também indaga se a função social da sucessão *causa mortis* representa apenas a necessidade de continuação. Para o autor, a função social é um objetivo que o ordenamento constitucional impõe às instituições ao regular a relação interindividual, que não deve, contudo, ser lida sob uma perspectiva estatista e publicista. Função social e dimensão individual não são incompatíveis, já que é exatamente pela satisfação do interesse individual de relevância constitucional que elas se realizam. A função social apresenta-se sob uma perspectiva dinâmica: sua subsistência em relação a determinado fenômeno não pode ser avaliada aprioristicamente. Entretanto, qualquer instituto que não persiga a função social não é compatível com o ordenamento constitucional.[40]

---

36 VAN BOOM, Willem H.; OGUS, Anthony. Introducing, defining and balancing "autonomy versus paternalismo". In: VAN BOOM, Willem H.; OGUS, Anthony (Ed.). *Justaposing autonomy and paternalism in private law*. Oxford: Hart Publishing, 2011. p. 2-3.

37 LEITE, Eduardo de Oliveira. *Comentários ao Novo Código Civil*: do direito das sucessões (arts. 1.784 a 2.027). Rio de Janeiro: Forense, 2009. p. 381. v. XXI.

38 VELOSO, Zeno. Testamentos: noções gerais; formas ordinárias. *Revista do Advogado AASP: Família e Sucessões*, São Paulo, ano XXXI, n. 112, p. 174-196, jul. 2011. p. 178.

39 Apesar de a morte ser natural, a disciplina das consequências jurídicas é deixada à discricionariedade do legislador. Entretanto, a discricionariedade normativa encontra um forte limite nos valores fundamentais da carta constitucional, em particular, no modo pelo qual se fundamenta no dever de solidariedade familiar, que, por sua vez, encontra expressão no princípio da contribuição, no qual se deve inspirar para reler todo o sistema de sucessão (PERLINGIERI, Pietro. La funzione sociale del diritto sucessorio. In: PERLINGIERI, Pietro. *Rassegna di diritto civile 1*. Diretta da Pietro Perlingieri. Napoli: Edizioni Scientifiche Italiane, 2009. p. 131-132).

40 PERLINGIERI, Pietro. La funzione sociale del diritto sucessorio. In: PERLINGIERI, Pietro. *Rassegna di diritto civile 1*. Diretta da Pietro Perlingieri. Napoli: Edizioni Scientifiche Italiane, 2009. p. 135.

A análise sobre a função social da legítima adquire novos pilares nos princípios constitucionais da proteção e solidariedade familiar,

> pois desempenha, para os membros da família, a função de instrumento para a concretização de uma vida digna, uma vez que estabelece mecanismos econômicos capazes de libertá-los de suas necessidades.[41]

Contemporaneamente, cabe indagar se, com a alteração da família, dos indivíduos que a compõem e com a inclusão do cônjuge como herdeiro necessário, a função de proteção da família pela legítima ainda seria a mesma e se a intangibilidade desta ainda seria coerente na sociedade atual. Portanto, vale refletir: é justificada a permanência, no século XXI, de um instituto que foi pensado para uma sociedade do século XIX? Que proteção se quer possibilitar e a quais membros se quer estender essa tutela?

4 A legítima e a proteção da família na sociedade contemporânea

De início, foram apontados fatores jurídicos e sociais que contribuíram para uma nova dinâmica das relações familiares, que são a igualdade de gêneros, a tutela das vulnerabilidades e a prevalência das situações existenciais sobre as patrimoniais, esta última que afeta, inclusive, a própria noção de patrimônio.[42] Tais fatores, que interferem na compreensão da legítima na sociedade contemporânea, devem ser orientados pelos valores constitucionais do ordenamento, máxime a dignidade humana, bem como a solidariedade social e a liberdade.

Na função da legítima, destaca-se a proteção da família engendrada pela reserva de um mínimo de patrimônio aos herdeiros necessários. Mas será que a forma mais eficaz de proteger a família é, de fato, resguardar um percentual do patrimônio àqueles que a lei considera abstratamente e presumivelmente mais próximos ao falecido? Será que isso basta para justificar a restrição da liberdade de testar?

No Direito Sucessório, especialmente na compreensão da legítima, o excesso de abstração pode causar inúmeras distorções na aplicação da lei ao caso concreto e que contrariam o propósito do instituto de promover a proteção da família. Nesse sentido, destaca-se a necessidade de se contemplar a vulnerabilidade em concreto dos herdeiros que dependiam do autor da herança, mais do que o mero vínculo familiar, a fim de, com isso, atender-se à igualdade material,[43] imperiosa em decorrência da dignidade humana.

---

[41] Cf. NEVARES, Ana Luiza Maia. O princípio da intangibilidade da legítima. In: MORAES, Maria Celina Bodin de (Coord.). *Princípios do direito civil contemporâneo*. Rio de Janeiro: Renovar, 2006. p. 544.

[42] Cf. Item 1 – Premissas para a compreensão da legítima na sociedade contemporânea.

[43] Anote-se a pertinente crítica de Ana Luiza Maia Nevares com relação ao tratamento dado aos familiares na sucessão legítima: "[...] na sucessão de descendentes, ascendentes e colaterais garante-se tão somente a igualdade formal entre os sucessores, a partir da paridade de direitos hereditários, sem que seja buscada qualquer peculiaridade em relação à pessoa do sucessor. Tais herdeiros recebem pelo simples fato de pertencerem à entidade familiar da qual fazia parte o *de cujus*, não havendo quaisquer considerações especiais em atenção aos aspectos pessoais dos sucessores" (NEVARES, Ana Luiza Maia. Fundamentos da Sucessão Legítima. *In*: TEIXEIRA, Ana Carolina Brochado; RIBEIRO, Gustavo Pereira Leite. *Manual de direito das famílias e das sucessões*. 3. ed. Rio de Janeiro: Processo, 2017. p. 660). Diante disso, essa "presunção legal de afeto" que legitima a vocação hereditária na sucessão legítima tem se mostrado insuficiente para concretizar a dignidade humana inerente à igualdade material.

Atualmente, o critério para a instituição da reserva legitimária reside tão somente no vínculo familiar, ou seja, na ligação jurídico-abstrata que o herdeiro mantém com o autor da herança. Conforme essa leitura, o merecimento à legítima e, portanto, à restrição da liberdade de testar do autor da herança se justifica apenas pela continuação do patrimônio na família, sem que haja um questionamento sobre a real necessidade dos herdeiros que com ela são favorecidos e sobre o caráter instrumental da família no desenvolvimento da personalidade de seus integrantes.

Por essa razão, o Projeto de Lei nº 3.799/2019,[44] proposto pela Senadora Soraya Thronicke e fruto do Anteprojeto de Reforma do Direito das Sucessões, elaborado pelo Instituto Brasileiro de Direito de Família (IBDFam)[45] propõe a inclusão de parágrafo único ao art. 1.846 do Código Civil brasileiro, com a seguinte redação:

> O testador poderá destinar um quarto da legítima a descendentes, ascendentes, a cônjuge ou companheiro com deficiência. Considera-se com deficiência toda a pessoa que tem impedimento de longo prazo de natureza física, mental, intelectual ou sensorial, o qual, em interação com uma ou mais barreiras, pode obstruir sua participação plena e efetiva na sociedade em igualdade de condições com as demais pessoas.

A proposta é inspirada no Direito argentino, que prevê a destinação, pelo testador, de um terço da legítima a herdeiros com deficiência,[46] de modo a ampliar a liberdade do testador em favor desse grupo vulnerável.[47]

Dessa forma, é imperiosa a revisitação da liberdade de testar, antes analisada sob a ótica voluntarista-contratual e agora com papel determinante na tutela das vulnerabilidades em concreto.[48] Assegurar ao autor da herança maior liberdade em função da proteção às pessoas com deficiência endossa a solidariedade entre os membros da família e reafirma o valor da dignidade humana em concreto ao mesmo tempo em que amplia a liberdade de testar do autor da herança.[49]

---

[44] BRASIL. Senado Federal. Projeto de Lei nº 3.799 de 2019. Altera o Livro V da Parte Especial da Lei nº 10.406, de 10 de janeiro de 2002, e o Título III do Livro I da Parte Especial da Lei nº 13.105, de 16 de março de 2015, para dispor sobre a sucessão em geral, a sucessão legítima, a sucessão testamentária, o inventário e a partilha. Disponível em: https://legis.senado.leg.br/sdleg-getter/documento?dm=7973456&ts=1630421284494&disposition=inline. Acesso em: 14 dez. 2021.

[45] Disponível em: http://www.ibdfam.org.br/conteudo/anteprojeto_sucessoes. Acesso em: 3 jul. 2018.

[46] Código Civil argentino, artículo 2448: Mejora a favor de heredero con discapacidad. El causante puede disponer, por el medio que estime conveniente, incluso mediante un fideicomiso, además de la porción disponible, de un tercio de las porciones legítimas para aplicarlas como mejora estricta a descendientes o ascendientes con discapacidad. A estos efectos, se considera persona con discapacidad, a toda persona que padece una alteración funcional permanente o prolongada, física o mental, que en relación a su edad y medio social implica desventajas considerables para su integración familiar, social, educacional o laboral.

[47] Cf. NEVARES, Ana Luiza. A proteção da legítima deve ser mantida, excluída ou diminuída do ordenamento jurídico brasileiro? In: *Revista IBDFAM – Família e Sucessões*, v. 25, jan./fev. 2018. p. 77-94.

[48] Na lição de Heloísa Helena Barboza, "tendo em vista a orientação constitucional, deve-se refletir sobre a proteção da autonomia, em geral pensada em termos absolutos, frente a situações especiais, como a de pessoas incapazes e vulneráveis". BARBOZA, Heloisa Helena Gomes. Reflexões sobre a autonomia negocial. In: TEPEDINO, Gustavo; FACHIN, Luiz Edson (Coord.). *O direito e o tempo*: embates jurídicos e utopias contemporâneas – Estudos em homenagem ao Professor Ricardo Pereira Lira. Rio de Janeiro: Renovar, 2008. p. 407.

[49] Consigne-se que Ana Luiza Maia Nevares critica o fato de que a proteção da pessoa com deficiência nesses dispositivos dependa da vontade do testador, devendo, sob a ótica da autora, ser realizada por meio de norma cogente (NEVARES, Ana Luiza. A proteção da legítima deve ser mantida, excluída ou diminuída do ordenamento jurídico brasileiro? In: *Revista IBDFAM – Família e Sucessões*, v. 25, p. 88, jan./fev. 2018).

Outra medida proposta no Projeto de Lei é a sucessão de cônjuges e companheiros como herdeiros facultativos, de modo que eles poderiam ser afastados pela não contemplação em testamento. Nada obstante, diante da comprovação da insuficiência de recursos, poderia ser atribuída cota ao cônjuge ou companheiro que assim reivindicasse judicialmente:

> Art. 1.850. Para excluir da sucessão os herdeiros colaterais, o cônjuge ou o companheiro, basta que o testador disponha de seu patrimônio sem os contemplar.
> Parágrafo único. O cônjuge ou o companheiro que comprovar insuficiência de recursos ou de patrimônio para sua subsistência poderá reivindicar do monte quota hereditária não superior àquela que receberia na sucessão legítima, conforme as seguintes condições:
> I. A quota hereditária do cônjuge e do companheiro prevista no caput será imputada na reserva hereditária, sendo mantida em sua integralidade a quota disponível do autor da herança, e será paga em dinheiro ou em bens do acervo hereditário, cabendo a escolha aos herdeiros.
> II. Na hipótese de pagamento da quota hereditária do cônjuge ou do companheiro em bens da herança, aplicar-se-ão os princípios e as regras da partilha.
> III. O juiz, de forma fundamentada, quantificará a quota do cônjuge ou do companheiro, de acordo com as suas necessidades e as dos herdeiros concorrentes.

A medida pretende atender a realidades plurais, ao considerar que, em regra, dada a inserção da mulher no mercado de trabalho e a previsão constitucional de igualdade de gêneros e entre os cônjuges, favorecem a independência financeira na relação de conjugalidade, de modo a reduzir eventual vulnerabilidade de um ou outro cônjuge ou companheiro. No entanto, caso seja constatada de fato a vulnerabilidade, conferem-se meios para que o cônjuge desfavorecido não permaneça desassistido. Assim constou na justificativa do Anteprojeto:

> Em que pese à possibilidade de exclusão do cônjuge e do companheiro da sucessão, estes poderão, não obstante, reivindicar do monte quota hereditária não superior àquela que receberiam na sucessão legítima, se comprovarem insuficiência de recursos ou de patrimônio para sua subsistência. Dessa forma, a sucessão necessária do cônjuge e do companheiro passa a não estar mais assentada exclusivamente no vínculo conjugal, mas na condição do sobrevivente na família e em sua dependência em relação ao autor da herança, não sendo seus direitos sucessórios concedidos *a priori* pela lei, sem uma análise da situação em concreto. Na hipótese de o cônjuge ou o companheiro comprovarem insuficiência de recursos ou de patrimônio para sua subsistência, a quota que vierem a receber, mediante decisão fundamentada do juiz de acordo com as suas necessidades e as dos herdeiros concorrentes, será imputada na legítima dos herdeiros necessários, sendo mantida a quota disponível em sua integralidade.[50]

É importante notar que, segundo o Projeto de Lei, o cônjuge e o companheiro não estão afastados da sucessão legítima, mas tão somente deixam de ostentar a condição de herdeiros necessários, sendo possível que o autor da herança não os contemple

50 Disponível em: http://www.ibdfam.org.br/conteudo/anteprojeto_sucessoes. Acesso em: 3 jul. 2018.

em testamento. Considera-se que o testador, na condição de consorte, esteja atento às necessidades de seu cônjuge ou companheiro, mas, se, ainda assim, o cônjuge ou companheiro prejudicado provar a necessidade, será possível, judicialmente, a reivindicação de cota hereditária.

Decerto que a igualdade de gêneros ainda não alcançou plena concretização na sociedade brasileira contemporânea. Basta acessar os dados do Instituto Brasileiro de Geografia e Estatística (IBGE) para constatar que, no ano de 2018, os salários das mulheres, em qualquer cargo e posição, ainda correspondem a somente 76,5% do valor recebido por um homem.[51] Some-se, a isso, a imposição de jornada dupla de trabalho e o desemprego após a maternidade, conforme foi denunciado em matéria do Jornal El País, embasada em pesquisa da Fundação Getulio Vargas (FGV), segundo a qual metade das mulheres entre 25 e 35 anos de idade perderam o emprego até dois anos após terem filhos.[52] E é certo também que a inclusão do cônjuge como herdeiro necessário no Código Civil de 2002 representou um relevante ganho no direito das mulheres, eis que a expectativa de vida maior faz com que sejam elas quem, em sua maioria, herdam na sucessão devida pela conjugalidade.

Contudo, a proposta do IBDFAM não pretende desassistir o cônjuge e o companheiro não os arrolando como herdeiros necessários. Da forma como prevista, possibilitando-se a atribuição de cota ao cônjuge ou companheiro com insuficiência de recursos excluído da sucessão pelo autor da herança, atende-se à realidade plural decorrente dessa fase de transição social, em que já se verificam situações consideráveis em que o cônjuge e o companheiro logram a independência financeira – diferentemente da família patriarcal do século passado –, mas ainda com severos resquícios de desigualdade.

Deve-se considerar ainda como importante argumento em favor da relativização da sucessão devida pela conjugalidade a efemeridade das relações de casamento e união estável, das quais decorrem com mais frequência as famílias recompostas. Deferida maior liberdade ao autor da herança, essas circunstâncias específicas do relacionamento poderão ser contempladas sem, contudo, implicar a desassistência daqueles que provarem a insuficiência de recursos financeiros.

Ambos os dispositivos do Projeto de Lei (o parágrafo único do art. 1.846 e o art. 1.850) ampliam a margem de liberdade do testador, em favor das necessidades concretas dos membros da família, mas sem que haja alterações substanciais ao princípio da intangibilidade da legítima, que permanece em favor de descendentes e ascendentes e na proporção de metade dos bens do acervo hereditário.

A ampliação da liberdade de testar seria viável por meio de pactos sucessórios. Contudo o ordenamento jurídico brasileiro não permite que a herança de pessoa viva seja objeto de contrato.[53] Percebe-se uma desconfiança do legislador em relação aos pactos sucessórios, embora, em geral, eles não privem os herdeiros da legítima de seus

---

[51] PERET, Eduardo. Mulher estuda mais, trabalha mais e ganha menos do que o homem. *Agência IBGE notícias*, 8 jun. 2018. Disponível em: https://agenciadenoticias.ibge.gov.br/agencia-noticias/2012-agencia-de-noticias/noticias/20234-mulher-estuda-mais-trabalha-mais-e-ganha-menos-do-que-o-homem.html. Acesso em: 3 jul. 2018.

[52] BEDINELLI, Talita. Demissão após maternidade: "não cometi nenhum erro. Eu só gerei uma vida". *El País*, São Paulo, 27 ago. 2017. Disponível em: https://brasil.elpais.com/brasil/2017/08/14/politica/1502721247_786237.html. Acesso em: 3 jul. 2018.

[53] Código Civil, art. 426: Não pode ser objeto de contrato a herança de pessoa viva.

direitos sem seu consentimento. Nesse âmbito, são neutros em relação à proteção dos membros da família. Essa neutralidade não beneficia o herdeiro, que já era parte do pacto e concordou em renunciar, inteiramente ou em parte, a seus direitos de forma irrevogável.[54]

Sobre o tema, consta na justificativa do Anteprojeto proposto pelo IBDFAM que não foi possível avançar nas propostas que relativizavam os pactos sucessórios, também denominados de *pacta corvina*: "foi apresentada sugestão legislativa no sentido de se admitir a renúncia prévia à herança manifestada no pacto antenupcial ou em contrato de convivência, mas o dissenso que emergiu dos debates impediu a incorporação da proposta ao texto projetado".[55] Depreende-se, portanto, que a desconfiança sobre a moralidade dos pactos sucessórios no Brasil está de tal forma arraigada na cultura jurídica e que até mesmo a relativização encontra óbices na doutrina especializada.

5 Notas conclusivas

Observa-se que a disciplina legal da sucessão *causa mortis* no ordenamento jurídico brasileiro está repleta de normas cogentes que reduzem a autonomia do autor da herança em favor daqueles com os quais a lei presume a existência de laços afetivos estreitos decorrentes do direito de família. Parece recair certa desconfiança sobre o testador, que se serve do paternalismo para indicar a melhor forma de realizar a divisão dos bens da herança, em detrimento da vontade do autor da herança.

Contudo, a família não mais se assenta em um modelo único, matrimonializado e hierarquizado, que permita ao legislador deduzir abstratamente as necessidades de cada membro. A Constituição Federal não apenas abrigou modalidades diversas de família como instituiu a pluralidade familiar como princípio, admitindo-se formas inclusive não contempladas expressamente no texto constitucional. Além disso, a igualdade de gêneros e entre os filhos democratizou as relações familiares, que passaram a ser compreendidas como instrumento de realização e desenvolvimento da personalidade de cada um de seus integrantes.

Desse modo, a presunção absoluta de afeto que fundamenta a legítima com base no vínculo de parentesco mostra-se excessivamente abstrata, pois deixa de contemplar circunstâncias concretas que podem exigir maior ou menor proteção patrimonial dos membros da família, como a existência de fator de vulnerabilidade ou a independência financeira, respectivamente. Nesses casos, a liberdade de testar poderia instrumentalizar a igualdade material dos herdeiros do *de cujus*, na medida em que corrigiria distorções decorrentes da igualdade formal com que são tratados os herdeiros legítimos abstratamente pela lei.

Outro fator de engessamento da autonomia do autor da herança é o aspecto quantitativo do acervo hereditário destinado à legítima. A indisponibilidade, que já foi de dois terços do patrimônio do testador, atualmente é fixada em metade dos bens

[54] BONOMI, Andrea. Testamentary freedom or forced heirship? Balancing party autonomy and the protection of family members. In: ANDERSON, Mirian; ARROYO I AMAYUELAS, Esther (Ed.). *The law of succession*: testamentary freedom. European perspectives. Amsterdam: European Studies in Private Law, 2011. p. 26-27.

[55] *Id. Ibid.*

da herança, o que pode ainda se mostrar um percentual alto. Portanto, embora não se defenda a extirpação da legítima do ordenamento brasileiro, propõe-se a revisão de seus limites quantitativos, ampliando-se a liberdade de testar, sem, contudo, desproteger os herdeiros legítimos, mas, sim, garantindo-lhes um mínimo existencial compatível com a dignidade humana e com a vontade do autor da herança.

Por fim, critica-se a vedação aos pactos comissórios, pois, mais uma vez, vislumbra-se uma desconfiança do legislador, arraigada também na doutrina majoritária, de que haveria certa imoralidade na transação sobre herança de pessoa viva, quando, em verdade, os pactos poderiam auxiliar na distribuição do acervo hereditário com o consentimento dos interessados ainda em vida.

Diante disso, conclui-se que a ampla aceitação social da legítima é fator que confere legitimidade à restrição da liberdade de testar do autor da herança, mas que, no ordenamento jurídico contemporâneo, deve assumir função diversa daquela originalmente exercida, ou seja, deve atentar-se mais à concretização dos valores constitucionais, sobretudo a solidariedade familiar e a tutela das vulnerabilidades em concreto. Percebe-se que as regras gerais do Direito Sucessório *causa mortis* são de natureza cogente e excessivamente abstratas, o que, ao lado da também excessiva restrição na liberdade de testar, pode causar situações iníquas, que não atendem às realidades plurais tuteladas pela Constituição Federal. Assim, a permanência da legítima no ordenamento brasileiro somente se justifica na medida em que puder realizar em concreto a matriz axiológica constitucional, a partir de uma releitura do instituto conformada à nova realidade e às demandas sociais contemporâneas.

Referências

BARBOZA, Heloisa Helena Gomes. Reflexões sobre a autonomia negocial. *In*: TEPEDINO, Gustavo; FACHIN, Luiz Edson (Coord.). *O direito e o tempo*: embates jurídicos e utopias contemporâneas – Estudos em homenagem ao Professor Ricardo Pereira Lira. Rio de Janeiro: Renovar, 2008.

BARBOZA, Heloísa Helena; ALMEIDA, Vitor. A tutela das vulnerabilidades na legalidade constitucional. *In*: TEPEDINO, Gustavo; TEIXEIRA, Ana Carolina Brochado; ALMEIDA, Vitor (Coord.). *Da dogmática à efetividade do Direito Civil:* Anais do Congresso Internacional de Direito Civil Constitucional – IV Congresso do IBDCivil. Belo Horizonte: Fórum, 2017. p. 37-50.

BEDINELLI, Talita. Demissão após maternidade: "não cometi nenhum erro. Eu só gerei uma vida". *El País*, São Paulo, 27 ago. 2017. Disponível em: https://brasil.elpais.com/brasil/2017/08/14/politica/1502721247_786237.html. Acesso em: 3 jul. 2018.

BONOMI, Andrea. Testamentary freedom or forced heirship? Balancing party autonomy and the protection of family members. *In*: ANDERSON, Mirian; ARROYO I AMAYUELAS, Esther (Ed.). *The law of succession*: testamentary freedom. European perspectives. Amsterdam: European Studies in Private Law, 2011. p. 26-27

FACHIN, Luiz Edson. O direito de família gauche. *Revista Trimestral de Direito Civil – RTDC*, Rio de Janeiro, v. 9, p. 51-73, jan./mar. 2002.

FACHIN, Luiz Edson. Princípios constitucionais do direito de família brasileiro contemporâneo. *In*: BASTOS, Eliene Ferreira; DIAS, Maria Berenice (Coord.). *A família além dos mitos*. Belo Horizonte: Del Rey, 2008.

KONDER, Carlos Nelson. Apontamentos iniciais sobre a contingencialidade dos institutos de direito civil. *In*: MORAES, Carlos Eduardo Guerra de; RIBEIRO, Ricardo Lodi (Coord.). *Direito Civil*. Coleção Direito UERJ. v. 2. Rio de Janeiro: Freitas Bastos, 2015. p. 31-48.

LEITE, Eduardo de Oliveira. *Comentários ao Novo Código Civil*: do direito das sucessões (arts. 1.784 a 2.027). Rio de Janeiro: Forense, 2009. v. XXI.

MORAES, Maria Celina Bodin de. A Família Democrática. *In*: PEREIRA, Rodrigo da Cunha (Org.). *Anais do V Congresso Brasileiro do Direito de Família*. Disponível em: http://www.ibdfam.org.br/_img/congressos/anais/31.pdf. Acesso em: 5 jul. 2018.

MORAES, Maria Celina Bodin de. A nova família, de novo. *Pensar*, Fortaleza, v. 18, n. 2, p. 587-628, maio/ago. 2013.

NEVARES, Ana Luiza Maia. O princípio da intangibilidade da legítima. *In*: MORAES, Maria Celina Bodin de (Coord.). *Princípios do direito civil contemporâneo*. Rio de Janeiro: Renovar, 2006.

NEVARES, Ana Luiza. A proteção da legítima deve ser mantida, excluída ou diminuída do ordenamento jurídico brasileiro? *In*: *Revista IBDFAM – Família e Sucessões*, v. 25, p. 77-94, jan./fev. 2018.

NEVARES, Ana Luiza Maia. Fundamentos da Sucessão Legítima. *In*: TEIXEIRA, Ana Carolina Brochado; RIBEIRO, Gustavo Pereira Leite. *Manual de direito das famílias e das sucessões*. 3 ed. Rio de Janeiro: Processo, 2017. p. 655-678.

PERET, Eduardo. Mulher estuda mais, trabalha mais e ganha menos do que o homem. *Agência IBGE notícias*, 8 jun. 2018. Disponível em: https://agenciadenoticias.ibge.gov.br/agencia-noticias/2012-agencia-de-noticias/noticias/20234-mulher-estuda-mais-trabalha-mais-e-ganha-menos-do-que-o-homem.html. Acesso em: 3 jul. 2018.

PERLINGIERI, Pietro. *Perfis do Direito Civil:* Introdução ao Direito Civil Constitucional. 3. ed. Rio de Janeiro: Renovar, 2007.

PERLINGIERI, Pietro. *O direito civil na legalidade constitucional*. Rio de Janeiro: Renovar: 2008.

PERLINGIERI, Pietro. La funzione sociale del diritto sucessorio. *In*: PERLINGIERI, Pietro. *Rassegna di diritto civile 1*. Diretta da Pietro Perlingieri. Napoli: Edizioni Scientifiche Italiane, 2009. p. 131-132

RODOTÀ, Stefano. *Dal sogetto alla persona*. Napoli: Editoriale Scientifica, 2007.

VAN BOOM, Willem H.; OGUS, Anthony. Introducing, defining and balancing "autonomy versus paternalismo". *In*: VAN BOOM, Willem H.; OGUS, Anthony (Ed.). *Justaposing autonomy and paternalism in private law*. Oxford: Hart Publishing, 2011.

VELOSO, Zeno. Testamentos: noções gerais; formas ordinárias. *Revista do Advogado AASP: Família e Sucessões*, São Paulo, ano XXXI, n. 112, p. 174-196, jul. 2011.

Informação bibliográfica deste texto, conforme a NBR 6023:2018 da Associação Brasileira de Normas Técnicas (ABNT):

TEIXEIRA, Daniele Chaves; COLOMBO, Maici Barboza dos Santos. Faz sentido a permanência do princípio da intangibilidade da legítima no ordenamento jurídico brasileiro? *In*: TEIXEIRA, Daniele Chaves (Coord.). *Arquitetura do planejamento sucessório*. 3. ed. Belo Horizonte: Fórum, 2022. p. 155-169. Tomo I. ISBN 978-65-5518-459-4.

PLANEJAMENTO SUCESSÓRIO E TESTAMENTO DIGITAL: A PROTEÇÃO DINÂMICA DO PATRIMÔNIO VIRTUAL

GABRIEL HONORATO
ADRIANO MARTELETO GODINHO

1 Notas introdutórias

Em uma entrevista relativamente recente, o saudoso sociólogo polonês Zygmunt Bauman relatava determinada conversa com um jovem internauta que lhe contara ter adquirido, naquele mesmo dia, quinhentos novos amigos. A informação naturalmente causara imensa perplexidade a um senhor de quase noventa anos de idade que, em toda a sua vida, não tinha conquistado tal quantitativo de amigos, repita-se, que o jovem adquiriu em um único dia. Desta passagem, logo concluía o professor que a percepção que ele tinha da palavra em escopo jamais teria o mesmo significado da visão daquele jovem adolescente.

A cena real discorrida por Bauman bem representa a clarividente dicotomia entre as gerações do hoje e do ontem, precipuamente no que tange às formas de relacionamento e vivência em sociedade. Como discorre o sociólogo em sua clássica obra Modernidade Líquida[1] – expressão por ele cunhada para traduzir a fluidez das relações da sociedade contemporânea –, as pessoas abdicaram da construção de laços duradouros e sólidos em prol de relacionamentos cada vez mais fugazes, frágeis e vazios. Assim tem ocorrido especialmente na internet, ferramenta que tem permitido às pessoas maior facilidade de conexão – e desconexão – com familiares, amigos e, principalmente (e curiosamente), com desconhecidos, o que tem feito com que o ser humano esteja cada vez mais inserido na órbita virtual.

Através de redes sociais como *Facebook*, *Whatsapp*, *Instagram*, *Youtube* e outras várias, as pessoas têm se conectado umas com as outras em proporções antes inimagináveis;

1 BAUMAN, Zygmunt. *Modernidade líquida*. Tradução: Plínio Dentzien. Rio de Janeiro: Zahar, 2001.

nos dizeres de Anderson Schreiber, a internet tem permitido a difusão de informações em escalas planetárias.[2]

Essa repleta virtualização da sociedade tem causado preocupações constantes, a começar pela flagrante insuficiência do Direito e do Estado perante estas novas tecnologias, que, sem menosprezar sua serventia, tornam completamente vulneráveis a imagem, a privacidade e a intimidade alheias. A acertada percepção de Schreiber é a de que vivemos numa era determinante, em que cada sociedade precisa definir como lidar com essa nova realidade, se continuará assistindo passivamente à invasão desautorizada da esfera alheia ou se buscará adotar novos padrões de comportamento, éticos e jurídicos.[3]

Eis a complexidade da órbita virtual, da qual decorrem diversos outros problemas, a exemplo da proteção, em vida e para além desta, do patrimônio virtual (seja ele de natureza existencial ou econômica, como se discorrerá mais adiante). Fala-se, pois, direcionando-se o enfoque da presente narrativa para o núcleo deste escrito, da latente inquietação com a preservação dos conteúdos digitais de cada usuário, o que se convencionou chamar de *digital assets*[4] em alguns outros países norte-americanos e europeus, tema este a ser debatido em tópico futuro.

Neste linear, cumpre anotar, de introdutória forma, que, para além da preocupação da tutela dos conteúdos digitais ainda em vida, a inquietação deve se declinar, de igual modo, para a percepção de que "a legislação sucessória brasileira está em descompasso com a sociedade atual", o que justifica a reformulação da matéria, assim como a "necessidade do planejamento sucessório para funcionalizar o Direito das Sucessões".[5]

É nesta vertente que se busca, neste texto, apresentar algumas provocações que dizem direto respeito a este ponto de interseção entre o mundo virtual e o Direito das Sucessões, pautando-se a omissão não apenas do legislador brasileiro, mas sobretudo dos civilistas (precipuamente os operadores do Direito Sucessório), que, em sua maioria, não se atentaram, ao menos de modo efetivo, para a importância do reconhecimento dos bens digitais e da sua projeção no plano sucessório.

Para tanto, passa-se, já no tópico seguinte, a uma breve contextualização histórica do assunto, permitindo-se, em seguida, verificar o enquadramento e reconhecimento jurídico dos bens digitais; analisar-se-ão, também, os contornos da matéria no Direito estrangeiro, assim como projetos que tramitam no Congresso Nacional, para que se possa concluir apresentando algumas propostas que perpassam tanto pelo processo interpretativo a ser realizado pelo jurista quanto pelo papel do Estado na regulação da matéria.

Neste linear, tem-se como objetivo precípuo deste artigo apresentar e justificar, em tom de arremate, a essencialidade da herança digital no planejamento sucessório, matéria que tem sido omitida até mesmo pelos juristas vanguardistas que atuam neste leque. Pretende-se, destarte, comprovar que os bens envoltos ao patrimônio virtual de cada

2 SCHREIBER, Anderson. *Direitos da personalidade*. 3. ed. São Paulo: Atlas, 2014, p. 126.

3 SCHREIBER, Anderson. *Direitos da personalidade*. 3. ed. São Paulo: Atlas, 2014, p. 126.

4 O termo "*digital assets*" – numa tradução livre 'ativos digitais' – foi adotado por alguns países que já deram passos importantes na regulação do patrimônio virtual de cada usuário da internet, como será melhor esposado adiante.

5 TEIXEIRA, Daniele Chaves. *Planejamento sucessório*: pressupostos e limites. 2. Reimp. Belo Horizonte: Fórum, 2018, p. 21.

cidadão podem representar inúmeras vezes mais do que aquele patrimônio corpóreo, seja pela própria referência econômica, seja em virtude do conteúdo personalíssimo, que, no mais das ocasiões, tem significado e importância extremamente mais valorosa que aquele.

2 Mundo virtual e a proteção da pessoa entre a privacidade e o patrimônio

Os avanços tecnológicos desta era de "*hipermodernidade*"[6] põem em xeque a preservação da vida privada, fator inquietante que muito faz lembrar a passagem literária "1984", de Arthur Blair, mais conhecido pelo seu pseudônimo George Orwell.[7] A ficção, escrita em 1948, antevia para o ano de 1984 um cenário de repleta vigilância da sociedade, por um governo – "O Grande Irmão"[8] – que participava de todas as individualidades dos cidadãos que habitavam "Oceânia", um Estado no qual tudo e todos eram controlados, de tal modo que era impossível sequer pensar em voz alta, haja vista que todas as informações suscitadas em alto tom estavam sujeitas ao controle estatal.

Aquilo que aparentava ser mera ficção tem se mostrado cada vez mais real. Numa era de hipermodernidade, na qual as pessoas têm se relacionado, de forma ascendente, pelos meios tecnológicos, tem-se a total incerteza da segurança da privacidade e do domínio pessoal da propriedade digital por cada cidadão/usuário. Em outras palavras, pode-se dizer que o usuário da internet não tem a certeza da possibilidade de determinação de seus conteúdos.

Como diria Bruno Zampier, "uma sociedade na qual não se conhece mais o conceito de fronteiras, transmudando-se a noção de liberdade, poder, comunicação e democracia".[9] Eis a internet como sinônimo de globalização, como já induzia o prefixo de navegação virtual *World Wide Web*, que, em tradução livre, representa uma 'teia do tamanho do mundo'. Esta é a expressão que parece melhor exprimir a real dimensão da internet na sociedade atual, uma ferramenta que permite que as pessoas dialoguem e interajam sem levar em consideração os espaços geográficos; um instrumento que, como diria Zygmmunt Bauman, tem feito com que as pessoas esqueçam os espaços urbanos – ainda mais com os cenários de violência que se impõem – em prol da sociabilidade virtual.[10]

Decorrente desta mudança paradigmática, surge uma nova relação de titularidades entre sujeitos e bens, como bem ressalta Marco Aurélio de Farias Costa Filho ao destacar que considerável montante dos bens deixados pelas gerações presentes e futuras não será tangível: "enquanto discos de vinil, CDs, DVDs, álbuns de fotos e livros foram passados pelas gerações anteriores aos seus herdeiros, o mesmo tipo de conteúdo (...)

---

6 A expressão hipermodernidade é utilizada por Lipovetsky e Charles. LIPOVETSKY, Gilles; CHARLES, Sébastien. *Os tempos hipermodernos*. São Paulo: Barcarolla, 2004.

7 ORWELL, George. *1984*. Tradução: Alexandre Hubner e Heloísa Jahn. São Paulo: Companhia das Letras, 2009.

8 Não à toa que o *reality show Big Brother* incorporou este nome. É uma alusão clara a 1984, à filosofia daquele governo que tudo vigiava naquela sociedade.

9 LACERDA, Bruno Torquato Zampier. *Bens digitais*. Indaiatuba, SP: Editora Foco Jurídico, 2017, p. 9.

10 BAUMAN, Zygmunt. *Modernidade líquida*. Tradução Plínio Dent-zien. Rio de Janeiro: Zahar, 2001, p. 220.

pode ser deixado pelas gerações seguintes em formato exclusivamente digital".[11] E isto tem feito com quê as titularidades existenciais e patrimoniais de cada cidadão estejam inseridas na órbita virtual.

É esta uma consequência clara deste cenário em que aplicativos de internet têm virtualizado as relações interpessoais, como ocorre com *e-mails*, *Whatsapp*, *Facebook*, *blogs*; plataformas de compartilhamento de fotos ou vídeos como *Flickr*, *Picasa*, *Youtube*; contas para aquisição de músicas, filmes e livros digitais, como *Itunes*, *Google Play* e *Spotify*;[12] há também contas para armazenamento de dados nas nuvens, a exemplo do *Dropbox* e do *Icloud*; dentre várias outras aplicações que transmitem, transferem e/ou acumulam conteúdos pessoais de cada usuário. Diz-se isto precipuamente pela constatação de que, ao utilizarem estas ferramentas, pessoas vão deixando registros (conteúdos) que dizem respeito direta e exclusivamente a sua personalidade e ao seu patrimônio, como fotografias, mensagens, vídeos e áudios de natureza exclusivamente privada, com informações privilegiadas, que compõem, inegavelmente, um arcabouço patrimonial.

O problema, destarte, reside exatamente neste ponto: ausência de qualquer regulação que garanta à sociedade – nacional e internacional – um mínimo de segurança jurídica quanto aos seus conteúdos digitais; é o que se extrai de um cenário de repleta omissão legislativa, a começar, no Brasil, pela percepção da insuficiência tanto da legislação sucessória como do Marco Civil da Internet, legislação recente que já nasceu deficiente, ante a frustração de todos aqueles que esperavam nesta iniciativa legislativa uma postura mais vanguardista do nosso parlamento, como se abordará em tópico por vir. O mesmo se pode dizer da Lei Geral de Proteção de Dados Pessoais que também não contempla a proteção da herança digital, como será exposto adiante.

Neste sentido, merecem destaque as palavras de Daniele Chaves Teixeira,[13] amparada pela doutrina de Pietro Perlingieri,[14] ao pontuar que é com base nos princípios constitucionais que se mostra essencial voltar-se para a renovação da disciplina sucessória, pelo caminho de uma reformulação que não se limite a modificações setoriais, mas que abarque a matéria em toda a sua complexidade, adequando o conteúdo às transformações macroscópicas ocorridas no plano social e econômico.

Urge de tais constatações, como anotado por Celso Lafer, a seguinte indagação: "qual é o horizonte de informações na era da Revolução Digital e o que isto significa para a possibilidade de preservar o sigilo e a confidencialidade?".[15] Para além da preocupação com os bens de natureza personalíssima, evidencia-se também o surgimento de novas relações virtuais, de importe econômico, que devem, inegavelmente, ter

---

[11] FILHO, Marco Aurélio de Farias Costa. Herança digital: valor patrimonial e sucessão de bens armazenados virtualmente. In: *Revista Jurídica da Seção Judiciária de Pernambuco*, Pernambuco: Ed. Nossa Livraria, p. 187, 2016.

[12] Sobre o *Spotify*, a exemplo de controvérsia quanto aos dados digitais, registre-se que o ator norte-americano Bruce Willis tem travado uma briga com a *Apple* em busca de garantir que seus ativos digitais possam ser inseridos em seu inventário. O ator afirma que se trata de um patrimônio digital, enquanto que a empresa alega que não pode ser transferido em virtude da cláusula de intransmissibilidade.

[13] TEIXEIRA, Daniele Chaves. *Planejamento sucessório*: pressupostos e limites. 2. Reimp. Belo Horizonte: Fórum, 2018, p. 52.

[14] PERLINGIERI, Pietro. La funzione sociale del diritto sucessório. In: PERLINGIERI, Pietro. *Rassegna di direto civile*. 1. Diretta da Pietro Perlingieri. Napoli: Edizioni Scientifiche Italiane, 2009, p. 135.

[15] LAFER, Celso. *Filosofia e teoria geral do Direito*: um percurso no Direito no século XXI. São Paulo: Atlas, 2015.

representatividade considerada na perspectiva sucessória: podem as plataformas proibir a transmissão dos bens digitais no plano sucessório?

3 O reconhecimento dos bens digitais e suas implicações no acervo hereditário e na vida privada

Ensinam Cristiano Chaves e Nelson Rosenvald que "a herança é o conjunto de relações jurídicas, ativas e passivas, patrimoniais pertencentes ao falecido e que foram transmitidas aos sucessores, por conta de sua morte, para que sejam partilhadas".[16] Por sua vez, Felipe Viana leciona que o "autor da herança é o protagonista do direito sucessório, pois as normas previstas para essa disciplina incidirão sobre o seu patrimônio, para que tenha a destinação legal ou a indicada por sua manifestação de vontade".[17]

Se a herança é, destarte, o conjunto de relações jurídicas patrimoniais que compõem o acervo do falecido, é preciso se compreender quais elementos se enquadram nesta relação a fim de se abonar, ou não, a inclusão destes na expectativa sucessória. Deste modo, quando se discute a natureza jurídica dos conteúdos pessoais na esfera virtual, objetiva-se angariar argumentos e fundamentos para o reconhecimento e a confirmação de tais dados enquanto patrimônio pertencente aos usuários e não às plataformas digitais.

O primeiro ponto parte de uma premissa muito simples: a averiguação de que as informações e os conteúdos circulados por intermédio destes aplicativos dizem respeito ao domínio pessoal-patrimonial de cada ser humano, visto que, consoante supramencionado, tratam-se de acervos produzidos pelos usuários e, portanto, pertencentes a estes.

Esta é uma constatação que o Direito ainda não solidificou, mas que precisa ser consolidada, no sentido de reconhecer juridicamente o patrimônio virtual de cada ser humano, compreendendo esta perspectiva moderna da propriedade. Antes, contudo, é preciso expor alguns pontos: este conteúdo teria caráter patrimonial ou extrapatrimonial? Qual destino deveria ser dado aos perfis virtuais – ou a *e-personality*,[18] como preferem alguns autores – após a morte do titular? Deveriam ser retirados imediatamente do ar ou deveriam ser conservados? Herdeiros teriam o direito de acessar diretamente tais conteúdos, como correios eletrônicos, mensagens privadas em redes sociais, dentre outros?

Estas indagações – dentre várias outras que serão abordadas adiante – levam a uma primeira conclusão inevitável, qual seja, para além da constatação de que o atual Código Civil brasileiro, numa perspectiva literal, não prevê nenhuma tratativa específica sobre a matéria. Da mesma forma, o Marco Civil da Internet, embora Diploma recente, que poderia ter prestado um mínimo de disposição legal sobre a temática, tem se mostrado extremamente insuficiente para lidar e prover maior segurança e sustentabilidade no uso da internet. Registre-se, por oportuno, que tal marco legislativo não contém nenhuma disposição concreta quanto ao tratamento dos bens digitais e muito menos quanto à

---

[16] FARIAS, Cristiano Chaves de; ROSENVALD, Nelson. *Curso de Direito Civil*: sucessões. 3. ed. Salvador: Juspodivm, 2017, p. 69.

[17] MELLO, Felipe Viana de. *Manual de Direito das Sucessões*. Rio de Janeiro: Lumen Juris, 2018, p. 4.

[18] *E-personality* é uma expressão em voga pela doutrina que tange ao Direito Digital, dizendo respeito à identidade virtual do cidadão/usuário, que é composta por todos os conteúdos digitais inseridos nela (dados, informações, imagens, vídeos, perfis, *e-mails*, etc.).

projeção destes em casos de morte dos titulares, limitando-se à menção daquilo que aparenta ser uma tutela abstrata dos dados pessoais.

Por seu turno, a Lei Geral de Proteção de Dados trouxe inestimável contribuição para a tutela dos dados pessoais, impondo regras mais efetivas para concretização da autodeterminação informativa dos sujeitos brasileiros, resguardando-se, pois, a privacidade dos bens existenciais e personalíssimos de cada pessoa. Todavia, tal diploma não faz nenhuma menção à tutela de tais dados da pessoa já falecida, no mesmo caminho do Regulamento Europeu nº 2016/679 que exclui expressamente a proteção dos dados da pessoa falecida. Vê-se, destarte, que a Lei Geral de Proteção de Dados Pessoais não se aplica à herança digital, pelo menos numa interpretação literal.

Esta é uma premissa que não pode ser desconsiderada, ainda mais sopesando-se a perpetuidade dos direitos da personalidade. Relembre-se que embora o Código Civil disponha, em seu art. 6º, que a existência da pessoa natural termine com a morte, a proteção da honra, da imagem e de todos os demais direitos continua sendo dever do Estado (enquanto existir a memória do cidadão). Inclusive, é o que se extrai do art. 12, *caput* e parágrafo único, que dispõe sobre a tutela póstuma dos direitos da personalidade, pondo aos familiares e herdeiros não só o direito, mas também o dever da defesa de tais prerrogativas humanas.

Não poderia ser diferente, enquanto a vida de um sujeito tenha se esvaído por qualquer que seja o motivo, toda a sua história, sua honra, sua boa fama, sua imagem, sua intimidade e, de um modo geral, sua vida privada e seu patrimônio devem ser respeitados. Não seria admissível permitir que um cidadão, que lapidou sua reputação em razão de uma vida digna, tenha sua vida pessoal devassada por outrem[19] de forma inescrupulosa, com a única finalidade de deturpar a biografia alheia. Condutas como estas, quando inverídicas e distorcidas, geram abalos irreparáveis na reputação e consequentemente na vida da família da vítima e, em alguns casos, até mesmo das próximas gerações. Contudo, deve-se deixar claro que a tutela conferida pelo ordenamento jurídico não é somente aquela decorrente dos danos indiretos (família, amigos, comunidade), mas também e especialmente aquela relacionada à honra e à imagem da própria pessoa já falecida, assim como ao patrimônio virtual deixado por esta.

A grande questão reside na possibilidade de que cada cidadão, enquanto usuário das plataformas virtuais, tenha a gerência – autodeterminação – dos conteúdos digitais por ele criados e produzidos, sejam estes de característica personalíssima ou econômica.

Neste diapasão, insta ressaltar que, embora em primeira instância a presente análise possa parecer voltada unicamente à tutela da vida privada, na verdade avança para muito além disso, buscando compreender, de igual forma, os conteúdos digitais com valores econômicos contidos na órbita virtual, avaliando as formas de se planejar a sucessão deste acervo.

A título de ilustração, imagine-se a seguinte situação hipotética: Pedro falece deixando três filhos, todos menores de idade e também sem mãe, eis que também já falecida. Sem formação, os adolescentes ainda não se encontram aptos ao mercado

---

19 O acesso à vida privada se torna bem mais fácil de acontecer em caso de vacância na posse de determinados bens digitais, após a morte de seu titular. Ou seja, se não um "zelador", um inventariante ou algum legítimo responsável para prover a guarda desses bens, todo aquele conteúdo pode vir a ser indevidamente devassado.

de trabalho. O pai, por outro lado, deixou uma residência humilde, na qual os filhos continuarão residindo, mas sem nenhum recurso outro que permita a subsistência digna e a manutenção do bem. Por outro lado, todavia, Pedro era detentor de acessórios de um jogo de *video game* avaliados em U$10.000,00 (dez mil dólares); milhas aéreas em programas de fidelidade de empresas de aviação, que, somadas, correspondiam a um valor de quase R$200.000,00 (duzentos mil reais); mais de 10 (dez) mil arquivos em conta do *Itunes* que dispenderam investimento de quase U$40.000,00 (quarenta mil dólares), como aconteceu no caso ventilado do ator norte-americano Bruce Willis[20] (o fato fora negado posteriormente[21]); e, por fim, R$300.000,00 (trezentos mil reais) em moedas virtuais, a exemplo dos Bitcoins.

Na realidade atual, os filhos de Pedro, com certeza, teriam enorme dificuldade de alcançar a projeção (transferência) destes patrimônios virtuais deixados pelo pai (se é que conseguiriam), a exemplo do aludido caso de Bruce Willis, que até hoje trava briga judicial com Apple em virtude da inclusão de sua conta do *Spotify* em seu testamento, disposição negada pela empresa.

Veja-se que, no exemplo ilustrado, os acessórios de *video game* (que no mais das vezes podem ser comercializados entre os demais jogadores); as milhas aéreas que funcionam hoje como nítida moeda de troca, haja vista a superação daquela ideia de mera bonificação para a possibilidade de negociações em compras, vendas e trocas; as contas de arquivamento de conteúdos digitais nas "nuvens", que representam um conglomerado de arquivos que foram inseridos e/ou comprados pelos usuários; por fim, os Bitcoins, que têm inegável valor financeiro, mesmo que sem regulamentação pelo Banco Central brasileiro; todos estes bens virtuais têm representatividade econômica, que não pode ser desconsiderada.

Sobre as plataformas digitais amparadas na cláusula de intransmissibilidade de seus conteúdos, a solução não soa tão simples, especialmente sopesando-se alguns fatores: a relação de consumo que há entre usuário e plataforma; a constatação dos termos de uso, que se enquadram na modalidade de contratos de adesão; e a possibilidade de enquadramento daquelas cláusulas nas hipóteses de nulidades decorrentes da abusividade, nos termos do art. 51 do Código de Defesa do Consumidor, haja vista que "provocam desequilíbrio contratual desarrazoado em benefício da parte de poder negocial dominante (predisponente ou fornecedor)".[22]

Cite-se, para ilustração complementar, a iniciativa, já em 2015, da Proteste – Associação de Defesa dos Direitos dos Consumidores, em São Paulo, que ajuizou ação civil pública contra uma empresa aérea a fim de que, dentre pleitos outros, os pontos acumulados em programa de milhagem aérea não fossem extintos com a morte do titular, mas respeitem as regras do Direito Sucessório.

---

20 O GLOBO. Bruce Willis compra briga com Apple para deixar coleção de músicas em testamento. Disponível em: https://oglobo.globo.com/cultura/bruce-willis-compra-briga-com-apple-para-deixar-colecao-de-musicas-em-testamento-5981882. Acesso em: 07 maio 2019.

21 TECHMUNDO. Processo de Bruce Willis contra Apple não é verdade, afirma esposa. Disponível em: https://www.tecmundo.com.br/itunes/29450-processo-de-bruce-willis-contra-a-apple-nao-e-verdade-afirma-esposa.htm. Acesso em: 07 maio 2019.

22 FILHO, Marco Aurélio de Farias Costa. Herança digital: valor patrimonial e sucessão de bens armazenados virtualmente. In: *Revista Jurídica da Seção Judiciária de Pernambuco*, Pernambuco: Ed. Nossa Livraria, p. 200, 2016.

De tais considerações, renova-se a preocupação com este patrimônio virtual, que tem sido desconsiderado pelos juristas, inclusive em demandas judiciais e extrajudiciais que versam sobre o espólio das pessoas falecidas.

Deste modo, sopesando-se esta infeliz realidade legislativa, cabe à doutrina apresentar os caminhos que se entende salutar para a construção de um panorama edificante quanto aos ativos digitais, de tal modo que sirvam os estudos acadêmicos à atividade judicante, assim como à atividade legiferante.[23] [24]

Para isso, a doutrina tem apresentado alguns caminhos, que começam com a definição da natureza jurídica destes bens digitais, o que se faz com amparo na doutrina de Bruno Zampier,[25] para quem tais bens devem ser classificados em três classes: I) bens digitais patrimoniais; II) bens digitais existenciais; e III) bens digitais patrimoniais-existenciais.

Os bens digitais patrimoniais seriam aqueles de natureza meramente econômica, como as milhas aéreas, os itens pagos em plataformas digitais, os Bitcoins e outros conteúdos sem natureza privativa, íntima e personalíssima. Por sua vez, os segundos, os bens digitais existenciais, seriam aqueles de natureza personalíssima - ou "bens sensíveis", como tratam algumas legislações estrangeiras – a exemplo de perfis de redes sociais, caixas de e-mails e mensagens de aplicativos como o *Whatsapp*. Por fim, há também aqueles bens de caráter híbrido, os bens digitais patrimoniais-existenciais ou patrimoniais-personalíssimos, que se referem àqueles conteúdos que perfazem um misto de economicidade e privacidade, como ocorre com os *blogs*, que são monetizados através da exploração de postagens de natureza pessoal, a exemplo da plataforma *YouTube*.

A classificação foge à finalidade exclusivamente didático-doutrinária; ela permite, até mesmo, uma proposta de tratamento mais preciso e efetivo na passagem do falecimento do titular. Vejamos: os bens patrimoniais digitais, considerados em seu valor unicamente econômico, poderiam (ou deveriam) ser transmitidos imediatamente para os herdeiros, em caso de falecimento do titular, visto inexistir qualquer reserva de privacidade sobre tais bens. A exceção a esta regra seria uma negativa antecipada (em vida) do titular, afirmando não ter interesse na transferência de tal patrimônio aos seus herdeiros.[26] Por outro lado, os bens digitais personalíssimos poderiam (ou deveriam) ser excluídos da órbita virtual no momento que a plataforma digital tomasse ciência do óbito, eis que, por se tratar de bens sensíveis, que se enquadram em uma reserva de privacidade exclusiva do titular – é inegável a existência de limites da privacidade até mesmo entre

[23] Neste linear, pertinente se mostra a crítica de Thomas Piketty ao rechaçar as academias que se esquecem de converter os ganhos de suas pesquisas em benefícios concretos para a sociedade. (PIKETTY, Thomas. *O Capital no Século XXI*. Tradução: Mônica Baugarten de Bolle. 1. ed. Rio de Janeiro: Intrínseca, 2014).

[24] Em mesmo sentido da nota anterior, a Professora Maria Luiza Feitosa chama atenção para o fato de que o operador do Direito Civil precisa pautar mais a concretização dos avanços dos livros (*law in book*) para usufruto pela própria sociedade (*law in action*), notando-se que as demandas sociais exigem um grau de efetividade amplamente mais abrangente, isto é, a reforma de paradigma deve ter um acentuado alicerce humanitário, compreendendo-se o processo hermenêutico de socialização e/ou humanização pelo qual passou – e continua passando – o Direito Privado com o advento da Constituição (FEITOSA, Maria Luiza Pereira de Alencar Mayer. Humanização do Direito Civil Constitucional ou por um Direito Civil Social. *Revista de Direito Civil Contemporâneo*, 2016, p. 3).

[25] LACERDA, Bruno Torquato Zampier. *Bens digitais*. Indaiatuba, SP: Editora Foco Jurídico, 2017, p. 58.

[26] Necessária seria a verificação de se estes bens compunham acervo disponível da herança, para tal tratamento, ou, se fosse o caso, a criação de uma legislação específica sobre o assunto que não barrasse a autonomia privada no instituto da legítima, consoante caso em tela.

familiares –, não deveriam mais existir ante a partida da única pessoa que sobre eles poderiam ter os direitos de usar, gozar e fruir. A exceção a esta regra, de igual modo, se daria quando ainda em vida o titular atestasse o interesse em transferir tais conteúdos aos seus herdeiros ou a pessoas por ele especificadas, medidas estas que poderiam ser adotadas através das técnicas e ferramentas permitidas ao planejamento sucessório.

Sobre os bens digitais de natureza existencial, na verdade, esta projeção encontra alguns óbices, como bem aponta Cristiano Chaves, ao dispor que "somente as relações jurídicas patrimoniais de natureza econômica admitem a substituição do sujeito da relação jurídica quando da morte do seu titular", complementando que "as relações jurídicas personalíssimas serão extintas quando do falecimento de seu titular, em face de seu caráter *intuito personae*".[27] Anote-se que isso não significa dizer que aqueles direitos existenciais não possam ser explorados economicamente pelos herdeiros, como ocorre com os direitos autorais da pessoa falecida.

Talvez por esse motivo Nelson Rosenvald defenda, sobre os bens personalíssimos, que "o melhor a se fazer é optar em vida por retirar permanentemente a página após a morte, salvaguardando a sua vida privada para o futuro".[28] Interessante a analogia feita pelo autor, em complemento, ao comparar, de modo bem humorado, os que pensam de forma distinta a uma espécie de "Walking Dead, em que mortos-vivos que não querem ser esquecidos teimam em vagar pela terra, sem a menor sombra de uma consciência".[29]

Em que pese a concordância com Rosenvald, acredita-se que o grande foco do civilista, no que atine ao tema em escopo, deve ser a autorrealização do detentor do conteúdo digital, esta como consectária lógica do princípio supralegal da dignidade da pessoa humana, eis que este apenas será validado quando os cidadãos tiverem o direito pleno de resolver e determinar os fins de sua vida privada. Ou seja, a premissa para construção de um espaço virtual sustentavelmente mais sólido e seguro perpassa pela autodeterminação de cada usuário quanto aos seus conteúdos digitais, permitindo-se que estes tenham a plena autonomia (e certeza de sua concretude) quanto ao destino que será concedido àqueles dados pessoais sensíveis, que refletem a mais íntima personificação do usuário.

O norte do civilista deve ser, pois, garantir que os valores mínimos existenciais de cada cidadão usuário da internet sejam respeitados e assegurados.

Para além da hipótese apresentada, dela decorrem outros pontos em evidência que confirmam a complexidade dos ativos digitais e chamam atenção para a necessidade de um debate bem mais amplo quanto à matéria. Imagine-se, a título ilustrativo, como deveriam ser tratados tais conteúdos em casos de prevalência do interesse público sobre o privado, a exemplo de investigações criminais nas quais o acesso a perfis de redes sociais e aplicativos de internet poderiam ser de extrema importância para conclusão do caso. Como ficariam os dados sensíveis em meio a esta investigação? Deveriam ser tais conteúdos mantidos em sigilo? Acredita-se que talvez este seja o melhor caminho, que se teria maior segurança jurídica se existisse previsão legislativa nesse sentido.

---

27 FARIAS, Cristiano Chaves de; ROSENVALD, Nelson. *Curso de Direito Civil*: sucessões. 3. ed. Salvador: Juspodivm, 2017, p. 33.

28 ROSENVALD, Nelson. *O Direito Civil em movimento*. 2. ed. Salvador: Juspodivm, 2018, p. 302.

29 ROSENVALD, Nelson. *O Direito Civil em movimento*. 2. ed. Salvador: Juspodivm, 2018, p. 303.

Uma outra problemática ainda se impõe, atinente à privacidade de terceiros em meio ao acesso dos conteúdos virtuais da pessoa falecida: afinal, quando se permite, por exemplo, o acesso dos herdeiros a conversas de *Whatsapp*, facilita-se a invasão da privacidade de todos os terceiros com quem aquela trocou confidências. Idealize-se, figurativamente, o jovem de uma família tradicional que revelou sua homossexualidade ao seu melhor amigo, única pessoa com quem se expôs, e, posteriormente, com o óbito, o segredo estará prestes a ser desvendado por todos os herdeiros do falecido. Parece razoável, inclusive, garantir legitimidade processual ativa, por conseguinte, para que o terceiro postulasse juridicamente o bloqueio do referido aplicativo, numa tutela inibitória, ou que busque indenizações por divulgações indevidas (no caso, por exemplo, de herdeiros que venham a ter acesso a conteúdos íntimos, compartilhando-os com terceiros), na perspectiva reparatória.

O que se abrange de todas estas questões é a flagrante insegurança jurídica para tratar de tais casos, sem se permitir qualquer titubeio argumentativo. Nota-se o quão palpitante se mostra tal tema na atualidade, bem como o quanto carecemos de medidas mais enérgicas de nossos poderes públicos.

4 O papel do Estado perante os *digital assets*

Diante do cenário percorrido, constata-se o quão necessária se faz a constante transformação do Direito – inclusive e em particular o sucessório –, a fim de se adequar às também constantes mutações sociais, estas cada vez mais fluídas e rápidas, especialmente nesta era de hipermodernidade, na qual a informação tem se mostrado cada vez mais vulnerável. Como ensina Daniele Chaves, "o Direito das Sucessões não pode desconhecer as particularidades e as exigências dessa sociedade, sob pena de não atingir o fim a que se propõe".[30]

A pauta é de extrema complexidade, precipuamente avaliando-se que dois direitos fundamentais colidem frontalmente, quais sejam: de um lado, a liberdade que os cidadãos devem ter para regular, entre si, suas relações particulares sem que haja a necessidade de intervenção estatal; e, de outra banda, o direito ao exercício efetivo dos direitos e garantias mínimas fundamentais por cada cidadão brasileiro, o que enseja uma maior participação do Estado na vida privada a fim de assegurar um patamar mínimo de segurança e bem-estar social.

O grande entrave para uma regulação estatal efetiva e razoavelmente adequada às noções do Estado Democrático de Direito e do Bem-Estar Social reside no deslinde da fórmula 'liberdade versus segurança', como diria Zygmmunt Bauman, dilema para o qual ainda ninguém encontrou solução. Albergando-se nas palavras do sociólogo polonês, verifica-se o quão emaranhado é o ponto de equilíbrio da balança, pois se de

---

[30] TEIXEIRA, Daniele Chaves. A relevância do planejamento sucessório no atual ordenamento brasileiro. In: TEPEDINO, Gustavo; TEIXEIRA, Ana Carolina Brochado; ALMEIDA, Vitor (Coord.). *Da dogmática à efetividade do Direito Civil*: Anais do Congresso Internacional de Direito Civil Constitucional – IV Congresso do IBDCivil. Belo Horizonte: Fórum, 2017, p. 256.

um lado se retira a liberdade, há escravidão; de outra banda, removida a segurança, surge o caos completo.[31]

De forma alguma se cogita, neste escrito, a defesa de um espaço virtual de repleta vigilância que se assemelhe à ficção de George Orwell; entretanto, considerando-se que inexiste uma cidadania virtual minimamente sustentável, pensa-se ser extremamente necessária a construção de mecanismos mais eficientes para a proteção da pessoa humana na rede virtual, a começar pela salvaguarda dos dados pessoais e privativos de cada um. Por isso, há que indagar, já em tom indutivo-afirmativo, se já não chegou o momento de o Estado, especialmente o Poder Legislativo, destinar maior atenção (tempo de sua atuação) a esta problemática tão contemporânea e que causa tanta apreensão, que é a regulação da esfera virtual, maiormente a tutela do patrimônio digital.

No direito estrangeiro, alguns marcos legislativos mostram-se de suma importância para tal caminhada. Primeiro, a Convenção nº 108/1981, da União Europeia, que logo em seu art. 1º assim preconizou:

> A presente Convenção destina-se a garantir, no território de cada Parte, a todas as pessoas singulares, seja qual for a sua nacionalidade ou residência, o respeito pelos seus direitos e liberdades fundamentais, e especialmente pelo seu direito à vida privada, face ao tratamento automatizado dos dados de carácter pessoal que lhes digam respeito (protecção dos dados).

Recentemente, de modo mais avançado, a Europa conseguiu consolidar o que se pode nominar de "Legislação Europeia de Proteção de Dados Pessoais", composta pelo Regulamento (UE) 2016/679 do Parlamento e do Conselho, que diz respeito à proteção das pessoas no que atine ao tratamento dos dados pessoais; Diretiva (UE) 2016/679 do Parlamento Europeu e do Conselho, que toca à proteção das pessoas quanto ao tratamento dos dados pessoais pelas autoridades competentes, para fins de prevenção, investigação, detecção ou repressão de infrações penais; Diretiva (EU) 2016/681 do Parlamento Europeu e do Conselho, que regulamenta a utilização dos dados dos registros de identificação dos passageiros, em sentido semelhante ao anterior. A nova regulação, como bem ressalta Nelson Rosenvald, "fundamentalmente moderniza as regras de proteção de informações, criando um 'mercado de dados' na União Europeia e estreitando a cooperação entre os Estados Membros".[32]

Termo legislativo mais específico e bem mais contemplativo quanto à problemática em apreço foi a *House of Bill 345*, aprovada em 2014 pelo Estado de *Delaware (EUA)*, nos seguintes termos:

> Reconhecendo o crescimento percentual do número de pessoas que conduzem sua vida de forma online e que isto tem trazido desafios após a morte ou incapacidade destas, este Ato autoriza especificamente que inventariantes acessem e controlem os ativos e contas digitais de uma pessoa incapacitada ou morta, sob uma procuração, descendentes ou instituidores, e beneficiários da confiança. O ato deve ser construído deliberadamente para se permitir tal acesso e controle, especialmente quando expressamente provido por um instrumento escrito.

---

31 Zygmunt Bauman – sobre os laços humanos, redes sociais, liberdade e segurança. *Youtube*. Disponível em: https://www.youtube.com/watch?v=LcHTeDNIarU&t=68s. Acesso em: 16 mar. 2017, às 21h31min.

32 ROSENVALD, Nelson. *O Direito Civil em movimento*. 2. ed. Salvador: Juspodivm, 2018, p. 25.

A legislação americana surgiu de modo extremamente pertinente, porque se manifesta a respeito dos ativos digitais e vai mais além do que apresentar disposições genéricas sobre os dados pessoais: a grande inovação da iniciativa reside em tutelar os bens digitais de cada usuário tanto em caso de morte como nos casos de incapacidade (curatela), reconhecendo a essencialidade dos conteúdos em questão e a necessidade de regulação do tema em tais situações. Curioso que, no Brasil, de acordo com a Lei Brasileira de Inclusão da Pessoa com Deficiência, a curatela somente deve incidir sobre os atos de natureza patrimonial e/ou negocial, não se aplicando à existência da pessoa. Diante de tal previsão legislativa, seria possível a administração de bens digitais personalíssimos pelo curador? Este é um dos pontos delicados que merece estudo específico, provocação que será enfrentada noutro escrito.

No Brasil, cinco projetos de lei, que objetivaram regular a matéria, já estiveram em pauta no Congresso Nacional. O primeiro – projeto de lei nº 4.099/2012[33] – tinha como escopo alterar a redação do art. 1.788 do Código Civil, para constar parágrafo único com a seguinte dicção:

> Art. 1.788. [...]
> Parágrafo único. Serão transmitidos aos herdeiros todos os conteúdos de contas ou arquivos digitais de titularidade do autor da herança.

O projeto de lei se prestava a resolver a herança digital com um humilde dispositivo que, sem considerar as diferenciações necessárias, determinava a transmissão das contas virtuais dos falecidos aos herdeiros como um todo intangível.

O segundo – projeto de lei nº 4847/2012[34] – previa a inclusão dos arts. 1.797-A, 1.797-B e 1.797-C (Capítulo II-A – Herança Digital) ao Código Civil brasileiro, com o seguinte teor:

> Art. 1.797-A. A herança digital defere-se como o conteúdo intangível do falecido, tudo o que é possível guardar ou acumular em espaço virtual, nas condições seguintes:
> I – senhas;
> II – redes sociais;
> III – contas da Internet;
> IV – qualquer bem e serviço virtual e digital de titularidade do falecido.
> Art. 1.797-B. Se o falecido, tendo capacidade para testar, não o tiver feito, a herança será transmitida aos herdeiros legítimos.
> Art. 1.797-C. Cabe ao herdeiro:
> I - definir o destino das contas do falecido:
> a) transformá-las em memorial, deixando o acesso restrito a amigos confirmados e mantendo apenas o conteúdo principal ou;
> b) apagar todos os dados do usuário ou;
> c) remover a conta do antigo usuário.

---

33 Portal da Câmara dos Deputados Federais (Congresso Nacional). http://www.camara.gov.br/proposicoesWeb/fichadetramitacao?idProposicao=548678. Acesso em: 27 maio 2018, às 23h05min.

34 Portal da Câmara dos Deputados Federais (Congresso Nacional). http://www.camara.gov.br/proposicoesWeb/fichadetramitacao?idProposicao=563396. Acesso em: 27 maio 2018, às 23h12min.

A propositura em espeque, mesmo que sem resolver a problemática em sua totalidade e também dotada de equívocos – a exemplo da transmissão de tais bens mesmo em caso de omissão do autor da herança – se mostrava mais avançada que a primeira, precipuamente por limitar o direito de uso das contas virtuais, como se vê do art. 1.797-C.

Ambos os projetos foram arquivados sem apreciação em plenário.

Diante do arquivamento, o segundo projeto fora reapresentado em 2017, desta feita sob o protocolo PL nº 8.562/2017,[35] sendo que em apenso ao PL nº 7742/2017,[36] versando este último sobre a inclusão do art. 10-A à Lei nº 12.965, de 23 de abril de 2014 (Marco Civil da Internet), a fim de dispor sobre a destinação das contas de aplicações de internet após a morte de seu titular.

Embora em todas estas proposituras se constate uma insuficiência textual gritante, há de reconhecer alguns avanços, a começar pelo reconhecimento da herança digital, a previsão do testamento digital e a possibilidade de remoção dos conteúdos pelos herdeiros. Mesmo em tais condições, sopesando-se as diversas omissões dos projetos de lei (que poderiam regular mais adequadamente a matéria), é mister destacar, uma vez mais, a falta de participação de entidades que muito poderiam contribuir com estas novas legislações.

O ponto crucial que o Estado precisa enfrentar, por mais utópico que seja, é aquilo que Stefano Rodotà chama de "tutela dinâmica da privacidade",[37] isto é, a proteção da pessoa humana em seus múltiplos aspectos, albergando todas as situações em que o ser humano está inserido, como é o caso da internet, a fim de promover uma tutela que acompanhe a pessoa em todos os seus movimentos, permitindo a autorrealização/autodeterminação de cada usuário perante todo o percurso virtual que escolher trilhar, salvaguardando todos os dados pessoais (bens digitais), sejam eles de natureza personalíssima ou econômica.

Isto tudo porque, como bem destaca Maria Celina Bodin de Moraes, "nós somos nossas informações, são elas que nos identificam, classificam e definem", arrematando que "a informação representa hoje um dos mais valiosos bens jurídicos porque ter como controlar a circulação das informações e saber quem as utiliza significa, portanto, adquirir, concretamente, um poder sobre si mesmo".[38]

É neste contexto que se eleva o valor, a importância e a acuidade do testamento digital, ponto que se passa a enfrentar, de modo mais detalhado, no tópico seguinte. Antes, todavia, cumpre anotar, por dever de registro e para não causar confusão, que a expressão "testamento digital" aqui é utilizada no sentido de uma manifestação sucessória sobre conteúdos digitais e não sob o viés de um testamento tradicional realizado por um meio eletrônico, digital.

---

[35] Portal da Câmara dos Deputados Federais (Congresso Nacional) http://www.camara.gov.br/proposicoesWeb/prop_mostrarintegra;jsessionid=85BB792148C34CB1766D561F5E9715BD.proposicoesWebExterno1?codteor=1604326&filename=Avulso+-PL+8562/2017. Acesso em: 27 maio 2018, às 23h28min.

[36] Portal da Câmara dos Deputados Federais (Congresso Nacional). http://www.camara.gov.br/proposicoesWeb/fichadetramitacao?idProposicao=2139508. Acesso em: 27 maio 2018, às 23h32min.

[37] RODOTÀ, Stefano. *A vida na Sociedade da Vigilância* – A Privacidade Hoje. Rio de Janeiro: Renovar, 2008, P. 17.

[38] MORAES, Maria Celina Bodin de. *Na medida da pessoa humana*: estudos de Direito Civil. Rio de Janeiro: Renovar, 2010, p. 58.

5 Mecanismos para inclusão da herança digital no planejamento sucessório

Os juristas que atuam neste nicho do planejamento sucessório sabem, perfeitamente, como é complexo lidar com esta organização patrimonial, ainda em vida, para além da morte. Como bem negrita a professora Daniele Chaves Teixeira, "o direito sucessório trata de uma questão muito delicada para as pessoas, que é, exatamente, encarar a finitude humana: a própria morte".[39]

Não poderia ser diferente. A sociedade chegou ao ponto em que recursos tecnológicos alcançados pela Medicina têm servido, equivocadamente, para que pacientes "prolonguem fútil e inutilmente a morte, quando ela, por razões naturais, pede passagem".[40] Se assim tratam a vida, extremamente maior é a dificuldade de desapego ao patrimônio constituído nesta, a se notar pela falsa premissa (mito popular) de que testar implicaria aceitar e antecipar o falecimento, inclusive perante seus herdeiros.

Tal raciocínio precisa, urgentemente, ser desmistificado!

Neste sentido, cumpre relembrar que o planejamento sucessório tem funções primordiais na projeção patrimonial do autor da herança para seus herdeiros, a exemplo do objetivo de se buscar garantir, ao máximo, a autonomia da vontade daquele na destinação/divisão patrimonial; de igual importância, prevenir litígios familiares, entre os herdeiros, em uma possível disputa pelo montante deixado pelo *de cujus*; amenizar a carga tributária do inventário, dentro dos teores da lei; dentre vários outros benefícios.

Os meios para concretização e efetivação do planejamento sucessório também são variados: testamentos, codicilos, doações em vida, *holdings* familiares, previdências privadas, dentre outros instrumentos, como manifestações diretamente nas plataformas onde se detém contas virtuais.

Partindo-se de tais premissas, insta ressaltar que o reconhecimento jurídico da herança digital tem importância gigantesca na perspectiva sucessória, a começar pela própria influência na legítima daqueles bens digitais de natureza patrimonial (econômica), conforme discorrido anteriormente.

Seguindo-se o raciocínio do parágrafo anterior, recordando-se o exemplo pincelado no tópico 2 deste escrito, no qual o patrimônio virtual do autor da herança era superior ao patrimônio físico/corpóreo, há de se confirmar a influência do primeiro na contabilidade da legítima, instituto que, positivado no art. 1.846 do Código Civil,[41] busca resguardar metade da herança para os herdeiros necessários. Ora, se o patrimônio do cidadão deve ser medido não apenas pelo seu patrimônio físico, mas, de igual forma, também pelo seu patrimônio virtual, tendo este importe econômico, passa a ser essencial na análise contábil dos conteúdos que compõem o espólio.

Recorde-se, por oportuno, que "a legítima representa a parcela da herança que é dedicada, forçosamente, aos herdeiros necessários, com clara mitigação da autonomia

---

[39] TEIXEIRA, Daniele Chaves. *Planejamento sucessório*: pressupostos e limites. 2. Reimp. Belo Horizonte: Fórum, 2018, p. 24.

[40] GODINHO, Adriano Marteleto. *Eutanásia, ortotanásia e diretivas antecipadas da vontade: o sentido de viver e morrer com dignidade*. Curitiba: Juruá, 2016, p. 25.

[41] Art. 1.846. Pertence aos herdeiros necessários, de pleno direito, a metade dos bens da herança, constituindo a legítima.

privada do titular do patrimônio",[42] ressaltando-se, ainda, que tal instituto "encontra seu fundamento na conciliação entre o princípio da liberdade do proprietário dos bens e o direito dos parentes familiares próximo à sucessão".[43]

Sendo assim, deve-se considerar como elementar, dentre as variadas ferramentas aptas ao planejamento sucessório, a inclusão dos bens digitais, a fim de que se possa, ainda em vida, majorar a autodeterminação do usuário quanto à projeção deste patrimônio, ou seja, todos aqueles conteúdos digitais (de natureza personalíssima ou econômica) que se encontram inseridos na esfera virtual e que dizem respeito à esfera privativa do usuário, respeitando-se os limites legais, como é o caso da legítima.

Uma vez mais se torna imperioso destacar que a herança e o testamento digital têm por objetivo reconhecer e regular a disposição do patrimônio virtual, seja ele existencial ou econômico, dos quais o primeiro é inegavelmente mais delicado, complexo e sensível do que o segundo, haja vista que busca tutelar aquilo que o ser humano tem de mais essencial na natureza humana, que é a sua dignidade; e o segundo que, como dito, muitas vezes pode ter valor econômico superior ao patrimônio físico, como ocorre com detentores de plataformas em redes sociais, a exemplo do famoso Youtuber Whinderson Nunes e vários outros.

O testamento digital – relembre-se que a expressão aqui é utilizada como sinônimo de planejamento sobre bens digitais – é, pois, a ferramenta hábil para concretização dos direitos fundamentais da pessoa humana na perspectiva sucessória, sejam aqueles direitos ligados à projeção da vontade do autor da herança, sejam aqueles direitos relacionados ao direito de herança como instrumento da tutela do mínimo existencial; trata-se do que Paulo Lôbo já nominava de "repersonalização das relações de família", afirmando-se que "demonstrado o forte 'conteúdo patrimonializante' das relações reguladas pelo direito de família tradicional, se sustenta, em última análise, a prevalência dos valores existenciais".[44]

É neste contexto que o planejamento de bens digitais deve ter sua importância considerada no regulamento sucessório, eis que será através deste procedimento que o autor da herança apontará a destinação desejada para o seu patrimônio virtual, desde contas de redes sociais como o *Facebook* e *Whatsapp* até contas de natureza patrimonial como bibliotecas virtuais e programas de milhagens aéreas, por exemplo.

Neste sentido, é importante que o titular registre qual destino deseja atribuir aos perfis virtuais das redes sociais após a sua morte; se deveriam ser retirados imediatamente do ar ou se deveriam ser conservados; se – e em caso positivo, quais – herdeiros teriam direito a acessar diretamente tais conteúdos, como correios eletrônicos, mensagens privadas em redes sociais, dentre outros; se poderiam continuar fazendo postagens em suas redes; dentre outros aspectos relativos à gestão do conteúdo digital.

Como escrito alhures, a questão não é tão simples e merece bem mais dedicação ao tema, mas, de logo, deve-se sublinhar que este direito não é absoluto, visto que a

[42] FARIAS, Cristiano Chaves de. *Curso de Direito Civil*: sucessões. 3. ed. rev., ampl. e atual. Salvador: Juspodivm, 2017, p. 61.

[43] NEVARES, Ana Luiza Maia. *A tutela sucessória do cônjuge e do companheiro na legalidade constitucional*. Rio de Janeiro: 2004, p. 44.

[44] LÔBO, Paulo Luiz Neto. *O direito de família e a Constituição de 1988*. São Paulo: Saraiva, 1989, p. 53.

transmissão de determinados ativos digitais podem ensejar, por exemplo, a violação da privacidade de terceiros que compartilharam conteúdos privativos e/ou íntimos perante o falecido. É o que constantemente ocorre com conversas de *e-mails*, aplicativos como *Whatsapp* e contas virtuais afins, colocando em xeque a privacidade não apenas do titular, mas também a de todos aqueles que com o falecido dialogaram. Daí a limitação da capacidade de testar e da própria transmissão, que deve ser verificada caso a caso, diante da subjetividade que impõe a situação.

Por outro lado, também de suma relevância, o patrimônio virtual de natureza econômica merece e precisa ter sua projeção resolvida, ainda em vida, pelo autor da herança. Por mais que se trate de uma faculdade deste, e por mais que se entenda que estes ativos devam seguir a regra geral do direito sucessório, cumpre reforçar, consoante anteriormente sugerido, que este patrimônio tem representatividade monetária, o que atinge diretamente institutos legais como a legítima.

Como se observa, a herança digital passa a ter inestimável importância no planejamento sucessório, assim como sua principal ferramenta de regulação privada, que é o testamento digital, temas estes que precisam receber maior dedicação pelos civilistas doravante.

Anote-se, neste caminho, que já existem mecanismos de internet que suplantam a carência legislativa do testamento digital, a exemplo da iniciativa de algumas empresas como o *Google* e o *Facebook*, que já permitem que seus usuários manifestem uma espécie de 'testamento digital' a fim de direcionar, antecipadamente, qual tratamento desejam receber em suas redes sociais ou caixas de *e-mails* no caso de falecimento e de declarar se desejam que aqueles conteúdos se projetem para seus herdeiros ou não.[45]

O *Gmail*, por exemplo, passou a permitir que os seus usuários estabeleçam uma espécie de testamento digital, no qual o titular indica a destinação de sua conta após o seu falecimento: se a plataforma deverá exclui-la ou se deverá fornecer acesso a determinada(s) pessoa(s). O interessante é que o óbito pode ser verificado através de padrões estabelecidos na própria conta. Ilustrando, pode o usuário indicar que se ele ficar sem usar sua conta de *e-mail* por determinados dias – trinta dias, por exemplo –, o *Gmail* enviará *e-mail* para três pessoas indicadas por aquele, a fim de que estas confirmem ou não o falecimento. Em havendo a confirmação, cabe à empresa a aplicação do decidido pelo morto diretamente na plataforma, sem a necessidade de que este tivesse realizado um testamento público ou particular.

O *Facebook*, por seu turno, deu passo importante após os EUA instituírem o *Uniform Fiduciary Acess to Digital Assets Act*, quando se criou a figura do *legacy contact*, instituto estabelecido para, ao invés de simplesmente congelar as contas dos usuários falecidos, facultar aos seus membros maiores de dezoito anos a designação de uma espécie de administrador para gerenciar suas contas postumamente. De acordo com a rede social em apreço, torna-se possível que este gerenciador (legatário) dê continuidade aos perfis virtuais, inclusive podendo fazer novas postagens, adicionar e aceitar novos amigos,

---

45 É indiscutível, todavia, que tais ações não suprem as problemáticas como um todo, a começar pela percepção de que existem inúmeras outras empresas explorando este segmento de aplicações virtuais que não fornecem a mesma possibilidade de gerenciamento das respectivas contas para além da morte. Clarezas estas que apenas evidenciam a carência de uma força normativa vinculante quanto aos bens digitais e, por consequência, a latente e urgente necessidade de edificação de parâmetros legislativos mais sólidos e contemplativos.

limitando-se à proibição de não apagar ou editar as publicações e vínculos firmados em vida pelo falecido.[46] Assim, pode-se dizer que se a situação é complexa, mais atribulada ainda é a sua regulação legislativa, por demonstrar-se inteiramente omissa, particularmente no Brasil.

Para além dessas possibilidades, já existem diversas empresas que oferecem este serviço de auxiliar na projeção das contas virtuais, a exemplo do portal Testamento Virtual[47] ou *Secure Safe*,[48] que permitem aos usuários a inclusão de *logins* e senhas de determinadas plataformas para que os herdeiros acessem suas contas pós-morte, quando somente então terão acesso a tais dados.

Existem também empresas que se propõem a intermediar as pretensões de herdeiros, familiares, amigos e terceiros interessados perante as plataformas digitais, como é o caso do *site* Morte Digital[49] e também do *Mi Legal Digita*.[50]

A plataforma *Find a Grave*, por seu turno, se propõe a funcionar como um provedor de busca de túmulos virtuais, pelo qual se pode localizar perfis de pessoas que já morreram em cemitérios digitais.[51]

Observa-se, destarte, que a própria internet já dota de diversos mecanismos para auxílio nesta transmissão de contas virtuais pelos titulares aos seus herdeiros. Mas então, pergunta-se: qual manifestação deverá prevalecer em havendo conflito entre a manifestação na plataforma e aquela realizada através de um testamento público, por exemplo?

Sopesando-se o dever de perseguição, ao máximo, da vontade do autor da herança, e que esta representa a externalização do direito fundamental da pessoa humana à autodeterminação informativa e material, entende-se que os mecanismos tradicionais garantem maior certeza e validade quanto às intenções do morto, a exemplo do testamento público que é realizado perante servidor dotado de fé pública ou mesmo do testamento particular que se perfaz perante escritório de advocacia com a presença de testemunhas para atestar tal validade.

Sendo assim, entende-se que os meios tradicionais de planejamento sucessório devem ter primazia sobre aquelas vontades manifestadas através das próprias plataformas digitais, sem desconsiderar a validade destas quanto não estiverem em confronto com disposições testamentárias ou por outros meios legais.

O mais importante é que os cidadãos passem a compreender a importância do planejamento sucessório e tomem a iniciativa de decidir, ainda em vida, a projeção de seu patrimônio, especialmente o virtual, a fim de evitar celeumas familiares que podem se converter em discussões judiciais desnecessárias, comprometendo, inclusive, o bom convívio entre os herdeiros e amigos.

Por outro lado, é de maior importância ainda que tanto o autor da herança quanto os herdeiros tenham a plena consciência quanto às responsabilidades que carregam consigo

---

46 ROSENVALD, Nelson. *O Direito Civil em movimento*. 2. ed. Salvador: Juspodivm, 2018, p. 302.

47 TESTAMENTO VIRTUAL. Disponível em: http://www.testamentovirtual.com/. Acesso em: 28 abr. 2019.

48 SECURE SAFE. Disponível em: https://www.securesafe.com/app/. Acesso em: 28 abr. 2019

49 MORTE DIGITAL. Disponível em: https://mortedigital.com.br/. Acesso em: 28 abr. 2019.

50 MI LEGADO DIGITAL. Disponível em: https://www.milegadodigital.com/. Acesso em: 28 abr. 2019.

51 FIND A GRAVE. Disponível em: https://www.findagrave.com/. Acesso em: 28 abr. 2019.

em virtude dos conteúdos privativos e íntimos que porventura podem ser projetados na transmissão sucessória, cabendo a estes a preservação não apenas da personalidade do falecido mas, de igual forma, de todos aqueles com que este dialogou, sob pena, até mesmo, de sujeitarem-se às penas da responsabilidade civil.

6 Considerações finais

Diante da complexidade do tema enfrentado, a intenção contida nestas notas não consistiu em apresentar uma solução lapidada e definida a respeito da matéria, uma moldura preconcebida para se enquadrar cada caso concreto. O intento deste escrito é sugerir um caminho, um trilhar pelo qual se entende deve perquirir o jurista – em especial, o civilista –, a fim de concretizar um novo paradigma para a órbita virtual, que seja minimamente seguro e sustentável, justo e solidário, solidificando, *in concretum*, a função social da internet, precipuamente no ponto que tange ao Direito das Sucessões.

Neste diapasão, sopesando-se a omissão legislativa quanto à matéria, é imperioso que se iniciem debates, perante o Congresso Nacional, a fim de se construir alternativas legislativas – iniciando-se pelas necessárias reformulações do Marco Civil da Internet e também da Lei Geral de Proteção de Dados Pessoais – que passem por reconhecer os bens digitais e tratar da sua projeção no plano sucessório. Ressalte-se que sem um debate amplo, participativo e democrático, isto é, sem a inclusão da sociedade civil, institutos acadêmicos e entidades técnicas, as iniciativas legislativas partidas de um único gabinete parlamentar jamais se converterão em uma legislação satisfatória, como ocorreu com o próprio diploma já mencionado.

A constituição de uma legislação própria sobre o assunto terá como grande trunfo garantir maior segurança jurídica aos usuários da internet. Assim, longe de buscar uma regulação excessiva da vida civil, se quer alcançar, na verdade, um mínimo de solidez jurídica, seja no uso das ferramentas digitais, seja na tutela jurisdicional.

Enquanto isso, clama-se aos sujeitos que atuam perante o Judiciário – advogados, promotores, juízes, servidores e jurisdicionados – compreender a proteção dos bens digitais através de uma hermenêutica constitucionalizada do Direito Civil, na qual, aplicando-se a tábua axiológica de direitos fundamentais às relações privadas, inevitavelmente se atingirá a primazia da proteção da honra, da imagem, da privacidade previstas em cada um dos conteúdos digitais, especialmente os de natureza personalíssima, sem omitir, naturalmente, a tutela dos bens de caráter econômico, que também são foco de proteção do ordenamento pátrio.

Mais que isso, mister absorver uma visão mais humanizada do Direito, que abarque o ser humano como principal objetivo do ordenamento jurídico, acoplando a este todos os valores mínimos existenciais; afinal, "o homem vale porque é, e é inconcebível que um ser humano seja sem ser".[52]

O ideal, portanto, por mais complexo que seja, reside na edificação de um espaço onde a dignidade humana seja plenamente respeitada, como também conclama Luís Roberto Barroso:

---

52 MUNIZ, Francisco José Ferreira; OLIVEIRA, José Lamartine Corrêa de. O Estado de Direito e os Direitos da Personalidade. In: *Revista dos Tribunais*, 535, p. 11-23, fev. 1980.

> Em algum lugar do futuro, com a dose adequada de idealismo e de determinação política, a dignidade humana se tornará a fonte do tratamento especial e elevado destinado a todos os indivíduos: cada um desfrutando do nível máximo atingível de direitos, respeito e realização pessoal. Todas as pessoas serão nobres. Ou melhor, como na lírica passagem de *Les Misérables*, "todo homem será rei".[53]

Em tom derradeiro, afirme-se que a elevação do homem ao patamar de protagonista da ordem jurídica deve ser compreendida, neste panorama, como a capacidade do cidadão/usuário autorrealizar-se e autodeterminar-se quanto ao seu patrimônio virtual, abraçando-se, por necessário, todas aquelas informações (personalíssimas ou econômicas) que compõem a identidade virtual de todo e qualquer usuário da internet.

Daí a importância de mecanismos de planejamento sucessório para concretização desta autorrealização e autodeterminação informativa e patrimonial, que podem se dar através de diversos mecanismos, tratados no tópico anterior, a exemplo dos meios tradicionais (testamentos públicos e particulares, codicilos e etc.), mas também por intermédio das próprias plataformas digitais, desde que estas não entrem em colisão com as disposições testamentárias que garantam maior certeza quanto à manifestação do falecido.

Referências

BAUMAN, Zygmunt. *Modernidade líquida*. Tradução: Plínio Dentzien. Rio de Janeiro: Zahar, 2001.

BAUMAN, Zygmunt. Sobre os laços humanos, redes sociais, liberdade e segurança. Youtube. Disponível em: https://www.youtube.com/watch?v=LcHTeDNIarU&t=68s. Acesso em: 16 mar. 2017, às 21h31min.

BARROSO, Luís Roberto. *A dignidade da pessoa humana no direito constitucional contemporâneo*: a construção de um conceito jurídico à luz da jurisprudência mundial. Belo Horizonte: Fórum, 2014.

FARIAS, Cristiano Chaves de; ROSENVALD, Nelson. *Curso de Direito Civil*: sucessões. 3. ed. Salvador: Juspodivm, 2017.

FEITOSA, Maria Luiza Pereira de Alencar Mayer. Humanização do Direito Civil Constitucional ou por um Direito Civil Social. *Revista de Direito Civil Contemporâneo*, 2016.

FILHO, Marco Aurélio de Farias Costa. Herança digital: valor patrimonial e sucessão de bens armazenados virtualmente. *In*: *Revista Jurídica da Seção Judiciária de Pernambuco*, Pernambuco: Ed. Nossa Livraria, 2016.

GODINHO, Adriano Marteleto. *Eutanásia, ortotanásia e diretivas antecipadas da vontade*: o sentido de viver e morrer com dignidade. Curitiba: Juruá, 2016.

LACERDA, Bruno Torquato Zampier. *Bens digitais*. Indaiatuba, SP: Editora Foco Jurídico, 2017.

LAFER, Celso. *Filosofia e teoria geral do Direito*: um percurso no Direito no século XXI. São Paulo: Atlas, 2015.

LIPOVETSKY, Gilles; CHARLES, Sébastien. *Os tempos hipermodernos*. São Paulo: Barcarolla, 2004.

LÔBO, Paulo Luiz Neto. *O direito de família e a Constituição de 1988*. São Paulo: Saraiva, 1989.

MELLO, Felipe Viana de. *Manual de Direito das Sucessões*. Rio de Janeiro: Lumen Juris, 2018.

MORAES, Maria Celina Bodin de. *Na medida da pessoa humana*: estudos de Direito Civil. Rio de Janeiro: Renovar, 2010.

---

[53] BARROSO, Luís Roberto. A *dignidade da pessoa humana no direito constitucional contemporâneo*: a construção de um conceito jurídico à luz da jurisprudência mundial. Belo Horizonte: Fórum, 2014, p. 113.

MUNIZ, Francisco José Ferreira; OLIVEIRA, José Lamartine Corrêa de. O Estado de Direito e os Direitos da Personalidade. *In*: *Revista dos Tribunais*, 535, fev. 1980.

NEVARES, Ana Luiza Maia. *A tutela sucessória do cônjuge e do companheiro na legalidade constitucional*. Rio de Janeiro: 2004.

ORWELL, George. *1984*. Tradução: Alexandre Hubner e Heloísa Jahn. São Paulo: Companhia das Letras, 2009.

PERLINGIERI, Pietro. La funzione sociale del diritto sucessório. *In*: PERLINGIERI, Pietro. *Rassegna di direto civile*. 1. Diretta da Pietro Perlingieri. Napoli: Edizioni Scientifiche Italiane, 2009.

PIKETTY, Thomas. *O Capital no Século XXI*. Tradução: Mônica Baugarten de Bolle. 1. ed. Rio de Janeiro: Intrínseca, 2014.

Portal da Câmara dos Deputados Federais (Congresso Nacional). http://www.camara.gov.br/proposicoesWeb/fichadetramitacao?idProposicao=548678. Acesso em: 27 maio 2018, às 23h05min.

Portal da Câmara dos Deputados Federais (Congresso Nacional). http://www.camara.gov.br/proposicoesWeb/fichadetramitacao?idProposicao=563396. Acesso em: 27 maio 2018, às 23h12min.

Portal da Câmara dos Deputados Federais (Congresso Nacional) http://www.camara.gov.br/proposicoesWeb/prop_mostrarintegra;jsessionid=85BB792148C34CB1766D561F5E9715BD.proposicoesWebExterno1?codteor=1604326&filename=Avulso+-PL+8562/2017. Acessado em: 27 maio 2018, às 23h28min.

Portal da Câmara dos Deputados Federais (Congresso Nacional). http://www.camara.gov.br/proposicoesWeb/fichadetramitacao?idProposicao=2139508. Acessado em: 27 maio 2018, às 23h32min.

RODOTÀ, Stefano. *A vida na Sociedade da Vigilância* – A Privacidade Hoje. Rio de Janeiro: Renovar, 2008.

ROSENVALD, Nelson. *O Direito Civil em movimento*. 2. ed. Salvador: Juspodivm, 2018.

SCHREIBER, Anderson. *Direitos da personalidade*. 3. ed. São Paulo: Atlas, 2014.

TEIXEIRA, Daniele Chaves. A relevância do planejamento sucessório no atual ordenamento jurídico brasileiro. *In*: TEPEDINO, Gustavo; TEIXEIRA, Ana Carolina Brochado; ALMEIDA, Vitor (Coord.). *Da dogmática à efetividade do Direito Civil*: Anais do Congresso Internacional de Direito Civil Constitucional – IV Congresso do IBDCIVIL. Belo Horizonte: Fórum, 2017.

TEIXEIRA, Daniele Chaves. *Planejamento sucessório*: pressupostos e limites. 2. Reimp. Belo Horizonte: Fórum, 2018.

Informação bibliográfica deste texto, conforme a NBR 6023:2018 da Associação Brasileira de Normas Técnicas (ABNT):

HONORATO, Gabriel; GODINHO, Adriano Marteleto. Planejamento sucessório e testamento digital: a proteção dinâmica do patrimônio virtual. *In*: TEIXEIRA, Daniele Chaves (Coord.). *Arquitetura do planejamento sucessório*. 3. ed. Belo Horizonte: Fórum, 2022. p. 171-190. Tomo I. ISBN 978-65-5518-459-4.

A SUCESSÃO TESTAMENTÁRIA DA PESSOA COM DEFICIÊNCIA INTELECTUAL E/OU PSÍQUICA

JOYCEANE BEZERRA DE MENEZES
ANA BEATRIZ LIMA PIMENTEL LOPES

Introdução

No direito brasileiro, a transmissão de bens e direitos *mortis causa* pode seguir a sucessão legítima, tal como disciplina a lei e/ou a sucessão testamentária, organizada por meio de um testamento elaborado em vida pelo *de cuius*, atendendo à forma e às solenidades impostas pela legislação. A sucessão testamentária é fruto da autonomia privada e permite realizar a vontade do testador na seara patrimonial e existencial, em momento ulterior a sua morte, o que faz do testamento um negócio jurídico de eficácia diferida.

Ao reconhecer o testamento como negócio jurídico personalíssimo de disposição de última vontade, é necessário analisar a possibilidade de sua elaboração pela pessoa com deficiência intelectual ou psíquica, submetida ou não à curatela ou à tomada de decisão apoiada. Esse é o objeto do presente texto.

A partir de uma pesquisa bibliográfica e documental, far-se-á uma análise descritiva e exploratória acerca do tema, na tentativa de lograr responder à questão formulada. Para sistematizar a análise, o texto se subdivide em três partes: a primeira traz um apanhado geral sobre a sucessão testamentária, de modo a identificar e explicar as suas principais regras e balizar a resposta que se pretende oferecer quanto à validade do testamento elaborado pela pessoa com deficiência. Na segunda parte do artigo, explicam-se os termos nos quais se dá o exercício da capacidade jurídica pela pessoa com deficiência, ressaltando a fundamentação legal da Convenção sobre os Direitos da Pessoa com Deficiência e da Lei nº 13.146/2015 (Lei Brasileira de Inclusão). Parte-se da premissa de que a igual capacidade jurídica atribuída à pessoa com deficiência desautoriza que a deficiência seja usada como critério incapacitante; do contrário, suscita a aplicação do apoio, mais ou menos intenso, adequado à necessidade da pessoa.

Na terceira e última parte, encerra-se a discussão com a resposta sobre a capacidade de testar da pessoa com deficiência intelectual ou psíquica, estando ela sujeita ou não à curatela ou à tomada de decisão apoiada. Considerando as mudanças empreendidas pela CDPD e LBI, a construção desse texto busca uma interpretação mais adequada à unicidade do sistema jurídico, cujo eixo valorativo consagra a inclusão, a igualdade e a não discriminação da pessoa com deficiência.

1 Aspectos gerais da capacidade testamentária ativa no Brasil

Na antiguidade clássica não havia direito de testar, uma vez que a propriedade tinha caráter sagrado e vinculado à família, sob a gestão do *pater*. Ao morrer, o *pater familias*, os bens eram confiados ao filho varão que sucederia o *pater* em suas funções, garantindo-se a perpetuação da propriedade e do fogo sagrado na família (COULANGES, 2011, p. 119). O registro mais antigo do direito de testar se extrai de alguns fragmentos da Lei das XII Tábuas, nos quais se permitia a disposição do patrimônio pelo titular por meio de documento que expressasse sua vontade (HIRONAKA; CAHALI, 2014, p. 262).

No Brasil, o testamento não era costume corrente, evitava-se enfrentar as questões associadas à morte por medo ou por superstição (CAHALI; HIRONAKA, 2014; NEVARES, 2009). Só mais recentemente o cidadão brasileiro passou a cultivar alguma preocupação com o testamento e com o planejamento sucessório, seja para evitar conflitos entre os herdeiros ou beneficiar alguma pessoa, em especial; seja para fazer uso dos meios legais e legítimos tendentes à redução dos custos fiscais da sucessão por morte.

O modelo atual de sucessão testamentária guarda algumas correlações com o que vigia na codificação de 1916 – especialmente quanto às formas previstas de testamento, mas inova em aspectos essenciais, como o critério da capacidade testamentária. Segundo a lei, toda pessoa capaz pode testar,[1] iniciando-se essa capacidade específica aos dezesseis anos (art. 1.860, CC).[2] Mas, nos termos do parágrafo único desse artigo, não podem testar os incapazes e aqueles que, no momento do ato, não tiverem discernimento íntegro.[3]

Em que consiste esse discernimento e como se pode aferi-lo? Na explicação de Silvio Rodrigues (2002b), a exigência do discernimento requer que a pessoa do testador "possa exprimir livremente a sua vontade, apresentando compreensão e entendimento necessário para perceber, assimilar, alcançar, numa palavra, saber o que está fazendo e qual o significado e extensão do ato que pratica". Para Bodin de Moraes (2010, p. 192), o discernimento é "a capacidade de compreensão e análise". Constitui, segundo ela, "uma característica da condição humana derivativa da *racionalidade*, por meio da qual se pode raciocinar, refletir, decidir, enfim, realizar escolhas".

Seguindo o modelo médico de abordagem da deficiência com o qual se conectava o CC/16, a pessoa com deficiência intelectual e psíquica já era presumidamente faltosa de um discernimento íntegro, sendo qualificada como absoluta ou relativamente incapaz. A aferição desse *discernimento* considerava as habilidades do indivíduo em sua insularidade, cotejando uma autonomia inteiramente independente. Na sistemática proposta pela CDPD e EPD, a capacidade para realização de escolhas pode ser alcançada mediante

---

1 Art. 1.857, CC: "Toda pessoa capaz pode dispor, por testamento, da totalidade dos seus bens, ou de parte deles, para depois de sua morte".

2 Art. 1.860, CC: "[...] Parágrafo único. Podem testar os maiores de dezesseis anos".

3 Art. 1.860, CC: "Além dos incapazes, não podem testar os que, no ato de fazê-lo, não tiverem pleno discernimento".

apoio e ainda assim é considerada. Chancela-se uma autonomia na interdependência (DANDHA, 2007, p. 429) para assegurar uma efetiva inclusão à pessoa com deficiência.[4] [5]

Nessa medida, os dispositivos do Código Civil que restringem a capacidade de testar não podem ser interpretados como se fossem dirigidos à pessoa com deficiência, sob pena de ferir a principiologia central da CDPD e resvalar em inconstitucionalidade. A deficiência, em si, já não pode ser utilizada como um critério modulador da capacidade do sujeito. De acordo com o art. 12 da CDPD[6] e com o art. 6º do Estatuto da Pessoa com Deficiência – EPD,[7] a pessoa com deficiência goza de capacidade legal (jurídica) em igualdade com as demais.

Ainda há, no entanto, quem associe a deficiência intelectual/psíquica à falta de "discernimento" e à situação da deficiência. Mas é de se aperceber que o critério do "discernimento" desapareceu dos arts. 3º e 4º do CC e dos demais dispositivos do Código, a partir de sua reestruturação pelo EPD. Isso se fez exatamente para romper com essa associação. Permaneceu no art. 1.860 para informar que o juízo crítico do testador não pode estar abalado ao tempo da elaboração do testamento, por qualquer fator ou circunstância, inclusive o efeito de droga, álcool, medicação, hipnotismo. Uma limitação mental ou psíquica mais grave também pode, é claro, limitar a capacidade testamentária ativa, se a pessoa não conseguir consolidar e/ou manifestar a sua vontade ainda que sob apoio.

Os tribunais sempre foram muito cautelosos na invalidação do testamento em virtude da alegação de ausência de "discernimento" do testador ao tempo de sua elaboração. A maioria das decisões que analisaram esse tema confirmaram a validade do testamento (RODRIGUES, 2006, p. 149), fazendo valer o princípio geral de presunção da capacidade civil. Considerando a proteção jurídica dispensada à declaração de última vontade, não se pode pôr em risco a sua validade e comprometer seus efeitos, sem contundentes provas da inaptidão do testador.[8]

Mas, como antes referido, o exercício da autonomia também não precisa se fazer de modo absolutamente independente. Nem todas as pessoas possuem uma ilustrada aptidão para, de pronto e imediato, apresentar uma conclusão volitiva inexoravelmente independente e irretocável sobre os fatos da vida e as escolhas que precisa fazer

---

4 Art. 3º, CDPD: "Os princípios da presente Convenção são: a) O respeito pela dignidade inerente, a autonomia individual, inclusive a liberdade de fazer as próprias escolhas, e a independência das pessoas; [...]".

5 "Se considera así como discriminatorio tanto el trato diferente basado en circunstancias no relevantes, cuanto el trato no diferente desconocedor de circunstancias relevantes. Las circunstancias que se tienen en cuenta en este campo se corresponden bien con rasgos de las personas (lo que puede ser entendido como enfoque de la identidad) bien con situaciones en las que se encuentran las personas (lo que puede ser entendido como enfoque de la situación)" (ASÍS ROIG, 2012, p. 51).

6 Art. 12, CDPD: "[...] 2. Os Estados Partes reconhecerão que as pessoas com deficiência gozam de capacidade legal em igualdade de condições com as demais pessoas em todos os aspectos da vida".

7 Art. 6º, EPD: "A deficiência não afeta a plena capacidade civil da pessoa [...]".

8 "APELAÇÃO CÍVEL. SUCESSÕES. AÇÃO ANULATÓRIA DE TESTAMENTO PÚBLICO. ALEGADA INCAPACIDADE MENTAL DA TESTADORA NÃO COMPROVADA. IMPROCEDÊNCIA DA DEMANDA. A autora/apelante não logrou provar, como lhe cabia, a alegada insanidade mental da testadora quando da lavratura dos dois testamentos públicos, tampouco eventual vício de vontade para o ato. A pretendida anulação do testamento público depende de prova robusta e concreta da incapacidade civil do testador, a qual não veio aos autos. A prova testemunhal revela que a testadora se mostrava lúcida e certa de sua manifestação de última vontade. Sentença de improcedência da demanda mantida. NEGARAM PROVIMENTO. UNÂNIME" (TJRS, Oitava Câmara Cível. Apelação Cível nº 70.079.948.048. Rel. Luiz Felipe Brasil Santos, j. 4.4.2019. public. 10.4.2019).

(ARAÚJO; RUZYK, 2017). Também será válida a vontade consolidada e externalizada com o apoio de terceiros que estejam em seu auxílio, ajudando-o a compreender melhor e mais claramente os fatos e as suas consequências. Tem-se, portanto, uma *autonomia na interdependência* tal como apresentada pela filosofia dos direitos humanos, adotada pela CDPD e refletida no lema do movimento social das pessoas com deficiência – "independentes, mas não só!".

Na Argentina, o Código Civil e Comercial da República dispôs de um modo um pouco diferente para dizer que toda pessoa legalmente capaz de "ter vontade e de manifestá-la" terá a faculdade para dispor de seus bens por testamento (art. 3.606).[9] A interpretação desse dispositivo, conforme a principiologia da CDPD, permite assegurar à pessoa com deficiência a sua capacidade de testar, na medida em que puder exprimir essa vontade por si ou por meio do apoio legal.

Com o fim de atender à CDPD, Portugal promulgou a Lei nº 49, de 14.8.2018, instituindo o regime do maior acompanhado que trouxe muitas alterações ao Código Civil. Excluída do rol dos incapazes, a pessoa com deficiência é submetida ao regime de acompanhamento, assim caracterizado como uma forma de apoio adequada a sua necessidade específica. Sob o apoio, a capacidade civil poderá até sofrer restrição, relativamente a certos atos, mas nunca uma eliminação completa (BARBOSA, 2018, p. 63). Em Portugal, conforme o art. 2.189 do CC (redação dada pela Lei nº 49/2018), a pessoa sob acompanhamento terá capacidade testamentária ativa, salvo se o contrário dispuser a sentença que determinar o acompanhamento.[10]

A legislação peruana também foi alterada para se ajustar à CDPD. Coube ao Decreto Legislativo nº 1.384 de 4.9.2018 a unificação do conceito de capacidade jurídica, determinando que todas as pessoas são titulares de capacidade de gozo e de exercício. Em caráter excepcional, informa as circunstâncias nas quais se pode restringir (e não suprimir) a capacidade de exercício por meio da sentença. Quando assim o permite, a legislação não aplica a deficiência como critério justificador e orienta a realização de ajustes razoáveis ou mecanismos de apoio para favorecer o exercício da autonomia e o processo de exteriorização da vontade. O texto inova quando reconhece as diferentes formas de manifestação da vontade, incluindo a chamada vontade tácita, compreendida a partir da história de vida da pessoa.[11]

---

[9] Art. 3.606: "Toda persona legalmente capaz de tener voluntad y de manifestarla, tiene la facultad de disponer de sus bienes por testamento, con arreglo a las disposiciones de este Código, sea bajo el título de institución de herederos, o bajo el título de legados, o bajo cualquiera otra denominación propia para expresar su voluntad".

[10] Art. 2.189: "São incapazes de testar: [...] b) os maiores acompanhados, apenas nos casos em que a sentença de acompanhamento assim o determine".

[11] "Artículo 141.- Manifestación de voluntad.: La manifestación de voluntad puede ser expresa o tácita. Es expresa cuando se realiza en forma oral, escrita, a través de cualquier medio directo, manual, mecánico, digital, electrónico, mediante la lengua de señas o algún medio alternativo de comunicación, incluyendo el uso de ajustes razonables o de los apoyos requeridos por la persona. Es tácita cuando la voluntad se infiere indubitablemente de una actitud o conductas reiteradas en la historia de vida que revelan su existencia. No puede considerarse que existe manifestación tácita cuando la ley exige declaración expresa o cuando el agente formula reserva o declaración en contrario".

A pessoa com deficiência psíquica não sofre uma presunção de incapacidade para testar. Do contrário, só terá essa capacidade negada na hipótese do art. 44, item 9,[12] conforme dispõe o art. 687.[13]

Também não se entende correto inferir que, no Brasil, há uma restrição à capacidade sucessória da pessoa com deficiência, com base no art. 1.860 do CC/02.[14] A deficiência, reitera-se, não pode ser usada para os fins de modulação da capacidade, tampouco implica, inexoravelmente, a ausência ou uma limitação do discernimento para testar. Se o sujeito com limitação psíquica e/ou intelectual desejar testar e conseguir fazê-lo, com ou sem o apoio legal, não há fundamento jurídico para lhe restringir essa faculdade. Porém, assim como os demais, deverá exarar, ao cabo e ao fim, uma vontade livre de pressões ou captações. Nem mesmo o suporte ou apoio poderá exercer qualquer pressão ou captação, sem implicar uma disfunção e com isso perder o merecimento de tutela.

Ademais, se a lei não exige a plena capacidade civil para o testamento, na medida em que permite àqueles maiores de dezesseis anos fazê-lo, por que inviabilizaria essa alternativa à pessoa com deficiência? O que em verdade se requer é a emanação de uma vontade jurígena válida. O Código presume que a pessoa com dezesseis anos tem aptidão de comunicar sua vontade pela via testamentária, e o sistema jurídico, na sua inteireza, reconhece a capacidade jurídica da pessoa com deficiência em igualdade com as demais pessoas maiores desde as modificações legais decorrentes da CPDP. Ainda que o exercício dessa capacidade seja materializado sob o apoio necessário.

Na explicação de Silvio Rodrigues (2006), anteriormente à CDPD, o direito civil brasileiro já estendia o direito de testar aos relativamente incapazes, pelo fator idade, e aos pródigos. Pelo Código Civil, a capacidade de testar se contava a partir dos dezesseis anos. E os pródigos, por sua vez, só seriam privados de praticar, sem a assistência do curador, aqueles atos da vida civil que viessem a comprometer seu patrimônio em vida, levando-os ao empobrecimento. O testamento não se incluía nessa restrição, pela dicção do art. 1.782 (hoje revogado).[15]

Superados os critérios de abordagem da deficiência para modulação da capacidade (*outcome approach* e *functional approach*) presentes na legislação brasileira antes da CDPD e do EPD (MENEZES, 2018), já não se pode associar a incapacidade civil à deficiência. Se algum daqueles critérios deve ser aplicado aos dias atuais, seria o *functional approach*, desde que utilizado para delimitar o apoio necessário ao exercício da capacidade civil e não para roubar-lhe essa capacidade (DANDHA, 2007).

---

12 "Artículo 44.- Capacidad de ejercicio restringida. Tienen capacidad de ejercicio restringida: [...] 6. - Los ebrios habituales. 7.- Los toxicómanos. [...]. 9.- Las personas que se encuentren en estado de coma, siempre que no hubiera designado un apoyo con anterioridad".

13 "Artículo 687.- Imposibilitados para otorgar testamento. No pueden otorgar testamento: [...] 2.- Los comprendidos en el artículo 44 numerales 6, 7 y 9. [...]".

14 No dizer de Augustina Palacios (2008, p. 34), "en lo personal, quien escribe prefiere utilizar el término 'diversidad funcional' en remplazo del término 'deficiencia', porque de este modo se elimina la connotación negativa sobre las palabras que aluden a las características de un ser humano". No presente trabalho, adere-se ao entendimento da autora por compreender ser o mais adequado, mas opta-se pela utilização também da palavra "deficiência" por ser sob esta denominação que a legislação brasileira cuida do tema, além de, em segundo plano, possibilitar a variação na terminologia empregada no texto.

15 Neste sentido ver Rodrigues (2006, p. 149-150).

A concretização da autonomia privada[16] é o reconhecimento jurídico de um poder para realizar escolhas (PRATA, 2016) que, no caso da pessoa com deficiência, esta poderá contar com um suporte, consolidando o seu exercício em um contexto de interdependência.[17]

O reconhecimento jurídico desse "poder de escolha" se faz pela atribuição da plena capacidade civil às pessoas naturais, em regra, maiores de idade. Ou seja, o direito interno concede o poder de exercer os atos da vida civil de acordo com os critérios que ele mesmo estabelece (NEVARES, 2009, p. 43). Nesta toada, a sucessão testamentária representa mais que a materialização da vontade humana, pois requer, na leitura de Orlando Gomes (2004, p. 86), a permissão e a chancela do direito positivo a essa vontade que deve ser veiculada sob forma exigida por lei.

Ressalta-se que a autonomia testamentária não fica restrita à seara patrimonial, estende-se à esfera existencial para dispor de temas como reconhecimento de filho, nomeação de tutor, doação de órgãos etc. Dessa forma, o exercício da liberdade de testar[18] também está jungido às diretrizes constitucionais de tutela, proteção e promoção da dignidade da pessoa humana (NEVARES, 2009, p. 53).

Do princípio da dignidade sobressai a busca pela concretização de uma sociedade mais justa e igualitária de sorte a justificar, nos limites da legalidade constitucional, regras diferenciadas para a tutela de pessoas com demandas especiais (PERLINGIERI, 2008). Relativamente à pessoa com deficiência, essa tutela se materializou pela CDPD[19] e pelo EPD, cuja palavra de ordem é a inclusão da pessoa pelo reconhecimento de sua plena capacidade, independentemente da deficiência e do seu estado de vulnerabilidade (TEPEDINO; OLIVA, 2016, p. 227). Portanto, não se justifica a imposição de restrições limitativas à capacidade testamentária ativa da pessoa com limitação intelectual ou psíquica maior de dezesseis anos.[20] A elaboração do testamento é o exercício de um direito[21] que se lhe defere em iguais condições com as outras pessoas.

Independentemente de qualquer critério, tampouco a deficiência, a pessoa natural terá capacidade sucessória passiva na sucessão legítima, exigindo-se apenas que tenha vocação hereditária. Não pode ser impedida de suceder pelo art. 1801.[22] E será excluída

---

16 Para Pietro Perlingieri (2008, p. 325), "[...] autonomia privada (é) o poder, reconhecido pelo ordenamento estatal a um indivíduo ou a um grupo, de determinar vicissitudes jurídicas como consequência de comportamentos – em qualquer medida – livremente adotados".

17 Recentemente, Judith Butler escreveu o editorial "Yo quiero ser más débil". Nele a autora ressalta que nenhum de nós é esse ser humano ilustrado que a lei descreve como autônomo e absolutamente independente. Somos todos interdependentes, ao cabo e ao fim (ESCRIBANO, 2018).

18 Liberdade de testar mitigada ou limitada, concedida e modulada pelo próprio ordenamento jurídico, mas que consubstancia o reconhecimento da autonomia privada.

19 A Convenção Internacional dos Direitos da Pessoa com Deficiência (CDPD) de 2007 foi o primeiro tratado internacional de direitos humanos aprovado pelo Congresso Nacional conforme o procedimento qualificado do §3º do art. 5º da Constituição Federal (promulgado pelo Decreto nº 6.949/09 e em vigor no plano interno desde 25.8.2009). Portanto, a mencionada convenção internacional possui *status* de norma constitucional (MENEZES, 2016a, p. 511).

20 Posição reforçada pela interpretação conjugada do *caput* do art. 1.857 com o parágrafo único do art. 1.860, tudo do CC/02.

21 No dizer de Flávio Tartuce (2016, p. 463; 472), o EPD substituiu o fundamento anterior do sistema das incapacidades pela ideia da "dignidade-igualdade" ou "dignidade-inclusão".

22 "Art. 1.801. Não podem ser nomeados herdeiros nem legatários: I - a pessoa que, a rogo, escreveu o testamento, nem o seu cônjuge ou companheiro, ou os seus ascendentes e irmãos; II - as testemunhas do testamento; III - o concubino do testador casado, salvo se este, sem culpa sua, estiver separado de fato do cônjuge há mais de cinco

da sucessão em virtude de deserdação e de indignidade. Em termos gerais, é reconhecida a capacidade sucessória passiva às pessoas nascidas, aos já concebidos e à prole eventual nos termos e limites do art. 1.800 do CC/02.[23]

2 A tomada de decisão apoiada e o exercício do direito de testar

A CDPD estabelece como premissa principiológica, o "respeito pela dignidade inerente, a autonomia individual, inclusive a liberdade de fazer as próprias escolhas, e a independência das pessoas" (art. 3º), ao tempo em que impõe aos Estados signatários a adoção de medidas imprescindíveis ao combate de toda forma de discriminação em face das pessoas com deficiência.

Profundas foram as modificações que a CDPD e o EPD promoveram no direito protetivo tradicional, centrado na tutela e na curatela. Além de remodelar a curatela, introduziu a tomada de decisão apoiada[24] (TDA), migrando para um sistema de apoio ao exercício da capacidade, em abandono do modelo de substituição de vontade.

A tomada de decisão apoiada é um instituto completamente novo que passou a integrar o Código Civil, com o art. 1.783-A incluído pelo EPD:

> Art. 1.783-A. A tomada de decisão apoiada é o processo pelo qual a pessoa com deficiência elege pelo menos 2 (duas) pessoas idôneas, com as quais mantenha vínculos e que gozem de sua confiança, para prestar-lhe apoio na tomada de decisão sobre atos da vida civil, fornecendo-lhes os elementos e informações necessários para que possa exercer sua capacidade.

Não se trata de um instrumento de aplicação obrigatória ou que possa ser imposto judicialmente. Sua utilização se aplica àquele que voluntariamente o requer como medida de apoio ao exercício da sua plena capacidade para a prática dos atos da vida civil.[25] Funcionará como suporte àqueles que sentem algum tipo de fragilidade no exercício de sua autonomia (MENEZES, 2016, p. 616), reservando a eles próprios a legitimidade ativa exclusiva para o requerimento.

---

anos; IV - o tabelião, civil ou militar, ou o comandante ou escrivão, perante quem se fizer, assim como o que fizer ou aprovar o testamento".

[23] "Art. 1.800. No caso do inciso I do artigo antecedente, os bens da herança serão confiados, após a liquidação ou partilha, a curador nomeado pelo juiz. §1º Salvo disposição testamentária em contrário, a curatela caberá à pessoa cujo filho o testador esperava ter por herdeiro, e, sucessivamente, às pessoas indicadas no art. 1.775. §2º Os poderes, deveres e responsabilidades do curador, assim nomeado, regem-se pelas disposições concernentes à curatela dos incapazes, no que couber. §3º Nascendo com vida o herdeiro esperado, ser-lhe-á deferida a sucessão, com os frutos e rendimentos relativos à deixa, a partir da morte do testador. §4º Se, decorridos dois anos após a abertura da sucessão, não for concebido o herdeiro esperado, os bens reservados, salvo disposição em contrário do testador, caberão aos herdeiros legítimos".

[24] Art. 84, EPD: "A pessoa com deficiência tem assegurado o direito ao exercício de sua capacidade legal em igualdade de condições com as demais pessoas. [...] §2º É facultado à pessoa com deficiência a adoção de processo de tomada de decisão apoiada".

[25] A previsão inicial de uma medida que garantisse o apoio para a prática dos atos da pessoa com deficiência está no art. 12 do CDPD.

Pode-se dizer que a TDA é um negócio jurídico[26] celebrado entre a pessoa com deficiência e duas pessoas, no mínimo, escolhidas por ela, para serem seus apoiadores. Em sendo um negócio jurídico, a TDA pressupõe, para sua validade, a capacidade das partes[27] que permanecerá inalterada mesmo após a sua homologação judicial.

O objeto desse negócio jurídico é uma obrigação de fazer, qual seja, prestar uma contribuição (apoio), por meio de informação, esclarecimento, mediação, orientação à pessoa apoiada para que esta possa firmar suas escolhas e praticar os atos da vida civil que estão nos limites do apoio previsto no termo homologado judicialmente.

O objeto do apoio poderá ser os atos de natureza patrimonial ou existencial, pois a lei não faz à TDA a mesma restrição que dirige à curatela no art. 85, §1º, EPD, cuja incidência é praticamente limitada aos atos patrimoniais.

Difere da representação e da assistência, porque não implica substituição ou manifestação simultânea da vontade com o apoiado na formação dos negócios jurídicos. O ato é realizado pela própria pessoa apoiada que, por meio da TDA, terá o apoio ou suporte de que necessitar. Os apoiadores não integrarão o negócio realizado pelo apoiador, ainda quando sejam chamados a assinar o documento para confirmar que dele tiveram ciência e que ofereceram o suporte para o qual se obrigaram. O apoio antecede a formação do negócio porque se aplica em todo o processo de construção volitiva (MENEZES, 2018).

A formalização do termo de apoio requer a homologação judicial, em procedimento de jurisdição voluntária no qual também há intervenção do Ministério Público.[28] Como a lei orienta, sua utilização deve ser temporária, constando o prazo de sua duração no respectivo termo de apoio. Independentemente, a pessoa apoiada poderá, a qualquer momento, requerer a interrupção e extinção do acordo perante o juiz que o homologou.[29]

Embora o procedimento da jurisdição voluntária promova alguma segurança jurídica quando se exige a sua homologação judicial, com a presença do Ministério Público e do juiz, dificulta o acesso das pessoas ao instituto (NEVARES; SCHREIBER, 2016, p. 53). Opção que contraria a tendência crescente de desjudicialização de tantas medidas, como o que se fez com o divórcio, a partilha, a usucapião administrativa e, mais recentemente, o reconhecimento da filiação socioafetiva, que podem ser realizados na via administrativa.

Uma vez esclarecido que a pessoa com deficiência tem a sua capacidade civil resguardada, em condições de igualdade com as demais, nada obsta a sua capacidade de testar. Ressalta-se que a autonomia testamentária é matéria de ordem pública que

---

[26] São diversos os conceitos encontrados na doutrina nacional sobre o negócio jurídico. Para este trabalho, adota-se o conceito de Marcos Bernardes de Mello (2008, p. 191), para quem negócio jurídico é "fato jurídico cujo elemento nuclear do suporte fático consiste em manifestação ou declaração consciente de vontade, em relação à qual o sistema jurídico faculta às pessoas, dentro de limites predeterminados e de amplitude vária, o poder de escolha de categoria jurídica e de estruturação do conteúdo eficacial das relações jurídicas respectivas, quanto ao seu surgimento, permanência e intensidade no mundo jurídico".

[27] Art. 104, CC/02.

[28] Sobre o tema: Menezes (2016a).

[29] Art. 1783-A, CC/02: "§9º A pessoa apoiada pode, a qualquer tempo, solicitar o término de acordo firmado em processo de tomada de decisão apoiada. §10. O apoiador pode solicitar ao juiz a exclusão de sua participação do processo de tomada de decisão apoiada, sendo seu desligamento condicionado à manifestação do juiz sobre a matéria".

não aceita limitações alheias àquelas fixadas pela lei, em sentido estrito (VELOSO, 2003, p. 28). A faculdade de testar guarnece "a soberana ideia do homem" (CAHALI; HIRONAKA, 2014, p. 264) de projetar sua vontade para além de sua própria existência. Nesta perspectiva, o CC/02 pune com a exclusão sucessória[30] aqueles que, de algum modo, causarem impedimento à liberdade de testar do autor da sucessão.

A pessoa em acordo de TDA, uma vez que é plenamente capaz, poderá testar. Se, no termo de apoio constar o suporte para a elaboração de testamento, o apoiador intervirá nos limites do acordado para auxiliar o apoiado a realizar seu testamento, sem ferir o art. 1.858 do Código Civil, que destaca a natureza personalíssima do ato. Favorecerá ao apoiado a compreensão devida sobre o ato e os seus efeitos, decodificando, se for o caso, as informações técnicas a respeito do testamento. Como o testamento é um ato de eficácia diferida e não se aplicará senão após a morte do testador apoiado, é difícil imaginar uma situação na qual o apoiador possa se opor a sua realização. Talvez pudesse se opor nos casos em que a disposição de vontade estivesse em risco, pela presença de cláusulas passíveis de invalidade ou se o testamento não estivesse seguindo a forma exigida pela lei.

Como os apoiadores não integram o negócio celebrado, no caso, o testamento, não há que se falar em comprometimento do caráter personalíssimo do ato. De fato, apenas o autor da herança disporá conforme a sua própria vontade, que continua tendo que ser livre, consciente e espontânea (PEREIRA, 2017, p. 314). O fato do apoio, em si, não comprometerá a higidez e integridade dessa vontade. Ademais, hoje é possível – até recomendável em certos casos – que a elaboração do testamento seja feita com auxílio técnico de um profissional especializado na matéria, a fim de diminuir ou mesmo extinguir as chances de ineficácia testamental.[31] Os apoiadores poderão acompanhar o apoiado nas sessões com o advogado, facilitando o processo de orientação. Em virtude de sua atuação aproximada ao apoiado testador, o apoiador comprometerá a sua legitimidade passiva para suceder, na via testamentária, à semelhança do que ocorre com o tabelião ou escrevente perante quem se fizer o testamento (art. 1801, inc. V, CC/02).

De resto, se houver algum vício insanável no testamento, como a incapacidade do testador e/ou a interferência dos apoiadores na declaração da vontade exteriorizada, poderão ser combatidos por ações próprias de nulidade ou equivalentes, como já é possível desde antes da vigência do EPD. Relembra-se que o Código Civil pune com a exclusão sucessória, pela via da indignidade e da deserdação, aquele que atenta contra a liberdade de testar. Se o apoiador for também herdeiro legítimo e agir em captura da vontade do testador, poderá ser réu em ação de indignidade.

3 A pessoa curatelada e o direito de testar

A curatela ganhou novos contornos por força da Convenção sobre os Direitos da Pessoa com Deficiência e pelas alterações impostas pelo Estatuto da Pessoa com

---

[30] Por meio da indignidade e da deserdação, mesmo os herdeiros necessários, serão afastados aqueles "que, por violência ou meios fraudulentos, inibirem ou obstarem o autor da herança de dispor livremente de seus bens por ato de última vontade" (art. 1814, inc. III, CC/02).

[31] O advogado poderá, por exemplo, elaborar a minuta do testamento público (art. 1.864, inc. I, CC).

Deficiência. Em virtude da expressa regra geral da plena capacidade e da eleição da tomada de decisão apoiada como auxílio possível ao exercício da autonomia da pessoa, a curatela passou a ser considerada "medida *in extremis*" (MENEZES, 2016a, p. 528).

Mesmo quando aplicada, o curador deve atuar como um "cuidador" (ROSENVALD, 2016, p. 801) ou "apoiador", melhor dizendo. Pois até a curatela desenvolve um tipo de apoio, ainda que mais intenso (Preâmbulo da CDPD, alínea "j"), se comparado ao que resulta da TDA.

O EPD manteve o termo *curatela,* mas redimensionou a sua função e os seus limites. Trata-se de uma medida de apoio aplicável à pessoa com deficiência (art. 84, parágrafo primeiro) para favorecer-lhe o exercício da capacidade civil. Na conformação da CDPD, a pessoa sob curatela mantém a sua capacidade civil (art. 12), mas sob o suporte do curador que a assistirá ou a representará em certos atos da vida civil. Sem se valer dos mecanismos de substituição de vontade, o curador deverá primar pelos interesses e preferências do curatelado mesmo quando investido dos poderes de representação (art. 85, §2º, EPD; art. 12, item 4, CDPD; art. 755, II e §1º, CPC).

Mas como isso seria possível ante um curatelado totalmente privado de volição, que não tem condições para o exercício de uma autonomia externa mesmo com o apoio?

A se considerar a leitura de Francisco Bariffi (2014, p. 391), o art. 12, item 2, da CDPD não implica um direito absoluto ao exercício da capacidade, mas estabelece a garantia de que a deficiência não seja usada como critério para sua restrição. Se a legislação vier a fazer qualquer limitação ao exercício da capacidade para a prática de certos atos, o fará por meio de um critério aplicável a qualquer sujeito. Nessas hipóteses, excepcionalíssimas, a pessoa (não pela deficiência, mas pela ausência da autonomia externa) poderia ser posta sob proteção específica capaz de justificar a mitigação da sua capacidade para a realização de certos atos. Nesses casos, a sentença judicial que determinar a curatela informará os atos da vida civil para os quais o curatelado dependerá da assistência ou mesmo representação do curador.[32] Observe-se que esses atos não podem ser aqueles descritos no art. 85, §1º, que são imunes aos poderes da curatela.

Ainda que sob representação legal, o curatelado não se sujeitará ao talante do representante, conforme instruía o tradicional sistema da substituição de vontade. O representante legal deverá respeitar as preferências e a vontade do curatelado, inclusive quando manifestas ao tempo em que podia se posicionar, seja pela forma como viveu, seja pelos afetos ou seja mesmo por declarações verbais. Seria o respeito à vontade tácita a que a legislação peruana fez referência.

Na hipótese em que sofrer limitações gravíssimas desde o nascimento, impeditivas de qualquer manifestação volitiva, os interesses fundamentais do curatelado deverão sempre ser respeitados pelo representante. Não se pode autorizar uma ampla substituição de vontade para onerar o curatelado em todos os atos da vida civil praticados pelo curador em seu nome.

---

32 Enunciado recém-aprovado na 8ª Jornada de Direito Civil do Conselho de Justiça Federal – CFJ permite a fixação de poderes de representação na curatela: "Admite-se a possibilidade de outorga ao curador de poderes de representação para alguns atos da vida civil, inclusive de natureza existencial, e serão especificados na sentença, desde que comprovadamente necessários para proteção do curatelado em sua dignidade".

Se o curatelado estiver sob representação, o curador não poderá fazer um testamento em seu nome, mesmo que buscasse resguardar a sua vontade, haja vista a natureza personalíssima do ato. Se houver curatela por assistência e a sentença nada dispuser sobre a capacidade de testar do curatelado, entende-se que a pessoa sob curatela poderia testar livremente. Mais ainda se lhe respeitará essa capacidade se o testamento estiver circunscrito à temática existencial, matéria infensa aos poderes da curatela.

Portugal, como antes mencionado, não veda à pessoa com deficiência a sua capacidade sucessória, salvo quanto àquelas pessoas que estiverem em coma ou se de modo diverso decidir a sentença que lhe aplicou o regime de acompanhamento.

No Brasil, nem o Projeto de Lei nº 757 (SENADO FEDERAL, 2018), que visa modificar o EPD e a legislação alterada por ele, traz impedimentos expressos à liberdade de testar da pessoa com deficiência. O projeto restabelece o art. 1.782 com uma nova redação, segundo a qual a curatela somente privará a pessoa de, sem curador, emprestar, transigir, dar quitação, alienar, hipotecar, demandar ou ser demandado e praticar, em geral, os atos que não sejam de mera administração. Não inclui nessas restrições, a liberdade de testar. Sendo certo que para testar, repita-se, a pessoa terá de reunir condições de cumprir os requisitos essenciais ao negócio jurídico, a começar pela manifestação hígida de sua vontade.

Ademais, a validade do testamento produzido pela pessoa nestas condições continuaria podendo ser questionada posteriormente pelos interessados (art. 1.859, CC).

Outra questão, toca à possibilidade de se incluir por sentença, no âmbito da intervenção do curador, o apoio assistencial à facção do testamento. A se compreender a curatela como um apoio, por que não poderia o curador oferecer um suporte adequado ao curatelado, assistindo-o neste particular?

Se a curatela constituir modalidade de apoio,[33] poderá auxiliar a pessoa no exercício da capacidade e não lhe retirar essa prerrogativa. Rememora-se a defesa da autonomia na interdependência proposta pela CDPD. Conforme Dandha (2007, p. 429):

> Further, these reform efforts acknowledged that, if assistance is required to exercise capacity, then such assistance should be provided instead of holding a person to be incompetent.' Accepting this premise, legal systems experimented with establishing legally recognized persons who could provide this assistance. A finding of incompetence in traditional legal systems has resulted in guardians of person or property being appointed, who then were charged with making decisions on behalf of the incompetent person. In comparison, t reform efforts were aimed at supporting rather than supplanting the person in need of assistance. The possibility of substitution, however, has been retained.[34]

---

[33] É isso é o que se deduz do art. 84, §1º, do EPD.

[34] "Além disso, esses esforços da reforma reconheceram que, se for necessária assistência para o exercício da capacidade, tal assistência deve ser prestada em vez de impedir que uma pessoa seja considerada incompetente. Aceitando essa premissa, os sistemas legais admitem que as pessoas estabelecidas em lei possam exercer o múnus da assistência. A constatação de incompetência nos sistemas jurídicos tradicionais resultou na possibilidade de nomeação de curadores ou tutores da pessoa para questões existenciais ou patrimoniais, encarregando-as de tomar decisões em nome da pessoa considerada incompetente. Enquanto os esforços da reforma visavam apoiar, em vez de suplantar, a pessoa necessitada de assistência; a possibilidade de substituição, no entanto, foi mantida" (tradução livre).

Nessa esteira, a pessoa em situação de curatela terá a capacidade de executar sozinha aqueles atos que não estiverem arrolados no espectro do apoio do curador, conforme definido em sentença, no que se inclui o testamento. Corrigindo o que foi dito na primeira edição deste livro, o testamento não poderá ser feito sob assistência, pois é um ato personalíssimo e a assistência envolve a manifestação simultânea de vontade.[35]

Relativamente ao testamento, que trata apenas da matéria existência, a curatela não faria qualquer diferença. Porém, repita-se, o negócio jurídico testamento continuará a exigir todos os seus pressupostos, incluindo-se a escorreita e hígida manifestação de vontade.

Deste modo, o juiz deve assinalar, no ato de constituição da curatela, todos os limites do poder do curador e, se for o caso, vedar a possibilidade de elaboração do testamento pela pessoa com deficiência que fora curatelada pela impossibilidade completa de exprimir sua vontade, ainda que sob suporte intenso, uma vez que a regra é a plena capacidade.

Por fim, considerando que o intérprete/aplicador do direito deverá garantir a capacidade testamentária ativa da pessoa com deficiência, na medida em que esta puder compreender o que seja o ato e as suas consequências, maior garantia haverá quando o testamento versar sobre direitos e/ou interesses existenciais "que envolvem o próprio desenvolvimento humano do indivíduo" (NEVARES, 2009, p. 323) de modo a realizar a tutela integral das pessoas com deficiência (BARBOZA; ALMEIDA, 2017, p. 23).

Complementarmente cita-se a regra autorizativa da deserdação dos herdeiros necessários que deixarem de prestar assistência ao testador com deficiência intelectual/psíquica nos termos dos arts. 1.962, inc. IV e 1.963, inc. IV do Código Civil.[36] Mesmo reconhecendo a existência da deficiência no momento do testamento, o legislador, além de não vetar a elaboração do ato de última vontade pela pessoa com deficiência, ainda possibilitou a estipulação de cláusula testamentária de exclusão de herdeiro legitimário, o que reforça a "desidentificação"[37] da pessoa com deficiência do incapaz de testar.

Conclusão

1 No ano de 2007, foi promulgada pela Organização das Nações Unidas (ONU) a Convenção dos Direitos da Pessoa com Deficiência, ratificada no Brasil no ano de 2009 com *status* de norma constitucional. Na esteira da CDPD, em 2015 foi aprovado o Estatuto das Pessoas com Deficiência (EPD), promovendo uma viragem copernicana na abordagem da deficiência.

---

35 Art. 1.858, CC: "O testamento é ato personalíssimo, podendo ser mudado a qualquer tempo".

36 "Art. 1.962. Além das causas mencionadas no art. 1.814, autorizam a deserdação dos descendentes por seus ascendentes: [...] IV - desamparo do ascendente em alienação mental ou grave enfermidade. Art. 1.963. Além das causas enumeradas no art. 1.814, autorizam a deserdação dos ascendentes pelos descendentes: [...] IV - desamparo do filho ou neto com deficiência mental ou grave enfermidade".

37 Na explicação das autoras, "Trata-se do uso da lei na sua função promocional, com vistas a não discriminação. Ou seja, no atual sistema privado brasileiro, as pessoas com deficiência passam a ser plenamente capazes para o Direito Civil. Isso porque o novo estatuto visa ao reconhecimento de que, sob a perspectiva dos direitos e dos deveres civis, políticos e sociais, o fato de alguém portar alguma deficiência não significa vir a ter limitada ou esvaziada sua cidadania" (NEVARES; MULTETO; MEIRELES, 2016, p. 501).

2 Uma das alterações percebidas foi a de restringir a incapacidade absoluta apenas ao critério etário, e a incapacidade relativa passou a decorrer da ausência ou limitação da declaração da vontade a ser investigada no caso concreto. A mudança gerou efeitos no âmbito da teoria geral dos negócios jurídicos. Deficiência já não pode ser critério modulador da capacidade civil, uma vez que se garante à pessoa com deficiência a inteireza de sua capacidade, em igualdade de condições com as demais pessoas.

3 A capacidade testamentária ativa é a regra no Direito sucessório para a pessoa maior de 16 anos, que tenha compreensão e entendimento sobre a elaboração e efeitos do ato de testar. Ao considerar as disposições sobre o direito de testar matéria de ordem pública, não se admitem limitações à elaboração do instrumento que não as decorrentes de texto de lei.

4 O testamento é negócio jurídico de disposição de última vontade que pode ter conteúdo patrimonial e existencial, sendo facultado a toda pessoa capaz. Quando dispõe sobre interesses existenciais, o testamento também se perfaz como um meio eficaz de realização de tutela e promoção da dignidade da pessoa humana.

5 A pessoa com deficiência que estiver sob tomada de decisão apoiada não perde a capacidade de testar e pode fazer seu testamento com o auxílio de seus apoiadores se houver previsão no termo de apoio celebrado.

6 A pessoa que não gozar de entendimento e compreensão sobre o ato de testar não poderá fazê-lo, ainda que esteja sob curatela. Na hipótese em que mantiver a compreensão necessária sobre este ato, poderá fazê-lo estando sob curatela, desde que a sentença restrinja a sua capacidade para tanto.

7 Uma vez que o testamento é ato personalíssimo, não poderá ser feito sob assistência ou representação.

8 A curatela do pródigo não afasta a sua capacidade testamentária ativa. A disposição patrimonial em testamento produz efeitos apenas após a morte, o que não implicará prejuízo à pessoa. Caso o testamento seja apenas de conteúdo existencial, aí é que não se poderá atacar a sua autonomia para testar.

Referências

ARAÚJO, Luis Alberto David; RUZYK, Carlos Eduardo Pianovski. A perícia multidisciplinar no processo de curatela e o aparente conflito entre o Estatuto da Pessoa com Deficiência e o Código de Processo Civil: reflexões metodológicas à luz da teoria geral do direito. *R. Dir. Gar. Fund.*, Vitória, v. 18, n. 1, p. 227-256, jan./abr. 2017.

ASÍS ROIG, Rafael. Sobre capacidad y derechos. *In*: BARRANCO AVILÉS, María del Carmen; CELADOR AGÓN, Oscar; VACA FERNÁNDEZ, Félix (Coord.). *Perspectivas actuales de los sujetos de derecho*. Madrid: Dykinson, 2012.

BARBOSA, Mafalda Miranda. *Maiores acompanhados*. Primeiras notas depois da aprovação da Lei nº 49/2018, de 14 de agosto. Coimbra: Gestlegal, 2018.

BARBOZA, Heloisa Helena; ALMEIDA, Vitor. Reconhecimento, inclusão e autonomia da pessoa com deficiência: novos rumos na proteção dos vulneráveis. *In*: BARBOZA, Heloisa Helena; MENDONÇA, Bruna Lima de; ALMEIDA JÚNIOR, Vitor de Azevedo (Coord.). *O Código Civil e o Estatuto da Pessoa com Deficiência*. Rio de Janeiro: Processo, 2017.

BARIFFI, Francisco. *El régimen jurídico internacional de la capacidad juridical de las personas con discapacidad*. Madrid: Grupo Editorial Cinca c/ General Ibanez Íbero, 2014.

CAHALI, Francisco José; HIRONAKA, Giselda Maria Fernandes Novaes. *Direito das sucessões*. São Paulo: Revista dos Tribunais, 2014.

COULANGES, Numa Denis Fustel de. *A cidade antiga*: estudo sobre o culto, o direito e as instituições da Grécia e de Roma. 2. ed. São Paulo: RT, 2011.

DANDHA, Amita. Legal capacity in the disability rights in the rights convention: stranglehold of the past or lodestar for the future? *Syracuse J. Int'l L. & Com.*, v. 34, 429, 2006-2007.

ESCRIBANO, Esperanza. Judith Butler: "Yo quiero ser más débil". *El Salto: Tu Medio, Tu Casa*, 24, ago. 2018. Disponível em: https://www.elsaltodiario.com/gsnotaftershave/judith-butler-yo-quiero-ser-mas-debil. Acesso em: 15 jun. 2018.

FACHIN, Luiz Edson; PIANOVSKI, Carlos Eduardo. A dignidade da pessoa humana no direito contemporâneo: uma contribuição à crítica da raiz dogmática do neopositivismo constitucionalista. *Revista Trimestral de Direito Civil*, v. 9, n. 35, p. 101-120, jul./set. 2008.

GOMES, Orlando. *Sucessões*. 12. ed. rev., atual. e aumentada de acordo com o Código Civil de 2002 por Mario Roberto Carvalho de Faria. Rio de Janeiro: Forense, 2004.

MENEZES, Joyceane Bezerra de. A capacidade jurídica pela Convenção sobre os Direitos da Pessoa com Deficiência e a insuficiência dos critérios do status, do resultado da conduta e da funcionalidade. *Pensar, Revista de Ciências Jurídicas*, 2018. Ahead of print. Disponível em: http://periodicos.unifor.br/rpen/issue/view/450. Acesso em: 15 jun. 2018.

MENEZES, Joyceane Bezerra de. O novo instituto da tomada de decisão apoiada: instrumento de apoio ao exercício da capacidade civil da pessoa com deficiência instituído pelo Estatuto da Pessoa com Deficiência – Lei Brasileira de Inclusão (Lei nº 13.146/2015). *In*: MENEZES, Joyceane Bezerra de (Org.). *Direito das pessoas com deficiência psíquica e intelectual nas relações privadas*: Convenção sobre os Direitos da Pessoa com Deficiência e Lei Brasileira de Inclusão. Rio de Janeiro: Processo, 2016a.

MENEZES, Joyceane Bezerra de. Tomada de decisão apoiada: instrumento de apoio ao exercício da capacidade civil da pessoa com deficiência instituído pela Lei Brasileira de Inclusão (Lei nº 13.146/2015). *Revista do Instituto Brasileiro de Direito Civil*, v. 9, n. 3, 2016b. Disponível em: https://www.ibdcivil.org.br/image/data/revista/volume9/rbdcivil_vol_9_03_tomada-de-decisueo-apoiada.pdf. Acesso em: 12 jan. 2018.

MENEZES, Joyceane Bezerra de; TEIXEIRA, Ana Carolina B. Desvendando o conteúdo da capacidade civil a partir do Estatuto da Pessoa com Deficiência. *Pensar*, v. 21, n. 2, 2016. Disponível em: http://periodicos.unifor.br/rpen/article/view/5619. Acesso em: 21 mar. 2018.

MORAES, Maria Celina Bodin de. *Na medida da pessoa humana*: estudos de direito civil-constitucional. Rio de Janeiro: Renovar, 2010.

NEVARES, Ana Luiza Maia; MULTETO, Renata Vilela; MEIRELES, Rose Melo Venceslau. As implicações do Estatuto da Pessoa com Deficiência no processo de inventário. *In*: MENEZES, Joyceane Bezerra de (Org.). *Direito das pessoas com deficiência psíquica e intelectual nas relações privadas*: Convenção sobre os Direitos da Pessoa com Deficiência e Lei Brasileira de Inclusão. Rio de Janeiro: Processo, 2016.

NEVARES, Ana Luiza Maia; SCHREIBER, Anderson. *A função promocional do testamento*: tendências do direito sucessório. Rio de Janeiro: Renovar, 2009.

NEVARES, Ana Luiza Maia; SCHREIBER, Anderson. Do sujeito à pessoa: uma análise da incapacidade civil. *In*: TEPEDINO, Gustavo; TEIXEIRA, Ana Carolina Brochado; ALMEIDA, Vitor (Coord.). *O direito civil entre o sujeito e a pessoa*: estudos em homenagem ao professor Stefano Rodotà. Belo Horizonte: Fórum, 2016.

PALACIOS, Agustina. *El modelo social de discapacidad*: orígenes, caracterización y plasmación en la Convención Internacional sobre los derechos de las personas con discapacidad. Madri: Grupo Editorial Cinca, 2008.

PEREIRA, Caio Mário da Silva. *Instituições de direito civil*. 25. ed. Atualização de Tânia da Silva Pereira. Rio de Janeiro: Forense, 2017a. v. V.

PEREIRA, Caio Mário da Silva. *Instituições de direito civil*. 25. ed. Atualização de Carlos Roberto Barbosa Pereira. Rio de Janeiro: Forense, 2017b. v. VI.

PERLINGIERI, Pietro. *O direito civil na legalidade constitucional*. Rio de Janeiro: Renovar, 2008.

PERLINGIERI, Pietro. *Perfis do direito civil*. Tradução de Maria Cristina De Cicco. Rio de Janeiro: Renovar, 2002.

PRATA, Ana. *A tutela constitucional da autonomia privada*. Coimbra: Almedina, 2016.

RODRIGUES, Silvio. *Direito civil*. São Paulo: Saraiva, 2002a. v. 6.

RODRIGUES, Silvio. *Direito civil*. São Paulo: Saraiva, 2002b. v. 7.

RODRIGUES, Silvio. *Direito civil*. São Paulo: Saraiva, 2003. v. 7.

RODRIGUES, Silvio. *Direito civil*. São Paulo: Saraiva, 2006. v. 7.

ROSENVALD, Nelson. Curatela. *In*: PEREIRA, Rodrigo da Cunha. *Tratado de direito das famílias*. Belo Horizonte: IBDFAM, 2016.

SENADO FEDERAL. Projeto de Lei nº 757. *Diário do Senado Federal*, Brasília, n. 142, 2018. Disponível em: https://legis.senado.leg.br/diarios/BuscaDiario?codDiario=21572&paginaDireta=00054#diario. Acesso em: 8 ago. 2019.

SOUZA, Eduardo Nunes de. *Teoria geral das invalidades do negócio*: nulidade e anulabilidade no direito civil contemporâneo. São Paulo: Almedina, 2017.

TARTUCE, Flávio. O Estatuto da Pessoa com Deficiência e a capacidade testamentária ativa. *In*: MENEZES, Joyceane Bezerra de (Org.). *Direito das pessoas com deficiência psíquica e intelectual nas relações privadas*: Convenção sobre os Direitos da Pessoa com Deficiência e Lei Brasileira de Inclusão. Rio de Janeiro: Processo, 2016.

TEIXEIRA, Ana Carolina Brochado. *Saúde, corpo e autonomia privada*. Rio de Janeiro: Renovar, 2010.

TEPEDINO, Gustavo; OLIVA, Milena Donato. Personalidade e capacidade na legalidade constitucional. *In*: MENEZES, Joyceane Bezerra de (Org.). *Direito das pessoas com deficiência psíquica e intelectual nas relações privadas*: Convenção sobre os Direitos da Pessoa com Deficiência e Lei Brasileira de Inclusão. Rio de Janeiro: Processo, 2016.

VELOSO, Zeno. Comentários ao Código Civil, Parte Especial: Do direito das sucessões (arts. 1.857 a 2.027). *In*: AZEVEDO, Antônio Junqueira de (Coord.). *Comentários ao Código Civil*. São Paulo: Saraiva, 2003. v. 21.

Informação bibliográfica deste texto, conforme a NBR 6023:2018 da Associação Brasileira de Normas Técnicas (ABNT):

MENEZES, Joyceane Bezerra de; LOPES, Ana Beatriz Lima Pimentel. A sucessão testamentária da pessoa com deficiência intelectual e/ou psíquica. *In*: TEIXEIRA, Daniele Chaves (Coord.). *Arquitetura do planejamento sucessório*. 3. ed. Belo Horizonte: Fórum, 2022. p. 191-205. Tomo I. ISBN 978-65-5518-459-4.

SUCESSÃO DO EMBRIÃO

JUSSARA MARIA LEAL DE MEIRELLES

1 Esclarecimentos terminológicos sobre reprodução humana assistida e o art. 1.597 do Código Civil

O Código Civil, ao dispor sobre a presunção de concepção dos filhos na constância do casamento, faz menção, no art. 1.597, a três expressões relativas às técnicas de reprodução humana assistida. São elas: *fecundação artificial homóloga* (art. 1.597, III), *concepção artificial homóloga* (art. 1.597, IV) e *inseminação artificial heteróloga* (art. 1.597, V).[1] Também traz a expressão *embriões excedentários*, mas sobre ela serão feitas as considerações pertinentes no item 3 do presente estudo.

Necessário se faz bem esclarecer a que técnicas de reprodução humana assistida tais expressões correspondem, de modo a evitar interpretações equivocadas.

Já faz algum tempo que a Medicina vem utilizando métodos artificiais voltados a atenuar os problemas relativos à reprodução humana, que podem ser oriundos de diversos fatores de ordem biológica, médica ou psíquica. Costuma-se denominar o uso de tais meios, genericamente, de *fecundação artificial* ou *concepção artificial*, denominações inexatas, na opinião de Piero Bailo,[2] uma vez que artificiais são as maneiras de se obter a fecundação e não esta em si.

Entre tais métodos, os mais conhecidos são a inseminação artificial (IA) e a fertilização *in vitro* (FIV).[3]

A *inseminação artificial* é a técnica científica mais antiga e consiste, basicamente, na introdução do sêmen na cavidade uterina ou no canal cervical, por meio de uma cânula, no período em que o óvulo se encontra suficientemente maduro para ser fecundado. Pode ser homóloga, se realizada com o sêmen do marido ou do companheiro da

---

1 "Art. 1.597. Presumem-se concebidos na constância do casamento os filhos: [...] III - havidos por fecundação artificial homóloga, mesmo que falecido o marido; IV - havidos, a qualquer tempo, quando se tratar de embriões excedentários, decorrentes de concepção artificial homóloga; V - havidos por inseminação artificial heteróloga, desde que tenha prévia autorização do marido".

2 OLIVEIRA, Antonio de Pádua Leopoldo de. Aspectos jurídicos da inseminação artificial. *In*: OLIVEIRA, Antonio de Pádua Leopoldo de *et al*. *Estudos jurídicos em homenagem ao Professor Caio Mário da Silva Pereira*. Rio de Janeiro: Forense, 1984. p. 578.

3 MEIRELLES, Jussara Maria Leal de. *Gestação por outrem e determinação da maternidade*. Curitiba: Genesis, 1998. p. 36.

paciente; ou heteróloga, se usado esperma de um doador fértil.[4] Note-se que, nessa técnica, somente se utiliza sêmen; e aguarda-se que a concepção ocorra no organismo da paciente, após a inseminação. É importante lembrar, portanto, que ao se mencionar inseminação a lei faz referência a uma técnica que não utiliza embriões obtidos em laboratório, mesmo porque se espera que a concepção se realize dentro do organismo da paciente e não fora dele.

Diferente é a fertilização *in vitro* (FIV) que consiste, basicamente, em se retirar um ou vários óvulos de uma mulher, fecundá-los em laboratório e, após algumas horas ou em até alguns dias, dependendo da técnica, realizar a transferência de um ou mais embriões ao organismo da paciente. Após ovulação induzida por hormônios, os óvulos maduros são coletados pouco antes do momento de sua liberação natural e, em seguida, submetidos à fecundação, que será feita fora do corpo da paciente, em recipiente de vidro, por isso o nome *in vitro*, denominação utilizada para indicar processos biológicos realizados fora do sistema vivo (*in vivo*), ou seja, em ambiente laboratorial. Nessa técnica, sim, há obtenção de embriões em laboratório; logo, ao se mencionar fertilização *in vitro*, sabe-se que, para além do uso de sêmen e de óvulos, a finalidade da técnica é a obtenção de um ou mais embriões concebidos em laboratório e sua posterior transferência ao corpo de uma mulher, para o desenvolvimento em gestação.

A fertilização *in vitro*, assim como a inseminação artificial, será homóloga ou heteróloga, expressões essas a identificar se foi utilizado material genético apenas do casal (ou companheiros) ou se houve necessidade de buscar doadores anônimos.[5]

Embora os métodos mais conhecidos de reprodução assistida sejam a inseminação artificial e a fertilização *in vitro*, importa mencionar que a expressão *reprodução assistida* vai para além dessas práticas de implantação artificial de gametas ou embriões humanos no aparelho reprodutor feminino, com a finalidade de facilitar a procriação. Abrange, de fato, todas as práticas, técnicas e biológicas, que permitam a reprodução *interferindo* no processo natural, seja por meio da inseminação artificial, seja mediante a concepção *in vitro*, ou pela transferência embrionária; igualmente, aquelas que consistem somente no acompanhamento médico e na eventual administração de medicamentos que facilitem o processo natural de reprodução. Assim, de acordo com os entendimentos médicos, o melhor termo para definir a chamada reprodução assistida deve ser *interferência*, para deixar claro que não se trata de métodos puramente artificiais, porque, mesmo quando as técnicas consistem no manuseio de gametas, elas não deixam de ser naturais, apenas não ocorre o intercurso sexual.[6]

Após esses esclarecimentos terminológicos, retorna-se ao disposto no Código Civil. O legislador usou expressões que se definem pela abrangência das técnicas e métodos

---

4 SCARPARO, Monica Sartori. *Fertilização assistida*: questão aberta – Aspectos científicos e legais. Rio de Janeiro: Forense Universitária, 1991. p. 10.

5 O anonimato dos doadores sempre foi recomendado pelas Resoluções do Conselho Federal de Medicina a respeito da reprodução humana assistida. A Resolução CFM nº 2294, de 27.05.2021, exceptua o anonimato às hipóteses de doação de gametas para parentesco até quarto grau de um dos receptores. Mencionou-se, sempre, a "doação" de embriões, conforme se observa nas normativas anteriores e no item IV da referida Resolução nº 2.294/2021, atualmente em vigor.

6 MEIRELLES, Jussara Maria Leal de. Filhos da reprodução assistida. *In*: PEREIRA, Rodrigo da Cunha (Coord.). *Família e cidadania*: o novo CCB e a "vacatio legis" – Anais do III Congresso Brasileiro de Direito de Família. Belo Horizonte: IBDFAM/Del Rey, 2002. p. 393.

de reprodução humana assistida: concepção artificial homóloga e fecundação artificial homóloga. Usou-as para considerar presumidamente concebidos na constância do casamento os filhos havidos por *fecundação artificial homóloga*, mesmo que falecido o marido (III) e os havidos, a qualquer tempo, quando se tratar de embriões excedentários, decorrentes de *concepção artificial homóloga* (IV). Como as expressões *fecundação artificial* e *concepção artificial* são abrangentes, conclui-se que o legislador civil pretendeu estabelecer a presunção tanto para os casos de inseminação artificial homóloga quanto para as hipóteses de fertilização *in vitro* homóloga. Em outras palavras, o Código Civil presumiu *concebidos* na constância do casamento tanto os filhos havidos mediante a prática de inseminação artificial com sêmen do marido falecido quanto os havidos por meio de fertilização homóloga e posterior transferência do embrião concebido em laboratório.

No tocante aos embriões mantidos em laboratório, estes já foram concebidos e, por esse aspecto, estariam legitimados a suceder, sob o ponto de vista estrito de outra previsão da mesma lei (o art. 1.798 do Código Civil dispõe: "legitimam-se a suceder as pessoas nascidas ou já concebidas no momento da abertura da sucessão"). A questão não é, contudo, pacífica na doutrina, e o legislador civil usou também a expressão *a qualquer tempo* (art. 1.597, V), o que requer mais detidas considerações, que serão apresentadas no item 3 deste estudo.

No que diz respeito à inseminação artificial homóloga realizada postumamente, importa ressaltar que até o momento da abertura da sucessão não houve concepção de fato; o que existe, na realidade, é uma presunção legal de que os filhos assim havidos foram concebidos na constância do casamento (e, obviamente, antes da morte, eis que essa o extingue). Assim, a presunção legal de concepção na constância do casamento não é um dado pacífico a nortear o direito sucessório de o novo ser concebido, eis que a concepção há de ser realizada de fato após a abertura da sucessão. Logo, análise mais detida será feita neste estudo, no item 4.

Quanto à inseminação artificial heteróloga, o Código Civil também prevê a presunção de paternidade na constância do casamento (art. 1.597, V), desde que tenha havido prévia autorização do marido. Seguiu o legislador pátrio a orientação de países que já de há muito legislaram sobre o tema da procriação assistida, nos quais a paternidade é determinada a partir do consentimento livre outorgado pelo marido (ou companheiro) da mulher que se submete ao tratamento.[7] Contudo, é de se observar que, embora inclua o filho havido por inseminação artificial heteróloga na presunção de paternidade oriunda do casamento, o Código Civil, aparentemente, não impede ao marido revogar a autorização exigida, possibilitando-lhe contestar a paternidade, direito esse considerado imprescritível.[8] Para dirimir a dúvida, o Enunciado nº 258, da III Jornada de Direito Civil do Conselho Nacional de Justiça: "Não cabe a ação prevista no art. 1.601 do Código Civil se a filiação tiver origem em procriação assistida heteróloga, autorizada pelo marido nos termos do inc. V do art. 1.597, cuja paternidade configura presunção absoluta".

7 Por exemplo: Austrália, Canadá, Espanha, França, Inglaterra, Israel, Noruega, Nova Zelândia, Suécia, Venezuela, entre outros (MEIRELLES, Jussara Maria Leal de. *Gestação por outrem e determinação da maternidade*. Curitiba: Genesis, 1998. p. 163-166).

8 "Art. 1601. Cabe ao marido o direito de contestar a paternidade dos filhos nascidos de sua mulher, sendo tal ação imprescritível".

Para efeitos sucessórios, importa saber até que momento há que se considerar a eficácia da autorização: a viúva poderia fazer uso da autorização para, mediante o procedimento médico com sêmen doado, conceber um filho herdeiro do marido falecido, eis que será presumidamente havido na constância do casamento (art. 1.597, V)? Parece que a resposta deve estar contida na própria autorização. Caso contrário, somente as circunstâncias do caso concreto poderiam dar resposta sobre a real vontade do *de cujus*, o que não é simples nem fácil de evidenciar. Há outras considerações ainda a serem feitas e, neste estudo, encontram-se no item 5.

Há que se mencionar, também, que o Código Civil silenciou a respeito da gestação de substituição e da doação de óvulos, muito embora tenha usado expressões abrangentes, como *fecundação artificial* e *concepção artificial*. Sobre o sentido estrito em que devem ser interpretadas as expressões usadas pelo Código, veja-se o Enunciado nº 257, da III Jornada de Direito Civil do Conselho Nacional de Justiça:

> As expressões "fecundação artificial", "concepção artificial" e "inseminação artificial", constantes, respectivamente, dos incs. III, IV e V do art. 1.597 do Código Civil, devem ser interpretadas restritivamente, não abrangendo a utilização de óvulos doados e a gestação de substituição.

Nesse aspecto, destaca-se aqui a visão um tanto reducionista do legislador, pois ao evitar o tema sob o ponto de vista da maternidade, manteve a determinação tradicional (*mater semper certa est*), a partir do elemento obstétrico (parto), deixando aberta uma lacuna sobre hipóteses de acesso à reprodução assistida *post mortem* pelo viúvo ou companheiro sobrevivente. O Enunciado nº 633, da VIII Jornada de Direito Civil do Conselho Nacional de Justiça procurou dirimir: "É possível ao viúvo ou ao companheiro sobrevivente, o acesso à técnica de reprodução assistida póstuma – por meio da maternidade de substituição, desde que haja expresso consentimento manifestado em vida pela sua esposa ou companheira".

Também não mencionou o Código Civil a respeito dos filhos havidos em união estável mediante uso de técnicas de reprodução assistida. Assim, uma vez mais os doutrinadores se reuniram e aprovaram o Enunciado nº 570, na VI Jornada de Direito Civil do Conselho Nacional de Justiça, que dispõe sobre reprodução assistida heteróloga *a patre*, ou seja, inseminação artificial ou fertilização *in vitro* com o uso de sêmen de doador:

> O reconhecimento de filho havido em união estável fruto de técnica de reprodução assistida heteróloga "a patre" consentida expressamente pelo companheiro representa a formalização do vínculo jurídico de paternidade-filiação, cuja constituição se deu no momento do início da gravidez da companheira.

2 Categorias tradicionais e embriões de laboratório

É sabido que a ordem legislativa civil brasileira reconhece os seres humanos nascidos com vida como *pessoas naturais*, protegendo-lhes os direitos (art. 2º, primeira parte).[9]

---

[9] "Art. 2º *A personalidade civil da pessoa começa do nascimento com vida*; mas a lei põe a salvo, desde a concepção, os direitos do nascituro" (grifos nossos).

Também põe a salvo os direitos dos *nascituros* (que são os seres humanos concebidos no ventre materno e em vias de se tornarem pessoas, ao nascerem com vida) – art. 2º, parte final.[10] Por fim, assegura a possibilidade de ser contemplada na sucessão testamentária a chamada *prole eventual*, a qual se refere aos filhos de pessoas indicadas pelo testador, e que ainda não foram sequer concebidos: daí a eventualidade da sua existência (art. 1.799, I).[11] Segundo as disposições do Código Civil, os seres humanos seriam ou nascidos com vida, ou em desenvolvimento gestacional no ventre materno e por nascer, ou ainda nem concebidos e, estes últimos, por conseguinte, tratados sob o viés da eventualidade.

O rápido avanço dos métodos e das técnicas de reprodução humana trouxe consigo muitas possibilidades de auxílio científico às pessoas que deles necessitam para realizar o projeto de parentalidade. E, como não é raro acontecer, a realidade possibilitada pela ciência (o mundo do ser) ultrapassou os limites estabelecidos formalmente pela ordem jurídica (o mundo do dever ser). Assim, possibilitou a concepção humana extrauterina e, por intermédio dela, a existência de embriões humanos concebidos *in vitro* (em meio externo ao corpo humano) e mantidos em laboratório (criopreservados, para posterior transferência ao útero da mulher). Essa diferente realidade apresentou-se completamente distanciada de toda a categorização tradicional que fundamentou a codificação civil brasileira. Conforme em certa oportunidade afirmou Gustavo Tepedino: "o paletó ficou apertado". Sem dúvida, tratar de novas realidades científicas mediante o emprego de categorias oriundas das codificações dos séculos XVIII e XIX é quase impossível.

Os embriões humanos concebidos e mantidos em laboratório são totalmente estranhos ao modelo clássico que ainda hoje se encontra no Código Civil: eles não são *pessoas naturais*, pois inexistente o nascimento com vida; não são pessoas em estado gestacional e por nascer (*nascituros*), e também não é possível classificá-los como *prole eventual* (a ser concebida), posto que a sua concepção já ocorreu.

O embrião concebido e mantido em laboratório não se encontra em desenvolvimento, à espera de nascer, simplesmente. Isso caracteriza o nascituro, aquele que está em processo gestacional, desenvolvendo-se até o final da gestação, para então nascer. Processo natural, que fez com que o legislador delineasse a proteção ao nascituro ("a lei põe a salvo, desde a concepção, os direitos do nascituro"). Estender essa noção clássica de nascituro, trazida a lume quando sequer se imaginava haver concepção e manutenção de um embrião humano em laboratório, é ampliar o alcance da categoria antiga para realidade nova e diversa, com consequências talvez bastante complicadas.

Embora não possam ser enquadrados nas categorias que o Código Civil traz nas suas disposições, os embriões humanos concebidos e mantidos em laboratório representam vida humana e, por conseguinte, na opinião da autora, parece resultar necessariamente afastada a sua caracterização como bens suscetíveis de subordinação a interesses econômicos. Pela mesma razão, é forçoso afirmar a indubitável necessidade de sua proteção jurídica específica, como seres humanos que foram concebidos (para o atingimento de um objetivo de parentalidade) e se encontram mantidos em laboratório

---

10 "Art. 2º A personalidade civil da pessoa começa do nascimento com vida; *mas a lei põe a salvo, desde a concepção, os direitos do nascituro*" (grifos nossos).

11 "Art. 1.799. Na sucessão testamentária podem ainda ser chamados a suceder: I - os filhos, *ainda não concebidos*, de pessoas indicadas pelo testador, desde que vivas estas ao abrir-se a sucessão; [...]" (grifos nossos).

(no aguardo de serem transferidos ao corpo de uma mulher, para seguirem em desenvolvimento até nascerem; ou à espera de que lhes seja dado algum destino, uma vez que o projeto inicial de parentalidade tenha sido abandonado).

Para essa busca de soluções que demonstrem verdadeira proteção aos embriões humanos de laboratório impõe-se, desde logo, duas tarefas: primeiro, distanciá-los da categorização estabelecida tradicionalmente, e, segundo, sob o enfoque do amparo, equipará-los aos demais seres humanos. De qualquer sorte, infelizmente, o que se observa é que, no afã de se conseguir gerar um filho, as pessoas buscam as técnicas de reprodução humana assistida, e no mais das vezes, sequer se dão conta de que gerar um ser humano em laboratório (e mantê-lo lá) é um projeto tão mais desafiador e complicado quanto menor for a previsão de consequências jurídicas decorrentes do seu abandono puro e simples. Não é coisa a se abandonar. Não é mero material biológico. Tem carga genética humana. Pode ser pessoa nascida amanhã.

Enfim, como todo regramento civil sobre as pessoas, as famílias, as vidas humanas e os reflexos jurídicos da morte foram previstos e estudados a partir do que se conhecia como concepção natural, duração média de uma gestação humana, nascimento com vida, os projetos de parentalidade sempre se pautaram pelas formas naturais de conceber, talvez até pelo acaso e pela surpresa, o que possivelmente não tenha oportunizado aos interessados quaisquer questionamentos que já não estivessem ao alcance do normatizado, do categorizado, do previsto. As possibilidades trazidas pelas técnicas de reprodução humana assistida alteraram não só o modo de ver os mais diferentes desenhos de projetos de parentalidade. E assim, talvez, as pessoas interessadas, ao buscarem esses recursos médicos, precisem de maiores esclarecimentos e talvez determinado tempo para pensar e decidir sobre a responsabilidade, as condições e os reflexos (psicológicos, econômicos, jurídicos, para além das condições médicas) relativos ao fato de se obter (e manter) embrião (ou embriões) em laboratório ou descartá-los, simplesmente porque já não serve(m) ao propósito inicial. É de se ressaltar, também, que essas pessoas merecem muita atenção e cuidado por parte dos profissionais (o ideal seriam que equipes multidisciplinares versassem sobre o tema e bem o esclarecessem), porquanto se encontram em situação de alta vulnerabilidade e podem, por conseguinte, não apresentar condições psicológicas de absorver informações de eventuais adversidades ao seu projeto parental, agora que a ciência lhes apresenta resposta satisfatória e possivelmente exitosa.

3 Opções legislativas: embriões excedentários e transmissão aos seres concebidos à época da abertura da sucessão

Ainda hoje não há lei formal específica, no Brasil, sobre reprodução humana assistida e os seus principais efeitos jurídicos, entre eles, a necessária proteção dos embriões. O tema é tratado por sucessivas resoluções do Conselho Federal de Medicina, as quais, por sua natureza de atos normativos administrativos, se mostram insuficientes a delimitar atividades que a lei formal brasileira não proíbe expressamente; e, embora não se possa afastar sua eficácia no plano deontológico, apresentam aplicabilidade restrita e certa efemeridade.[12]

Embora a questão dos embriões humanos obtidos e mantidos em laboratório ainda não tenha sido satisfatoriamente prevista na legislação brasileira, não se pode afastar que o legislador civil optou por prever os embriões excedentários (art. 1.597, IV):

> Art. 1.597. Presumem-se concebidos na constância do casamento os filhos: [...]
> IV - havidos, a qualquer tempo, quando se tratar de embriões excedentários, decorrentes de concepção artificial homóloga; [...].

Costuma-se denominar excedentes (ou excedentários, termo usado pelo legislador civil) os embriões obtidos em laboratório, mediante fertilização *in vitro*, que não foram transferidos ao organismo feminino porque não apresentavam sinais de desenvolvimento normal ou porque, muito embora em condições de evoluir com sucesso, ultrapassaram o número máximo recomendável à transferência sem riscos inerentes a uma gestação múltipla, como ameaças de aborto e nascimentos prematuros.

A preocupação em torno da expressão *embriões excedentários*[13] utilizada pelo legislador civil, no citado inc. IV, do art. 1.597 consiste, inicialmente, no fato de a expressão ser seguida de outra (*a qualquer tempo*), para presumir concebidos na constância do casamento os embriões excedentários havidos mediante concepção artificial homóloga. De início, não é demasiado lembrar que embrião já é um ser concebido; logo, poderia parecer desnecessária uma presunção legal de concepção para um ser que já foi concebido durante o casamento (lembrando que "embriões excedentários" são aqueles considerados "excedentes" de procedimento médico já realizado). No entanto, se a lei menciona *a qualquer tempo*, a expressão pode remeter tanto ao futuro (embriões obtidos em laboratório enquanto casados eram os interessados no projeto de parentalidade) quanto para o passado (embriões obtidos em laboratório antes mesmo de haver casamento entre os interessados). O legislador civil parece ter optado por essa ampla possibilidade temporal de transferência de embriões mantidos em laboratório e que "excederam" a(s) transferência(s) anterior(es). Não fosse isso, não teria mencionado a presunção de concepção na constância do casamento, de embriões (seres já concebidos). Também não impôs a lei civil qualquer número máximo de possibilidades de transferência, o que pode conduzir à interpretação de que os procedimentos médicos para tanto podem ser vários, de modo a realizar as transferências de tantos quantos forem os embriões mantidos em laboratório, desde que não haja implicações médicas.

Evidentemente, essa falta de previsão legislativa traz preocupações atinentes à própria liberdade individual dos titulares dos gametas que deram origem aos embriões.

---

12 Para demonstrar as seguidas reformas dos diplomas normativos sobre o tema nos últimos anos, observa-se: a reprodução humana assistida é, atualmente, disciplinada pela Resolução CFM nº 2294, de 27 mai. 2021 (DOU 15 jun.2021), que revogou a Resolução CFM nº 2.168, de 21 set. 2017 (DOU, 10 nov. 2017), e esta revogou a Resolução de nº 2.121, de 16. jul. 2015 (DOU, 24 set. 2015). Esta, por sua vez, havia revogado a de nº 2.013, de 16 abr. 2013 (DOU, 9 mai.2013) que já havia revogado a de nº 1.957, de 15 dez. 2010 (DOU, 6 jan. 2011), esta última tendo revogado a Resolução CFM nº 1.358, de 11 nov. 1992 (DOU, 19 nov.1992), a primeira e mais longeva normativa ética, no Brasil, sobre reprodução assistida (pouco mais de 18 anos de vigência).

13 MEIRELLES, Jussara Maria Leal de. *A vida humana embrionária e sua proteção jurídica*. Rio de Janeiro: Renovar, 2000. p. 20.

Ainda que casados sejam, parece que impor-se o vínculo parental a qualquer deles é afetar-lhes diretamente a liberdade individual.[14] E, se não forem mais casados, uma vez que a lei menciona "a qualquer tempo"? Sobre o tema, o Enunciado nº 107, da I Jornada de Direito Civil do Conselho Nacional de Justiça, estabelece:

> Finda a sociedade conjugal, na forma do art. 1.571, a regra do inc. IV somente poderá ser aplicada se houver autorização prévia, por escrito, dos ex-cônjuges para a utilização dos embriões excedentários, só podendo ser revogada até o início do procedimento de implantação desses embriões.

Outra ordem de preocupação, para além da determinação da parentalidade jurídica, reside no fato de se prever, legislativamente, embriões ditos excedentários, abrindo a possibilidade para que, a qualquer tempo, sejam transferidos ao organismo feminino para completarem o seu desenvolvimento. Observa-se que a presunção legal pode ser aplicada a despeito do maior ou menor interesse daqueles que deram início a um projeto parental que, talvez, nem exista mais. E, se por um lado, pode parecer amparo ao novo ser concebido, pode também traduzir-se em verdadeira redução do ser humano em início de desenvolvimento a mero objeto de desejo ou de vantagens patrimoniais a partir da eventual gestação ou do nascimento do implantado.

Na sucessão parental, objeto do presente estudo, levando-se em consideração que toda a estrutura do instituto parece ter em vista um desenlace em curto prazo, ao se admitir relevância sucessória às situações oriundas da inseminação artificial ou da fertilização *in vitro*, há muito já observou Oliveira Ascensão: "nunca seria praticamente possível a fixação dos herdeiros e o esclarecimento das situações sucessórias. E a partilha que porventura se fizesse estaria indefinidamente sujeita a ser alterada".[15]

Uma tentativa de atenuar os resultados trazidos pelas disposições do Código Civil sobre os embriões de laboratório e sobre a vocação hereditária foi a edição do Enunciado nº 267, oriundo da III Jornada de Direito Civil, realizada em 2004, pelo Centro de Estudos Judiciários da Justiça Federal:

> A regra do art. 1.798 do Código Civil deve ser estendida aos embriões formados mediante o uso de técnicas de reprodução assistida, abrangendo, assim, a vocação hereditária da pessoa humana a nascer cujos efeitos patrimoniais se submetem às regras previstas para a petição da herança.

Em 08.06.2021, no Recurso Especial nº 1.918.421/SP, a Quarta Turma do Superior Tribunal de Justiça decidiu, por maioria, não autorizar a implantação de embriões

---

[14] Tecendo considerações concernentes ao poder parental sobre o embrião conservado em laboratório, observou Gilda Nicolau que o desacordo do casal a respeito de uma eventual reimplantação pode caracterizar duas ordens de problemas: a) a imposição de reimplantá-lo constituirá atentado à integridade psíquica da mulher e será até despicienda, se a gestante estiver autorizada legislativamente a optar pela interrupção da gravidez; b) a recusa em procriar poderá constituir injúria grave em relação ao marido (NICOLAU, Gilda. Le statut juridique de l'embryon congele. *In*: NICOLAU, Gilda. *L'influence des progrés de la genetique sur le droit de la filiation*. Talence: Presses Universitaires de Bordeaux, 1991. p. 303-304).

[15] ASCENSÃO, José de Oliveira. Problemas jurídicos da procriação assistida. *Revista Forense*, n. 328, out./dez. 1994. p. 78.

após a morte do genitor. Na decisão majoritária, entendeu que, para além dos efeitos patrimoniais, sucessórios, a autorização para utilização de embriões consiste em disposição *post mortem*, que guarda relação intrínseca com a personalidade e a dignidade dos seres humanos envolvidos, quais sejam, o genitor falecido e os embriões. Por isso, de se entender imperativa a obediência à forma expressa e incontestável. Nesse sentido, ressalte-se a conclusão dos julgadores de que a declaração posta em contrato padrão de prestação de serviços de reprodução humana é instrumento absolutamente inadequado a legitimar a implantação *post mortem* de embriões excedentários e que a autorização, expressa e específica, haverá de ser efetivada por testamento ou por documento análogo que lhe confira a devida formalidade e garantia.[16]

Em recente obra a respeito do direito sucessório dos embriões resultantes de fertilização *in vitro*, Calânico Sobrinho Rios sustenta dever-se assegurar aos embriões excedentários idêntica tutela cautelar concedida aos nascituros, referente à reserva de quinhão (CPC/2015, art. 650).[17]

4 Seres ainda não concebidos: a concepção *post mortem*

Sob o ponto de vista da presunção legal do art. 1.597 do Código Civil, podem ocorrer situações em que o novo ser não foi ainda concebido de fato, mas será presumidamente concebido na constância do casamento. Veja-se, de início, sobre o ser ainda não concebido de fato no momento da abertura da sucessão – embora logo se imagine a hipótese mais evidente, que seria a inseminação artificial homóloga *post mortem*, não se pode afastar a hipótese de fertilização *in vitro post mortem*, pois a abertura da sucessão pode se dar também entre a coleta de sêmen e óvulos para a fecundação em laboratório –: em qualquer dos casos, ambos acobertados pela expressão ampla *fecundação artificial homóloga*, o legislador civil estabeleceu que a presunção de concepção refere-se à constância do casamento (como se vivo ainda fosse o marido); logo, é possível concluir que, ainda na hipótese de ser concebido após a morte do *de cujus*, o novo ser concebido tem direitos sucessórios em relação ao autor da herança, porquanto a paternidade já está presumida como se tivesse sido concebido durante a constância do casamento e, por conseguinte, antes da abertura da sucessão. E no seu art. 1.798, dispõe o Código Civil a respeito da vocação hereditária dos seres já concebidos no momento da abertura da sucessão.[18] Mas haveria sucessão de filho concebido, de fato, postumamente?

Para além desse questionamento, há outra pertinente preocupação: até que momento e em que condições poderia ser realizado o procedimento médico de reprodução assistida pela mulher, com o material genético do marido? Sobre o tema, interessante a redação do Enunciado nº 108, da I Jornada de Direito Civil do Conselho Nacional de Justiça:

> Para que seja presumida a paternidade do marido falecido, será obrigatório que a mulher, ao se submeter a uma das técnicas de reprodução assistida com o material genético do

---

[16] SUPERIOR TRIBUNAL DE JUSTIÇA. *REsp 1918421 SP 2021/0024251-6*. Quarta Turma. Relator: Ministro Marco Buzzi, 08 jun. 2021. Publicação DJe 26 ago. 2021.

[17] RIOS, Calânico Sobrinho. *Direito à herança do embrião resultante da fertilização in vitro:* das medidas acautelatórias à sucessão definitiva. Belo Horizonte: Conhecimento Editora, 2021

[18] "Art. 1.798. Legitimam-se a suceder as pessoas nascidas ou já concebidas no momento da abertura da sucessão".

falecido, esteja na condição de viúva, sendo obrigatória, ainda, a autorização escrita do marido para que se utilize seu material genético após sua morte.

Similar raciocínio efetuado em relação à inseminação artificial homóloga realizada postumamente merece ser aplicado à hipótese de inseminação artificial heteróloga *post mortem*, com a diferença de que, aqui, por se tratar de técnica com o uso de sêmen doado, a lei exige expressamente a prévia autorização do marido. Observe-se que, nesse caso, não há que se falar em embrião; no momento da abertura da sucessão, o ser ainda não foi concebido de fato; mas, como já havia autorização para o procedimento ser realizado, demonstra-se a intenção do falecido no projeto de parentalidade. Assim, a lei presume concebido na constância do casamento (e, portanto, antes da abertura da sucessão) o novo ser resultante de inseminação artificial heteróloga *post mortem*, desde que tenha havido autorização prévia do *de cujus* para a realização do procedimento. Talvez em face da presunção legal de concepção anterior à morte, pareça ingressar na categoria de sucessor do pai, o filho concebido nessas condições. Mas a questão não é tão simples, eis que a concepção ainda não houve, de fato.

As opiniões contrárias se dividem: há os que sustentam haver direitos sucessórios nas hipóteses de concepção *post mortem* realizada mediante técnicas de reprodução assistida, fundamentando seu entendimento nos princípios constitucionais da dignidade da pessoa humana, na igualdade entre os filhos e no direito à sucessão, salientando também a paternidade responsável e o planejamento familiar. E há os que são contrários aos direitos sucessórios nessas hipóteses, em face da segurança jurídica em relação aos demais herdeiros.

Carlos Roberto Gonçalves[19] afirma que são iguais os direitos sucessórios dos filhos, e se o Código Civil de 2002 trata os filhos resultantes de fecundação artificial, homóloga, posterior ao falecimento do pai, como tendo sido "concebidos na constância do casamento", não se justifica a exclusão dos seus direitos sucessórios. Na opinião do autor, entendimento contrário conduziria à aceitação da existência de filho sem direitos sucessórios, o que colide com o princípio constitucional da isonomia entre os filhos (art. 227, §6º da Constituição Federal).[20]

Carlos Cavalcanti de Albuquerque Filho[21] afirma:

> não se pode excluir da participação nas repercussões jurídicas, no âmbito do direito de família e no direito das sucessões, aquele que foi engendrado com intervenção médica ocorrida após o falecimento do autor da sucessão, ao argumento de que tal solução prejudicaria ou excluiria o direito dos outros herdeiros já existentes ou pelo menos concebidos no momento da abertura da sucessão. Além disso, não devem prevalecer as assertivas que privilegiam a suposta segurança no processo sucessório.

---

19 GONÇALVES, Carlos Roberto. *Direito civil brasileiro*. Sucessões. 7. ed. São Paulo: Saraiva, 2013. p. 20.

20 "Os filhos, havidos ou não da relação do casamento, ou por adoção, terão os mesmos direitos e qualificações, proibidas quaisquer designações discriminatórias relativas à filiação".

21 ALBUQUERQUE FILHO, Carlos Cavalcanti. *Fecundação artificial post mortem e o direito sucessório*. Disponível em: www.esmape.com.br/downloads/mat_profa_mariarita/prof_maria_rita_7.doc. Acesso em: 3 ago. 2019.

Maria Berenice Dias[22] lembra que "a legislação não proíbe a inseminação *post mortem* e a Constituição consagra a igualdade entre os filhos. Não se pode, portanto, admitir legislação infraconstitucional restritiva do direito do filho assim concebido".

Aqueles que defendem a impossibilidade de se admitir direitos sucessórios ao ser não concebido fundamentam seu posicionamento no fato de somente estarem legitimados a suceder os nascidos ou concebidos no momento da abertura da sucessão, exatamente como dispõe o art. 1.798 do Código Civil.

Silvio Venosa[23] afirma que os seres gerados a partir da inseminação após a morte do genitor não são considerados herdeiros, posto que somente podem ser considerados legitimados a suceder aqueles vivos ou concebidos quando da morte do *de cujus*.

Costumam-se apontar como solução para a sucessão do ser ainda não concebido as previsões legislativas referentes à sucessão testamentária destinada à prole eventual. Na verdade, o Código Civil permite a sucessão testamentária ao concepturo, ou seja, aquele que ainda não foi concebido (prole eventual) nos termos do art. 1.799, I:

> Art. 1.799. Na sucessão testamentária podem ainda ser chamados a suceder:
> I - os filhos, *ainda não concebidos*, de pessoas indicadas pelo testador, desde que vivas estas ao abrir-se a sucessão; [...]. (Grifos nossos)

Ocorre que o legislador previu que os filhos ainda não concebidos devem ser de pessoas indicadas pelo testador e que estas devem estar vivas ao abrir-se a sucessão. Por isso, parece não ser muito simples ampliar a letra da lei para possibilitar ao filho não concebido ser nomeado como "prole eventual" para receber herança do seu próprio pai.

De todo modo, essa tem sido a solução apontada pela doutrina que nega o direito à sucessão legítima ao ser ainda não concebido no momento da abertura da sucessão. Afirma-se a sucessão testamentária, desde que tenha havido disposição expressa em testamento versando sobre a vontade inequívoca do testador em contemplar o concepturo e que seja observado o prazo de dois anos, na forma do que dispõe o §4º do art. 1.800 do Código Civil: "se, decorridos dois anos após a abertura da sucessão, não for concebido o herdeiro esperado, os bens reservados, salvo disposição em contrário do testador, caberão aos herdeiros legítimos".

No entanto, a solução apontada não parece eliminar o problema do tratamento diferenciado entre filhos, o que é vedado constitucionalmente (art. 227, §6º). Se a lei prevê a transmissão da herança aos herdeiros (CC, art. 1.784) ainda que não nascidos (CC, art. 1.798), e até aos ainda não foram concebidos por outras pessoas que não o *de cujus* (CC, art. 1.799, I), não se justifica a exclusão do direito sucessório daquele que é concebido *post mortem*, mediante técnicas de reprodução assistida que vão permitir a realização de um projeto de parentalidade que se iniciou pela vontade manifesta também do autor da herança, quando ainda vivo.

---

22 DIAS, Maria Berenice. *Manual de direito das famílias*. 9. ed. São Paulo: Revista dos Tribunais, 2013. p. 377.

23 VENOSA, Sílvio de Salvo. *Direito civil*: direito das sucessões. 15. ed. São Paulo: Atlas, 2015. v. 7. p. 57.

5 Considerações finais

Para além da falta de lei formal sobre as técnicas de reprodução assistida e sobre a proteção do ser humano embrionário, é possível afirmar que, no Brasil, a polêmica em torno dos direitos sucessórios do embrião decorre de algumas ordens de problemas: a) a escolha, pelo legislador civil (art. 1.597), das expressões amplas *fecundação artificial, concepção artificial*, seguidas de duas outras de significado ainda mais trabalhoso ao intérprete, que são: *embriões excedentários* e *a qualquer tempo*; b) a *presunção de concepção* na constância do casamento, de filhos havidos mediante procedimentos de reprodução assistida realizados inclusive postumamente; c) a previsão do art. 1.798, no sentido de considerar legitimadas a suceder as pessoas nascidas ou já concebidas no momento da abertura da sucessão, sem haver qualquer referência, exceção ou modulação quanto ao disposto no art. 1.597 e suas diferentes e amplas hipóteses de concepção mediante técnicas de reprodução assistida; d) o apego a categorias tradicionais (pessoa natural, nascituro, prole eventual) para tentar dar respostas a situações muito distantes da realidade que justificou a sua previsão na lei civil, bem assim, o embrião concebido e mantido em laboratório; e) a vulnerabilidade trazida pelo sonho de realizar, a qualquer custo, o projeto de parentalidade, o que permite que as pessoas "esqueçam" ou "não queiram saber" dos problemas que podem surgir e das consequências de se conceber e se manter um ser humano em laboratório; f) a frágil caracterização do embrião humano ora como "filho", ora como "material biológico" a ser descartado, dependendo do interesse que sobre ele possa recair.

Ao que tudo indica, os posicionamentos majoritários[24] são sobre a impossibilidade de o embrião receber herança legítima. Porém, este entendimento não é pacífico, e se dá em razão de alguns doutrinadores entenderem que o embrião estaria em situação diferente em relação ao nascituro, não merecendo o mesmo tratamento jurídico. Sobre essa "diferença", importa lembrar que o Supremo Tribunal Federal, na Ação Direta de Inconstitucionalidade nº 3.510, declarou constitucional o art. 5º da Lei nº 11.105/2005 (Lei de Biossegurança), ao entender que as pesquisas com células-tronco embrionárias não violam o direito à vida ou o princípio da dignidade da pessoa humana.

Para os que entendem que é dada aos embriões a vocação hereditária, interessa verificar o contido no Enunciado nº 267 CJF/STJ, da III Jornada de Direito Civil:

> A regra do art. 1.798 do Código Civil deve ser estendida aos embriões formados mediante uso de técnicas de reprodução assistida, abrangendo, assim, a vocação hereditária da pessoa humana a nascer cujos efeitos patrimoniais se submetem às regras previstas para a petição da herança.

[24] Conforme Flávio Tartuce, no VIII Congresso Paulista de Direito de Família e das Sucessões do IBDFAM, realizado entre os dias 8 e 9.11.2018, na Associação dos Advogados de São Paulo, à indagação "devem ser reconhecidos direitos sucessórios ao embrião, como sucessor legítimo?", respondeu positivamente o Professor da UFPR Eroulths Cortiano Jr. A resposta negativa coube à Professora Heloísa Helena Barboza, da UERJ. Houve ampla vitória da resposta do "não", em cerca de 80%, concluindo o público que o embrião somente teria direitos sucessórios após a sua implantação e o seu nascimento (TARTUCE, Flávio. Direito de família e das sucessões: desafios para o futuro. *Jusbrasil*, mar. 2019. Disponível em: https://flaviotartuce.jusbrasil.com.br/artigos/680174940/direito-de-familia-e-das-sucessoes-desafios-para-o-futuro. Acesso em: 30 jul. 2019).

No tocante aos seres ainda não concebidos, vem ganhando espaço a ideia de que é possível a sucessão testamentária, com reserva de bens, desde que exista disposição expressa em testamento versando sobre o assunto e que seja observado o prazo de dois anos previsto no §4º do art. 1.800 do Código Civil: "Se, decorridos dois anos após a abertura da sucessão, não for concebido o herdeiro esperado, os bens reservados, salvo disposição em contrário do testador, caberão aos herdeiros legítimos".

Saliente-se que essa é uma interpretação que se faz a partir da noção de prole eventual, e que não é bem adequada às situações em que o novo herdeiro a ser ainda concebido não será filho somente de "pessoa indicada pelo testador", mas dele próprio, também. E, sem dúvida, haverá desigualdade de tratamento entre os filhos do autor da herança (sucessores legítimos) se ao novo ser concebido *post mortem* só for permitida a sucessão testamentária. Como se vê, a questão ainda está longe de ser pacificada.

Referências

ALBUQUERQUE FILHO, Carlos Cavalcanti. *Fecundação artificial "post mortem" e o direito sucessório*. Disponível em: www.esmape.com.br/downloads/mat_profa_mariarita/prof_maria_rita_7.doc. Acesso em: 3 ago. 2019.

ASCENSÃO, José de Oliveira. Problemas jurídicos da procriação assistida. *Revista Forense*, n. 328, out./dez. 1994. p. 78.

BRASIL. Conselho Federal de Medicina. *Resolução nº 1.358, de 11 nov.1992* (DOU, 19 nov. 1992). Disponível em: https://sistemas.cfm.org.br/normas/arquivos/resolucoes/BR/1992/1358_1992.pdf. Acesso em 10 dez. 2021

BRASIL. Conselho Federal de Medicina. *Resolução nº 1.957, de 15 dez. 2010* (DOU, 6 jan.2011). Disponível em: https://sistemas.cfm.org.br/normas/visualizar/resolucoes/BR/2010/1957. Acesso em 10 dez. 2021

BRASIL. Conselho Federal de Medicina. *Resolução nº 2.013, de 16 abr. 2013* (DOU, 9 mai. 2013). Disponível em: https://portal.cfm.org.br/images/PDF/resoluocfm%202013.2013.pdf. Acesso em 10 dez. 2021

BRASIL. Conselho Federal de Medicina. *Resolução nº 2.121, de 16 jul. 2015* (DOU, 24set.2015). Disponível em: https://sistemas.cfm.org.br/normas/arquivos/resolucoes/BR/2015/2121_2015.pdf. Acesso em 10 dez. 2021

BRASIL. Conselho Federal de Medicina. *Resolução nº 2.168, de 21 set. 2017* (DOU, 10 nov. 2017). Disponível em: https://www.in.gov.br/materia/-/asset_publisher/Kujrw0TZC2Mb/content/id/19405123/do1-2017-11-10-resolucao-n-2-168-de-21-de-setembro-de-2017-19405026. Acesso em 10 dez. 2021.

BRASIL. Conselho Federal de Medicina. *Resolução nº 2294, de 27 mai. 2021* (DOU, 15 jun. 2021). Disponível em: https://www.in.gov.br/en/web/dou/-/resolucao-cfm-n-2.294-de-27-de-maio-de-2021-325671317. Acesso em 07 dez. 2021.

BRASIL. Superior Tribunal de Justiça. *REsp 1918421 SP 2021/0024251-6*. Quarta Turma. Relator: Ministro Marco Buzzi, 08 jun. 2021. Publicação DJe 26 ago.2021. Disponível em: https://stj.jusbrasil.com.br/jurisprudencia/1270115923/recurso-especial-resp-1918421-sp-2021-0024251-6/inteiro-teor-1270115925. Acesso em 10 dez. 2021

CONSELHO DA JUSTIÇA FEDERAL. *Jornadas de Direito Civil*. Disponível em: https://www.cjf.jus.br/cjf/corregedoria-da-justica-federal/centro-de-estudos-judiciarios-1/publicacoes-1/jornadas-cej. Acesso em: 1º ago. 2019.

DIAS, Maria Berenice. *Manual de direito das famílias*. 9. ed. São Paulo: Revista dos Tribunais, 2013.

GONÇALVES, Carlos Roberto. *Direito civil brasileiro*. Sucessões. 7. ed. São Paulo: Saraiva, 2013.

MEIRELLES, Jussara Maria Leal de. *A vida humana embrionária e sua proteção jurídica*. Rio de Janeiro: Renovar, 2000.

MEIRELLES, Jussara Maria Leal de. Filhos da reprodução assistida. *In*: PEREIRA, Rodrigo da Cunha (Coord.). *Família e cidadania*: o novo CCB e a "vacatio legis" – Anais do III Congresso Brasileiro de Direito de Família. Belo Horizonte: IBDFAM/Del Rey, 2002.

MEIRELLES, Jussara Maria Leal de. *Gestação por outrem e determinação da maternidade*. Curitiba: Genesis, 1998.

NICOLAU, Gilda. Le statut juridique de l'embryon congele. *In*: NICOLAU, Gilda. *L'influence des progrés de la genetique sur le droit de la filiation*. Talence: Presses Universitaires de Bordeaux, 1991.

OLIVEIRA, Antonio de Pádua Leopoldo de. Aspectos jurídicos da inseminação artificial. *In*: OLIVEIRA, Antonio de Pádua Leopoldo de *et al*. *Estudos jurídicos em homenagem ao Professor Caio Mário da Silva Pereira*. Rio de Janeiro: Forense, 1984.

RIOS, Calânico Sobrinho. *Direito à herança do embrião resultante da fertilização in vitro:* das medidas acautelatórias à sucessão definitiva. Belo Horizonte: Conhecimento Editora, 2021.

SCARPARO, Monica Sartori. *Fertilização assistida*: questão aberta – Aspectos científicos e legais. Rio de Janeiro: Forense Universitária, 1991.

TARTUCE, Flávio. Direito de família e das sucessões: desafios para o futuro. *Jusbrasil*, mar. 2019. Disponível em: https://flaviotartuce.jusbrasil.com.br/artigos/680174940/direito-de-familia-e-das-sucessoes-desafios-para-o-futuro. Acesso em: 30 jul. 2019.

VENOSA, Sílvio de Salvo. *Direito civil*: direito das sucessões. 15. ed. São Paulo: Atlas, 2015. v. 7.

Informação bibliográfica deste texto, conforme a NBR 6023:2018 da Associação Brasileira de Normas Técnicas (ABNT):

MEIRELLES, Jussara Maria Leal de. Sucessão do embrião. *In*: TEIXEIRA, Daniele Chaves (Coord.). *Arquitetura do planejamento sucessório*. 3. ed. Belo Horizonte: Fórum, 2022. p. 207-220. Tomo I. ISBN 978-65-5518-459-4.

TRATAMENTO JURÍDICO DO CONTEÚDO DISPOSTO NA INTERNET APÓS A MORTE DO USUÁRIO E A DENOMINADA HERANÇA DIGITAL[1]

LIVIA TEIXEIRA LEAL

1 Morte e luto na Internet: como a rede reconfigura a experiência da morte

A Internet remodelou de forma significativa as relações humanas ao viabilizar o compartilhamento de informações em larga escala, tornando-se um importante meio para a interação entre os indivíduos, sobretudo a partir da chamada Web 2.0.[2] Ao usuário é aberta a possibilidade não apenas de obter informações das mais variadas origens, mas também de se expressar e dialogar com os demais sujeitos.

Desse modo, nessa interação, a Internet viabiliza uma projeção da identidade do indivíduo, que se distingue da concepção que se tinha como paradigma até então. A identidade é ressignificada no meio digital, podendo associar-se a representações diversificadas, como uma fotografia, um *nickname*, uma página, um perfil de uma rede social, que caracterizam o indivíduo perante os demais.[3]

Essa projeção da identidade para os dados inseridos na rede[4] permite que se pense na existência de um *corpo eletrônico*, que, na concepção de Stefano Rodotà, pode ser caracterizado como uma espécie de reflexo da existência do indivíduo na rede,

---

1 Parte do presente artigo foi originalmente veiculada na Revista Brasileira de Direito Civil – RBDCivil, sob o título "Internet e morte do usuário: a necessária superação do paradigma da herança digital".

2 A chamada Web 2.0 corresponde a um segundo momento no desenvolvimento da Internet, cuja marca principal seria o maior grau de participação dos usuários na produção e compartilhamento de conteúdos na rede, por meio de redes sociais ou sites de *upload* e *download* de arquivos. Sobre o tema, ver: O'REILLY, Tim. Web 2.0: Compact Definition? October 1, 2005. Disponível em: http://radar.oreilly.com/2005/10/web-20-compact-definition.html. Acesso em: 10 abr. 2018.

3 "Internet se nos presenta como un espacio abierto que permite interactuar en diversos contextos tomando distintas identidades, estas identidades – denominadas virtuales – se alejan de la noción de identidad basada en los presupuestos culturales de la persona que hasta ahora eran el paradigma de nuestra visión del ser humano". INIESTA, Javier Belda; SERNA, Francisco José Aranda. El paradigma de la identidad: hacia una regulación del mundo digital. *Revista Forense*, vol. 422, p. 184, 2016.

4 O art. 14, inciso I, do Decreto nº 8.771/2016 define dado pessoal como o "dado relacionado à pessoa natural identificada ou identificável, inclusive números identificativos, dados locacionais ou identificadores eletrônicos, quando estes estiverem relacionados a uma pessoa".

na qual estão presentes informações diversas a seu respeito, e que deve ser objeto de tutela jurídica.[5] Nesse contexto, a proteção da personalidade também acaba por ser remodelada, considerando-se que a circulação de dados pessoais do indivíduo demanda uma tutela jurídica que considere essa nova realidade. A noção de direito à privacidade passa a contemplar, então, a autodeterminação informativa, ou seja, a possibilidade de os indivíduos controlarem as informações que lhe dizem respeito, passando-se de um eixo *pessoa-informação-sigilo* para *pessoa-informação-circulação-controle*.[6]

A Internet também promove a ressignificação das noções tradicionais de espaço e tempo,[7] na medida em que a representação do indivíduo na rede permanece independentemente da localização espacial e da passagem temporal. Informações referentes a diversos momentos e lugares convivem em um mesmo ambiente, que agrega toda essa multiplicidade.

É precisamente nesse contexto que a forma de enxergar a morte vai sofrer profundos impactos. A criação de uma identidade digital, que, em alguns aspectos, pode se destacar da identidade real, traz a possibilidade de uma permanência *post mortem*, por meio dos dados e páginas digitais, que redimensionam a memória e o esquecimento humano.

Sob esse aspecto, importa observar que o modo de se perceber a finitude da vida acompanhou em muitos sentidos as transformações socioeconômicas, modificando-se através dos tempos. O medo da morte e o desejo pela imortalidade permeiam a concepção humana a respeito da terminalidade da vida,[8] sendo a morte também um importante fator para a percepção temporal do homem.[9]

No contexto da rede, a experiência do luto também passa por um processo de ressignificação, na medida em que os amigos e familiares acabam por conviver com o conteúdo que a pessoa falecida inseriu na Internet ao longo de sua vida. Além disso, a Internet passa a corresponder a um espaço de ritualização *post mortem* em alguns casos,

---

5 "Se olharmos para os processos em curso do ponto de vista das tecnologias da informação e da comunicação, não descobriremos apenas o nascimento de uma dimensão virtual ao lado daquela real, ou formas de mistura que sugerem a expressão 'mixed reality'. Muda a própria percepção da pessoa e de seu corpo. Centenas de milhões de homens e de mulheres têm seu 'duplo' eletrônico, que num número crescente de casos condiciona sua existência muito mais do que o corpo físico. Pessoa e corpo eletrônico já pertencem naturalmente à dimensão global. As informações que nos dizem respeito, e que representam nossa identidade para todos aqueles que as usam eletronicamente, estão espalhadas num número crescente de bancos de dados nos mais diversos lugares do mundo; nossos rastros eletrônicos são constantemente acompanhados e guardados; os dados sobre a saúde, os dados genéticos decompõem nosso corpo. O novo direito global deve tratar de um 'indivíduo planetário', de um 'corpo distribuído no espaço'". RODOTÀ, Stefano. *Globalização e o Direito*. Palestra proferida em 2003, no Rio de Janeiro. Tradução Myriam de Filippis. Disponível em: http://www.rio.rj.gov.br/dlstatic/10112/151613/DLFE-4314.pdf/GlobalizacaoeoDireito.pdf. Acesso em: 08 abr. 2018.

6 RODOTÀ, Stefano. *A vida na sociedade da vigilância*: a privacidade hoje. Org. Maria Celina Bodin de Moraes. Tradução Danilo Doneda e Luciana Cabral Doneda. Rio de Janeiro: Renovar, 2008, p. 93.

7 "Nas comunidades virtuais digitais de mortos, o tempo pressupõe o dinamismo da velocidade, por meio da constante atualização da narrativa, mas também uma desaceleração, na medida em que insere o usuário no tempo total sob dois aspectos: projeto de vida eterna, ancorado na manutenção da memória do morto, e possibilidade de conexão sem espaço fixo, ou seja, acesso ao suporte portátil (mobilidade)". RIBEIRO, Renata Rezende. *A morte midiatizada:* como as redes sociais atualizam a experiência do fim da vida. Eduff, 2016, p. 95.

8 "A julgar por tudo o que tem sido ensinado sobre a morte, não se pode negar que, ao menos na Europa, a opinião dos homens, e muitas vezes até do próprio indivíduo, com frequência oscila entre a concepção da morte como aniquilamento absoluto e a suposição de que seríamos, por assim dizer, totalmente imortais". SCHOPENHAUER, Arthur. *Sobre a morte:* pensamentos e conclusões sobre as últimas coisas. São Paulo: WMF Martins Fontes, 2013. p. 5.

9 "O tempo na sociedade e na vida é medido pela morte". CASTELLS, Manuel. *Sociedade em rede*. 17. ed. São Paulo: Paz e Terra, 2016. p. 533.

já havendo, inclusive, cemitérios digitais, com memoriais de pessoas falecidas, que agregam informações diversas, como nome completo da pessoa, data de nascimento e morte, biografia e razão do falecimento, permitindo que os visitantes enviem mensagens, flores e velas virtuais.[10]

Como reflexo da permanência desse conteúdo, também podem ser observadas algumas alternativas de manifestação de vontade do indivíduo em vida em relação a seus dados após sua morte,[11] sendo, ainda, possível a contratação de empresas especializadas, para que as contas digitais da pessoa falecida tenham uma destinação e administração específica, seja para sua exclusão, seja para sua manutenção.[12]

Além disso, alguns aplicativos prometem um prolongamento da "existência" após a morte por meio da utilização de inteligência artificial. Vem se desenvolvendo a possibilidade de uma pessoa interagir com uma espécie de sistema operacional programado de acordo com as mensagens enviadas por aquele que faleceu, com base em informações coletadas deste,[13] o que efetivamente traz novos desafios atinentes à proteção de dados.

Calcula-se que, em 2012, apenas oito anos após o lançamento do *Facebook*, 30 milhões de usuários com uma conta no site já teriam morrido.[14] A permanência dessas contas de usuários falecidos levanta questionamentos relevantes sobre o tratamento desse conteúdo, na medida em que o usuário que o incluiu já não pode mais geri-lo.

Nota-se, contudo, a ausência de previsão legal no Direito brasileiro que verse sobre o tratamento das informações constantes na rede após a morte do usuário, não obstante cresça a cada dia a quantidade de conteúdos depositados pelos meios digitais.

O debate referente à denominada *herança digital* remonta ao caso retratado em matéria publicada no *The Washington Post*, em 2005, do pai de um soldado norte-americano morto no Iraque que pretendia obter acesso à conta de e-mail do filho. Para o pai, a conta deveria ser transmitida a ele, na medida em que seria propriedade do filho, transferindo-se após a morte deste. Contudo, o provedor se recusou a fornecer informações para o acesso à conta, considerando a proteção do direito à privacidade.[15]

Em 2013, uma mãe requereu administrativamente ao *Facebook* que desativasse o perfil da filha falecida, e apontou que a página "virou um muro de lamentações", na medida em que os contatos que a jovem tinha na rede social continuavam a postar mensagens,

---

10 O site *Find a grave*, por exemplo, é uma espécie de site de busca, pelo qual o visitante pode localizar túmulos virtuais, com dados diversos e fotos da pessoa falecida, podendo enviar flores a ela. Disponível em: https://findagrave.com/index.html. Acesso em: 02 mar. 2018.

11 O site *Testamento Virtual* permite que o usuário guarde informações confidenciais, como senhas de banco, senhas de contas digitais, cópia digital de seu testamento e outros, em sua plataforma. Disponível em: http://www.testamentovirtual.com/. Acesso em: 02 mar. 2018.

12 O site *Morte Digital*, por exemplo, "tem por objetivo facilitar a vida dos familiares e responsáveis legais prestando um serviço de intermediação junto a diversas empresas e publicando online o falecimento". Disponível em: http://www.mortedigital.com.br/. Acesso em: 02 mar. 2018.

13 UOL. *"Aplicativos de morte" mandam mensagens do além*. Disponível em: https://tecnologia.uol.com.br/noticias/redacao/2016/04/11/aplicativos-de-morte-mandam-mensagens-do-alem.htm. Acesso em: 30 abr. 2018. ÉPOCA. *Conheça as empresas especializadas em funerais digitais*. Disponível em: https://epocanegocios.globo.com/Tecnologia/noticia/2019/05/conheca-empresas-especializadas-em-funerais-digitais.html. Acesso em: 21 jul. 2019.

14 AMBROSINO, Brandon. *Como as redes sociais estão mudando nossa maneira de lidar com a morte*. Disponível em: http://www.bbc.com/portuguese/noticias/2016/03/160316_vert_fut_facebook_mortos_ml. Acesso em: 20 abr. 2018.

15 THE WASHINGTON POST. *After Death, a Struggle for Their Digital Memories*. Disponível em: http://www.washingtonpost.com/wp-dyn/articles/A58836-2005Feb2.html. Acesso em: 07 abr. 2018.

músicas e até fotos para a jovem.[16] Diante da resposta fornecida pelo provedor, que informava que seria necessário que a solicitante recorresse às sedes administrativas localizadas nos Estados Unidos e na Irlanda, foi ajuizada uma ação para a exclusão do perfil. No caso, a juíza da 1ª Vara do Juizado Especial Central do Estado de Mato Grosso do Sul deferiu o pedido em sede liminar, determinando a exclusão da página.[17]

Em 2015, foi noticiado o caso de uma cidadã britânica que perdeu a filha de 19 anos devido a um tumor cerebral. Quando a jovem perdeu a fala e os movimentos, a mãe a ajudava a acessar as redes sociais para falar com os amigos. Após o falecimento da menina, a mãe continuou acessando a conta da filha. No entanto, o *Facebook* transformou o perfil em um memorial e a mãe perdeu a administração da página, o que lhe causou grande frustração.[18]

Mais recentemente, na Alemanha, os pais de uma menina de 15 anos, que morreu em uma estação subterrânea do metrô em 2012, travaram uma disputa judicial em face do *Facebook*, requerendo o acesso à conta da filha, a fim de compreenderem se a sua morte decorreu de acidente ou de suicídio, por meio da leitura das suas conversas privadas. Em primeira instância, o magistrado deferiu o pedido, mas a decisão foi reformada pelo Tribunal, que entendeu que o acesso à conta da filha representaria uma violação à expectativa de privacidade dos contatos da jovem.[19] Após novo recurso, o Tribunal Federal alemão, o *Bundesgerichtshof* (BGH), autorizou o acesso ao perfil.[20]

Em 2012, foram veiculadas reportagens referentes a uma pretensão do ator Bruce Willis de transmitir os arquivos de sua conta do *iTunes* para sua filha,[21] o que posteriormente foi desmentido.[22] Contudo, não obstante a referida matéria não tenha passado de uma notícia falsa, ela levantou o debate acerca da possibilidade ou não de transmissão de arquivos digitais, chamando a atenção para a problemática.

Esses casos revelam uma apreensão significativa em relação a qual deve ser o destino do conteúdo disposto na rede após a morte do usuário, sobretudo no que se refere às contas protegidas por senha, perfis de redes sociais e músicas, livros e arquivos adquiridos na rede.

Analisar o que se tem proposto em relação a esse tema e as repercussões das soluções que vêm sem sendo apresentadas trata-se de um importante passo, inclusive para viabilizar que o indivíduo, em vida, determine o destino desses conteúdos, que

---

16 G1. *Mãe pede na Justiça que Facebook exclua perfil de filha morta em MS*. Disponível em: http://g1.globo.com/mato-grosso-do-sul/noticia/2013/04/mae-pede-na-justica-que-facebook-exclua-perfil-de-filha-falecida-em-ms.html. Acesso em: 30 mar. 2018.

17 TJMS, 1ª Vara do Juizado Especial Central, Processo n. 0001007-27.2013.8.12.0110, Juíza Vania de Paula Arantes, julg. 19.3.2013.

18 BBC. *Luta de mãe por acesso ao Facebook de filha morta expõe questão sobre 'herança digital'*. Disponível em: http://www.bbc.com/portuguese/noticias/2015/04/150406_heranca_digital_rm. Acesso em: 30 mar. 2018.

19 DEUTSCHE WELLE. *Berlin court rules grieving parents have no right to dead child's Facebook account*. Disponível em http://www.dw.com/en/berlin-court-rules-grieving-parents-have-no-right-to-dead-childs-facebook-account/a-39064843. Acesso em: 30 mar. 2018.

20 Sobre a decisão, ver: MENDES, Laura Schertel Ferreira; FRITZ, Karina Nunes. Case Report: Corte Alemã Reconhece a Transmissibilidade da Herança Digital. *RDU*, Porto Alegre, Volume 15, n. 85, 2019, 188-211, jan-fev 2019.

21 The Guardian. *Bruce Willis to fight Apple over right to leave iTunes library in will*. Disponível em: https://www.theguardian.com/film/2012/sep/03/bruce-willis-apple-itunes-library. Acesso em: 05 abr. 2018.

22 The Guardian. *No, Bruce Willis isn't suing Apple over iTunes rights*. Disponível em: https://www.theguardian.com/technology/blog/2012/sep/03/no-apple-bruce-willis. Acesso em: 05 abr. 2018.

podem ou não ter expressão econômica. Além disso, cada vez mais, o Poder Judiciário será demandado a solucionar problemas decorrentes do descompasso entre a morte física e a permanência dos conteúdos dispostos na rede, o que revela a premente necessidade de discussão do tema.

2 Os projetos de lei sobre o tema e seus equívocos

Diante da ausência de um regramento jurídico específico que solucionasse de forma expressa os problemas decorrentes da permanência *post mortem* do conteúdo inserido pelo usuário ao longo da vida, algumas propostas foram apresentadas no Congresso Nacional.

O Projeto de Lei nº 4.847, de 2012,[23] apresentou uma definição de *herança digital*, configurada como todo o conteúdo disposto no espaço digital, incluindo-se senhas, perfis de redes sociais, contas, bens e serviços. Pela alteração proposta no referido projeto, deveria haver uma transmissão de todo esse conteúdo aos herdeiros, que ficariam responsáveis por sua administração. A proposição contou com a seguinte redação:

> Art. 2º Fica acrescido o Capítulo II-A e os arts. 1.797-A a 1.797-C à Lei nº 10.406, de 10 de janeiro de 2002, com a seguinte redação:
>
> Capítulo II-A
> Da Herança Digital
>
> Art. 1.797-A. A herança digital defere-se como o conteúdo intangível do falecido, tudo o que é possível guardar ou acumular em espaço virtual, nas condições seguintes:
> I – senhas;
> II – redes sociais;
> III – contas da Internet;
> IV – qualquer bem e serviço virtual e digital de titularidade do falecido.
>
> Art. 1.797-B. Se o falecido, tendo capacidade para testar, não o tiver feito, a herança será transmitida aos herdeiros legítimos.
>
> Art. 1.797-C. Cabe ao herdeiro:
> I - definir o destino das contas do falecido;
> a) transformá-las em memorial, deixando o acesso restrito a amigos confirmados e mantendo apenas o conteúdo principal ou;
> b) apagar todos os dados do usuário ou;
> c) remover a conta do antigo usuário.

[23] BRASIL. Câmara dos Deputados. Projeto de Lei nº 4.847, de 2012. Acrescenta o Capítulo II-A e os arts. 1.797-A a 1.797-C à Lei nº 10.406, de 10 de janeiro de 2002. Disponível em: http://www.camara.gov.br/proposicoesWeb/fichadetramitacao?idProposicao=563396. Acesso em: 02 abr. 2018.

O Projeto de Lei nº 4.847 foi apensado ao Projeto de Lei nº 4.099, de 2012,[24] que também propôs a alteração do Código Civil, com o acréscimo de um parágrafo único ao art. 1.788, que teria a seguinte redação: "Serão transmitidos aos herdeiros todos os conteúdos de contas ou arquivos digitais de titularidade do autor da herança".

Pela leitura de ambas as propostas, o que se pode observar é que as soluções inicialmente apresentadas calcam suas bases na transmissão do conteúdo disposto na rede aos herdeiros, em uma lógica de transmissão patrimonial. De acordo com essas proposições, com a morte do usuário, todo o conteúdo inserido por ele na rede seria transmitido aos herdeiros, que teriam poderes irrestritos de acesso, administração e exclusão.

Contudo, não é difícil de se identificar os problemas dessas propostas, sobretudo no que se refere à proteção do direito à privacidade. Em primeiro lugar, é desconsiderada a proteção do direito à privacidade dos terceiros que se comunicaram com o usuário falecido por meio de conversas privadas, e que teriam suas mensagens também devassadas pelo acesso dos herdeiros. Em segundo lugar, também haveria a violação da privacidade e da intimidade da pessoa falecida, que teria informações suas acessadas irrestritamente pelos familiares.[25]

Não se pode descurar que há uma expectativa de privacidade maior no que se refere à utilização da rede, inclusive em relação ao acesso de determinados conteúdos após a morte. Quando um indivíduo cria e utiliza uma conta protegida mediante senha, há, ao menos de forma geral, uma expectativa de que terceiros não terão acesso às informações privadas ali constantes. No caso dos bens físicos, como diários, anotações, cartas, etc., já se sabe de antemão que, após a morte do seu titular, os familiares poderão ter acesso a esses bens, o que, contudo, não ocorre com o conteúdo constante na rede protegido por senha.[26]

Os próprios termos de uso de muitos provedores preveem a impossibilidade de transferência irrestrita das contas e das senhas dos usuários, de modo que os mencionados

---

[24] BRASIL. Câmara dos Deputados. Projeto de Lei nº 4.099, de 2012. Altera o art. 1.788 da Lei nº 10.406, de 10 de janeiro de 2002. Disponível em: http://www.camara.gov.br/proposicoes Web/fichadetramitacao?idProposicao=548678. Acesso em: 02 abr. 2018.

[25] "Mas seria possível falar em um direito de privacidade *post mortem*? Há interesse do morto em ver resguardados seus segredos eventualmente contidos em conversas travadas por correio eletrônico? Aplicando-se a ideia de uma esfera e não liberdade, crê-se que configuraria indevido o acesso irrestrito dos familiares a toda e qualquer comunicação digital realizada pelo falecido. Em que pese não ser correto falar em um verdadeiro direito subjetivo de tutela da privacidade, pois o titular já morrera, há que se entender que certos segredos e comunicações devem ser mantidos longe do alcance de familiares". LACERDA, Bruno Torquato Zampier. *Bens digitais*. Indaiatuba: Foco Jurídico, 2017, p. 129.

[26] "Em um mundo físico, temos ciência de que a morte acarretará a triagem de nossos pertences e que documentos considerados importantes poderão ser conservados em um arquivo. O material selecionado pode conter diários, cartas, anotações, comprovantes, certificados, evidências da nossa existência terrena. Em ambiente online, contudo, existe uma expectativa muito maior de privacidade. Enquanto viva, uma pessoa acessa e-mails e redes sociais, armazena conteúdo na nuvem, troca mensagens, tudo isso protegido por meio de senha, sem que cogite dividi-la com terceiro ou, ainda, sem que assuma o risco de ter aquele material acessado por mais alguém. O que une o material criado online por uma pessoa (a partir de seus perfis em redes sociais, contas de e-mail, blogs, vídeos e comentários, entre outros) e o adquirido por ela para seu consumo e entretenimento (vídeos, músicas, videogame e textos em plataformas digitais) é a expectativa de segredo consideravelmente maior do que aquela de que desfrutamos em nosso ambiente físico". BRANCO, Sérgio. *Memória e esquecimento na Internet*. Porto Alegre: Arquipélago Editorial, 2017, p. 110.

projetos de lei, além de ignorar a existência e o propósito de tais previsões, sequer fornecem elementos para descompatibilizar possíveis conflitos nessa seara.

O *Facebook*, por exemplo, possibilita que os usuários expressem, em vida, se desejam manter sua conta como um memorial ou se querem excluí-la de forma permanente com a sua morte, apenas permitindo a administração da conta por um contato herdeiro previamente designado pelo titular da conta.[27]

O *Instagram*, por sua vez, possibilita que qualquer usuário denuncie uma conta de alguém que faleceu, para que ocorra a sua transformação em memorial. Diferentemente do *Facebook*, não há previsão de um administrador para a conta. Opera-se o "congelamento" das informações ali contidas, não sendo autorizado qualquer acesso à conta.[28]

Nos termos de serviço do *Yahoo Mail* consta que a conta e o conteúdo nela incluído são pessoais e intransferíveis e que, após a morte do usuário, haverá a exclusão da conta e o conteúdo inserido será apagado definitivamente.[29] Nos termos dos aplicativos de conversas privadas, como o *Whatsapp*[30] e o *Telegram*,[31] há a previsão de que as conversas ali contidas são protegidas por criptografia de ponta a ponta, o que inviabilizaria o acesso pelos familiares no caso de falecimento do usuário.

Nos termos de uso do *iCloud*, era originalmente prevista uma cláusula de "Não Existência de Direito de Sucessão", por meio da qual o usuário concordava que a conta não seria passível de transferência e que quaisquer direitos ao *ID Apple* ou conteúdo dentro da conta terminariam com a morte do usuário. Além disso, havia a determinação de que, após o recebimento da cópia da certidão de óbito, a conta poderia ser encerrada e todo o conteúdo apagado.[32] Há previsões similares nos termos do *iTunes*[33] e do *Kindle*.[34] Na última atualização do *iOS*, contudo, a *Apple* passou a prever a possibilidade de o usuário escolher um contato herdeiro para ter acesso ao conteúdo de sua conta.

O que se pode observar, portanto, é que os provedores, em geral, viabilizam a solicitação de exclusão da conta da pessoa falecida pelos familiares, sem, entretanto, fornecer-lhes o acesso ao perfil e ao conteúdo da conta, com base na proteção à privacidade do usuário falecido e dos seus contatos.

Nesse sentido, em 2015, foi apresentado o Projeto de Lei nº 1.331,[35] que propõe a alteração do inciso X do art. 7º da Lei nº 12.965/2014 – Marco Civil da Internet, para

---

27 FACEBOOK. *Your Digital Legacy*. Disponível em: https://www.facebook.com/help/660987010672165#faq_1568013990080948. Acesso em: 20 abr. 2018.

28 INSTAGRAM. *Denúncia de conta de uma pessoa falecida*. Disponível em: https://help.instagram.com/151636988358045/?helpref=hc_fnav. Acesso em: 29 abr. 2018.

29 YAHOO. *Yahoo Termos do Serviço*. Disponível em: https://policies.yahoo.com/br/pt/yahoo/terms/utos/index.htm. Acesso em: 26 abr. 2018.

30 WHATSAPP. *Informação Legal do WhatsApp*. Disponível em: https://www.whatsapp.com/legal/?l=pt_br. Acesso em: 29 abr. 2018.

31 TELEGRAM. *Perguntas frequentes*. Disponível em: https://telegram.org/faq/br. Acesso em: 29 abr. 2018.

32 APPLE. *Termos e Condições do iCloud*. Disponível em: https://www.apple.com/legal/internet-services/icloud/br/terms.html. Acesso em: 29 abr. 2018.

33 APPLE. *Termos e Condições dos Serviços de Mídia da Apple*. Disponível em: https://www.apple.com/legal/internet-services/itunes/br/terms.html. Acesso em: 29 abr. 2018.

34 AMAZON. *Termos de uso da Loja Kindle*. Disponível em: https://www.amazon.com.br/gp/help/customer/display.html?nodeId=201014950. Acesso em: 29 abr. 2018.

35 BRASIL. Câmara dos Deputados. Projeto de Lei n. 1.331, de 2015. Altera a Lei nº 12.965, de 23 de abril de 2014 – Marco Civil da Internet, dispondo sobre o armazenamento de dados de usuários inativos na rede mundial

determinar a legitimidade do cônjuge, dos ascendentes e dos descendentes para requerer a exclusão dos dados pessoais do usuário falecido.

Contudo, até mesmo a possibilidade legal expressa de exclusão dos dados não soluciona completamente a lacuna existente. Por exemplo, nos casos em que a pessoa falecida deixou, em vida, manifestação inequívoca de vontade no sentido da manutenção do seu perfil em determinada rede social, poderiam os legitimados requerer a exclusão dessa conta, contrariando o desejo do *de cujus*? A resposta parece ser negativa, considerando-se que deve ser preservada a vontade da pessoa falecida em tais casos.

Questiona-se, também, se haveria a possibilidade de um terceiro, fora do rol de legitimados, solicitar a remoção desse conteúdo. A maior parte dos termos de uso dos provedores não traz especificadamente os legitimados, referindo-se apenas a "parentes diretos", conceito que pode variar de acordo com o ordenamento jurídico interno de cada país. Há, ainda, conflitos atinentes à jurisdição em face do caráter global da rede, sendo cada vez mais importante o estabelecimento de diretrizes internacionais para a regulação da Internet.[36]

Importa ressaltar, ainda, o Projeto de Lei nº 1.144/21,[37] que prevê que integram a herança os conteúdos e dados pessoais inseridos na Internet que possuam *natureza econômica*, excluindo-se da herança o conteúdo de mensagens privadas, exceto se utilizadas com finalidade exclusivamente econômica. A referida proposta sugere, ademais, a alteração dos parágrafos únicos dos arts. 12 e 20 do Código Civil, para incluir "qualquer pessoa com legítimo interesse" como legitimado para requerer a tutela *post mortem* de direitos da personalidade, inclusive por meio da exclusão da conta da pessoa falecida, igualando o rol dos dois dispositivos.

Estabelece, ainda, o projeto, que os provedores de aplicações devem excluir as contas públicas de usuários brasileiros mortos, mediante comprovação do óbito, exceto se houver previsão contratual em sentido contrário e manifestação do titular dos dados pela manutenção da conta após a morte, ou no caso de perfis em redes sociais com finalidade econômica, prevendo-se o dever dos provedores de aplicações de manutenção dos dados e registros pelo prazo de 1 (um) ano a partir da data do óbito, no caso de exclusão da conta, ressalvado o requerimento em sentido contrário. Indaga-se, portanto, qual deverá ser o direcionamento a ser conferido a esse debate, considerando-se toda a complexidade que envolve o tema. Sem dúvida, restringir a análise a uma lógica de pura transmissibilidade patrimonial não parece contemplar toda a gama de situações jurídicas que se constituem nessa seara. É nesse sentido que deve ser feita a distinção entre situações jurídicas patrimoniais e extrapatrimoniais.

---

de computadores. Disponível em: http://www.camara.gov.br/proposicoesWeb/fichadetramitacao?idProposicao=1227967. Acesso em: 2 abr. 2018.

36 Sobre o tema, ver: RODOTÀ, Stefano. Por que é necessária uma Carta de Direitos da Internet? Trad. Bernardo Diniz Accioli de Vasconcellos e Chiara Spadaccini de Teffé. *Civilistica.com*, Rio de Janeiro, ano 4, n. 2, jul./dez. 2015. Disponível em: http://civilistica.com/por-que-e-necessaria-uma-carta-de-direitos-da-internet/. Acesso em: 5 abr. 2018.

37 BRASIL. Câmara dos Deputados. *Projeto de Lei nº 1.144, de 2021.* Dispõe sobre os dados pessoais inseridos na internet após a morte do usuário. Disponível em: https://www.camara.leg.br/propostas-legislativas/2275941. Acesso em: 10 dez. 2021.

3 A superação do paradigma da herança digital e a necessária distinção entre situações jurídicas patrimoniais e existenciais

Como se pode verificar, o tratamento jurídico do conteúdo deixado pelo usuário após a sua morte inegavelmente tem sido desenvolvido sob a ótica patrimonial, estando vinculado com frequência a expressões como "herança digital", "legado digital", "patrimônio digital", "ativo digital", que revelam, em última análise, um exame inicial muitas vezes puramente patrimonial. Sob essa ótica, os arquivos constantes na rede constituiriam bens incorpóreos que agregariam valor econômico ao titular, razão pela qual deveriam ser transferidos aos herdeiros após a morte do usuário.

Um dos problemas iniciais a serem enfrentados quanto à transferência das contas e perfis de um usuário para os herdeiros refere-se ao próprio enquadramento jurídico dessas informações. Têm-se, nesses casos, plataformas nas quais os provedores fornecem um serviço aos usuários, vigorando o entendimento de que tal prestação de serviço encontra-se submetida ao regramento do Código de Defesa do Consumidor, na medida em que há onerosidade indireta.[38]

Os usuários, então, utilizando-se do serviço prestado pelo provedor, inserem naquela plataforma dados e arquivos diversos, que incluem músicas, fotos, vídeos e informações diversificadas. Nota-se, entretanto, que o usuário, nesse caso, não detém a titularidade da plataforma em si, mas sim dos dados pessoais que ali insere.

Com efeito, há uma preocupação grande quanto à transmissibilidade ou não dos conteúdos dispostos na rede, como se todas as questões pudessem ser solucionadas pela transferência de titularidade do conteúdo. Nesse contexto, o debate a respeito do tratamento das situações jurídicas existenciais, sobretudo no que se refere à proteção dos dados pessoais do usuário falecido, ainda tem sido incipiente.

Não se pode ignorar que alguns direitos são personalíssimos, e, portanto, intransmissíveis, extinguindo-se com a morte do titular, não sendo objeto de sucessão, não integrando o acervo sucessório por ele deixado.[39] Assim, como a herança refere-se ao acervo patrimonial do *de cujus*, as situações existenciais, ressalvadas as situações dúplices em alguns aspectos, não vão integrar o conceito de herança.[40]

Desse modo, o problema inicial que se deve tratar é justamente essa diferenciação, na medida em que o tratamento estritamente patrimonial será insuficiente para solucionar todos os problemas que decorrem da morte do usuário.

É importante observar, como destaca Ana Luiza Maia Nevares, que a aquisição de um determinado direito pode ocorrer por ocasião da morte sem que isso signifique que há sucessão, o que se aplica no caso das situações jurídicas extrapatrimoniais pertencentes ao *de cujus*. Segundo a mesma autora, nesses casos, os "sucessores ou as pessoas designadas pelo legislador adquirem o direito de agir diante das mesmas *causa*

---

[38] O Superior Tribunal de Justiça possui precedentes reconhecendo a incidência do Código de Defesa do Consumidor nas relações entre os usuários e os provedores de aplicações, considerando-se que "o fato de o serviço prestado pelo provedor de serviço de internet ser gratuito não desvirtua a relação de consumo, pois o termo "mediante remuneração" contido no art. 3º, §2º, do CDC deve ser interpretado de forma ampla, de modo a incluir o ganho indireto do fornecedor". STJ, 3ª Turma, REsp 1193764/SP, Rel. Min. Nancy Andrighi, julg. 14.12.2010, DJe 08.08.2011.

[39] CARVALHO, Luiz Paulo Viera de. *Direito das Sucessões*. 2. ed. São Paulo: Atlas, 2015, p. 38.

[40] MEIRELES, Rose Melo Vencelau. *Autonomia privada e dignidade humana*. Rio de Janeiro: Renovar, 2009, p. 143.

mortis, ou seja, em virtude do falecimento de seu titular originário", mas não se pode dizer que o direito que antes pertencia ao falecido é adquirido pelos sucessores, em razão da natureza das referidas situações.[41]

Para o Direito brasileiro, a morte é a medida da personalidade civil da pessoa humana,[42] havendo uma correlação entre o fim da personalidade civil e a morte física.[43] Contudo, não obstante haja o fim da personalidade com a morte, isso não significa que determinados direitos vinculados à pessoa do *de cujus* deixem de receber proteção jurídica.

A respeito da tutela *post mortem* dos direitos da personalidade, os parágrafos únicos dos arts. 12 e 20 do Código Civil de 2002 preveem os legitimados para pleitear tal proteção, surgindo relevante controvérsia em torno do fundamento de tal proteção. O Enunciado 400, da V Jornada de Direito Civil do CJF, reconhece que "os parágrafos únicos dos arts. 12 e 20 asseguram legitimidade, por direito próprio, aos parentes, cônjuge ou companheiro para a tutela contra lesão perpetrada *post mortem*". Dispõe o art. 943 do Código Civil, nesse sentido, que o "direito de exigir reparação e a obrigação de prestá-la transmitem-se com a herança".

Alguns autores defendem uma espécie de extensão dos direitos da personalidade após a morte. Na visão de Diogo Leite de Campos os herdeiros do falecido não defendem um interesse próprio, mas sim um interesse do falecido, de modo que a personalidade jurídica se prolongaria, seria "empurrada" para depois da morte.[44]

Pela teoria clássica, contudo, que possui como parâmetro a relação jurídica intersubjetiva, ou seja, o vínculo entre dois ou mais sujeitos,[45] os direitos da personalidade não seriam transmissíveis, extinguindo-se com a morte do titular. A tutela jurídica dos direitos da personalidade após a morte de seu titular poderia, então, ser justificada por um dos seguintes fundamentos: a) haveria, nesses casos, um direito da família atingida pela violação aos direitos do familiar morto; b) haveria tão somente reflexos *post mortem* dos direitos da personalidade; c) os familiares teriam apenas legitimação processual para essa tutela; d) com a morte do titular, os direitos da personalidade passariam à titularidade coletiva, em razão de um interesse público em impedir a violação de tais valores.[46]

Na visão de Orlando Gomes, contudo, não haveria coincidência necessária entre relação humana e relação jurídica,[47] não podendo a pessoa ser reduzida a mero elemento

---

41 NEVARES, Ana Luiza Maia. *A função promocional do testamento*: tendências do Direito Sucessório. Rio de Janeiro: Renovar, 2009, p. 126.

42 Pelo art. 6º do CC/02, nos mesmos termos do art. 10 do CC/16, "a existência da pessoa natural termina com a morte".

43 BEVILÁQUA, Clóvis. *Teoria geral do Direito Civil*. São Paulo: Red Livros, 2001, p. 159.

44 CAMPOS, Diogo Leite de. Lições de direitos da personalidade. *Boletim da Faculdade de Direito da Universidade de Coimbra*, Coimbra, n. 67, 1991.

45 SÁ, Maria de Fátima Freire de; NAVES, Bruno Torquato de Oliveira. *Manual de Biodireito*. 3. ed. Belo Horizonte: Del Rey, 2015, p. 74.

46 SÁ, Maria de Fátima Freire de; NAVES, Bruno Torquato de Oliveira. *Manual de Biodireito*, cit., p. 83.

47 "Uma vez que as relações jurídicas são predominantemente relações humanas, de pessoa para pessoa, de sujeito para sujeito, supõe-se que todas hão de ser um vínculo pessoal. De fato, a relação social é, por definição, a que se trava entre homens, mas isso não significa que o Direito rege apenas relações sociais, nem que outras sujeições, como a de coisa ao homem, não possam ter igual qualificação no vocabulário jurídico. Não há coincidência necessária entre relação humana e relação jurídica". GOMES, Orlando. *Introdução ao direito civil*. 21. ed. Atualizado por Edvaldo Brito e Reginalda Paranhos de Brito. Rio de Janeiro: Forense, 2016, p. 75.

da relação jurídica.[48] No mesmo sentido, Pietro Perlingieri, reconhecendo que além da relação jurídica há situações anômalas, que dispensam a intersubjetividade, esboça uma teoria da situação jurídica subjetiva. Sob essa ótica, o sujeito consistiria, então, em elemento acidental. [49]

Há, nesses casos, na verdade, um *centro de interesses* a ser tutelado,[50] enquanto tais interesses forem relevantes socialmente, sendo determinados sujeitos legitimados a tutelar o interesse da pessoa que faleceu.[51] Supera-se, desse modo, a noção estanque de direito subjetivo, para uma concepção mais ampla, de interesse. Nesse contexto, na medida em que a relação jurídica vai se constituir a partir do vínculo entre situações jurídicas subjetivas, um dos sujeitos pode ainda não existir,[52] de modo que o sujeito não constituiria elemento essencial.

Com efeito, deve ser superada a análise puramente estrutural e setorial da personalidade, pela qual se busca a sua proteção em termos apenas negativos, no sentido de repelir eventuais violações, técnica esta derivada do direito de propriedade,[53] para que se considere tanto seu *viés subjetivo*, como capacidade para ser sujeito de direitos, como seu *viés objetivo*, como bem juridicamente relevante, merecedor de tutela jurídica.[54] Sob essa ótica, portanto, mesmo após a morte do titular, a personalidade, considerada como valor, ainda pode ser objeto de tutela no ordenamento jurídico.[55]

Desse modo, afasta-se a lógica de transmissão sucessória na situação aqui analisada, de modo que não há uma transferência de tais direitos da personalidade para os familiares. Muito pelo contrário: a garantia de tutela *post mortem* dos direitos da personalidade do *de cujus*, considerando-se o aspecto objetivo da personalidade, pode se operar inclusive em face dos familiares.

O próprio rol de legitimados para a tutela de tais direitos é alvo de críticas por parte da doutrina, na medida em que o legislador nomeia justamente os herdeiros para a defesa da personalidade da pessoa morta. Neste sentido, destaca Anderson Schreiber que o Código deveria ter evitado tal associação indevida, na medida em que tais direitos não seriam "coisas" transmissíveis por herança. De acordo com o autor, "solução mais adequada seria ter deixado as portas abertas à iniciativa de qualquer

---

[48] MEIRELES, Rose Melo Vencelau. *Autonomia privada e dignidade humana*, cit., p. 15.

[49] PERLINGIERI, Pietro. *Perfis do direito civil*: introdução ao Direito Civil Constitucional. 3. ed. Tradução de Maria Cristina De Cicco. Rio de Janeiro: Renovar, 2002, p. 115.

[50] "A ligação essencial de um ponto de vista estrutural é aquela entre centros de interesses. O sujeito é somente um elemento externo à relação porque externo à situação; é somente o titular, às vezes ocasional, de uma ou de ambas as situações que compõem a relação jurídica". PERLINGIERI, Pietro. *Perfis do direito civil*, cit., p. 115.

[51] PERLINGIERI, Pietro. *Perfis do direito civil*, cit., p. 111. No mesmo sentido: "Do ponto de vista funcional, todavia, há que se reconhecer que depois da morte ainda há interesses existenciais merecedores de tutela e que se atribui aos familiares, como em princípio mais vinculados ao morto, a legitimidade para defendê-los e a terceiros, o dever de respeitar o morto, bem como sua imagem, privacidade, honra e nome. Trata-se de uma atribuição residual, subsidiária, diante de uma lesão que pode ser tanto à dignidade do falecido como, indiretamente, de modo reflexo, à própria família". TEIXEIRA, Ana Carolina Brochado; KONDER, Carlos Nelson. Autonomia e solidariedade na disposição de órgãos para depois da morte. *Revista da Faculdade de Direito da UERJ – RFD*, n. 18, 2010.

[52] MEIRELES, Rose Melo Vencelau. *Autonomia privada e dignidade humana*, cit., p. 17.

[53] TEPEDINO, Gustavo. Crise de fontes normativas e técnica legislativa na parte geral do Código Civil de 2002. In: TEPEDINO, Gustavo (Coord.). *A parte geral do novo Código Civil*. Estudos na perspectiva civil-constitucional. 3. ed. Rio de Janeiro: Renovar, 2007, p. XXIII.

[54] TEPEDINO, Gustavo. *Temas de Direito Civil*. 3. ed. Rio de Janeiro: Renovar, 2004, p. 27.

[55] MEIRELES, Rose Melo Vencelau. *Autonomia privada e dignidade humana*, cit., p. 162.

pessoa que tivesse 'interesse legítimo' em ver protegida, nas circunstâncias concretas, a personalidade do morto".[56]

Assim, não há transmissão *post mortem* dos direitos da personalidade no Direito brasileiro, e sim a tutela de um centro de interesses relacionado à personalidade, considerada como valor, que pode se operar até mesmo em face de uma violação perpetrada pelos familiares do *de cujus*. Vale dizer: os dados pessoais dos usuários falecidos não são transferidos aos herdeiros, na medida em que se referem a aspecto existencial do *de cujus*.

Desse modo, permitir que a privacidade da pessoa falecida seja devassada pelos familiares, por meio do acesso irrestrito às suas contas digitais e a seus dados ali contidos, não parece ser uma solução compatível com o sistema jurídico vigente. É nesse sentido que a proposta de transmissão automática das contas do usuário falecido aos herdeiros esbarra na proteção de interesses existenciais deste, que não deixam de receber tutela jurídica após a sua morte.

Já os conteúdos com caráter patrimonial, como dados vinculados a transações financeiras, senhas de acesso a aplicações de bancos, etc., ou mesmo a exploração econômica dos atributos da personalidade, por estarem contidos na esfera da patrimonialidade, poderiam ser transferidos aos herdeiros, que passarão a ser os administradores de tal patrimônio.

No sistema brasileiro de tutela dos direitos autorais, a proteção jurídica adquire duplo aspecto – pessoal e patrimonial. Há, assim, dois direitos – um extrapatrimonial, reconhecido como direito moral do autor sobre sua obra, e um patrimonial, que, em contraposição com o primeiro, é disponível.[57] Lógica similar pode ser aplicada nesses casos, na medida em que, embora os direitos da personalidade sejam intransmissíveis, não se pode negar que os efeitos patrimoniais decorrentes da repercussão econômica de tais direitos são transmissíveis aos herdeiros.[58]

Quanto ao enquadramento de determinada situação jurídica, sobretudo quando o interesse envolve ambos os aspectos com graus similares de intensidade,[59] a doutrina vem sinalizando a necessidade de se analisar dois fatores para que se verifique tal distinção: o relativo ao interesse (o que é) e o funcional (para o que serve).[60] A análise funcional, baseada na síntese dos efeitos essenciais da situação jurídica, deve ser realizada em concreto, considerando-se "sob qual finalidade ela serve melhor para o

---

[56] SCHREIBER, Anderson. *Direitos da personalidade*. 3. ed. São Paulo: Atlas, 2014, p. 156.

[57] FIGUEIREDO, Fábio Vieira. *Direito de autor*: proteção e disposição extrapatrimonial. 2. ed. São Paulo: Saraiva, 2016, p. 51.

[58] Como aponta Luiz Edson Fachin: "Sustenta-se, portanto, sobre os direitos da personalidade que, embora intransmissíveis em sua essência, os efeitos patrimoniais dos direitos da personalidade são transmissíveis. A utilização dos direitos da personalidade se tiver expressão econômica, é transmissível, respeitado sempre o princípio da dignidade da pessoa". FACHIN, Luiz Edson. *Análise Crítica, Construtiva e de Índole Constitucional da Disciplina dos Direitos da Personalidade no Código Civil Brasileiro*: Fundamentos, Limites e Transmissibilidade. Disponível em: http://www.abdireitocivil.com.br/wp-content/uploads/2013/07/An%C3%A1lise-Cr%C3%ADtica-Construtiva-e-de-%C3%8Dndole-Constitucional-da-Disciplina-dos-Direitos-da-Personalidade-no-C%C3%B3digo-Civil-Brasileiro-Fundamentos-Limites-e-Transmissibilidade.pdf. Acesso em: 28 abr. 2018.

[59] TEIXEIRA, Ana Carolina Brochado; KONDER, Carlos Nelson. Situações jurídicas dúplices: controvérsias na nebulosa fronteira entre patrimonialidade e extrapatrimonialidade. In: TEPEDINO, Gustavo; FACHIN, Luiz Edson. *Diálogos sobre direito civil*. Vol. IIII. Rio de Janeiro: Renovar, 2012, p. 6.

[60] MEIRELES, Rose Melo Vencelau. *Autonomia privada e dignidade humana*, cit., p. 22.

cumprimento dos objetivos constitucionais, qual seja, a tutela da pessoa humana na perspectiva não apenas individual, mas também solidarista e relacional",[61] na esteira do caminho adotado pelo ordenamento jurídico brasileiro.

Assim, em relação a páginas e contas protegidas por senha, deve-se verificar o caráter do conteúdo ali contido e a funcionalidade da aplicação. Tratando-se de aplicações com fundo estritamente patrimonial, como contas de instituições financeiras, ou ligadas a criptomoedas, por exemplo, a conta e a senha poderiam ser transferidas para os herdeiros. Contudo, em relação a aplicações de caráter pessoal e privado, como é o caso de perfis de redes sociais e dos aplicativos de conversas privadas, não se deve permitir, a princípio, o acesso dos familiares, exceto em situações excepcionalíssimas, diante de um interesse existencial que prepondere no caso concreto.[62] Nesses casos, a senha vai proteger os dados recebidos, enviados e armazenados pelo usuário, inclusive em face do acesso indevido pelos familiares após a morte.

Essa diferenciação é especialmente relevante para que o próprio usuário possa, em vida, determinar qual deve ser o destino de seus arquivos digitais. Deve-se observar, sob esse aspecto, que, havendo disposição deixada em vida pelo usuário a respeito do destino e administração do seu conteúdo constante na rede, esta deve ser respeitada, consistindo, em última análise, em manifestação da autonomia privada do indivíduo. Para Nelson Rosenvald, "é inequívoco que a possibilidade de realização de um legado digital valoriza a autonomia existencial", viabilizando-se que a pessoa possa escolher o seu estilo de vida e morte.[63]

Não se pode ignorar, ainda, a possibilidade de inclusão de disposições testamentárias referentes a situações jurídicas de cunho não patrimonial, inclusive relativas a conteúdos dispostos na rede. O próprio parágrafo 2º do art. 1.857 do Código Civil de 2002 reconhece a validade das disposições testamentárias de caráter não patrimonial, ainda que o testador somente a elas se tenha limitado. Contudo, as disposições testamentárias devem observar os termos de uso dos provedores e os interesses juridicamente tuteláveis de terceiros, o que excluiria a possibilidade de uma disposição que determinasse, por exemplo, o acesso irrestrito de determinada pessoa às conversas privadas do *de cujus*, já que violaria a privacidade dos terceiros que com ele se comunicaram.

Conclui-se, desse modo, que não se pode restringir a análise do tema ao aspecto patrimonial e que deve ser considerada a vontade manifestada pelo usuário em vida a respeito do destino dos conteúdos inseridos por ele na rede, no que for compatível com o ordenamento jurídico interno e com os termos de uso dos provedores, como forma de consagração de sua autonomia existencial.

---

61 TEIXEIRA, Ana Carolina Brochado; KONDER, Carlos Nelson. Situações jurídicas dúplices: controvérsias na nebulosa fronteira entre patrimonialidade e extrapatrimonialidade, cit., p. 7-8.

62 Bruno Zampier apresenta o exemplo de um descendente que se depara com a morte de seu ascendente em razão de uma doença rara que permaneceu em sigilo, e que precisa identificar tal moléstia a fim de cuidar de sua própria saúde. De acordo com o autor, "se provado que, acessando as contas digitais do defunto, há a possibilidade de se obter os resultados dos exames que lhe haviam sido enviados pela Internet, estar-se-ia diante de uma excepcional situação em que poderia ser autorizado o acesso". LACERDA, Bruno Torquato Zampier. *Bens digitais*, cit., p. 138. Dessa forma, não se exclui totalmente a possibilidade de acesso a determinados dados contidos em aplicações de conversas privadas, mas a tutela da privacidade só deve ceder diante de um interesse existencial que prepondere no caso concreto, em circunstâncias excepcionalíssimas.

63 ROSENVALD, Nelson. *O direito civil em movimento*. Salvador: Juspodivm, 2017, p. 287.

4 Considerações finais

O sociólogo Zygmunt Bauman aponta que vivemos um "estado de interregno", de incertezas, "entre uma etapa em que tínhamos certezas e outra em que a velha forma de atuar já não funciona".[64] Com efeito, a rapidez com que novas formas de comunicação têm surgido provoca uma atmosfera de instabilidade e de questionamentos, que se estende ao Direito.

As novas práticas decorrentes do uso da Internet nos diversos setores da vida, o caráter fluido, e ao mesmo tempo permanente, da rede, sem dúvida, geram reflexos jurídicos relevantes, que se operam tanto em face de situações jurídicas patrimoniais quanto extrapatrimoniais.

Em face do limbo legislativo que se tem em relação ao destino do conteúdo deixado pelo usuário após a sua morte, algumas iniciativas têm buscado orientações no Direito Sucessório, partindo-se de uma lógica de transmissão patrimonial.

Contudo, não se pode descurar que a Internet constitui, hoje, um importante meio de desenvolvimento da personalidade do indivíduo, envolvendo questões atinentes a aspectos existenciais relevantes, que não são passíveis de transmissão. Como se destacou, não há transmissão sucessória dos direitos da personalidade, e sim a existência de um interesse juridicamente relevante que é tutelado pelo ordenamento mesmo após a morte do sujeito. Desse modo, tal proteção pode se operar inclusive em face do acesso indevido dos familiares e a legitimidade para pleitear a proteção de tais direitos da pessoa falecida não deve estar restrita aos herdeiros, devendo ser ampliada a terceiros juridicamente interessados.

Por outro lado, não obstante as situações jurídicas existenciais não se transfiram após a morte, as situações jurídicas patrimoniais, como a exploração econômica dos direitos da personalidade, podem ser transferidas, devendo esta mesma lógica ser aplicado no caso das situações jurídicas dúplices, quando devem ser discriminados os dois interesses – existenciais e patrimoniais. Por isso, a necessidade de se promover tal diferenciação. Deve-se buscar a funcionalidade concreta presente na situação analisada, a fim de conferir tratamento adequado a cada situação jurídica que se constitui no âmbito da rede.

Caso a página ou conta esteja vinculada à exploração de determinada atividade econômica, ou seja, vinculada a transações financeiras, é admissível o tratamento baseado na transferência patrimonial, em decorrência do caráter de tal aplicação. Já as contas que se refiram a conteúdos privados, como e-mails ou aplicativos de conversas privadas, não devem ser devassadas como regra, na medida em que há um interesse na tutela da privacidade da pessoa falecida, que se opera mesmo em face dos familiares. Apenas em situações excepcionalíssimas, em que outro interesse existencial se coloque em situação de preponderância, é que seria possível autorizar o acesso a esses conteúdos privados.

Além disso, deve ser conferida ao usuário a possibilidade de deixar disposições de vontade em vida, inclusive por meio de testamento, a respeito do destino e administração

---

[64] QUEROL, Ricardo de. *Zygmunt Bauman: "As redes sociais são uma armadilha"*. Disponível em: http://brasil.elpais.com/brasil/2015/12/30/cultura/1451504427_675885.html. Acesso em: 02 fev. 2018.

de seu conteúdo disposto na rede, como manifestação de sua autonomia existencial, devendo seu desejo ser respeitado após a sua morte.

A análise do tratamento do conteúdo disposto na rede após a morte do usuário, portanto, não deve estar restrita ao aspecto patrimonial, devendo-se ir além do paradigma da *herança digital*. A complexidade e a riqueza das possibilidades constantes na rede demandam a consideração das situações jurídicas existenciais que se constituem nesse contexto e que merecem tutela jurídica mesmo após a morte do usuário.

Referências

BEVILÁQUA, Clóvis. *Teoria geral do Direito Civil*. São Paulo: Red Livros, 2001.

BRANCO, Sérgio. *Memória e esquecimento na Internet*. Porto Alegre: Arquipélago Editorial, 2017.

BRASIL. Câmara dos Deputados. *Projeto de Lei nº 1.144, de 2021*. Dispõe sobre os dados pessoais inseridos na internet após a morte do usuário. Disponível em: https://www.camara.leg.br/propostas-legislativas/2275941. Acesso em: 10 dez. 2021.

BRASIL. Câmara dos Deputados. Projeto de Lei nº 1.331, de 2015. Altera a Lei nº 12.965, de 23 de abril de 2014 – Marco Civil da Internet, dispondo sobre o armazenamento de dados de usuários inativos na rede mundial de computadores. Disponível em: http://www.camara.gov.br/proposicoesWeb/fichadetramitacao?idProposicao=1227967. Acesso em: 2 abr. 2018.

BRASIL. Câmara dos Deputados. Projeto de Lei nº 4.099, de 2012. Altera o art. 1.788 da Lei n. 10.406, de 10 de janeiro de 2002. Disponível em: http://www.camara.gov.br/proposicoes Web/fichadetramitacao?idProposicao=548678. Acesso em: 2 abr. 2018.

BRASIL. Câmara dos Deputados. Projeto de Lei nº 4.847, de 2012. Acrescenta o Capítulo II-A e os arts. 1.797-A a 1.797-C à Lei nº 10.406, de 10 de janeiro de 2002. Disponível em: http://www.camara.gov.br/proposicoesWeb/fichadetramitacao?idProposicao=563396. Acesso em: 2 abr. 2018.

CAMPOS, Diogo Leite de. Lições de direitos da personalidade. *Boletim da Faculdade de Direito da Universidade de Coimbra*, Coimbra, n. 67, 1991.

CARVALHO, Luiz Paulo Viera de. *Direito das Sucessões*. 2. ed. São Paulo: Atlas, 2015.

CASTELLS, Manuel. *Sociedade em rede*. 17. ed. São Paulo: Paz e Terra, 2016.

FACHIN, Luiz Edson. *Análise Crítica, Construtiva e de Índole Constitucional da Disciplina dos Direitos da Personalidade no Código Civil Brasileiro*: Fundamentos, Limites e Transmissibilidade. Disponível em: http://www.abdireitocivil.com.br/wp-content/uploads/2013/07/An%C3%A1lise-Cr%C3%ADtica-Construtiva-e-de-%C3%8Dndole-Constitucional-da-Disciplina-dos-Direitos-da-Personalidade-no-C%C3%B3digo-Civil-Brasileiro-Fundamentos-Limites-e-Transmissibilidade.pdf. Acesso em: 28 abr. 2018.

FIGUEIREDO, Fábio Vieira. *Direito de autor*: proteção e disposição extrapatrimonial. 2. ed. São Paulo: Saraiva, 2016.

GOMES, Orlando. *Introdução ao direito civil*. 21. ed. atual. por Edvaldo Brito e Reginalda Paranhos de Brito. Rio de Janeiro: Forense, 2016.

INIESTA, Javier Belda; SERNA, Francisco José Aranda. El paradigma de la identidad: hacia una regulación del mundo digital. *Revista Forense*, vol. 422, 2016.

LACERDA, Bruno Torquato Zampier. *Bens digitais*. Indaiatuba: Foco Jurídico, 2017.

MEIRELES, Rose Melo Vencelau. *Autonomia privada e dignidade humana*. Rio de Janeiro: Renovar, 2009.

MENDES, Laura Schertel Ferreira; FRITZ, Karina Nunes. Case Report: Corte Alemã Reconhece a Transmissibilidade da Herança Digital. *RDU*, Porto Alegre, Volume 15, n. 85, 2019, 188-211, jan-fev 2019.

NEVARES, Ana Luiza Maia. *A função promocional do testamento*: tendências do Direito Sucessório. Rio de Janeiro: Renovar, 2009.

O'REILLY, Tim. Web 2.0: Compact Definition?. October 1, 2005. Disponível em: http://radar.oreilly.com/2005/10/web-20-compact-definition.html. Acesso em: 10 abr. 2018.

PERLINGIERI, Pietro. *Perfis do direito civil*: introdução ao Direito Civil Constitucional. 3. ed. Tradução de Maria Cristina De Cicco. Rio de Janeiro: Renovar, 2002.

QUEROL, Ricardo de. *Zygmunt Bauman: "As redes sociais são uma armadilha"*. Disponível em: http://brasil.elpais.com/brasil/2015/12/30/cultura/1451504427_675885.html. Acesso em: 2 fev. 2018.

RIBEIRO, Renata Rezende. *A morte midiatizada:* como as redes sociais atualizam a experiência do fim da vida. Eduff, 2016.

RODOTÀ, Stefano. *A vida na sociedade da vigilância*: a privacidade hoje. Org. Maria Celina Bodin de Moraes. Tradução Danilo Doneda e Luciana Cabral Doneda. Rio de Janeiro: Renovar, 2008.

RODOTÀ, Stefano. *Globalização e o Direito*. Palestra proferida em 2003, no Rio de Janeiro. Tradução Myriam de Filippis. Disponível em: http://www.rio.rj.gov.br/dlstatic/10112/151613/DLFE4314.pdf/GlobalizacaoeoDireito.pdf. Acesso em: 8 abr. 2018.

RODOTÀ, Stefano. Por que é necessária uma Carta de Direitos da Internet? Trad. Bernardo Diniz Accioli de Vasconcellos e Chiara Spadaccini de Teffé. *Civilistica.com*, Rio de Janeiro, ano 4, n. 2, jul./dez. 2015. Disponível em: http://civilistica.com/por-que-e-necessaria-uma-carta-de-direitos-da-internet/. Acesso em: 5 abr. 2018.

ROSENVALD, Nelson. *O direito civil em movimento*. Salvador: Juspodivm, 2017.

SÁ, Maria de Fátima Freire de; NAVES, Bruno Torquato de Oliveira. *Manual de biodireito*. 3. ed. Belo Horizonte: Del Rey, 2015.

SCHOPENHAUER, Arthur. *Sobre a morte:* pensamentos e conclusões sobre as últimas coisas. São Paulo: WMF Martins Fontes, 2013.

SCHREIBER, Anderson. *Direitos da personalidade*. 3. ed. São Paulo: Atlas, 2014.

TEIXEIRA, Ana Carolina Brochado; KONDER, Carlos Nelson. Autonomia e solidariedade na disposição de órgãos para depois da morte. *Revista da Faculdade de Direito da UERJ – RFD*, n. 18, 2010.

TEIXEIRA, Ana Carolina Brochado; KONDER, Carlos Nelson. Situações jurídicas dúplices: controvérsias na nebulosa fronteira entre patrimonialidade e extrapatrimonialidade. *In*: TEPEDINO, Gustavo; FACHIN, Luiz Edson. *Diálogos sobre direito civil*. Vol. IIII. Rio de Janeiro: Renovar, 2012.

TEPEDINO, Gustavo. Crise de fontes normativas e técnica legislativa na parte geral do Código Civil de 2002. *In*: TEPEDINO, Gustavo (Coord.). *A parte geral do novo Código Civil*. Estudos na perspectiva civil-constitucional. 3. ed. Rio de Janeiro: Renovar, 2007.

TEPEDINO, Gustavo. *Temas de Direito Civil*. 3. ed. Rio de Janeiro: Renovar, 2004.

Informação bibliográfica deste texto, conforme a NBR 6023:2018 da Associação Brasileira de Normas Técnicas (ABNT):

LEAL, Livia Teixeira. Tratamento jurídico do conteúdo disposto na Internet após a morte do usuário e a denominada herança digital. *In*: TEIXEIRA, Daniele Chaves (Coord.). *Arquitetura do planejamento sucessório*. 3. ed. Belo Horizonte: Fórum, 2022. p. 221-236. Tomo I. ISBN 978-65-5518-459-4.

O PLANEJAMENTO SUCESSÓRIO COLOCADO EM XEQUE: AFINAL, O COMPANHEIRO É HERDEIRO NECESSÁRIO?

LUCIANA PEDROSO XAVIER
MARÍLIA PEDROSO XAVIER

1 Introdução

Desenhar de forma preventiva soluções para cenários futuros parece, sem dúvida, a decisão mais acertada que qualquer cidadão poderia tomar. Tendo em vista que a morte é a única certeza que se tem na vida, planejar a própria sucessão ganha todo o sentido.

Como afirma Daniele Chaves Teixeira, não são poucos os casos de inventários que tramitam por décadas em virtude de graves divergências entre os herdeiros. A demora do processo judicial acaba os privando muitas vezes de usufruir dos bens deixados e, em certas situações, acarreta até mesmo a sua desvalorização ou o seu perecimento.

Outro ponto que merece destaque são os altíssimos custos decorrentes do pagamento de tributos incidentes na transmissão *causa mortis*, demandando cada vez mais procura por um planejamento sucessório que, ao realizar a partilha de bens em vida, proporcione considerável economia.

Engana-se quem acredita que o planejamento sucessório compreende apenas instrumentos pertencentes ao Direito das Sucessões. Em realidade, é bem frequente que sejam empregados institutos jurídicos que pertencem a outros ramos do Direito e que contribuirão para a realização do escopo pretendido pelos sujeitos titulares de bens, tais como soluções para a proteção do cônjuge, do companheiro ou de parentes colaterais. E, nesse sentido, é muito oportuna a classificação proposta de modo original por Daniele Chaves Teixeira, que divide o planejamento sucessório em vertical e horizontal.[1]

A autora explica que, tradicionalmente, a sucessão estava fundada no parentesco em linha reta, sendo a propriedade transmitida de geração para geração, de ascendente para

---

[1] Agradecemos ao acadêmico Jorge Coutinho e à Dra. Juliana Carniel pelo auxílio na pesquisa jurisprudencial realizada para a atualização do presente artigo para a 3ª edição da obra *Arquitetura do Planejamento Sucessório*, Tomo I.
TEIXEIRA, Daniele Chaves. *Planejamento sucessório*: pressupostos e limites. Belo Horizonte: Fórum, 2017. p. 188.

descendente. Entretanto, muitas mudanças sociais e legislativas afetaram esse campo. Por todas, menciona-se, a título de exemplo, que o direito do cônjuge sobrevivente se fortaleceu, sendo este no Código Civil de 2002 herdeiro necessário. Além disso, tem sido cada vez mais presente o modelo das famílias recompostas.[2]

Desta forma, fala-se em planejamento sucessório vertical quando o autor da herança deseja privilegiar indivíduos que ocupam as posições de descendentes e ascendentes. De outra parte, o planejamento sucessório horizontal ocorre quando o autor da herança objetiva privilegiar, com a sua parte disponível, o cônjuge ou companheiro.[3]

O modo de operacionalizar o planejamento, como já dito, pode se dar pelos mais diversos instrumentos jurídicos, de forma isolada ou combinados entre si, tais como testamento, codicilos, partilha em vida por meio de doações com o estabelecimento de cláusulas de usufruto, criação de *holdings*, pactos antenupciais, contratos de convivência, entre tantos outros.[4]

Para que um planejamento sucessório possa ser arquitetado com toda a riqueza de detalhes, é necessário fazer um trabalho de "alfaiataria jurídica". Cada caso concreto receberá diferentes abordagens, a depender dos detalhes que permeiam a demanda trazida pelo cliente e a situação em que se encontram seus bens.

Por isso, a primeira etapa de diagnose deve ser feita com muita cautela e diálogo. Cautela para que seja efetivamente apurado todo o patrimônio do cliente, considerando suas minúcias. Exemplo muito presente nos escritórios de advocacia é o fato de que, não raro, clientes acreditam que são proprietários de determinados imóveis, mas descobrem que aquele bem ainda não foi escriturado, registrado, que inventários sequer foram abertos ou finalizados, ou que existe formal de partilha, mas não se deu registro por conta de não haver dinheiro para o pagamento de tributos. E o que dizer de matrículas em que, para surpresa de todos, constam penhoras e hipotecas? O diálogo, por outro lado, é para bem captar a real intenção do interessado no planejamento. Por qual razão está buscando esse serviço: evitar brigas familiares? Obter economia tributária? Ou o objetivo seria reequilibrar as riquezas no seio da família para proteger os membros mais vulneráveis?

É curioso notar que as respostas para tais questões nem sempre são óbvias e às vezes demandam até mesmo certo tempo de reflexão e de conversa entre a família. Afinal de contas, decisões precisarão ser tomadas e, para isso, é necessário haver clareza de objetivos e certos consensos.

Em seguida, munido desse conteúdo, o advogado precisa utilizar todo o seu conhecimento para esboçar os caminhos possíveis para atingir aquele fim almejado pelo cliente. A tarefa é extremamente complexa e demanda a intervenção de especialistas

---

2 TEIXEIRA, Daniele Chaves. *Planejamento sucessório*: pressupostos e limites. Belo Horizonte: Fórum, 2017. p. 188-189.

3 TEIXEIRA, Daniele Chaves. *Planejamento sucessório*: pressupostos e limites. Belo Horizonte: Fórum, 2017. p. 189.

4 Sobre as diversas espécies de ferramentas para planejamento sucessório, ver: BRITO, Anne Lacerda de. Planejamento sucessório à luz do novo Código de Processo Civil. *In*: TARTUCE, Fernanda; MAZZEI, Rodrigo; CERNEIRO, Sérgio Barradas. *Famílias e sucessões*. v. 15. Salvador: Juspodivm, 2016. p. 725-751; MAZZEI, Rodrigo; MERÇON-VARGAS, Sarah. Partilha sucessória: disponibilidade da herança e princípio da máxima igualdade possível no CPC/15. *In*: TARTUCE, Fernanda; MAZZEI, Rodrigo; CERNEIRO, Sérgio Barradas. *Famílias e sucessões*. Salvador: Juspodivm, 2016. v. 15. p. 697-712; e MAMEDE, Gladston; MAMEDE Eduarda Cotta. *Planejamento sucessório*: introdução à arquitetura estratégica – patrimonial e empresarial – com vistas à sucessão causa mortis. São Paulo: Atlas, 2015.

no tema, pois exige o domínio concomitante de vários ramos do Direito, dentre eles, o Civil, o Empresarial, o Tributário, o Criminal, o Previdenciário, dentre outros.

Por vezes, o resultado desejado sequer será possível de atingir em razão dos limites impostos pela legislação brasileira. Nestas hipóteses, novos delineamentos precisarão ser pensados ou readaptados. A construção da solução jurídica deverá ocorrer, necessariamente, com o cliente, para o cliente e sempre respeitando a lei.

Uma premissa elementar no planejamento sucessório é que o advogado precisa ter os contornos do horizonte que será descortinado, ao menos a sua ideia inicial. Por isso, é fundamental que haja certeza sobre qual lei será aplicada ao caso e como ela será interpretada pelo Poder Judiciário. É aqui que a proposta deste artigo começa a tomar forma.

Infelizmente, o ideal de segurança jurídica no sentido específico de certeza de orientação parece estar muito longe do cenário jurídico atual pátrio, que, às vezes, é pródigo em "jurisprudência lotérica", dada a falta de uniformidade e previsibilidade. Neste sentido, Luiz Edson Fachin ensina que "é instável a união entre doutrina e jurisprudência no Brasil. Usualmente se crê na jurisprudência como sendo o conjunto de decisões exaradas pelos tribunais pátrios. Corre-se por aí risco de encontrar mero banco de dados".[5]

A observação do Ministro Fachin é absolutamente verdadeira para descrever a incerteza a respeito da condição do companheiro perante a sucessão legítima. A jurisprudência, neste caso, ainda não aclarou sua posição como herdeiro necessário ou não, de modo que hodiernamente um advogado não tem nenhuma segurança ao elaborar o planejamento sucessório de uma pessoa envolvida em união estável, seja ela fática ou registral.

Considerando esta questão, o presente artigo, pautado em uma investigação de cunho prático e jurisprudencial, dada a importância dos precedentes no ordenamento contemporâneo, examina os mais recentes posicionamentos a respeito do tema. Em especial, o trabalho se dedica à exposição e análise do acórdão proferido no Recurso Extraordinário 878.694/MG, do Supremo Tribunal Federal, que tratou da (in)constitucionalidade do art. 1.790 do Código Civil. A partir dos resultados dessa investigação, passa-se ao enfrentamento da condição do companheiro como herdeiro necessário e suas implicações para o planejamento sucessório.

2 O planejamento sucessório e a ética precedentalista

Para que um planejamento sucessório seja bem-sucedido, é necessário haver um mínimo de clareza e previsibilidade sobre as normas que lhe serão aplicadas. Deve levar

5 FACHIN, Luiz Edson. No Direito de Família, doutrina e jurisprudência vivem união instável. *Revista Consultor Jurídico (Conjur)*, São Paulo: Consultor Jurídico, 01 fev. 2015. Disponível em: http://www.conjur.com.br/2015-fev-01/processo-familiar-direito-familia-doutrina-jurisprudencia-uniao-instavel. Acesso em: 14 maio 2018. Optou-se por citar o autor pelo seu nome completo, pois o texto referenciado é anterior à data de posse para Ministro do Supremo Tribunal Federal, cargo no qual escolheu ser chamado de Ministro Edson Fachin.

em consideração, ainda, os precedentes existentes, uma vez que o Código de Processo Civil de 2015 determinou o respeito à ética precedentalista.[6]

O novo Código de Processo Civil parece contribuir para afastar o caos decisório, pois trouxe como uma de suas principais bases o respeito aos precedentes e à jurisprudência uniforme. O artigo 489, além de dispor sobre os elementos essenciais da sentença, prescreve em seu §1º que não se considera fundamentada qualquer decisão judicial que se limitar a invocar precedente ou enunciado de súmula, sem identificar seus fundamentos determinantes nem demonstrar que o caso sob julgamento se ajusta àqueles fundamentos (inciso v) ou deixar de seguir enunciado de súmula, jurisprudência ou precedente invocado pela parte, sem demonstrar a existência de distinção no caso em julgamento ou a superação do entendimento (inciso vi).[7]

O que é possível concluir a partir desse dispositivo é que uma decisão judicial não será considerada fundamentada se não houver menção expressa e pormenorizada aos precedentes. Em outras palavras, pelo Código de Processo Civil de 2015, a existência de precedente deve ser considerada pelo magistrado. A sanção para o descumprimento é a mais grave: nulidade. Logo, são nulas de pleno direito as decisões que se limitam a invocar um precedente, sem identificar seus fundamentos e ajustá-los ao caso decidido, e também as que deixam de mencionar precedente ou súmula suscitado pela parte sem demonstrar a distinção do caso ou a superação da decisão citada.

No caso do Direito de Família e das Sucessões, vale mencionar um desafio extra para os precedentes, ou para quem deles depende: o segredo de justiça. O artigo 926 do Código de Processo Civil de 2015 prevê que os Tribunais devem uniformizar sua jurisprudência e mantê-la estável, íntegra e coerente.[8] Para além disso, devem dar publicidade a seus precedentes, organizando-os por questão jurídica decidida e divulgando-os, preferencialmente, na rede mundial de computadores (927, §5º, do Novo Código de Processo Civil). Lamentavelmente, ainda é comum termos tribunais que não disponibilizam integralmente suas decisões em matéria de Direito de família e sucessões pela falta de um sistema eficiente de indexação.[9] É o caso, por exemplo, do

---

6 Nesse sentido, ver: MARINONI, Luiz Guilherme. *Ética dos precedentes*. 2. ed. São Paulo: Revista dos Tribunais, 2016; PUGLIESE, William Soares. *Precedentes e a Civil Law brasileira*. São Paulo: Revista dos Tribunais, 2016.

7 Art. 489 do Código de Processo Civil (Lei nº 13.105/2015): São elementos essenciais da sentença: I - o relatório, que conterá os nomes das partes, a identificação do caso, com a suma do pedido e da contestação, e o registro das principais ocorrências havidas no andamento do processo; II - os fundamentos, em que o juiz analisará as questões de fato e de direito; III - o dispositivo, em que o juiz resolverá as questões principais que as partes lhe submeterem. §1º Não se considera fundamentada qualquer decisão judicial, seja ela interlocutória, sentença ou acórdão, que: I - se limitar à indicação, à reprodução ou à paráfrase de ato normativo, sem explicar sua relação com a causa ou a questão decidida; II - empregar conceitos jurídicos indeterminados, sem explicar o motivo concreto de sua incidência no caso; III - invocar motivos que se prestariam a justificar qualquer outra decisão; IV - não enfrentar todos os argumentos deduzidos no processo capazes de, em tese, infirmar a conclusão adotada pelo julgador; V - se limitar a invocar precedente ou enunciado de súmula, sem identificar seus fundamentos determinantes nem demonstrar que o caso sob julgamento se ajusta àqueles fundamentos; VI - deixar de seguir enunciado de súmula, jurisprudência ou precedente invocado pela parte, sem demonstrar a existência de distinção no caso em julgamento ou a superação do entendimento. §2º No caso de colisão entre normas, o juiz deve justificar o objeto e os critérios gerais da ponderação efetuada, enunciando as razões que autorizam a interferência na norma afastada e as premissas fáticas que fundamentam a conclusão. §3º A decisão judicial deve ser interpretada a partir da conjugação de todos os seus elementos e em conformidade com o princípio da boa-fé.

8 Sobre a interpretação do dispositivo, sugerimos a seguinte obra: PUGLIESE, William. *Princípios da jurisprudência*. Belo Horizonte: Arraes, 2017.

9 Ante a ainda persistente dificuldade de acesso ao inteiro teor das decisões que versam sobre Direito das Famílias, o Instituto Brasileiro de Direito de Família enviou, em meados de novembro de 2021, pedido de providências ao

Tribunal de Justiça do Estado do Paraná, o qual passou a disponibilizar apenas algumas ementas de suas decisões a partir de 2019. Anteriormente, não havia possibilidade de acesso a qualquer material e no momento presente ainda não se consegue visualizar o inteiro teor das decisões.[10]

Nesta linha, para além do planejamento sucessório, o descumprimento expresso do Código de Processo Civil frustra também a adoção mais concreta de métodos de autocomposição entre as partes (os quais são muito incentivados por essa codificação). Afinal, se as partes tivessem a possibilidade de aferir a probabilidade de ganho, poderiam ter mais certeza das eventuais vantagens de pactuar um determinado acordo.

Fato é, porém, que na ausência de lei que estabeleça a resposta para um problema jurídico, os precedentes devem cumprir essa função. No caso particular enfrentado neste ensaio, a questão é ainda mais peculiar, pois a figura do companheiro como herdeiro necessário foi colocada em dúvida pelas duas fontes: lei e jurisprudência, na medida em que o art. 1.790 do Código Civil foi declarado inconstitucional pelo Supremo Tribunal Federal. O problema, portanto, é, ao mesmo tempo, de uma lacuna legal e da compreensão adequada de um precedente do Supremo Tribunal Federal.

Passa-se a expor o caso, com a ressalva de que a demanda, embora transitada em julgado, não encerrou o debate e certamente ensejará novas controvérsias.

3 A declaração de inconstitucionalidade do art. 1.790 do Código Civil

A (in)constitucionalidade do artigo 1.790 do Código Civil foi um dos temas mais debatidos pelos civilistas nos últimos anos. Para além da doutrina, os tribunais foram chamados a enfrentar a questão por diversas vezes. Até pouco tempo atrás, colhiam-se decisões para todos os gostos Brasil afora. Isso gerava uma dificuldade hercúlea no momento de elaboração de planejamentos sucessórios, pois os acórdãos proferidos pelos Tribunais Estaduais apresentavam três entendimentos diversos: (i) pela inconstitucionalidade integral; (ii) pela inconstitucionalidade parcial; e (iii) pela constitucionalidade.

Conforme bem sintetizado por Flávio Tartuce,[11] por trazer menos direitos sucessórios ao companheiro do que ao cônjuge (artigo 1.829 do Código Civil), decidiram pela inconstitucionalidade de todo o artigo 1.790 do Código Civil os Tribunais do Rio Grande do Sul, São Paulo, Sergipe e Santa Catarina.[12]

Conselho Nacional de Justiça, solicitando que a divulgação da íntegra de tais decisões seja regulamentada em âmbito nacional. Para maiores informações, consultar: https://ibdfam.org.br/noticias/9117?utm_source=sendinblue&utm_campaign=Boletim%20IBDFAM%20691&utm_medium=email. Acesso em 15 jan. 2022.

10 XAVIER, Marília Pedroso; PUGLIESE, William. Teoria dos precedentes no novo Código de Processo Civil e Direito de Família: primeiras aproximações. *In*: MAZZEI, Rodrigo; EHRHARDT JUNIOR, Marcos. *Direito Civil*. v. 14. Salvador: Juspodivm, 2017. p. 764-765.

11 TARTUCE, Flávio. *Direito civil*: direito das sucessões. v. 6. 9. ed. rev. e atual. Rio de Janeiro: Forense, 2016. p. 284-318.

12 TJRS, Agravo de Instrumento 70021945092, 8ª Câmara Cível, Porto Alegre, Rel. Des. José Ataídes Siqueira Trindade, j. 05.12.2007, DOERS 19.12.2007, p. 31; TJRS, Agravo de Instrumento 70022652879, 8ª Câmara Cível, Bom Jesus, Rel. Des. Alzir Felippe Schmitz, j. 10.04.2008, DOERS 16.04.2008, p. 39; TJSP, Apelação com Revisão 587.852.4/4, Acórdão 4131706, 9ª Câmara de Direito Privado, Jundiaí, Rel. Des. Piva Rodrigues, j. 25.08.2009, DJESP 25.11.2009; TJSP, Apelação Cível 520.626.4/3, Acórdão 4223691, 4ª Câmara de Direito Privado, Piracicaba, Rel. Des. Teixeira Leite, j. 26.11.2009, DJESP 18.12.2009; TJSP, 6ª Câmara de Direito Privado, Agravo de Instrumento

A tese da inconstitucionalidade integral também foi sustentada com base no argumento oposto: trazer mais direitos sucessórios ao companheiro do que ao cônjuge no caso em concreto discutido nos autos. Assim foi a decisão proferida pelo Tribunal de Justiça de São Paulo.[13]

Ainda, é possível encontrar julgados que reconhecem a inconstitucionalidade somente do inciso III do art. 1.790, o qual prevê que o companheiro recebe um terço da herança quando concorre com ascendentes e colaterais até quarto grau. Nesse sentido foram os pronunciamentos dos Tribunais do Rio Grande do Sul, São Paulo e Paraná.[14]

A Corte paranaense também se pronunciou sobre a inconstitucionalidade, especificamente quanto ao inciso II do artigo 1.790. O fundamento, porém, é o mesmo: a desigualdade ilegítima entre casamento e união estável.[15]

De outro lado, decidiram pela constitucionalidade na redação do artigo 1.790 do Código Civil os Tribunais do Distrito Federal, de Minas Gerais, do Rio Grande do Sul, de São Paulo e de Goiás.[16]

Como o leitor pode perceber, certamente com perplexidade, as cortes proferiram decisões em absolutamente todos os sentidos possíveis! Alguns tribunais, inclusive, tomaram decisões contraditórias de forma interna, como é o caso do Tribunal de Justiça do Estado de São Paulo. Não é preciso fazer grandes ilações para pensar que esse contexto abalava a segurança jurídica dos jurisdicionados e praticamente inviabilizava o trabalho de escritórios de advocacia de prestar aconselhamento jurídico seguro e estável para seus clientes.

O ponto mais grave nesta discussão é a evidente afronta ao princípio constitucional da igualdade (artigo 5º, *caput*, da Constituição Federal de 1988), na medida em que casos

---

0078186-86.2013.8.26.0000, Acórdão 6878634, Peruíbe, Rel. Des. Eduardo Sá Pinto Sandeville, j. 25.07.2013, DJESP 06.0.2013; TJSP, Agravo de Instrumento 994.09.283225-0, Acórdão 4391378, 1ª Câmara de Direito Privado, Bauru, Rel. Des. De Santi Ribeiro, j. 23.03.2010, DJESP 12.05.2010; TJSE, Apelação Cível 2010202129, Acórdão 7687/2010, 2ª Câmara Cível, Rel. Des. Marilza Maynard Salgado de Carvalho, DJESP 23.08.2010, p. 13; TJSC, 4ª C. Dto Civil, Rel. Des. Luiz Fernando Boller, AI nº 2011.055247-9, j. 08.03.2012; TJES, Incidente de Inconstitucionalidade Agv. Instrumento nº 24099165979, Tribunal Pleno, Rel. Desig. Adalto Dias Tristão, j. 15.09.2011, DJ 04.10.2011.

13 TJSP, Apelação 994.08.061243-8, Acórdão 4421651, 7ª Câmara de Direito Privado, Piracicaba, Rel. Des. Élcio Trujillo, j. 07.04.2010, DJESP 22.04.2010; TJSP, Agravo de Instrumento 598.268.4/4, Acórdão 3446085, 9ª Câmara de Direito Privado, Barueri, Rel. Des. Grava Brasil, j. 20.01.2009, DJESP 10.03.2009.

14 TJSP, Agravo de Instrumento 654.999.4/7, Acórdão 4034200, 4ª Câmara de Direito Privado, São Paulo, Rel. Des. Teixeira Leite, j. 27.08.2009, DJESP 23.09.2009; TJSP, Agravo de Instrumento 609.024.4/4, Acórdão 3618121, 8ª Câmara de Direito Privado, São Paulo, Rel. Des. Caetano Lagrasta, j. 06.05.2009, DJESP 17.06.2009; TJRS, Agravo de Instrumento 70027138007, 8ª Câmara Cível, Porto Alegre, Rel. Des. José Ataídes Siqueira Trindade, j. 18.12.2008, DJESP 11.03.2009, p. 31; TJRJ, Órgão Especial, Arguição de Inconst. nº 0019097-98.2011.8.19.0000, Rel. Des. Bernardo Moreira Garcez Neto. j. 06.08.2012, DJ 03.09.2012; e TJPR, Órgão Especial, Rel. Des. Sérgio Arenhart. Incidente de Decl.de Inconstitucionalidade nº 536.589-9/01, j. 04.12.09. DJ 03.08.2010.

15 TJPR, Agravo de Instrumento 878130-2, 12ª Câmera Cível, Foro Central da Comarca da Região Metropolitana de Curitiba. Rel. Des. Ivanise Maria Tratz Martins. Unânime. j. 25.07.2012.

16 TJDF, Recurso 2009.00.2.001862-2, Acórdão 355.492, 1ª Turma Cível, Rel. Des. Natanael Caetano, DJDFTE 12.05.2009, p. 81; TJSP, Agravo de Instrumento 589.196.4/4, Acórdão 3474069, 2ª Câmara de Direito Privado, Bragança, Rel. Des. Morato de Andrade, j. 03.02.2009, DJESP 26.03.2009; TJMG, Agravo de Instrumento 1.0261.09.073944-0/001, Rel. Des. Ana Paula Caixeta, j. 23.05.2013, DJSMG 29.05.2013; TJDF, Recurso 2012.05.1.008499-9, Acórdão 742.035, 6ª Turma Cível, Rel. Des. Esdras Neves, DJDFTE 11.12.2013, p. 139; TJRS, Agravo de Instrumento 70025169244, 8ª Câmara Cível, Porto Alegre, Rel. Des. Claudir Fidelis Faccenda, j. 21.08.2008, DOERS 01.09.2008, p. 36; TJGO, 1ª Câmara Cível, AI nº 279500-62.2010.8.09.0000, Rel. Des. Vítor Barboza Lenza, j. 28.09.2010.

com controvérsias jurídicas idênticas receberam decisões diferentes, com consequências patrimoniais diversas.[17]

Em 2012, a matéria foi apreciada pelo Superior Tribunal de Justiça. No caso debatido, as partes pleiteavam justamente que esta Corte cumprisse o seu papel constitucional de uniformizar a jurisprudência, com fundamento no artigo 105, inciso III, alíneas "a" e "c" da Constituição da República.[18] A invocação da alínea "a" apontava para o fato de que algumas decisões em âmbito estadual contrariavam lei federal ou negavam sua vigência (no caso, o artigo 1.790 do Código Civil). Nesta linha, a menção à alínea "c" se deu pelo fato de estar sendo dada interpretação divergente de lei federal (artigo 1.790 do Código Civil) em relação a outras proferidas por outro tribunal. Porém, o julgamento não pôde ser ultimado, pois envolvia, em última análise, apreciação de hipótese de inconstitucionalidade:

> DIREITO PROCESSUAL CIVIL. INCIDENTE DE INCONSTITUCIONALIDADE. RECURSO ESPECIAL FUNDAMENTADO NA INCONSTITUCIONALIDADE. Não é possível conhecer de incidente de inconstitucionalidade suscitado em recurso especial cujo fundamento seja o reconhecimento da inconstitucionalidade de dispositivo legal. Embora questões constitucionais possam ser invocadas pela parte recorrida, é indubitável que, em nosso sistema, não cabe ao recorrente invocar tais questões em recurso especial como fundamento para reforma do julgado, sendo o recurso próprio para essa finalidade o extraordinário para o STF. Tem-se, portanto, hipótese de insuperável óbice ao conhecimento do recurso especial, que também contamina, por derivação natural, o conhecimento deste incidente de inconstitucionalidade. No caso, o incidente referia-se aos incisos III e IV do art. 1.790 do CC, que trata da ordem de sucessão hereditária do companheiro ou da companheira relativamente aos bens adquiridos na vigência da união estável.[19]

Por ocasião de dois incidentes de inconstitucionalidade suscitados nos Recursos Especiais nºs 1.291.636/DF e 1.318.249/GO, a postura do Superior Tribunal de Justiça foi a de determinar o sobrestamento dos feitos que versavam sobre esse tema até que se ultimasse a discussão no Supremo Tribunal Federal. O STF, por sua vez, entendeu por sobrestar os recursos mencionados em razão do julgamento do RE nº 878.694/MG, em sede de repercussão geral, nos termos do artigo 543, §2º, CPC/73.

Pois bem, eis que passados mais de doze anos da vigência da codificação civil, o Supremo Tribunal Federal, enfim, passou a se debruçar sobre a questão. O Recurso Extraordinário nº 878.694/MG foi sorteado para relatoria do Ministro Roberto Barroso e teve reconhecida por unanimidade a sua repercussão geral.

O processo versava sobre o pleito da (não) aplicação do inciso III do artigo 1.790 do Código Civil. A companheira sobrevivente não aceitava a solução apontada por esse dispositivo, pois ficaria somente com um terço dos bens amealhados pelo companheiro

---

[17] KOZICKI, Katya; PUGLIESE, William Soares. O direito à igualdade nas decisões judiciais. *In*: ALVES, Cândice Lisboa; MARCONDES, Thereza Cristina Bohlen Bitencourt (Org.). *Liberdade, Igualdade e Fraternidade*: 25 anos da Constituição Brasileira. Belo Horizonte: D'Plácido, 2013. p. 385-403.

[18] Uma análise pormenorizada do papel que o STJ deveria desempenhar (e suas atuais falhas) é desenvolvida por MARINONI, Luiz Guilherme. *O STJ enquanto corte de precedentes*: recompreensão do sistema processual da corte suprema. 2. ed. São Paulo: Revista dos Tribunais, 2014.

[19] AI no REsp 1.135.354-PB, Rel. originário Ministro Luis Felipe Salomão, Rel. para acórdão Ministro Teori Albino Zavascki, j. 03.10.2012.

falecido. Em contrapartida, os dois terços restantes seriam partilhados entre os três irmãos do *de cujus*. Pugnava pelo reconhecimento da importância da família que tivera durante nove anos e, portanto, pela aplicação do artigo 1.829 do mesmo diploma, equiparando a sucessão da união estável com a conferida ao casamento.

Como corolário do caos jurisprudencial referido, a requerente obteve pleno êxito em primeiro grau. Com isso, a companheira herdou a totalidade dos bens em disputa, restando afastados os parentes colaterais.

Porém, o Tribunal de Justiça de Minas Gerais decidiu de forma diametralmente oposta. Em consonância com entendimentos já firmados, os Desembargadores conheceram e deram provimento ao Recurso de Apelação para reforma da decisão com a aplicação do inciso III do artigo 1.790 do Código Civil.

O Supremo Tribunal Federal, em agosto de 2016, deu início ao julgamento. A Procuradoria-Geral da República se pronunciou pelo desprovimento do recurso, tendo em vista que a tese da inconstitucionalidade feriria a autonomia privada das partes que optaram pela união estável nos moldes em que a lei a determina.

Três *amici curie* participaram do feito. Pela inconstitucionalidade do artigo 1.790 do CC sustentou o Instituto Brasileiro de Direito de Família (IBDFAM) em conjunto com o Instituto dos Advogados Brasileiros (IAB). Já a Associação de Direito de Família e das Sucessões (ADFAS) defendia a constitucionalidade do mencionado dispositivo.

O Ministro Relator, Luís Roberto Barroso, decidiu pela inconstitucionalidade do artigo 1.790 com base no princípio constitucional da vedação ao retrocesso (na medida em que as Leis nºs 8.971/94 e 9.278/96, anteriores ao Código Civil, eram mais benéficas no regime sucessório da união estável) e na ilegitimidade de diferenciação de tratamento quando implica hierarquização de uma entidade familiar em relação a outra, desigualando o nível de proteção estatal conferido aos indivíduos.

Uma vez reconhecida a inconstitucionalidade, a grande questão que se colocou era saber qual seria a regulamentação dos direitos do companheiro. Duas soluções foram aventadas: aplicar a legislação que regia o tema antes do advento do Código Civil ou o regime destinado na codificação para a sucessão do cônjuge. Como pode ser sintetizado no seguinte excerto, a decisão foi pela segunda opção:

> Considerando-se, então, que não há espaço legítimo para que o legislador infraconstitucional estabeleça regimes sucessórios distintos entre cônjuges e companheiros, chega-se à conclusão de que a lacuna criada com a declaração de inconstitucionalidade do art. 1.790 do CC/2002 deve ser preenchida com a aplicação do regramento previsto no art. 1.829 do CC/2002, e não daquele estabelecido nas leis revogadas. Logo, tanto a sucessão de cônjuges como a sucessão de companheiros devem seguir, a partir da decisão desta Corte, o regime atualmente traçado no art. 1.829 do CC/2002.[20]

O voto do Relator foi acompanhado pelos Ministros Edson Fachin, Teori Zavascki, Rosa Weber, Luiz Fux, Celso de Mello e Cármen Lúcia. A sessão foi interrompida pelo pedido de vista do Ministro Dias Toffoli. Porém, já havia quórum para que a tese da inconstitucionalidade fosse vencedora.

---

20 Recurso Extraordinário nº 878.694/MG. STF. Rel. Min. Luís Roberto Barroso. j. 10.05.2017. DJe 06.02.2018.

O debate só foi retomado após sete longos meses. O Ministro Dias Toffoli abriu a divergência com base no princípio da autonomia da vontade e no fato de que o tratamento legislativo diferente não enseja por si só uma inferiorização da união estável. Nessa oportunidade, o julgamento foi novamente suspenso pelo pedido de vista do Ministro Marco Aurélio.

Ao retomar o julgamento, o Ministro Marco Aurélio requereu que fosse apregoado o RE nº 646.721/RS, sob sua relatoria, pois era discutida a inconstitucionalidade do artigo 1.790 na sucessão hereditária de união estável homoafetiva. O voto do Ministro foi pela constitucionalidade do dispositivo.

Ao final, ambos os Recursos Extraordinários foram providos e julgados no sentido da declaração de inconstitucionalidade do artigo 1790 do Código Civil, sendo a tese de repercussão geral declarada em plenário: "É inconstitucional a distinção de regimes sucessórios entre cônjuges e companheiros prevista no art. 1.790 do CC/2002, devendo ser aplicado, tanto nas hipóteses de casamento quanto nas de união estável, o regime do art. 1.829 do CC/2002".

A decisão foi proferida por maioria, ficando vencidos os Ministros Dias Toffoli, Marco Aurélio e Ricardo Lewandowski. Com o objetivo de zelar pela segurança jurídica, a modulação dos efeitos da decisão foi estabelecida de forma a ser aplicável apenas para inventários judiciais sem trânsito em julgado da sentença de partilha e partilhas extrajudiciais em que ainda não tivesse sido lavrada escritura pública.[21]

O acórdão foi publicado em 6 de fevereiro de 2018. Entretanto, é certo que este debate está longe do fim. Antes do trânsito em julgado, o Instituto Brasileiro de Direito de Família lançou mão de uma das grandes novidades do novo Código de Processo Civil, a possibilidade de *amicus curie* opor embargos de declaração,[22] conforme o artigo 138, §1º.

Em síntese, o IBDFAM alegou que o cabimento dos embargos estava fundado em omissão, pois a tese de repercussão geral se limitaria a dizer que, ao afastar o artigo 1.790 do Código Civil por sua flagrante inconstitucionalidade, deve ser aplicado em seu lugar o artigo 1.829 do mesmo diploma. Porém, o artigo 1.829 não esgota a disciplina da sucessão hereditária do cônjuge. E é justamente neste ponto que emerge uma severa lacuna: como se dará a sucessão do companheiro em relação aos demais dispositivos legais que regulam o tema? Todos os artigos relacionados ao direito sucessório no casamento serão aplicados automaticamente ao companheiro?

Além disso, o IBDFAM questionou se deveriam também ser estendidos à união estável os seguintes dispositivos do Código Civil: 1.831 (direito real de habitação para

---

21 Destaca-se recente acórdão do STJ quanto à aplicação da modulação de efeitos fixada pelo STF, destacando-se o seguinte trecho da ementa: "7 - Aplica-se a tese fixada no tema 809/STF às ações de inventário em que ainda não foi proferida a sentença de partilha, ainda que tenha havido, no curso do processo, a prolação de decisão que, aplicando o art. 1.790 do CC/2002, excluiu herdeiro da sucessão e que a ela deverá retornar após a declaração de inconstitucionalidade e a consequente aplicação do art. 1.829 do CC/2002. 8 - Não são equiparáveis, para os fins da aplicação do tema 809/STF, as sentenças de partilha transitadas em julgado e as decisões que, incidentalmente, versam sobre bens pertencentes ao espólio, uma vez que a inconstitucionalidade de lei, enquanto questão de ordem pública, é matéria suscetível de arguição em impugnação ao cumprimento de sentença e que, com muito mais razão, pode ser examinada na fase de conhecimento." (REsp 1904374/DF, 3ª Turma, Rel. Ministra Nancy Andrighi, j. 13/04/2021, DJe 15/04/2021).

22 A referida petição foi disponibilizada para acesso público no seguinte link: http://ibdfam.org.br/assets/img/upload/files/Peti%C3%A7%C3%A3o%20Embargos.pdf. Acesso em: 03 jun. 2018.

o cônjuge sobrevivente), 1.832, 1.836, 1.837 e 1.838 (tratam da partilha entre o cônjuge, descendentes e ascendentes).

Chama atenção, igualmente, questionar se será aplicado analogicamente aos companheiros o artigo 544 do Código Civil. Este dispositivo está no Livro de Direito das Obrigações, mas dialoga com o Livro do Direito das Sucessões, pois dispõe que a "doação de ascendentes a descendentes, ou de um cônjuge a outro, importa adiantamento do que lhes cabe por herança".

O ponto mais agudo, sem dúvida, parece ser o questionamento da (não) aplicação do artigo 1.845, o qual prevê o rol de herdeiros necessários. A questão é que se o companheiro for considerado herdeiro necessário, por força do artigo 1.846 da codificação civil, terá ele direito a receber parte da reserva legítima?

Nesse sentido, o IBDFAM deixou seu posicionamento muito claro: requereu que "diante da conclusão de que é inconstitucional tratar cônjuge e companheiro de forma desigual na sucessão hereditária, a ele não pode ser negada a reserva hereditária".

Mas as dúvidas não param por aqui. Caberia questionar, também, se a decisão teria o condão de equiparar extensivamente cônjuge e companheiro até mesmo para efeitos pessoais e patrimoniais, como outorga, estado civil e presunção de paternidade.

Em última instância, chega-se ao ponto de até mesmo indagar se casamento e união estável não teriam se tornado figuras jurídicas sinônimas diante da crescente e paulatina diluição de suas diferenças constitutivas.[23]

Note-se: a questão debatida nos embargos não tratou de mero complemento ao que foi decidido. Ao contrário, dizia respeito a tema da maior importância e que produzirá efeitos de grande repercussão, em especial para fins de planejamento sucessório.

O problema é que a posição do companheiro como herdeiro necessário em nenhum momento foi discutida de forma clara, aberta e central. No julgamento dos Recursos Extraordinários nºs 878.694/MG e 646.721/RS, a análise do acórdão revela que o Supremo Tribunal Federal não se desonerou do ônus constitucional de fundamentação a ponto de permitir uma compreensão segura dos efeitos práticos que sua decisão acarreta.

Ao analisar os votos, é nítido que esses pontos não foram fruto de debate intenso e por vezes nem sequer foram mencionados. Repise-se: o caso concreto eleito como paradigma para o julgamento da repercussão geral não girava em torno da discussão destes artigos do Código Civil. A questão do companheiro ser herdeiro necessário nunca foi suscitada e tampouco debatida.

Ocorre que, antes mesmo dos Recursos Extraordinários nºs 878.694 -MG e 646.721-RS transitarem em julgado, a tese de repercussão geral já havia sido aplicada pelas Terceira e Quarta Turmas do Superior Tribunal de Justiça.[24] As decisões foram bastante fiéis aos limites do que foi decidido pelo Supremo Tribunal Federal. Aplicaram o artigo 1.829 do

---

23 "A união estável, que era também chamada de união livre, perdeu sua total liberdade com o referido julgamento do STF, ao equiparar todos os direitos entre as duas formas de família. Isso significa o fim da união estável, já que dela decorrem exatamente todos os direitos do casamento. A partir de agora, quando duas pessoas passarem a viver juntas, talvez elas não saibam, mas terão que se submeter às idênticas regras do casamento, exceto em relação às formalidades de sua constituição". PEREIRA, Rodrigo da Cunha. STF acabou com a liberdade de não casar ao igualar união estável a casamento. *Revista Consultor Jurídico*, 14 jun. 2017. Disponível em: http://www.conjur.com.br/2017-jun-14/rodrigo-cunha-pereira-stf-acabou-liberdade-nao-casar. Acesso em: 14 jun. 2017.

24 REsp 1332773/MS, 3ª Turma, Rel. Min. Ricardo Villas Bôas Cueva, j. em 27.06.2017, DJe 01.08.2017; REsp 1337420/RS, 4ª Turma, Rel. Min. Luis Felipe Salomão, j. 22.08.2017, DJe 21.09.2017; REsp 1357117/MG, 3ª Turma, Rel.

Código Civil para a sucessão do companheiro, afastando a incidência do artigo 1.790 do mesmo diploma.

Em 26 de outubro de 2018, por unanimidade, o STF rejeitou os embargos de declaração que questionavam a aplicação ou não do art. 1.845 do Código Civil (e outros) ao companheiro. O STF entendeu que a repercussão geral dizia respeito apenas à aplicabilidade do art. 1.829 do Código Civil às uniões estáveis. Logo, a espinhosa dúvida a respeito da configuração do cônjuge como herdeiro necessário (ou não) ainda permanece.

Cabe destacar julgado do ano subsequente do Superior Tribunal de Justiça que tratou da controvérsia em torno da fixação do quinhão hereditário cabível para a companheira que, no regime de bens da comunhão parcial, concorre na sucessão com um filho comum e outros seis filhos exclusivos do autor da herança.[25]

Após reconhecer a incidência do artigo 1.890, I, do Código Civil (afastando o artigo 1.790 do mesmo diploma), o Superior Tribunal de Justiça reiterou seu entendimento já consolidado no sentido de que nessa hipótese a concorrência com os descendentes do falecido ocorre somente sobre os bens particulares do acervo hereditário do *de cujus* (REsp nº 1368123/SP, Rel. Ministro Sidnei Beneti, Rel. p/ Acórdão Ministro Raul Araújo, Segunda Seção, julgado em 22.04.2015, *DJe* 08.06.2015).

Em recente julgado, a posição foi repisada pela 3ª Turma do Superior Tribunal de Justiça, que entendeu que o companheiro sobrevivente, quando "casado no regime de comunhão parcial de bens, concorrerá com os descendentes do cônjuge falecido somente quando este tiver deixado bens particulares".[26] Nessa oportunidade, reconheceu-se que, mesmo as quotas hereditárias do genitor do *de cujus*, não obstante incomunicáveis, deveriam ser sucedidas pela companheira.

Pois bem, como decorrência lógica, coube então ao referido Tribunal estabelecer se haveria a incidência do artigo 1.832 do Código Civil ao caso. Segundo esse dispositivo legal, quando aplicável o artigo 1.829, I, do Código Civil, cabe igual quinhão ao cônjuge (ou companheiro) daqueles que sucederem por cabeça, sendo que a sua quota não poderá ser inferior à quarta parte da herança se for ascendente dos herdeiros com que concorrer.

Para o STJ, a interpretação mais razoável do artigo 1.832 do Código Civil é a de que a reserva de 1/4 da herança restringe-se à hipótese em que o cônjuge ou companheiro concorre com os descendentes comuns. Como consignado na decisão, este entendimento é coerente com o Enunciado nº 527 da Jornada de Direito Civil, o qual prescreve que "na concorrência entre o cônjuge e os herdeiros do *de cujus*, não será reservada a quarta parte da herança para o sobrevivente no caso de filiação híbrida".

Em síntese, o Superior Tribunal de Justiça decidiu que a companheira concorrerá com os demais herdeiros apenas sobre os bens particulares (e não sobre a totalidade dos bens deixados pelo *de cujus*) e que todos os herdeiros receberão o mesmo quinhão em relação aos bens particulares, não havendo incidência da reserva prevista no artigo 1.832 do Código Civil.

Ministro Ricardo Villas Bôas Cueva, j. 13.03.2018, DJe 26.03.2018 e REsp 1318249/GO, 4ª Turma, Rel. Ministro Luis Felipe Salomão, j. 22.05.2018, DJe 04.06.2018.

25 REsp 1617501/RS, 3ª Turma, Rel. Ministro Paulo de Tarso Sanseverino, j. 11.06.2019, DJe 01.07.2019.

26 REsp 1844229/MT, 3ª Turma, Rel. Ministro Moura Ribeiro, j. 17/08/2021, DJe 20/08/2021.

4 Considerações finais: é possível juridicamente e desejável afirmar que o companheiro seja herdeiro necessário?

O passamento de um ente querido é sempre uma situação emocionalmente delicada para a família. O planejamento sucessório, nesse contexto, deve ser visto como algo muito precioso, pois faz com que a vontade do *de cujus* seja respeitada e que haja menor probabilidade de litígio entre os herdeiros. Desse modo, o falecimento pode transcorrer placidamente. Manuel Bandeira parece ter bem captado esse sentido. Assombrado desde a juventude pela tuberculose, fez da terminalidade da vida um dos seus principais motes. No poema Consoada, sintetiza o que seria uma morte eivada do espírito de paz:

> Quando a indesejada das gentes chegar, não sei se dura ou caroável, talvez eu tenha medo. Talvez sorria, ou diga: – Alô, iniludível! O meu dia foi bom, pode a noite descer. A noite com seus sortilégios. Encontrará lavrado o campo, a casa limpa, a mesa posta, com cada coisa em seu lugar.[27]

Ora, o planejamento sucessório propicia justamente a possibilidade de deixar "cada coisa em seu lugar", sem qualquer tipo de pendência que recaia sobre as gerações futuras.

Entende-se que elaborar um planejamento sucessório que esteja em conformidade com as normas jurídicas brasileiras é um direito de todo cidadão. E, para isso, é preciso que se tenha razoável previsibilidade das normas sucessórias. Em outras palavras, é necessário que os tribunais respeitem o artigo 926 do Novo Código de Processo Civil, uniformizando sua jurisprudência de forma a mantê-la estável, íntegra e coerente.

Tendo isso presente, e a partir de todo o raciocínio exposto, cabe refletir então sobre: i) se é possível, hodiernamente, afirmar que o companheiro é herdeiro necessário?; ii) a conveniência ou não de ser estendida ao companheiro a posição de herdeiro necessário.

No que concerne à condição do companheiro, ao menos atualmente, não é juridicamente possível afirmar que ele ostenta a posição de herdeiro necessário. Isso porque, como explanado no item anterior, em nenhum momento o Supremo Tribunal Federal decidiu essa questão. Ao contrário: ao decidir acerca do requerimento formulado pelo IBDFAM, em sede de embargos de declaração, pronunciou-se no sentido de que este tema não compunha os temas debatidos nos Recursos Extraordinários nºs 878.694/MG e 646.721/RS. Logo, estes casos não poderiam ser utilizados para fundamentar qualquer interpretação sobre a posição do companheiro enquanto herdeiro necessário ou não.

Cabe registrar que o Superior Tribunal de Justiça, em duas oportunidades, mencionou, *en passant*, que o companheiro seria herdeiro necessário. Isso ocorreu no julgamento dos Recursos Especiais nºs 1.318.249/GO e 1.844.229/MT. Houve menção, mas não o enfrentamento da questão, isto é, tais caos não debateram ou fundamentaram a posição do companheiro, a qual não fazia parte do cerne da problemática em julgamento. Sendo assim, tais casos também não podem ser apontados como precedentes em que o companheiro seria herdeiro necessário, uma vez que essa questão não integrou a *ratio decidendi* desses recursos especiais.

---

[27] BANDEIRA, Manuel. *Meus poemas preferidos*. Rio de Janeiro: Ediouro, 2001. p. 42.

Portanto, até o presente momento, não houve declaração de inconstitucionalidade ou interpretação proferida por decisão do Supremo Tribunal Federal ou do Superior Tribunal de Justiça que configure precedente judicial e que afirme que o companheiro é herdeiro necessário. Deste modo, o art. 1.845 do Código Civil não pode ser sumariamente desconsiderado, pois presume-se constitucional até decisão em contrário.[28]

Não obstante, a falta de leitura cuidadosa dos Recursos Extraordinários e Especiais anteriormente citados está acarretando a interpretação equivocada de seu conteúdo e a invocação de tais casos para fundamentar decisões de tribunais estaduais em que o companheiro é considerado herdeiro necessário,[29] o que é um grande desacerto, com consequências práticas consideráveis para os envolvidos. A única hipótese em que isso poderá ocorrer é se, futuramente, o art. 1.845 do Código Civil for declarado inconstitucional. Até que isso ocorra (se é que um dia acontecerá), o companheiro não é herdeiro necessário, de acordo com o ordenamento jurídico brasileiro.[30]

Para além disso, cabe perscrutar se é oportuno que o companheiro seja ulteriormente inserido na categoria de herdeiro necessário.

Crê-se que incluir o companheiro no rol do artigo 1.845 do Código Civil, de forma que a legítima precise ser reservada, não é desejável, isso por restringir a autonomia da vontade das partes e assim fragilizar as potencialidades de planejamento sucessório.

Caso as pessoas que vivem em união estável permaneçam inertes, o companheiro herdará pelo regime do artigo 1.829 do Código Civil. Porém, se pelas peculiaridades da união não haja o desejo de compartilhar o patrimônio após a morte, tal herança poderia

---

28 Nesse sentido, Conrado Paulino da Rosa afirma que: "Entretanto, em se tratando de uniões estáveis, embora a concorrência sucessória não possa ser afastada, dada a aplicabilidade do art. 1.829 do Código Civil a esse modelo familiar, considerando a natureza jurídica diferenciada, consideramos ser possível o afastamento da herança por meio de disposição testamentária, a exemplo do que ocorre com os colaterais, herdeiros facultativos. Nesses casos, para excluir um herdeiro facultativo de uma sucessão em que não existam herdeiros necessários, basta ser redigido um testamento sem prestigiá-lo". (ROSA, Conrado Paulino da. *Planejamento Sucessório*: teoria e prática. São Paulo: Editora Juspodivm, 2022, p. 64).

29 Apenas para ilustrar, mencionam-se as seguintes decisões: i) ***Tribunal de Justiça do Mato Grosso do Sul***: Apelação Cível nº 0800018-21.2020.8.12.0052, Anastácio, 2ª Câmara Cível, Relator (a): Des. Nélio Stábile, j: 28/04/2021, p: 03/05/2021. Trecho do voto: "À luz da legislação vigente, a Autora/Apelante, além da qualidade de companheira, é herdeira necessária da pessoa que faleceu em acidente descrito na inicial, em razão do art. 1.829, III, do CC/2002 (vide RE nº 646.721 e RE 878.694)."; ii) ***Tribunal de Justiça do Distrito Federal e Territórios:*** AGRAVO DE INSTRUMENTO 0744256-20.2020.8.07.0000 7ª Turma Cível, Rel. Des. GETÚLIO MORAES OLIVEIRA. Julgamento em 17/03/2021. Trecho da ementa: "4. O c. STF, no julgamento do RE nº 878694, reconheceu a inconstitucionalidade do artigo 1790 do Código Civil, daí decorrendo a fixação da Tese n° 809, da Suprema Corte, segundo a qual "é inconstitucional a distinção de regimes sucessórios entre cônjuges e companheiros prevista no art. 1.790 do CC/2002, devendo ser aplicado, tanto nas hipóteses de casamento quanto nas de união estável, o regime do art. 1.829 do CC/2002". O consectário lógico desse entendimento é a aplicação das regras sucessórias do casamento à união estável, o que enseja a participação da companheira (Agravada) na partilha dos bens particulares deixados pelo *de cujus*, por força do artigo 1.829, inciso I, do Código Civil, por ser considerada herdeira necessária."; iii) ***Tribunal de Justiça de Santa Catarina:*** Agravo Interno nº 4018361-27.2018.8.24.0000, de Barra Velha, rel. 3º Vice-Presidente, Câmara de Recursos Delegados, j. 26-08-2020. Trecho do voto: "Ademais, embora apresentado às p. 89/90 e 91/96 a petição o julgamento dos embargos de declaração opostos no Recurso Extraordinário nº 878.694, em que os agravantes suscitaram a manutenção do texto do art. 1.845 do Código Civil, tal questão não afasta da agravada sua condição de herdeira, porquanto permanece sendo herdeira legítima, ainda que não inserida no rol de herdeiros necessários. Além disso, embora não tenha sido explicitamente incluída no rol do art. 1.845 do Código Civil, a figura do companheiro já é considerada como herdeiro necessário, em atendimento a equiparação ao cônjuge para fins sucessórios".

30 Em sentido contrário, consultar: HIRONAKA, Giselda Maria Fernandes Novaes. Cônjuge e companheiro são herdeiros necessários? *In*: TEIXEIRA, Ana Carolina Brochado; NEVARES, Ana Luiza Maia (Coords.). *Direito das sucessões*: problemas e tendências. Indaiatuba: Editora Foco, 2022. p. 67-88.

ser afastada por meio de testamento. Retirar essa prerrogativa feriria de morte o próprio instituto da união estável, na medida em que no afã de concretizar um discurso de equiparação acabaria por torná-la um verdadeiro "casamento forçado".[31]

É extremante oportuna a seguinte afirmação do Ministro Edson Fachin, proferida no voto pela inconstitucionalidade do artigo 1.790 do Código Civil:

> Na sucessão, a liberdade patrimonial dos conviventes já é assegurada com o não reconhecimento do companheiro como herdeiro necessário, podendo-se afastar os efeitos sucessórios por testamento. Prestigiar a maior liberdade na conjugalidade informal não é atribuir, *a priori*, menos direitos ou diretos diferentes do casamento, mas, sim, oferecer a possibilidade de, voluntariamente, excluir os efeitos sucessórios.[32]

Essa parece ser a essência da discussão: o Supremo Tribunal Federal acertou em declarar inconstitucional o artigo 1.790 do Código Civil, sobretudo em virtude da flagrante violação ao princípio da vedação ao retrocesso perpetrado pelo Código Civil de 2002. Contudo, tal declaração de inconstitucionalidade não deveria aniquilar toda e qualquer diferenciação entre casamento e união estável.

Como bem afirmou Rodrigo da Cunha Pereira, uma equiparação geral e irrestrita significaria interferir indevidamente na própria liberdade de escolher a forma de se constituir família. E essa tendência seria nada mais que uma "posição moralista e equivocada, pois seria o mesmo que não aceitá-la como uma forma de família diferente do casamento".[33]

Destaque-se que atualmente tramita o Projeto de Lei do Senado nº 3.799/2019, o qual propõe a exclusão tanto o cônjuge quanto o companheiro do rol de herdeiros necessários, dentre outras alterações. Isso porque o Código Civil de 2002 teria privilegiado demasiadamente o cônjuge no regime sucessório, prejudicando os demais herdeiros.[34]

Não se pode negar que a pluralidade de entidades familiares, estabelecida pelo artigo 226 da Constituição da República, foi uma grande conquista, superando a visão monista do Código Beviláqua e inaugurando um regime de proteção de diferentes realidades familiares a partir do reconhecimento do mesmo grau de dignidade. Sendo assim, a correção da injustiça promovida pelo Código Civil de 2002 no artigo 1.790 não deveria ensejar uma solução extremada que equipare integralmente cônjuge e companheiro, sobretudo em um momento no qual a doutrina problematiza fortemente

---

31 A expressão é de Mário Delgado, em instigante artigo: O paradoxo da união estável: um casamento forçado. *In*: AZEVEDO, Álvaro Villaça; DELGADO, Mário Luiz. *Revista nacional de direito de família e sucessões*. Porto Alegre: Magister, 2014. p. 5-21.

32 Voto proferido no Recurso Extraordinário nº 878.694/MG. STF. Rel. Min. Luís Roberto Barroso. j. 10.05.2017. DJe 06.02.2018.

33 PEREIRA, Rodrigo da Cunha. *União estável e casamento*: o paradoxo da equiparação. 03 nov. 2016. Disponível em: http://www.rodrigodacunhaª dv.br/uniao-estavel-e-casamento-o-paradoxo-da-equiparacao/. Acesso em: 28 abr. 2018.

34 O Projeto de Lei do Senado nº 3.799/2019 foi proposto em 01.07.2019 pela Senadora Soraya Thronicke (PSL/MS) Não foram oferecidas emendas no prazo regimental e o status da tramitação em 17.01.2022 é o de aguardando o relatório do Senador Antonio Anastasia na CCJ - Comissão de Constituição, Justiça e Cidadania. Para melhor compreensão das alterações pelas quais o regime de sucessão do companheiro passou, consultar quadro comparativo anexo.

a própria manutenção da reserva legítima[35] e clama por menos intervenção estatal no campo da família.[36]

Anexo – Quadro Comparativo da Sucessão do Companheiro

(continua)

Lei nº 8.971/1994	Lei nº 9.278/1996	CC 2002	PL 3.799/2019 - Senado
Art. 1º A companheira comprovada de um homem solteiro, separado judicialmente, divorciado ou viúvo, que com ele viva há mais de cinco anos, ou dele tenha prole, poderá valer-se do disposto na Lei nº 5.478, de 25 de julho de 1968, enquanto não constituir nova união e desde que prove a necessidade. Parágrafo único. Igual direito e nas mesmas condições é reconhecido ao companheiro de mulher solteira, separada judicialmente, divorciada ou viúva. Art. 2º As pessoas referidas no artigo anterior participarão da sucessão do(a) companheiro(a) nas seguintes condições: I - o(a) companheiro(a) sobrevivente terá direito enquanto não constituir nova união, ao usufruto de quarta parte dos bens do *de cujos*, se houver filhos ou comuns;	Art. 7º Dissolvida a união estável por rescisão, a assistência material prevista nesta Lei será prestada por um dos conviventes ao que dela necessitar, a título de alimentos. Parágrafo único. Dissolvida a união estável por morte de um dos conviventes, o sobrevivente terá direito real de habitação, enquanto viver ou não constituir nova união ou casamento, relativamente ao imóvel destinado à residência da família.	Art. 1.790. A companheira ou o companheiro participará da sucessão do outro, quanto aos bens adquiridos onerosamente na vigência da união estável, nas condições seguintes: (Vide Recurso Extraordinário nº 646.721) (Vide Recurso Extraordinário nº 878.694) (nas disposições gerais) I - se concorrer com filhos comuns, terá direito a uma quota equivalente à que por lei for atribuída ao filho; II - se concorrer com descendentes só do autor da herança, tocar-lhe-á a metade do que couber a cada um daqueles; III - se concorrer com outros parentes sucessíveis, terá direito a um terço da herança; IV - não havendo parentes sucessíveis, terá direito à totalidade da herança.	"Art. 1.829. .... I - aos descendentes, em concorrência com o cônjuge ou com o companheiro sobrevivente; II - aos ascendentes, em concorrência com o cônjuge ou com o companheiro sobrevivente; III - ao cônjuge ou ao companheiro sobrevivente; IV - aos colaterais. Parágrafo único. A concorrência sucessória do cônjuge ou companheiro, prevista nos incisos I e II do *caput* deste artigo, incidirá apenas sobre os seguintes bens, independentemente do regime patrimonial adotado: I - os bens adquiridos onerosamente, na constância do casamento ou união estável, ainda que só em nome de um dos cônjuges ou companheiros; II - os bens adquiridos por fato eventual, com ou sem o concurso de trabalho ou despesa anterior; III - os bens adquiridos por doação, herança ou legado, em favor de ambos os cônjuges ou companheiros; IV - as benfeitorias e acessões em bens particulares de cada cônjuge ou companheiro, produzidos na constância do casamento ou união estável;

[35] TEIXEIRA, Daniele Chaves. *Planejamento sucessório*: pressupostos e limites. Belo Horizonte: Fórum, 2017. p. 63-108.

[36] Essa é a tese defendida por MULTEDO, Renata Vilela. *Liberdade e família*: limites para a intervenção do estado nas relações conjugais e parentais. Rio de Janeiro: Processo, 2017.

(continuação)

Lei nº 8.971/1994	Lei nº 9.278/1996	CC 2002	PL 3.799/2019 - Senado
II - o(a) companheiro(a) sobrevivente terá direito, enquanto não constituir nova união, ao usufruto da metade dos bens do *de cujos*, se não houver filhos, embora sobrevivam ascendentes; III - na falta de descendentes e de ascendentes, o(a) companheiro(a) sobrevivente terá direito à totalidade da herança. Art. 3º Quando os bens deixados pelo(a) autor(a) da herança resultarem de atividade em que haja colaboração do(a) companheiro, terá o sobrevivente direito à metade dos bens.		Art. 1.829. A sucessão legítima defere-se na ordem seguinte: (Vide Recurso Extraordinário nº 646.721) (Vide Recurso Extraordinário nº 878.694) I - aos descendentes, em concorrência com o cônjuge sobrevivente, salvo se casado este com o falecido no regime da comunhão universal, ou no da separação obrigatória de bens (art. 1.640, parágrafo único); ou se, no regime da comunhão parcial, o autor da herança não houver deixado bens particulares; II - aos ascendentes, em concorrência com o cônjuge; III - ao cônjuge sobrevivente; IV - aos colaterais.	V - os frutos e produtos dos bens comuns ou dos particulares de cada cônjuge ou companheiro, percebidos na constância do casamento ou união estável, ou pendentes ao tempo da abertura da sucessão." (NR) "Art. 1.830. Somente é reconhecido direito sucessório ao cônjuge ou ao companheiro sobrevivente se, ao tempo da morte do outro, não estavam separados de fato." (NR) "Art. 1.831. Ao cônjuge, ao companheiro, aos descendentes incapazes ou com deficiência, bem como aos ascendentes vulneráveis (art.1.846) que residiam com o autor da herança ao tempo de sua morte, será assegurado, sem prejuízo da participação que lhes caiba na herança, o direito real de habitação relativamente ao imóvel que era destinado à moradia da família, desde que seja bem a inventariar. §1º O direito real de habitação poderá ser exercido em conjunto pelos respectivos titulares, conforme a situação verificada na data do óbito. §2º Cessa o direito quando o titular tiver renda ou patrimônio suficiente para manter sua respectiva moradia, ou quando constituir nova entidade familiar." (NR) "Art. 1.832. Em concorrência com os descendentes (art. 1.829, inciso I), caberá ao cônjuge ou ao companheiro quinhão igual ao dos que sucederem por direito próprio." (NR) "Art. 1.835. Na linha descendente, os filhos sucedem por direito próprio, e os outros descendentes, por direito próprio ou por representação, conforme se achem ou não no mesmo grau." (NR)

(continuação)

Lei nº 8.971/1994	Lei nº 9.278/1996	CC 2002	PL 3.799/2019 - Senado
			"Art. 1.836. Na falta de descendentes, são chamados à sucessão os ascendentes, em concorrência com o cônjuge ou com o companheiro sobrevivente. .... §2º Havendo igualdade em grau e diversidade em linha, a herança deverá ser dividida em tantas linhas quantos sejam os pais." (NR) "Art. 1.837. Concorrendo com ascendente em primeiro grau, ao cônjuge ou ao companheiro tocará um terço da herança; caber-lhe-á a metade desta se houver um só ascendente, ou se maior for aquele grau." (NR) "Art. 1.838. Em falta de descendentes e ascendentes, será deferida a sucessão por inteiro ao cônjuge ou ao companheiro sobrevivente." (NR) "Art. 1.839. Se não houver cônjuge ou companheiro sobrevivente, nas condições estabelecidas no art. 1.830, serão chamados a suceder os colaterais até o quarto grau." (NR) "Art. 1.845. São herdeiros necessários os descendentes e os ascendentes." (NR) "Art. 1.846. .... §1º O testador poderá destinar um quarto da legítima a descendentes, ascendentes, a cônjuge ou companheiro com vulnerabilidade. §2º Considera-se pessoa com vulnerabilidade, para fins deste artigo, toda aquela que tenha impedimento de longo prazo ou permanente, de natureza física, mental, intelectual ou sensorial, o qual, em relação a sua idade ou meio social, implica desvantagens consideráveis para sua integração familiar, social, educacional ou laboral, obstruindo sua participação

(conclusão)

Lei nº 8.971/1994	Lei nº 9.278/1996	CC 2002	PL 3.799/2019 - Senado
			plena e efetiva na sociedade em igualdade de condições com as demais pessoas." (NR) "Art. 1.850. Para excluir da sucessão os herdeiros colaterais, o cônjuge ou o companheiro, basta que o testador disponha de seu patrimônio sem os contemplar. §1º O cônjuge ou o companheiro com insuficiência de recursos ou de patrimônio para sua subsistência terá direito a constituição de capital cuja renda assegure a sua subsistência. §2º O capital constituído sobre imóveis ou por direitos reais sobre imóveis suscetíveis de alienação, títulos da dívida pública ou aplicações financeiras em banco oficial, e a renda deles decorrente, são inalienáveis e impenhoráveis, enquanto sobreviver o cônjuge ou companheiro, além de constituir-se em patrimônio de afetação. §3º Não terá direito ao capital ou a renda de que tratam os §§1º e 2º aquele que cometer atos de indignidade ou que permitam a deserdação." (NR)

* Tabela elaborada em conjunto pelas autoras e por Camila Grubert.

Referências

BANDEIRA, Manuel. *Meus poemas preferidos*. Rio de Janeiro: Ediouro, 2001.

BRITO, Anne Lacerda de. Planejamento sucessório à luz do novo Código de Processo Civil. *In*: TARTUCE, Fernanda; MAZZEI, Rodrigo; CERNEIRO, Sérgio Barradas. *Famílias e sucessões*. v. 15. Salvador: Juspodivm, 2016.

DELGADO, Mário Luiz. O paradoxo da união estável: um casamento forçado. *In*: AZEVEDO, Álvaro Villaça; DELGADO, Mário Luiz. *Revista nacional de direito de família e sucessões*, Porto Alegre: Magister, 2014.

DIAS, Maria Berenice. *Supremo acertou ao não diferenciar união estável de casamento*. 14 jun. 2017. Disponível em: http://www.ibdfam.org.br/artigos/1219/Supremo+acertou+ao+n%C3%A3o+diferenciar+uni%C3%A3o+est%C3%A1vel+de+casamento. Acesso em: 24 maio 2018.

FACHIN, Luiz Edson. No Direito de Família, doutrina e jurisprudência vivem união instável. *Revista Consultor Jurídico (Conjur)*, São Paulo: Consultor Jurídico, 01 fev. 2015. Disponível em: http://www.conjur.com.br/2015-fev-01/processo-familiar-direito-familia-doutrina-jurisprudencia-uniao-instavel. Acesso em: 14 maio 2018.

GOULART FILHO, Antônio Cezar Quevedo; SILVA, Marcos Alves da. Análise jurisprudencial da sucessão do cônjuge e do companheiro: tribunais do sul do Brasil. *In*: FACHIN, Luiz Edson; CORTIANO JR., Eroulths;

RUZYK, Carlos Eduardo Pianovski; KROETZ, Maria Cândida Pires Vieira do Amaral. *Jurisprudência civil brasileira*: métodos e problemas. Belo Horizonte: Fórum, 2017.

HIRONAKA, Giselda Maria Fernandes Novaes. *Morrer e suceder*: passado e presente da transmissão sucessória concorrente. 2. ed. São Paulo: RT, 2014.

HIRONAKA, Giselda Maria Fernandes Novaes. Cônjuge e companheiro são herdeiros necessários? *In*: TEIXEIRA, Ana Carolina Brochado; NEVARES, Ana Luiza Maia (Coords.). *Direito das sucessões*: problemas e tendências. Indaiatuba: Editora Foco, 2022.

KOZICKI, Katya; PUGLIESE, William Soares. O direito à igualdade nas decisões judiciais. *In*: ALVES, Cândice Lisboa; MARCONDES, Thereza Cristina Bohlen Bitencourt (Org.). *Liberdade, Igualdade e Fraternidade*: 25 anos da Constituição Brasileira. Belo Horizonte: D'Plácido, 2013.

MAMEDE, Gladston. *Blindagem patrimonial e planejamento jurídico*. 5. ed. São Paulo: Atlas, 2015.

MAMEDE, Gladston; MAMEDE Eduarda Cotta. Divórcio, dissolução e fraude na partilha de bens. Simulações empresariais e societárias. 4. ed. São Paulo: Atlas, 2014.

MAMEDE, Gladston; MAMEDE Eduarda Cotta. *Planejamento sucessório*: introdução à arquitetura estratégica – patrimonial e empresarial – com vistas à sucessão causa mortis. São Paulo: Atlas, 2015.

MARINONI, Luiz Guilherme. *O STJ enquanto corte de precedentes*: recompreensão do sistema processual da corte suprema. 2. ed. São Paulo: Revista dos Tribunais, 2014.

MARINONI, Luiz Guilherme. *Ética dos precedentes*. 2. ed. São Paulo: Revista dos Tribunais, 2016.

MAZZEI, Rodrigo; MERÇON-VARGAS, Sarah. Partilha sucessória: disponibilidade da herança e princípio da máxima igualdade possível no CPC/15. *In*: TARTUCE, Fernanda; MAZZEI, Rodrigo; CERNEIRO, Sérgio Barradas. *Famílias e sucessões*. v. 15. Salvador: Juspodivm, 2016.

MULTEDO, Renata Vilela. *Liberdade e família*: limites para a intervenção do estado nas relações conjugais e parentais. Rio de Janeiro: Processo, 2017.

NEVARES, Ana Luiza Maia. Casamento ou união estável? *Revista Brasileira de Direito Civil – RBDCIVIL*, v. 8, abr./jun. 2016.

PEREIRA, Rodrigo da Cunha. *União estável e casamento*: o paradoxo da equiparação. 03 de nov. 2016. Disponível em: http://www.rodrigodacunha.adv.br/uniao-estavel-e-casamento-o-paradoxo-da-equiparacao/. Acesso em: 28 abr. 2018.

PEREIRA, Rodrigo da Cunha. STF acabou com a liberdade de não casar ao igualar união estável a casamento. *Revista Consultor Jurídico*, 14 jun. 2017. Disponível em: http://www.conjur.com.br/2017-jun-14/rodrigo-cunha-pereira-stf-acabou-liberdade-nao-casar. Acesso em: 14 maio 2018.

PUGLIESE, William Soares. *Precedentes e a Civil Law brasileira*. São Paulo: Revista dos Tribunais, 2016.

PUGLIESE, William Soares. *Princípios da jurisprudência*. Belo Horizonte: Arraes, 2017.

ROSA, Conrado Paulino da. *Planejamento Sucessório*: teoria e prática. São Paulo: Editora JusPodivm, 2022.

TARTUCE, Flávio. *Direito civil*: direito das sucessões. 9. ed. rev. e atual. Rio de Janeiro: Forense, 2016. v. 6.

TEIXEIRA, Daniele Chaves. *Planejamento sucessório*: pressupostos e limites. Belo Horizonte: Fórum, 2017.

VELOSO, Zeno. União estável e o chamado namoro qualificado no Brasil: equiparação entre cônjuges e companheiros. *In*: VELOSO, Zeno. *Direito civil temas*. Belém: Artes Gráficas Perpetuo Socorro, 2018.

XAVIER, Marilia Pedroso. *Contrato de namoro*: amor líquido e direito de família mínimo. 2 ed. Belo Horizonte: Fórum, 2020.

XAVIER, Marília Pedroso; PUGLIESE, William. Teoria dos precedentes no novo Código de Processo Civil e Direito de Família: primeiras aproximações. *In*: MAZZEI, Rodrigo; EHRHARDT JUNIOR, Marcos. *Direito Civil*. v. 14. Salvador: Juspodivm, 2017.

XAVIER, Marília Pedroso. *União estável, íntegra e coerente*. Tese (Doutorado) – Programa de Pós-graduação em Direito da Universidade de São Paulo, São Paulo, 2015.

Informação bibliográfica deste texto, conforme a NBR 6023:2018 da Associação Brasileira de Normas Técnicas (ABNT):

XAVIER, Luciana Pedroso; XAVIER, Marília Pedroso. O planejamento sucessório colocado em xeque: afinal, o companheiro é herdeiro necessário? *In*: TEIXEIRA, Daniele Chaves (Coord.). *Arquitetura do planejamento sucessório*. 3. ed. Belo Horizonte: Fórum, 2022. p. 237-256. Tomo I. ISBN 978-65-5518-459-4.

A VULNERABILIDADE, A SOLIDARIEDADE FAMILIAR E A AFETIVIDADE COMO CRITÉRIOS PARA O RECONHECIMENTO DO HERDEIRO NECESSÁRIO NA SUCESSÃO LEGÍTIMA

RÉGIS GURGEL DO AMARAL JEREISSATI

1 Introdução

As relações familiares, desde o Código Civil de 1916 até a atualidade, sofreram significativas alterações. A composição da família passou de uma relação baseada no casamento formado entre um homem e uma mulher para uma família constituída por um casal homossexual cujo vínculo jurídico pode decorrer de uma união estável, casamento ou outra forma de constituição familiar.

No entanto, após a considerável transformação ocorrida na esfera dos direitos das famílias, o mesmo não ocorreu no direito das sucessões. Este, tomando por base o Código Civil de 1916 até os dias de hoje, sofreu algumas modificações, como: a mudança na ordem sucessória, a inclusão do cônjuge na condição de herdeiro necessário e o estabelecimento em seu favor do direito real de habitação, por exemplo, o que veio a ocorrer apenas com a edição do Código Civil de 2002.

No entanto, o direito sucessório deixou de incorporar certas mudanças ocorridas na estrutura familiar. Hodiernamente, por conta da incidência das normas constitucionais nas relações privadas, tem-se que os princípios da liberdade e da solidariedade são os elementos basilares do estudo desta disciplina, que envolve questões de cunho patrimonial e existencial.

Ademais, é preciso considerar que, em uma sociedade democrática, pautada na igualdade e que objetiva a constituição de uma sociedade livre, justa e solidária, devem ser valoradas as condições de vulnerabilidade – estas consideradas sob a perspectiva de uma fragilidade perante os demais membros da sociedade –, enquanto expressão da igualdade material.

Este elemento deve constar da normatização civil, inclusive na de caráter sucessório, de forma a balizar a destinação patrimonial, em uma maior medida, em favor dos que dela necessitam. Esta referência deve ser concretamente examinada a partir da ordem sucessória a ser seguida. A formação da cadeia sucessória está relacionada à moderna compreensão do que se entende como família, sendo o caráter afetivo o elo a justificar a contemplação do sucessor.

Analisa-se o direito sucessório pátrio, em especial o rol dos herdeiros necessários, considerando, como elemento norteador, os valores constitucionais, conjugados à realidade social hoje vivenciada no país. A solução da problemática parte da compreensão de que a afetividade existente nas relações familiares deve respaldar a fixação da ordem sucessória e legitimar a condição dos herdeiros obrigatórios.

Deste modo, examina-se o fundamento a autorizar a intervenção estatal, ao estabelecer a legítima, e, por consequência, restringir a liberdade de testar. E, por haver um descompasso entre a entidade familiar e o direito sucessório, conclui-se que este deve ser reformulado, com a alteração da fixação da legítima, a qual deve passar a prever elementos de vulnerabilidade, caso em que haverá a conjugação adequada dos princípios de solidariedade, liberdade, igualdade material e afetividade.

2 Família sob a égide da Constituição Federal de 1988

Com o advento da Constituição Federal de 1988, as relações jurídicas sofreram significativa transformação no Brasil. A dignidade da pessoa humana passou a ocupar a centralidade do ordenamento jurídico (art. 1º, III), enquanto valor fundamental que serve de referência e alicerce para os direitos fundamentais.[1] O "ser" sobrepôs-se ao "ter",[2]

---

1 Luís Roberto Barroso (2012, p. 131) observa que coube ao direito constitucional alemão elevar a dignidade ao patamar de conceito jurídico, a partir do que o Tribunal Constitucional alemão desenvolveu a compreensão no sentido de que "a dignidade humana se situa no ápice do sistema constitucional, representando um valor supremo, um bem absoluto, à luz do qual cada um dos outros dispositivos deve ser interpretado". Esta compreensão se expandiu para as Cortes Constitucionais e tribunais superiores do mundo como um todo, que passaram a considerar a dignidade da pessoa humana "conceito central e recorrente na fundamentação de decisões" (p. 132). No entanto, para o autor, "a dignidade humana, portanto, é um valor fundamental, mas não deve ser tomada como absoluta" (p. 139). Então, conclui: "uma vez que a dignidade é tida como o alicerce último de todos os direitos verdadeiramente fundamentais e como fonte de parte do seu conteúdo essencial, seria contraditório considerá-la como um direito em si. Além disso, se a dignidade humana fosse considerada um direito fundamental específico ela necessariamente iria ter que ser ponderada com outros direitos fundamentais, o que a colocaria em uma posição mais fraca do que ela teria caso fosse utilizada como um parâmetro externo para aferir soluções possíveis nos casos de colisões de direitos" (p. 140). Claudia Lima Marques e Bruno Miragem (2014, p. 123) acrescentam: "Nipperdey afirma que a base de todo o ordenamento jurídico é a dignidade da pessoa humana (*Würde des Menschen*), é este o ponto central também do sistema de valores da Constituição Brasileira de 1988. Nas palavras sábias de Nipperdey, a *dignidade da pessoa humana é um valor essencial em si* (*Eigenwert, Eigenständigkeit, Wesenheit*), que é o início (*Anfang*) e o ponto central (*Mittelpunkt*) de toda a ordem jurídica, logo é o vetor máximo que usaremos aqui na organização teórica do novo direito privado brasileiro".

2 Claudia Lima Marques e Bruno Miragem (2014, p. 83), ao tratarem do caráter patrimonial e existencial do direito privado, observam: "Porém, nem todo o direito privado se move sobre o fim econômico. Os direitos e prerrogativas jurídicas, aliás, são exercidos segundo fins econômicos ou sociais. Dizer-se que se pode ter uma leitura econômica dos vários institutos do direito privado, não significa que sejam todos eles institutos econômicos. É a proteção da pessoa que orienta o novo direito privado. Nesse sentido, *também* (*mas não apenas*) sua dimensão econômica. Porém a ênfase do novo direito privado é o destaque a dimensão existencial da pessoa, de seus interesses extrapatrimoniais, da sua integridade física e psíquica (veja-se, nesse sentido, a revalorização dos direitos da personalidade), da sua afetividade (e suas repercussões jurídicas, especialmente no direito de família – ou *das famílias*)". O Ministro Luís Roberto Barroso, ao votar no Recurso Extraordinário nº 878.694/MG, chega a considerar que as relações familiares se voltam não apenas para o aspecto patrimonial, mas também existencial, quando afirma: "Pensar que a autonomia de vontade do indivíduo referente à decisão de casar ou não casar se resume à escolha do regime sucessório é amesquinhar o instituto e, de forma geral, a ideia de vínculos afetivos e de

fazendo com que as situações subjetivas existenciais tivessem primazia às de cunho patrimonial.[3]

A família – que se caracteriza por ser formada por um grupo de pessoas cujo intuito é satisfazer objetivos que lhes são comuns –, sob os influxos da dignidade da pessoa humana, foi reconfigurada. Sua funcionalização teve o condão de proporcionar o desenvolvimento das pessoas que a compõem, não mais servindo como ferramenta de proteção ao instituto jurídico do casamento.[4] Daí adveio a chamada família democrática,[5] sendo esta dotada de especial proteção do Estado (art. 226, *caput*).[6]

A entidade familiar não mais é composta de um único modelo preestabelecido, mas se apresenta sob múltiplas variações, seja na forma de união estável, família uniparental ou matrifocal, entre outras. As diversas modalidades de estrutura familiar, que vieram a surgir ao longo do tempo, decorreram da significativa mudança ocorrida no meio social nas últimas décadas.

Esse panorama pode ser creditado, em grande medida, à incidência dos princípios de *igualdade, afetividade, solidariedade* e *liberdade* no âmbito das relações familiares, as quais são modeladas de acordo com os elementos históricos, culturais e políticos (LÔBO, 2004, p. 244; 253). A família deixou de ser compreendida na sua perspectiva unicamente instrumental para ser vista como mecanismo voltado à promoção das pessoas que dela participam.[7]

2.1 Igualdade como fundamento da família democrática

A *igualdade* na esfera familiar, a partir do contexto preconizado pela Constituição de 1988, alcança um novo patamar jurídico. Tem-se a consolidação de um caminhar que, inicialmente, era apenas tendente à busca da diminuição das disparidades existentes nas relações conjugais. Agora, percebe-se uma uniformidade de direitos e deveres entre os cônjuges (e companheiros), assim como entre pais e filhos.

---

solidariedade. É pensar de forma anacrônica e desprestigiar o valor intrínseco da família, restringindo-a a um aspecto meramente patrimonial, como costumava ocorrer anteriormente à Constituição de 1988".

3 Paulo Luiz Netto Lôbo (2004, p. 246) traz uma informação de significativa importância: "As milhares de sugestões populares e de entidades voltadas à problemática da família, recolhidas pela Assembléia Nacional Constituinte que promulgou a Constituição de 1988, voltaram-se muito mais para os aspectos pessoais do que para os patrimoniais das relações de família, refletindo as transformações por que passa. Das 5.517 sugestões recebidas, destacam-se os temas relativos a: fortalecimento da família como união de afetos, igualdade entre homem e mulher, guarda de filhos, proteção da privacidade da família, proteção estatal das famílias carentes, aborto, controle de natalidade, paternidade responsável, liberdade quanto ao controle de natalidade, integridade física e moral dos membros da família, vida comunitária, regime legal das uniões estáveis, igualdade dos filhos de qualquer origem, responsabilidade social e moral pelos menores abandonados, facilidade legal para adoção".

4 Tereza Cristina Monteiro Mafra e Lettícia Fabel Gontijo (2018, p. 04) explicam o fenômeno da personalização vivenciada no direito de família: "os indivíduos que formam a família passam a buscar nos direitos humanos proteção às pessoas, mais que ao grupo".

5 A expressão "família democrática" foi desenvolvida por Anthony Giddens (2011).

6 Paulo Luiz Netto Lôbo (2004, p. 244-245) destaca: "Desse dispositivo defluem conclusões evidentes: a) família não é só aquela constituída pelo casamento, tendo direito todas as demais entidades familiares socialmente constituídas; b) a família não é célula do Estado (domínio da política), mas da sociedade civil, não podendo o Estado tratá-la como parte sua; c) a família é concebida como espaço de realização da dignidade das pessoas humanas".

7 O "princípio" pode ser compreendido como a norma que se acomoda diante das circunstâncias surgidas ou que venham a despontar, pelo que é classificado como "disposição elástica", na medida em que confere flexibilidade à norma jurídica, adaptando o direito às circunstâncias que emergem no meio social (GOMES, 1963, p. 27-28).

Frente o novo cenário normativo, o vínculo familiar passa a ser formado por uma relação de cunho democrático.[8] Maria Celina Bodin de Moraes (MORAES; TEIXEIRA, 2013, p. 592) explica que "o adjetivo 'democrático' diz respeito à rejeição de qualquer discriminação e preconceito, à liberdade de decidir o curso da própria vida e ao direito de protagonizar igual papel ao forjar um destino comum".[9]

As transformações no âmbito familiar foram consideráveis. A título de exemplo, vê-se a previsão constitucional que estabeleceu competir o exercício da sociedade conjugal (ou da união estável) a qualquer dos consortes (ou conviventes), indistintamente (art. 226, §5º). Esta norma corresponde ao "mais devastador dispositivo constitucional, a revolucionar a estrutura do Direito de Família" (RODRIGUES, 1993, p. 246) por importar na concretização de uma relação familiar pautada na igualdade entre os consortes ou conviventes.

Diante desta previsão, restou revogado, por exemplo, o disciplinamento concernente ao domicílio da mulher casada, o qual, segundo estabelecia o Código Civil de 1916, era fixado pelo marido (art. 36, parágrafo único, do CC/16). Silvio Rodrigues (1993, p. 250), ao tratar das consequências desta alteração normativa, consignou:

> Isso me leva a pensar que se um dos cônjuges deixa o domicílio conjugal para ir viver alhures, não se pode dizer que abandonou o lar e sim que decidiu fixar o domicílio do casal em outro lugar. Ou, então, se abriria discussão para se estabelecer judicialmente quem, no interesse da família, deve fixar o domicílio daquela.

O resultado da conformação, trazida pelo texto constitucional, decorreu de uma substancial alteração no meio social, que passou a ser percebida de modo mais evidenciado a partir da década de 1960. A transformação dessas relações impactou no panorama legal.

Inicialmente, foi editado o Decreto-Lei nº 4.737/1942, a partir de quando foi permitido o reconhecimento do filho havido fora do matrimônio, assim como a propositura de ação que objetivasse declarar a existência de filiação após ocorrer o desquite (ou separação judicial) do casal. Ou seja, na hipótese em "que se houvesse verificado separação amigável ou litigiosa dos cônjuges, definitivamente homologada, no primeiro caso, ou decretada por sentença judicial irrecorrível, no segundo" (BARREIRA, 1970, p. 138).[10]

---

[8] Paulo Luiz Netto Lôbo (2015, p. 116) enfatiza: "O tema assume importância relevante quando se discute o gênero neutro, que vê homens e mulheres como iguais em direito, afastando propositadamente as diferenças. Enquanto se avançava na busca da igualdade jurídica integral entre homens e mulheres – no Brasil, só alcançável com a Constituição de 1988 – que vencesse a desigualdade, justificada em preconceitos e discriminações em razão do sexo, as diferenças foram obscurecidas porque não contribuíam para se alcançar o penoso objetivo".

[9] Esta foi a premissa adotada para a confecção do Código Civil e Comercial argentino, conforme consignou Ricardo Luis Lorenzetti (2019, p. 78): "Como miembro de la comisión redactora del proyecto de Código, junto con las Dras. Highton de Nolasco y Kelmelmajer de Carlucci, consideramos que estos principios constitucionales debían integrar e impregnar el nuevo texto. Pero asimismo estábamos convencidos de que para lograr una sociedad con sujetos autónomos, libres y con pleno acceso al goce de los derechos fundamentales resultaba imperioso introducir pautas que garantizaran la igualdad real de todas las personas y la convivencia armoniosa en una sociedad plural. Lo primero nos diferenciaba del código anterior que, acorde con el pensamiento imperante en la época, estaba pensado para el hombre blanco, con cierto poder económico, con buena salud, educado. Era un código oligárquico. Lo segundo también nos corría del antiguo paradigma, al reconocer que no existe un modelo único y que, por el contrario, el respeto y la tolerancia hacia la multi exigen legislar contemplando la existencia de más de un modelo".

[10] Dolor Uchoa Barreira (1970, p. 141), a partir da previsão legal, conclui: "se o filho adulterino não tinha direito sucessório, porque não podia ser reconhecido – é irretorquível que o Decreto-lei nº 4.737, permitindo ao filho

Após, foi editada a Lei nº 883/1949, que ampliou a possibilidade de reconhecimento da filiação para o caso de extinção da sociedade conjugal. Logo, conforme acentua Silvio Rodrigues (1993, p. 243), o único requisito imposto era a dissolução do casamento, o qual decorreria da morte, separação ou anulação do enlace matrimonial. Esta previsão pretendia impedir a prática de um "intolerável" insulto ao outro consorte. No entanto, a mudança legal beneficiava apenas a prole adulterina,[11] deixando de proteger a decorrente de incesto.[12]

Daí despontaram outros diplomas legais que alteraram, de modo mais significativo, a regência do direito de família, sendo estes o Estatuto da Mulher Casada (Lei nº 4.121/1962), a Lei do Divórcio (Lei nº 6.515/1977)[13] e a Lei da Investigação de Paternidade (Lei nº 8.560/1992).[14] Estas previsões normativas tiveram grande importância social. Ao tempo em que humanizaram o regramento aplicável à família, também tiveram o condão de afastar uma parcela do conservadorismo até então em vigor (RODRIGUES, 1993, p. 242).[15]

Ante o advento do Estatuto da Mulher Casada, as limitações impostas à esposa foram atenuadas, excluindo-a da condição de incapaz. Atribuiu-lhe, ainda, o direito de exercer o então chamado pátrio poder, cuja atuação ocorria apenas de modo acessório.

---

adulterino ser reconhecido ou demandar que se declarasse sua filiação, lhe outorgou *ipso facto* o direito de suceder legitimamente a seus pais. Mais ainda: como o mesmo diploma legal não criou qualquer restrição, é óbvio que o reconhecimento se fará para todos os efeitos".

11 O Supremo Tribunal Federal admitia a investigação de paternidade proposta após a morte dos consortes: "INVESTIGAÇÃO DE PATERNIDADE. DESQUITE. CONCUBINATO ANTERIOR. RECONHECIMENTO DO FILHO SOMENTE PELA MÃE. POSSIBILIDADE DA AÇÃO PROPOSTA DEPOIS DA MORTE DOS CÔNJUGES, PELO FILHO ADULTERINO" (BRASIL. STF. Primeira Turma. RE nº 63.914/GB. Rel. Min. Themistocles Cavalcanti, j. 19.9.1969. *DJ*, 27.2.1970, p. 569, ement. v. 790-01, p. 111; *RTJ*, v. 53-01, p. 97).

12 Ante as alterações legislativas, Maria Berenice Dias (2009, p. 308) observa ter o Estado se desonerado do dever de prestar assistência integral à prole adulterina: "Como as mulheres assumiram a maternidade sozinhas, criando os filhos sem a participação do genitor, acabou reconhecida o que a doutrina passou a chamar de família monoparental: um dos ascendentes e sua prole. De outro lado, em face da existência de muitas crianças em situação de abandono, gerando custos à sociedade para mantê-las, a forma encontrada para minimizar esse encargo foi prestigiar a adoção e reconhecer os vínculos de filiação independentemente da condição de casados dos pais. Com isso, houve a ampliação dos deveres decorrentes do poder familiar, livrando o Estado do dever de assegurar a proteção integral, com absoluta prioridade, a essa população de desassistidos".

13 Com a edição da Emenda Constitucional nº 9, de 28.6.1977, que veio a alterar a redação do art. 175, §1º, da EC nº 1/69, passou a ser permitida a dissolução do casamento, desde que houvesse a prévia separação judicial decretada em período superior a três anos. Tereza Cristina Monteiro Mafra e Lettícia Fabel Gontijo (2018, p. 6) acrescentam: "[...] Subsequentemente, a Constituição de 1988 reduziu os prazos para a dissolução do vínculo conjugal, a Lei nº 11.441/2007 instituiu a separação e o divórcio por escritura pública e a Emenda Constitucional nº 66/2010 (para dizer o mínimo) eliminou os prazos para obtenção do rompimento do vínculo conjugal. Com isso, o fim do casamento deixou de ser um drama judiciário, apesar de permanecer como drama familiar, e vem perdendo sua qualificação de matéria de ordem pública, na medida em que ganha projeção o acordo dos cônjuges, que pode se materializar por meio de convenções. A interferência estatal (art. 1.513, CC/02) se reduz e ganha terreno a liberdade dos cônjuges para colocar fim ao seu relacionamento conjugal".

14 Neste ponto, convém reproduzir a precisa lição de Giselda Maria Fernandes Novaes Hironaka (2009, p. 454) sobre as mudanças sociais a influenciarem o contexto normativo: "Não se criou, certamente, um *modelo familiar* novo que tenha sido forçadamente imposto aos atores brasileiros, como camisa de força obrigatória, no sentido de mudar os costumes e tratos. Ao contrário: foi a própria família que mudou, que alterou sua modelagem, sua constituição, que se adequou ao *modus* de uma época, que se aperfeiçoou com a integração ao novo século ou à pós-modernidade, como se tem preferido dizer".

15 Maria Celina Bodin de Moraes e Ana Carolina Brochado Teixeira (2013, p. 2117) anunciam: "Até a década de 1960, a comunidade familiar ainda permanecia como uma unidade totalizadora, a serviço da qual agiam seus membros; a partir de então, caracteriza-se por uma nova concepção dos indivíduos em relação a seu grupo de pertencimento, na medida em que eles se tornam, como membros, mais importantes do que o conjunto familiar: busca-se dar vida ao indivíduo único, cuja 'verdadeira natureza' deve ser respeitada e incentivada".

Avançou ao estabelecer à mulher – ainda que ficasse viúva, e, por conseguinte, viesse a constituir novo enlace matrimonial – o direito de continuar a desempenhar os direitos e deveres concernentes à pessoa dos filhos e aos bens a eles pertencentes.

Houve ainda a supressão da autorização do marido para que a esposa pudesse desempenhar a atividade laboral fora do lar familiar (art. 1º). Na hipótese em que os bens comuns – sendo estes os pertencentes ao casal – fossem insuficientes ao custeio das despesas familiares, caberia à mulher contribuir – por meio da renda auferida com seus bens particulares – com o sustento dos integrantes da entidade familiar (art. 2º). Com a edição do Estatuto da Mulher Casada, deu-se o primeiro passo direcionado à busca da igualdade material na esfera das relações conjugais, acompanhando uma tendência já observada em diversos países ocidentais (MORAES; TEIXEIRA, 2013, p. 2120).[16]

Por seu turno, a Lei do Divórcio[17] reconheceu o direito sucessório em favor da prole, independentemente de a filiação ser oriunda do casamento, de uma relação adulterina ou incestuosa, igualando o direito à herança atribuído aos filhos. Previu, ainda, que a mulher não mais tinha o dever de adotar o nome do marido, sendo-lhe facultado o uso, a depender unicamente de sua vontade (art. 50). Por fim, admitiu a extinção do vínculo conjugal pelo divórcio (art. 2º, IV).[18]

A dissolubilidade do casamento inovou a ordem jurídica ao possibilitar o afastamento de situações meramente formais, assim como de um sistema que priorizava a proteção do patrimônio. Deu-se ênfase à escolha formulada pelas pessoas, quanto à modalidade de composição familiar que melhor representasse suas necessidades (MAFRA; GONTIJO, 2018, p. 3).

A lei aplicável à investigação de paternidade estabeleceu ser irrevogável o reconhecimento dos filhos oriundos de um relacionamento extraconjugal (art. 1º). Disciplinou a averiguação oficiosa da paternidade, sendo esta por meio de procedimento de caráter administrativo (art. 2º). Quanto à ação de investigação de paternidade, autorizou o magistrado fixar alimentos, sejam eles provisionais ou definitivos (art. 7º).

Essas modificações legislativas estão relacionadas ao avanço no reconhecimento e incorporação dos direitos humanos e fundamentais pela sociedade, a partir de quando

---

16 A Ministra Rosa Weber (RE nº 878.694/MG) faz um apanhado da condição da mulher até antes da edição do Estatuto da Mulher Casada: "Tal questão também é observada a partir da historiografia jurídica da mulher no Brasil, uma vez que a mulher era considerada relativamente incapaz pelo Código Civil de 1916, figurando ao lado dos menores de idade, dos pródigos e dos silvícolas, conforme preceituavam os artigos 6º, inciso II, e, 178, §7º, inciso VII, além do impedimento para casamento disciplinar idades mínimas diferentes para o homem e para a mulher, respectivamente 18 e 16 anos, conforme o art. 183, XII, bem como o estabelecimento do marido como 'chefe da sociedade conjugal', a quem competia autorizar a profissão da mulher e a sua residência fora do leito conjugal, e ainda, a administração dos bens comuns, e dos bens particulares da mulher, conforme art. 233, incisos II e IV, situação alterada apenas em 1962 com a promulgação do Estatuto da Mulher Casada".

17 Silvio Rodrigues (1993, p. 245) traz relevante retrospecto histórico: "Como todos os estudiosos sabem, a Lei do Divórcio só foi admitida entre nós após grandes lutas e poder-se-ia mesmo dizer que o foi sorrateiramente, pois dependeu de emenda constitucional, editada quando, transitoriamente, se alterou o *quorum* necessário para mudança na Carta Magna. Ademais, a Lei só foi aprovada com grandes restrições. De modo que a nossa legislação sobre o divórcio, disciplinado pela Lei n. 6.515, de 28 de dezembro de 1977, que se enfileirava entre as mais tímidas do mundo, tornou-se, com as modificações subseqüentes, uma das mais arrojadas do planeta".

18 Com o Estatuto da Mulher Casada, observam Maria Celina Bodin de Moraes e Ana Carolina Brochado Teixeira (2013, p. 2114), inicia-se uma longa caminhada, cujo intuito foi estabelecer a igualdade nas relações jurídicas mantidas entre os cônjuges, sendo que, apenas com a edição da Constituição Federal de 1988 (art. 226, §5º), veio a ser reconhecida esta condição. Para chegar-se a este momento, no entanto, foi relevante a contribuição decorrente da edição da Lei do Divórcio.

o Estado percebeu a pessoa como um valor a ser protegido.[19] Os efeitos desse progresso repercutiram em todas as relações civis, inclusive na esfera familiar.[20] No entanto, ainda assim, as alterações legais até então produzidas mostraram-se insuficientes,[21] dando azo a um debate quanto à inevitabilidade de ser editado outro Código Civil que viesse a expressar a realidade social e cultural em vigor no país.[22]

Diante desses elementos, pode-se considerar que o contexto social deve estar intimamente relacionado ao resultado normativo que venha a ser elaborado, e vice-versa, em uma perspectiva de causa e efeito. Com isso, a produção daí advinda deve corresponder às necessidades da sociedade, possibilitando, assim, que a norma tenha uma maior adesão ou cumprimento por aqueles a quem se direciona.[23]

---

19 Joyceane Bezerra de Menezes e Vanessa Correia Mendes (2013, p. 458-481) abordam a problemática com precisão em "O tratamento psiquiátrico e direitos humanos: uma análise dos instrumentos de controle da internação involuntária".

20 O Supremo Tribunal Federal, observando a evolução nas relações familiares, deu um passo no sentido de reconhecer os direitos decorrentes do então nominado "concubinato". A posição inicialmente adotada representa a quebra de um paradigma, no sentido de conferir-se proteção jurídica, a partir de uma interpretação mais ampla da Lei Civil de 1916. Veja-se o teor da ementa: "1. Deve distinguir-se no concubinato a situação da mulher que contribui, com o seu esforço ou trabalho pessoal, para formar o patrimônio comum, de que o companheiro se diz único senhor, e a situação da mulher que, a despeito de não haver contribuído para formar o patrimônio do companheiro, prestou a ele serviço doméstico, ou de outra natureza, para o fim de ajudá-lo a manter-se no lar comum. Na primeira hipótese, a mulher tem o direito de partilhar com o companheiro o patrimônio que ambos formaram; é o que promana dos arts. 1.363 e 1.366 do Código Civil, do art. 673 do C. Pr. Civil de 1939, este ainda vigente no pormenor por força do art. 1.218, VII, do C. Pr. Civil de 1973, e do verbete 380 da Súmula desta Corte, assim redigido: 'comprovada a existência de sociedade de fato entre os concubinos, é cabível a sua dissolução judicial, com a partilha do patrimônio adquirido pelo esforço comum' Na segunda hipótese, a mulher tem o direito de receber do companheiro a retribuição devida pelo serviço doméstico a ele prestado, como se fosse parte num contrato civil de prestação de serviços, contrato esse que, ressabidamente, outro não é senão o bilateral, oneroso e consensual definido nos arts. 1.216 e seguintes do Código Civil, isto é, como se não estivesse ligada, pelo concubinato, ao companheiro. 2. *Quantum* da remuneração devida a companheira. Como se calcula no caso. 3. Recurso Extraordinário provido" (BRASIL. STF, Primeira Turma. RE nº 79.079/SP. Rel. Min. Antonio Neder, j. 10.11.1977. *DJ*, 29.12.1977, p. 9434, ement. v. 1083-03, p. 893; *RTJ*, v. 84-02, p. 487).

21 Orlando Gomes, no ano de 1961, foi incumbido de elaborar um Projeto de Código Civil. Após sua confecção, foi instituída uma Comissão Revisora, que trabalhou no período de 13.5.1964 a 15.7.1964, sendo ela composta por Orozimbo Nonato (presidente), Caio Mário Pereira da Silva (relator-geral) e Orlando Gomes. Com a conclusão dos trabalhos, o resultado final foi encaminhado ao Congresso Nacional em 27.1.1965. Entretanto, o projeto não veio a ser aprovado. De qualquer modo, tal fato histórico demonstra a existência de um debate quanto à necessidade de revisão do Código Civil de 1916. Buscando revigorar os elementos considerados ao tempo de edição deste projeto, Orlando Gomes elaborou, em 1963, uma obra intitulada *Memória justificativa do Anteprojeto de Reforma do Código Civil*. Nesta, ao tratar do Código Civil de 1916, considerou: "O Código Civil pátrio é uma codificação do século XIX, sem embargo de ter entrado em vigor a 1ª de janeiro de 1917. Historicamente, as condições materiais e sociais de existência do País, àquele tempo, correspondiam às que atravessavam outras nações mais adiantadas no século passado. Em seu tempo, foi, para nós, entretanto, uma codificação avançada, que, contribuiu para estimular o esforço de progresso mediante o qual vai o povo brasileiro eliminando a distância que o separa do estágio em que vivem os povos desenvolvidos. Mas, se para nós o Código Civil assim se apresentava como uma lei progressiva em relação à realidade nacional, valorizada pelo seu apuro técnico, unânimemente proclamado nas obras de Direito Comparado, alguns anos depois viria a dar a impressão de que nascera velho. Impregnado do espírito do século XIX, surgia, precisamente, quando as matrizes filosóficas dos Códigos então promulgados sofriam o impacto de novas idéias, em gestação final desde os começos do século XX. Entre nós, a sua substituição, como era natural, não se reclamou de pronto. Mas, conquanto atrasada em relação a outros povos, fêz-se, afinal, sentir, ultimamente, expressando-se pelo clamor da reforma, cumprida, fragmentariamente, por leis extravagantes que o mutilaram sem piedade" (GOMES, 1963, p. 25-26).

22 Orlando Gomes (1963, p. 125), ao justificar o Projeto de Código Civil por ele elaborado, consignou: "O Anteprojeto apresentado traduz, evidentemente, o propósito de transpor para o plano jurídico a concepção de vida coletiva que parece dominante em nosso meio, no estágio do processo histórico em que se encontra a nação brasileira".

23 Torquato Castro (BRASIL, 2012, p. 400), integrante da Comissão Revisora do Código Civil, a quem coube elaborar o livro pertinente ao direito das sucessões, ao comparecer perante a Comissão Especial destinada a dar Parecer ao Projeto de Lei nº 634, de 1975, do Poder Executivo, que dispunha sobre o Código Civil, cujo resultado deu

Contudo, antes da edição de um novo Estatuto Civil, a ordem jurídica pátria veio a sofrer profunda reformulação, inclusive no disciplinamento concernente ao direito de família, por conta da promulgação da Constituição Federal de 1988. Essa mudança normativa reverberou no agrupamento social, fazendo com que se concretizasse a igualdade nas relações mantidas entre os cônjuges, entre pais e filhos e entre os irmãos, uns frente aos outros (MORAES, 2010, p. 215).

Convém consignar, entretanto, que a ideia de igualdade na esfera desses relacionamentos é compreendida de modo distinto. No círculo conjugal (ou na união estável), assim como se dá entre irmãos, a tônica é a igualdade substancial, por haver um equilíbrio de forças entre eles. Mas, o mesmo não ocorre no vínculo mantido entre os pais e a prole menor. Neste, vigora a igualdade no seu aspecto formal (PERLINGIERI, 2008, p. 984) ao prevalecer, em maior medida, e como regra, a vontade externada pela autoridade paterna/materna sobre aquela manifestada pelos filhos incapazes, haja vista terem estes uma percepção ainda imatura e insuficiente da realidade social.

Os menores necessitam da proteção conferida pelos pais, assim como de seu suporte moral e psíquico. Por isso, não pode ser equiparado o exercício da vontade daquele ante a pessoa a quem compete defendê-lo. Isso não significa, contudo, haver uma sobreposição de vontades. Em verdade, a atuação dos pais se dá de forma complementar à exercida pelos filhos, sem que se subtraia a capacidade de estes fazerem suas próprias escolhas, em especial no campo existencial, na medida em que se apresentem aptos para tanto.

Com a adoção da igualdade nas relações familiares, passa-se a valorar o respeito entre seus membros. O relacionamento mantido entre marido e mulher (ou entre conviventes), ou ainda dos irmãos uns para com os outros, e dos pais diante dos seus filhos, não mais é pautado na autoridade de um(uns) ante o(s) outro(s). Em sendo os integrantes da família merecedores de cuidado, por gozarem da condição de "pessoa", a eles deve ser atribuído tratamento respeitoso (MORAES, 2010, p. 212), em que o zelo, a estima e o apreço sejam seus elementos distintivos.

2.2 Afetividade como elemento constitutivo da família

A *afetividade* surge[24] como princípio jurídico a balizar as relações familiares,[25] tendo seu reconhecimento sido a mais relevante transformação ocorrida nesta seara no

azo ao Estatuto Civil de 2002, ressaltou a conjugação dos fatos ante a realidade como fator a influenciar na disciplina normativa: "Apenas para dizer que existe sempre o conflito entre a lei e o fato social. É como diz o Prof. Orlando Gomes: a mora da lei em relação aos fatos. Partimos, em 1902, de uma sociedade quase feudal para uma capitalista, industrializada. Então, a economia, a ordem social não codificada mudou. Mas as ideias não avançaram, permanecem arraigadas a determinados princípios e conceitos que não evoluíram. E o código se apega geralmente não ao fato real, mas à ideia estratificada, numa concepção que hoje está inteiramente ultrapassada".

[24] Paulo Luiz Netto Lôbo (2015, p. 119) explica: "A afetividade, cuidada inicialmente pelos cientistas sociais, pelos educadores, pelos psicólogos, como objeto de suas ciências, entrou nas cogitações dos juristas, que buscam explicar as relações familiares contemporâneas. Essa virada de Copérnico foi bem apreendida por Orlando Gomes: 'O que há de novo é a tendência para fazer da *affectio* a *ratio* única do casamento. Não somente do casamento, mas de todas as entidades familiares e das relações de filiação".

[25] O Superior Tribunal de Justiça adota esta perspectiva interpretativa: "Em atenção às novas estruturas familiares, baseadas no princípio da afetividade jurídica (a permitir, em última análise, a realização do indivíduo como consectário da dignidade da pessoa humana), a coexistência de relações filiais ou a denominada multiplicidade parental, compreendida como expressão da realidade social, não pode passar despercebida pelo direito. Desse modo, há que se conferir à parte o direito de produzir as provas destinadas a comprovar o estabelecimento das alegadas relações socioafetivas, que pressupõem, como assinalado, a observância dos requisitos acima referidos"

curso do século XXI (MORAES; TEIXEIRA, 2013, p. 219). Com sua adoção, foi possível retornar à função antes atribuída à família, qual seja, "a de grupo unido por desejos e laços afetivos" (LÔBO, 2015, p. 118), possibilitando que a vida do ser humano passe a ter um significado, assim como sua existência seja digna (MADALENO, 2018, p. 97).

Compreende-se a afetividade como, enquanto perdurar a *affectio*, existirá família (LÔBO, 2004, p. 244). Portanto, a afetividade passa a ocupar, juntamente com o critério sanguíneo, a condição de elemento constitutivo à formação dos grupos familiares (PERLINGIERI, 2008, p. 973).[26]

Ao tempo em que o afeto representa "um sentimento anímico de aspecto subjetivo", a afetividade é a conduta por meio da qual o afeto se expressa. Diversos são os tipos de manifestações familiares em que a afetividade está presente, entre os quais se pode observar:

> o cuidado, entreajuda, afeição explícita, comunhão de vida, convivência mútua, mantença alheia, coabitação, projeto de vida em conjunto, existência ou planejamento de prole comum, proteção recíproca, acumulação patrimonial compartilhada. (CALDERÓN, 2017, p. 153; 155)

Os seres humanos são dotados de sentimentos, entre os quais o respeito, a gratidão e o amor por outras pessoas, em especial aquelas com quem eles possuem vínculos familiares. Este zelo para com a família surge como elemento involuntário, natural do ser humano cujo propósito é preservar a própria existência humana (MAXIMILIANO, 1958, p. 22). Deste encadeamento de causas surgem deveres recíprocos, cabendo ao direito reconhecer os vínculos afetivos na esfera familiar e, por consequência, conferir-lhes proteção por meio de disciplinamento normativo (OLIVEIRA, 1952a, p. 46).

Ademais, a *afetividade* traduz-se, concomitantemente, como um princípio e uma relação. Enquanto princípio é expressão da dignidade da pessoa humana. Como relação é uma conduta voluntária que, na seara da família, tem aptidão para gerar eficácia jurídica quando exteriorizada no meio social, por ser por meio dela que os vínculos pautados no afeto se formam. Contudo, ainda que deixe de haver afeto, permanecerão os efeitos jurídicos dele decorrentes, sendo estes, em verdade, irreversíveis. Isso se dá pois compete ao direito tutelar os resultados daí advindos (TEIXEIRA; RODRIGUES, 2010, p. 176-178). Se os fatos foram produzidos e reverberaram na esfera de terceiro, cabe ao ordenamento jurídico salvaguardar as lesões, juridicamente mensuráveis, que dela decorram.[27]

(BRASIL. STJ. Terceira Turma. REsp nº 1.328.380/MS (2011/0233821-0). Rel. Min. Marco Aurélio Bellizze, j. 21.10.2014. *DJe*, 3.11.2014; *RSTJ*, v. 236, p. 408).

26 Paulo Luiz Netto Lôbo (2004, p. 254) formula as balizas a serem adotadas quando houver uma contraposição entre a afetividade e os vínculos sanguíneos: "As relações de consangüinidade, na prática social, são menos importantes que as oriundas de laços de afetividade e da convivência familiar, constituintes do estado de filiação, que deve prevalecer quando houver conflito com o dado biológico, salvo se o princípio do melhor interesse da criança ou o princípio da dignidade da pessoa humana indicarem outra orientação, não devendo ser confundido o direito àquele estado com o direito à origem genética, como demonstramos alhures". Rolf Madaleno (2018, p. 97) corrobora em parte esta assertiva ao defender que: "Necessariamente os vínculos consangüíneos não se sobrepõem aos liames afetivos, podendo até ser afirmada, em muitos casos, a prevalência desses sobre aqueles".

27 Nuria Belloso Martín (2017, p. 421), ao se referir ao direito espanhol, discorda do entendimento aqui defendido por considerar que: "La afectividad tiene escasa presencia en el Derecho. Es decir, la afectividad no tiene como consecuencia la creación de vínculos que conlleven una obligación jurídica. El Derecho no se basa en la afectividad".

O afeto, segundo Carlos Maximiliano (1958, p. 21), é um sentimento capaz de conectar os integrantes da esfera familiar, conduzindo-os ao desenvolvimento pessoal, na medida em que possibilita a satisfação de seus membros. No entanto, sua atuação se expande. Tem o condão de viabilizar a prosperidade econômica dos integrantes da família, assim como da sociedade como um todo.[28] Neste contexto, o afeto apresenta-se como elemento apto a proporcionar o próprio progresso social.

Por sua vez, sob a égide da Constituição Federal de 1988, a conexão entre o direito e a realidade social termina por exigir que se dê preferência à pessoa. Disso resulta que a afetividade há de ser implementada enquanto princípio jurídico, por ser instrumento a consecução da própria dignidade da pessoa humana (LÔBO, 2004, p. 253). Paulo Luiz Netto Lôbo (2004, p. 254), ao tratar do contexto em que a família está inserida nos dias atuais, observa:

> A família tradicional aparecia através do direito patrimonial e, após as codificações liberais, pela multiplicidade de laços individuais, como sujeitos atomizados. Agora, é fundada na *solidariedade*, na cooperação, no respeito à dignidade de cada um de seus membros, que se obrigam mutuamente em uma comunidade de vida. A família atual é apenas compreensível como espaço de realização pessoal *afetiva*, no qual os interesses patrimoniais perderam seu papel de principal protagonista. A repersonalização de suas relações revitaliza as entidades familiares, em seus variados tipos ou arranjos.

No entanto, é preciso advertir que as relações familiares não são marcadas unicamente pelo afeto, nelas podendo haver o desafeto, o descuido e a inimizade. Compreende-se a família como o espaço em que é possível coexistir, concomitantemente, o acolhimento e a desproteção da pessoa. Esta foi a constatação feita por Belmiro Pedro Marx Welter (2009, p. 29):

> Deve ser desmitificada a ideia de que na família é conjugado somente o verbo amar, porque ela encobre o mundo do desafeto, da desunião, da guerra familiar, da desumanidade, do preconceito, da ofensa física e verbal, da ausência de solidariedade. No ser humano reside uma *linguagem não-familiar* (do desafeto), pelo que o texto do direito de família não significa normatização genética, mas, sim, existência genética, afetiva e ontológica.

O cuidado, por sua vez, é resultado da conjugação da *afetividade* com a *solidariedade*,[29] sendo aquele apreendido como dever de assistência a ser prestado às pessoas, em especial

---

[28] A lição de Carlos Maximiliano (1958, p. 21) está exposta nos seguintes termos: "Além do laço da hereditariedade, outro vínculo une as gerações – a simpatia, o afeto espontâneo, constante, resolvendo-se em atração recíproca entre indivíduos: tudo conseqüência da comunidade de sangue, tendências e inclinações, bem como da vida em comum. Aquela afeição, 'afeição prática, sempre presente, ativa, dedicada, inclina a generalidade dos homens a esforços quotidianos e sacrifícios frequentes', leva ao trabalho, ao estudo, à economia, fontes de progresso e bem-estar'. 'O homem, em sua luta com a natureza, tendo a obter: 1º) uma apropriação de agentes naturais destinados a aumentar a satisfação das suas necessidades e a diminuir os seus esforços; 2º) uma apropriação de agentes naturais destinados a tornar posteriormente mais fácil a satisfação das suas necessidades'. Por afeto e bondade, leva adiante o seu labutar: até conseguir iguais vantagens para os entes que o cercam, auxiliam e estimam".

[29] Ricardo Calderón (2017, p. 175) adota esta forma interpretativa: "O cuidado vem sendo objeto de estudos crescentes e possui proximidade com a afetividade, tanto no campo fático como nos desafios da sua tradução jurídica. Inicialmente, parece possível afirmar que o cuidado é uma das expressões da afetividade".

as que compõem o círculo familiar.[30] Consoante ensina Pietro Perlingieri (2008, p. 461), "a pessoa é parte inseparável da solidariedade: ter cuidado com o outro faz parte do conceito de pessoa".

Quer-se com isso dizer que as relações sociais, entre as quais as familiares, são colaborativas: todos necessitam de ajuda, socorro, amparo e apoio uns dos outros, sendo por meio dessa entreajuda que se perfaz a convivência em sociedade. Em estando o cuidado presente na vida em comunidade, conclui-se, por consequência, ser a solidariedade e o afeto elementos intrínsecos ao ser humano, sendo estes propagados por meio da afetividade, em especial no seio do grupo familiar.

2.3 Liberdade de realização dos planos pessoais

Na família democrática a *liberdade* é o meio pelo qual a pessoa constrói sua individualidade, satisfaz os interesses que lhe são próprios e preserva sua intimidade (MORAES, 2010, p. 218).[31] Nela, a convivência se justifica pela necessidade de aceitar e respeitar as outras pessoas.[32]

Este modelo de composição familiar permite que cada um dos seus participantes tenha igual medida de proteção jurídica. Com isso, todos eles podem inserir-se no meio social da forma como compreendem o "eu", tendo respeitadas suas particularidades. Neste cenário, faz-se despicienda a adequação da pessoa a um padrão abstrato preestabelecido.[33]

---

30 Sobre o tema, o Superior Tribunal de Justiça já decidiu: "CIVIL DIREITO DE FAMÍLIA. RESPONSABILIDADE CIVIL SUBJETIVA. GENITOR. ATO ILÍCITO. DEVER JURÍDICO INEXISTENTE. ABANDONO AFETIVO. INDENIZAÇÃO POR DANOS MORAIS. [...] 2. A indenização por dano moral, no âmbito das relações familiares, pressupõe a prática de ato ilícito. 3. O dever de cuidado compreende o dever de sustento, guarda e educação dos filhos. Não há dever jurídico de cuidar afetuosamente, de modo que o abandono afetivo, se cumpridos os deveres de sustento, guarda e educação da prole, ou de prover as necessidades de filhos maiores e pais, em situação de vulnerabilidade, não configura dano moral indenizável. Precedentes da 4ª Turma. [...]" (BRASIL. STJ. Quarta Turma. REsp nº 1.579.021/RS (2016/0011196-8) Rel. Min. Maria Isabel Gallotti, j. 19.10.2017. *DJe*, 29.11.2017).

31 Paulo Luiz Netto Lôbo (2004, p. 254-255) expande a compreensão para outras vertentes: "O princípio da liberdade na família está contemplado, na Constituição, de maneira difusa, tendo duas vertentes: liberdade da entidade familiar, diante do Estado e da sociedade; e liberdade de cada membro diante dos outros membros e diante da própria entidade familiar. A liberdade se realiza na constituição, manutenção e extinção da entidade familiar; no planejamento familiar; na garantia contra a violência, exploração e opressão no seio familiar; na organização familiar mais democrática, participativa e solidária".

32 Esta é a percepção adotada por Ricardo Luis Lorenzetti (2019, p. 86): "La forma de legislar reconociendo el multiculturalismo y la diversidad se logra a través de la comprensión de que no hay un modelo único, que hay muchos aspectos en los que yo puedo tener una opinión en contra de una manera de vivir, pero no se la puedo imponer a toda la sociedad. Se requiere respeto y tolerancia".

33 O Superior Tribunal de Justiça já compreendeu: "[...] Transexual submetido à cirurgia de redesignação sexual. Alteração do prenome e designativo de sexo. Princípio da dignidade da pessoa humana. – Sob a perspectiva dos princípios da Bioética 'de beneficência, autonomia e justiça', a dignidade da pessoa humana deve ser resguardada, em um âmbito de tolerância, para que a mitigação do sofrimento humano possa ser o sustentáculo de decisões judiciais, no sentido de salvaguardar o bem supremo e foco principal do Direito: o ser humano em sua integridade física, psicológica, socioambiental e ético-espiritual. – A afirmação da identidade sexual, compreendida pela identidade humana, encerra a realização da dignidade, no que tange à possibilidade de expressar todos os atributos e características do gênero imanente a cada pessoa. Para o transexual, ter uma vida digna importa em ver reconhecida a sua identidade sexual, sob a ótica psicossocial, a refletir a verdade real por ele vivenciada e que se reflete na sociedade. – A falta de fôlego do Direito em acompanhar o fato social exige, pois, a invocação dos princípios que funcionam como fontes de oxigenação do ordenamento jurídico, marcadamente a dignidade da pessoa humana, cláusula geral que permite a tutela integral e unitária da pessoa, na solução das questões de interesse existencial humano. – Em última análise, afirmar a dignidade humana significa para cada um manifestar sua verdadeira identidade, o que inclui o reconhecimento da real identidade sexual, em respeito à pessoa humana

Sob esse enfoque, conjuga-se o interesse individual de cada um dos integrantes da família com o dos demais atores desse grupo, de modo a viabilizar o livre e pleno desenvolvimento das pessoas que dele participam (PERLINGIERI, 2008, p. 985). Em assim ocorrendo, defende-se a singularidade dos componentes de núcleo familiar, fortalecendo a conexão entre eles mantida.

Não se tem uma relação pautada na hierarquização dos vínculos, mas na sua humanização (MARQUES; MIRAGEM, 2014, p. 106). Conjuga-se a compreensão acerca da necessidade de preservar a individualidade de cada uma das pessoas do corpo familiar, e, ao mesmo tempo, fazer prevalecer, neste espaço mais reservado da sociedade, a igualdade como critério valorativo da manifestação de vontade lá externada, por ser esta a compreensão de uma relação democrática.

Neste contexto, deve ser harmonizada a *liberdade*, compreendida como expressão dos interesses individuais, com a *solidariedade* familiar, daí surgindo uma relação marcada por *igualdade*, respeito mútuo, autonomia, integração social e, até mesmo, proteção contra atos de violência (MORAES; TEIXEIRA, 2013, p. 609).

As relações passam a ser guiadas pela *liberdade* associada à responsabilidade, cabendo a todos cooperar para a existência e a preservação da família. Não há que se falar num vínculo pautado na subordinação entre seus integrantes (LÔBO, 2004, p. 244), mas na cooperação, em que o cuidado constitui elemento essencial para o exercício legítimo da autonomia pessoal.

A *liberdade*, ao relacionar-se com a responsabilidade, termina com ela formando uma unidade, fazendo daí exsurgir o indicativo quanto à função ou ao fundamento a justificar sua existência (PERLINGIERI, 2008, p. 973).[34]

2.4 Solidariedade como dever de cuidado dentro e fora da entidade familiar

A palavra *solidariedade* teve origem no direito romano, sendo uma alteração decorrente do vocábulo latim *solidus*. Entre os juristas romanos, representava "o laço que une entre si os devedores de uma quantia, de uma obrigação, em relação à qual cada um é responsável pelo todo" (DUVIGNAUD, 1986, p. 11).

Na atualidade, a solidariedade é identificada como uma decorrência do Estado Social,[35] tendo sido elevada à condição de princípio, valor e norma de natureza

como valor absoluto. – Somos todos filhos agraciados da liberdade do ser, tendo em perspectiva a transformação estrutural por que passa a família, que hoje apresenta molde eudemonista, cujo alvo é a promoção de cada um de seus componentes, em especial da prole, com o insigne propósito instrumental de torná-los aptos de realizar os atributos de sua personalidade e afirmar a sua dignidade como pessoa humana" (BRASIL. STJ. Terceira Turma. REsp nº 1.008.398/SP (2007/0273360-5). Rel. Min. Nancy Andrigui, j. 15.10.2009. *DJe*, 18.11.2009; *RDTJRJ*, v. 100, p. 210; *RMP*, v. 37, p. 301; *RSTJ*, v. 217, p. 840).

[34] Como observa Paulo Luiz Netto Lôbo (2015, p. 117): "Na Constituição brasileira e nas leis atuais, o princípio da liberdade na família apresenta duas vertentes essenciais: liberdade da entidade familiar, diante do Estado e da sociedade; e liberdade de cada membro diante dos outros membros e diante da própria entidade familiar".

[35] Nuria Belloso Martín (2017, p. 418), ao discorrer sobre a relevância da solidariedade no Estado Social, enfatiza: "La solidaridad, conjuntamente con la liberdad, la igualdad y la justicia, han venido a conformar lo que podría tildarse de tetralogía axiológica del Estado social de nuestro tiempo. Ciertamente, la solidaridad ha sido una noción de menor relevância dogmática que, por ejemplo, las de liberdad e igualdad, pero lo certo es que, cone l devenir del tiempo, la solidaridad, piedra angular de la herencia cultural del humanismo cristiano, se ha convertido en un valor de referencia meta-ideológico, o lo que es igual, una referencia axiológica general reivindicada desde cualquer posición ideológica".

constitucional. No âmbito da Constituição Federal de 1988, encontra-se elencada entre os objetivos fundamentais a serem atingidos pela República Federativa do Brasil (art. 3º, I, CF/88).

A *solidariedade* é identificada sob duas perspectivas: a ético-moral, vinculada à ideia de fraternidade, e a social, caso em que é tida como elemento indispensável à existência da própria sociedade, pois "sin solidaridad no ya muchas possibilidades de que exista un grupo humano digno de tal nombre" (BELLOSO MARTÍN, 2017, p. 418). Como consequência, a vontade individual cede espaço ao "ser humano e a dignidade que lhe é intrínseca", daí resultando a primazia das situações jurídicas existenciais ante as patrimoniais (MORAES, 2010, p. 110).[36]

Apresenta-se, ainda, como um fato social, pois não se tem como imaginar a existência de um "homem sozinho". A pessoa só pode ser compreendida como membro da comunidade, relacionando-se com os demais, razão pela qual a regra é a correlação dos partícipes do corpo social. Assim, mostra-se imprescindível "a abertura [de um] em direção ao outro" (MORAES, 2010, p. 241).

O viés da *solidariedade* ficou mais evidenciado após a Primeira Guerra Mundial. Houve sua paulatina inserção na estrutura do direito civil pátrio, conforme fez constar José Theodoro Mascarenhas Menck, consultor legislativo da Câmara dos Deputados, ao tratar das "Vicissitudes na Elaboração dos Códigos Civis Brasileiros (1823-2002)" (BRASIL, 2012, p. 41):

> Uma vez publicado, o Código de 1916, cuja redação iniciou-se no século XIX, quase que imediatamente passou a sofrer emendas, afinal um dos principais resultados sociais da Primeira Grande Guerra, foi justamente revogar os pressupostos individualistas que lhe formavam. Como bem declarou o deputado Brígido Tinoco, no prefácio do seu Parecer e Voto à Parte Geral do Projeto de Código Civil, que vai mais adiante transcrito, em função do abalo causado pela Primeira Grande Guerra "fatos e ideias adquirem outras proporções. O progresso tecnológico e a solidariedade social reclamam institutos diferentes".

A *solidariedade* visa salvaguardar todas as pessoas, indistintamente, não se limitando aos que fazem parte de determinado grupo. Tem o condão de possibilitar o livre e pleno desenvolvimento dos seres humanos, dele resultando a "cooperação e a igualdade na afirmação dos direitos fundamentais de todos" (PERLINGIERI, 2008, p. 462).

Trata-se de uma virtude, em contraposição ao individualismo, tendo como objetivo a realização do bem comum do ser humano, por meio da adoção de medidas que visem afastar as carências espirituais e materiais. Apresenta-se como uma consequência do acolhimento, pela sociedade, dos valores que a ela são comuns, resultando na adoção de condutas políticas, econômicas e jurídicas fundamentais para a existência da comunidade (BELLOSO MARTÍN, 2017, p. 422).

Maria Celina Bodin de Moraes (2010, p. 247), ao tratar das inúmeras perspectivas apresentadas pela solidariedade, explica:

[36] Maria Celina Bodin de Moraes (2010, p. 111) explica: "O princípio constitucional da solidariedade identifica-se, desse modo, com o conjunto de instrumentos voltados para garantir uma existência digna, comum a todos, numa sociedade que se desenvolva como livre e justa, sem excluídos ou marginalizados".

A solidariedade pode, então, ser compreendida sob diversas facetas: como um fato social do qual não podemos nos desprender, pois é parte intrínseca do nosso ser no mundo; como virtude ética de um reconhecer-se no outro (que 'faz do outro um outro *eu próprio*) ainda mais amplo do que a justa conduta exigiria (dar ao outro o que é seu); como o resultado de uma consciência moral e de boa-fé ou, ao contrário, de uma associação para delinqüir; como comportamento pragmático para evitar perdas pessoais e/ou institucionais.

Seus contornos se expandem para as relações familiares, sendo reconhecida a *solidariedade familiar* cuja origem igualmente decorre do direito romano, mais precisamente das *pietas*.[37] Não há expressa previsão no ordenamento jurídico brasileiro quanto a esta espécie de solidariedade, sendo uma decorrência da assistência recíproca a ser prestada na esfera das relações familiares.[38]

A família tem a afetividade como elemento estrutural, além de estar subordinada ao cumprimento de deveres de caráter solidário, objetivando, desse modo, prestar amparo a seus componentes (BELLOSO MARTÍN, 2017, p. 420-422),[39] ante o dever de cuidado que permeia as relações na esfera privada.

A *solidariedade familiar* é compreendida como um dever recíproco de assistência e cuidado, cuja prestação dá-se sob o aspecto moral e material, tendo como intuito preservar a condição de pessoa humana. Tem o intuito de proporcionar a manutenção da integridade física e psíquica das pessoas, conferindo-lhe uma vida digna. A *solidariedade intergeracional*,[40] por sua vez, é expressão da obrigação de prestar auxílio em favor dos parentes em linha reta, sendo estes os ascendentes e descendentes que estejam em condição de vulnerabilidade.

O cuidado surge como valor jurídico, sendo uma decorrência do princípio da solidariedade. Sua aplicação dá-se na esfera de proteção das pessoas vulneráveis, entre

---

[37] Quanto a origem da solidariedade familiar, Nuria Belloso Martín (2017, p. 421) discorre: "Para los romanos la *pietas* era no solamente la virtud que impulsaba a cumplir los deberes para con la divinidad y con la patria, sino tambíen con los mayores, los familiares y con todos aquellos a quienes estamos unidos con el vínculo de la sangre".

[38] O Supremo Tribunal Federal, desde a década de 1980, reconhece a existência do princípio da solidariedade familiar no âmbito das relações familiares: "DIREITO CIVIL. AÇÃO DE EXONERAÇÃO DE ALIMENTOS. A obrigação alimentar ou pressupõe a existência de relação de parentesco, como está expresso nos arts. 396 e 397 do Código Civil, a valorizar o princípio da solidariedade familiar, ou assenta no dever de mútua assistência entre os cônjuges (ver art-231, inc-III, do Código Civil e art. 19 da Lei de Divórcio). Daí decorre que entre concubinos não há direito à prestação alimentar. Correta a sentença, ao exonerar o recorrente da obrigação alimentar em relação a filha Marcia Moura, e ao considerar insubsistente obrigação alimentar divisada pela recorrida, ex-concubina, que, na verdade, apenas representava a filha menor. [...]" (BRASIL. STF. Segunda Turma. RE nº 102.877/SP. Rel. Min. Djaci Falcão, j. 14.9.1984. *DJ*, 26.10.1984, p. 8003, ement. v. 1355-04, p. 751).

[39] O Superior Tribunal de Justiça tem admitido sua incidência na ordem jurídica pátria: "[...] Situação de dependência econômica da alimentanda caracterizada. Obrigação de prestar alimentos configurada. Redução do valor com base nos elementos fáticos do processo. Restrições legais ao dever de prestar alimentos entre os companheiros não declaradas no acórdão impugnado. [...] – Fundamentado no princípio da solidariedade familiar, o dever de prestar alimentos entre cônjuges e companheiros reveste-se de caráter assistencial, em razão do vínculo conjugal ou de união estável que um dia uniu o casal, não obstante o rompimento do convívio, encontrando-se subjacente o dever legal de mútua assistência" (BRASIL. STJ. Terceira Turma. REsp nº 995.538/AC (2007/0240641-9). Rel. Min. Nancy Andrigui, j. 4.3.2010. *DJe*, 17.3.2010; *LEXSTJ*, v. 247, p. 123).

[40] Antoni Vaquer Aloy (2017, p. 7) observa que "no es extraño que el uso del término 'solidaridad intergeneracional' se haya generalizado desde que en 1993 se conmemorara el Año Europeo de las Personas Mayores y de la Solidaridad entre las Generaciones" (tradução livre: "Não é estranho que o uso do termo 'solidariedade intergeracional' tenha sido generalizado desde que no ano 1993 se comemorou o Ano Europeu das Pessoas Idosas e Solidariedade entre as Gerações").

as quais, podem-se citar, exemplificativamente, os idosos, as crianças, os adolescentes e as pessoas com deficiência (LÔBO, 2015, p. 113).

3 Legítima no direito sucessório

A legítima ou quota legitimária constitui-se como a parcela da herança da qual o testador não tem a liberdade de dispor. Destina-se, por força da lei, aos herdeiros necessários, legitimários ou reservatários,[41] os quais somente podem ser excluídos por meio da deserdação ou da declaração de indignidade, e desde que a causa seja devidamente justificada.

A limitação à livre disposição patrimonial incide sobre atos *inter vivos* e *causa mortis*, sendo, respectivamente, a doação[42] e o testamento ou codicilo.[43] Essa restrição ao direito legitimário é protegida contra a prática de atos atentatórios por meio de normas de ordem pública (POLETTO, 2013, p. 154).

A quota legitimária é um dever de caráter econômico, que recai sobre a pessoa de cuja sucessão se trata com a finalidade de beneficiar sua família (VAQUER ALOY, 2017, p. 5), por meio da salvaguarda em favor de quem estaria, a rigor, mais próximo do falecido, por ele nutrindo laços de amizade e gratidão (MIRANDA, 2008, p. 286). Por isso pode-se dizer que assume a natureza jurídica de "crédito legitimário" visando proteger a parcela da herança que cabe aos herdeiros necessários (DELGADO, 2017, p. 36).[44]

---

41 Neste sentido também é a previsão no direito português (art. 2156º, CC). A legítima é estruturada pela conjugação de três elementos, sendo eles "uma porção de bens; a proibição imposta ao testador de dispor dessa porção de bens; a destinação obrigatória de tais bens a favor dos herdeiros legitimários" (PROENÇA, 2002, p. 111).

42 A legítima representa uma proteção legal que limita o titular do patrimônio de dispor de seus bens, inclusive por meio de ato de doação, na hipótese de a destinação ultrapassar a quota disponível (PROENÇA, 2002, p. 110). Podem-se citar como exemplos a doação feita em favor dos descendentes (arts. 544, 2.002 e 2.005, CC) quando o disponente não reservar parcela suficiente à sua própria subsistência (art. 548, CC), ou a hipótese de exceder a parte sobre a qual poderia dispor em testamento (art. 549, CC). Há, ainda, a partilha em vida dos bens pertencentes ao autor da massa patrimonial que se destina a beneficiar os herdeiros reservatários, apenas (art. 2.018, CC). Afirma-se então que a parte indisponível se volta a proteger não somente do ato *causa mortis*, sendo este a disposição testamentária que se mostre excessiva, mas também a manifestação de vontade *inter vivos*, como as doações direta, indireta e simulada, assim como o negócio que é uma mistura de doação (*negotio mixtum cum donatione*) (GOMES, 2015, p. 81). Rolf Madaleno (2019, p. 266) exemplifica hipóteses de atos que terminam por fraudar a indisponibilidade da quota legitimária: "Usualmente os fraudadores da legítima se utilizam de expedientes como a simulação, cujo negócio jurídico aparente encobre outro completamente diverso, ou quando *contém* cláusulas ou datas que não são verdadeiras, ou quando transmitem direitos a interpostas pessoas, sendo mais frequente o uso da via societária para simular a venda de quotas sociais quando em verdade escondem uma doação realizada e cuja simulação também pode se apresentar quando se adquirem ou transmitem direitos para pessoas ocultas. Através da fraude societária o empresário intenta evitar a norma legal que freia sua liberdade de disposição patrimonial ante a existência de herdeiros necessários e assim ele concretiza um negócio jurídico que encobre a sua licitude e alcança, por esta estratégia, a subtração do patrimônio que integra a porção indisponível do acervo hereditário, autorizando que os coerdeiros questionem tais atos simulados que encobrem uma doação inoficiosa e afetam seus quinhões legitimários, fato que lhes confere ação para pedir a nulidade da doação. [...] Outro exemplo comum de fraude à legítima sucede quando um pai constitui uma sociedade empresária com dois de seus três filhos e somente ele efetiva os aportes reais do patrimônio da sociedade, consistentes da maioria ou da totalidade de seus bens pessoais. Quando ele falece, todos os seus filhos herdarão suas quotas, inclusive o filho excluído da sociedade, quando na época de sua constituição, só que irá se constituir em um sócio minoritário, já que os demais irmãos formam o grupo majoritário daquela empresa".

43 Orlando Gomes (2015, p. 81), por outro lado, considera não haver limitação ao poder de dispor, pois, se assim o fosse, o legislador teria previsto, como consequência para o excesso, ser hipótese de nulidade, mas assim não o fez, na medida em que previu ser aplicável a redução do que vier a exceder a autorização legal.

44 Neste contexto, Mário Luiz Delgado (2017, p. 35) explica: "O herdeiro necessário é um privilegiadíssimo personagem do Direito das Sucessões. O seu título lhe confere poder semelhante ao de um credor da herança,

Apresenta-se como uma subespécie da sucessão legítima (MORAES, 1980, p. 116), sendo esta formada pelos herdeiros obrigatórios e os facultativos, de modo que alguns dos herdeiros legítimos ocupam também a condição de herdeiros reservatários (BARREIRA, 1970, p. 33).

Os herdeiros necessários são chamados a suceder antes dos demais,[45] gozando da prerrogativa de participar da sucessão independentemente da vontade do titular da massa patrimonial (OLIVEIRA, 2005, p. 55). Em havendo esses sucessores privilegiados, tem-se como resultado a reserva de uma parte dos bens sucessórios (OLIVEIRA, 1952b, p. 626).

Por sua vez, o herdeiro facultativo, a quem se atribui a quota disponível, possui apenas a *esperança* de ser beneficiado na sucessão (PROENÇA, 2002, p. 110), caso, ao tempo da sua abertura, inexista testamento válido ou eficaz. Por meio deste instrumento, o testador poderia ter optado por destinar a integralidade da quota disponível em favor de herdeiro testamentário e/ou legatário.[46]

Mesmo não tendo direito à legítima – e, portanto, podendo vir a ser excluído da sucessão –, o herdeiro facultativo goza da prerrogativa de impugnar o ato de última vontade. Se este vier a ser anulado – por vício formal, ilicitude das previsões testamentárias ou, ainda, incapacidade do testador[47] ou do herdeiro instituído –, a sucessão será unicamente legítima, seguindo-se a ordem de vocação hereditária (SANTOS, 1956, p. 124).

A previsão da quota indisponível fez parcela da doutrina defender a inexistência da liberdade de testar enquanto princípio base, pois a regra seria a indisponibilidade da herança, sendo a exceção sua disponibilidade (MORAES, 1980, p. 116). Conforme assentou o Ministro Luís Roberto Barroso, do Supremo Tribunal Federal, ao proferir seu voto no Recurso Extraordinário nº 646.721/RS, o regime sucessório brasileiro prevê dois níveis de proteção. O *grau fraco*, o qual se refere à parcela disponível, sendo que "quanto a essa parte, a lei tem caráter supletivo, conferindo direito de herança aos herdeiros vocacionados somente no caso de inexistir testamento", e o *grau forte*, que se relaciona à parcela indisponível, sobre a qual não há liberdade decisória, já que se trata de norma impositiva.

Essa variação quanto aos níveis de proteção decorre da escolha política formulada pelo legislador pátrio ao conjugar institutos jurídicos de origens diversas. A legítima é oriunda do direito alemão, sendo este instituto adotado pela maioria dos países ocidentais. A liberdade de testar, por outro lado – cujo exercício se dá por meio da

---

relativamente ao valor de sua quota legitimária, a configurar verdadeira dívida do espólio". Na Galícia (art. 243 LDCG) e na Catalunha (art. 451-1 CCCat), a legítima é compreendida como um direito de crédito.

45 A legítima tem o condão de limitar a manifestação de vontade do disponente, fazendo com que os herdeiros forçados antecedam os testamentários (MIRANDA, 2008, p. 269).

46 Pode-se aqui citar a expressão de J. M. de Carvalho Santos (1956, p. 123), ao fazer menção aos herdeiros facultativos, no sentido de que "a favor destes, não prevalece o princípio da inviolabilidade da cota necessária", pelo que, ao dispor por testamento, bastará que os contemple para haver sua exclusão da sucessão.

47 Joyceane Bazerra de Menezes e Ana Beatriz Lima Pimentel Lopes (2018), ao tratarem acerca do direito de testar da pessoa com deficiência intelectual e/ou psíquica, trazem importantes considerações: "[...] A pessoa com deficiência que esteja sob tomada de decisão apoiada não perde a capacidade de testar e pode fazer seu testamento com auxílio de seus apoiadores se houver previsão no termo de apoio celebrado. A pessoa sob curatela que não goze de entendimento e compreensão sobre o ato de testar não tem capacidade testamentária ativa. Esta circunstância deve ser analisada diante da apresentação de um caso concreto e o juiz, ao constituir a curatela, deve declarar a ausência de capacidade para exercício do ato".

sucessão testamentária, da forma como nos dias de hoje o ato de última vontade se apresenta –, tem sua origem no direito romano (CORTIANO JUNIOR; ROBL FILHO, 2008, p. 653).

A conjugação da legítima com a liberdade de testar termina por harmonizar a liberdade, apreendida como expressão da autonomia privada, com a solidariedade familiar e intergeracional.[48]

3.1 Solidariedade familiar, afetividade e vulnerabilidade como critérios de identificação do perfil funcional da legítima

A legítima constitui-se como uma opção legislativa, por meio da qual o Estado termina por interferir no gerenciamento do patrimônio pertencente à pessoa. Seu surgimento decorreu da concepção, que vigorava na esfera familiar, do dogma liberal-individualista, cujo fundamento é extraído do liberalismo, individualismo e patrimonialismo (TEIXEIRA, 2019, p. 131).[49]

Na atualidade, há quem defenda a extinção ou mitigação da legítima.[50] Seus defensores argumentam que os aspectos biológicos, socioeconômicos e jurídicos foram significativamente alterados na sociedade moderna.[51] Pontuam que as pessoas, além de viverem por mais tempo, estão amparadas por diversos instrumentos, entre os quais a seguridade social e os contratos de seguro (NEVARES, 2016, p. 13).[52]

---

[48] Judith Martins-Costa (2013, p. 339) lembra que: "Nos diversos sistemas o direito de herança é assegurado como consectário lógico ao direito de propriedade, assim dispondo, por exemplo, a Carta dos Direitos Fundamentais da União Europeia (art. 17, *in verbis*: 'Direito de propriedade – 1. Todas as pessoas têm o direito de fruir da propriedade dos seus bens legalmente adquiridos, de os utilizar, de dispor deles e de os transmitir em vida ou por morte'). Nos sistemas de tradição romano germânica adota-se, modo geral, a solução de compromisso entre a liberdade de disposição do patrimônio por via testamentária, advinda do Direito Romano (sucessão testamentária) e a reserva para os herdeiros necessários (sucessão legítima), com raízes no antigo Direito Germânico, fundado na propriedade familiar coletiva. Variam, contudo, os limites da liberdade de dispor do patrimônio (e, consequentemente, os limites da reserva hereditária): ou a sua metade, ou um terço, ou um quinto, ou mesmo escalonando a percentagem em acordo com o número e a qualidade dos sucessíveis, como na França. A liberdade de testar é extensa no sistema da *common law*, não havendo a reserva hereditária".

[49] Explicam Daniele Chaves Teixeira e Maici Barboza dos Santos Colombo (2019, p. 131): "Havia a hipervalorização do patrimônio e de tudo o quanto girasse em torno dele. Dessa forma, a pessoa era vista não em uma perspectiva humanista, mas em uma relação com seus bens, como proprietário, como contratante, como *pater famílias* e como testador. Nesse contexto, a proteção da família era limitada em termos patrimoniais: a legítima garantia que o patrimônio se perpetuasse nas mãos de seus integrantes, mais especificamente na linha reta masculina, mesmo porque, até bem pouco tempo, a mulher sequer era autorizada a gerir o seu próprio patrimônio".

[50] O Instituto Brasileiro de Direito de Família– IBDFAM, por meio de sua Comissão de Assuntos Legislativos, ao formular um anteprojeto de lei que revisa o direito das sucessões, propôs excluir o cônjuge da condição de herdeiro necessário, mantendo, entretanto, os ascendentes e descendentes nesta posição jurídica (IBDFAM, [s.d.]). No entanto, como observam Giselda Maria Fernandes Novaes Hironaka, José Fernando Simão e Flávio Tartuce (2017, p. 104), esta proposta termina por causar um descompasso entre a exclusão do cônjuge como herdeiro legitimário e sua manutenção na ordem de vocação hereditária concorrendo com os descendentes e os ascendentes, fator este que ocasiona um desequilíbrio nas relações sucessórias.

[51] Carlos Maximiliano (1958, p. 350) chegou a propor a adoção de um imposto progressivo a incidir sobre a transmissão *causa mortis* como forma de impedir a destinação de heranças, de valor significativamente vultoso, ao sucessor.

[52] Ana Luiza Maia Nevares (2015, p. 31-32) aduz que a Constituição protege a sucessão *causa mortis*, pelo que ela não poderia ser abolida. Mas a reserva destinada aos herdeiros necessários, caso viesse a ser extinta da ordem jurídica, constituir-se-ia como mero fator antissocial, não inconstitucional.

A título de reflexão, Mário Luiz Delgado (2017, p. 39-40) formula uma série de indagações, que devem ser levadas em consideração quando se trata da reformulação da legítima, senão vejamos:

> Em tempos de afetos líquidos, de vínculos fluídos e de instituições familiares rarefeitas pela informalidade e pelo descompromisso, ampliar a liberdade testamentária não incentivaria mais uma solidariedade familiar autêntica, fundada no afeto em direção a uma herança conquistada em substituição a uma transmissão hereditária forçada? [...] É verdade que a grande maioria dos povos ligados ao Direito romano-germânico mantém uma quota hereditária destinada à transmissão obrigação a determinados herdeiros. Contudo, será que essa realidade não se desgastou em razão da evolução da sociedade e do próprio pensamento jurídico que normalmente lhe vem a reboque?

Ao examinar essas ponderações deve-se ter em mente que, no aspecto jurídico, a legítima, até a presente data, não teve sua constitucionalidade contestada perante o Supremo Tribunal Federal, seja quando vigia o Código Civil de 1916, seja sob a égide do Código Civil de 2002. Sob a perspectiva social tem-se como assentada a compreensão de ser viável a constrição patrimonial na esfera sucessória, como meio de proteger economicamente o núcleo central da entidade familiar (MAIA JÚNIOR, 2018, p. 377), visando com isso assegurar-lhe uma quota mínima para sua subsistência.

Em verdade, na ordem constitucional em vigor, não se mostra viável a exclusão da legítima, ou sua redução a patamares diminutos, sob pena de ser descumprido o "imperativo constitucional de proteção às famílias",[53] na hipótese de o herdeiro necessário ser vulnerável por não possuir condições econômicas que lhe assegure uma vida digna.[54]

Desse modo, o panorama normativo civil deve disciplinar a destinação compulsória de uma parcela dos bens em favor do herdeiro obrigatório, oportunizando-lhe a subsistência quando se apresente economicamente frágil,[55] concretizando, assim, o princípio da dignidade da pessoa humana.

Segundo o Ministro Luís Roberto Barroso (RE nº 646.721/RS), a quota legitimária tem como fundamento a necessidade de conferir à entidade familiar os meios econômicos que lhes possibilitem, tanto quanto possível, a manutenção do padrão de vida que antes

---

53 Expressão utilizada pelo Ministro Luís Roberto Barroso, no Recurso Extraordinário nº 878.694/MG.

54 Conforme observa Giselda Maria Novaes Fernandes Hironaka (2019, p. 496), "[...] não se poderia deixar à míngua pessoas próximas àquele de cuja herança se trata".

55 É preciso considerar que, por estar a herança inserida como garantia fundamental na CF/88, o direito sucessório tem balizas no âmbito interno que não encontra em ordens jurídicas estrangeiras. Tanto assim que Antoni Vaquer Aloy (2017, p. 4) observa que na Espanha, Galícia, País Vasco e Aragón há uma tendência ao enfraquecimento da legítima, destacando que a exposição de motivos da proposta de Código Civil apresentada pela associação dos professores de direito civil: "Conforme a lo que constituye unánime tendencia actual, se ha procedido a una significativa reducción de las legítimas y a una consiguiente ampliación de la libertad dispositiva del causante [...]. Esta afirmación no requiere de mayor justificación a la vista de los análisis doctrinales más recientes en la materia y de las últimas reformas acometidas en este punto por los ordenamientos civiles autonómicos [...]. Pero también se ha procedido a un cierto debilitamiento de la figura a través de otros expedientes técnicos [...]". Victorio Magariños Blanco (2013, p. 49) defende a adoção de uma maior liberdade de testar na Espanha, tomando por base os seguintes argumentos: "Si ya en el siglo XIX, en el que las circunstancias sociales y económicas eran muy distintas, juristas tan prestigiosos defendieron con razones muy fundadas, tal como hemos visto, la libertad de testar, hoy es preciso meditar acerca de si los cambios operados en la estructura de la familia y en sus relaciones afectivas y económicas, explican y justifican la reacción de rechazo que nuestro sistema legitimario empieza a provocar, así como la necesidad de plantearse una modificación sustancial del sistema".

possuíam. Neste aspecto, tem-se que "a legítima desempenha na esfera privada um papel de suporte para os vulneráveis no seio familiar, bem como um mecanismo de distribuição de recursos diante da ausência daquele que provia com o seu patrimônio as necessidades da família".

O regime sucessório conjuga a solidariedade – ao estabelecer um patamar mínimo de proteção de subsistência da família –, com a liberdade – ao autorizar a formulação de escolhas, quanto à destinação de seus bens, por parte do autor da herança. Nas palavras do Ministro Luís Roberto Barroso (RE nº 878.694/MG):

> Em verdade, a ideia de se prever em lei um regime sucessório impositivo parte justamente da concepção de que, independentemente da vontade do indivíduo em vida, o Estado deve fazer com que ao menos uma parcela de seu patrimônio seja distribuída aos familiares mais próximos no momento de sua morte, de modo a garantir meios de sustento para o núcleo familiar.

Por outro lado, não se pode deixar de considerar que a legítima, na forma como hoje está disciplinada no Código Civil, não mais cumpre sua função. Sua reformulação deve considerar a necessidade de se lhe atribuir flexibilidade e dinamicidade, adaptando-a às variadas exigências sociais que venham a surgir ao longo do tempo (TEIXEIRA; COLOMBO, 2019, p. 130).

Neste contexto, sua reconfiguração deve adotar como norte a necessidade de proteger as pessoas que se encontrem em situação de vulnerabilidade, sendo estas os menores, as pessoas com deficiência, os idosos, assim como os cônjuges ou companheiros que dependiam economicamente do *de cujus*.[56] Não mais satisfaz a adoção de uma fórmula jurídica abstrata e impessoal, que deixa de considerar as especificidades dos herdeiros em dada ordem de vocação hereditária, mas devem ser levadas em consideração as singularidades do caso concreto.[57]

O critério voluntarista-contratual não mais atende aos comandos emanados da Constituição Federal de 1988. Hoje, em virtude da necessidade de promover-se a pessoa, faz-se imprescindível examinar as particularidades concretamente apresentadas

---

[56] Ana Luiza Maia Nevares (2018, p. 87), de igual modo, compreendeu ser necessário reestruturar o direito sucessório, adotando-se o critério da vulnerabilidade como elemento a justificar a legítima: "Nessa perspectiva, a legislação sucessória deveria prever uma especial atenção aos herdeiros menores, deficientes e idosos e, ainda, aos cônjuges e companheiros quanto a aspectos nos quais realmente dependiam do autor da herança, buscando concretizar na transmissão hereditária um espaço de promoção da pessoa, atendendo às singularidades dos herdeiros, em especial diante de sua vulnerabilidade de seus vínculos com os bens que compõem a herança, e, ainda, atendendo à liberdade do testador quando não se vislumbrar na família aqueles que necessitam de uma proteção patrimonial diante da morte de um familiar".

[57] Sobre o tema, Ana Luiza Maia Nevares (2019, p. 451) observa: "De fato, o Direito Sucessório sofre críticas por sua neutralidade, já que raras vezes estabelece a divisão da herança com base em critérios concretos de proteção da pessoa, como ocorreu com a Lei nº 10.050/2000, que previu o direito real de habitação em relação ao único imóvel residencial do monte para o filho órfão portador de deficiência que o impossibilitasse para o trabalho. Em relação aos descendentes e aos ascendentes, por exemplo, não há qualquer diferenciação nas regras sucessórias com base nas características e especificidades dos herdeiros, bastando que integrem tal categoria de parentes para que sejam considerados sucessores". De igual modo entendem Daniele Chaves Teixeira e Maici Barboza dos Santos Colombo (2019, p. 133): "No Direito Sucessório, especialmente na compreensão da legítima, o excesso de abstração pode causar inúmeras distorções na aplicação da lei ao caso concreto e que contrariam o propósito do instituto de promover a proteção da família. Nesse sentido, destaca-se a necessidade de se contemplar a vulnerabilidade em concreto dos herdeiros que dependiam do autor da herança, mais do que o mero vínculo familiar, a fim de, com isso, atender-se à igualdade material, imperiosa em decorrência da dignidade humana".

(TEIXEIRA; COLOMBO, 2019, p. 134; 137). Com isso, ter-se-á norma cujo intuito é valorar as particularidades dos beneficiários da massa sucessória, adotando como critério a vulnerabilidade e os laços familiares (NEVARES, 2019, p. 451).

Ademais, a legítima extrai seu fundamento de validade da solidariedade, correlacionada à afetividade[58] e aos deveres de lealdade, respeito e assistência recíproca (TEPEDINO, 2017, p. 13).[59] Aplicando-se às relações familiares, a solidariedade se apresenta sob duas formas: a intergeracional, dirigida às relações parentais mantidas em linha reta, como se dá entre descendentes e ascendentes, servindo de suporte aos que integram diferentes gerações (VAQUER ALOY, 2017, p. 7); e a familiar, que abrange os parentes e o cônjuge ou o(a) companheiro(a), justificando-se na assistência entre os membros de uma comunidade familiar.[60]

As pessoas não devem se limitar a expressar um mero sentimento bem-intencionado em favor do outro, mas hão de perceber a dignidade que lhes é inerente, de modo a desenvolver um comportamento efetivo em prol do terceiro, concretizando, assim, a solidariedade objetiva (NEVARES, 2008, p. 627). Ao tratar da incidência da solidariedade nas relações sucessórias, Ana Luiza Maia Nevares (2008, p. 627) destaca:

---

58 Daniele Chaves Teixeira e Maici Barboza dos Santos Colombo adotam essa compreensão (2019, p. 130): "Observa-se que a preocupação do Estado com a família é uma constante nos diplomas legais que vigem e vigeram no Direito brasileiro, principalmente porque, em comum, todas as disposições sobre a legítima partem da presunção de afeto decorrente das relações familiares, principalmente entre ascendentes e descendentes e, atualmente, abarcando as relações de conjugalidade".

59 Giselda Maria Fernandes Novaes Hironaka (2019, p. 496-497), ainda que não adote os mesmos fundamentos acima apresentados, termina por, na essência, corresponder ao que se está a defender: "Com relação à solidariedade familiar, é preciso pontuar, em primeiro lugar, que ela envolve uma relação de deveres e direitos recíproca e bilateral. A solidariedade é uma via de duas mãos. Só que, de fato, nem sempre as relações de solidariedade coincidem com as relações de parentesco, mormente aquelas contempladas no rol de herdeiros necessários. Em outras palavras, embora seja claro que o falecido tivesse deveres atrelados à solidariedade com relação aos membros de sua família, é igualmente verdade que ele tinha direitos de solidariedade relacionados a esses membros, sendo que, na prática, não necessariamente o apoio viria dessas pessoas. Como se sabe, o apoio existencial e/ou patrimonial necessário a qualquer pessoa pode vir das fontes mais improváveis, independentemente de parentesco. Então, um herdeiro necessário pode não ter sido, necessariamente, a pessoa mais solidária ao autor da herança enquanto este viveu. Daí por que, então, pode não fazer sentido reservar uma parte do patrimônio do falecido para este ou aquele herdeiro necessário quando a vontade do autor da herança seria a de que seus bens fossem entregues a terceiro. Sobre isso, poder-se-ia objetar dizendo que, a prevalecer a premissa que ora proponho, o foco sairia da liberdade testamentária do autor da herança e iria para a 'prova de quem mais o ajudou e o apoiou em vida', para fins de comprovação de solidariedade. Isso não procede para o que estou a sustentar. Embora seja uma realidade a de que a solidariedade mais relevante para o agora autor da herança não tenha vindo necessariamente das pessoas tidas como suas herdeiras necessárias, não poderíamos admitir essa possibilidade de 'prova da solidariedade', sob pena de desvirtuarmos o próprio valor que ela contém: uma prestação desinteressada de apoio. Então, a decisão acerca do beneficiário da própria herança deveria caber somente ao autor daquela sucessão, pois, se aos possíveis beneficiários fosse dada qualquer chance de pleitear para si a herança, como se direito subjetivo ela fosse, haveria a criação de uma situação em que toda pessoa cujo falecimento se aproxima teria, talvez, próximos de si, verdadeiros corvos disfarçados, ostentadores de gentilezas fingidas, cujos olhares ocultariam os pensamentos não verdadeiros. Poderia acontecer que falsos agradadores e bajuladores se esgueirariam e acotovelariam para fazer provas de uma 'solidariedade não solidária', mas caída, deturpada, que depois lhes serviria para obter proveito econômico abjeto. Então, a preservação da legítima é um imperativo necessário à concretização da solidariedade familiar? Minha resposta, aprioristicamente, é negativa. E a decisão quanto ao endereçamento de seus bens para depois de sua morte seria uma decisão que deveria caber apenas ao autor da herança e a mais ninguém".

60 Esta é a posição adotada por Antoni Vaquer Aloy (2017, p. 18): "Así, en primer lugar, no cabe seguir razonando que el fundamento de la legítima es la solidaridad entre generaciones, pues los cónyuges pertenecen a una misma generación. Es más ajustado afirmar que el fundamento radica en la solidaridad dentro de la familia. Pero, además, la razón de esta solidaridad es distinta: hoy los cónyuges contribuyen a la creación de un patrimonio común, no necesariamente en términos de titularidad pero sí económicos, mientras que los hijos crean su peculio particular".

> Nessa perspectiva, como uma das modalidades de concretização do dever de solidariedade entre os membros da família, estão as regras da sucessão legítima, especialmente aquelas que consagram a sucessão necessária, uma vez que estas estabelecem uma possibilidade de distribuição de valores materiais entre os familiares e, dessa forma, um mecanismo em potencial de libertação das necessidades, como meio de concretização de uma vida digna.

No entanto, sem que sejam avaliadas as qualidades pessoais do sucessor, como integrante da comunidade familiar da qual fazia parte o *de cujus*, bem como suas relações com este no seio da convivência familiar, a solidariedade constitucional não estará sendo realizada de forma plena na sucessão legal.

Sob este prisma, a legítima – enquanto parcela indisponível dos bens sucessórios –, cumpre seu papel ao conferir especial proteção aos integrantes da família, de modo a viabilizar uma existência digna à pessoa vulnerável[61] (ou "hipervulnerável").[62] A dignidade da pessoa humana – como valor a orientar a aplicação dos princípios da liberdade, da solidariedade e da igualdade –, autoriza um maior grau de intervenção estatal na esfera do direito sucessório com o desiderato de proteger a pessoa destituída de capacidade econômica de prover sua subsistência adequada, com a mantença de suas necessidades essenciais, sendo esta aferida segundo o padrão que gozava antes da abertura da sucessão.[63]

Dá-se prevalência à solidariedade e à igualdade, esta na perspectiva material ou substantiva, fundada na ideia de que as pessoas devem ser "livres da necessidade" (*free from want*), de modo que "suas necessidades vitais essenciais sejam satisfeitas" (BARROSO, 2012, p. 140) viabilizando uma vida digna.

Daniele Chaves Teixeira (2019, p. 31) corrobora essa posição:

> Vale ressaltar que se devem ponderar direitos de liberdade e dever de solidariedade, para que a família e seus componentes singularmente considerados não sejam deixados à margem de uma consideração atenta aos perfis econômicos. Para tanto, é necessário revisitar o sistema hereditário em seu viés constitucional, desmembrando os conteúdos de modo a valorizar a autonomia negocial, equilibrada com o dever de solidariedade; prestar maior atenção às necessidades da pessoa no interior da família e elaborar critérios para a detecção dos legitimados mais flexíveis do que a mera proximidade do grau de parentesco.

---

61 Sobre a questão, Heloisa Helena Barboza e Vitor Almeida (2017, p. 43) acertadamente destacam: "A cláusula geral da tutela da pessoa humana é suficiente para proteção de todos os seres humanos em sua vulnerabilidade, que o autor indica como certa, por atingir qualquer indivíduo. Em consequência, a pessoa vulnerável como todos, mas que em razão de suas contingências pessoais está impedida ou tem diminuída a possibilidade de exercer seus direitos, ou se encontra em situação em que há maior probabilidade de se tornar uma vítima, necessita de proteção especial. As pessoas nestas condições já estão vulneradas, pois têm sua vulnerabilidade potencializada. Encontram-se, portanto em situação de desigualdade, e a proteção constitucional há de ser diferenciada, mediante *tutela específica* (concreta)".

62 Carlos Nelson Konder (2015, p. 108) explica o significado do termo: "[...] doutrina e jurisprudência passaram a demandar a construção de uma outra categoria, para aplicar-se nos casos em que não haja apenas uma ameaça ao patrimônio da parte vítima da desigualdade, mas uma ameaça à sua própria existência digna. O termo que se vem difundindo para essa outra categoria é 'hipervulnerabilidade', que traz o grande mérito de destacar a alçada superior dos bens jurídicos que estão em jogo".

63 Importante colacionar a lição de Carlos Nelson Konder (2015, p. 107) ao se referir à tutela da vulnerabilidade nas relações patrimoniais: "O termo, que na sua origem remete à suscetibilidade a ser ferido – e, portanto, vincula-se mais diretamente à esfera existencial –, foi generalizado para aplicar-se a diversas das situações de inferioridade contratual apresentadas, de natureza essencialmente patrimonial".

O Supremo Tribunal Federal já expressou sua compreensão no sentido de ser necessário adotarem-se instrumentos de prestação positiva como forma de efetivar concretamente o princípio da igualdade,[64] sendo a edição legislativa um desses mecanismos.

A doutrina tem se manifestado no sentido de tutelar as vulnerabilidades, de modo a restringir a legítima apenas aos que compõem a condição de pessoas vulneráveis (HIRONAKA; SIMÃO; TARTUCE, 2017, p. 108).

No intuito de adequar a normatização em vigor, as novas concepções jurídicas, o Instituto Brasileiro de Direito de Família – IBDFAM reuniu um grupo de juristas, os quais, após sucessivas reuniões, formularam um anteprojeto por meio do qual pretende alterar, em grande medida, o direito sucessório.[65] Este estudo serviu como referência para a propositura do Projeto de Lei nº 3.799, de 2019, de autoria da Senadora Soraya Thronicke (PSL/MS), o qual está em trâmite no Senador Federal.

Entre inúmeros dispositivos constantes do referido projeto de lei, deve-se fazer menção, mais especificamente, à redação a ser dada aos arts. 1.831, 1.846 e 1.850, do Código Civil de 2002, senão vejamos:

> Art. 1.831. Ao cônjuge, ao companheiro, aos descendentes incapazes ou com deficiência, bem como aos ascendentes vulneráveis (art. 1.846) que residiam com o autor da herança ao tempo de sua morte, será assegurado, sem prejuízo da participação que lhes caiba na herança, o direito real de habitação[66] relativamente ao imóvel que era destinado à moradia da família, desde que seja bem a inventariar.

---

[64] "[...] Pluralidade e igualdade são duas faces da mesma moeda. O respeito à pluralidade não prescinde do respeito ao princípio da igualdade. E na atual quadra histórica, uma leitura focada tão somente em seu aspecto formal não satisfaz a completude que exige o princípio. Assim, a igualdade não se esgota com a previsão normativa de acesso igualitário a bens jurídicos, mas engloba também a previsão normativa de medidas que efetivamente possibilitem tal acesso e sua efetivação concreta. O enclausuramento em face do diferente furta o colorido da vivência cotidiana, privando-nos da estupefação diante do que se coloca como novo, como diferente. É somente com o convívio com a diferença e com o seu necessário acolhimento que pode haver a construção de uma sociedade livre, justa e solidária, em que o bem de todos seja promovido sem preconceitos de origem, raça, sexo, cor, idade e quaisquer outras formas de discriminação (Art. 3º, I e IV, CRFB)" (BRASIL. STF, Tribunal Pleno. ADI nº 5.357-MC-Ref/DF. Rel. Min. Edson Fachin, j. 9.6.2016. *DJe*, 240, divulg. 10.11.2016, public. 11.11.2016).

[65] Compuseram essa comissão Mário Luiz Delgado (presidente da comissão e coordenador do grupo Sucessão Testamentária), Ana Luiza Maia Nevares (coordenadora do grupo Sucessão Legítima), João Brandão Aguirre (coordenador do grupo Sucessão em Geral) e Flávio Tartuce (coordenador do grupo Inventário e Partilha).

[66] Ana Luiza Maia Nevares (2019, p. 456), ao tratar da função do instituto, explica o fundamento a justificar sua revisão: "O direito real de habitação previsto no art. 1.831 do Código Civil foi previsto para tutelar a moradia do consorte sobrevivente, direito constitucionalmente garantido na Constituição da República, em seu art. 6º, caput. Trata-se, assim, de um direito instituído para atender interesses materiais, merecedores de tutela na medida em que sejam instrumentos para o desenvolvimento da pessoa na sociedade. Assim, não há dúvida em se afirmar que a disposição em exame visa garantir a moradia do consorte sobrevivente, evitando que este seja privado da sua habitação em virtude da transmissão do patrimônio do de cujus aos seus sucessores. Subjacente à proteção da moradia do consorte supérstite está a proteção ao seu interesse moral em conservar suas relações afetivas e habituais com a casa em que viveu em comunhão de vida com o finado". No entanto, o Superior Tribunal de Justiça, ainda que reconheça o intuito humanitário do instituto, não o tem aplicado adotando como norte a realidade vivenciada por seu beneficiário: "[...] AÇÃO DE REINTEGRAÇÃO DE POSSE. DIREITO DAS SUCESSÕES. DIREITO REAL DE HABITAÇÃO. ART. 1.831 DO CÓDIGO CIVIL. UNIÃO ESTÁVEL RECONHECIDA. COMPANHEIRO SOBREVIVENTE. PATRIMÔNIO. INEXISTÊNCIA DE OUTROS BENS. IRRELEVÂNCIA. [...] 2. Cinge-se a controvérsia a definir se o reconhecimento do direito real de habitação, a que se refere o artigo 1.831 do Código Civil, pressupõe a inexistência de outros bens no patrimônio do cônjuge/companheiro sobrevivente. 3. Os dispositivos legais relacionados com a matéria não impõem como requisito para o reconhecimento do direito real de habitação a inexistência de outros bens, seja de que natureza for, no patrimônio próprio do cônjuge/companheiro sobrevivente. 4. O objetivo da lei é permitir que o cônjuge/companheiro sobrevivente permaneça

§1º O direito real de habitação poderá ser exercido em conjunto pelos respectivos titulares, conforme a situação verificada na data do óbito.
§2º Cessa o direito quando o titular tiver renda ou patrimônio suficiente para manter sua respectiva moradia, ou quando constituir nova entidade familiar.[67] [...]

Art. 1.846. [...]
§1º O testador poderá destinar um quarto da legítima a descendentes, ascendentes, a cônjuge ou companheiro com vulnerabilidade.
§2º Considera-se pessoa com vulnerabilidade, para fins deste artigo, toda aquela que tenha impedimento de longo prazo ou permanente, de natureza física, mental, intelectual ou sensorial, o qual, em relação a sua idade ou meio social, implica desvantagens consideráveis para sua integração familiar, social, educacional ou laboral, obstruindo sua participação plena e efetiva na sociedade em igualdade de condições com as demais pessoas. (NR) [...]

Art. 1.850. Para excluir da sucessão os herdeiros colaterais, o cônjuge ou o companheiro, basta que o testador disponha de seu patrimônio sem os contemplar.
§1º O cônjuge ou o companheiro com insuficiência de recursos ou de patrimônio para sua subsistência terá direito a constituição de capital cuja renda assegure a sua subsistência.
§2º O capital constituído sobre imóveis ou por direitos reais sobre imóveis suscetíveis de alienação, títulos da dívida pública ou aplicações financeiras em banco oficial, e a renda deles decorrente, são inalienáveis e impenhoráveis, enquanto sobreviver o cônjuge ou companheiro, além de constitui-se em patrimônio de afetação.
§3º Não terá direito ao capital ou a renda de que tratam os §§1º e 2º aquele que cometer atos de indignidade ou que permitam a deserdação. (NR).[68]

Assim, a vulnerabilidade, segundo os critérios propostos, pode ser adotada em nível legal como fundamento jurídico a balizar o direito das sucessões, concretizando um direito privado mais solidário, funcional e protetivo, o qual valora a ideia da diferença.[69]

---

no mesmo imóvel familiar que residia ao tempo da abertura da sucessão como forma, não apenas de concretizar o direito constitucional à moradia, mas também por razões de ordem humanitária e social, já que não se pode negar a existência de vínculo afetivo e psicológico estabelecido pelos cônjuges/companheiros com o imóvel em que, no transcurso de sua convivência, constituíram não somente residência, mas um lar. [...]" (BRASIL. STJ. Terceira Turma. REsp nº 1.582.178/RJ (2012/0161093-7). Rel. Min. Ricardo Villas Bôas Cueva, j. 11.9.2018. *DJe*, 14.9.2018).

[67] Ana Carla Harmatiuk Matos e Isabela Hümmelgen (2019, p. 68) abordam a necessidade de observar a realidade social para o fim de haver o disciplinamento da conformação normativa: "[...] Em muitas ocasiões, essas mulheres que viveram seus últimos anos na residência da pessoa falecida ficarão desprotegidas, pois o bem de moradia vai passar a integrar o processo de inventário e partilha do *de cujus*, sendo disputada pelos/as demais herdeiros/as. Trata-se, aqui, sobretudo, de situação de verdadeiro desamparo social, no qual essas cuidadoras têm dificuldades de reinserção no mercado de trabalho devido a sua condição socioeconômica e aos anos dedicados aos cuidados daquele necessitado, imposto pelas circunstâncias familiares e pela sua condição feminina, que lhe encarrega dos trabalhos de cuidado. A alternativa que se vislumbra, nessas condições, entre outras, é a concessão de habitação ou usufruto do imóvel a essa mulher, até que ela consiga restabelecer uma renda para atender suas necessidades". E arrematam: "A reforma legislativa extensiva do direito real de habitação, ou mesmo o usufruto do bem de família, para esses casos contribuiria com a proteção almejada. Mesmo que a tutela do/a sucessor/a como pessoa ainda seja estranha ao direito sucessório, a proposta é que a família deixe de ser uma 'instituição social', *servida* pelos seus membros, para se tornar um instrumento de tutela efetiva de suas necessidades e condições sociais; a família deve, portanto, *servir* seus membros, ser cunhada para a realização pessoal de cada um/a deles/as".

[68] Daniele Chaves Teixeira e Maici Barboza dos Santos Colombo (2019, p. 136), ao tratarem desta proposta de alteração legislativa, explicam: "Ambos os dispositivos do Anteprojeto (o parágrafo único do art. 1.846 e o art. 1.850) ampliam a margem de liberdade do testador, em favor das necessidades concretas dos membros da família, mas sem que haja alterações substanciais ao princípio da intangibilidade da legítima, que permanece em favor de descendentes e ascendentes e na proporção de metade dos bens do acervo hereditário".

[69] Daniele Chaves Teixeira (2019, p. 466) destaca que "Foram necessárias duas grandes guerras mundiais, e suas barbáries, que evidenciavam a vulnerabilidade da condição humana, para que surgisse a necessidade de uma

Consigne-se, por oportuno, que a adoção desse patamar normativo não tem o condão de pretender eliminar as pessoas diferentes, "mas ao contrário – com fundamento na proteção da pessoa humana a essência desse novo pensamento é a inclusão" (MARQUES; MIRAGEM, 2014, p. 90).[70]

A fim de disciplinar a variação com que a pessoa é percebida, é preciso compreender que, na modernidade, "[...] mesmo o indivíduo é fragmentado e sabemos que o direito privado é plural, sendo assim, a ilusão de uma visão unitária pode inviabilizar a análise da ação social, pois a função do direito privado também é plural" (MARQUES; MIRAGEM, 2014, p. 122). Mas, especificamente no âmbito do direito sucessório, cabe à sucessão legítima considerar os aspectos subjetivos do sucessor, respeitando "suas variadas e diversas necessidades, interesses, exigências, qualidades individuais, condições econômicas e posições sociais" (NEVARES, 2008, p. 628).[71]

Ao levar em consideração a capacidade do sucessor de prover a sua própria subsistência, assim como os vínculos por ele formados com os bens que compõem a sucessão, a transmissão sucessória apresenta-se como mecanismo de promoção da pessoa. Ademais, a valoração concreta das condições pessoais do herdeiro termina por viabilizar uma maior liberdade de testar, haja vista ser possível aferir quando o herdeiro não necessita da massa sucessória por sobreviver (NEVARES, 2016, p. 15). Em assim ocorrendo, impede-se uma destinação forçada da quota legitimária em favor do sucessor que dela não precisa para prover sua subsistência, terminando por estimular sua ociosidade e preguiça. Adotando esses critérios valorativos será possível concretizar a perspectiva da equidade, aproximando o direito da Justiça.[72]

Além do mais, o modelo em vigor dificulta o desenvolvimento social ao concentrar a riqueza em favor de alguns poucos ao invés de distribuí-la em favor dos que mais necessitam, fato este que impede a implementação da finalidade social do direito à herança, sendo esta a de conferir apoio material aos que estão privados de uma vida digna.[73]

---

nova ordem de valores. Percebe-se que países que saíam de regimes autoritários – como Itália, Alemanha, Portugal e Espanha – necessitavam de novos textos constitucionais, fundados em uma visão mais humanista e solidária do direito".

70 Claudia Lima Marques e Bruno Miragem (2014, p. 113-114) pontuam: "O direito público é por natureza vertical, com *ius imperi* e generalizante: a lei impõe a conduta e deveres gerais, assegura direitos subjetivos abstratos e perante todos. O direito privado é horizontal, geralmente dispositivo, acaba individualizado e acaba tendo uma função negativa ou indireta no assegurar a igualdade. Assim, por mais que o direito objetivo (lei) imponha deveres de igualdade na sociedade, mister que este 'direito' entre no patrimônio do sujeito (direito subjetivo), por fato, ato ou negócio jurídico, que não dependem somente da lei: nascem (ou não) no mundo dos fatos!".

71 A percepção de que o direito sucessório está a exigir uma reformulação já foi percebida pela doutrina. Neste contexto, Benedicto de Vasconcellos Luna Gonçalves Patrão (2011, p. 693) destaca: "Em alguns casos, infelizmente, nem sempre os dispositivos legais, que pretendem reger a proteção das relações familiares, em especial os direitos sucessórios dos membros de uma família, caracterizada pela diversidade em sua composição, são suficientes para a prestação da devida tutela jurisdicional, em virtude da técnica legislativa falha, criando aparentes conflitos interpretativos".

72 Esta também é a compreensão de Euclides Benedito de Oliveira (2005, p. 3), para quem o direito sucessório deve voltar-se ao reconhecimento do ser humano, fazendo com que se viabilize uma existência mais justa e digna dos sucessores.

73 Giselda Maria Fernandes Novaes Hironaka (2019, p. 498-499), adotando estes fundamentos, vai além e termina por defender a extinção da legítima: "Aliás, neste ponto, pode-se perfeitamente afirmar que justamente a ausência da previsão da legítima é que estimula o princípio da socialidade. Na medida em que a proteção à parte reservatária em prol dos herdeiros necessários lhes serve como desestímulo ao trabalho, o instituto acaba tendo um efeito antissocial, isto é, lesivo ao bem comum da sociedade, pois interessa a todos que as pessoas sejam produtivas e que

A lei deve voltar-se ao desenvolvimento social, sendo que esta diretriz será seguida quando o direito escrito se antecipar à realidade social, fazendo com que haja uma proximidade da realidade futura (GOMES, 2003, p. 46). No contexto atual, há uma necessidade de empreender esforços para uma reconfiguração do direito sucessório,[74] conforme têm advertido a doutrina e a jurisprudência.[75]

Neste contexto, não pode pretender excluir a legítima, tendo esta o indiscutível condão de atender às necessidades da família e de socialização do direito. Ademais, atende a um critério ético ao impedir o desvirtuamento do direito à herança com a falta de amparo ao núcleo familiar doméstico (BEVILÁQUA, 1953, p. 187), no qual existem descendentes, ascendentes ou cônjuge (ou companheiro(s)) supérstite economicamente desprotegido.[76]

Por seu intermédio é possível o fortalecimento da unidade familiar e a concretização dos valores constitucionais que protegem a família, a propriedade privada, a livre iniciativa, a igualdade material, a afetividade e a solidariedade familiar, possibilitando, desse modo, a realização da dignidade da pessoa humana (NEVARES, 2018, p. 82-84).[77]

Assim, a extinção da legítima, ou sua diminuição a um nível que se apresente insuficiente à mantença digna dos herdeiros necessários, terminaria por incorrer em

---

haja geração de riqueza, que, depois, poderá ser utilizada para tirar mais pessoas da pobreza e para proporcionar realização profissional e pessoal aos cidadãos. Logo, se o fim da legítima tem o condão de estimular o trabalho e o aprimoramento profissional, é claro que essa é a opção que mais estimula a função social do Direito, em vez da política que lhe é oposta".

74 Daniele Chaves Teixeira (2019, p. 32-33) enumera as causas pelas quais o direito das sucessões tem sido objeto de maiores estudos e reflexões na atualidade: "Com efeito, a consolidação do aumento da importância social do Direito Sucessório nos países europeus está relacionada não apenas à transferência de propriedade, mas, também, a outros fatores, destacando-se a mudança demográfica, que podem ser originados: a) da diminuição do número de filhos; b) do aumento da expectativa de vida; e c) da situação econômica favorável para a geração mais velha. O conjunto dessas razões provocou a transferência de patrimônios maiores para a geração subsequente com menor número de herdeiros. Contudo, o montante da herança não leva ao aumento da prosperidade da sociedade como um todo, mas à redistribuição de bens, em alguns casos, à concentração de recursos por determinadas pessoas".

75 Orlando Gomes (2003, p. 45), em 1958, já afirmava que "verifica-se, em suma, na evolução legislativa do Direito privado brasileiro, aquele descompasso entre o Direito escrito e a realidade social".

76 Nas palavras de Clóvis Beviláqua, deixa-se "nas mãos do individuo essa arma perigosa da plena liberdade de testar, com a qual o egoismo póde praticar revoltantes injustiças, desfazer o bem estar domestico e conturbar a base economica da sociedade". No mesmo sentido é a compreensão de J. M. de Carvalho Santos (1956, p. 73), para quem a legítima está pautada tanto em deveres morais como jurídicos, pelo que "seria odioso conceder-se uma ilimitada faculdade de testar a quem deixa pessoas a êle ligadas pelos laços de sangue". José Luiz Gavião de Almeida (2003, p. 53), adotando os mesmos elementos valorativos, apregoa: "A restrição à liberdade de testar tem justificativa válida, conquanto existam defensores da completa liberdade, que sobrevive em poucos países, como a Inglaterra. A restrição está legitimada em razão da necessidade de se proteger a família contra deliberações arbitrárias e precipitadas. Não se concebe que o patrimônio amealhado, em geral com a cooperação dos mais próximos, seja posteriormente transferido a terceiros, mais distantes, em proteção a uma liberdade demonstradora de desprezo pela família e apego a um individualismo, em regra, imoral".

77 Ana Luiza Maia Nevares (2018, p. 83) explica: "Isso porque, ao determinar a possibilidade de o testador dispor livremente de parte de seus bens, permite a legislação civil que ele exerça o seu direito de propriedade, garantido constitucionalmente no inciso XXII do art. 5º da Constituição da República. Dessa maneira, consagra a autonomia privada, concretizando, no Direito Sucessório, a livre iniciativa, que é um dos fundamentos da República Federativa do Brasil (CR, art. 1º, IV). Já garantindo à família parte dos bens do *de cujus*, busca-se a promoção da especial proteção que o Estado dispensa àquela, conforme os ditames do art. 226 da Constituição da República. A legítima, portanto, concretiza, no Direito Sucessório, a solidariedade constitucional, prevista no art. 3º, inciso I, da Carta Magna, na medida em que preconiza uma distribuição compulsória de bens entre os membros mais próximos da comunidade familiar diante da morte de um deles".

inconstitucionalidade, consubstanciada na proibição da vedação do retrocesso,[78] ao desproteger a família, deixando de lhe destinar-lhe um mínimo existencial.[79]

Ao legislador compete concretizar os direitos fundamentais e, ao fazê-lo, está impedido de retroagir na conformação normativa, em hipótese cuja realidade social não apresenta justificativa razoável a autorizar uma alteração normativa. Posto isso, não há como justificar adequadamente a adoção de um critério legal que termine por atingir o conteúdo essencial do direito à herança que, conjugado com *solidariedade, igualdade substancial, afetividade* e *liberdade*, termina por resultar na proteção da legítima.[80]

Ante essas considerações, tem-se que a legítima, no atual contexto social, ainda se apresenta como instrumento apto a viabilizar a necessária proteção destinada aos membros da comunidade familiar, sendo esta compreendida como aqueles que ocupam o círculo mais próximo do autor da herança, por gozarem de especial proteção do Estado.

4 Conclusão

Diante do que foi exposto, demonstrou-se que o instituto da legítima exige uma releitura, adotando-se como critério os valores constantes da Constituição Federal de 1988, sendo eles a *solidariedade*, a *afetividade*, a *igualdade substancial* e a *liberdade*, os quais são guiados pela dignidade da pessoa humana, que passa a ocupar a centralidade do ordenamento jurídico, por ser o critério de ponderação na hipótese de colisão entre os direitos fundamentais.

Em relação à função da legítima, esta consiste em proteger os membros da família que se encontrem em situação de vulnerabilidade. Portanto, a exclusão ou diminuição da legítima a patamares diminutos enseja uma inconstitucionalidade, na medida em que importará evidente retrocesso social. A vulnerabilidade é um critério jurídico que incide, inclusive, no campo das relações privadas, possibilitando a concretização da *igualdade substancial* ao compensar uma inferioridade de determinada pessoa. Constatando a vulnerabilidade, o Estado não pode omitir-se de adotar providências, sob pena de potencializar a fragilidade ou desamparo, daí surgindo outras hipóteses de desproteção.

A vulnerabilidade apresenta-se sob diversas modalidades, sendo que, para fins sucessórios, adota-se como critério identificador a decorrente da vulnerabilidade econômica e a dos grupos, segundo a Constituição Federal de 1988, presumidamente frágeis. Fazem parte destes grupos as crianças e os adolescentes (art. 227, CF/88), os

---

[78] Mairan Gonçalves Maia Júnior (2018, p. 382) defende posição diversa: "A igualdade material entre a quota-parte disponível e a legítima, entendida como apta a propiciar o justo equilíbrio entre a liberdade de testar e o direito dos herdeiros legítimos necessários, como destacava Pontes de Miranda, já não se revela apta à consecução desse objetivo, impondo-se sua revisão, com a redução do percentual reservado a título de legítima, ou mesmo, com sua total eliminação e o fortalecimento da autonomia privada em sede sucessória".

[79] O Ministro Luís Roberto Barroso, no Recurso Extraordinário nº 878.694/MG, enfatizou ser a vedação ao retrocesso princípio constitucional implícito, o qual decorre "dos princípios do Estado Democrático de Direito, da dignidade da pessoa humana e da máxima efetividade dos direitos fundamentais (art. 5º, §1º), que impede a retirada de efetividade das normas constitucionais".

[80] Quando do julgamento do RE nº 878.694/MG pelo Supremo Tribunal Federal, o Ministro Luís Roberto Barroso consignou: "O princípio não significa, por óbvio, que nenhum passo atrás possa ser dado na proteção de direitos. Isso limitaria excessivamente o exercício da função típica do Poder Legislativo e seria incompatível com o princípio democrático. Todavia, a proibição de retrocesso veda que, diante de uma mesma situação de fato, sejam implementadas involuções desproporcionais na proteção de direitos ou que atinjam o seu núcleo essencial".

idosos (art. 230, CF/88), e as pessoas com deficiência (art. 1º, Convenção Internacional sobre os Direitos das Pessoas com Deficiência). Os economicamente vulneráveis são aqueles que não possuem condições de, por si só, prover minimamente sua vida digna, sendo esta compreendida como a manutenção do padrão de vida existente ao tempo da abertura da sucessão.

Referências

ALMEIDA, José Luiz Gavião de. *Código Civil comentado*: direito das sucessões, sucessão em geral, sucessão legítima: arts. 1784 a 1.856. Coordenação de Antônio Junqueira de Azevedo. São Paulo: Atlas, 2003. v. XVIII.

BARBOZA, Heloisa Helena; ALMEIDA, Vitor. A tutela das vulnerabilidades na legalidade constitucional. *In*: TEPEDINO, Gustavo; TEIXEIRA, Ana Carolina Brochado; ALMEIDA, Vitor (Coord.). *Da dogmática à efetividade do direito civil*: Anais do Congresso Internacional de Direito Civil Constitucional – IV Congresso do IBDCIVIL. Belo Horizonte: Fórum, 2017.

BARREIRA, Dolor Uchoa. *Sucessão legítima*. 2. ed. rev. e atual. por Wagner Barreira. Rio de Janeiro: Borsoi, 1970. v. I. Coleção Aguiar Dias.

BARROSO, Luís Roberto. "Aqui, lá e em todo lugar": a dignidade humana no direito contemporâneo e no discurso transnacional. *Revista dos Tribunais*, São Paulo, v. 919, p. 127-195, maio 2012.

BELLOSO MARTÍN, Nuria. La proyección del cuidado y de la afectividad en el principio de solidaridad (familiar): una propuesta del cuidado como derecho social. *In*: PEREIRA, Tânia da Silva; COLTRO, Antônio Carlos Mathias; OLIVEIRA, Guilherme de (Org.). *Cuidado e afetividade*: projeto Brasil/Portugal – 2016-2017. São Paulo: Atlas, 2017.

BEVILÁQUA, Clóvis. A Constituição e o Código Civil. *Revista dos Tribunais Nordeste*, São Paulo, v. 5, p. 455-461, maio/jun. 2014.

BEVILÁQUA, Clóvis. *Código Civil dos Estados Unidos do Brasil comentado*. 8. ed. Atualização de Achilles Beviláqua. 8. ed. atual. Rio de Janeiro: Francisco Alves, 1953. v. VI.

BRASIL. Câmara dos Deputados. *Código Civil brasileiro no debate parlamentar*: elementos históricos da elaboração da Lei nº 10.406, de 2002. Organização de José Theodoro Mascarenhas Menck. Brasília: Câmara dos Deputados, Edições Câmara, 2012. Disponível em: http://bd.camara.gov.br/bd/bitstream/handle/bdcamara/9668/codigo_civil_debate_v1_tomos1a4.pdf?sequence=3. Acesso em: 17 jul. 2018.

BRASIL. Superior Tribunal de Justiça. Terceira Turma. Recurso Especial nº 1.582.178/RJ (2012/0161093-7). Rel. Min. Ricardo Villas Bôas Cueva, j. 11.9.2018. *DJe*, 14 set. 2018. Disponível em: https://ww2.stj.jus.br/processo/revista/documento/mediado/?componente=ITA&sequencial=1735724&num_registro=201201610937&data=20180914&formato=PDF. Acesso em: 12 out. 2018.

BRASIL. Superior Tribunal de Justiça. Quarta Turma. Recurso Especial nº 1.579.021/RS (2016/0011196-8). Rel. Min. Maria Isabel Gallotti, j. 19.10.2017. *DJe*, 29 nov. 2017. Disponível em: https://ww2.stj.jus.br/processo/revista/documento/mediado/?componente=ITA&sequencial=1613362&num_registro=201600111968&data=20171129&formato=PDF. Acesso em: 17 jul. 2018.

BRASIL. Superior Tribunal de Justiça. Terceira Turma. Recurso Especial nº 1.328.380/MS (2011/0233821-0). Rel. Min. Marco Aurélio Bellizze, j. 21.10.2014. *DJe*, 3 nov. 2014; *RSTJ*, v. 236, p. 408. Disponível em: https://ww2.stj.jus.br/processo/revista/documento/mediado/?componente=ITA&sequencial=1359215&num_registro=201102338210&data=20141103&formato=PDF. Acesso em: 17 jul. 2018.

BRASIL. Superior Tribunal de Justiça. Terceira Turma. Recurso Especial nº 995.538/AC (2007/0240641-9). Rel. Min. Nancy Andrighi, j. 4.3.2010. *DJe*, 17 mar. 2010; *LEXSTJ*, v. 247, p. 123. Disponível em: https://ww2.stj.jus.br/processo/revista/documento/mediado/?componente=ITA&sequencial=950063&num_registro=200702406419&data=20100317&formato=PDF. Acesso em: 17 jul. 2018.

BRASIL. Superior Tribunal de Justiça. Terceira Turma. Recurso Especial nº 1.008.398/SP (2007/0273360-5). Rel. Min. Nancy Andrighi, j. 15.10.2009. *DJe*, 18.11.2009; *RDTJRJ*, v. 100, p. 210; *RMP*, v. 37, p. 301; *RSTJ*, v. 217, p. 840. Disponível em: https://ww2.stj.jus.br/processo/revista/documento/mediado/?componente=ITA&sequencial=920837&num_registro=200702733605&data=20091118&formato=PDF. Acesso em: 17 jul. 2018.

BRASIL. Supremo Tribunal Federal. Segunda Turma. Recurso Extraordinário nº 102.877/SP. Rel. Min. Djaci Falcão, j. 14.9.1984. *DJ*, 26 out. 1984, p. 8003, ement. vol. 1355-04, p. 751. Disponível em: http://www.stf.jus.br/portal/jurisprudencia/listarJurisprudencia.asp?s1=%28102877%29&base=baseAcordaos&url=http://tinyurl.com/y76hrvzt. Acesso em: 17 jul. 2018.

BRASIL. Supremo Tribunal Federal. Tribunal Pleno. Recurso Extraordinário nº 878.694/MG. Rel. Min. Marco Aurélio, Rel. p/ acórdão Min. Roberto Barroso, j. 10.5.2017. *DJe*, 021, divulg. 5.2.2018, public. 6.2.2018. Disponível em: http://redir.stf.jus.br/paginadorpub/paginador.jsp?docTP=TP&docID=14300644. Acesso em: 17 jul. 2018.

CALDERÓN, Ricardo. Afetividade e cuidado sob as lentes do direito. *In*: PEREIRA, Tânia da Silva; COLTRO, Antônio Carlos Mathias; OLIVEIRA, Guilherme de (Org.). *Cuidado e afetividade*: projeto Brasil/Portugal – 2016-2017. São Paulo: Atlas, 2017.

CORTIANO JUNIOR, Eroulths; ROBL FILHO, Ilton Norberto. O ensino do direito civil: breve ensaio sobre o ensino do direito das sucessões. *In*: TEPEDINO, Gustavo; FACHIN, Luiz Edson (Org.). *Diálogos sobre direito civil*. Rio de Janeiro: Renovar, 2008. v. II.

DELGADO, Mário Luiz. O cônjuge e o companheiro deveriam figurar como herdeiros necessários? *Revista IBDFAM: famílias e sucessões*, Belo Horizonte, v. 23, p. 33-57, set./out. 2017.

DUVIGNAUD, Jean. *A solidariedade*: laços de sangue, laços de razão. Tradução de Vasco Casimiro. Lisboa: Instituto Piaget, 1986.

GIDDENS, Anthony. *A transformação da intimidade*: sexualidade, amor e erotismo nas sociedades modernas. Tradução de Magda Lopes. 2. ed. São Paulo: Unesp, 2011.

GOMES, Orlando. *Memória justificativa do anteprojeto de reforma do Código Civil*. Rio de Janeiro: Departamento de Imprensa Nacional, 1963.

GOMES, Orlando. *Raízes históricas e sociológicas do código civil brasileiro*. São Paulo: Martins Fontes, 2003.

GOMES, Orlando. *Sucessões*. 16. ed. rev. e atual. por Mario Roberto Carvalho de Faria. Rio de Janeiro: Forense, 2015.

HIRONAKA, Giselda Maria Fernandes Novaes. Direito sucessório e constituição: controvérsias e tendência. *In*: HIRONAKA, Giselda Maria Fernandes Novaes; TARTUCE, Flávio; SIMÃO, José Fernando (Coord.). *Direito de família e das sucessões*. São Paulo: Método, 2009.

HIRONAKA, Giselda Maria Fernandes Novaes. Os herdeiros legitimários no direito civil contemporâneo: ampliação da liberdade de testar e proteção dos vulneráveis. *In*: MENEZES, Joyceane Bezerra de; TEPEDINO, Gustavo (Coord.). *Autonomia privada, liberdade existencial e direitos fundamentais*. Belo Horizonte: Fórum, 2019.

HIRONAKA, Giselda Maria Fernandes Novaes; SIMÃO, José Fernando; TARTUCE, Flávio. Parecer anteprojeto sucessões. *Revista IBDFAM: Famílias e Sucessões*, Belo Horizonte, v. 23, p. 99-109, set./out. 2017.

IBDFAM. *Anteprojeto de Lei para Reforma do Direito das Sucessões*. [s.d.]. Disponível em: http://ibdfam.org.br/assets/upload/anteprojeto_sucessoes/anteprojeto_sucessoes.pdf. Acesso em: 17 jul. 2018.

KONDER, Carlos Nelson. Vulnerabilidade patrimonial e vulnerabilidade existencial: por um sistema diferenciador. *Revista de Direito do Consumidor*, São Paulo, v. 99, p. 101-123, maio/jun. 2015.

LÔBO, Paulo Luiz Netto. A repersonalização das relações de família. *Revista de Direito Privado*, São Paulo, v. 19, p. 243-259, jul./set. 2004.

LÔBO, Paulo Luiz Netto. Direito de família e os princípios constitucionais. *In*: PEREIRA, Rodrigo da Cunha (Org.). *Tratado de direito das famílias*. Belo Horizonte: IBDFAM, 2015.

LORENZETTI, Ricardo Luis. Incidencia de la constitucionalización del derecho privado en la regulación de la vida cotidiana de las personas – El caso del Código Civil y Comercial de la Nación Argentina. *In*: MENEZES, Joyceane Bezerra de; TEPEDINO, Gustavo (Coord.). *Autonomia privada, liberdade existencial e direitos fundamentais*. Belo Horizonte: Fórum, 2019.

MADALENO, Rolf. Desconsideração da personalidade jurídica no direito das sucessões. *In*: TEIXEIRA, Daniele Chaves (Coord.). *Arquitetura do planejamento sucessório*. Belo Horizonte: Fórum, 2019.

MADALENO, Rolf. Renúncia de herança no pacto antenupcial. *Revista IBDFAM: famílias e sucessões*, Belo Horizonte, v. 27, p. 9-58, maio/jun. 2018.

MAFRA, Tereza Cristina Monteiro; GONTIJO, Lettícia Fabrel. Direito transitório na união estável e a comunicação de bens. *Civilistica.com*, Rio de Janeiro, ano 7, n. 3, 2018. Disponível em: http://civilistica.com/direito-transitorio-na-uniao-estavel/. Acesso em: 23 dez. 2018.

MAGARIÑOS BLANCO, Victorio. La libertad de testar: una reforma necessaria. *Revista Internacional del Notariado – RIN*, Buenos Aires, v. 118, p. 37-57, 2013.

MAIA JÚNIOR, Mairan Gonçalves. *Sucessão legítima*: as regras da sucessão legítima, as estruturas familiares contemporâneas e a vontade. São Paulo: Thomson Reuters Brasil, 2018.

MARQUES, Claudia Lima; MIRAGEM, Bruno. *O novo direito privado e a proteção dos vulneráveis*. 2. ed. rev., atual. e ampl. São Paulo: Revista dos Tribunais, 2014.

MARTINS-COSTA, Judith. Comentário ao artigo 5º, XXX. *In*: CANOTILHO, J. J. Gomes; MENDES, Gilmar F.; SARLET, Ingo W.; STRECK, Lenio L. (Coord.). *Comentários à Constituição do Brasil*. São Paulo: Saraiva/Almedina, 2013.

MATOS, Ana Carla Harmatiuk; HÜMMELGEN, Isabela. Notas sobre as relações de gênero no planejamento sucessório. *In*: TEIXEIRA, Daniele Chaves (Coord.). *Arquitetura do planejamento sucessório*. Belo Horizonte: Fórum, 2019.

MAXIMILIANO, Carlos. *Direito das sucessões*. 4. ed. São Paulo: Livraria Freitas Bastos, 1958. v. I.

MENEZES, Joyceane Bezerra de; LOPES, Ana Beatriz Pimentel. O direito de testar da pessoa com deficiência intelectual e/ou psíquica. *Civilistica.com*, Rio de Janeiro, ano 7, n. 2, 2018. Disponível em: http://civilistica.com/o-direito-de-testar-da-pessoa-com-deficiencia/. Acesso em: 6 jan. 2019.

MENEZES, Joyceane Bezerra de; MENDES, Vanessa Correia. O tratamento psiquiátrico e direitos humanos: uma análise dos instrumentos de controle da internação involuntária. *Revista de Direitos Fundamentais e Democracia*, Curitiba, v. 14, n. 14, p. 458-481, jul./dez. 2013.

MIRANDA, Pontes de. *Tratado de direito privado*. Campinas: Bookseller, 2008.

MORAES, Maria Celina Bodin de. *Na medida da pessoa humana*: estudos de direito civil. Rio de Janeiro: Renovar, 2010.

MORAES, Maria Celina Bodin de; TEIXEIRA, Ana Carolina Brochado. Comentário ao artigo 226. *In*: CANOTILHO, J. J. Gomes; MENDES, Gilmar F.; SARLET, Ingo W.; STRECK, Lenio L. (Coord.). *Comentários à Constituição do Brasil*. São Paulo: Saraiva/Almedina, 2013.

MORAES, Walter. *Programa de direito das sucessões*: teoria geral e sucessão legítima. São Paulo: Revista dos Tribunais, 1980.

NEVARES, Ana Luiza Maia. A proteção da legítima deve ser mantida, excluída ou diminuída do ordenamento jurídico brasileiro? *Revista IBDFAM: famílias e sucessões*, Belo Horizonte, v. 25, p. 77-94, jan./fev. 2018.

NEVARES, Ana Luiza Maia. *A sucessão do cônjuge e do companheiro na perspectiva do direito civil-constitucional*. 2. ed. São Paulo: Atlas, 2015.

NEVARES, Ana Luiza Maia. Fundamentos da sucessão legítima. *In*: TEPEDINO, Gustavo; FACHIN, Luiz Edson (Org.). *Diálogos sobre direito civil*. Rio de Janeiro: Renovar, 2008. v. II.

NEVARES, Ana Luiza Maia. Perspectivas para o planejamento sucessório. *Revista IBDFAM: Famílias e Sucessões*, Belo Horizonte, v. 18, p. 11-32, nov./dez. 2016.

NEVARES, Ana Luiza Maia. Uma releitura do direito real de habitação previsto no art. 1.831 do Código Civil. *In*: MENEZES, Joyceane Bezerra de; TEPEDINO, Gustavo (Coord.). *Autonomia privada, liberdade existencial e direitos fundamentais*. Belo Horizonte: Fórum, 2019.

OLIVEIRA, Arthur Vasco Itabaiana de. *Tratado de direito das sucessões* – Da sucessão em geral e da sucessão legítima. São Paulo: Max Limond, 1952a. v. I.

OLIVEIRA, Arthur Vasco Itabaiana de. *Tratado de direito das sucessões* – Da sucessão testamentária. São Paulo: Max Limond, 1952b. v. II.

OLIVEIRA, Euclides Benedito de. *Direito de herança*: a nova ordem da sucessão. São Paulo: Saraiva, 2005.

PATRÃO, Benedicto de Vasconcellos Luna Gonçalves. A concorrência sucessória entre o cônjuge sobrevivente e os descendentes na partilha de bens. *In*: CAHALI, Yussef Said; CAHALI, Francisco José (Org.). *Coleção doutrinas essenciais*: família e sucessões. São Paulo: Revista dos Tribunais, 2011. v. VI.

PERLINGIERI, Pietro. *O direito civil na legalidade constitucional*. Tradução de Maria Cristina De Cicco. Rio de Janeiro: Renovar, 2008.

POLETTO, Carlos Eduardo Minozzo. *Indignidade sucessória e deserdação*. São Paulo: Saraiva, 2013.

PROENÇA, José João Gonçalves de. *Direito das sucessões*. Lisboa: Quid Juris, 2002.

RODRIGUES, Silvio. Breve histórico sobre o direito de família nos últimos 100 anos. *Revista da Faculdade de Direito da Universidade de São Paulo*, São Paulo, v. 88, p. 239-254, 1993.

SANTOS, J. M. de. Carvalho. *Código Civil brasileiro interpretado*: direito das sucessões (arts. 1710-1779). 5. ed. São Paulo: Livraria Freitas Bastos, 1956. v. XXIV.

TEIXEIRA, Ana Carolina Brochado; RODRIGUES, Renata Lima. *O direito das famílias entre a norma e a realidade*. São Paulo: Atlas, 2010.

TEIXEIRA, Daniele Chaves. Noções prévias do direito das sucessões: sociedade, funcionalização e planejamento sucessório. *In*: TEIXEIRA, Daniele Chaves (Coord.). *Arquitetura do planejamento sucessório*. Belo Horizonte: Fórum, 2019.

TEIXEIRA, Daniele Chaves; COLOMBO, Maici Barboza dos Santos. Faz sentido a permanência do princípio da intangibilidade da legítima no ordenamento jurídico brasileiro? *In*: TEIXEIRA, Daniele Chaves (Coord.). *Arquitetura do planejamento sucessório*. Belo Horizonte: Fórum, 2019.

TEPEDINO, Gustavo. Solidariedade e autonomia na sucessão entre cônjuges e companheiros. *Revista Brasileira de Direito Civil – RBDCivil*, Belo Horizonte, v. 14, p. 17-39, out./dez. 2017.

VAQUER ALOY, Antoni. Acerca del fundamento de la legítima. *Revista para el Análisis del Derecho*, Barcelona, n. 4, p. 1-28, 2017.

WELTER, Belmiro Pedro Marx. Teoria tridimensional do direito de família. *In*: MIHORANZA, Mariângela Guerreiro; PEREIRA, Sérgio Gischkow (Coord.). *Direito contemporâneo de família e das sucessões*: estudos jurídicos em homenagem aos 20 anos de docência do professor Rolf Madaleno. Rio de Janeiro: GZ, 2009.

Informação bibliográfica deste texto, conforme a NBR 6023:2018 da Associação Brasileira de Normas Técnicas (ABNT):

JEREISSATI, Régis Gurgel do Amaral. A vulnerabilidade, a solidariedade familiar e a afetividade como critérios para o reconhecimento do herdeiro necessário na sucessão legítima. *In*: TEIXEIRA, Daniele Chaves (Coord.). *Arquitetura do planejamento sucessório*. 3. ed. Belo Horizonte: Fórum, 2022. p. 257-286. Tomo I. ISBN 978-65-5518-459-4.

PROJEÇÕES SUCESSÓRIAS DA MULTIPARENTALIDADE

RICARDO CALDERÓN
CAMILA GRUBERT

1 Introdução

Uma das relevantes questões que decorreu do reconhecimento jurídico da afetividade foi a temática da multiparentalidade:[1] situações existenciais nas quais uma pessoa possui vínculo de filiação com mais de dois ascendentes de primeiro grau de modo concomitante (por exemplo, dois pais e uma mãe, três no total).[2] Inúmeros casos concretos com essa peculiaridade passaram a "bater à porta" dos tribunais solicitando uma resposta jurídica, mesmo sem prévia lei expressa que previsse tal situação. Os Tribunais não se esquivaram do desafio e passaram a tratar do tema em diversas decisões judiciais.

No ano de 2016 coube ao Supremo Tribunal Federal traçar novos contornos para a nossa parentalidade contemporânea, quando aprovou a Tese de Repercussão Geral nº 622, pela qual acolheu a possibilidade de pluriparentalidade. A partir disso consagrou-se um importante avanço, novamente pela via jurisprudencial: o acolhimento da multiparentalidade no direito de família brasileiro.

O seu caráter inovador a torna um campo fértil para polêmicas, pois a ausência de um estatuto jurídico próprio sobre o instituto faz brotar controvérsias. No presente trabalho cuidaremos dos seus possíveis efeitos sucessórios, com destaque para o atual entendimento doutrinário e jurisprudencial sobre algumas dessas projeções.

2 Multiparentalidade no direito brasileiro

O acolhimento jurídico da multiparentalidade é, certamente, um dos principais assuntos de estudo e reflexão no direito de família contemporâneo, tanto que vem sendo debatido no Brasil e também no exterior.[3]

---

1 Conforme já tivemos a oportunidade de sustentar em CALDERÓN, Ricardo. *Princípio da afetividade no direito de família*. 2. ed. Rio de Janeiro: Forense, 2017. p. 213 e ss.

2 Ou seja, dado filho que teria uma mãe e dois pais, sendo um biológico e outro socioafetivo.

3 Como no direito belga, como informa PORTANOVA, Rui. *Ações de filiação e paternidade socioafetiva*. 2. ed. Porto Alegre: Livraria do Advogado, 2018.

Foi a admissão do reconhecimento jurídico das filiações socioafetivas que resultou na necessidade de análise da possibilidade ou não da cumulação de paternidades, visto que ao lado de um vínculo biológico passou a poder perfilar outro, de natureza socioafetiva, por exemplo. Ou seja, a peculiaridade de o parentesco poder estar decalcado em várias espécies de vínculos (biológicos, presuntivos, registrais, adotivos ou socioafetivos) faz com que mais de uma espécie de paternidade possa coexistir com outra em dada situação concreta, de maneira simultânea.

Em outras palavras, foi a superação do *fetiche* de que a filiação seria somente de origem biológica[4] que descortinou a possibilidade de reconhecimento da multiparentalidade, com primazia para os casos de pluripaternidades (embora o mesmo se aplique para os casos de maternidades). As famílias brasileiras admitem há muito que uma paternidade esteja lastreada em outros vínculos que não o biológico, prova disso é o conhecido ditado popular "pai é quem cria" (com a maestria que lhe é peculiar, Paulo Lôbo acrescenta: "ascendente é quem gera").

Assim, a necessidade de respeito a uma filiação socioafetiva consolidada e registrada pode vir a permitir que uma pessoa venha a ter também o seu "pai biológico" reconhecido formalmente, como uma segunda figura paterna. A manutenção de ambas (biológica e afetiva), concomitantemente, é que vem a caracterizar uma situação multiparental.

O art. 1.593 do Código Civil estabelece que parentesco é natural, civil ou de outra origem. Considera-se parentesco natural o que decorre de consanguinidade (biológico); já o parentesco civil classicamente é considerado o decorrente da adoção; por fim, entende-se que entre os de "outra origem" se incluem as hipóteses de parentesco por socioafetividade (posse de estado de filho).

Esta pluralidade de vínculos parentais acabou por permitir que dois deles se manifestem ao mesmo tempo. Sinteticamente, é possível afirmar que a multiparentalidade[5] ocorre em situações existenciais nas quais uma pessoa possui vínculo de filiação com três ou mais ascendentes de primeiro grau, de maneira simultânea.[6]

No ano de 2016 o STF aprovou a Tese de Repercussão Geral nº 622,[7] oriunda do Recurso Extraordinário nº 898.060/SC, de relatoria do Ministro Luiz Fux, a qual dispôs sobre a possibilidade jurídica da parentalidade múltipla. No referido caso paradigma permitiu-se o reconhecimento tardio de uma paternidade biológica, mas com a manutenção da outra paternidade socioafetiva e registral que já estava presente na situação concreta. Diante disso, houve a permissão para a manutenção de um pai socioafetivo ao lado de outro pai registral (dupla paternidade).

---

4 VELOSO, Zeno. *Direito brasileiro da filiação e paternidade*. São Paulo: Malheiros, 1997.

5 Christiano Cassetari define multiparentalidade como "a coexistência da filiação socioafetiva com a biológica, onde uma pessoa poderia ter dois pais e/ou duas mães" (CASSETARI, Christiano. Multiparentalidade e parentalidade socioafetiva: efeitos jurídicos. *Carta Forense*, 2 jun. 2014. Disponível em: http://www.cartaforense.com.br/conteudo/artigos/multiparentalidade-e-parentalidade-socioafetiva-efeitos-juridicos/13778. Acesso em: 4 ago. 2019).

6 Daniela Braga Paiano conceitua a multiparentalidade ou pluriparentalidade como "a possibilidade de ser ter mais de um vínculo parental materno e/ou paterno, ao mesmo tempo" (PAIANO, Daniela Braga. *O direito de filiação nas famílias contemporâneas*. 2016. Tese (Doutorado em Direito) – Faculdade de Direito, Universidade de São Paulo, São Paulo, 2016. Disponível em: http://www.teses.usp.br/teses/disponiveis/2/2131/tde-29072016-174709/pt-br.php. Acesso em: 4 ago. 2019).

7 Adiante chamada RG nº 622.

A tese aprovada pela Corte Suprema, com efeito vinculante,[8] conta com a seguinte redação:

> A paternidade socioafetiva, declarada ou não em registro público, não impede o reconhecimento do vínculo de filiação concomitante baseado na origem biológica, com os efeitos jurídicos próprios.

Ao deliberar sobre o mérito da questão o STF optou por deixar claro que esta filiação deveria ser reconhecida com os seus "efeitos jurídicos próprios", ou seja, com todos os efeitos jurídicos inerentes à filiação. Como se sabe, um dos efeitos do vínculo de filiação é gerar projeções sucessórias. Consequentemente, inescapável refletir sobre os aspectos sucessórios destas relações multiparentais.

A partir da tese aprovada pelo STF na RG nº 622, no ano de 2017 o Conselho Nacional de Justiça editou o Provimento nº 63[9] que, entre outros temas, dispõe sobre o reconhecimento extrajudicial da paternidade e/ou maternidade socioafetivas, inclusive em situações de multiparentalidade.[10] A partir deste provimento, os vínculos consensuais socioafetivos de filiação podem ser registrados voluntária e diretamente no registro civil de pessoas, sem a necessidade de intervenção do Poder Judiciário. Quanto à multiparentalidade, o provimento também inovou, na medida em que passou a admitir o registro multiparental na serventia extrajudicial, sem necessidade de se recorrer à via jurisdicional, desde que um dos vínculos seja socioafetivo e, também, que se atendam aos demais requisitos do provimento.[11]

Este protagonismo da multiparentalidade faz emergir a questão de como se darão os seus efeitos sucessórios, visto que a ausência de legislação específica sobre esta temática deixa ampla margem para debate e, também, algumas dúvidas.

3 Efeitos sucessórios da multiparentalidade

3.1 Direito de herança do filho em relação aos seus múltiplos ascendentes

A primeira questão que decorreu da aprovação da Repercussão Geral nº 622/STF foi quanto à possibilidade (ou não) de um filho herdar de múltiplos ascendentes, isto é, se um filho tivesse reconhecido dois pais e uma mãe, teria direito a três heranças? Após

---

8 Os autores do presente artigo acolhem o posicionamento de Luiz Guilherme Marinoni e Daniel Mitidiero, no qual entendem que o Supremo Tribunal Federal é Corte Suprema, e que as teses aprovadas em repercussão geral possuem efeitos vinculantes (MARINONI, Luiz Guilherme. *Precedentes obrigatórios*. São Paulo: RT, 2010; MITIDIERO, Daniel. *Precedentes*: da persuasão à vinculação. 3. ed. São Paulo: RT, 2018).

9 O Provimento nº 63 "institui modelos únicos de certidão de nascimento, de casamento e de óbito, a serem adotadas pelos ofícios de registro civil das pessoas naturais, e dispõe sobre o reconhecimento voluntário e a averbação da paternidade e maternidade socioafetiva no Livro 'A' e sobre o registro de nascimento e emissão da respectiva certidão dos filhos havidos por reprodução assistida" (CNJ. *Provimento nº 63 de 14/11/2017*. Disponível em: http://cnj.jus.br/busca-atos-adm?documento=3380. Acesso em: 4 ago. 2019).

10 De acordo com o Provimento nº 63: "Art. 14. O reconhecimento da paternidade ou maternidade socioafetiva somente poderá ser realizado de forma unilateral e não implicará o registro de mais de dois pais e de duas mães no campo FILIAÇÃO no assento de nascimento" (CNJ. *Provimento nº 63 de 14/11/2017*. Disponível em: http://cnj.jus.br/busca-atos-adm?documento=3380. Acesso em: 4 ago. 2019).

11 O que foi reiterado através do Provimento nº 83/2019 do Conselho Nacional de Justiça.

certo espanto inicial, atualmente o entendimento caminha no sentido da admissibilidade dessa "tripla herança".[12]

É possível asseverar que um filho pode herdar de todos os seus múltiplos ascendentes[13] a partir de dois direitos de índole constitucional: o de herança e o de igualdade filial. O direito constitucional de herança (art. 5º, inc. XXX, da CF)[14] está imbricado com a filiação, não parecendo possível sustentar que um filho de dada espécie não tenha direito de herança ou, então, que haja um limite de vezes para que esse direito seja exercido.

Também à luz do princípio da igualdade entre os filhos (art. 227, §6º, da CF), não parece possível defender a existência de alguma modalidade filial que não tenha o seu consequente direito sucessório (o que já ocorreu em momentos pretéritos na realidade brasileira). Se a Constituição diz que todos os filhos são iguais, portanto, também devem possuir iguais direitos, inclusive os sucessórios.

A partir disso, não resta viável sustentar que o filho em situação multiparental tenha alguma restrição nos seus direitos sucessórios. Consequentemente, um filho que possua dois pais e uma mãe poderá vir a ter direito a três heranças.

Confira-se:

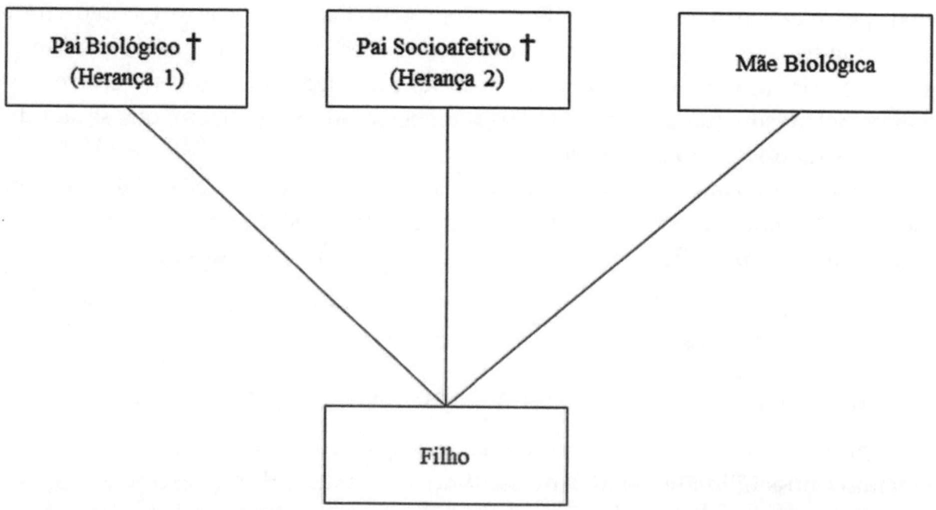

*Nesta situação multiparental o filho poderá ter direito a postular três heranças.

O Superior Tribunal de Justiça já reconheceu isso por meio do Recurso Especial nº 1.618.230/RS,[15] de relatoria do Ministro Villas Bôas Cueva, aplicando textualmente a Tese de Repercussão Geral nº 622 aprovada pelo STF.[16] No caso concreto, o STJ

[12] Ou seja, por exemplo, direito de herdar de dois pais reconhecidos, sendo um biológico e outro socioafetivo.

[13] Também apontam para possibilidade de cumulação de heranças os autores Zeno Veloso e Luiz Paulo Vieira de Carvalho (VELOSO, Zeno. Requisitos da união estável. *O liberal*, Belém do Pará, 6 maio 2017; CARVALHO, Luiz Paulo Vieira de. *Direito das sucessões*. 3. ed. rev., atual. e ampl. São Paulo: Altas, 2017. p. 330).

[14] Possui garantia constitucional e decorre diretamente da filiação, parece que devem ser múltiplas heranças proporcionais à respectivas filiações.

[15] REsp nº 1.618.230/RS. Rel. Min. Ricardo Villas Bôas Cueva, Terceira Turma, j. 28.3.2017. *DJe*, 10.5.2017.

[16] Conforme depreende-se da leitura do acórdão, no caso concreto, o recorrente, à época com 61 anos de idade, demandou contra seu suposto pai biológico que, falecido antes de ser citado na ação, contou-lhe em vida que

reconheceu a multiparentalidade e, como consectário lógico, o exercício do direito à herança do pai biológico, mesmo já tendo o filho recebido herança do pai registral e socioafetivo. Também, no AgInt no AREsp nº 962.969/RJ,[17] de relatoria do Ministro Lázaro Guimarães, o STJ reafirmou o entendimento exarado na Tese nº 622/STF, asseverando que a paternidade socioafetiva concomitante com a biológica produz efeitos patrimoniais e extrapatrimoniais.[18]

A possibilidade de o filho receber herança de seus múltiplos ascendentes também foi tema de debates na VIII Jornada de Direito Civil, promovida pelo Conselho da Justiça Federal (CJF). Na ocasião, restou aprovado o Enunciado nº 632, que dispõe:

Nos casos de reconhecimento de multiparentalidade paterna ou materna, o filho terá direito à participação na herança de todos os ascendentes reconhecidos.[19]

Atualmente, a doutrina majoritária também admite este direito a múltiplas heranças sem hesitar[20] (entre outros: Zeno Veloso, José Fernando Simão, Ana Nevares, Anderson Schreiber etc.).

Em conclusão, considerando a legislação constitucional e infraconstitucional vigente, a doutrina especializada e as primeiras inclinações dos tribunais superiores sobre o tema, parece possível afirmar que um filho pode herdar de todos os seus múltiplos ascendentes.

Uma nota apenas: parte da doutrina vê com preocupações algumas hipóteses nas quais haveria exclusivo interesse patrimonial no pedido de reconhecimento de uma situação multiparental (socioafetiva ou biológica) – por exemplo, nos casos de pleito *post mortem* apenas para fazer valer uma pretensão sucessória. Essa perspectiva será abordada adiante.[21]

3.2 Direito de herança dos múltiplos ascendentes em relação ao filho

Nos casos de multiparentalidade passam a haver diversas linhas sucessórias ascendentes de primeiro grau. Por exemplo, no caso de dois pais e uma mãe teremos três linhas ascendentes em face deste filho.

---

era seu pai biológico. O recorrente foi criado pela irmã de seu suposto pai biológico e por seu pai registral e socioafetivo (este também falecido, em 16.4.1960, quando o recorrente tinha 12 anos de idade). O tribunal *a quo* julgou ser possível o reconhecimento de sua origem genética, mas sem reconhecer os direitos patrimoniais e sem possibilitar a alteração do registro civil, vez que o recorrente já tinha exercido os direitos decorrentes da filiação registral e socioafetiva, inclusive com recebimento de herança deixada pelo seu pai registral e socioafetivo. A decisão do tribunal *a quo* foi reformada pelo STJ.

17 AgInt no AREsp nº 962.969/RJ. Rel. Min. Lázaro Guimarães (Desembargador Convocado do TRF 5ª Região), Quarta Turma, j. 18.9.2018. *DJe*, 24.9.2018.

18 Conforme depreende-se da leitura do acórdão, para fundamentar a decisão, o ministro relator invocou os julgados AgInt no REsp nº 1.622.330/RS. Rel. Min. Ricardo Villas Bôas Cueva, Terceira Turma, j. 12.12.2017. *DJe*, 2.2.2018 e REsp nº 1.618.230/RS. Rel. Min. Ricardo Villas Bôas Cueva, Terceira Turma, j. 28.3.2017. *DJe*, 10.5.2017.

19 Enunciados encontrados em CONSELHO DA JUSTIÇA FEDERAL. *VIII Jornada de Direito Civil*. Disponível em: https://www.cjf.jus.br/cjf/corregedoria-da-justica-federal/centro-de-estudos-judiciarios-1/publicacoes-1/jornadas-cej/viii-enunciados-publicacao-site-com-justificativa.pdf. Acesso em: 4 ago. 2019.

20 *Vide* Zeno Veloso e Luiz Paulo Vieira de Carvalho (VELOSO, Zeno. Requisitos da união estável. *O liberal*, Belém do Pará, 6 maio 2017; CARVALHO, Luiz Paulo Vieira de. *Direito das sucessões*. 3. ed. rev., atual. e ampl. São Paulo: Altas, 2017. p. 330).

21 Caso se identifique abusividade ou ofensa ao princípio da boa-fé objetiva, uma solução possível para esta peculiar situação seria juntamente apenas reconhecer a ascendência genética sem declarar a filiação. Cuidaremos destes temas nos próximos capítulos deste texto.

Em consequência, todos os múltiplos ascendentes poderão vir a ser herdeiros do seu descendente.[22] Outra dúvida que decorreu da aprovação da Tese nº 622/STF foi quanto à forma da divisão do quinhão hereditário nestas hipóteses de entrega da herança aos ascendentes.

Imagine-se a situação de um filho com dois pais (um socioafetivo e um biológico) e uma mãe, ou seja, multiparentalidade com três ascendentes de primeiro grau. Na hipótese de este dado filho falecer deixando patrimônio, mas sem que tenha descendentes ou cônjuge/companheiro, a herança será destinada integralmente aos seus ascendentes de primeiro grau – que são três.

A partir disso surgiu a dúvida de como dividir a herança entre estes três ascendentes. A doutrina se divide em duas correntes: a primeira corrente, defendida por Luiz Paulo Vieira de Carvalho, entende que deve haver a observância estrita da atual legislação em vigor, de modo que a divisão entre os ascendentes deve ser realizada com respeito à divisão por linhas prevista no art. 1.836, do Código Civil, ou seja, metade para a linha paterna e metade para a linha materna, independentemente do número de pais e/ou mães. Este entendimento faz com que a herança acabe por ser dividida de forma desigual entre os ascendentes.

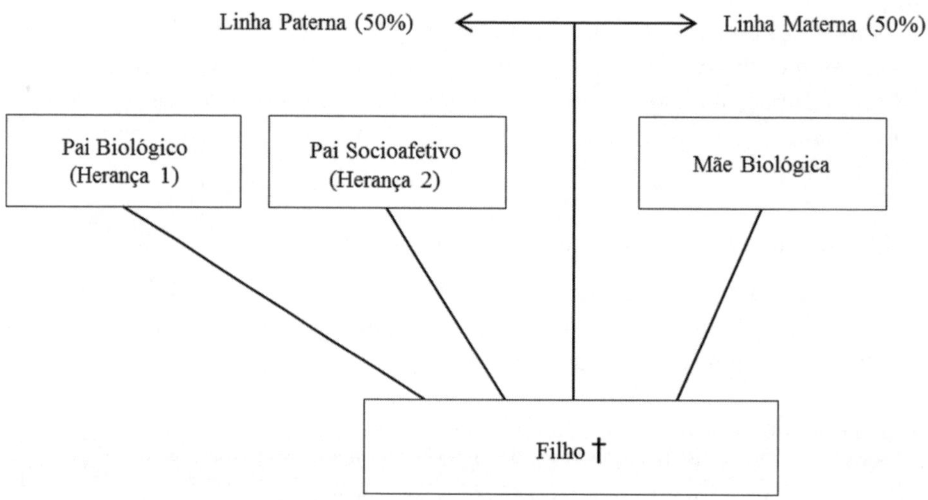

Na figura acima, por exemplo, cada pai receberia 25% da herança e a mãe receberia 50%, consagrando-se uma divisão desigual.

Nesse sentido, Luiz Paulo Vieira de Carvalho aduz:

> Assim, em existindo dois pais estes recolherão a metade da quota cabível aos ascendentes na proporção de metade para cada um, e a mãe, integralmente, a outra metade; em existindo duas mães estas dividirão entre si a metade da parte cabível aos ascendentes, e o pai receberá a outra metade por inteiro, sem que se possa arguir qualquer inconstitucionalidade, pois

22 Considerando a ausência de descendentes, sendo que os ascendentes concorrerão com eventual cônjuge e/ou companheiro sobrevivente (art. 1.829, inc. II, do CC).

eventual discrepância de valores só não pode ser permitida em se tratando de diferenciação entre filhos do falecido.[23]

Já a segunda corrente, da qual fazem parte, entre outros, os autores Ana Luiza Maia Nevares e Anderson Schreiber, entende que a herança do descendente deve ser igualmente dividida entre os múltiplos pais e/ou mães. Ou seja, se forem três ascendentes, um terço da herança deverá ser entregue para cada um deles.

Esse entendimento parte da premissa de que o Código Civil vigente buscou a igualdade entre as linhas paternas e maternas, de modo que a função da regra seria justamente a divisão igualitária da herança entre os ascendentes. Diante disso, mais do que apenas a estrutura, dever-se-ia atentar para a sua função, o que levaria a uma interpretação de que também na divisão da herança entre três (ou mais) ascendentes a divisão deve ser igualitária entre todos eles.

A controvérsia também foi objeto de debates na VIII Jornada de Direito Civil, promovida pelo CJF, ocasião na qual restou aprovado o Enunciado nº 642, que dispõe:

> Nas hipóteses de multiparentalidade, havendo o falecimento do descendente, com o chamamento de seus ascendentes à sucessão legítima, se houver igualdade em graus e diversidade em linha entre os convocados a herdar, a herança será dividida em tantas linhas quantos sejam os genitores.[24]

Ou seja, prevaleceu o entendimento de que a herança deveria ser dividida em partes iguais entre todos os ascendentes reconhecidos, entendimento este que parece o mais adequado.

Outra questão que emerge desta análise é no questionamento da pertinência de se seguir utilizando os termos clássicos "linha paterna" e "linha materna". O atual estágio do nosso direito de família e sucessões indica no sentido de utilizarmos, a partir de agora, apenas a denominação "linhas ascendentes" (e não mais linhas "paternas" e/ou "maternas").[25]

Isso porque o reconhecimento da união homoafetiva (STF, ADPF nº 132 e ADI nº 4.277) faz com que nem sempre se apresente a divisão clássica de "pai" e "mãe", visto que o par pode ser formado apenas por "dois pais" ou apenas por "duas mães". Ademais, o reconhecimento dos direitos da pessoa trans (STF, ADI nº 4.275) também é outro fator que mostra que, na atualidade, não é aconselhável utilizar termos como "linha materna" e "linha paterna", pois também em casos envolvendo pessoa trans ter-se-ia

---

23 CARVALHO, Luiz Paulo Vieira de. *Direito das sucessões*. 3. ed. rev., atual. e ampl. São Paulo: Altas, 2017. p. 333-334.

24 Enunciados encontrados em JUSTIÇA FEDERAL. *VIII Jornada de Direito Civil*. Disponível em: https://www.cjf.jus.br/cjf/corregedoria-da-justica-federal/centro-de-estudos-judiciarios-1/publicacoes-1/jornadas-cej/viii-enunciados-publicacao-site-com-justificativa.pdf. Acesso em: 4 ago. 2019.

25 Desde 11.7.2019 tramita no Senado Federal o Projeto de Lei nº 3.799, de 2019, que visa alterar o Livro V da Parte Especial da Lei nº 10.406, de 10.1.2002, e o Título III do Livro I da Parte Especial da Lei nº 13.105, de 16.3.2015, para dispor sobre a sucessão em geral, a sucessão legítima, a sucessão testamentária, o inventário e a partilha. No referido projeto de lei consta que o §2º do art. 1.836 do Código Civil passará a ter a seguinte redação: "havendo igualdade em grau e diversidade em linha, a herança deverá ser dividida em tantas linhas quantos sejam os pais" (Disponível em https://legis.senado.leg.br/sdleg-getter/documento?dm=7972711&ts=1563232589887&disposition=inline. Acesso em: 4 ago. 2019).

dificuldades. Ante estas considerações, sugere-se a utilização apenas da nomenclatura "linhas ascendentes".

3.3 Descendência genética *versus* filiação

Oura dúvida que acirrou a partir da aprovação da tese na RG nº 622/STF foi quanto ao tratamento a ser dado nos casos em que, consolidada a filiação registral e socioafetiva, há o pleito posterior de reconhecimento da filiação biológica em face de outra pessoa.

Não raro, são apresentadas demandas com pleitos multiparentais que buscam o reconhecimento de uma filiação biológica sem que tenha havido qualquer convívio socioafetivo com o referido ascendente genético, e mesmo com o postulante tendo tido outro pai registral e socioafetivo por toda uma vida (muitas vezes por décadas). Muitos destes casos são apresentados apenas após a morte do referido "pai biológico", sem que ele tenha tido sequer conhecimento desta sua prole. Nestas situações, resta evidente que o objetivo da declaração da filiação é tão só buscar um quinhão de uma herança.

É possível perceber que diversas demandas evidenciam um exclusivo e excessivo interesse patrimonial sucessório no ajuizamento de um pedido de reconhecimento de paternidade biológica, mesmo em multiparentalidade.[26]

Há algum tempo que a doutrina do direito de família brasileiro debate este tema, discutindo a possibilidade de se distinguir entre o estabelecimento do direito de filiação e apenas a declaração da descendência genética. Nesta perspectiva, em alguns casos seria possível apenas se declarar esta vinculação genética sem estabelecer a filiação. Esta solução resta possível face o atual estágio de evolução da parentalidade brasileira, que já admite um desacoplamento da filiação com o liame biológico.

A aprovação da multiparentalidade fomenta ainda mais esta questão, visto que também em situações multiparentais pode ser necessária esta discussão de se declarar (ou não) o vínculo de filiação decorrente de um comprovado elo biológico. Ou seja, se toda e qualquer descendência genética comprovada deve gerar a filiação (se assim postulada), ou – ao contrário – se se deveria analisar detidamente o contexto e apreciar se, em alguns casos, não se deveria apenas declarar a vinculação genética sem elo filial.

Parte da doutrina, da qual faz parte Luiz Paulo Vieira de Carvalho,[27] entende que uma vez reconhecida a descendência genética haveria automaticamente o reconhecimento da filiação que é postulada, com todos os seus feitos jurídicos, inclusive patrimoniais e sucessórios.

Por outro lado, parte da doutrina entende que pode haver sim a dissociação entre o direito ao reconhecimento da descendência genética com o direito de filiação, como há muito defende, entre outros, Paulo Lôbo.[28] Para essa segunda corrente, da qual também

---

26 Como naqueles nos quais, ainda que sabendo deste vínculo há muito tempo, dado filho espera o óbito do seu ascendente genético para, somente então, pleitear e reconhecimento desta filiação. Emergiria daí um interesse quase que exclusivamente sucessório com este pleito, com a postulação do reconhecimento desta filiação biológica *post mortem* apenas para obter direito à respectiva herança.

27 Defende esse posicionamento o autor Luiz Paulo Vieira de Carvalho (CARVALHO, Luiz Paulo Vieira de. *Direito das sucessões*. 3. ed. rev., atual. e ampl. São Paulo: Altas, 2017. p. 321).

28 *Vide* LÔBO, Paulo Luiz Netto. *Direito civil*: famílias. São Paulo: Saraiva, 2008. p. 203-204.

faz parte Rolf Madaleno,[29] em alguns casos seria possível reconhecer a descendência genética sem, no entanto, estabelecer-se a filiação (e os seus consectários).

A distinção entre parentesco e ascendência genética é sustentada por parte substancial dos jusfamiliaristas brasileiros.[30] Essa diferenciação se extrai a partir do disposto no art. 227, §6º, da Constituição Federal, e no art. 1.596 do Código Civil. O reconhecimento da socioafetividade permitiu perceber de maneira ainda mais cristalina que nem sempre a filiação estará atrelada à descendência genética.[31] Resulta disso a percepção de que o estado de filiação possui um sentido civil-constitucional plural que não pode ser objeto de uma leitura reducionista, sob pena de se incorrer até mesmo em reprovável inconstitucionalidade.[32]

Outro sentido teria o que se denomina direito ao conhecimento à origem genética, típico direito da personalidade, que envolve o direito de a pessoa – a qualquer tempo – ter ciência da sua ancestralidade biológica, mas sem necessariamente se estender daí os efeitos do parentesco.[33] Ou seja, é direito de todos averiguar judicialmente seu ascendente genético, mas não deriva daí – necessariamente – qualquer relação de parentesco, máxime quando esta já estiver estabelecida com outrem. A vinculação biológica pode – ou não – influir na relação de filiação, sempre a depender das peculiaridades do caso concreto.

Parece possível asseverar que o acolhimento da multiparentalidade não põe fim ao caminho que estava seguindo a doutrina brasileira. Em outras palavras, mesmo após a aprovação da tese na RG nº 622/STF, resta adequado refletir em quais casos deve ser declarada uma filiação biológica com todos os seus efeitos jurídicos e, por outro lado, em quais casos deve apenas ser declarada a descendência genética.

A distinção entre o direito de filiação (categoria do direito de família) e o direito ao conhecimento da ancestralidade genética (categoria do direito da personalidade) pode ser um bom freio para que se evite uma excessiva e indesejável patrimonialização das relações.

3.4 Ações abusivas

A partir da aprovação da Repercussão Geral nº 622 pelo STF, uma grande preocupação doutrinária que surgiu diz respeito às ações aforadas para reconhecimento da filiação biológica apenas para fins patrimoniais e sucessórios, as chamadas demandas abusivas,[34] frívolas ou argentárias.[35]

---

[29] *Vide* Rolf Madaleno (MADALENO, Rolf. Filiação sucessória. *Revista Brasileira de Direito das Famílias e Sucessões*, Porto Alegre; Belo Horizonte, v. 1, p. 25-41, dez. 2007/jan. 2008).

[30] MADALENO, Rolf. *Curso de direito de família*. 5. ed. rev., atual. e ampl. Rio de Janeiro: Forense, 2013. p. 485.

[31] GAMA, Guilherme Calmon Nogueira da. *A nova filiação, o biodireito e as relações parentais, de acordo com o novo Código Civil*. Rio de Janeiro: Renovar, 2003. p. 907.

[32] TEPEDINO, Gustavo. A disciplina civil-constitucional das relações familiares. *In*: COMAILLE, Jacques *et al*. *A nova família*: problemas e perspectivas. Rio de Janeiro: Renovar, 1997.

[33] FACHIN, Luiz Edson. Do direito de família. Do direito pessoal. Das relações de parentesco. Arts. 1.591 a 1.638. *In*: TEIXEIRA, Sálvio de Figueiredo (Coord.). *Comentários ao Novo Código Civil*. Rio de Janeiro: Forense, 2008. v. XVIII. p. 112-113.

[34] PORTANOVA, Rui. *Ações de filiação e paternidade socioafetiva*. 2. ed. Porto Alegre: Livraria do Advogado, 2018. p. 18.

[35] *Demanda frívola* é uma denominação de Anderson Schreiber, enquanto *demanda argentária* é uma denominação de José Fernando Simão. *Vide* TARTUCE, Flávio. Da ação vindicatória de filho – Análise diante da recente decisão do STF sobre a parentalidade socioafetiva. *Migalhas*, 29 ago. 2018. Disponível em: https://www.migalhas.com.

Não raro se apresentam demandas nas quais o pleito de reconhecimento de uma filiação biológica tem o fito exclusivo de interesse patrimonial sucessório.[36] Muitas vezes o filho há muito tem ciência deste vínculo biológico, mas nada faz e espera o seu ascendente biológico falecer para – apenas então – ajuizar o pedido de investigação de paternidade.

Rui Portanova conceitua as ditas ações investigatórias abusivas[37] como as que o investigante renuncia a uma paternidade socioafetiva para buscar o reconhecimento de outra paternidade apenas com o fito de receber seus efeitos patrimoniais. Nestas hipóteses, os cenários possíveis são os mais variados e complexos, um deles seria este: a busca meramente patrimonial e sucessória do filho que nunca conviveu com seu pai biológico por ter sido criado por outro pai registral e socioafetivo (e dele já ter recebido herança).[38]

Justamente em razão desses cenários possíveis é que parte da doutrina entende que não seria possível o reconhecimento desta "filiação sucessória", com interesse meramente patrimonial, sendo indicada, nesses casos, apenas a declaração de descendência genética, sem reconhecer a filiação e, assim, com a consequente negativa do respectivo direito de herança.[39] Nesse sentido, Rolf Madaleno sustenta, inclusive:

> Para essas ações abusivas e de restrito cunho econômico-financeiro descabe atribuir efeitos jurídicos diante de mero direito ao conhecimento da *ancestralidade* (ECA. Art. 48), sem nenhum outro efeito jurídico, em especial à sucessão do genitor de cunho mera e restritamente biológico, ressentindo de qualquer função ou papel parental que foi durante toda a existência de investigante preenchido por outro progenitor socioafetivo, e por vezes também registral.[40]

Em sentido contrário, Michele Vieira Camacho entende:

> Muito embora não exista herança de pessoa viva, negar o reconhecimento a um direito líquido e certo (filiação), por uma expectativa de direito (herança), baseada em mero juízo de valor, nos parece ser tanto injusto quanto ilegal.
> Mais que isso: excluir direitos constitucionalmente previstos baseados em suposições de imorais proveitos patrimoniais é um retrocesso do qual não podemos nos valer. É como não permitir a investigação de paternidade com receio de perturbação do lar conjugal, como outrora era legalizado e hoje é recriminado veementemente. [41]

---

br/FamiliaeSucessoes/104,MI286476,91041-Da+acao+vindicatoria+de+filho+Analise+diante+da+recente+decisao+do. Acesso em: 30 jul. 2019.

36 É verdade que o mesmo pode se dar com o pleito de reconhecimento de uma filiação socioafetiva.

37 PORTANOVA, Rui. *Ações de filiação e paternidade socioafetiva*. 2. ed. Porto Alegre: Livraria do Advogado, 2018. p. 189.

38 *Vide* CASSETTARI, Christiano. *Multiparentalidade e parentalidade socioafetiva*: efeitos jurídicos. 3. ed. São Paulo: Atlas, 2017. p. 342; PORTANOVA, Rui. *Ações de filiação e paternidade socioafetiva*. 2. ed. Porto Alegre: Livraria do Advogado, 2018. p. 115-116; SIMÃO, José Fernando. A multiparentalidade está admitida e com repercussão geral. Vitória ou derrota do afeto? *Carta Forense*, São Paulo, 3 jan. 2017. Coluna Direito Civil. Disponível em: http://www.cartaforense.com.br/conteudo/colunas/a-multiparentalidade-esta-admitida-e-com-repercussao-geral-vitoria-ou-derrota-do-afeto/17172. Acesso em: 6 ago. 2019.

39 *Vide* item anterior do presente artigo.

40 MADALENO, Rolf. *Sucessão legítima*. Rio de Janeiro: Forense, 2019. p. 533.

41 CAMACHO, Michele Vieira. *Multiparentalidade e seus efeitos sucessórios*. 2018. Dissertação (Mestrado) – Faculdade de Direito, Universidade de São Paulo, São Paulo. 2018. p. 218-219.

A atual maturidade do direito de família brasileiro e os seus demais princípios e regras apresentam elementos que permitem evitar que excessos puramente patrimoniais venham a desbordar dos limites que as situações existenciais devem resguardar.

Não se pode negar que há legítimos interesses patrimoniais que devem ser tutelados, mesmo diante de casos de multiparentalidade. Inúmeras outras situações familiares geram efeitos patrimoniais (aliás, reflexo esse que é deveras comum nas relações familiares, diga-se de passagem).

Ou seja, os filhos de relações multiparentais poderão fazer valer seus direitos patrimoniais perante os seus pais biológicos se assim pretenderem, desde que não haja má-fé ou abuso, e sempre com respeito aos demais institutos do direito civil, como boa-fé, vedação ao enriquecimento ilício e vedação ao *venire contra factum proprium*.

Nesse sentido, Anderson Schreiber pontua:

> Há, ainda, o generalizado receio de que a posição adotada pelo STF possa gerar demandas mercenárias, baseadas em puro interesse patrimonial. Argumenta-se que a corte teria aberto as portas do Judiciário para filhos que somente se interessam pelos pais biológicos no momento de necessidade ou ao se descobrirem como potenciais herdeiros de fortunas. Nesse particular, competirá aos juízes e tribunais separar, como sempre, o joio do trigo, empregando os mecanismos disponíveis na ordem jurídica brasileira para se evitar o exercício de uma situação jurídica subjetiva em descompasso com seu fim axiológico-normativo. O abuso do direito e a violação à boa-fé objetiva têm plena aplicação nesse campo, sendo de se lembrar que são instrumentos que atuam não apenas no interesse particular, mas também no interesse público de evitar a manipulação de remédios que são concedidos pelo ordenamento não de modo puramente estrutural, mas sempre à luz de uma finalidade que se destinam a realizar.[42]

Importa não olvidar que o direito de família também é afeito a outros princípios e regras do nosso ordenamento, de modo que a boa-fé, a vedação ao enriquecimento ilícito e outros limites do nosso sistema civil também devem ser observados nos litígios jusfamiliares.

Esta compreensão levará à distinção dos casos nos quais haveria patente ofensa às demais balizas do nosso sistema jurídico, o que poderia levar a outras soluções no acertamento destas demandas, sempre de modo a se respeitar a harmonia e unidade do nosso direito civil-constitucional.

4 Considerações finais

O contínuo caminhar do direito de família brasileiro contemporâneo vem causando impactos de relevo no direito das sucessões, com repercussões não antes pensadas ou previstas. A incerteza é uma das características da pós-modernidade, de modo que também os juristas devem se acostumar a laborar em ambientes de insegurança e instabilidade constante.

---

42 SCHREIBER, Anderson. STF, Repercussão Geral 622: a multiparentalidade e seus efeitos. *Carta Forense*, São Paulo, 26 set. 2016. Coluna Direito de Família. Disponível em: http://www.cartaforense.com.br/conteudo/artigos/stf-repercussao-geral-622-a-multiparentalidade-e-seus-efeitos/16982. Acesso em: 31 jul. 2019.

Conforme pontua Eroulths Cortiano Junior,[43] "o projeto desenhado pelo regramento da sucessão mortis causa, então, seria o de preservação da família – rectius: do modelo de família recortado pelo direito – através da manutenção da riqueza do de cujus no seio familiar". O desafio é que o cenário atual altera o próprio sentido de família, que recebe especial coloração a partir do reconhecimento de relações socioafetivas, em especial na filiação.

É inegável que o reconhecimento jurídico da multiparentalidade traz novos elementos à equação sucessória, muitos deles ainda em edificação. Também em razão disso que Heloísa Helena Barboza prescreve um criterioso juízo no reconhecimento do parentesco com base na socioafetividade, pois encobre terceiros que não estão necessariamente envolvidos na relação socioafetiva.[44]

Ainda que o atual quadro de transição e impermanência não recomende, parece possível destacar algumas conclusões. A primeira é que é possível um filho herdar de todos os seus múltiplos ascendentes. A segunda é que a divisão da herança entre os ascendentes em caso de morte do filho deve ocorrer de maneira igualitária entre eles. A terceira é que deve seguir sendo observada a distinção entre o direito de filiação e o direito ao conhecimento da ascendência genética, cabendo analisar profundamente cada caso concreto para se apurar a melhor solução. A quarta, e última, é que se faz necessário atentar para as demandas abusivas, as quais podem vir a exigir uma solução distinta, que não estabeleça filiação, à luz dos demais princípios e regras da juscivilística brasileira.

Na esteira do que foi exposto, é possível perceber que muitas das questões ora comentadas estão sendo objeto de intenso debate na doutrina e até mesmo na jurisprudência, de modo que há incerteza em grande parte das repercussões sucessórias das relações multiparentais. Este quadro pode fazer com que um caso concreto com este matiz tenha que enfrentar anos de discussões judiciais (o que certamente não é desejado).

Também por isso, a necessidade de planejar a sucessão é ainda maior para os envoltos em situações do estilo. Aconselha-se fortemente que as pessoas que vivam situações de multiparentalidade planejem a sua sucessão, pensando em arranjos sucessórios equilibrados, mormente a partir de um planejamento eficaz, que possa contemplar os interesses de cada membro da família.

Muitas das projeções multiparentais ora debatidas podem ser melhor equacionadas a partir da utilização dos mais variados instrumentos de planejamento sucessório.[45] Calha aqui recordar da conhecida frase, a qual nos lembra que "é durante a vida que devemos pensar na morte, e não depois".[46]

---

[43] CORTIANO JUNIOR, Eroulths; RAMOS, André Luiz Arnt. Liberdade de testar versus sucessão forçada: anotações preliminares sobre o direito sucessório brasileiro. *Revista de Estudos Jurídicos e Sociais*. Cascavel, n. 4, p. 41-74, maio 2015. Disponível em https://www.univel.br/sites/default/files/revistajuridica/revista_04_edition.pdf. Acesso em: 30 jul. 2019.

[44] BARBOZA, Heloísa Helena Gomes. Efeitos jurídicos do parentesco socioafetivo. *In*: PEREIRA, Rodrigo da Cunha (Coord.). *Família e solidariedade*: teoria e prática do direito de família. Rio de Janeiro: Lumen Juris/IBDFAM, 2008. p. 229.

[45] Para saber mais sobre planejamento sucessório e instrumentos de planejamento sucessório, *vide* TEIXEIRA, Daniele Chaves. *Planejamento sucessório*: pressupostos e limites. Belo Horizonte: Fórum, 2017 e TEIXEIRA, Daniele Chaves (Coord.). *Arquitetura do planejamento sucessório*. Belo Horizonte: Fórum, 2019.

[46] Autor desconhecido. Alguns atribuem a frase ao escritor José Saramago.

Referências

BARBOZA, Heloísa Helena Gomes. Efeitos jurídicos do parentesco socioafetivo. *In*: PEREIRA, Rodrigo da Cunha (Coord.). *Família e solidariedade*: teoria e prática do direito de família. Rio de Janeiro: Lumen Juris/ IBDFAM, 2008.

CALDERÓN, Ricardo. *Princípio da afetividade no direito de família*. 2. ed. Rio de Janeiro: Forense, 2017.

CAMACHO, Michele Vieira. *Multiparentalidade e seus efeitos sucessórios*. 2018. Dissertação (Mestrado) – Faculdade de Direito, Universidade de São Paulo, São Paulo. 2018.

CARVALHO, Luiz Paulo Vieira de. *Direito das sucessões*. 3. ed. rev., atual. e ampl. São Paulo: Altas, 2017.

CASSETARI, Christiano. Multiparentalidade e parentalidade socioafetiva: efeitos jurídicos. *Carta Forense*, 2 jun. 2014. Disponível em: http://www.cartaforense.com.br/conteudo/artigos/multiparentalidade-e-parentalidade-socioafetiva-efeitos-juridicos/13778. Acesso em: 4 ago. 2019.

CASSETTARI, Christiano. *Multiparentalidade e parentalidade socioafetiva*: efeitos jurídicos. 3. ed. São Paulo: Atlas, 2017.

CORTIANO JUNIOR, Eroulths; RAMOS, André Luiz Arnt. Liberdade de testar versus sucessão forçada: anotações preliminares sobre o direito sucessório brasileiro. *Revista de Estudos Jurídicos e Sociais*. Cascavel, n. 4, p. 41-74, maio 2015. Disponível em https://www.univel.br/sites/default/files/revistajuridica/revista_04_edition.pdf. Acesso em: 30 jul. 2019.

FACHIN, Luiz Edson. Do direito de família. Do direito pessoal. Das relações de parentesco. Arts. 1.591 a 1.638. *In*: TEIXEIRA, Sálvio de Figueiredo (Coord.). *Comentários ao Novo Código Civil*. Rio de Janeiro: Forense, 2008. v. XVIII.

GAMA, Guilherme Calmon Nogueira da. *A nova filiação, o biodireito e as relações parentais, de acordo com o novo Código Civil*. Rio de Janeiro: Renovar, 2003.

LÔBO, Paulo Luiz Netto. *Direito civil*: famílias. São Paulo: Saraiva, 2008.

MADALENO, Rolf. *Curso de direito de família*. 5. ed. rev., atual. e ampl. Rio de Janeiro: Forense, 2013.

MADALENO, Rolf. Filiação sucessória. *Revista Brasileira de Direito das Famílias e Sucessões*, Porto Alegre; Belo Horizonte, v. 1, p. 25-41, dez. 2007/jan. 2008.

MADALENO, Rolf. *Sucessão legítima*. Rio de Janeiro: Forense, 2019.

MARINONI, Luiz Guilherme. *Precedentes obrigatórios*. São Paulo: RT, 2010.

MITIDIERO, Daniel. *Precedentes*: da persuasão à vinculação. 3. ed. São Paulo: RT, 2018.

PAIANO, Daniela Braga. *O direito de filiação nas famílias contemporâneas*. 2016. Tese (Doutorado em Direito) – Faculdade de Direito, Universidade de São Paulo, São Paulo, 2016. Disponível em: http://www.teses.usp.br/teses/disponiveis/2/2131/tde-29072016-174709/pt-br.php. Acesso em: 4 ago. 2019.

PORTANOVA, Rui. *Ações de filiação e paternidade socioafetiva*. 2. ed. Porto Alegre: Livraria do Advogado, 2018.

SCHREIBER, Anderson. STF, Repercussão Geral 622: a multiparentalidade e seus efeitos. *Carta Forense*, São Paulo, 26 set. 2016. Coluna Direito de Família. Disponível em: http://www.cartaforense.com.br/conteudo/artigos/stf-repercussao-geral-622-a-multiparentalidade-e-seus-efeitos/16982. Acesso em: 31 jul. 2019.

SIMÃO, José Fernando. A multiparentalidade está admitida e com repercussão geral. Vitória ou derrota do afeto? *Carta Forense*, São Paulo, 3 jan. 2017. Coluna Direito Civil. Disponível em: http://www.cartaforense.com.br/conteudo/colunas/a-multiparentalidade-esta-admitida-e-com-repercussao-geral-vitoria-ou-derrota-do-afeto/17172. Acesso em: 6 ago. 2019.

TARTUCE, Flávio. Da ação vindicatória de filho – Análise diante da recente decisão do STF sobre a parentalidade socioafetiva. *Migalhas*, 29 ago. 2018. Disponível em: https://www.migalhas.com.br/FamiliaeSucessoes/104,MI286476,91041-Da+acao+vindicatoria+de+filho+Analise+diante+da+recente+decisao+do. Acesso em: 30 jul. 2019.

TEIXEIRA, Daniele Chaves (Coord.). *Arquitetura do planejamento sucessório*. Belo Horizonte: Fórum, 2019.

TEIXEIRA, Daniele Chaves. *Planejamento sucessório*: pressupostos e limites. Belo Horizonte: Fórum, 2017.

TEPEDINO, Gustavo. A disciplina civil-constitucional das relações familiares. *In*: COMAILLE, Jacques *et al*. *A nova família*: problemas e perspectivas. Rio de Janeiro: Renovar, 1997.

VELOSO, Zeno. *Direito brasileiro da filiação e paternidade*. São Paulo: Malheiros, 1997.

VELOSO, Zeno. Requisitos da união estável. *O liberal*, Belém do Pará, 6 maio 2017.

Informação bibliográfica deste texto, conforme a NBR 6023:2018 da Associação Brasileira de Normas Técnicas (ABNT):

CALDERÓN, Ricardo; GRUBERT, Camila. Projeções sucessórias da multiparentalidade. *In*: TEIXEIRA, Daniele Chaves (Coord.). *Arquitetura do planejamento sucessório*. 3. ed. Belo Horizonte: Fórum, 2022. p. 287-300. Tomo I. ISBN 978-65-5518-459-4.

PARTE II

SITUAÇÕES PATOLÓGICAS

SOBRE A INVALIDADE DA PARTILHA FEITA EM VIDA E A NECESSIDADE DE REVISITAR O TEXTO DO ART. 2.018 DO CÓDIGO CIVIL

ANDRÉ LUIZ ARNT RAMOS

O direito das sucessões é a foz do direito civil. Todo o corpo de normativas e de situações jurídicas calcorreadas pelos particulares na condução de sua vida civil deságua na sucessão com esperança à continuidade e à permanência. É disso, afinal, que se faz o direito civil: de titularidades, ora estáticas, ora em trânsito, mas jamais à deriva e sempre guiadas por uma cartografia *in fieri*, norteada pela realização do ser humano em sua vivência comunitária.[1]

Embora seja assim, muitas das viragens que marcam o trânsito jurídico, as titularidades e o projeto parental – ou o contrato, a propriedade e a família – parecem refluir do direito sucessório. Malgrado o tendencial rejuvenescimento dos institutos fundamentais de direito civil por sua permanente (re)constituição, as sucessões permanecem encasteladas em uma espécie de espelho invertido da Terra do Nunca. É dizer: seu governo jurídico continua velho e adstrito à "aparente rigidez atemporal de sua dogmática".[2]

A proteção da família – concebida como instituição, estrutura social relevante ou célula menor no Estado e, portanto, transpessoal – e a manutenção da propriedade privada em seu seio figuram como propósitos que, tradicionalmente, norteiam o direito sucessório, como apontam Roxana Cardoso Brasileiro Borges e Renata Marques Lima Dantas:

> O Direito das Sucessões brasileiro foi construído sobre duplo fundamento: o direito de propriedade e a proteção à família. Do ponto de vista patrimonial, tem *status* de direito fundamental, conforme art. 5º, XXX, da Constituição Federal. Por seu turno, a proteção à

---

1 É o que assinala Mota Pinto, em emblemática passagem: "não há Direito na ilha onde apenas habita Robinson. O Direito pressupõe a vida dos homens uns com os outros" (MOTA PINTO, C. A. *Teoria geral do direito civil*. 3. ed. Coimbra: Coimbra Editora, 1993. p. 23).

2 TEPEDINO, G. Prefácio. *In*: NEVARES, A. L. M. *A função promocional do testamento*. Rio de Janeiro: Renovar, 2009. p. 1.

família como causa justificadora do direito à herança encontra base na norma ordinária que estipula o rol de herdeiros com base nas relações de parentesco e conjugalidade.[3]

A concepção de família que subjaz esta finalidade da sucessão, entretanto, é bem diversa da vigente no contexto do direito civil contemporâneo. Isto é: a *ratio* imanente ao direito sucessório, apesar das holísticas rupturas havidas sobretudo no governo jurídico das famílias, teima em se manter afinada no diapasão da família patriarcal[4] e do privatismo doméstico.[5] Daí porque decerto o parecer de Antonio Joaquim Gouvêa Pinto,[6] firmado ao crepúsculo do século XIX, cause pouca estranheza aos que trafegam pelos caminhos e descaminhos da sucessão *mortis causa*. Dizia ele, ao gizar que se presta à conservação da propriedade no tronco familiar: "é o verdadeiro e mais bello fundamento do direito de sucessão a perpetuidade do homem na família, e pela família na espécie", de modo que "seria até imperfeita a sociedade ou governo se nelle não houvesse um meio de transmitir a propriedade da geração presente para a geração futura".[7] Quando às sucessões legítimas e, por consequência, à necessidade de colação, ensina que "são muito conformes aos princípios da razão e do direito natural",[8] assim justificando tal afirmativa:

---

3 BORGES, R. C. B.; DANTAS, R. L. Direito das sucessões e a proteção dos vulneráveis econômicos. *RBDC*, v. 11, p. 73-91, jan./mar. 2017. p. 74.

4 Isso fica bastante claro na vetusta explicação de Clóvis Beviláqua: "A verdade é que a sucessão legítima se apoia no concurso de três elementos diferentes, que se harmonizam para a obtenção do mesmo fim: o individual, o familial e o social. O elemento individual é, psicologicamente, esse sentimento de afeição, fortemente radicado na família e, particularmente entre progenitores e progênie; juridicamente, é o princípio da autonomia, que deve ser atribuído a cada homem dentro das normas da lei; é o mesmo direito de propriedade que autoriza a disposição dos bens, segundo a vontade do proprietário. Da combinação destas duas orientações, resulta a canalização da vontade na direção do efeito, a submissão da autonomia aos interesses da família. O elemento familial procede do fato de ter sido no grêmio da família que o homem trabalhou; de ter sido nas afeições da família que ele hauriu estímulos para afadigar-se na conquista de sua fortuna, sem que o desalento o tolhesse, ainda mesmo naqueles momentos em que o corpo vergava quebrado pelo cansaço; de ter sido na família que lhe facilitaram a aquisição dos bens. O marido adquire pelo trabalho; a mulher conserva pela economia sensata; e os filhos, sabendo que em secundar o labor de seus progenitores, ao mesmo tempo, cumprem um dever de gratidão e se esforçam em proveito próprio, constituem-se auxiliares prestimosos para a criação e consolidação do patrimônio da família. Acrescente-se o sedimento deixado na alma humana, por um longo passado de comunhão no grêmio da família primitiva, sedimento que se traduz por uma predisposição favorável à distribuição do patrimônio entre os próximos parentes, e ter-se-á reconhecido o poder deste elemento familial. O elemento social é a expressão do fato de que, da organização social, o indivíduo recebe a garantia de seus interesses; e de que no meio social, desenvolve as múltiplas formas de sua atividade em consonância como modo de ser do grupo político, a que pertence, e com o qual se sente solidário em muitas relações da vida. Traduzindo o acordo destes três elementos, o direito sucessório é garantido, nas legislações dos povos cultos, à família e ao Estado, sem ser desconhecida a parte da autonomia indispensável ao homem, para que sejam uma força apreciável na mecânica social. E, assim organizada, a sucessão legítima é um fomento dos sentimentos de pundonor e dignidade, pelo cumprimento de nobre dever, qual é o de trabalhar pelo bem estar da família; é um fator de consolidação da sociedade doméstica, pelo sentimento de solidariedade que desenvolve entre os seus membros; é propulsor econômico além disso, e escola de moral prática" (BEVILÁQUA, C. *Direito das sucessões*. Rio de Janeiro: Editora Rio, 1978. p. 68-69).

5 GOMES, O. *Raízes históricas e sociológicas do código civil brasileiro*. São Paulo: Martins Fontes, 2003.

6 PINTO, A. J. G. *Tractado regular e pratico de testamento e sucessões*. Rio de Janeiro: Eduardo & Henrique Laemmert, 1877.

7 PINTO, A. J. G. *Tractado regular e pratico de testamento e sucessões*. Rio de Janeiro: Eduardo & Henrique Laemmert, 1877. p. 3.

8 PINTO, A. J. G. *Tractado regular e pratico de testamento e sucessões*. Rio de Janeiro: Eduardo & Henrique Laemmert, 1877. p. 17.

as sucessões legitimas são um testamento tácito, provindo ellas de uma vontade, que se presume, de que todas as vezes que o falecido não fez testamento, quiz que herdassem os seus bens os seus parentes mais chegados; mas notarei somente mais que as famílias são como umas sociedades particulares (e parece forão as sociedades primitivas), com seus interesses comuns relativos a todos os indivíduos que constituem cada uma delas, e entre os quaes se communicão os bens pela sucessão: a natureza as produz, ellas as constitue, sustenta, e conserva, e parece-lhes impôs certos deveres e leis próprias. A obediência dos filhos aos pais, o amor destes aos filhos, as relações entre os membros da família com o chefe ou ancião dela, tem origem no direito natural, que lhes permite certos privilégios e prerrogativas; donde resulta que enquanto existe algum dos da familia, esta não se julga totalmente extincta, e o que dela resta sucede em todos os direitos próprios da mesma família; e destes direitos é que procedem as sucessões *ab intestado*, de modo que aos pais sucedem os filhos, e na falta destes os outros descendentes, collateraes, e agnados, que, pelo direito da agnação, são membros da mesma família, como descendentes do mesmo tronco, cuja sucessão tem por fundamento o amor natural, que se presume haver estre estes, pois que é bem sabido que os pais, por isso que forão a causa eficiente de seus filhos, nada têm mais amável que estes, e esse mesmo amor se presume haver dos filhos para com os pais, irmãos para com os irmãos, sobrinhos para com os tios, e mais parentes, em razão da proximidade de sangue. Por isso as leis presumem bem, que quando o defunto não deixou testamento, isto é, quando não declarou o contrario da vontade presumida, foi porque quis que seus bens fosse áquelles a quem o sangue fez amados, e que por isso a lei chama á sucessão dos bens que vai deixar; o que me parece bastante para provar que as sucessões legitimas a favor dos propínquos são muito conformes aos principios da razão, direito natural, caridade christã, e que conduzem muito para estabelecer a boa ordem e harmonia entre as famílias.[9]

A regra da intangibilidade da legítima, que reserva, de pleno direito,[10] metade dos bens do testador aos herdeiros necessários,[11] guarda estreita consonância com esta ordem de ideias. Aliás, a própria expressão "legítima" corresponde a uma das mais odiosas heranças do direito de família à moda do Código Civil de 1916: a *família legítima*, fundada no matrimônio (e na exclusão do que dele não proviesse) e no pátrio poder dele decorrente, em função da qual critérios legitimadores de pertencimento (e de exclusão) se estabeleciam. Tal correspondência é confirmada pela literatura especializada, conforme excerto de Carlos Eduardo Pianovski Ruzyk e Rosalice Fidalgo Pinheiro:

Nessa perspectiva, a sucessão legítima guarda em suas entrelinhas, a prevalência da família como "comunidade de sangue". Nega-se tutela patrimonial àqueles que se ligam à família por laços de afeto. Às custas de um juízo de exclusão, conserva-se o patrimônio familiar dentro de um mesmo grupo, e coloca-se no centro da sucessão hereditária a propriedade.[12]

---

9 PINTO, A. J. G. *Tractado regular e pratico de testamento e sucessões*. Rio de Janeiro: Eduardo & Henrique Laemmert, 1877. p. 27-29.

10 Diz o art. 1.846, do Código Civil: "Pertence aos herdeiros necessários, de pleno direito, a metade dos bens da herança, constituindo a legítima".

11 Eis o enunciado do Código Civil: "Art. 1.789. Havendo herdeiros necessários, o testador só poderá dispor da metade da herança".

12 PIANOVSKI RUZYK, C. E.; PINHEIRO, R. F. O direito de família na Constituição de 1988 e suas repercussões no direito das sucessões: convergências e dissensões na senda da relação entre Código Civil e Constituição. *In*:

Mas a família do direito civil brasileiro contemporâneo não é mais apenas a matrimonial; não é mais continente de um organograma encabeçado por figura soturna. É, antes, um espaço amorfo de afeto e solidariedade, inspirado pela promoção do desenvolvimento das potencialidades de seus integrantes.[13] Neste quadro, a família transcende suas funções institucionais, "para retratar também os projetos pessoais de cada um de seus membros, na busca pela sua realização e felicidade, sem perder de vista, contudo, a mesma projeção para o todo familiar".[14] No dizer de Ana Carla Harmatiuk Matos, "são os *fios do afeto* que tecem a roupagem da família contemporânea, agasalhando a pessoa e sua dignidade à luz dos valores consagrados na Constituição da República".[15] Daí se dizer, com Luiz Edson Fachin:

> Eis que o tradicional modelo familiar, que instrumentalizava as relações sociais como instituição erigida sobre o tríplice estandarte do *matrimônio*, do *patrimônio* e do *pátrio poder*, dá lugar à *família nuclear eudemonista*, cujo feixe luminoso passa a focar-se por sobre as pessoas que nela se encontram afetivamente envolvidas. [...]
> Naquele passo, a família era limitada a representar uma aquarela de tonalidades e cores morais e sociais, em lugar de ser uma tela policrômica para o desenho do sentimento e do afeto. Essa renovada estruturação familiar abriu as portas à compreensão e ao reconhecimento de inúmeros outros tons, a rigor *sem modelos* excludentes, resultado de uma série de transformações sociais, especialmente ocorridas aos anos que sucederam a gênese da nova ordem constitucional.[16]

O revolvimento dos sentidos de *família* (e do direito das famílias), com transformações também em seus fins, contemporaneamente vincados à promoção de liberdades multifacetadas, exige um repensar do modelo da sucessão forçada (legítima), para além das já discutidas e resolvidas questões atinentes à vocação hereditária. Este é, induvidosamente, um desafio à concretização da agenda evocatória do direito civil brasileiro contemporâneo; é, também, uma exigência imposta pela constituição prospectiva

---

CONRADO, M.; PINHEIRO, R. F. *Direito privado e Constituição*: ensaios para uma recompreensão valorativa da pessoa e do patrimônio. Curitiba: Juruá, 2009. p. 435.

13 Acerca do tema, enuncia Fachin: "Progressivamente, com o surgimento do desenho de afeto no plano dos fatos, ela [a família] se inscreve numa trajetória de direitos subjetivos: de espaço de poder se abre para o terreno da liberdade: o direito de ser ou de estar, e como se quer ser ou estar" (FACHIN, L. E. Inovação e tradição no direito de família contemporâneo sob o novo Código Civil brasileiro. *Ânima*, v. 3. Disponível em: http://www.anima-opet.com.br/pdf/anima3/anima3-Luiz-Edson-Fachin.pdf. Acesso em: 20 jul. 2019).

14 HIRONAKA, G. M. F. N. A incessante travessia dos tempos e a renovação dos paradigmas: a família, seu status e seu enquadramento na pós-modernidade. *In*: BEZERRA DE MENEZES, J.; MATOS, A. C. H. (Org.). *Direito das famílias por juristas brasileiras*. São Paulo: Saraiva, 2013. p. 30.

15 MATOS, A. C. A família recomposta: em busca de seu pleno reconhecimento jurídico. *In*: BEZERRA DE MENEZES, J.; MATOS, A. C. H. (Org.). *Direito das famílias por juristas brasileiras*. São Paulo: Saraiva, 2013. p. 320.

16 FACHIN, L. E. *Direito civil*: sentidos, transformações e fim. Rio de Janeiro: Renovar, 2015. p. 161. Este diagnóstico é reforçado em Bodin de Moraes, para quem: "[E]m contraposição ao modelo familiar tradicional [...], tornou-se possível propor uma configuração democrática de família, na qual não há direitos sem responsabilidades, nem autoridade sem democracia. [...] O adjetivo 'democrático' diz respeito à rejeição de qualquer discriminação e preconceito, à liberdade de decidir o curso da própria vida e ao direito de protagonizar igual papel ao forjar um destino comum. [...] Famílias democratizadas nada mais são do que famílias em que a dignidade de cada membro é respeitada e tutelada. Para a concretização desse processo, o que mais cumpre ressaltar é a sua pluralidade: o fenômeno familiar não é mais unitário" (BODIN DE MORAES, M. C. A nova família, de novo – Estruturas e função das famílias contemporâneas. *Pensar*, Fortaleza, v. 18, n. 2, p. 587-628, maio/ago. 2013. p. 592-593).

do direito civil, haurida não apenas de suas constituições formal e substancial, mas, igualmente, da força jurígena dos fatos.[17]

Viragens igualmente sensíveis marcam a teoria e a prática das titularidades – pilar de sustentação do direito civil sintetizado pelo instituto fundamental *propriedade*. Encravados no corpo de um ordenamento jurídico de matriz personalista, "o direito da *propriedade* e à *propriedade* [se firmam] como titularidade integrante do mínimo existencial",[18] correlatos, portanto, à acepção de *patrimônio mínimo*.[19] Neste prisma, o corte estrutural de análise dos direitos sobre as coisas cede em prol de apreciações funcionais. A preocupação com "o que é?" cede espaço para a concernente ao "a que(m) serve?". Tal recompreensão das titularidades é decisiva para o manejo do direito sucessório, que, de há muito, enuncia seu compromisso com o *fim* de preservar a propriedade no seio de dada (e ultrapassada) acepção de família.

É que a propriedade privada, pretensamente protegida pelos mecanismos sucessórios, tem sua função social tolhida pelo propósito de conservação do estado patrimonial da família – o que destoa do diapasão do direito brasileiro hodierno. Pior ainda em face da enorme limitação que o Código Civil impõe à liberdade de disposição patrimonial, na razão de um meio do patrimônio do testador – também doador ou partidor – que tenha herdeiros necessários.

Sob os auspícios da preservação da propriedade no tronco de um modelo de família já esgotado, ceifa-se a liberdade do autor da herança, de eventuais legatários e herdeiros testamentários e, mesmo, dos não proprietários – quer virtualmente, pelo critério da igualdade formal, quer realmente, pela desvinculação da titularidade de sua função. Propriedade e liberdade, a díade que acompanha o pensamento político ocidental deste o contratualismo, dissociam-se. Assim é especialmente por conta de dois aspectos, como se teve oportunidade de sublinhar alhures:

> (i) pela inconsistência da promoção da liberdade mediante limitação grave ao poder de disposição (encarnado na liberdade testamentária), quiçá o mais distintivo dos inerentes à propriedade; e (ii) pela desconsideração da posse funcional, que antecede a propriedade; que figura como sua causa e sua necessidade.[20]

As transformações havidas na teoria e na prática do direito civil relativamente a seus institutos fundamentais implicam a afinação do perfil funcional destes no diapasão da liberdade. Não apenas por ela consistir no próprio ser da pessoa humana, aquilo

---

[17] Trata-se elemento fundamental da constituição prospectiva do direito civil, de há muito perscrutada pela teoria crítica do direito civil, que assim enuncia desafio à comunidade jurídica especializada: "Descobrir o direito pela força criadora dos fatos [...], captando a legítima 'revolta dos fatos contra o código' sem a irresignação que daí retirava Gaston Morin, apreendendo que o caráter ôntico do direito está na sociedade e na realidade social, econômica e política" (FACHIN, L. E. A "reconstitucionalização" do direito civil brasileiro. *In*: FACHIN, L. E. *Questões de direito civil contemporâneo*. Rio de Janeiro: Renovar, 2008. p. 12).

[18] FACHIN, L. E. *Direito civil*: sentidos, transformações e fim. Rio de Janeiro: Renovar, 2015. p. 96.

[19] FACHIN, L. E. *Estatuto jurídico do patrimônio mínimo*. Rio de Janeiro: Renovar, 2001. p. 303-311.

[20] CORTIANO JÚNIOR, E.; RAMOS, A. L. A. Diálogos: o direito das sucessões e os institutos fundamentais de direito civil. *In*: EHRHARDT JÚNIOR, M.; CORTIANO JÚNIOR, E. (Coord.). *Transformações no direito privado nos 30 anos da Constituição*: Estudos em homenagem a Luiz Edson Fachin. Belo Horizonte: Fórum, 2019. p. 771.

que "a caracteriza, o que a faz ser o ente que é, e não outro",[21] como também pela já aludida feição *coexistencial* do governo jurídico das relações entre particulares. Assim, falar em liberdade é referir à situação da pessoa em sociedade. Outro não é o parecer de Carlos Fernandez Sessarego:

> não obstante seja o ser humano livre, e portanto digno e idêntico a si mesmo, é também, simultânea e estruturalmente, um ser coexistencial. A pessoa é estruturalmente social. O social não é primariamente algo exterior a ela. Não se pode ser pessoa senão em relação, em comunicação, com os demais seres humanos, com os *outros*. Se é *com* eles, *por* eles e *apesar* deles. O *eu* é indissociável do *nós*.[22]

A função dos institutos de direito civil, assim, pode se construir com direcionamento à promoção e à proteção do indivíduo "que se (auto) constitui socialmente, na rede de intersubjetividade que compõe a sociedade".[23] Ela emerge, pois, como vetor de liberdades, em perfis os mais variados. Estes, sem embargo da notável riqueza de estudo a respeito da liberdade na economia, na filosofia moral e política e no direito, podem ser operativamente resumidos a três: liberdade negativa (liberdade *de* coerção),[24] liberdade positiva (liberdade *para* fazer escolhas e tomar as rédeas da própria existência),[25] e liberdade substancial (liberdade *como* capacidades para o desempenho de funcionalidades almejadas pela pessoa).[26]

Na ambiência do direito de família e das sucessões, a adstrição de institutos e categorias jurídicas à promoção de liberdades, malgrado não explícita, faz-se presente

---

[21] SESSAREGO, C. F. É possível proteger, juridicamente, o projeto de vida? *Revista Eletrônica Direito e Sociedade*, Canoas, v. 5, n. 2, 2017.

[22] Tradução livre. No original: "no obstante que el ser humano es libre, y por ello digno e idéntico a sí mismo, es también, simultánea y estructuralmente, un ser coexistencial. La persona es estructuralmente social. Lo social no es primariamente algo exterior a ella. No se puede ser persona si no em relación, em comunicación, com los demás seres humanos, com los *otros*. Se es *con* ellos, *por* ellos y *a pesar* de ellos. El *yo* es indesligable del *nosotros*" (SESSAREGO, C. F. Protección a la persona humana. *In*: ADORDO, L. *et al. Daño y protección a la persona humana*. Buenos Aires: La Rocca, 1993. p. 25).

[23] PIANOVSKI RUZYK, C. E. *Institutos fundamentais de direito civil e liberdade(s)*: repensando a dimensão funcional do contrato, da propriedade e da família. Rio de Janeiro: GZ, 2011. p. 198.

[24] Trata-se da acepção de liberdade compartilhada pelos expoentes do liberalismo, a exemplo de von Mises, para quem: "Como um termo praxeológico, a liberdade se refere à esfera em que um agente pode escolher entre modos de ação alternativos. Um homem é livre contanto que possa escolher os fins e os meios a serem empregados para atingimento desses fins". Tradução livre. No original: "As a praxeological term, freedom refers to the sphere within which a acting individual is in a position to choose between alternative modes of action. A man is free in so far as he is permitted to choose ends and the means to be used for the attainment of those ends" (MISES, L. *Human action*: a treatise on economics. 4. ed. São Francisco: Fox & Wilkes, 1996. p. 279).

[25] V., a propósito: CROCKER, L. *Positive liberty*: an essay in normative political philosophy. Boston: Martinus Nijhoff, 1980. p. 10-47.

[26] Em maior detalhe: "Funcionalidades representam partes do estado de uma pessoa – particularmente as várias coisas que ela consegue fazer ou ser na condução de sua vida. A capacidade de uma pessoa reflete a combinação alternativa de funcionalidades que a pessoa pode alcançar, e das quais ela pode escolher um conjunto. A abordagem é baseada numa visão da vida como uma combinação de diversos 'seres e fazeres', de modo que a qualidade de vida se define em termos da capacidade de alcançar funcionalidades valoradas [pelo sujeito]". Tradução livre. No original: "Functionings represent parts of the state of a person – in particular the various things that he or she manages to do in leading a life. The capability of a person reflects the alternative combinations of functionings the person can achieve, and from which he or she can choose one collection. The approach is based on a view of living as a combination of various 'doings and beings', with quality of life to be assessed in terms of the capability to achieve valuable functionings" (SEN, A. Capability and well-being. *In*: NUSSBAUM, M.; SEN, A. (Org.). *The quality of life*. Oxford: Claredon Press, 1993. p. 31).

usualmente com ênfase ao perfil substantivo. É dizer: os mecanismos protetivos albergados pelas normativas familiares e sucessórias costumam se voltar a assegurar, ao vulnerável, desprovido ou desamparado, condições para viver com dignidade. Isso se confirma muito claramente, por exemplo, na mirada contemporânea que se dirige à autoridade parental[27] e aos alimentos,[28] no campo das famílias, e nas já referidas justificativas historicamente dadas ao modelo de sucessão forçada brasileiro.

Se tal é o propósito das normativas de direito de família e das sucessões e o direito civil, de fato, é presidido por um princípio de liberdade, então as restrições normativas e abstratas a liberdades (usualmente negativas e positivas) são justificáveis somente se resultarem em maior proteção ou promoção de liberdade(s) em concreto. Com isto, ademais, dá-se corpo à recomendação de Eduardo Nunes de Souza:

> Nas mais variadas áreas do Direito Civil, por outro lado, progressivamente se constata a insuficiência da análise exclusivamente estrutural e *a priori* do direito para um efetivo controle valorativo da autonomia privada à luz da legalidade constitucional. [...] Compreendidas as causas legais de invalidade como juízo abstrato feito pelo legislador sobre os prováveis efeitos a serem produzidos por certos atos, parece lógico concluir que esse juízo pode e deve ser completado em concreto pelo intérprete, a quem se autoriza afastar em parte ou no todo as consequências ordinárias da nulidade ou da anulabilidade se identificar interesse merecedor de tutela que fundamentadamente o justifique.[29]

Estas considerações de fundo importam ao escrutínio da invalidade da partilha feita em vida porque é em função dos vetustos *fins* da sucessão que aquela se define – ressalvadas as hipóteses genéricas de defeitos do negócio jurídico e de vícios de forma. E a reciclagem dos institutos fundamentais de direito civil, ao lhes tirar as bases, põe na berlinda a adequação do falar, hoje, em inoficiosidade, à moda do prescrito pelo art. 2.018, do Código Civil, que estabelece, *mutatis mutandis*, ser nula a partilha na qual não forem compreendidos todos os filhos, ou em que algum deles foi lesado na porção legítima.[30]

Importante instrumento de planejamento sucessório, a partilha feita em vida não se confunde com doação,[31] consiste em consequência do direito hereditário dos contemplados, e dispensa a ulterior realização do inventário, salvo relativamente aos bens adquiridos posteriormente. É certo, ademais e por conta disso, que "todos os

---

27 "Todos sabemos que o poder familiar – ou autoridade parental, nomenclatura por nós preferida, por ser mais adequada ao seu conteúdo constitucional – tem a duração equivalente à menoridade dos filhos, por força do que dispõe o art. 229 da Constituição Federal de 1988. E também que a autoridade parental é um múnus de direito privado, um poder jurídico, isto é, um feixe de poderes-deveres atribuídos pelo Estado aos pais, para serem exercidos no interesse dos filhos" (TEIXEIRA, A. C. B.; PENALVA, L. D. Autoridade parental, incapacidade e melhor interesse da criança: uma reflexão sobre o caso Ashley. *Revista de Informação Legislativa*, Brasília, ano 45, n. 180, p. 293-304, out./dez. 2008. p. 295).

28 Alimentos, bem se sabe, "são prestações para a satisfação das necessidades vitais de quem não pode provê-las por si", podendo alcançar não só a vida, como também "a alimentação, a cura, o vestuário e a habitação", bem assim "outras necessidades, compreendidas as intelectuais e morais, variando conforme a posição social da parte necessitada" (GOMES, O. *Direito de família*. 11. ed. Rio de Janeiro: Forense, 1999. p. 455).

29 SOUZA, E. N. Invalidades negociais em perspectiva funcional: ensaio de uma aplicação ao planejamento sucessório. *In*: TEIXEIRA, D. (Coord.). *Arquitetura do planejamento sucessório*. Belo Horizonte: Fórum, 2019. p. 211.

30 *In verbis*: "Art. 2.018. É válida a partilha feita por ascendente, por ato entre vivos ou de última vontade, contanto que não prejudique a legítima dos herdeiros necessários".

31 BARBOZA, H. H.; ALMEIDA, V. Partilha em vida como forma de planejamento sucessório. *In*: TEIXEIRA, D. (Coord.). *Arquitetura do planejamento sucessório*. Belo Horizonte: Fórum, 2019. p. 331.

herdeiros necessários devem dela participar, em igualdade de condições, como forma de assegurar sua legítima",[32] sendo que a inobservância desta importa, como visto, a nulidade deste negócio jurídico com feições especiais.

Embora pouco recorrente no cotidiano do direito de família e das sucessões, a partilha em vida ostenta grande potencial para instrumentalizar um bom planejamento sucessório. Sua disciplina jurídica pelo Código Civil, no entanto, dá-se por intermédio de apenas "um lacônico e solitário dispositivo legal. A singeleza dessa disposição legal de efeitos patrimoniais tão importantes continua a desafiar os intérpretes e a gerar insegurança nos interessados, por falta de regulamentação adequada".[33]

A econômica, mas severa, disciplina da partilha feita em vida pelo Código Civil configura campo fértil para o teste de pertinência apresentado acima: *faz sentido, no contexto contemporâneo do direito brasileiro de família e das sucessões, restringir liberdades negativa e positiva de disposição patrimonial em prol dos tradicionais fins do regime sucessório?*

Quer parecer que não. Não apenas por conta dos abalos que as transformações por que passam os institutos de direito civil implicam aos alicerces das sucessões, como também por motivos de ordem sociodemográfica. É que hoje e cada vez mais, observa-se o aumento da expectativa de vida da população,[34] de modo que, sem embargo do crescente acesso a mecanismos de preservação patrimonial destinados (ou não) à realização de interesses existenciais, herda-se tarde, ao termo da execução do projeto de vida do sucessor. Se é assim, cai o último bastião da permanência das limitações a liberdades calcadas na sucessão legítima, de proteção de dependentes desamparados pela morte de um provedor (consequentemente, de resguardo de sua liberdade em sentido substancial).

Isso conduz a uma necessária consideração crítica do texto do art. 2.018 do Código Civil, na direção de um possível esforço de reforma ou, enquanto este tarda, ao menos de correções aplicativas, como advogado por Eduardo Nunes de Souza:[35]

Se a função de fato pode modificar a estrutura, como se afirma, também a invalidade determinada por lei a partir de vício estrutural do negócio pode ser modificada pelo juízo valorativo realizado sobre os efeitos negociais – ao ponto de se admitir, inclusive, que o ato venha a ser reputado plenamente válido, com a consequente preservação de

---

[32] BARBOZA, H. H.; ALMEIDA, V. Partilha em vida como forma de planejamento sucessório. *In*: TEIXEIRA, D. (Coord.). *Arquitetura do planejamento sucessório*. Belo Horizonte: Fórum, 2019. p. 334.

[33] BARBOZA, H. H.; ALMEIDA, V. Partilha em vida como forma de planejamento sucessório. *In*: TEIXEIRA, D. (Coord.). *Arquitetura do planejamento sucessório*. Belo Horizonte: Fórum, 2019. p. 326.

[34] Além disso, o maior acesso à riqueza trouxe mudanças sensíveis à vida de pessoas de todos os estamentos econômicos. Isto "facultou a milhões de brasileiros [...] a possibilidade de experimentarem alguns dos *néctares* e *manjares* com os quais sonharam [e, por longa data], sem que pudessem, entretanto, prová-los" (CATALAN, M. Defendam Jerusalém! O rolezinho e a fragmentação do direito nos tribunais brasileiros. Constituição, economia e desenvolvimento. *RABDCONST*, v. 9, n. 16, p. 71-84, jan./jun. 2017. p. 77).

[35] Ressalva-se que, embora as passagens transcritas neste texto se coadunem com o argumento ora apresentado, as referências ao prestigiado autor não significam adesão à integralidade das teses por si sustentadas, especialmente no que toca à inutilidade do plano da existência no estudo dos atos jurídicos e à tônica depositada sobre os *valores* do ordenamento.

sua total, se uma ponderação minuciosa e fundamentada dos interesses em jogo assim justificar.[36]

Desvela-se, então, um absoluto vazio de sentido na parte final do texto do art. 2.018, do Código Civil, bem assim nos demais dispositivos voltados a consagrar a intangibilidade da reserva dos herdeiros necessários. Esta constatação não é diversa da alcançada pelos cada vez mais numerosos críticos ao modelo de sucessão forçada brasileiro. Mas (e nem poderia ser diferente) suas atenções costumam se voltar às previsões normativas de maior alcance. A proposta de reflexão a respeito do solitário dispositivo voltado à partilha feita em vida se presta a, muito modestamente, alastrar o escopo das investigações sobre o estado do direito sucessório *vis a vis* os demais segmentos do direito civil contemporâneo, sem perder de vista sua valia para a teoria e a prática do planejamento sucessório.

Referências

BARBOZA, H. H.; ALMEIDA, V. Partilha em vida como forma de planejamento sucessório. *In*: TEIXEIRA, D. (Coord.). *Arquitetura do planejamento sucessório*. Belo Horizonte: Fórum, 2019.

BEVILÁQUA, C. *Direito das sucessões*. Rio de Janeiro: Editora Rio, 1978.

BODIN DE MORAES, M. C. A nova família, de novo – Estruturas e função das famílias contemporâneas. *Pensar*, Fortaleza, v. 18, n. 2, p. 587-628, maio/ago. 2013.

BORGES, R. C. B.; DANTAS, R. L. Direito das sucessões e a proteção dos vulneráveis econômicos. *RBDC*, v. 11, p. 73-91, jan./mar. 2017.

CATALAN, M. Defendam Jerusalém! O rolezinho e a fragmentação do direito nos tribunais brasileiros. Constituição, economia e desenvolvimento. *RABDCONST*, v. 9, n. 16, p. 71-84, jan./jun. 2017.

CORTIANO JUNIOR, E.; RAMOS, A. L. A. Diálogos: o direito das sucessões e os institutos fundamentais de direito civil. *In*: EHRHARDT JUNIOR, M.; CORTIANO JUNIOR, E. (Coord.). *Transformações no direito privado nos 30 anos da Constituição*: Estudos em homenagem a Luiz Edson Fachin. Belo Horizonte: Fórum, 2019.

CROCKER, L. *Positive liberty*: an essay in normative political philosophy. Boston: Martinus Nijhoff, 1980.

FACHIN, L. E. A "reconstitucionalização" do direito civil brasileiro. *In*: FACHIN, L. E. *Questões de direito civil contemporâneo*. Rio de Janeiro: Renovar, 2008.

FACHIN, L. E. *Direito civil*: sentidos, transformações e fim. Rio de Janeiro: Renovar, 2015.

FACHIN, L. E. *Estatuto jurídico do patrimônio mínimo*. Rio de Janeiro: Renovar, 2001.

FACHIN, L. E. Inovação e tradição no direito de família contemporâneo sob o novo Código Civil brasileiro. *Ânima*, v. 3. Disponível em: http://www.anima-opet.com.br/pdf/anima3/anima3-Luiz-Edson-Fachin.pdf. Acesso em: 20 jul. 2019.

GOMES, O. *Direito de família*. 11. ed. Rio de Janeiro: Forense, 1999.

GOMES, O. *Raízes históricas e sociológicas do código civil brasileiro*. São Paulo: Martins Fontes, 2003.

HIRONAKA, G. M. F. N. A incessante travessia dos tempos e a renovação dos paradigmas: a família, seu status e seu enquadramento na pós-modernidade. *In*: BEZERRA DE MENEZES, J.; MATOS, A. C. H. (Org.). *Direito das famílias por juristas brasileiras*. São Paulo: Saraiva, 2013.

MATOS, A. C. A família recomposta: em busca de seu pleno reconhecimento jurídico. *In*: BEZERRA DE MENEZES, J.; MATOS, A. C. H. (Org.). *Direito das famílias por juristas brasileiras*. São Paulo: Saraiva, 2013.

MISES, L. *Human action*: a treatise on economics. 4. ed. São Francisco: Fox & Wilkes, 1996.

[36] SOUZA, E. N. Invalidades negociais em perspectiva funcional: ensaio de uma aplicação ao planejamento sucessório. *In*: TEIXEIRA, D. (Coord.). *Arquitetura do planejamento sucessório*. Belo Horizonte: Fórum, 2019. p. 214-215.

MOTA PINTO, C. A. *Teoria geral do direito civil*. 3. ed. Coimbra: Coimbra Editora, 1993.

NEVARES, A. L. M. *A função promocional do testamento*. Rio de Janeiro: Renovar, 2009.

PIANOVSKI RUZYK, C. E. *Institutos fundamentais de direito civil e liberdade(s)*: repensando a dimensão funcional do contrato, da propriedade e da família. Rio de Janeiro: GZ, 2011.

PIANOVSKI RUZYK, C. E.; PINHEIRO, R. F. O direito de família na Constituição de 1988 e suas repercussões no direito das sucessões: convergências e dissensões na senda da relação entre Código Civil e Constituição. *In*: CONRADO, M.; PINHEIRO, R. F. *Direito privado e Constituição*: ensaios para uma recompreensão valorativa da pessoa e do patrimônio. Curitiba: Juruá, 2009.

PINTO, A. J. G. *Tractado regular e pratico de testamento e sucessões*. Rio de Janeiro: Eduardo & Henrique Laemmert, 1877.

SEN, A. Capability and well-being. *In*: NUSSBAUM, M.; SEN, A. (Org.). *The quality of life*. Oxford: Claredon Press, 1993.

SESSAREGO, C. F. É possível proteger, juridicamente, o projeto de vida? *Revista Eletrônica Direito e Sociedade*, Canoas, v. 5, n. 2, 2017.

SESSAREGO, C. F. Protección a la persona humana. *In*: ADORDO, L. *et al*. *Daño y protección a la persona humana*. Buenos Aires: La Rocca, 1993.

SOUZA, E. N. Invalidades negociais em perspectiva funcional: ensaio de uma aplicação ao planejamento sucessório. *In*: TEIXEIRA, D. (Coord.). *Arquitetura do planejamento sucessório*. Belo Horizonte: Fórum, 2019.

TEIXEIRA, A. C. B.; PENALVA, L. D. Autoridade parental, incapacidade e melhor interesse da criança: uma reflexão sobre o caso Ashley. *Revista de Informação Legislativa*, Brasília, ano 45, n. 180, p. 293-304, out./dez. 2008.

TEPEDINO, G. Prefácio. *In*: NEVARES, A. L. M. *A função promocional do testamento*. Rio de Janeiro: Renovar, 2009.

Informação bibliográfica deste texto, conforme a NBR 6023:2018 da Associação Brasileira de Normas Técnicas (ABNT):

RAMOS, André Luiz Arnt. Sobre a invalidade da partilha feita em vida e a necessidade de revisitar o texto do art. 2.018 do Código Civil. *In*: TEIXEIRA, Daniele Chaves (Coord.). *Arquitetura do planejamento sucessório*. 3. ed. Belo Horizonte: Fórum, 2022. p. 303-312. Tomo I. ISBN 978-65-5518-459-4.

PERFIL DINÂMICO DA INVALIDADE DO NEGÓCIO JURÍDICO E SUAS APLICAÇÕES AO PLANEJAMENTO SUCESSÓRIO

EDUARDO NUNES DE SOUZA

1 Introdução

Tem crescido significativamente, nos últimos anos, o interesse da comunidade jurídica em torno do planejamento sucessório. Os motivos para esse processo são os mais variados, e talvez só possam ser plenamente conhecidos futuramente, em um retrospecto histórico sobre o cenário atual, tão repleto de incertezas e mudanças. De um lado, muda drasticamente e em velocidade vertiginosa um dos pilares do direito sucessório: a família.[1] Definida atualmente pelo vínculo funcional de solidariedade formado entre seus membros (e não mais por modelos estruturais abstratamente previstos pela lei), a família admite cada vez menos as soluções pré-estabelecidas pelo legislador, e aspira cada vez mais por espaços de autonomia. Nesse particular, prognostica-se contemporaneamente sua progressiva contratualização, ressalvada a tutela específica de membros vulneráveis.[2] O direito das sucessões, amplamente fundado na família,[3] haveria de ser afetado, mais cedo ou mais tarde, pela incerteza acerca dos atuais contornos desse conceito.

---

1 Como aduz Pietro PERLINGIERI no direito italiano, em lição de todo aplicável ao caso brasileiro, a família "é garantida pela Constituição [...] não como portadora de um interesse superior e superindividual, mas sim, em função da realização das exigências humanas, como o lugar onde se desenvolve a pessoa [...]. A família é valor constitucionalmente garantido nos limites de sua conformação e de não contraditoriedade aos valores que caracterizam as relações civis, especialmente a dignidade humana: ainda que diversas possam ser as suas modalidades de organização, ela é finalizada à educação e à promoção daqueles que a ela pertencem" (*Perfis do direito civil*. Rio de Janeiro: Renovar, 1997, pp. 243-244).

2 Oportuna, no tema, a crítica formulada por Maria Celina BODIN DE MORAES sobre a disciplina jurídica do casamento: "Assim sendo, cabe questionar se se devem manter tantas e tão detalhadas regras, provenientes de um tempo em que o casamento representava o eixo central da família, do qual todas as demais relações familiares derivavam: seja a regulamentação da vida em comum, seja a legalidade do parentesco, seja a licitude das relações íntimas" (A nova família, de novo: estruturas e função das famílias contemporâneas. *Pensar*, vol. 18, n. 2. Fortaleza: mai.-ago./2013, pp. 616-617).

3 Em particular porque "a sucessão legítima repousa no direito de família, como pondera GOMES, Orlando. *Sucessões*. Rio de Janeiro: Forense, 2008, p. 1.

Por outro lado, em todos os setores do direito civil tem-se assistido a um processo de revitalização da autonomia privada.[4] O princípio, que originalmente correspondia à própria essência dos institutos civilísticos, sofreu, ao longo do tempo, uma série de restrições, conforme se reconhecia a necessidade de tutelar outros interesses juridicamente relevantes, particularmente aqueles vinculados à solidariedade social. Recentemente, porém, verifica-se um movimento pendular de retorno a uma posição intermediária: cogita-se, então, de uma autonomia privada ressignificada, tutelada sem os excessos do direito civil tradicional, que a concebia como dogma; afirma-se, a um só tempo, a liberdade negocial como valor em si mesmo e a diuturna necessidade de ponderá-la com os demais valores do ordenamento.[5] Crescem, assim, as demandas por espaços de autonomia privada mesmo nos setores do direito civil mais infensos a ela, como o direito das sucessões.

De fato, o direito sucessório configurou-se historicamente como uma síntese fiel do problema central do direito civil moderno, isto é, da necessidade de se garantirem espaços de autonomia privada por meio da aparentemente contraditória restrição dessa autonomia.[6] O regime jurídico das sucessões *mortis causa* compreende, assim, um dos mais simbólicos instrumentos da autonomia privada (o negócio jurídico do testamento, ao lado de outros arranjos menos complexos, como o codicilo e a cessão de direitos hereditários), mas é fortemente limitado por normas cogentes. Esse delicado equilíbrio entre liberdade e autonomia (em grande medida representado pela tensão entre herança legítima e testamentária), porém, não se manteve imutável com o passar dos anos: recentemente, ao mesmo tempo em que já se tem proposto a funcionalização[7] do testamento (que passa a promover, assim, outros valores para além da própria

---

4 A respeito, já se ponderou que "a ideologização da vontade (a exasperá-la ou demonizá-la) acaba por prejudicar a dogmática do direito civil, reduzindo, de maneira inquietante, o debate jurisprudencial (relacionado ao controle da atividade econômica privada, à execução específica das obrigações e à responsabilidade civil) à posição política do magistrado em relação ao consumidor, ao fornecedor, à Fazenda Pública, ao empresário, ao empregado e assim por diante. Daí o empobrecimento da dogmática e da jurisprudência" (TEPEDINO, Gustavo. Evolução da autonomia privada e o papel da vontade na atividade contratual. In: FRANÇA, Erasmo Valladão; ADAMEK, Marcus von (Coord.). *Temas de direito empresarial*. São Paulo: Malheiros, 2014, p. 334).

5 Vale destacar, nesse ponto, a advertência de Pietro PERLINGIERI, que sustenta que o "dogma da autonomia privada [...] não pode ser tomado como postulado. É necessário questionar, ao contrário, quais são os aspectos em que se manifesta a autonomia negocial. Tradicionalmente, responde-se que esta se traduz, antes de tudo, na liberdade de negociar, de escolher o contratante, de determinar o conteúdo do contrato ou do ato, de escolher, por vezes, a forma do ato. É preciso verificar se tais liberdades encontram efetiva confirmação na teoria dos atos, em razão da fisionomia que esta assume diante dos princípios gerais do ordenamento. É a partir de tais princípios que se extrai a valoração de merecimento de tutela para a autonomia negocial: a autonomia, portanto, não é um valor em si" (*O direito civil na legalidade constitucional*. Rio de Janeiro: Renovar, 2008, pp. 341-342). Em sentido diverso, mas não incompatível com tal entendimento, o presente estudo parte do pressuposto de que o ato de autonomia privada, desde que não viole a axiologia do ordenamento jurídico (portanto, desde que lícito e não abusivo) será merecedor de tutela, ainda que não promova especificamente nenhum interesse supraindividual, de modo que a autonomia pode, sim, ser considerada um valor juridicamente merecedor de tutela.

6 Sobre o ponto, permita-se remeter a SOUZA, Eduardo Nunes de. Merecimento de tutela: a nova fronteira da legalidade no direito privado. *Revista de Direito Privado*, vol. 58. São Paulo: RT, abr.-jun./2014, item 4.

7 Sobre os conceitos de análise funcional e de funcionalização, permita-se remeter a SOUZA, Eduardo Nunes de. Função negocial e função social do contrato: subsídios para um estudo comparativo. *Revista de Direito Privado*, vol. 54. São Paulo: RT, abr.-jun./2013, item 1.

autonomia privada),[8] começam a ser questionados dogmas antes intocáveis do direito das sucessões – inclusive o próprio princípio da intangibilidade da legítima.[9]

Como se sabe, em linha de princípio, quanto mais a vontade individual assume o papel de fonte geradora dos efeitos jurídicos de determinado ato, tanto maior tende a se tornar a resistência, por parte do ordenamento jurídico, à tutela desses efeitos.[10] De fato, a dificuldade em se reconhecerem efeitos jurídicos decorrentes da vontade particular (e não seria demais lembrar o relevante o papel conferido à vontade individual pela dogmática civilista, nos moldes liberais que a caracterizam, com mitigações, até hoje) levou a uma gradação: a tarefa exige um número maior de requisitos quanto maior for o papel da vontade individual na atribuição de efeitos a determinado ato.[11] Distinguem-se, assim, os atos privados cujos efeitos decorrem da lei (os atos-fatos jurídicos e os atos jurídicos em sentido estrito) e os atos que, também empreendidos por particulares, têm seus efeitos por estes escolhidos (os negócios jurídicos).

Em matéria sucessória, porém, a desconfiança acerca da liberdade negocial por parte do ordenamento jurídico parece incidir mais fortemente do que em qualquer outro setor do direito civil. De um lado, o testamento apresenta a peculiaridade de estar necessariamente destinado a produzir seus principais efeitos após a morte do declarante; tal particularidade dessa espécie negocial contribui para explicar os motivos pelos quais seu conteúdo é tão fortemente regulado (além de justificar a construção histórica da regra hermenêutica que exige a interpretação mais restritiva possível para as disposições do testador).[12] De outra parte, a sucessão *mortis causa* é o único setor do direito privado que permite ao particular a sucessão a título universal, isto é, a disposição de seu inteiro patrimônio em um único ato;[13] as consequências drásticas dessa permissão sobre a circulação dos bens parecem ter contribuído para a intensa regulação do setor.

Um trabalho complexo como o planejamento sucessório, por consequência, há de enfrentar os entraves originalmente concebidos para a autonomia negocial em um setor tão ciosamente preenchido por interesses de ordem pública pelo legislador. Esses entraves, evidentemente, não decorrem de escolhas legais infundadas, mas representam, isto sim, um juízo valorativo prévio por parte do ordenamento acerca de atos particulares com certas características.[14] Um estudo que se pretenda profícuo acerca dos limites impostos

---

8 Cf. NEVARES, Ana Luísa Maia. *A função promocional do testamento*. Rio de Janeiro: Renovar, 2009.

9 Cf. TEIXEIRA, Daniele Chaves. *Planejamento sucessório:* pressupostos e limites. Belo Horizonte: Fórum, 2017, Capítulo 2.

10 A diversidade de regime jurídico baseada no papel desempenhado pela vontade em cada tipo de ato é ressaltada por Salvatore PUGLIATTI, segundo o qual a tutela jurídica dos atos voluntários (atos jurídicos em sentido lato) compreende "[...] seja o interesse perseguido pelo sujeito, seja a vontade (subjetiva) que o persegue. Mas se a tutela do interesse permanece fechada em qualquer tipo de ato, a tutela da vontade se alcança de maneira diversa em relação às duas categorias dos atos (simplesmente) voluntários e dos atos de vontade: assim essa definição, que tem valor apenas sob o perfil jurídico, impõe-se e se sustenta com referência à fundamental diferença de alcance da tutela jurídica" (*I fatti giuridici*. Milano: Giuffrè, 1996, p. 55. Tradução livre).

11 A propósito, permita-se a remissão a SOUZA, Eduardo Nunes de. Categorias de atos jurídicos lícitos e seu controle de validade. *Revista dos Tribunais*, vol. 967. São Paulo: Revista dos Tribunais, mai./2016.

12 De fato, a regra *in claris non fit interpretatio* era originalmente dirigida apenas à interpretação de testamentos, tendo sido depois degenerada em regra geral de hermenêutica (MAXIMILIANO, Carlos. *Hermenêutica e aplicação do direito*. Rio de Janeiro: Forense, 1980, pp. 33-34).

13 PEREIRA, Caio Mário da Silva. *Instituições de direito civil*, vol. I. Rio de Janeiro: GEN, 2016, p. 334.

14 Tese desenvolvida em maior detalhe em: SOUZA, Eduardo Nunes de. *Teoria geral das invalidades do negócio jurídico*: nulidade e anulabilidade no direito civil contemporâneo. São Paulo: Almedina, 2017.

à autonomia privada em matéria de planejamento sucessório deve, por isso mesmo, apreciar os fundamentos valorativos ocultos sob a aparência dos vícios de nulidade e anulabilidade previstos pela lei para negócios praticados nessa seara. É sobre esses fundamentos valorativos que se passa a discorrer.

2 Perfil funcional das invalidades negociais no direito civil contemporâneo

No campo das sucessões *mortis causa*, as causas legais de invalidade negocial se revelam particularmente relevantes, na medida em que promovem um juízo axiológico sobre os atos de autonomia privada, a partir da aferição do preenchimento ou não de certos requisitos pela sua estrutura[15] – requisitos que, para o legislador, seriam necessários e suficientes para denotar a legitimidade dos efeitos jurídicos que o ato se destina a produzir.[16] Tais requisitos podem ser compreendidos, contemporaneamente, como pressupostos mínimos cuja observância permite ao legislador presumir que, na normalidade dos casos, os efeitos a serem produzidos por certo negócio jurídico poderão ser reconhecidos pelo ordenamento, isto é, podem ser revestidos de juridicidade e exigibilidade.[17] O papel desempenhado pelas invalidades, nesse sentido, não é meramente o de investigar a presença ou a ausência de certos vícios na estrutura original de um ato, mas sim o de sinalizar para o intérprete uma presunção de legitimidade ou ilegitimidade das situações jurídicas que costumam decorrer de atos que apresentam ou não tais defeitos. É da aprovação pelo sistema dos efeitos que potencialmente decorrerão de cada ato jurídico que trata o legislador ao dispor sobre sua validade.[18]

Na mesma linha de raciocínio, presumem-se contrários ao sistema os efeitos decorrentes de atos que não preencham todos os requisitos de validade. Como se percebe, embora se trate de uma análise deflagrada por vícios originários do ato, isto é, verificados em abstrato apenas sobre a estrutura do mesmo, ainda se está diante de uma análise valorativa – ainda que restrita, em um primeiro momento, aos limites ínsitos à natureza geral e abstrata da norma legislada. De acordo com a valoração das situações jurídicas normalmente decorrentes de atos com tais ou quais vícios, prevê o

---

15 MENEZES CORDEIRO considera a nulidade "uma falha estrutural do negócio" (*Tratado de direito civil*, vol. II. Coimbra: Almedina, 2012, p. 924), a ressaltar sua vinculação ao perfil estático do ato negocial. Nesse sentido, Caio Mário da Silva PEREIRA afirma sobre a invalidade do negócio jurídico "que a sua configuração vai prender-se à sua estrutura" (*Instituições de direito civil*, vol. I, cit., p. 528).

16 No direito italiano, por exemplo, afirma Guido ALPA: "Na linguagem jurídica, esse termo [validade] e o seu contrário [invalidade] tem um significado técnico preciso: o contrato e, de modo mais geral, o negócio [...] não é válido quando não responde aos requisitos indicados pela lei" (*Corso di diritto contrattuale*. Padova: CEDAM, 2006, p. 120. Tradução livre). Na doutrina francesa, já se encontra na obra de AUBRY e RAU a definição: "a nulidade é a invalidade ou a ineficácia de que um ato é atingido como contraventor de um comando ou de uma vedação da lei" (*Cours de droit civil français*, t. 1er. Paris: ILGJ, 1869, p. 118. Tradução livre). No direito brasileiro, v. Orlando GOMES: "Negócio nulo é o que se pratica com infração de preceito legal de ordem pública" (*Introdução ao direito civil*. Rio de Janeiro: Forense, 2008, p. 423).

17 Leciona Pietro PERLINGIERI: "A juridicidade traduz-se no poder de realizar ou de exigir que outros realizem (ou que se abstenham de realizar) determinados atos e encontra confirmação em princípios e em normas jurídicas" (*O direito civil na legalidade constitucional*, cit., p. 672).

18 Cf. SOUZA, Eduardo Nunes de. *Teoria geral das invalidades do negócio jurídico:* nulidade e anulabilidade no direito civil contemporâneo. São Paulo: Almedina, 2017, *passim*.

legislador os regimes da nulidade e da anulabilidade, com consequências específicas e suficientes, na generalidade dos casos, para regular esses efeitos.[19]

A noção de que toda invalidade representa uma contrariedade ao ordenamento conduz a uma outra discussão, há muito conhecida pela doutrina, consistente em se saber se o negócio nulo pode ser considerado, tecnicamente, um *negócio ilícito*.[20] De fato, a rigor, um negócio ilícito não é apenas aquele que apresenta um objeto ilícito, mas aquele que contraria, de qualquer modo, a lei.[21] Ainda que se entendesse tratar-se tão somente do negócio dotado de objeto ilícito, não poderia haver dúvidas: semelhante negócio há de ser reputado nulo, por expressa disposição do art. 166, II do Código Civil.[22] Assim, por exemplo, quem celebra contrato que tenha por objeto a herança de pessoa viva, celebra contrato nulo, uma vez que tal objeto é expressamente vedado pelo art. 426 do Código Civil.[23] Pouco importa, nesse caso, que a nulidade seja virtual, ante a ausência de expressa cominação legal – a vedação ao *pactum corvinum* é expressa, e isso basta para a configuração da nulidade; aliás, em se considerando que o objeto de tal contratação é vedado por lei, seria até mesmo de se indagar se a disposição do art. 166, II não permitiria considerar que essa nulidade é verdadeiramente textual.

Nas mais variadas áreas do direito civil, por outro lado, progressivamente se constata a insuficiência da análise exclusivamente estrutural e *a priori* do direito para um efetivo controle valorativo da autonomia privada à luz da legalidade constitucional.[24] Em matéria de invalidade dos atos jurídicos, a necessidade de uma análise funcional e dinâmica implica que a valoração dos efeitos concretamente produzidos por certos

---

19 Caio Mário da Silva PEREIRA reconhecia o valor da teoria clássica das nulidades, mas recomendava "bom senso" em sua aplicação: "o que se deve ter presente é que os conceitos tradicionais ainda são e devem ter-se por constitutivos de um sistema conveniente. Tem dado bons resultados, bastando comedimento e bom senso na sua aplicação" (*Instituições de direito civil*, vol. I, cit., pp. 541-542).

20 A questão já era abordada, nos primeiros anos do século XX, por FERRARA, para quem a conexão entre os conceitos era clara: "Quando a lei diz: não quero que isto seja feito, nesse enérgico comando negativo está a expressão do interesse da sociedade. O privado deve obedecer. Se não quer, se conclui um negócio em aberta contradição com a lei, esse negócio será nulo. A ordem jurídica o repudia de seu seio. De fato, seria inconcebível um contrato que violasse a justiça com eficácia jurídica, já que a negação do direito não pode encontra proteção no direito mesmo. O negócio ilícito é o abuso da liberdade contratual: é a rebelião da atividade privada contra a vontade imutável e imperativa da lei. [...] Um negócio em choque com uma vedação civil é um negócio ilícito" (*Teoria del negozio illecito nel diritto civile italiano*. Milano: Società Editrice Libraria, 1902, p. 3. Tradução livre).

21 Uma dificuldade inicial para a admissão desse entendimento foi a perplexidade, por parte da doutrina, de que um negócio jurídico, situado na categoria dos atos humanos lícitos, pudesse receber a qualificação "ilícito", normalmente reservada aos atos humanos ilícitos. Superada esta dificuldade, conclui SCOGNAMIGLIO: "o negócio ilícito não é desconforme ao direito diversamente, por exemplo, daquele viciado na forma. Só é diferente a causa específica da invalidade, o assim chamado vício, que nessa hipótese é reconduzido à contrariedade do conteúdo negocial [...] a alguma norma imperativa ou proibitiva: contrariedade que se torna possível justamente pela relevância do negócio como ato de autonomia privada. Resulta clara, em relação a essa última observação, a diferença que existe entre negócio ilícito e ato ilícito; e ainda se explica como o negócio encontra, ainda assim, a sanção da invalidade, que assume – e a coisa parece evidente – em todo caso o mesmo valor, qualquer que seja o vício que a causa" (*Contributo alla teoria del negozio giuridico*. Napoli: Jovene, 2008, p. 378. Tradução livre).

22 *Verbis:* "Art. 166. É nulo o negócio jurídico quando: [...] II – for ilícito, impossível ou indeterminável o seu objeto; [...]".

23 *Verbis:* "Art. 426. Não pode ser objeto de contrato a herança de pessoa viva".

24 Sustenta PERLINGIERI: "Abre-se para o civilista um vasto e sugestivo programa de investigação, que propõe a realização de objetivos qualificados: individuar um sistema do direito civil mais harmonizado com os princípios fundamentais e, em particular, com as necessidades existenciais da pessoa; redefinir o fundamento e a extensão dos institutos jurídicos, especialmente civilísticos, destacando os seus perfis funcionais, em uma tentativa de revitalização de cada normativa à luz de um renovado juízo de valor [...]" (*O direito civil na legalidade constitucional*, cit., p. 591).

atos (em princípio) inválidos possa justificar um tratamento jurídico diferenciado em relação ao abstrato regime previsto para a nulidade ou a anulabilidade negocial,[25] à luz de um juízo de merecimento de tutela dos valores e interesses concretamente envolvidos.[26] Compreendidas as causas legais de invalidade como um juízo abstrato feito pelo legislador sobre os prováveis efeitos a serem produzidos por certos atos, parece lógico concluir que esse juízo pode e deve ser completado em concreto pelo intérprete, a quem se autoriza afastar em parte ou no todo as consequências ordinárias da nulidade ou da anulabilidade se identificar interesse merecedor de tutela[27] que fundamentadamente o justifique.[28]

Semelhante proposta se funda sobre uma aparente contradição: é preciso recorrer, ao mesmo tempo, tanto à análise estrutural quanto à análise funcional para a identificação de uma invalidade.[29] De fato, embora o problema da validade apenas se coloque diante de uma causa legal (expressa ou virtual)[30] de invalidade a ser observada na estrutura do ato jurídico, a conclusão final quanto à validade depende da valoração dos efeitos que o ato pode (e costuma) ter concretamente produzido, à revelia da presunção inicial de desconformidade desses efeitos com o ordenamento. Apenas em concreto pode o julgador confirmar a adequação da disciplina prevista em lei para os efeitos do ato de acordo com os vícios verificados (caracterizadores de nulidade ou de anulabilidade, com as peculiaridades de cada regime) ou, diversamente, modular a disciplina legal, fundamentando a viabilidade da manutenção de alguns ou de todos os efeitos do ato ou, ainda, a necessidade de seu desfazimento total ou parcial.

Desse modo, autoriza-se ao intérprete a modulação do regime legal da nulidade e da anulabilidade por força de uma concreta valoração dos efeitos negociais, fundamentadamente, sempre que a disciplina prevista para o tipo de invalidade não promover,

---

25 Com efeito, René JAPIOT, um dos expoentes da teoria crítica das nulidades negociais na França, denunciava a artificialidade do sistema clássico – que, segundo o autor, "[...] apenas apresenta o regime das nulidades sob essa forma elegante e clara tomando por ponto de partida certas concepções nascidas da imaginação dos teóricos, e violentando as realidades objetivas para lhes atribuir uma simplicidade puramente artificial" (*Des nullités en matière d'actes juridiques*: éssai d'une théorie nouvelle. Paris: LGDJ, 1909, p. 156. Tradução livre).

26 Conforme sintetiza Pietro PERLINGIERI, "os interesses individuados, deduzidos no contrato ou a eles coligados, são diversos, de maneira que as patologias contratuais são obrigadas a se conformar a tais interesses. Os 'remédios' devem ser adequados aos interesses" (*O direito civil na legalidade constitucional*, cit., p. 374). No direito brasileiro, cf. BDINE JÚNIOR, Hamid Charaf. *Efeitos do negócio jurídico nulo*. São Paulo: Saraiva, 2010, p. 211; SOUZA, Eduardo Nunes de. Invalidade do negócio jurídico em uma perspectiva funcional. In: TEPEDINO, Gustavo (Coord.). *O Código Civil na perspectiva civil-constitucional:* Parte Geral. Rio de Janeiro: Renovar, 2013, pp. 375 e ss.

27 Trata-se de ponderação em concreto que deve acompanhar a valoração previamente realizada pelo legislador. A respeito dessas duas instâncias de ponderação, cf. BARCELLOS, Ana Paula de. *Ponderação, racionalidade e atividade jurisdicional*. Rio de Janeiro: Renovar, 2005, pp. 154-155.

28 Nesse sentido, Hamid Charaf BDINE JÚNIOR propõe que "o que se tem em vista no campo das invalidades são os valores a tutelar. Prestigiam-se os que forem mais dignos de proteção [...]. Se tais valores forem prestigiados pela manutenção do contrato que o ordenamento relaciona entre os passíveis de nulidade, não se haverá de declarar a invalidade que, como sanção, deve ser justificada pela violação às mesmas finalidades indicadas" (*Efeitos do negócio jurídico nulo*, cit., p. 131).

29 Cf. SOUZA, Eduardo Nunes de. *Teoria geral das invalidades do negócio jurídico*, cit., item 2.4.

30 Leciona Francesco GALGANO: "não se exige, para que um contrato seja nulo, que a nulidade seja prevista pela lei como consequência da violação de uma norma imperativa; basta que uma norma imperativa tenha sido violada. [...] É a assim chamada nulidade virtual, que supera o antigo princípio da nulidade textual" (Il negozio giuridico. In CICÙ, Antonio; MESSINEO, Francesco; MENGONI, Luigi; SCHLESINGER, Piero (Coord.). *Trattato di diritto civile e commerciale*. Milano: Giuffrè, 2002, p. 267. Tradução livre).

do modo mais adequado, os valores do ordenamento.[31] Assim, as causas legais de invalidade representam apenas um indício da necessidade de desfazimento dos efeitos do ato (de ofício ou a pedido do interessado, de forma retroativa ou apenas para o futuro, e assim por diante, a depender do tipo de invalidade).[32] Concretamente, porém, é possível que um ato em princípio inválido seja reputado parcial ou totalmente válido pelo julgador, desde que reste demonstrado, a partir de juízo de merecimento de tutela dos interesses envolvidos, que a alteração das regras gerais da invalidade conduzirá a uma maior compatibilidade com a axiologia do sistema.

O principal entrave a essa perspectiva funcional das invalidades negociais parece residir na notável difusão, nas últimas décadas, da teoria dos planos de análise do negócio jurídico no direito brasileiro. Conhecida também pela designação de *escala ponteana*, em reconhecimento à relevância da obra de Pontes de Miranda para sua popularização,[33] a análise dos negócios jurídicos compartimentada entre os planos da existência, da validade e da eficácia, embora aparentemente didática e de grande utilidade prática,[34] não apenas carece de subsídio no sistema positivo brasileiro como ainda acarreta uma série de concepções inadequadas em matéria de invalidade negocial.[35]

A primeira delas, e talvez a mais grave, é a noção de que a eficácia negocial consistiria em fenômeno apartado da validade – concepção frontalmente contrária à dinâmica negocial. Na verdade, as questões normalmente relegadas ao chamado plano da eficácia costumam restringir-se às causas de ineficácia superveniente do ato, ao passo que o chamado "plano da validade" cuida da inteira discussão quanto à manutenção ou ao desfazimento de efeitos de um ato que apresente um vício originário. A rigor, também em matéria de validade negocial se está diante de um problema de eficácia.[36] Mais ainda, progressivamente se flexibilizam as diferenças entre os regimes da nulidade e da anulabilidade, conforme se reconhece que não há distinção ontológica entre tais categorias, mas simples tentativas do legislador de graduar a (in)eficácia dos atos inválidos.[37]

---

[31] Pietro PERLINGIERI ressalta a relevância do perfil da eficácia para a identificação da invalidade: "[...] a determinação da sanção (nulidade – e diversa graduação das suas consequências –, anulabilidade ou ineficácia) é o resultado de uma atenta consideração dos valores e interesses envolvidos: a função da norma não se extrai da 'sanção' nulidade, mas é a nulidade que deve ser justificada com base na função (pré-individuada) da norma" (*Perfis do direito civil*: introdução ao direito civil constitucional. Rio de Janeiro: Renovar, 2007, p. 291).

[32] Cf. SOUZA, Eduardo Nunes de. Invalidade do negócio jurídico em uma perspectiva funcional, cit., p. 375.

[33] MIRANDA, F. C. Pontes de. *Tratado de direito privado*, t. IV. São Paulo: Revista dos Tribunais, 2012, p. 6.

[34] A demonstrar o apreço da doutrina por tal facilidade didática, Antônio Junqueira de AZEVEDO: "o aparentemente insolúvel problema das nulidades está colocado de pernas para o ar. É preciso, em primeiro lugar, estabelecer, com clareza, quando um negócio existe, quando, uma vez existente, vale, e quando, uma vez existente e válido, ele passa a produzir efeitos. Feito isto, a inexistência, a invalidade e a ineficácia surgirão e se imporão à mente com a mesma inexorabilidade das deduções matemáticas" (*Negócio jurídico*: existência, validade e eficácia. São Paulo: Saraiva, 2002, p. 25).

[35] As críticas mencionadas neste trabalho aos planos de análise do negócio jurídico encontram-se desenvolvidas em SOUZA, Eduardo Nunes de. *Teoria geral das invalidades do negócio jurídico*, cit., *passim*.

[36] Cite-se a precisa lição de Salvatore PUGLIATTI: "Ao perfil da eficácia se reportam os assim chamados requisitos de validade, aos quais não interessam a existência jurídica do negócio nem o surgimento dos efeitos jurídicos, mas unicamente a duração de tais efeitos, já que esses são destinados a desaparecer mediante a impugnação de quem é pela lei legitimado a isso" (*I fatti giuridici*, cit., p. 66. Tradução livre).

[37] A distinção é mitigada, dentre outros, por J. G. do VALLE FERREIRA: "Atos nulos e atos anuláveis são igualmente imperfeitos, padecem de imperfeições, mais ou menos graves, mas o certo é que têm a mesma existência irregular e precária" (Subsídios para o estudo das nulidades. *Revista da Faculdade de Direito da UFMG*, a. XIV, n. 3 (nova fase). Belo Horizonte: out./1963, p. 30). Assim também reconhece a doutrina italiana, que já admite que uma

Outro equívoco fomentado pela teoria dos planos de análise, embora muito mais tradicional em doutrina do que essa própria teoria, corresponde à noção de que as nulidades operariam de pleno direito ou, em outra formulação, de que os atos nulos jamais produziriam efeitos. Não é recente em doutrina a crítica à suposta operatividade *pleno iure* da invalidade.[38] Em verdade, muito ao contrário, a produção de efeitos pelo ato inválido se dá, com grande frequência, independentemente da existência de vícios, seja pela execução espontânea de alguns ou da totalidade dos efeitos pelas partes, seja pela simples criação de confiança legítima das partes na validade e exigibilidade plena do negócio.[39]

Assim, a intervenção judicial é sempre imprescindível em matéria de invalidade: a uma, para determinar se restou verificada uma causa de invalidade (muitas vezes de duvidosa identificação para as partes e mesmo para terceiros); a duas, para, em caso afirmativo, aferir se a disciplina legal daquele tipo de invalidade atende de modo satisfatório à ponderação dos interesses concretamente envolvidos ou se, ao revés, tais interesses justificam uma modulação diferenciada dos efeitos já produzidos ou a serem produzidos pelo negócio. Não existe, portanto, invalidade de pleno direito. A invalidade consiste em uma valoração sobre os efeitos do ato, iniciada em abstrato pelo legislador (ao prever a causa de nulidade ou anulabilidade e suas consequências jurídicas) e a ser concluída pelo intérprete à luz do caso concreto.

A mesma noção se aplica aos ditos atos *inexistentes*, e a explicação é simples. A rigor, todos os exemplos de atos reputados inexistentes pela doutrina podem ser inseridos em causas de nulidade negocial, quase sempre recaindo na ilicitude do objeto ou na violação da forma prescrita.[40] Ilustrativamente, são considerados inexistentes por alguns autores a declaração de última vontade gravada em vídeo, e não registrada por escrito;[41] o contrato sobre herança de pessoa viva;[42] o testamento celebrado por procuração ou

---

nulidade, por exemplo, possa ser reputada em certos casos como prescritível, sanável ou acionável apenas por quem nela tenha um interesse merecedor de proteção jurídica (*La nullità parziale*. Napoli: ESI, 2002, p. 372). Para uma análise das aproximações entre nulidade e anulabilidade, cf. SOUZA, Eduardo Nunes de. *Teoria geral das invalidades do negócio jurídico*, cit., *passim*.

38 Assim já entendiam AUBRY e RAU na doutrina francesa (*Cours de droit civil français*, t. 1er, cit., p. 122). No direito brasileiro, Orlando GOMES mostra-se contundente: "Não é igualmente correta a tese de que a nulidade é imediata ou instantânea. O negócio nulo subsiste, se escapa à apreciação do juiz. Seja para pronunciá-la, declará-la ou decretá-la, a intervenção judicial é imprescindível" (*Introdução ao direito civil*, cit., pp. 431-432). Assim também J. G. do VALLE FERREIRA: "[...] encontramos referência frequente a uma nulidade de pleno direito. A expressão é simples resíduo verbal de sistemas há muito tempo superados e assim na linguagem de hoje só pode perturbar, como frequentemente ocorre. Não há nulidade de *pleno iure*, tudo porque, mesmo inquinado do vício mais grave, o ato quase sempre conserva uma aparência de regularidade, que só pode ser destruída pela declaração do juiz" (Subsídios para o estudo das nulidades, cit., pp. 31-33).

39 Segundo a lição de René JAPIOT: "o ato, por nulo que seja, poderá ter uma existência aparente que, de forma vã, a teoria pretendia desconhecer; ele terá algo, não será o nada. Essas aparências desempenham [...] um papel importante, quer se trate de organizar sua destruição, quer se trate, ao contrário, de assegurar seu respeito" (*Des nullités en matière d'actes juridiques*, cit., pp. 169-170. Tradução livre).

40 Assim entende Orlando GOMES: "A teoria da inexistência é tida como construção inútil. A falta do objeto pode ser considerada causa de nulidade, e a da vontade, até de anulabilidade. Não obstante, muitos lhe reconhecem grande utilidade prática" (*Introdução ao direito civil*, cit., p. 422). Conclui o autor: "Se, doutrinariamente, é admissível a distinção entre inexistência e nulidade, praticamente não teria utilidade. A lei não pode admitir a categoria dos negócios jurídicos inexistentes porque, sendo simples fatos sem ressonância jurídica, logicamente, deles não deve ocupar-se" (o.l.u.c.).

41 MELLO, Marcos Bernardes de. *Teoria do fato jurídico:* plano da existência. São Paulo: Saraiva, 1999, p. 149.

42 SANTOS, J. M. Carvalho. *Código Civil brasileiro interpretado*. Volume XV. Rio de Janeiro: Freitas Bastos, 1986, p. 194.

mediante fraude, por quem se faça passar pelo testador;[43] o testamento celebrado sob reserva mental;[44] a cessão particular de direitos hereditários sem a declaração de vontade dos cessionários;[45] dentre muitos outros. No entanto, como já se observou em doutrina, os supostos atos inexistentes, na verdade, nada mais são que atos desconformes à lei e, portanto, inválidos.[46] Assim, o contrato que tenha por objeto herança de pessoa viva é nulo por versar sobre objeto vedado por lei;[47] o testamento gravado em vídeo é nulo por não seguir as formas legalmente admitidas;[48] e assim por diante.

A perspectiva funcional ora apresentada parece contribuir para a construção de um sistema das invalidades regido por uma lógica unitária, consistente na própria axiologia do ordenamento. Evita-se, assim, a visão segundo a qual a teoria das invalidades consistiria em um oceano de exceções às regras gerais, impostas sempre que o senso de justiça do intérprete ou do próprio legislador (em última análise, o seu conhecimento dos valores do sistema) determinasse solução diversa daquela que decorreria do vício verificado no ato.[49] Se a função de fato pode modificar a estrutura, como se afirma,[50] também a invalidade determinada por lei a partir de vício estrutural do negócio pode ser modificada pelo juízo valorativo realizado sobre os efeitos negociais – ao ponto de se admitir, inclusive, que o ato venha a ser reputado plenamente válido, com a consequente preservação de sua total eficácia, se uma ponderação minuciosa e fundamentada dos interesses em jogo em determinado caso concreto assim justificar.[51]

3 Conservação do negócio jurídico e planejamento sucessório

As considerações acima desenvolvidas mostram-se cruciais para o tratamento, sobretudo, das áreas do direito civil mais densamente reguladas por normas de ordem pública. De fato, quando se compreende que a invalidade negocial consiste em um juízo valorativo sobre a eficácia do ato particular, é possível ponderar os valores tutelados pela nulidade ou pela anulabilidade com outros que apresentem particular relevância no caso concreto – inclusive a própria autonomia privada. Exemplo da tutela desta última

---

43 MADALENO, Rolf. Testamentos inválidos e ineficazes: revogação, rompimento, caducidade, anulabilidade e nulidade. In: HIRONAKA, Giselda; PEREIRA, Rodrigo da Cunha (Coord.). *Direito das sucessões e o novo Código Civil*. Belo Horizonte: Del Rey, 2004, p. 265.

44 CARVALHO, Luiz Paulo Vieira de. *Direito das sucessões*. São Paulo: Atlas, 2015, p. 804.

45 TJDFT, 1ª T.C., Ap. Civ. 20080310109149, Rel. Des. Maria Ivatônia, julg. 2.9.2015, publ. 8.9.2015.

46 Sustenta, por exemplo, MENEZES CORDEIRO que "os pretensos casos de inexistência jurídica são, pois, casos de nulidade, sob pena de gravíssimas injustiças, enquadradas por puros conceitualismos" (*Tratado de direito civil*, vol. II, cit., p. 929).

47 PEREIRA, Caio Mário da Silva. *Instituições de direito civil*, vol. III. Rio de Janeiro: GEN, 2016, p. 31.

48 Nesse sentido: GOMES, Orlando. *Sucessões*, cit., p. 41.

49 A respeito da teoria das invalidades, reconhece Caio Mário da Silva PEREIRA que "foram aparecendo diversidades de entendimento e de aplicação, que lhe desfiguraram a aparência de organismo uno", de tal modo que, hoje, "vigora largo ilogismo na aplicação" (*Instituições de direito civil*, vol. I, cit., p. 540).

50 Segundo Pietro PERLINGIERI, "[N]a individuação da natureza dos institutos concorrem estrutura e função, mas é esta última, como síntese dos efeitos essenciais e característicos, produzidos ainda que de forma diferida, a tipificar a *fattispecie*" (*O direito civil na legalidade constitucional*, cit., p. 118).

51 Como precisamente notado por Pietro PUTTI, "A nulidade é o resultado de uma valoração primeiro política e depois judicial, a aplicação de uma consequência jurídica a uma determinada situação de fato e por isso é possível que a sua disciplina seja diversificada segundo as técnicas e os princípios que se podem extrair pela interpretação do fundamento das normas que a preveem" (*La nullità parziale*. Napoli: ESI, 2002, p. 373).

encontra-se consagrado no célebre princípio da *conservação do negócio jurídico*,[52] por meio do qual se impõe ao intérprete o dever[53] – mais do que a simples faculdade – de tentar preservar o conteúdo negocial e impedir que o ato deixe de produzir ao menos parte de seus efeitos, sempre que possível.[54]

Embora se cogite da aplicação do princípio de forma autônoma, isto é, pela simples manutenção de alguns ou de todos os efeitos do negócio em decorrência da ponderação dos interesses em jogo no caso concreto, a conservação do negócio jurídico é mais frequentemente invocada na forma de aplicações especificamente previstas em lei, particularmente no que tange a dois subprincípios,[55] a saber, o da *conversão* e o da *redução* do negócio jurídico.[56] O primeiro encontra-se previsto no art. 170 do Código Civil, segundo o qual, se o negócio nulo "contiver os requisitos de outro, subsistirá este quando o fim a que visavam as partes permitir supor que o teriam querido, se houvessem previsto a nulidade".[57] O segundo também foi previsto pelo legislador, na forma do art. 184 do Código Civil, que dispõe: "Respeitada a intenção das partes, a invalidade parcial de um negócio jurídico não o prejudicará na parte válida, se esta for separável; a invalidade da obrigação principal implica a das obrigações acessórias, mas a destas não induz a da obrigação principal".

O princípio da conservação do negócio jurídico não propõe a preservação do ato como um valor em si mesmo, aos moldes de uma interpretação excessivamente literal da expressão *favor negotii*. Longe disso: a rigor, o princípio é de conservação do *conteúdo* emanado da vontade do doador, do testador e assim por diante, vale dizer, da síntese objetiva de interesses e efeitos do ato.[58] O negócio, assim, isoladamente considerado,

---

[52] O princípio da conservação é considerado "uma homenagem à autonomia privada" por ASCENSÃO, José de Oliveira. *Direito civil:* teoria geral, vol. II. São Paulo: Saraiva, 2010, p. 342.

[53] Nesse sentido, AZEVEDO, Antonio Junqueira de. A conversão dos negócios jurídicos: seu interesse teórico e prático. *Revista da Faculdade de Direito da Universidade de São Paulo*, vol. 69, n. 1. São Paulo: USP, jan./1974, p. 182, segundo o qual o princípio da conservação do negócio jurídico determina que, "sempre que possível, devem o legislador e o juiz evitar que deixem de se produzir os efeitos de um negócio realizado".

[54] A respeito, leciona Alberto TRABUCCHI: "O fato de haver negócios eficazes não obstante a sua irregularidade nos mostra como o direito procura evitar, tanto quanto possível, que o negócio concluído seja reduzido ao nada. Existe uma tendência legislativa, economicamente e socialmente útil, à conservação de eficácia dos negócios jurídicos" (*Istituzioni di diritto civile*. Padova: CEDAM, 2015, p. 157. Tradução livre). Vincula-se normalmente o princípio da conservação a um imperativo de "economia jurídica" ou à tutela da boa-fé negocial (PUTTI, Pietro. *La nullità parziale*, cit., p. 374).

[55] Mas não apenas neles. Antonio Junqueira de AZEVEDO, por exemplo, sustenta que seriam reflexos do princípio da conversão a própria existência da anulabilidade como vício que apenas nega eficácia ao ato se suscitado pela parte interessada, bem como a possibilidade de abatimento do preço em caso de vícios redibitórios ou evicção (A conversão dos negócios jurídicos, cit., p. 182).

[56] A atribuição desses procedimentos ao princípio da conservação é encontradiça em doutrina. Assim, por exemplo, Carlos Roberto BARBOSA MOREIRA explica que o fundamento da conversão reside no princípio da conservação do negócio jurídico (Conversão do negócio jurídico. In: TEIXEIRA, Ana Carolina Brochado; RIBEIRO, Gustavo Pereira Leite. *Manual de teoria geral do direito civil.* Belo Horizonte: Del Rey, 2011, p. 683). Em sentido contrário, tradicional doutrina italiana já afirmou que a conversão não derivaria do princípio da conservação – imbuída, contudo, da lógica de que a conversão consistiria na transformação do negócio original em um novo ato, o que explica a incompatibilidade lógica com a ideia de conservar o primeiro (nesse sentido, cf. GRASSETTI, Cesare. *L'interpretazione del negozio giuridico con particolare riguardo ai contratti.* Padova: CEDAM, 1983, pp. 170-179).

[57] Conforme registra Carlos Roberto BARBOSA MOREIRA, o termo "conversão" é comum aos ordenamentos dos países de línguas neolatinas e já se utilizava no Brasil ao tempo da codificação anterior, a despeito da ausência de previsão legal específica (Conversão do negócio jurídico, cit., p. 678).

[58] Caio Mário da Silva PEREIRA, por exemplo, faz referência somente ao "aproveitamento da declaração de vontade" (*Instituições de direito civil*, vol. I, cit., p. 532).

não passa de uma estrutura formal sobre a qual não incide qualquer valoração, tutela ou sanção jurídicas: como já se afirmou em outra sede, são os efeitos negociais que o ordenamento jurídico valora e protege ou repele.[59] Se um novo argumento for necessário em prol da tese, ora sustentada, de que a invalidade corresponde a uma valoração dos efeitos e interesses negociais e não a um atributo ínsito à estrutura do ato, o princípio da conservação parece fornecê-lo.[60] Pela mesma lógica, apenas o defeito do negócio substancial, e não o acidental, permite à parte legitimada o remédio radical da anulação:[61] gradua-se a consequência do vício conforme o impacto que causou efetivamente sobre o regulamento negocial.[62]

Em sentido contrário, alguns autores buscam em interesses sociais e, particularmente, na solidariedade social[63] o fundamento para o princípio da conservação do negócio jurídico, ao entenderem que, tendo o ato ingressado no mundo jurídico, sua utilidade social estaria comprovada, o que tornaria imperativa sua preservação, sempre que possível.[64] Embora sustentado por autorizada doutrina, tal raciocínio consagra a proteção do ato como um fim em si mesmo,[65] ignorando que o principal parâmetro para a conservação do negócio, eleito pelo próprio legislador, reside na

---

59 Sobre o ponto, permita-se remeter a SOUZA, Eduardo Nunes de. Situações jurídicas subjetivas: aspectos controversos. *Civilistica.com*, a. 4, n. 1, 2015, item 1.

60 Particularmente em matéria de anulabilidade negocial, já se ressaltou que a lógica tradicional "não permitia explicar as amplas margens de recuperação do vínculo previsto pelo legislador, que impedem a declaratória de eliminação do contrato, embora em presença de um vício abstratamente relevante"; essa constatação permite "rodar a ponta do compasso e concentrar a *ratio* da disciplina da anulabilidade sobre a lesão do interesse contratual da parte legitimada a agir" (POLIDORI, Stefano. Lesione d'interesse e annullamento del contratto: attualità e prospettive. *Rassegna di diritto civile*. Anno 33, n. 1. Napoli: ESI, 2012, p. 254. Tradução livre).

61 A esse propósito, o art. 138 do Código Civil exige que o erro seja substancial para que possa provocar a anulabilidade do ato, definindo-o nos incisos do art. 139 ("Art. 139. O erro é substancial quando: I – interessa à natureza do negócio, ao objeto principal da declaração, ou a alguma das qualidades a ele essenciais; II – concerne à identidade ou à qualidade essencial da pessoa a quem se refira a declaração de vontade, desde que tenha influído nesta de modo relevante; III – sendo de direito e não implicando recusa à aplicação da lei, for o motivo único ou principal do negócio jurídico"). Por sua vez, o art. 145 do Código Civil afirma que "são os negócios jurídicos anuláveis por dolo, quando este for a sua causa" e o art. 146 esclarece que "o dolo acidental só obriga à satisfação das perdas e danos, e é acidental quando, a seu despeito, o negócio seria realizado, embora por outro modo". Finalmente, nos termos do art. 151 do Código Civil, "a coação, para viciar a declaração da vontade, há de ser tal que incuta ao paciente fundado temor de dano iminente e considerável".

62 Nesse sentido, na doutrina italiana, cf. LUCARELLI, Francesco. *Lesione di interesse e annullamento del contratto*. Milano: Giuffrè, 1964, pp. 63 e ss. e 97 e ss.; POLIDORI, Stefano. Lesione d'interesse e annullamento del contratto: attualità e prospettive, cit., p. 255.

63 Assim, por exemplo, Francisco Paulo de Crescenzo MARINO entende que a função social do contrato seria um dos fundamentos do princípio da conservação do negócio jurídico (*Interpretação do negócio jurídico*. São Paulo: Saraiva, 2011, p. 67). No mesmo sentido, Cristiano ZANETTI afirma que "a preservação dos efeitos dos negócios jurídicos tem um valor social, na medida de sua utilidade e também uma função social, dado que seus efeitos fomentam a colaboração por meio da criação e circulação de riquezas" (*A conservação dos contratos nulos por defeito de forma*. São Paulo: Quartier Latin, 2013, p. 64).

64 Nesse sentido, afirma Antonio Junqueira de AZEVEDO: "O princípio da conservação, portanto, é a consequência necessária do fato de o ordenamento jurídico, ao admitir a categoria negócio jurídico, estar implicitamente reconhecendo a utilidade de cada negócio jurídico em concreto" (*Negócio jurídico*, cit., p. 67).

65 Haveria, assim, um princípio geral do *favor negotii*: "justamente porque o negócio jurídico, ao ser 'recebido' pelo ordenamento, se vê *ipso facto* reconhecido como socialmente útil, vigora o princípio da conservação, segundo o qual, quer como orientação de política legislativa, quer como regra de aplicação da lei, deve-se procurar salvar o máximo possível do negócio jurídico realizado. Entre duas sanções cabíveis, deve ser escolhida a que permita a produção do maior número de efeitos. Predomina o *favor negotii*, gênero de que o *favor matrimonii* e o *favor testamentii* são espécies, multissecularmente formuladas" (AZEVEDO, Antonio Junqueira de. *Negócio jurídico e declaração negocial (noções gerais e formação da declaração negocial)*. Tese para o concurso de professor titular de Direito Civil da Faculdade de Direito da USP, 1986, p. 109).

"vontade" das partes (*rectius*, na síntese dos interesses e efeitos por elas perseguidos no momento de celebração do acordo e objetivamente insculpida neste). Parece mais lógico, diversamente, filiar a conservação à proteção da autonomia negocial, ao passo que os interesses socialmente relevantes em jogo também funcionarão como parâmetros de modulação das consequências da invalidade, mas autônomos em relação ao princípio da conservação. Por esse mesmo motivo, parte da doutrina considera o princípio da conservação inaplicável *ex officio*, devendo, em regra, ser invocado por uma das partes que celebraram o negócio.[66]

A conservação dos negócios jurídicos aplica-se tanto a casos de nulidade quanto de anulabilidade negocial, não parecendo haver óbice à sua extensão a ambas as modalidades, muito embora o art. 170 do Código Civil se refira tão somente aos negócios nulos.[67] De fato, resulta bastante plausível que, também no caso do ato anulável, uma vez pretendida judicialmente a invalidação pela parte legitimada, verifique o juiz a possibilidade de preservação do ato a partir de uma nova qualificação. O predomínio da conversão no âmbito da nulidade parece decorrer de questão eminentemente prática: na maior parte dos casos de anulabilidade, o interesse da parte legitimada a impugnar o ato (justamente o interesse que a invalidade visa a tutelar) irá preponderar sobre a proteção jurídica da vontade negocial;[68] nada impede, contudo, que, no caso concreto, o julgador verifique que o pedido de anulação mostrou-se disfuncional, sendo certo que não se autoriza a invalidação total por mero capricho da parte legitimada à impugnação, quando a redução ou a conversão forem possíveis.

Conversão e redução do negócio jurídico apenas diferem na perspectiva estrutural que procura inserir cada ato analisado em determinado tipo, dotado de elementos essenciais. Nessa lógica, a conversão ocorrerá quando o negócio, não apresentando todos os elementos (e requisitos) que caracterizam certo tipo, puder ser validamente requalificado em outra espécie negocial (*conversão material*) ou, simplesmente, na mesma espécie, adotando-se, porém, forma diversa, para a qual estejam presentes os elementos

---

66 Afirma, por exemplo, Cristiano ZANETTI que "a conversão, cumpre insistir, serve a secundar os propósitos das partes e não a violentá-los. Depende, portanto, da iniciativa da parte [...]" (*A conservação dos contratos nulos por defeito de forma*, p. 84). Se a conservação do negócio jurídico estivesse, de fato, imbuída de valores supraindividuais, não haveria razão para se afastar, de plano, sua aplicabilidade de ofício pelo juiz, ao menos em determinados casos.

67 Nesse sentido, no direito português, ASCENSÃO, José de Oliveira. *Direito civil:* teoria geral, vol. II, cit., p. 359; e, no direito brasileiro, ZANETTI, Cristiano de Sousa, *A conservação dos contratos nulos por defeito de forma*, cit., p. 76. Sob a égide do Código Civil de 1916, inclusive, sustentava-se a possibilidade de conversão de negócios simulados, a despeito de o vício, na época, ser causa de anulabilidade. Assim, por exemplo, previa Antonio Junqueira de AZEVEDO a conversão da compra e venda com pacto de retrovenda simulado em contrato de mútuo com garantia hipotecária (A conversão dos negócios jurídicos, cit., p. 189).

68 Nesse sentido, afirma-se geralmente que a conversão não seria possível nos negócios anuláveis porque, para eles, já haveria as figuras específicas da ratificação e da confirmação (v., por todos, PERLINGIERI, Pietro. *Manuale di diritto civile*. Napoli: ESI, 2014, p. 597). No direito brasileiro, Carlos Roberto BARBOSA MOREIRA restringe a conversão aos negócios nulos, "ao menos *de lege lata*", pois para os anuláveis "há a possibilidade de confirmação", mas admite a conversão de "certos negócios meramente ineficazes (*v.g.*, pacto antenupcial, ao qual não se seguiu casamento, mas mera união estável, e que, embora ineficaz como negócio daquela natureza, pode produzir, todavia, os efeitos do 'contrato escrito' a que alude o art. 1.725 do novo Código Civil)" (Conversão do negócio jurídico, cit., p. 687). Não se vislumbra, porém, razão para se afastar, em tese, a possibilidade de recusa abusiva de convalidação do ato pela parte legitimada a tanto, hipótese em que é razoável a prevalência do princípio da conservação do negócio jurídico.

suficientes (*conversão formal*).[69] A redução, por sua vez, atua no âmbito do mesmo tipo negocial a que o ato originalmente se propôs: o regulamento de interesses não é preservado em sua integralidade, suprimindo-se aspectos acessórios que não contaminam o "núcleo" do esquema negocial,[70] em aplicação da máxima *utile per inutile non vitiatur*. É a lógica da redução, portanto, que permite o reconhecimento da nulidade parcial dos negócios.[71] À semelhança da conversão, também a redução se encontra prevista em lei na disciplina de diversos institutos.[72] Do ponto de vista funcional, conversão e redução promovem o mesmo princípio, a saber, o da conservação do negócio jurídico, e tutelam o mesmo interesse: a autonomia privada.

Para além dos procedimentos de conversão e de redução do negócio jurídico, outra aplicação prevista por lei para o princípio da conservação da vontade negocial consiste, em matéria sucessória, na chamada redução das disposições testamentárias. De fato, nos termos do art. 1.967 do Código Civil, a cláusula testamentária por meio da qual o testador disponha de parcela superior à parte disponível de seu patrimônio não acarretará a nulidade do ato, a despeito de ferir vedação legal expressa do §1º do art. 1.857. Não haverá nem mesmo a invalidade parcial do testamento, aproveitando-se a disposição até o limite da parte disponível. Semelhante redução costuma ser frequentemente equiparada à redução do negócio jurídico prevista pelo art. 184 da Parte Geral do Código Civil, embora corresponda, a rigor, a hipótese bastante diversa. Com efeito, a redução das disposições testamentárias não deve obedecer ao equilíbrio de interesses originalmente previsto pelo testador, mas, muito ao contrário, deve observar o princípio da intangibilidade da legítima, que contraria o intento do autor da herança.

Contudo, assim como o procedimento geral de redução do negócio jurídico inválido, a redução das disposições testamentárias também representa alternativa considerada mais razoável pelo legislador do que a simples ineficácia que decorreria ordinariamente da violação de norma cogente, em homenagem à máxima proteção da vontade negocial (*in casu*, à vontade do testador).[73] Além disso, a não arguição do excesso na disposição

---

69 A classificação, amplamente difundida, é aludida por Salvatore PUGLIATTI (*Il fatto giuridico*, cit., p. 158), que assim define a conversão do negócio jurídico: "a vontade negocial, tendente a um determinado escopo prático, embora não podendo dar vida, por uma causa qualquer, ao tipo de negócio pré-escolhido, não resta de todo irrelevante para a ordem jurídica, podendo dar lugar a um negócio diverso, quando subsistam os requisitos de forma e substância requeridos para tanto [...]" (o.l.u.c. Tradução livre).

70 Registra Orlando GOMES que "não há critério para indicar, em termos gerais, as disposições que podem ser isoladas para não prejudicar outras"; afirma, porém, que, nos atos *inter vivos*, deve-se interpretar que "a nulidade parcial acarreta a nulidade total, a menos que o contexto da cláusula nula resulte que, independente dela, o negócio teria sido realizado do mesmo modo" (*Introdução ao direito civil*, cit., p. 424). Aprofundando-se no problema, cf., ainda, ROPPO, Enzo. *O contrato*. Coimbra: Almedina, 2009, p. 208.

71 Conforme anota Pietro PERLINGIERI, trata-se de tendência associada não apenas ao princípio da conservação como também à "prevalência do alcance do resultado" dos negócios jurídicos "e, portanto, da execução específica em relação à resolução e ao ressarcimento" (*O direito civil na legalidade constitucional*, cit., p. 398).

72 Ilustrativamente, prevê o art. 1.910 do Código Civil: "Art. 1.910. A ineficácia de uma disposição testamentária importa a das outras que, sem aquela, não teriam sido determinadas pelo testador". *A contrario sensu*, a disposição testamentária inválida que não mantenha relação com as demais não importa a invalidade do restante do ato de última vontade.

73 Conforme observa Giovanni PERLINGIERI em relação ao direito italiano, a preferência à ação de redução como alternativa à nulidade da disposição testamentária satisfaz "de modo mais eficaz os interesses envolvidos já que, para além da circunstância de que representa o remédio típico de proteção da quota de reserva [...], conjuga com razoabilidade a liberdade testamentária (assim como o interesse do testador à conservação do negócio e ao máximo respeito à sua vontade e personalidade) com a tutela dos [herdeiros] legitimários" (*Profili applicativi della ragionevolezza nel diritto civile*. Napoli: ESI, 2015, p. 88. Tradução livre).

testamentária pelos herdeiros interessados acarreta a plena eficácia da cláusula.[74] Solução semelhante à redução das disposições testamentárias corresponde, ainda, à redução da doação inoficiosa prevista pelo art. 2.007 do Código Civil,[75] dentre tantos outros exemplos com frequência associados equivocadamente à redução do negócio, vez que igualmente imbuídos da tentativa de se preservar a vontade negocial.

Vale evidenciar, por fim, que a produção de efeitos pelo ato formalmente inválido pode se dar a despeito da vontade das partes e, portanto, em contrariedade ao princípio ora apreciado. É o que acontece na maior parte das vezes em que se admitem efeitos não previstos pelas partes para o negócio, que dificilmente estarão voltados à satisfação do interesse individual delas. A tutela da autonomia negocial, assim, deve sempre ser sopesada com os demais valores em jogo, podendo ceder espaço a outros interesses em concreto,[76] que passam a se servir da conservação do ato para a sua própria promoção.[77]

4 Requisitos formais, segurança jurídica e planejamento sucessório

O conhecimento dos valores envolvidos na previsão legal de causas de invalidade negocial também é particularmente útil ao intérprete para detectar hipóteses em que tais valores se encontrem satisfatoriamente preservados sem que se precise recorrer à negativa de efeitos do negócio. Isso ocorrerá com frequência naquelas invalidades previstas precipuamente com vistas a promover segurança jurídica. Entre as suas múltiplas acepções, a segurança jurídica pode ser entendida como a possibilidade de se preverem as consequências jurídicas para determinadas *fattispecie* concretas, sendo comum associar tal previsibilidade ao respeito à literalidade da lei e à sua aplicação estritamente subsuntiva.[78] Em perspectiva contemporânea, porém, tem-se sustentado

---

[74] TEPEDINO, Gustavo; BARBOZA, Heloisa Helena; e MORAES, Maria Celina Bodin de (Org.). *Código Civil interpretado conforme a Constituição da República*, vol. IV. Rio de Janeiro: Renovar, 2014, p. 820. Segundo Caio Mário da Silva PEREIRA, podem promover a redução o herdeiro necessário, o sub-rogado nos seus direitos, por aquisição ou por sucessão, bem como os credores do lesado, mas não os do falecido (*Instituições de direito civil*, vol. VI, cit., p. 326).

[75] *Verbis:* "Art. 2.007. São sujeitas à redução as doações em que se apurar excesso quanto ao que o doador poderia dispor, no momento da liberalidade. [...]".

[76] Na doutrina italiana, Pietro PUTTI observa que o caráter protetivo das invalidades em relação a partes vulneráveis no negócio enseja uma "desvalorização, por parte do legislador, do perfil formal da invalidade em prol de um *favor contractus* geral" que supera o próprio princípio da conservação (*La nullità parziale*, cit., p. 374). Tais casos, vale observar, embora possam ser vinculados à conservação do negócio jurídico, na verdade expressam uma outra tendência, a saber, a de recondução do ato "aos parâmetros da legalidade", em expressão já usada pelo Superior Tribunal de Justiça: "A ordem jurídica é harmônica com os interesses individuais e do desenvolvimento econômico-social. Ela não fulmina completamente os atos que lhe são desconformes em qualquer extensão. A teoria dos negócios jurídicos, amplamente informada pelo princípio da conservação dos seus efeitos, estabelece que até mesmo as normas cogentes destinam-se a ordenar e coordenar a prática dos atos necessários ao convívio social, respeitados os negócios jurídicos realizados. Deve-se preferir a interpretação que evita a anulação completa do ato praticado, optando-se pela sua redução e recondução aos parâmetros da legalidade" (STJ, REsp. 1.106.625/PR, 3ª T., Rel. Min. Sidnei Beneti, julg. 16.8.2011).

[77] É o que parece ocorrer, por exemplo, nos casos em que se sustenta a subsistência de deveres oriundos da boa-fé a despeito da nulidade do negócio: "Verifica-se agora que certos deveres acessórios, destinados, em princípio, a acompanhar a vinculação contratual, subsistem quando o Direito recuse eficácia à tentativa jurígena ensaiada. Esses deveres acessórios visam, pois, algo que transcende o escopo da autonomia privada" (CORDEIRO, António Menezes. *Da boa-fé no direito civil*. Coimbra: Almedina, 2007, p. 619).

[78] Nesse sentido, leciona Francisco AMARAL: "Os sistemas jurídicos devem permitir que cada pessoa possa prever o resultado de seu comportamento, o que ressalta a importância do aspecto formal das normas jurídicas, a sua forma de expressão. O direito tem, por isso, como um dos seus valores fundamentais, para muitos o primeiro na

que tal associação deve ser substituída pela noção de que o ordenamento, em abstrato, pode e costuma propor mais de uma solução para cada caso, de tal modo que o processo de interpretação e aplicação do direito diante da controvérsia concreta será legítimo (e terá atendido, assim, à segurança jurídica) se, balizado pelos parâmetros valorativos do sistema, for racionalmente fundamentado.[79]

Essa compreensão renovada da segurança jurídica[80] pode resultar, no caso concreto, na impossibilidade de se modularem funcionalmente as consequências legislativamente previstas para determinadas *fattispecie*,[81] muito embora tal postura se coadune plenamente com a abordagem funcional ora proposta (e, na verdade, justamente por isso).[82] De fato, alerta-se em doutrina que o afastamento em concreto de um ou alguns dos aspectos do regime legal das invalidades negociais poderia conduzir, com o tempo, a um preocupante efeito adverso: uma expectativa, socialmente disseminada, da superação de certas hipóteses de invalidade ou, ainda mais gravemente, um verdadeiro encorajamento das partes a celebrarem negócios nulos ou anuláveis, supondo que tais atos serão, na prática, eficazes.[83] Ressalta-se, assim, a necessidade de que a modulação das consequências da

---

sua escala, a segurança, que consiste, precisamente, na certeza da ordem jurídica e na confiança de sua realização, isto é, no conhecimento dos direitos e deveres estabelecidos e na certeza de seu exercício e cumprimento, e ainda na previsibilidade dos efeitos do comportamento pessoal. A segurança jurídica, significando a estabilidade nas relações e a garantia de sua permanência, justifica o formalismo no direito" (*Direito civil:* introdução. Rio de Janeiro: Renovar, 2014, p. 21).

79 A respeito, Humberto ÁVILA aduz que o Direito deve ser entendido como "uma harmoniosa composição entre atividades semânticas e argumentativas: a atividade do operador do Direito parte de reconstruções de significados normativos por meio de regras de argumentação – contudo tem a sua aplicação dependente de postulados hermenêuticos e aplicativos" (*Teoria da segurança jurídica*. São Paulo: Malheiros, 2014, p. 269).

80 "Segurança jurídica parece consistir em *standard* primacial do Estado Constitucional brasileiro, haurido não só do preâmbulo da Constituição da República, como também da enunciação de seu rol de direitos e deveres fundamentais. [...] Não se trata, por evidente, da noção de segurança jurídica formal, confinada na predeterminação de enunciados normativos, própria do modelo codificador fechado, de inspiração iluminista. Não se tomam, como partida, os grilhões de sua adaptação às práticas consolidadas [...]. Trata-se, isso sim, de uma segurança jurídica ressignificada, substancial, mormente por intermédio do emprego de contemporâneas técnicas legislativas pelo legislador codicista privado, sob a égide da Constituição Republicana" (RAMOS, André Luiz Arnt; CORTIANO JÚNIOR, Eroulths. Segurança jurídica, precedente judicial e o direito civil brasileiro: prospecções à luz da Teoria do Direito. *Civilistica.com*. Rio de Janeiro, a. 4, n. 2, 2015, p. 6).

81 Os valores subjacentes à norma e o valor da segurança jurídica encontram-se sempre presentes quando se cogita do afastamento em concreto da incidência de um regime legal. Como leciona Humberto ÁVILA, "A superação de uma regra deverá ter, em primeiro lugar, uma justificativa condizente. Essa justificativa depende de dois fatores. Primeiro, da demonstração de incompatibilidade entre a hipótese da regra e sua finalidade subjacente. [...] Segundo, da demonstração de que o afastamento da regra não provocará expressiva insegurança jurídica" (*Teoria dos princípios*, cit., p. 147).

82 Nesse sentido, por exemplo, afirma Gustavo TEPEDINO que a "segurança jurídica deve ser alcançada pela compatibilidade das decisões judiciais com os princípios e valores constitucionais, que traduzem a identidade cultural da sociedade", em superação ao raciocínio silogístico (Liberdades, tecnologia e teoria da interpretação. *Revista da Academia Paranaense de Letras Jurídicas*, n. 3. Curitiba: Juruá, 2014, pp. 36-37). Cf. também RAMOS, André Luiz Arnt; CORTIANO JÚNIOR, Eroulths. Segurança jurídica, precedente judicial e o direito civil brasileiro, cit., pp. 6 e ss.

83 Segundo Humberto ÁVILA, o risco é de se preservar "a segurança jurídica no passado, incentivando a insegurança jurídica em maior medida no futuro. É importante ter em conta, sempre, que, se é verdade que a decisão de manter efeitos de atos inválidos tem a finalidade de evitar efeitos negativos para a segurança jurídica, a própria decisão de manter tais efeitos também provoca os mesmos efeitos negativos", de modo que "a manutenção de efeitos para atos contrários ao Direito igualmente produz efeitos que se contrapõem aos princípios do Estado de Direito e da segurança jurídica, como estimular o descumprimento dos contratos e a falta de manutenção da palavra" (*Teoria da segurança jurídica*, cit., p. 554).

nulidade seja feita minuciosamente e destaque, sobretudo, as peculiaridades concretos que justificam aquele específico regulamento dos efeitos.[84]

Um importante imperativo, nesse sentido, para a tutela da segurança jurídica em matéria de invalidade – o qual, já percebido há muito pela doutrina, tem sido em grande parte atendido pelo princípio de vedação ao benefício da própria torpeza – consiste em não se preservarem, em princípio, efeitos de atos inválidos quando as partes tinham ciência do vício ao celebrá-lo.[85] De fato, a manutenção da eficácia de um ato realizado nessas circunstâncias equivaleria, na grande maioria das vezes, à homologação, pela ordem jurídica, de atos voluntária e conscientemente realizados em contrariedade a ela, o que tiraria da disciplina da invalidade negocial todo o seu sentido.[86] Pode acontecer, por evidente, que a necessidade de se tutelar algum interesse concreto (em regra, individual de terceiros ou supraindividual) justifique a manutenção de efeitos a despeito do conluio ilícito das partes. Nesse caso, porém, a modulação deve se dar na medida exata da necessidade imposta por esse interesse preponderante, invalidando-se, sempre que possível, parcialmente o ato no que disser respeito apenas ao interesse das partes.[87]

Assim, se outros valores (embora sempre relevantes no ordenamento do caso concreto) podem não chegar a desempenhar papel decisivo para a individuação da normativa aplicável, a proteção da segurança jurídica e a tutela da vontade negocial correspondem a princípios que, independentemente da hipótese em análise, sempre exercerão particular influência em matéria de invalidade do negócio. Assim como a tutela da vontade negocial, a segurança jurídica desempenha um papel que já foi referido como "ambíguo": pode indicar tanto o sentido da modulação quanto a observância estrita do abstrato regime previsto pelo legislador.[88] De fato, não há dúvida de que a

---

84 Em posição extremada (e dirigida à declaração de inconstitucionalidade das leis), afirma-se mesmo que "o caso objeto de modulação eficacial deve ser realmente excepcional", ante a "dificuldade de repetitividade do caso no futuro" (ÁVILA, Humberto. *Teoria da segurança jurídica*, cit., p. 580).

85 Assim, se o agente "sabia ou podia saber da antijuridicidade da sua conduta, manter os efeitos significa prestigiar o descumprimento doloso da Constituição. Excetuando os casos em que o longo transcurso de tempo possa funcionar como fator estabilizador e modificador da valorização da ilicitude inicial, nos outros [...] o ato impugnado deve revestir-se de aparência de legitimidade, pois não sendo assim mantém-se a segurança jurídica passada, incentivando em maior medida a insegurança jurídica futura" (ÁVILA, Humberto. *Teoria da segurança jurídica*, cit., p. 583).

86 Conclui-se, de fato, que a segurança jurídica mantém íntima relação com o princípio da isonomia substancial: "Neste cenário e sob o crivo da igualdade, a segurança jurídica passa a ser compreendida como cognoscibilidade, confiabilidade, calculabilidade e efetividade do direito, numa perspectiva dinâmica de controlabilidade semântico-argumentativa e garantia de respeito ao jurídico" (RAMOS, André Luiz Arnt; CORTIANO JÚNIOR, Eroulths. Segurança jurídica, precedente judicial e o direito civil brasileiro, cit., p. 7).

87 Segundo PERLINGIERI, deve-se analisar o formalismo legal à luz dos interesses que ele garante: "A utilização da forma legal responde a uma política do direito que, tanto nas vicissitudes constitutivas quanto naquelas modificativas, regulamentares ou extintivas da relação, tende a garantir, tutelar e promover interesses mais merecedores de tutela; principalmente se respondem às exigências de sujeitos que no âmbito do sistema têm um estatuto de favor e em relação aos quais justifica-se ainda mais a atenção do legislador ordinário. Desse modo, não é suficiente constatar a existência ou a inexistência da forma, mas é necessário, também, perguntar-se a que serve" (*Perfis do direito civil*, cit., pp. 297-298).

88 Cite-se, mais uma vez, a esclarecedora ponderação de Humberto ÁVILA: "a mesma segurança jurídica que pode ser utilizada para manter contratos inválidos com o objetivo de preservar a boa-fé das partes que atuaram acreditando na sua validade também pode ser usada com o fim de proteger a confiança das partes que confiaram na aplicação das consequências previstas para os casos de invalidade. Em suma, a manutenção de atos ou de efeitos de atos inválidos com base na segurança jurídica é ambígua" (*Teoria da segurança jurídica*, cit., p. 555). A solução é explicitada pelo próprio autor: "Com isso se quer apenas dizer que a decisão de manter os efeitos de atos inválidos com base no princípio da segurança jurídica deve analisar todos os efeitos decorrentes da inversão da consequência normal pelo descumprimento das normas [...]. Sendo assim, as decisões que se valem dessa

invocação de certos valores juridicamente relevantes para justificar o controle judicial das consequências da invalidade também consiste em uma questão de segurança jurídica – o caso mais emblemático é, provavelmente, o da tutela da confiança: a justificativa para a proteção das situações aparentes está precisamente na necessidade de se garantir previsibilidade às relações jurídicas.[89]

É preciso, desse modo, sem raciocínios apriorísticos, investigar de modo funcional e fundamentado como a segurança jurídica será promovida da forma mais adequada no caso concreto, em um cenário de segurança substancial já designado como *equilíbrio em movimento*.[90] Em outros termos, em matéria de segurança jurídica, a solução adequada a determinados casos concretos pode ser aquela que normalmente não se associaria a esse valor: a modulação de efeitos pelo juiz, preservando-se o ato em alguma medida.[91]

Interessante discussão sobre o papel da segurança jurídica na modulação dos efeitos das invalidades negociais diz respeito à possibilidade de serem alegadas, em certas circunstâncias, nulidades formais. Conforme relatado por Menezes Cordeiro na doutrina portuguesa, a nulidade por vício de forma, diversamente da invalidade material, suscita, inclusive socialmente, a impressão de que o ato negocial deveria ser cumprido a despeito de seu vício; alega-se mesmo que, caso as nulidades formais fossem sempre passíveis de impugnação, seria possível que um celebrante, agindo de má-fé, incentivasse a pessoa com quem ele negocia a celebrar negócio nulo por defeito de forma, de modo que pudesse se beneficiar do mesmo e, em seguida, impugná-lo, em detrimento da outra parte.[92] A questão parece solucionável, em grande parte, pela modulação das consequências da invalidade possibilitada pelos já mencionados

técnica decisória não podem utilizar a segurança jurídica sem defini-la e sem analisar todos os efeitos que lhe digam respeito" (o.l.u.c.).

89 Oportuna a lição de Vicente RÁO: "O fundamento da aparência assim caracterizada vem a ser, pois, a necessidade de ordem social, de se conferir segurança às operações jurídicas, amparando-se, ao mesmo tempo, os interesses legítimos dos que corretamente procedem" (*Ato jurídico*. São Paulo: Saraiva, 1981, p. 243).

90 Ponderam André Arnt RAMOS e Eroulths CORTIANO JÚNIOR: "É, justamente, a controlabilidade semântico-argumentativa que marca a segurança jurídica substancial [...]. Nesta renovada dimensão, consagra-se o salto qualitativo da análise (em sentido amplo) de institutos e categorias jurídicas, cuja estrutura passa a interessar menos que a função. Finda-se, então, por deixar a estabilidade estática de uma ordenação, para ingressar num cenário de estabilidade como equilíbrio em movimento. Deste modo, as preocupações não mais recaem sobre categorias abstratas, mas sobre o objeto de análise em concreto. Esta ideia de movimento, na medida em que reconhecida como imanente aos pilares sustentadores do direito privado, determina a compreensão de que a previsibilidade tem, em seu âmago, a inconstância (ou algo de imprevisibilidade)" (Segurança jurídica, precedente judicial e o direito civil brasileiro, cit., pp. 7-8).

91 Aduz Zeno VELOSO: "O desfazimento inexorável de situações estabelecidas com base na aparência de legitimidade, gerando terríveis prejuízos para pessoas de boa-fé, que confiaram no que era confiável para o comum dos homens, agride e conturba, também, os postulados da certeza e segurança do Direito. A segurança jurídica é um princípio tão necessário e importante quanto o da legalidade" (*Invalidade do negócio jurídico*. Belo Horizonte: Del Rey, 2005, p. 364).

92 Nas palavras do autor: "Não obstante as apregoadas justificações da forma legal, quando prescrita – a reflexão das partes, a facilidade de prova e a publicidade – o seu desrespeito não concita, nos níveis ético, psicológico e social, a reprovação enérgica que o direito lhe conecta. As mesmas razões extrajurídicas que se viu militarem no sentido da proibição de *venire contra factum proprium* incitam, na sociedade, ao cumprimento dos negócios livremente celebrados, ainda que sem observância da forma legal. [...] No limite uma pessoa pode, com dolo até, induzir outra a celebrar um negócio sem a forma prescrita, retirar, da aparência daí emergente, os benefícios que lhe aprouver e, em qualquer momento que lhe convenha, alegar a nulidade" (CORDEIRO, António Menezes. *Da boa-fé no direito civil*, cit., p. 772).

princípios da vedação ao benefício da própria torpeza e da boa-fé objetiva[93] – e o próprio autor cogita da *exceptio doli* e de outras soluções propostas para o problema a partir do controle de abusividade da impugnação do ato.[94] Conclui, porém, que não é possível afastar, com tais argumentos, a alegabilidade das nulidades formais, que não seriam inspiradas em valores jurídicos, mas corresponderiam a imposições, de certa forma, arbitrárias do legislador;[95] a única saída para a alegação abusiva da nulidade, nesses casos, seria a via ressarcitória.[96]

Semelhante solução contraria a lógica, sustentada ao longo deste estudo, segundo a qual toda causa de invalidade traduz a expressão da tutela de interesses e valores juridicamente relevantes pelo ordenamento.[97] A percepção de que uma nulidade, apenas por dizer respeito à forma do negócio, não seria inspirada por nenhum conteúdo valorativo, embora sustentada por abalizada doutrina, não parece corresponder à realidade do direito brasileiro, sobretudo na perspectiva civil-constitucional ora adotada.[98] A opção do legislador por tornar solene um negócio que, não fosse por isso,

---

93 De fato, como afirma Luciano de Camargo PENTEADO, cuida-se de "uma das reduções teleológicas a que se deve necessariamente chegar para se ter uma compreensão adequada do que seja a nulidade e sua relação com a boa-fé objetiva. Trata-se de um imperativo de justiça material, que leva ao cumprimento dos contratos, ainda que nulos, entre as partes, quando isto for possível. Assim, pela inalegabilidade das nulidades formais, não se pode em juízo postular nulidade de atos jurídicos, notadamente bilaterais, mas também os unilaterais, a que o postulante deu causa, quando esta for de caráter formal. Quando se fala de caráter formal da nulidade não se quer pontuar apenas a nulidade por vício de forma pública (e.g. art. 108 do CC/2002), mas também toda e qualquer nulidade que não diga respeito à substância do ato, o que, evidentemente demanda análise casuística" (Figuras parcelares da boa-fé objetiva e *venire contra factum proprium*. *Revista de Direito Privado*, vol. 27. São Paulo: Revista dos Tribunais, jul./2006, p. 265).

94 Conforme pondera o autor, "a solução mais perfeita para suprimir os inconvenientes da nulidade seria, como se adivinha, a manutenção do ato nulo por vício de forma, ainda que numa saída *contra legem*. O que foi tentado, no âmbito da segunda codificação, através da *exceptio doli*" (CORDEIRO, António Menezes. *Da boa-fé no direito civil*, cit., p. 773). Considera, porém, superada de forma "definitiva" a *exceptio doli*, pois, embora a inalegabilidade do vício possa ser facilitada pelo dolo inicial de quem a alega, depende muito mais da condição da pessoa contra quem ela é alegada (Ibid., p. 781).

95 A esse respeito, conclui MENEZES CORDEIRO: "a finalidade do legislador ao instituir a forma em certos negócios jurídicos e ao associar-lhe, em caso de inobservância, a nulidade, não é prosseguir os valores de reflexão, segurança e publicidade atribuídos ao formalismo clássico do direito. Esses fatores traduzem apenas elementos de política legislativa, que o legislador terá ponderado antes de, em concreto, restringir o consensualismo, neste ou naquele caso. A finalidade do legislador foi, simplesmente, igualizar, sob a forma, todas as declarações negociais atinentes a certos setores e uniformizar, sob a nulidade, todas as violações à regra anterior. A redução teleológica de normas deste jaez equivale à violação do seu escopo. Como tal, é impossível" (*Da boa-fé no direito civil*, cit., p. 792).

96 Sustenta o autor: "o titular exercente, em abuso, incorre em previsões de indenização ou outras, consoante os efeitos práticos a ponderar. Não podem, à face do Direito português, manter-se, por via direta da boa-fé, os efeitos falhadamente procurados pelo ato nulo" (CORDEIRO, António Menezes. *Da boa-fé no direito civil*, cit., p. 795). Propõe, porém, que, pela via ressarcitória, é possível a indenização pelo interesse positivo, inclusive admitindo que "o tribunal, embora adstrito às regras plenas da nulidade, tem a possibilidade de, a título indenizatório, determinar o acatamento do contrato" (Ibid., p. 796).

97 A propósito, denuncia Pietro PERLINGIERI o risco de o entendimento segundo o qual as prescrições de forma, por serem exceções ao princípio da liberdade formal, não seriam dotadas de conteúdo conduzir à subtração dessas prescrições do exame de constitucionalidade das limitações à autonomia negocial (*O direito civil na legalidade constitucional*, cit., p. 444). Critica o autor que esse caráter excepcional "significaria a automática nulidade de todo pacto contrário. Esta posição é criticável não apenas porque no âmbito da sanção de nulidade adverte-se uma gradação diversa das consequências em razão dos interesses violados e nem sempre, além do mais, a violação da forma legal provoca a nulidade, mas, sobretudo, deve ser rejeitada porque inspirada em uma concepção mecanicista da norma inderrogável, à qual seria ínsita a nulidade" (Ibid., p. 445).

98 Nesse sentido, SAN TIAGO DANTAS é expresso ao vincular as solenidades no direito à promoção de um valor específico, consistente na segurança jurídica: "De modo que a evolução do direito cria solenidades novas e dispensa solenidades antigas, na medida em que a sociedade se vai transformando desnecessária à sua segurança certas solenidades e exigindo outras. Este é o verdadeiro ponto de vista que nós devemos colocar diante do

seguiria o princípio geral da liberdade das formas dirá respeito, em regra, à garantia da segurança jurídica e, particularmente, à certeza que decorre dessa solenidade e à necessidade de reflexão pelas partes acerca das consequências do ato que está prestes a ser celebrado por elas.[99] Mas as finalidades perseguidas pelas prescrições formais não são unívocas[100] e, portanto, os remédios ao seu descumprimento não podem sê-lo.

Por tal razão, a modulação da invalidade que tenha como causa um vício formal dependerá da ponderação, em concreto, do imperativo de garantia da segurança jurídica com outros valores juridicamente relevantes.[101] Este deve ser o raciocínio do intérprete ao analisar a viabilidade da conversão de um negócio eivado de nulidade formal. A discussão tem adquirido vulto nos últimos anos particularmente em matéria testamentária, justamente por serem as disposições testamentárias caracterizadas, tradicionalmente, pelo rigor formal. Em linhas gerais, costuma-se associar essa especial natureza solene a imperativos de segurança jurídica.[102] Há muito, porém, já destaca a doutrina que a forma testamentária deve atender prioritariamente à promoção de valores constitucionais.[103]

De fato, se a vontade do testador, como expressão de sua própria personalidade, e a posição jurídica dos herdeiros são os interesses precípuos a serem tutelados em matéria de testamento e se o rigor formal atribuído por lei a esse instituto volta-se justamente a

tormentoso problema do formalismo e do antiformalismo; problema superado por outro, que é a necessidade de segurança nas relações jurídicas. Onde a segurança o exigir, dê-se forma; onde a dispensar, dê-se liberdade de forma" (*Programa de direito civil*, vol. I. Rio de Janeiro: Forense, 2001, p. 221).

99 Sobre o princípio da liberdade das formas e a função de excepcionais exigências formais pela lei, afirma Alberto TRABUCCHI na doutrina italiana, em lição de todo aplicável ao direito brasileiro: "Por vezes o uso de uma forma precisa de manifestação é imposto para determinados atos jurídicos ou para certos efeitos. Essas disposições devem ser valoradas como excepcionais e não se estendem, assim, a casos além dos considerados [...], pois a regra é a liberdade da forma. A função da forma no ato solene, conexa com a oportunidade de predispor uma documentação e de ter certeza sobre o exato conteúdo das declarações (*animus hominis est anima scripti*), é sobretudo aquela de chamar atenção de quem conclui o negócio para a importância do ato que está prestes a celebrar" (*Istituzioni di diritto civile*, cit., p. 133. Tradução livre).

100 Em minucioso estudo sobre o tema, Cristiano de Sousa ZANETTI sustenta que toda prescrição de forma tem fundamento em uma finalidade específica do legislador, e que "definir a função da forma reclama, em verdade, esclarecer por que a exigência de certeza se faz mais premente em dados contratos do que em outros, a ponto de, nesses casos excepcionais, a validade do negócio depender de algo mais do que a simples obtenção do consenso" (*A conservação dos contratos nulos por defeito de forma*, cit., p. 192). O autor conclui que, no direito brasileiro, o rigor formal serve, essencialmente, a três propósitos: função assecuratória (consistente em "assegurar ambas as partes a respeito do exato momento do surgimento do vínculo"), função acautelatória (que visa a provocar, em uma ou em ambas as partes, a reflexão acerca das consequências do negócio que está prestes a ser realizado, precavendo-as dos riscos do mesmo) e função informativa (para garantir que o contratante mais fraco esteja plenamente ciente dos termos do negócio pactuado) (Ibid., pp. 217-218).

101 A despeito do aludido posicionamento, MENEZES CORDEIRO admite que a "redução teleológica" das prescrições formais é "mais convincente" que sua limitação pela boa-fé: "Para a concretizar, bastaria coligir os escopos visados pela prescrição de forma, de que se recordam: a defesa contra precipitações das partes, a clareza do conteúdo, a publicidade e o acautelar da posição de terceiros. Sempre que tais escopos estivessem assegurados no caso concreto, a pretensão legal ficaria satisfeita" (*Da boa-fé no direito civil*, cit., p. 790).

102 Segundo Orlando GOMES, "justifica-se o formalismo pela necessidade de dar maior segurança a uma declaração de vontade que somente se toma eficaz após a morte do declarante"; o próprio autor, porém, já advertia que não se deve "levar o formalismo dos testamentos ao extremo, apesar de serem *jus cogens* as formas testamentárias" (*Sucessões*, cit., p. 102).

103 Conforme a lição de Pietro PERLINGIERI: "toda forma é disposta não por uma função qualquer, mas por uma função que seja constitucionalmente apreciável. Trata-se de exprimir não um juízo de oportunidade no âmbito de uma discricionariedade reservada ao legislador ordinário, mas de um juízo de idoneidade a respeito de interesses proeminentes que supera uma abstrata valoração em termos de razoabilidade absoluta" (*Forma dei negozi e formalismo degli interpreti*. Napoli: ESI, 1987, p. 61. Tradução livre).

garantir que essa vontade foi emitida de forma hígida e será fielmente atendida,[104] resta evidente que uma aplicação estruturalista das normas sobre a invalidade do testamento, desacompanhada de um juízo valorativo e sistematicamente adequado, não pode se converter em um entrave à promoção dessa mesma finalidade.[105] É por essa razão que a própria lei e, com maior frequência, o julgador mitigam o formalismo excessivo do testamento, autorizando sua produção de efeitos nos casos em que os próprios interesses que a forma legal buscava resguardar encontram-se preservados.[106]

Basta lembrar, por exemplo, a regra do art. 1.859 do Código Civil, que prevê prazo decadencial de cinco anos para a impugnação da validade do testamento, abrindo relevante exceção à regra do art. 169 do mesmo diploma, que prevê a assim chamada "imprescritibilidade" das nulidades.[107] Embora o dispositivo aluda à "invalidade", de modo geral, entende-se majoritariamente que o prazo se dirige apenas à nulidade (geralmente decorrente de vício formal nos testamentos),[108] já que, para as causas de anulabilidade, foi previsto prazo específico de quatro anos pelo art. 1.909, parágrafo único, do Código Civil. A doutrina busca compatibilizar a previsão legal com a regra geral afirmando que o prazo se destina apenas ao desfazimento de efeitos patrimoniais do testamento, não os existenciais.[109] Outros autores simplesmente reconhecem a

104 Explica Ana Luiza Maia NEVARES: "A manifestação da última vontade, através do testamento, constitui expressão da personalidade humana. Por este motivo, em virtude dos efeitos *causa mortis* do ato, as formalidades testamentárias atendem a interesses superiores do ordenamento jurídico, na medida em que garantem a espontaneidade da manifestação da última vontade e a sua fiel execução quando da abertura da sucessão, em estreita conexão com a tutela da dignidade da pessoa humana" (Testamento virtual: ponderações sobre a herança digital e o futuro do testamento. *Civilistica.com*. Rio de Janeiro, a. 10, n. 1, 2021, p. 5).

105 Ilustrativamente, na jurisprudência do STJ: "[A]mbas as Turmas da 2ª Seção desta Corte Superior têm contemporizado o rigor formal do testamento, reputando-o válido sempre que encerrar a real vontade do testador, manifestada de modo livre e consciente" (STJ, AgInt nos EDcl no REsp 1.370.897, 4ª T., Rel. Min. Luís Felipe Salomão, julg. 10.10.2019); "[...] na elaboração de testamento particular, é possível sejam flexibilizadas as formalidades prescritas em lei na hipótese em que o documento foi assinado por testador e por testemunhas idôneas" (STJ, AgInt no REsp. 1.521.371, 4ª T., Rel. Min. Marco Buzzi, julg. 28.3.2017); "O testamento é um ato solene que deve submeter-se a numerosas formalidades que não podem ser descuradas ou postergadas, sob pena de nulidade. Mas todas essas formalidades não podem ser consagradas de modo exacerbado, pois a sua exigibilidade deve ser acentuada ou minorada em razão da preservação dos dois valores a que elas se destinam – razão mesma de ser do testamento –, na seguinte ordem de importância: o primeiro, para assegurar a vontade do testador, que já não poderá mais, após o seu falecimento, por óbvio, confirmar a sua vontade ou corrigir distorções, nem explicitar o seu querer que possa ter sido expresso de forma obscura ou confusa; o segundo, para proteger o direito dos herdeiros do testador" (STJ, REsp. 302.767, 4ª T., Rel. Min. César Asfor Rocha, julg. 5.6.2001).

106 Com efeito, "as formalidades testamentárias são instituídas para garantir a vontade do testador, que por vezes resta prejudicada justamente por não se terem observado algumas das solenidades previstas para a validade do testamento. Por esta razão, em diversas situações, o rigor das formas testamentárias resta atenuado, quando se mostra inequívoca a higidez da manifestação de vontade do testador, privilegiando-se o princípio do *favor testamentis*" (NEVARES, Ana Luiza Maia. Testamento virtual, cit., pp. 5-6).

107 Sobre o tema, permita-se a remissão a SOUZA, Eduardo Nunes de. *Teoria geral das invalidades do negócio jurídico*, cit., item 2.2.2 e, particularmente, pp. 218 e ss.

108 Nesse sentido, cf. TEPEDINO, Gustavo; BARBOZA, Heloisa Helena; MORAES, Maria Celina Bodin de. *Código Civil interpretado conforme a Constituição da República*, vol. IV, cit., p. 674; CARVALHO, Luiz Paulo Vieira. *Direito das sucessões*, cit., p. 817.

109 Nesse sentido, afirma-se que "o aludido art. 169 não parece estar em dissonância com a posição acima mencionada, consagrada no regime anterior, se a nulidade, em si considerada, for apartada dos efeitos patrimoniais dela decorrentes. Desse modo, as pretensões patrimoniais se submetem ao período prescricional do CC – no caso do testamento, ao período de cinco anos do art. 1.859 –, ao passo que as consequências extrapatrimoniais, que dizem respeito especialmente à tutela da personalidade, ao *status personae* e às relações de família, encontram-se protegidas pela dicção do art. 169 do Código Civil" (TEPEDINO, Gustavo; BARBOZA, Heloisa Helena; MORAES, Maria Celina Bodin de. *Código Civil interpretado conforme a Constituição da República*, vol. IV, cit., p. 674).

derrogação da regra geral,[110] havendo ainda quem sustente que, a despeito da decadência do direito de pretender o reconhecimento da nulidade, ainda seria possível ao juiz, após o prazo, reconhecê-la de ofício.[111] Progressivamente, como se percebe, tem a modulação de consequências da invalidade negocial se mostrado uma promissora possibilidade de arejamento da disciplina legislativa, mesmo no que tange às nulidades formais.[112]

5 Intangibilidade da legítima e vedação aos pactos sucessórios: fundamentos valorativos e perspectivas em matéria de invalidade negocial

Os exemplos acima mencionados buscam demonstrar a utilidade de uma perspectiva renovada e amplamente funcional sobre as invalidades negociais, no direito civil em geral e, particularmente, em matéria sucessória. As causas textuais e virtuais de invalidade previstas em lei, nesse sentido, não precisam figurar como um obstáculo ao planejamento sucessório: ao contrário, conhecer sua lógica e a rica ponderação valorativa subjacente à sua disciplina jurídica contribui para tornar, a um só tempo, mais segura e mais flexível a aplicação da invalidade negocial. De fato, a doutrina especializada tem indicado como principais óbices ao planejamento sucessório no Brasil as barreiras criadas pela intangibilidade da legítima, pela vedação ao pacto sucessório e pela incidência de tributação sobre a sucessão *mortis causa*.[113] Interessante, nesse sentido, notar que, dentre esses três fatores, os dois primeiros nada mais são do que normas ensejadoras de invalidade de negócios em matéria sucessória na ordem jurídica brasileira – e poderiam beneficiar-se de uma aplicação mais flexível, modulada no caso concreto a partir do juízo valorativo ora proposto.

No que diz respeito à intangibilidade da legítima, relevantes estudos na doutrina brasileira recente já têm proposto a necessidade de sua revisão[114] ou mesmo de seu completo afastamento.[115] Trata-se de garantia há muito criticada por parte da doutrina,

---

110 Cf., por exemplo, VENOSA, Silvio de Salvo; GOZZO, Débora. In: ALVIM, Arruda; ALVIM, Teresa (Org.). *Comentários ao Código Civil brasileiro*. Volume XVI. Rio de Janeiro: Forense, 2004, pp. 274-275.

111 Nesse sentido: CARVALHO, Luiz Paulo Vieira. *Direito das sucessões*, cit., p. 816.

112 Contundente é a lição de Zeno VELOSO: "A vícios distintos, de maior ou menor gravidade, devem ser atribuídas consequências diferentes, de maior ou menor extensão" (*Invalidade do negócio jurídico*, cit., p. 367). E arremata: "Na falta de modernização de atualização de textos legais, pode e deve o juiz interpretá-los progressivamente, aplicá-los construtivamente, diante do irreprimível movimento de socialização jurídica, de humanização do Direito, atendendo as novas concepções [...]" (Ibid., p. 364). Impõe-se, como afirma Raffaele TOMMASINI, superando-se o "excessivo formalismo", "confrontar o esquema da realidade" com a axiologia do sistema, "para ver se não emerge da hipótese fática, apesar de deformada, algum interesse merecedor de tutela de acordo com os valores formais e substanciais expressos pelo direito objetivo" (Nullità (dir. priv.). *Enciclopedia del diritto*, vol. XXVIII. Milano: Giuffrè, 1978, p. 878. Tradução livre).

113 TEIXEIRA, Daniele Chaves. *Planejamento sucessório*, cit., p. 197.

114 Nesse sentido, que parece ser predominante na doutrina brasileira, cf., entre outros: NEVARES, Ana Luiza Maia. A crise da legítima no direito brasileiro. In: TEIXEIRA, Ana Carolina Brochado; RODRIGUES, Renata de Lima (Org.). *Contratos, família e sucessões:* diálogos interdisciplinares. Indaiatuba: Foco, 2019; SCHREIBER, Anderson; VIÉGAS, Francisco de Assis. Por uma releitura funcional da legítima no direito brasileiro. *Revista de Direito Civil Contemporâneo*, n. 6, vol. 19. São Paulo: Revista dos Tribunais, abr.-jun./2019.

115 Parcialmente nessa direção, revendo posicionamento anterior que propunha uma extirpação mais radical da proteção da legítima no direito brasileiro, cf. RAMOS, André Luiz Arnt; CATALAN, Marcos Jorge. O eterno retorno: a que(m) serve o modelo brasileiro de direito sucessório?. *Civilistica.com*, a. 8, n. 2, 2019.

que nela entrevia uma injustificada restrição à autonomia privada;[116] considera-se, além disso, que não se trata de uma garantia absoluta, eis que a própria lei mitiga o seu rigor em uma série de disposições.[117] Mais do que isso, porém, o princípio afigura-se anacrônico, remontando a uma presunção absoluta de dependência financeira de todos os potenciais herdeiros em face do autor da herança, a qual não subsiste a um exame rigoroso da realidade socioeconômica atual.[118]

Sem dúvida, a sucessão legítima pode e deve ser um instrumento de proteção de membros vulneráveis da família, entendida como *locus* privilegiado de proteção e desenvolvimento da personalidade de seus membros. Cogita-se, em uma palavra, de um cenário em que a legítima seja plenamente funcionalizada à promoção da solidariedade (social e, em particular, familiar);[119] por conseguinte, almeja-se uma liberdade de testar balizada por parâmetros funcionais e não por critérios puramente estruturais, como são hoje as classes legais de herdeiros.[120] Nesse sentido, a imperatividade da reserva

---

[116] Como relata Caio Mário da Silva PEREIRA, o direito brasileiro anterior ao Código Civil de 1916 já impunha restrições à liberdade de testar, não podendo o testador dispor de mais de um terço de seu patrimônio, se houvesse herdeiros necessários; durante o processo legislativo do Código revogado, houve acirrados debates parlamentares voltados a abolir a limitação, mas acabou prevalecendo a norma restritiva, seguida, em grande medida, também pelo Código atual. Segundo o autor, "diversos são os argumentos – de ordem econômica, psicológica e sociológica – com que se procura defender a liberdade ampla de testar, argumentos que se repetem por quantos versam o assunto, já sustentado pelo democratismo extremo de Montesquieu e pelo liberalismo econômico de Stuart Mill e Le Play" (*Instituições de direito civil*, vol. VI, cit., p. 170). No mesmo sentido: "os argumentos contrários ao modelo adotado [de intangibilidade da legítima] situam-se, não raras vezes, em dogmas liberais-individualistas, que defendem a valorização da autonomia patrimonial" (TEIXEIRA, Daniele Chaves; COLOMBO, Maici Barboza dos Santos. A legítima no direito sucessório. In: TEPEDINO, Gustavo et al. (Coord.). *Direito civil constitucional:* a construção da legalidade constitucional nas relações privadas. Indaiatuba: Foco, 2022, p. 114).

[117] Trata-se, nas palavras de Caio Mário da Silva PEREIRA, de um sistema de "liberdade mitigada" de testar (*Instituições de direito civil*, vol. VI, cit., pp. 171-172). Identificam-se como relativizações à intangibilidade da legítima, figuras como a indignidade, a deserdação e as cláusulas de inalienabilidade, impenhorabilidade e incomunicabilidade (TEIXEIRA, Daniele Chaves; COLOMBO, Maici Barboza dos Santos. A legítima no direito sucessório, cit., p. 116).

[118] Como observa Ana Luiza NEVARES: "Ultrapassadas as contestações de índole individualista, baseadas na autonomia da vontade e na concepção individualista do direito de propriedade, bem como aquelas de cunho socialista, alega-se que o instituto [da legítima] é ineficaz e inoportuno na família atual, havendo quem defenda sua abolição ou ao menos sua restrição, por manifesta inutilidade, em virtude da atual realidade biológica, social-econômica e jurídica da sociedade, marcada pela longevidade crescente de seus membros e por novas técnicas de proteção, como a Seguridade Social e o contrato de seguro" (A crise da legítima no direito brasileiro, cit., pp. 263-264). No mesmo sentido: "Na atual configuração social, em que a expectativa de vida é sensivelmente maior do que era até pouco tempo atrás, torna-se comum que, ao tempo da morte da pessoa, já não existam familiares seus em situação de incapacidade – sobretudo os filhos, que herdariam necessariamente, e que, muitas vezes, já se revelam, ao tempo da morte dos pais, não apenas maiores, mas também, como se diz, 'com a vida ganha', com patrimônio próprio e independência econômica" (SCHREIBER, Anderson; VIÉGAS, Francisco de Assis. Por uma releitura funcional da legítima no direito brasileiro, cit., p. 233).

[119] Segundo Ana Luiza Maia NEVARES: "A legítima, portanto, concretiza no Direito Sucessório a solidariedade constitucional, prevista no art. 3º, inciso I da Carta Magna, na medida em que preconiza uma distribuição compulsória de bens entre os membros da comunidade familiar diante da morte de um deles"; e remata: "A solidariedade privada tem uma transcendência pública, já que se a família não absorve em sua solidariedade interna as vulnerabilidades de seus membros, estes estarão expostos e recairão sobre o sistema de seguridade do Estado, que se tem mostrado ineficiente e deficitário" (A crise da legítima no direito brasileiro, cit., p. 268).

[120] Como ponderam Anderson SCHREIBER e Francisco VIÉGAS: "A disciplina estrutural da legítima no Código Civil brasileiro, ditada exclusivamente por critérios abstratos de parentesco em igualdade formal, e imposta imperativamente ao autor da herança nesses moldes, acaba frequentemente por impedir, na prática, a adequada realização do princípio constitucional da solidariedade, ao qual é ínsito o tratamento proporcional às necessidades de cada um. [...] Mais: a autonomia para dispor gratuitamente dos próprios bens deve ser avaliada, em perspectiva civil constitucional, à luz de sua função social, fundamento e limite para a autonomia, conforme preceitua o art. 421 do Código Civil. [...] No caso da intangibilidade da legítima, isso significa que a restrição à autonomia deveria seguir parâmetros funcionais, por meio dos quais a atribuição dos bens atenda o quanto possível às reais necessidades dos familiares" (Por uma releitura funcional da legítima no direito brasileiro, cit., p. 232).

legitimária remanesce útil e revela-se da maior relevância para a proteção, por exemplo, de potenciais herdeiros incapazes, além de herdeiros idosos (cuja tutela, nos termos do art. 3º da Lei 10.741/2003, também cabe à família).[121]

Também a proteção de potenciais herdeiros com deficiência se reconhece merecedora de proteção por meio da legítima[122] (em particular no caso de pessoas com deficiência mental, que, embora reputadas formalmente capazes após o advento da Lei Brasileira de Inclusão, ainda ostentam a mesma necessidade de tutela que determinava sua possível inserção em um regime de incapacidade no direito anterior).[123] Admite-se, ainda, em linhas gerais, que familiares economicamente dependentes do futuro autor da herança tenham seus interesses preservados pela legítima – desde que tal dependência reste concretamente demonstrada, já que a sua presunção absoluta, em se tratando de potenciais herdeiros plenamente capazes, não se coaduna com a realidade social.[124]

A doutrina, porém, embora firme nessas ponderações, geralmente reconhece a impossibilidade de superação ou modificação do atual regime jurídico da legítima *de lege lata*,[125] sobretudo diante do próprio *status* constitucional da garantia,[126] que dificulta drasticamente a flexibilização, no direito brasileiro atual, das consequências

---

121 Nesse sentido, entre outros, NEVARES, Ana Luiza Maia. A crise da legítima no direito brasileiro, cit., p. 274; e SCHREIBER, Anderson; VIÉGAS, Francisco de Assis. Por uma releitura funcional da legítima no direito brasileiro, cit., p. 243, que destacam a conveniência de se aproximar o direito sucessório da disciplina dos alimentos, inclusive com a potencial extensão da condição de herdeiro necessário não apenas aos incapazes, mas também, por exemplo, aos filhos economicamente dependentes do *de cujus* até os 24 anos de idade.

122 Cf. SCHREIBER, Anderson; VIÉGAS, Francisco de Assis. Por uma releitura funcional da legítima no direito brasileiro, cit., p. 243, que se pronunciam especificamente aos filhos com deficiência do *de cujus*.

123 Sobre o ponto, permita-se a remissão a SOUZA, Eduardo Nunes de. Estatuto da Pessoa com Deficiência e aspectos da proteção do deficiente intelectual ou psíquico no direito contratual. In: TEIXEIRA, Ana Carolina Brochado; RODRIGUES, Renata de Lima (Org.). *Contratos, família e sucessões*: diálogos interdisciplinares. Indaiatuba: Foco, 2019.

124 Nessa direção, sugere-se que, "para os demais herdeiros necessários que não sejam vulneráveis, dentre eles o cônjuge, o companheiro, filhos maiores e ascendentes, conforme seja a ordem de vocação hereditária, estes não estariam na confortável situação de já lhe ser deferida *a priori* uma cota certa e determinada da herança. Se, por ocasião da abertura da sucessão, ditos herdeiros restarem desamparados diante das normas de sucessão legítima e das disposições testamentárias, poderiam pleitear ao juiz cota hereditária não superior àquela que teriam direito na sucessão legítima" (NEVARES, Ana Luiza Maia. A crise da legítima no direito brasileiro, cit., p. 274).

125 "A necessária releitura funcional da legítima não prescinde, contudo, da promoção de amplo diálogo entre os diversos setores da sociedade brasileira para a reflexão e posterior fixação de critérios (funcionais, mas) objetivos que outorguem segurança jurídica ao Direito Sucessório. Nessa perspectiva, não há caminho interpretativo viável para a releitura proposta sem uma reforma legislativa" (SCHREIBER, Anderson; VIÉGAS, Francisco de Assis. Por uma releitura funcional da legítima no direito brasileiro, cit., p. 247). No mesmo sentido, entre outros, NEVARES, Ana Luiza Maia. A crise da legítima no direito brasileiro, cit., p. 274. Alguns autores, por outro lado, afirmam que "a possibilidade de controle concreto do exercício da liberdade testamentária ou das distorções geradas pela sucessão *ab intestato* é ventilada por importantes setores da literatura especializada, em nome da promoção da dignidade e (ou) da liberdade substancial de eventuais desamparados. Essa via, decerto defensável à luz de referenciais contemporâneos, não prescinde [*sic*] sequer, para alcançar máxima consistência e amplo alcance, de ruptura com o modelo vigente, mediante afirmação *in abstracto* de ampla liberdade testamentária" (RAMOS, André Luiz Arnt; CATALAN, Marcos Jorge. O eterno retorno, cit., p. 17).

126 Embora a Constituição apenas resguarde, a rigor, o "direito à herança" (art. 5º, XXX da CF), em geral se interpreta a intangibilidade da legítima como decorrência de princípios constitucionais como o da proteção à família (art. 226 da CF), o da solidariedade (art. 3º, I da CF) e até mesmo o da tutela da propriedade (art. 5º, XXII) (NEVARES, Ana Luiza Maia. A crise da legítima no direito brasileiro, cit., p. 268; TEIXEIRA, Daniele Chaves; COLOMBO, Maici Barboza dos Santos. A legítima no direito sucessório, cit., p. 115). Alguns autores entendem que, além do fundamento na solidariedade social, a proteção da legítima decorreria também do próprio direito de herança, que "não se exprime apenas na tutela do autor da herança, mas também em alguma medida de seus herdeiros" (SCHREIBER, Anderson; VIÉGAS, Francisco de Assis. Por uma releitura funcional da legítima no direito brasileiro, cit., p. 230).

da nulidade de negócios voltados ao planejamento sucessório que não observem o princípio. Um caminho alternativo que vem sendo apontado, diante desse cenário, é a possível subtração, pelo legislador ordinário, de algumas categorias de herdeiros (em particular cônjuges e companheiros) do rol de herdeiros necessários, convertendo-os, em princípio, em facultativos, o que ofereceria maior autonomia ao testador, sem que, porém, restasse superado o óbice legal à liberdade de testar quanto à metade de seu patrimônio.[127] Mesmo essa alternativa, como se percebe, dependeria, de todo modo, de intervenção legislativa.

A vedação aos pactos sucessórios, isto é, aos negócios jurídicos que tenham por objeto a herança de pessoa viva ao tempo de sua celebração,[128] por outro lado, parece oferecer, já no momento hodierno, um potencial muito maior de releitura funcional e, por conseguinte, de eventual mitigação do rigor da literalidade do art. 426 do Código Civil. Os fundamentos normalmente indicados em doutrina para a regra são bastante variados. Em linhas gerais, afirma-se que a vedação decorreria de uma preocupação de ordem moral, voltada a se evitar que as partes findem por desejar a morte (*votum mortis*) da pessoa de cuja herança se tratou no negócio para que este pudesse produzir efeitos.[129] A imoralidade historicamente associada ao pacto sucessório rendeu-lhe justamente a conhecida alcunha de *pactum corvinium*.[130] Ao lado dessa motivação, porém, costuma-se acrescentar que a regra busca preservar a revogabilidade ampla inerente às disposições de última vontade (evitando que o testador se visse limitado por negociações prévias vinculantes com terceiros),[131] bem como resguardar potenciais herdeiros contra decisões das quais pudessem se arrepender no futuro e, ainda, evitar fraudes à lei sucessória.[132]

---

[127] A proposta, porém, em geral ressalva a proteção do cônjuge ou companheiro supérstite como herdeiro necessário caso fique comprovada sua insuficiência de recursos, simplesmente invertendo a presunção legal, ora vigente, dessa insuficiência em todos os casos. Sobre o ponto, cf. as análises de TEIXEIRA, Daniele Chaves; COLOMBO, Maici Barboza dos Santos. A legítima no direito sucessório, cit., p. 120; NEVARES, Ana Luiza Maia. A crise da legítima no direito brasileiro, cit., pp. 274 e ss.

[128] Na definição de Clóvis Beviláqua, "pactos sucessórios são aqueles em que o objeto do acordo convencional é a sucessão de um dos pactuantes ou de terceiro" (*Direito das sucessões*. Rio de Janeiro: Editora Rio, 1978, p. 276).

[129] Como leciona CARVALHO SANTOS, "os pactos sucessórios são, em essência, contrários aos bons costumes e origem de consequências prejudiciais, despertando sentimentos imorais, como seja o desejo da morte da pessoa, a quem pertence o patrimônio visado no contrato, podendo mesmo, com o correr dos tempos, tornarem-se aqueles sentimentos em tentação para o crime" (*Código Civil brasileiro interpretado*, vol. XV. Rio de Janeiro: Freitas Bastos, 1986, p. 196). Pondera, ainda, Daniel BUCAR: "Repousa a justificativa [da vedação ao pacto sucessório] em tradição romana contrária ao chamado *votum captandae mortis*, ou seja, a possibilidade de especular sobre a morte de eventual autor de herança, seu não cuidado por eventuais herdeiros que conheceriam seu destino sucessório e, até mesmo, o receio da prática criminal endereçada a tornar a expectativa em um direito sem maiores delongas" (Pactos sucessórios: possibilidades e instrumentalização. In: TEIXEIRA, Ana Carolina Brochado; RODRIGUES, Renata de Lima (Org.). *Contratos, família e sucessões:* diálogos interdisciplinares. Indaiatuba: Foco, 2019, p. 281).

[130] Como explicam, no direito francês, Philippe MALAURIE e Laurent AYNÈS, "os captadores de herança assemelham-se a aves de rapina (os corvos), que criam seus bandos para espoliar animais mortos", sendo daí decorrente o nome *pactum corvinium* normalmente conferido aos pactos estabelecidos sobre a herança de terceiros (*Droit des successions et des libéralités*. Paris: LGDJ, 2016, p. 399. Tradução livre).

[131] A questão é aventada, no direito italiano, por TRABUCCHI, Alberto. *Istituzioni di diritto civile*, cit., p. 489, que menciona o "escopo de dar uma garantia prática à absoluta revogabilidade do testamento" e apenas indiretamente o de evitar o *votum captandae mortis*. No mesmo sentido coloca-se Clóvis BEVILÁQUA, que, porém, lembra que, no direito romano, embora a regra geral fosse a da inadmissibilidade do pacto sucessório, comportava ela diversas exceções, como "quando o terceiro, de cuja sucessão se tratava, dava seu assenso ao contrato sem mudar de parecer até o advento de sua morte", ou quanto o pacto se estabelecia "entre consócios de uma *societas ominum bonorum*" (*Direito das sucessões*, cit., p. 276).

[132] Segundo BEVILÁQUA, o pacto sucessório "pode ocasionar convenções lesivas para os sucessíveis e, criando assim uma situação semelhante à que deu lugar à providência do senatus-consulto macedoniano, ou, pelo menos,

A vedação aos pactos sucessórios é tradicional no direito brasileiro e em outros ordenamentos que seguiram o modelo francês.[133] No entanto, nesses países, há muito se abriram diversas exceções legais à vedação geral.[134] E, mesmo no direito brasileiro, parece plausível questionar se todos os acordos versando sobre sucessões ainda não abertas devem ser considerados juridicamente impossíveis. De fato, o codificador civil brasileiro alude, no art. 426, ao contrato sobre "herança de pessoa viva", o que abre margem a mais de uma interpretação possível. Isso porque se costuma considerar que a expressão "pacto sucessório" abrange mais de uma modalidade de negócio jurídico, podendo corresponder, seja aos acordos feitos pelo futuro autor da herança instituindo herdeiros contratualmente a título universal ou singular (pactos *de sucedendo*), seja aos negócios de renúncia a eventuais direitos hereditários por um potencial herdeiro (pactos *de non sucedendo*);[135] alguns autores ainda diferenciam, como terceiro gênero, os acordos sobre herança alheia, dos quais não participa a própria pessoa de cuja sucessão se trata (pactos *de hereditate tertii*).[136] E a alusão à herança "de pessoa" viva poderia levar a crer, por exemplo, que a norma se dirige apenas à última hipótese, por não cogitar da herança de nenhuma das "partes", mas apenas se referir a uma (terceira) "pessoa viva".[137]

descortinando uma emergência vantajosa para que a cupidez insaciável empolgue as vítimas" (*Direito das sucessões*, cit., pp. 278-279). Já CARVALHO SANTOS entende que "os pactos sucessórios dariam margem, se tolerados, para ilidir as disposições legais que, em razão de interesse de ordem pública, reservam os direitos hereditários a determinadas pessoas, ou privam outras, no todo ou em parte, da faculdade de conseguir a herança" (*Código Civil brasileiro interpretado*, vol. XV, cit., p. 196).

133 O *Code civil* francês previa, na redação original de seu art. 1130 : "*Les choses futures peuvent être l'objet d'une obligation. On ne peut cependant renoncer à une succession non ouverte, ni faire aucune stipulation sur une pareille succession, même avec le consentement de celui de la succession duquel il s'agit*". A norma foi modificada em 2016 (*Ordonnance n. 2016-131 du 10 février*), passando a tratar de matéria totalmente diversa; no entanto, anos antes, em 2001 (*Loi n. 2001-1135 du 3 décembre*), o art. 722 do *Code* havia sido alterado, passando a dispor: "*Les conventions qui ont pour objet de créer des droits ou de renoncer à des droits sur tout ou partie d'une succession non encore ouverte ou d'un bien en dépendant ne produisent effet que dans les cas où elles sont autorisées par la loi*", previsão que permanece em vigor. O sistema de vedação aos pactos sucessórios foi seguido por ordenamentos como o italiano, cujo *Codice Civile* o prevê expressamente no art. 458: "*Fatto salvo quanto disposto dagli articoli 768-bis e seguenti, è nulla ogni convenzione con cui taluno dispone della propria successione. È del pari nullo ogni atto col quale taluno dispone dei diritti che gli possono spettare su una successione non ancora aperta, o rinunzia ai medesimi*". Considera-se que o modelo diametralmente oposto é aquele do BGB, que prevê expressamente a possibilidade do pacto sucessório (*Erbvertrag*) nos §§2274 e ss.

134 No ordenamento francês, por exemplo, já na redação original do *Code Civil* a vedação aos pactos sucessórios era excepcionada quanto às estipulações entre nubentes no momento da celebração do regime matrimonial (art. 1082). Como relatam Philippe MALAURIE e Laurent AYNÈS, o rigor da proibição foi paulatinamente mitigado pela jurisprudência francesa na segunda metade do século XX e, particularmente, pelo próprio legislador, que, sob influência especialmente do notariado, que vislumbrava em diversos pactos sucessórios atos socialmente úteis, começou a prever novas exceções legais à regra geral (*Droit des successions et des libéralités*, cit., p. 400). Os autores ainda registram que, "na prática, existem muito pactos sobre sucessão futura, consensuais e de validade duvidosa, por vezes denominados 'pactos de família', espontaneamente executados e que não ensejam nenhum contencioso" (Ibid., p. 398. Tradução livre). No direito italiano, o *Codice Civile* prevê, nos arts. 768-bis e ss., o "*patto de famiglia*", figura que permite o acordo sucessório sobre a empresa ou quotas societárias do futuro autor da herança.

135 A distinção já era lembrada por BEVILÁQUA, Clóvis. *Direito das sucessões*, cit., p. 276.

136 Nesse sentido, ilustrativamente, cf. CRUZ, Guilherme Braga da. Pacto sucessório na história do direito português. *Revista da Faculdade de Direito da Universidade de São Paulo*, vol. 60. São Paulo: 1965, pp. 96 e ss.

137 Outra interpretação possível já aventada pela doutrina especializada é a de que o art. 426 do Código Civil alude à herança propriamente dita, isto é, ao acervo patrimonial, pois, sendo este objeto de contratação, poderia restar afetada a sistemática de primazia da liquidação e pagamento dos credores do espólio; por outro lado, os negócios que versassem sobre a condição de herdeiro, particularmente aqueles de natureza renunciatória, não seriam abrangidos pela vedação (BUCAR, Daniel. Pactos sucessórios, cit., p. 291).

Ainda que se adira, porém, à interpretação mais fiel à tradição da doutrina nacional, que já entendia, sob a égide do Código Civil de 1916, já entendia que o dispositivo do art. 1.089 (de redação idêntica ao atual art. 426) dizia respeito a todo tipo de pacto sucessório,[138] mesmo assim a ineficácia *tout court* dessa espécie negocial há de ser mitigada por uma perspectiva funcional, atenta aos valores e interesses tutelados pela norma. Em primeiro lugar, em consonância com a crítica antes desenvolvida aos "planos" de análise do negócio jurídico, há de se evitar a crença de que o pacto sucessório consistiria em negócio inexistente, posição que já foi sustentada pela mais autorizada doutrina.[139] Trata-se, ao revés, de negócio em princípio nulo,[140] sendo a hipótese de nulidade virtual (art. 166, VII do Código Civil), eis que derivada de norma proibitiva que não comina sanção expressa para seu próprio descumprimento.[141] E, como toda nulidade negocial, conforme se buscou sustentar neste estudo, suas consequências devem passar por um delicado exame de adequação valorativa e sistemática, pelo intérprete, à luz do caso concreto.

Nessa perspectiva, resta claro que muitos pactos sucessórios podem, na prática, não representar qualquer ameaça aos valores juridicamente protegidos pelo art. 426 do Código Civil. A afirmativa parece particularmente verdadeira quanto aos atos de renúncia aos eventuais direitos hereditários pelo potencial herdeiro legítimo,[142] sobretudo quando com ela anui o futuro autor da herança. Ora, sendo o potencial herdeiro pessoa plenamente capaz e não estando viciada sua declaração de vontade (questões que, de resto, são inerentes a todos os negócios jurídicos e não apenas aqueles de ordem sucessória), nenhuma das típicas preocupações justificadoras da vedação ao pacto sucessório parece restar abalada. Aparentemente, não subsistirá razão para nenhum desejo de morte do futuro autor da herança por parte do renunciante; muito ao contrário. A liberdade de testar deste último tampouco resta cerceada, sendo-lhe lícito até mesmo contemplar em testamento aquele que renunciara ao eventual quinhão da legítima, restituindo-lhe a condição de herdeiro (desta vez, testamentário). E eventuais intuitos ilícitos, fraudulentos ou simulatórios das partes poderão, evidentemente, ser coibidos pelas regras de nulidade do negócio jurídico previstas nos arts. 166 e 167 do Código Civil; da mesma forma, eventual fraude a credores ensejaria a respectiva anulabilidade do pacto.

No que diz respeito ao argumento de que seria preciso proteger o potencial herdeiro contra as suas próprias decisões impensadas ou falta de previdência, o momento parece oportuno para se questionar sua adequação. Trata-se de postura paternalista com raríssimos paralelos na civilística contemporânea,[143] em que, ressalvados os casos

---

138 Nesse sentido, entre muitos outros, cf. BEVILÁQUA, Clóvis. *Direito das sucessões*, cit., p. 280.

139 Por exemplo, por SANTOS, J. M. de Carvalho. *Código Civil brasileiro interpretado*, vol. XV, cit., p. 194.

140 Nessa direção, cf. TEPEDINO, Gustavo; BARBOZA, Heloisa Helena; e MORAES, Maria Celina Bodin de (Org.). *Código Civil interpretado conforme a Constituição da República*, vol. II. Rio de Janeiro: Renovar, 2012, p. 37.

141 Sobre o tema das nulidades virtuais, permita-se remeter a SOUZA, Eduardo Nunes de. *Teoria geral das invalidades do negócio jurídico*, cit., p. 57.

142 Assim também conclui Daniel BUCAR, que vislumbrando no perfil funcional da vedação do art. 426 do Código Civil a proteção do princípio da primazia da liquidação sucessória e pagamento dos credores do espólio, conclui pela "inocorrência da proibição funcionalizada, principalmente, no pacto sucessório renunciativo" (Pactos sucessórios, cit., p. 285).

143 Crítica compartilhada por Daniel BUCAR, que pondera: "Questão que envolver, pelo menos parcialmente, a autonomia existencial das partes negocialmente envolvidas, apenas com consequências a elas mesmas não poderá ser limitada. O ato seria configurado como paternalismo estatal indefensável" (Pactos sucessórios, cit., p. 286).

de lesão ou de algum tipo de assimetria entre as partes, não se costumam proteger contratantes plenamente capazes contra "maus negócios" dos quais possam se arrepender futuramente. Ainda, contudo, que se considere semelhante proteção compatível com a solidariedade familiar que inspira o direito sucessório, sua mitigação em determinados casos não parece incompatível com a axiologia do sistema. Se até mesmo em relação à intangibilidade da legítima já se propõe, como comentado mais acima, uma reforma legislativa que exclua do rol de legitimários os potenciais herdeiros capazes que não ostentem vulnerabilidade ou dependência, por maioria de razão não se deveria refutar, sob esse argumento, uma renúncia antecipada a eventuais direitos hereditários por possível herdeiro que, em dado caso concreto, inequivocamente não dependerá dos bens da herança para sobreviver. Ao contrário, um pacto renunciativo poderia mitigar, no caso concreto e ainda *de lege lata*, os já mencionados excessos do sistema normativo atual da sucessão legítima.[144]

Nem se alegue que, antes da abertura da sucessão, sendo a situação dos potenciais herdeiros de mera expectativa de fato, seria juridicamente impossível a renúncia ou a transferência sobre direitos hereditários que ainda não adquiriram. Ora, há muito registra a melhor doutrina que a vedação ao pacto sucessório não decorre desse fundamento,[145] já que, sendo lícita a estipulação de negócio jurídico sob coisa futura, resta subentendido que, nesse particular, o pacto sucessório poderia ser reputado válido.[146] Simplesmente sujeitar-se-ia a sua eficácia a condição suspensiva (nomeadamente, a de que o potencial herdeiro venha a sobreviver ao óbito do futuro autor da herança). O verdadeiro óbice à validade dos pactos sucessórios, portanto, está na vedação legal expressa, a ser aplicada de forma sistemática pelo intérprete, por um prisma funcional, atento aos valores em jogo e às características de cada caso concreto.

Nessa delicada ponderação de interesses,[147] que poderia apontar, na direção ora sustentada, para a eficácia (parcial ou total, ou ainda acrescida de outras modulações) de determinados contratos celebrados sobre herança de pessoa viva, a promoção de valores da maior relevância pode depender da mitigação do rigor da norma que determina a nulidade desses atos.[148] Retomando-se o exemplo da renúncia antecipada a possíveis direitos hereditários por potencial herdeiro plenamente capaz e independente economicamente do futuro autor da herança, não é difícil imaginar como o reconhecimento da eficácia jurídica do pacto sucessório poderia atender a interesses

144 No mesmo sentido, cf. BUCAR, Daniel. Pactos sucessórios, cit., p. 286.

145 Nesse sentido, por exemplo, cf. PEREIRA, Caio Mário da Silva. *Instituições de direito civil*, vol. III, cit., p. 157: "A venda de uma herança futura é proibida (Código Civil, art. 426), não em razão da futuridade em si, mas pelo conteúdo de imoralidade que encerra".

146 Leciona CARVALHO SANTOS: "Poder-se-ia conceber a herança como coisa futura que certamente subsistirá, quanto à morte da pessoa à qual pertence, e que poderá subsistir quanto ao patrimônio que esta deixará e a sobrevivência do sucessível. Sob este aspecto, a própria herança poderia formar objeto de contrato, como coisa futura, quase como esperança de herança" (*Código Civil brasileiro interpretado*, vol. XV, cit., p. 196). Vale registrar, nesse passo, que a vedação ao pacto comissório no direito francês (pelo art. 1130 da redação original do *Code civil*) era prevista justamente como uma exceção à possibilidade de que coisas futuras fossem objeto de uma obrigação (a qual era prevista na primeira alínea do mesmo dispositivo).

147 O papel da ponderação em perspectiva civil-constitucional foi desenvolvido em maior detalhe e com ampla bibliografia em SOUZA, Eduardo Nunes de. Merecimento de tutela, cit., item 3.

148 Sobre a modulação da consequência das invalidades negociais funcionalizada à promoção de valores juridicamente relevantes, permita-se a remissão a SOUZA, Eduardo Nunes de. *Teoria geral das invalidades do negócio jurídico*, cit., *passim* e, particularmente, item 2.4.

existenciais de alta relevância para o ordenamento.[149] Pense-se, por exemplo, nos casos de tantos filhos adultos, jamais reconhecidos por seus pais biológicos em decorrência de interesses exclusivamente sucessórios do genitor e de sua família, que poderiam obter o reconhecimento amigável de sua paternidade, evitando procedimentos contenciosos (financeira e emocionalmente) custosos, caso lhes fosse reconhecida a validade jurídica de renunciar, desde logo, a eventuais direitos sobre uma herança da qual já sabem que não dependerão no futuro. Hipóteses como essas, nada incomuns na realidade social, poderiam encontrar uma tutela mais efetiva de interesses da maior relevância na perspectiva funcional sobre as consequências da invalidade do negócio jurídico, guardadas todas as precauções, já aludidas, que a modulação dessas consequências no caso concreto demanda do intérprete.

6 Conclusão

Uma perspectiva contemporânea da invalidade negocial parece demandar um estudo renovado das muitas aparentes exceções classicamente adotadas pela doutrina e pela jurisprudência às regras gerais da invalidade, indagando-se quais valores juridicamente relevantes as justificam. O mesmo se aplica aos regimes, tantas vezes ditos "excepcionais", previstos pelo próprio legislador para certos casos particulares de invalidade; embora tais casos já estejam, em princípio, resolvidos de antemão pela norma específica, o estudo da *ratio* que orientou a elaboração desta não apenas contribui para sua interpretação e aplicação, como pode servir a orientar o julgador na valoração de outras hipóteses que, conquanto se relacionem com os mesmos valores, ainda não conseguiram ser apreendidas pelo processo legislativo. Incumbe à doutrina o papel de sistematizar, em cada uma dessas aparentes exceções, quais formas diferenciadas de eficácia de negócios inválidos têm sido propostas com base na incidência de quais valores jurídicos – oferecendo, assim, subsídios úteis ao hermeneuta para a avaliação dos casos concretos que se lhe apresentam.

Semelhante perspectiva, capaz de restituir às invalidades negociais, no plano teórico, sua unidade lógica e valorativa, e de promover, no plano prático, uma aplicação mais fiel da axiologia do ordenamento ao caso concreto, a partir da eventual modulação, em determinados casos, das consequências ordinárias da invalidade à luz dos interesses em jogo, ostenta enorme potencial em matéria de planejamento sucessório. O presente estudo buscou exemplificar algumas dessas possíveis aplicações, tais como a utilidade do princípio da conservação do negócio jurídico na redução das disposições testamentárias, a relevância das nulidades formais para a promoção da segurança jurídica em matéria sucessória e, ainda, as possíveis repercussões que uma análise funcional da intangibilidade da legítima e da vedação ao pacto sucessório pela doutrina contemporânea podem exercer em matéria de modulação das consequências da invalidade de atos voltados ao planejamento sucessório.

---

[149] Assim também sustenta Daniel BUCAR: "a proibição, a qual já foi combatida por anacrônica e assistemática em sua dominante acepção, mais do que isso, é óbice ao exercício de uma liberdade funcionalizada, refletida em negócios dialéticos e solidários. Em última análise, por ser a vida econômico-patrimonial parte integrante da convivência familiar, descartar a possibilidade de tais arranjos é desarrazoado impedimento ao planejamento familiar previsto no art. 226, §7º, CF" (Pactos sucessórios, cit., p. 286).

Informação bibliográfica deste texto, conforme a NBR 6023:2018 da Associação Brasileira de Normas Técnicas (ABNT):

SOUZA, Eduardo Nunes de. Perfil dinâmico da invalidade do negócio jurídico e suas aplicações ao planejamento sucessório. *In*: TEIXEIRA, Daniele Chaves (Coord.). *Arquitetura do planejamento sucessório*. 3. ed. Belo Horizonte: Fórum, 2022. p. 313-341. Tomo I. ISBN 978-65-5518-459-4.

FRAUDES NO PLANEJAMENTO SUCESSÓRIO

MÁRIO LUIZ DELGADO
JÂNIO URBANO MARINHO JÚNIOR

1 Considerações iniciais

O Direito das Sucessões surgiu para garantir a continuidade do patrimônio através das gerações, mas sabemos que essa continuidade nem sempre é tranquila e frequentemente a sucessão se traduz em ruptura, fazendo eclodir dramas familiares decorrentes de disputas patrimoniais. Em torno da herança surgem quizílias capazes de provocar a dissolução precoce da coesão da família, com repercussão direta nas relações patrimoniais. Não são poucas as empresas que feneceram em razão das disputas entre os herdeiros ou de sua inabilidade para gerir o patrimônio ou conduzir os negócios. Estudo realizado pela *PricewaterhouseCoopers* Auditores Independentes em 2013, com empresas familiares do Brasil, constatou que somente 50% das empresas sobrevivem à passagem para a segunda geração; 28% para a terceira geração; e 6% para a quarta geração ou mais gerações.[1]

Essa realidade de ruptura torna-se especialmente dramática quando as regras legais cogentes se encontram dissociadas dos anseios dos sucessores, afastando-se de uma expectativa geral que concilie a vontade presumida do autor da herança com os interesses e aspirações dos herdeiros.

O planejamento sucessório advém, então, como uma necessidade premente nesse contexto, para prevenir ou minimizar litígios futuros e praticamente certos. As diversas ferramentas utilizadas nas operações de planejamento patrimonial e familiar em geral são capazes de fornecer respostas mais adequadas aos conflitos entre herdeiros do que as do Direito de Família e das Sucessões. A constituição de uma *holding* familiar, por exemplo, permite que se atribuam regras convivenciais mínimas, à medida que os herdeiros são submetidos ao ambiente societário, estando obrigados a se comportar, não mais como parentes, mas como sócios, respeitando as cláusulas de um contrato social e jungidos a resolverem seus conflitos pelas balizas do Direito Empresarial, nas

1 SILVESTRE, Talita Evangelista. Ações Preferenciais como Instrumento de Planejamento Sucessório: Estudo do Caso Ultra. *In*: *Revista Brasileira de Direito Comercial*, n. 9, fev./mar. 2016.

quais estão previstos e disciplinados os procedimentos e as técnicas de composição de conflitos (autocomposição e heterocomposição).

Entretanto, algumas dessas ferramentas são usadas ora para evitar o pagamento de quinhões hereditários de herdeiros necessários, ora para burlar o pagamento do imposto de transmissão, ou mesmo para fraudar credores, incluindo a Fazenda Pública, sob o rótulo de uma suposta "blindagem patrimonial", promissora de uma proteção do acervo hereditário contra credores do autor da sucessão e dos próprios herdeiros.

Holdings muitas vezes são desviadas de sua finalidade e usadas como "fachadas", por sócios de fato, para desvio de patrimônio em fraude a credores ou fraude à execução, o que tem pavimentado o uso da teoria da desconsideração da personalidade jurídica inversa, com muita ênfase nos litígios de família, de modo a que o patrimônio da pessoa jurídica possa fazer frente a obrigações dos sócios de fato ou de direito. Nesses casos, a autonomia, independência e segregação entre o patrimônio dos sócios e o da pessoa jurídica são desconsideradas para evitar o abuso de direito, com fundamento no art. 50 do Código Civil e arts. 133 e seguintes do CPC.

Em suma, com frequência o planejamento sucessório é realizado justamente com a finalidade de fraudar a lei, constituindo esse aspecto o objeto do presente trabalho.

A proliferação de situações como essas, de mau uso do planejamento sucessório por profissionais inescrupulosos, com o intuito de fraude, compromete e enfraquece essa importante ferramenta, na medida em que põe sob suspeita diversos atos e negócios jurídicos realizados em vida pelo autor da herança e resultando nas maiores controvérsias sucessórias levadas ao Poder Judiciário. A segurança jurídica que seria proporcionada pelo planejamento desaparece, dando lugar a imbróglios intermináveis, os quais, não raro, implicam a deterioração do acervo hereditário.

2 Aspectos gerais do planejamento sucessório

O ordenamento jurídico nos disponibiliza diversos instrumentos úteis à prevenção de litígios entre herdeiros, alguns, inclusive, responsáveis pela sobrevivência de numerosas empresas familiares ao longo das transições de gerações. Segundo Talita Evangelista Silvestre, "quando estes instrumentos são utilizados sistematicamente, convencionou-se chamar de planejamento sucessório. O planejamento sucessório é a organização que alguém faz de seus bens em vida com o intuito de preservá-los após sua morte para as futuras gerações. Busca-se, assim, minimizar riscos ou litígios entre os sucessores que poderiam levar à extinção da empresa. Trata-se de um planejamento interdisciplinar realizado principalmente sob a ótica do direito sucessório, do direito de família e do direito societário".[2]

Trata-se de "instrumento jurídico multidisciplinar" por envolver diversas áreas do Direito, que interagem para garantir o máximo de eficiência, agilidade e segurança na transferência do patrimônio de uma pessoa após a sua morte. É claro que se relaciona

---

2 *In*: *Revista Brasileira de Direito Comercial*, n. 9. fev./mar. 2016. Sobre o conceito, ver, ainda: TEIXEIRA, Daniele Chaves. *Notas sobre planejamento sucessório*. Direito civil contemporâneo [Recurso eletrônico on-line], organização CONPEDI/UFS; Coordenadores: Elcio Nacur Rezende, Otávio Luiz Rodrigues Junior, José Sebastião de Oliveira. Florianópolis: CONPEDI, 2015.

principalmente com o Direito das Sucessões, mas não é só isso. Exige um diálogo com o Direito de Família, das Obrigações, Contratos, Empresarial e com o Direito Tributário. Aliás, certamente pagar menos impostos constitui uma das vantagens do planejamento sucessório,[3] o que não significa burlar o Fisco ou sonegar o pagamento do tributo, como analisaremos em tópico subsequente, mas buscar, de forma legítima, evitar a incidência tributária ou diminuir o valor do tributo devido, antes do surgimento da obrigação tributária.[4] Não se pode deixar de considerar que a alíquota do ITCMD vem subindo exponencialmente. Vários Estados já cobram o teto de 8%, enquanto o Conselho Nacional de Política Fazendária (Confaz) discute a elevação do teto da alíquota para até 20%. E, ainda assim, o imposto brasileiro sobre transmissões *intervivos* (doações) e *causa mortis* (herança) permanece um dos menores do mundo.[5]

É corrente a afirmação de que o planejamento sucessório pretende evitar disputas entre herdeiros, na maioria das vezes muito próximos, de maneira que é também uma afirmação do valor da família. Nessa perspectiva, Gladson Mamede e Eduarda Cotta Mamede chegam a dizer que "o planejamento sucessório, nesses casos, é um ato de amor", de maneira que a "definição antecipada dos procedimentos de transferência da titularidade de bens, quando bem executada, cria um ambiente favorável à harmonia".[6]

Não obstante, o planejamento sucessório não se resume a essa função. Na verdade, o planejamento sucessório ganha destaque e importância atualmente, justamente porque se insere em um contexto muito mais amplo, visando atender a uma nova realidade social em que os institutos do Direito das Sucessões, isoladamente, não alcançam plenamente as aspirações sociais.

---

[3] AGRAVO DE INSTRUMENTO. MANDADO DE SEGURANÇA. PEDIDO DE IMUNIDADE TRIBUTÁRIA. INTEGRALIZAÇÃO DE IMÓVEIS AO CAPITAL SOCIAL DE EMPRESA. APARENTE FINALIDADE DE PLANEJAMENTO PATRIMONIAL E SUCESSÓRIO. NÃO INCIDÊNCIA DE ITBI. INTELIGÊNCIA DOS ARTIGOS 156, §2º, II, DA CF/88, E 2º, I, DA LEI N. 1.909/2005, DO MUNICÍPIO DE NOVA LIMA/MG. O imposto relativo à transmissão de bens imóveis "inter vivos". ITBI não incide sobre as transações consubstanciadas na incorporação de imóveis e direitos reais sobre imóveis ao capital social de pessoa jurídica, exceto quando efetivamente constatado que a atividade preponderante desta é a de compra e venda desses bens ou direitos, locação de bens imóveis ou arrendamento mercantil. (TJMG; AI 1.0188.16.008527-3/001; Rel. Des. Amauri Pinto Ferreira; Julg. 23.02.2017; DJEMG 21.03.2017).

[4] Entre os diversos mecanismos do planejamento sucessório, a constituição da chamada *holding familiar* constitui um dos mais eficazes na redução da carga tributária. Segundo Marcello Terto e Silva, "a *holding* contribui para diminuir a carga tributária dos rendimentos advindos da exploração dos imóveis mediante a conjugação da organização patrimonial com o planejamento tributário. No aspecto fiscal, a opção entre o lucro presumido e o lucro real, por exemplo, pode viabilizar a redução da base de cálculo do imposto de renda para 32%, sobre a qual incidirá uma alíquota de apenas 15%, bem abaixo da tributação sobre a renda das pessoas físicas, de 27% sobre 100% da base de cálculo do imposto. No planejamento sucessório, quando utilizado para o adiantamento de legítima por parte do empreendedor, a holding pode, dependendo do caso, reduzir a carga tributária que normalmente incide quando da abertura da sucessão por falecimento (...) A integralização do capital social com o patrimônio imobiliário, a depender do caso, não sofre a incidência imediata do imposto sobre transmissão causa mortis e doações (ITCMD), no caso de não haver a distribuição imediata das cotas, nem sobre transmissão de bens imóveis intervivos (ITBI)". (Aumento de impostos sobre doação reforça importância de planejamento sucessório. Disponível em: https://www.conjur.com.br/2016-mar-16/marcello-silva-necessario-planejamento-preservar-heranca).

[5] A título comparativo, "um levantamento feito pela consultoria EY (antiga Ernst & Young) mostra que, nos Estados Unidos e na Inglaterra, por exemplo, o imposto sobre herança chega a 40%. Na Suíça, na Alemanha e no Japão, o tributo máximo é de 50%". (SEABRA, Fagundes. Herança Vulnerável. *In*: *Valor Econômico*, 8 abr. 2015. Disponível em: http://www.valor.com.br/financas/3996164/heranca-vulneravel#. Acesso em 3 mai. 2018).

[6] MAMEDE, Gladston; MAMEDE, Eduarda Cotta. *Planejamento Sucessório*: introdução à arquitetura estratégica – patrimonial e empresarial – com vistas à sucessão *causa mortis*. São Paulo: Atlas, 2015, p. 8.

Jorge Duarte Pinheiro salienta que a matriz do Direito das Sucessões é ainda pré-industrial, própria de uma época em que o bem imóvel era o tipo mais significativo de riqueza. Todavia, hoje em dia, o tipo de riqueza que avulta é aquele que se constitui graças ao rendimento do trabalho.[7]

Basta pensar na situação em que está presente uma complexidade de bens a transmitir, como uma empresa, ou mesmo uma complexa situação familiar do falecido, envolvendo famílias reconstituídas com filhos de outros matrimônios.[8]

A dificuldade se coloca quer sob o prisma dos bens a transmitir, quer sob o prisma da designação dos herdeiros. De um lado, há uma gama de bens que serão transmitidos, não se esgotando na riqueza imobiliária, e de outro existe uma complexidade evidente nas relações familiares, diante da superação do monopólio da família matrimonial.

Emerge daí a necessidade de novos instrumentos ao alcance do planejamento sucessório. O negócio jurídico clássico e basilar do planejamento é certamente o testamento. Mas que pode não atender, de modo adequado, a diversas demandas do falecido e aspirações dos herdeiros, inclusive por se tratar de negócio jurídico unilateral. Por conta disso, no bojo do testamento há necessidade de se compor alternativas mais elaboradas, como é caso da distribuição da herança em legados, ao mesmo tempo em que é possível se pensar em outros negócios jurídicos, como a doação, partilha em vida, usufruto, além dos instrumentos financeiros (*trusts*, planos de previdência complementar, seguros de vida, etc.). Habitual e frequente, ainda, o recurso aos instrumentos societários (constituição de sociedade de participação ou *holding*, alterações em estatutos sociais, acordos de sócios, pactos parassociais, etc.). De fato, esses instrumentos "têm solucionado problemas referentes à herança, substituindo em parte, e muitas vezes de forma mais eficiente, disposições testamentárias. Nesse sentido, um contrato social de sociedade limitada ou um acordo de acionistas ou cotistas pode, por exemplo, regular formas de alienação de participações societárias entre os sócios, definir o procedimento que deve ser adotado no caso da morte de algum deles, ou regular como deverá ser equacionada a entrada de novos herdeiros no conselho de administração ou na gestão executiva da sociedade operacional".[9]

É claro que em certas ocasiões todo esse ferramental deve ser utilizado concomitantemente, de modo a atender às expectativas do autor da herança e dos herdeiros.[10] Por isso é que a operação de planejamento não é simples, até mesmo por seu caráter multidisciplinar.

---

7 PINHEIRO, Jorge Duarte. *O Direito das Sucessões Contemporâneo*. 2. ed. Lisboa: AAFDL Editora, 2017, p. 28.

8 MORAIS, Daniel de Bettencourt Rodrigues Silva. *Revolução Sucessória*: Os Institutos Alternativos ao Testamento no século XXI. Cascais: Principia, 2018, p. 16.

9 PRADO, Roberta Nioac (Org.). *Aspectos Relevantes da Empresa Familiar* – governança e planejamento sucessório. São Paulo: Saraiva, 2013, p. 268.

10 A título ilustrativo, Mário Tavernard Martins de Carvalho menciona que "há vários jurídicos que podem ser utilizados para implementação do planejamento sucessório, tais como: seguros de vida, sociedades offshore, fundações internacionais, plano de previdência privada, especialmente PGBL – Plano Gerador de Benefício Livre – VGBL – Vida Gerador de Benefício Livre, testamento, doaçoes, holdings familiares e fundos de investimentos". CARVALHO, Mario Tavernard Martins de. Planejamento sucessório no âmbito da empresa familiar. *In*: COELHO, Fábio Ulhoa; FÉRES, Marcelo Andrade (Coord.). *Empresa Familiar*: estudos jurídicos. São Paulo: Saraiva, 2014, p. 455.

O primordial é o ato de planejar, ou seja, a elaboração de um plano para a transmissão futura do acervo patrimonial.

Não se olvide que a utilização desse instrumento não é exclusiva dos titulares das grandes fortunas, podendo ser útil mesmo àqueles que têm patrimônio pequeno ou médio, além de microempresas, empresas de pequeno porte e empresas medianas.[11]

Os planejamentos sucessórios, explica Daniele Chaves Teixeira, podem apresentar um maior ou menor grau de complexidade, conforme algumas variáveis do caso concreto, tais como a qualificação da pessoa, o levantamento do patrimônio, os objetivos a serem alcançados e a veracidade das informações.[12]

Por isso que, ocasionalmente, o planejamento sucessório pode não ser muito bem executado, resultando em uma inadequação entre os fins almejados e os meios utilizados e, por conseguinte, o indesejado conflito entre os herdeiros. A acurada observação das peculiaridades do caso concreto é fundamental para o seu sucesso, até mesmo porque os aspectos subjetivos podem ser relevantes e, inclusive, decisivos, como o afeto por determinada pessoa ou mesmo a confiança de que aquele outro parente terá a capacidade para bem gerir e dar continuidade aos negócios da família.

Nesses casos, arrisca-se a realizar um planejamento sucessório que não é ajustado à situação concreta, não atendendo aos fins propostos, apesar de não implicar ofensa à lei. Simplesmente o planejamento não atendeu à vontade do autor da herança, não evitando o conflito entre os futuros herdeiros.

Daniele Chaves Teixeira destaca que o planejamento sucessório, ao contrário do que se possa imaginar, não tem por finalidade fraudar a lei, utilizando-se de meios legalmente previstos, mas com finalidades dissimuladas. Trata-se de um pressuposto que precisa ser desconstituído, segundo essa autora.[13] O planejamento sucessório deve ser efetuado nos limites legais, respeitando a legítima e a sua intangibilidade. Só assim, o planejamento será capaz de trazer uma razoável segurança jurídica para o autor da herança e seus herdeiros, prevenindo e evitando conflitos futuros.

3 Limites ao planejamento sucessório

3.1 A legítima e sua intangibilidade

O principal limite ao planejamento sucessório, além dos requisitos gerais de validade de todo e qualquer ato jurídico, a serem compulsoriamente observados, juntamente com as balizas da ordem pública, é a existência de herdeiros necessários por parte do autor da herança e, consequentemente, autor do próprio planejamento.

O herdeiro necessário é um privilegiadíssimo personagem do Direito das Sucessões, cuja existência impede o autor da herança de dispor integralmente do seu patrimônio, reduzindo ou retirando a quota a que faz jus esse herdeiro privilegiado.

---

11 MAMEDE, Gladston; MAMEDE, Eduarda Cotta. *Planejamento Sucessório*: introdução à arquitetura estratégica – patrimonial e empresarial – com vistas à sucessão *causa mortis*. São Paulo: Atlas, 2015, p. 3.

12 TEIXEIRA, Daniele Chaves. *Planejamento Sucessório*: pressupostos e limites. Belo Horizonte: Fórum, 2018.

13 TEIXEIRA, Daniele Chaves. *Planejamento Sucessório*: pressupostos e limites. Belo Horizonte: Fórum, 2018, p. 58-59.

No ordenamento jurídico brasileiro atual, a qualidade de herdeiro necessário encontra-se expressamente atribuída a determinadas pessoas pelo art. 1.845[14] do Código Civil de 2002.[15] Existem, assim, três classes de herdeiros necessários, conforme a ordem da sucessão legítima: a primeira classe constituída pelos descendentes, a segunda classe formada pelos ascendentes e a terceira integrada pelo cônjuge sobrevivente.[16]

Somente a lei pode retirar esse título privilegiado dos descendentes, dos ascendentes e do cônjuge sobrevivente. Não pode o autor da herança, ainda que proprietário em vida de todo o patrimônio, excluir nenhum desses herdeiros de sua sucessão, salvo nas estreitas hipóteses que autorizam a deserdação.

Herdeiros necessários, reservatários, forçados ou legitimários, ensina Luiz Paulo Vieira de Carvalho, são aqueles que se apresentam "como um sucessor universal privilegiado, por força do ofício de piedade (*officium pietatis*), isto é, da afeição presumida e do dever de amparo que o autor da herança deve ter em relação a seus familiares mais próximos, aqueles a quem a lei garante uma quota mínima da herança (Princípio da Reserva)".[17]

De acordo com o art. 1.846 do Código Civil de 2002, "pertence aos herdeiros necessários, de pleno direito, a metade dos bens da herança, constituindo a legítima". No mesmo sentido, o art. 1.789 prevê que "havendo herdeiros necessários, o testador só poderá dispor da metade da herança".

Não há uma definição legal de legítima. Mas consiste basicamente em uma proteção especial que a lei confere aos herdeiros necessários, tendo por fundamento a solidariedade familiar.

Carlos Maximiliano define legítima como sendo "a porção do patrimônio individual que por morte de qualquer pessoa obrigatoriamente cabe aos seus parentes assim privilegiados por lei".[18] Em um sentido muito próximo, Clóvis Beviláqua fala em "porção dos bens que a lei reserva aos herdeiros descendentes e ascendentes, que, em virtude dessa segurança legal de seus interesses contra o arbítrio do testador, se denominam herdeiros necessários, reservatórios, forçados ou legitimários".[19]

---

14 Art. 1.845. São herdeiros necessários os descendentes, os ascendentes e o cônjuge.

15 No código anterior (CC/1916), o título legitimário posto como restrição à liberdade de testar estava previsto no art. 1.721, com a seguinte redação: "O testador que tiver descendente ou ascendente sucessível, não poderá dispor de mais da metade de seus bens; a outra pertencerá de pleno direito ao descendente e, em sua falta, ao ascendente, dos quais constitui a legítima, segundo o disposto neste Código (arts. 1.603 a 1.619 e 1.723)".

16 O cônjuge é herdeiro da terceira classe. Apesar de concorrer, nas hipóteses em que a lei estabelece (art. 1.829, incisos I e II), com descendentes (herdeiros da 1ª classe) ou com ascendentes (sucessores de 2ª classe), o cônjuge permanece na 3ª classe. Concorre excepcionalmente com herdeiros de 1ª e 2ª classes, mas é sucessor da 3ª classe. Quando o Código fala que o cônjuge concorre com descendentes ou com ascendentes é exatamente porque não o considera integrante daquelas classes. "Concurso", no caso, significa o chamamento de pessoas com qualificações jurídicas diversas (Cf. DELGADO, Mário Luiz. Controvérsias na sucessão do cônjuge e do convivente. Uma proposta de harmonização do sistema. *In*: ALVES, Mário Luiz Delgado; FIGUEIRÊDO, Jones (Org.). *Questões controvertidas no direito de família e das sucessões*, vol. 3. São Paulo: Método, 2005, p. 417-446).

17 VIEIRA DE CARVALHO, Luiz Paulo. *Direito das sucessões*. 3. ed. São Paulo: Atlas, 2017, p. 464.

18 MAXIMILIANO, Carlos. *Direito das Sucessões*. Volume I. 4. ed. Rio de Janeiro: Livraria Freitas Bastos S.A., 1958, p. 350.

19 BEVILÁQUA, Clóvis. *Código Civil dos Estados Unidos do Brasil comentado*. Volume IV. Edição histórica. Rio de Janeiro: Editora Rio, 1976, p. 918.

Convém sublinhar ainda que, segundo o art. 549 do Código Civil de 2002, "nula é também a doação quanto à parte que exceder à de que o doador, no momento da liberalidade, poderia dispor em testamento".

Paulo Lôbo lembra que a proteção da legítima dos herdeiros necessários não alcança, portanto, o que ele alienou onerosamente, mediante compra e venda, dação em pagamento, permuta ou cessão, nem os bens que ele, voluntariamente, destruiu ou abandonou.[20]

São normas cogentes, limitadoras da vontade do autor da herança e que veiculam o princípio da intangibilidade da legítima, segundo o qual "a legítima é intangível: não pode ser diminuída na essência, ou no valor, por nenhuma cláusula testamentária".[21]

Ana Luiza Maia Nevares salienta que o princípio da intangibilidade da legítima representa premissa básica do Direito Sucessório, informando o conjunto de suas normas.[22]

Nas lições de Jorge Duarte Pinheiro,[23] a intangibilidade da legítima comporta uma vertente qualitativa e uma vertente quantitativa. Conforme o artigo 1.846, ao prever que "pertence aos herdeiros necessários, de pleno direito, a metade dos bens da herança, constituindo a legítima", essa não pode ser limitada de nenhuma forma, quer qualitativamente, com a imposição de alguma restrição no direito de propriedade, ou mesmo quantitativamente, com a tentativa de redução da quota de cinquenta por cento dos bens.

Admite-se, porém, a imposição justificada de cláusulas de inalienabilidade, impenhorabilidade e de incomunicabilidade, implicando restrição do princípio da intangibilidade na sua vertente qualitativa.

O princípio da intangibilidade da legítima materializa-se, por sua vez, na possibilidade de redução das disposições testamentárias, de redução das doações inoficiosas e no instituto da colação.

Representa, portanto, a principal limitação ao planejamento sucessório.

O desafio que se coloca, nessa perspectiva, é a utilização desse instrumento, levando-se em conta a restrição da legítima que – embora possa ser questionada doutrinariamente diante de todas as transformações da atual sociedade brasileira – não pode ser ignorada, sob pena de configurar fraude à lei ou mesmo abuso de direito.

3.2 Mecanismos de proteção da legítima

Tradicionalmente, apontam-se como mecanismos de proteção da legítima o dever de colação, a redução das disposições testamentárias e das doações inoficiosas. O Código Civil trata, em capítulo próprio, da possibilidade de redução das disposições

---

20 LÔBO, Paulo. *Direito Civil*: sucessões. 3. ed. São Paulo: Saraiva, 2016, posição 790, versão *ebook*.

21 MAXIMILIANO, Carlos. *Direito das Sucessões*. Volume III. 4. ed. Rio de Janeiro: Livraria Freitas Bastos S.A., 1958, p. 24.

22 NEVARES, Ana Luiza Maia. O princípio da intangibilidade da legítima. *Princípios do Direito Civil Contemporâneo*. Coordenado por Maria Celina Bodin de Moraes, Rio de Janeiro: Renovar, 2006, p. 496.

23 PINHEIRO, Jorge Duarte. *O Direito das Sucessões Contemporâneo*. 2ª reimpressão. Lisboa: Editora AAFDL, 2013, p. 216.

testamentárias que excederem a quota hereditária disponível, nos termos dos arts. 1.966 e 1.967.

Há uma ordem de preferência legal dessa redução. Serão proporcionalmente reduzidas as quotas do herdeiro ou herdeiros instituídos, até onde bastem, e, não bastando, também os legados, na proporção do seu valor (art. 1.967, §1º).[24] Pode, ainda, o testador, de maneira preventiva, já estabelecer a ordem da redução, privilegiando determinados herdeiros e legatários em detrimento de outros (art. 1.967, §2º).

É claro, dessa maneira, que não havendo herdeiros necessários, não haverá a necessidade de redução das disposições testamentárias, uma vez que haveria ampla liberdade para testar, nessa situação.

Nada impede que a redução ocorra no próprio inventário, havendo concordância das partes, pois se trata de interesse privado. Sem embargo, ocasionalmente, haverá discordância entre os herdeiros, situação essa que exigirá a ação própria de redução, que somente poderá ser ajuizada após aberta a sucessão. Antes disso, não há ainda herança. O objeto da ação é, assim, tornar ineficaz a parte inoficiosa do testamento. Registre-se que o testamento, como um todo, não se invalida por esse motivo.

Da mesma forma, há a possibilidade de redução da parte inoficiosa da doação, embora se trate de negócio jurídico *inter vivos*.[25] Segundo o art. 549 do Código Civil, é nula a doação na parte que exceder ao que o doador, no momento da liberalidade, poderia dispor em testamento.

Segundo Sílvio de Salvo Venosa, "sem esse princípio presente no ato de liberalidade em vida, facilmente se burlaria a garantia da legítima. Por isso, a lei estipula que a doação dos pais aos filhos importa adiantamento de legítima".[26]

Referida ação de redução da doação inoficiosa pode ser proposta em vida, uma vez que, como ato entre vivos, já se verifica a presença da respectiva pretensão. Há, inclusive, precedente do Superior Tribunal de Justiça nesse sentido.[27] Orosimbo Nonato ressaltava que a nossa lei adotou o critério da atualidade.[28] Muito embora, é preciso que se diga, a questão nunca foi pacífica, havendo autores do quilate de Carlos Maximiliano, que sustentavam não ser possível o ajuizamento da ação em vida.[29]

---

[24] Sílvio de Salvo Venosa lembra que "a opção por reduzir primeiramente a herança disponível é meramente legislativa. O Código argentino, por exemplo, determina justamente o contrário, onerando primeiramente os legados". *In*: VENOSA, Sílvio de Salvo. *Direito Civil:* Direito das sucessões. Volume 7. 16. ed. São Paulo: Atlas, 2016, p. 366.

[25] "Nas doações, o fenômeno ocorre pelas mesmas razões e estão entrelaçadas (art. 549, 2.008; 1.789, 1.846, 1847). Também ocorre a situação na partição em vida, permitida pelo art. 2.018, poderá haver redução, já que o sentido é o mesmo (aqui se trata de ação de anulação de partilha por ato *inter vivos*, referida pelo art. 657 do CPC, como veremos)". *In*: VENOSA, Sílvio de Salvo. *Direito Civil:* Direito das sucessões. Volume 7. 16. ed. São Paulo: Atlas, 2016, p. 355-357.

[26] VENOSA, Sílvio de Salvo. *Direito Civil:* Direito das sucessões. Volume 7. 16. ed. São Paulo: Atlas, 2016, p. 364.

[27] "CIVIL. DOAÇÃO INOFICIOSA. A AÇÃO ANULATÓRIA COM BASE NO ART. 1176 DO CPC PODE SER INTENTADA MESMO EM VIDA DO DOADOR. RECURSO NÃO CONHECIDO" (REsp 7.879/SP, Rel. Ministro PAULO COSTA LEITE, TERCEIRA TURMA, julgado em 24.02.1994, DJ 20.06.1994, p. 16100).

[28] NONATO, Orosimbo. *Estudos sobre Sucessão Testamentária*. Vol. II, Rio de Janeiro: Forense, 1957, p. 375-377. Ressalta que "os herdeiros legitimários têm o direito de promover a nulidade das doações, que forem além da metade disponível e êsse direito poderá ser exercido em vida do doador, no momento mesmo em que se realizar a doação".

[29] MAXIMILIANO, Carlos. *Direito das Sucessões*. Vol. III. 4. ed. Rio de Janeiro: Livraria Freitas Bastos S.A., 1958, p. 39. Diz que "quer se trata de doações, quer de algum legato, o legitimário, ou representante seu, pode reclamar

Deve a inoficiosidade da doação ser verificada no momento do ato, sendo esse o critério adotado pelo legislador no art. 549 do Código Civil, que assim dispõe: "Nula é também a doação quanto à parte que exceder à de que o doador, no momento da liberalidade, poderia dispor em testamento". Tal opção é, porém, criticada por parte da doutrina, pois "a lei deveria fixar o critério do momento da morte, pela dificuldade trazida pela desvalorização da moeda".[30]

Questão tormentosa é a situação das doações sucessivas. Aponta-se como solução a interpretação de que a regra não pode ser aplicada isoladamente, sob pena de ofensa ao princípio da intangibilidade da legítima. Para Venosa, em primeiro lugar, deve se buscar a anulação da doação mais recente, como regra geral.[31]

Importante questão é saber qual redução deve ser feita em primeiro lugar, a das disposições testamentárias ou da doação inoficiosa. Para Venosa, "se, mesmo a redução das quotas dos herdeiros e dos legados não bastar para inteirar a legítima, cumpre aos herdeiros prejudicados recorrerem à anulação das doações inoficiosas, nos termos do art. 549, se presentes os respectivos pressupostos".[32]

Ultrapassado esse ponto, convém tratar de outro mecanismo protetivo da legítima: o dever de colação. Segundo o art. 2.002, os descendentes que concorrerem à sucessão do ascendente comum são obrigados, para igualar as legítimas, a conferir o valor das doações que receberam em vida, sob pena de sonegação. Na sequência, o art. 2.003 explicita que a colação tem por finalidade igualar as legítimas dos descendentes e do cônjuge sobrevivente. De plano, observa-se haver clara omissão no art. 2.002 ao não mencionar o cônjuge sobrevivente, o que deve ser corrigido com o Projeto de Lei (PL) nº 699/2011, ora em tramitação no parlamento brasileiro.[33]

De acordo com a solução hermenêutica para o problema, tem-se que os artigos 2.002 e 2.003 devem ser lidos em conjunto com o art. 544, o qual determina que a doação de ascendentes a descendentes, ou de um cônjuge a outro, importa adiantamento do que lhes cabe por herança.

Há uma presunção de que a doação foi realizada em adiantamento da legítima, salvo se expressamente ressalvado pelo doador que o bem foi retirado da parte disponível da herança, no ato da liberalidade ou no testamento.

Assim, colação pode ser definida como

> a conferência dos bens da herança com outros transferidos pelo de cujus, em vida, aos seus descendentes e cônjuge sobrevivente, se concorrer com descendentes, promovendo o retorno ao monte das liberalidades feitas pelo autor da herança antes de falecer, para uma equitativa apuração das quotas hereditárias dos sucessores legitimários.[34]

---

e acionar, só depois da abertura da sucessão. O seu direito advém da herança, e esta não existe enquanto vive o disponente: *nulla viventis haereditas* – 'não há herança de pessoa viva'".

30 VENOSA, Sílvio de Salvo. *Direito Civil:* Direito das sucessões. Volume 7. 16. ed. São Paulo: Atlas, 2016, p. 364.

31 VENOSA, Sílvio de Salvo. *Direito Civil:* Direito das sucessões. Volume 7. 16. ed. São Paulo: Atlas, 2016, p. 363.

32 VENOSA, Sílvio de Salvo. *Direito Civil:* Direito das sucessões. Volume 7. 16. ed. São Paulo: Atlas, 2016, p. 367.

33 Eis a redação do PL: "Art. 2.002. Os descendentes que concorrerem à sucessão do ascendente comum, e o cônjuge sobrevivente, quando concorrer com os descendentes, são obrigados, para igualar as legítimas, a conferir o valor das doações que em vida receberam do falecido, sob pena de sonegação".

34 DINIZ, Maria Helena. *Código Civil Anotado*. 16. ed. São Paulo: Saraiva, 2012, p. 1424.

Relevante sublinhar que o dever de colacionar compete aos descendentes sucessíveis e ao cônjuge sobrevivente, concorrendo com descendentes. Os demais herdeiros, inclusive os ascendentes, estão isentos dessa obrigação.

Sempre se discutiu se a colação deveria ser feita em valor ou em substância. O art. 2.004 do CC/2002 estabelece que o valor da colação é aquele constante do ato da liberalidade. Contudo, o art. 639 do CPC/2015, seguindo a mesma linha do CPC de 1973, alterou esse critério ao prever que os bens a serem conferidos na partilha, assim como as acessões e as benfeitorias que o donatário fez, serão calculados pelo valor ao tempo da abertura da sucessão. Diante dessa aparente contradição, alguns autores passaram a entender que o art. 639 do CPC teria revogado tacitamente o art. 2.004 do CC.[35] Apesar disso, a orientação emanada do *Enunciado 644*, aprovado na VIII Jornada de Direito Civil do CEJ-CJF, é no sentido de se procurar conciliar os dois dispositivos de modo a garantir a igualdade das legítimas e a coerência do ordenamento. Nessa senda, o bem doado, em adiantamento de legítima, somente será colacionado, de acordo com seu valor atual na data da abertura da sucessão, se ainda integrar o patrimônio do donatário.[36]

São esses os mecanismos tradicionalmente utilizados para se proteger a legítima. Ocorre que, nem sempre, eles serão eficazes para repor os bens indevidamente subtraídos da quota legitimária, quando o autor da herança se utiliza indevidamente de uma pessoa jurídica, para transferir os bens de seu patrimônio em detrimento de alguns ou de todos os herdeiros necessários, como se verá a seguir.[37]

A partir dessa constatação, tem-se sustentado a possibilidade de aplicação da teoria da desconsideração da pessoa jurídica (*disregard of legal entity*), com a finalidade de se invalidar esses atos fraudulentos praticados por meio da sociedade, contra herdeiros necessários, podendo o juiz descartar a personalidade jurídica utilizada em abuso, em fraude, ou em detrimento da ordem pública, para lesar um quinhão hereditário, exatamente como previsto pelo art. 50 do Código Civil.[38] O procedimento encontra-se, atualmente, previsto no CPC/2015.[39]

Eduardo Zannoni afirma que se deve refutar a inoponibilidade da pessoa jurídica caso essa tenha sido constituída exatamente para prejudicar o herdeiro necessário, devendo o autor do ato restabelecer a quota subtraída ao acervo sucessório. Nas suas palavras:

---

35 Cf. TARTUCE, Flavio. Direito Civil. *Direito das Sucessões*. 10. ed. Rio de Janeiro: Forense, 2017, p. 600.

36 Enunciado 644: Os arts. 2.003 e 2.004 do Código Civil e o art. 639 do CPC devem ser interpretados de modo a garantir a igualdade das legítimas e a coerência do ordenamento. O bem doado, em adiantamento de legítima, será colacionado de acordo com seu valor atual na data da abertura da sucessão, se ainda integrar o patrimônio do donatário.

37 Cf. MADALENO, Rolf. A desconsideração judicial da pessoa jurídica e da interposta pessoa física no direito de família e no direito das sucessões. 2. ed. Rio de Janeiro: Forense, 2009, p. 296.

38 Art. 50. Em caso de abuso da personalidade jurídica, caracterizado pelo desvio de finalidade, ou pela confusão patrimonial, pode o juiz decidir, a requerimento da parte, ou do Ministério Público quando lhe couber intervir no processo, que os efeitos de certas e determinadas relações de obrigações sejam estendidos aos bens particulares dos administradores ou sócios da pessoa jurídica.

39 É o chamado incidente de desconsideração da personalidade jurídica, de que tratam os art. 133 e 137, cuja preocupação com o contraditório é patente, ao prever a necessidade de citação do sócio ou da pessoa jurídica para se manifestar e requerer as provas que entender cabíveis.

> Sobre estas bases conceptuales se ha considerado que es procedente reputar la inoponibilidad de la sociedad si ésta constituyó, para el causante, el medio de subvertir en perjuicio de alguno de sus herederos forzosos, las normas relativas a la vocación legitimaria. Esto lleva a considerar inoponible el aporte fraudulentamente realizado en perjuicio de aquél, y, en consecuencia, a condenar a los partícipes del acto fraudulento –los socios- a satisfacer el importe o valor de la cuota de legítima que a ese heredero forzoso corresponde en el acervo sucesorio.[40]

Nessa perspectiva, a teoria da *disregard* é perfeitamente aplicável no âmbito do Direito das Sucessões e, não apenas isso, torna-se necessária, face à complexidade da atual sociedade em que a riqueza deixou de se concentrar nos bens imóveis. Não raras oportunidades a maior parte do patrimônio do autor da herança integra uma pessoa jurídica, por meio da qual são praticadas fraudes com o afã de se evitar as regras legais injuntivas.

4 Atos fraudentos, simulados e abusivos: ultrapassando os limites do planejamento sucessório

Nem sempre é fácil a tarefa de se identificar o ato ofensivo à intangibilidade da legítima. Por vezes, são praticados atos que violam diretamente as disposições legais, ditos *contra legem*. Em outras situações, são praticados atos que violam apenas indiretamente a norma jurídica, daí denominados de *in fraudem legis*.[41]

Nos atos praticados contra a lei, há uma afronta direta ao preceito legal e, portanto, é mais facilmente perceptível o fenômeno. O que não ocorre com os atos praticados em fraude à lei, dado que a não observância da lei dá-se apenas de forma indireta.

No sentido lato, fraude quer significar burla, engano, trapaça, praticada no sentido de prejudicar direitos de outrem.

Não obstante, é preciso que se diga, a ideia de engano não coincide inteiramente com a fraude à lei. Manuel Atienza e Juan Ruiz Manero lembram que "por um lado, pode haver fraude sem que se dê engano (ao menos, em sentido estrito – subjetivo – dessa última expressão); e, por outro, há muitos tipos de engano (por exemplo, o engano sobre as características de uma coisa objeto de um negócio jurídico) que não constituem fraude à lei".[42]

Pratica-se um ato que, à primeira vista, é legal, mas – em uma análise mais acurada – busca-se frustrar a finalidade de uma norma jurídica. Geralmente, há duas normas jurídicas. Uma que é dispositiva, permitindo a prática do ato, e outra norma cogente, que proíbe determinado resultado. Assim, supostamente albergado em uma norma permissiva, como por exemplo o princípio da autonomia privada, busca-se chegar a resultado ilícito, por meio de uma fraude. No entanto, "as normas cogentes enunciam

---

40 ZANNONI, Eduardo A. *Manual de derecho de las sucesiones*. 4. ed. Buenos Aires: Astrea, 1999, p. 528-529.

41 PEREIRA, Regis Velasco Fichtner. *A fraude à lei*. Dissertação (Dissertação em direito) – USP. São Paulo, p. 23, 1992.

42 ATIENZA, Manuel; MANERO, Juan Ruiz. *Ilícitos atípicos*: sobre o abuso de direito, fraude à lei e desvio de poder. Tradução de Janaina Rolando Matida. São Paulo: Marcial Pons, 2014, p. 58.

princípios jurídicos que não podem, de forma alguma, deixar de ser observados. Esses princípios é que dão consistência ao ordenamento jurídico".[43]

O ato praticado em fraude à lei, portanto, pressupõe um resultado que não é desejado pela norma jurídica, havendo, assim, uma violação apenas indireta da lei, que não é observável *primo ictu oculi*. Na lição de Orosimbo Nonato, "na fraude à lei, a violação é indireta, melhor, ao aparente respeito à fórmula se contrapõe o ato voltado contra a *mens legis*, a *sententia legis*, mas por via oblíqua e indireta".[44]

Ocorre que, segundo o art. 166, VI, do Código Civil, é nulo todo negócio jurídico que tem por objetivo "fraudar lei imperativa".

Guillermo Borda explica que "el fraude consiste en toda maniobra que, bajo la cobertura de un negocio jurídico que ostenta legitimidad formal, se concluye en miras a eludir las normas imperativas relativas a legitima en perjuicio, es obvio, de sus destinatarios: los herederos legitimarios".[45]

Convém, sem embargo, não confundir fraude à lei com simulação, que encontra disciplina própria no art. 167 do Código Civil.[46] Como se pode extrair do rol exemplificativo de situações desse artigo, na simulação, finge-se apenas que se está praticando determinado negócio. Mas na verdade é outro que se pratica, ainda que indiretamente o objetivo também seja o de fraudar a lei.

Diversamente, na fraude à lei, há efetivamente a prática de determinado negócio jurídico que, não obstante, é indiretamente contrário a determinada norma imperativa.

Na prática, a fraude à lei costuma realizar-se por meio de atos simulados, com que se oculta uma violação à lei, mas também pode se manifestar sem que haja simulação, daí se concluir que nem é correto confundir a simulação com a fraude à lei, nem dizer que uma dessas situações necessariamente exclui a outra.[47]

Há, ainda, outra figura que se aproxima da fraude à lei: o abuso de direito. Diz o art. 187 do Código Civil que "também comete ato ilícito o titular de um direito que, ao exercê-lo, excede manifestamente os limites impostos pelo seu fim econômico ou social, pela boa-fé ou pelos bons costumes".

Afirma Carlos Fernández Sessarego existir uma certa analogia entre o abuso de direito e a fraude à lei, porquanto ambas as situações se originam de atos que em aparência são conformes à lei. Mas não se confundem. Na fraude à lei, almeja-se obter de modo indireto o que a lei proíbe, enquanto no abuso de direito há uma conduta que,

---

43 PEREIRA, Regis Velasco Fichtner. *A fraude à lei*. Dissertação (Dissertação em direito) – USP. São Paulo, p. 30, 1992.

44 NONATO, Orosimbo. *Fraude Contra Credores* (Da ação Paulina). São Paulo: Ed. Jurídica e Universitária, 1969, p. 9.

45 BORDA, Guillermo. *Manual de Derecho de las Sucesiones*. 4. ed. Buenos Aires: Astrea, 1999, p. 526.

46 "Art. 167. É nulo o negócio jurídico simulado, mas subsistirá o que se dissimulou, se válido for na substância e na forma.
§1º Haverá simulação nos negócios jurídicos quando:
I – aparentarem conferir ou transmitir direitos a pessoas diversas daquelas às quais realmente se conferem, ou transmitem;
II – contiverem declaração, confissão, condição ou cláusula não verdadeira;
III – os instrumentos particulares forem antedatados, ou pós-datados.
§2º Ressalvam-se os direitos de terceiros de boa-fé em face dos contraentes do negócio jurídico simulado".

47 NONATO, Orosimbo. *Fraude Contra Credores* (Da ação Paulina). São Paulo: Ed. Jurídica e Universitária, 1969, p. 12.

sustentando-se em um direito subjetivo, converte-se em antissocial, quer através de seu exercício, quer por meio de uma omissão, por violação a um dever jurídico genérico, cristalizado no valor da solidariedade.[48]

Essas diversificadas formas de violação à lei, aliadas aos variados meios de se realizar um planejamento sucessório, como visto, já indicam a ampla gama de situações em que podem ser praticadas fraudes no âmbito do planejamento, consoante passamos a detalhar nos tópicos seguintes.

4.1 Simulação e planejamento sucessório

São comuns situações de atos simulados praticados com o fito de prejudicar a legítima. Um dos exemplos mais citados na doutrina e verificados na prática da advocacia é o caso em que a "simulação de uma venda com contornos de legalidade usualmente esconde uma doação sequiosa do privilégio parental".[49]

As partes celebram negócio jurídico simulado, geralmente uma compra e venda, visando esconder o verdadeiro negócio jurídico dissimulado, a doação, com a finalidade de iludir e prejudicar o direito de sucessão dos filhos e as suas legítimas. Ocorre que tal negócio jurídico é nulo, conforme prescreve o art. 167 do Código Civil.[50]

São comuns as situações em que o bem é vendido a terceira pessoa, por um preço vil, com o intuito de retirá-lo da linha sucessória, e, em seguida, alienado pelo terceiro a apenas um dos herdeiros do antigo proprietário. O negócio simulado é a compra e venda a terceiro, enquanto o negócio dissimulado é a doação ao descendente. O primeiro é nulo e o segundo é válido, mas se sujeita à colação e a eventual redução por inoficiosidade.

A presença do terceiro, nesses casos, também é utilizada para promover a venda do bem pertencente ao ascendente a um descendente determinado, sem a anuência dos demais descendentes. É a conhecida compra e venda de ascendente para descendente, por interposta pessoa.[51]

---

[48] SESSAREGO, Carlos Fernández. *Abuso del derecho*. Buenos Aires: Editorial Astrea, 1992, p. 177-179.

[49] MADALENO, Rolf. A desconsideração judicial da pessoa jurídica e da interposta pessoa física no direito de família e no direito das sucessões. 2. ed. Rio de Janeiro: Forense, 2009, p. 293.

[50] Art. 167. É nulo o negócio jurídico simulado, mas subsistirá o que se dissimulou, se válido for na substância e na forma. §1º Haverá simulação nos negócios jurídicos quando: I – aparentarem conferir ou transmitir direitos a pessoas diversas daquelas às quais realmente se conferem, ou transmitem; II – contiverem declaração, confissão, condição ou cláusula não verdadeira; III – os instrumentos particulares forem antedatados, ou pós-datados. §2º Ressalvam-se os direitos de terceiros de boa-fé em face dos contraentes do negócio jurídico simulado.

[51] APELAÇÃO CÍVEL. AÇÃO ANULATÓRIA DE NEGÓCIO JURÍDICO SIMULADO C/C CANCELAMENTO DE REGISTRO PÚBLICO. COMPRA E VENDA DE ASCENDENTE PARA DESCENDENTE, POR INTERPOSTA PESSOA. DECADÊNCIA. INOCORRÊNCIA. VERIFICADA A OCORRÊNCIA DE SIMULAÇÃO. ADIANTAMENTO DE LEGÍTIMA. IMÓVEL QUE DEVERÁ SER INCLUÍDO NA PARTILHA. Considerando que o contrato inquinado por simulação foi firmado no dia 26 de novembro de 1998, deve ser analisado sob a égide do Código Civil de 1916, que previa no art. 178, §9º, inc. V, alínea b, prescrever em 4 (quatro) anos (na verdade trata-se de prazo decadencial), a partir da celebração do contrato ou da prática do ato, a ação para anular o negócio jurídico firmado. – No entanto, os prazos decadenciais para o herdeiro, em ação que busque a nulidade de negócio envolvendo os bens da herança somente começam a fluir a partir da abertura da sucessão. Interpretação conforme orientação jurisprudencial do STJ. – Tendo em vista que entre a data da abertura da sucessão e a propositura da ação decorreram menos de quatro anos, não resta configurada a decadência. – Demonstrado nos autos a existência de simulação relativa (dissimulação), viabiliza-se o aproveitamento da transação dissimulada, mediante conversão substancial do negócio jurídico, onde o valor do bem deverá ser relacionado no inventário e partilhado em partes iguais, entre as herdeiras necessárias. Apelo provido, mas com disposição de ofício. (TJRS; AC 0006336-83.2018.8.21.7000; Camaquã; Décima Sétima Câmara Cível; Rel. Des. Gelson Rolim Stocker; Julg. 26.04.2018; DJERS 04.05.2018).

Em todos os exemplos aludidos, o ascendente, valendo-se de simulação fraudulenta, procura alterar a igualdade dos quinhões hereditários de seus descendentes, dissimulando a liberalidade ou o favorecimento, por meio de negócios onerosos fictícios.

A simulação de doação em compra e venda também é utilizada para fraudar o pagamento dos tributos, uma vez que a alíquota do imposto incidente sobre a transmissão onerosa (ITBI) costuma ser bem mais baixa do aquela que atinge as transmissões gratuitas (ITCMD).

As variações são muitas, à vista do exposto, importando em analisar em cada caso concreto as reais intenções das partes e divisar qualquer violação à legítima do herdeiro necessário.

4.2 Integralização de capital social em fraude à legítima

Outras situações de fraude envolvem o uso de instrumentos do Direito Empresarial, no bojo de uma tendência geral de 'societarização' das relações jurídicas patrimoniais.

É o caso da criação de uma pessoa jurídica pelo autor da herança, por meio da contribuição da totalidade ou grande parte dos ativos que constituem seu patrimônio, com a participação de terceiros que, na realidade, fazem apenas contribuições nominais para justificar sua condição de sócio.

Nas palavras de Guillermo Borda: "Otro medio de sustraer bienes del patrimonio es *crear un nuevo patrimonio,* al cual se aportan los bienes que se atribuirán en lo sucesivo a un sujeto distinto. A diferencia del caso anterior, la maniobra se intenta mediante un negocio que no reviste un carácter simulado, sino que es sustancialmente real, pero que contiene un fin fraudulento. Es la situación típica de las sociedades comerciales constituidas por el causante mediante el aporte de la totalidad de los bienes que constituye su activo y utilizando la forma societaria en participación de terceros que, en realidad, hacen aportes meramente nominales para justificar su calidad de socios. A la muerte del causante quedan, en el mejor de los casos, las cuotas de capital que, si son – como suele ocurrir para facilitar el fraude – acciones al portador, aparecen en poder de terceros que oponen su adquisición regular a los herederos legitimarios".[52]

Trata-se de hipótese de fraude por meio da subtração do patrimônio do falecido em detrimento dos herdeiros necessários, mas que, diferentemente do caso anterior, não se dá por meio de simulação, mas de negócio jurídico substancialmente real, embora fraudulento.

Não é incomum que o Direito Empresarial, por meio do uso abusivo da sociedade e contra os seus princípios, propicie uma indesejada desobediência às normas de ordem pública, como alerta de Rolf Madaleno: "Sucede com inquietante preocupação de a máscara societária permitir substituir o herdeiro sucessível necessário pelo sócio empresarial, autorizando a transformar o autor da herança e suas riquezas pessoais, como patrimônio de uma sociedade jurídica qualquer".[53]

---

[52] BORDA, Guillermo. *Manual de Derecho de las Sucesiones.* 4. ed. Buenos Aires: Astrea, 1999, p. 527-528.

[53] MADALENO, Rolf. A desconsideração judicial da pessoa jurídica e da interposta pessoa física no direito de família e no direito das sucessões. 2. ed. Rio de Janeiro: Forense, 2009, p. 293.

4.3 Doação e venda de cotas sociais com objetivo de beneficiar determinados herdeiros

Outra hipótese de fraude se verifica quando o autor da herança constitui uma pessoa jurídica de cunho empresarial, comercial ou civil com fins lucrativos e, em sociedade com alguns de seus herdeiros, vai transferindo as quotas sociais progressivamente, de modo que o transcurso do tempo tende a apagar a forma pela qual a sociedade majoritariamente pertencente ao ascendente passou a ser controlada por um dos seus descendentes em detrimento de outro, camuflando a transferência patrimonial.[54] Assim, quando falecer, o filho excluído terá menos quotas, tornando-se sócio minoritário.

Utiliza-se da fórmula societária para partilhar em vida, porém em quinhões desiguais, direitos que, em futura sucessão, deveriam pertencer igualmente a filhos e filhas. Rolf Madaleno pondera que:

> Em inúmeras e não raras situações, genitores costumam creditar aos filhos homens seu ingresso na empresa que já exploram, distribuindo-lhes, no princípio, pequena quantidade de quotas doadas como estímulo ao trabalho no qual estreiam sua atividade profissional. Não raro, embora sem que tenham ou possam usar de recursos próprios, estes sócios masculinos vão aumentando suas participações societárias que seguido superam à própria fração paterna, este, primitivo doador, que assim, com a idade, se afasta e se aposenta do empreendimento, agora tocado pelos descendentes homens e sobre os quais, os vestígios que o tempo apaga, já não permitem apurar a origem real deste crescimento patrimonial na empresa.[55]

Muitas dessas hipóteses trazidas pela doutrina constituem situações reais que já chegaram ao Poder Judiciário. A título de exemplo, pode-se mencionar acórdão do Tribunal de Justiça do Paraná, proferido em sede de agravo de instrumento, mas que ilustra bem a fraude à legítima. No caso concreto, alegou-se que o "genitor agiu com extrema má-fé ao integralizar todo o seu patrimônio na empresa criada no ano de 2006 e, posteriormente, doar integralmente suas quotas sociais aos demais filhos, sem a sua anuência e sem preservar a parte indisponível de 50% do seu patrimônio".[56]

Em outro caso muito semelhante, cujo processo tramitou no Tribunal de Justiça de Pernambuco, pleiteou-se a sustação dos "efeitos da 5ª alteração do contrato social

---

54 Esse exemplo é colhido da doutrina de Giselda Hironaka (Cf. HIRONAKA, Giselda Maria Fernandes Novaes; CAHALI, Francisco José. *Direito das sucessões*. 4. ed. São Paulo: Revista dos Tribunais, 2012, p. 460).

55 MADALENO, Rolf. A desconsideração judicial da pessoa jurídica e da interposta pessoa física no direito de família e no direito das sucessões. 2. ed. Rio de Janeiro: Forense, 2009, p. 298-299.

56 Eis a ementa do julgado: "DECISÃO: ACORDAM os Senhores Magistrados integrantes da Décima Segunda Câmara Cível do Tribunal de Justiça do Paraná, por unanimidade de votos, em negar provimento ao recurso, nos termos do voto do Relator. EMENTA: AGRAVO DE INSTRUMENTO – AÇÃO DECLARATÓRIA DE FRAUDE À LEGITIMA C/C NULIDADE DE NEGÓCIO JURÍDICO – ALEGADA CRIAÇÃO DE PESSOA JURÍDICA COM INTEGRALIZAÇÃO DE TODO O PATRIMÔNIO DO GENITOR, COM POSTERIOR DOAÇÃO DAS RESPECTIVAS QUOTAS AOS DEMAIS FILHOS SEM A ANUÊNCIA DO AUTOR – PRETENDIDO BLOQUEIO DOS BENS DA SOCIEDADE – TUTELA DE URGÊNCIA DE NATUREZA CAUTELAR – REQUISITOS INSUFICIENTES – PERIGO DE DANO OU RISCO AO RESULTADO ÚTIL DO PROCESSO POR ORA NÃO CONFIGURADOS – RECURSO DESPROVIDO". (TJPR – 12ª C.Cível – AI – 1583014-1 – Cambé – Rel.: Antonio Domingos Ramina Junior – Unânime – - J. 15.03.2017); (TJ-PR – AI: 15830141 PR 1583014-1 (Acórdão), Relator: Antonio Domingos Ramina Junior, Data de Julgamento: 15.03.2017, 12ª Câmara Cível, Data de Publicação: DJ: 2007 10.04.2017).

da empresa Nordeste Transporte de Valores Ltda. (fls. 70/76), instrumento por meio do qual o Sr. Hilson, então detentor de 87% das cotas do capital da sociedade empresária, transferiu aos seus filhos-varões – que, nesta demanda, integram com ele o polo passivo – parte da sua participação na sociedade empresária, ficando estes, agora, com mais de 50% das cotas sociais. Alegou a autora que a referida venda se deu sem o seu consentimento, o que, nos termos do art. 496 do Código Civil, ensejaria a anulação do negócio jurídico".[57]

Uma outra situação potencialmente danosa aos herdeiros necessários diz respeito à possibilidade de distribuição assimétrica de lucros na sociedade limitada, tal como permitido nos arts. 1.007 e 1.008 do Código Civil, pois o direito de cada sócio a participar dos lucros sociais não está atrelado à sua participação do capital social.[58] Pode ocorrer de um contrato social prever que os lucros serão distribuídos e repartidos em uma fração diversa da respectiva participação societária. Por exemplo, um sócio é detentor de 20% do capital social, mas participa de 40% dos lucros. Então, o autor da herança faz doações dessas ações aos herdeiros, mantendo a proporção do capital social, mas favorecendo um ou alguns quanto ao recebimento dos lucros. Ora, tal hipótese é, sem dúvida, potencialmente conflitiva em relação aos direitos dos herdeiros.

4.4 Pactos sucessórios e fraude à lei

Questão cada vez mais frequente diz respeito aos pactos sucessórios estabelecidos em pactos antenupciais e contratos de convivência, normalmente com orientação de profissionais da área, como um dos supostos instrumentos de planejamento sucessório, com o objetivo de "blindar" a sucessão dos litígios decorrentes de insucessos conjugais.

Segundo Clóvis Beviláqua, é uma tradição do nosso Direito condenar os pactos sucessórios, quer em razão de "sentimentos morais", quer por contrariar o "princípio da liberdade essencial às disposições de última vontade, que devem ser revogáveis, até o momento da morte do dispoente".[59]

Entretanto, abalizadas vozes no Direito brasileiro propõem uma releitura do espaço de liberdade no âmbito do Direito Sucessório, por meio do pacto antenupcial, que não esbarraria na vedação legal à disposição contratual de herança de pessoa viva.[60] A tese ganhara força a partir de antigo entendimento do Superior Tribunal de Justiça, que hoje não mais prevalece, no sentido de afastar o cônjuge supérstite da concorrência sucessória

---

[57] TJ/PE, Agravo de instrumento 274739-7, Relator Eduardo Augusto Paura Peres, Publicação em 30.11.2012. Disponível em: http://www.tjpe.jus.br/consultajurisprudenciaweb/xhtml/consulta/escolhaResultado.xhtml#DOC1. Acesso em: 19 abr. 2018. Na decisão, no entanto, entendeu-se pela perda de objeto do agravo de instrumento, diante da prolação de sentença.

[58] Cf. DONAGGIO, Angela Rita Franco; PRADO, Roberta Nioac. Determinantes Estratégicas na Escolha do Tipo Societário: LTDA. ou S.A.? *In*: PRADO, Roberta Nioac *et al.* (Coord.). *Direito Societário*: estratégias societárias, planejamento tributário e sucessório. 2. ed. São Paulo: Saraiva, 2011.

[59] BEVILÁQUA, Clóvis. *Código Civil dos Estados Unidos do Brasil comentado.* Volume IV. Edição histórica. Rio de Janeiro: Editora Rio, 1976, p. 204.

[60] FRANK, Felipe. *AUTONOMIA SUCESSÓRIA E PACTO ANTENUPCIAL*: problematizações sobre o conceito de sucessão legítima e sobre a cláusula pré-nupcial de exclusão da concorrência sucessória do cônjuge. Tese (Doutorado em Direito) – UNIVERSIDADE FEDERAL DO PARANÁ. Curitiba, p. 189-195. 2017.

com os descendentes, estendendo os efeitos sucessórios da separação obrigatória de bens à separação convencional.[61]

Nessa perspectiva, é que a questão tem frequentado cada vez mais as lides forenses, especialmente depois que o cônjuge sobrevivente foi alçado à categoria de herdeiro necessário.

É o caso, por exemplo, em que as partes convencionam que nenhum dos contratantes será herdeiro do outro e, aberta a sucessão pelo falecimento de qualquer deles, todo o seu patrimônio reverterá exclusivamente para seus respectivos descendentes ou ascendentes. Estes autores, em outros escritos, vêm sustentando a

> possibilidade de renúncia dos direitos concorrenciais dos cônjuges ou companheiros, em pacto antenupcial ou convivencial, cuja hipótese não se confunde com a situação de ser chamado sozinho à sucessão, como herdeiro único e universal, e que não implica, dessa maneira, violação ao princípio da intangibilidade da legítima, constituindo-se, assim, em direito validamente renunciável.[62]

No entanto, a posição prevalente na jurisprudência segue a doutrina tradicional, no sentido de que "o pacto antenupcial que trata de direito sucessório, nesta parte, caracteriza o denominado *pacta corvina*, cujo vício deve ser pronunciado de ofício pelo juiz, não admite suprimento, não é suscetível de confirmação e nem convalesce pelo decurso do tempo".[63]

Enquanto prevalecer entre nós esse entendimento, do qual discordamos, a pactuação sucessória em contratos antenupciais ou em qualquer outro instrumento, no bojo de uma operação de planejamento, pode ser considerada uma tentativa de fraude.

4.5 *Trust* e fraude à legítima

O *trust* é uma criação do Direito anglo-americano e constitui espécie do gênero negócio fiduciário, na medida em que o fiduciante (*settlor*) transmite, em *fiducia*, a titularidade formal (*trust-ownership*) do patrimônio (*trust fund*) ao fiduciário (*trustee*), com a obrigação de custodiá-los ou administrá-los, estabelecendo a obrigação do *trustee* retransmiti-los, verificada condição ou termo, ao beneficiário indicado no ato de constituição do *trust*.[64] Propicia a transferência do domínio resolúvel e da posse indireta

---

61 SUPERIOR TRIBUNAL DE JUSTIÇA. *REsp 992.749/MS*, Rel. Ministra NANCY ANDRIGHI, TERCEIRA TURMA, julgado em 01.12.2009, DJe 05.02.2010.

62 Cf.: DELGADO, Mário Luiz; MARINHO JÚNIOR, Jânio Urbano. Novos Horizontes para os Pactos Sucessórios no Brasil. *Revista Magister de Direito das Famílias e Sucessões/Doutrina / Revista Nacional de Direito de Família e Sucessões*, 28 edições, jan./fev. 2019.

63 APELAÇÃO. INVENTÁRIO. CÔNJUGE SUPÉRSTITE. CASADO SOB REGIME DE SEPARAÇÃO CONVENCIONAL. HERDEIRO NECESSÁRIO. PACTO ANTENUPCIAL QUE TRATOU DA SUCESSÃO HEREDITÁRIA. PACTA CORVINA. NEGÓCIO NULO. O cônjuge supérstite é herdeiro necessário (artigo 1.845, do Código Civil) e, se era casado com o falecido sob o regime de separação convencional de bens, concorre na sucessão com os descendentes do de cujus (artigo 1.829, I, do Código Civil). Neste sentido, REsp 1.382.170-SP (Informativo 562) e enunciado 270, da III Jornada de Direito Civil. O pacto antenupcial que trata de direito sucessório, nesta parte, caracteriza o denominado pacta corvina, cujo vício deve ser pronunciado de ofício pelo juiz, não admite suprimento, não é suscetível de confirmação e nem convalesce pelo decurso do tempo. (TJ-DF 20100110051558 DF 0001334-06.2010.8.07.0016, Relator: ESDRAS NEVES, Data de Julgamento: 25.10.2017, 6ª TURMA CÍVEL, Data de Publicação: Publicado no DJE: 31.10.2017. Pág.: 318-343).

64 Cf. CHALHUB, Melhim Namem. *Alienação fiduciária – negócio fiduciário*. 5. ed. Rio de Janeiro: Forense, 2017, p. 17.

dos bens ao *trustee*, resolvendo-se o direito deste com a verificação da condição ou do termo. O *trustee* adquire a propriedade dos bens transmitidos, mas não é proprietário pleno. Apenas detém propriedade resolúvel que, por sua vez, confere-lhe todos os direitos de dono, ainda que seja temporariamente.

Para Melhim Chalhub "o dinamismo e a extrema flexibilidade do *trust* possibilitam sua utilidade quase infinita no que se pode chamar de *direito dos negócios*, [...] circunstância que recomenda a identificação de suas características fundamentais e a tentativa de sua assimilação pelos países de tradição legislativa romana".[65] Não obstante reconheça que dificuldades de natureza histórica e estrutural não permitam sua trasladação pura e simples para o sistema do *civil law*, admite o aproveitamento da ideia geral do *trust*, por meio da construção de institutos que exerçam funções análogas. Nesse sentido, afirma que:

> Considerando-se que o *trust* tem como elementos essenciais um patrimônio determinado e uma afetação, é, efetivamente, mediante a determinação de um patrimônio e sua afetação que se poderia obter a realização de efeitos econômicos e jurídicos semelhantes aos do *trust*, isto é, mediante a atribuição de um direito patrimonial – propriedade fiduciária – a alguém, para que o administre no interesse de outrem, mantendo-se a propriedade fiduciária em patrimônio apartado.[66]

É o equivalente funcional do fideicomisso ou da substituição fideicomissária e que, entre nós, encontra-se lamentavelmente restrita aos não concebidos ao tempo da morte do testador.[67]

Não há regulamentação do *trust* no ordenamento jurídico brasileiro, embora não seja incomum notícias envolvendo brasileiros que se utilizaram desse instrumento no exterior.[68]

Infelizmente, a frequência com que o *trust* é utilizado nas operações de planejamento sucessório é diretamente proporcional à frequência com que são cometidas todas as espécies de fraudes pelos instituidores, sequiosos em burlar a lei ou os direitos de determinados herdeiros necessários.

Recentemente, o Supremo Tribunal Federal se manifestou sobre a questão da utilização de *trust* como instrumento de fraude à lei, no caso de Deputado Federal que afetou patrimônio para a formação de um *trust*, estipulando-se, em seguida, como único beneficiário, sem, contanto, comunicar a existência desse negócio ao Banco Central. É

---

65 Cf. CHALHUB, Melhim Namem. Alienação fiduciária – negócio fiduciário, cit., p. 23.

66 Cf. CHALHUB, Melhim Namem. *Alienação fiduciária – negócio fiduciário*. 5. ed. Rio de Janeiro: Forense, 2017, p. 27.

67 Art. 1.952. A substituição fideicomissária somente se permite em favor dos não concebidos ao tempo da morte do testador. Parágrafo único. Se, ao tempo da morte do testador, já houver nascido o fideicomissário, adquirirá este a propriedade dos bens fideicometidos, convertendo-se em usufruto o direito do fiduciário.

68 Segundo Milena Donato Oliveira, "o *trust* caracteriza-se pela presença de duas características: flexibilidade e segurança. Flexibilidade, porque decorre de sua notável aptidão funcional. Segurança, porque implica em proteção patrimonial, por meio do mecanismo do patrimônio de afetação. Estrutura-se por meio de três figuras: (i) o *settlor* (fiduciante), que é aquele que institui o *trust*; (ii) o *trustee* (fiduciário), o qual recebe do *settlor* a titularidade de bens para a execução do encargo contido no ato de constituição do *trust*; e (iii) o beneficiário, que receberá os proveitos da administração patrimonial empreendida pelo *trustee*". *In*: OLIVA, Milena Donato. Deve o trust ser incorporado no direito brasileiro? *In*: *Jota*, jan. 2018. Disponível em: https://www.jota.info/opiniao-e-analise/artigos/deve-o-trust-ser-incorporado-no-direito-brasileiro-07012018. Acesso em: 2 maio 2018.

verdade que, nessa situação, a fraude supostamente envolvia a prática de crimes de lavagem de dinheiro, evasão de divisas e falsidade ideológica para fins eleitorais e não propriamente o planejamento sucessório, no entanto, não deixa de ser pertinente a sua menção neste estudo para demonstrar as destinações ilícitas que podem ser dadas ao *trust*. Especificamente quanto ao caso concreto, a Suprema Corte afirmou que

> Em relação ao delito de evasão de divisas, constaria da denúncia que o acusado teria mantido ativos não declarados às autoridades brasileiras em contas localizadas no exterior, em quantias superiores a US$100.000,00 (cem mil dólares). Assim, em conformidade com extratos apresentados pelo Ministério Público, o parlamentar teria mantido na Suíça, mas a partir do Brasil, ativos não declarados ao Banco Central do Brasil. Tal fato configuraria, em tese, o crime de evasão de divisas, na figura típica prevista na parte final do parágrafo único do art. 22 da Lei 7.492/1986. Relativamente a essa parte da acusação, a defesa sustentava a atipicidade da conduta verificada, na medida em que os valores depositados em específicas contas bancárias teriam sido objeto da contratação de "trusts" em 2003, estrutura negocial que teria implicado a transferência da plena titularidade de seus valores. Contudo, os elementos indiciários colhidos na investigação revelariam que o denunciado seria, de fato, o responsável pela origem e, ao mesmo tempo, o beneficiário dos valores depositados nas referidas contas. Nesse contexto, embora o "trust" fosse modalidade de investimento sem regulamentação específica no Brasil, não haveria dúvidas de que, no caso dos autos, o acusado deteria, em relação a essas operações, plena disponibilidade jurídica e econômica. Assim, a circunstância de os valores não estarem formalmente em seu nome seria absolutamente irrelevante para a tipicidade da conduta. Aliás, a manutenção de valores em contas no exterior, mediante utilização de interposta pessoa ou forma de investimento que assim o permitisse, além de não desobrigar o beneficiário de apresentar a correspondente declaração ao Banco Central do Brasil, revelaria veementes indícios do ilícito de lavagem de dinheiro (Informativo 831 STF).[69]

Conforme se pode extrair do referido caso, é clara a possibilidade de utilização do *trust* como instrumento propiciador de fraudes. De fato, "há o temor de a admissão do *trust* facilitar sobremaneira fraudes contra os herdeiros, cônjuge e credores, haja vista a afetação patrimonial que lhe é inerente".[70]

Assim, a questão que se coloca diz respeito à validade de *trust* instituído no exterior na hipótese de fraude à lei imperativa, como se dá quando os beneficiários são determinados herdeiros em detrimento de outros.

Milena Donato Oliva,[71] reconhecendo o potencial de utilização desse mecanismo oriundo do *comnon law*, afirma que o *trust* "não é diverso de qualquer outro ato de alienação e, portanto, os mesmos controles de ilicitude e abusividade atinentes aos atos de disposição incidem no *trust*". A constituição do *trust*, com a designação de um

---

69 BRASIL. Supremo Tribunal Federal. Informativo n. 831. Disponível em: http://www.stf.jus.br//arquivo/informativo/documento/informativo831.htm. Acesso em: 2 maio 2018.

70 OLIVA, Milena Donato. Deve o trust ser incorporado no direito brasileiro? *In*: *Jota*, jan. 2018. Disponível em: https://www.jota.info/opiniao-e-analise/artigos/deve-o-trust-ser-incorporado-no-direito-brasileiro-07012018. Acesso em: 2 maio 2018.

71 OLIVA, Milena Donato. Deve o *trust* ser incorporado no direito brasileiro? *In*: *Jota*, jan. 2018. Disponível em: https://www.jota.info/opiniao-e-analise/artigos/deve-o-trust-ser-incorporado-no-direito-brasileiro-07012018. Acesso em: 2 maio 2018.

ou alguns herdeiros como beneficiários, em detrimento dos demais, submete-se aos mesmos limites protetivos da legítima, impostos aos demais atos de transmissão, *inter vivos* ou *mortis causa*. O que não se pode admitir é a utilização *trust* como forma de ocultar patrimônio e fraudar a partilha de bens.

Nessa mesma perspectiva, Heleno Taveira Torres deixa claro que o ordenamento deve conservar os efeitos dos *trusts* constituídos no exterior, desde que os recursos aportados sejam de origem lícita, não haja qualquer espécie de fraude ou cometimento de crime na sua utilização e a forma de funcionamento atenda à legalidade e à Convenção de Haia.[72]

O que se percebe é que, a partir dessa tendência cada vez mais presente de aproximação dos grandes sistemas de Direito do mundo ocidental, a *common law* e o *civil law*, surgem novas questões e, por conseguinte, novos desafios, entre esses o tratamento jurídico a ser dado aos *trusts* constituídos no exterior e, principalmente, os mecanismos para se evitar possíveis fraudes às leis brasileiras, inclusive à legítima.

4.6 Plano de previdência privada e seguro de vida

Outros instrumentos do planejamento sucessório usados para praticar fraudes, notadamente para reduzir o quinhão dos herdeiros necessários, podem ser identificados em determinados contratos em que se estipula em benefício de terceiro, como se dá nos planos de previdência privada e nos seguros de vida.

É o caso, *e.g.*, da contratação de plano de VGBL como instrumento de fraude à legítima, quando se reverte ao plano grande parte do patrimônio, mas com a designação de beneficiária outra pessoa que não o herdeiro necessário.[73] A hipótese é muito bem levantada por Carlos André Guerras Barreiros:

> Não pode um indivíduo se desfazer da totalidade de seus bens e vertê-los a um plano de caráter previdenciário com a finalidade de nomear como beneficiárias pessoas outras que não seus herdeiros necessários, sob pena de se ter este ato anulado judicialmente, pois o judiciário pode entender que houve clara intenção de se fraudar o direito à legítima, beneficiando um (ou uns) em prejuízo do direito de outro(s).[74]

---

72 TORRES, Heleno Taveira. Trust não pode ser usado para sonegação fiscal. *In*: *Consultor Jurídico*, 11 nov. 2015. Disponível em: https://www.conjur.com.br/2015-nov-11/consultor-tributario-trust-nao-usado-sonegacao-fiscal. Acesso em: 2 maio 2018.

73 Segundo a SUSEP, "VGBL (Vida Gerador de Benefício Livre) e PGBL (Plano Gerador de Benefício Livre) são aqueles por sobrevivência (de seguro de pessoas e de previdência complementar aberta, respectivamente) que, após um período de acumulação de recursos (período de diferimento), proporcionam aos investidores (segurados e participantes) uma renda mensal – que poderá ser vitalícia ou por período determinado – ou um pagamento único. O primeiro (VGBL) é classificado como seguro de pessoa, enquanto o segundo (PGBL) é um plano de previdência complementar. A principal diferença entre os dois planos reside no tratamento tributário dispensado a um e a outro. Em ambos, o Imposto de Renda incide apenas no momento do resgate ou recebimento da renda. Entretanto, enquanto no VGBL o Imposto de Renda incide apenas sobre os rendimentos, no PGBL o imposto incide sobre o valor total a ser resgatado ou recebido sob a forma de renda". *In*: SUSEP: *Guia de Orientação e Defesa do Consumidor dos Mercados de Seguros, Previdência Complementar Aberta e Capitalização*. 1. ed. Rio de Janeiro: SUSEP, 2017, p. 71.

74 BARREIROS, Carlos André Guerras. Previdência Privada: vantagens de se aderir a este sistema. *In*: *Revista de Previdência*, UERJ – CEPED, ano 1, n. 4, p. 129, abr. 2006.

Na verdade, a grande dificuldade da questão reside no fato de que, à semelhança do seguro de vida, há a dispensa de inventário, em relação a esses planos, devendo o pagamento ser realizado diretamente ao beneficiário, como determina o art. 794 do Código Civil e também o art. 79 da Lei nº 11.196/2005 (Lei do Bem):

> Art. 794. No seguro de vida ou de acidentes pessoais para o caso de morte, o capital estipulado não está sujeito às dívidas do segurado, nem se considera herança para todos os efeitos de direito.
>
> Art. 79. No caso de morte do participante ou segurado dos planos e seguros de que trata o art. 76 desta Lei, os seus beneficiários poderão optar pelo resgate das quotas ou pelo recebimento de benefício de caráter continuado previsto em contrato, independentemente da abertura de inventário ou procedimento semelhante.

Na jurisprudência, pode-se mencionar acórdão proferido pelo Tribunal de Justiça do Rio de Janeiro,[75] em que se veiculou a possibilidade de o plano de VGBL ter sido contratado com a intenção de fraude à legítima.

> Sucessões. Inventariança. VGBL. Procedimento de apresentação, registro e cumprimento de testamento e inventário. Recurso parcialmente provido. 1. Objetivando-se a rápida e desburocratizada prestação jurisdicional, entendeu-se que os procedimentos de inventário e de apresentação, registro e cumprimento de testamento devem ser distribuídos para o mesmo juízo. 2. Contudo, observada a ordem preferencial do art. 990 CPC, não há razão para a agravante, cônjuge supérstite, ser afastada da inventariança. 3. *É questão de alta indagação a natureza do VGBL deixado pelo de cujus e a existência ou não de simulação para fraudar a legítima.* 4. Assim, até que esta questão seja dirimida através do meio processual adequado, deve ser mantido o bloqueio do saldo do plano de previdência. 5. Agravo de Instrumento a que se dá parcial provimento. (grifo nosso)

No respectivo voto, o Relator destacou que:

> Por fim, quanto à última questão – o bloqueio do saldo do VGBL – a questão é de alta indagação, não podendo ser decidida sequer no inventário. Impõe-se, preliminarmente, precisar-se a natureza do aludido plano de previdência e as circunstâncias do caso concreto de molde a afastar ou não a existência de simulação na contratação, como meio de fraudar a legítima.

Com relação ao seguro de vida, mostra-se cada vez mais frequente que essa modalidade de seguro seja assumida como instrumento de planejamento sucessório.[76]

Como enfatiza Rita Lobo Xavier, nesses contratos ocorrem duas atribuições patrimoniais distintas, uma feita pelo tomador à seguradora (prêmio) e outra feita pelo segurador ao beneficiário (capital) e, quando usados em operação de planejamento, deve existir uma correlação entre a aquisição do capital segurado pelo beneficiário a título

---

[75] TJRJ – 0043456-15.2011.8.19.0000 – AGRAVO DE INSTRUMENTO – Des(a). HORÁCIO DOS SANTOS RIBEIRO NETO – Julgamento: 22.11.2011 – DÉCIMA QUINTA CÂMARA CÍVEL.

[76] Cf. XAVIER, Rita Lobo. Planejamento Sucessório e Transmissão do Património à Margem do Direito das Sucessões. Porto: Universidade Católica Editora, 2016, p. 139-141.

de liberalidade e a diminuição verificada em vida no patrimônio do tomador. Por isso, essa autora ressalta que "a operação global deve ser encarada, do ponto de vista do tomador, como uma atribuição patrimonial gratuita, e, do ponto de vista do beneficiário, como uma aquisição a título gratuito", com a peculiaridade de que "o valor a ter em conta para efeitos de aplicação do regime das liberalidades não será, no entanto, o valor efetivo a receber, mas o valor correspondente à diminuição do patrimônio do tomador".

Assim, tendo em conta essa característica, podem potencialmente afetar as expectativas dos herdeiros legitimários e, portanto, serem utilizados em fraude à legítima.

4.7 Fraude e evasão fiscal

Tal qual destacado anteriormente, não se pode desprezar a imbricação entre o planejamento sucessório e o Direito Tributário. A elisão fiscal, consistente na utilização de estratégias permitidas por lei ou ancoradas em lacunas legais com o intuito de pagar menos tributos, pode constituir uma das vantagens do planejamento sucessório. Não há ilegalidade nisso. Todavia, bem diferente é a conduta fraudulenta que tem por finalidade o não pagamento de tributo, por meio da violação de leis tributárias. A evasão fiscal é, sem dúvida, ilegal. Daí que o planejamento sucessório, como estratégia multidisciplinar, também encontra limitações em outras áreas do Direito, como as leis tributárias.

A partir das várias hipóteses já discutidas, é possível extrair os limites do planejamento sucessório sob a perspectiva do Direito Tributário. Não se trata de deixar de se utilizar um instrumento que seria o mais adequado para aquele caso concreto, mas de não se furtar ao cumprimento das obrigações tributárias.

Os planos de previdência privada, por exemplo, têm sido usados como forma de elisão fiscal, uma vez que seriam isentos do pagamento de ITCMD, em razão da sua natureza previdenciária, conforme entendimento de Tribunais pátrios,[77] embora saibamos que a questão não é pacífica.[78]

---

[77] APELAÇÃO/REEXAME NECESSÁRIO. 6ª CÂMARA EXTRAORDINÁRIA DE DIREITO PÚBLICO. Mandado de Segurança. IMPOSTO SOBRE TRANSMISSÃO "CAUSA MORTIS" – ITCMD. Pretensão ao reconhecimento do direito à isenção do ITCMD sobre valores relativos a investimento realizado por meio de contrato de previdência privada (VGBL). Sentença de primeiro grau que concedeu a segurança. 1. *IMPOSTO SOBRE TRANSMISSÃO "CAUSA MORTIS" – ITCMD. Valores relativos a investimento realizado por meio de contrato de previdência privada (VGBL). Isenção. Reconhecimento. Inteligência do comando inserto no artigo 6º, inciso I, 'e' da Lei Estadual nº 10.705/00. Precedente.* 2. Sentença mantida. Recursos oficial e voluntário não providos. (TJSP; Apelação / Reexame Necessário 1005651-12.2014.8.26.0032; Relator (a): Oswaldo Luiz Palu; Órgão Julgador: 6ª Câmara Extraordinária de Direito Público; Foro de Araçatuba – Vara da Fazenda Pública; Data do Julgamento: 06.10.2016; Data de Registro: 06.10.2016). Ementa: "0013611-88.2018.8.19.0000 – AGRAVO DE INSTRUMENTO. Des(a). CELSO LUIZ DE MATOS PERES – Julgamento: 16.04.2018 – DÉCIMA CÂMARA CÍVEL VGBL. Procedimento de inventário. Pretensão do ente público tributante estadual no sentido de incidir o ITCMD sobre o montante da indenização. O VGBL possui natureza jurídica de seguro de pessoa, conforme entendimento firmado pela SUSEP através da Circular n. 339/2007. Impossibilidade do enquadramento no conceito de herança. Inteligência do Artigo 794 do Código Civil. Ausência de fato gerador do ITCMD, conforme determina o artigo 7º da Lei Estadual nº 7.174/15. Precedentes desta Corte Estadual. Recurso Improvido".

[78] Segundo consta, "A Secretaria de Fazenda do Estado de São Paulo tem manifestado o entendimento de que os planos de previdência são isentos. Já as autoridades fiscais de alguns Estados, como Minas Gerais e Paraná, aponta Luciana, vêm tratando os produtos como aplicação financeira e, assim, sujeitos à incidência do ITCMD". *In*: SEABRA, Fagundes. Herança Vulnerável. *In*: *Valor Econômico*, 08 abril 2015. Disponível em: http://www.valor.com.br/financas/3996164/heranca-vulneravel#. Acesso em: 3 maio 2018.

Acontece que, outras vezes, transfere-se grande parte do patrimônio para um desses planos, que passam a funcionar muito mais como investimento, e não como pecúlio, o que poderia dar ensejo a questionamentos quanto à viabilidade de incidência do ITCMD.

Uma outra possibilidade de elisão fiscal seria a realização de pequenas doações ao longo dos anos, respeitando a faixa de isenção do ITCMD. É claro que tal possibilidade seria viável para pequenos patrimônios. Por exemplo, no Estado de São Paulo, de acordo com a Lei Estadual nº 10.705/2000, no seu art. 6º, II, "a", é isenta do imposto "a transmissão por doação cujo valor não ultrapassar 2.500 UFESPs". Atualmente, cada UFESP tem o valor de 25,70, de modo que seria isenta a doação inferior a R$64.250,00.[79]

Entretanto, por vezes, há uma linha tênue entre estratégias do planejamento sucessório e sonegação fiscal. É o caso da utilização do *trust* no exterior. Segundo Heleno Taveira Torres, há o dever de declaração, no Brasil, da transferência de patrimônio para criação de *trust* no exterior, estejam os recursos ou ativos dentro ou fora do território nacional, ou sobre os rendimentos percebidos pelo beneficiário, quando transmitidos pelo *trust*.[80] Além disso, afirma o autor ser passível de incidência do ITCMD, por ser típico caso de "doação". Nas suas palavras,

> Quanto à exigência de tributos, na transferência do *settlor* para o *trustee*, como regra, tem-se típico caso de "doação", logo, passível de incidência do ITCMD. Desse modo, cabe aos estados o dever de cobrança do ITCMD relativa ao montante dos recursos transferidos para constituição do *trust* no exterior. O *trust* recebe patrimônio do *settlor* para administrar. Não se pode conferir a esta transferência qualquer equivalência com rendas de não residente (o *trust*), por não se revelar alguma evidência de capacidade contributiva deste.

Assim, percebe-se que muitas das ferramentas utilizadas em um planejamento sucessório podem implicar fraudes, enfraquecendo esse instrumento, diante da ausência de segurança jurídica quanto aos direitos que serão transmitidos aos herdeiros e beneficiários.

5 Notas conclusivas

Ao longo do artigo, constatou-se a importância do planejamento sucessório diante da realidade atual, que se mostra cada vez mais complexa e conflituosa. Inúmeras são as situações que podem gerar conflitos potenciais entre os herdeiros.

O planejamento sucessório surge, então, como uma necessidade premente nesse contexto, para prevenir ou minimizar litígios futuros e praticamente certos. Na realidade, vários são os meios à disposição do planejamento sucessório, como o testamento, a doação, partilha em vida, usufruto, etc. Além desses instrumentos tradicionais no Direito das Sucessões, podemos mencionar instrumentos financeiros (*trusts*, planos de previdência complementar, seguros de vida, etc.) ou ainda mecanismos no âmbito do

---

[79] Disponível em: http://info.fazenda.sp.gov.br/NXT/gateway.dll/legislacao_tributaria/Agendas/ufesp.html?f=templates&fn=default.htm&vid=sefaz_tributaria:vtribut. Acesso em: 9 maio 2018.

[80] TORRES, Heleno Taveira. Trust não pode ser usado para sonegação fiscal. *In*: *Consultor Jurídico*, 11 nov. 2015. Disponível em: https://www.conjur.com.br/2015-nov-11/consultor-tributario-trust-nao-usado-sonegacao-fiscal. Acesso em: 2 maio 2018.

Direito Societário (constituição de sociedade de participação ou *holding*, alterações em estatutos sociais, acordos de sócios, etc.). As variáveis possíveis são inúmeras a permitir a conciliação dos interesses do futuro autor da herança e dos herdeiros. O que permite também constatar que muitas também são as possibilidades de fraudes.

O planejamento sucessório não pode ser usado com a finalidade de fraude à lei. Pelo contrário, deve respeito às normas cogentes, notadamente à legítima dos herdeiros necessários. Vigora, entre nós, o princípio da intangibilidade da legítima, não podendo o planejamento sucessório se abster de respeitá-lo.

Além dos mecanismos tradicionais do Direito Sucessório de proteção da legítima, a saber, colação, redução de disposições testamentárias e doações inoficiosas, merece destaque a possibilidade de aplicação do incidente de desconsideração da pessoa jurídica, notadamente naquelas situações em que há suspeita de burla à legítima, por meio da utilização de pessoa jurídica.

Daí já se pode perceber a amplitude de situações nas quais é possível antever fraude no planejamento sucessório. São bastante comuns situações de compra e venda simulada ou doações inoficiosas. Podemos vislumbrar também hipóteses em que há criação de pessoa jurídica pelo falecido, com a integralização de capital social, de modo a fraudar a legítima. Ou ainda o caso em que é feita a doação ou a venda de cotas sociais com o objetivo de beneficiar determinados herdeiros em detrimentos de outros.

Não se pode perder de vista a possibilidade de se utilizar institutos típicos do *common law*, como o *trust*, ou mesmo planos de previdência privada, com o único objetivo de se evitar transmitir a quota intangível dos herdeiros necessários.

Por fim, não se pode esquecer que o planejamento sucessório se relaciona com o Direito Tributário, porquanto diminuir o pagamento de tributos é, muitas vezes, um dos objetivos desse instrumento jurídico. Ocorre que, à semelhança das várias situações discutidas, não se pode utilizá-lo para fins de evasão fiscal.

Dessa maneira, percebe-se que muitas são as ferramentas à disposição em um planejamento sucessório, as quais podem levar à violação da lei. Todavia, todas essas hipóteses, em verdade, evidenciam a importância de o planejamento sucessório conciliar os anseios do futuro autor da herança e dos herdeiros com os limites impostos pelo ordenamento jurídico brasileiro.

Referências

ATIENZA, Manuel; MANERO, Juan Ruiz. *Ilícitos atípicos*: sobre o abuso de direito, fraude à lei e desvio de poder. Tradução de Janaina Rolando Matida. São Paulo: Marcial Pons, 2014.

BARREIROS, Carlos André Guerras. Previdência Privada: vantagens de se aderir a este sistema. *In*: *Revista de Previdência*, UERJ – CEPED, ano 1, n. 4, abr. 2006.

BEVILÁQUA, Clóvis. *Código Civil dos Estados Unidos do Brasil comentado*. Vol. IV. Edição histórica. Rio de Janeiro: Editora Rio, 1976.

BORDA, Guillermo. *Manual de Derecho de las Sucesiones*. 4. ed. Buenos Aires: Astrea, 1999.

CARVALHO, Mario Tavernard Martins de. Planejamento sucessório no âmbito da empresa familiar. *In*: COELHO, Fábio Ulhoa; FÉRES, Marcelo Andrade (Coord.). *Empresa Familiar*: estudos jurídicos. São Paulo: Saraiva, 2014.

CHALHUB, Melhim Namem. *Alienação fiduciária – negócio fiduciário*. 5. ed. Rio de Janeiro: Forense, 2017.

DELGADO, Mário Luiz. Controvérsias na sucessão do cônjuge e do convivente. Uma proposta de harmonização do sistema. *In*: DELGADO, Mário Luiz; ALVES, Jones Figueirêdo (Org.). *Questões controvertidas no direito de família e das sucessões*, vol. 3. São Paulo: Método, 2005, p. 417-446.

DELGADO, Mário Luiz; MARINHO JÚNIOR, Jânio Urbano. Novos Horizontes para os Pactos Sucessórios no Brasil. *Revista Magister de Direito das Famílias e Sucessões/Doutrina; Revista Nacional de Direito de Família e Sucessões*, 28 edições, jan./fev. 2019.

DINIZ, Maria Helena. *Código Civil Anotado*. 16. ed. São Paulo: Saraiva, 2012.

DONAGGIO, Angela Rita Franco; PRADO, Roberta Nioac. Determinantes Estratégicas na Escolha do Tipo Societário: LTDA. ou S.A.? *Direito Societário*: estratégias societárias, planejamento tributário e sucessório. PRADO, Roberta Nioac *et al*. (Coord.). 2. ed. São Paulo: Saraiva, 2011.

FRANK, Felipe. *Autonomia sucessória e pacto antenupcial*: problematizações sobre o conceito de sucessão legítima e sobre a cláusula pré-nupcial de exclusão da concorrência sucessória do cônjuge. Tese (Doutorado em Direito) – Universidade Federal do Paraná. Curitiba. 2017.

HIRONAKA, Giselda Maria Fernandes Novaes; CAHALI, Francisco José. *Direito das sucessões*. 4. ed. São Paulo: Revista dos Tribunais, 2012.

LÔBO, Paulo. *Direito Civil*: sucessões. 3. ed. São Paulo: Saraiva, 2016, posição 790, versão *ebook*.

MADALENO, Rolf. A desconsideração judicial da pessoa jurídica e da interposta pessoa física no direito de família e no direito das sucessões. 2. ed. Rio de Janeiro: Forense, 2009.

MAMEDE, Gladston; MAMEDE, Eduarda Cotta. *Planejamento Sucessório*: introdução à arquitetura estratégica – patrimonial e empresarial – com vistas à sucessão *causa mortis*. São Paulo: Atlas, 2015.

MAXIMILIANO, Carlos. *Direito das Sucessões*. Volume I. 4. ed. Rio de Janeiro: Livraria Freitas Bastos S.A., 1958.

MAXIMILIANO, Carlos. *Direito das Sucessões*. Volume III. 4. ed. Rio de Janeiro: Livraria Freitas Bastos S.A., 1958.

MORAIS, Daniel de Bettencourt Rodrigues Silva. *Revolução Sucessória*: Os Institutos Alternativos ao Testamento no século XXI. Cascais: Principia, 2018.

NEVARES, Ana Luiza Maia. O princípio da intangibilidade da legítima. *In*: MORAES, Maria Celina Bodin de (coord.). *Princípios do Direito Civil Contemporâneo*. Rio de Janeiro: Renovar, 2006.

NONATO, Orosimbo. *Estudos sobre Sucessão Testamentária*. Vol. II, Rio de Janeiro: Forense, 1957.

NONATO, Orosimbo. *Fraude Contra Credores* (Da ação Paulina). São Paulo: Ed. Jurídica e Universitária, 1969.

OLIVA, Milena Donato. Deve o trust ser incorporado no direito brasileiro? *In Jota*, jan. 2018. Disponível em: https://www.jota.info/opiniao-e-analise/artigos/deve-o-trust-ser-incorporado-no-direito-brasileiro-07012018. Acesso em: 2 maio 2018.

PEREIRA, Regis Velasco Fichtner. *A fraude à lei*. Dissertação (Dissertação em direito) – USP. São Paulo. 1992.

PINHEIRO, Jorge Duarte. *O Direito das Sucessões Contemporâneo*. 2ª reimpressão. Lisboa: Editora AAFDL, 2013.

PINHEIRO, Jorge Duarte. *O Direito das Sucessões Contemporâneo*. 2. ed. Lisboa: AAFDL Editora, 2017.

PRADO, Roberta Nioac (Org.). *Aspectos Relevantes da Empresa Familiar* – governança e planejamento sucessório. São Paulo: Saraiva, 2013.

PRADO, Roberta Nioac; KIRSCHBAUM, Deborah; COSTALUNGA, Karime. Sucessão Familiar e Planejamento Societário II. *In*: PRADO, Roberta Nioac *et al*. (Coord.). *Direito Societário*: estratégias societárias, planejamento tributário e sucessório. 2. ed. São Paulo: Saraiva, 2011.

SEABRA, Fagundes. Herança Vulnerável. *In*: *Valor Econômico*, 08 abril 2015. Disponível em http://www.valor.com.br/financas/3996164/heranca-vulneravel#. Acesso em 3 mai. 2018.

SESSAREGO, Carlos Fernández. *Abuso del derecho*. Buenos Aires: Editorial Astrea, 1992.

SILVA, Marcello Terto e. Aumento de impostos sobre doação reforça importância de planejamento sucessório. Disponível em: https://www.conjur.com.br/2016-mar-16/marcello-silva-necessario-planejamento-preservar-heranca.

SILVESTRE, Talita Evangelista. Ações Preferenciais como Instrumento de Planejamento Sucessório: Estudo do Caso Ultra. *In*: *Revista Brasileira de Direito Comercial*, n. 9, fev./mar. 2016.

SUSEP: Guia de Orientação e Defesa do Consumidor dos Mercados de Seguros, Previdência Complementar Aberta e Capitalização. 1. ed. Rio de Janeiro: SUSEP, 2017.

TARTUCE, Flavio. Direito Civil. *Direito das Sucessões*. 10. ed. Rio de Janeiro: Forense, 2017.

TEIXEIRA, Daniele Chaves. *Notas sobre planejamento sucessório*. Direito civil contemporâneo [Recurso eletrônico on-line] organização CONPEDI/UFS. REZENDE, Elcio Nacur *et al*. (Coord.). Florianópolis: CONPEDI, 2015.

TEIXEIRA, Daniele Chaves. *Planejamento Sucessório*: pressupostos e limites. Belo Horizonte: Fórum, 2018.

TORRES, Heleno Taveira. Trust não pode ser usado para sonegação fiscal. *In*: *Consultor Jurídico*, 11 nov. 2015. Disponível em: https://www.conjur.com.br/2015-nov-11/consultor-tributario-trust-nao-usado-sonegacao-fiscal. Acesso em: 2 maio 2018.

VENOSA, Sílvio de Salvo. *Direito Civil:* Direito das sucessões. Volume 7. 16. ed. São Paulo: Atlas, 2016.

VIEIRA DE CARVALHO, Luiz Paulo. *Direito das sucessões*. 3. ed. São Paulo: Atlas, 2017.

XAVIER, Rita Lobo. Planejamento Sucessório e Transmissão do Património à Margem do Direito das Sucessões. Porto: Universidade Católica Editora, 2016.

ZANNONI, Eduardo A. *Manual de derecho de las sucesiones*. 4. ed. Buenos Aires: Astrea, 1999.

Informação bibliográfica deste texto, conforme a NBR 6023:2018 da Associação Brasileira de Normas Técnicas (ABNT):

DELGADO, Mário Luiz; MARINHO JÚNIOR, Jânio Urbano. Fraudes no planejamento sucessório. *In*: TEIXEIRA, Daniele Chaves (Coord.). *Arquitetura do planejamento sucessório*. 3. ed. Belo Horizonte: Fórum, 2022. p. 343-368. Tomo I. ISBN 978-65-5518-459-4.

PESSOA JURÍDICA E PLANEJAMENTO SUCESSÓRIO: O RISCO DA DESCONSIDERAÇÃO

SERGIO MARCOS CARVALHO DE ÁVILA NEGRI

1 Introdução

O planejamento sucessório envolve um conjunto de estratégias voltadas para a transferência do patrimônio em razão da morte de uma pessoa.[1] Não há como falar do planejamento sem refletir sobre o próprio espaço da autonomia privada no campo jurídico.

Considerando-se que o ser humano desenvolve a sua personalidade dentro de contextos coletivos, como família, associações, sociedades; a sua tutela, pelo Direito, não pode ocorrer sem que sejam dimensionados os impactos da vivência em coletividade para o indivíduo e para a sua possibilidade de autodeterminação. A compreensão do livre desenvolvimento da personalidade mostra-se também fundamental em contextos coletivos, para que o ser humano receba tratamento jurídico adequado, que prestigie tanto a autonomia individual como a sua pertença ao coletivo.

Além da reflexão sobre o espaço da autonomia privada, qualquer planejamento pressupõe segurança jurídica. A escolha do modo mais eficiente para a consecução de um objetivo passa necessariamente pela valoração dos riscos e desafios presentes nos modelos disponíveis. Nos casos que envolvem a separação de patrimônios para a segregação do risco, é inegável que, principalmente no ordenamento brasileiro, a constituição de uma sociedade personificada com limitação da responsabilidade dos sócios continua sendo uma importante forma para a estruturação do planejamento sucessório. O recurso à sociedade personificada na modalidade de uma *holding familiar* esconde, por vezes, um risco que não é devidamente mensurado: a insegurança presente na utilização da técnica da desconsideração da personalidade jurídica. O presente artigo pretende analisar esse rico (in)visível presente em qualquer modelo que se paute na adoção de uma sociedade personificada.

---

1 TEIXEIRA, Daniela Chaves. *Planejamento Sucessório* – Pressupostos e Limites. Belo Horizonte: Fórum. 2017.

2 Arranjos societários e planejamento sucessório

No planejamento sucessório tem-se destacado a utilização das chamadas *holdings familiares*. Inicialmente, é importante ressaltar que a *holding* não representa um tipo societário. O termo é utilizado para designar sociedades personificadas que atuam como titulares de participações societárias em outras sociedades. Nesse sentido, costuma-se separar a *holding pura*, cujo objeto social se restringe à titularidade de quotas ou ações de outras sociedades, da *holding mista*, que não se mostra estruturada exclusivamente para participação em sociedades, dedicando-se simultaneamente ao exercício de outras atividades econômicas.

De acordo com o artigo 2º, parágrafo 3º, da Lei nº 6.404/76 uma companhia ou sociedade anônima pode ter por objeto participar de outras sociedades. Mesmo que não prevista no estatuto, é permitida a participação como uma forma de realização do objeto social ou, como ressaltado no próprio dispositivo, para beneficiar-se de incentivos fiscais. Ainda que previstas na Lei das Sociedades Anônimas, é importante notar que essas sociedades de participação podem adotar o formato de uma sociedade limitada.

É inegável que o artigo da Lei das S.A. não contempla a totalidade dos arranjos societários relacionados ao termo em questão. Nesse aspecto, é possível também a constituição de uma sociedade para a titularização de imóveis, tenham ou não finalidade locativa.[2] É comum se deparar, por exemplo, com o termo *holding patrimonial* ou *imobiliária*, devendo-se destacar que, nesse caso, a denominação se afasta da gramática tradicional do Direito Societário.

No planejamento sucessório, o controle da sociedade que administra o patrimônio fica geralmente com os ascendentes, sendo transferido para os filhos apenas após a morte do pai. Nota-se também, por vezes, a utilização do usufruto com a transferência para os herdeiros apenas da nua propriedade das quotas ou ações. Nesses casos, o(s) ascendente(s) fica(m) na condição de usufrutuário das participações societárias, o que lhe(s) permite o controle da própria sociedade responsável pela administração do patrimônio e de outros investimentos da família.

Mesmo existindo uma variedade de arranjos societários que possam ser adotados de acordo com os interesses dos familiares, a combinação do planejamento sucessório com o societário passa necessariamente pela constituição de uma sociedade personificada.

A pessoa jurídica pode ser vista como um símbolo incompleto, isto é, como um termo que não descreve qualquer ente da realidade, mas apenas simplifica situações jurídicas. Sua função seria facilitar, sintaticamente, a formação de proposições jurídicas, na medida em que o termo condensa uma série de relações mais complexas.[3]

Nesse processo de simplificação, a atribuição de personalidade jurídica faz com que determinados agrupamentos e certas destinações patrimoniais passem a ser vistos como centros autônomos de relações jurídicas.

---

2 MAMEDE, Gladston; MAMEDE, Eduarda Cotta. *Holding Familiar e suas vantagens* – Planejamento Jurídico e Econômico do Patrimônio e da Sucessão Familiar. São Paulo: Altas, 2018.

3 O tema da função do termo pessoa jurídica foi desenvolvido em: NEGRI, Sérgio Marcos Carvalho de Ávila. As razões da pessoa jurídica e a expropriação da subjetividade. *Civilistica.com*, Rio de Janeiro, ano 5, n. 2, 2016. Disponível em: http://civilistica.com/wp-content/uploads/2016/12/Negri-civilistica.com-a.5.n.2.2016.pdf. Acesso em 13 fev. 2017.

Segundo o princípio da autonomia patrimonial, o patrimônio da sociedade não pode ser confundido com o patrimônio dos sócios. Como decorrência dessa separação, observa-se também uma autonomia obrigacional e processual. Quando uma sociedade participa de uma determinada relação obrigacional, o faz em seu nome, de forma que as dívidas contraídas pela pessoa jurídica não podem, a princípio, ser cobradas dos sócios que a integram.

Mesmo não sendo, ao contrário do que acontece em outros países, uma decorrência inevitável da atribuição da personalidade, a responsabilidade limitada deve ser vista como a maior expressão do princípio da autonomia patrimonial, na medida em que, com a completa integralização do capital da sociedade, os credores não poderão, em regra, alcançar o patrimônio pessoal dos sócios. Essa mesma proteção se mostra presente inclusive quando a sociedade é constituída exclusivamente por sócios da mesma família.

3 A desconsideração no Brasil e o incidente de desconsideração

Em que consiste exatamente desconsiderar a personalidade jurídica? Tradicionalmente, observa-se o afastamento momentâneo da autonomia patrimonial da sociedade para imputar aos sócios uma responsabilidade que, a princípio, seria da própria pessoa jurídica. Com efeito, nessa situação constata-se a utilização da desconsideração para a determinação da responsabilidade, isto é, uma *Durcgriffshaftung*.[4]

O Código de Processo Civil não apresenta propriamente novos pressupostos para a aplicação da técnica da desconsideração. Na verdade, volta-se para a pacificação de divergências anteriores, que ainda suscitavam algumas dúvidas na utilização da *disregard*. Segundo a jurisprudência do STJ, a desconsideração da personalidade se apresentava como

> um incidente processual e não como um processo incidente, razão pela qual pode ser deferida nos próprios autos, dispensando-se também a citação dos sócios, em desfavor de quem foi superada a pessoa jurídica, bastando a defesa apresentada *a posteriori*, mediante embargos, impugnação ao cumprimento de sentença ou exceção de pré-executividade.[5]

O modelo apresentado no artigo 134 deixa claro que o incidente da desconsideração será cabível em todas as fases do processo de conhecimento, no cumprimento da sentença e na execução fundada em título executivo extrajudicial.[6] No caso em que a desconsideração é requerida na própria inicial não haverá necessidade da instauração do incidente, situação em que já será citado o sócio ou a pessoa jurídica.

Em relação à defesa, o debate se concentrava na questão de se determinar se a invasão ao patrimônio dos sócios deveria ser precedida do contraditório. No novo

---

[4] Não se pode confundir essa técnica com a utilização do termo desconsideração para fins de imputação. Para evitar essa confusão, costuma-se separar a desconsideração, para fins de imputação (atribuição), da desconsideração, para fins de responsabilidade. RIBEIRO, Maria de Fátima. *A tutela dos credores sociais da sociedade por quotas e a "desconsideração da personalidade jurídica"*. Coimbra: Almedina, 2009. p. 134.

[5] Superior Tribunal de Justiça. Recurso Especial nº 1.096.604/DF. Relator(a) Ministro Luis Felipe Salomão. Julgado em 16.10.2012.

[6] Brasil. Art. 134 do Código de Processo Civil. "O incidente de desconsideração é cabível em todas as fases do processo de conhecimento, no cumprimento de sentença e na execução fundada em título executivo extrajudicial".

incidente da desconsideração a polêmica sobre um contraditório diferido é afastada, haja vista que, uma vez instaurado o incidente, o sócio ou a pessoa jurídica deverão ser citados para manifestar-se e requerer as provas cabíveis no prazo de 15 dias. Ao mesmo tempo, a instauração do incidente suspenderá o processo para que se possa avaliar o preenchimento dos pressupostos legais específicos da desconsideração. Concluída a instrução, o incidente será resolvido por decisão interlocutória, devendo-se recordar, neste ponto, que a desconsideração não promove a nulidade da personificação, tornando apenas ineficaz, em face da situação concreta de desvio ou abuso, a autonomia patrimonial.

Em relação aos efeitos, o incidente de desconsideração não faz qualquer distinção em relação aos sócios. Nesse aspecto é importante lembrar as lições de Fábio Konder Comparato, na obra *O poder de controle na sociedade anônima*.[7] Além da busca por pressupostos objetivos, como a confusão patrimonial, Comparato destacou que a desconsideração deveria ser utilizada em função do exercício do poder de controle societário, o qual passa a ser o elemento fundamental de toda a sua teoria. Na redação anterior do artigo 50 do Código Civil, a desconsideração recaía da mesma forma sobre todos os membros da sociedade, sem que se determinasse, em face do caso concreto, os sócios responsáveis, bem como os beneficiados pela utilização abusiva. A esse respeito, o Projeto de Lei nº 2.426/03, voltado a corrigir os problemas do artigo 50, estabelecia um modelo de ineficácia relativa, de forma que não seja mais possível a extensão da desconsideração aos sócios e administradores que não tenham praticado o ato abusivo. Em 2019, a Lei nº 13.874 realizou importantes alterações no artigo 50 do Código Civil. De acordo com a nova redação, os efeitos da técnica da desconsideração mostram-se limitados aos bens particulares de administradores ou de sócios da pessoa jurídica beneficiados direta ou indiretamente pelo abuso. Trata-se de importante inovação, tendo em vista que, anteriormente, a desconsideração alcançava os sócios que não tinham se beneficiado ou participado do desvio ou abuso da pessoa jurídica.

Outra questão diz respeito à equiparação dos sócios aos administradores. Nos casos da utilização da desconsideração para a responsabilização dos administradores não sócios, constata-se, inclusive, a dissociação da técnica da sua própria essência. Se a desconsideração representa um instrumento destinado a afastar a autonomia patrimonial da sociedade, não há, em tese, sentido em utilizá-la para responsabilizar os administradores não sócios pelas dívidas da sociedade. De acordo com o artigo 50 do Código Civil, o juiz poderá estender os efeitos de determinada obrigação aos bens particulares dos administradores, que passam, assim, a receber idêntico tratamento àquele conferido aos sócios.

A interpretação da técnica da desconsideração como principal instrumento para a atribuição de responsabilidade aos administradores deve ser vista com cuidado, uma vez que os pressupostos que acompanham o discurso da responsabilidade civil, como o dano, nexo de causalidade e culpa, são simplesmente descartados quando se trata da desconsideração.[8] Isso não significa que os administradores não devam ser

---

[7] COMPARATO, Fábio Konder. *O Poder de controle na sociedade anônima*. 4. ed. Rio de Janeiro: Forense, 2005.

[8] Da mesma forma, como ressalta Alexandre do Couto e Silva, ao comentar a *business judment rule*, que protege os administradores no processo de decisão: "(...) a *business judgment rule* evita que os tribunais se envolvam em complicados processos de tomada decisão – tarefa que eles não estão devidamente equipados para executá-la.

responsabilizados pelos seus atos em face dos danos provocados no exercício da sua função. O que se questiona é a utilização da desconsideração no lugar do sistema da responsabilidade civil dos administradores, como se a existência de uma aparente equivalência de resultados fosse capaz de apagar as substanciais diferenças presentes em cada técnica.

Outra questão importante diz respeito à teoria menor da desconsideração. Segundo o parágrafo 1º do artigo 133 do CPC, o pedido de desconsideração da personalidade jurídica observará os pressupostos previstos em lei. No artigo 28, parágrafo 5º, do Código de Defesa do Consumidor, o legislador estabeleceu que a desconsideração também poderia ser utilizada quando a personalidade representasse "um obstáculo ao ressarcimento dos prejuízos do consumidor". Aqui se observa uma tentativa de, por meio da desconsideração, afastar por completo a eficácia da autonomia patrimonial nas relações de consumo, já que a simples insuficiência de bens da sociedade poderia ser interpretada como um obstáculo à tutela do consumidor.

Diante da redação do parágrafo 5º, Fábio Ulhoa Coelho[9] passou a sustentar que seria necessário separar a teoria maior da desconsideração, referente aos casos de abuso e desvio de função, da teoria menor, que, como na referida hipótese, permite a utilização da desconsideração independente da constatação de abuso ou fraude. Parece que a intenção do autor ao utilizar o termo teoria menor não foi, a princípio, criar uma nova teoria da desconsideração, mas, em essência, criticar a forma como a desconsideração vinha sendo utilizada até então, independentemente de qualquer pressuposto. Ainda que os tribunais tenham legitimado a teoria menor principalmente nas relações de consumo e no Direito Ambiental, é importante ressaltar que não se trata da regra geral da desconsideração, que continua ainda atrelada às hipóteses de abuso, confusão patrimonial e desvio de função da pessoa jurídica. Consequentemente, a teoria menor não poderia ser utilizada, em tese, nas hipóteses envolvendo o planejamento sucessório com a constituição de sociedades voltadas, por exemplo, para a administração de imóveis.

Como já destacado, entendemos que a confusão patrimonial representa uma das principais situações que podem ensejar a desconsideração da personalidade nos casos envolvendo o planejamento sucessório com a utilização de sociedades personificadas. Com a integralização do capital social, é fundamental que os sócios possam demonstrar que o patrimônio da sociedade não se confunde com o patrimônio pessoal de cada sócio.

No lugar da fraude e do abuso, Comparato já havia afirmado que a desconsideração estaria associada ao desvio de função da pessoa jurídica. Seguindo essa interpretação funcional do instituto, o critério fundamental para se constatar o desvio, e consequentemente aplicar a desconsideração, seria a confusão de esferas jurídicas. Se a função geral da personificação era garantir a criação de um centro autônomo, haveria uma disfunção, segundo o raciocínio de Comparato, quando não se verificasse, na prática, a separação entre o patrimônio do sócio e o da sociedade.

Além de estabelecer que o desvio de finalidade se refere à utilização da pessoa jurídica com o propósito de lesar credores e para a prática de atos ilícitos de qualquer

Os administradores são, na maioria dos casos, mais qualificados para tomada de decisões que os juízes". SILVA, Alexandre Couto e. *Responsabilidade dos Administradores de S/A*. Rio de Janeiro: Elsevier, 2007. p. 192.

9 COELHO, Fábio Ulhoa. *Curso de direito comercial*. v. 2. 8. ed. São Paulo: Saraiva, 2005.

natureza, a nova redação do artigo 50 do Código Civil procurou avançar na delimitação do conceito de confusão patrimonial. Nesse sentido, a confusão patrimonial passa a ser entendida como a ausência de separação de fato entre os patrimônios, caracterizada por: a) cumprimento repetitivo pela sociedade de obrigações do sócio ou do administrador ou vice-versa; b) transferência de ativos ou de passivos sem efetivas contraprestações, exceto os de valor proporcionalmente insignificante; e outros atos de descumprimento da autonomia patrimonial.

A Lei nº 13.874 também acrescentou o artigo 49-A ao Código Civil, estabelecendo expressa referência à autonomia patrimonial da pessoa jurídica. De acordo com a nova redação, a pessoa jurídica não se confunde com os seus sócios, associados, instituidores ou administradores. Importante ressaltar também que o parágrafo único do referido artigo dispõe expressamente que a autonomia patrimonial das pessoas jurídicas é um instrumento lícito de alocação e segregação de riscos estabelecido pela lei com a finalidade de estimular empreendimentos, com vistas a gerar empregos, tributo, renda e inovação.

Deve-se ressaltar que o planejamento sucessório não pode se concentrar apenas na constituição da pessoa jurídica. É importante também que ocorra um acompanhamento da sociedade até a sucessão, com a utilização de um modelo de governança adequado e transparente que permita demonstrar efetivamente a separação de esferas jurídicas entre os sócios e a sociedade. Nesse sentido, mostra-se imprescindível a adoção, por exemplo, de uma contabilidade própria para todas as obrigações sociais e a observância de todas as regras aplicáveis ao modelo societário escolhido.

Da mesma forma, a comprovação do desvio de bens para a pessoa jurídica prejudicando fraudulentamente credores pode também frustrar qualquer tentativa de separação patrimonial. Essa é uma questão que, no Brasil, tem sido trabalhada principalmente com a desconsideração inversa.

4 Planejamento sucessório e a desconsideração inversa

A *disregard doctrine*, como já destacado, permite ao juiz, diante de uma situação concreta, suspender os efeitos que decorrem da atribuição de personalidade jurídica à sociedade. Inicialmente, a obrigação deveria ser imputada à sociedade, mas como a pessoa jurídica estaria sendo utilizada para ocultar uma conduta abusiva, os sócios são chamados para responder pessoalmente por aquela situação.

Haveria também a possibilidade de se recorrer à desconsideração com o intuito de que a sociedade responda por obrigações pessoais do próprio sócio. De fato, a princípio, o que se vê nessa situação é uma aplicação invertida da desconsideração, porquanto, nestes casos, não é o sócio que se responsabiliza pela sociedade, mas sim esta em nome daquele.

Em geral, a desconsideração inversa procura combater o desvio de bens. O devedor, procurando resguardar o seu patrimônio do credor, transfere seus bens para a sociedade sobre a qual detém o total controle ou participa. Assim, o credor, no momento em que for exigir o adimplemento do referido crédito, não poderá acionar a pessoa jurídica, cujo patrimônio não se confunde com o de seus sócios.

A desconsideração inversa ou invertida não representa um instituto novo. Rolf Serick, responsável pela sistematização da teoria na década 50, já havia percebido que a desconsideração era aplicada pelos tribunais também para coibir as transferências fraudulentas do patrimônio do devedor à pessoa jurídica.[10]

Sem utilizar o termo desconsideração inversa, Rolf Serick[11] cita vários casos, nos quais se verificava a transferência fraudulenta de bens para a pessoa jurídica. No caso *Booth v. Brunce*, membros de uma *partenship*, que passava por graves problemas financeiros, fundaram uma sociedade para a qual transferiram todo o patrimônio da sociedade anterior. Na decisão do caso, o tribunal afastou a argumentação de que as sociedades eram distintas, considerando que a segunda sociedade era apenas uma continuação da primeira. Outro caso citado por Serick foi *First National Bank of Chicago v. Treben Co.*, julgado em 1898. Treben era um devedor insolvente, que criou uma sociedade conjuntamente com seus familiares, tendo lhe transferido todo o seu patrimônio mobiliário. Em razão daquela situação, seus credores procuraram executar a nova sociedade. O tribunal, consoante à decisão anterior, entendeu que a sociedade criada na verdade se confundia com o próprio sócio, propugnando, assim, pelo levantamento da personalidade jurídica.

Nos últimos anos, a desconsideração inversa tem sido invocada, principalmente, no Direito de Família. Entre as hipóteses assinaladas para aplicação da desconsideração no contexto familiar, destaca-se, a princípio, a utilização do instituto nos casos envolvendo alimentos. Na determinação dos rendimentos que servirão de base para a obrigação alimentar, pode ocorrer de o alimentante tentar demonstrar uma capacidade econômica que não condiz com a sua verdadeira situação financeira. Para a prática dessa simulação, a pessoa jurídica pode ser utilizada para encobrir os seus verdadeiros rendimentos, quando, por exemplo, o cônjuge sócio transfere bens para a sociedade da qual faz parte, com a intenção de demonstrar uma falsa situação econômica.

Além dos alimentos, a desconsideração é vista como um importante instrumento para combater fraudes praticadas na meação de bens entre os cônjuges. Para fraudar a partilha, um dos cônjuges transfere parcela significativa do patrimônio comum do casal para a sociedade de que faz parte, prejudicando, assim, os direitos do outro cônjuge no que tange à divisão daqueles bens. A pessoa jurídica, em face do princípio da autonomia patrimonial, pode ser utilizada para a realização desse tipo de fraude.

No entanto, assim como acontece em outros ramos do Direito, é importante perceber se, no caso concreto, a autonomia patrimonial representa um obstáculo à atribuição de responsabilidade aos sócios. Como já destacava Rolf Madaleno,[12] em

---

[10] Segundo o próprio Serick: "Es frecuente el caso de que un deudor trata de salvar sus bienes de la acción de los acreedores a base de fundar una sociedad a la que transmite todo su patrimonio o partes esenciales del mismo. Las concretas situaciones de hecho en que puede comprobarse que los acreedores sufren un perjuicio de tal clase son muy numerosas". SERICK, Rolf. *Apariencia y realidad en las sociedades mercantiles* – El abuso de derecho por medio de la persona jurídica. Realität juristischer Personen. Trad. José Puig Brutau. Barcelona: Ediciones Ariel, 1958. p.109.

[11] SERICK, Rolf. *Apariencia y realidad en las sociedades mercantiles* – El abuso de derecho por medio de la persona jurídica. Realität juristischer Personen. Trad. José Puig Brutau. Barcelona: Ediciones Ariel, 1958. p. 110.

[12] MADALENO, Rolf. *A* disregard *e a sua efetivação no juízo de família* Porto Alegre: Livraria do Advogado, 1999. Ver também: ALVES, Alexandre Ferreira de Assumpção. *A desconsideração da personalidade jurídica à luz do direito civil-constitucional*: o descompasso entre as disposições do Código de Defesa do Consumidor e a *disregard* (Tese). Rio de Janeiro: UERJ, 2003.

uma decisão prolatada na 7ª Vara de Família e Sucessões de Porto Alegre, confirmada, posteriormente, pela 7ª Câmara Cível do TJRS, foi proposta na época ação de separação judicial litigiosa, na qual o marido procurou se afastar da sociedade de engenharia da qual era sócio com outros familiares.

Na referida sentença, o magistrado determinou que devessem constar do acervo partilhado as quotas da sociedade, as quais foram fraudulentamente doadas pelo cônjuge ao seu genitor, antes da separação.

É necessário destacar que a desconsideração não se mostrava adequada ao julgado supracitado. Ora, se as quotas em questão não foram transferidas para a sociedade, mas para um dos sócios, fica claro que o princípio da autonomia patrimonial não representava qualquer óbice para a anulação da referida transferência. Apesar de a desconsideração ter sido invocada no caso, manteve-se incólume a personalidade da sociedade, uma vez que a anulação apenas alcançou a transferência realizada entre o marido e o novo sócio.

O próprio Rolf Serick, quando analisa a utilização da desconsideração nos casos que envolvem o desvio de bens, já havia percebido que no Direito dos países do sistema romano-germânico existiriam outros institutos que poderiam ser utilizados para coibir o desvio fraudulento de bens para a pessoa jurídica. Não obstante, mostra-se desinteressado em analisar mais detidamente essa questão, limitando-se apenas a destacar a opinião de Ballantine, segundo o qual a aplicação da desconsideração nestes termos somente tem provocado confusão.[13]

A presença constante da *disregard* no discurso jurídico não significa, contudo, que os problemas relacionados à sua utilização tenham sido solucionados. Da confusão patrimonial,[14] passando pelo desvio fraudulento de bens, até chegar aos problemas que envolvem os grupos societários,[15] constata-se a presença de diferentes casos, que apresentam como traço em comum apenas o fato de se relacionarem com uma sociedade personificada. Se, a princípio, a teoria de Serick conferia à desconsideração um caráter excepcional,[16] atrelando-a aos caos de abuso, atualmente, o instituto pode ser invocado quando a pessoa jurídica representa simples obstáculo para a reparação dos danos

---

13 COELHO, Fábio Ulhoa. *Curso de direito comercial*. v. 2. 8. ed. São Paulo: Saraiva, 2005.

14 Não há como negar a influência da visão objetiva de Fábio Konder Comparato na elaboração do artigo 50 do Código Civil, já que a referência ao desvio de função e a confusão patrimonial eram elementos fundamentais de sua teoria objetiva, que dispensa a análise da intenção dos sócios. COMPARATO, Fábio Konder. *O Poder de controle na sociedade anônima*. 4. ed. Rio de Janeiro: Forense, 2005. Deve-se notar que, em face da destinação patrimonial, a confusão patrimonial pode ocorrer no âmbito do mesmo sujeito. Nesse caso, não haveria qualquer sentido em utilizar a desconsideração da personalidade jurídica, uma vez que a confusão de esferas jurídica alcança dois centros de interesses pertinentes ao mesmo sujeito. Podendo, nesse caso, falar de abuso da separação patrimonial sem desconsideração.

15 *RIBEIRO, Maria de Fátima.* A tutela dos credores sociais da sociedade por quotas e a "desconsideração da personalidade jurídica". *Coimbra: Almedina, 2009. p. 245.*

16 A afirmação, em vários julgados, de que a desconsideração representaria uma medida excepcional revela a presença do pensamento de Serick, como se vê em recente decisão do STJ: "Convém assinalar, para logo, que a '*Disregard*' é medida de caráter excepcional (...) No caso ora em análise, é incontroverso que o capital social foi integralizado e que as atividades da sociedade foram encerradas, em função da morte do sócio-gerente, em 05 de agosto de 2000. Contudo, não houve a regular "baixa" do registro na junta comercial. Tal circunstância, porém, não implica, por si só, em fraude ou abuso de direito e, tampouco, desvio de finalidade ou confusão patrimonial que justificasse a desconsideração da personalidade jurídica da empresa". Superior Tribunal de Justiça. Recurso Especial n 846331/RS-(2006/0096483-0) 23.03.2010. Relator(a) Ministro Luis Felipe Salomão. Diário de Justiça de 06.04.2010.

causados ao consumidor.[17] A ampliação dos pressupostos da desconsideração, apoiada em requisitos cada vez mais flexíveis, faz com que a *disregard* se apresente como uma verdadeira panaceia, como se a técnica fosse capaz de resolver qualquer problema causado por uma sociedade personificada.

O processo de hipertrofia da desconsideração se alimenta também da visão equivocada de que a técnica em questão representa um instituto descomplicado quando confrontado com os tradicionais remédios do Direito Privado, como a ação revocatória, declarações de nulidade, entre outros, os quais não apresentam a celeridade que é ínsita à técnica desconsiderante.[18] Em algumas situações, no afã de se buscar a "justiça do caso concreto" pela rápida via da desconsideração, a técnica é invocada mesmo em situações nas quais não se verifica qualquer abuso ou desvio por parte dos sócios.

5 Conclusão

A combinação do planejamento sucessório com o societário representa uma tendência atualmente. A utilização de uma sociedade personificada, associada a outros instrumentos, como o usufruto de quotas e ações, pode contribuir com a ampliação do espaço do livre desenvolvimento da personalidade dos membros da família e com a redução de vários conflitos que sempre acompanharam os herdeiros na sucessão. No entanto, é preciso cuidado na escolha da instância societária. A opção pela sociedade personificada implica novos riscos e conflitos que nem sempre são devidamente mensurados por aqueles que escolhem essa via.

Se a unidade conceitual do termo pessoa jurídica permite um tratamento unitário de um complexo de situações jurídicas, os problemas que se relacionam com esse complexo não deveriam receber um tratamento unitário e generalizante? O equívoco nesse raciocínio está no fato de se pensar que a confusão patrimonial, o desvio fraudulento de bens e a má administração somente podem ser combatidos com uma técnica capaz de neutralizar os efeitos que resultam da atribuição da personalidade jurídica.

A desconsideração inversa é um exemplo de como a visão unitária da *disregard* pode ser utilizada para retratar técnicas que se mostram, no fundo, distintas. Nessa modalidade invertida, há uma neutralização dos efeitos que resultam da atribuição da personalidade jurídica, para permitir, principalmente, que os credores dos sócios possam cobrar os seus créditos perante a própria sociedade. Em sua versão original, retratada pelo próprio Serick, essa modalidade invertida era utilizada para combater o desvio fraudulento de bens para a pessoa jurídica.

---

[17] Brasil. Artigo 28 do Código de Defesa do Consumidor: "O juiz poderá desconsiderar a personalidade jurídica da sociedade quando, em detrimento do consumidor, houver abuso de direito, excesso de poder, infração da lei, fato ou ato ilícito ou violação dos estatutos ou contrato social. A desconsideração também será efetivada quando houver falência, estado de insolvência, encerramento ou inatividade da pessoa jurídica provocados por má administração./.../§5º *Também poderá ser desconsiderada a pessoa jurídica sempre que sua personalidade for, de alguma forma, obstáculo ao ressarcimento de prejuízos causados aos consumidores*".

[18] Nesse sentido: "A concepção que vem sendo formulada a respeito da teoria da desconsideração da pessoa jurídica como meio processual expedito e descomplicado é fruto dos inúmeros equívocos e abusos praticados pelos juízes ao aplicarem-na aos casos concretos". CEOLIN, Ana Carolina Santo. *Abuso na aplicação da teoria da desconsideração da pessoa jurídica*. Belo Horizonte: Del Rey, 2002. p. 149.

A ampliação dos pressupostos da desconsideração não pode ser vista como um processo de evolução natural da técnica. Se, no Brasil, constata-se essa tendência de hipertrofia, em outros países, como na Alemanha e na Itália, verifica-se exatamente o contrário: a tentativa de se restringir a utilização da técnica da desconsideração. Não há planejamento sem a possibilidade de se antever minimamente os riscos presentes em cada instrumento disponibilizado pelo ordenamento. Atualmente, a insegurança que acompanha a desconsideração da personalidade jurídica representa um risco, nem sempre valorado, na escolha pelo caminho da sociedade personificada. Ainda que exista uma insegurança com a desconsideração, a confusão patrimonial e o desvio fraudulento de bens representam ainda as principais hipóteses que ensejam a utilização da técnica em questão.

Referências

ALVES, Alexandre Ferreira de Assumpção. *A desconsideração da personalidade jurídica à luz do direito civil-constitucional*: o descompasso entre as disposições do Código de Defesa do Consumidor e a *disregard* (Tese). Rio de Janeiro: UERJ, 2003.

CEOLIN, Ana Carolina Santo. *Abuso na aplicação da teoria da desconsideração da pessoa jurídica*. Belo Horizonte: Del Rey, 2002.

COELHO, Fábio Ulhoa. *Curso de direito comercial*. v. 2. 8. ed. São Paulo: Saraiva, 2005.

COMPARATO, Fábio Konder. *O Poder de controle na sociedade anônima*. 4. ed. Rio de Janeiro: Forense, 2005.

COURIR, Edoardo. *Limiti alla responsabilità imprenditoriale e rischi dei terzi*. Milano: Giuffrè, 1997.

MADALENO, Rolf. *A* disregard *e a sua efetivação no juízo de família*. Porto Alegre: Livraria do Advogado, 1999.

MAMEDE, Gladston; MAMEDE, Eduarda Cotta. *Holding Familiar e suas vantagens* – Planejamento Jurídico e Econômico do Patrimônio e da Sucessão Familiar. São Paulo: Altas, 2018.

NEGRI, Sérgio Marcos Carvalho de Ávila. As razões da pessoa jurídica e a expropriação da subjetividade. *Civilistica.com*, Rio de Janeiro, ano 5, n. 2, 2016. Disponível em: http://civilistica.com/wp-content/uploads/2016/12/Negri-civilistica.com-a.5.n.2.2016.pdf. Acesso em 13 fev. 2017.

RIBEIRO, Maria de Fátima. A tutela dos credores sociais da sociedade por quotas e a "desconsideração da personalidade jurídica". *Coimbra: Almedina, 2009.*

SILVA, Alexandre Couto e. *Responsabilidade dos Administradores de S/A*. Rio de Janeiro: Elsevier, 2007.

SERICK, Rolf. *Apariencia y realidad en las sociedades mercantiles* – El abuso de derecho por medio de la persona jurídica. Realität juristischer Personen. Trad. José Puig Brutau. Barcelona: Ediciones Ariel, 1958.

TEIXEIRA, Daniela Chaves. *Planejamento Sucessório* – Pressupostos e Limites. Belo Horizonte: Fórum, 2017.

Informação bibliográfica deste texto, conforme a NBR 6023:2002 da Associação Brasileira de Normas Técnicas (ABNT):

NEGRI, Sergio Marcos Carvalho de Ávila. Pessoa jurídica e planejamento sucessório: o risco da desconsideração. *In*: TEIXEIRA, Daniele Chaves (Coord.). *Arquitetura do planejamento sucessório*. 3. ed. Belo Horizonte: Fórum, 2022. p. 369-378. Tomo I. ISBN 978-65-5518-459-4.

DESCONSIDERAÇÃO DA PERSONALIDADE JURÍDICA NO DIREITO DAS SUCESSÕES

ROLF MADALENO

1 Herdeiros necessários

Uma pessoa, quando morre e deixa herdeiros necessários, não pode dispor livremente de mais da metade dos seus bens, pois ordena o artigo 1.846 do Código Civil que a outra metade do patrimônio sucessível pertencerá, de pleno direito, aos herdeiros necessários do autor da herança dos quais constituem a legítima.

Os descendentes em concorrência com o cônjuge ou o convivente sobrevivente (STF, RE 878.694/MG), em primeiro lugar e, na sua falta, os ascendentes, também em concorrência com o cônjuge ou o convivente, são vocacionados hereditários necessários no Direito brasileiro, consagrando-se a sucessão forçada ou obrigatória, imposta pela lei, com o sentido especial de proteção para certa classe de herdeiros, vinculados com o falecido por laços mais estreitos de parentesco,[1] matrimônio ou união estável por declaração pelo STF de inconstitucionalidade do artigo 1.790 do Código Civil. Assim, dissecada, em parte, a ordem de vocação hereditária ordenada pelo artigo 1.829 do Código Civil brasileiro, os sucessores mais próximos afastam os mais distantes em grau de parentesco, salvo as hipóteses de representação.

Verifica-se que as duas primeiras classes são preenchidas por ordem de chamamento, primeiro, por qualquer descendente em concorrência com o cônjuge ou convivente sobrevivente, exceto quando casado ou unido pela comunhão universal, na separação obrigatória de bens ou se casado ou unido pela comunhão parcial e o sucedido não tiver deixado bens particulares, devendo ficar extreme de dúvidas que o direito hereditário do cônjuge ou do convivente recai somente sobre os bens particulares do falecido, quando concorre com os descendentes. Na falta de descendentes, são chamados para suceder os ascendentes, também em concorrência com o cônjuge ou convivente supérstite, agora em qualquer regime de bens, sendo destinatários de pelo menos a metade da herança

[1] WALD, Arnoldo. *Direito das sucessões*. 4. ed. São Paulo: RT, 1977, p. 153.

deixada pelo falecido, considerando que a outra metade é passível de livre disposição testamentária pelo autor da herança.

Portanto, aos herdeiros necessários a lei outorgou especiais efeitos, reservando-lhes porção da herança do sucedido, dela não podendo ser privados, salvo pela justa causa da indignidade ou da deserdação e que precisa ser informada no ato de liberalidade (escritura de doação ou no testamento).

Com isso, o acervo de quem deixa herdeiros necessários divide-se em duas porções claramente diferenciadas por seu destino, sendo uma destas porções denominada de indisponível, porque os bens que a formam são exatamente aqueles que o autor da herança não pode se despojar por meio de liberalidades, e a lei a condiciona negativamente,[2] ao proibir sua livre disposição, e impõe o dever de reserva às legítimas dos herdeiros obrigatórios.

Esta legítima está fixada na metade do valor da herança deixada, já abstraída eventual meação do cônjuge ou do convivente. Esta porção indisponível é intangível à vontade do *de cujus* e a razão de sua indisponibilidade teria sido instituída no interesse de manter a estabilidade e o equilíbrio familiar sobre uma porção patrimonial subtraída do capricho do homem.[3]

A outra metade é denominada de porção disponível, porque dela o autor da herança poderá dispor em vida como bem desejar e em proveito de quem bem entender, através de doação ou de testamento, instrumentos próprios para estas liberalidades patrimoniais.

Como novidade da codificação vigente, adotou a legislação brasileira o ato de incluir o cônjuge sobrevivente como herdeiro necessário, como ocorre em outros países, e o Supremo Tribunal Federal no julgamento do Recurso Extraordinário 878.694/MG declarou inconstitucional o artigo 1.790 do Código Civil e ordenou que a sucessão do convivente sobrevivo também deve ser processada consoante o artigo 1.829 do Código Civil, de modo que o consorte ou convivente sobrevivente concorre na herança com os descendentes ou ascendentes, já descontada a sua meação, conforme assim permita o regime de bens adotado por ocasião do casamento ou da instituição da união estável. Como antes assinalado, o supérstite só não receberá herança pela ordem de vocação hereditária do inciso I do artigo 1.829 do Código Civil, em concurso com descendentes do falecido, se ele for casado ou conviver pelo regime da comunhão universal de bens, pelo regime obrigatório da separação de bens, ou se o sucedido não tiver deixado bens particulares.

A metade disponível é calculada sobre a totalidade dos bens existentes à época do falecimento do autor da herança, abatidas suas dívidas e as despesas do seu funeral.[4] A este resultado são adicionadas as importâncias das doações realizadas pelo sucedido aos seus descendentes e, se o regime de bens permitir, a retirada da meação do cônjuge ou convivente sobrevivente.

---

2 LASALA, José Luis Pérez. *Curso de derecho sucesorio*. Buenos Aires: Depalma, 1989, p. 795.

3 COLIN, Ambrosio; CAPITANT, Henry. *Curso elemental de derecho civil*. 3. ed. Madrid: Reus, 1988, p. 505.

4 BITTAR, Carlos Alberto. *Direito das sucessões*. Rio de Janeiro: Forense Universitária, 1992, p. 90.

2 Proteção da legítima

A legislação sucessória garante, para certos herdeiros (artigo 1.845 do Código Civil e STF RE 878.694/MG), uma parte dos bens deixados pelo autor da herança e de cujo montante eles não podem ser privados, salvo nos casos de exclusão por indignidade ou deserdação, porque só tem direito à legítima quem for herdeiro necessário. A legítima se constitui, portanto, em uma limitação à liberdade de testar e de doar, e assegura aos herdeiros havidos como necessários (descendentes, ascendentes, cônjuge ou companheiro) uma porção do patrimônio do autor da herança, tratando-se de disposição de ordem pública e, destarte, de caráter cogente.

A legislação civil, inclusive, protege a legítima, a ponto de proibir, salvo pontuais exceções, que o autor da herança imponha alguma limitação ao gozo e à usufruição da legítima, nem permite impor gravames ou condições, que serão havidas como não escritas e estes mesmos herdeiros necessários têm direito à colação dos bens e à ação de redução para fazer respeitar sua legítima.

Como visto, quem tem herdeiros necessários sofre restrições sobre seus bens, deles não podendo dispor através de testamento, ou por doação em vida, de qualquer fração que suplante a porção disponível, posto que, sobre a outra metade, os seus herdeiros legítimos têm, por assim dizer, expectativas que o impedem de doar por seu arbítrio mais do que a metade ou a totalidade dos seus bens, já que suas eventuais liberalidades excedentes à quota disponível poderão ser atacadas pelos herdeiros necessários, com os instrumentos processuais da colação, ou da redução da legítima, até o montante do exato quinhão hereditário forçado de cada herdeiro credor da legítima prevista por lei em seu favor.

O sistema das legítimas importa em uma vedação parcial à faculdade de livre disposição dos bens, já que uma porção deve ser obrigatoriamente destinada a determinados herdeiros necessários e da qual só podem ser privados pela deserdação ou pela indignidade devidamente comprovada em juízo e reconhecida em sentença declaratória transitada em julgado.

Por outro lado, é nulo de pleno direito qualquer pacto de renúncia sobre a futura legítima, podendo os herdeiros reclamá-la com a morte do sucedido, assim como deverão trazer à colação aquilo que, em vida, receberam além da sua legítima e que não tenha sido expressamente ressalvado pelo causador da herança, como tendo sido doado da sua porção disponível.

3 Colação

Conforme Héctor Roberto Goyena Copello,[5] a ação de redução depende da demonstração de que o valor doado excedeu a porção disponível do doador, diminuindo ou anulando a legítima. Têm os herdeiros forçados a defesa de sua quota indisponível através da ação de redução das disposições testamentárias que ultrapassaram a porção disponível do testador.

---

5 COPELLO, Héctor Roberto Goyena. *Procedimiento sucesorio*. Buenos Aires: Astrea, 1993, p. 322.

Para Guillermo Borda[6] toda doação feita em vida a um dos herdeiros necessários é presumida como um simples adiantamento da herança, e como todas as legítimas devem ser igualadas, aqueles que tiveram doações antecipadas em vida pelo titular do patrimônio precisam colacioná-las com o objetivo de igualar os quinhões hereditários necessários. Uma leitura isolada do artigo 2.002 do Código Civil brasileiro dá a falsa impressão de que somente os descendentes que concorrem à sucessão do ascendente comum estariam obrigados a conferir o valor das doações, até porque, no espírito do revogado Código Civil de 1916, apenas os descendentes como herdeiros necessários estavam obrigados a colacionar, pois o cônjuge e o companheiro não figuravam como herdeiros obrigatórios. Aliás, a antecipação desta legítima acontece em relação aos herdeiros descendentes (artigo 2.002 do Código Civil), e inclusive sobre os netos, mas somente quando estes representam um ascendente premorto, o que não acontece quando são donatários diretos e herdam e, portanto, não foram beneficiados em representação dos pais prefalecidos. Com o advento do Código Civil de 2002 e do seu artigo 1.845, também o cônjuge sobrevivente passou a ser classificado como herdeiro necessário, e a partir do Recurso Extraordinário nº 878.694/MG do STF o convivente sobrevivo integra igualmente o rol dos herdeiros necessários. Por sua vez, o artigo 2.003 do Código Civil dispõe que a colação é medida imposta aos descendentes e ao cônjuge sobrevivente, devendo ser acrescentado o convivente supérstite (RE 878.694/MG), sendo inequívoco que a classe dos ascendentes não está obrigada a colacionar eventuais bens recebidos em vida pelo sucedido. Já com relação às liberalidades destinadas aos ascendentes, bem assim a estranhos, e que excedessem a parte que o doador poderia dispor livremente, não estariam sujeitas à colação, mas, sim, à ação de redução da legítima, prevista nos artigos 1.966, 1.967 e 1.968 do vigente Diploma Substantivo Civil.

Desta maneira, toda doação antecipada pelo ascendente a cada um de seus filhos, ao cônjuge ou convivente importa adiantamento da legítima (CC, art. 544) e, salvo dispensa expressa, deverá ser trazida para conferência por ocasião da sua morte e dentro de seu inventário, no momento processual de manifestação acerca das primeiras declarações do inventariante.

Esta obrigação de colacionar no que respeita à prole ampara-se no pressuposto de que os filhos devem receber igual tratamento dos seus pais, se não em vida, diante das diferenças de personalidade e da afeição, ou por paternal proteção de cunho econômico e financeiro, então por imposição da lei quando falece o ascendente que, em vida, promoveu a distribuição desproporcional das suas riquezas materiais. Um genitor que beneficia determinados filhos com a antecipação das legítimas não estará por isto só faltando ou fraudando os direitos sucessórios dos outros herdeiros, nem significará dizer que, invariavelmente, este ascendente estará atestando preferencial afeto pelo filho beneficiado. Esta conclusão será mais provável de deduzir quando o ascendente estampar, em sua liberalidade, a dispensa da futura colação e informar na escritura que aquela doação ele retirou dos limites da sua porção disponível.

6 BORDA, Guillermo A. *Tratado de derecho civil – sucesiones*. 7. ed. Buenos Aires: Editorial Perrot, 1994, p. 458-9.

Afora esta hipótese, os herdeiros descendentes, cônjuge ou convivente poderão ser compelidos a trazerem, para conferência no inventário, as liberalidades que lhes foram adiantadas, repondo a parte inoficiosa que, porventura, tenha excedido a legítima.

Pela colação, os herdeiros necessários beneficiados em vida e que não foram dispensados da conferência, querendo, podem trazer o próprio bem doado ou senão o seu valor em dinheiro, evitando o inconveniente de revogação da doação, inclusive, envolvendo eventuais adquirentes dos bens doados. Claro que esta conferência se dá, ordinariamente, e se assim permitir a herança apurada, pela atribuição de pagamentos compensatórios aos herdeiros necessários não favorecidos em vida pelo sucedido, até o montante das respectivas liberalidades, e sempre observada a fronteira da igualdade dos quinhões. A colação busca corrigir toda a desigualdade sucessória, ajustando diferenças criadas entre herdeiros necessários, sujeitando-se à ação de sonegados o herdeiro necessário que não trouxer os adiantamentos recebidos em vida do titular dos bens.

4 Redução da legítima

Guillermo Borda[7] direciona a exata diferença entre a ação de colação e a de redução quando explica resultar da redução a obrigação que os beneficiados com doação em vida, ou através de testamento, têm de trazer à massa todo o excesso da porção disponível, qual seja tudo o que dela extrapolou em prejuízo dos demais herdeiros necessários. Já na conferência, em princípio, o herdeiro não traz o bem à massa, mas somente computa os valores que deve conferir, compensando os adiantamentos com outros bens do inventário. Registre-se, igualmente, que obrigados à colação são os herdeiros filhos e netos representantes, cônjuge e companheiro supérstites, enquanto a redução alcança os ascendentes e os estranhos beneficiados pelo testador.

Como lembra Arnoldo Wald,[8] a lei estabelece um sistema de preferência para redução das disposições testamentárias e esta redução deve incidir em primeiro lugar contra os herdeiros, proporcionalmente aos seus quinhões, e, se esta diligência for insuficiente, serão atingidos os legados, também na proporção de seus valores. A ação de redução tem por objetivo anular as doações inoficiosas, reintegrando os bens excedentes da porção disponível às legítimas dos herdeiros necessários, porém, em conformidade com a legislação brasileira, só será beneficiado o herdeiro que se interessou pela promoção judicial da ação.

Segundo Sílvio de Salvo Venosa,[9] na apuração da legítima, devem ser levados em conta todos os bens do ativo patrimonial existente ao tempo do falecimento do testador, para deste montante serem deduzidos os débitos do falecido, incluindo os gastos com seu funeral, honorários advocatícios, além de despesas do inventário, como custas, imposto de transmissão e a taxa judiciária.

Quando a legítima de algum herdeiro necessário é violada por disposição testamentária, ou mesmo por doações realizadas em vida, o herdeiro atingido pode obter o complemento daquilo que falta de sua legítima, através da ação sucessória de redução

---

7 BORDA, Guillermo A. *Tratado de derecho civil – sucesiones*. 1994, Ob. cit. p. 460.

8 WALD, Arnoldo. *Direito das sucessões*, 1977. Ob. cit. p. 163-4.

9 VENOSA, Sílvio de Salvo. *Direito das sucessões*. São Paulo: Atlas, 1991, p. 167.

das doações inoficiosas, feitas quer a outros herdeiros, quer em benefício de terceiros, aí incluídas aquelas hipóteses frequentes de doações encobertas pela forma societária em fraude à legítima. Reputa a lei como inoficiosa aquela doação cujo valor exceda a parte que o doador podia dispor, sendo reduzido todo o excesso da porção disponível.

Este direito de o herdeiro necessário garantir a intangibilidade da legítima, salvo se dela excluído por indignidade ou deserdação, lhe permite sempre recuperar o seu quinhão hereditário, mesmo existindo doações ocultas, realizadas sobre a aparência de um oneroso contrato de constituição ou de alteração de uma sociedade empresária.

5 Abuso do direito, fraude sucessória e ordem pública

É comum uma pessoa, com o objetivo de beneficiar alguns de seus filhos em detrimento de outros, ou seu parceiro afetivo no lugar dos filhos de um primeiro casamento, utilizar-se da figura societária a fim de obter por intermédio da pessoa jurídica um objetivo contrário à lei, possibilitando aos herdeiros necessários preteridos reivindicar, pela aplicação da desconsideração da personalidade jurídica, a reintegração da sua legítima pelo notório desvio de sua herança, servindo a empresa como um mero recurso para violar a lei e a ordem pública.[10]

Por sinal, no campo da fraude à legítima do herdeiro necessário, por vezes, parece que a simulação de uma venda com contornos de legalidade usualmente esconde uma doação sequiosa do privilégio parental ou afetivo. Noutras ocasiões, como relata Borda,[11] os contratos de sociedade entre pai e filho encobrem uma doação, mas realizada com a sincera intenção de estabelecer comercialmente o descendente que lhe está mais próximo, pois não é nada raro se deparar com realidades nas quais determinado filho trabalha com o progenitor enquanto o restante da prole segue outros rumos profissionais. Acresce Borda ser mais corriqueiro o pai querer colocar o filho homem no caminho do trabalho e da prosperidade em detrimento da filha mulher, existindo situações fáticas e culturais onde ameaçar com a colação seria minar o merecido repouso do pai, que nunca encontraria melhor sócio que seu filho que se postou a trabalhar desde cedo ao seu lado.

No entanto, a forma societária tem servido como de igual vem servindo no âmbito do Direito de Família, como hábil instrumento de fraude ao sistema legal de proteção do patrimônio conjugal dos regimes de comunidade de bens e, também no direito sucessório, a forma societária está se prestando para desviar a legítima do preceito de ordem pública e de sua absoluta intangibilidade. Ocorre com absurda frequência que o autor da herança, desejando beneficiar um de seus filhos, que é justamente aquele que trabalha na empresa ao seu lado desde longo tempo, com completo desinteresse dos demais filhos que desenvolvem outras tarefas e distintas profissões, e certo de que a legítima dos herdeiros necessários, dependendo do valor do seu acervo de bens e da maior ou menor diversidade deste seu patrimônio, se vê na contingência de preservar a continuidade da empresa nas mãos deste filho, inclinado a utilizar os recursos da figura societária para, em vida, promover a transferência para este rebento da parte

---

[10] BORDA, Guillermo Julio. *La persona jurídica y el corrimiento del velo societario*. Buenos Aires: Abeledo-Perrot, 2000, p. 107-8.

[11] *Idem*, p. 482-3.

mais significativa, se não de toda a sua participação societária que vai sendo transferida paulatinamente para a titularidade deste filho sócio, servindo-se justamente da via societária para fraudar a legítima dos demais herdeiros obrigatórios.

Através do uso abusivo da sociedade e contra seus princípios, carreia o direito empresarial à indesejada senda da desobediência às normas de ordem pública, e que, no instituto sucessório, restringem a liberdade de disposição da porção disponível, mandando reservar aos herdeiros forçosos a metade de seus bens. Sucede, contudo, com inquietante preocupação de a máscara societária permitir substituir o herdeiro sucessível necessário pelo sócio empresarial, autorizando a transformar o autor da herança e suas riquezas pessoais, como patrimônio de uma sociedade jurídica qualquer, bastando que no transcurso dos anos o filho preferido e sócio minoritário promova por sucessivas alterações contratuais a aquisição onerosa da participação societária do sócio genitor, diminuindo com este singelo expediente contratual o montante do acervo paterno e, via de consequência, reduzindo o valor econômico da legítima, prestando-se a via societária como um mero recurso para violar a lei, a ordem pública e a boa-fé, para assim frustrar direitos hereditários dos coerdeiros que tiveram diminuída a porção indisponível que foi sendo disponibilizada em vida pelo autor da herança em conluio societário com seu descendente predileto.

Não é difícil compreender que toda a principal riqueza familiar pode ser concentrada no patrimônio de uma empresa familiar, titulada majoritariamente pelo autor da herança que é casado em segundas núpcias. Para maior compreensão da fraude sucessória, considere a existência de três filhos de um primeiro matrimônio, mas que na sociedade figura apenas o rebento temporão, fruto das últimas núpcias, ou até mesmo sua segunda esposa, cujo casamento se deu pelo regime obrigatório da separação de bens em razão da idade do autor da herança. Obviamente este empresário pode planejar sua sucessão com o direcionamento da titularidade da empresa e com ela o patrimônio da sociedade, tratando de usar a via societária para que tomem seu lugar no comando da sociedade empresária, e de forma paulatina, esposa e filho, sendo ambos sócios menores que vão adquirindo as quotas sociais do pai e esposo na sequência dos anos, até que o autor da herança termine afastado da empresa por não mais ser detentor de nenhuma quota social, tendo todas elas sido adquiridas em vida pela segunda esposa e o filho a ambos comum. Acaso desejasse sofisticar esta transposição sútil dos seus bens para a esposa e filho que compõem sua segunda e predileta família, o autor da herança poderia deixar que seus beneficiários constituíssem uma nova sociedade empresária, e de cujo quadro social ele não participaria, e deixar que aos poucos esta nova empresa que tem o mesmo objeto social fosse crescendo, angariando os clientes da empresa antecessora, mas que pouco a pouco vinha perdendo fôlego no mercado de trabalho, até sucumbir às evidências de uma avassaladora concorrência criada exatamente para ocupar o lugar da sociedade originária.

Por todas estas evidências, quando a realidade fática prova a vulnerabilidade da pessoa jurídica pela invocação ao primado da separação de personalidades e distinção de patrimônios, a violar estreitos princípios de ordem pública da legítima e agredir as próprias bases do Direito Empresarial, insta então, atentar para a inafastável aplicação da *disregard*, também conhecida como desestimação da pessoa jurídica, prevista no artigo

50 do Código Civil de 2002 e aperfeiçoada pelos artigos 133 a 137 do Código de Processo Civil, consagrando, inclusive, a aplicação *inversa* da desconsideração da personalidade jurídica, devendo ser destacado não se confundir o instituto da desconsideração da personalidade jurídica, que visa desconstruir a fraude ou o abuso societário, com a figura do *planejamento sucessório*, que no dizer de Daniele Chaves Teixeira se traduz na funcionalização do Direito das Sucessões para a boa aplicação da autonomia privada dentro da parte disponível, atenta aos primados constitucionais e infraconstitucionais.[12]

Conforme Fábio Ulhoa Coelho,[13] a desconsideração da personalidade jurídica tem aplicação circunstancial, episódica, sendo decretada a suspensão do ato constitutivo da pessoa jurídica, quando detectado que o ente jurídico foi utilizado como instrumento para a realização de *fraude*, de *abuso do direito* e até mesmo a confusão patrimonial. Carlos Fernández Sessarego[14] encontra razoável analogia entre a figura do abuso do direito e da fraude à lei, na medida em que ambas as situações se originam de atos que, em aparência, estão conformes com a lei.

Embora, em princípio, sócios e sociedade não se confundam como titulares de personalidades e patrimônios diferentes, a teoria da desestimação inclina-se em convencer da existência de casos excepcionais, onde deve ser superada esta separação patrimonial entre a pessoa jurídica e seus componentes, coibindo a fuga ou a limitação da responsabilidade dos sócios e da sociedade. A personalidade jurídica precisa ser desconsiderada quando seus integrantes se escondem por detrás da máscara societária e empregam o instituto da personalidade jurídica, para atingir, pelo abuso do direito, pela confusão patrimonial, ou pela fraude, finalidades totalmente condenáveis e incompatíveis com o Direito e com o objeto social da empresa, causando, sobretudo, incontáveis prejuízos a terceiros, como facilmente pode acontecer em detrimento do primado básico de proteção da legítima, suscitando como bem aponta Roberto Martínez Ruiz[15] litígios entre irmãos, que não raro transitam pela jurisdição penal, quebrando sempre e, em qualquer hipótese, o ideal de união da família, e litígios igualmente frequentes entre madrasta e enteados.

Giselda Hironaka indica a hipótese surgida do esforço de um autor da herança burlar a lei e os demais herdeiros ao constituir uma pessoa jurídica, como sociedade empresária ou sociedade simples com fins lucrativos, e, em sociedade com alguns de seus herdeiros, aos quais vai passando com o tempo as quotas sociais, sentenciar que "O problema reside, então, no fato de o transcurso do tempo apagar a forma pela qual a sociedade majoritariamente pertencente ao ascendente veio, ao depois, a passar para o controle dos sócios descendentes. Tal situação acaba por camuflar uma transferência patrimonial sob forma outra que não a da doação, mas que traz em si o desequilíbrio das quotas dos herdeiros descendentes sócios e não sócios".[16]

---

12 TEIXEIRA, Daniele Chaves. *Planejamento sucessório. Pressupostos e limites*. Belo Horizonte: Fórum. 2017, p. 107.

13 COELHO, Fábio Ulhoa. *Desconsideração da personalidade jurídica*. São Paulo: RT, 1989, p. 54.

14 SESSAREGO, Carlos Fernández. *Abuso del derecho*. Buenos Aires: Astrea, 1992, p. 177.

15 RUIZ, Roberto Martínez. Sociedades por acciones, de grupos familiares y sus conflictos con el derecho civil. In: TERÁN, Guillermo R. Quintana et al. *Abuso de derecho y otros estudios en homenaje a Abel M. Freitas*. Buenos Aires: Abeledo-Perrot, 1992, p. 79.

16 HIRONAKA, Giselda Maria Fernandes Novaes; CAHALI, Francisco José. *Direito das sucessões*. 3. ed. São Paulo: RT, 2007, p. 392-3.

Contudo, no tocante à proteção da legítima pelo uso episódico e expedito da desconsideração da personalidade jurídica, não precisará o julgador encontrar, sempre e obrigatoriamente, o artifício da fraude ou do abuso do direito como condicionantes indissociáveis de sua aplicação judicial, porquanto, e nisto Borda é enfático, haverá situações onde um pai não auxilia um de seus filhos na empresa que comanda, dissimulando doação, com aparência de contrato societário de falsa aquisição onerosa, com o objetivo de prejudicar os demais descendentes, mas, assim, atuará por vezes, porque encontra, naquele eleito, um sócio confiável e laboroso, legítimo emissário da transcendência de sua obra e do seu patrimônio. O herdeiro prejudicado indagará eventualmente de causa objetiva de inoponibilidade da pessoa jurídica, ainda que não invoque a ilicitude da fraude ou do abuso do direito, mas mostrará que o dano à sua legítima decorre de despropositado violação de norma de ordem pública, contida precisamente no artigo 50 da Parte Geral do Código Civil e com regras pontuais de processamento entre os artigos 133 a 137 do Código de Processo Civil.

Quer reduzida a legítima pelo arbítrio do abuso, da fraude ou da confusão patrimonial, em posição minoritária, de algum dos filhos frente aos demais descendentes integrantes da sociedade familiar, os quais nunca aportaram realmente recursos pessoais para formar o capital da empresa, mas antes ascenderam melhor posição societária pelo auxílio recebido em vida dos seus antecedentes, e quando isto acontece, em flagrante fraude à igualdade das legítimas dos demais herdeiros necessários, a desestimação da personalidade jurídica será o eficiente instrumento jurídico para condenar os beneficiados pelo autor da herança a restituírem ao acervo hereditário a quantidade de bens e valores suficientes para recompor os reais quinhões dos quais os demais coerdeiros foram artificialmente privados.

6 A desconsideração da personalidade jurídica na sucessão legítima

Há, no Direito, normas substantivas e processuais prevendo a tutela da legítima hereditária, como acontece com demandas que atacam as doações inoficiosas e as disposições testamentárias, assim como a ação sucessória de redução, ou o próprio pedido judicial de colação, como procedimentos judiciais típicos para a restituição do acervo de bens e valores em excesso à porção disponível do sucedido que deixa herdeiros necessários, contudo, na atualidade, outra tem sido a realidade fraudatória empregada pela pessoa que pretende vulnerar a legítima de seus herdeiros necessários e que age mediante atos onerosos que, sob a aparência de legalidade, encobrem transgressões ao regime imperativo da lei.[17]

Entrementes, há situações em que o autor da herança pode ter recorrido a meios fraudulentos para subtrair os bens de seu patrimônio, em prejuízo de alguns ou de todos os herdeiros necessários, sob a cobertura de um negócio societário de aparente legitimidade formal, como bem acentua Eduardo A. Zannoni,[18] para cujo autor a *fraude à legítima* consiste em toda manobra que, sob a cobertura de um negócio jurídico que ostenta legitimidade formal, é levada a efeito com a intenção de contornar as normas

---

[17] ORLANDI, Olga. *La legítima y sus modos de protección*. 2. ed. Buenos Aires: Abeledo-Perrot, 2010, p. 281.

[18] ZANNONI, Eduardo A. *Derecho de las sucesiones*. 3. ed. Buenos Aires: Astrea. v. II. 1983, p. 239.

cogentes relativas à legítima, em prejuízo de seus destinatários, que são os herdeiros necessários.[19]

Existem normas cogentes tutelando a legítima dos herdeiros necessários e existem ações tipicamente sucessórias para buscar a restituição do acervo de bens ou valores que excederam a porção disponível do autor da herança. Contudo, na hipótese da fraude à legítima pelo uso indevido da personalidade jurídica, os modelos tradicionais das ações sucessórias e da própria ação pauliana ou revocatória não se apresentam como os meios judiciais mais eficazes para a reposição efetiva da legítima desviada por negócio jurídico que ostenta legitimidade formal, criado para elidir as normas imperativas da legislação sucessória atinente às legítimas dos herdeiros forçados.

Usualmente os fraudadores da legítima se utilizam de expedientes como a *simulação*, cujo negócio jurídico aparente encobre outro completamente diverso, ou quando contém cláusulas ou datas que não são verdadeiras, ou quando transmitem direitos a interpostas pessoas, sendo mais frequente o uso da via societária para simular a venda de quotas sociais quando em verdade escondem uma doação realizada e cuja simulação também pode se apresentar quando se adquirem ou transmitem direitos para pessoas ocultas.[20]

Através da fraude societária o empresário intenta evitar a norma legal que freia sua liberdade de disposição patrimonial ante a existência de herdeiros necessários e assim ele concretiza um negócio jurídico que encobre a sua ilicitude e alcança, por esta estratégia, a subtração do patrimônio que integra a porção indisponível do acervo hereditário, autorizando que os coerdeiros questionem tais atos simulados que encobrem uma doação inoficiosa e afetam seus quinhões legitimários, fato que lhes confere ação para pedir a nulidade da doação.

Conforme Eduardo A. Zannoni, um meio de subtrair bens do patrimônio é criar *um novo patrimônio*, ao qual são aportados os bens do acervo originário e, embora se trate de um negócio real, que não se reveste de um caráter de simulação, ele está eivado de uma finalidade eminentemente fraudulenta. É a típica situação das sociedades empresárias constituídas pelo autor da herança mediante o aporte da totalidade dos bens que constituem seu ativo e para tanto ele se utiliza da forma societária com a participação de terceiros que, em realidade, só fazem aportes nominais para justificar sua qualidade de sócios e, com a morte do autor da herança, na melhor das hipóteses, as quotas do capital social, quando não se tratar de ações ao portador, aparecem em poder de terceiros que sustentam serem proprietários regularmente constituídos, os quais se opõem à eventual reivindicação dos herdeiros legítimos.[21]

Seguindo a doutrina de a pessoa jurídica ter personalidade e patrimônio distintos dos de seus sócios, fica fácil constatar que a sociedade se presta para um arsenal de arbítrios postos a serviço do homem para fraudar direitos de terceiros. No campo do Direito Sucessório, não é diferente esta possibilidade, conquanto se tenha em mente que os bens pessoais do autor da herança devem ser preservados por metade para seus herdeiros necessários, mas este direito indisponível e de ordem pública, como visto, não sofre o mesmo controle quando o sucedido é sócio ou partícipe de uma empresa, esta

19 ZANNONI, Eduardo A. *Derecho de las sucesiones*. 5. ed. Buenos Aires: Astrea. v. II. 1997. p. 205 e ss.

20 ORLANDI, Olga. Ob. cit. p. 284.

21 ZANNONI, Eduardo A. *Derecho de las sucesiones*. Ob. cit. 1983, p. 241.

sim, dona de um patrimônio, e que oportuniza, ao sócio dela integrante, uma quota ou parcela de seu capital constituído.

Então, como bem observa Eduardo A. Zannoni,[22] o patrimônio e os bens já não serão bens do autor da herança; herança serão as ações ou quotas de capital desta sociedade constituída, e os herdeiros receberão uma parte proporcional, uma porcentagem de acordo com as normas societárias, e aparecerão formando-se maiorias e minorias que determinarão a condução dos negócios em si e deste patrimônio. Assim adverte ser este o recurso capaz de alterar o regime legal e de ordem pública, aplicável à legítima dos herdeiros necessários, fraudando seus direitos hereditários indisponíveis, e que, como visto, podem terminar violados pelo mau uso da forma societária, que, de aparente legalidade, possibilita o odioso desvio da legítima.[23]

Ora, se em possuindo os bens em seu nome pessoal, fica difícil subtrair de algum herdeiro legítimo a sua quota hereditária obrigatória, pois o herdeiro goza de mecanismos de mais fácil controle para apurar a integridade de seu quinhão e eventual restituição judicial, com efeito, que esta mesma facilidade e segurança desaparecem quando o caminho escolhido passa pelo uso indevido da via societária, no suposto de que sua independência patrimonial e jurídica põe a sociedade e seus bens a salvo de qualquer perquirição sucessória.

Na atualidade os valores mobiliários adquiriram tamanha relevância na vida econômica das pessoas, sendo frequente verificar que as maiores transmissões se efetivam através de uma sociedade empresária, sendo transmitidas quotas sociais ou ações cujos valores geralmente se apresentam subcapitalizados, com referências meramente contábeis, adicionando ao concerto fraudatório uma dificuldade adicional, referindo Olga Orlandi não serem poucos os problemas que surgem com a transmissão sucessória diante da morte de um sócio que integrava uma sociedade empresária.[24] A propósito, um dos expedientes utilizados para violação do preceito da intangibilidade da legítima é a total falta de coincidência existente entre o valor nominal do capital subscrito em uma sociedade empresária em confronto com o patrimônio desta sociedade, sendo esta uma das fraudes mais correntes verificadas nos processos de inventário e relativos à subavaliação dos bens, sendo sempre imperiosa a realização de um balanço especial, também denominado balanço de determinação para apurar o patrimônio real da sociedade.

Entretanto, nem sempre a fraude sucessória foi planejada, mas, mesmo assim, sociedades com constituição e desenvolvimento normal, sem ânimo de prejudicar, porém, afetam a legítima e a igualdade dos herdeiros necessários, como sucede na venda de quotas de sociedade realizada por ascendente a descendente sem a anuência de filha que foi reconhecida em investigação de paternidade *post mortem*.[25]

---

22 ZANNONI, Eduardo A. *Las sociedades comerciales y la transmisión hereditaria, el fraude a la legítima hereditaria en las sociedades*. Buenos Aires: Ad-Hoc, 1993, p. 39.

23 *Idem*, p. 40.

24 ORLANDI, Olga. Ob. cit., p. 290.

25 "Recurso Especial. Ação objetivando a *declaração de nulidade* da venda de cotas de sociedade realizada por ascendente a descendente sem a anuência de filha assim reconhecida por força de investigação de paternidade *post mortem*. 1. Sob a égide do Código Civil de 1916, o exercício do direito de anular venda de ascendente a descendente – que não contara com o consentimento dos demais e desde que inexistente interposta pessoa – submetia-se ao prazo 'prescricional' vintenário disposto no artigo 177 do *códex*. Inteligência da Súmula 494 do STF. Tal lapso, na verdade

Outro exemplo comum de fraude à legítima sucede quando um pai constitui uma sociedade empresária com dois de seus três filhos e somente ele efetiva os aportes reais do patrimônio da sociedade, consistentes da maioria ou da totalidade de seus bens pessoais. Quando ele falece, todos os seus filhos herdarão suas quotas, inclusive o filho excluído da sociedade, quando na época de sua constituição, só que irá se constituir em um sócio minoritário, já que os demais irmãos formam o grupo majoritário daquela empresa.

Muito mais relevante será sua impotência como sócio, advertem José Luis Pérez Lasala e Graciela Medina,[26] quando se trata de uma sociedade anônima. Este sócio minoritário não reúne o número de votos necessários para se opor à reforma do estatuto, ficando ele sempre com o direito de vender suas ações, se desconforme com a administração da empresa, contudo, observam, citando Busso: "Quem lhe compraria estas ações que não são negociadas em bolsa, em se tratando como é comum, de um grupo eminentemente familiar". Assim, a legítima do filho, cujo pai detinha em vida valiosos bens, pode resultar reduzida a simples papéis, sem nenhum valor.

As sociedades anônimas fechadas, como são aquelas tipicamente de constituição familiar, excluem a pessoalidade da sua administração porque o poder está concentrado na vontade de um acionista majoritário, para cuja empresa transferiu seus bens pessoais, substituindo-os por ações que servem como meio hábil em fraude a credores ou herdeiros

---

decadencial, foi reduzido para dois anos com a entrada em vigor do Código Civil de 2002 (artigo 179). 2. Nada obstante, assim como ocorre com os prazos prescricionais, nos casos em que deflagrado o termo inicial da decadência durante a vigência do código revogado, aplicar-se-á a norma de transição estabelecida no artigo 2.028 do Código Civil de 2002. Assim, devem ser observados os prazos do Código Civil anterior, quando presentes as seguintes condições: (i) redução do prazo pelo diploma atual; e (ii) transcurso de mais da metade do tempo estabelecido na regra decadencial ou prescricional revogada. 3. No caso de autor que contava com menos de dezesseis anos à época da deflagração do fato gerador da pretensão deduzida em juízo, a Quarta Turma consagrou, recentemente, o entendimento de que o confronto entre a norma de transição (artigo 2.028 do Código Civil) e a regra que obsta o transcurso do prazo prescricional não poderá traduzir situação prejudicial ao absolutamente incapaz (REsp 1.349.599/MG, Rel. Ministro Luis Felipe Salomão, Quarta Turma, julgado em 13.06.2017, DJe 01.08.2017). Tal exegese também deve ser aplicada aos prazos decadenciais reduzidos pelo Código Civil de 2002, quando em discussão o exercício de direito potestativo por menor impúbere. Necessária observância do paradigma da proteção integral, corolário do princípio da dignidade da pessoa humana. 4. O STJ, ao interpretar a norma (inserta tanto no artigo 496 do Código Civil de 2002 quanto no artigo 1.132 do Código Civil de 1916), perfilhou o entendimento de que a alienação de bens de ascendente a descendente, sem o consentimento dos demais, é ato jurídico anulável, cujo reconhecimento reclama: (i) a iniciativa da parte interessada; (ii) a ocorrência do fato jurídico, qual seja, a venda inquinada de inválida; (iii) a existência de relação de ascendência e descendência entre vendedor e comprador; (iv) a falta de consentimento de outros descendentes; e (v) a comprovação de simulação com o objetivo de dissimular doação ou pagamento de preço inferior ao valor de mercada. Precedentes. 5. De outro lado, malgrado a sentença que reconhece a paternidade ostente cunho declaratório de efeito *ex tunc* (retro operante), é certo que não poderá alcançar os efeitos passados das situações de direito definitivamente constituídas. Não terá, portanto, p condão de tornar inválido um negócio jurídico celebrado de forma hígida, dadas as circunstâncias fáticas existentes à época. Precedentes. 6. Na espécie, à época da concretização do negócio jurídico – alteração do contrato de sociedade empresária voltada à venda de cotas de ascendente a descendente-, a autora ainda não figurava como filha do *de cujus*, condição que somente veio a ser reconhecida no bojo de ação investigatória *post mortem*. Dadas tais circunstâncias, o seu consentimento (nos termos da norma disposta no artigo 1.132 do Código Civil de 1916 – atual artigo 496 do Código Civil de 2002) não era exigível nem passou a sê-lo em razão do posterior reconhecimento de seu estado de filiação. Na verdade, quando a autora obteve o reconhecimento de sua condição de filha, a transferência das cotas sociais já consubstanciava situação jurídica definitivamente constituída, geradora de direito subjetivo ao réu, cujos efeitos passados não podem ser alterados pela ulterior sentença declaratória de paternidade, devendo ser, assim, prestigiado o princípio constitucional da segurança jurídica. Ademais, consoante assente na origem, não restou demonstrada a má-fé ou qualquer outro vício do negócio jurídico a justificar a mitigação da referida exegese. 7. Recurso especial não provido". REsp. n. 1.356.431/ DF. STJ. Quarta Turma. Relator Min. Luis Felipe Salomão. Julgado em 08.08.2017).

[26] LASALA, José Luis Pérez; MEDINA, Graciela. *Acciones judiciales en el derecho sucesorio*. Buenos Aires: Depalma, 1992, p. 62.

necessários, até mesmo pela maior dificuldade de dissolver parcialmente uma sociedade anônima de cunho familiar e sem cotação na Bolsa de Valores e onde os únicos eventuais interessados na aquisição de ações seriam os demais sócios que pagariam o preço por eles mesmos estipulado. Aliás, as sociedades de família geram correntes problemas de continuidade da empresa com a morte do fundador, sendo amiúde a maior preocupação que leva este mesmo fundador a buscar soluções nem sempre ortodoxas no propósito de direcionar a titulação da sociedade familiar para determinado herdeiro no qual encontra os predicados pessoais para levar à frente a empresa familiar, temeroso com sua extinção diante da fragmentação da sociedade empresária com a partilha das suas quotas sociais ou ações.

Este problema da continuação da empresa com o falecimento de seu fundador e a fragmentação da sociedade com o ingresso de um variado número de herdeiros necessários, incluso o cônjuge ou convivente viúvo que se torna destinatário de quotas sociais ou ações de uma empresa, embora não se interesse pela sociedade empresária, permitindo presumir sua extinção e a quebra do seu fim social, tem levado a União Europeia a repensar os efeitos da legítima, particularmente em países como a Espanha, Itália e Alemanha, em que a doutrina majoritária, escreve Daniele Chaves Teixeira, "admite que a legítima dos filhos e cônjuge é uma instituição que goza de proteção constitucional, pela conjunção de direito à herança, a proteção do matrimônio e da família",[27] para destarte interpretar a legítima do herdeiro necessário como sendo um *pars valoris*, o que representa dizer que o legitimário detém apenas em relação ao espólio um direito de crédito e não um *pars hereditatis*, que seria o direito sobre o bem inventariado, que no caso de uma sociedade empresária significa o direito às quotas ou às ações da sociedade, solução que aplacaria sobremaneira a fraude da legítima nas sociedades de família e a constante vulneração de alguns herdeiros necessários em favorecimento de outros, e certamente, reduziria o uso processual daquela que foi cunhada no passado como a *teoria da disregard*. Na Espanha a Ley 7/2003, da Reforma da Lei das Sociedades de Responsabilidade Limitada, modifica o Código Civil e permite que o testador mantenha indivisa uma empresa ou mantenha em uma pessoa o controle de uma sociedade de capital, pagando a legítima dos herdeiros necessários com dinheiro da herança ou não, podendo estabelecer um prazo de até cinco anos, contados da abertura da sucessão do testador para o pagamento, aduzindo Olga Orlandi à possibilidade de uso do *protocolo familiar* para regular as relações existentes entre família, propriedade e empresa e deste modo prevenirem possíveis conflitos que se produzam com a morte do autor da herança.[28]

É muito frequente que uma pessoa constitua uma sociedade com algum de seus filhos e a exclusão de outros, sendo mais comum ainda a exclusão das filhas mulheres, e toda a fraude à legítima começa com o falso registro contratual de haver o filho sócio aportado valores ou bens para a constituição da sociedade e que assim também agiria durante as alterações contratuais e aumentos de capital social, quando em realidade os atos societários encobrem uma doação do sócio ascendente e, se pesquisado mais à

27 TEIXEIRA, Daniele Chaves. *Planejamento sucessório*. Ob. cit. p. 86.

28 ORLANDI, Olga. *La legítima y sus modos de protección*. Ob. cit. p. 308.

fundo, este filho sequer tinha origem para seu decantado aporte financeiro na sociedade empresária.

Noutro esclarecedor exemplo, recolhido da jurisprudência argentina, pôde ser penetrado o véu da personalidade jurídica em nome do herdeiro legítimo preterido em parcela de sua herança necessária, quando, embora convidado juntamente com seu irmão para integrar uma sociedade constituída pelo pai de ambos, dela não quis participar, verificando, posteriormente, que seu genitor aportara seus bens pessoais para a empresa formada, dando ao rol que doou para integrar a quota social do irmão valor nominal inferior ao real, importando este gesto em uma forma sutil de beneficiar gratuitamente um dos descendentes, decorrente da diferença entre os valores nominal e real dos bens doados para integralizar sua quota social.

Como já enunciado, comum na prática brasileira vem sendo o uso da fórmula societária para partilhar em vida em quinhões desiguais, direitos que, em futura sucessão, deveriam pertencer em absoluta isonomia de valores entre os descendentes varões e as filhas mulheres. Acontece que, em inúmeras e não raras situações, genitores costumam creditar aos filhos homens seu ingresso na empresa que já exploram, distribuindo-lhes, no princípio, pequena quantidade de quotas doadas como estímulo ao trabalho no qual estreiam sua atividade profissional. Não raro, embora sem que tenham ou possam usar de recursos próprios, estes sócios masculinos vão aumentando suas participações societárias que seguido superam à própria fração paterna, este, primitivo doador, que assim, com a idade, se afasta e se aposenta do empreendimento, agora tocado pelos descendentes homens e sobre os quais os vestígios que o tempo apaga, já não permitem apurar a origem real deste crescimento patrimonial dentro da empresa.

Não têm agido diferente aqueles que não desconhecem a paternidade espúria, concebida fora da união estável ou da sociedade conjugal e, num ato de egoísta proteção da família por eles mantida e havida como única relação de real interesse, e assim idealizam um empreendimento empresarial para onde deságuam os bens até então pertencentes à união conjugal, afastando-se da empresa constituída, ou nela sequer ingressando o investigado biológico, para, por obra deste expediente, nada oferecer por ocasião de seu falecimento, como herança legítima deste filho havido em relacionamento extraconjugal, embora tenha logrado pela via societária antecipar e com excessos que supõe inatingíveis os quinhões dos seus filhos havidos de seu casamento ou de sua união estável. Se preferir, pode constituir esta sociedade, nela somente figurando como sócios a sua esposa e os filhos de ambos, ou pode agir como procedeu o proprietário de uma valiosa fazenda que vendeu por preço vil para uma sociedade anônima, cujo pacote acionário pertencia em 90% à sua esposa de segundas núpcias, cujo expediente simulava uma venda que sequer existiu, mas cujo propósito era de desviar importante bem de seu patrimônio pessoal e deste modo diminuir significativamente a porção indisponível de seus filhos do primeiro matrimônio e seus herdeiros necessários.

Age na contramão do Direito Sucessório à intangível legítima o autor da herança que em vida transferiu a totalidade de seus bens para uma sociedade anônima, simples ou empresária, constituída por seus filhos, mas com a exclusão dos netos que são filhos de um filho premorto, que assim ficam preteridos da legítima que receberiam por representação do pai pré-falecido.

Portanto, a doutrina da *disregard* cuida de afastar, de uma vez por todas, este axioma de que a pessoa jurídica é inviolável, independente e que seus sócios são imunes de responsabilidades. Apropriada a manifestação de Tupinambá,[29] ao referir se tratar de uma mera ficção legal a separação da pessoa jurídica da pessoa física, não sendo justificável que a pessoa jurídica ou mesmo o sócio que se esconde sob o manto desta sociedade fuja de sua responsabilidade ou de seu fim social para alcançar benefícios e interesses antissociais em fraude à lei. É como pensa Fábio Ulhoa Coelho,[30] quando aborda, entre os fundamentos da desconsideração, a busca de seu elemento subjetivo, intencional: "Destinado a ocultar a ilicitude atrás da pessoa jurídica" e arremata (...): "Se inexiste fraude ou abuso de direito, a personalização da sociedade, associação ou fundação deve ser amplamente prestigiada".

Em contraponto, não poderá ser prestigiada a sociedade que busca resultado contrário ao direito, observando Rolf Serick[31] existir abuso quando, com a ajuda da pessoa jurídica, ela cuida de burlar a lei, de quebrar obrigações contratuais ou de prejudicar fraudulentamente terceiros, notadamente no âmbito das sociedades de família, e a utilização da sua personalidade societária para burlar o instituto da legítima, provindo as soluções jurídicas das normas de Direito Civil (CC, art. 50); do Direito Processual (CPC, arts. 133 a 137) e do Direito Empresarial, permitindo que a desconsideração da personalidade jurídica permita reintegrar os bens à massas hereditária ou computar seus valores no quinhão hereditário do herdeiro prejudicado.

Na formulação de aplicação da desconsideração da pessoa jurídica, resta superada a soberania da autonomia patrimonial da empresa e é declarada a inoponibilidade da forma societária que serviu ao autor da herança como instrumento para prejudicar alguns de seus herdeiros necessários e, destarte, condena os sócios a satisfazerem o valor das quotas ou ações que receberam em excesso da porção disponível do autor da herança.

Como assinala Eduardo A. Zannoni, em princípio, nada proíbe uma pessoa de contratar com seus filhos maiores e capazes, os quais serão, com sua morte, os seus herdeiros necessários, ao lado do cônjuge ou convivente, quando não casado pelo regime da comunhão universal ou obrigatória da separação de bens (artigo 1.829, I, do Código Civil e RE 878.694/MG), porém tais contratos não podem encobrir doações de favor ao herdeiro necessário, buscando afastar uma transferência típica de antecipação de herança. Ocorrendo esta hipótese, refere Zannoni, cabem duas soluções: a primeira em que a lei nada dispõe a este respeito e, neste caso, os herdeiros preteridos precisarão provar a simulação do negócio para provocar a colação dos bens dissimuladamente doados; ou então, a própria lei cria a presunção de que, em certas circunstâncias, deve ser conjeturado que as transferências onerosas para herdeiros obrigatórios estejam encobrindo uma doação.[32]

---

29 NASCIMENTO, Tupinambá Miguel Castro do. *Comentários ao Código do Consumidor*. 3. ed. Rio de Janeiro: Aide, 1991, p. 84.

30 COELHO, Fábio Ulhoa. *Direito antitruste brasileiro*. São Paulo: Saraiva. 1995, p. 45.

31 SERICK, Rolf. *Apariencias y realidad de las sociedades comerciales. El abuso del derecho por medio de la persona jurídica*. Barcelona, 1958 *apud* LASALA, José Luis Pérez; MEDINA, Graciela. *Acciones judiciales en el derecho sucesorio*. Ob. cit. 1992, p. 63.

32 ZANNONI, Eduardo A. *Derecho de las sucesiones*. Ob. cit. 1983, p. 243-4.

O Direito Sucessório brasileiro ao seu tempo e modo estabelece esta presunção de favorecimento em fraude à lei no parágrafo único do artigo 1.802 do Código Civil, ao aduzir serem nulas as disposições testamentárias em favor de pessoas não legitimadas a suceder, ainda quando simuladas sob a forma de contrato oneroso, ou feitas mediante interposta pessoa, presumindo se tratar de interposição fictícia quando for ascendente, descendente, irmão, cônjuge ou companheiro, sendo este dispositivo de lei o fundamento concreto da desconsideração legal da interposta pessoa física, que acontece quando o fraudador da herança necessária se vale de uma pessoa física que lhe é muito próxima e de irrestrita confiança, como a atual companheira ou a nova sogra, quando não se utiliza da progenitora ou mesmo de amigos escolhidos entre aqueles dos seus relacionamentos, ou de pessoas que a obedecem em razão de subordinação financeira ou laboral.

7 Sua manifestação processual

Enrique M. Butty[33] recolhe, com pertinência, a desconsideração da pessoa jurídica no campo da fraude à legítima dos herdeiros necessários, ao referir a imprescindibilidade de se diferenciar a nulidade do contrato societário da sua inoponibilidade, pois, enquanto na doutrina geral dos atos jurídicos, a nulidade reclama a ocorrência de vício de forma, ou vício de vontade, na oponibilidade ocorre um desvio da causa contratual. E, com efeito, se foi com o mau uso da estrutura social que o *de cujus* conseguiu diminuir ou até mesmo eliminar a legítima do herdeiro obrigatório, o juiz pode descartar esta mesma personalidade jurídica utilizada em abuso, em fraude ou em detrimento do primado jurídico da ordem pública e que causou uma lesão em seu quinhão hereditário.

No entanto, não é necessário e nem se mostra prático e célere que estes atos sociais fraudulentos precisem ser diretamente nulificados, em morosas e complexas demandas paralelas a uma ação de colação ou de redução de doação.[34] Deve o juízo da demanda de colação ou de redução declarar, sim, com escora no artigo 50 do Código Civil brasileiro, combinado com o artigo 1.846 do mesmo Diploma Civil, e com os artigos 133 a 137 do Código de Processo Civil, que todos aqueles atos de fraude e de abuso e que levaram ao desvio da porção legítima do herdeiro necessário, cujos direitos foram excluídos da herança pela trama societária contra ele endereçada, são inoponíveis, não geram efeitos em relação ao herdeiro necessário, devendo ser condenados os participantes do ato de desvio na reposição financeira do ingresso inoficioso ou à própria redução de seus capitais sociais artificialmente inflados, até o montante da sua efetiva legítima.

Assim sendo, não importa a nulidade e nem a extinção da sociedade, senão a simples desconsideração dos efeitos da personalidade jurídica desta sociedade empresária, que deverá reintegrar o herdeiro necessário preterido nos bens da sucessão do sucedido,

---

33 BUTTY, Enrique M. La inoponibilidad de la persona jurídica por violación de la legítima. In: DUBOIS, Eduardo M. Favier et al. *Las sociedades comerciales y la transmisión hereditaria*, 1993, p. 52.

34 Nesse sentido foi a decisão proferida pela juíza Hélvia Túlia Sandes Pedreira Pereira, na ação de arrolamento nº 346/1989, que tramitou pela vara de família, sucessões, infância e juventude da Comarca de Porto Nacional, Estado do Tocantins, datada de 16.01.2008, ao dispensar "a necessidade de interposição de uma ação autônoma para se reconhecer a não oponibilidade dos atos societários fraudulentos aos herdeiros necessários lesados (...). Diante do exposto, considero não oponível aos herdeiros necessários do falecido, dentre eles Nariane, as alterações contratuais efetivadas em fraude à legítima, por faltar boa-fé dos adquirentes e uso indevido da forma societária".

mediante a redução proporcional dos capitais sociais. Concluindo Eduardo A. Zannoni[35] que a inoponibilidade do ato fraudulento permitirá por decisão judicial que a legítima fraudada seja integralizada em bens ou em dinheiro, tomando-se em conta os valores reais dos bens constitutivos dos aportes realizados pelo autor da herança. Claro está que, ocorrendo o pagamento em numerário, poderá acontecer de a sociedade não precisar reduzir seu capital social para ressarcir aos herdeiros necessários que tiveram sua legítima violada pelo uso indevido da forma societária. Como refere Roberto Martinez Ruiz,[36] a sociedade empresária não pode burlar o efetivo exercício dos direitos hereditários dos sucessores obrigatórios, típica instituição de proteção familiar. Evitando a destituição da empresa e conservando sua personalidade societária, sem permitir que ela sirva como instrumento de exclusão de herdeiros obrigatórios, pela aplicação episódica da *disregard* e no próprio processo sucessório de colação ou de redução, ou em ação de incidente de desconsideração da personalidade jurídica (CPC, art. 133), o juiz acolhe com a procedência do incidente o pedido de entrega material dos bens societários que correspondam às legítimas, ou a sua restituição em moeda, se assim for preferido, devendo, se for imprescindível, a sociedade faltante reduzir seu capital, se os sócios não optarem pela posterior dissolução da sociedade empresária.

Uma hipótese clássica para aplicação da teoria da desestimação da personalidade jurídica na sucessão legítima avista-se no caso da ação de investigação de paternidade cumulada com petição de herança, na qual o herdeiro investigante pesquisa seu vínculo biológico e reclama seu quinhão hereditário pela morte do investigado. Quando utilizada a forma empresarial para excluir o investigante da herança legítima ou de parcela dela, a mesma sentença que reconhece a filiação e o consequente direito do investigante à herança deixada por seu pai biológico, se requerida a desconsideração com a inicial (CPC, art. 134, §2º), cuidará de desconsiderar todos os atos societários que serviram para desviar bens do investigado, reduzindo a herança devida e pedida pelo filho judicialmente reconhecido. Desconsiderada a personalidade, esta fraude ao investigante herdeiro é inoponível, entregando-lhe, por decreto judicial proferido em despacho incidente no corpo da investigação de paternidade cumulada com petição de herança, os bens que suplantaram a fronteira da porção disponível, e restabelecendo, assim, a igualdade de partilha, agora, entre todos os filhos.

Embora deva prevalecer a autonomia patrimonial da empresa e mesmo da pessoa física de uma interposta pessoa, há situações em que a legislação permite a suspensão episódica desta autonomia patrimonial societária através do expediente da *desconsideração da personalidade jurídica* (por vezes a desconsideração da personalidade física), regulada no Direito Processual brasileiro pelos artigos 133 a 137 do Código de Processo Civil, inclusive pela sua modalidade denominada de *desconsideração em sentido inverso*, que é aplicada no Direito de Família e no Direito das Sucessões quando o cônjuge fraudador ou o autor da herança que pretende fraudar a legítima dos herdeiros necessários transfere os bens pessoais para uma sociedade empresária sem real contrapartida ao patrimônio

---

35 ZANNONI, Eduardo A. *Derecho de las sucesiones*. Ob. cit. 1983, p. 244.

36 RUIZ, Roberto Martínez. Sociedades por acciones, de grupos familiares y sus conflictos con el derecho civil. In: TERÁN, Guillermo R. Quintana et al. *Abuso de derecho y otros estudios en homenaje a Abel M. Freitas*. Buenos Aires: Abeledo-Perrot, 1992, p. 86.

conjugal e privado, buscando com este estratagema societário retirar os bens que deveriam compor a meação do cônjuge ou a legítima dos seus herdeiros obrigatórios. A desconsideração inversa da personalidade jurídica consiste no afastamento do princípio da autonomia da pessoa jurídica para responsabilizar a sociedade por obrigação do sócio,[37] que, para se desvencilhar de obrigações pessoais, transfere seus bens e suas riquezas para a sociedade com a finalidade de retirar estes recursos da meação da esposa ou convivente, ou do alcance de seus herdeiros necessários.

8 Do incidente de desconsideração da personalidade jurídica

O incidente da desconsideração da personalidade jurídica vem regulado pelos artigos 133 a 137 do Código de Processo Civil, podendo o incidente ser resolvido em decisão interlocutória ou na sentença, dependendo do rumo adotado para esta modalidade especial de intervenção de terceiros que resta finalmente regulamentada pela legislação brasileira, pondo fim às outrora denominadas *teoria maior e teoria menor da desconsideração da personalidade jurídica,* e que ocupavam longos debates para definir se a desconsideração da personalidade jurídica poderia ser aplicada episodicamente no curso de qualquer processo, sem a intervenção da sociedade empresária, ou se esta precisaria participar obrigatoriamente da ação originária que decretava a sua pontual desconsideração judicial, permitindo que a sociedade se manifestasse processualmente por ocasião da execução do julgado.

Atualmente o incidente da desconsideração da personalidade jurídica pode ser instaurado a pedido da parte ou do Ministério Público, quando lhe couber intervir no processo (CPC, art. 133), sendo cabível em todas as fases do processo de conhecimento, no cumprimento de sentença e na execução fundada em título executivo extrajudicial (CPC, art. 134), sendo anotada junto ao distribuidor a instauração do incidente como pedido autônomo (CPC, art. 134, §1º), distribuído por conexão ao processo originário. A parte pode optar por requerer a desconsideração da personalidade jurídica na própria petição inicial (CPC, art. 134, §2º), por exemplo, em uma ação de investigação de paternidade promovida por herdeiro preterido, cumulada com petição de herança e declaração de desconsideração inversa da personalidade jurídica (CPC, art. 133, §2º), para que os bens desviados da pessoa física do autor da herança para o patrimônio da sua sociedade empresária retornem ao acervo particular do sucedido e, deste modo, em sua integralidade para o rol de bens a serem inventariados e não mais diluído em quotas ou ações societárias.

Quando a desconsideração da personalidade jurídica for instaurada em incidente próprio e não levantada na própria petição inicial, este processo restará suspenso (CPC, art. 134, §3º), sendo ônus do promovente do incidente demonstrar a concretização dos pressupostos da desconsideração para a prosperidade do incidente, sendo incontroverso

[37] FREIRE, Alexandre; MARQUES, Leonardo Albuquerque. In: STRECK, Lenio Luiz; NUNES, Dierle; CUNHA, Leonardo Carneiro da (Org.) e FREIRE, Alexandre (Coord.). *Comentários ao Código de Processo Civil.* São Paulo: Saraiva, 2016, p. 205.

que no terreno da fraude o julgador deve trabalhar com o somatório dos indícios[38] para chegar à lúcida presunção legal de que a figura da personalidade jurídica foi utilizada, em desvio de sua finalidade societária, para com este expediente fraudatório causar um prejuízo material ao meeiro ou aos herdeiros necessários. Instaurado o incidente, o sócio ou a pessoa jurídica será citado para manifestar-se e requerer provas cabíveis no prazo de 15 dias (CPC, art. 135), como será citado o sócio ou a sociedade acaso a desconsideração da personalidade jurídica seja requerida juntamente com a petição inicial, por exemplo, em uma ação de redução de doação inoficiosa, cumulada com a *disregard inversa*, para que os bens desviados para a empresa retornem ao acervo particular do autor da herança, sendo que nesta hipótese a desconsideração será declarada em sentença e não por decisão interlocutória como acontece na hipótese de ser instaurado um incidente apenso (CPC, art. 135), cabendo agravo de instrumento da decisão interlocutória (CPC, art. 1.015, IV), ou *agravo interno* se a decisão for proferida pelo relator (CPC, art. 136, parágrafo único).

Acolhido o pedido de desconsideração, a alienação ou a oneração de bens, havida em fraude de execução ou partilha, será ineficaz em relação ao requerente, retornando ao inventário os bens desviados via societária para afetar a legítima dos herdeiros necessários, sendo justamente estes herdeiros prejudicados em sua legítima, legitimados para atacar o ato fraudulento e violador das normas legais e impositivas que tutelam a intangibilidade e integridade da legítima hereditária, sem que a desconsideração episodicamente decretada comprometa a personalidade jurídica da sociedade, mas que implique apenas levantar a desestimação da sua personalidade, já que o autor persegue a inoponibilidade do aporte fraudulentamente realizado em prejuízo dos herdeiros obrigatórios que reclamam a integralidade do seu haver hereditário.[39]

Referências

BENJUMEA, Inmaculada Vargas. *El fraude en la disolución y liquidación de la sociedad de gananciales*. Navarra: Thomson Reuters Aranzadi, 2014.

BITTAR, Carlos Alberto. *Direito das sucessões*. Rio de Janeiro: Forense Universitária. 1992.

BORDA, Guillermo A. *Tratado de derecho civil* – sucesiones. 7. ed. Buenos Aires: Editorial Perrot, 1994.

BORDA, Guillermo Julio. *La persona jurídica y el corrimiento del velo societario*. Buenos Aires: Abeledo Perrot, 2000.

BUTTY, Enrique M. La inoponibilidad de la persona jurídica por violación de la legítima. *In*: DUBOIS, Eduardo M. Favier et al. *Las sociedades comerciales y la transmisión hereditaria*. 1993.

COELHO, Fábio Ulhoa. *Desconsideração da personalidade jurídica*. São Paulo: RT, 1989.

COELHO, Fábio Ulhoa. *Direito antitruste brasileiro*. São Paulo: Saraiva, 1995.

COLIN, Ambrosio; CAPITANT, Henry. *Curso elemental de derecho civil*. 3. ed. Madrid: Reus, 1988.

COPELLO, Héctor Roberto Goyena. *Procedimiento sucesorio*. Buenos Aires: Astrea, 1993.

---

38 Indícios são os dados demonstrados, de caráter objetivo, que em um senso médio e dotado da necessária lógica permitem concluir que se dá o requisito de caráter subjetivo, que é o *consilium fraudis*, cujo elemento probatório concorre para a procedência da ação. BENJUMEA, Inmaculada Vargas. *El fraude en la disolución y liquidación de la sociedad de gananciales*. Navarra: Thomson Reuters Aranzadi, 2014, p. 178.

39 GAGLIARDO, Mariano. *Sociedades de familia y cuestiones patrimoniales*. Buenos Aires: Abeledo-Perrot, 1999, p. 150.

FREIRE, Alexandre; MARQUES, Leonardo Albuquerque. *Comentários ao Código de Processo Civil*. STRECK, Lenio Luiz, NUNES, Dierle; CUNHA, Leonardo Carneiro da (Org.). FREIRE, Alexandre (Coord.). São Paulo: Saraiva, 2016.

GAGLIARDO, Mariano. *Sociedades de família y cuestiones patrimoniales*. Buenos Aires: Abeledo Perrot, 1999.

HIRONAKA, Giselda Maria Fernandes Novaes; CAHALI, Francisco José. *Direito das sucessões*. 3. ed. São Paulo: RT, 2007.

LASALA, José Luis Pérez. *Curso de derecho sucesorio*. Buenos Aires: Depalma, 1989.

LASALA, José Luis Pérez; MEDINA, Graciela. *Acciones judiciales en el derecho sucesorio*. Buenos Aires: Depalma, 1992.

NASCIMENTO, Tupinambá Miguel Castro do. *Comentários ao Código do Consumidor*. 3. ed. Rio de Janeiro: Aide, 1991.

ORLANDI, Olga. *La legítima y sus modos de protección*. 2. ed. Buenos Aires: Abeledo Perrot. 2010.

RUIZ, Roberto Martínez. Sociedades por acciones, de grupos familiares y sus conflictos con el derecho civil. *In*: TERÁN, Guillermo R. Quintana et al. *Abuso de derecho y otros estudios en homenaje a Abel M. Freitas*. Buenos Aires: Abeledo Perrot, 1992.

SERICK, Rolf. Apariencias y realidad de las sociedades comerciales. El abuso del derecho por medio de la persona jurídica. Barcelona, 1958 *apud* LASALA, José Luis Pérez; MEDINA, Graciela. Acciones judiciales en el derecho sucesorio. Ob. cit. 1992.

SESSAREGO, Carlos Fernández. *Abuso del derecho*. Buenos Aires: Astrea, 1992.

TEIXEIRA, Daniele Chaves. *Planejamento sucessório*. Pressupostos e limites. Belo Horizonte: Fórum, 2017.

VENOSA, Sílvio de Salvo. *Direito das sucessões*. São Paulo: Atlas, 1991.

WALD, Arnoldo. *Direito das sucessões*. 4. ed. São Paulo: RT, 1977.

ZANNONI, Eduardo A. *Derecho de las sucesiones*. 3. ed. v. II. Buenos Aires: Astrea, 1983.

ZANNONI, Eduardo A. *Derecho de las sucesiones*. 5. ed. v. II. Buenos Aires: Astrea, 1997.

ZANNONI, Eduardo A. *Las sociedades comerciales y la transmisión hereditaria, el fraude a la legítima hereditaria en las sociedades*. Buenos Aires: Ad-Hoc, 1993.

Informação bibliográfica deste texto, conforme a NBR 6023:2018 da Associação Brasileira de Normas Técnicas (ABNT):

MADALENO, Rolf. Desconsideração da personalidade jurídica no Direito das Sucessões. *In*: TEIXEIRA, Daniele Chaves (Coord.). *Arquitetura do planejamento sucessório*. 3. ed. Belo Horizonte: Fórum, 2022. p. 379-398. Tomo I. ISBN 978-65-5518-459-4.

PARTE III

INSTRUMENTOS DE PLANEJAMENTO SUCESSÓRIO

PERSPECTIVAS PARA O PLANEJAMENTO SUCESSÓRIO[1]

ANA LUIZA MAIA NEVARES

1 Planejar a sucessão hereditária

Pode-se definir o planejamento sucessório como um conjunto de medidas levadas a cabo com o objetivo de definir a transmissão hereditária de bens e direitos de uma pessoa previamente ao seu falecimento. Tais medidas podem ter naturezas diversas, como cíveis, tributárias e administrativas.

Inicialmente, devemos responder à indagação sobre os valores positivos que o planejamento sucessório realiza na vida social. Evitar conflitos, permitir que desejos sobre aspectos fundamentais da vida da pessoa sejam manifestados e executados, garantir a continuidade de empresas e dos negócios, bem como fomentar uma melhor distribuição da herança, conforme as pessoas dos herdeiros e os bens integrantes do monte, são alguns dos objetivos do planejamento sucessório, que sem dúvida encontram respaldo em nosso ordenamento jurídico, razão pela qual se mostra necessário refletir sobre os instrumentos dispostos pela lei para sua consecução.

Nesta sede, interessará referir as medidas dispostas pelo ordenamento civil à disposição dos particulares, para seus respectivos planejamentos sucessórios, sem adentrar necessariamente nos aspectos fiscais. De fato, a ênfase que se pretende dar ao presente trabalho é aquela relativa à avaliação da eficiência de expedientes civis destinados ao planejamento sucessório, examinando se tais ferramentas estão aptas a alcançar seus objetivos.

Diz-se que quanto maior é a liberdade de testar de um ordenamento jurídico, maior será a amplitude possível do planejamento sucessório. Realmente, a existência de herdeiros forçados limita a liberdade e, assim, a motivação da reserva hereditária deve realizar valor superior em comparação com a livre manifestação da autonomia privada no âmbito sucessório à luz dos princípios constitucionais.

---

1 O presente texto é fruto de palestra proferida por ocasião do V Congresso do Instituto Brasileiro de Direito de Família Seção Rio de Janeiro – IBDFAM/RJ e II da Região Sudeste, realizado no Rio de Janeiro, nos dias 21 e 22 de novembro de 2016.

No entanto, além de uma releitura da reserva dos herdeiros necessários, o principal obstáculo ao planejamento sucessório é a limitação de instrumentos para tanto. Com efeito, o ordenamento jurídico brasileiro tradicionalmente só conhece o testamento como instrumento apto ao planejamento sucessório, sendo vedadas quaisquer modalidades de contratos que tenham por objeto herança de pessoa viva (CC, art. 426). Certo é que o testamento é um instrumento que deixa muito a desejar para um eficiente planejamento sucessório, em virtude de sua unilateralidade e revogabilidade.

Por conseguinte, diante da proposta de se pensar sobre as perspectivas do planejamento sucessório, além de ser preciso discutir a pertinência da legítima dos herdeiros forçados, necessário é refletir sobre instrumentos eficazes para que os objetivos já assinalados, almejados com o planejamento sucessório, sejam realmente alcançados.

2 A legítima e sua pertinência atual

Muito se discute sobre a pertinência de o ordenamento jurídico garantir para certos parentes parte da herança de forma obrigatória, limitando a liberdade de testar. No Brasil, a legítima dos herdeiros necessários é fixada em metade da herança, sendo herdeiros necessários os descendentes, os ascendentes, o cônjuge e o companheiro. Argumenta-se que a legítima dos herdeiros necessários concilia no Direito Sucessório a autonomia privada quanto às disposições *causa mortis* e a proteção da família, garantindo aos familiares mais próximos do autor da herança uma proteção de cunho patrimonial.

A legítima, no entanto, é um instituto não isento de críticas. Ultrapassadas as contestações de inspiração individualista, baseadas na autonomia da vontade e na concepção individualista do direito de propriedade, bem como aquelas de cunho socialista, alega-se que o instituto é ineficaz e inoportuno na família atual, preconizando-se a sua abolição, ou ao menos a sua restrição, por manifesta inutilidade,[2] em virtude da atual realidade biológica, social-econômica e jurídica da sociedade hodierna, marcada pela longevidade crescente de seus membros e por novas técnicas de proteção, como a seguridade social e os contratos de seguro.[3]

Realmente, a partir do desenvolvimento das ciências, especialmente da medicina e da higiene da população, a média da duração de vida do homem aumentou consideravelmente e, assim, a sucessão hereditária ocorre na maior parte das vezes quando os descendentes do autor da herança já estão adultos e independentes, não sendo assim a herança um mecanismo indispensável de proteção da família.

Sem dúvida, a proteção da família é objetivo que encontra amplo respaldo na normativa constitucional, valendo ressaltar que a Constituição da República prevê que o Estado deve garantir assistência à família na pessoa de cada um dos que a integram, demonstrando uma preocupação com os *membros da família* e não com a instituição familiar em si mesma, em clara busca da concretização da dignidade da pessoa humana no âmbito do Direito Familiar.

---

2 Ioanna Kondyli. *La protection de la famille par la réserve héréditaire en droits français e grec compares*. Paris: Libraire Générale de Droit et Jurisprudence, 1997, p. 39.

3 Ioanna Kondyli. *La protection de la famille par la réserve héréditaire en droits français e grec compares*. Cit., p. 39.

Nesse cenário, questiona-se se essa proteção direcionada à pessoa de cada membro da entidade familiar encontra-se na legítima dos herdeiros necessários, uma vez que, em relação aos descendentes e aos ascendentes, por exemplo, não há qualquer diferenciação nas regras sucessórias com base nas características e especificidades dos herdeiros, bastando que integrem tal categoria de parentes para que possam ser considerados herdeiros forçados.

De fato, uma das críticas que é direcionada ao Direito Sucessório é a sua neutralidade, já que, no Brasil, raras vezes a lei estabelece a divisão da herança com base em critérios concretos de proteção da pessoa de cada integrante da família, como ocorreu com a Lei nº 10.050/2000, que previu o direito real de habitação em relação ao único imóvel residencial do monte para o filho órfão portador de deficiência que o impossibilite para o trabalho, incluindo o §3º ao art. 1.611 do Código Civil de 1916.

Quanto ao cônjuge, o legislador brasileiro tenta adequar a sua tutela sucessória ao regime de bens do casamento quando há a concorrência com os descendentes, objetivando criar um sistema que afasta a herança quando o cônjuge já é contemplado com parte do patrimônio do casal por força da comunhão, assentando o pressuposto sucessório não apenas na conjugalidade, mas também nas relações concretas patrimoniais decorrentes do regime de bens.

Em que pese tal constatação, o que se percebe é uma má sistematização da matéria no inciso I do art. 1.829 do Código Civil, que ao se valer de um critério abstrato, a saber, o regime de bens em si do casamento, gera inúmeras distorções, exatamente porque o critério deveria ser concreto, ou seja, deveria estar baseado no resultado da aplicação das regras do regime de bens no patrimônio do casal, de forma a realmente alcançar uma gradação da tutela sucessória do cônjuge conforme as relações patrimoniais decorrentes do regime de bens.

Mais não é só. Além das relações patrimoniais quanto ao regime de bens, a sucessão do cônjuge e do companheiro enseja outros debates sobre sua qualidade de herdeiro, como a duração do vínculo conjugal,[4] o fato de o cônjuge ser ascendente dos herdeiros com quem concorre, bem como sobre a massa de bens em que deve incidir seus direitos sucessórios,[5] como a possibilidade de o cônjuge sobrevivente herdar bens que vieram da família do primeiro consorte do falecido, em detrimento de seus filhos das primeiras núpcias, muito pertinentes diante da nova dinâmica das famílias recompostas.

Assim, diante da igualdade entre os cônjuges na família; da maior expectativa de vida das pessoas, que leva à sucessão em favor dos filhos quando estes já alcançaram a idade adulta e aquela em que mais se produz e em favor dos pais quando estes estão muito idosos e dependentes e, ainda, diante do fenômeno cada vez mais comum da recomposição das famílias em virtude dos divórcios e das novas núpcias, pondera-se se a proteção à família extraída da legislação sucessória está realmente em consonância

[4] Código Civil Argentino – ARTÍCULO 2436 – Matrimonio "in extremis". La sucesión del cónyuge no tiene lugar si el causante muere dentro de los treinta días de contraído el matrimonio a consecuencia de enfermedad existente en el momento de la celebración, conocida por el supérstite, y de desenlace fatal previsible, excepto que el matrimonio sea precedido de una unión convivencial.

[5] Ainda segundo o Código Civil argentino, quando o cônjuge concorre com descendentes, não tem direito a herdar quanto à parte dos bens comuns que cabe ao falecido (Código Civil e Comercial argentino, art. 2.433).

com a proteção da família fundada na pessoa de cada um de seus membros, como determina o mandamento constitucional fundado na dignidade da pessoa humana.

Nessa perspectiva, a legislação sucessória deveria prever uma especial atenção aos herdeiros incapazes e idosos e, ainda, aos cônjuges e companheiros quanto a aspectos nos quais realmente dependiam do autor da herança, buscando concretizar na transmissão hereditária um espaço de promoção da pessoa, atendendo às singularidades dos herdeiros, em especial diante de sua capacidade e de seus vínculos com os bens que compõem a herança, e, ainda, atendendo à liberdade do testador quando não se vislumbra na família aqueles que necessitam de uma proteção patrimonial diante da morte de um familiar.

Para dar concretude à transmissão da herança, algumas legislações sucessórias, como a legislação civil francesa[6] e a recente legislação civil argentina,[7] preveem o expediente da *atribuição preferencial*, permitindo, assim, que determinados herdeiros e o cônjuge requeiram que sejam imputados em seus quinhões ou meação bens com os quais mantêm vínculos específicos, como o imóvel em que residem ou a empresa em que trabalham. A legislação argentina estabelece um critério para a decisão do juiz no caso de vários herdeiros requererem a atribuição preferencial e não houver acordo entre eles, dispondo que nesse caso o juiz deve levar em conta a aptidão dos postulantes para continuar a exploração e a importância da participação pessoal de cada um na atividade.

Ainda na linha de uma proteção direcionada à pessoa dos herdeiros, merece menção dispositivo da recente codificação argentina de 2015 que autoriza o testador a destinar 1/3 da legítima para descendentes ou ascendentes incapacitados, considerando neste caso pessoas com incapacidade aquelas que padecem de uma alteração funcional permanente ou prolongada, física ou mental, que em relação à sua idade e meio social

6 De acordo com o art. 831 do *Code Civil*, a atribuição preferencial será prerrogativa do cônjuge sobrevivente ou de qualquer herdeiro coproprietário na sucessão: (i) de empresa agrícola, comercial, industrial, artesanal ou liberal de cuja exploração aquele participe ou tenha participado efetivamente; (ii) do local que lhe serve efetivamente de habitação, se nele o beneficiário tem a sua residência à época da abertura da sucessão e dos móveis que o guarnecem; (iii) do local que lhe serve efetivamente ao exercício profissional e dos móveis que o guarnecem e (iv) do conjunto dos bens móveis necessários à exploração de um bem rural cultivado pelo autor da herança a título de arrendatário ou de rendeiro (este último aquele que se encarrega da cultura de um terreno com a condição de dar ao proprietário metade dos frutos), quando tal conjunto permanece no proveito do demandante ou quando um novo contrato é consentido em substituição ao antigo.

7 ARTÍCULO 2.380 – Atribución preferencial de establecimiento. El cónyuge sobreviviente o un heredero pueden pedir la atribución preferencial en la partición, con cargo de pagar el saldo si lo hay, del establecimiento agrícola, comercial, industrial, artesanal o de servicios que constituye una unidad económica, en cuya formación participó. En caso de explotación en forma social, puede pedirse la atribución preferencial de los derechos sociales, si ello no afecta las disposiciones legales o las cláusulas estatutarias sobre la continuación de una sociedad con el cónyuge sobreviviente o con uno o varios herederos. El saldo debe ser pagado al contado, excepto acuerdo en contrario. ARTÍCULO 2.381 – Atribución preferencial de otros bienes. El cónyuge sobreviviente o un heredero pueden pedir también la atribución preferencial: a) de la propiedad o del derecho a la locación del inmueble que le sirve de habitación, si tenía allí su residencia al tiempo de la muerte, y de los muebles existentes en él; b) de la propiedad o del derecho a la locación del local de uso profesional donde ejercía su actividad, y de los muebles existentes en él; c) del conjunto de las cosas muebles necesarias para la explotación de un bien rural realizada por el causante como arrendatario o aparcero cuando el arrendamiento o aparcería continúa en provecho del demandante o se contrata un nuevo arrendamiento con éste. ARTÍCULO 2.382 – Petición por varios interesados. Si la atribución preferencial es solicitada por varios copartícipes que no acuerdan en que les sea asignada conjuntamente, el juez la debe decidir teniendo en cuenta la aptitud de los postulantes para continuar la explotación y la importancia de su participación personal en la actividad.

implica desvantagens consideráveis de integração familiar, educacional ou laboral.[8] Dito dispositivo amplia a liberdade de testar em benefício de herdeiros incapazes, sendo certo, no entanto, que tal proteção deveria ser cogente, para não depender da vontade do autor da herança.

Diante de uma realidade em que a mulher está inserida no mercado de trabalho, havendo uma consagração tendente do princípio da igualdade entre cônjuges,[9] bem como diante da longevidade alcançada na atualidade, é preciso repensar aqueles que devem ser agraciados com uma herança necessária. A título de exemplo, vale referir o benefício do direito real de habitação quanto ao imóvel destinado à residência da família. Diante de tal direito sucessório é possível verificar situações em que haja de um lado filhos menores do autor da herança ou pais idosos e dependentes e de outro o cônjuge supérstite são e independente, podendo estar a situação ainda mais gravosa quando o monte hereditário se limitar ao único imóvel residencial do *de cujus*.

Por tais considerações, é possível encontrar na jurisprudência decisões que, ao arrepio do texto da lei, afastam o direito real de habitação previsto no art. 1.831 do Código Civil quando o cônjuge sobrevivente já é detentor de imóvel que lhe garante a moradia, demonstrando a preocupação de a tutela sucessória imiscuir-se nas especificidades daquele que é agraciado com a herança do falecido, em crítica ao dispositivo referido que acabaria, em certos casos, protegendo excessivamente o cônjuge em detrimento dos descendentes ou dos ascendentes.[10]

Ainda na esfera sobre os debates relativos à legítima dos herdeiros necessários, muito se tem discutido sobre a própria natureza de tal direito, que não deveria incidir obrigatoriamente sobre uma parte do patrimônio deixado pelo autor da herança, mas sim consistir num direito de crédito a ser exercido contra o monte hereditário, permitindo que, assim, haja uma melhor distribuição dos bens pelo testador, cabendo ao herdeiro forçado uma soma em dinheiro a ser paga por conta da herança.[11]

A liberdade do proprietário resta ainda mais restrita em virtude da proibição dos pactos sucessórios (CC, art. 426), não se admitindo que a herança seja objeto de

---

8 ARTÍCULO 2.448 – Mejora a favor de heredero con discapacidad. El causante puede disponer, por el medio que estime conveniente, incluso mediante un fideicomiso, además de la porción disponible, de un tercio de las porciones legítimas para aplicarlas como mejora estricta a descendientes o ascendientes con discapacidad. A estos efectos, se considera persona con discapacidad, a toda persona que padece una alteración funcional permanente o prolongada, física o mental, que en relación a su edad y medio social implica desventajas considerables para su integración familiar, social, educacional o laboral.

9 Tendente porque, enquanto não houver a real inserção do homem no espaço privado, as mulheres, que assumem múltiplas funções, não terão plena igualdade. Enquanto foram exitosas as políticas de inserção da mulher no espaço público, pouquíssimas são as políticas de inserção do homem no espaço privado, valendo mencionar, como exemplo dessa última, a guarda compartilhada, que começa a dar resultados.

10 "Inventário. Direito real de habitação da viúva, que é proprietária de outro imóvel. 1. O direito real de habitação é instituto de natureza eminentemente protetiva do cônjuge ou do companheiro supérstite, para que não fique desamparado após a morte de seu par, situação que não se verifica no caso, onde restou cabalmente demonstrado que a autora é proprietária de outro imóvel próprio para moradia. 2. Havendo herdeiras necessárias, não pode o direito delas sobre o único imóvel inventariado ser obstado, pelo reconhecimento do direito real de habitação à viúva, que possui outro imóvel e pode nele residir". Recurso provido. TJRS, Agravo de Instrumento nº 70 060 165 313, 7ª CC, Rel. Des. Sérgio Fernando de Vasconcellos Chaves, julgado em 30.07.2014 e "União estável. Meação e deferimento de direito real de habitação. Impossibilidade. (...). O direito real de habitação, sendo o Apelante proprietário de imóvel residencial que pode suprir-lhe a necessidade de moradia, não merece acolhimento sua pretensão. Recurso não provido", TJRJ, Apelação Cível nº 2001.001.22222, 18ª Câmara Cível, Rel. Des. José de Samuel Marques, julgado em 07.03.2002, unânime, *in*: www.tj.rj.gov.br em 22.09.2002.

11 Elisa de Belvis. *La Successione Necessaria tra Storia e Riforme*. Napoli: ESI, 2013, p. 480/485.

algum ajuste entre os sucessores, com possibilidade de renúncia antecipada à colação ou à ação de redução das doações, de forma a garantir maior segurança a transações e planejamentos sucessórios.

E mais: no campo da liberdade do autor da herança, deve-se pensar em estender a deserdação por desamparo não só em caso de grave enfermidade ou alienação mental, mas também quando restar caracterizada quebra dos deveres de solidariedade familiar entre os parentes, como o abandono de um genitor idoso, de forma a privilegiar decisões do autor da herança quanto ao mérito de seus sucessores.

3 Instrumentos para o planejamento sucessório: breve revista

Em relação aos instrumentos para o planejamento sucessório, propõe-se sua divisão em unilaterais e plurilaterais. Os primeiros são instrumentos que se constituem a partir da vontade do agente, que determina de forma unilateral e sem qualquer concurso dos demais interessados na sucessão o destino de seu patrimônio para o momento posterior ao seu falecimento, enquanto os segundos são aqueles constituídos por declarações receptícias de vontade entre os envolvidos no fenômeno sucessório, sendo ao menos uma delas do(s) titular(es) do patrimônio sobre o qual se pretende planejar.

Quanto aos instrumentos unilaterais, em primeiro lugar, registra-se o testamento (e o codicilo), negócio jurídico formal, que é expediente tipicamente sucessório. Por meio deste, o titular do patrimônio, de forma unilateral e sem o concurso de vontade daqueles que serão chamados a suceder estabelece o destino de suas relações jurídicas.

Além da reserva hereditária e da forma testamentária, podem-se mencionar outras restrições à liberdade de testar, como a impossibilidade de gravar os bens da legítima com as cláusulas de inalienabilidade, incomunicabilidade e impenhorabilidade sem uma justa causa (CC, art. 1.848, *caput*), a limitação dos fideicomissos àqueles não concebidos por ocasião da abertura da sucessão (CC, art. 1.952. parágrafo único), bem como a impossibilidade de o testador determinar a conversão dos bens da legítima dos herdeiros necessários em outros de espécie diversa.

Ainda diante de instrumentos unilaterais, merecem menção as estipulações em favor de terceiros, através das quais o estipulante (no caso aquele que pretende planejar a sua sucessão) contrata com o promitente benefício em favor de um terceiro. Tais estipulações usualmente predominam no planejamento sucessório na espécie de seguros de vida e de investimentos que integram o sistema de previdência privada (VGBL e PGBL).[12]

---

[12] VGBL (Vida Gerador de Benefícios Livres) e PGBL (Plano Gerador de Benefícios Livres) são planos por sobrevivência (de seguro de pessoas e de previdência complementar aberta, respectivamente) que, após um período de acumulação de recursos (período de diferimento), proporcionam aos investidores (segurados e participantes) uma renda mensal – que poderá ser vitalícia ou por período determinado – ou um pagamento único. O primeiro (VGBL) é classificado como seguro de pessoa, enquanto o segundo (PGBL) é um plano de previdência complementar.
A principal diferença entre os dois reside no tratamento tributário dispensado a um e outro. Em ambos os casos, o imposto de renda incide apenas no momento do resgate ou recebimento da renda. Entretanto, enquanto no VGBL o imposto de renda incide apenas sobre os rendimentos, no PGBL o imposto incide sobre o valor total a ser resgatado ou recebido sob a forma de renda.
No caso do PGBL, os participantes que utilizam o modelo completo de declaração de ajuste anual do IRPF podem deduzir as contribuições do respectivo exercício, no limite máximo de 12% de sua renda bruta anual. Os prêmios/contribuições pagos a planos VGBL não podem ser deduzidos na declaração de ajuste anual do IRPF

Os capitais gerados por conta de tais estipulações são pagos independentemente de inventário, tornando-os eficientes mecanismos para dotar os sucessores de recursos financeiros antes do término do processo de inventário, em virtude de suas respectivas subsistências, bem como das despesas com a transmissão hereditária, em especial os impostos.

Os problemas que giram em torno de tais capitais oriundos de estipulações em favor de terceiros são a desigualdade em relação à legítima dos herdeiros necessários, uma vez que através dos seguros de vida ou de acidentes pessoais, do VGBL ou PGBL um pai pode destinar mais recursos a um filho em detrimento do outro, bem como a questão fiscal no âmbito sucessório.

O Código Civil assegura, em seu artigo 794, que os seguros de vida ou de acidentes pessoais não são considerados herança e, por essa razão, uma vez ocorrido o sinistro, o capital segurado é pago independentemente de inventário. Dessa forma, o valor do seguro, não está sujeito à colação. No entanto, o herdeiro contemplado com o seguro de vida deve colacionar as prestações pagas pelo ascendente para contratação do seguro, uma vez que estas saíram efetivamente do patrimônio do *de cujus* ao contrário do capital segurado.[13]

Já em relação ao VGBL e ao PGBL, há muitos debates sobre a natureza de tais investimentos. Segundo boa parte da doutrina e da jurisprudência, é indiscutível o caráter securitário do VGBL e do PGBL, o que significa dizer que tais planos são tidos como espécie de seguro, sendo, inclusive, regulados pela SUSEP – Superintendência de Seguros Privados. Por tal razão, argumenta-se que não incide imposto de transmissão *causa mortis* sobre o capital segurado, não ingressando este no inventário.

Atentos a essa realidade, alguns Estados buscam o pagamento do imposto de transmissão *causa mortis* sobre tais recursos, como ocorreu com o Estado do Rio de Janeiro, onde há lei estadual que expressamente instituiu a incidência do referido imposto (Lei Estadual do Rio de Janeiro, nº 7174/15, art. 23). Vale registrar que dita previsão legal foi declarada inconstitucional pelo Órgão Especial do Tribunal de Justiça do Estado do Rio de Janeiro, no que tange à cobrança do imposto sobre valores oriundos de VGBL, mantendo o tributo sobre valores que advierem de PGBL (TJRJ, Ação Direta de Inconstitucionalidade nº 0008135-40.2016.8.19.0000, julg. 10.6.2019).

A Segunda Turma do Superior Tribunal de Justiça (STJ) já se manifestou sobre o tema, ao estabelecer que os valores a serem recebidos pelo beneficiário, em decorrência da morte do segurado contratante de plano VGBL, não integram a herança e, portanto, não se submetem à tributação pelo Imposto sobre Transmissão Causa Mortis e Doação (ITCMD).

Com esse entendimento, o colegiado, de forma unânime, negou recurso especial[14] em que o Estado do Rio Grande do Sul defendia a exigibilidade do ITCMD sobre os

---

e, portanto, este tipo de plano seria mais adequado aos consumidores que utilizam o modelo simplificado de declaração de ajuste anual do IRPF ou aos que já ultrapassaram o limite de 12% da renda bruta anual para efeito de dedução dos prêmios e ainda desejam contratar um plano de acumulação para complementação de renda. *In*: http://www.susep.gov.br/setores-susep/seger/coate/perguntas-mais-frequentes-sobre-planos-por-sobrevivencia-pgbl-e-vgbl. Acesso em: 12 nov. 2016.

[13] Carlos Maximiliano. *Direito das Sucessões*, vol. 2. Rio de Janeiro: Livraria Editora Freitas Bastos, 1937, p. 745.

[14] STJ. 2ª T., REsp nº 1.961.488/RS. Rel. Min. Assusete Magalhães, julg. 16.11.2021, publ. *DJe* 17.11.2021.

valores aplicados em VGBL após a morte do contratante, por entender que com o falecimento do titular da aplicação, há transmissão dos investimentos acumulados aos herdeiros, caracterizando-se o fato gerador da tributação.

No caso em comento, em primeiro grau, o espólio obteve o reconhecimento da ilegalidade da cobrança. A decisão foi mantida pelo Tribunal de Justiça do Rio Grande do Sul, sob o fundamento de que, embora o VGBL tenha a peculiaridade de ser pago em razão da sobrevida do contratante ao tempo pactuado, tal fato não tira a sua natureza de contrato de seguro de vida individual privado, sendo indevida a incidência de ITCMD, tendo sido este entendimento ao final confirmado pelo STJ.

Quanto à inclusão de ditos investimentos no monte a ser partilhado, verifica-se a tendência da jurisprudência em assim determinar quando resta comprovado que tais investimentos foram utilizados para fins não securitários, constituindo, em realidade, meras aplicações financeiras do *de cujus.*[15]

A questão, de fato, é tormentosa, uma vez que o VGBL e o PGBL, embora tenham natureza securitária, constituem capital de titularidade do segurado, que o administra da maneira que lhe convém, podendo sacá-lo a qualquer tempo. Enquanto tal capital não resta convertido em renda periódica, a previdência privada é um investimento como outro qualquer, razão pela qual deveriam ser tributados, como também deveriam ser contabilizados para fim de colação ou de partilha decorrente do regime de bens. Realmente, de outra maneira, seria fácil burlar a legítima, bastando que o autor da herança aplicasse todos os seus recursos financeiros em um VGBL, por exemplo, destinando-o a apenas um dos herdeiros necessários em caso de falecimento, ou mesmo burlar o regime de bens, na hipótese em que um cônjuge aplicasse os recursos do casal em investimento como o ora mencionado, nomeando um terceiro como beneficiado.[16]

Já em relação aos instrumentos que podem ser classificados como plurilaterais, nos quais concorrem não apenas a vontade do(s) titular(es) do(s) patrimônio(s) sobre o(s) qual(is) se planeja a sucessão, mas outras que se conjugam a esta(s) dos próprios sucessores ou de terceiros, podem ser citadas as partilhas em vida e as sociedades.

As partilhas em vida estão previstas no art. 2.018 do Código Civil, que admite a validade da partilha feita por ascendente por ato entre vivos, contanto que não prejudique a legítima dos herdeiros necessários. No mesmo dispositivo, é prevista também a partilha realizada por testamento, mas, neste caso, não haverá o concurso de vontades do titular do patrimônio e dos sucessores, seguindo tal divisão o mesmo destino das

---

15 Em recente decisão, o STJ entendeu que planos de previdência podem ser considerados investimentos financeiros e, portanto, devem ser partilhados em caso de divórcio de casal sob o regime da comunhão parcial de bens. O caso analisado dizia respeito a plano de previdência complementar aberto, cujas regras flexíveis permitiam aportes e resgates livremente, de maneira similar a outras aplicações financeiras. A decisão faz referência expressa tanto à PGBL, quanto ao VGBL, deixando de fora da partilha apenas os planos de previdência fechados que não permitem o resgate durante a fase de acumulação. (STJ. REsp nº 1.698.774/RS, 3ª T., Rel. Min. Nancy Andrighi, julg. 01.09.2020). Lê-se na Ementa que "4. São partilháveis os valores empregados no curso da relação em previdência privada em nome do recorrente, pois tais valores, a exemplo do que ocorre com aqueles recolhidos na conta vinculada do FGTS durante o relacionamento, são comunicáveis".

16 "Separação judicial. Partilha consensual realizada, com exclusão apenas do plano de previdência privada. *Valores depositados na constância do casamento devem observar a meação. Previdência privada está equiparada a investimento financeiro.* Questões outras abrangendo título de crédito não têm pertinência, pois todos os bens, dívidas e créditos já foram partilhados. Sentença válida e eficaz. Devido processo legal observado. Apelo da separanda provido em parte. Recurso do separando desprovido" (Apelação Cível 5432614500. 4ª câmara de Direito Privado do Tribunal de Justiça de São Paulo. Relator: Natan Zelinschi de Arruda. Data do julgamento: 15.10.2009).

cláusulas testamentárias. Assim, nos interessa nesta sede as partilhas realizadas por ato entre vivos.

Com sua objetividade, Arthur Vasco Itabaiana de Oliveira bem resume as vantagens da partilha em vida realizada pelo ascendente:

> a) evita discórdias, delongas e dispêndios; b) atende às aptidões ou condições pessoais de cada herdeiro; c) impede retalhamento desvalorizador de propriedades agrícolas (*sic* – não só agrícolas, mas de quaisquer negócios ou empresas em geral) e d) tira, de si, o pai, o encargo de uma gestão que já não se sente capaz.[17]

Realmente, se o ascendente já se sente confortável para doar em vida seu patrimônio, muito benvindos são os ajustes realizados com os próprios sucessores, destinatários do patrimônio hereditário, sendo frequentes os arranjos em que o ascendente se reserva o usufruto dos bens.

Já as sociedades, ou seja, empresas criadas para administrar o patrimônio familiar, conjugam-se pela vontade do titular do patrimônio e, em regra, pela vontade de determinados sucessores, que passam a integrar o quadro societário. Usualmente, para tal finalidade, constitui-se o que se denomina de *holding familiar*, sociedade que detém o patrimônio da família, quer este seja constituído por bens móveis ou imóveis individualmente considerados, quer seja constituído em participações de outras sociedades, que por sua vez também são detentoras do patrimônio da família. Dessa forma, transmitem-se para os sucessores as cotas ou ações da sociedade, havendo a transmissão dos bens familiares coletivamente considerados, representados pelas participações societárias transmitidas *causa mortis*.

A reunião dos familiares como sócios ou acionistas de empresas familiares tem a vantagem de já vincular os sucessores às normas de gestão da sociedade, através do contrato social e de demais instrumentos parassociais, o que permite maior tranquilidade para o detentor do patrimônio e para sócios ou acionistas que não integram a família, uma vez que, a partir de tais ajustes, pode-se melhor assegurar a continuidade do negócio.

4 Perspectivas para o planejamento sucessório

Os instrumentos descritos, brevemente passados em revista, são insuficientes para a realização da gama de interesses positivos na escala de valores do ordenamento jurídico subjacentes ao planejamento sucessório. Por esta razão e à luz de instrumentos previstos em outras legislações estrangeiras, objetiva-se nesta sede pontuar novas perspectivas para o planejamento sucessório.

Com efeito, a partir do planejamento sucessório, é possível proteger de forma eficaz herdeiros incapazes de gerir suas próprias vidas, garantir a continuidade de empresas e negócios e evitar litígios tão desgastantes em processos de inventário.

Assim, paralelamente a uma necessária revisão da legítima dos herdeiros necessários, deve-se refletir sobre a ampliação da autonomia privada na esfera sucessória. Esta ampliação deve levar em conta interesses relevantes dos herdeiros, seja diante da

[17] Arthur Vasco Itabaiana de Oliveira. *Tratado de Direito das Sucessões*, Vol. III. São Paulo: Max Limonad, 1952, p. 898.

capacidade e dependência destes, seja em relação a vínculos específicos e merecedores de tutela dos sucessores quanto aos bens integrantes do monte. Em suma, deve levar em conta interesses que devem justamente permear a reforma da legítima dos herdeiros forçados como já exposto, à luz do princípio da solidariedade.

4.1 Cláusulas testamentárias

Diante dos objetivos elencados para o planejamento sucessório, sem dúvida andou bem o legislador quando consagrou de forma explícita na lei a liberdade testamentária qualitativa no art. 2.014 do Código Civil. Valendo-se o testador de tal prerrogativa de forma positiva, privilegiando na determinação dos quinhões vínculos específicos dos sucessores com os bens hereditários relacionados à moradia e ao exercício profissional, sem dúvida, alcançar-se-á no testamento um eficiente planejamento sucessório.

No entanto, é preciso constatar que nem sempre será possível dividir de forma cômoda os bens da herança, apesar da prerrogativa disposta no art. 2.014 do Código Civil. Nesses casos, justamente os indesejados condomínio ou leilão de bens hereditários podem ser inevitáveis, seja porque nenhum dos herdeiros tem recursos para requerer a adjudicação de determinados bens ou todos a desejam, incidindo, assim, o parágrafo primeiro do art. 2.019 do Código Civil.

Assim, quanto às limitações à liberdade de testar, se foram positivas as restrições às cláusulas restritivas da propriedade, que não raro se tornam um estorvo para os contemplados com o patrimônio gravado, e ao fideicomisso, que permitia ao testador uma *longa manus* sobre os bens hereditários, o mesmo não pode ser dito quanto à proibição de conversão dos bens da reserva em outros de espécie diversa, consoante o disposto no §1º do art. 1.848 do Código Civil.

De fato, a proibição de converter os bens da legítima em dinheiro está na contramão dos objetivos elencados para o planejamento sucessório. Tal conversão permitiria que o testador, ao se valer da faculdade disposta no citado art. 2.014 do CC, empreendesse divisão patrimonial que assegurasse melhor proteção para os herdeiros e para a continuidade de seus negócios. Isso porque, não raras vezes, há herdeiros totalmente alheios aos bens e negócios da pessoa falecida, que teriam sua quota hereditária melhor atendida com dinheiro, a partir de uma avaliação fidedigna dos bens. Assim, a conversão seria permitida apenas em dinheiro, o que facultaria ao sucessor liquidez imediata, mas não em outros bens diversos, uma vez que esta última hipótese poderia ampliar sobremaneira a autonomia do testador em prejuízo do legitimário.

A proibição da conversão da legítima em dinheiro está, ainda, na contramão de ordenamentos estrangeiros, como o Direito alemão, que prevê ao herdeiro legitimário prejudicado com uma quota menor na divisão hereditária a que tem direito não uma prerrogativa de requerer a alienação de bens que não admitem divisão cômoda, mas sim um direito de crédito ao pagamento de uma soma em dinheiro para integrar sua quota legítima.

Trata-se, como pondera Federico Magliulo, de uma construção refinada e evoluída da legítima, que põe como fundamento do instituto não a conservação pura e simples do patrimônio hereditário na família nuclear, mas sim exigências de solidariedade familiar. Continua o autor assinalando que, dessa forma, apesar de haver uma compressão do direito do legitimário, que terá um direito de crédito sobre a herança e não um direito real, há, sem dúvida, um processo de simplificação da disciplina da legítima, evitando que o instituto em referência constitua um limite à livre circulação dos bens hereditários.[18]

4.2 Partilha em vida

Quanto à partilha em vida na modalidade de uma antecipação da herança, como exposto anteriormente, configura esta expediente de grande valia para o planejamento sucessório, uma vez que admite o ajuste entre o ascendente e seus descendentes, podendo, ainda, ser conjuntiva, isto é, abranger o patrimônio de mais de um ascendente.

Realmente, não raras vezes, o patrimônio de uma pessoa resta imbrincado com o patrimônio de outros familiares, fazendo com que a decisão tomada sobre um deles repercuta nos demais em virtude de sua estreita ligação. Por tal razão, a busca por instrumentos destinados ao planejamento sucessório que sejam plurilaterais é salutar.

Ocorre que a partilha em vida em comento enseja insegurança em relação à sua estabilidade. Em outras palavras, uma vez realizada uma partilha em vida por um ascendente através de antecipação da herança, podem restar dúvidas sobre a subsistência de tal divisão por ocasião da abertura da sucessão do ascendente.

Isso porque, além de outras limitações de ordem pública, a doação antecipada da herança realizada pelo ascendente só será válida se respeitar a legítima dos herdeiros necessários. Dessa forma, como não pode haver renúncia à colação previamente à abertura da sucessão, em virtude do disposto no art. 426 do Código Civil, na hipótese de tal partilha eventualmente não respeitar a legítima de algum herdeiro forçado, restará eivada de vício, que para alguns juristas pode gerar a nulidade do ato e, em consequência, sua desconstituição.[19] Já para outros autores, tal vício acarretará a redução dos bens partilhados em vida, segundo as regras previstas para a redução das disposições testamentárias atentatórias à legítima, de forma que o herdeiro preterido receba a sua

---

18 Federico Magliulo. La Legitima quale atribuzione patrimoniale policausale. Contributo ad uma moderna teoria della successione necessária. *In*: *Rivista del Notariato*, 3/2010, p. 536-537.

19 Recurso Especial. Direito das Sucessões. Partilha em vida feita pelos ascendentes aos descendentes de todos os bens de que dispunham por meio de escrituras públicas de doação, com consentimento dos herdeiros e consignação de dispensa de colação futura. 1. Omissão do acórdão recorrido. Inexistência. 2. Ausência de bens a colacionar. Inventário. Processo extinto por carência da ação. 3. Recurso desprovido. 1. Embora rejeitados os embargos de declaração, a matéria controvertida foi devidamente enfrentada pelo Colegiado de origem, que sobre ela emitiu pronunciamento de forma fundamentada, com enfoque suficiente a autorizar o conhecimento do recurso especial, não havendo que se falar em ofensa ao art. 535, II, do CPC. 2. Consoante dispõe o art. 2.002 do CC, os descendentes que concorrerem à sucessão do ascendente comum são obrigados, para igualar as legítimas, a conferir o valor das doações que dele em vida receberam, sob pena de sonegação. 3. Todavia, o dever de colacionar os bens admite exceções, sendo de ressaltar, entre elas, as doações que o doador determinar saiam da parte disponível, contanto que não a excedam, computado o seu valor ao tempo da doação (CC, art. 2005), ou, como no caso, em que os pais doaram aos filhos todos os bens de que dispunham, com o consentimento destes, fazendo constar, expressamente, dos atos constitutivos de partilha em vida, a dispensa de colação futura, carecendo o ora recorrente, portanto, de interesse processual para ingressar com processo de inventário, que foi corretamente extinto (CPC, art. 267, VI). 4. *Eventual prejuízo à legítima do herdeiro necessário, em decorrência da partilha em vida dos bens, deve ser buscada pela via anulatória apropriada e não por meio de ação de inventário. Afinal, se não há bens a serem partilhados, não há a necessidade de inventário.* 5. Recurso especial a que se nega provimento "REsp 1523552/PR, Rel. Ministro Marco Aurélio Bellizze, Terceira Turma, julgado em 03.11.2015, DJe 13.11.2015".

reserva (CC, arts. 1966 a 1968).[20] As divergências alcançam, também, a obrigatoriedade de colação dos bens partilhados em vida[21] do autor da herança.

Sem dúvida, diante das controvérsias apontadas, que repercutem na jurisprudência, a insegurança é tamanha, já que ou bem uma partilha em vida que prejudica a legítima dos herdeiros necessários é nula, ou bem deve ser reduzida segundo as regras da redução das disposições testamentárias, ou bem enseja a colação. As três hipóteses são incompatíveis entre si. O que parece mais seguro é que todos os descendentes participem da partilha em vida, sendo todos dispensados da colação nos termos do art. 2005 do Código Civil, sendo eventual excesso da legítima imputado na disponível do autor da herança.[22]

Além disso, há o risco de algum herdeiro necessário não ser contemplado na partilha em vida e, assim, de fato, será nulo o ato, salvo se tal herdeiro preterido premorrer, for declarado indigno ou renunciar à herança,[23] sendo esta mais uma insegurança da divisão alcançada.[24]

Mas não é só. Diante da redação do dispositivo em comento, argumenta-se que "não prevalece, pois, a divisão de bens efetuada em vida por filho entre os pais, sobrinho entre os tios, avô entre os netos, tio entre sobrinhos, pai, ou mãe, entre filhos e estranhos ou entre filhos e descendente de filho não falecido". De fato, consoante pondera Carlos Maximiliano, "a disposição que permite convencionar em vida a maneira de distribuir

---

20 Carlos Maximiliano. *Direito das Sucessões*, vol. 2, cit., p. 636 e Clóvis Beviláqua, *Código Civil dos Estados Unidos do Brasil Commentado*, Vol. VI. Rio de Janeiro: Livraria Francisco Alves, 1944, p. 270.

21 Pela colação, Caio PEREIRA, Mario da Silva. *Instituições de Direito Civil*, vol. VI. 23. ed. Rio de Janeiro: Forense, 2016, p. 397.

22 Apelação Cível. Sucessões. Ação ordinária de colação. Partilha feita por ato inter vivos. Escritura pública. Discrepância entre os valores dos quinhões hereditários. *Tratando-se de partilha em vida, não há falar em colação de bens, e sim, tão somente, em redução de quinhão hereditário quando afrontada a legítima de algum dos herdeiros.* Todavia, no caso concreto, nem mesmo a perseguição da afronta à legítima é possível. Isso porque, no momento da partilha em vida, todos os herdeiros necessários eram maiores e capazes, e o direito à herança é direito patrimonial disponível. Assim, ainda que tenha havido distribuição não equânime do patrimônio, havendo concordância expressa de todos, não há falar em revisão posterior. DERAM PROVIMENTO AOS APELOS (Apelação Cível nº 70038022372, Oitava Câmara Cível, Tribunal de Justiça do RS, Relator: Alzir Felippe Schmitz, Julgado em 01.12.2011).

23 Clóvis Beviláqua, *Código Civil dos Estados Unidos do Brasil Commentado*, Vol. VI. Cit., p. 270. Caio Mario da Silva Pereira, *Instituições de Direito Civil*, vol. VI. Cit., p. 397.

24 Recurso Especial. Direito das Sucessões. Inventário. 1. Omissão do acórdão recorrido. Inexistência. 2. Doação em vida de todos os bens imóveis aos filhos e cônjuges feita pelo autor da herança e sua esposa. Herdeiro necessário que nasceu posteriormente ao ato de liberalidade. Direito à colação. 3. Percentual dos bens que deve ser trazido à conferência. 4. Recurso parcialmente provido. 1. Embora rejeitados os embargos de declaração, tem-se que a matéria controvertida foi devidamente enfrentada pelo Colegiado de origem, que sobre ela emitiu pronunciamento de forma fundamentada, ainda que sucinta, com enfoque suficiente a autorizar o conhecimento do recurso especial, não havendo que se falar, portanto, em ofensa ao art. 535, II, do CPC. 2. Para efeito de cumprimento do dever de colação, é irrelevante o fato de o herdeiro ter nascido antes ou após a doação, de todos os bens imóveis, feita pelo autor da herança e sua esposa aos filhos e respectivos cônjuges. O que deve prevalecer é a ideia de que a doação feita de ascendente para descendente, por si só, não é considerada inválida ou ineficaz pelo ordenamento jurídico, mas impõe ao donatário obrigação protraída no tempo de, à época do óbito do doador, trazer o patrimônio recebido à colação, a fim de igualar as legítimas, caso não seja aquele o único herdeiro necessário (arts. 2.002, parágrafo único, e 2.003 do CC/2002). 3. No caso, todavia, a colação deve ser admitida apenas sobre 25% dos referidos bens, por ter sido esse o percentual doado aos herdeiros necessários, já que a outra metade foi destinada, expressamente, aos seus respectivos cônjuges. Tampouco, há de se cogitar da possível existência de fraude, uma vez que na data da celebração do contrato de doação, o herdeiro preterido, ora recorrido, nem sequer havia sido concebido. 4. Recurso especial parcialmente provido (REsp 1298864/SP, Rel. Ministro Marco Aurélio Bellizze, Terceira Turma, julgado em 19.05.2015, DJe 29.05.2015).

a própria fortuna constitui exceção à regra proibitiva dos pactos sobre sucessão futura; só abrange, portanto, os casos expressos; interpreta-se estritamente".[25]

É preciso, assim, refletir sobre a segurança da partilha alcançada em vida pelo titular do patrimônio e seus sucessores diante dos interesses envolvidos, muitas vezes de difícil convergência em virtude do número cada vez maior de famílias recompostas. Some-se a isso o fato de não raro ser objeto de partilha em vida participações societárias em negócios do autor da herança dinâmicos, que demandam confiança e estabilidade na divisão antecipada alcançada.[26]

Além da própria problemática da legítima em si, já exposta, diante do dilema ora em debate, pondera-se sobre a rigidez do art. 426 do Código Civil, quanto à proibição de que seja objeto de contrato herança de pessoa viva. Os pactos sucessórios podem ser constitutivos, quando uma pessoa, com ou sem prestação correspectiva, atribui ao outro contratante ou a um terceiro, *post mortem*, todos ou parte de seus próprios bens, bem como dispositivos e renunciativos, através dos quais são atribuídos ou são renunciados direitos que derivam de uma sucessão ainda não aberta.[27]

A proibição ora em tela funda-se em questões morais, para evitar que uma pessoa deseje a morte da outra, na proteção do herdeiro, que pode de forma inconsequente dispor sobre herança ainda a receber e vir a ter necessidades futuras, bem como em virtude de proteção do próprio disponente, para lhe garantir sempre a revogabilidade de sua última vontade.

É preciso, no entanto, reconhecer que a proibição dos pactos sucessórios está em declínio. Alguns países os admitem de forma expressa, como a Alemanha e a Suíça. Além disso, diante de determinados interesses relevantes e dignos de tutela, nota-se que a proibição resta temperada, como ocorre com as cláusulas societárias que estabelecem que a sociedade não se dissolve com a morte de um dos sócios, consolidando-se nos supérstites, com a liquidação das cotas do sócio falecido e pagamento dos respectivos haveres para os herdeiros. Como pondera Fabrizio Panza, neste caso, distingue-se a aquisição *causa mortis* e a aquisição pelo termo morte.[28] No mesmo sentido, está José Fernando Simão, aduzindo que o "fato de o negócio jurídico produzir ou deixar de produzir efeitos após a morte apenas indica que se trata de negócio a termo e não puro e simples".[29]

Realmente, não admitir a cláusula de vigência da sociedade em caso de falecimento de um dos sócios seria fulminar o negócio de terceiros, alheios àquela sucessão, criando obstáculo para a continuidade de renda e trabalho na sociedade, objetivos relevantes e dignos de tutela.

Em atenção à necessidade de evitar a fragmentação do patrimônio, bem como de destinar os bens hereditários conforme a aptidão dos herdeiros, foi promulgada na Itália a Lei, de 14 de fevereiro de 2006, nº 55, que introduziu no Código Civil italiano o chamado pacto de família. Trata-se de instrumento que regula a partilha em vida da

---

25 Carlos Maximiliano. *Direito das Sucessões*, vol. 2. Cit, p. 634.

26 Elisa de Belvis. *La successione necessaria tra storia e riforme*. Cit. p. 506.

27 Fabrizio Panza. *L'Autonomia Testamentaria tra Libertà e Controllo*. Bari: Adriatica Editrice, 2005, p. 37/38.

28 Fabrizio Panza. *L'Autonomia Testamentaria tra Libertà e Controllo*. Cit., p. 40.

29 José Fernando Simão, Análise das regras do contrato de sociedade quando da morte dos sócios e a vedação da existência de pacto sucessório. *Revista Imes*, p. 52, jan./jun. 2005.

empresa familiar entre os descendentes, atribuindo uma soma em dinheiro equivalente à respectiva cota legitimária àqueles não contemplados na divisão com os bens da empresa, derrogando o princípio de que a legítima deve ser recebida *in natura*.

Segundo a lei, o cônjuge e todos os que seriam herdeiros necessários do disponente no momento da celebração do negócio devem participar do pacto (*Codice Civile*, art. 768, *quarter*, comma 1). No entanto, a eventual ausência destes últimos não fulmina de nulidade o contrato, já que o art. 768 *sexies* comma 1 do *Codice Civile* prevê que, na abertura da sucessão do disponente, o cônjuge e demais legitimários que não participaram do contrato – dentre estes inclusive os legitimários supervenientes[30] – poderão requerer aos beneficiários o pagamento da soma em dinheiro correspondente às respectivas quotas legítimas.

De fato, como acentua Giovanni Perlingieri, a mínima unidade efetiva do pacto de família pressupõe o acordo entre o disponente e os beneficiários, independentemente do consenso dos demais legitimários. Assim, em atenção ao objetivo da lei, qual seja, a estabilidade e a continuidade da empresa, no confronto entre os legitimários que não participaram do pacto, resta constituído *ex lege* para estes últimos um direito de crédito e não um direito de anular o contrato.[31]

A menção ao pacto de família italiano demonstra a preocupação de ordenamentos estrangeiros com a função social da transmissão hereditária, prevendo instrumentos de autonomia privada na esfera sucessória, diversos do testamento, com a finalidade de atender à natureza do bem transmitido e aos vínculos entre este e os descendentes conforme suas aptidões.

Vale, ainda, referir reforma da legislação francesa em 2007, que introduziu no sistema francês, a partir do art. 929 do Code Civil, a possibilidade de um herdeiro legitimário renunciar à herança de forma total ou parcial antes de sua abertura. Sem dúvida, tal manifestação de vontade pode ser muito bem-vinda em contratos antecipados de divisão hereditária, garantindo maior segurança e estabilidade às divisões alcançadas. Para proteger o herdeiro renunciante, a lei francesa admite que este, no prazo de um ano da abertura da sucessão, demande a revogação da renúncia se provar que se encontra em estado de necessidade que desapareceria com o recebimento da herança.

A recente codificação argentina manteve a vedação aos pactos sucessórios. No entanto, autorizou que nos pactos que tenham por objeto a exploração produtiva ou participações societárias com vistas à conversação da unidade da gestão empresária ou a prevenção de solução de conflitos, sejam válidas disposições que se refiram a futuros direitos hereditários, estabelecendo compensações em favor de outros legitimários, sendo tais pactos válidos ainda que sem a participação do autor da herança e seu cônjuge, desde que não violem a legítima hereditária, os direitos do cônjuge e nem o de terceiros.[32]

---

30 Giovanni Perlingieri. "Il patto di famiglia tra bilanciamento dei princípi e valutazione comparativa degli interessi", *in*: *Rassegna di diritto civile*, n. 1, 2008, p. 165: "La minima unità effetualle del patto di famiglia (...), si individua: (...) c) nella nascita in capo all'assegnatario (o al disponente) dell´obbligo legale di liquidare i legittimari esistentei o sopravvenuti. Il correspondente diritto di credito é anch'esso constituito ex lege (...). No mesmo sentido, Elisa de Belvis, *La sucessione ereditaria tra storia e riforme*. Cit., p. 494.

31 Giovanni Perlingieri, "Il patto di famiglia tra bilanciamento dei princípi e valutazione comparativa degli interessi". Cit. p. 166/170.

32 Código Civil argentino de 2015, ARTÍCULO **1010**. Herencia futura. La herencia futura no puede ser objeto de los contratos ni tampoco pueden serlo los derechos hereditarios eventuales sobre objetos particulares, excepto lo dispuesto en el párrafo siguiente u otra disposición legal expresa.

Em resumo, a expansão das entidades familiares e, assim, a introdução de novos aspirantes à sucessão hereditária, o fenômeno das famílias recompostas e a complexidade das riquezas clamam por instrumentos mais eficazes para a transmissão da propriedade, garantindo não só segurança e efetividade às operações, mas também a possibilidade de planejamentos sucessórios conjuntivos e com a participação ativa dos sucessores, em virtude da frequente interligação de patrimônios entre pessoas, em especial familiares. Acredita-se, dessa forma, poder conferir maior concretude ao fenômeno sucessório *mortis causa*, privilegiando os vínculos dos sucessores com os bens integrantes da herança.

4.3 Proteção de sucessores incapazes

Como já acentuado, é de suma importância que a regulamentação da sucessão hereditária assuma de forma concreta e eficaz a proteção de herdeiros menores e incapazes de gerir a própria vida.

A preocupação com o futuro de sucessores incapazes é recorrente nos planejamentos sucessórios e quando o autor da herança tem pessoas em quem realmente confie o cuidado desses e que estejam dispostas a assumir tal encargo, podem ser alcançados bons resultados com instrumentos previstos em nossa legislação.

De fato, com a figura do protutor e com a tutela ou curatela compartilhada, aquele que pretende planejar a sucessão com o objetivo de proteger seus herdeiros incapazes encontra maior conforto, pela possibilidade de atuação conjunta e fiscalização entre os nomeados. Mais: o ordenamento jurídico prevê que determinados bens deixados ou doados ao filho sob a condição de não serem usufruídos ou administrados pelos pais o sejam por um curador que seja nomeado para esse fim (CC, art. 1.693, III), sendo certo que, nessa hipótese, dita condição não pode ser aposta quanto aos bens que integram a legítima do filho. No mesmo sentido, é possível segundo a lei brasileira instituir um menor herdeiro ou legatário, nomeando curador especial para os bens deixados, ainda que o beneficiário se encontre sob o poder familiar ou tutela (CC, art. 1.733, §2º).

No entanto, na ausência de pessoas em quem realmente confiar e que estejam dispostas a assumir o encargo de administrar bens de pessoas incapazes, não se vislumbram instrumentos eficientes para o planejamento. Realmente, faltam no ordenamento jurídico brasileiro ferramentas idôneas à administração profissional de recursos em caso de morte de seu titular com a necessidade de proteger herdeiros incapazes.

Milena Donato Oliva e Pablo Renteria recordam o caso de um casal que procurava planejar a sucessão de seus bens com vistas a assegurar, após o falecimento, o bem-estar de seus dois filhos menores portadores de síndrome de *Down*, buscando garantir que, na eventualidade de sua morte, seus filhos tivessem acesso seguro, tempestivo e contínuo a recursos financeiros, que não pudesse ser prejudicado por vicissitudes do processo judicial de inventário e partilha, nem pela eventual administração temerária e negligente

Los pactos relativos a una explotación productiva o a participaciones societarias de cualquier tipo, con miras a la conservación de la unidad de la gestión empresarial o a la prevención o solución de conflictos, pueden incluir disposiciones referidas a futuros derechos hereditarios y establecer compensaciones en favor de otros legitimarios. Estos pactos son válidos, sean o no parte el futuro causante y su cónyuge, si no afectan la legítima hereditaria, los derechos del cónyuge, ni los derechos de terceros.

do tutor. Para tanto, decidiram criar um fundo de investimento fechado, registrado na CVM, e que seria fiscalizado por um *trust* constituído em território estrangeiro. No entanto, para que o *trust* tivesse independência, o fundo deveria remunerá-lo, porque se tal remuneração coubesse ao administrador do fundo, tal objetivo estaria prejudicado. Ocorre que, embora a CVM admita a constituição de fundos privados, ou seja, aqueles que não têm como objetivo captação pública de recursos, submete todos os fundos à sua normativa, destinada a proteger o público investidor e, assim, não se admite que integrantes de Conselhos Consultivos ou de Fiscalização criados pelo administrador sejam pelo fundo remunerados, objetivando, assim, que haja limitações quanto às obrigações assumidas pelo fundo em proteção do público investidor.[33]

O caso é emblemático e certamente não é excepcional, em especial porque, ainda que se tenham familiares e amigos próximos e merecedores de toda a confiança, a disponibilidade de espírito e de tempo para a administração de recursos de pessoas incapazes é bem difícil e complexa, sendo compreensíveis escusas várias em casos como os descritos.

Falta, assim, uma administração profissional de recursos, que caberia a instituições sólidas como bancos, para atender a essas demandas. Pensa-se, assim, no *trust*, ou seja, em instrumento que permita que (a) os bens submetidos a tal regime constituam patrimônio separado que não se confunde com o patrimônio pessoal do *trustee*; (b) a titularidade dos bens em *trust* fica em nome do *trustee* ou de outra pessoa por conta do *trustee*; (c) o *trustee* tem o poder e o dever, dos quais deve prestar contas, de administrar, gerir ou dispor dos bens de acordo com os termos do *trust* e com os deveres específicos que lhe são impostos pela lei; (d) os credores pessoais do *trustee* não podem excutir os bens em *trust*; (e) os bens em *trust* não serão arrecadados na hipótese de insolvência ou falência do *trustee*; (f) os bens em *trust* não integram o patrimônio da sociedade conjugal nem o espólio do *trustee*.[34]

Ainda conforme Milena Donato Oliva e Pablo Renteria, "o legislador, portanto, não deve continuar a adiar a promulgação de normativa geral que autoriza e regulamente a instituição, pelos particulares, de patrimônio separado e titularidade fiduciária", ou seja, do *trust*, que constituem valorosos instrumentos para a realização de importantes funções, desde a proteção dos mais necessitados até a elaboração de complexos sistemas de gestão patrimonial e garantias.[35]

5 Conclusão

Tais ponderações são um convite à reflexão. O Direito das Sucessões é um campo fértil para reformas que conectem dito ramo do Direito com os princípios e valores constitucionais. Como acentua Pietro Perlingieri:

---

[33] Milena Donato Oliva e Pablo Renteria. Fidúcia: a importância da incorporação dos efeitos do *trust* no direito brasileiro. *In*: *Revista Trimestral de Direito Civil*, vol. 48, p. 53-56.

[34] Milena Donato Oliva e Pablo Renteria. Fidúcia: a importância da incorporação dos efeitos do *trust* no direito brasileiro. Cit., p. 29-30.

[35] Milena Donato Oliva e Pablo Renteria. Fidúcia: a importância da incorporação dos efeitos do *trust* no direito brasileiro. Cit., p. 60-61.

A tal fine occorre revistarei l sistema ereditario in chiave costituzionale, snellendone i contenuti in modo decisivo; valorizzare l´autonomia negoziale equilibrandola con il dovere di solidarietà; prestare maggiore attenzione ai bisogni dela persona all´interno dela famiglia e, di conseguenza, elaborare critério per l´individuazione dei legittimari piú flessibili rispetto a quello dela prossimità del grado di parentela, in particolare avendo riguardo allo stato di bisogno (da intendersi lato sensi come incapacita di mantenere condizioni esistenziali adeguate a quelle godute durante la vita del de cuiús), alla durata e alla serietà del vincolo affettivo, nonché ad eventual condotte che, pur non integrando ipotesi di indegnità, rappresentino violazioni dei piú elementar doveri di solidarietà familiare e dunque possano costituire giusta causa di diseredazione, anche del legittimario.

A tarefa é árdua, mas é preciso retirar a sucessão hereditária de seu confortável campo neutro, trazendo-a para a realidade. O princípio principal a nortear a reforma é a solidariedade social, que, uma vez presente, concretiza a dignidade da pessoa humana, cânone máximo da nossa Ordem Jurídica. Como pondera André Comte-Sponville

> a generosidade talvez bastasse, se fôssemos suficientemente generosos. Mas, o somos tão pouco, tão raramente, tão pequenamente... Só precisamos de solidariedade porque carecemos de generosidade, e é por isso que precisamos tanto de solidariedade! *Apresentação da Filosofia.*

Informação bibliográfica deste texto, conforme a NBR 6023:2018 da Associação Brasileira de Normas Técnicas (ABNT):

NEVARES, Ana Luiza Maia. Perspectivas para o planejamento sucessório. *In*: TEIXEIRA, Daniele Chaves (Coord.). *Arquitetura do planejamento sucessório*. 3. ed. Belo Horizonte: Fórum, 2022. p. 401-417. Tomo I. ISBN 978-65-5518-459-4.

SEGURO DE VIDA NA APLICAÇÃO DO PLANEJAMENTO SUCESSÓRIO

ANGÉLICA CARLINI

1 Introdução

Os seguros de vida são bastante antigos na história da atividade securitária no mundo e também aqui no Brasil e, o debate moral a respeito deles foi bastante intenso no passado. De fato, se a vida não tem valor pecuniário os seguros de pessoas não seriam uma afronta ao valor moral e metafísico da vida humana? Não se constituiriam em quebra ao princípio ético de não valorar em pecúnia aquilo que é mais essencial ao ser humano: sua própria vida? A perspectiva de atribuir valor econômico a uma vida seria a ruptura com os princípios morais da tradição judaico-cristã?

A realidade é que os riscos de diferentes tipos sempre foram companheiros inseparáveis da história da humanidade. Dos riscos da natureza – intempéries climáticas, enchentes, deslizamento de terra, queda de árvores, animais ferozes ou peçonhentos -; aos riscos doenças contagiosas passando pelos riscos do próprio convívio social e mais recentemente, os riscos de desenvolvimento tecnológico, o certo é que a trajetória humana é marcada pela convivência com riscos.

Para algumas modalidades de risco é possível adotar mecanismos de prevenção que, na atualidade, são bastante sofisticados em razão dos recursos tecnológicos disponíveis. Para outros riscos, no entanto, mesmo existindo cuidados preventivos não é possível impedir que eles aconteçam e tragam consequências desastrosas paras as comunidades humanas. E finalmente, para a morte é possível adotar mecanismos de prevenção, porém, é certo que todos os seres humanos tem certeza de seu falecimento ainda que a data seja incerta.

Em razão dessa constatação de que os seres humanos têm um tempo de vida marcado pela finitude, os seguros de pessoas se tornaram um mecanismo essencial para prevenção das dificuldades que as famílias enfrentam com a perda de seu provedor.

Com essa perspectiva o debate sobre os aspectos éticos e morais da contratação de seguros de pessoas foi superado e, ficou claro que o valor estabelecido para ser pago pelo segurador em caso de morte do segurado não corresponde à valoração da vida, mas sim ao numerário necessário para que os dependentes do segurado falecido possam reorganizar suas vidas.

No cenário contemporâneo brasileiro ainda é pequeno o número de brasileiros que contratam seguros de pessoas. Dados divulgados pela Federação Nacional de Previdência e Vida – FENAPREVI em 2021, apontam que apenas 15% dos brasileiros têm seguro de vida. Nos Estados Unidos esse índice é de 70% da população e no Japão de 90%.[1]

A pesquisa evidencia que há um longo caminho a ser percorrido para que os brasileiros compreendam melhor os seguros de pessoas e, em consequência, contratem mais com objetivo de prevenir o risco de perda ou diminuição de renda em caso de morte.

Incluir essa modalidade de seguro na arquitetura do planejamento sucessório é bastante positivo, por vários fatores como o baixo custo dessa modalidade de seguro, as múltiplas formas de contratação existentes e, em especial, pelo fato de que nas modalidades de seguro de vida ou de acidentes pessoais para o caso de morte, o capital estipulado não está sujeito a dívidas do segurado, nem é considerado herança para todos os efeitos de direito, o que permite ao segurado ampla liberdade para indicação de seus beneficiários e, também, para contratação de várias apólices sem nenhuma restrição.

A liberdade é aspecto essencial no planejamento sucessório e, por isso mesmo, torna os seguros de pessoas um instrumento a ser mais utilizado pelos brasileiros. Para isso, no entanto, é fundamental que a compreensão sobre essa modalidade de seguro seja ampliada com o que este artigo pretende contribuir.

2 Seguros de pessoas – definição e modalidades

Seguros são fundos mutuais organizados a partir da contribuição de pessoas diferentes que possuem riscos semelhantes. Esses fundos são organizados e administrados por seguradoras, pessoas jurídicas de direito privado que em conformidade com a legislação brasileira somente podem ser organizar na forma de sociedade anônima.

Determina o artigo 757 do Código Civil brasileiro que o segurador mediante o pagamento do prêmio[2] deve garantir o interesse legítimo do segurado, relativo à pessoa ou coisa, contra riscos predeterminados. Para cumprir a obrigação de garantir o segurador organiza fundos mutuais que são geridos por ele em conformidade com as regras do Conselho Nacional de Seguros Privados – CNSP e da Superintendência de Seguros Privados – SUSEP.

O seguro em qualquer uma de suas modalidades é, fundamentalmente, o resultado de uma operação atuarial e estatística ditada pela chamada Lei dos Grandes Números.[3] Essa lei que pertence a área de conhecimento do estudo de probabilidades indica que conhecidos o risco e as estatísticas a respeito de sua ocorrência, as seguradoras conseguem

[1] Dados da Federação Nacional de Previdência e Vida – FENAPREVI. Disponível em: https://www.cnnbrasil.com.br/business/procura-por-seguro-de-vida-cresce-durante-a-pandemia-de-covid-19-no-brasil/. Acesso em 20 de janeiro de 2022.

[2] A palavra vem do latim "praemium", junção de "prae", recompensa, com o verbo "emere", obter. Disponível em https://www.tudosobreseguros.org.br/tss-fundamentos-do-seguro/. Acesso em 05 de agosto de 2019.

[3] *Dada uma amostra de observações independentes e identicamente distribuídas de uma variável aleatória, a média da amostra tende a se igualar à média da população, na medida em que o número de observações aumenta.* Disponível em https://www.tudosobreseguros.org.br/tss-fundamentos-do-seguro/. Acesso em 05 de agosto de 2019.

efetuar o cálculo de probabilidades futuras de ocorrência do risco para um grupo de pessoas e, com isso, estabelecer os *valores necessários para que cada um dos participantes contribua com o fundo mutual*, de forma que esse fundo tenha recursos para pagamento dos valores necessários quando o risco se materializar.

O valor estabelecido individualmente para a contribuição de cada segurado que vai participar do fundo é chamado *prêmio de seguro* e não corresponde ao valor que ele irá receber em caso de risco materializado, mas sim ao valor com o qual ele precisa contribuir para a formação do fundo. Essa noção técnica é essencial para que se compreenda que os segurados nos seguros de vida em grupo, não dispõem de valores que possam ser individualizados porque contribuem para um fundo mutual de repartição simples, que utiliza todos os valores para pagamento do capital segurado quando ocorrer o risco predeterminado coberto pelo seguro.

O ingresso do segurado no fundo mutual depende da avaliação do risco que é realizada pelo segurador ao analisar a *proposta de seguro*, questionário que deve ser organizado pelo segurador e preenchido pelo segurado com a mais estrita boa-fé e veracidade, para que sejam conhecidos os riscos a que o segurado está sujeito e, consequentemente, os valores que deverão ser calculados para o pagamento do prêmio.

Quando os riscos se materializam são denominados *sinistros* e assim que forem avisados do fato, os seguradores devem realizar a *regulação do sinistro*, momento que se caracteriza pela avaliação técnica do fato ocorrido, dos danos dele decorrentes, da extensão desses danos e, finalmente, dos valores necessários para pagamento da indenização, ou capital segurado, a que o segurado ou seus beneficiários têm direito.

O valor do prêmio do seguro é calculado para cobrir, respectivamente, o *valor do risco* que também pode ser denominado de *prêmio de risco* ou, *prêmio puro*; os valores que dão suporte às operações das seguradoras como as despesas administrativas; a comissão do corretor de seguros quando este profissional houver atuado na intermediação da contratação; o percentual de lucro estabelecido pela seguradora para aquela operação; e, os tributos que incidem na operação de seguros e no custeio de despesas administrativas. Parte do prêmio será destinada exclusivamente para a composição do *fundo mutual* e, parte do prêmio para o custeio da operação do segurador. Os valores alocados no fundo mutual pertencem aos segurados e, os demais valores, pertencem ao segurador, ao Estado e ao corretor de seguros.

Os fundos mutuais são administrados pelos seguradores e fiscalizados pelo órgão regulador, sistematicamente, de forma que não poderão ser utilizados para nenhuma outra finalidade senão o pagamento de indenizações (para seguros de danos) e de capital segurado (para seguro de pessoas) e, as aplicações realizadas com esses fundos se submetem as rígidas normativas administrativas do órgão regulador para evitar que aplicações de risco atinjam a sustentabilidade dos fundos.

Capital segurado é o valor que será pago ao segurado ou, aos beneficiários indicados, quando ocorrer o risco previsto no contrato de seguro. Não tem, em regra, caráter indenizatório embora possa se assemelhar a indenização em situações específicas, como por exemplo, do seguro contratado por sociedade empresária tendo a si própria como beneficiária, com cobertura para a morte do segurado seu funcionário em situação natural ou acidental, que foi designado para realizar capacitação profissional no exterior às expensas da empresa. Nesse caso, o capital segurado terá a função de indenização para a empresa em razão dos gastos despendidos com a viagem e capacitação do funcionário que, em virtude de sua morte, não retornou para o trabalho. Com os recursos pagos pelo seguro a empresa poderá enviar outra pessoa para o ciclo de capacitação interrompido pela morte do funcionário.

Não havendo essa especificidade, o capital segurado não tem caráter indenizatório e funciona como forma de planejamento realizado pelo segurado em favor dos beneficiários por ele indicados.

Nos seguros de pessoas praticados no Brasil os riscos predeterminados cobertos pelo contrato de seguro são a morte e a invalidez permanente, total ou parcial. E, os seguros de pessoas podem ser contratados na modalidade vida em grupo ou individual e, podem ser contratados também para segurar a própria vida ou a de outrem.

A denominação '*seguros de pessoas*' decorre do fato de que essa modalidade não cobre apenas o risco de morte mas, também, os riscos de invalidez permanente por acidente, invalidez funcional permanente por doença, doenças graves, diária de incapacidade temporária, despesas médicas e hospitalares, diária de internação hospitalar, entre outras coberturas que as seguradoras poderão organizar para seus fundos mutuais. Alguns seguros de pessoas têm cobertura para sobrevivência do segurado por um determinado período contratado ou, ainda, seguros que têm cobertura para os dois riscos, sobrevivência por um determinado período (30 ou 40 anos, por exemplo), ou morte.

Já o *seguro de vida* é contratado para o risco de morte tanto natural como acidental. Alguns contratos de seguro poderão prever que em caso de morte acidental será pago um capital segurado superior àquele previsto para a morte natural, quase sempre em valor duplicado, conhecida como *dupla indenização*.

Seguro de vida individual é aquele contratado entre pessoa individual e segurador; e, seguro de vida em grupo é aquele contratado por um estipulante com um segurador, tendo várias pessoas na condição jurídica de segurados.

O seguro de vida individual é bastante antigo no Brasil e no mundo; já os seguros de vida em grupo são mais recentes e se popularizaram imensamente, em especial em razão da contratação por empresas que se tornaram estipulantes para garantir que seus funcionários pudessem ter direito de receber capital segurado em caso de acidentes pessoais ou, que seus beneficiários recebessem capital segurado em caso de morte, natural ou acidental.

Nos seguros de vida em grupo o estipulante pode ser uma pessoa natural ou jurídica, porém, à luz da interpretação do artigo 801 do Código Civil brasileiro, deverá ser pessoa que tenha relação próxima com os segurados porque:

> (...) se observarmos os parágrafos do dispositivo, notaremos que os estipulante " é o único responsável pelo cumprimento de todas as obrigações contratuais" e que as modificações contratuais dependerão, para serem válidas, "da anuência expressa de segurados que representem três quartos do grupo". Tais disposições, que são imperativas, não admitindo pacto em contrário, evidenciam que o vínculo existente entre estipulante e componentes do grupo segurável há de ser bastante estreito. É inconcebível que o estipulante, devendo obrigar-se "pelo cumprimento de todas as obrigações contratuais", se disponha a estipular o contrato assumindo essa responsabilidade, que inclui a dívida de prêmio, sem que

> mantenha um vínculo privilegiado com os membros do grupo. Também não admite que qualquer seguradora corra o risco de se expor numa relação do porte que têm os seguros grupais, sem a grantia de que o vínculo existente entre o estipulante e os componentes do grupo seja intenso a ponto de permitir o cumprimento das obrigações que somente serão devidas pelo primeiro. O mesmo se diga quanto à eventual necessidade de modificação do contrato. Somente um vínculo bastante estreito poderá levar a que o estipulante possa obter a mobilização do grupo para a obtenção do *quórum* legal. (TZIRULNIK, CAVALCANTI E PIMENTEL, 2016, p. 306).

Assim, o estipulante nos seguros de vida em grupo é figura de especial importância. É dele a responsabilidade pelo pagamento do prêmio para o segurador e, a obrigação de fazer com que os segurados preencham corretamente o *cartão-proposta,* documento que representa a adesão ao grupo de segurados e no qual cada segurado indicará o beneficiário para receber o capital segurado fixado no contrato em caso de morte natural ou acidental.

Nos seguros individuais para os quais não há figura do estipulante, o segurado preencherá proposta de seguro na qual fixará os valores de capital segurado a serem contratados e, indicará os beneficiários que terão direito de receber o capital segurado em caso de morte do segurado.

3 Aspectos relevantes dos seguros de pessoas no planejamento sucessório

Os seguros de vida são importante instrumento de preservação patrimonial e de correta execução do planejamento sucessório, ainda que não sejam considerados legalmente como herança conforme determina o artigo 794 do Código Civil brasileiro.

A relevância como instrumento de planejamento sucessório reside exatamente nesse diferencial, ou seja, o capital será recebido pelo beneficiário livremente indicado pelo segurado independentemente dos valores de débito que o falecido tenha deixado e, independentemente da linha sucessória determinada por lei.

O segurado não está obrigado por lei a escolher como beneficiário seus herdeiros ou sucessores, sendo livre a escolha e sem necessidade de justificativa prévia. Esse aspecto pouco conhecido dos contratos de seguro de pessoas tem sido fonte de conflitos, porque os familiares quase sempre entendem que são os legítimos beneficiários, porque são herdeiros. Mas as figuras jurídicas não se confundem e não há obrigatoriedade do segurado indicar herdeiro ou sucessor para figurar como beneficiário. Na tentativa de prevenir conflitos, os estipulantes podem estipular em contrato de seguro que para aquela contratação específica, os beneficiários somente poderão ser cônjuge, descendentes ou ascendentes. É uma forma eficiente para evitar conflitos, embora o segurado possa contratar outras apólices e indicar outros beneficiários, livremente.

Outro aspecto relevante dos seguros de vida é que poderão ser contratados na quantidade desejada pelo segurado, porque como não há um bem a proteger, mas interesse legítimo do segurado pelo bem-estar daqueles a quem ele protegia economicamente durante sua vida, não se pode alegar enriquecimento sem causa como ocorreria, por exemplo, se uma pessoa fizesse dois ou mais seguros sobre um único bem. Nesses casos, o segurado poderá contratar apenas um seguro sobre o mesmo bem, como o seu automóvel e, consequentemente, receber uma única indenização quando esse bem sofrer um dano parcial ou total.

Para os seguros de vida essa limitação não ocorre e o segurado poderá contratar uma ou várias apólices e, indicar livremente os beneficiários salvo se o seguro tiver como causa declarada a garantia de alguma obrigação, conforme entendimento dos artigos 789 e 791 do Código Civil brasileiro.

O segurado pode indicar como beneficiários aqueles para com os quais tenha responsabilidades econômico-financeiras, como comumente acontece com o cônjuge sobrevivente, filhos, pais ou alguns parentes (sobrinhos, netos, tios, entre outros); ou, pode indicar alguém que deseja ver à frente das primeiras ações a serem tomadas após seu falecimento, como, por exemplo, um irmão, tio, primo ou sócio que possa se responsabilizar pelo cumprimento de orientações do segurado para utilização do capital segurado. É o que acontece, por exemplo, quando o segurado elege como beneficiário um parente próximo, irmão, que é capaz de executar as medidas consideradas mais relevantes após a morte do segurado como o pagamento das despesas médico-hospitalares e de funeral; a remoção da família para um outro imóvel mais seguro e adequado; o pagamento de dívidas mensais do segurado que não serão quitadas com sua morte, entre outras providências que o falecido possa ter recomendado para uma pessoa específica. A indicação de pessoa que possa agir de forma objetiva após a morte do segurado é especialmente relevante sabido que, nem sempre os familiares mais próximos conseguem administrar com facilidade os primeiros momentos após a perda de um ente querido, o que não raro resulta em prejuízos econômicos com obrigações que não são pagas; venda precipitada de bens para pagamento de despesas cotidianas; ou, também, aplicações utilizadas de forma prematura, entre outras consequências desastrosas que podem ser evitadas quando o responsável têm em suas mãos valores que foram disponibilizados exatamente para essa finalidade, cabendo a ele apenas e tão somente administrar os recursos para dar conta das orientações relacionadas pelo segurado falecido. Essa prática não é muito comum na sociedade brasileira, mas, pode se constituir em relevante instrumento de planejamento para famílias que perdem um de seus provedores.

Determina o Código Civil brasileiro, no entanto, que na falta de indicação da pessoa ou beneficiário ou, se por qualquer motivo não prevalecer a que for feita, o capital segurado será pago por metade ao cônjuge não separado judicialmente e, o restante aos herdeiros do segurado obedecida a ordem de vocação hereditária. Ocorrendo a hipótese da falta das pessoas indicadas, cônjuge e herdeiros, serão beneficiários os que provarem que a morte do segurado os privou dos meios necessários à subsistência.

A escolha do beneficiário tem enorme relevância para os seguros de vida e, ainda maior relevância terão se o seguro houver sido contratado com o objetivo de integrar o planejamento sucessório do segurado. Mas, a designação de beneficiário é livre porque é feita a título gratuito sem previsão de contrapartida para o segurado, que não obterá nenhuma vantagem de natureza econômica com a indicação. As motivações para indicação de um beneficiário de seguro de vida poderão ser as mais diversas, inclusive de caráter afetivo ou de amizade, mas não envolvem nenhuma vantagem para o segurado que nesse momento, não estará mais vivo.

A indicação do beneficiário não representa um direito adquirido porque como determina o Código Civil brasileiro no artigo 791, poderá ocorrer a substituição do beneficiário por ato entre vivos e até por ato de última vontade. Assim, caso ocorra a morte do beneficiário antes da morte do segurado ou até em comoriência, não haverá transferência dos valores do capital segurado para seus sucessores. O direito a receber o capital segurado só se formaliza para o beneficiário no momento da morte do segurado e, com a correta indicação de sua pessoa no documento próprio em poder do segurador.

A aplicação da ordem sucessória do Código Civil brasileiro só ocorrerá se o segurado não indicar beneficiário ou, caso tenha indicado, por qualquer motivo não puder ser respeitada essa indicação, como acontece, por exemplo, nas situações em que o beneficiário morre antes do segurado.

É fundamental que os segurados indiquem o beneficiário (os) em seus contratos de seguro para que o pagamento do capital segurado possa ser feito de forma célere. Do contrário e, a depender da caracterização da ordem de vocação hereditária, será necessário aguardar a decisão judicial no inventário. O capital segurado não integra a herança, porém na falta de indicação do beneficiário será preciso aguardar a decisão judicial para completa definição de quem são os integrantes da ordem de vocação hereditária, sabido que em alguns grupos familiares essa definição pode ser marcada por conflitos de complexa solução.

A prévia indicação de beneficiário ou de beneficiários, visto que não há impedimento legal para que sejam vários os beneficiários na mesma apólice, impede que conflitos na determinação da ordem de vocação hereditária retardem o pagamento do capital segurado. De fato, os seguradores não podem correr o risco de efetuar o pagamento do capital segurado para aqueles para os quais não existe certeza de serem os beneficiários legítimos, razão porque nas situações previstas no artigo 792 os seguradores tendem a realizar o depósito do valor do capital segurado em juízo, para aguardar o desfecho da decisão judicial capaz de esclarecer quem são os que legitimamente poderão receber o valor como beneficiários e, em consequência, outorgar a devida quitação.

Nesse sentido,

> Recomenda a cautela que a designação de beneficiário seja feita a pessoa determinada, devidamente qualificada, de forma a evitar dúvidas de interpretação. Entretanto, serão válidas as designações genéricas e indeterminadas, desde que se possa apurar a vontade do autor da indicação, ainda que para tanto haja necessidade de processo interpretativo mais aprofundado. Vale aqui o princípio de respeito à vontade real expresso nos arts. 142 e 1.899. Dessa forma, a designação conjunta de beneficiários, sem a determinação da quota de cada um, significa que, presumivelmente, o segurado desejou aquinhoar a todos igualmente. Mesmo quando se designa "esposa (o) e filhos", sem determinação de quotas, a divisão do capital deve ser feita por igual, não havendo justificativa para que se pague metade do capital à mulher ou ao marido e metade aos filhos, em partes iguais. O pagamento metade a metade decorre, provavelmente, de analogia com o disposto no derrogado Decreto-Lei n.º 5.384/43. Ocorre que esse texto legal prevê a hipótese de não designação de beneficiário, tal como o artigo em debate, enquanto que, na hipótese ora formulada, houve designação expressa e o contratante poderia fazer a distribuição que considerasse mais conveniente. Se não o fez, presume-se que desejou a divisão igualitária. (TZIRULNIK, CAVALCANTE e PIMENTEL, obra citada, p. 265).

O Código Civil brasileiro no artigo 793 autoriza a instituição do companheiro como beneficiário se ao tempo do contrato o segurado era separado judicialmente ou, já se encontrava separado de fato. O que pretendeu o legislador foi separar como já o fizera a jurisprudência, o concubinato da união estável, como segue

> (...) o traço que distingue os dois institutos é claro: no concubinato há impedimento para o casamento; na união estável, ambos podem casar. Só não o fazem porque não querem, ou porque o único impedimento é o não desfazimento de união anterior pelo divórcio, exigindo-se, no entanto, a separação legal ou de fato. É certo que se poderá apontar outras diferenças além desta, porque se poderá dizer que não se exige, para caracterização do concubinato, a presença dos deveres de viverem, os concubinos, como se casados fossem, e nem mesmo se exige que tenham o ânimo de constituir família. Mas, estes requisitos também podem estar presentes numa relação de concubinato, e ainda quando presentes – ais como exigidos para a caracterização de união estável – estar-se-á diante de um concubinato e não de uma forma de união estável, porque permanece o impedimento, não meramente formal, de casar. (CAMPOY, Adilson, 2014, p. 92-93)

O legislador de 2002 pretendeu proteger o casamento efetivo e, em especial, coibir o concubinato adulterino. No Código Civil anterior se dava o mesmo porque a indicação de cúmplice de adultério como beneficiário era passível de anulação. Ao contrário, a indicação de companheiro (a) é prestigiada pela legislação, tanto quanto o é a indicação de companheiro (a) de união estável entre pessoas do mesmo gênero.

Na atualidade, a realidade da vida contemporânea exige dos seguradores e dos magistrados maior atenção para *uniões livres* que se formam entre adultos responsáveis que de forma livre e desimpedida, escolhem viver uniões simultâneas, com pleno e expresso conhecimento da existência uns dos outros e da afetividade que os envolve. Se o fenômeno ainda causa estranheza para alguns, o direito não pode negar sua existência e nem se eximir de decidir as questões práticas que dele decorrem. Não causará surpresa se nessa situação o segurado indicar como beneficiárias suas duas companheiras ou, um companheiro e uma companheira, por ato de vontade livre e desimpedida e sem contestação dos próprios beneficiário (a) s. A maior dificuldade, no entanto, será a celeridade do pagamento do capital segurado porque ao segurador compete, por força de lei, de regulação, por determinação das regras de governança e *compliance* e, até mesmo por bom senso, adotar todas as medidas assecuratórias no sentido de que o pagamento seja feito a quem é efetivamente devido, para não correr o risco de onerar o fundo mutual de forma ilegal ou irregular.

O segurado ao contratar seguro de vida, individual ou em grupo, deve estar atento e informado para as regras de indicação de beneficiário (a) que, a rigor são poucas, porque ele dispõe de ampla liberdade de indicação. A liberdade de indicar beneficiários deve ser orientada, no entanto, pela correta identificação das necessidades de cada pessoa e, da forma mais eficiente para necessidades que ocorrerão após a morte do segurado.

A atuação do corretor de seguros, profissional de livre escolha do segurado e legalmente habilitado para praticar a intermediação entre o segurado e o segurador, com remuneração advinda de comissionamento pago pelo próprio segurado, é sempre recomendada para as situações em que o segurado pretende que o seguro seja mais do que uma valor a ser pago, mas se constitua efetivamente em corolário de planejamento feito por ele em benefício daqueles que dele dependem economicamente.

O corretor de seguros em sua correta atuação é um *comprador* de seguros e não um vendedor. Obrigatoriamente independente em relação ao segurador com quem não pode ter nenhum vínculo, empregatício ou de representação comercial, o corretor de seguros dispõe de conhecimento para obter entre as diversas opções disponíveis no mercado aquela que melhor se adequa aos interesses do segurado, inclusive, para orientá-lo sobre como designar beneficiários e quais os valores ou percentuais indicar para cada um.

A atuação exemplar do corretor de seguros na identificação de necessidades e de escolhas poderá levar o segurado a construir um conjunto de seguros de vida, com valores adequados às diferentes necessidades que poderão incluir: pagamento de despesas médico-hospitalares e de funeral; pagamento de despesas escolares de filhos, enteados ou netos; custeio de determinada quantidade de meses de aluguel e/ou condomínio do imóvel que serve de residência para a família; garantia de recebimento de valores compatíveis ao valor do salário do próprio segurado, durante o período de 24 meses, por exemplo, entre outros cálculos facilitadores de opções de escolha do capital segurado.

Algumas pessoas optam por contratar seguro de vida com capital segurado equivalente a 24 meses de seu salário mensal ou, de 26 meses incluídos os valores referentes ao 13º salário. Dessa maneira, a família poderá dispor de valores equivalentes ao ganho mensal do falecido durante um período de tempo necessário para que ocorra a adequação à nova realidade. Em outros casos, o segurado poderá contratar 24 meses do valor correspondente ao aluguel e condomínio do imóvel em que a família reside, de forma a garantir um período de tempo de tranquilidade para os que ali residem e evitar mudanças bruscas e sem planejamento.

O capital segurado atrelado a valores necessários para custeio da vida cotidiana – aluguel, água, luz, condomínio, imposto predial urbano, manutenção do imóvel, custeio de empregados –, é uma forma de garantir estabilidade inicial aos familiares e, evitar que tenham que vender precipitadamente imóveis ou veículos, o que sempre é complexo para aqueles que se encontram em situação de luto e abalo emocional e, dependentes da tramitação do inventário ou testamento.

É importante que o capital segurado possa prever, ainda, o custeio das despesas referentes ao inventário do segurado morto, principalmente quando existirem elementos que permitam avaliar que serão necessários recursos de alto valor, em especial para o pagamento de tributos. Muitas famílias são obrigadas a alienar bens para poder pagar as despesas com inventário e, se o capital segurado do seguro de vida fizer frente a essas despesas haverá, com certeza, maior tranquilidade.

Como o capital segurado do seguro de vida e de acidentes pessoais para o caso de morte não responde por dívidas do segurado e nem se considera herança para todos os efeitos de direito, na determinação do artigo 794 do Código Civil, a fixação dos valores e dos beneficiários é essencial para a correta contratação porque os valores de capital segurado serão pagos de forma célere, em moeda corrente do país, sem outras formalidades que não aqueles adstritas à comprovação da existência do contrato e identificação dos beneficiários.

Cumpre destacar, ainda, que o artigo 798 do Código Civil estabeleceu um prazo de carência de 02 anos durante o qual os beneficiários não terão direito ao capital segurado, caso o segurado tenha morrido em decorrência de suicídio. Assunto sempre delicado e de difícil trato, o artigo de lei que tinha por objetivo solucionar antiga polêmica dos tribunais brasileiros – se o capital segurado deveria ser pago em caso de suicídio que caracteriza a intenção de se matar e, consequentemente, risco não contratado que exime o segurador do dever de pagar –; se constituiu em fonte de nova polêmica no Superior Tribunal de Justiça.

De fato, a princípio, entendeu o Superior Tribunal de Justiça que o pagamento do capital segurado não deveria ser feito se o segurado suicidasse nos dois primeiros anos de vigência do contrato, cabendo à seguradora provar que o suicídio havia ocorrido de forma intencional.[4] Caso não ficasse comprovada a intencionalidade do segurado, prova de difícil materialização para o segurador, este não poderia se eximir do dever de indenizar.

Mas, em 7 de maio de 2018, a Súmula 610 do STJ definiu que:

> O suicídio não é coberto nos dois primeiros anos de vigência do contrato de seguro de vida, ressalvado o direito do beneficiário à devolução do montante da reserva técnica formada.

Em decorrência da súmula o suicídio intencional ou não intencional não é coberto nos dois primeiros anos de vigência do contrato de seguro de vida, sendo devido o capital segurado se o suicídio ocorrer após os dois primeiros anos de vigência. Com isso está relativamente pacificada a questão, embora a devolução do montante da reserva técnica venha a ser um complicador porque em conformidade com a boa técnica atuarial e estatística, só existe reserva matemática (e não técnica) para os seguros de vida individuais. Os seguros de vida em grupo atendem às regras da repartição simples e, por isso, não há como individualizar o que cada segurado tenha de reserva. É possível prever que em inúmeras situações o poder judiciário vai determinar a devolução dos valores de prêmio pago pelo segurado falecido em decorrência de suicídio e, no entanto, essa solução estará tecnicamente equivocada porque o montante de valores de prêmio não é o mesmo que reserva técnica individualizada que, repita-se, no caso dos seguros de vida em grupo sequer existe.

Assim, em que pesem as divergências ainda remanescentes[5] é possível afirmar que o capital segurado não será devido aos beneficiários se o segurado cometer suicídio nos dois primeiros anos de vigência do contrato de seguro de vida, sendo devida depois desse prazo.

---

4 AgRg no AGRAVO DE INSTRUMENTO Nº 1.244.022 – RS (2009/0205115-0). AGRAVO REGIMENTAL EM AGRAVO DE INSTRUMENTO. AÇÃO DE COBRANÇA. SEGURO DE VIDA. SUICÍDIO COMETIDO DENTRO DO PRAZO DE 2 (DOIS) ANOS DE INÍCIO DE VIGÊNCIA DA APÓLICE DE SEGURO. NEGATIVA DE PAGAMENTO DO SEGURO. ART. 798 DO CC/2002. INTERPRETAÇÃO LÓGICO-SISTEMÁTICA. BOA-FÉ. PRINCÍPIO NORTEADOR DO DIPLOMA CIVIL. PRESUNÇÃO. NECESSIDADE DE PROVA DA PREMEDITAÇÃO PARA AFASTAR-SE A COBERTURA SECURITÁRIA. PRECEDENTE. ACÓRDÃO DO TRIBUNAL. ANÁLISE DE PROVAS. AFASTADA A PREMEDITAÇÃO. REVISÃO. SÚMULA 7/STJ. AGRAVO REGIMENTAL A QUE SE NEGA PROVIMENTO. Relator Ministro Luiz Felipe Salomão. Julgamento 13.04.2011.

5 TARTUCE, Flávio. *Comentário ao Artigo 798 do Código Civil*. In SCHREIBER, Anderson. TARTUCE, Flávio. SIMÃO, José Fernando. MELO, Marco Aurélio Bezerra de. DELGADO, Mário Luiz. *Código Civil Comentado. Doutrina e Jurisprudência*. R.de Janeiro: Forense, 2019, p. p. 517.

A solução é a melhor para proteção do fundo mutual organizado com a contribuição de todos os segurados que são também, consumidores. A ideia de que os beneficiários não podem ser prejudicados pela prática do suicídio do segurado atende a fins humanitários, não há dúvida, mas desatende a boa-fé de todos os demais segurados que contribuíram para o fundo mutual de onde sairão os valores necessários para o pagamento do capital segurado.

Proteger o consumidor que pode ser identificado (o segurado que praticou o suicídio e cujos beneficiários receberão o capital segurado) e, utilizar para isso o fundo mutual (composto pelos *consumidores ocultos* que contribuíram para a formação do fundo com o pagamento do prêmio e, esperam que o segurador somente utilize os recursos quando a morte não for intencional porque isso quebra a regra da boa-fé e de equilíbrio contratual), não é a solução mais justa e nem de maior alcance social. Os valores do capital segurado são sacados do fundo mutual e, todas as vezes que esses valores forem utilizados indevidamente, feridos estarão os cálculos atuariais que o sustentam, exigindo maior contribuição nos próximos pagamentos de prêmio de seguro.

Nos contratos de seguro em geral e nos de vida muito em particular, os aspectos técnicos e atuariais devem ser respeitados para que os fundos mutuais não sejam ameaçados pela insolvência e, para que os valores de cálculo de prêmio de risco não se tornem insuportáveis para os que desejam contratar seguro.

Além disso, como já foi objeto de reflexão anterior

> A mera contagem de tempo para solucionar a pretensão dos afetados pelo gesto extremo do segurado, sem a necessidade de perquirir as razões que o levaram a prática desse gesto. Sem constrangimentos, sem julgamentos de subjetividade.
> A solução do artigo 798 é a única que contempla amplamente a pretensão do princípio da dignidade da pessoa humana.
> Dignidade dos beneficiários que não ficarão às voltas com a necessidade de provar que o suicídio ocorreu de forma involuntária; dignidade da memória do segurado que não terá sua intimidade devastada para obtenção de provas de sua intencionalidade.
> Dignidade, enfim, da própria relação contratual estabelecida entre segurado e segurador, que cumprirão a lei sem adentrar na discussão de aspectos da intimidade do segurado. (PETRAROLI e CARLINI, 2011, p. 15).

Na atualidade, se encontram em análise duas consultas públicas colocadas em editais de n. 41 e 42 de 2021, com minutas elaboradas pelo Conselho Nacional de Seguros Privados – CNSP e pela Superintendência de Seguros Privados – SUSEP, para aprovação de resolução e circular com objetivo de alterar as regras regulatórias aplicáveis aos seguros de pessoas. Em princípio, o regulador a exemplo do que já fez nas alterações dos Seguros de Danos, pretende que as normas regulatórias tenham caráter mais principiológico do que prescritivo, para permitir ampliação da concorrência e implementação de inovações no setor.

A regulação, que aguarda aprovação para entrada em vigor, determina que as sociedades seguradoras serão responsáveis pelas cláusulas constantes em seus produtos, que deverão estar em conformidade com a legislação em vigor. Também prevê que os clausulados dos contratos deverão ter ordenamento lógico e as cláusulas deverão ser redigidas em linguagem clara, objetiva e de fácil entendimento; e, deverão apresentar com destaque as obrigações e restrições do segurado. Ficam vedadas cláusulas coercitivas, desleais, abusivas, incompatíveis com a boa-fé ou que estabeleçam obrigações iníquas, que coloquem o segurado, beneficiário ou assistido em desvantagem, ou que contrariem a regulação em vigor.

4 Conclusão

Os contratos de seguro foram criados para suprir necessidades decorrentes de danos para os quais a prevenção se mostrou insuficiente. Como a história da humanidade é em justa medida a história da convivência com riscos variados, os seguros cumprem a tarefa de indenizar os danos decorrentes fatos que superaram os mecanismos de prevenção eventualmente adotados e, se materializaram causando prejuízos materiais e imateriais.

A eficiência dos contratos de seguro para cobertura de riscos diversos reside na formação da mutualidade, da comunhão de pessoas que sujeitas a riscos semelhantes se organizam para formar um fundo comum do qual sairão os valores necessários para pagamento das indenizações decorrentes dos riscos materializados.

Os recursos do fundo mutual organizado e gerido pelos seguradores pertence aos segurados e, exatamente por essa razão, deve ser respeitado e protegido contra intencionalidade, contra a má-fé do segurado ou de seus beneficiários, contra irresponsabilidade de gestão do segurador e outros tantos riscos dos quais a governança corporativa e os mecanismos de *compliance,* na atualidade, têm se ocupado para que se possa garantir sustentabilidade às empresas de seguro.

Os seguros de vida, individual ou em grupo, são comumente contratados para que os beneficiários possam receber um capital segurado, livremente estipulado pelo próprio segurado, no caso de morte natural ou acidente deste. O objetivo do segurado é garantir que seus beneficiários tenham condições econômicas de subsistência e concretização de projetos de vida após sua morte.

Há liberdade para a contratação de um ou mais seguros de vida, com diferentes capitais e diferentes beneficiários, de modo que o segurado possa dar conta de atender todos aqueles sob os quais tem responsabilidade econômica e financeira, inclusive para garantir obrigações que tenha assumido em negócios.

No planejamento sucessório os seguros de vida têm especial relevância. Podem garantir a quantidade dos estudos dos filhos, enteados e netos; podem garantir período de tempo para que a família avalie possibilidades e tome decisões; evita a venda de bens móveis e imóveis para custeio das despesas com inventário e pagamento de impostos; garante a subsistência diária daqueles que dispunham do segurado como provedor econômico.

O valor do capital segurado não está sujeito a pagamento de dívidas do segurado e não integra a herança. A diversidade de beneficiários que poderão ser escolhidos facilita a tarefa do segurado de atender a cada um segundo suas necessidades específicas, o que também é propício para o planejamento sucessório.

Como são várias as possibilidades de contratação para seguros de vida – individual, em grupo, somente morte, sobrevivência, entre outros –, é fortemente recomendável que a contratação seja orientada por um profissional com capacidade técnica e legal para isso, o corretor de seguros, intermediário a quem caberá conhecer com profundidade as intenções que motivam o segurado e construir com ele um planejamento para a contratação.

A correta escolha dos beneficiários, dos valores de capital segurado destinado a eles e sua perfeita identificação, tornará o trabalho de regulação de sinistro mais simples e célere, permitindo que os valores de capital segurado sejam pagos com brevidade, o que sempre é a melhor solução para os beneficiários após a ocorrência da morte do segurado.

Por fim, boa-fé e veracidade são elementos que precisam estar presentes em todos os momentos, desde a apresentação da proposta até o pagamento do capital segurado e, são regras obrigatórias para o segurador e para o segurado. Ambos precisam agir com a mais absoluta boa-fé para que os objetivos da contratação sejam corretamente atingidos e o fundo mutual seja preservado.

Referências

CAMPOY, Adilson. *Contrato de Seguro de Vida.* São Paulo: Revista dos Tribunais, 2014.

PELUSO, Cezar. *Código Civil Comentado.* 5. ed. Barueri: Manole, 2011.

PETERSEN, Luiza Moreira. *O Risco no Contrato de Seguro.* São Paulo: Roncarati, 2018.

PETRAROLI, Ana Rita. CARLINI, Angélica. O Suicídio e sua Interpretação no Direito Brasileiro. Revista Brasileira de Risco e Seguro, Rio de Janeiro, v. 6, n. 12, p. 1-16, out. 2010/mar. 2011.

SCHREIBER, Anderson. TARTUCE, Flávio. SIMÃO, José Fernando. MELO, Marco Aurélio Bezerra de. DELGADO, Mário Luiz. *Código Civil Comentado. Doutrina e Jurisprudência.* Rio de Janeiro: Forense.

SOUZA, Bárbara Bassani de. *Seguros: Beneficiários e suas Implicações.* São Paulo: Roncarati, 2016.

TZIRULNIK, Ernesto. CAVALCANTI, Flávio de Queiroz B. PIMENTEL, Ayrton. *O Contrato de Seguro de Acordo com o Código Civil Brasileiro.* 3. ed. São Paulo: Roncarati, 2016.

Informação bibliográfica deste texto, conforme a NBR 6023:2018 da Associação Brasileira de Normas Técnicas (ABNT):

CARLINI, Angélica. Seguro de vida na aplicação do planejamento sucessório. *In*: TEIXEIRA, Daniele Chaves (Coord.). *Arquitetura do planejamento sucessório.* 3. ed. Belo Horizonte: Fórum, 2022. p. 419-431. Tomo I. ISBN 978-65-5518-459-4.

O USUFRUTO COMO INSTRUMENTO DE PLANEJAMENTO SUCESSÓRIO

DANIELA DE CARVALHO MUCILO

"Somos herdeiros de nós mesmos".[1]

Introdução

Usufruto e planejamento sucessório. Dois temas, aparentemente, distantes no tempo, que se enlaçam agora; um para dar funcionalidade ao outro. Para mostrar que os clássicos institutos civilistas, já consolidados desde a anterior codificação, ainda se mantêm hígidos e fortes, como instrumentos eficazes de realização do homem.

Adaptações e adequações necessárias apenas reforçam a contemporaneidade deste instituto. E, ao contrário do que se possa imaginar, não o deixam à margem de outras ferramentas encontradas pelo homem para promover sua sucessão, planejando seu futuro.

Da clássica visão alimentar do usufruto, quando inserido na ideia de planejamento sucessório, ele retoma suas funções originais que eram, estritamente, *assegurar a subsistência do cônjuge supérstite ou de certos parentes*.[2]

Assegurava-se esta sobrevivência preocupado que estava o *instituidor* em garantir o bem-estar daquele que dele dependia para sobreviver, não sendo seu parente, quando aqui já não mais estivesse para dele cuidar, já que, remontando suas origens no Direito romano, o usufruto era apenas instituído *mortis causa*.

Consolidado em nossas leis civis, mas, ainda, com maior atuação dentro do espectro familiar, quer seja como opção combinada à partilha decorrente do divórcio ou mesmo da dissolução de união estável, mas já se anunciando em doações isoladas na qual o donatário-instituidor aliena bem imóvel a descendentes, garantindo-se para si o direito de nele continuar a residir.

1 Manoel Philomeno de Miranda, psicografado por Divaldo Franco, *Transtornos psiquiátricos e obsessivos*.

2 Marco Aurélio S. Viana, *Comentários ao Novo Código Civil*, volume XVI, arts. 1.225 a 1.510, coordenador, Sálvio de Figueiredo Teixeira, Rio de Janeiro: Forense, 2003, p. 615.

De alguma forma, já se via nesta ordinária atuação uma aplicação, ainda que tímida, de todo o potencial deste instituto, que vai além de seu modelo padronizado de instituição gratuita e restrita a bens imóveis.

Nas breves linhas que aqui se anunciam, pretende-se descortinar o usufruto, mostrando os mais diversificados vieses em que ele se abre, especialmente como instrumento para um efetivo planejamento sucessório que vise não apenas a transferência de bens e valores, mas a continuidade na subsistência daquele que depende do *instituidor*, com a segurança jurídica que apenas um direito real pode assegurar.

Inserta está a ideia de que a sucessão não é fato relacionado apenas à causa da morte. É também elemento a ser tratado durante a vida e para ter eficácia imediata daquele que a deseja planejar. Assim é que o termo sucessório deve ser aqui entendido em sua dupla finalidade; quer se trate de sucessão *mortis causa*, quer se trate de sucessão *inter vivos*.

Para facilitar a conexão entre o direito real do usufruto e o planejamento sucessório, reforçando a especificidade da análise deste instituto dentro de uma realidade sucessória, previamente analisada e organizada, preferiu-se optar neste texto pelos termos *instituidor* (como já antecipado), conforme se esteja referindo ao sujeito que idealizou e elegeu o usufruto, como um ato inserido num determinado planejamento sucessório, e *beneficiário*, como o usufrutuário, ou seja, o sujeito que será titular dos direitos advindos do usufruto.

Optou-se por esta forma de definição dos sujeitos, pois nem sempre o sujeito que institui o usufruto reserva para si a nua propriedade da coisa, o que decorre num equívoco afirmar-se que todo instituidor do usufruto mantenha a nua propriedade da coisa.[3]

O usufruto traz uma riqueza de possibilidades de aplicação que fortifica o poder de autodeterminação do indivíduo, com regras, ao mesmo tempo hígidas no conteúdo, mas flexíveis na adaptação à vontade do instituidor.

1 Definição e características do usufruto[4]

Dentro do direito complexo que é a propriedade, porque comporta em si um feixe de três outros direitos, compostos pelo direito de usar, direito de gozar ou fruir e direito de dispor (*ius utendi*, *ius fruendi* e *ius abutendi*, respectivamente), assegurados, ainda, pelo direito de sequela, que dá ao seu titular a força do *ius persequendi* de opor-se contra todo aquele que injustamente possua ou detenha a coisa, objeto do direito de propriedade, podemos dizer que o usufruto consiste no direito de o seu titular – o usufrutuário – valer-se dos direitos de usar e gozar coisa alheia, restando ao proprietário – nu-proprietário – o direito de dispor do bem.

Orlando Gomes, em crítica à simplista ideia de definir o usufruto pelos direitos que o ladeiam, explica que é direito de *compreensão geral, que abrange todo o valor econômico*

---

3 Como se verá adiante, sendo direito real sobre coisa alheia, o usufruto pede, obrigatoriamente, a presença de dois sujeitos distintos: o usufrutuário, que é o titular do usufruto, e o nu-proprietário, que é o proprietário que mantém apenas a propriedade "vazia", guardando para si tão somente o poder de disposição sobre a coisa, sem acesso ao uso e à fruição sobre este bem.

4 A proposta do presente trabalho é trazer à luz da aplicação do usufruto a possibilidade de autodeterminação e, assim, categorizá-lo como instrumento efetivo para um planejamento sucessório. Por tal limitação, não se buscará aqui trazer a exame todas as normas aplicáveis ao usufruto, especialmente dispostas no Título VI, artigos 1.390 a 1.411, do Código Civil.

da coisa compatível com a conservação da nua propriedade, possibilitando ao usufrutuário desfrutar integralmente da coisa alheia, como se dono fosse, resguardando, no entanto, a substância da coisa.[5]

Daí dizer-se comumente que com o usufruto a propriedade fica vazia, restando ao nu-proprietário apenas a possibilidade de dispor da coisa – e, ainda, assim, carregando o usufruto com ela, já que a alienação da coisa pelo nu-proprietário não é causa de extinção do usufruto. Poderá, ainda, o nu-proprietário aguardar o término do usufruto, que se dará nos termos previstos no ato de sua instituição.[6]

Na lição de Pontes de Miranda, *usufruto é direito absoluto, real, sobre coisa não própria, ou direito não próprio, ou patrimônio não próprio, no todo ou em parte, limitado no tempo e adstrito à destinação econômica do objeto usufruído.*[7]

Do Direito italiano, vem da doutrina de Paolo Gallo a noção de que "l'usufruto è un diritto reale di godimento in virtú del quale l'usufruttuario acquisisce il diritto di godere di un bene per un tempo determinato",[8] aqui entendido como um prazo que pode ser no máximo vitalício, a exemplo do que ocorre na lei brasileira.

A natureza jurídica do usufruto é de direito real sobre coisa alheia (*ius in re aliena*), possibilitando-se, como já se disse, que o usufrutuário utilize-se por si da coisa alheia ou através de terceiro, com a obrigação de restituir a coisa ao nu-proprietário, findo o usufruto, quando então aquele voltará a reunir em suas mãos os dois poderes de domínio desfalcados pela instituição do usufruto (uso e gozo sobre a coisa alheia cujo poder de disposição remanesce com o nu-proprietário).

A taxatividade e tipicidade que acompanham os direitos reais – e, claro, o usufruto – para além de assegurarem a exclusiva criação do legislador em novos modelos reais estão também a proibir a modificação do conteúdo das normas, atribuindo ao sujeito apenas um certo grau de liberdade; têm tais características, portanto, a nítida função de assegurar a atribuição exclusiva do legislador para a criação e previsão de um direito real.

O artigo 1.390 do Código Civil traz toda a abrangência do usufruto,

> O usufruto pode recair em um ou mais bens, móveis ou imóveis, em um patrimônio inteiro, ou parte deste, abrangendo-lhe, no todo ou em parte, os frutos e utilidades.

Esta amplitude do usufruto é que o torna o mais amplo dos direitos reais sobre coisa alheia, podendo chegar a esvaziar a atuação do nu-proprietário, restrito que está apenas à disposição, leia-se, alienação da nua propriedade, situação na qual, por óbvio, o usufruto manter-se-ia, como já alertado anteriormente.

Da dicção do artigo 1.390 do Código Civil, vê-se que o usufruto pode recair sobre bens móveis ou imóveis, fungíveis ou infungíveis, consumíveis ou não. Daí surgir a subespécie de usufruto próprio e usufruto impróprio, conforme seja mantida ou não a substância da coisa dada em usufruto, quando de sua retomada pelo nu-proprietário.

---

5 Orlando Gomes, *Direitos Reais*, p. 333.

6 O usufruto pode ser vitalício ou a termo, jamais perpétuo.

7 Pontes de Miranda, *Tratado de Direito Privado*, p. 4.

8 Paolo Gallo, *Beni proprietà e diritti reali*, Trattato di Diritto Privato, direto da Mario Bessone, tomo II, a cura di Paolo Gallo e Alessandro Natucci, p. 34, G. Giappichelli Editore: Torino, 2001.

Ainda quanto à abrangência, pode o usufruto recair sobre um ou mais bens, sobre um patrimônio inteiro ou parte deste.[9]

Tal incidência, como se verá adiante, terá forte impacto no usufruto deixado como legado ou herança, a ser definida pelo testador a dimensão dos poderes do usufrutuário.

E, finalmente, pode o usufruto ser total ou parcial, conforme atinja a integralidade da coisa ou apenas parte dela.[10]

Estas características do usufruto, tão bem delineadas pelo legislador civil, dão uma falsa impressão de que há o enrijecimento do direito a ser desfrutado pelo usufrutuário e a não circulação do bem, o que implicaria um desatendimento à função social da propriedade, expandida para a atuação do proprietário numa relação entre o sujeito, a coisa e a sociedade, devendo efetivamente contribuir para o desenvolvimento da economia e do bem-estar social.

É falsa tal assertiva, pois as regras herméticas, *a priori*, do usufruto não retiram a qualidade de sua ampla aplicação e ampliação, que vão além da pessoa do seu titular, envolvendo, também, terceiros que poderão se valer da coisa em seu lugar.[11]

2 Usufruto convencional e usufruto legal

Dentro da classificação do usufruto, pode-se destacar o modo de sua constituição, quer advenha da vontade do instituidor – *usufruto convencional ou voluntário* –, quer advenha da lei – *usufruto legal*, sabendo-se que não basta o ato de instituição –, é necessário também que seja aceita pelo usufrutuário a transferência de poderes que lhe darão o uso e o gozo sobre a coisa alheia, com a obrigatoriedade de sua devolução.

Partindo sempre da premissa, tão bem preconizada pelo Código Civil de 1916, que em seu artigo 674[12] tratava o direito de propriedade como o mais importante dos direitos reais e os demais, como fragmentos daquele, tem-se que no usufruto convencional o proprietário transfere a outrem – o usufrutuário – o direito de usar e gozar de seu bem (móvel ou imóvel, como já se disse), restando-lhe apenas o direito de dispor.

É convencional porque nada obriga o usufrutuário a assim proceder que não apenas a sua vontade, contando com a vontade do usufrutuário de aceitar o encargo, já ao mesmo passo que lhe são concedidos direitos (de uso e gozo) também o são

---

[9] Complementa ainda a classificação quanto à abrangência do conteúdo, o art. 1.405, do CC: *Se o usufruto recair num patrimônio, ou parte deste, será o usufrutuário obrigado aos juros da dívida que onerar o patrimônio ou parte dele.*

[10] Importante destacar que o usufruto total ou parcial não se confunde com o fato de o usufruto recair sobre todo o patrimônio ou parte deste.

[11] Art. 1.393, do CC: *Não se pode transferir o usufruto por alienação; mas o seu exercício pode ceder-se por título gratuito ou oneroso.*

[12] Esta a dicção do artigo 674 do Código Civil de 1916 (Lei 3.071, de 1º de janeiro de 1916) com evidente destaque à propriedade, já contemplado no *caput* do artigo, dando a efetiva ideia de que este é o mais importante dos direitos reais:
"Art. 674. São direitos reais, além da propriedade: I. a enfiteuse; II. as servidões; III. o usufruto; IV. o uso; V. a habitação; VI. as rendas expressamente constituídas sobre imóveis; VII. o penhor; VIII. a anticrese; IX. a hipoteca". Na atual codificação, o art. 1.225 mantém a tipicidade dos direitos reais, sem colocar a propriedade no *caput* do artigo, mas mantendo-a em seu primeiro inciso, demonstrando, portanto, quer-se imaginar, a supremacia deste direito real que é o único direito real sobre a própria coisa, *ius in re aliena.*

as obrigações, que vão além de manter a coisa, mas, especialmente, de restituí-la, preservando-se a sua substância.[13]

Inserto no usufruto convencional, esta vontade do instituidor pode advir por ato entre vivos ou *causa mortis*, situação na qual, muito embora não possa ser classificado como usufruto convencional, posto que a herança não pode ser convencionada, tem sua origem em ato jurídico de última vontade, contemplado que é em testamento, deixando o testador os poderes sobre determinada coisa bipartido entre quem assumirá a nua propriedade e aquele a quem se legará o usufruto.

Tratando-se de modalidade legal, há a natural adequação e instituição do usufruto dentro da causa que o origina, com hipóteses taxativas e expressas de sua aplicação extraídas do Código Civil, a saber, i. usufruto legal dos pais sobre os bens dos filhos menores no exercício da autoridade parental (artigo 1.689, I, CC); ii. dos cônjuges que tenham posse sobre os bens particulares do outro (art. 1.652, inc. I, CC). Diante da equiparação no tratamento sucessório entre cônjuge e companheiro, não cabe mais afirmar hoje sobre o cabimento do usufruto entre companheiros previsto no art. 2º, incisos I e II, da Lei nº 8.971/94.

Da Constituição Federal extrai-se a figura do usufruto legal em favor dos silvícolas sobre as riquezas e utilidades naturais extraídas da terra por eles ocupada (art. 231), ainda que se trate de *usufruto impróprio*, eis que recai sobre produtos e não frutos, a despeito do que ocorre na previsão contida no artigo 1.392, parágrafo 2º, do Código Civil.

Há também a hipótese do usufruto por usucapião, decorrente da posse *ad usucapionem* do usufrutuário que adquirirá não o bem sobre o qual recai o usufruto, mas sim o direito de sobre ele usar e gozar.[14]

Por fim, ainda dentro do usufruto legal, há que se mencionar o usufruto em favor do fiduciário, no caso permitido de fideicomisso por nosso Código Civil, com previsão no artigo 1.952.

Como direito real que é, se recair sobre bens imóveis, o usufruto decorrente de convenção deverá, para sua aquisição, ser registrado no competente cartório de registro de imóveis, revestindo-se do esperado efeito *erga omnes*, característica ínsita dos direitos reais, diante do disposto no art. 1.227 do CC.

Nos demais casos, entenda-se, quando decorrente de ato de última vontade e também do direito de família, a aquisição do usufruto prescinde do registro, não sendo, portanto, requisito constitutivo do direito real, tendo função meramente publicista e regularizatória.

O mesmo ocorre quando o usufruto decorre da usucapião, ocasião em que o registro apenas terá efeito regularizador,[15] conforme preceitua o art. 1.391 do Código Civil.

---

13 Os artigos 1.394 a 1.399 do Código Civil tratam dos direitos do usufrutuário; os artigos 1.400/1.409 do Código Civil a seu turno, de seus deveres.

14 Art. 1.391, do Código Civil: *O usufruto de imóveis, quando não resulte de usucapião, constituir-se-á mediante registro no Cartório de Registro de Imóveis.*

15 Sobre o art. 1.391, do CC, comenta Francisco Eduardo Loureiro: "O artigo em estudo contém certa imprecisão. Deve ser lido do seguinte modo: o usufruto a título derivado por negócio jurídico *inter vivos*, tendo por objeto coisa imóvel, somente se adquire com o registro imobiliário. Isso porque, como vimos no comentário ao artigo anterior, o usufruto adquirido por testamento se transmite ao herdeiro ou legatário com a morte do testador e não com o registro imobiliário, em razão do direito de saisina. O registro, em tal caso, tem efeito meramente publicitário e regularizatório, mas não constitutivo do direito real. De igual modo, o usufruto sobre coisa móvel

O reconhecimento tardio da paternidade afasta o usufruto legal. Também para o filho emancipado, só cabe a administração pelos pais e não o usufruto.

3 O caráter personalíssimo do usufruto

O usufruto, como direito real inalienável, concentra na figura do usufrutuário o único sujeito capaz de usar e fruir a coisa, restando claro que a ele e, somente a ele, caberá beneficiar-se do direito real a ele atribuído pelo nu-proprietário.[16]

Este enrijecimento do instituto, já criticado por parte da doutrina, garante ao usufruto o caráter personalíssimo e alimentar que é seu traço marcante, como verdadeira ferramenta de sobrevivência e subsistência do usufrutuário, que manterá a sua extinção.

Para Darcy Bessone, *o usufruto tem, em regra, função alimentar. Quase sempre é instituído para proporcionar meios de subsistência ao usufrutuário.*[17]

O artigo 1.393 do Código Civil proíbe que o usufruto seja alienado, permitindo apenas a cessão de seu exercício, entendendo-se aqui como a posse em favor de terceiro, permanecendo, neste caso, garantido ao usufrutuário o direito à posse indireta da coisa.[18]

Nítido, portanto, o fato de o usufrutuário não poder se desfazer do usufruto ou transferi-lo a terceiro, sob pena de ver extinto, antecipadamente, o seu direito sobre a coisa, evidenciando-se, assim, *o caráter alimentar do usufruto e sua finalidade precípua, qual seja, a de garantir meios de subsistência à pessoa do usufrutuário.*[19]

Para Orlando Gomes, a *função econômica do usufruto é precipuamente assegurar a certas pessoas meios de subsistência,* muito embora entenda ser o usufruto um *entrave à circulação da riqueza,* tamanha a onerosidade sobre o bem gravado.[20]

Tendo em vista este caráter personalíssimo e intransmissível do usufruto, fica garantida a vontade do *instituidor* no contexto de um planejamento sucessório, relegando o usufruto a uma experiência única ao usufrutuário.

4 O usufruto e o planejamento sucessório

O usufruto é importante instrumento de planejamento sucessório. Por planejamento sucessório entenda-se um conjunto de medidas preparativas para a sucessão da pessoa, da empresa da qual seja sócia, não apenas por ocasião de sua morte, mas também como ato preparatório de gestão dos sucessores ainda em vida do sucedido.

---

se constitui pela tradição, sem previsão de registro constitutivo nos arts. 127 e 129 da Lei n. 6.015/73". *In*: *Código Civil Comentado*, doutrina e jurisprudência, coordenador por Ministro Cezar Peluso, p. 1.456, 7. ed. São Paulo: Manole, 2013.

16 O mesmo aplicando-se ao usufruto simultâneo.

17 Darcy Bessone, *Direitos Reais*, p. 288.

18 O artigo 1.393 do Código Civil, ao dispor que o exercício do usufruto pode ceder-se a título gratuito ou oneroso, está se referindo à transferência da posse a terceiro, exemplificativamente, a título de locação ou a título de comodato, situação na qual guarda o usufrutuário a posse indireta e, como consequência, o direito de reaver a posse do locatário e comodatário, respectivamente.

19 *Código Civil Interpretado conforme a Constituição da República*, Gustavo Tepedino, Heloisa Helena Barbosa e Maria Celina Bodin de Moraes, vol. III, p. 802.

20 Orlando Gomes, p. 334.

Nos dizeres de Daniele Chaves Teixeira, *o grau de complexidade de um planejamento sucessório pode ser maior ou menor, conforme as variáveis do caso concreto.*[21]

Assim, vários são os instrumentos disponíveis que, combinados, oferecem ao planejador um mapeamento eficaz nos atos de sucessão que procura prever e determinar que aconteçam.

Mais do que prever, antecipadamente, atos de sucessão não apenas *inter vivos*, mas, também, *causa mortis*, vê-se que o planejamento é ato de autodeterminação do *instituidor*, que procura, através deste eficiente instrumento, resguardar certas pessoas e interesses que lhe são peculiares, em maior ou menor grau, ou até mesmo excluir outras, tudo de acordo com seu livre poder de disposição e, evidentemente, dentro dos limites impostos por lei.

A autodeterminação do indivíduo é a possibilidade de decisão acerca das escolhas quanto à sua sucessão. A legislação civil faz escolhas presumidas, mas genéricas, sobre a matéria sucessória, mas, ainda sim, prevê excelentes mecanismos de organização patrimonial durante a vida do instituidor.

Muito influenciados pela cultura latina de não se antecipar a sucessão, por crença ou por desconhecimentos, estes mecanismos de planejamento sucessório gravitam, isoladamente, utilizados, sem que se pense, numa maior abrangência, em como combiná-los para que o sujeito possa prever de forma organizada e efetiva os atos sucessórios.

A autodeterminação só é possível quando há escolha. E só é possível uma escolha efetiva quando se dá ao sujeito a opção de conhecer as alternativas possíveis e assim fazer uma escolha coerente com aquilo que deseja para sua sucessão; ainda que tais escolhas estejam alinhadas a um não fazer, há apenas aceitar as regras sucessórias e genéricas, pré-instituídas pelo legislador.

De outra forma, o desconhecimento do sujeito sobre a possibilidade de elaborar sua sucessão não o conduzirá a uma escolha, mas sim a uma aceitação. Onde não se tem conhecimento não pode haver escolha. Neste sentido, a aplicação das regras sucessórias será consequência natural do desaparecimento do sujeito, sem que elas tenham sido passadas em revista pelo sucedido.

Assim é que a possibilidade da autodeterminação é a maior senão a justificativa suficiente para que o planejamento sucessório seja difundido entre nós. Existe autodeterminação quando o sujeito escolhe as ferramentas do planejamento sucessório[22] ou mesmo quando verifica que a sucessão legal, da forma como se contextualiza com a sua vida e com a sua estória, é o melhor caminho.

Nesta linha de conduta, o usufruto mostra-se como eficiente meio de planejamento sucessório. Isso porque, sendo o mais amplo dos diretos reais sobre coisas alheias, permite ao proprietário, como já exposto, a manutenção da propriedade, concedendo a outrem a exploração deste mesmo bem, tanto por si, como por terceiro.

---

21 Daniele Chaves Teixeira, *Planejamento Sucessório: pressupostos e limites*, p. 155.

22 *Come in materia de matrimonio, l'autonomia privata si limita a poter decidere se dar vita o meno alla fattispecie, ma non si estende alla possibilità di plasmarne il contenuto.* Paolo Gallo, p. 35.

Nas palavras de Perlingieri,[23] há uma *correlação entre situações reais* de tal forma que uma determinada situação real, como, por exemplo, o usufruto, permite que sobre ele seja gravada a hipoteca, ou, ainda, que do direito de superfície decorra o usufruto sobre a superfície construída pelo superficiário, de modo que estas situações subjetivas se entrelacem *a tal ponto que uma se torna causa que justifica o nascimento de outra, a qual por sua vez é estritamente ligada à vida do direito e da situação que ocasionou na constituição.*

Várias são as características que tornam o usufruto uma preciosa ferramenta para o planejamento sucessório.[24]

Sendo direito personalíssimo, fácil é notar que, ao se instituir o usufruto através do planejamento sucessório, restará evidenciado que ao instituidor interessa tão somente que o usufrutuário retire da coisa – sobre a qual o usufruto foi instituído – os frutos possíveis, não lhe interessando que terceiro possa se sobrepor ao usufrutuário, adquirindo o direito de usufruto para si.

Torna-se, portanto, nítido o caráter de promover ao usufrutuário – e apenas a ele – renda necessária para sua sobrevivência, que pode durar até o final de sua vida, caso o usufruto seja instituído a título vitalício.

Daí se denota que do ponto de vista de quem faz o planejamento sucessório em vistas a beneficiar futuros herdeiros ou mesmo beneficiários, o usufruto é instrumento que garante ao instituidor a certeza de que o usufrutuário não irá se desfazer do patrimônio, ainda que esta seja sua intenção, pois a lei é clara ao proibir a transferência do usufruto.

4.1 O beneficiário do usufruto

Como visto alhures, é da natureza do usufruto o seu caráter personalista e, por que não se dizer, alimentar. Personalista diante da impossibilidade de o usufruto ser alienado. E, por isso, desta consequência quase lógica de o usufruto destinar-se ao usufrutuário e somente a ele, garantindo-lhe meios de sobrevivência.

Desdobrando-se a conceituação do usufruto, vê-se que, através dele, permite-se a bipartição dos poderes sobre a coisa, através dos dois titulares, os já aqui nominados, usufrutuário e nu-proprietário.

Desta forma é que o usufruto, dentro de um planejamento sucessório, funciona como uma garantia àquele a quem a nua propriedade é concedida, permitindo ao usufrutuário que consiga extrair do bem os rendimentos necessários para sua mantença, sem chegar ao ponto de esvaziar completamente o patrimônio, pois, como se viu, é da essência do usufruto a devolução da coisa – do bem – ao término de sua instituição, quer seja pela morte – no caso do usufruto vitalício –, quer seja na data instituída – no usufruto a termo.

---

[23] Pietro Perlingieri, Perfis de Direito Civil, p. 217.

[24] O ordenamento jurídico dispõe de um instituto eficiente a viabilizar o preparo por vezes tão necessário dos herdeiros: a dicotomia da propriedade em nua propriedade e usufruto. Luiz Kignel, Márcia Setti Phebo e José Henrique Longo, *in*: Planejamento Sucessório, p. 39.

4.2 A elasticidade do usufruto

São várias as possibilidades de "tipos" combinados dos poderes concedidos ao usufrutuário, já que, igualmente como já visto, o usufruto pode recair sobre todo um patrimônio ou apenas parte dele.

Repita-se, portanto, a definição de o usufruto, além de ser o mais amplo dos direitos reais, ser, também, instituto elástico, já que comporta uma maior ou menor abrangência, de acordo com a finalidade de sua instituição e vontade do *instituidor*.

A abrangência do usufruto, que pode gravar, a teor do artigo 1.390, do Código Civil, todo o patrimônio ou apenas parte dele e, ainda, todo o bem ou apenas parte dele, permite ao *instituidor* várias possibilidades de combinações para atender à demanda daquele planejamento que se pretenda fazer.

Assim, poderá o instituidor definir quais serão os bens que serão gravados com usufruto limitando, ainda depois de definir o objeto, qual fração ideal – se toda ou apenas parte da coisa – será gravada com usufruto.

Veja-se que é possível que sobre um mesmo bem – ou sobre um mesmo patrimônio, caso o *instituidor* determine esta abrangência – recaia o usufruto em favor de uma ou mais pessoas, caso em que será preciso, como consequência deste usufruto conjunto, definir-se qual a fração ideal de usufruto que caberá a cada um dos usufrutuários instituídos.

4.3 O usufruto conjunto ou simultâneo

O planejamento sucessório marca, como já se disse, a organização dos atos de sucessão que o instituidor pretende traçar para as pessoas que o sucederão.

Marca quase inexorável do planejamento é sua influência ou o seu atingimento a vários sucessores, simultaneamente, sendo raro, mas não impossível, anote-se, que se restrinja a único beneficiário.

Nesta toada, o usufruto se mostra, uma vez mais, instrumento de grande flexibilidade, já que permite que um mesmo instituto sirva a mais de um beneficiário.

Isso porque o usufruto permite sua destinação simultânea ou conjunta a mais de uma pessoa, beneficiando, simultaneamente, vários usufrutuários a extraírem as benesses da coisa, gravada com o usufruto.

A simultaneidade do usufruto não se restringe, entretanto, à pluralidade de titulares envolvidos. Mais uma vez aqui vê-se a elasticidade do instituto refletida na possibilidade de a fixação do usufruto não ter que ser, necessariamente, igual a todos os instituídos – usufrutuários –, podendo o *instituidor* privilegiar com fração ideal maior de usufruto – leia-se, de frutos – aquele usufrutuário que mais necessite de assistência usufrutuária para viver, recordando, aqui, a natureza, não única, mas quase integralmente, alimentar do usufruto.[25]

Vedada é, no entanto, a instituição do usufruto em favor de uma pessoa com a incumbência de, com sua morte, ser transferido a terceiro já indicado pelo *instituidor*, por se configurar uma espécie de *usufruto sucessivo*, não se limitando tal impossibilidade

---

[25] Daí verificar-se que o usufruto, mesmo admitindo a possibilidade de ser instituído a título oneroso, tem, em sua maioria de casos, a gratuidade como marca, o que denota sua natureza alimentar.

ao ato no qual o próprio usufrutuário estipula a transferência hereditária de seu direito ao usufruto, indicando herdeiro a tomar lugar no usufruto.

Como já se expôs do art. 1.393, do Código Civil, a inalienabilidade do usufruto impossibilita sua transferência a terceiro, durante a vida e também com a morte do usufrutuário, já que o prazo de sua duração é, no máximo, vitalício.

Darcy Bessone questiona a possibilidade de o instituidor indicar mais de um usufrutuário como substituto do usufrutuário primariamente nomeado, *neste caso, doutrina-se, o direito não seria recebido por herança do usufrutuário pré-morto. O segundo usufrutuário receberia o seu direito diretamente do nu-proprietário, não do primeiro usufrutuário. A morte deste não produziria o efeito de transmitir o usufruto, mas, apenas, o de marcar o momento em que o direito do segundo usufrutuário, vindo diretamente do nu-proprietário, passaria a vigorar.*[26]

Espécie de direito de acrescer em favor de terceiro que, s.m.j, impactaria na impossibilidade de transferência do usufruto, já que o segundo usufrutuário apenas receberia se o fato morte do primeiro usufrutuário acontecesse.

Sendo o planejamento sucessório instrumento de análise complexa e particular para atender à demanda específica, entende-se não ser recomendável a investidura em figuras controversas, sob pena de aniquilar a vontade do *instituidor* e possibilitar discussões jurídicas que iriam de encontro à finalidade precípua do instituto, que é prever a sucessão, evitando-se litígios e, por conseguinte, o comprometimento do patrimônio envolvido.

Ainda que a autodeterminação do direito disponível do *instituidor* seja marca garantida pelo planejamento sucessório, senão seu grande diferencial, tornando o planejamento vantajoso quando comparado à aceitação da sucessão tal como descrita, genericamente, na lei, não se pode pensar em inovações legais que possam suscitar questionamentos que, por fim, maculem a pretensão sucessória planejada pelo *instituidor*.

4.4 O direito de acrescer no usufruto

A possibilidade que se abre com a extinção do usufruto, sendo ele conjunto, é a determinação do direito de acrescer, na hipótese de o usufruto ser, na sua constituição, instituído a duas ou mais pessoas, conjuntamente, como se expôs anteriormente.

Nesta hipótese, falecendo um dos titulares de um conjunto de usufrutuários, é possível que a sua fração de usufruto seja redistribuída aos demais usufrutuários sobreviventes, desde que expressamente determinado o direito de acrescer.

Caso não o seja, falecendo um dos usufrutuários, há a extinção parcial do usufruto sobre a fração ideal que gravava o patrimônio, retornando às mãos do nu-proprietário esta parcela da coisa, agora, livre do usufruto, restabelecendo sobre o quinhão do usufrutuário falecido propriedade plena, ou seja, sem qualquer restrição de uso ou fruição,[27] equiparando-se, nesta situação, ao direito de regresso, na qual o direito instituído a outrem retorna às mãos do seu instituidor se este sobreviver ao beneficiado.

---

26 Darcy Bessone, *Direitos Reais*, p. 291.

27 Artigo 1.411, do Código Civil: "Constituído o usufruto em favor de duas ou mais pessoas, extinguir-se-á a parte em relação a cada uma das que falecerem, salvo se por estipulação expressa, o quinhão desses couber ao sobrevivente".

De se observar que esta regra se aplica às situações nas quais o usufruto tenha sido estabelecido por ato entre vivos, já que, para a situação *causa mortis*, de se observar regra expressa sobre o legado conjunto, estabelecida pelo art. 1.946, do Código Civil, quando o usufruto é instituído por legado a duas ou mais pessoas.[28]

Insta frisar que o direito de acrescer deve ser expresso ainda que o usufruto tenha como usufrutuários conjuntos cônjuges ou companheiros.

Não há modalidade de direito de acrescer legal, como existe na doação,[29] caso em que, na doação feita a favor de cônjuges ou companheiros, com o falecimento de um, o quinhão do falecido será atribuído obrigatoriamente ao supérstite.

Sendo a regra, portanto, a da vedação legal ao direito de acrescer, o planejamento sucessório deverá atentar especificamente a esta situação, atribuindo ou não, conforme o desejo do *instituidor*, o quinhão do usufrutuário falecido aos sobreviventes.

4.5 O usufruto legal em favor de filho menor

Dentre as espécies de usufruto conhecidas, o usufruto legal em favor dos filhos menores talvez seja a modalidade a que a doutrina menos se ocupe, sendo, no entanto, a mais comum.

De efeito perigoso quando em mãos erradas, esta espécie de usufruto decorrente do direito de família concede ao genitor-usufrutuário o poder de tirar proveito da coisa, a rigor, para seu próprio interesse, ainda que não se espere tal postura de um *bonus pater familiae*.

Ainda que esta espécie de usufruto guarde certas ressalvas com relação à figura do usufrutuário, já que sua atuação teria como foco e principal beneficiário o filho menor, afastando do uso e gozo a figura exclusiva do usufrutuário-genitor, há que se ponderar que, uma vez usufrutuário, haveria a possibilidade de que estes bens fossem vertidos para a família, mas sem que o principal beneficiário fosse o filho menor.[30]

Daí insistir-se para que seja dada especial atenção à possibilidade – sempre corrente e plausível – de incidir usufruto legal, ocasionado, exemplificativamente, pelo falecimento de um dos genitores do menor a quem será atribuída a nua-propriedade.

Imagine-se, exemplificativamente, a situação de um genitor que, falecendo, deixa todo seu patrimônio, exclusivamente, para um filho menor, estando divorciado de seu cônjuge/companheiro, outro genitor do menor.

Os efeitos, como já se alertou, podem ser deletérios se o falecido tinha fortuna – aqui, entenda-se, qualquer patrimônio deixado para servir de esteio ao filho –, que será herdada por seu filho menor, mas, diante da incapacidade, *administrada* pelo genitor vivo.

---

28 Art. 1.946, do Código Civil: "Legado um só usufruto conjuntamente a duas ou mais pessoas, a parte da que faltar acresce aos colegatários. Se não houver conjunção entre os colegatários, ou se, apesar de conjuntos, só lhes foi legada certa parte do usufruto, consolidar-se-ão na propriedade as quotas dos que faltarem, à medida que eles forem faltando".

29 Parágrafo único do art. 551, do Código Civil: "Parágrafo único. Se os donatários, em tal caso, forem marido e mulher, subsistirá na totalidade a doação para o cônjuge sobrevivo".

30 "Cuida-se de direitos análogos ao usufruto (mas que com ele não se identificam), como na hipótese do pai investido de poder familiar ou do cônjuge administrado, a quem a lei confere determinados poderes jurídicos apenas em benefício de terceiros – vale dizer, do filho menor e do outo cônjuge, respectivamente, não já em benefício próprio, como titular de direito subjetivo real de usufruto". *In*: *Código Civil Interpretado conforme a Constituição da República*, vol. III, p. 804.

E não se trata de mera administração, mas sim de usufruto, o que permitiria o uso e a fruição do usufrutuário sobre os bens do menor, ainda que existentes todos os controles legais acerca da alienação de bens de menores, que passariam, necessariamente, pelo controle do Judiciário.

Como este usufruto é correlato ao poder familiar – apenas o genitor em exercício da autoridade parental poderá desempenhá-lo –, é dispensada a prestação de contas do genitor ao filho, pressupondo a lei que todo o uso e fruição a cargo do genitor-usufrutuário o será em prol da família, ou melhor, do filho proprietário, mas nunca exclusivamente ao usufrutuário.

Mas não se pode manter a crença de que todos os genitores exercem o usufruto legal como imaginou o legislador. Daí o planejamento sucessório ser ferramenta eficaz na diminuição ou mesmo eliminação do impacto real da ocorrência do usufruto legal.

O planejamento sucessório adequado seria capaz de prever, dentro de um testamento,[31] o afastamento do genitor sobrevivo ao usufruto dos bens do filho menor, recolocando a administração – sem o uso e gozo sobre a coisa, mas tão só a administração – a cargo de curador especial.

O usufruto legal do pai sobre os bens do filho menor poderá ser afastado dentro do planejamento sucessório, especificamente, no instrumento de doação ou no testamento.

A possibilidade se abre pelo artigo 1.693 do Código Civil, que trata dos bens excluídos do usufruto legal, especificamente, no inciso III, ao dispor sobre a indisponibilidade do usufruto recair sobre bens deixados ou doados ao filho, sob a condição de não serem usufruídos, ou administrados, pelos pais.

Diante da desconfiança de que o usufruto seja mal administrado, ou seja, não se verta em benefício do filho (nu-proprietário), há a possibilidade de afastar do genitor o direito ao usufruto legal, nomeando um curador especial para o exercício de administração de bens do menor, o que certamente o resguardará para que possa, ao alcance da maioridade, retomar um patrimônio hígido e vertido em seu benefício.

Consigne-se que, em se tratando de filho maior ou emancipado, por óbvio, não prevalece o usufruto. Corolário a esta possibilidade é o resguardo do patrimônio deixado ou herdado ao filho maior incapaz, ainda mais diante das novas perspectivas da incapacidade tratadas pela Lei nº 13.146/2016, o Estatuto da Pessoa com Deficiência.

A preocupação surge diante das limitações do alcance da curatela, enfaticamente restrita a casos de incapacidade relativa e de abrangência parcial, como regra, limitada ainda à incapacidade do curatelado para a prática de atos negociais ou patrimoniais.

Nestas situações, existindo eventual preocupação com filhos maiores incapazes, o pedido de curatela[32] é o caminho recomendado, para que ali se estabeleça o curador do interdito (ou curatelado), passando este a gerir o patrimônio do incapaz.

---

31 Outro importante instrumento do planejamento sucessório que pode ser combinado com outros atos de autodeterminação, como doação e testamento.

32 Não se discutirá, nos estreitos limites propostos por este trabalho, sobre o *nomen juris* da antiga Ação de Interdição ou Ação de Curatela, diante do conflito evidente entre o Novo Código de Processo Civil (Lei nº 13.105/2015) e o Estatuto da Pessoa com Deficiência (Lei nº 13.146/2015).

4.6 A doação com reserva de usufruto

A forma mais conhecida de o usufruto se apresentar ainda é através do contrato de doação, na chamada *doação com reserva de usufruto*, modalidade na qual se alia a liberalidade e gratuidade da doação com a garantia e segurança jurídica do usufruto, reservando-se ao doador a possibilidade de, enquanto vivo, extrair todas as utilidades do bem doado.

Trata-se de instrumento hábil para a antecipação da transferência de patrimônio aos sucessores do doador, sem que o *instituidor* fique descoberto patrimonialmente, resguardando-lhe a fruição do patrimônio doado.

A vantagem, como aponta Daniele Chaves Teixeira,[33] nesta combinação bem feita entre doação e usufruto é que o *instituidor* poderá durante sua vida acompanhar a realização de sua vontade de enriquecer o donatário, vontade esta que se repete dia após dia, terminando apenas com a morte do doador ou, antecipadamente, em casos de revogação da doação, quando, então, o doador verificará que os atos de disposição não condizem com a atitude esperada do donatário.

Entretanto, é possível que o usufruto seja instituído, na doação, não apenas pela reserva do direito ao doador. Nada impede que o doador transfira a nua propriedade para um sujeito e o usufruto para outro, abrindo mão, neste caso, de qualquer poder sobre a coisa transferida.

De se recordar, ainda, a observância quanto às limitações ao direito de doar, tais como a nulidade de todos os bens do doador ou, ainda, sobre a cota de doação possível, que avance sobre a legítima, na existência de herdeiros necessários do doador (artigos 548 e 549 do Código Civil).

Há que se mencionar, ainda, que toda doação feita a herdeiro necessário será contemplada como adiantamento de legítima, devendo, caso não seja esta a vontade do doador, ser expressamente prevista no contrato de doação a dispensa de o patrimônio doado ser levado à colação, por ocasião do falecimento do doador.

4.7 Direitos e deveres do usufrutuário. A posse do usufrutuário

Apesar de amplo, o usufruto carrega em si mecanismos de segurança que, aliados ao eficaz planejamento sucessório, permitem, de um lado, o controle e segurança ao *instituidor* para que acompanhe os atos de gestão do usufrutuário se compatíveis com o desejo que acompanhou a instituição do usufruto e, de outro, que o usufrutuário possa se aproveitar das utilidades da coisa sem perder de vista que deverá resguardar o patrimônio usufruído para sua entrega ao nu-proprietário.

O controle do usufruto pode ser, portanto, duplo: do *instituidor* e do nu-proprietário para a hipótese de o bem ser doado a um e constituído usufruto a outro.

Do *instituidor*, que, ainda vivo, e especialmente no caso da combinação do usufruto com o contrato de doação, verá acompanhar a atividade do usufrutuário para, quem

---

[33] Aut. cit., *in*: *Planejamento Sucessório*: pressupostos e limites, p. 134 e nota 488 ("Ver os arts. 555 e 557 do Código Civil, que tratam dos casos de revogação, como pode o doador determinar que haja a reversão dos bens doados caso sobreviva ao donatário, conforme art. 547 do Código Civil. Cf. CRUZ, Elisa; AZEVEDO, Lilibeth. Planejamento sucessório. *In*: TEPEDINO, Gustavo; FACHIN, Luiz Edson (Org.). *Diálogos sobre direito civil*. Rio de Janeiro: Renovar, 2012. p. 544. v. III).

sabe, confirmando o atendimento de suas determinações e vontade por parte do usufrutuário, possa prosseguir com este modelo de planejamento para o restante do patrimônio do *instituidor*.

De outro lado, pelo nu-proprietário, a quem caberá sempre retomar a coisa findo o usufruto. Assim é que acompanha o usufruto durante toda a sua existência o dever de o usufrutuário manter a coisa, conservando-a para posterior devolução ao nu-proprietário ao término do usufruto.

A malversação da coisa, objeto do usufruto, pode acarretar a extinção antecipada do usufruto.

A combinação dos deveres a serem observados pelo usufrutuário garante ao nu-proprietário que os bens sejam conservados e que sejam devolvidos tal qual foram recebidos, resguardadas as depreciações normais do uso da coisa.

O art. 1.394 do Código Civil elenca os direitos do usufrutuário, a saber: a posse, o uso, administração e percepção dos frutos.

Dentre estes direitos, destaca-se o fundamento do usufruto, que é a possibilidade de o usufrutuário extrair todas as utilidades da coisa,[34] com a obrigação de manter sua substância para que possa, ao fim do usufruto, ser devolvida ao nu-proprietário.

E, para que possa se valer de todas estas utilidades, ao usufrutuário é concedida a *posse* sobre a coisa, que pode ser exercida por ele diretamente ou desdobrada em favor de terceiro.

No desdobramento da posse reside a possibilidade de o usufrutuário usar, diretamente, a coisa ou então extrair frutos através da posse concedida a terceiro, que passará a exercitar a posse direta, resguardando-se o usufrutuário à posse indireta e, com esta, o direito de reaver a coisa.

Da parte do nu-proprietário há o direito de exigir, ao término do usufruto, a restituição da coisa, cabendo a ele também o direito de acompanhar o exercício do usufruto, especialmente, a manutenção da coisa nas mãos do usufrutuário, justamente para que, ao fim do usufruto, possa o usufrutuário restituir-lhe a coisa, garantindo a substância do bem, desconsideradas as perdas decorrentes do uso normal do bem e sua deterioração no tempo, sem concurso culposo do usufrutuário.

O dever do nu-proprietário é respeitar esta autonomia no exercício do usufruto pelo usufrutuário, que, dentro do uso e fruição normal da coisa, não tem a obrigação de prestar contas[35] ao nu-proprietário, não limitando a extensão de sua fruição por qualquer imposição ou ordem do nu-proprietário.

Estes direitos e obrigações do usufrutuário no exercício sempre temporário do usufruto permitem-lhe uma quase total autonomia no uso e fruição da coisa, possibilitando a combinação do usufruto com outros direitos pessoais que favoreçam

---

34 Diferente de outros direitos reais de menor abrangência, como o uso e a habitação, o usufruto é o mais amplo dos direitos reais, como já exposto linhas acima, porque esvazia os poderes de domínio do nu-proprietário, cabendo ao usufrutuário usar e fruir completamente da coisa. Até por isso, as regras do usufruto servem de paradigma para o direito real de uso (art. 1.413, CC) e para o direito real de habitação (art. 1.416, CC) naquilo que for possível a compatibilização destes institutos que coincidem em si, por terem a mesma natureza jurídica, qual seja, direitos reais sobre coisas alheias.

35 Não é possível confundir o dever de prestar contas com o dever de caucionar o usufruto, este último previsto expressamente no art. 1.440, do CC. A caução – exigência facultativa ao usufruto – é a garantia prestada pelo usufrutuário para assegurar a restituição da coisa, findo o usufruto.

o usufrutuário, ou ao menos sejam do interesse do usufrutuário, como, por exemplo, a locação e o comodato da coisa usufruída.

5 Conclusão

A Constituição Federal, ao promover a função social da propriedade, abriu espaço para que pudessem ser refeitas novas estruturas proprietárias ou novos modelos de utilização da propriedade.

Ao cumprir sua função social, a propriedade mostra que não se esgota em si, na existência objetiva e absoluta da coisa a cargo e à disposição de seu proprietário; *não mais uma situação de poder, por si só e abstratamente considerada, o direito subjetivo por excelência, mas* "una situazione giuridica soggettiva tipica e complessa", *necessariamente em conflito ou coligada com outras, que se encontra a sua legitimidade na concreta relação jurídica na qual se insere.*[36]

Assim é que está superada desde há muito a clássica ideia de que a propriedade e suas múltiplas derivações – e o usufruto é uma variação do direito de se exercitar a propriedade, tanto sob o aspecto do nu-proprietário quanto pelo aspecto do usufrutuário, reforce-se – estão condicionadas ao engessado conceito da relação entre o objeto e a coisa, como corolário da visão clássica de um direito real atributivo e tendente a servir como instrumento de liberdade do proprietário.[37]

O Código Civil traz mecanismos de autodeterminação capazes de direcionar a destinação dos bens, não apenas dos bens em si considerados, mas dos poderes correlatos ao domínio, conforme se escolha este ou aquele instituto para fazer gravar um patrimônio.

E o planejamento sucessório é o exercício da autonomia privada na sucessão dos bens do instituidor para seu benefício e benefícios de seus sucessores, tanto em vida quanto após a sua morte.

Representam a realização da autonomia privada[38] os contratos, os pactos, os testamentos e, também, os direitos reais, especificamente, aqui, o usufruto, que escapa de sua limitação legal, com tipos previstos em lei, para alcançar uma gama de aplicações possíveis, que, combinadas, não apenas com outros direitos reais, mas, também, com direitos pessoais, garantem ao *instituidor*, ao nu-proprietário e ao usufrutuário benefícios e garantias com a segurança jurídica, principal selo dos direitos reais.

Importante, ainda, dizer, que o planejamento sucessório, expressão máxima do exercício de autorregulamentação do indivíduo, não contrasta com a tipicidade dos direitos reais e, portanto, com o usufruto.[39]

---

36 Gustavo Tepedino, *Temas de Direito Civil*, p. 279.

37 *A propriedade, portanto, não seria mais aquela atribuição de poder tendencionalmente plena. (...). A determinação do conteúdo da propriedade, ao contrário, dependerá de centros de interesses extraproprietários, os quais vão ser regulados no âmbito da relação jurídica de propriedade.* Gustavo Tepedino, *idem*, p. 280.

38 Paollo Gallo, Usufruto, Uso e Abitazione, *in*: *Beni Proprietá e Diritti Reali*, p. 37.

39 Sobre o assunto, Alessandro Natucci assevera que *"la dialettica – autonomia contrattuale e suoi limiti – constituisce anche atualmente il motivo principale dela discussione in tema di tipicità dei diritti reali"*. *In*: *La Tipicità dei Diritti Reali*, p. 163.

A autonomia contratual pode ser exercida na confecção de um modelo adequado de direito real que mais se amolda ao desejo do *instituidor*, ainda que haja limites estabelecidos em lei a contornar o conteúdo do modelo real instituído.

Nessa seara é que o usufruto, ao lado de outros tipos reais, como, por exemplo, o direito real de superfície, mostra sua amplitude e as inúmeras aplicações possíveis para promover o sustento do usufrutuário com a segurança patrimonial ao nu-proprietário, servindo suas regras limitadoras, justamente, para proteger e obrigar a destinação do usufruto, unicamente, ao seu titular.

Referências

BESSONE, Darcy. *Direitos Reais*. 2. ed. São Paulo: Saraiva, 1996.

GALLO, Paolo. *Beni proprietà e diritti reali*, Trattato di Diritto Privato, direto da Mario Bessone, tomo II, a cura di Paolo Gallo e Alessandro Natucci, Torino: G. Giappichelli Editore: Torino, 2001.

GOMES, Orlando. *Direitos Reais*. 19. ed. Rio de Janeiro: Forense, 2004.

KIGNEL, Luiz; PHEBO, Márcia Setti; LONGO, José Henrique. *Planejamento Sucessório*. São Paulo: Noeses, 2014.

LASARTE, Carlos. *Curso de Derecho Civil Patrimonial*, introducción al derecho. 7. ed. Madrid: Tecnos, 2001.

LOUREIRO, Francisco Eduardo. *Código Civil Comentado*. 7. ed. São Paulo: Manole, 2013.

MIRANDA, Pontes. *Tratado de Direito Privado*. 2. ed. Tomo XIX, Borsoi: Rio de Janeiro, 1957.

NATUCCI, Alessandro. *La Tipicità dei Diritti Reali*. Padova: CEDAM, 1982.

PELUSO, Cezar (Coord.). *Código Civil Comentado*. 7. ed. São Paulo: Manole, 2013.

PERLINGIERI, Pietro. *Perfis do Direito Civil, Introdução ao Direito Civil Constitucional*, tradução de Maria Cristian De Cicco. 2. edição, Rio de Janeiro: Renovar, 2002.

TEIXEIRA, Daniele Chaves. *Planejamento Sucessório, pressupostos e limites*. Belo Horizonte: Fórum, 2018.

TEPEDINO, Gustavo; BARBOZA, Heloísa Helena; MORAES, Maria Celina Bodin de. *Código Civil Interpretado conforme a Constituição da República*, volume III, Rio de Janeiro: Renovar, 2011.

TEPEDINO, Gustavo. *Temas de Direito Civil*. Rio de Janeiro: Renovar, 1999.

VIANA, Marco Aurélio da Silva. *Comentários ao Novo Código Civil*. volume XVI: Dos direitos reais, arts. 1.225 a 1.510. Rio de Janeiro: Forense, 2003.

Informação bibliográfica deste texto, conforme a NBR 6023:2018 da Associação Brasileira de Normas Técnicas (ABNT):

MUCILO, Daniela de Carvalho. O usufruto como instrumento de planejamento sucessório. *In*: TEIXEIRA, Daniele Chaves (Coord.). *Arquitetura do planejamento sucessório*. 3. ed. Belo Horizonte: Fórum, 2022. p. 433-448. Tomo I. ISBN 978-65-5518-459-4.

PLANEJAMENTO SUCESSÓRIO: CONCEITO, MECANISMOS E LIMITAÇÕES

GISELDA MARIA FERNANDES NOVAES HIRONAKA
FLÁVIO TARTUCE

1 Conceito de planejamento sucessório e alguns de seus mecanismos

Nos últimos anos, tem-se falado muito em *planejamento sucessório*, como instrumento preventivo e supostamente eficiente para evitar conflitos entre herdeiros, bem como para almejar uma distribuição da herança conforme a vontade do morto, prestigiando a sua autonomia privada. Mas o que seria o planejamento sucessório? Quais suas possibilidades e principais instrumentos? Quais suas premissas básicas, quais *regras de ouro* devem ser respeitadas para que tais instrumentos sejam válidos e eficazes perante o direito? Quais seriam as principais limitações jurídicas para a sua efetivação?

Sobre o seu *conceito*, Daniele Teixeira define o planejamento sucessório como "o instrumento jurídico que permite a adoção de uma estratégia voltada para a transferência eficaz e eficiente do patrimônio de uma pessoa após a sua morte".[1] Para Pablo Stolze Gagliano e Rodolfo Pamplona Filho, "consiste o planejamento sucessório em um conjunto de atos que visa a operar a transferência e a manutenção organizada e estável do patrimônio do disponente em favor dos seus sucessores".[2]

Em suma, pode-se afirmar que o planejamento sucessório é o conjunto de atos e negócios jurídicos efetuados por pessoas que mantêm entre si alguma relação jurídica familiar ou sucessória, com o intuito de idealizar a divisão do patrimônio de alguém, evitando conflitos desnecessários e procurando concretizar a última vontade da pessoa cujos bens formam o seu objeto.

Alguns dos instrumentos de planejamento sucessório merecem ser destacados, muitos deles retirados dos trabalhos citados, a saber: a) escolha por um ou outro regime de bens no casamento ou na união estável, até além do rol previsto no Código

---

1 TEIXEIRA, Daniele. Noções prévias do direito das sucessões: sociedade, funcionalização e planejamento sucessório. *In*: TEIXEIRA, Daniele Chaves (Coord.). *Arquitetura do planejamento sucessório*. Belo Horizonte: Fórum, 2018. p. 35.

2 GAGLIANO, Pablo Stolze; PAMPLONA FILHO, Rodolfo. *Novo curso de direito civil*: direito das sucessões. 3. ed. São Paulo: Saraiva, 2016. v. 7. p. 404.

Civil (regime atípico misto) e com previsões específicas; b) constituição de sociedades, caso das *holdings* familiares, para administração e até partilha de bens no futuro; c) formação de negócios jurídicos especiais, como acontece no *trust*; d) realização de atos de disposição em vida, como doações – com ou reserva de usufruto –, e *post mortem*, caso de testamentos, inclusive com as cláusulas restritivas de incomunicabilidade, impenhorabilidade e inalienabilidade; e) efetivação de partilhas em vida e de cessões de quotas hereditárias após o falecimento; f) celebrações prévias de contratos onerosos, como de compra e venda e cessão de quotas, dentro das possibilidades jurídicas do sistema; g) eventual inclusão de negócios jurídicos processuais nos instrumentos de muitos desses mecanismos; h) *pacto parassocial*, como se dá em acordos antecipados de acionistas ou sócios; e i) contratação de previdências privadas abertas, seguros de vida e fundos de investimento.

Apesar dessas múltiplas opções, não se pode negar que, nos últimos anos, o planejamento sucessório tem sido utilizado com o intuito de praticar fraudes, buscando, muitas vezes, a malfadada "blindagem patrimonial", especialmente de devedores contumazes. Tal preocupação não passou despercebida por Mário Luiz Delgado e Jânio Urbano Marinho Júnior, que citam as *holdings* familiares, muitas vezes utilizadas como "fachada" por *sócios de fato*, para desvios patrimoniais e de finalidade da pessoa jurídica, visando à fraude à execução ou em face de credores. Segundo eles:

> a proliferação de situações como essas, de mau uso do planejamento sucessório por profissionais inescrupulosos, com intuito de fraude, compromete e enfraquece essa importante ferramenta, na medida em que se põe sob suspeita diversos atos e negócios jurídicos realizados em vida pelo autor da herança e resultando nas maiores controvérsias sucessórias levadas ao Poder Judiciário. A segurança jurídica que seria propiciada pelo planejamento sucessório, dando lugar a imbróglios intermináveis, os quais, não raro, implicam em deterioração do acervo hereditário.[3]

De fato, na nossa experiência na advocacia consultiva, temos visto nos últimos anos atos de *blindagem patrimonial* e de suposto *planejamento* com claro intuito fraudatório, como transações, permutas e dações em pagamento desproporcionais realizadas entre marido e mulher ou entre pais e filhos, de maneira simulada, com o intuito de excluir filhos havidos fora do casamento.[4] Para que o planejamento sucessório não se desvie dos seus fins lícitos, é preciso observar as duas regras de ouro que permitem a sua efetivação, e de que passamos a tratar no tópico seguinte.

2 Das duas "regras de ouro" do planejamento sucessório

A *primeira regra de ouro* do planejamento sucessório é relacionada à proteção da quota dos herdeiros necessários ou reservatários, denominada *legítima*, e que corresponde, no atual sistema jurídico nacional, a cinquenta por cento do patrimônio

---

3 DELGADO, Mário Luiz; MARINHO JÚNIOR, Janio Urbano. Fraudes no planejamento sucessório. *In*: TEIXEIRA, Daniele Chaves (Coord.). *Arquitetura do planejamento sucessório*. Belo Horizonte: Fórum, 2018. p. 222.

4 Tratando de uma hipótese fática relativa a tal situação, ver o parecer do segundo autor deste texto: TARTUCE, Flávio. Dação em pagamento: simulação. *Revista de Direito Privado*, São Paulo, n. 56, out./dez. 2013.

do autor da herança (art. 1.846 do Código Civil de 2002). Essa proteção já constava da codificação anterior, do Código Civil de 1916, por força do seu art. 1.721, *in verbis*: "O testador que tiver descendente ou ascendente sucessível, não poderá dispor de mais da metade de seus bens; a outra pertencerá de pleno direito ao descendente e, em sua falta, ao ascendente, dos quais constitui a legítima, segundo o disposto neste Código".

Pontue-se que no atual sistema sucessório brasileiro, pela dicção expressa do art. 1.845 do Código Civil, são herdeiros necessários os descendentes, os ascendentes e o cônjuge. Temos a visão doutrinária em comum no sentido de que no rol deve ser incluído o companheiro, por correta interpretação da decisão do STF que reconheceu a inconstitucionalidade do art. 1.790 da própria codificação, determinando a inclusão do convivente na ordem de sucessão legítima do art. 1.829, ao lado do cônjuge (cf. publicação no Informativo nº 864 da Corte).

O amparo da legítima remonta ao direito romano, que reconhecia a figura dos herdeiros necessários, como bem lembra Eduardo de Oliveira Leite. Segundo as suas lições, o testamento estruturava o sistema romano de transmissão *causa mortis*. Nesse contexto:

> na ótica romana, o testador que despojava sua família, sem justa causa, faltava com o dever de solidariedade (*officium pietatis*: dever de piedade), e o testamento podia ser anulado, como se tratasse da obra de um louco, através da *querela inofficiosi testamenti*: contestação do testamento que faltou com seus deveres. A nulidade podia ser evitada se o legatário liberasse ao herdeiro, parente próximo do defunto, o quarto daquilo que herdaria *ab intestat* e que se passou a chamar "quarta legítima" (também chamada, "legítima" ou, a quarta Falcídia, nome decorrente de uma lei Falcídia. A legítima traduzia o dever moral *post mortem* em que pesava sobre um parente em relação aos mais próximos.[5]

Segundo Moreira Alves, ao tratar da chamada *sucessão necessária*:

> de acordo com os textos jurídicos romanos, o testador, ao fazer o testamento, não tinha liberdade absoluta para dispor de seus bens. Ao contrário, estava ele, em face de preceitos do *ius ciuile* e *do ius honorarium* limitado a dois tipos de restrições: a) uma de caráter formal (que os pandectistas alemães denominaram sucessão necessária formal – *formelles Noterbrecht*); consistia na necessidade de o testador mencionar, no testamento, alguns herdeiros legítimos, quer para instituí-los herdeiros testamentários, quer para deserdá-los; e b) outra, de caráter material (que os pandectistas alemães denominaram sucessão necessária material – *materielles Noterbrecht*): consistia na necessidade de o testador instituir, no testamento, herdeiros testamentários a certos herdeiros legítimos, atribuindo-lhes determinada quota de bens (*portio legitima* ou *portio debita* – quota legítima ou quota devida).[6]

Ainda no tocante às fontes romanas, explica Beviláqua que a parte disponível no direito romano:

---

5 LEITE, Eduardo de Oliveira. *Comentários ao novo Código Civil*. Rio de Janeiro: Forense, 2003. v. XXI. p. 264.

6 ALVES, José Carlos Moreira. *Direito romano*. 17. ed. Rio de Janeiro: Forense, 2016. p. 755.

era dois terços dos bens, se o testador deixasse até quatro filhos e a metade, se deixasse mais de quatro; em favor dos outros descendentes, assim como os ascendentes, a reserva hereditária variava da metade a um terço da sua parte, *ab intestato*, segundo essa parte se elevava ou não a um quarto da herança; quando o herdeiro era pessoa torpe (Cód., 3, 28, 1. 27).[7]

Aderindo às fontes romanas, o sistema jurídico português antigo, consolidado nas Ordenações do Reino, acabou por adotar essa última ideia, de tutela de dois terços do patrimônio do falecido, no caso de deixar herdeiros considerados necessários. Tanto isso é verdade que o testador somente poderia dispor sobre a terça de seus bens, em detrimento de seus filhos, o que é retirado do Livro IV das Ordenações Filipinas, Título LXXXII, com a seguinte expressão: "Quando no testamento o pai não faz menção ao filho, ou o filho do pai, e dispõem somente da terça".

Foi a Lei Feliciano Pena (Decreto nº 1.839, de 1907) que reduziu, no Brasil, a proteção da legítima de dois terços para metade dos bens do falecido, estabelecendo o seu art. 2º que "o testador que tiver descendente ou ascendente sucessível só poderá dispor de metade dos seus bens, constituindo a outra metade a legítima daqueles, observada a ordem legal". A redução para a metade foi mantida tanto pelo Código Civil de 1916 quanto pelo Código Civil de 2002, sendo regra até agora consolidada do direito sucessório brasileiro.

Relata Clóvis Beviláqua que, na tramitação do projeto do Código Civil de 1916, a regra da plena liberdade de testar – sem qualquer proteção da legítima – chegou a ser aprovada no Senado, tendo sido rejeitada na Câmara dos Deputados, o que ele denominava como "desastrosa inovação".[8] O clássico jurista, na sequência, demonstra os principais argumentos de ordem moral e jurídica para essa *plena liberdade*, repelindo-os um a um, o que representa debate sobre a *função social da herança*, e que deve ser travado no âmbito deste projeto de lei. Vejamos os argumentos pelo fim da legítima e os contra-argumentos de Beviláqua, a fim de enriquecer a discussão.

Como primeiro argumento, o direito de testar seria uma simples aplicação do direito de livre disposição atribuído ao proprietário do bem. Em suma, haveria um legítimo exercício da autonomia privada. O doutrinador procura afastar esse argumento com base no fato de não ser o direito à propriedade absoluto, tendo em vista, principalmente, a sua função social. Sobre a constatação de que a Constituição Federal da época assegurava o exercício do direito da propriedade de maneira plena, Beviláqua insiste nas limitações existentes a respeito desse direito subjetivo, inclusive no Texto Superior. Em resumo, sustenta ser esse um "argumento sem valor".[9]

Como segundo argumento contra a legítima, a herança forçada seria uma injusta restrição à liberdade individual. A suposta injustiça é afastada por Beviláqua pelos fundamentos de proteção da família contra o arbítrio do indivíduo, "contra um impulso,

---

[7] BEVILÁQUA, Clóvis. *Direito das sucessões*. Edição histórica. Rio de Janeiro: Rio Editora, 1983. p. 748.
[8] BEVILÁQUA, Clóvis. *Direito das sucessões*. Edição histórica. Rio de Janeiro: Rio Editora, 1983. p. 751.
[9] BEVILÁQUA, Clóvis. *Direito das sucessões*. Edição histórica. Rio de Janeiro: Rio Editora, 1983. p. 752.

momentâneo talvez, que sacrifica o bem-estar, senão a vida, de entes, que o testador tinha a obrigação de sustentar".[10]

O terceiro argumento é no sentido de que a liberdade de testar serviria para consolidar a autoridade paterna, porque o pai tem o direito de transmitir o seu patrimônio ao filho mais digno de sua estima. Para Beviláqua, tal argumento é uma ilusão, pois a hipocrisia, a intriga e a ganância afastam a boa-fé dos pais, lançando discórdia entre os irmãos.

Por fim, a liberdade de testar desenvolve a iniciativa individual, porque, quando o sujeito sabe que não pode contar com a herança, procura desempenhar atividades para buscar o devido sustento. De outra forma, haveria um efeito no inconsciente coletivo pela necessidade do trabalho e da labuta diária. Beviláqua aponta ser esse o argumento mais valioso, o que está na linha da nossa opinião, mas que, para ele, deve ser afastado diante de outras considerações de maior peso:

> a educação convenientemente dirigida obterá a mesma vantagem de desenvolver a capacidade de direção da vida, sem as funestas consequências da liberdade de testar, entre as quais avultam a inflação do egoísmo, que é retrocesso à animalidade, e a dispersão do grupo familial, que impede o cultivo de afeições, que somente no circuito familiar se podem desenvolver. E esta falha prejudica, enormemente, o aperfeiçoamento moral do homem.[11]

Expostas as argumentações contra e a favor da proteção da legítima, pensamos ser o momento de debater a sua redução, talvez para um montante menor, em 25% do patrimônio do falecido, abrindo uma maior possibilidade jurídica à efetivação do planejamento sucessório. Isso porque a legítima deve assegurar apenas o *mínimo existencial* ou o *patrimônio mínimo* da pessoa humana, na linha da tese desenvolvida pelo Ministro Luiz Edson Fachin, não devendo incentivar o ócio exagerado dos herdeiros. Tal redução, talvez, terá o condão de aumentar o desenvolvimento social e econômico do Brasil, colocando na mente de todos a necessidade de busca pelo trabalho, que tanto engrandece o ser humano nos planos pessoal e social.

De todo modo, apesar dessa nossa proposta – *de lege ferenda* –, a verdade é que a tutela da legítima, hoje em cinquenta por cento do patrimônio do *de cujus*, representa entrave para a efetivação plena do planejamento sucessório. Eventualmente, caso seja celebrada uma doação, ainda em vida, pelo autor da herança, e que ultrapasse o patrimônio reservado aos herdeiros necessários, há de ser reconhecida a sua nulidade parcial, naquilo que exceda a citada proteção, nos termos do art. 549 do Código Civil em vigor, segundo o qual "nula é também a doação quanto à parte que exceder à de que o doador, no momento da liberalidade, poderia dispor em testamento". Se tal transbordamento patrimonial se der por testamento, tem-se a ineficácia parcial da disposição, com a redução da disposição testamentária, nos moldes do art. 1.967 da própria codificação.[12] Como se pode perceber, as soluções dadas pelo sistema jurídico

---

10 BEVILÁQUA, Clóvis. *Direito das sucessões*. Edição histórica. Rio de Janeiro: Rio Editora, 1983. p. 753.

11 BEVILÁQUA, Clóvis. *Direito das sucessões*. Edição histórica. Rio de Janeiro: Rio Editora, 1983. p. 754.

12 CC/2002: "Art. 1.967. As disposições que excederem a parte disponível reduzir-se-ão aos limites dela, de conformidade com o disposto nos parágrafos seguintes. §1º Em se verificando excederem as disposições testamentárias a porção disponível, serão proporcionalmente reduzidas as quotas do herdeiro ou herdeiros

são distintas: a doação que excede a proteção da legítima é inválida no excesso; o testamento, meramente ineficaz.

Além desses negócios jurídicos de lesão direta à legítima, também não podem prevalecer os negócios que trazem desrespeito indireto ou implícito à quota reservada, o que demanda uma análise mais apurada do aplicador do direito. Fala-se, assim, em *negócio jurídico indireto*, instrumento pelo qual se pratica a fraude à lei, ou seja, o ato praticado pelas partes para, por meio do resultado típico do negócio, obter uma outra finalidade. Advirta-se que nem todo negócio jurídico indireto é ilícito. A título de ilustração, o negócio fiduciário, pelo qual alguém aliena um bem, não para transferi-lo ao adquirente, mas para conceder a este uma garantia, é hipótese de negócio *jurídico indireto lícito*. Tullio Ascarelli, em obra clássica sobre o instituto, após apontar que o negócio indireto pode ser lícito, reconhece que geralmente é ele utilizado como instrumento de fraude à lei:

> A distinção entre o negócio indirecto e o negócio simulado, considerada nas páginas anteriores, não deve, é óbvio, levar à conclusão de que o primeiro é sempre válido. Os fins visados pelas partes podem ser ilícitos; o negócio indirecto será, então, ilícito e, portanto, nulo. A ilicitude não recai, nesta hipótese, sobre a causa típica do negócio adoptado pelas partes, mas sobre o objetivo último por estas visado e ganha, portanto, relevância jurídica nos limites em que podem ser anulados os negócios cujos motivos (comuns a todas as partes) sejam ilícitos.
>
> Há, com efeito, normas jurídicas que não se limitam a disciplinar um determinado acto, mas têm em conta o resultado prático visado pelas partes, quaisquer que sejam os meios por elas escolhidos para consegui-lo; por isso, deve-se na aplicação de tais normas, tomar em consideração o fim visado pelas partes, e não sòmente a causa. Há outras, ao contrário, que só têm em vista determinado procedimento jurídico, sem curar dos fins para que é utilizado no caso concreto. A validade do negócio quanto aos seus fins indirectos deve ser examinada à luz das normas da primeira categoria. [...].
>
> Uma casuística muito rica no campo dos negócios indirectos fraudulentos é constituída pelos negócios com que as partes visam frustrar o interdito da estipulação dos juros ou o seu limite, eventualmente, em vigor em determinada legislação. Entre estes negócios, encontramos vendas a prazo seguidas de revendas a dinheiro por um preço inferior e vice-versa; vendas com preço indeterminado e multa determinada, e assim por diante, para não falar das confissões de haver obtido por empréstimo *gratis et amore Dei*, como se lê nos documentos marselheses publicados por BLANCARD, uma soma efetivamente superior à recebida.
>
> Portanto, em cada sistema positivo, os negócios indirectos, quanto à validade, devem ser considerados do ponto de vista duma fraude à lei e será este o elemento decisivo que também deveremos ter presente na investigação do direito moderno.[13]

Imagine-se, a título de exemplo, a hipótese fática do autor de uma herança considerável que constitui uma pessoa jurídica, caso de uma fundação, para, ano a ano

instituídos, até onde baste, e, não bastando, também os legados, na proporção do seu valor. §2º Se o testador, prevenindo o caso, dispuser que se inteirem, de preferência, certos herdeiros e legatários, a redução far-se-á nos outros quinhões ou legados, observando-se a seu respeito a ordem estabelecida no parágrafo antecedente".

13 ASCARELLI, Tullio. *O negócio jurídico indirecto*. Lisboa: Jornal do Fôro, 1965. p. 33-38.

e sucessivamente, esvaziar o seu patrimônio, com o intuito de retirar dos seus herdeiros necessários os seus bens e atribuir a outras pessoas, com quem alegadamente mantêm uma relação de profunda confiança. Por vezes, surgirá o argumento de que se trata de um planejamento sucessório lícito, que deve ser valorizado como exercício pleno da autonomia privada. Na situação descrita, é a partir da análise da finalidade buscada pelo agente que se pode verificar a fraude à lei, no caso a fraude à legítima. Nesse sentido, vejamos as precisas lições de Pontes de Miranda:

> A violação da lei cogente ainda pode ter importância nulificante quando se trate de *fraude à lei*, que se dá quando, pelo uso de outra categoria jurídica, ou de outro disfarce, se tenta alcançar o mesmo resultado jurídico que seria excluído pela regra jurídica cogente proibitiva. O *agere contra legem* não se confunde com o *agere in fraudem legis*: um infringe a lei, fere-a, viola-a, diretamente; o outro, respeitando-a, usa de maquinação, para que ela não incida; transgride a lei com a própria lei. A interpretação há de mostrar que só se quis obter o que, pelo caminho proibido, não se obteria. O que importa é o conteúdo do negócio jurídico; não a forma.[14]

Embora o Código Civil de 1916, em seu art. 145, não contemplasse expressamente a fraude à lei como hipótese ensejadora da invalidade do ato, nunca existiram dúvidas de que sua prática deveria conduzir à nulidade absoluta do negócio jurídico por meio do qual foi ela perpetrada. Assim, o Código Civil de 2002, em seu art. 166, inc. VI, nada mais fez do que explicitar uma regra que já fazia parte da interpretação dos juristas e julgadores da legislação anterior.

A *segunda regra de ouro* a ser considerada para o planejamento sucessório é a vedação dos pactos sucessórios ou *pacta corvina*, retirada do art. 426 do Código Civil em vigor, segundo o qual não pode ser objeto de contrato a herança de pessoa viva. A hipótese é de *nulidade absoluta virtual*, situada na segunda parte do art. 166, inc. VII, da própria codificação privada vigente, uma vez que a lei proíbe a prática do ato sem cominar sanção. A norma tem origem romana, diante de suposta imoralidade que havia na fusão dos atos contratuais e testamentários, entre outros argumentos.[15]

Talvez aqui esteja o principal óbice jurídico para muitos atos de organização sucessória praticados no nosso meio. Aplicando a norma, da realidade jurisprudencial, tem-se entendido pela nulidade de transações que digam respeito a heranças ainda não recebidas por um dos transatores. A título de exemplo:

---

[14] PONTES DE MIRANDA, Francisco Cavalcanti. *Tratado de direito privado*. 3. ed. Rio de Janeiro: Borsoi, 1970. t. IV. p. 200.

[15] Como pontua José Fernando Simão, explicando as suas raízes: "A grande razão trazida pela doutrina é de cunho moral e seus efeitos perante a sociedade. É o chamado votum alicujus mortis. O contrato que transfere a herança de pessoa viva só produz efeitos após a morte daquele que tem o bem ou bens transferidos. Assim, desperta-se o desejo de morte ou de antecipação de morte, daquele de quem a herança se trata. Um segundo motivo é a possível pressão a que se sujeitaria o herdeiro. Se ele puder, com o autor da herança ainda vivo, dispor da herança, em momento de dificuldade financeira momentânea estaria tentado a cedê-la onerosamente. Há um outro motivo de ordem lógico-jurídica. Não há herança de pessoa viva. Simplesmente, antes da morte de certa pessoa existe o sujeito titular de um patrimônio. Herança pressupõe o fato jurídico morte. Se meu pai está vivo, herança não há. Há patrimônio apenas" (SIMÃO, José Fernando. Repensando a noção de pacto sucessório: "de lege ferenda". *Carta Forense*, 2 fev. 2017. Disponível em: http://www.cartaforense.com.br/conteudo/colunas/repensando-a-nocao-de-pacto-sucessorio-de-lege-ferenda/17320. Acesso em: 21 maio 2019).

> Acórdão recorrido que manteve a nulidade de cessão de direitos hereditários em que os cessionários dispuseram de direitos a serem futuramente herdados, expondo motivadamente as razões pelas quais entendeu que o negócio jurídico em questão não dizia respeito a adiantamento de legítima, e sim de vedada transação envolvendo herança de pessoa viva. [...]. Embora se admita a cessão de direitos hereditários, esta pressupõe a condição de herdeiro para que possa ser efetivada. A disposição de herança, seja sob a forma de cessão dos direitos hereditários ou de renúncia, pressupõe a abertura da sucessão, sendo vedada a transação sobre herança de pessoa viva. (STJ, 4ª Turma. Ag. Int. no REsp nº 1.341.825/SC. Rel. Min. Raul Araújo, j. 15.12.2016. *DJe*, 10.2.2017).

> Na mesma linha, concluiu-se como:

> nula a partilha de bens realizada em processo de separação amigável que atribui ao cônjuge varão promessa de transferência de direitos sucessórios ou doação sobre imóvel pertencente a terceiros, seja por impossível o objeto, seja por vedado contrato sobre herança de pessoas vivas. (STJ, 4ª Turma. REsp nº 300.143/SP. Rel. Min. Aldir Passarinho Junior, j. 21.11.2006. *DJ*, 12.2.2007. p. 262).

Merece ser também citado o remoto aresto superior que entendeu pela nulidade absoluta de cláusula que previa a destinação dos rendimentos produzidos pelos ativos líquidos de uma sociedade após a morte dos fiduciantes, pois estava condicionada à sua inclusão no testamento destes (STJ, 4ª Turma. Ag. Rg. no Ag nº 375.914/RJ. Rel. Min. Sálvio de Figueiredo Teixeira, j. 18.12.2001. *DJ*, 11.3.2002. p. 263).

Por esses julgados, não se pode negar que o art. 426 do Código Civil representa outro sério entrave para muitos instrumentos que são buscados por herdeiros ou mesmo por pessoas que querem antecipar a divisão patrimonial de seus bens, evitando conflitos futuros. Por isso, existem propostas para que sejam incluídas exceções a essa regra ou mesmo que o comando seja revogado, *contratualizando-se* definitivamente o direito das sucessões brasileiro.

Propondo uma mitigação, José Fernando Simão, no seu texto aqui antes citado, sugere a inclusão de um parágrafo único no comando, passando a prever que, "por meio de pacto antenupcial, os nubentes podem convencionar que em caso de dissolução do casamento por morte, a partilha se faça por qualquer dos regimes previstos no Código Civil, ainda que distinto daquele convencionado".[16] Segundo ele, tal regra possibilitaria que os cônjuges tivessem uma dupla faculdade: a) adotar um regime restritivo como forma de se proteger de eventual divórcio e b) garantir uma proteção ao viúvo ou viúva, que, em caso de morte do seu consorte, passaria a ter direito à meação.[17] A proposta é louvável, sendo interessante incluir regra semelhante para a união estável e o contrato de convivência.

---

[16] SIMÃO, José Fernando. Repensando a noção de pacto sucessório: "de lege ferenda". *Carta Forense*, 2 fev. 2017. Disponível em: http://www.cartaforense.com.br/conteudo/colunas/repensando-a-nocao-de-pacto-sucessorio-de-lege-ferenda/17320. Acesso em: 21 maio 2019.

[17] SIMÃO, José Fernando. Repensando a noção de pacto sucessório: "de lege ferenda". *Carta Forense*, 2 fev. 2017. Disponível em: http://www.cartaforense.com.br/conteudo/colunas/repensando-a-nocao-de-pacto-sucessorio-de-lege-ferenda/17320. Acesso em: 21 maio 2019.

Também no sentido de relativizar o comando, Rolf Madaleno sugere que, mesmo no sistema em vigor, não se aplica o art. 426 do CC/2002 à renúncia prévia da herança pelo cônjuge ou companheiro, especialmente por meio de pacto antenupcial ou por contrato de convivência, por dois motivos. Primeiro porque se trata de renúncia abdicativa e não aquisitiva, como temiam os romanos com a *pacta corvina*. Segundo porque o herdeiro concorrente é herdeiro irregular e credor de um benefício *ex lege*, e não de uma herança universal, a que o cônjuge ou o convivente sobrevivos só têm direito quando vocacionados em terceiro lugar, nos termos do art. 1.829 do Código Civil.[18]

Com o devido respeito, acreditamos que a renúncia à herança antecipada por cônjuge ou companheiro, especialmente por meio de um contrato, ainda não é possível no atual sistema. Vale lembrar que o art. 1.655 do Código Civil estabelece que será nula de pleno direito a previsão inserida no pacto antenupcial que contravenha *disposição absoluta em lei*, entendida a violação de normas cogentes ou de ordem pública; afirmação que também vale para os contratos de convivência. Não se pode negar, nesse contexto, que, ao vedar os pactos sucessórios, o art. 426 da própria codificação privada encerra norma de ordem pública.

Por isso, concluímos que a renúncia prévia à herança pelo cônjuge ou companheiro somente será possível se houver a efetiva alteração do sistema legal brasileiro, a exemplo do que ocorreu recentemente em Portugal, a respeito do casamento. Naquele país, está em vigor, desde setembro de 2018, a Lei nº 48/2018. Com a nova redação dada ao art. 1.700, item 1, da codificação portuguesa, a "convenção antenupcial pode conter: c) renúncia recíproca à condição de herdeiro legitimário do outro cônjuge". Sem prejuízo de outras previsões, foi inserido um item 3 no dispositivo, passando a estabelecer que "a estipulação referida na alínea c) do n. 1 apenas é admitida caso o regime de bens, convencional ou imperativo, seja o da separação". Em suma, somente no regime da separação total de bens, seja legal ou convencional, é possível essa renúncia prévia, o que demonstra uma aplicação bem restrita.

3 Mecanismos tradicionais para a efetivação do planejamento sucessório

No presente tópico abordaremos quatro instrumentos tidos como *tradicionais* para a efetivação do planejamento sucessório, a saber: a) a escolha por um ou outro regime de bens no casamento ou na união estável; b) a realização de atos de disposição em vida, de doações; c) a elaboração de testamentos; e d) a partilha em vida. Anote-se que se utiliza o termo *tradicionais* pelo fato de estarem essas categorias consolidadas na teoria e na prática do direito privado brasileiro, havendo previsão quanto a elas já na codificação anterior, de 1916.

A *escolha por um ou outro regime de bens* ganhou notável importância sucessória no Código Civil de 2002, pelo fato de influenciar na concorrência do cônjuge – e agora também do companheiro, no mesmo preceito –, em relação aos descendentes do falecido. Conforme a dicção literal do seu art. 1.829:

---

[18] MADALENO, Rolf. Renúncia de herança em pacto antenupcial. *Revista de Direito das Famílias e Sucessões*, Belo Horizonte, n. 27, p. 9-57, 2018.

a sucessão legítima defere-se na ordem seguinte:
I – aos descendentes, em concorrência com o cônjuge sobrevivente, salvo se casado este com o falecido no regime da comunhão universal, ou no da separação obrigatória de bens (art. 1.640, parágrafo único); ou se, no regime da comunhão parcial, o autor da herança não houver deixado bens particulares.

Pela literalidade da norma, não haverá concorrência sucessória do cônjuge ou companheiro com os descendentes nos seguintes regimes de bens: a) comunhão universal de bens; b) separação obrigatória ou legal, imposta pela norma jurídica, nos termos do art. 1.641 da codificação; c) comunhão parcial de bens, não havendo bens particulares. Por exclusão, haverá concorrência sucessória nas hipóteses relativas aos regimes não mencionados no dispositivo, a saber: a) participação final nos aquestos; b) separação convencional de bens, decorrente de pacto antenupcial ou contrato de convivência; e c) comunhão parcial de bens, havendo bens particulares, situação mais comum na prática.

Sabe-se que intensos foram os debates no âmbito da jurisprudência superior a respeito das duas últimas hipóteses, justamente porque se chegou a entender no Superior Tribunal de Justiça que a escolha do regime de bens geraria efeitos não só em vida, mas também após a morte. Essa solução jurisprudencial antes adotada *potencializava* a escolha pelo regime como instrumento de planejamento sucessório e acabava por baralhar os contratos – representados pelos regimes de bens – e as heranças, em afronta indireta ao art. 426 do Código Civil de 2002.

Nesse contexto, cumpre lembrar que a Corte Superior, em um primeiro julgado relatado pela Ministra Nancy Andrighi, entendia que, no regime da separação convencional de bens, não haveria concorrência sucessória, pois:

> o regime da separação obrigatória de bens, previsto no art. 1.829, inc. I, do CC/2002, é gênero que congrega duas espécies: (i) separação legal, (ii) separação convencional. Uma decorre da lei e outra da vontade das partes, e ambas obrigam os cônjuges, uma vez estipulado o regime da separação de bens, à sua observância. Não remanesce, para o cônjuge casado mediante separação de bens, direito à meação, tampouco à concorrência sucessória, respeitando-se o regime de bens estipulado, que obriga as partes na vida e na morte. Nos dois casos, portanto, o cônjuge não é herdeiro necessário. (STJ, 3ª Turma. REsp nº 992.749/MS. Rel. Min. Nancy Andrighi, j. 1º12.2009. *DJe*, 5.2.2010).

Esse entendimento, contudo, acabou por ser superado pelo próprio Tribunal da Cidadania, que consolidou posição totalmente contrária em sua Segunda Seção. Nos termos do acórdão de superação e pacificação a respeito do assunto:

> quem determina a ordem da vocação hereditária é o legislador, que pode construir um sistema para a separação em vida diverso do da separação por morte. E ele o fez, estabelecendo um sistema para a partilha dos bens por *causa mortis* e outro sistema para a separação em vida decorrente do divórcio. Se a mulher se separa, se divorcia, e o marido morre, ela não herda. Esse é o sistema de partilha em vida. Contudo, se ele vier a morrer durante a união, ela herda porque o Código a elevou à categoria de herdeira. São, como se vê, coisas diferentes. Ademais, se a lei fez algumas ressalvas quanto ao direito de herdar em razão do regime de casamento ser o de comunhão universal ou parcial, ou de separação obrigatória, não fez

nenhuma quando o regime escolhido for o de separação de bens não obrigatório, de forma que, nesta hipótese, o cônjuge casado sob tal regime, bem como sob comunhão parcial na qual não haja bens comuns, é exatamente aquele que a lei buscou proteger, pois, em tese, ele ficaria sem quaisquer bens, sem amparo, já que, segundo a regra anterior, além de não herdar (em razão da presença de descendentes) ainda não haveria bens a partilhar. Essa, aliás, é a posição dominante hoje na doutrina nacional, embora não unissona. (STJ. REsp nº 1.382.170/SP. Rel. Min. Paulo Dias Moura Ribeiro, Rel. para acórdão Min. João Otávio de Noronha, j. 22.4.2015. *DJe*, 26.5.2015).

Seguiu-se, portanto, a linha adotada pelo legislador codificado, no sentido de que, *se o cônjuge (e agora também o companheiro) meia, ele não herda; se herda, não meia*. A frase foi cunhada pelo Professor e Desembargador do Tribunal Paulista Claudio Luiz Bueno de Godoy, explicando muito bem o sistema sucessório nacional, sendo repetida, com claro intuito didático, por outros professores e doutrinadores. Apesar de parecer plausível, e até baseada em um suposto *bom senso*, a afirmação de que na separação convencional não deve haver concorrência sucessória entra em conflito com as balizas estruturais do sistema sucessório previsto no Código Civil de 2002. Para corrigir este suposto equívoco, apontado muitas vezes na prática, há a necessidade de uma profunda reforma legislativa.

Pelas mesmas premissas, também houve polêmica e debate no âmbito da jurisprudência superior quanto à concorrência sucessória do cônjuge com os descendentes na comunhão parcial de bens, havendo bens particulares do falecido. Como se retira do *decisum* que levantou a divergência, novamente relatado pela Ministra Nancy Andrighi:

> preserva-se o regime da comunhão parcial de bens, de acordo com o postulado da autodeterminação, ao contemplar o cônjuge sobrevivente com o direito à meação, além da concorrência hereditária sobre os bens comuns, mesmo que haja bens particulares, os quais, em qualquer hipótese, são partilhados apenas entre os descendentes. (STJ, 3ª Turma. REsp nº 1.117.563/SP. Rel. Min. Nancy Andrighi, j. 17.12.2009. *DJe*, 6.4.2010).

Essa forma de julgar também foi reparada posteriormente no âmbito da Segunda Seção do Tribunal, concluindo-se, na linha do Enunciado nº 270 da *III Jornada de Direito Civil* e da doutrina majoritária:

> nos termos do art. 1.829, I, do Código Civil de 2002, o cônjuge sobrevivente, casado no regime de comunhão parcial de bens, concorrerá com os descendentes do cônjuge falecido somente quando este tiver deixado bens particulares. A referida concorrência dar-se-á exclusivamente quanto aos bens particulares constantes do acervo hereditário do "de cujus". (STJ, 2ª Seção. REsp nº 1.368.123/SP. Rel. Min. Sidnei Beneti, Rel. p/ acórdão Min. Raul Araújo, j. 22.4.2015. *DJe*, 8.6.2015).

Desse modo, nas duas pacificações jurisprudenciais, houve uma diminuição dos efeitos, para o planejamento sucessório, da escolha de um ou outro regime de bens, não podendo esse exercício da autonomia privada, por si só e sem amparo nas preferências do legislador, influenciar totalmente na concorrência do cônjuge – e agora também do companheiro –, em relação aos descendentes.

Como segundo instrumento tradicional de planejamento sucessório, e talvez o mais utilizado em nosso país na atualidade, destaque-se a *doação*, ato de liberalidade por excelência definido pelo art. 538 do Código Civil, como "o contrato em que uma pessoa, por liberalidade, transfere do seu patrimônio bens ou vantagens para o de outra". Com relação a tal negócio jurídico, muitas são as possibilidades de sua utilização como forma de concretizar a partilha em vida, facilitando a divisão posterior dos bens. Vejamos apenas três delas.

A primeira delas, e mais comum, é a doação com reserva de usufruto ou doação com *usufruto deducto*. Esse mecanismo geralmente é utilizado em casos de vasto patrimônio imobiliário em que um dos cônjuges falece. Estabelece-se então a divisão equânime desse patrimônio em lotes de imóveis, realizando um sorteio e atribuindo a nua propriedade aos filhos. O cônjuge sobrevivente fica com o usufruto sobre todo o monte. Sucessivamente, com o seu falecimento, esse usufruto é extinto, não havendo a necessidade de abrir um novo inventário, pois os bens já se encontram divididos entre os seus herdeiros. Não se pode admitir que algum entrave tributário vede essa forma de planejamento sucessório, sendo possível atribuir a fração de 1/3 ao monte representado pelo usufruto e 2/3 sobre a nua propriedade, para fins de incidência de impostos. Com isso, o equilíbrio na partilha é mantido, sem que haja *oficiosidade*, ou seja, afronta à quota dos herdeiros necessários.

Outra forma de doação que pode ser utilizada como forma de planejamento sucessório é a *doação com cláusula de reversão*, prevista no art. 547 do Código Civil. Conforme o seu teor, o doador pode estipular que os bens doados voltem ao seu patrimônio, se sobreviver ao donatário. É possível conciliar essa cláusula com a reserva de usufruto, completando o mecanismo sucessório ora citado, retornando o patrimônio ao cônjuge sobrevivente caso haja a morte de seus filhos, para uma nova partilha. Não se pode esquecer, contudo, que a cláusula de retorno é personalíssima para o doador, não prevalecendo em favor de terceiro (parágrafo único do art. 547). Trata-se de hipótese de nulidade absoluta, por afronta à proibição do art. 426 da própria codificação. Vedada está, assim, a *doação sucessiva*, pois, para gerar efeitos a ela similares, existem o testamento e as formas de substituição testamentária.

Como terceiro instrumento de liberalidade a ser citado, o art. 551 do Código Civil trata da *doação conjuntiva*, que pode ser estabelecida em favor de dois filhos, por exemplo, ou para um filho e o seu cônjuge. Prevê o comando citado que, salvo declaração em contrário, a doação em comum a mais de uma pessoa entende-se distribuída entre elas por igual. Há, assim, a presunção relativa de divisão igualitária entre os donatários (*concursu partes fiunt*), o que pode ser afastado pelo teor do ato de liberalidade. Em complemento, o mesmo diploma enuncia, em seu parágrafo único, que, "se os donatários, em tal caso, forem marido e mulher, subsistirá na totalidade a doação para o cônjuge sobrevivo". Há, no comando, um *direito de acrescer legal* entre os donatários se eles forem casados, existindo debate sobre se a norma se aplica ou não aos companheiros. *A priori*, a nossa opinião doutrinária é negativa, pelo fato de ser a norma de cunho especial e afeita ao direito contratual. A nossa interpretação sobre o *decisum* do STF aqui antes comentado é que ele repercute apenas para o plano sucessório. A afirmação de ser o companheiro herdeiro necessário, contudo, não tem o condão de atingir a regra da doação conjuntiva.

Por fim, o testamento também é um importante e tradicional mecanismo de planejamento sucessório. Talvez seja um dos mais eficientes, por fugir do entrave da segunda *regra de ouro*, constante do art. 426 do Código Civil. Além da possibilidade de ter um conteúdo patrimonial, o Código Civil em vigor é expresso ao prever as disposições testamentárias de caráter não patrimonial (art. 1.857, §2º). A título de exemplo das últimas, é possível reconhecer um filho por ato de última vontade, constituir uma fundação com o nome do falecido, nomear administradores e atualizadores de obras ou criações intelectuais, determinar o destino de material genético ou de embriões, fazer recomendações de caráter ético e comportamental aos filhos e netos, tratar do uso de conteúdo digital *post mortem*, entre outras previsões com grandes repercussões práticas na contemporaneidade.

Apesar de um aumento, nos últimos anos, das elaborações de testamento, motivado por um incremento de uma *consciência patrimonial* e pelos problemas sucessórios criados pelo Código de 2002, a verdade é que o brasileiro pouco testa. Como já destacou a primeira autora deste texto:

> o brasileiro não gosta, em princípio, de falar a respeito da morte, e sua circunstância é ainda bastante mistificada e resguardada, como se isso servisse para "afastar maus fluidos e más agruras...". Assim, por exemplo, não se encontra arraigado em nossos costumes o hábito de adquirir, por antecipação, o lugar destinado ao nosso túmulo ou sepultura, bem como não temos, de modo mais amplamente difundido, o hábito de contratar seguro de vida, assim como, ainda não praticamos, em escala significativa, a doação de órgãos para serem utilizados após a morte. Parece que essas atitudes, no dito popular, "atraem o azar".[19]

Sem falar que o brasileiro não é muito afeito a planejamentos, movido socialmente pelo popular *jeitinho* e deixando a resolução de seus problemas para a última hora. No caso da morte, cabe ressaltar, a *última hora já passou*.

Entendemos que é preciso superar esses antigos *costumes negativos*, de não planejar o futuro e de deixar para os herdeiros a divisão de bens e as muitas vezes intermináveis disputas sucessórias. Não se pode negar, contudo, a persistência de *paredes burocráticas* em relação aos atos de última vontade, que deveriam ser facilitados, como com a possibilidade de realização de manifestações de vontade pela via digital. Com isso, talvez esse mecanismo tradicional de planejamento seja incrementado nos próximos anos, quebrando-se a afirmação de que o brasileiro não testa.

Como último mecanismo tradicional para a efetivação do planejamento sucessório, tem-se a *partilha em vida*, que, segundo Paulo Lôbo, pode assumir três formas: a testamentária, a doação e a partilha *inter vivos*.[20] Sobre a última, aponta o doutrinador tratar-se da *legítima partilha em vida*, sendo certo que:

> essa modalidade genuína de partilha em vida, com finalidade de antecipação da partilha da herança, mas sem antecipação das titularidades, não é exclusiva, nada impedindo que ela se dê também mediante doação única aos herdeiros, com identificação de suas partes,

[19] HIRONAKA, Giselda Maria Fernandes Novaes. *Direito das sucessões*. 4. ed. São Paulo: RT, 2012. p. 263-264.

[20] LÔBO, Paulo. *Direito civil*: sucessões. 5. ed. São Paulo: Saraiva, 2019. v. 6. p. 315.

com ou sem reserva de usufruto ao autor, no que igualmente se realizaria a função social da norma.[21]

E, sobre a sua utilização para os fins que ora estamos tratando, arremata:

> a partilha em vida tem sido utilizada para o chamado planejamento sucessório, notadamente quando o interessado é titular da participação em atividades empresariais. É também meio lícito para afastar a sucessão concorrente do cônjuge ou do companheiro (Dias, 2008, p. 145), para que os filhos não tenham correspondente desfalque na herança.[22]

Além desses mecanismos de planejamento sucessório tidos como tradicionais, existem outros tidos como *novos*, que passamos a analisar no próximo tópico.

4 Novos mecanismos para a efetivação do planejamento sucessório

Como mecanismos contemporâneos para a efetivação do planejamento sucessório, serão brevemente analisados a *holding familiar* e o *trust*.

Sobre o primeiro, explica Rodrigo Toscano de Brito que o verbo *to hold* significa segurar, manter, controlar, guardar, sendo a *holding familiar* uma sociedade ou empresa individual de sociedade limitada (Eireli) que detém participação societária em outra pessoa jurídica com a finalidade de controlar "o patrimônio da família para fins de organização patrimonial, diminuição de custo tributário e planejamento sucessório".[23] Ainda segundo o autor, a constituição pode se dar por meio de uma sociedade simples ou empresária, o que é definido pelos próprios membros da família. Entre as suas funções e utilidades, destaca a maior possibilidade de conter os conflitos entre os membros da família, sem afetar a sociedade controlada, que continua produzindo riquezas, mantendo os seus funcionários e pagando os tributos.[24]

Apesar das palavras de incentivo do jurista, que vê no instituto um importante instrumento de planejamento sucessório, a verdade é que a categoria esbarra na *segunda regra de ouro* aqui antes apontada, qual seja a vedação dos pactos sucessórios ou *pacta corvina*, retirada do art. 426 do Código Civil. Conforme esse preceito, repise-se, não pode ser objeto de contrato a herança de pessoa viva. Reitere-se que a situação é de nulidade absoluta virtual, situada na segunda parte do art. 166, inc. VII, da própria codificação privada, uma vez que a lei proíbe a prática do ato sem cominar sanção. O próprio Rodrigo Toscano de Brito acaba por reconhecer esse sério entrave, apesar de não se filiar a ele:

---

21 LÔBO, Paulo. *Direito civil*: sucessões. 5. ed. São Paulo: Saraiva, 2019. v. 6. p. 316-317.

22 LÔBO, Paulo. *Direito civil*: sucessões. 5. ed. São Paulo: Saraiva, 2019. v. 6. p. 317.

23 BRITO, Rodrigo Toscano de. Planejamento sucessório por meio de holdings: limites e suas principais funções. *In*: PEREIRA, Rodrigo da Cunha; DIAS, Maria Berenice (Coord.). *Família e sucessões*: polêmicas, tendências e inovações. Belo Horizonte: IBDFAM, 2018. p. 672.

24 BRITO, Rodrigo Toscano de. Planejamento sucessório por meio de holdings: limites e suas principais funções. *In*: PEREIRA, Rodrigo da Cunha; DIAS, Maria Berenice (Coord.). *Família e sucessões*: polêmicas, tendências e inovações. Belo Horizonte: IBDFAM, 2018. p. 672.

> Por um lado, teríamos que admitir que se as pessoas se reúnem em sociedade cujo objeto principal é a detenção e administração de todo patrimônio da família, por exemplo, e ali se planeja a sucessão, não haveria como negar, *a priori*, a afronta à regra da vedação do pacto sucessório, se analisado de modo pontual, apenas à luz do art. 426 do Código Civil. Esse é um viés relevante em relação ao tema aqui tratado, mas se assim admitirmos, todos os atos praticados no Brasil com essas características seriam nulos. E não são poucos.
> Preferimos pensar diferente. De fato, é possível se organizar em sociedade ou por meio de outras formas de constituição de pessoas jurídicas, dentro dos limites da autonomia privada e desde que não se afronte a legítima, que é segunda regra que não se pode perder de vista. Assim, parece-nos que todos os contratos existentes dentro dos limites das normas sucessórias são válidos e eficazes, inclusive de constituição de *holdings*, para fins de planejamento sucessório, diante de uma interpretação conforme a harmonização das regras sobre liberdade e as limitações aqui referidas, presentes no Código Civil.[25]

Com o devido respeito, como têm sido estabelecidos no Brasil, tais negócios jurídicos podem ser tidos como nulos de pleno direito. Se são muitos, como consta do texto transcrito, então há uma realidade jurídica e social em que a nulidade absoluta acabou por ser propagada de maneira continuada em nosso país, sob o manto do *planejamento sucessório*. Se há uma sociedade – que tem natureza contratual –, instituída com o objetivo de administrar os bens de alguém ou de uma família e de dividir esses mesmos bens em caso de falecimento, a afronta ao art. 426 do Código Civil parece-nos clara.

Esse argumento independe da existência de fraude ou simulação na constituição da sociedade, o que pode ensejar a invalidade ou ineficácia por outros argumentos, a depender do vício presente no ato. No caso da fraude à lei, da presença do citado *negócio jurídico indireto ilícito*, o fundamento da nulidade está no art. 166, inc. VI, do Código Civil. Quanto à simulação, o art. 167 da própria codificação material estabelece a invalidade, por nulidade textual.[26] E não se olvide, conforme o Enunciado nº 152, aprovado na *III Jornada de Direito Civil*, que toda simulação, inclusive a inocente, é invalidante. No campo prático, a própria jurisprudência superior já reconheceu a viabilidade de debater o vício da simulação no caso de instituição de uma *holding*:

> COMERCIAL. CIVIL E PROCESSO CIVIL. USUFRUTO. CONSERVAÇÃO DA COISA. DEVER DO USUFRUTUÁRIO. NULIDADE. SIMULAÇÃO. LEGITIMIDADE. TERCEIRO INTERESSADO. REQUISITOS. OPERAÇÃO SOCIETÁRIA. ANULAÇÃO. LEGITIMIDADE. CONDIÇÕES DA AÇÃO. ANÁLISE. TEORIA DA ASSERÇÃO. APLICABILIDADE. DISPOSITIVOS LEGAIS ANALISADOS. ARTS. 168 DO CC/02. E 3º, 6º E 267, VI, DO CPC. [...] . 2. Recurso Especial que discute a legitimidade do nu-proprietário de quotas sociais de *holding* familiar para pleitear a anulação de ato societário praticado por empresa

---

25 BRITO, Rodrigo Toscano de. Planejamento sucessório por meio de holdings: limites e suas principais funções. *In*: PEREIRA, Rodrigo da Cunha; DIAS, Maria Berenice (Coord.). *Família e sucessões*: polêmicas, tendências e inovações. Belo Horizonte: IBDFAM, 2018. p. 671.

26 CC/2002: "Art. 167. É nulo o negócio jurídico simulado, mas subsistirá o que se dissimulou, se válido for na substância e na forma. §1º Haverá simulação nos negócios jurídicos quando: I – aparentarem conferir ou transmitir direitos a pessoas diversas daquelas às quais realmente se conferem, ou transmitem; II – contiverem declaração, confissão, condição ou cláusula não verdadeira; III – os instrumentos particulares forem antedatados, ou pós-datados. §2º Ressalvam-se os direitos de terceiros de boa-fé em face dos contraentes do negócio jurídico simulado".

> pertencente ao grupo econômico, sob a alegação de ter sido vítima de simulação tendente ao esvaziamento do seu patrimônio pessoal. 3. O usufruto. Direito real transitório de fruir temporariamente de bem alheio como se proprietário fosse. Pressupõe a obrigação de preservar a substância da coisa, sem qualquer influência modificativa na nua-propriedade, cabendo ao usufrutuário a conservação da coisa como *bonus pater famílias*, restituindo-a no mesmo estado em que a recebeu. 4. As nulidades decorrentes de simulação podem ser suscitadas por qualquer interessado, assim entendido como aquele que mantenha frente ao responsável pelo ato nulo uma relação jurídica ou uma situação jurídica que venha a sofrer uma lesão ou ameaça de lesão em virtude do ato questionado. 5. Ainda que, como regra, a legitimidade para contestar operações internas da sociedade seja dos sócios, hão de ser excepcionadas situações nas quais terceiros estejam sendo diretamente afetados, exatamente como ocorre na espécie, em que a administração da sócia majoritária, uma *holding* familiar, é exercida por usufrutuário, fazendo com que os nu-proprietários das quotas tenham interesse jurídico e econômico em contestar a prática de atos que estejam modificando a substância da coisa dada em usufruto, no caso pela diluição da participação da própria *holding* familiar em empresa por ela controlada. [...]. (STJ, 3ª Turma. REsp nº 1.424.617/RJ. Rel. Min. Nancy Andrighi. *DJe*, 16.6.2014).

Cite-se, ainda, situação de maior gravidade analisada pelo Tribunal de Justiça de São Paulo, em que se reconheceu que a *holding* familiar foi utilizada com intuito de desvio de dinheiro público, caracterizando improbidade administrativa:

> AÇÃO CIVIL PÚBLICA. Improbidade administrativa. Itapetininga. Hospital Regional. Gestão terceirizada. Oscip. Fraude. *Holding* familiar. Patrimônio. Origem. Desvio de dinheiro público. Fortes indícios. Indisponibilidade de bens. Possibilidade: Cabível a indisponibilidade de bens quando presentes fortes indícios de que o patrimônio da sociedade, constituída como *holding* familiar, proveio do desvio de dinheiro público. (TJSP, 10ª Câmara de Direito Público. Agravo de Instrumento nº 2110897-08.2016.8.26.0000, Acórdão nº 9.581.506, Itapetininga. Rel. Des. Teresa Ramos Marques, j. 4.7.2016. *DJESP*, 1º8.2016).

Demonstrados esses entraves e a possibilidade de configuração de fraudes, no que diz respeito ao *trust*, como aponta Milena Donato Oliva, a categoria é comum nos países do sistema da *common law*, tendo "instrumentos compatíveis com os ordenamentos da família romano-germânica". A autora demonstra o tratamento constante da Convenção de Haia, que reconhece na figura a presença de um patrimônio em separado estruturado da seguinte forma:

> Nessa esteira, a Convenção de Haia estabelece que (i) os bens em *trust* constituem patrimônio separado, que não se confunde com o patrimônio pessoal do *trustee*; (ii) a titularidade dos bens em *trust* fica em nome do *trustee*; (iii) o *trustee* tem o poder e o dever, do qual deve prestar constas, de administrar, gerir ou dispor dos bens, de acordo com os termos do *trust* e com os deveres específicos que lhe são impostos por lei; (iv) os credores pessoais do *trustee* não podem excutir os bens em *trust*; (v) os bens em *trust* não serão arrecadados na hipótese da insolvência ou falência do *trustee*; e (vi) os bens em *trust* não integram o patrimônio da sociedade conjugal nem o espólio do *trustee*.[27]

[27] OLIVA, Milena Donato. Trust. *In*: TEIXEIRA, Daniele Chaves (Coord.). *Arquitetura do planejamento sucessório*. Belo Horizonte: Fórum, 2018. p. 367-368.

Esclareça-se, na linha das lições colacionadas, que o *trustee* é quem recebe a titularidade das situações jurídicas conferidas em *trust*, sendo proprietário desses direitos e responsável pela sua administração. Existem, ainda, duas figuras envolvidas, sendo a primeira delas o seu instituidor, que é o *settlor*. A segunda é o *cestui que trust*, que é o beneficiário da instituição, sendo o destinatário de todos os benefícios econômicos que derivam do *trust*. Como conclui a jurista por último citada, o *trust* não é equiparável a qualquer instituto jurídico do ordenamento jurídico brasileiro.[28]

A compreensão da estrutura descrita já demonstra uma série de problemas que podem surgir na realidade jurídica brasileira, notadamente diante da existência de autonomia entre o patrimônio em *trust* e os bens pessoais do *trustee*. Em uma realidade social na qual prosperam mecanismos jurídicos utilizados com intuito de fraude e a busca de *sofisticados* meios de blindagem patrimonial, criados para que os interessados se furtem de dívidas antes constituídas, a instituição do *trust* não pode e não deve resistir perante as alegações de simulação, fraude contra credores, fraude à execução, ou mesmo diante da possibilidade de aplicação do instituto da desconsideração da personalidade jurídica, em qualquer uma de suas modalidades, seja a regular (art. 50 do CC/2002) ou a inversa (art. 133, §2º, do CPC/2015).

Eventualmente, caso haja lesão aos bens que compõem a quota dos herdeiros necessários, pode-se falar, ainda, em fraude à legítima e em um *negócio jurídico indireto ilícito*, presente a nulidade absoluta da sua instituição por lesão a preceitos de ordem pública, havendo o objetivo de fraude à lei imperativa (art. 166, inc. VI, do CC).

Ademais, parece-nos que muitas vezes a instituição do *trust* como mecanismo de planejamento sucessório tem como objetivo a gestão e a divisão futura de bens de uma pessoa ainda viva, entrando em conflito com o teor do antes citado art. 426 do Código Civil. Haveria, assim, problema similar ao que ocorre com a *holding* familiar e que ora descrevemos.

Como palavras finais sobre o tema, como conclusão definitiva para este artigo, pensamos que é necessário alterar a legislação brasileira, mitigando-se a regra relativa às vedações dos pactos sucessórios prevista na codificação privada no seu art. 426. Esse é o melhor caminho para que o planejamento sucessório seja concretizado na realidade jurídica brasileira, prestigiando-se a autonomia privada e a possibilidade de as famílias buscarem as melhores estratégias para a divisão futura de seus bens. Outro aspecto que merece ser revisto é a proteção da legítima, reduzindo-a a patamar inferior, como desenvolvemos oportunamente.

Referências

ALVES, José Carlos Moreira. *Direito romano*. 17. ed. Rio de Janeiro: Forense, 2016.

ASCARELLI, Tullio. *O negócio jurídico indirecto*. Lisboa: Jornal do Fôro, 1965.

BEVILÁQUA, Clóvis. *Direito das sucessões*. Edição histórica. Rio de Janeiro: Rio Editora, 1983.

---

28 OLIVA, Milena Donato. Trust. *In*: TEIXEIRA, Daniele Chaves (Coord.). *Arquitetura do planejamento sucessório*. Belo Horizonte: Fórum, 2018. p. 367-368.

BRITO, Rodrigo Toscano de. Planejamento sucessório por meio de holdings: limites e suas principais funções. *In*: PEREIRA, Rodrigo da Cunha; DIAS, Maria Berenice (Coord.). *Família e sucessões*: polêmicas, tendências e inovações. Belo Horizonte: IBDFAM, 2018.

DELGADO, Mário Luiz; MARINHO JÚNIOR, Janio Urbano. Fraudes no planejamento sucessório. *In*: TEIXEIRA, Daniele Chaves (Coord.). *Arquitetura do planejamento sucessório*. Belo Horizonte: Fórum, 2018.

GAGLIANO, Pablo Stolze; PAMPLONA FILHO, Rodolfo. *Novo curso de direito civil*: direito das sucessões. 3. ed. São Paulo: Saraiva, 2016. v. 7.

HIRONAKA, Giselda Maria Fernandes Novaes. *Direito das sucessões*. 4. ed. São Paulo: RT, 2012.

LEITE, Eduardo de Oliveira. *Comentários ao novo Código Civil*. Rio de Janeiro: Forense, 2003. v. XXI.

LÔBO, Paulo. *Direito civil*: sucessões. 5. ed. São Paulo: Saraiva, 2019. v. 6.

MADALENO, Rolf. Renúncia de herança em pacto antenupcial. *Revista de Direito das Famílias e Sucessões*, Belo Horizonte, n. 27, p. 9-57, 2018.

OLIVA, Milena Donato. Trust. *In*: TEIXEIRA, Daniele Chaves (Coord.). *Arquitetura do planejamento sucessório*. Belo Horizonte: Fórum, 2018.

PONTES DE MIRANDA, Francisco Cavalcanti. *Tratado de direito privado*. 3. ed. Rio de Janeiro: Borsoi, 1970. t. IV.

SIMÃO, José Fernando. Repensando a noção de pacto sucessório: "de lege ferenda". *Carta Forense*, 2 fev. 2017. Disponível em: http://www.cartaforense.com.br/conteudo/colunas/repensando-a-nocao-de-pacto-sucessorio-de-lege-ferenda/17320. Acesso em: 21 maio 2019.

TARTUCE, Flávio. Dação em pagamento: simulação. *Revista de Direito Privado*, São Paulo, n. 56, out./dez. 2013.

TEIXEIRA, Daniele. Noções prévias do direito das sucessões: sociedade, funcionalização e planejamento sucessório. *In*: TEIXEIRA, Daniele Chaves (Coord.). *Arquitetura do planejamento sucessório*. Belo Horizonte: Fórum, 2018.

Informação bibliográfica deste texto, conforme a NBR 6023:2018 da Associação Brasileira de Normas Técnicas (ABNT):

HIRONAKA, Giselda Maria Fernandes Novaes; TARTUCE, Flávio. Planejamento sucessório: conceito, mecanismos e limitações. *In*: TEIXEIRA, Daniele Chaves (Coord.). *Arquitetura do planejamento sucessório*. 3. ed. Belo Horizonte: Fórum, 2022. p. 449-466. Tomo I. ISBN 978-65-5518-459-4.

SUCESSÃO E CLÁUSULAS RESTRITIVAS

EROULTHS CORTIANO JUNIOR

§1º A propriedade e suas limitações. O direito de propriedade estrutura-se sobre os chamados poderes proprietários: aquele que é titular do direito de propriedade tem garantida a "faculdade de usar, gozar e dispor da coisa, e o direito de reavê-la do poder de quem quer que injustamente a possua ou detenha" (Código Civil, art. 1.228).[1] É dizer, independente do modo de aquisição (negócio jurídico, sucessão *causa mortis*, usucapião, etc.), o proprietário poderá explorar economicamente a coisa usando-a, retirando seus frutos, e alienando-a; além disso, e justamente para garantir seu *status* de proprietário, poderá reivindicar a coisa daquele que injustamente a detiver.[2]

Por outro lado, o patrimônio material da pessoa é constituído pelas coisas, e esse patrimônio garante suas dívidas, já que "o devedor responde com todos os seus bens presentes e futuros para o cumprimento de suas obrigações" (Código de Processo Civil, art. 789), salvo as restrições estabelecidas em lei. Assim, ao titularizar a propriedade de uma coisa, o proprietário ingressa uma situação jurídica que lhe garante a satisfação de interesses materiais (não só os materiais, porque a propriedade é acesso também aos bens existenciais) pelo exercício dos poderes proprietários, ao tempo que, pelo patrimônio, pode assumir obrigações garantidas aos seus credores.

O direito de propriedade pode sofrer limitações variadas, por força do interesse público ou em razão de interesses particulares. No primeiro caso, estão as chamadas limitações de Direito Administrativo ou de Direito Público, no mais das vezes veiculadas

1 Evidentemente, o exercício dos poderes proprietários deve dar-se conforme a função social da propriedade: em decorrência do inciso XXIV do art. 5º da Constituição Federal, a funcionalização da propriedade passa a constituir o próprio conceito e conteúdo do direito de propriedade. Sobre a ideia de poderes proprietários e função social da propriedade, seja consentido remeter a CORTIANO JUNIOR, Eroulths. *O discurso jurídico da propriedade e suas rupturas*. Uma análise do ensino do Direito de Propriedade. Rio de Janeiro: Renovar, 2002.

2 Não se pode deixar de mencionar que a ordem jurídica trabalha com vários estatutos proprietários. Conforme as qualidades da coisa apropriada, ou as características do sujeito proprietário, poderá haver regimes jurídicos diferenciados. Assim, por exemplo, o regime jurídico de um imóvel de especial interesse histórico, ou ambiental, ou arquitetônico, será diferente do estatuto legal de um imóvel que não tenha esse interesse. A expressão "a propriedade e as propriedades", encontrada em Salvatore Pugliatti e Paolo Grossi, bem reflete essa ordem de coisas.

por intermédio de posturas municipais acerca de proibição ou obrigação de construir e edificar em bens imóveis, ou as limitações de requisição temporária de bens. As limitações administrativas envolvem, em suma, a subtração de certas faculdades ao proprietário ou a atribuição de certos deveres a ele.

No segundo caso estão as chamadas limitações de Direito Privado ou de Direito Civil. São também imposições de deveres ou retirada de certas faculdades ao proprietário, mas que decorrem da necessidade de harmonizar, entre vários particulares, o exercício das respectivas titularidades. É que o exercício dos poderes proprietários por seu titular pode repercutir, prejudicar ou tumultuar o exercício da propriedade por outros particulares em imóveis próximos, contíguos ou não. Por outras palavras, o modo do exercício da propriedade por uma pessoa em sua coisa pode dificultar o exercício da propriedade pelo vizinho na coisa dele. Sempre que o exercício da propriedade repercutir no exercício do direito de propriedade de outrem, há um conflito que o Direito busca evitar ou resolver. Essas limitações aparecem na regulação dos conflitos de vizinhança e na regulação do condomínio em edifícios, quando, por exemplo, se proíbem interferências no sossego, saúde e segurança do imóvel vizinho (Código Civil, art. 1.277) ou se sanciona o comportamento antissocial dos condôminos edilícios (Código Civil, art. 1.337, parágrafo único).[3]

Ao lado das limitações de Direito Administrativo e de Direito Civil, pode-se falar em *limitações voluntárias ao direito de propriedade*,[4] decorrente das chamadas *cláusulas restritivas*. Sob esse título, encontram-se as disposições que o autor de uma liberalidade pode fazer, restringindo o poder do beneficiário sobre a coisa objeto da liberalidade, e assim conformando (principalmente limitando) o exercício da propriedade. O direito de propriedade, no dizer de Marcelo Truzzi Otero,

> ..., não se trata de um direito absoluto e ilimitado, como afirmava Clóvis Beviláqua há longa data, já que pode sofrer restrições em seus atributos naturais, ou nas circunstâncias de uso, fruição e disposição – provindas de mandamento constitucional e infraconstitucional – ou, ainda, no próprio interesse coletivo (...). Também surgem restrições em decorrência

---

3 O tema mistura-se, do ponto de vista teórico, com a questão da tipicidade dos direitos reais. Um direito real, por característica ontológica, é mais "forte" (por ser absoluto) que um direito pessoal. Justamente por gerar efeitos *erga omnes*, a estipulação do conteúdo de um direito real não pode ser deixada ao alvedrio da autonomia privada: é a lei que estabelece o conteúdo dos direitos reais, sendo vedada sua modificação por negócio jurídico ou outra atuação da vontade. A tipicidade, como característica dos direitos reais, é posta em dúvida e crise, e o princípio se relativiza, admitindo-se a modificação do conteúdo do direito de propriedade por intermédio de ato voluntário. O melhor exemplo é justamente o do condomínio em edifícios, no qual se admite o estabelecimento de deveres ou de restrições ao exercício da propriedade – mesmo nas partes exclusivas – por intermédio da convenção condominial.

4 A expressão – cláusulas restritivas do direito de propriedade – remete a um problema didático interessante e importante. As cláusulas restritivas não têm, dentro da topografia do estudo do Direito Civil, um lugar marcado. Elas podem ser estudadas na Teoria Geral, seja no estudo dos bens enquanto objeto da relação jurídica, seja no regime das invalidades dos negócios jurídicos. Pode-se estudá-las no Direito dos Contratos, já que cláusula é pertinente à doação, ou no Direito das Coisas, pois que refletem limitação ao direito de propriedade. Também podem estar na geografia do Direito de Família já que uma delas envolve particularmente o regime matrimonial de bens. Por fim, podem ser estudadas no Direito das Sucessões, pois têm lugar privilegiado nos testamentos. Elas poderiam ser estudadas, por proximidade, no Direito Processual (envolvem a questão dos bens penhoráveis), no Direito Administrativo (por aproximação às limitações administrativas) ou no Direito Registral. De regra se as estuda no Direito das Sucessões, talvez porque a manualística assim o faça comumente, talvez porque as poucas regras do Código Civil sobre o tema estejam no seu livro V (*"Do Direito das Sucessões"*).

da vontade humana, como ocorre na imposição das cláusulas de inalienabilidade, de impenhorabilidade e de incomunicabilidade.[5]

Assim, o autor de uma liberalidade *inter vivos* (doação) ou *causa mortis* (testamento) pode estipular uma restrição ao exercício dos poderes proprietários pelo beneficiário, clausulando-o com a inalienabilidade, com a incomunicabilidade e/ou com a impenhorabilidade.[6] Estas restrições se dão diretamente no âmbito do exercício do poder de dispor, impedindo que o bem se torne alheio ao beneficiário (isso aparece na vedação à alienação, à comunicação matrimonial e à faculdade de dar em garantia o bem); mas também – especificamente na cláusula de impenhorabilidade – retira do bem clausulado a característica de responder pelas dívidas de seu titular.

§2º Cláusulas restritivas ao direito de propriedade. Cláusula restritiva não é encargo, mas é verdadeira restrição jurídica aos poderes proprietários. Na cláusula de inalienabilidade, o herdeiro ou donatário não pode alienar o bem, onerosa ou gratuitamente.[7] Na cláusula de incomunicabilidade, o casamento ou união estável do beneficiário não acarreta, jamais, a comunhão do bem.[8] E a cláusula de impenhorabilidade impede que

---

5 OTERO, Marcelo Truzzi. *Justa causa testamentária. Inalienabilidade, impenhorabilidade e incomunicabilidade sobre a legítima do herdeiro necessário*. Porto Alegre: Livraria do Advogado, 2012. p. 55.

6 Orlando Gomes, cuidando do Código Civil de 1916, encaixava no mesmo gênero a cláusula testamentária de conversão de bens da legítima e a cláusula de administração (GOMES, Orlando. *Sucessões*. 7. ed. Rio de Janeiro, Forense: 1998. p. 157). O próprio autor ressaltava que a primeira era *absurda* porque ofendia o princípio da reserva em favor dos herdeiros necessários e a segunda era *inútil* porque a mulher casada podia administrar livremente os bens que herdasse, independente de deixa testamentária. A possibilidade de conversão restou direta e expressamente afastada pelo §1º do art. 1.848 do Código Civil; a segunda não tem razão de ser face à igualdade conjugal e a plena capacidade da mulher.

7 "Os bens inalienáveis são indisponíveis. Não podem ser alienados sob qualquer forma, nem a título gratuito nem a título oneroso" (VENOSA, Sílvio de Salvo. Inalienabilidade, impenhorabilidade e incomunicabilidade. *In*: *Revista do Advogado*, AASP, n. 91, maio 2007, p. 132). "Quebra-se com a regra geral de sua transmissibilidade ou alienabilidade, passando este a ser um bem inconsumível juridicamente, conforme a segunda parte do art. 86 do Código Civil em vigor. A vedação atinge atos como a venda, a doação, a dação em pagamento, a transação, a hipoteca, o penhor, a anticrese, a alienação fiduciária em garantida, entre outros negócios de transmissão" (TARTUCE, Flávio. *Direito Civil. Sucessões*. 11. ed. rev. atual. e ampl. Rio de Janeiro: Forense, 2018. p. 451). A inalienabilidade não impede a constituição de direitos reais que não signifiquem disposição, como é o caso do usufruto. Neste sentido, Orlando Gomes diz que "é controvertido se pode limitar sua propriedade mediante a constituição de outros direitos reais, como o usufruto, o uso e a habitação. Pela afirmativa, porque não implicam alienação" (p. 161), e afasta a possibilidade de dá-la em garantia: "Estende-se a proibição aos atos de alienação eventual, não lhe sendo permitido, por conseguinte, hipotecá-lo ou dá-lo em penhor" (p. 161). Mas há controvérsia sobre a possibilidade de instalação de direitos reais de garantia sobre os bens inalienáveis. Paulo Lôbo entende que, sim, "a cláusula de inalienabilidade não impede a limitação do direito de propriedade do bem herdado, mediante constituição de direitos reais limitados ou de garantia, como usufruto, uso, habitação, hipoteca, penhor. Esses direitos reais não se incluem no conceito de alienação" (LÔBO, Paulo. *Sucessões*. 2. ed. São Paulo: Saraiva, 2014. p. 253). Sílvio Venosa (*Inalienabilidade*..., cit., p. 134) desce em minúcias para dizer que "Como os direitos de hipoteca e penhor já propiciam um início de alienação, tais direitos reais são ineficazes sobre bens inalienáveis, já que não serviram de garantia ao credor, que não pode excuti-los". Luiz Paulo Vieira de Carvalho segue no mesmo sentido: "A doutrina vem firmemente se posicionando no sentido da proibição de abranger determinados atos de alienação eventuais e transitórios como, por exemplo, a constituição de direito real de garantia como hipoteca ou penhor, pois esses direitos têm por objetivo garantir dívidas que, uma vez não pagas, levariam à alienação da coisa dada em garantia" (VIEIRA DE CARVALHO, Luiz Paulo. *Direito das Sucessões*. 3. ed., rev., atual. e ampl. São Paulo: Atlas, 2017. p. 484).

8 "Pela cláusula de incomunicabilidade, os bens assim gravados não se comunicam ao cônjuge do herdeiro, não importando qual seja o regime de bens do casamento" (VENOSA, Sílvio. *Inalienabilidade*...,cit., p. 135). "... a cláusula de incomunicabilidade afasta a comunicação de bens havidos antes ou depois da constituição da entidade familiar, seja por casamento ou união estável, mesmo sendo o seu regime o da comunhão universal de bens (art. 1.688, inciso I, do CC)" (TARTUCE, Flávio. *Direito Civil*..., cit. p. 453). A incomunicabilidade afasta a

o bem responda por dívidas de seu titular, mesmo que ele, voluntariamente, ofereça este bem em garantia.[9]

Falava-se nas cláusulas de inexpropriabilidade (o bem clausulado não poderia ser objeto de desapropriação) ou inusucapibilidade (o bem não poderia sofrer usucapião). Estas cláusulas não têm validade jurídica. A primeira porque o interesse público supera, neste tema, o interesse particular. A segunda porque os efeitos da usucapião ignoram eventual limitação voluntária. Mas há debate sobre se um bem inalienável pode ser usucapido. Orlando Gomes entendia ser inusucapível bem clausulado com a inalienabilidade:

> Não o perde, porém, deixando que outrem o adquira pela usucapião, conquanto não ocorra, na hipótese, alienação. Do contrário, a proibição poderia ser frustrada mediante conluio entre o proprietário e o possuidor. Prevalece, de resto, o princípio de que a usucapião não á aplicável aos bens inalienáveis.[10]

Flávio Tartuce, inclusive com base na jurisprudência (cita o REsp 418.945/SP, julgado em 15.08.2002, de relatoria do Min. Ruy Rosado de Aguiar), tem entendimento diverso: "De qualquer modo, deve ser esclarecido que a cláusula de inalienabilidade não veda que o bem seja adquirido por usucapião, pois a restrição diz respeito às formas de aquisição derivada expostas, e não à aquisição originária com o é a usucapião".[11] Paulo Lôbo entende da mesma maneira,[12] e esta parece ser a melhor opinião. O que pode interessar, no limite, é a atuação dolosa do proprietário de bem inalienável em favor de um terceiro possuidor, com vistas a derrubar, por via transversa, a cláusula. "Facílimas seriam a simulação e a fraude", diz Sílvio Venosa.[13] Por aí se deve encaminhar a solução de eventuais problemas práticos acerca da usucapião de bens inalienáveis.

§3º Natureza jurídica. A manualística do Direito Civil registra certo debate sobre a natureza jurídica das cláusulas restritivas. Orlando Gomes, que cuida bem do assunto, arrola três doutrinas para explicá-las: (a) a da *incapacidade do proprietário* (na verdade, seria o caso de falta de legitimidade para alienação; a crítica é que, se assim fosse, a cláusula não gravaria o bem, mas se dirigiria à pessoa do proprietário); (b) da *obrigação de não*

---

comunicação do bem clausulado em caso de constituição de entidade familiar que importe comunhão de bens; ela não afasta eventual direito de herança do cônjuge, companheiro ou parceiro.

9 "A cláusula de impenhorabilidade imposta pelo testador sobre os bens da legítima visa impedir a sua constrição judicial em execução, por dívidas contraídas pelo herdeiro, restringindo a atuação dos credores" (GONÇALVES, Carlos Roberto. *Direito Civil Brasileiro*. Vol. 7. Direito das Sucessões. 6. ed. São Paulo: Saraiva, 2012. p. 214). "Por fim, pela cláusula de impenhorabilidade, o bem relacionado não pode ser objeto de penhora judicial, ou seja, não pode ser constrito para os fins de satisfação patrimonial de terceiros, caso de credores da parte relacionada. Em resumo, o bem não ingressa na responsabilidade patrimonial do devedor, mormente nos casos de inadimplemento obrigacional" (TARTUCE, Flávio. *Direito Civil...*, cit. p. 454). Fique claro que a impenhorabilidade somente pode ser oposta às dívidas do beneficiário. Com a morte do autor da herança, os bens testados com a cláusula respondem, ainda, pelas dívidas do morto. Questão interessante diz respeito ao destino da impenhorabilidade após a morte do titular do bem clausulado: ou ela cai e os bens respondem pelas dívidas que ele teve em vida, ou ela permanece e passa aos herdeiros sem responder pelas dívidas de seu titular. Marcelo Otero opina pela manutenção da impenhorabilidade já que "não se penhora com a morte o que os credores, afetados pela limitação, não penhorariam em vida" (OTERO, Marcelo. *Justa causa...*, cit., p. 60).

10 GOMES, Orlando. *Sucessões...* cit., p. 161.

11 TARTUCE, Flávio. *Direito Civil...* cit., p. 451.

12 LÔBO, Paulo. *Sucessões...* cit., p 254.

13 VENOSA, Sílvio. *Inalienabilidade...* cit., p. 134.

fazer (além de se dirigir à pessoa do proprietário, esta teoria falha porque a alienação do bem inalienável não seria inválida, mas apenas geraria dever de indenizar, o que evidentemente não é o caso); e (c) da *indisponibilidade da coisa*. Esta última explica melhor a cláusula restritiva, na medida em que traduz um ônus que grava o bem, "um corte, um aniquilamento do direito de dispor".[14] As cláusulas restritivas são, no dizer de Pontes de Miranda, cláusulas de "restrição de poder".[15] É a mesma opinião de Luiz Paulo Vieira de Carvalho, que, com base em José Ulpiano Pinto de Souza e Lafayette, assenta que a propriedade inalienável é uma propriedade limitada por sua indisponibilidade, e essa indisponibilidade é real.[16]

§4º Regime jurídico. Alcance e temporalidade das restrições. A inalienabilidade (o mesmo em relação à incomunicabilidade e à impenhorabilidade) pode ser *total* ou *parcial* (conforme abranja todos ou alguns bens doados ou herdados), *absoluta* ou *relativa* (conforme seja vedada sua alienação a qualquer pessoa, ou relativamente a alguma pessoa – inalienabilidade relativa subjetiva, ou a determinado modo de alienação – inalienabilidade relativa objetiva[17]) e *vitalícia* ou *temporária* (conforme tenha ou não termo de eficácia[18]), jamais perpétua.[19] Caso o testador não disponha sobre estes aspectos, entende-se que a inalienabilidade será total, absoluta e vitalícia.

A cláusula de inalienabilidade – justamente porque paralisa o bem na titularidade do proprietário – abrange as outras duas, conforme o artigo 1.911 do Código Civil,[20] mas a recíproca não é verdadeira. Significa dizer: um bem inalienável é incomunicável e impenhorável, um bem incomunicável não é inalienável nem impenhorável e um bem impenhorável não é inalienável nem incomunicável.

§5º Levantamento da cláusula e sub-rogação de vínculos. A inalienabilidade pode ser afastada por decisão judicial, mas a restrição vai se sub-rogar no produto da venda, nos termos do §1º do artigo 1.848 e do parágrafo único do art. 1.911 do Código Civil.[21] O

---

[14] GOMES, Orlando. *Sucessões...*, cit., p. 160-1.

[15] PONTES DE MIRANDA, Francisco Cavalcanti. *Tratado de Direito Privado*, Parte Especial. Tomo LVI. Direito das sucessões. Sucessão Testamentária, atual. por Paulo Lôbo e Giselda Hironaka. São Paulo: Revista dos Tribunais, 2012, p. 354.

[16] VIEIRA DE CARVALHO, Luiz Paulo. *Direito das Sucessões...*, cit., p. 480.

[17] "Pode o testador, por exemplo, só permitir a alienação a título gratuito, ou a determinadas pessoas. Pode o testador dispor, por exemplo, que a alienação será possível com a concordância de todos os herdeiros, ou com a concordância do cônjuge. Não se trata de uma condição, mas de um alcance relativo da restrição" (VENOSA, Sílvio. *Inalienabilidade...*, cit. p. 133).

[18] Flávio Tartuce entende que a inalienabilidade com condição também deve ser considerada temporária (*Direito Civil...* cit., p. 453).

[19] Ao máximo, a cláusula valerá e terá eficácia no limite da vida do herdeiro, já que os bens passam livres e desembaraçados aos herdeiros do herdeiro que sofreu a gravação restritiva (Código Civil, art. 1.723). "A inalienabilidade não se transmite aos herdeiros do titular do bem gravado" (VENOSA, Sílvio. *Inalienabilidade...* cit., p. 133).

[20] Art. 1.911. A cláusula de inalienabilidade, imposta aos bens por ato de liberalidade, implica impenhorabilidade e incomunicabilidade.

[21] Art. 1.848 (...). §2º Mediante autorização judicial e havendo justa causa, podem ser alienados os bens gravados, convertendo-se o produto em outros bens, que ficarão sub-rogados nos ônus dos primeiros. "Art. 1.911 (...). Parágrafo único. No caso de desapropriação de bens clausulados, ou de sua alienação, por conveniência econômica do donatário ou do herdeiro, mediante autorização judicial, o produto da venda converter-se-á em outros bens, sobre os quais incidirão as restrições apostas aos primeiros". A regra já aparecia, com pior redação, nos artigos 1.676 e 1.677 do Código de 1916.

afastamento do gravame se dá por decisão judicial em sede de jurisdição voluntária.[22] Uma vez afastada a cláusula e alienado o bem, o resultado da aplicação do produto da venda passa a sofrer o gravame: "A sub-rogação de vínculos ocorre quando o gravame é transferido de um bem para outro, dentro do patrimônio de determinada pessoa".[23] Além disso, mesmo que o Código Civil de 2002 não tenha repetido o artigo 1.676 do Código de 1916,[24] se tem entendido que a inalienabilidade e a impenhorabilidade cedem nos casos de inadimplemento dos impostos incidentes sobre os bens gravados, bem como em relação a despesas com cotas condominiais, por serem situações de obrigações *propter rem*, respondidas pelo próprio bem.

> Entretanto, continua cediço em nossos pretórios possa ser o imóvel gravado com a inalienabilidade e impenhorabilidade excutido pelo inadimplemento de impostos referentes aos bens gravados, incluindo-se as quotas condominiais, já que estas têm a mesma natureza desses impostos, isto é, são igualmente obrigações *propter rem*, aquelas nascidas em função da titularidade da coisa.[25]

§6º Sanção ao descumprimento da cláusula. É nula a alienação de bem gravado com inalienabilidade, sem dispensa ou levantamento. "A regra, quanto aos efeitos da cláusula de inalienabilidade ante o seu descumprimento, é a ocorrência da nulidade do negócio jurídico que envolve a alienação do bem gravado (ou da penhora que incide sobre tal bem)".[26] É opinião que domina a doutrina,[27] como Caio Mário da Silva Pereira, para quem "qualquer negócio jurídico, estipulado ao seu arrepio, incorrerá em nulidade".[28] A alienação, nessa situação, atrai a incidência da nulidade do artigo 166 do Código Civil[29] e, de igual maneira, será nula a penhora de bem impenhorável. A comunicação de bem incomunicável sequer opera (é dizer: o pacto será ineficaz em relação aos bens incomunicáveis e, se ele dispuser expressamente pela comunicação de um bem clausulado, a disposição será nula).

§7º Os frutos dos bens clausulados. Está aceso na doutrina e não solucionado nos tribunais o debate sobre os frutos da coisa gravada com cláusula restritiva. As opiniões são

---

22 "Cumpre reafirmar, entretanto, que a dispensa do gravame é exceção, sendo a regra a manutenção as cláusulas restritivas pelo tempo determinado pelo doador ou testador, quando temporárias, ou até a morte do beneficiário, quando vitalícias. Assim, quando não lograrem os interessados em demonstrar os motivos excepcionais e suficientes para suplantar a proteção pretendida pelo disponente é de ser negado o levantamento do gravame" (VIEIRA DE CARVALHO, Luiz Paulo. *Direito das Sucessões*... cit., p. 495).

23 VIEIRA DE CARVALHO, Luiz Paulo. Direito das Sucessões... cit., p. 489.

24 Dizia o Código Beviláqua: "Art. 1.676. A clausula de inalienabilidade temporária, ou vitalícia, imposta aos bens pelos testadores ou doadores, não poderá, em caso algum, salvo os de expropriação por necessidade ou utilidade publica, e de execução por dividas provenientes de impostos relativos aos respectivos imóveis, ser invalidada ou dispensada por atos judiciais de qualquer espécie, sob pena de nulidade".

25 VIEIRA DE CARVALHO, Luiz Paulo. *Direito das Sucessões*... cit., p. 488.

26 VIEIRA DE CARVALHO, Luiz Paulo. *Direito das Sucessões*.., cit., p. 486.

27 "Qualquer alienação de bem assim gravado que não seja mediante autorização judicial para sub-rogação em outros bens será nula" (VENOSA, Sílvio. Inalienabilidade..., cit., p 135). "Outros acham, todavia, que deve ser fulminado com a nulidade absoluta. Se, com efeito, se trata de indisponibilidade real, o ato de disposição é nulo de pleno direito" (GOMES, Orlando. *Sucessões*..., cit., p. 162).

28 PEREIRA, Caio Mário da Silva. *Instituições de Direito Civil*, vol. VI. 10. ed. Rio de Janeiro: Forense, 1996, p. 179.

29 "Nesse contexto, sendo imposta a cláusula e ocorrendo a posterior alienação, esta será nula de pleno direito por ilicitude do objeto ou fraude à lei imperativa (art. 166, II ou IV, do Código Civil)". (TARTUCE, Flávio. *Direito Civil*... cit., p. 451).

variadas. Autores como Orlando Gomes e Paulo Lôbo entendem que a inalienabilidade não se estende aos frutos.[30] Carlos Roberto Gonçalves diz que

> Os frutos e rendimentos caracterizam-se pela sua alienabilidade, pois destinam-se à satisfação das necessidades de titular da coisa. Desse modo, a cláusula de inalienabilidade imposta a esta não os atinge. Há uma corrente que admite que o testador pode gravá-los expressamente, juntamente com a coisa principal. Merece ser prestigiada, entretanto, a corrente contrária, que entende não poderem ser clausurados, para que a propriedade não se torne de todo inútil ao dono.[31]

Há farto entendimento que os frutos da coisa sofrerão a restrição se houve deixa testamentária nesse sentido. Para Sílvio Venosa, "não havendo menção expressa, na inalienabilidade não se inserem os frutos e rendimentos", mas "aos frutos e rendimentos, da mesma forma que a inalienabilidade, só se estende a impenhorabilidade se for vontade expressa manifestada pelo disponente".[32] Flávio Tartuce fala de um "choque jurisprudencial" no tema e entende que a inalienabilidade não atinge os frutos e rendimentos, salvo se houver menção expressa do testador.[33] Caio Mário da Silva Pereira propõe que, mesmo havendo cláusula expressa de extensão da inalienabilidade aos rendimentos, eles serão apenas impenhoráveis, uma vez que "o direito do herdeiro ou legatário seria nada: faltar-lhe-ia a disponibilidade juntamente com o aproveitamento de seus réditos".[34] Todo esse "choque interpretativo" é resumido por Marcelo Otero:

> Polêmica também envolvia a extensão da inalienabilidade aos frutos dos bens clausulados, sobre o que Sílvio Rodrigues noticia três correntes doutrinárias. A primeira delas, de concepção restritiva, entendia que a inalienabilidade não abrangia os frutos; a segunda, mais liberal, compreendia que a cláusula seria esvaziada caso não abrangesse os frutos, já que o herdeiro permaneceria em absoluto desamparo; e, uma terceira corrente, intermediária, que estendia a inalienabilidade aos frutos, desde que expressamente consignada a hipótese em instrumento idôneo, posição esta defendida no passado por Itabaiana de Oliveira e por Clóvis Beviláqua, e que prevaleceu.[35]

§8º Crítica às cláusulas restritivas. Desde sempre se critica a própria existência jurídica das cláusulas restritivas.[36] Uma "ojeriza se volta contra a cláusula, em quaisquer circunstâncias":[37] "Aliás, ressalte-se que as próprias cláusulas, em si mesmas, sempre

---

30 "A inalienabilidade não se estende aos frutos e rendimentos". (GOMES, Orlando. *Sucessões*... cit., p. 162). "Tampouco se estende a inalienabilidade aos frutos e rendimentos". (LÔBO, Paulo. *Sucessões*... cit., p. 253).

31 GONÇALVES, Carlos Roberto. *Curso de Direito Civil*... cit., p. 214.

32 VENOSA, Sílvio. *Inalienabilidade*.... cit., p. 134 e 136.

33 TARTUCE, Flávio. *Direito Civil*... cit., p. 455.

34 PEREIRA, Caio Mário da Silva. *Instituições*... cit., p. 180.

35 OTERO, Marcelo. *Justa causa*... cit., p. 59.

36 Interessantíssima posição é encontrada em NEVARES, Ana Luiz Maia As cláusulas de inalienabilidade, impenhorabilidade e incomunicabilidade sob a ótica civil-constitucional. *In*: *Revista Trimestral de Direito Civil*, vol. 5, ano 2, p. 211-47, jan./mar. 2001.

37 GOMES, Orlando. *Sucessões*... cit., p. 158.

foram objeto de ressalvas e censuras na doutrina, especialmente pelas duras restrições existentes ao direito de propriedade e à liberdade individual".[38]

Paulo Lôbo é firme e contundente na crítica às restrições, partindo da inviolabilidade do direito à herança ou da legítima dos herdeiros necessários, já que, na dimensão constitucional, a clausulação pode ofender o direito de propriedade, função social da propriedade, o direito de herança e o princípio da dignidade da pessoa humana.[39]

Pontes de Miranda propõe uma conciliação entre o interesse do herdeiro e do testador:

> Todavia, de *iure condendo*, há a opinião que, a respeito da cláusula de inalienabilidade, afirma que ela turba a circulação dos bens, e a aponta como contrária a algo de essencial à vida jurídica de hoje: a livre transmissão dos direitos reais e pessoas, salvo se alguma razão especial impõe a exceção (...). O princípio é acertado, mas é preciso conciliá-lo com o da liberdade de dispor (...). Tem-se de buscar solução que evite, quanto possível, o choque.[40]

A crítica é condensada na feliz expressão de Carlos Roberto Gonçalves: a cláusula de inalienabilidade "é sempre má, por retirar bens do comércio, ainda que transitoriamente".[41] A assertiva deve ser vista *cum grano salis*, pois a cláusula pode, efetivamente, ser colocada em prol do herdeiro.[42] Elemento importante ao debate, no Direito Civil contemporâneo, é o mínimo existencial, que se imbrica no tema sucessório, como lembram Ana Luza Nevares e Marcos Catalan.[43]

§9º A restrição das restritivas. A pertinência das críticas faz escola e o Código Civil de 2002 iniciou movimento no sentido de restringir as cláusulas restritivas, justamente onde elas pareciam mais injustas e ilegais: na legítima do herdeiro necessário. Se antes o Direito assegurava ampla discricionariedade ao testador, que podia apregoar livremente a cláusula a todo o patrimônio testado, agora, as cláusulas restritivas sobre bens da legítima exigem justa causa. Diz o artigo 1.848 do Código Civil: "Art. 1.848. Salvo se houver justa causa, declarada no testamento, não pode o testador estabelecer cláusula de inalienabilidade, impenhorabilidade, e de incomunicabilidade, sobre os bens da legítima".

A novidade – o Código de 1916 não exigia motivação na clausulação dos bens da legítima – pode ser vista pelo confronto entre dois princípios informadores da ordem

---

38 TARTUCE, Flávio. *Direito Civil*... cit., p. 458.

39 LÔBO, Paulo. *Sucessões*... cit., p. 252.

40 PONTES DE MIRANDA, Francisco Cavalcanti. *Tratado*... cit., p. 357.

41 GONÇALVES, Carlos Roberto. *Curso de Direito Civil*... cit., p. 213.

42 "Também nesse dispositivo, o novo Código trouxe grande modificação no sistema anterior, mostrando maior aversão à clausulação da legítima (...). Não se pode presumir má intenção do sucedido ao estabelecer cláusula nos bens que deixa a seus herdeiros. Se pretendesse efetivamente ofertar-lhes prejuízo, teria usufruído do patrimônio que amealhou e nada deixado. Se faz restrição à alienação dos bens que transmite, há que se entender nisso preocupação com o futuro de seus sucessores, em geral mais novos e, como é próprio da juventude, sem grandes compromissos com o futuro. Garantir o bem-estar dos herdeiros necessários, pessoa próximas a quem a regra indica ligações afetivas, é o móvel presumido das cláusulas de inalienabilidade" (ALMEIDA, José Luiz Gavião de. *Código Civil Comentado*, vol. XVIII, artigos 1.784 e 1.856. AZEVEDO, Álvaro Villaça (Coord.). São Paulo: Atlas, 2003. p. 257-8).

43 Respectivamente, NEVARES, Ana Luiza Maia. *A função promocional do testamento. Tendências do direito sucessório*. Rio de janeiro: Renovar, 2009 e CATALAN, Marcos. Direito das sucessões: Por que e para quem? Reflexões a partir da realidade brasileira. *In*: *Revista Trimestral de Direito Civil*, ano 11, vol. 44, p. 135/147, out./dez. 2010.

jurídica sucessória: a intangibilidade da herança necessária[44] e a liberdade de testar. Prevaleceu o primeiro.

A decisão do legislador veio na esteira da preocupação, já antiga da doutrina, com o mau uso da cláusula vencendo o direito do herdeiro necessário à herança legítima.

Orlando Gomes já dizia que a cláusula era "insustentável quando a proibição de alienar recai nos bens da legítima" e que "não se justifica, realmente, a permissão de clausular a legítima. A preocupação do testador de preservar da adversidade o herdeiro necessário pode ser atendida por outros meios jurídicos que não a sacrificam".[45] De igual maneira, Caio Mário da Silva Pereira: "A este respeito, o sistema legal merece reparos, pois que se deve ser livre ao testador gravar o bem que distribua na sua generosidade, não parece razoável fazê-lo em relação ao que o herdeiro recebe *ope legis*".[46]

A solução foi então vedar as restritivas, salvo se houver justa causa. Não se trata de um jogo de palavras: *o legislador não autoriza as cláusulas, exigindo justa causa; ele as proíbe na herança necessária, salvo se houver justa causa*. É dizer: a clausulação da legítima é proibida, salvo se o seu instituidor tiver justa causa para limitar o exercício da propriedade pelo herdeiro necessário. Foi a decisão ponderada do legislador: "Nesse contexto pode-se dizer que o próprio legislador ponderou os direitos envolvidos e resolveu manter tais restrições no sistema civilístico nacional. Em reforço, a instituição da exigência de justa causa acabou por diminuir o impacto social das cláusulas restritivas testamentárias", nos diz Flávio Tartuce.[47] Essa ponderação é uma "proposta conciliatória", na feliz expressão de Luiz Paulo Vieira de Carvalho.[48]

As restritivas podem ser livremente apostas na parte disponível da herança.

Há algum debate se a exigência de justa causa aplica-se também às doações, notadamente aquelas que possam significar adiantamento da legítima (Código Civil, artigos 544 e 2003). Luiz Paulo Vieira de Carvalho opina pela obrigatoriedade da justificação quando a doação importar adiantamento da legítima.[49] Flávio Tartuce[50] entende que a justa causa não é exigida na doação, até porque a norma do art. 1.848 do Código é restritiva, impedindo interpretação extensiva ou analogia, mas acompanha[51] o pensamento de Marcelo Otero. Este, firme nos inconvenientes e perturbações da paz familiar que a aposição de uma justa causa na doação pode gerar, propõe que, havendo doação com cláusula, a justa causa dessa restrição pode ser formalizada no testamento. Isso lançaria a discussão da motivação para momento posterior, evitando litígios familiares:

> Infere-se daí que o autor da herança tem até o seu falecimento para lavrar testamento válido, no qual consignará as razões pelas quais clausulou a legítima do herdeiro. Isso não

---

44 Sobre a intangibilidade ver, por todos, NEVARES, Ana Luiza. *A função promocional*... cit.

45 GOMES, Orlando. *Sucessões*... cit., p. 158 e 159, respectivamente.

46 PEREIRA, Caio Mário da Silva. *Instituições*... cit., p. 179.

47 TARTUCE, Flávio. *Direito Civil*...cit., p. 458.

48 VIEIRA DE CARVALHO, Luiz Paulo. *Direito das Sucessões*... cit., p. 519.

49 VIEIRA DE CARVALHO, Luiz Paulo. *Direito das Sucessões*... cit., p. 525.

50 TARTUCE, Flávio. *Direito Civil*... cit., p. 465.

51 Abrangendo, aparentemente, no sentido de *legítima* a doação constituída como adiantamento da herança, Tartuce diz, em relação à inalienabilidade, que "... o seu campo de incidência é apenas o testamento e a legítima, e não a doação" (TARTUCE, Flávio. *Direito Civil*... cit., p. 465).

significa que não possa fazê-lo, se lhe aprouver, no próprio instrumento de doação, quando a liberalidade tenha sido levada a efeito em antecipação da legítima. Apenas não está obrigado a fazê-lo no ato da doação. Quer dizer, mesmo que o autor da liberalidade tenha antecipado a legítima do herdeiro em doação, ele não está obrigado a apontar as causas da clausulação do patrimônio doado no próprio instrumento de doação, sendo-lhe facultado fazê-lo posteriormente, em testamento, como ocorre na própria dispensa da colação.[52]

As críticas à presença dessa cláusula geral (aliás, de uma maneira geral, as críticas à legislação pelo intermédio de conceitos indeterminados) cedem diante da abertura que essa forma de legislar traz ao Direito: as cláusulas gerais e os conceitos indeterminados são um fator de mobilidade do sistema, permitindo o ingresso de valores éticos, morais, econômicos e sociais no Direito. Dessarte, o Direito se torna um sistema vivo, que interage dinamicamente com a vida concreta, que cumpre o papel que dele se espera e que alcança as perspectivas nele colocadas.

§10. A construção da dogmática da justa causa. Sendo a justa causa um conceito legal indeterminado, carente de conteudização no caso concreto, problemas de verificação da validade e eficácia aparecerão na praxe forense (aquilo que Flávio Tartuce bem chamou de "mundo real e prático do Direito das Sucessões").[53] A doutrina recolhe algumas características e sinais interpretativos da justa causa.[54]

A restrição exige uma causa. A existência da causa é apreendida por seus aspectos formais, isto é: o testamento válido deve conter declaração expressa da instituição da cláusula restritiva sobre o bem que se quer clausular.[55]

Não basta ter uma causa, ela precisa ser justa, como disse Zeno Veloso ao atualizar obra de Sílvio Rodrigues.[56] A conceituação de sua justiça (ou justeza) é extremamente subjetiva, e isso deve ser apreendido por três ângulos. Em primeiro lugar, o motivo determinante dela deve ser correlato à realidade dos fatos.[57] Em segundo lugar, a cláusula deve ser medida salutar aos interesses do herdeiro (eventualmente, da família), e não do testador (é o interesse do herdeiro que justifica a clausulação[58]). Em terceiro lugar, deve haver uma correlação entre a modalidade de cláusula e a necessidade antevista pelo testador (num caso que só se justifique a impenhorabilidade, a inalienabilidade será cláusula exagerada e injusta).

Descritos seus requisitos, importa ver as suas consequências jurídicas, e aqui despontam, entre tantas, três questões relevantes: interpretação, situação fática posterior e ausência de justa causa. A *um*, a questão da interpretação: por se tratar de regra restritiva

---

52 OTERO, Marcelo. *Justa causa*... cit., p. 84.

53 TARTUCE, Flávio. *Direito Civil*... cit., p. 460.

54 Ver, por todos, OTERO, Marcelo. *Justa causa*... cit.

55 Marcelo Otero minudencia: os requisitos formais são a existência de causa, a pessoalidade da declaração e a idoneidade do instrumento que a encerra (Marcelo OTERO, *Justa causa*... cit., p. 76-7).

56 RODRIGUES, Sílvio. *Direito Civil*: direito das sucessões. 25. ed., atual. por Zeno Veloso. São Paulo: Saraiva, 2002. p. 127.

57 OTERO, Marcelo. *Justa causa*... cit., p. 78.

58 "Portanto, apenas em caráter excepcional, pode cláusula desse jaez restringir a legítima, desde que a justificativa convença o juiz de que foi imposta no interesse do herdeiro necessário e nunca para satisfazer valores ou idiossincrasias do testador". LÔBO, Paulo. *Sucessões*... cit., p. 252.

de direitos, sua interpretação deve ser restrita; Paulo Lôbo fala na "necessidade de uma interpretação exigente e restrita da justa causa".[59]

A dois, a repercussão que modificações do estado de fato (isto é, as circunstâncias fáticas e as situações jurídicas em que se insere o beneficiário da herança) podem gerar na eficácia da cláusula: "... a permanência da inalienabilidade deve coincidir com a manutenção da sua causa justificadora. Assim, uma vez ausente a modificação outrora existente, deve a cláusula restritiva ser imediatamente levantada. Em outras palavras, só se justifica o gravame enquanto perdurar a causa que o tornou legítimo à luz dos valores constitucionais".[60] Justamente por isso, é autorizado o levantamento judicial da cláusula.

A três, a consequência jurídica da inexistência, ilicitude ou falta de prova da justa causa.[61] A doutrina está vacilante: alguns apontam que a cláusula será nula, outros que ela é ineficaz. Ana Luiz Maia Nevares, Flávio Tartuce e Marcelo Otero entendem que é hipótese de invalidade. Carlos Alberto Maluf, Giselda Hironaka e Sílvio Venosa entendem pela ineficácia. A questão está aberta.

Uma última nota diz respeito à justa causa na cláusula de incomunicabilidade. Praticamente toda a doutrina entende que essa cláusula independe de justa causa; por todos, diz Sílvio Venosa que "não é necessária, por ser ilógica e desajustada de conteúdo, não se aplicando a ela o texto legal".[62] Flávio Tartuce noticia o Projeto de Lei nº 699/2011, que visa alterar o Código Civil para exigir a justa causa apenas nas cláusulas de inalienabilidade e impenhorabilidade.[63]

Conclusão certa é que a exigência da justa causa servirá de desestímulo para as clausulações restritivas, já que "os bens dos herdeiros necessários só serão vinculados por quem realmente tiver fortes motivos que, obrigatoriamente, terão de ser descritos".[64]

Em suma,

> ...a justa causa é o motivo sério, concreto e lícito, apontado pessoalmente pelo autor da liberalidade, no instrumento de doação ou no testamento, os quais, persistentes ao tempo da abertura da sucessão, justificam a inalienabilidade, a impenhorabilidade e incomunicabilidade imposta sobre a legítima do herdeiro necessário, a bem dos interesses deste herdeiro.[65]

§11. *Planejamento sucessório e cláusulas restritivas.* A limitação dos poderes proprietários por intermédio de cláusula testamentária imbrica-se, imediatamente, com o tema do planejamento sucessório.[66] Este "projeto organizacional do patrimônio"[67] enfrenta

---

59 LÔBO, Paulo. *Sucessões*... cit., p. 252.

60 NEVARES, Ana Luiza. *A função promocional.*,. cit. p. 249.

61 Os aspectos processuais da justa causa (por exemplo, as formas de impugnação, a legitimidade para atacá-la, o ônus da prova) são bem enfrentados por Marcelo OTERO, *Justa causa*... cit., notadamente a partir da p. 97).

62 VENOSA, Sílvio. *Inalienabilidade*... cit., p. 132.

63 TARTUCE, Flávio. *Direito Civil*... cit., p., 459.

64 VIEIRA DE CARVALHO, Luiz Paulo. *Direito das Sucessões*... cit., p. 521.

65 OTERO, Marcelo. *Justa causa*... cit., p. 76.

66 Sobre o tema planejamento sucessório ver, por todos, TEIXEIRA, Daniele Chaves. *Planejamento sucessório*: pressupostos e limites. Belo Horizonte: Fórum, 2017.

67 TEIXEIRA, Daniele Chaves. *Planejamento sucessório*... cit., p. 58.

a rigidez das regras sucessórias e demanda a revisitação do atual sistema sucessório,[68] notadamente no Brasil. Se "...o planejamento sucessório é instrumento jurídico que permite a adoção de uma estratégia voltada para a transferência eficaz e eficiente do patrimônio de uma pessoa após a sua morte"[69] ou "uma atividade estritamente preventiva com o objetivo de adotar procedimentos, ainda em vida do titular da herança, com relação ao destino de seus bens após a sua morte",[70] é preciso compreender o ambiente jurídico ao entorno das decisões do titular do patrimônio para descobrir os limites e possibilidades de um lícito planejamento.

No Direito brasileiro, os limites são dados por alguns seguintes aspectos da nossa legislação sucessória, na trilha do que ensina Daniele Teixeira: as disposições de limite da legítima (onde estão as limitações das cláusulas restritivas), na proibição dos pactos sucessórios, nas limitações às doações e nos regimes de bens.[71] Em suma, os limites estão na rigidez das regras da sucessão, que retiram muito da autonomia do autor da herança.

As cláusulas restritivas são instrumento lícito de planejamento sucessório, uma vez que permitem ao testador, vislumbrando as perspectivas de vida de seus sucessores, auxiliá-los e protegê-los, ainda que, paradoxalmente (o que não é peculiaridade do direito das sucessões), o faça pela limitação dos poderes proprietários sobre as coisas herdadas.

Esse instrumento sofre as limitações impostas pela necessidade de justa causa no caso de restrição sobre a herança necessária. Tal limite foi resultado de uma certa ponderação entre os interesses e direitos envolvidos (como dito antes, entre a intangibilidade da legítima e a liberdade de testar), no que prevaleceu a proteção à herança necessária. O pêndulo foi para o seu lado. Num Direito Sucessório em transformação, calha a pergunta: até quando o pêndulo ficará nesta posição, se sua própria gravidade o impele em sentido contrário?

Referências

ALMEIDA, José Luiz Gavião de. *Código Civil Comentado*, vol. XVIII, artigos 1.784 e 1.856. AZEVEDO, Álvaro Villaça (Coord.). São Paulo: Atlas, 2003.

CATALAN, Marcos. Direito das sucessões: Por que e para quem? Reflexões a partir da realidade brasileira. *In*: *Revista Trimestral de Direito Civil*, ano 11, vol. 44, p. 135/147, out./dez. 2010.

CORTIANO JUNIOR, Eroulths. *O discurso jurídico da propriedade e suas rupturas.* Uma análise do ensino do Direito de Propriedade. Rio de Janeiro: Renovar, 2002.

GOMES, Orlando. *Sucessões*. 7. ed. Rio de Janeiro, Forense: 1998.

GONÇALVES, Carlos Roberto. *Direito Civil Brasileiro*. vol. 7. Direito das Sucessões. 6. ed. São Paulo: Saraiva, 2012.

LÔBO, Paulo. *Sucessões*. 2. ed. São Paulo: Saraiva, 2014.

---

68 "... é necessário revisitar o sistema hereditário em viés constitucional, desmembrando o conteúdo de modo decidido a valorizar a autonomia negocial equilibrada com o dever de solidariedade; prestar maior atenção às necessidades da pessoa no interior da família; e elaborar critérios para a detecção dos legitimados mais flexíveis do que a mera proximidade em grau de parentesco" (TEIXEIRA, Daniele. *Planejamento sucessório...* cit. p. 53).

69 TEIXEIRA, Daniele. *Planejamento sucessório...* cit., p. 57.

70 TEIXEIRA, Sílvia Maria Benedetti Planejamento sucessório: uma questão de reflexão. *In*: *Revista Brasileira de Direito de Família*, Porto Alegre: Síntese/IBDFAM, n. 31, p. 6, ago./set. 2005.

71 TEIXEIRA, Daniele. *Planejamento sucessório...* cit., p. 59.

NEVARES, Ana Luiz Maia. As cláusulas de inalienabilidade, impenhorabilidade e incomunicabilidade sob a ótica civil-constitucional. *In*: *Revista Trimestral de Direito Civil*, vol. 5, ano 2, p. 211-247, jan./mar. 2001.

NEVARES, Ana Luiza Maia. *A função promocional do testamento*. Tendências do direito sucessório. Rio de janeiro: Renovar, 2009.

OTERO, Marcelo Truzzi. *Justa causa testamentária. Inalienabilidade, impenhorabilidade e incomunicabilidade sobre a legítima do herdeiro necessário*. Porto Alegre: Livraria do Advogado, 2012.

PEREIRA, Caio Mário da Silva. *Instituições de Direito Civil*. vol. VI. 10. ed. Rio de Janeiro: Forense, 1996.

PONTES DE MIRANDA, Francisco Cavalcanti. *Tratado de Direito Privado*. Parte Especial. Tomo LVI. Direito das sucessões. Sucessão Testamentária, atual. por Paulo Lôbo e Giselda Hironaka. São Paulo: Revista dos Tribunais, 2012.

RODRIGUES, Sílvio. *Direito Civil*: direito das sucessões. 25. ed., atual. por Zeno Veloso. São Paulo: Saraiva, 2002.

TARTUCE, Flávio. *Direito Civil. Sucessões*. 11. ed. rev. atual. e ampl. Rio de Janeiro: Forense, 2018.

TEIXEIRA, Daniele Chaves. *Planejamento sucessório. Pressupostos e limites*. Belo Horizonte: Fórum, 2017.

TEIXEIRA, Sílvia Maria Benedetti. Planejamento sucessório: uma questão de reflexão. *In*: *Revista Brasileira de Direito de Família*. Porto Alegre: Síntese/IBDFAM, n. 31, p. 5-18, ago./set. 2005.

VENOSA, Sílvio de Salvo. Inalienabilidade, impenhorabilidade e incomunicabilidade. *In*: *Revista do Advogado*, AASP, n. 91, p. 130-136, maio 2007.

VIEIRA DE CARVALHO, Luiz Paulo. *Direito das Sucessões*. 3. ed., rev., atual. e ampl. São Paulo: Atlas, 2017.

Informação bibliográfica deste texto, conforme a NBR 6023:2018 da Associação Brasileira de Normas Técnicas (ABNT):

CORTIANO JUNIOR, Eroulths. Sucessão e cláusulas restritivas. *In*: TEIXEIRA, Daniele Chaves (Coord.). *Arquitetura do planejamento sucessório*. 3. ed. Belo Horizonte: Fórum, 2022. p. 467-479. Tomo I. ISBN 978-65-5518-459-4.

O PLANEJAMENTO SUCESSÓRIO DA HERANÇA DIGITAL

GUILHERME MAGALHÃES MARTINS
JOSÉ LUIZ DE MOURA FALEIROS JÚNIOR

1 Introdução

Infindáveis desafios instigam a investigação de novas soluções para contingências desveladas pelo alvorecer da sociedade da informação, que incita o progresso tecnológico, ao mesmo tempo em que desafia a dificuldade de manejo do aparato jurídico para a proteção de direitos no descompasso da inovação com a regulação estatal.

Nesse contexto, os chamados bens digitais (*digital assets*) surgiram no rasto da popularização de redes sociais, correios eletrônicos, livros digitais, criptomoedas, serviços de *streaming*, nuvens de armazenamento de dados etc., causando grande confusão quanto à sua natureza jurídica para fins sucessórios, notadamente por demandarem do operador do direito sensível esforço para a definição de direitos dos sucessores ante a imperiosa necessidade de proteção à privacidade e à intimidade do titular desses bens.

A chamada "herança digital" deve ser estudada, no cotejo da diferenciação desses elementos distintivos, para que se viabilize a adequada operacionalização da legítima (e, em certa medida, da sucessão testamentária) com pleno rigor na conjugação de interesses dos herdeiros, quanto à memória e ao acesso ao espólio digital do *de cujus*, e, deste, quanto à preservação de direitos fundamentais seus.

O debate não é novo, uma vez que o direito das sucessões tem sido amplamente estudado a partir dos desdobramentos que o avanço da internet já propiciou e, naturalmente, hoje se deve repensar o modo com que são encaradas as possibilidades e enfrentados os limites da sucessão de bens digitais para que novas soluções, como o planejamento sucessório, se tornem viáveis e mais difundidas.

Com isso, o problema investigado reside na dificuldade de se rastrear os aspectos nucleares para, objetivamente, determinar quais são os bens que podem vir a compor uma herança digital e, em subsequência, para que se viabilize o planejamento sucessório desse acervo patrimonial, com confiabilidade e segurança. A hipótese de pesquisa parte da possibilidade de delimitação de um critério objetivo para a distinção e categorização desses bens e para a identificação de bridas capazes de salvaguardar núcleos essenciais de privacidade e intimidade naquilo que concerne aos direitos de personalidade do *de cujus*, particularmente para bens digitais existenciais, nestas novas fronteiras da autonomia privada.

2 Os bens digitais (*digital assets*) na sociedade da informação

A discussão em torno dos bens digitais (*digital assets*) e de sua imperiosa proteção pelo ordenamento parte da inevitável distinção entre os conjuntos de dados dotados que podem ser valorados economicamente e os que estão circunscritos unicamente aos domínios da intimidade humana. É de David Austerberry a reflexão em torno da imperiosidade da análise do custo-benefício de um bem (digital) para sua consideração como um ativo,[1] mas a discussão se alastra para campos mais vastos.[2]

Se a sociedade da informação inaugura novas proposições para a revisitação das tradições e dos costumes humanos, rompendo com as antigas nuances diferenciadoras que sempre foram relevantes para traçar comparativos interculturais, o que se observa, do ponto de vista sociológico, é a difusão de efeitos do fenômeno da globalização, que aproxima culturas e fomenta um repensar da tradicional tríade de noções acerca do universal, do uniforme e do comum,[3] que se sobrepõem ao óbvio, mas em planos diferentes, na formatação do pensamento, dos hábitos e – naturalmente – de tudo o que outrora era até mesmo tecnicamente inviável, mas que passa a ter enorme importância nas vidas dos cidadãos.[4]

Impõe-se considerar que um ecossistema sem fronteiras materiais modifica não apenas a natureza (agora incorpórea) daquilo a que se atribui significado e valor, mas também a dinâmica concernente à identificação, ao controle, ao acesso e à transmissão desses novos acervos intácteis, intangíveis e dependentes de análise contextual decorrente não apenas do apego expressado pela pessoa falecida a tais bens, mas até mesmo de

---

1 AUSTERBERRY, David. *Digital asset management*. Oxford: Focal Press, 2012. p. 5. Diz o autor: "What gives an asset value? If it can be resold, then the value is obvious. However, it can also represent a monetary asset, if it can be cost-effectively repurposed and then incorporated into new material".

2 Segundo Pierre Lévy: "A cibercultura dá forma a um novo tipo de universal: o universal sem totalidade. E, repetimos, trata-se ainda de um universal, acompanhado de todas as ressonâncias possíveis de serem encontradas com a filosofia das luzes, uma vez que possui uma relação profunda com a ideia de humanidade. Assim, o ciberespaço não engendra uma cultura do universal, porque de fato não está em toda parte, e sim porque sua forma ou sua ideia implicam de direito o conjunto dos seres humanos". (LÉVY, Pierre. *Cibercultura*. (Trad. Carlos Irineu da Costa). São Paulo: Editora 34, 1999. p. 119).

3 JULLIEN, François. *De l'universel, de l'uniforme, du commun et du dialogue entre les cultures*. Paris: Fayard, 2008. p. 29-31. Comenta: "1. Il y a certainement quelque audace à prétendre attaquer ainsi ces notions – de front, de façon sommaire. Mais elles ne tarderont pas à s'éclairer entre elles grâce aux tensions qu'elles organisent. Entre l'universel et l'uniforme : le monde paraît aujourd'hui les confondre. Car il semblerait volontier que l'uniforme serve seulement à doubler l'universel et à le renforcer ; qu'il se contente d'en prolonger les effets et de les rendre manifestes. Or je crois plutôt qu'il en est l'inverse ; et que cette opposition, à l'époque de la mondialisation, devient cruciale. [...] Tandis que l'universel est 'tourné' vers l'Un – uni-versus – et traduit une aspiration à son égard, l'uniforme n'est, de cet un, qu'une répétition stérile. À vrai dire, la nature de cet 'un' a elle-même, sans crier gare, complètement basculé de l'un à l'autre : celui-ci n'est plus l'Un éminent, transcendant (plotinien), auquel se convertit l'esprit pour sortir de l'éparpillement du divers (du di-versus) ; mais l'un réduit, complètement amorti, aride, de la régularité conforme et de la série".

4 BLANKE, Tobias. *Digital asset ecosystems*: rethinking crowds and clouds. Oxford: Chandos/Elsevier, 2014. p. 11-12.

complexos sistemas de controle de direitos autorais e atribuições de licenças de uso e exploração, para sua valoração.[5]

O primeiro desafio que se enfrenta neste novo panorama, portanto, reside na necessidade de decomposição do ordenamento –[6] hermético, inacessível e inabitado por novos instrumentais – para que o direito possa fazer valer seu papel de sistema de segunda grandeza,[7] a despeito de sua complexidade. Somente assim, novas contingências serão suficientemente repensadas e tuteladas por institutos adequadamente trabalhados para refletir as perspectivas trazidas pela coordenação das respostas aos fatos sociais diretamente influenciados pelo advento das novas Tecnologias da Informação e Comunicação (TIC). Na passagem da clássica estruturação doutrinária do direito de propriedade à ascensão do conceito de titularidade (apto a abarcar situações jurídicas existenciais), é inegável que deve ser analisada a suficiência das formulações mais tradicionais para o enfrentamento dos desafios que emergem desse complexo novo contexto.[8]

Tendo em vista a hipercomplexidade da sociedade contemporânea, Heloisa Helena Barboza e Vitor Almeida lembram que "a exploração de perfis de pessoas falecidas coloca em relevo a multiplicidade de interesses idôneos de tutela e a dificuldade de encaminhamento com base no binômio transmissibilidade/intransmissibilidade".[9] E, de fato, o que se faz com os perfis em redes sociais de pessoas falecidas – especialmente de pessoas notórias – é o que mais desperta atenção para o tema da chamada "herança digital", embora não se possa circunscrever o debate apenas a isso.

Há outras discussões essencialmente importantes para a completa elucidação desse complexo assunto. Impõe-se, para sua adequada contextualização, diferenciar e categorizar os bens digitais segundo sua aptidão sucessória.

---

5 Observe-se, nessa linha, o seguinte exemplo: "The first definition (asset = file + rights) is more widely used in the context of assets that have a certain value on their own. For example, think of an MP3 file of a song from your favorite band. From a business perspective, it is useless as long as you don't have the right to do something with it..." (JACOBSEN, Jens; SCHLENKER, Tilman; EDWARDS, Lisa. *Implementing a digital asset management system*: for animation, computer games, and web development. Nova York: Taylor & Francis, 2005. p. 2).

6 BOBBIO, Norberto. *Teoria do ordenamento jurídico*. Tradução de Ari Marcelo Solon. 2. ed. São Paulo: Edipro, 2014. p. 77.

7 A expressão é de Antonio Junqueira de Azevedo: "[...] o direito é um sistema complexo; é sistema porque é um conjunto de vários elementos que se movimentam mantendo relações de alguma constância, e é complexo porque os elementos são heterogêneos e as relações entre eles, variadas. [...] Além de complexo, o sistema jurídico é um sistema de 2ª ordem, isto é, sua existência está em função do sistema maior, o social; apesar disso, tem ele identidade própria e, por força dessa identidade, é relativamente autônomo (tem autonomia operacional)" (AZEVEDO, Antonio Junqueira de. O direito como sistema complexo e de 2ª ordem; sua autonomia. Ato nulo e ato ilícito. Diferença de espírito entre responsabilidade civil e penal. Necessidade de prejuízo para haver direito de indenização na responsabilidade civil. *Civilistica.com*, Rio de Janeiro, ano 2, n. 3, jul./set. 2013).

8 EHRHARDT JÚNIOR, Marcos; GUILHERMINO, Everilda Brandão. Breves notas sobre a (in)suficiência da teoria clássica da propriedade para disciplinar a titularidade dos bens digitais. *In*: CATALAN, Marcos; ROCHA, Mariângela Guerreiro Milhoranza da; PEREIRA, Gustavo de Lima (Org.). *O caos no discurso jurídico*: uma homenagem a Ricardo Aronne. Londrina: Thoth, 2021. *E-book*.

9 BARBOZA, Heloisa Helena; ALMEIDA, Vitor. Tecnologia, morte e direito: em busca de uma compreensão sistemática da "herança digital". *In*: TEIXEIRA, Ana Carolina Brochado; LEAL, Livia Teixeira (Coord.). *Herança digital*: controvérsias e alternativas. Indaiatuba: Foco, 2021. p. 16-17.

2.1 A propriedade dos bens digitais e sua aptidão à formação do espólio

Aspecto importantíssimo a se considerar na problemática específica dos bens digitais diz respeito à delimitação de um conceito[10] que permita, assertivamente, indicar quais são os bens que podem vir a compor um espólio para fins sucessórios: trata-se de aferir sua natureza patrimonial,[11] mesmo no caso dos bens incorpóreos,[12] conforme já indicado nas notas preliminares anteriores. Em tempos de virtualização da vida, a multiplicação de situações que envolvem a "presença" do indivíduo na internet reacende o debate sobre a necessidade de tutela específica do tema, pois, "se a própria qualificação do bem digital já torna complexa a discussão, a diversidade de natureza dos bens digitais agrega ainda mais controvérsia ao debate".[13] Em se tratando de dados, a questão transcende o próprio valor que o bem pode ostentar do ponto de vista mercadológico, conforme anota Pietro Perlingieri:

> A informação em si, como coisa incorpórea, não é sempre e necessariamente relevante para o direito, mas a sua tutela varia com relação ao conteúdo da informação (pense-se na privacidade da pessoa), ao lugar ou à relação jurídica na qual os dados informativos estão inseridos ou, ainda, ao sujeito que a conhece e à sua atividade: pense-se no chamado sigilo industrial, ou no interesse a que o profissional ou o prestador de serviço não divulguem fatos conhecidos no adimplemento da sua própria prestação. Se a informação tem os requisitos da criatividade e da originalidade (e, portanto, da reprodutibilidade), tem as características próprias da obra de engenho: poderá, então, obter a tutela prevista pela normativa sobre direito de autor ou de patentes [...].[14]

Nesse contexto, as infraestruturas de internet são, em grande parte, responsáveis pela sensação de estabilidade da vida no mundo desenvolvido, pois propiciam a sensação de que as coisas funcionam e continuarão funcionando, sem a necessidade de pensar ou agir por parte dos usuários.[15] A relevância desta colocação para o tema decorre

---

[10] PEREIRA, Caio Mário da Silva. *Direito civil*: alguns aspectos da sua evolução. Rio de Janeiro: Forense, 2001. p. 15. Na passagem, o autor anota que a evolução do direito civil "não pode ser programada partindo somente de uma visão panorâmica, o que em si só oferece ensejo para assinalar as linhas arquitetônicas das instituições globalizadas. Há que ser feita no particularismo das províncias civilistas".

[11] ZAMPIER, Bruno. *Bens digitais*: cybercultura, redes sociais, e-mails, músicas, livros, milhas aéreas, moedas virtuais. 2. ed. Indaiatuba: Foco, 2020. p. 71-84.

[12] É o que anotam Cristiano Chaves de Farias e Nelson Rosenvald: "Apesar da ausência de conceito legal no Brasil, cogita-se, atualmente, de uma propriedade digital ou tecnodigital abrangendo ativos que se encontram no ambiente virtual, de natureza incorpórea, tendo como conteúdo a informação digital, envolvendo texto, imagem, vídeo, postados ou compartilhados no ambiente virtual, gerando repercussão econômica imediata, por vezes evidente – como o comércio de milhas aéreas em sites – ou mesmo que de difícil estimação (como um perfil em uma rede social ou bibliotecas, videotecas na web)". (FARIAS, Cristiano Chaves de; ROSENVALD, Nelson. *Curso de direito civil*: direitos reais. 17. ed. Salvador: JusPodivm, 2021. v. 5, p. 284).

[13] TERRA, Aline de Miranda Valverde; OLIVA, Milena Donato; MEDON, Filipe. Acervo digital: controvérsias quanto à sucessão causa mortis. *In*: TEIXEIRA, Ana Carolina Brochado; LEAL, Livia Teixeira (Coord.). *Herança digital*: controvérsias e alternativas. Indaiatuba: Foco, 2021. p. 57.

[14] PERLINGIERI, Pietro. *O direito civil na legalidade constitucional*. Tradução de Maria Cristina De Cicco. Rio de Janeiro: Renovar, 2008. p. 963 964.

[15] EDWARDS, Paul N. Infrastructure and modernity: force, time, and social organization in the history of sociotechnical systems. *In*: MISA, Thomas J.; BREY, Philip; FEENBERG, Andrew (Ed.). *Modernity and technology*. Cambridge: MIT Press, 2003. p. 188.

da necessidade de se delimitar o que são bens digitais patrimoniais para que se possa trabalhar a viabilidade de sua inserção no direito das sucessões.[16]

Com a virtualização das relações humanas, infindáveis situações específicas passaram a demandar do direito civil novas soluções para tutelar e conciliar interesses agora travados no ciberespaço – preponderantemente caracterizado pela ubiquidade –, mas há grande controvérsia sobre quais desses "bens" (*assets*) têm (ou não) a aptidão necessária a tal salvaguarda, uma vez que nem sempre se visualizará, com clareza, a natureza patrimonial de um determinado conjunto de dados para que seja categorizado como "bem digital", ultrapassando os limites do mero direito de acesso.[17]

Entre o mero acesso e a transposição da alocação dogmática de situações jurídicas patrimoniais e existenciais nos direitos da personalidade ou no regime dos contratos, emerge a possibilidade de delineamentos típicos dos direitos reais. A situação – já complexa em si mesma –torna-se ainda mais aguçada e, talvez, recorrer às formulações clássicas do direito civil constitucional possa iluminar caminhos para a conjugação de todas essas circunstâncias inegavelmente intricadas.

Evan Carroll e John Romano foram pioneiros no tema e, de maneira bastante didática, apresentam a seguinte tabela, que tomamos a liberdade de traduzir:[18]

(continua)

Bens físicos	Bens digitais
Podem ser frágeis ou durar por séculos	São, ao mesmo tempo, frágeis (facilmente deletáveis) e "resilientes" (podem ser preservados para sempre se adequadamente armazenados e zelados)
Possuem caráter táctil, sendo passíveis de tradição entre os donos	Não são tangíveis nem tácteis
Existem apenas em um lugar, em dado tempo	Podem ser replicados e existir em infinitos dispositivos
Cada objeto é único e somente pode ter um dono por vez	Podem pertencer a várias pessoas
São escassos ou únicos, o que lhes agrega valor	Por serem replicáveis, podem ter menor valor agregado

16 LEAL, Lívia Teixeira. *Internet e morte do usuário*: propostas para o tratamento jurídico post mortem do conteúdo inserido na rede. Rio de Janeiro: GZ, 2019. p. 29-30. Comenta a autora: "O tratamento do conteúdo disposto na rede após a morte do usuário constitui uma das questões mais desafiadoras atinentes à regulação jurídica da Internet na atualidade. Apesar de se tratar de um tema ainda pouco abordado pela doutrina e pela jurisprudência, e de praticamente não haver norma específica no ordenamento jurídico brasileiro a respeito do destino desses conteúdos, fato é que os problemas práticos começam a surgir, demandando soluções adequadas do intérprete".

17 GUILHERMINO, Everilda Brandão. Direito de acesso e herança digital. *In*: TEIXEIRA, Ana Carolina Brochado; LEAL, Livia Teixeira (Coord.). *Herança digital*: controvérsias e alternativas. Indaiatuba: Foco, 2021. p. 102. Anota a autora: "A migração dos bens corpóreos para o meio digital, naquilo que representa grande parte da intimidade do morto, como livros, músicas e fotos traz novas demandas jurídicas a serem solucionadas. Muitas plataformas não aceitam a sucessão do material digital, ainda que pago, a exemplo de acervo de músicas ou filmes cujo download foi realizado por meio de pagamento, havendo, portanto, compra e venda".

18 CARROLL, Evan; ROMANO, John. *Your digital afterlife*: when Facebook, Flickr and Twitter are your estate, what's your legacy? Berkeley: New Riders, 2011. p. 16.

(conclusão)

Bens físicos	Bens digitais
Sobrevivem ao tempo e a eventos que despertam interesse em possui-los; possuem história	Informações que não sejam óbvias podem ser agregadas a tais bens por meio de metadados
Ocupam espaço físico, demandando grande esforço logístico para manejo de grandes quantidades	Requerem mínimo espaço físico, até mesmo para o armazenamento de quantidades massivas
Sofrem depreciação ao longo do tempo	Não sofrem depreciação; serão exatamente iguais no futuro, se bem armazenados e zelados
Precisam ser transportados para serem transferidos a outrem	Podem ser perdidos sem o devido acesso ou se tornarem ilegíveis se o *software* utilizado para os acessar se tornar indisponível
Demandam zelo e adequada armazenagem para sobreviver aos desgastes do tempo	Demandam eletricidade, computadores e *software* para serem lidos

Com diferenças tão drásticas, o gerenciamento digital de ativos e mídia passa a ter um papel fundamental não apenas no desenvolvimento de oportunidades a partir do *big data*,[19] mas também em vários dos desafios que emergem de tal fenômeno.[20] Com o advento de tecnologias como a computação em nuvem, o acesso aos dados é um problema técnico menor do que jamais fora no passado. Entretanto, tornou-se um problema social ainda mais premente e que requer estruturas complexas de confiança e segurança, no centro das quais está a questão de compartilhar ou não o acesso aos dados com terceiros (inclusive herdeiros) para a preservação de situações jurídicas existenciais.

2.2 A tutela das situações jurídicas existenciais

Sabe-se que, no meio digital, a compreensão do escopo informacional pode adquirir contornos existenciais, que se imiscuem ao próprio sujeito, na medida em que "o objeto dos direitos de personalidade não se encontra nem na própria pessoa nem externamente",[21] mas, em verdade, tendo a personalidade um valor, "as situações existenciais não seriam exauridas na tradicional categoria dos direitos subjetivos",[22]

---

19 A origem etimológica do conceito de *big data* é atribuída a John Mashey, que, desde a década de 1990, popularizou seu uso ao utilizar a expressão para se referir ao conjunto de dados com tamanhos além da capacidade de ferramentas de *software* usuais da época (LOHR, Steve. The origins of 'big data': an etymological detective story. *The New York Times*, 1 fev. 2013. Disponível em: https://nyti.ms/2RG06NM. Acesso em: 14 nov. 2021).

20 MAYER-SCHÖNBERGER, Viktor; CUKIER, Kenneth. *Big data*: a revolution that will transform how we live, work, and think. Nova York: Houghton Mifflin Harcourt, 2014. p. 79; 83. Anotam: "The ability to record information is one of the lines of demarcation between primitive and advanced societies. [...] The difference between digitization and datafication becomes obvious when we look at a domain where both have happened and compare their consequences".

21 SZANIAWSKI, Elimar. Direitos de personalidade e sua tutela. 2. ed. São Paulo: Revista dos Tribunais, 2005, p. 87.

22 ZAMPIER, Bruno. *Bens digitais*: cybercultura, redes sociais, e-mails, músicas, livros, milhas aéreas, moedas virtuais. 2. ed. Indaiatuba: Foco, 2020. p. 59.

eis que instigariam reflexões, por exemplo, sobre a memória.[23] A esse respeito, Bruno Zampier acrescenta:

> Ao longo da vida, bilhões de pessoas irão interagir, externar seus pensamentos e opiniões, compartilhar fotos e vídeos, adquirir bens corpóreos e incorpóreos, contratar serviços, dentre centenas de outras possíveis atividades por meio da rede mundial de computadores. Naturalmente, esse passar dos anos fará com que sejam depositadas na rede inúmeras informações, manifestações da personalidade e arquivos com conteúdo econômico, todos esses ligados a um determinado sujeito. Cada internauta terá seu patrimônio digital que necessitará ser protegido, porque em algum momento ele irá falecer, manifestar alguma causa de incapacidade ou mesmo sofrer violações a esse legado deixado em rede.[24]

Determinados arquivos, como filmes, *e-books*, textos postados em *blogs* e *sites*, músicas, criptomoedas, jogos eletrônicos, licenças de *software* e diversos outros bens digitais de evidente conteúdo patrimonial continuam a receber tratamento jurídico pertinente, sendo inegável sua incorporação ao espólio da pessoa falecida.[25]

Por outro lado, nessa concepção de *bens digitais*, outros itens como fotografias, *e-mails*, textos não publicados e conversas trocadas em *chats* privados, entre outros que tangenciam a personalidade (ou até mesmo a "extimidade")[26] e compõem situações jurídicas amparadas pelo direito fundamental à privacidade, decorrente da cláusula geral da dignidade da pessoa humana, não necessariamente poderão receber as mesmas soluções jurídicas para fins sucessórios.

O art. 91 do Código Civil define que "constitui universalidade de direito o complexo de relações jurídicas, de uma pessoa, dotadas de valor econômico", porém, como se viu, é possível que eventuais bens ostentem valor existencial (e não patrimonial) – integrando uma esfera mais ampla da personalidade –,[27] razão pela qual representam um desafio

---

23 BRANCO, Sérgio. *Memória e esquecimento na internet*. Porto Alegre: Arquipélago Editorial, 2017. p. 100. E o autor ainda acrescenta: "Como já tivemos a oportunidade de observar, os mecanismos de acesso aos bens digitais se tornam obsoletos em pouco tempo. O dilema, portanto, será tornar intangíveis arquivos digitais (o que muitas vezes será francamente inviável em razão da quantidade de informações armazenadas) ou investir em tecnologia capaz de conservar os dados e dar acesso a eles ao longo do tempo".

24 ZAMPIER, Bruno. *Bens digitais*: cybercultura, redes sociais, e-mails, músicas, livros, milhas aéreas, moedas virtuais. 2. ed. Indaiatuba: Foco, 2020. p. 61.

25 TAVEIRA JÚNIOR, Fernando. *Bens digitais (digital assets) e a sua proteção pelos direitos da personalidade*: um estudo sob a perspectiva da dogmática civil brasileira. São Paulo: Scortecci, 2018. p. 138. Segundo o autor, "seriam modalidades de *digital assets* os perfis de redes sociais, os *e-mails*, os tweets, as bases de dados, os *assets* virtuais inseridos em jogos, os textos, as imagens, as músicas ou os sons digitalizados (em arquivos de vídeos, filmes e *e-books*), as senhas de acesso a contas necessárias ao fornecimento de bens e serviços digitais (eBay, Amazon, Facebook, YouTube), os nomes de domínio, as imagens da personalidade em duas ou três dimensões ou ícones (de usuário ou *avatars*) etc.)".

26 BOLESINA, Iuri. *O direito à extimidade*: as inter-relações entre identidade, ciberespaço e privacidade. Florianópolis: Empório do Direito, 2017. p. 176. Destaca: "As imagens na sociedade do espetáculo são determinantes para evocação de significantes de sucesso, felicidade, prestígio, sofisticação, maneirismo, dentre outras assemelhadas. Essa condição espetacularizada tem existência privilegiada nos ambientes virtuais, especialmente nas redes/mídias sociais, onde é facilitada (e retroalimentada) a (auto)exposição de vivências que retratam, concomitantemente, senão de modo mesclado, o 'ser', o 'ter' e o 'parecer'. Porém, como isso ocorre por meio de 'imagens' (símbolos, imaginários) tudo transforma-se em 'parecer'. Nesses ambientes a sociedade do espetáculo une-se à hiper-realidade e às tiranias da intimidade e da visibilidade: real e ficto, assim como físico e virtual, envolvem-se um no outro de modo indistinguível, trazendo, de qualquer sorte, efeitos concretos".

27 BARROSO, Luís Roberto. *A dignidade humana no direito constitucional contemporâneo*: a construção de um conceito jurídico à luz da jurisprudência mundial. Belo Horizonte: Fórum, 2013. p. 14.

à sua viabilidade sucessória, o que remete à ideia da informação como bem incorpóreo por excelência, mas dotado de relevância jurídica, levando a doutrina a defender a irrelevância desta distinção.[28]

Segundo Bruno Zampier,

> (...) vários bens digitais, para além de um aspecto econômico, serão importantes para seus titulares pela perspectiva emocional que carregam consigo. Basta pensar em mensagens enviadas por *e-mail*, por *inbox* (mensagens privadas) nas redes sociais, fotografias, depoimentos, vídeos, dentre outros. E poderá ser igualmente um ativo relevante para os amigos e familiares daquele titular.[29]

O grande problema está justamente na diferenciação das inúmeras funções que diversas plataformas aglutinam, mesclando aspectos patrimoniais e existenciais do usuário em um conjunto informacional por vezes indistinguível.[30]

Sendo este o desafio, não há dúvidas de que o caminho a trilhar demanda a construção de delimitações e contextos que permitam a subdivisão dessas estruturas informacionais. Uma dessas propostas é a de Rex Anderson, que sugere a categorização dos bens digitais a partir de uma distinção entre os bens tangíveis e corpóreos (*tangible goods*), como *smartphones*, computadores e consoles, que catalogam, processam e armazenam informações, e os bens intangíveis e incorpóreos (*intangible assets*), que nada mais são do que as próprias informações armazenadas nos equipamentos eletrônicos.[31]

Uma segunda proposta é a de Naomi Cahn, que estratifica os bens digitais em categorias, segundo sua possibilidade de uso, subdividindo-os em: (i) bens digitais pessoais (*personal assets*), abrangendo fotografias, vídeos, listas de músicas etc.; (ii) bens digitais de mídias sociais (*social media assets*), relacionados às interações em sítios da *web*, como *Facebook*, *Twitter*, *Instagram*, *LinkedIn*, ou em contas de *e-mail*; (iii) bens digitais financeiros (*financial assets*), que incluiriam contas em sítios de compras, em aplicações de gestão de pagamentos (como *PayPal*), ou mesmo as contas em serviços de *Internet banking*; (iv) e, finalmente, os bens digitais comerciais (*business assets*), que abrangeriam as informações ligadas a qualquer tipo de transação comercial.[32]

A terceira classificação é de Samantha Haworth, que propõe a categorização dos bens digitais em: (i) dados de acesso (*access information*), que seriam utilizados para o *log in* em contas das diversas plataformas, como senhas e chaves de segurança; (ii) bens digitais tangíveis (*tangible digital assets*), que não fazem referência à forma física, mas às

---

28 FRITZ, Karina Nunes; MENDES, Laura Schertel. Case report: Corte alemã reconhece a transmissibilidade da herança digital. *Revista de Direito da Responsabilidade*, Coimbra, ano 1, p. 525-555, 2019. p. 542.

29 ZAMPIER, Bruno. *Bens digitais*: cybercultura, redes sociais, e-mails, músicas, livros, milhas aéreas, moedas virtuais. 2. ed. Indaiatuba: Foco, 2020. p. 69.

30 EATON, Ben; ELALUF-CALDERWOOD, Silvia; SØRENSEN, Carsten; YOO, Youngjin. *Dynamic structures of control and generativity in digital ecosystem service innovation*: the cases of the Apple and Google mobile app stores. Londres: London School of Economics and Political Science, 2011. p. 1. Destacam os autores: "Apple's iPhone not only acts as a phone, but also acts as a personal navigation device, an e-book reader, a personal game device, and a personal medical diagnostic device among other things... It is Apple who creates the device, operating system, and iTunes store that enables creation and delivery of digital content and apps".

31 ANDERSON, Rex M. Digital assets in estates. *Arizona Attorney Magazine*, Phoenix, v. 49, n. 7, p. 44-45, mar. 2013. p. 45.

32 CAHN, Naomi. Postmortem life on-line. *Probate & Property*, Chicago, v. 25, n. 4, p. 36-39, jul./ago. 2011. p. 36-37.

composições ou propriedades que tornam tais conjuntos de dados cognoscíveis, como textos e fotografias; (iii) bens digitais intangíveis (*intangible digital assets*), como curtidas (*likes*), comentários, número de seguidores/inscritos etc., que, embora de difícil aferição, podem ostentar valor econômico; (iv) metadados (*metadata*), que são catalogados em razão da navegação.[33] Tudo isso é, atualmente, "monetizável" e verdadeira transformação vem sendo implementada a partir de tecnologias disruptivas que transformam dados em ativos.[34]

Exemplo inegável – e atual – dessa irrefreável tendência é encontrado nos chamados *non-fungible tokens* (NFTs), originalmente concebidos como modelo registral que se vale da imutabilidade da rede *blockchain* para permitir a segurança das transações e a unicidade do acervo de dados que constitui um *token*, viabilizando sua comercialização.

O tema se tornou efervescente em 2021, quanto à conversão de obras de arte (especialmente pinturas) em ativos digitais, com ulterior destruição do item original, mas suas aplicações vão muito além, pois podem ser valiosa fonte de renda para profissionais que lidam com a produção de conteúdo criativo, como fotógrafos e designers – apenas para citar alguns exemplos. Sobre a viabilidade ou não de se identificar a validade jurídica desses conjuntos de dados como objetos únicos, certamente há controvérsia doutrinária,[35] mas não há dúvidas de que a própria ressignificação do até então consagrado paradigma da experiência, marcado pela indagação obrigacional/contratual acerca de eventual direito de acesso a tais dados, fato é que agora já é possível debater a viabilidade do seu registro – e a alocação do tema na disciplina dos direitos reais –, o que é, por si só, uma quebra de paradigma.[36]

Independentemente da classificação que se prefira adotar, é inegável que "o objeto dos direitos de personalidade não se encontra nem na própria pessoa nem externamente",[37] de modo que a delimitação de critérios jurídicos capazes de tutelar os bens digitais é tarefa que demanda investigações *a posteriori*. Noutros dizeres, a

---

33 HAWORTH, Samantha D. Laying your online self to rest: evaluating the Uniform Fiduciary Access to Digital Assets Act. *University of Miami Law Review*, Miami, v. 68, n. 2, p. 535-560, jan./abr. 2014. p. 537-538.

34 Cf.: RUßELL, Robert; BERGER, Benedikt; STICH, Lucas; HESS, Thomas; SPANN, Martin. Monetizing online content: digital paywall design and configuration. *Business & Information Systems Engineering*, Heidelberg, v. 62, p. 253-260, 2020.

35 Segundo a doutrina, "[a]inda que o NFT não apresente grande alcance popular e ainda necessite ultrapassar alguns obstáculos, é notório que essa nova tecnologia tem potencial para redinamizar as formas de proteção do direito do autor, uma vez que se trata de um registro mais seguro e, a princípio, menos burocrático do ponto de vista da autenticidade e autoria. (...) Se, por um lado, conforme desenvolvido na primeira parte deste artigo, a obra artística é protegida no âmbito da legislação autoral independentemente da realização de registro, por outro, todavia, a realização deste garante maior segurança jurídica ao autor. O NFT, por sua vez, permite que os autores certifiquem digitalmente a autoria da obra que produzem e que desejam divulgar. A sua utilização mostra-se apta tanto a resolver questões que envolvem cópias não autorizadas e que acarretam prejuízos aos titulares das obras artísticas, vindo a ocasionar a sua valorização em razão da possibilidade de verificação de autenticidade, como também a falsificação torna-se teoricamente impraticável, constatando-se um claro benefício do ponto de vista da proteção intelectual". (BARBOZA, Hugo Leonardo; FERNEDA, Ariê Scherreier; SASS, Liz Beatriz. A garantia de autenticidade e autoria por meio de Non-Fungible Tokens (NFTs) e sua (in)validade) para a proteção de obras intelectuais. *International Journal of Digital Law*, Belo Horizonte, a. 2, n. 2, p. 99-117, maio/ago. 2021. p. 113-114).

36 BRANDÃO, Everilda. NFT e o futuro do registro: maior segurança para as relações contratuais. *Migalhas Contratuais*, 11 out. 2021. Disponível em: https://s.migalhas.com.br/S/FB4938 Acesso em 14 nov. 2021.

37 SZANIAWSKI, Elimar. *Direitos de personalidade e sua tutela.* 2. ed. São Paulo: Revista dos Tribunais, 2005. p. 87.

apreciação cuidadosa da casuística em questão é que permitirá ao intérprete saber se as questões de direito envolvidas abrangerão proteção obrigacional, real ou ambas.

Considerando o ângulo do direito privado, isto é, a sua aplicação nas relações entre particulares, os direitos da personalidade se qualificam como direitos essenciais à consecução da dignidade humana frente aos possíveis atentados perpetrados por outras pessoas, também privadas.[38] Com efeito, podem ser considerados direitos da personalidade as normas de conteúdo essencialmente existenciais, afastando a lógica tradicional econômica do Direito Civil, e que possibilitam o desfrute das faculdades do corpo e da mente, essenciais ao bem-estar psicofísico da pessoa, ou seja, "mais de perto ainda, pode-se afirmar, com toda segurança, que os direitos da personalidade são os direitos fundamentais vistos sob a ótica do direito privado".[39]

A ideia de direitos da personalidade, portanto, é utilizada como menção aos "atibutos humanos que exigem especial proteção no campo das relações privadas, ou seja, na interação entre particulares, sem embargo de encontrarem também fundamento constitucional e proteção nos planos nacional e internacional".[40] Conforme se nota, quando se trata dessa ordem de direitos, há a referência da medula da própria personalidade.[41]

O direito civil, alvo de efusivas discussões em torno de sua constitucionalização, em especial nas últimas duas décadas, não deixa de ser analisado com criticidade pela doutrina, ainda que seus argumentos sejam convidativos.[42] O alerta de Marcos Ehrhardt Júnior é eloquente em relação a isso:

> Apesar da inegável e importante contribuição que o movimento de constitucionalização propiciou ao estudo do Direito Civil, e dos avanços conquistados nos últimos anos em relação à proteção dos valores existenciais da pessoa humana, não podemos deixar de considerar que quando seus postulados são levados ao extremo, sem a adequada ponderação dos interesses em jogo, a legítima expectativa de sindicabilidade dos direitos fundamentais e sua efetiva concretização no campo social, atualmente confiadas ao Poder Judiciário, podem propiciar o surgimento de soluções desprovidas de legitimidade diante da ausência de preocupação de fundamentação das decisões judiciais, o que, em última instância, compromete a credibilidade

---

[38] TEPEDINO, Gustavo. *Temas de direito civil*. Rio de Janeiro: Renovar, 1997. p. 33.

[39] BITTAR, Eduardo C. B. Direitos do consumidor e direitos da personalidade: limites, intersecções, relações. *Revista de Informação Legislativa*, Brasília, a. 36, n. 143, p. 63-70, jul./set. 1999. p. 64.

[40] SCHREIBER, Anderson. *Direitos da personalidade*. São Paulo: Atlas, 2014. p. 13.

[41] Para uma análise crítica do tema, inclusive quanto à dicotomia entre funcionalização e comunitarismo, na perspectiva civil-constitucional das situações jurídicas patrimoniais, conferir: BUCAR, Daniel; MUCILO, Daniela de Carvalho. Situações jurídicas patrimoniais: funcionalização ou comunitarismo? *In*: MENEZES, Joyceane Bezerra de; DE CICCO, Maria Cristina; RODRIGUES, Francisco Luciano Lima (Coord.). *Direito civil na legalidade constitucional*: algumas aplicações. Indaiatuba: Foco, 2021. p. 87-100. Ademais, convém registrar que a questão já suscitou debates até mesmo sobre o "dano estético digital" nessa correlação entre personalidade e corpo eletrônico. Sobre isso: COLOMBO, Cristiano; FACCHINI NETO, Eugênio. Corpo eletrônico como vítima de ofensas em matéria de tratamento de dados pessoais: reflexões acerca da responsabilidade civil por danos à luz da Lei Geral de Proteção de Dados Pessoais Brasileira e Viabilidade da Aplicação de Dano Estético Digital. *In*: ROSENVALD, Nelson; DRESCH, Rafael de Freitas Valle; WESENDONCK, Tula (Coord.). *Responsabilidade civil*: novos riscos. Indaiatuba: Foco, 2019. p. 45-64.

[42] Cf.: FACHIN, Luiz Edson; RUZYK, Carlos Eduardo Pianovski. Direitos fundamentais, dignidade da pessoa humana e o novo Código Civil: uma análise crítica. *In*: SARLET, Ingo Wolfgang (Org.). *Constituição, direitos fundamentais e direito privado*. Porto Alegre: Livraria do Advogado, 2006.

do próprio sistema, por representarem um exacerbado decisionismo que não se coaduna com o verdadeiro espírito do movimento.[43]

Porém, a despeito de eventuais inconsistências que a referida doutrina possa apresentar, no atual contexto, a existência real pode ser até minimizada se não tiver lugar na *Internet*, revelando, portanto, a nova dimensão do ser humano, que exige medidas jurídicas diferentes, que ampliem o âmbito dos direitos fundamentais da pessoa, inclusive no que se refere ao ambiente virtual.[44]

3 Proposições para a garantia da viabilidade sucessória do patrimônio digital

Pelo que consta do art. 1.784 do Código Civil, o direito sucessório pode gerar a aquisição derivada da propriedade móvel na sucessão legítima e na testamentária, de modo que a viabilização de manifestações derradeiras da vontade já se mostra viável, por exemplo, pelo implemento de mecanismos como a assinatura digital, que simplifica operações notariais e propicia nova roupagem a atos jurídicos que, antes, eram extremamente formais, abrindo espaço à interpenetração tecnológica que dá a tônica de uma nova realidade, assim descrita por Fabiano Menke: "Agora se vive a realidade de [...] diminuir bastante a necessidade de utilização das assinaturas manuscritas. E isto se deve justamente ao desenvolvimento da criptografia assimétrica, e, com ela, à criação das assinaturas digitais".[45]

Ainda no tocante à sucessão testamentária, não se pode deixar de anotar, na superação dos modais dependentes do papel,[46] por exemplo, o potencial de uma tecnologia como a descrita na patente WO/2007/010427, registrada perante a World Intellectual Property Organization (Wipo) pela companhia holandesa Koninklijke Philips Electronics N.V., que tem por objetivo a criação de uma metodologia inovadora de atribuição de licenças para a gestão de bens digitais no pós-vida, garantindo-se a integridade da manifestação de vontade e o acionamento correto da pessoa a quem a licença for concedida.[47] A referida invenção se refere a um método atrelado a um dispositivo para permitir a herança de um item de conteúdo digital.

Tudo é feito pela utilização de chaves criptográficas em substituição aos modelos até então utilizados. Em simples termos, tem-se uma chave privada, de uso e domínio do titular da chave da assinatura, a ser manejada por meio de um "cartão inteligente",

---

43 EHRHARDT JÚNIOR, Marcos. Acertos e Desacertos do Processo de Constitucionalização dos Direitos: uma reflexão sobre os perigos da ubiquidade constitucional no direito civil brasileiro. *Revista do Instituto do Direito Brasileiro*, Lisboa, a. 1, n. 1, p. 833-865, 2012. p. 860-861.

44 RODOTÀ, Stefano. *Il diritto di avere diritti*. Roma/Bari: Laterza, 2012. Especialmente o capítulo II.

45 MENKE, Fabiano. *Assinatura eletrônica no direito brasileiro*. São Paulo: Revista dos Tribunais, 2005. p. 30.

46 FELICIANI, Ana Lúcia Alves. Testamento por meio eletrônico: é possível? *Revista da Faculdade de Direito da UFRGS*, n. 30, p. 27-53, 2012. p. 44-45. Anota: "Como decorrência da evolução da sociedade e do alcance às novas tecnologias da informação e da comunicação, utilizar-se da forma manuscrita vem perdendo espaço. As cartas foram substituídas pelos e-mails, de sorte que a internet restou afastando a necessidade de utilização do suporte de papel para tanto, atendendo inclusive reclamos ambientais. As caligrafias dos interlocutores, não raro, nem são mais conhecidas entre uns e outros, como acontecia ainda no começo deste século".

47 WIPO – WORLD INTELLECTUAL PROPERTY ORGANIZATION. *Patent no. WO/2007/010427*. 27 jan. 2007. Disponível em: https://bit.ly/2Cp7sjc. Acesso em: 14 nov. 2021.

que exige um dispositivo de leitura e processamento de dados para controle e efetiva utilização. Por sua vez, tem-se uma chave pública, que pode ser divulgada amplamente, não havendo dúvidas de que uma e outra podem coexistir e se complementar,[48] dando origem ao que se convencionou chamar de criptografia assimétrica.[49]

As vantagens da utilização de um sistema como esse são inegáveis, na medida em que se pode conceber a atribuição de licenças específicas a pessoas ou dispositivos que sejam da confiança do indivíduo. A patente foi definida por meio de modalidades exemplificativas, permitindo concluir transações de espólios compostos por conteúdos privados (criptografados) de maneira segura e fácil, na medida em que, quando a última licença de herança for postumamente aberta, o(s) herdeiro(s) pretendido(s) receberá(ão) licenças e/ou direitos de transferência de propriedade a dispositivos compatíveis/confiáveis e/ou a terceiros confiáveis (*trusted third parties*), que poderão concluir com segurança as transações.

Outro campo farto à discussão quanto à tutela da chamada herança digital começa a ser fomentado na Europa. Na Itália, por exemplo, já se discute a necessidade de efetiva normatização da proteção de dados na internet desde a década de 1990.[50] Contudo, a normativa italiana denominada *Codice Privacy* (Decreto Legislativo nº 196/2003) foi objeto de recente alteração pelo Decreto Legislativo nº 101, de 10.8.2018,[51] que entrou em vigor em 19.9.2018,[52] definindo, em seu art. 2-*terdecies*, que os dados pessoais de pessoas falecidas podem ser reivindicados por aqueles que têm um interesse pessoal, ou agem para proteger o titular dos dados, na condição de agentes, ou por razões familiares que merecem proteção. A previsão do decreto legislativo italiano, além de inovar, abriu largo campo para que se discuta os limites do acesso a bens digitais e do resguardo

---

[48] MENKE, Fabiano. *Assinatura eletrônica no direito brasileiro*. São Paulo: Revista dos Tribunais, 2005. p. 44.

[49] Veja-se: "Em vez de escolher um terceiro confiável, por exemplo um notário ou um advogado, para garantir a execução do testamento após a morte do utilizador, uma pessoa pode confiar no seu dispositivo e/ou noutras pessoas para assumir o papel do notário, como seus membros da família. Desta forma, o processo de criação de uma última vontade se torna fácil, e a vontade é mais facilmente mantida e modificável pelo usuário. Além disso, alguns conteúdos podem ser tratados como confidenciais e, portanto, podem ser armazenados protegidos (criptografados) ou usados em um sistema DRM (por exemplo, conteúdo comercial ou conteúdo pessoal protegido), o que dificulta o uso de um método tradicional de herança. Para conteúdo comercial, embora o usuário não seja o verdadeiro proprietário do conteúdo comercial, pode ser possível a ele, em diferentes cenários de negócios, fazer com que sua cópia do conteúdo seja herdada por seu sucessor. Isso realmente significa que sua licença (direitos com relação ao uso do conteúdo) deve estar vinculada ao herdeiro. Por exemplo, se uma pessoa possui um conteúdo protegido dentro de um sistema de DRM baseado em pessoa, os dados brutos criptografados são inúteis para o herdeiro, a menos que a licença (de propriedade) seja transferida do proprietário original para ele. Em um sistema DRM, que usa *tokens* para autenticação do usuário, um usuário pode dar ao seu sucessor o *token* que autoriza o sucessor a herdar todo o conteúdo do usuário (o que é obviamente impraticável). Além disso, um sistema DRM pode usar biometria para autenticação do usuário, o que tornará um método de herança tradicional obsoleto" (WIPO – WORLD INTELLECTUAL PROPERTY ORGANIZATION. *Patent no. WO/2007/010427*. 27 jan. 2007. Disponível em: https://bit.ly/2Cp7sjc. Acesso em: 14 nov. 2021. Tradução livre).

[50] DONEDA, Danilo. Um Código para a proteção de dados pessoais na Itália. *Revista Trimestral de Direito Civil*, Rio de Janeiro, v. 4, n. 16, p. 117-133, out./dez. 2003. p. 117-118.

[51] ITÁLIA. *Decreto Legislativo 10 agosto 2018, n. 101*. Disposizioni per l'adeguamento della normativa nazionale alle disposizioni del regolamento (UE) 2016/679 del Parlamento europeo e del Consiglio, del 27 aprile 2016, relativo alla protezione delle persone fisiche con riguardo al trattamento dei dati personali, nonche' alla libera circolazione di tali dati e che abroga la direttiva 95/46/CE (regolamento generale sulla protezione dei dati). Disponível em: https://www.gazzettaufficiale.it/eli/id/2018/09/04/18G00129/sg. Acesso em: 14 nov. 2021.

[52] ARROI, Chiara. Nuova Privacy, da oggi in vigore: ecco il Decreto in Gazzetta. *LeggiOggi.it*, 19 set. 2018. Disponível em: https://www.leggioggi.it/2018/09/19/nuova-privacy-e-legge-ecco-il-decreto/. Acesso em: 14 nov. 2021.

à privacidade da pessoa falecida.[53] Além disso, é possível dizer que tal iniciativa foi a mais marcante do continente europeu em relação ao tema, pois a ampliação do rol de sujeitos que foram reconhecidos como aptos a pleitear o acesso a dados da pessoa falecida conduz à conclusão inexorável de que foi definido, basicamente, um "*diritto all'eredità del dato*".[54]

Na Alemanha, por sua vez, o julgamento do BGH III ZR 183/17, de 12.7.2018, também contribuiu para a formação de um importante precedente sobre o assunto:

> Os pais de uma adolescente de 15 anos, falecida em um acidente no metrô de Berlim, em 2012, entraram com uma ação contra o Facebook, alegando terem sidos impedidos de acessar a conta da filha, que havia sido transformada em "memorial". As circunstâncias da morte não estavam esclarecidas, havendo suspeita de suicídio e *mobbing* no colégio. O objetivo do acesso à conta, segundo os pais, era compreender a causa do falecimento da filha, de modo a esclarecer se se tratou de suicídio ou de acidente. Essa questão era relevante também para a defesa dos pais em processo judicial de reparação movido pelo condutor do transporte público, que estava pleiteando danos morais pelo abalo emocional por ele sofrido em decorrência do envolvimento no suposto suicídio.[55]

Basicamente, entendeu-se que o direito à "herança digital" não seria afrontoso aos direitos de personalidade *post mortem* da pessoa falecida,[56] tampouco aos direitos de terceiros, ao sigilo das comunicações ou às normas sobre proteção de dados pessoais. Isso foi reafirmado, ainda, em um segundo precedente alemão, da Justiça de Münster: trata-se do Az. 014 O 565/18, que determinou à Apple Inc., em 16.4.2019, a liberação de acesso, para os herdeiros, a todos os dados armazenados em seus serviços de nuvem por um usuário falecido.[57]

Observa-se que, tanto pela iniciativa italiana no tocante à normatização do tema, quanto no contexto dos precedentes jurisprudenciais alemães,

---

53 Com efeito: "Rispetto agli altri digital assets, si estendono tendenzialmente le regole previste per i beni non digitali: salvo diversa espressa disposizione del de cuius, il fiduciary non potrà dunque distribuire o riprodurre file digitali facenti capo al de cuius in violazione dei suoi diritti di proprietà intellettuale". (MARINO, Giuseppe. La «successione digitale». *Osservatorio del Diritto Civile e Commerciale*. Bologna: Il Mulino, 2018. p. 167-204, p. 199).

54 "Art. 2-terdecies (Diritti riguardanti le persone decedute). – 1. I diritti di cui agli articoli da 15 a 22 del Regolamento riferiti ai dati personali concernenti persone decedute possono essere esercitati da chi ha un interesse proprio, o agisce a tutela dell'interessato, in qualita' di suo mandatario, o per ragioni familiari meritevoli di protezione. 2. L'esercizio dei diritti di cui al comma 1 non e' ammesso nei casi previsti dalla legge o quando, limitatamente all'offerta diretta di servizi della societa' dell'informazione, l'interessato lo ha espressamente vietato con dichiarazione scritta presentata al titolare del trattamento o a quest'ultimo comunicata. 3. La volonta' dell'interessato di vietare l'esercizio dei diritti di cui al comma 1 deve risultare in modo non equivoco e deve essere specifica, libera e informata; il divieto puo' riguardare l'esercizio soltanto di alcuni dei diritti di cui al predetto comma. 4. L'interessato ha in ogni momento il diritto di revocare o modificare il divieto di cui ai commi 2 e 3. 5. In ogni caso, il divieto non puo' produrre effetti pregiudizievoli per l'esercizio da parte dei terzi dei diritti patrimoniali che derivano dalla morte dell'interessato nonche' del diritto di difendere in giudizio i propri interessi".

55 FRITZ, Karina Nunes; MENDES, Laura Schertel. Case report: Corte alemã reconhece a transmissibilidade da herança digital. *Revista de Direito da Responsabilidade*, Coimbra, ano 1, p. 525-555, 2019. p. 530.

56 Conferir, para uma análise mais abrangente do tema, FRITZ, Karina Nunes. Herança digital: quem tem legitimidade para ficar com o conteúdo digital do falecido? *In*: MARTINS, Guilherme Magalhães; LONGHI, João Victor Rozatti (Coord.). *Direito digital*: direito privado e internet. 4. ed. Indaiatuba: Foco, 2021. p. 201-220.

57 PADHIYAR, Jignesh. Germany Court Rules Apple Must Grant iCloud Data Access to Heirs of Deceased. *iGeeksBlog*, 24 abr. 2019. Disponível em: https://www.igeeksblog.com/apple-must-grant-icloud-data-access-heirs-deceased-24042019/. Acesso em: 14 nov. 2021.

> [a] controvérsia se intensifica na medida em que essa tensão entre a sociedade e o Estado é mediatizada por grandes corporações que controlam bancos de dados de inestimável valor existencial, possuindo os seus próprios códigos de ética para deliberar em que medida esses "ativos" podem ser precificados no mercado. É ultrajante, mas, em toda a sua singularidade e complexidade, o ser humano é reduzido a um perfil na web, um conjunto de algoritmos imerso no mundo virtual.[58]

Destarte, sendo inequívoco que "a morte não se encontra à margem da vida, mas, ao contrário, ocupa posição central na vida",[59] eventual patrimônio incorpóreo deverá ser considerado até mesmo para viabilizar a sucessão em um ecossistema completamente dominado pela presença de grandes corporações que trabalham comercialmente com esses dados[60] e que, ao fim e ao cabo, adquirem *status* superior ao do próprio Estado na garantia da proteção à privacidade e à intimidade de seus usuários,[61] sendo esta a principal zona lacunosa no que guarda pertinência à regulamentação desses deveres.

3.1 Privacidade e intimidade no contraponto ao direito à herança

Se a preocupação com a delimitação do que é, em essência, uma herança digital permitirá aferir os desdobramentos atinentes ao plexo de possibilidade para o planejamento da sucessão dos bens que compõem um espólio incorpóreo e composto de dados, não se pode deixar de considerar o papel de determinadas mídias sociais para a formação de verdadeiros "memoriais" da pessoa falecida.[62] Isso é possível, por exemplo, no Facebook e no Instagram. Outra situação a ser considerada é o *download* do repositório de postagens realizadas ao longo da vida, permitido pelo Twitter, sem se eliminar a possibilidade de remoção de tais conteúdos. Todavia, tudo é tratado de acordo com os termos estabelecidos pelas empresas respectivas.

Bruno Zampier relata que, no caso do Google, desde 2013, é ofertada uma ferramenta chamada de "gestão de contas inativas", que permite ao usuário de conta do serviço de correio eletrônico da empresa (o Gmail) designar dez pessoas que serão acionadas pelo provedor, após determinado tempo de inatividade que sinalize possível falecimento do usuário (podendo ser de três, seis, nove ou doze meses), para que, então, o sistema adote as providências elencadas, que podem permitir o "planejamento da morte digital"

---

58 ROSENVALD, Nelson. *O direito civil em movimento*: desafios contemporâneos. 4. ed. Salvador: JusPodivm, 2021. p. 53.

59 SÁ, Maria de Fátima Freire de; NAVES, Bruno Torquato de Oliveira. *Manual de biodireito*. 2. ed. Belo Horizonte: Del Rey, 2015. p. 41.

60 BRYNJOLFSSON, Erik; McAFEE, Andrew. *Race against the machine*: how the digital revolution is accelerating innovation, driving productivity, and irreversibly transforming employment and the economy. Lexington: Digital Frontier Press, 2011. p. 56. Sustentam os autores: "New platforms leverage technologies to create marketplaces... by bringing together machines and human skills in new and unexpected ways".

61 Pertinente, para maior aprofundamento sobre o assunto, a leitura de: WU, Tim. *The master switch*: the rise and fall of information empires. Nova York: Vintage, 2010; MAYER-SCHÖNBERGER, Viktor; RAMGE, Thomas. *Reinventing capitalism in the age of big data*. Nova York: Basic Books, 2018.

62 BRUBAKER, Jed R.; HAYES, Gillian R.; DOURISH, Paul. Beyond the grave: Facebook as a site for the expansion of death and mourning. *The Information Society*, Oxfordshire, v. 29, n. 3, p. 152-163, maio 2013. p. 152.

do usuário, uma vez que esses indivíduos previamente apontados receberão instruções sobre como proceder com a conta de correio eletrônico.[63]

Outras plataformas, porém, defendem não haver qualquer direito sucessório sobre o acervo de bens digitais inserido na plataforma. É o caso da Apple Inc. quanto a seu sistema de armazenamento em nuvem (*iCloud*), que, segundo Gustavo Pereira, apresenta os seguintes termos de uso: "A menos que exigido por lei, você concorda que a sua Conta não é passível de transferência e que quaisquer direitos a seu ID Apple ou Conteúdo dentro da sua Conta terminam com a sua morte".[64] É certo que tais previsões, embora contidas nos termos de uso da plataforma, não se sobrepujam à proteção conferida pela legislação,[65] sendo imperioso considerar, até mesmo, a conexidade dos agentes econômicos em torno desses modelos contratuais, conforme anota Guilherme Magalhães Martins:

> Os contratos de consumo na Internet não podem ser vistos isoladamente, verificando-se, na prática moderna, que os agentes econômicos tendem a se especializar em uma etapa da produção em que eles podem ser mais eficientes e deixar as demais para outros atores que nelas sejam mais hábeis, ou tenham recursos suficientes para atuar em outro segmento. O mercado regula-se eficientemente, formando-se assim a corrente contratual, a partir da variedade de agentes nos diferentes níveis da cadeia produtiva, cada um especializado, portanto, em uma tarefa.[66]

Não se deixa de considerar, ademais, a peculiaridade concernente à emanação de desejos quanto ao trato do patrimônio contido nessas plataformas digitais a partir da própria vontade do titular dos dados sobre quem deverá ser acionado para tomar alguma providência.[67]

Porém, sendo tudo delegado ao provedor de aplicações, ou seja, não havendo regulamentação alguma voltada ao trato dessas situações específicas, qualquer sorte de planejamento envolverá a complexa e abrangente cognição dos termos de uso, técnicas e modelos disponibilizados por todas as plataformas em que a pessoa possuir perfis ou armazenar dados de sua titularidade.

---

63 ZAMPIER, Bruno. *Bens digitais*: cybercultura, redes sociais, e-mails, músicas, livros, milhas aéreas, moedas virtuais. 2. ed. Indaiatuba: Foco, 2020. p. 179-180.

64 PEREIRA, Gustavo Santos Gomes. *Herança digital no Brasil*: o Projeto de Lei nº 4099/2012 e seus possíveis impactos sobre a defesa póstuma dos direitos da personalidade. Rio de Janeiro: Lumen Juris, 2018. p. 48.

65 LEAL, Sheila do Rocio Cercal Santos. *Contratos eletrônicos*: validade jurídica dos contratos via internet. São Paulo: Atlas, 2007. p. 82.

66 MARTINS, Guilherme Magalhães. *Contratos eletrônicos de consumo*. 3. ed. São Paulo: Atlas, 2016. p. 142.

67 É o que explicam Evan Carroll e John Romano: "With online accounts, you may have several different wishes, but you should first consider whom the recipient should be. This person (or people) will receive access to the account from the digital executor. You may decide that there is no recipient for some accounts. You may choose to ask your digital executor to delete the account for you without handing it on to anyone. This is a great option for accounts that you never really used or don't want kicking around after you're gone. While your digital executor may be a person, it can also be a Web service. One such service, Entrustet, has a feature called the Account Incinerator. It will delete unwanted accounts without anyone being the!wiser. But before you delete an account or change people's access to it, consider that your content or profile is often linked to other people's accounts. Consider how your friends may feel when your content suddenly disappears!" (CARROLL, Evan; ROMANO, John. *Your digital afterlife*: when Facebook, Flickr and Twitter are your estate, what's your legacy? Berkeley: New Riders, 2011. p. 139).

O caráter econômico que os dados adquirem nesse novo cotejo com a atuação recrudescente dos Estados em torno da regulamentação de legislações protetivas para a privacidade e para os dados pessoais reverbera efeitos, ademais, sobre o potencial criativo e quanto à gestão da propriedade intelectual – que não pode ser desconsiderada para fins de planejamento sucessório.[68] Em termos mais gerais, a informação, o conhecimento e a cultura estão sendo submetidos a um segundo movimento de fechamento decorrente da dificuldade inerente à gestão desses substratos e de seus consectários econômicos.[69]

Isso tem contribuído para o crescimento de plataformas de manejo de conteúdos cooperativos, baseados em licenças simplificadas e de livre utilização – chamadas de *creative commons* –[70] que alteram toda a sistemática concernente aos aspectos patrimoniais obtidos pela produção intelectual depositada na *web* com esse caráter.[71]

Com tais brevíssimas considerações, arremata-se o tema com a transcrição dos assertivos dizeres de Cristiano Colombo e Guilherme Damásio Goulart:

> No que toca ao aspecto subjetivo para o exercício do direito, dados pessoais patrimoniais que se configuram em herança digital (direitos autorais patrimoniais, por exemplo, sobre textos, imagens, de forma geral, trabalhos artísticos, que tenham conteúdo econômico), obedecem à vocação hereditária. Logo, a capacidade sucessória é apontada pela lei e exclui os demais que ali não estão contemplados. Por outro lado, em se tratando de projeção de direitos de personalidade, estão entre o rol de legitimados os parentes designados por lei, não somente herdeiros, podendo exercita-lo, inclusive, em caráter cooperativo, não desempenhando papéis entre si excludentes ou de concorrência.
>
> Quanto ao aspecto objetivo, em se tratando de herança, a vontade manifesta em vida pelo hoje extinto não pode ofender a parte indisponível, tampouco excluir herdeiro sem razão jurídica para tanto, somente diante dos *numerus clausus* da deserdação. Não havendo testamento, aplica-se a partilha, na forma da lei. Dessa forma, não poderá o falecido manifestar que os herdeiros não têm direito aos dados pessoais de cunho patrimonial, sendo vedado afastar do alcance de seus sucessores. Seria o mesmo que ferir a parte de cada um, ou mesmo, aplicar veladamente a deserdação.[72]

Com a internet, os criadores e usuários de ativos intelectuais já participam de um movimento tendente à virtualização de conteúdos que estão inseridos em um mercado potencialmente ilimitado para a propagação seus ativos – ainda que seja de difícil

---

[68] MATSUURA, Jeffrey H. *Managing intellectual assets in the digital age*. Boston: Artech House, 2003. p. 74. Em breves linhas, aponta o autor: "Although the legal theories appropriate for protection of ownership rights for look and feel are fairly well developed as to tangible products, they remain far less clear with regard to digital products".

[69] BENKLER, Yochai. *The wealth of networks*: how social production transforms markets and freedom. New Haven: Yale University Press, 2006. p. 23.

[70] BRANCO, Sérgio. As licenças creative commons. *In*: MARTINS, Guilherme Magalhães; LONGHI, João Victor Rozatti (Coord.). *Direito digital*: direito privado e Internet. 2. ed. Indaiatuba: Foco, 2018. p. 656. Anota o autor: "O Creative Commons é um projeto criado pelo professor Lawrence Lessig e que tem por objetivo expandir a quantidade de obras criativas disponíveis ao público, permitindo criar outras obras sobre elas, compartilhando-as. Isso é feito através do desenvolvimento e disponibilização de licenças jurídicas que permitem o acesso às obras pelo público, sob condições mais flexíveis".

[71] BENKLER, Yochai; NISSENBAUM, Helen. Commons-based peer production and virtue. *Journal of Political Philosophy*, Nova Jersey, v. 14, n. 4, p. 394-419, 2006. p. 394.

[72] COLOMBO, Cristiano; GOULART, Guilherme Damásio. Direito póstumo à portabilidade de dados pessoais no ciberespaço à luz do direito brasileiro. *In*: POLIDO, Fabrício Bertini Pasquot; ANJOS, Lucas Costa dos; BRANDÃO, Luíza Couto Chaves (Org.). *Políticas, internet e sociedade*. Belo Horizonte: Iris, 2019. p. 64.

aferição o caráter econômico desses conteúdos. O reconhecimento da globalização dos ativos intelectuais provavelmente será uma das tendências futuras mais importantes no campo da tecnologia, e as organizações que desenvolverem estratégias para participar efetivamente dessa tendência aumentarão drasticamente suas perspectivas de sucesso comercial.

Nesse contexto, diante da inércia estatal em atribuir solução jurídica precisa para tais situações, algumas iniciativas privadas estão ganhando espaço. É o caso da empresa norte-americana *Willing.com*, que se dispõe a providenciar a confecção, nos Estado Unidos da América, de testamentos eletrônicos para fins de planejamento sucessório.[73] Outras iniciativas semelhantes, como *Quicken WillMaker & Trust*, *Rocket Lawyer*, *LawDepot*, *LegalZoom*, *Do Your Own Will*, *TotalLegal* e *US Legal Wills* são exemplos de outros competidores que passaram a explorar esse novo mercado, oferecendo opções como alterações simplificadas dos termos, suporte advocatício virtual, compatibilidade com *smartphones* e até gratuidade.[74]

Mais uma vez, voltam a pairar incertezas quanto à confiabilidade dessas propostas, cumprindo investigar, ademais, as iniciativas legislativas que dizem respeito ao assunto no Brasil e sua adequação ao contexto informacional.

3.2 Os Projetos de Lei nºs 4.099/2012 e 4.847/2012

No intuito de regulamentar a matéria, o Projeto de Lei nº 4.099/2012 foi apresentado à Câmara dos Deputados, com proposta de acréscimo de um parágrafo único ao art. 1.788 do Código Civil.[75] Apesar de seus méritos pelo caráter inovador, o projeto apresenta proposta redacional simplista e desconectada da realidade em que se inserem os bens digitais.

Conforme se viu, há grande complexidade na aferição e na categorização das respectivas situações jurídicas como patrimoniais e/ou existenciais. Em breves linhas, pode-se dizer que o PL nº 4.099 apenas positiva um direito que, pelas regras já existentes do Código Civil, está contemplado pelo ordenamento pátrio.[76]

Merece menção, ademais, o Projeto de Lei nº 4.847/2012, apresentado à Câmara dos Deputados com a proposta de acrescentar o Capítulo II-A (Da Herança Digital) e os arts. 1.797-A a 1.797-C ao Código Civil.[77] Trata-se de proposta mais abrangente

---

73 PING, Jonathan. Willing.com review: free, legal online will software. *MyMoneyBlog*, 28 jul. 2015. Disponível em: https://www.mymoneyblog.com/willing-com-review-free-will.html. Acesso em: 14 nov. 2021.

74 LAKE, Rebecca. The 8 Best Online Will Makers of 2020: Creating a will online isn't as difficult as you might think. *TheBalance.com*, 21 mai. 2020. Disponível em: https://www.thebalance.com/best-online-will-makers-4580500. Acesso em 14 nov. 2021.

75 Pela proposta do PL nº 4.099, o dispositivo sofreria o seguinte acréscimo: "Art. 1.788. [...] Parágrafo único. Serão transmitidos aos herdeiros todos os conteúdos de contas ou arquivos digitais de titularidade do autor da herança".

76 PEREIRA, Gustavo Santos Gomes. *Herança digital no Brasil*: o Projeto de Lei nº 4099/2012 e seus possíveis impactos sobre a defesa póstuma dos direitos da personalidade. Rio de Janeiro: Lumen Juris, 2018. p. 95.

77 "Art. 1.797-A. A herança digital defere-se como o conteúdo intangível do falecido, tudo o que é possível guardar ou acumular em espaço virtual, nas condições seguintes: I – senhas; II – redes sociais; III – contas da Internet; IV – qualquer bem e serviço virtual e digital de titularidade do falecido. Art. 1.797-B. Se o falecido, tendo capacidade para testar, não o tiver feito, a herança será transmitida aos herdeiros legítimos. Art. 1.797-C. Cabe ao herdeiro: I – definir o destino das contas do falecido; a) – transformá-las em memorial, deixando o acesso restrito a amigos confirmados e mantendo apenas o conteúdo principal ou; b) – apagar todos os dados do usuário ou; c) – remover a conta do antigo usuário".

que a anterior, pois cuida de delimitar conceitos e responsabilidades. Reputa-se como "herança digital", segundo a literalidade do PL, o "conteúdo intangível do falecido, tudo o que é possível guardar ou acumular em espaço virtual". O conceito, simplista, não considera, por exemplo, a complexidade de aferição da propriedade sobre aquilo que, embora seja armazenado pelo titular, o é sob a concessão de licenças para a gestão de direitos autorais (*digital rights management*), como músicas e filmes em serviços de *streaming*. O dispositivo ainda peca, em seus incisos, pela abrangência: pretende tutelar toda espécie de senha, rede social, conta da internet e todo e qualquer bem ou serviço do falecido.

O PL nº 4.847 foi arquivado em outubro de 2013, nos termos do art. 163 c/c art. 164, §4º, do Regimento Interno da Câmara dos Deputados. Entretanto, um pedido de seu proponente – Dep. Marçal Filho – almeja elucidar a interpretação e a observância dos dispositivos que lastrearam o arquivamento, e a questão permanece sem decisão. Igualmente, o PL nº 4.099 foi arquivado em abril de 2019 e a iniciativa brasileira em torno da matéria continua obscura.

4 O planejamento sucessório da herança digital

Embora a tutela jurídica dos bens digitais seja uma certeza ante o Código Civil brasileiro, ainda que com o amparo de disposições genéricas e não voltadas ao acervo digital do *de cujus*, para os propósitos desta breve investigação, ressalta-se a importância da emanação da autodeterminação patrimonial: "A necessidade do planejamento sucessório é, exatamente, para a funcionalização do direito das sucessões, para poder exercer dentro da parte disponível tanto a sua autonomia como a solidariedade familiar, princípios constitucionais".[78]

O primeiro passo para a concretização desse objetivo, indubitavelmente, repousa sobre a clarificação de conceitos relativos à dinâmica dos bens digitais. Sem que se tenha uma delimitação adequada das nuances concernentes a cada espécie de conjunto de dados (isto é, a cada bem digital), a fim de que se possa afirmar a existência do direito de propriedade para ulterior sucessão, será impossível a implementação da *saisine*. Não se deixa de considerar, ademais, a importância da ampla proteção àquilo que efetivamente não interesse aos herdeiros e, do ponto de vista da autodeterminação patrimonial, a proposta de facultar ao próprio titular meios para que, em vida, defina os destinos de seu acervo de dados, é um caminho inexorável.

Tim Berners-Lee destacou que a migração das relações sociais para a *web* tem despertado manipulações dos provedores quanto ao acesso dos usuários e ao controle do tráfego de dados em plataformas segundo critérios alinhavados a interesses econômicos.[79]

---

[78] TEIXEIRA, Daniele Chaves. *Planejamento sucessório*: pressupostos e limites. 2. ed. Belo Horizonte: Fórum, 2019. p. 117.

[79] BERNERS-LEE, Tim. Long live the web. *Scientific American*, Nova York, v. 303, n. 6, p. 80-85, 2010. p. 80. Anota: "Some of its most successful inhabitants have begun to chip away at its principles. Large social-networking sites are walling off information posted by their users from the rest of the Web. Wireless Internet providers are being tempted to slow traffic to sites with which they have not made deals. Governments – totalitarian and democratic alike – are monitoring people's online habits, endangering important human rights".

Um ponto fundamental para evitar a aglutinação de controle informacional –[80] que Eli Pariser chama de "bolhas" –[81] e conceder maior poder ao titular reside, portanto, na fragmentação dos ecossistemas digitais.[82] É preciso evitar que tudo esteja sob o poder de uma só companhia para que o titular não esteja, ao derradeiro, subjugado às políticas exclusiva e unilateralmente impostas contra si por um só participante do mercado virtual para o uso, o compartilhamento e a armazenagem de seus dados.

O tema é desafiador, na medida em que a clássica divisão teórica entre bens corpóreos e incorpóreos adquire novos contornos, tornando-se crucial para que se atribua tutela jurídica até mesmo àqueles bens que, à primeira vista, não possuiriam qualquer importância para fins sucessórios, mas que, com a interpenetração da internet nas relações sociais, passam a ter valor inestimável. Em relação à legítima, portanto, a doutrina alerta para a necessidade de que a transmissibilidade de bens digitais seja analisada casuisticamente, no processo judicial de inventário.[83]

Ainda sobre o tema, anotam Daniele Chaves Teixeira e Caroline Pomjé:

> O Código Civil brasileiro disponibiliza dois diferentes instrumentos que podem ser utilizados pelos indivíduos com a finalidade de indicar a destinação pretendida aos seus bens digitais, sejam eles de cunho patrimonial ou existencial. Em primeiro lugar, tem-se a viabilidade de inclusão de cláusula testamentária específica acerca dos bens digital. Em tal hipótese, o ordenamento jurídico contemporâneo viabiliza a utilização de testamento público (arts. 1.864 a 1.867, CCB/2002), particular (arts. 1.876 a 1.880, CCB/2002) ou cerrado (arts. 1.868 a 1.875, CCB/2002), sendo possível a inclusão de disposição testamentária tanto em relação à destinação desejada aos bens digitais existenciais (com a autorização de acesso a redes sociais, com a indicação acerca do desejo do testador de que a rede social seja excluída, transformada em memorial ou mantida por determinada pessoa etc.) quanto aos bens digitais de cunho patrimonial. (...) Para além da utilização do testamento (em suas diversas modalidades), verifica-se a viabilidade de emprego do instituto do codicilo, para fins de planejamento sucessório vinculado à transmissão de bens digitais que não possuam conteúdo financeiro ou que contenham baixo valor econômico. Previsto entre os arts. 1.881 e 1.885, do Código Civil Brasileiro de 2002, o codicilo corresponde a um instrumento escrito contendo disposições de última vontade, que "não tem as formalidades do testamento solene e não se confunde com a sucessão testamentária", sendo possível a sua utilização para objetos absolutamente limitados, "de alcance restrito, apartando-o definitivamente de um testamento".[84]

---

80 BLANKE, Tobias. *Digital asset ecosystems*: rethinking crowds and clouds. Oxford: Chandos/Elsevier, 2014. p. 72.

81 Cf. PARISER, Eli. *The filter bubble*: what the internet is hiding from you. Nova York: Penguin, 2011.

82 EATON, Ben; ELALUF-CALDERWOOD, Silvia; SØRENSEN, Carsten; YOO, Youngjin. *Dynamic structures of control and generativity in digital ecosystem service innovation*: the cases of the Apple and Google mobile app stores. Londres: London School of Economics and Political Science, 2011. p. 1. Destacam os autores, citando o exemplo da Apple Inc.: "Apple's iPhone not only acts as a phone, but also acts as a personal navigation device, an e-book reader, a personal game device, and a personal medical diagnostic device among other things... It is Apple who creates the device, operating system, and iTunes store that enables creation and delivery of digital content and apps".

83 HONORATO, Gabriel; LEAL, Livia Teixeira. Propostas para a regulação da herança digital no direito brasileiro. *In*: EHRHARDT JÚNIOR, Marcos; CATALAN, Marcos; MALHEIROS, Pablo (Coord.). *Direito civil e tecnologia*. Belo Horizonte: Fórum, 2020. p. 391.

84 TEIXEIRA, Daniele Chaves; POMJÉ, Caroline. Caminhos para a tutela dos bens digitais no planejamento sucessório. *In*: TEIXEIRA, Ana Carolina Brochado; LEAL, Livia Teixeira (Coord.). *Herança digital*: controvérsias e alternativas. Indaiatuba: Foco, 2021. p. 298.

Concordamos com as colocações das autoras quanto à potencialidade instrumental dos testamentos e dos codicilos para o planejamento sucessório da herança digital. Há, inclusive, renovado projeto de lei em tramitação no Congresso Nacional, que visa regulamentar exatamente a extensão e os limites do que se pode dispor em testamentos e codicilos digitais: trata-se do Projeto de Lei nº 5.820/2019.[85]

A título complementar, convém apenas lembrar da Lei da Digitalização (Lei nº 12.682/2012), cujo intuito se mostrou bastante alinhado à tendência de conversão do vasto acervo de processos judiciais – usualmente instrumentalizados em meio físico – à Internet. Porém, seu campo de aplicação é mais largo e, hoje, em razão de reforma realizada pela Lei nº 13.874/2019, cogita-se de sua aplicação em outras situações.

Segundo Newton De Lucca,

> Digitalizar significa converter em números o que se quer transmitir. A digitalização permite que distintos tipos de dados e de informação, como textos, voz e imagens possam converter-se em números, ser tratados do mesmo modo e transmitidos pelas mesmas linhas. O fenômeno multimídia, ou hipermídia é resultado da digitalização de todos os tipos de sinais.[86]

Surgem, então, duas figuras diversas a serem consideradas para responder às indagações lançadas quanto à sucessão testamentária, em especial quanto aos testamentos particulares: (i) o testamento particular eletrônico digitalizado e assinado eletronicamente; (ii) o testamento particular nato-digital.

Quanto ao primeiro, o artigo 3º da Lei nº 12.682/2012 define que "o processo de digitalização deverá ser realizado de forma a manter a integridade, a autenticidade e, se necessário, a confidencialidade do documento digital, com o emprego de certificado digital emitido no âmbito da Infraestrutura de Chaves Públicas Brasileira – ICP – Brasil". Tal exigência, compatibilizada com o conceito de assinatura eletrônica qualificada (art. 4º, III, da Lei nº 14.063/2020), já afastaria a viabilidade do testamento particular eletrônico digitalizado que não fosse assinado por chave dotada de criptografia assimétrica.

Quanto ao segundo, em tese, não haveria impedimento à sua lavratura, desde que respeitados os requisitos dos artigos 2º-A, §8º, e 3º da Lei nº 12.682/2012 e do artigo 1.876, §2º, do Código Civil. Entretanto, o imperativo de segurança volta a representar limitação para isso, na medida em que não há acesso universal da população a *tokens* ou cartões com chaves identitárias de assinatura eletrônica. Se, para o testamento público, é possível contar com a fé pública do tabelião, no caso do testamento particular a situação é diversa e a flexibilização extremada dos requisitos legais dessa figura poderia abrir margem a zonas cinzentas de verdadeira insegurança jurídica pela dificuldade probatória, no período *post mortem*, quanto à higidez do testamento particular nato-digital não concluído por assinatura eletrônica qualificada.

Com relação aos codicilos, não há dúvidas de que a instrumentalização das diretivas de sepultamento, de esmolas, doações e bens de pequeno valor pela internet se justifica,

[85] SANTOS JÚNIOR, Clodoaldo Moreira dos; COSTA, Tiago Magalhães. PL 5820/2019 – Testamento e codicilo digitais. *Migalhas de Peso*, 11 out. 2021. Disponível em: https://s.migalhas.com.br/S/9721D2. Acesso em 14 nov. 2021.

[86] DE LUCCA, Newton. Aspectos jurídicos da contratação informática e telemática. São Paulo: Saraiva, 2003. p. 131.

especialmente, pela natureza menos solene do dispositivo em questão.[87] A natureza inegavelmente existencial das disposições em questão denota uma dimensão peculiar para a tutela jurídica de bens digitais sob a ótica dos codicilos, seja do ponto de vista instrumental (haja vista sua aptidão para isso), seja do ponto de vista de seu conteúdo (que comporta tais espécies de previsões a partir de rol restrito, mas suficientemente apto a viabilizar algumas manifestações de vontade para fins de planejamento sucessório).[88]

Nesse diapasão, se "a própria ideia de ato de última vontade acha-se, como as demais concepções, subordinada à evolução da coletividade, à cultura contemporânea, no diâmetro da liberdade de dispôr do patrimônio",[89] é preciso ponderar que a replicabilidade dos dados faculta ao indivíduo a opção de realizar *back-ups* de seus principais acervos informacionais até mesmo em dispositivos de armazenamento local, como discos rígidos ou *flash drives*.[90]

Todavia, em um contexto no qual praticamente tudo se manifesta pela internet, os testamentos eletrônicos adquirem importância notável para o controle informacional – e até mesmo se poderá cogitar dos quase já extintos[91] codicilos,[92] modais simplificados da sucessão testamentária, destinados às manifestações de última vontade relativas ao próprio sepultamento, às esmolas e às doações de bens de ínfimo ou pequeno valor –, na medida em que estes instrumentos jurídicos clássicos passarão a ostentar peculiar relevância se considerados à luz de tecnologias como a patente analisada anteriormente, que propõe a outorga de licenças a pessoas previamente definidas, em modelo de "árvore", garantindo ao próprio sistema de processamento maior clareza na cadeia sucessória das licenças.

Isso significa que, a despeito da utilização de chaves criptográficas e elementos de administração de direitos digitais, sistemas eletrônicos de média complexidade podem ser utilizados sem maiores complicações para que estruturas mais simples, como

87 FALEIROS JÚNIOR, José Luiz de Moura. Codicilos e herança digital: possibilidades e limites da instrumentalização das diretivas de sepultamento, de esmolas, doações e bens de pequeno valor pela internet. *In*: LÓSSIO, Claudio Josel Brito; SILVA, Pedro Weverton; ALENCAR, Thomas J. Lóssio (Org.). *Juscibernética*: direito, tecnologia, gestão, governança e sociedade. Campina Grande: EDUEPB, 2021. p. 121-123.

88 Com efeito: "Nesse diapasão, o papel dos codicilos – modais simplificados da sucessão testamentária, destinados às manifestações de última vontade relacionadas ao próprio sepultamento, às esmolas e às doações de bens de ínfimo ou pequeno valor – se apresenta ressignificado. Isso porque tais instrumentos jurídicos passam a ostentar peculiar relevância se considerados à luz de tecnologias como a patente que propõe ao codicilante a outorga de licenças a pessoas previamente definidas, em modelo de 'árvore', garantindo ao próprio sistema de processamento maior clareza na cadeia sucessória das licenças, o que revela o cabimento da hipótese de pesquisa como possível solução ao problema estudado". (FALEIROS JÚNIOR, José Luiz de Moura; BASAN, Arthur Pinheiro. Codicilos eletrônicos: breves reflexões. *In*: PINHO, Anna Carolina (Coord.). *Discussões sobre direito na era digital*. Rio de Janeiro: GZ Editora, 2021. p. 479).

89 MAXIMILIANO, Carlos. *Direito das sucessões*. 2. ed. Rio de Janeiro: Freitas Bastos, 1942. v. 1. p. 363.

90 CARROLL, Evan; ROMANO, John. *Your digital afterlife*: when Facebook, Flickr and Twitter are your estate, what's your legacy? Berkeley: New Riders, 2011. p. 41. Anotam: "You have a chance to change that. One of the unique features of digital things is that two exact copies can exist or one copy can be accessed in multiple places at one time. Your digital content can remain connected to you, but still be in the care of your heirs. It's a possibility that's quite exciting".

91 TEIXEIRA, Daniele Chaves. *Planejamento sucessório*: pressupostos e limites. 2. ed. Belo Horizonte: Fórum, 2019. p. 137.

92 O termo "codicilo" tem sua origem no latim, mais especificamente na palavra *codex*, que é associada ao sentido de "pequeno código" ou "pequeno escrito". Sua previsão legal consta do art. 1.881 do Código Civil. Trata-se de um documento sucinto que versa sobre disposição testamentária de pequena monta ou extensão, estando mais atrelado às diretivas de última vontade relacionadas ao próprio funeral ou à disposição de bens de pequeno ou de ínfimo valor econômico, o que afasta os rigores formais exigidos para os demais instrumentos.

os codicilos, ganhem maior adesão da população em geral. Para que isto seja viável, contudo, é preciso romper com a centralização de plataformas digitais.

Havendo meios de se garantir a integridade do sistema, o que parece ser viável com mecanismos como o da patente descrita, ou em ordenamentos mais abertos, como ocorre nos países de tradição anglo-saxã, pouca dúvida há de que as manifestações derradeiras de vontade podem, sim, ser utilizadas para fins de planejamento sucessório e, inclusive, com condições de abranger bens digitais – embora isto seja um desafio muito maior, em ordenamentos mais herméticos como os da tradição romano-germânica, no tocante à flexibilização de rigores como os relacionados à validade de negócios jurídicos como os testamentos.[93]

Anota-se a importância de se delimitar parâmetros mínimos para a organização de políticas de gestão dos bens digitais. Neste aspecto, se a regulação estatal não é capaz de atribuir fórmula única para que todas as plataformas confiram solução idêntica para a gestão informacional em serviços estruturalmente diferentes, deve haver norma que indique, ao menos em essência, o mínimo necessário para a garantia da autodeterminação patrimonial.

Se a privacidade atua como bússola para a consolidação de direitos que conferem guarida à harmonia das relações sociais, desvios contextuais devem ser repudiados para que, na mesma proporção em que os indivíduos dependam das facilidades oferecidas pelos serviços prestados pelas grandes empresas que atuam na internet, também maiores deveres sejam impostos a essas mesmas companhias para que propósitos específicos possam ser atingidos. É o que aduz Helen Nissenbaum:

> Temos um direito à privacidade, mas não se trata de um direito de controlar informações pessoais, ou de um direito de limitar o acesso a estas informações. Em vez disso, é o direito de viver em um mundo no qual nossas expectativas sobre o fluxo de informações pessoais são, na maioria das vezes, atendidas; expectativas que são moldadas não apenas pela força do hábito e pelas convenções, mas devido a uma confiança geral no apoio mútuo que esses fluxos concedem aos princípios-chave de organização da vida social, incluindo os princípios morais e políticos. Esse é o direito que chamei de integridade contextual, alcançada através do equilíbrio harmonioso de regras sociais, ou normas, com valores, fins e propósitos locais e gerais. Isso nunca é uma harmonia estática, no entanto, porque, com o tempo, as condições mudam e os contextos e normas evoluem junto com eles.[94]

Em um momento no qual o direito se conduz pelos imperativos da governança (nunca se aventou tão enfaticamente a importância do chamado *compliance* digital), impõe-se considerar que determinadas políticas empresariais deverão salvaguardar

---

[93] ROBLES MORCHON, Gregorio. *Teoria del derecho*. Madri: Civitas, 1998. p. 277-299.

[94] NISSENBAUM, Helen. *Privacy in context*: technology, policy, and the integrity of social life. Stanford: Stanford University Press, 2010. p. 231, tradução livre. No original: "We have a right to privacy, but it is neither a right to control personal information nor a right to have access to this information restricted. Instead, it is a right to live in a world in which our expectations about the flow of personal information are, for the most part, met; expectations that are shaped not only by force of habit and convention but a general confidence in the mutual support these flows accord to key organizing principles of social life, including moral and political ones. This is the right I have called contextual integrity, achieved through the harmonious balance of social rules, or norms, with both local and general values, ends, and purposes. This is never a static harmony, however, because over time, conditions change and contexts and norms evolve along with them".

direitos, independentemente das intricácias de ordenamentos jurídicos distintos nos quais grandes corporações da internet atuem.

5 Considerações finais

No curso deste breve texto, procurou-se explorar o complexo tema dos bens digitais (*digital assets*), com aprofundamento sobre a dicotomia entre acervos de dados com valor patrimonial e acervos com valor existencial para a delimitação da vocação sucessória de cada conjunto patrimonial no contexto hodierno, em que as relações sociais migram com rapidez para a internet.

Anotando-se a necessidade premente de que o direito se debruce sobre a questão para apresentar soluções adequadas à problemática, evitando a permanência de verdadeira lacuna regulatória, destacou-se o ineditismo com que alguns ordenamentos, especialmente o italiano e o alemão, estão enfrentando o tema, ora no campo normativo, outrora no plano jurisprudencial, com assimilação casuística dos impactos que podem advir do acesso de terceiros (no caso, herdeiros) ao acervo digital do *de cujus*.

Diante disso, e cumpridos os objetivos geral e específicos da pesquisa ora exposta, ainda que sob recorte metodológico mais enxuto, faz-se o alerta para a necessidade de que maiores estudos sejam empreendidos no sentido de ampliar o papel da sucessão testamentária para fins de planejamento sucessório com vistas à consolidação da autodeterminação patrimonial em sincronia com as possibilidades trazidas pelas novas mídias e com o crescente simbolismo dos bens existenciais para o universo jurídico.

A sociedade *paperless* (sem papel) já se traduz em impactos culturais inesgotáveis. Com isso, simplificar, desburocratizar e facilitar o acesso da população a ferramentas testamentais e codicilares confiáveis, sólidas e de amplo acesso parece ser um dos caminhos para a efetivação da inclusão digital e para aprimorar o livre desenvolvimento da pessoa humana na internet.

Referências

ANDERSON, Rex M. Digital assets in estates. *Arizona Attorney Magazine*, Phoenix, v. 49, n. 7, p. 44-45, mar. 2013.

ARROI, Chiara. Nuova Privacy, da oggi in vigore: ecco il Decreto in Gazzetta. *LeggiOggi.it*, 19 set. 2018. Disponível em: https://www.leggioggi.it/2018/09/19/nuova-privacy-e-legge-ecco-il-decreto/. Acesso em: 14 nov. 2021.

AUSTERBERRY, David. *Digital asset management*. Oxford: Focal Press, 2012.

AZEVEDO, Antonio Junqueira de. O direito como sistema complexo e de 2ª ordem; sua autonomia. Ato nulo e ato ilícito. Diferença de espírito entre responsabilidade civil e penal. Necessidade de prejuízo para haver direito de indenização na responsabilidade civil. *Civilistica.com*, Rio de Janeiro, ano 2, n. 3, jul./set. 2013.

BARBOZA, Heloisa Helena; ALMEIDA, Vitor. Tecnologia, morte e direito: em busca de uma compreensão sistemática da "herança digital". *In*: TEIXEIRA, Ana Carolina Brochado; LEAL, Livia Teixeira (Coord.). *Herança digital*: controvérsias e alternativas. Indaiatuba: Foco, 2021.

BARBOZA, Hugo Leonardo; FERNEDA, Ariê Scherreier; SASS, Liz Beatriz. A garantia de autenticidade e autoria por meio de Non-Fungible Tokens (NFTs) e sua (in)validade) para a proteção de obras intelectuais. *International Journal of Digital Law*, Belo Horizonte, a. 2, n. 2, p. 99-117, maio/ago. 2021.

BARROSO, Luís Roberto. *A dignidade humana no direito constitucional contemporâneo*: a construção de um conceito jurídico à luz da jurisprudência mundial. Belo Horizonte: Fórum, 2013.

BENKLER, Yochai. *The wealth of networks*: how social production transforms markets and freedom. New Haven: Yale University Press, 2006.

BENKLER, Yochai; NISSENBAUM, Helen. Commons-based peer production and virtue. *Journal of Political Philosophy*, Nova Jersey, v. 14, n. 4, p. 394-419, 2006.

BERNERS-LEE, Tim. Long live the web. *Scientific American*, Nova York, v. 303, n. 6, p. 80-85, 2010.

BITTAR, Eduardo C. B. Direitos do consumidor e direitos da personalidade: limites, intersecções, relações. *Revista de Informação Legislativa*, Brasília, a. 36, n. 143, p. 63-70, jul./set. 1999.

BLANKE, Tobias. *Digital asset ecosystems*: rethinking crowds and clouds. Oxford: Chandos/Elsevier, 2014.

BOBBIO, Norberto. *Teoria do ordenamento jurídico*. Tradução de Ari Marcelo Solon. 2. ed. São Paulo: Edipro, 2014.

BOLESINA, Iuri. *O direito à extimidade*: as inter-relações entre identidade, ciberespaço e privacidade. Florianópolis: Empório do Direito, 2017.

BRANCO, Sérgio. As licenças creative commons. *In*: MARTINS, Guilherme Magalhães; LONGHI, João Victor Rozatti (Coord.). *Direito digital*: direito privado e Internet. 2. ed. Indaiatuba: Foco, 2018.

BRANCO, Sérgio. *Memória e esquecimento na internet*. Porto Alegre: Arquipélago Editorial, 2017.

BRANDÃO, Everilda. NFT e o futuro do registro: Maior segurança para as relações contratuais. *Migalhas Contratuais*, 11 out. 2021. Disponível em: https://s.migalhas.com.br/S/FB4938. Acesso em 14 nov. 2021.

BRASIL. Câmara dos Deputados. *Projeto de Lei nº 4.099, de 20 de junho de 2012*. Altera o art. 1.788 da Lei nº 10.406, de 10 de janeiro de 2002, que "institui o Código Civil". Garante aos herdeiros a transmissão de todos os conteúdos de contas e arquivos digitais. Disponível em: https://www.camara.leg.br/proposicoesWeb/fichadetramitacao?idProposicao=548678. Acesso em 14 nov. 2021.

BRASIL. Câmara dos Deputados. *Projeto de Lei nº 4.847, de 12 de dezembro de 2012*. Acrescenta o Capítulo II-A e os arts. 1.797-A a 1.797-C à Lei nº 10.406, de 10 de janeiro de 2002, que "institui o Código Civil". Estabelece normas sobre herança digital. Disponível em: https://www.camara.leg.br/proposicoesWeb/fichadetramitacao?idProposicao=563396. Acesso em 14 nov. 2021.

BRASIL. Lei nº 10.406, de 10 de janeiro de 2002. Institui o Código Civil. *Diário Oficial da República Federativa do Brasil*, Brasília, 11 jan. 2002. Disponível em: http://www.planalto.gov.br/ccivil_03/leis/2002/l10406.htm. Acesso em 14 nov. 2021.

BRUBAKER, Jed R.; HAYES, Gillian R.; DOURISH, Paul. Beyond the grave: Facebook as a site for the expansion of death and mourning. *The Information Society*, Oxfordshire, v. 29, n. 3, p. 152-163, maio 2013.

BRYNJOLFSSON, Erik; McAFEE, Andrew. *Race against the machine*: how the digital revolution is accelerating innovation, driving productivity, and irreversibly transforming employment and the economy. Lexington: Digital Frontier Press, 2011.

BUCAR, Daniel; MUCILO, Daniela de Carvalho. Situações jurídicas patrimoniais: funcionalização ou comunitarismo? *In*: MENEZES, Joyceane Bezerra de; DE CICCO, Maria Cristina; RODRIGUES, Francisco Luciano Lima (Coord.). *Direito civil na legalidade constitucional*: algumas aplicações. Indaiatuba: Foco, 2021.

CAHN, Naomi. Postmortem life on-line. *Probate & Property*, Chicago, v. 25, n. 4, p. 36-39, jul./ago. 2011.

CARROLL, Evan; ROMANO, John. *Your digital afterlife*: when Facebook, Flickr and Twitter are your estate, what's your legacy? Berkeley: New Riders, 2011.

COLOMBO, Cristiano; FACCHINI NETO, Eugênio. Corpo eletrônico como vítima de ofensas em matéria de tratamento de dados pessoais: reflexões acerca da responsabilidade civil por danos à luz da Lei Geral de Proteção de Dados Pessoais Brasileira e Viabilidade da Aplicação de Dano Estético Digital. *In*: ROSENVALD, Nelson; DRESCH, Rafael de Freitas Valle; WESENDONCK, Tula (Coord.). *Responsabilidade civil*: novos riscos. Indaiatuba: Foco, 2019.

COLOMBO, Cristiano; GOULART, Guilherme Damásio. Direito póstumo à portabilidade de dados pessoais no ciberespaço à luz do direito brasileiro. *In*: POLIDO, Fabrício Bertini Pasquot; ANJOS, Lucas Costa dos; BRANDÃO, Luíza Couto Chaves (Org.). *Políticas, internet e sociedade*. Belo Horizonte: Iris, 2019.

DE LUCCA, Newton. *Aspectos jurídicos da contratação informática e telemática*. São Paulo: Saraiva, 2003.

DONEDA, Danilo. Um Código para a proteção de dados pessoais na Itália. *Revista Trimestral de Direito Civil*, Rio de Janeiro, v. 4, n. 16, p. 117-133, out./dez. 2003.

EATON, Ben; ELALUF-CALDERWOOD, Silvia; SØRENSEN, Carsten; YOO, Youngjin. *Dynamic structures of control and generativity in digital ecosystem service innovation*: the cases of the Apple and Google mobile app stores. Londres: London School of Economics and Political Science, 2011.

EDWARDS, Paul N. Infrastructure and modernity: force, time, and social organization in the history of sociotechnical systems. *In*: MISA, Thomas J.; BREY, Philip; FEENBERG, Andrew (Ed.). *Modernity and technology*. Cambridge: MIT Press, 2003.

EHRHARDT JÚNIOR, Marcos. Acertos e Desacertos do Processo de Constitucionalização dos Direitos: uma reflexão sobre os perigos da ubiquidade constitucional no direito civil brasileiro. *Revista do Instituto do Direito Brasileiro*, Lisboa, a. 1, n. 1, p. 833-865, 2012.

EHRHARDT JÚNIOR, Marcos; GUILHERMINO, Everilda Brandão. Breves notas sobre a (in)suficiência da teoria clássica da propriedade para disciplinar a titularidade dos bens digitais. *In*: CATALAN, Marcos; ROCHA, Mariângela Guerreiro Milhoranza da; PEREIRA, Gustavo de Lima (Org.). *O caos no discurso jurídico*: uma homenagem a Ricardo Aronne. Londrina: Thoth, 2021. *E-book*.

FACHIN, Luiz Edson; RUZYK, Carlos Eduardo Pianovski. Direitos fundamentais, dignidade da pessoa humana e o novo Código Civil: uma análise crítica. *In*: SARLET, Ingo Wolfgang (Org.). *Constituição, direitos fundamentais e direito privado*. Porto Alegre: Livraria do Advogado, 2006.

FALEIROS JÚNIOR, José Luiz de Moura. Codicilos e herança digital: possibilidades e limites da instrumentalização das diretivas de sepultamento, de esmolas, doações e bens de pequeno valor pela internet. *In*: LÓSSIO, Claudio Josel Brito; SILVA, Pedro Weverton; ALENCAR, Thomas J. Lóssio (Org.). *Juscibernética*: direito, tecnologia, gestão, governança e sociedade. Campina Grande: EDUEPB, 2021.

FALEIROS JÚNIOR, José Luiz de Moura; BASAN, Arthur Pinheiro. Codicilos eletrônicos: breves reflexões. *In*: PINHO, Anna Carolina (Coord.). *Discussões sobre direito na era digital*. Rio de Janeiro: GZ Editora, 2021.

FARIAS, Cristiano Chaves de; ROSENVALD, Nelson. *Curso de direito civil*: direitos reais. 17. ed. Salvador: JusPodivm, 2021. v. 5.

FELICIANI, Ana Lúcia Alves. Testamento por meio eletrônico: é possível? *Revista da Faculdade de Direito da UFRGS*, n. 30, p. 27-53, 2012.

FRITZ, Karina Nunes. Herança digital: quem tem legitimidade para ficar com o conteúdo digital do falecido? *In*: MARTINS, Guilherme Magalhães; LONGHI, João Victor Rozatti (Coord.). *Direito digital*: direito privado e internet. 4. ed. Indaiatuba: Foco, 2021.

FRITZ, Karina Nunes; MENDES, Laura Schertel. Case report: Corte alemã reconhece a transmissibilidade da herança digital. *Revista de Direito da Responsabilidade*, Coimbra, ano 1, p. 525-555, 2019.

GUILHERMINO, Everilda Brandão. Direito de acesso e herança digital. *In*: TEIXEIRA, Ana Carolina Brochado; LEAL, Livia Teixeira (Coord.). *Herança digital*: controvérsias e alternativas. Indaiatuba: Foco, 2021.

HAWORTH, Samantha D. Laying your online self to rest: evaluating the Uniform Fiduciary Access to Digital Assets Act. *University of Miami Law Review*, Miami, v. 68, n. 2, p. 535-560, jan./abr. 2014.

HONORATO, Gabriel; LEAL, Livia Teixeira. Propostas para a regulação da herança digital no direito brasileiro. *In*: EHRHARDT JÚNIOR, Marcos; CATALAN, Marcos; MALHEIROS, Pablo (Coord.). *Direito civil e tecnologia*. Belo Horizonte: Fórum, 2020.

ITÁLIA. *Decreto Legislativo 10 agosto 2018, n. 101*. Disposizioni per l'adeguamento della normativa nazionale alle disposizioni del regolamento (UE) 2016/679 del Parlamento europeo e del Consiglio, del 27 aprile 2016, relativo alla protezione delle persone fisiche con riguardo al trattamento dei dati personali, nonche' alla libera circolazione di tali dati e che abroga la direttiva 95/46/CE (regolamento generale sulla protezione dei dati). Disponível em: https://www.gazzettaufficiale.it/eli/id/2018/09/04/18G00129/sg. Acesso em 14 nov. 2021.

JACOBSEN, Jens; SCHLENKER, Tilman; EDWARDS, Lisa. *Implementing a digital asset management system*: for animation, computer games, and web development. Nova York: Taylor & Francis, 2005.

JULLIEN, François. *De l'universel, de l'uniforme, du commun et du dialogue entre les cultures*. Paris: Fayard, 2008.

LAKE, Rebecca. The 8 Best Online Will Makers of 2020: Creating a will online isn't as difficult as you might think. *TheBalance.com*, 21 mai. 2020. Disponível em: https://www.thebalance.com/best-online-will-makers-4580500. Acesso em 14 nov. 2021.

LEAL, Lívia Teixeira. *Internet e morte do usuário*: propostas para o tratamento jurídico post mortem do conteúdo inserido na rede. Rio de Janeiro: GZ, 2019.

LEAL, Sheila do Rocio Cercal Santos. *Contratos eletrônicos*: validade jurídica dos contratos via internet. São Paulo: Atlas, 2007.

LÉVY, Pierre. *Cibercultura*. (Trad. Carlos Irineu da Costa). São Paulo: Editora 34, 1999.

LOHR, Steve. The origins of 'big data': an etymological detective story. *The New York Times*, 1 fev. 2013. Disponível em: https://nyti.ms/2RG06NM. Acesso em 14 nov. 2021.

MARINO, Giuseppe. La «successione digitale». *Osservatorio del Diritto Civile e Commerciale*. Bologna: Il Mulino, 2018.

MARTINS, Guilherme Magalhães. *Contratos eletrônicos de consumo*. 3. ed. São Paulo: Atlas, 2016.

MATSUURA, Jeffrey H. *Managing intellectual assets in the digital age*. Boston: Artech House, 2003.

MAXIMILIANO, Carlos. *Direito das sucessões*. 2. ed. Rio de Janeiro: Freitas Bastos, 1942. v. 1.

MAYER-SCHÖNBERGER, Viktor; CUKIER, Kenneth. *Big data*: a revolution that will transform how we live, work, and think. Nova York: Houghton Mifflin Harcourt, 2014.

MAYER-SCHÖNBERGER, Viktor; RAMGE, Thomas. *Reinventing capitalism in the age of big data*. Nova York: Basic Books, 2018.

MENKE, Fabiano. *Assinatura eletrônica no direito brasileiro*. São Paulo: Revista dos Tribunais, 2005.

NISSENBAUM, Helen. *Privacy in context*: technology, policy, and the integrity of social life. Stanford: Stanford University Press, 2010.

PADHIYAR, Jignesh. Germany Court Rules Apple Must Grant iCloud Data Access to Heirs of Deceased. *iGeeksBlog*, 24 abr. 2019. Disponível em: https://www.igeeksblog.com/apple-must-grant-icloud-data-access-heirs-deceased-24042019/. Acesso em 14 nov. 2021.

PARISER, Eli. *The filter bubble*: what the internet is hiding from you. Nova York: Penguin, 2011.

PEREIRA, Caio Mário da Silva. *Direito civil*: alguns aspectos da sua evolução. Rio de Janeiro: Forense, 2001.

PEREIRA, Gustavo Santos Gomes. *Herança digital no Brasil*: o Projeto de Lei nº 4099/2012 e seus possíveis impactos sobre a defesa póstuma dos direitos da personalidade. Rio de Janeiro: Lumen Juris, 2018.

PERLINGIERI, Pietro. *O direito civil na legalidade constitucional*. Tradução de Maria Cristina De Cicco. Rio de Janeiro: Renovar, 2008.

PING, Jonathan. Willing.com review: free, legal online will software. *MyMoneyBlog*, 28 jul. 2015. Disponível em: https://www.mymoneyblog.com/willing-com-review-free-will.html. Acesso em 14 nov. 2021.

ROBLES MORCHON, Gregorio. *Teoria del derecho*. Madri: Civitas, 1998.

RODOTÀ, Stefano. *Il diritto di avere diritti*. Roma/Bari: Laterza, 2012.

ROSENVALD, Nelson. *O direito civil em movimento*: desafios contemporâneos. 4. ed. Salvador: JusPodivm, 2021.

RUßELL, Robert; BERGER, Benedikt; STICH, Lucas; HESS, Thomas; SPANN, Martin. Monetizing online content: digital paywall design and configuration. *Business & Information Systems Engineering*, Heidelberg, v. 62, p. 253-260, 2020.

SÁ, Maria de Fátima Freire de; NAVES, Bruno Torquato de Oliveira. *Manual de biodireito*. 2. ed. Belo Horizonte: Del Rey, 2015.

SANTOS JÚNIOR, Clodoaldo Moreira dos; COSTA, Tiago Magalhães. PL 5820/2019 – Testamento e codicilo digitais. *Migalhas de Peso*, 11 out. 2021. Disponível em: https://s.migalhas.com.br/S/9721D2. Acesso em 14 nov. 2021.

SCHREIBER, Anderson. *Direitos da personalidade*. São Paulo: Atlas, 2014.

SZANIAWSKI, Elimar. *Direitos de personalidade e sua tutela.* 2. ed. São Paulo: Revista dos Tribunais, 2005.

TAVEIRA JÚNIOR, Fernando. *Bens digitais (digital assets) e a sua proteção pelos direitos da personalidade*: um estudo sob a perspectiva da dogmática civil brasileira. São Paulo: Scortecci, 2018.

TEIXEIRA, Daniele Chaves. *Planejamento sucessório*: pressupostos e limites. 2. ed. Belo Horizonte: Fórum, 2019.

TEIXEIRA, Daniele Chaves; POMJÉ, Caroline. Caminhos para a tutela dos bens digitais no planejamento sucessório. *In*: TEIXEIRA, Ana Carolina Brochado; LEAL, Livia Teixeira (Coord.). *Herança digital*: controvérsias e alternativas. Indaiatuba: Foco, 2021.

TEPEDINO, Gustavo. *Temas de direito civil.* Rio de Janeiro: Renovar, 1997.

TERRA, Aline de Miranda Valverde; OLIVA, Milena Donato; MEDON, Filipe. Acervo digital: controvérsias quanto à sucessão causa mortis. *In*: TEIXEIRA, Ana Carolina Brochado; LEAL, Livia Teixeira (Coord.). *Herança digital*: controvérsias e alternativas. Indaiatuba: Foco, 2021.

WIPO – WORLD INTELLECTUAL PROPERTY ORGANIZATION. *Patent no. WO/2007/010427.* 27 jan. 2007. Disponível em: https://bit.ly/2Cp7sjc. Acesso em 14 nov. 2021.

WU, Tim. *The master switch*: the rise and fall of information empires. Nova York: Vintage, 2010.

ZAMPIER, Bruno. *Bens digitais*: cybercultura, redes sociais, e-mails, músicas, livros, milhas aéreas, moedas virtuais. 2. ed. Indaiatuba: Foco, 2020.

Informação bibliográfica deste texto, conforme a NBR 6023:2018 da Associação Brasileira de Normas Técnicas (ABNT):

MARTINS, Guilherme Magalhães; FALEIROS JÚNIOR, José Luiz de Moura. O planejamento sucessório da herança digital. *In*: TEIXEIRA, Daniele Chaves (Coord.). *Arquitetura do planejamento sucessório.* 3. ed. Belo Horizonte: Fórum, 2022. p. 481-507. Tomo I. ISBN 978-65-5518-459-4.

PARTILHA EM VIDA COMO FORMA DE PLANEJAMENTO SUCESSÓRIO

HELOISA HELENA BARBOZA
VITOR ALMEIDA

Aspectos introdutórios: o "estado da arte" do planejamento sucessório no Brasil

O Direito Sucessório brasileiro atual tem sido fonte de tormentosos debates, especialmente no que concerne à rigidez da sucessão legítima. O Código Civil de 2002 promoveu modificações na ordem de vocação hereditária as quais provocam profundos questionamentos e desafiam os Tribunais. Não obstante a atualização feita às vésperas de sua aprovação, para sua compatibilização com a nova ordem jurídica instaurada pela Constituição da República de 1988,[1] o Código Civil deu tratamento sucessório diferenciado às famílias não constituídas pelo casamento, que perdurou por mais de uma década. Somente em data recente, por ocasião do julgamento do RE 878694, o Supremo Tribunal Federal equiparou os regimes jurídicos sucessórios do casamento e da união estável, inclusive as homoafetivas.[2]

O planejamento sucessório emerge como solução para o gerenciamento da transmissão do patrimônio, de modo a melhor atender aos interesses de seu titular e seus sucessores. Para tanto são utilizados instrumentos jurídicos diversos dos tradicionais, que praticamente diminuem, quando não afastam, os percalços existentes nos procedimentos para transmissão patrimonial em decorrência da morte, previstos em lei. Já era possível encontrar no Código Civil de 1916 alguns instrumentos que permitiam ao titular deliberar sobre o destino de seus bens, os quais foram mantidos pelo Código

---

[1] Carlos Roberto Barbosa Moreira expõe que "[...] o Direito das Sucessões que habita a Constituição se reduz a normas essencialmente patrimoniais; e o Direito das Sucessões codificado, a seu turno, trata, fundamentalmente, da transmissão do patrimônio de uma pessoa a outra(s), sem cogitar, à primeira vista, de valores não patrimoniais, como aqueles que os civil-constitucionalistas preferem pôr em relevo". MOREIRA, Carlos Roberto Barbosa. Princípios constitucionais e o direito das sucessões. *In*: *Revista Trimestral de Direito Civil*, ano 8, v. 29, jan./mar. 2007, p. 37.

[2] BRASIL. *Supremo Tribunal Federal*. RE 878694/MG, Rel. Min. Roberto Barroso, Tribunal Pleno, julg. 10 maio 2017. Disponível em: www.stf.jus.br. Acesso em: 22 abr. 2018.

Civil de 2002. Além do testamento, que constitui até hoje o único instrumento que rege a sucessão por disposição de última vontade,[3] admitia o legislador o fideicomisso, bem como negócios entre vivos de cunho sucessório. Inscrevem-se nesta modalidade as doações com efeitos *post mortem* e a partilha em vida.

As doações com efeitos *post mortem*, embora hábeis para alcançar o fim almejado, não raro transformam-se em tormento por ocasião dos cálculos de partilha. A partilha em vida, que poderia ser o instrumento por excelência do planejamento sucessório, foi contemplada na codificação anterior e na atual com um lacônico e solitário dispositivo legal. A singeleza dessa disposição legal de efeitos patrimoniais tão importantes continua a desafiar os intérpretes e a gerar insegurança nos interessados, por falta de regulamentação adequada. Tais fatores, por certo, estão na origem do uso pouco frequente desse tipo de partilha.

Não há exagero em afirmar que o planejamento sucessório, por sua importância, mormente para a sociedade atual, é matéria que ainda não recebeu do legislador e mesmo da doutrina a atenção que merece.[4] Na verdade, o franco debate sobre a autonomia no que tange à plena disponibilidade patrimonial com efeitos sucessórios tem sido preterido, mesmo em face da celeridade e das crescentes inovações da vida contemporânea. A preservação da legítima, nos moldes em que foi configurada em fins do século XIX, é sombra que se ergue e obscurece a análise da questão à luz dos princípios constitucionais, que parecem ser os únicos argumentos capazes de duelar com o tabu da reserva legal.

É usual a afirmação de que as controvérsias sobre a partilha de bens no curso do procedimento de inventário são constantemente associadas às ferrenhas disputas entre os herdeiros, arrastando-o por longo lapso temporal. Dessa forma, de forma a evitar tal contenda e a demora na ação judicial, o planejamento sucessório torna-se importante instrumento, que permite a organização da partilha de bens antes do falecimento e evita futuros conflitos familiares, além de apresentar benefícios, ainda, no campo tributário, por exemplo.[5] O presente artigo propõe examinar a estrutura e a função da partilha em vida em face do Direito brasileiro, especialmente como instrumento de gerenciamento da partilha de bens ainda em vida.

---

3 Um dos instrumentos no planejamento sucessório é o testamento, por meio do qual alguém dispõe de seu patrimônio para depois de sua morte. A respeito da função promocional do testamento, cf., por todos, NEVARES, Ana Luiza. *A Função Promocional do Testamento*. Rio de Janeiro: Renovar, 2009.

4 Entre as exceções, permita-se remeter a TEIXEIRA, Daniele Chaves. *Planejamento sucessório*: pressupostos e limites. Belo Horizonte: Fórum, 2017; CRUZ, Elisa Costa; AZEVEDO, Lilibeth de. Planejamento sucessório. *In*: TEPEDINO, Gustavo; FACHIN, Luiz Edson (Org.). *Diálogos sobre direito civil*. v. III, Rio de Janeiro: Renovar, 2012; MAMEDE, Gladston; MAMEDE, Eduarda Cotta. *Planejamento sucessório*: Introdução à Arquitetura Estratégica com vistas à Sucessão *Causa Mortis*. São Paulo: Atlas, 2015.

5 De acordo com Daniele Chaves Teixeira, o "planejamento sucessório apresenta-se como uma importante ferramenta no momento em que o Brasil possui uma legislação sucessória engessada e uma sociedade com tantas demandas, seja pelas transformações familiares ou pelos bens em um mundo globalizado e sem fronteiras. Por meio do planejamento, é possível exercer a liberdade de testar. Organizar a sucessão, dessa forma, resolve o problema do desacordo do direito das sucessões e as incongruências que a legislação produz" (*Planejamento sucessório, cit.*, p. 201).

1 Sucessão *causa mortis* e disciplina jurídica da partilha em vida[6]

O direito à herança é assegurado pela Constituição da República (art. 5º, XXX), que se apresenta como um direito individual que integra o rol dos direitos e garantias fundamentais, que se exerce nos termos da lei infraconstitucional, no caso o Código Civil. Constitui, em verdade, uma limitação à autonomia do titular de bens, que deles pode dispor em vida ou *mortis causa* (por meio de testamento), desde que respeite o direito à herança, vale dizer, a parte que a lei reserva para os herdeiros que indica. Este fundamento constitucional do *direito à legítima*, também denominada *reserva* ou *reserva legal*, antigo instituto que tem atualmente foro constitucional, a qual deve ser preservada para os sucessores indicados na lei, considerados herdeiros necessários e a quem pertence, de pleno direito, a metade dos bens da herança, que constituem a legítima (art. 1.846, CC). A teor do art. 1.845 do CC são herdeiros necessários os descendentes, os ascendentes e o cônjuge.

Ao proteger a legítima, o legislador manteve a tradição do Direito brasileiro, na qual convivem a sucessão por lei e a que se dá por disposição de última vontade (art. 1.786, CC). Há, assim, liberdade de dispor limitada, na medida em que não se pode, a qualquer título, atingir a legítima. Por tal motivo, é válida a dispensa de colação, desde que as liberalidades se contenham no âmbito da parte disponível do doador (art. 2005, CC).

A partilha em vida é ato de vontade, inerente ao exercício da autonomia privada, ínsita à liberdade, direito fundamental cuja inviolabilidade é assegurada constitucionalmente. A garantia do direito à herança não pode afrontar a autonomia, mas não pode ser por ela desrespeitada. Convivem, desse modo, com amparo constitucional, a divisão do patrimônio em vida, como autoriza o art. 2018 do CC, as disposições de última vontade e as doações em vida, estas sim, consideradas adiantamento de herança, por força do disposto no art. 544 do vigente Código Civil.

A doação aos descendentes e ao cônjuge, à luz do Direito brasileiro, é um adiantamento de legítima, e não uma liberalidade, que obriga o beneficiado a trazer os bens à colação. A partilha em vida é um ato definitivo e consumado que produz efeitos que atingem três ordens de relações: (*a*) entre pais e filhos; (*b*) dos filhos entre si; (*c*) com terceiros (como os credores, por exemplo). Por força da partilha em vida, os bens se transferem imediata e irrevogavelmente aos ali beneficiados, que assumem a sua titularidade, sem a obrigação de trazê-los à colação. Em consequência, se um dos novos titulares morre antes do seu ascendente, os bens recebidos na partilha se transmitem a seus sucessores, integrados que estão em seu patrimônio que constitui sua herança. Não retornam, portanto, quer diretamente, quer por força de colação ao patrimônio do ascendente que fez a partilha.[7]

Embora consumada e irrevogável, a partilha não é imune à invalidação, na medida em que contenha vícios de consentimento que afetem a validade dos negócios jurídicos

---

6 Para um estudo mais aprofundado a respeito da validade da partilha em vida, seja consentido remeter a BARBOZA, Heloisa Helena. A disciplina jurídica da partilha em vida: validade e efeitos. *In*: *Civilistica.com*, Rio de Janeiro, ano 5, n. 1, 2016. Disponível em: www.civilistica.com. Acesso em: 22 maio 2018, no qual parte das reflexões aqui expostas já havia sido, em parte, desenvolvida.

7 REZENDE, Astolpho de. Direito das Sucessões. *In*: LACERDA, Paulo. *Manual do Código Civil brasileiro*. t. XX, Rio de Janeiro: Jacintho Ribeiro dos Santos, 1917, p. 302.

em geral. Considerada a regra que a autoriza (CC, art. 2018), é nula a "partilha na qual não forem compreendidos todos os filhos, ou em que algum deles foi lesado na porção legítima".[8] Nesse sentido, é expresso Carlos Maximiliano:

> A faculdade de partilhar restringe-se ao preceituado, mas compreende todo o preceituado; por isso, aproveita, não só aos filhos legítimos, como também aos legitimados, aos naturais reconhecidos e aos adotivos. Deve a distribuição abranger todos os sucessores imediatos do *de cujus*, embora gerados e nascidos depois de feita a partilha; se um deixa de ser mencionado, isto é, faltando o quinhão de um filho [...] está nula a partilha efetuada por meio de ato entre vivos, como estaria a judicial em circunstâncias iguais, [...].[9]

A partilha em vida, embora feita sob a forma de doação, não se confunde com a doação aos descendentes e ao cônjuge, que importa em adiantamento da legítima, por força do art. 544 do Código Civil. Tanto assim que dispensa inventário e colação de bens por ocasião da abertura da sucessão, com o falecimento daquele que fez a partilha em vida. Assim é porque se pressupõe que sejam beneficiadas todas as pessoas que seriam chamadas a receber a herança na qualidade de herdeiras necessárias, ainda que em contratos separados. Caso contrário, isto é, se não contemplada a totalidade dos herdeiros necessários, nula será a partilha, como alerta Carlos Maximiliano. Por este motivo, é possível se considerar a partilha em vida como uma "sucessão antecipada".[10]

2 Construção histórica e natureza jurídica do contrato de partilha em vida

As divergências doutrinárias sobre a partilha em vida se apresentam a partir de sua designação: *doação-partilha, partilha-doação* e *partilha em vida*. Adota-se no presente trabalho a última denominação, que contém os termos utilizados no Código Civil (art. 2.018) e na lei civil anterior (art. 1.776), além de ter a virtude de indicar a presença de elementos de dois outros institutos que se conjugam em negócio jurídico peculiar e complexo, sem se confundirem. Consoante a melhor doutrina, partilha em vida não se confunde com doação, como se passa a examinar.

A determinação da natureza desse negócio jurídico encontra também diferentes formulações doutrinárias que merecem referência, construídas em torno do disposto no art. 1.776 do Código Civil de 1916, reproduzido com melhor redação no art. 2.018 do Código Civil de 2002. Nesse sentido, os autores são unânimes ao destacar a substituição da palavra pai (considerada "infeliz"), utilizada na lei revogada, por ascendente. Antiga era essa reivindicação, pois de há muito se entendia absurda a restrição da possibilidade de partilha em vida ao pai, nada impedindo que a mãe ou qualquer outro ascendente o fizesse, desde que não prejudicasse a legítima.[11] Preserva-se, todavia, na figura do ascendente, a essência romana que autorizava o pai a dividir antecipadamente os bens

---

8 REZENDE, Astolpho de. Direito das Sucessões. *In*: LACERDA, Paulo. *Manual do Código Civil brasileiro*. t. XX, Rio de Janeiro: Jacintho Ribeiro dos Santos, 1917, p. 302.

9 MAXIMILIANO, Carlos. *Direito das sucessões*. v. 2, Rio de Janeiro: Freitas Bastos, 1937, p. 634-635.

10 MAXIMILIANO, Carlos. *Direito das sucessões*. v. 2, Rio de Janeiro: Freitas Bastos, 1937, p. 635.

11 MIRANDA, Pontes de. *Tratado de direito privado*: parte especial. t. LX, 3. ed. São Paulo: Revista dos Tribunais, 1984, p. 250.

entre seus filhos, com fundamento no pátrio poder, na medida em que ela se circunscreve aos ascendentes e seus descendentes e cônjuge, ou seja, a ideia da divisão do patrimônio entre os familiares próximos, nos estreitos limites da família em sentido estrito.

Trata-se de instituto antigo, de origem romana, que provoca discussão bem anterior a sua codificação. O projeto do Código Civil de 1916 não o previa, pois Clóvis Beviláqua considerava a partilha em vida "planta exótica", fonte fecunda de questões, que não raro resulta em abandono do pai.[12] O projeto Coelho da Rocha regulava minuciosamente o instituto (arts. 2.726, 2.727 e 2.733), determinando os casos em que poderia haver rescisão desse tipo de partilha. A disposição ora em análise foi incluída pela Comissão Revisora do projeto aprovado em 1916, sob a justificativa de "firmar uma nova forma de partilha".[13]

No Direito romano a *diviso parentum inter liberos* era considerada uma partilha hereditária antecipada feita pelos pais. Tinha como pressuposto o direito hereditário, como objeto ou conteúdo a divisão do patrimônio, e fundamentava-se juridicamente "na faculdade de dispor": quem pode dispor pode também dividir.[14] O ato feito em vida pelos ascendentes de ambos os sexos reputava-se perfeito e acabado, mesmo sem a aceitação dos filhos.[15]

Registro histórico revela que no Direito português as divergências sobre a natureza jurídica dessa modalidade de partilha já existiam nas Ordenações, e as opiniões e conclusões eram vacilantes e incertas, variando os entendimentos sobre o ato de partilha. As dúvidas passaram ao Direito brasileiro antigo,[16] variando os argumentos, mas permitindo a identificação de duas correntes principais, que perduram, em certa medida, até os dias atuais, a saber: (*a*) a partilha é uma sucessão antecipada, ou melhor, uma partilha antecipada; (*b*) a partilha é uma doação entre vivos e implica adiantamento da legítima. Ambas são objeto de crítica e de defesa recíproca por seus respectivos seguidores. Todavia, robusto entendimento doutrinário formou-se sobre a matéria e encontrou amparo na jurisprudência, no sentido de que a partilha em vida não se confunde com a doação.

Arnoldo Wald,[17] invocando a lição de Orosimbo Nonato, emitiu sobre o assunto memorável parecer, no qual esclareceu a natureza jurídica da partilha em vida:

> Não é essa partilha em vida nem doação, nem testamento, embora o autor da herança possa utilizar-se dessas formas para exteriorizar a sua vontade, o que de nenhum modo influirá na natureza do ato, que, como é sabido e ressabido, identifica-se pelo conteúdo, não pela sua aparência; pelo que é, não pelo nome que a parte lhe atribui. (sem grifo no original)
> [...]

---

12 BEVILÁQUA, Clóvis. *Código Civil Comentado*. v. 6, 9. ed., Rio de Janeiro: Francisco Alves, 1955, p. 210.

13 O Código Napoleão também disciplinou a partilha *inter vivos*, observadas as formalidades, condições e regras prescritas para as doações (REZENDE, Astolpho de. Direito das Sucessões. *In*: LACERDA, Paulo. *Manual do Código Civil brasileiro*. t. XX, Rio de Janeiro: Jacintho Ribeiro dos Santos, 1917. p. 290-291). A doação-partilha (*donation-partage*) continua regulamentada do mesmo modo pela lei francesa (Código Civil, arts. 1.075-1.078).

14 BEVILÁQUA, Clóvis. *Código Civil Comentado*. v. 6, 9. ed., Rio de Janeiro: Francisco Alves, 1955, p. 291.

15 BEVILÁQUA, Clóvis. *Código Civil Comentado*. v. 6, 9. ed., Rio de Janeiro: Francisco Alves, 1955, p. 295.

16 BEVILÁQUA, Clóvis. *Código Civil Comentado*. v. 6, 9. ed., Rio de Janeiro: Francisco Alves, 1955, p. 297.

17 WALD, Arnoldo. O regime jurídico da partilha em vida. *In*: CAHALI, Yussef Said; CAHALI, Francisco José (Org.). *Doutrinas essenciais*: família e sucessões. São Paulo: Revista dos Tribunais, 2011, p. 1.198 e 1.203.

A doutrina ainda enfatiza a peculiaridade da partilha em vida, que alguns autores chamam de "doação-partilha", salientando que não se identifica, totalmente, nem com a doação, nem com a partilha, conceituando-se como ato *sui generis* ou complexo, no qual se encontram elementos de ambos os institutos. A analogia com a doação deflui do fato de se tratar de ato *inter vivos*, enquanto as regras técnicas são as da partilha.

Silvio Rodrigues entende que "o ato entre vivos, a que se refere a lei, pode ser outro que não a doação", uma vez que a interpretação segundo a qual o legislador quis referir-se à doação, quando aludiu à partilha por ato entre vivos, tem cabimento no Direito francês, "mas não é verdadeira no direito nacional". Prossegue Silvio Rodrigues lembrando que o Código Napoleão, depois de permitir a partilha em vida (art. 1.075), declara que esta deverá obedecer às mesmas formalidades das doações, regra que não existe no Direito brasileiro.[18] Lembre-se que, também no Direito português, há referência expressa à doação (art. 2.029º), o que não se verifica no Código Civil brasileiro.

Arnoldo Wald observa que a própria doutrina francesa tem distinguido a partilha em vida da doação, para considerar que esta constitui, antes de tudo, uma partilha, embora se enquadre por sua finalidade no campo das liberalidades.[19] Destaca, ainda, que a doutrina estrangeira entende que "os bens partilhados em vida não estão sujeitos à colação e rejeita a presunção de serem os quinhões considerados como adiantamento da legítima, reconhecendo que podem abranger a parte disponível".[20] Desse modo, só quando ultrapassada a parte disponível, com violação da legítima, é que se admite ação própria para redução do quinhão.

Para Arnoldo Wald, a doutrina brasileira distingue, de modo adequado, a partilha em vida da doação, reconhecendo que o primeiro caso deve abranger todos os herdeiros necessários, e ainda que utilize a parte disponível, não lhe é aplicável a regra do art. 544 do CC (art. 1.171 do CC/1916),[21] e afirma:

> [...] a intenção, no caso, é de uma partilha definitiva, [...], não constituindo um adiantamento de legítima pelo fato de, em tese, abranger todos os bens a serem distribuídos, excluindo qualquer outra partilha na qual a matéria viesse a ser discutida. Sendo a partilha em vida exaustiva, descabem qualquer outra e a própria abertura do inventário. *As eventuais lesões de direito deverão ser apreciadas em ações próprias de redução, anulação ou nulidade.* [...] Cabe notar, outrossim, que a partilha feita em vida pelos autores da herança não pode ser alterada. *O que se admite é, por ação própria e quando cabível, a redução dos quinhões hereditários ou a declaração de invalidade da partilha.* [...] [aqueles] que expressamente aceitaram a partilha tal como foi feita somente através de ação própria poderão provar que, ao aceita-la, foram enganados, pleiteando, então, a sua anulação ou a correção, tão somente, neste último caso, quanto

---

18 RODRIGUES, Silvio. Partilha. *In*: FRANÇA, Limongi (Coord.). *Enciclopédia Saraiva do Direito*, v. 57, São Paulo: Saraiva, 1977, p. 214.

19 WALD, Arnoldo. O regime jurídico da partilha em vida, cit., p. 1.201.

20 WALD, Arnoldo. O regime jurídico da partilha em vida, cit., p. 1.201.

21 "A partilha em vida não se confunde com a doação. Sendo uma divisão de bens que obedece às mesmas normas que a partilha '*post mortem*', os bens em virtude dela transferidos aos herdeiros não constituem uma antecipação da legítima. Inaplicabilidade do art. 1.171 do CC à partilha em vida". WALD, Arnoldo. O regime jurídico da partilha em vida, cit., p. 1.195.

ao desrespeito das legítimas, apurado o seu valor ao tempo do ato jurídico de disposição (sem grifos no original).[22]

A partilha em vida feita por ascendente configura-se, desse modo, como um instituto jurídico autônomo, distinto da doação, que é revogável, enquanto a partilha não é, nem pode ser. Em outros termos, "[...] a partilha feita em vida pelo ascendente, quando não seja testamento, é um instituto especial, que não se pode reger pelas regras da doação".[23] Não há na partilha uma liberalidade, característica da doação, mas uma renúncia ao domínio dos bens (*demission debiens*). O ascendente ao dividir os bens opera sua transmissão definitiva (posse e propriedade) aos beneficiários. Nesses termos, a partilha não pode ser condicional, nem onerosa, diversamente das doações que admitem condições de vários tipos. Aquele que partilha em vida não tem intuito de fazer uma liberalidade, substrato da doação, mas o de demitir de si a posse e o domínio dos bens, de renunciar a esses bens, ao seu gozo.[24]

Clóvis Beviláqua, que rejeitava o instituto, em comentário ao art. 1.776 do Código Civil de 1916, entendia ter a partilha por ato entre vivos caráter de doação, do que resulta a necessidade de respeitar a legítima, e a possibilidade de ser revogada por ingratidão e ser rescindida pelos credores, que por ela forem fraudados.[25] De acordo com Carvalho Santos, a partilha-doação é uma antecipação da abertura da sucessão e "só se pode dar com respeito ao direito dos herdeiros necessários". Como os bens distribuídos saem do patrimônio do partilhante imediatamente, como se fossem alienados a título oneroso, não pode abranger bens futuros, visto que não se podem transmitir bens que não integram o patrimônio pessoal. A partilha será nula se omitir algum herdeiro necessário ou se ocorrer o nascimento de mais um filho.[26]

De acordo com Pontes de Miranda, aquele que pode dispor de metade dos bens, ou de todos os bens, pode distribui-los em vida. A partilha em vida, com base no art. 1.776 do Código Civil de 1916, tinha (e permanece) como "pressuposto a necessariedade da herança", porque, como se antecipa a partilha da herança, é preciso que haja herança e herdeiros necessários e não simplesmente legítimos ou donatários.[27] Neste sentido, afirma-se que seria um "[...] erro dizer-se que a partilha em vida é doação aos herdeiros necessários, de modo que o sucedendo perde sempre, desde logo, a propriedade [...]".[28]

Caio Mário da Silva Pereira esclarece que as duas principais teorias sobre a natureza jurídica da partilha em vida se sustentam quando se considera sua forma, mas ao se atentar para a natureza do ato este se define como uma sucessão antecipada, e não em ato de liberalidade. É ato privativo do ascendente, estritamente familial, sujeito à revisão judicial caso não respeitada a igualdade entre os herdeiros. A partilha em vida típica efetiva-se por doação, sujeitando-se aos requisitos desse tipo de contrato quanto

22 *Id. Ibid.*, p. 1.202.
23 REZENDE, Astolpho de. Direito das Sucessões, cit., p. 299.
24 REZENDE, Astolpho de. Direito das Sucessões, cit., p. 301.
25 BEVILÁQUA, Clóvis. Código Civil Comentado, cit., p. 210.
26 SANTOS, J. M. Carvalho. *Código Civil Brasileiro Interpretado*. v. XXIV, 11. ed. Rio de Janeiro: Freitas Bastos, 1979, p. 396.
27 MIRANDA, Pontes de. *Tratado de direito privado*: parte especial, cit., p. 254.
28 MIRANDA, Pontes de. *Tratado de direito privado*: parte especial, cit., p. 250.

à forma, capacidade e aceitação. Ressalta o autor que a partilha em vida produz efeito imediato e deve compreender todos os filhos, sob pena de nulidade.[29]

Os comentaristas do art. 2.018 da Lei Civil atual não discrepam. Segundo Euclides de Oliveira, o mencionado dispositivo legal reforça a possibilidade de outorga de bens pelo ascendente, conforme sua origem histórica, bem como para que não se prejudique a legítima dos descendentes e do cônjuge sobrevivente. Trata-se de ato de vontade privativo do titular dos bens, que muito se assemelha à doação, pois deve obedecer aos requisitos de forma dessa espécie de negócio jurídico. Todavia, seu alcance é maior, pois a atribuição do patrimônio configura antecipação da herança, com transmissão imediata dos bens, do que resulta a dispensa do inventário por ocasião da morte do transmitente, momento em que os bens já não estarão no seu patrimônio. Caberá inventário com relação aos bens não incluídos na partilha em vida, que só valerá se e na medida em que não prejudique a legítima dos herdeiros necessários.[30] De acordo com Eduardo de Oliveira Leite, a doutrina atual é pacífica no sentido de não se confundirem a doação e a partilha em vida, que deve respeitar a legítima dos herdeiros necessários.[31]

Como se pode verificar, não obstante algumas divergências, a doutrina majoritária converge em três aspectos: (*a*) pela não equiparação da partilha em vida à doação; (*b*) ter a partilha como pressuposto o direito hereditário; (*c*) ser dispensável o inventário e colação por ocasião da morte, como a seguir examinado. O entendimento do Superior Tribunal de Justiça também não discrepa e é expressivo, tendo a Ministra Relatora Nancy Andrighi assim se manifestado sobre a matéria no julgamento do REsp 730.483-MG:

> O STJ, no julgamento do REsp. 6.528/RJ por esta 3ª Turma, de Relatoria do Ministro Nilson Naves, publicado no DJ de 12/08/1991, já examinou a questão, diferenciando os institutos da partilha em vida e da doação, entendendo o seguinte:
>
> [...]
>
> 5. Definido, pois, o negócio em questão como partilha em vida ('os disponentes não quiseram doar, mas sim distribuir, através de partilha em vida, todos os seus bens, obtendo – porque necessário à sua validade – o consentimento dos descendentes', do acórdão, fls. 518/9), não vejo como escapar da ponderação do Desembargador Fernando Whitaker, ao notar a inviabilidade do recurso pela alínea *a, verbis*:
>
> 'Não se constatam as negativas de vigência, cuidando-se, sim, de razoável interpretação dada às normas, haja vista ter o aresto examinado acuradamente a questão para concluir no sentido de que teria havido uma partilha antecipada, por terem sido distribuídos todos os bens, em um mesmo dia, no mesmo Cartório e mesmo livro, com o expresso consentimento dos descendentes, não a desvirtuando o fato de terem sido feitas através de cinco escrituras, e não de uma única, além de ter a menor sido assistida por sua genitora, considerando-se, ainda, ter o decisório buscado robustos subsídios doutrinários para excluir a colação e apontar outra via judicial, que não o inventário, para a apuração de eventuais prejuízos às legítimas, pelo que se tem como incidente a Súmula 400 do Egrégio Supremo Tribunal Federal'.

---

29 PEREIRA, Caio Mário da Silva. *Instituições de Direito Civil*, cit., p. 386.

30 OLIVEIRA, Euclides de. *Código Civil Comentado*. v. XX, São Paulo: Atlas, 2009, p. 208-211.

31 LEITE, Eduardo de Oliveira. *Comentários ao Novo Código Civil*. v. XXI, 2. ed. Rio de Janeiro: Forense, 2003, p. 802-806.

> 6. Vou além: na espécie em comento, irrepreensível, ao que suponho a conclusão das instâncias ordinárias. É que não se cuidando, como não se cuida de doação, não se tem como aplicar o citado art. 1.786, que limita, de modo expresso, a conferência às hipóteses de doação e de dote.[32]

Diante do exposto, verifica-se que o Superior Tribunal de Justiça já havia consolidado entendido antes da vigência da atual Lei Civil de que os institutos da doação e partilha em vida não se confundem e permanece com este entendimento.

O entendimento doutrinário de que a partilha em vida é negócio jurídico entre vivos, de natureza *sui generis*, que dispensa a realização de inventário e a obrigação de trazer bens à colação, é também acolhido, como visto, pelo Superior Tribunal de Justiça, como se constata do seguinte trecho do aresto referido (REsp. 730.483-MG):

> Dessa forma, pela jurisprudência do STJ, o negócio jurídico da partilha em vida envolve cumprimento de formalidades, inclusive com aceitação expressa de todos os herdeiros que não se compatibiliza com o dever de colacionar. A partilha em vida é como um 'inventário em vida', dispensando, até, o inventário *post mortem*. Nos dizeres de João Alberto Leivas Job, 'a partilha procede como se, por suposição implícita, se considerasse, no instante em que é feita, a morte do ascendente, visto que se subordina a todas as cláusulas fundamentais da composição distributiva de uma partilha (Da nulidade da partilha, São Paulo, Saraiva, 1980, p. 732)'.

Nesse sentido já se manifestara o Ministro Nilson Naves, Relator do julgado paradigma (REsp. 6.258-RJ), ao acolher as conclusões das instâncias ordinárias, segundo as quais:

> Portanto e com a devida vênia de respeitáveis opiniões em contrário, não é o caso de colação; e, se eventuais prejuízos às legítimas dos herdeiros necessários importarem em violação do disposto no artigo 1.776 do Código Civil, claro está que estas circunstâncias terão que ser demonstradas em via judicial apropriada, não no caso de inventário. Afinal, se não há bens a serem partilhados, não há necessidade de inventário; e, se a aquisição dos bens não se deu por doação ou dote, a regra do artigo 1.186 não incide, e a pretensão à colação haverá que ser indeferida, pois a partilha em vida versou sobre a totalidade dos bens dos disponentes.

A partilha em vida não se confunde com a doação a descendente ou a cônjuge, como já exposto. Uma das razões para isso é o fato da partilha em vida esgotar a divisão dos bens do disponente, existentes ao tempo em que ela se realiza em caráter definitivo. Todos os herdeiros necessários devem dela participar em igualdade de condições, como forma de assegurar sua legítima. Se outros bens surgirem até a morte

---

32 O acórdão no mencionado REsp 6.528-RJ, que apreciou a questão à luz do Código Civil de 1916, tem a seguinte ementa: "Inventário. Partilha em vida/doação. Pretensão de colação. Assentado tratar-se, no caso, de partilha em vida (partilha dos todos os bens dos ascendentes, em um mesmo dia, no mesmo Cartório e mesmo livro, com o expresso consentimento dos descendentes), não ofendeu os arts. 1.171, 1.785, 1.786 e 1.776, do Cód. Civil, acórdão que confirmou sentença indeferitória da pretensão de colação. Não se cuidando, portanto, de doação, não se tem como aplicar princípio que lhe é próprio. Inocorrentes ofensa à lei federal ou dissídio, a Turma não conheceu do recurso especial".

do disponente, serão objeto de inventário e nova partilha em igualdade de condições entre os herdeiros necessários.

Por tais motivos, não se trata de "adiantamento" de legítima, visto que são os bens que a compõem que são entregues ao virtual herdeiro. Em consequência, não há obrigatoriedade de colação, que só cabe quando há adiantamento. Cristalino, portanto, o estabelecido no art. 2.018 do CC, que permite a partilha em vida, mas condiciona sua validade à garantia da legítima dos herdeiros necessários. Em outros termos, é válida a partilha por ato entre vivos, "contanto que não prejudique a legítima dos herdeiros necessários".

Isto não acontece com a doação feita a descendente ou a cônjuge, que pode ser feita a um deles isoladamente, em prejuízo dos demais. Determina a lei que tais doações constituem adiantamento de legítima e obrigam o donatário a levar os bens à colação, quando da morte do doador. Estes foram os meios previstos pelo legislador para conciliar o direito de livre disposição de bens de que é titular o disponente e o direito à legítima de seus herdeiros necessários. Se inexistentes esses instrumentos, poderia o doador atribuir a totalidade de seus bens a um só dos herdeiros necessários (filho ou esposa) em franco desrespeito à legítima dos demais.

É o que se constata do art. 544 do CC, segundo o qual "a doação de ascendente a descendentes, ou de um cônjuge a outro, importa adiantamento do que lhes cabe por herança". Em consequência, haverá obrigação de trazer bens à colação, em razão do disposto nos artigos 2002[33] e 2003[34] do Código Civil vigente. A colação consiste, portanto, na restituição das liberalidades recebidas em vida do autor da herança, para restabelecer a igualdade das legítimas dos herdeiros necessários. A obrigação de trazer bens à colação é também do cônjuge (atualmente herdeiro necessário e que concorre em igualdade de condições com os descendentes) que recebeu doação do autor da herança, por força do art. 2003, como entende com acerto a melhor doutrina.[35] Com clareza já se afirmou que o objetivo da colação é "servir de instrumento de igualdade nos direitos advindos da sucessão *mortis causa*".[36]

Não se confunde a colação com a redução, que tem por fim fazer com que as liberalidades, que favoreçam algum herdeiro ou algum estranho, se contenham dentro da parte disponível do doador.[37] Ambos os procedimentos (colação e redução) buscam

[33] Art. 2.002. Os descendentes que concorrerem à sucessão do ascendente comum são obrigados, para igualar as legítimas, a conferir o valor das doações que dele em vida receberam, sob pena de sonegação.
Parágrafo único. Para cálculo da legítima, o valor dos bens conferidos será computado na parte indisponível, sem aumentar a disponível.

[34] Art. 2.003. A colação tem por fim igualar, na proporção estabelecida neste Código, as legítimas dos descendentes e do cônjuge sobrevivente, obrigando também os donatários que, ao tempo do falecimento do doador, já não possuírem os bens doados.
Parágrafo único. Se, computados os valores das doações feitas em adiantamento de legítima, não houver no acervo bens suficientes para igualar as legítimas dos descendentes e do cônjuge, os bens assim doados serão conferidos em espécie, ou, quando deles já não disponha o donatário, pelo seu valor ao tempo da liberalidade.

[35] Sobre o tema ver TEPEDINO, Gustavo. Regime de bens e tutela sucessória do cônjuge. *In*: *Soluções práticas de direito*: pareceres, v. I, p. 145-146; PEREIRA, Caio Mário da Silva. *Instituições de direito civil*, v. 6, p. 373; VELOSO, Zeno. *Comentários ao código civil*: direito das sucessões, v. 21, p. 416.

[33] PEREIRA, Caio Mário da Silva. *Instituições de Direito Civil*, v. VI, p. 372-373.

[36] *Id. ibid.*, p. 372-373.

[37] *Id. ibid.*, p. 322-327, 373.

preservar a legítima, sendo que a primeira atende à vontade presumida do autor da herança, e a segunda à ordem pública.

O mesmo se verifica em relação às liberalidades que beneficiem um estranho ou mesmo um herdeiro (não necessário), que devem se conter na parte disponível, sob pena de ofensa à legítima, hipótese em que são consideradas inoficiosas e devem ser reduzidas o quanto necessário para preservar a legítima.

Regra específica se refere à liberalidade que contemple descendente, que à época do ato não tinha qualidade de herdeiro necessário e, por conseguinte, não seria chamado a suceder. Em tal hipótese, a doação se presume imputada na parte disponível, conforme art. 2005 e parágrafo único, do CC, *in verbis*:

> Art. 2.005. São dispensadas da colação as doações que o doador determinar saiam da parte disponível, contanto que não a excedam, computado o seu valor ao tempo da doação.
> Parágrafo único. Presume-se imputada na parte disponível a liberalidade feita a descendente que, ao tempo do ato, não seria chamado à sucessão na qualidade de herdeiro necessário.

A redução, como se constata, é o instrumento para fazer com que as liberalidades se contenham dentro da metade disponível.

3 Características da partilha em vida

A partir das considerações já desenvolvidas, é possível alinhar as principais características que permitem identificar e qualificar a partilha em vida, a qual não se confunde, insista-se, com a doação feita pelo ascendente a descendentes ou cônjuge. A rigor, o objetivo do ascendente ao realizar esse tipo de negócio jurídico é proporcionar a aquisição antecipada de bens por aqueles que são seus virtuais sucessores *mortis causa*. É "ato estritamente familial" e por isso somente permitido aos ascendentes que desejam beneficiar seus familiares próximos. Não importa, portanto, em liberalidade.[38] Por isso, a partilha em vida só tem cabimento em relação aos que serão herdeiros necessários, e não simplesmente herdeiros legítimos ou "donatários".[39]

Convêm salientar que devem ser abrangidos pela partilha apenas bens atuais, com exclusão dos futuros; há dispensa da realização de inventário, por este não se justificar em relação aos bens que já não se encontrarão no patrimônio do autor da herança na data de seu falecimento; só com relação aos bens posteriores ao ato se justifica o inventário, a eles restrito. Desse modo, os bens recebidos na partilha passam a integrar – imediata e definitivamente – o patrimônio dos beneficiados e por sua morte passam a seus próprios descendentes.

A partilha em vida é irrevogável, mas passível de invalidação como qualquer negócio jurídico, eis que sua validade encontra-se na dependência de que não se prejudiquem as legítimas dos herdeiros necessários,[40] como requer o artigo 2.018 do CC. Portanto,

[38] PEREIRA, Caio Mário da Silva. *Instituições de Direito Civil*, v. VI, cit., p. 386.
[39] MIRANDA, Pontes de. *Tratado de direito privado*, cit., p. 257.
[40] PEREIRA, Caio Mário da Silva. *Instituições de Direito Civil*, v. VI, p. 385.

deve observar igualdade na divisão: "se tiver sido quebrada a *par conditio* dos herdeiros, não prevalecerá" e estará sujeita à revisão judicial.[41]

Como a divisão em vida não implica adiantamento da legítima, não há obrigação de os bens partilhados serem trazidos à colação, por conseguinte, deve haver a participação de todos os herdeiros necessários, para receber seu quinhão e expressar seu consentimento. A partilha não pode ser feita sob condição ou com instituição de encargo.

4 Validade da partilha em vida

Como consequência inafastável, o aumento do número de herdeiros necessários, na hipótese de surgimento de novo descendente sucessível, rompe este pressuposto e acarreta a nulidade da partilha que houver sido feita. Caso não se invalide a partilha em vida, irremediavelmente comprometida ficará a legítima do herdeiro que dela não participou, em descumprimento ao que dispõe o artigo 2.028 do CC e afronta o artigo 5º, XXX, da Constituição da República.

Com igual ou maior razão, a redução do número de herdeiros necessários, pela perda da qualidade de herdeiro necessário de um dos agraciados na partilha em vida – como no caso de divórcio antes da abertura da sucessão – igualmente rompe o pressuposto de se contemplar todos os herdeiros: (*i*) a um, por beneficiar quem não seria, nem será mais, chamado a suceder, pela perda da qualidade de sucessor legítimo necessário, mas recebeu quinhão igual ao dos descendentes; (*ii*) a dois (e mais grave), por comprometer desse modo e irremediavelmente a legítima dos herdeiros necessários, uma vez que, insista-se, não haverá inventário, nem obrigação de trazer bens à colação.

Dito de outro modo, a perda da qualidade de herdeiro necessário, daquele que participou da partilha em vida, resulta na atribuição de quota do patrimônio dividido a quem não tem legitimidade para recebê-lo, em prejuízo dos herdeiros necessários. Caracterizados, de modo mais acentuado, o desrespeito ao artigo 2.028 do CC e a afronta ao artigo 5º, XXX, da Constituição da República. O pressuposto que informa esse tipo de negócio – divisão do patrimônio entre os herdeiros necessários – foi rompido, com a perda dessa qualidade por um dos favorecidos na partilha, quando se divorciou do partilhante.

A divisão do próprio patrimônio entre os virtuais herdeiros necessários no Direito brasileiro pode-se dar por ato entre vivos – partilha em vida – ou por declaração de última vontade – testamento. A diferença fundamental entre essas duas formas de divisão de bens reside no momento da partilha: a partilha em vida "é eficaz em vida e não no momento da morte, inexistindo diferença ontológica entre a natureza jurídica dos respectivos atos de vontades".[42]

Desse modo, em ambos os casos, a alteração do número de herdeiros necessários implica modificação do pressuposto que informa tais negócios jurídicos – a existência de herdeiros necessários sucessíveis, o que atinge diretamente a eficácia de tais atos, e opera de modo distinto em cada um deles.

---

41 *Id. ibid.*, p. 386.

42 TEPEDINO, Gustavo. Regime de bem e tutela sucessória do cônjuge. *In*: *Soluções práticas de direito*: pareceres, v. I. São Paulo: Revista dos Tribunais, 2012, p. 371.

Em razão dessa mesma lógica, determina o vigente Código Civil (que reproduz o art. 1.750 do CC 1916) que, na hipótese de surgimento de descendente sucessível, portanto de aumento do número de herdeiros necessários, rompa-se o testamento:

> Art. 1.973. Sobrevindo descendente sucessível ao testador, que não o tinha ou não o conhecia quando testou, rompe-se o testamento em todas as suas disposições, se esse descendente sobreviver ao testador.
> Art. 1.974. Rompe-se também o testamento feito na ignorância de existirem outros herdeiros necessários.

Não há previsão para o caso de partilha em vida, sobre a qual foi lacônico o legislador brasileiro, que não fez outras disposições sobre a matéria além do artigo 2.018 do CC. Pelas razões já apontadas, embora compreenda uma transmissão a título gratuito – como é próprio das transmissões relacionadas ao evento morte –, não se encontra submetida à disciplina prevista para as doações, "mas ao regime jurídico próprio da divisão de bens efetuada pelo autor da herança entre seus herdeiros, tal como ocorre com o testamento, negócio jurídico unilateral mediante o qual se procede à partilha *mortis causa*". Ao autorizar a partilha em vida, presume o legislador que o ascendente não tem o intuito de romper a igualdade entre a prole, mas apenas antecipar a utilização dos bens que receberiam quando aberta a sucessão.[43]

À semelhança do que ocorre na partilha por testamento, a alteração do número de herdeiros necessários irá provocar a ineficácia do ato. Só que, no caso da partilha em vida, em razão de sua natureza e efeitos, e do princípio da intangibilidade da legítima, a modificação para mais ou para menos no número de herdeiros necessários acarreta a nulidade do ato, para que se proceda à correção da divisão feita em desacordo com a determinação legal. Neste sentido é expresso Carlos Maximiliano:

> No caso do que vulgarmente denominam doação-partilha, não existe dádiva, porém inventário antecipado, em vida; não se dá colação; rescinde-se ou corrige-se a partilha, quando ilegal ou errada.[44]

Como qualquer negócio jurídico, a validade da partilha em vida deve atender os requisitos de capacidade das partes, forma e objeto, estabelecidos pela Lei Civil (CC, art. 104), para que lhe seja reconhecida validade. No caso, o contrato celebrado não depende de forma especial exigida em lei. Os demais requisitos, contudo, foram atingidos por fato novo que compromete irremediavelmente sua validade.

Em tal caso, os herdeiros necessários têm, por conseguinte, direito de pedir a parte de sua herança que foi atribuída à pessoa que perdeu sua legitimidade sucessória. Trata-se de situação jurídica cujos efeitos se aproximam dos produzidos pela situação do herdeiro aparente, embora ambas não se confundam.

Cabe lembrar que a menção à capacidade, feita pela lei, não se restringe à capacidade geral para a prática dos atos da vida civil (CC art. 3º e 4º), pois algumas pessoas,

---

43 TEPEDINO, Gustavo. Regime de bem e tutela sucessória do cônjuge, cit., p. 369-370.

44 MAXIMILIANO, Carlos. Direito das sucessões, cit., p. 360.

embora plenamente capazes, têm impedimentos para a prática de determinados atos. Na verdade, a capacidade diz respeito à condição subjetiva de validade do negócio,[45] que compreende não só o atendimento da exigência genérica de ter mais de dezoito anos (CC art. 5º), mas "as condições e qualidades [...] para a prática do negócio".[46] A lei proíbe que algumas pessoas pratiquem ou participem de determinados atos, em razão de sua posição em relação a certos bens, certas pessoas ou certos interesses. Em tais hipóteses a pessoa tem capacidade, mas não terá legitimidade para realizar ou participar dos atos indicados na lei.

Os conceitos são próximos, e o termo incapaz é utilizado às vezes indiscriminadamente, mas as situações não se confundem. Uma pessoa plenamente capaz (por ter mais de 18 anos, conforme art. 5º do CC) será considerada incapaz (palavra utilizada pela lei, em lugar de impedido) de exercer a tutela nos casos enumerados no art. 1.735 do CC. O tutor, pessoa apta para a prática de atos da vida civil, não tem *legitimidade* para adquirir bens do tutelado, mesmo que haja autorização judicial (art. 1.749, I). Legitimidade é o poder de exercer um direito, legitimado é quem tem esse poder.[47]

No caso da partilha em vida, apenas estão legitimados a dela participar os herdeiros necessários, sob pena de afronta ao artigo 2.018 do CC. Fica evidenciada, desse modo, a razão pela qual a doutrina ressalta que a partilha será nula se omitir algum herdeiro necessário ou se ocorrer o nascimento de mais um filho. Na verdade, o surgimento de fato novo que altere o número de herdeiros necessários existentes ao tempo da partilha em vida implicará sua nulidade, para que seja feita sua necessária correção, visto que – se não há obrigação de colacionar, nem inventário – não haverá possibilidade de se igualarem os quinhões hereditários como determina a lei, salvo por ação própria.

Embora se cogite sempre da possibilidade de surgimento de um novo herdeiro, o contrário pode ocorrer, de modo simétrico, notadamente nos dias atuais, em que duas situações novas – não raras – podem retirar a qualidade de herdeiro necessário dos agraciados na partilha: (*i*) a desconstituição da paternidade/maternidade com base no exame de DNA, prova cabal da inexistência do vínculo de filiação; e (*ii*) a dissolução da sociedade conjugal pela separação judicial ou do casamento pelo divórcio, na medida em que o cônjuge passou, a partir de 2003, a ser herdeiro necessário, que concorre com os descendentes (CC, art. 1.829, I), mas perde a qualidade de sucessor nos termos do artigo 1.830 do CC, como antes referido.

O divórcio dissolve o casamento civil (CR, 1988, art. 226, §6º, e CC, art. 1.571, §2º) e, com maior razão, impede o reconhecimento de direito sucessório ao ex-cônjuge, que se torna parte ilegítima para permanecer na partilha em vida, especialmente se concorreu em igualdade de condições com os demais herdeiros necessários, por duplo motivo: (*i*) por não ter mais a qualidade de herdeiro necessário; (*ii*) por sua presença prejudicar, de modo irremediável, a legítima dos herdeiros necessários.

---

45 PEREIRA, Caio Mário da Silva. *Instituições de Direito Civil*, v. I, p. 485.

46 TEPEDINO, Gustavo; BARBOZA, Heloisa Helena; MORAIS, Maria Celina Bodin de. *Código Civil interpretado conforme a Constituição da República*, cit., p. 218.

47 RODRIGUES, Rafael Garcia. A pessoa e o ser humano no novo código civil. *In*: TEPEDINO, Gustavo (Coord.). *A parte geral do novo código civil*. Rio de Janeiro: Renovar, 2002, p. 13-14.

Observe-se que, em todas as situações mencionadas, há desconstituição de um vínculo familiar existente, que provoca modificação do *status* da pessoa e profundas alterações na sua esfera de interesses existenciais e patrimoniais, dentre as quais a perda da qualidade de herdeiro.

5 A partilha em vida como instrumento de planejamento sucessório

São múltiplos os instrumentos jurídicos capazes de promover o planejamento sucessório, que podem ser viabilizados por transmissão *causa mortis* ou por negócio *inter vivos*, com eficácia diferida após a morte ou imediata. Neste cenário, a partilha em vida se apresenta como importante negócio jurídico *inter vivos* com eficácia imediata para fins de planejamento sucessório e tem sido frequentemente utilizada, especialmente quando o "interessado é titular de participações em atividades empresariais. É também meio lícito para afastar a sucessão concorrente do cônjuge ou do companheiro".[48] No entanto, a doutrina salienta que a "possibilidade de se afastar o cônjuge ou companheiro só ocorre no momento anterior ao casamento ou constituição de união estável".[49] A utilidade da partilha em vida não se esgota nestas hipóteses, mas encontra terreno fértil ainda em evitar futuros desacertos entre os herdeiros, que prologam os procedimentos de inventário, e a pesada carga tributária.

Além disso, o principal benefício da partilha em vida é que os bens, objeto desta partilha, não se sujeitam ao procedimento do inventário, e mesmo com a necessidade da sua abertura diante da existência de outros bens que não foram contemplados na partilha em vida, aqueles sequer precisam ser levados à colação, como já dito. Embora seja possível a partilha em vida da integralidade do acervo patrimonial, desde que seja respeitada a igualdade das quotas de cada herdeiro, com a atual dinâmica familiar que permite a dissolução dos vínculos conjugais de forma célere e ágil e o reconhecimento de filhos pela via socioafetiva ou por meio do exame de DNA, não é recomendável a partilha total dos bens, uma vez que qualquer herdeiro pode se sentir prejudicado na divisão dos bens e se insurgir, alegando a invalidade da partilha em vida, que, conforme visto, se submete às regras gerais de invalidade e deve estrito respeito à legítima.

Conforme alerta parcela da doutrina, a partilha em vida é de pouco uso na prática do planejamento sucessório em virtude "de seu regramento lacunoso" que provoca "certas inseguranças e eventuais efeitos práticos que podem prejudicar aquele que busca, sobretudo, uma garantia de efetividade da sua vontade manifestada em vida quando do seu falecimento".[50] Nessa perspectiva, salientam que eventual modificação no acervo patrimonial do autor da herança, após a realização da partilha e antes do seu falecimento, repercute no planejamento sucessório.[51] A rigor, as persistentes dúvidas

---

[48] LÔBO, Paulo Luiz Netto. *Direito Civil*: sucessões. São Paulo: Saraiva, 2013, p. 290.

[49] TEIXEIRA, Daniele Chaves. *Planejamento sucessório*: pressupostos e limites. Belo Horizonte: Fórum, 2017, p. 139.

[50] ROSA, Conrado Paulino; COELHO, Fernanda Rosa. Critérios diferenciadores da doação e partilha em vida. *In*: TEIXEIRA, Ana Carolina Brochado; NEVARES, Ana Luiza Maia. *Direito das Sucessões*: problemas e tendências. Indaiatuba, SP: Foco, 2022. p. 267.

[51] ROSA, Conrado Paulino; COELHO, Fernanda Rosa. Critérios diferenciadores da doação e partilha em vida. *In*: TEIXEIRA, Ana Carolina Brochado; NEVARES, Ana Luiza Maia. *Direito das Sucessões*: problemas e tendências. Indaiatuba, SP: Foco, 2022. p. 267.

na aplicação do instituto e sua rara utilização insistem em demonstrar o desprestígio da partilha em vida em tempos atuais, mesmo que para fins de planejamento sucessório. A revisitação do tema ainda permanece situada, no mais das vezes, em desvendar as distinções em relação à doação e pouco repousa nas potencialidades da antecipação da partilha e seus benefícios ou na necessidade de alteração legislativa para solucionar os problemas existentes em relação à sua disciplina lacônica.

Nesse sentido, cabe pontuar que é indispensável que o titular dos bens, após sopesar todos os pontos controvertidos do regime jurídico da partilha em vida, decida de forma cautelosa, com vistas a evitar que o "instrumento do planejamento sucessório seja compreendido por sua inadequação às circunstâncias do caso concreto", uma vez que a garantia da eficácia do ato depende do preenchimento de todos os seus requisitos. Apesar das dificuldades inerentes à aplicação da partilha em vida, não há dúvidas que ela "se consubstancia como mais um dos instrumentos à disposição do titular dos bens que deseja exercer de modo pleno a sua autonomia privada patrimonial".[52]

A partilha em vida mostra-se, portanto, como um instrumento valioso e útil em diversos casos, para a arquitetura do planejamento sucessório, além de atender aos anseios e demandas de significativa parcela da sociedade que almeja organizar e antecipar a partilha de seu patrimônio ainda em vida, evitando futuros litígios e desacordos intermináveis, mas de forma a respeitar a igualdade dos quinhões dos herdeiros necessários e a engessada legítima.

Informação bibliográfica deste texto, conforme a NBR 6023:2018 da Associação Brasileira de Normas Técnicas (ABNT):

BARBOZA, Heloisa Helena; ALMEIDA, Vitor. Partilha em vida como forma de planejamento sucessório. *In*: TEIXEIRA, Daniele Chaves (Coord.). *Arquitetura do planejamento sucessório*. 3. ed. Belo Horizonte: Fórum, 2022. p. 509-524. Tomo I. ISBN 978-65-5518-459-4.

52 EHRHARDT JUNIOR, Marcos; ANDRADE, Gustavo Henrique Baptista. Breves notas sobre a sucessão contratual no direito brasileiro: o instrumento da partilha em vida. *In*: TEIXEIRA, Daniele Chaves (Coord.). *Arquitetura do planejamento sucessório*. Belo Horizonte: Fórum, 2022. t. III, p. 90.

CONTRATO DE DOAÇÃO E TESTAMENTO COMO FORMAS DE PLANEJAMENTO SUCESSÓRIO

JOSÉ FERNANDO SIMÃO

> "Enquanto isso, mostrar pretendo nossos desígnios mais recônditos. Um mapa! Ficai sabendo, assim, que dividimos nosso reino em três partes, sendo nossa firma intenção livrar-nos, na velhice, dos cuidados, bem como dos negócios, para confiá-los a mais jovens forças, e, assim, nos arrastarmos para a morte, de qualquer fardo isento".
> Rei Lear, Shakespeare, Ato I, Cena I.

I Introdução

O objetivo das presentes linhas é abordar os dois instrumentos clássicos do Direito Civil que são formas de planejamento sucessório: o contrato de doação e o testamento.

Se é verdade que as estratégias para fins de planejamento sucessório são muitas e com diversos impactos (daí a razão de ser do presente livro), nota-se que as complicadas engenharias empresariais, por meio de criação de empresas (*holding* e outros métodos, acordos de quotistas, nomeação de gestores), além de custosas, só se justificam em poucas e limitadas situações.

A pessoa comum, o homem médio, aquele a quem o Direito Civil[1] é dedicado, com os instrumentos tradicionais, pouco custosos e muito eficientes, alcança o objetivo de planejar sua sucessão, reduzindo ou evitando futuros litígios.

É exatamente para uma abordagem teórica, com ingredientes da prática advocatícia, que se escrevem as reflexões sobre o tema. Parte-se da situação que mais comumente[2]

---

1 Civil vem do latim *civitas*, cidade, e por isso o Direito Civil é aquele da pessoa comum, que não é consumidora, nem empregada, nem devedora de tributos etc.

2 Não só os dados do IBGE confirmam tal assertiva, mas verifica-se, na prática, que o brasileiro médio morre casado (ou em união estável) e deixa filhos. Segundo o Censo do IBGE mais recente (2010), a expectativa de vida do brasileiro era de 73,5 anos. Enquanto isso, no mesmo ano, no grupo de pessoas entre 70 a 74 anos, 1.800.527 eram casadas, 18.092 desquitadas ou separadas judicialmente, 32.461 divorciadas, 71.707 viúvas e 151.686 eram solteiras. No grupo de pessoas entre 75 a 79 anos, 1.061.109 eram casadas, 8.837 eram desquitadas ou separadas

se verifica nas famílias brasileiras: o falecido ou a falecida é casado (ou vive em união estável) e deixa filhos e seu cônjuge (ou companheiro).

Qual é a melhor forma de planejamento sucessório? É melhor se efetivar a doação dos bens aos descendentes desde logo ou se diferir a solução para o momento da morte do titular dos bens?

A pergunta é singela, mas os meandros intrincados e repletos de peculiaridades. Para responder a esta questão, deve-se verificar a natureza jurídica da doação e do testamento (e suas consequências), depois as questões práticas (financeiras e jurídicas) decorrentes da opção por uma ou outra figura e, finalmente, os impactos nas relações pessoais que a decisão do titular do patrimônio pode gerar.

II Natureza jurídica

Doação e testamento são negócios jurídicos. Conforme leciona Antonio Junqueira de Azevedo, "*in concreto*, negócio jurídico é todo fato jurídico consistente em declaração de vontade, a que o ordenamento jurídico atribui os efeitos designados como queridos, respeitados os pressupostos de existência, validade e eficácia impostos pela norma jurídica que sobre ele incide".[3]

A doação é espécie de contrato, logo, negócio bilateral e produz efeitos entre vivos. Testamento é negócio jurídico unilateral que produz efeitos após a morte do testador.

a) Contrato de doação

Doação é, segundo Agostinho Alvim, "contrato unilateral, pois, só uma das partes contrai obrigação, a saber, o doador, que se obriga a entregar a coisa. O donatário não assume nenhuma obrigação [...] O donatário, dissemos, não tem nenhuma obrigação, nem mesmo a de receber a coisa, o que é direito seu". Assim, é negócio jurídico bilateral entre vivos.[4]

Se a doação, como todos os contratos, é negócio jurídico bilateral, são necessárias pelo menos duas vontades para que nasça o contrato: a vontade do doador e do donatário. É desse amálgama que se forma a doação.[5] A proposta de doação não aceita permanece proposta e não atinge seu desiderato, a formação do contrato.

Afirma Pontes de Miranda que "a doação é negócio jurídico bilateral causal, porque a causa está na liberalidade. Se por baixo há algum elemento que explica ou enche a liberalidade, tal elemento é apenas *motivo*".[6]

---

judicialmente, 14.908 divorciadas 48.707 eram viúvas e 83.575 eram solteiras. Interessante notar, portanto, que, nas faixas mais elevadas de idade, o número de casados é superior ao de solteiros, divorciados, desquitados e separados. Fontes consultadas: IBGE – disponível em: https://biblioteca.ibge.gov.br/visualizacao/periodicos/98/cd_2010_nupcialidade_fecundidade_migracao_amostra.pdf (acesso em: 07 jun. 2018) e https://www.ibge.gov.br/estatisticas-novoportal/sociais/populacao/9126-tabuas-completas-de-mortalidade.html?edicao=18026&t=o-que-e (acesso em: 07 jun. 2018).

[3] AZEVEDO, Antonio Junqueira de. *Negócio jurídico*: existência, validade e eficácia. 4. ed. São Paulo: Saraiva, 2002, p. 16.

[4] ALVIM, Agostinho. *Da doação*. São Paulo: Revista dos Tribunais, 1963, p. 9.

[5] Vontades em sentidos opostos que se fundem quando há consenso.

[6] *Tratado de direito privado*. T. XLVI. 3. ed. Rio de Janeiro: Borsoi, 1972, p. 197.

Considerando-se a necessidade de duas vontades, a consequência natural é ser necessária a capacidade de fato ou de exercício de ambos os contratantes. Se o donatário for filho menor, a aceitação passará pela representação (se absolutamente incapaz) ou assistência (se relativamente incapaz) de seus pais ou tutor.[7]

É verdade que o Código Civil admite a aceitação presumida para os donatários absolutamente incapazes (menores de 16 anos – art. 3º do CC). Para tanto se exige que a doação seja pura e simples, sem qualquer encargo (art. 543 do CC). É uma das poucas hipóteses em que a lei presume que o donatário só terá vantagem com a doação. Logo, partindo de tal premissa, a lei presume também a vontade em aceitar a doação.

Assim, a doação poderá ser aceita pelos representantes legais do absolutamente incapaz ou se presumir aceita se for pura e simples.

Do preceito legal surge uma nota prática. O pai pretende doar bens ao filho menor de 16 anos e a mãe entende que a doação não lhe é benéfica. Note-se que há um conflito entre a vontade do pai e a vontade da mãe. Havendo discordância quanto ao exercício do poder familiar, a solução será dada judicialmente, será o juiz a definir se o menor, por seu representante, deve ou não aceitar a doação (art. 1631, parágrafo único do CC).

Há uma outra questão decorrente da natureza jurídica da doação. Como é negócio jurídico entre vivos, a consequência da doação será a transferência imediata da propriedade dos bens para os donatários. Dos imóveis, a transferência exigirá o registro do contrato de doação junto ao registro de imóveis e, no caso dos bens móveis, bastará a tradição.

Isso implica dizer que o doador poderia, por meio da doação, transferir a propriedade de todos os seus bens, ficando sem bens mínimos para seu sustento. É para evitar que isso ocorra que o Código Civil nulifica a doação de todos os bens (chamada de universal – art. 548 do CC) sem que o doador tenha renda suficiente para sua subsistência.[8]

Nas lições de Luiz Edson Fachin, "é congruente com a estrutura do Código Civil prever restrições à disposição do patrimônio, eis que é dos bens que a codificação extrai seu eixo basilar. [...] Enfeixa-se aí a hipótese que, obstando a autorredução à miséria, prevê limites às liberalidades *inter vivos*. A nulidade da doação traduz essa contenção, um óbice à prodigalidade. Mais ainda, a invalidade está além da criação de obstáculos à dilapidação patrimonial. Aí pode se localizar a gênese de um feixe de valores articulados em torno da pessoa e de sua respectiva proteção, como aqui se faz, sem embargo do respeito indispensável a diverso modo de olhar, à alteridade no ver, eis que não chama a tese luar de verdade mas sim espaço de possibilidade que não pode, nem deve, excluir do cenário a antítese".[9]

---

7 Clara é a lição de Pontes de Miranda: "doação é contrato. Têm de existir a oferta e a aceitação. Em consequência, se A paga a dívida ou as dívidas de B, com intenção de doar, somente se há de pensar em contrato, concluído, de doação quando B consentir, expressa ou tacitamente, em que se considere a título gratuito tal prestação de ato-fato jurídico por parte de A. Se A quis doar e B não aceitou a oferta, o que A prestou pode ser exigido com fundamento no enriquecimento injustificado". *Tratado de direito privado.* T. XLVI. 3. ed. Rio de Janeiro: Borsoi, 1972, p. 198.

8 A restrição decorrente da existência de herdeiros necessários (doação inoficiosa – art. 549 do CC) será tratada oportunamente.

9 FACHIN, Luiz Edson. *Estatuto jurídico do patrimônio mínimo.* 2. ed. Rio de Janeiro: Renovar, 2006, p. 94. E completa: "O legislador pátrio, entende Orlando Gomes, na elaboração do que agora vem no artigo 548 da Lei Civil, inspirou-se no antigo Código Civil português de 1867, que, em seu artigo 1.460, dispondo de forma análoga à

Logo, o planejamento sucessório por meio de doação não poderá incidir na proibição do artigo 548 do CC. Caberá ao doador garantir sua subsistência e terá, para tanto, duas opções. Fazer a doação com reserva de usufruto é a primeira. O usufruto, como direito real sobre coisa alheia, pode recair sobre bens móveis ou imóveis e poderá incidir sobre todos os bens doados, ou apenas parte deles.

Se o usufruto recair sobre todos os bens doados, quando da morte do doador os bens não precisam ser inventariados. Basta que se dê baixa ao usufruto junto ao registro de imóveis, o que se faz de maneira simples por meio da certidão de óbito do doador a ser averbada junto à matrícula do imóvel.

A segunda solução é a doação parcial de bens. O doador mantém a propriedade de alguns bens que garantam sua subsistência, respeitando a regra do artigo 548 do CC. Se adotada essa solução, quanto aos bens que mantiver em sua propriedade, o doador necessitará, para concluir seu planejamento sucessório, se utilizar do testamento. Haveria, então, o uso dos dois instrumentos jurídicos.

b) Testamento

Segundo a definição de Zeno Veloso, o testamento é "negócio jurídico unilateral e revogável, pelo qual uma pessoa faz disposições de última vontade".[10]

Pontes de Miranda explica que "a experiência social sugeriu que se admitissem negócios jurídicos unilaterais, com efeito na esfera jurídica de outrem, *se só benéfico* para esse: tal o que aconteceu com o testamento, que somente tarde se unilateralizou (nosso *Tratado dos Testamentos*, I, 27-34); com a derrelicção, a que tanto resistiu o Direito romano, a ponto de só a admitirem os Proculeianos, se outrem tomasse posse da coisa, e deve-se aos Sabinianos a construção unilateral, começando-se pela derrelicção dos fundos gravados de servidão (LABEÃO, na L. 6, §2º, *in fine*, D., *si servitus vindicetur*, 8, 5)".[11]

Em se tratando de negócio jurídico unilateral com eficácia *mortis causa*, as questões que surgem são diferentes daquelas decorrentes da doação.

O testamento, para existir, não depende da aceitação da herança ou da concordância dos herdeiros. Basta a vontade de quem testa. Logo, o testamento exige, para sua validade, apenas capacidade do testador. Essa capacidade é verificada no momento em que o testamento é feito (escritura pública lavrada no caso do testamento público ou de sua redação no caso do testamento particular).

Se o testador é capaz quando faz o testamento, mas perde a capacidade posteriormente, o testamento prossegue válido. É a hipótese em que certa pessoa testa e depois sofre um acidente de carro, ficando em coma. Da mesma forma, se a pessoa é incapaz quando testa, ainda que se torne capaz posteriormente, o testamento é nulo. Se um toxicômano interditado por sentença faz um testamento, ele é nulo, ainda que, posteriormente, desaparecendo o vício, a interdição seja levantada. Essa é a disposição do artigo 1.861 do CC.

---

das Ordenações, estabelecia ser 'nula a doação de todos os bens sem reserva de usufruto, ou de meios necessários para a subsistência do testador'" (*op. cit.*, p. 95).

10 VELOSO, Zeno. *Comentários ao Código Civil*: parte especial, direito das sucessões, vol. 21. Antônio Junqueira de Azevedo (Coord.). São Paulo: Saraiva, 2003, p. 3.

11 *Tratado de direito privado.* T. III. Rio de Janeiro: Borsoi, 1954, p. 137.

É por isso que a capacidade do testador é essencial para a validade do testamento. Contudo, ainda que a pessoa seja capaz, há um segundo requisito de validade: o pleno discernimento (art. 1.860 do CC).[12]

Sendo o testador capaz e tendo discernimento, como o testamento é negócio jurídico unilateral, em que momento se considera a vontade e a capacidade dos herdeiros ou legatários?[13] A resposta é simples: no momento da morte do testador.

Se os herdeiros forem incapazes, a aceitação da herança pelo absolutamente incapaz se dará por meio de seu representante ou, pelo relativamente incapaz, pessoalmente e com a devida assistência. Nesse momento se analisa a capacidade do beneficiário da deixa testamentária.

Cabe então uma segunda indagação: os herdeiros ou legatários podem simplesmente renunciar à herança ou ao legado? A resposta é afirmativa. Isso é importante para a decisão de se utilizar o testamento como forma de planejamento sucessório. Os beneficiados pelo testamento podem, simplesmente, frustrar o planejamento, renunciando à herança ou legado. Imaginemos que o pai, receoso de futuro litígio entre os dois filhos, deixa para um deles a fazenda e, para o outro, a empresa, sendo que os bens são de igual valor. Para frustrar a decisão paterna, ambos renunciam à herança e, assim, os bens seguirão a sucessão legítima: serão divididos em partes iguais entre os netos do falecido.

É por isso que o testador pode prever a hipótese de renúncia e já determinar o destino dos bens caso isso ocorra.

Se os filhos do testador forem menores, como o testamento não exige aceitação dos herdeiros, nenhum problema haverá.[14] A produção de efeitos só se dará após a morte do testador. É também por isso que o testador pode testar a totalidade de seus bens sem o constrangimento do artigo 548 do CC. Assim, não há qualquer restrição quanto a se contemplar em testamento a totalidade dos bens do testador.

III Entre o presente e o futuro: testar ou doar?

A doação é feita no momento presente e produz efeitos imediatos. O testamento é feito no momento presente, mas passa a produzir efeitos apenas após a morte, ou seja, no futuro. É a partir desta constatação que o planejamento sucessório deve partir.

a) Contrato de doação

Se o titular do patrimônio optar por doar os bens, haverá, necessariamente, que conversar com os donatários (geralmente seus filhos e cônjuge ou companheiro) e convencê-los a concordar com a doação. Sem aceitação, a doação não se perfaz. Há aqui os chamados custos de transação,[15] ou seja, o desgaste natural entre o doador e o

---

12 Certa pessoa que após ingerir muito álcool em estado de confusão mental resolve testar é capaz, mas não tem pleno discernimento.

13 Herdeiro sucede a título universal. Recebe toda a herança ou um percentual dela. Legatário sucede a título singular. Recebe um bem (total ou parcialmente) ou alguns bens destacados, individualizados.

14 Por óbvio, a aceitação da herança será necessária, já que a recusa é sempre possível. De qualquer maneira, isso só ocorre após a abertura da sucessão.

15 Segundo Fernando Araújo, "na Teoria do Contrato é possível um uso generoso da noção de 'custos de transação', fazendo-os corresponder, seja a três causas principais: custos de redacção do clausulado (custos de complexidade);

donatário em antecipar uma questão que, por natureza, só se verificaria com a morte. A antecipação do tema, muitas vezes difícil, pode gerar quebra do equilíbrio familiar e litígios aos quais o pai não gostaria de assistir.

É uma questão pessoal que vai muito além da decisão jurídica. Em tempos atuais, de prazeres imediatos, de um certo oportunismo afetivo em que a vontade individual costuma prevalecer sobre o interesse da família, antecipar o debate para antes da morte do titular dos bens pode se revelar um grande erro.[16] Contudo, essa reflexão é relevante para a decisão de se utilizar a doação como forma de planejamento.

Como a doação produz efeitos no presente, ela é irreversível. É uma trava que não se desfaz. Assim, qualquer precipitação do doador será por ele arcada. Não há mecanismos (pelo menos unilaterais) de se desfazer o que foi feito. A revogação por ingratidão (art. 557 do CC) é muito restrita e exige propositura de ação judicial normalmente demorada e custosa.

A doação não comporta arrependimento. A flecha lançada, a palavrada falada e a doação ultimada não têm volta.

No minuto seguinte à doação[17] perde-se a propriedade dos bens. Há uma mudança fática imediata. Se não houver reserva de usufruto, perde-se mais: o poder de usar e fruir. Há uma privação voluntária da possibilidade de gozar daquilo que se construiu.

Como a doação produz efeitos imediatos, essa forma de planejamento sucessório gera uma questão importante: se novos bens forem adquiridos após a doação, como resolver a questão? Nessa hipótese, o planejamento sucessório deve prosseguir com a aquisição de novos bens. Se mudou a fotografia patrimonial por meio de aquisição de bens, novos planejamentos serão necessários. Em suma, o planejamento sucessório por meio de doação pode ser um processo contínuo a prosseguir a cada aquisição de um novo bem.

Uma outra questão se coloca: se após a doação o titular dos bens perder, em razão de dívidas, os demais bens que possuía, essa diminuição afeta o planejamento sucessório? A resposta é negativa. As doações válidas realizadas não se convertem em nulas. A validade se verifica no momento da doação.[18] Como explica Zeno Veloso, a validade é uma fotografia que não se altera com o passar do tempo. Nas palavras do autor:

---

custos de disciplina contratual; contingências imprevistas. Seja a três efeitos condicionadores da maximização das trocas e geradores de clivagens entre bem-estar privado e bem-estar social no plano contratual, como: a externalização sobre terceiros; as assimetrias e insuficiências advindas da ignorância racional; as diferenças de poder negocial ou de mercado" (ARAÚJO, Fernando. *Teoria econômica do contrato*. Coimbra: Almedina, 2007, p. 199). E completa: "também não vale a pena procurar-se um rigor semântico inútil por restrição forçada do conceito. A nosso ver a principal fonte de ineficiências nas transações é a assimétrica distribuição de informações entre as partes envolvidas nas trocas – uma assimetria de resto inteiramente explicável e justificável pela decisão económica inicial de que as trocas são a última consequência – a decisão de especializar a informação" (*op. cit.*, p. 199).

16 A advertência não é do autor, é de Yuval Harari em sua obra emblemática Homo Deus: "uma vida de decisões inabaláveis e soluções instantâneas pode ser mais pobre e frívola do que uma vida feita de dúvidas e contradições (...) Durante milhões de anos fomos uma versão melhorada dos chimpanzés. Pode ser que no futuro nos tornemos uma versão sobredimensionada das formigas". *In*: HARARI, Yuval. *Homo Deus*. São Paulo: Companhia das Letras, 2016.

17 Figura de linguagem, pois como já se disse será necessária a transferência da propriedade após a doação ocorrer.

18 Não se considera aqui a doação inoficiosa, que já nasce nula por força do artigo 549 e que será objeto de análise.

A invalidade tem causas coevas com o nascimento do negócio. Os vícios, as falhas, os defeitos hão de ter verificado no processo de sua *formação*. Portanto, são contemporâneos ao seu surgimento. Há simultaneidade do nascimento e das razões da não validade. A invalidade é uma deficiência genética.[19]

b) Testamento

O testamento, por produzir apenas efeitos no futuro, dá uma ampla margem de liberdade ao testador.

O testamento pode ser revogado a qualquer tempo pelo testador, que não precisa justificar ou motivar tal decisão.[20] É direito potestativo. É por isso que o artigo 1.858 do CC prevê que o testamento é ato personalíssimo, podendo ser mudado a qualquer tempo. Ainda que o testador preveja que o testamento é irrevogável (uma espécie de contrato Ulisses para se proteger de si próprio[21]), essa previsão não prevalece, é inócua, não produz efeitos. É da essência do testamento sua revogabilidade.

A revogação não tem limites, peias legais. O testador pode fazer diversos testamentos e revogar todos eles.

O fato de só produzir efeitos no futuro permite ao titular dos bens arrependimentos e mudanças. O futuro não se aprisiona de maneira definitiva. Há sempre uma provisoriedade.

O testador não perde nem a posse, nem a propriedade dos bens. Continua em pleno uso e gozo, mantendo o poder de disposição. Planeja sua sucessão, mas não altera, em nada, sua realidade momentânea. Há uma sensação de que nada mudou, porque não mudou mesmo. E não mudará até o momento da morte. O testador, como proprietário, poderá vender, doar e permutar seus bens.

A questão da alteração patrimonial do titular dos bens deve ser considerada. Se o testador fez um planejamento genérico, sem especificar os bens e a forma de pagamento dos quinhões dos herdeiros necessários, a mudança patrimonial não é importante. Se disser que deixa a parte disponível ao filho João ou à sua esposa Maria, a aquisição de novos bens ou alienação de outros também é irrelevante.

Contudo, se o planejamento visar a evitar um futuro condomínio entre os herdeiros necessários (filhos e cônjuge, por exemplo), qualquer alteração patrimonial pode gerar

---

19 VELOSO, Zeno. *Invalidade do negócio jurídico*: nulidade e anulabilidade. 2. ed. Belo Horizonte: Del Rey, 2005, p. 29.

20 Explica Pontes de Miranda que não é possível ao testador limitar a eficácia do testamento a um caso específico de morte. O testamento é negócio jurídico unilateral, não suscetível de condição ou de exigência de causa; condições, causas, existem as da herança e dos legados. A *condicionalidade* ou caráter *terminativo* da vontade última não se admite. Exemplo: 'este é o meu testamento, para o caso de morrer da operação que vou fazer', ou 'assim, disponho se não voltar da guerra', 'este testamento só é para atender-se se morrer antes de 1973. O ato do testamento não é, portanto, suscetível de *termo* ou de *condição*; as disposições é que podem ser afetadas de termos e de condições. Aliás, aquelas restrições não são propriamente condições ou termos: são motivos de testar no momento em que se testa. E sem efeito jurídico (*Tratado de direito privado*. T. LVI. 3. ed. São Paulo: Revista dos Tribunais, 1984, p. 233).

21 "'Contrato Ulisses' é aquele pacto mediante o qual uma pessoa se vincula, por tempo determinado ou em circunstâncias especificadas, e sem dependência de uma contraprestação específica, a acatar a vontade de outrem (o beneficiário) tal como ela é manifestada num determinado momento, em detrimento do ulterior arrependimento do beneficiário (expresso nas circunstâncias especificadas) ou da vontade declarada, pelo beneficiário, de antecipar o termo do contrato, ou de rescindi-lo" (ARAÚJO, Fernando. O Contrato Ulisses – I: o pacto antipsicótico. *In*: *Revista Jurídica Luso Brasileira*, ano 3, n. 2, 165-217, p. 165, 2017).

problemas ao testamento. Se o testador prevê que a legítima do filho será paga com a casa de praia e a legítima da esposa com a casa de campo, mas vende a casa de campo, como se dará o pagamento da legítima do cônjuge? O testamento, se não contiver solução para a questão, precisará ser refeito, sob pena de frustrar a legítima de um herdeiro necessário.

E se o novo bem for adquirido no caso pelo testador? Se ele não previu no testamento por uma fórmula genérica ("deixo meus bens"), mas fatiou a herança em legados ("deixo a casa de campo para Maria e a casa de praia para João"), o surgimento de bens não contemplados indica que esses seguirão as regras da sucessão legítima (art. 1.788 do CC). Cabe ao testador prever o destino de novos bens eventualmente adquiridos após o testamento se não se utilizar de uma fórmula genérica ("deixo todos os meus bens").

IV Questões financeiras a serem consideradas

Todo o planejamento sucessório exige uma reflexão sobre seus custos. A questão financeira é fundamental.

Deve-se frisar que tal questão passa pelo pagamento do imposto (normalmente denominado ITCMD ou ITD (a depender do estado da federação), das custas processuais (no caso de inventário judicial) ou do tabelionato de notas (no caso de escritura pública), bem como honorários para o advogado em razão da prestação de serviços.[22]

a) Pagamento do imposto

Tanto na doação quanto na morte, temos a incidência de um mesmo imposto, que é estadual e, portanto, cada estado regula-o em lei própria: o ITCMD, que é o imposto sobre transmissão *mortis causa* e doação de quaisquer bens ou direitos.[23]

A incidência se dá tanto para a sucessão legítima ou testamentária como também para a doação (São Paulo – artigo 2º e Rio de Janeiro – art. 2º). Assim, a decisão de planejamento sucessório por doação ou testamento não passa pela questão de economia tributária. O valor será o mesmo caso se opte por uma ou outra forma.

O imposto é calculado aplicando-se a alíquota de 4% (quatro por cento) sobre o valor fixado para a base de cálculo" (Redação dada ao artigo pela Lei nº 10.992, de 21.12.2001; *DOE* 22.12.2001; Efeitos a partir de 01.01.2002).[24]

No Rio de Janeiro a alíquota foi aumentada em 2017. Assim tem-se: "art. 26 – O imposto é calculado aplicando-se, sobre o valor fixado para a base de cálculo, considerando-se a totalidade dos bens e direitos transmitidos, a alíquota de: I – 4,0% (quatro por cento), para valores até 70.000 UFIR-RJ;[25] II – 4,5% (quatro e meio por cento), para valores acima de 70.000 UFIR-RJ e até 100.000 UFIR-RJ; III – 5,0% (cinco por cento), para

---

22 Para fins de amostras, há uma tabela ao fim do artigo com dados comparativos de alguns Estados.

23 Utilizam-se as leis estaduais de São Paulo (Lei nº 10.705/00) e Rio de Janeiro (Lei nº 7.174/15) como exemplos.

24 R$25,70 para o exercício de 2018. Fonte: http://www.tjsp.jus.br/IndicesTaxasJudiciarias/DespesasProcessuais/TaxaJudiciaria. Acesso em: 05 jun. 2018.

25 R$3,2939 para o exercício de 2018. Fonte: http://www.transparencia.rj.gov.br/sefaz/faces/oracle/webcenter/portalapp/pages/navigation-renderer.jspx?_afrLoop=9718342416253&datasource=UCMServer%23dDocName%3A100471&_adf.ctrl-state=138bwlae8l_9, acesso em: 06 jun. 2018.

valores acima de 100.000 UFIR-RJ e até 200.000 UFIR-RJ; IV – 6% (seis por cento), para valores acima de 200.000 UFIR-RJ até 300.000 UFIR-RJ; V – 7% (sete por cento), para valores acima de 300.000 UFIR-RJ e até 400.000 UFIR-RJ; VI – 8% (oito por cento) para valores acima de 400.000 UFIR-RJ".

A questão que se analisa é do diferimento no tempo. Se o planejamento ocorrer por doação, o imposto deve ser pago antes da celebração do contrato (São Paulo – art. 18 e Rio de Janeiro – art. 30, §1º).

Se o planejamento ocorrer por testamento, o tributo será recolhido após a morte, em momento a ser definido pela lei estadual. Em São Paulo, por exemplo, tem-se a seguinte disposição:

> Artigo 17 – Na transmissão "causa mortis", o imposto será pago até o prazo de 30 (trinta) dias após a decisão homologatória do cálculo ou do despacho que determinar seu pagamento, observado o disposto no artigo 15 desta lei.
> §1º O prazo de recolhimento do imposto não poderá ser superior a 180 (cento e oitenta) dias da abertura da sucessão, sob pena de sujeitar-se o débito à taxa de juros prevista no artigo 20, acrescido das penalidades cabíveis, ressalvado, por motivo justo, o caso de dilação desse prazo pela autoridade judicial.
> §2º Sobre o valor do imposto devido, desde que recolhido no prazo de 90 (noventa) dias, a contar da abertura da sucessão, o Poder Executivo poderá conceder desconto, a ser fixado por decreto.

A questão que importa ressaltar é que, se o titular dos bens entender que naquele momento não tem disponibilidade financeira para pagar o tributo, a doação não será viável. Caberá, então, optar pelo testamento, o que difere o pagamento do ITCMD.

b) Custas judiciais ou emolumentos do tabelionato

Uma segunda questão de ordem financeira são os custos que se pagam ao Poder Judiciário ou ao tabelionato de notas.

Em se optando pela doação, não haverá qualquer custo judicial, pois não existirá processo. Contudo, a doação de bens imóveis cujo valor supere 30 vezes o salário mínimo vigente exige escritura pública para sua validade,[26] o que significa pagar os emolumentos ao tabelião. Os emolumentos variam em cada Estado, pois são por ele fixados. Há Estados em que os emolumentos são mais baixos e outros em que são mais altos (vide tabela exemplificativa ao final do artigo).

Note-se que o doador poderá escolher em qual Estado quer lavrar a escritura pública de doação, já que os tabelionatos de nota não seguem a regra de competência territorial. Se o doador residir em São Paulo, um dos donatários em Manaus e outro em Recife, a escritura de doação pode ser lavrada em Florianópolis. A escolha é do doador e dos donatários.

Caso faça a doação de todos os seus bens (com reserva de usufruto por conta do art. 548 do CC), evita-se o inventário de bens. Haverá uma economia em custos judiciais (para inventário judicial) ou emolumentos (para o inventário extrajudicial), bem como

26 Art. 108 do CC.

os honorários contratuais a serem pagos ao advogado pelo serviço prestado. Em ambas as modalidades de inventário, há necessidade de contratação de advogado.[27]

Em se optando pelo testamento na forma pública, o custo será o da lavratura e variará de acordo com o Estado da federação. Frisa-se, novamente, que o testador poderá optar por qualquer tabelionato de notas do Brasil. Em se optando pelo testamento particular, não há qualquer custo notarial.

Se o planejamento sucessório decorrer do testamento público ou particular, haverá a necessidade de dois procedimentos judiciais. O primeiro é o procedimento de registro e publicação do testamento em que o juiz verifica se não há vício externo que torne o testamento suspeito de nulidade ou falsidade (art. 735 do CPC). Após o registro, o testamento é levado aos autos do inventário. O segundo procedimento é o de inventário na modalidade judicial[28] (art. 610 do CPC).

Em ambos os processos, necessariamente, haverá o pagamento de honorários ao advogado contratado, bem como o pagamento das custas processuais, cujo valor é definido por lei estadual.

V Questões práticas e jurídicas

a) Desrespeito à legítima por meio de doação e de testamento

O sistema brasileiro, neste aspecto fiel ao sistema germânico, traz, como restrição à liberdade de testar, a existência da porção legítima, ou seja, aquela que é destinada aos herdeiros necessários.

São herdeiros necessários os descendentes (filhos, netos, bisnetos, etc.), os ascendentes (pais, avós, bisavós, etc.) e o cônjuge (art. 1.845 do CC). Apesar de a lei não mencionar o companheiro sobrevivente, após a decisão do STF em reconhecer a inconstitucionalidade do artigo 1.790 do CC, a doutrina caminha a passos firmes em reconhecer que este também é herdeiro necessário, com base na argumentação desenvolvida pelo Ministro Barroso que é calcada nos princípios constitucionais.[29]

A legítima é intangível, ou seja, não pode ser objeto de doação (salvo se ao próprio herdeiro necessário), nem de disposição testamentária (salvo, novamente, se em favor de herdeiro necessário). E, ainda que seja beneficiado um herdeiro necessário, deve-se verificar se a doação ou disposição testamentária não prejudica a legítima dos demais herdeiros necessários.

O que acontece se o doador, no ato da doação, tem um único bem e o doa com reserva de usufruto ao seu filho, prejudicando os demais? E se isso ocorresse por testamento, quais seriam os efeitos?

Na doação, a questão se resolve no plano da validade e, no testamento, no plano da eficácia.

---

[27] Sobre a necessidade de advogado para a modalidade extrajudicial de inventário, conferir o art. 610, §2º, do CPC.

[28] Há Estados que admitem, por força de provimentos de seus Tribunais, que, em sendo os herdeiros maiores, capazes e concordes, o juiz que cuidou do registro do testamento autorize o inventário extrajudicial (art. 610, §1º, do CPC). Citem-se alguns: TJ/SP (Provimento 37/2016), TJPB (Provimento 12/2014), TJ/AC (Provimento 22/2016), TJ ES (Provimento 15/2017) e TJ RJ (Provimento 24/2017).

[29] Repercussão Geral 809, RE 878.694, publicação do acórdão em 06.02.2018. Fala-se em dignidade da pessoa humana, isonomia, proibição de retrocesso etc.

Na doação, aplica-se o artigo 549 do CC. É a chamada doação inoficiosa.

Art. 549. Nula é também a doação quanto à parte que exceder à de que o doador, no momento da liberalidade, poderia dispor em testamento.

No testamento, aplica-se o artigo 1.967 do CC. É a chamada redução das disposições testamentárias.

Art. 1.967. As disposições que excederem a parte disponível reduzir-se-ão aos limites dela, de conformidade com o disposto nos parágrafos seguintes.
§1º Em se verificando excederem as disposições testamentárias a porção disponível, serão proporcionalmente reduzidas as quotas do herdeiro ou herdeiros instituídos, até onde baste, e, não bastando, também os legados, na proporção do seu valor.
§2º Se o testador, prevenindo o caso, dispuser que se inteirem, de preferência, certos herdeiros e legatários, a redução far-se-á nos outros quinhões ou legados, observando-se a seu respeito a ordem estabelecida no parágrafo antecedente.

Em se tratando de doação inoficiosa, quanto ao excesso há nulidade absoluta, já em se tratando de testamento, o excesso é meramente ineficaz.

Dessa constatação cabe uma importante consequência. A ação para se reconhecer a inoficiosidade da doação poderá ser proposta ainda durante a vida do doador, que será, ao lado do beneficiado, réu na ação declaratória de nulidade. Há um evidente transtorno ao doador que, culposa ou dolosamente, realizar doação inoficiosa.

Apesar de a doação ser nula quanto ao excesso, e, em tese, a ação declaratória não estar sujeita nem à prescrição, nem à decadência, é pacífica a orientação do STJ de que o herdeiro necessário prejudicado tem um prazo de 10 anos, contado da doação, para a propositura da demanda.[30]

Já com relação ao testamento, a questão só surge após a morte do titular dos bens, quando o ato de última vontade é apresentado em juízo. O problema que surgir se resolverá entre os herdeiros testamentários e o herdeiro necessário prejudicado. Não haverá invalidade, mas apenas ineficácia da deixa que invadir a legítima. Pode o testador, inclusive, prever como ocorrerá essa redução.

No caso da doação, há um outro problema prático. O bem doado já está na posse do donatário, normalmente, desde a doação. Assim, o bem pode ter sofrido acréscimos ou recebido benfeitorias. Isso gera grande debate sobre eventual indenização caso haja o reconhecimento da inoficiosidade da doação.

---

30 Resp. nº 1.321.998/RS, Rel. Min. Nancy Andrighi. Terceira Turma, j. 07.08.2014. No acórdão citado, contudo, houve divergência do Ministro João Otávio de Noronha quanto à tese de prescrição da ação declaratória de nulidade, segundo o qual: "Trata-se, portanto, de caso de nulidade expressamente prevista no art. 549 do atual Código Civil, em razão do disposto nos artigos 1.789 e 1.846 do mesmo diploma legal. E, a teor da norma contida no art. 169 do mesmo código, '*o negócio jurídico nulo não é suscetível de confirmação, nem convalesce pelo decurso do tempo*', a significar que a nulidade é imprescritível. Essa é a tese que defendo. Não desconheço a discussão existente a respeito dessa norma e que, em nome da paz social, levou ao entendimento jurisprudencial de que tal nulidade não fica imune à ocorrência de prescrição". Ainda: AgRg no AResp nº 332.566/PR, Rel. Min. Maria Isabel Gallotti, Quarta Turma, j. 16.09.2014.

No caso do testamento, havendo litígio sobre certo bem ou mesmo sobre todo o acervo hereditário, o juiz pode nomear um inventariante de sua confiança (dativo) para gerir o patrimônio até que se julgue a demanda.

b) Doação de todos os bens com reserva de usufruto. Dever de aconselhar

A questão da doação da totalidade do patrimônio é bastante frequente quando se trata de planejamento sucessório. Trata-se de decisão normalmente tomada por pessoa viúva que, no curso do inventário dos bens do cônjuge ou companheiro falecido, resolve doar aos filhos tudo o que tem.

Essa solução, em tese, é perfeita. Com a doação evita-se um novo procedimento de inventário, o pagamento de custas judiciais futuras, não há necessidade de se contratar novamente um advogado etc.

Sobre essa comum situação, cabe ao advogado, por força dos deveres inerentes à advocacia, o dever de aconselhar. A questão da doação de todos os bens pode não ser bem compreendida pelo potencial doador. Como este reserva para si o usufruto, em termos práticos mantém a aparência de que o doador prossegue sendo proprietário: pode usar e fruir do bem sem ter que dar satisfação a ninguém.

É para se evitarem equívocos por parte do potencial doador que cabe ao advogado esclarecer a questão. A doação implicará transferência de propriedade (não por si, mas pelo ato que a ela se segue), o que retira do doador, por óbvio, o poder de disposição do bem.[31] Assim, caso o doador, por qualquer razão, precise "vender" o bem, seja por razão de saúde, seja para o prazer pessoal, não mais poderá fazê-lo. Nem todos os idosos que optam por essa espécie de planejamento sucessório têm conhecimento desse fato.

Há uma outra razão de cunho pessoal. Após a doação, há sempre um risco de abandono afetivo do idoso por parte dos filhos.

A ingratidão para revogação da doação não tem como causa o abandono afetivo. Assim, sequer o idoso poderá se valer deste instrumento para revogar a doação.

A questão do abandono após a doação aos filhos não é nova, muito menos brasileira. Já Shakespeare, no século XVI, por meio de sua personagem, o Rei Lear, conta a história de um pai que dividiu o reino entre suas três filhas para não ter preocupação na velhice. Conta a história que o velho rei acabou sendo abandonado em situação de penúria por duas das filhas.

A frase proferida por Goneril,[32] uma das filhas de Lear, após receber a doação serve para ilustrar a questão:

> Não o suporto; turbulentos estão seus cavaleiros e a censurar-nos ele próprio vive por dá cá aquela palha. Não pretendo falar com ele, quando vier da caça. Dizei que estou doente (...) Se não gostar, então que se transfira para a casa da mana, cujo modo de pensar, estou

---

31 Conforme Pontes de Miranda, "a doação é atribuição patrimonial. Se não há atribuição ao donatário, não há doação. Não importa o que se doa, desde que com isso se enriqueça o donatário. [...] Com o aumento do patrimônio do donatário diminui-se o do doador. Se não há causalidade entre essa diminuição e aquele aumento, não há doação. Se A era chamado à herança de C e renuncia à herança, e a aceita B, não houve doação de A a B, porque, segundo o conceito de repúdio de herança, A não herdou. Para que do seu patrimônio houvesse saído o que B herdou, seria preciso que A tivesse aceito, e A não aceitou" (*Tratado de direito privado*, T. XLVI, p. 194).

32 Ato I, Cena 3.

certa, está de acordo com o meu, em não querer ser governada. Velho caduco, a pretender mando sobre o que já doou!

VI Nota conclusiva

O que se esperaria de uma nota conclusiva em um artigo em que se analisam as duas formas clássicas de planejamento sucessório é que o autor indicasse qual delas é mais vantajosa, menos onerosa ou melhor para o caso concreto.

Contudo, da própria leitura do artigo percebe-se que as formas expostas têm suas vantagens e desvantagens. Não há como, *a priori*, eleger uma das formas como ideal.

A casuística é rica, a realidade, plural; e caberá ao titular do patrimônio, de preferência aconselhado por um profissional competente, concluir qual das formas deverá adotar.

As formas, em si, são neutras, sem qualquer valor intrínseco.

Tabela com dados de 10 Estados da federação

(continua)

Estado	Nome do Imposto	Custas processuais – Inventário judicial	Preço da escritura com valor declarado
SP	ITCMD[33]	• Até R$50.000,00: 10 UFESPs • De R$50.001,00 até R$500.0000,00: 100 UFESPs • De R$500.001,00 até R$2.000.000,00: 300 UFESPs • De R$2.000.001,00 até R$5.000.000,00: 1.000 UFESPs • Acima de R$5.000.000,00: 3.000 UFESPs[34]	• Valor mínimo (até R$1.020,00): R$238,74 • Valor máximo (acima de 23.530.010,00): R$43.906,70[35]
RJ	ITD[36]	• Sem bens imóveis: R$596,15 • Com um bem imóvel: – Residencial com área construída igual ao inferior a 60 m² ou alternativamente, um lote de terreno de área igual ou inferior a 400 m²: R$596,15 – Residencial com área construída superior a 60 m² ou, alternativamente, um lote de terreno de área superior a 400 m² e não superior a 2.000 m²: R$1.182,49[37] • Monte bruto, não enquadrável nos itens anteriores: R$2.358,32	• Valor mínimo (até R$15.000,00): R$191,38 • Valor máximo (acima de R$200.000,01 até R$400.000,00): R$1.643,24[38]

[33] Fonte: https://portal.fazenda.sp.gov.br/servicos/itcmd, acesso em: 05 jun. 2018.

[34] Fonte: http://www.oabsp.org.br/servicos/tabelas/tabela-de-custas/justica-estadual//, acesso em: 06 jun. 2018.

[35] Fonte: http://www.cnbsp.org.br/__Documentos/Upload_Conteudo/arquivos/Tabela_Custas/cnb_tabela_versao_imp_2018_a4_2_capital_iss_sobre_iss_tabmp.pdf, acesso em: 07 jun. 2018.

[36] Fonte: http://www.fazenda.rj.gov.br/itdpublico/, acesso em: 05 jun. 2018.

[37] Fonte: http://cgj.tjrj.jus.br/documents/1017893/1415195/novas-custas-jud-29-12-2016.pdf, acesso em: 06 jun. 2018.

[38] Fonte: http://cgj.tjrj.jus.br/documents/1017893/1415195/portaria-custas-judiciais-extrajudiciais.pdf, acesso em: 07 jun. 2018.

(continua)

Estado	Nome do Imposto	Custas processuais – Inventário judicial	Preço da escritura com valor declarado
RS	ITCD[39]	Taxa única de serviços judiciais: • Alíquota de 2,5% sobre o valor da ação, nos processos em geral, observando-se a taxa mínima de 5 URC e máxima de 1.000 URC[40]	• Valor mínimo (até R$1.540,80): R$138,30 • Valor máximo (acima de R$770.383,50): R$3.404,00[41]
SC	ITCMD[42]	Grande variação a depender do valor do ato.[43] Valor máximo: 400 URCs[44]	• Valor mínimo (até R$10.461,54): R$104,62 • Valor máximo (acima de R$136.000,00): R$1.360,00[45]
MS	ITCD[46]	A depender do montante partível: • De R$0,00 até R$5.000,00: 15 UFERMS • Acima de R$5.000,00 até R$10.000,00: 26 UFERMS • Acima de R$10.000,00 até R$20.000,00: 35 UFERMS • Acima de R$20.000,00 até R$30.000,00: 55 UFERMS • Acima de R$30.000,00 até R$50.000,00: 75 UFERMS • Acima de R$50.000,00 até R$100.000,00: 100 UFERMS • Acima de R$100.000,00: 100 + 5 UFERMS para cada fração adicional de R$100.00,00 até o limite de 1.000 UFERMS[47]	• Valor mínimo (até R$5.000,00): R$131,00 • Valor máximo (acima de R$300.000,00): R$7.874,00[48]

39 Fonte: http://receita.fazenda.rs.gov.br/lista/3941/itcd-(imposto-sobre-transmissao-, acesso em: 05 jun. 2018.

40 Fonte: http://www.tjrs.jus.br/export/processos/tabelas_de_custas/legislacao_regimento_de_custas/doc/LEI_14634_2014.pdf, acesso em: 06 jun. 2018.

41 https://www.tjrs.jus.br/export/servicos/emolumentos/Tabela_de_Emolumentos_2018.pdf, acesso em: 07 jun. 2018.

42 Fonte: http://www.sef.sc.gov.br/servicos/assunto/45/ITCMD, acesso em: 05 jun. 2018.

43 Fonte: http://cgj.tjsc.jus.br/consultas/liberada/regcustas_emolumentos.pdf, acesso em: 06 jun. 2018.

44 Art. 4º do Regimento de Custas de Santa Catarina: "Ficam estabelecidas em 400 (quatrocentas) URCs os limites máximos das custas devidas a titular de escrivania ou pelos serviços de unidades judiciais de primeiro grau e ao Tribunal de Justiça e, em 200 (duzentas) URCs em relação aos serviços prestados pelas Turmas de Recursos, Atos de Juízo, do Ministério Público e demais auxiliares da Justiça, em razão dos serviços judiciais".

45 Fonte: http://cgj.tjsc.jus.br/consultas/liberada/regcustas_emolumentos.pdf, acesso em: 07 jun. 2018.

46 Fonte: http://www.ms.gov.br/itcd-entenda-o-que-e-e-como-funciona-o-pagamento-do-tributo-de-heranca-e-doacao/, acesso em: 05 jun. 2018.

47 Fonte: https://www.tjms.jus.br/legislacao/visualizar.php?lei=25786, acesso em: 06 jun. 2018.

48 Fonte: https://www.tjms.jus.br/legislacao/visualizar.php?lei=21119, acesso em: 07 jun. 2018.

(conclusão)

Estado	Nome do Imposto	Custas processuais – Inventário judicial	Preço da escritura com valor declarado
GO	ITCD[49]	Grande variação a depender do valor do ato:[50] • Valor mínimo (aplicável a valores até R$2.000,00): R$266,00 • Valor máximo (aplicável a montantes acima de R$800.000,00): R$10.533,00	• Valor mínimo (até R$500,00): R$60,00 • Valor máximo (acima de R$755.628,21): R$3.267,00[51]
BA	ITD[52]	R$180,08[53]	• Valor mínimo (até R$1.600,00): R$219,84 • Valor máximo (acima de R$4.000.000,01): R$12.779,92[54]
PE	ICD[55]	Nos cartórios oficializados: • Até R$1.000: R$148,14 • Acima de R$1.000,00: R$148,14 + 0,8% do valor declarado[56]	• Valor mínimo (até R$1.000,00): R$164,16 • Valor máximo (acima de R$210.000,00): R$4.889,52[57]
AM	ITCMD[58]	Grande variação a depender do valor do ato:[59] • Valor mínimo (para montante até R$52,29): R$15,75 • Valor máximo (para montantes acima de R$1.001.570,05): R$18.375,82	• Valor mínimo (até R$17.595,00): R$217,70 • Valor máximo (acima de R$1.055.700,00): R$20.528,50[60]
RO	ITCD[61]	2% do valor da causa, sendo 1% adiado para até 5 dias depois da audiência de conciliação, caso não haja acordo[62]	• Valor mínimo (até R$19.763,00): R$299,30 • Valor máximo (acima de R$1.860.470,00): R$15.470,58[63]

49 Fonte: http://aplicacao.sefaz.go.gov.br/pagina/ver/9393/itcd, acesso em: 05 jun. 2018.

50 Fonte: http://www.tjgo.jus.br/images/docs/ccs/Resolu%C3%A7%C3%A3o_n%C2%BA_81_Tabela_de_Custas.pdf, acesso em: 06 jun. 2018.

51 Fonte: https://extrajudicial.tjgo.jus.br/Tabela%20de%20Atos%20Eletronicos%202018%20Emolumentos%20e%20Taxas%20(atualizado%20at%C3%A9%2023032018).pdf, acesso em: 07 jun. 2018.

52 Fonte: https://www.sefaz.ba.gov.br/especiais/informacoes_itd.html, acesso em: 05 jun. 2018.

53 Fonte: https://www.tjba.jus.br/tabeladecustas/tabela_custa.pdf, acesso em: 06 jun. 2018.

54 Fonte: https://www.tjba.jus.br/tabeladecustas/tabela_custa.pdf, acesso em: 07 jun. 2018.

55 Fonte: https://www.sefaz.pe.gov.br/Legislacao/Tributaria/Consolidada-Por-Assunto/Paginas/ICD.aspx, acesso em: 05 jun. 2018.

56 Fonte: http://www.tjpe.jus.br/documents/10180/127135/Tabela+de+Custas+e+Emolumentos+2018.pdf/be6834af-62d8-fac9-82f0-6e38308c7987, acesso em: 06 jun. 2018.

57 Fonte: http://www.tjpe.jus.br/documents/10180/127135/Tabela+de+Custas+e+Emolumentos+2018.pdf/be6834af-62d8-fac9-82f0-6e38308c7987, acesso em: 07 jun. 2018.

58 Fonte: http://www.sefaz.am.gov.br/subMenu.asp?categoria=13469, acesso em: 05 jun. 2018.

59 Fonte: http://www.tjam.jus.br/images/geral/2017/TABELA_DE_CUSTAS_2017_-_SITE.pdf, acesso em: 06 jun. 2018.

60 Valores da capital. Fonte: http://www.tjam.jus.br/index.php?option=com_docman&task=cat_view&gid=334&limit=5&limitstart=0&order=date&dir=ASC&Itemid=175, acesso em: 07 jun. 2018.

61 Fonte: https://www.sefin.ro.gov.br/portalsefin/anexos/898.5420925108996L00_959_ITCD.PDF, acesso em: 05 jun. 2018.

62 Fonte: https://www.tjro.jus.br/images/institucional/regimento_de_custas/tabela_de_custas_judiciais_natureza_civel.pdf, acesso em: 06 jun. 2018.

63 Fonte: https://www.tjro.jus.br/novodiario/2017/20171219904-NR233.pdf>#page=13, acesso em: 07 jun. 2018.

Referências

ALVIM, Agostinho. *Da doação*. São Paulo: Revista dos Tribunais, 1963.

ARAÚJO, Fernando. *Teoria econômica do contrato*. Coimbra: Almedina, 2007.

ARAÚJO, Fernando. O Contrato Ulisses – I: o pacto antipsicótico. *In*: *Revista Jurídica Luso-Brasileira*, ano 3, n. 2, 2017, 165-217.

AZEVEDO, Antonio Junqueira de. *Negócio jurídico: existência, validade e eficácia*. 4. ed. São Paulo: Saraiva, 2002.

FACHIN, Luiz Edson. *Estatuto jurídico do patrimônio mínimo*. 2. ed. Rio de Janeiro: Renovar, 2006.

PONTES DE MIRANDA, F. C. *Tratado de direito privado*. T. III. Rio de Janeiro: Borsoi, 1954.

PONTES DE MIRANDA, F. C. *Tratado de direito privado*. T. XLVI. 3. ed. Rio de Janeiro: Borsoi, 1972.

PONTES DE MIRANDA, F. C. *Tratado de direito privado*. T. LVI. 3. ed. São Paulo: Revista dos Tribunais, 1984.

VELOSO, Zeno. *Comentários ao Código Civil: parte especial, direito das sucessões*, vol. 21. Antônio Junqueira de Azevedo (Coord.). São Paulo: Saraiva, 2003.

VELOSO, Zeno. *Invalidade do negócio jurídico*: nulidade e anulabilidade. 2. ed. Belo Horizonte: Del Rey, 2005.

Informação bibliográfica deste texto, conforme a NBR 6023:2018 da Associação Brasileira de Normas Técnicas (ABNT):

SIMÃO, José Fernando. Contrato de doação e testamento como formas de planejamento sucessório. *In*: TEIXEIRA, Daniele Chaves (Coord.). *Arquitetura do planejamento sucessório*. 3. ed. Belo Horizonte: Fórum, 2022. p. 525-540. Tomo I. ISBN 978-65-5518-459-4.

A INSTITUIÇÃO TESTAMENTÁRIA DE FUNDAÇÃO COMO ALTERNATIVA PARA O PLANEJAMENTO SUCESSÓRIO

MARCOS EHRHARDT JÚNIOR
GUSTAVO HENRIQUE BAPTISTA ANDRADE

Introdução

A expressão planejamento sucessório caiu no gosto dos operadores jurídicos e é cada vez mais empregada para designar um conjunto de situações de natureza jurídica e finalidades bem distintas. Da forma como empregada neste texto, entende-se o planejamento sucessório como a possibilidade de se estabelecer estratégias e soluções antecipadas para a administração do patrimônio que será transmitido posteriormente pela via sucessória.[1] Trata-se de medida de natureza preventiva, que, entre outras motivações, destina-se a evitar (ou pelo menos atenuar) conflitos de interesses entre herdeiros, que, não raro, deságuam em intermináveis disputas judiciais que acabam por ocasionar desvalorização, perda ou deterioração de bens do autor da herança.

Tem-se, por conseguinte, que não se está diante de um único modelo a ser adotado, razão pela qual não existe um roteiro preestabelecido de como deve ser implementado. As situações existenciais e patrimoniais de cada sujeito de direito possuem peculiaridades e vicissitudes únicas que resultam em diferentes modos de construir soluções para a destinação dos bens para depois da morte.

Trata-se de tema que não costuma ser debatido na sociedade, nem mesmo no espaço das famílias, o que acaba por gerar situações nas quais compete ao magistrado, pessoa estranha ao seio familiar, que não conviveu com o autor da herança nem conhecia sua forma de pensar e suas prioridades, decidir sobre o melhor modo de partilhar os bens, o que na maioria das vezes não se acha em sintonia com os interesses dos herdeiros e acaba apenas por aumentar a litigiosidade no caso concreto. Afinal, quem melhor que

---

[1] FARIAS, Cristiano Chaves de; BRAGA NETTO, Felipe; ROSENVALD, Nelson. *Manual de Direito Civil*. Volume único. Salvador: Juspodivm, 2017, p. 1.935.

o próprio titular do acervo patrimonial para definir qual deve ser sua destinação após a sua morte?

A realidade negocial, cada vez mais complexa e constantemente mutável, os custos pessoais e financeiros de um Poder Judiciário que não consegue oferecer respostas dentro de um prazo razoável, em grande prejuízo para a continuidade de negócios e até mesmo de relacionamentos familiares, vêm se configurando como os principais catalisadores da mudança de comportamento daqueles que possuem bens a destinar a seus herdeiros e que não desejam que a partilha patrimonial seja elemento de litigiosidade para seus sucessores.

O objetivo do presente texto é apresentar a disciplina legal da constituição das fundações sob a perspectiva da autonomia privada do autor da herança, promovendo uma reflexão crítica sobre os limites e as possibilidades do Direito Sucessório contemporâneo.

1 Autonomia privada e legítima no Direito Sucessório: necessidade de repensar seus limites

No curso da história, a noção jurídica de autonomia percorre longo caminho, marcadamente após o período revolucionário do final do século XVIII. Este período é caracterizado pela filosofia individualista e liberal e segue até o final do século XIX. A autonomia dessa fase da história teve forte influência da compreensão negativa da liberdade jurídica, cujo único limite era a lei, e contribuiu sobremaneira para o surgimento do dogma da vontade.

De fato, durante o Estado liberal, houve franca prevalência da vontade nas situações jurídicas, representando a vontade individual a tradução da liberdade do indivíduo. No exercício da autonomia, a vontade era considerada a única fonte de obrigações, significando que o indivíduo detinha o poder de praticar um ato jurídico, determinando-lhe o conteúdo, a forma e os efeitos, sem nenhuma interferência externa.[2]

Com o advento do Estado social, quando o Direito passa a ser funcionalizado para a consecução da justiça social, a autonomia, até então de assumida acepção subjetiva, adquire ares de objetividade e passa a se moldar por um ordenamento jurídico voltado à justiça social, em busca do desenvolvimento e da realização da pessoa humana, através da autorregulamentação – ou autorregramento, na definição de Pontes de Miranda[3] – dos seus interesses patrimoniais e existenciais. Surge então a ideia da autonomia privada.

É na seara da autonomia privada que se apresentam as maiores críticas ao modelo sucessório adotado pelo Código Civil brasileiro, impondo a reserva legitimária em detrimento de uma maior liberdade de testar, de uma maior autonomia para o planejamento da sucessão *mortis causa* da pessoa.

Autores há que entendem possuir a norma contida no dispositivo constitucional que garante o direito de herança (inc. XXX, art. 5º, CR) importante eficácia no plano hermenêutico, já que "o direito assegurado concretiza aspectos dos princípios da

2 MEIRELES, Rose Melo Venceslau. *Autonomia privada e dignidade humana*. Rio de Janeiro: Renovar, 2010, p. 66.

3 MIRANDA, Pontes de. *Tratado de direito privado*. Tomo III. Negócios jurídicos. Representação. Conteúdo. Forma. Prova. São Paulo: Revista dos Tribunais, 2012, p. 110.

autodeterminação pessoal (ao assegurar ao particular o direito de planejar, ainda que limitadamente, a sucessão nos seus bens, em razão da morte)".[4]

Boa parte da doutrina, no entanto, entende que a interpretação da norma é direcionada aos herdeiros. Há, porém, autores que enxergam no questionado dispositivo (art. 5º, XXX, CR) o invólucro para a garantia de existência e manutenção da legítima, reserva destinada aos herdeiros necessários (art. 1.846, CC). Entre eles, vale destacar o entendimento de Paulo Luiz Netto Lôbo, para quem o direito elevado ao *status* de garantia constitucional é o direito daqueles que se qualificam como herdeiros do autor da herança.

No entendimento desse autor, a definição de quem é herdeiro está associada ao fim social da norma, que seria "a proteção das pessoas físicas que tinham com o autor da herança relações estreitas de família ou de parentesco". Para Paulo Lôbo, "todos os demais sucessores, inclusive os herdeiros designados pelo testador, têm tutela restritamente infraconstitucional", não lhes sendo garantido, por conclusão lógica, o direito constitucional de herança.[5]

O Direito Sucessório brasileiro, mais precisamente a sucessão legítima, merece ser revisitado. Vários são os países que vêm rediscutindo o Direito das Sucessões, alguns promovendo mudanças, as quais percorrem o caminho hoje inevitável da estrutura à função, para se utilizar de uma expressão de Norberto Bobbio (*dalla struttura alla funzione*), para quem a função promocional do direito constitui o aspecto mais recente da evolução do Estado. A passagem do Estado liberal ao social trouxe para este último a necessidade de funcionalização dos institutos jurídicos como seiva para a sua própria existência e sentido de realizar a justiça social. Para Bobbio, "trata-se de passar da concepção do direito como forma de controle social para a concepção do direito como forma de controle e *direção social*".[6]

No Brasil, embora existam discussões e debates, pouca é a produção doutrinária sobre essa nova realidade fruto das mudanças que vêm ocorrendo na sociedade e seu reflexo no que concerne ao Direito das Sucessões. Como bem salienta Eroulths Cortiano Junior, em artigo onde apregoa a importância da interdisciplinaridade para o Direito das Sucessões, no sentido de fazê-lo dialogar não somente com outros ramos do Direito, mas também com a economia, o dispositivo que garante o direito de herança (art. 5º, XXX, CR) vem sendo pouco estudado.[7]

Fato é que a sucessão hereditária desenhada no Código de 1916 contribuiu para a permanência da família patriarcal, hierarquizada e patrimonializada. E embora hajam ocorrido inúmeros avanços na sociedade e no Direito Civil no decorrer do século passado, com ênfase nas duas últimas décadas, poucas foram as mudanças trazidas pelo Código Civil de 2002 no Direito das Sucessões, diferentemente do que ocorreu com o Direito

---

4 MARTINS-COSTA, Judith. Art. 5º, XXX – É garantido o direito de herança. *In*: CANOTILHO, J. J. Gomes; MENDES, Gilmar Ferreira; SARLET, Ingo Wolfgang; STRECK, Lenio Luiz (Coord.). *Comentários à Constituição do Brasil*. São Paulo: Saraiva/Almedina, 2014, p. 337-342.

5 LÔBO, Paulo. *Direito civil*. Sucessões. São Paulo: Saraiva, 2014, p. 39.

6 BOBBIO, Norberto. *Da estrutura à função*: novos estudos de teoria do direito. Barueri: Manole, 2007, p. 207.

7 CORTIANO JUNIOR, Eroulths. Elementos para uma pesquisa sobre as dimensões econômicas da sucessão *causa mortis*. *Revista de direito público da economia*, Belo Horizonte, v. 13, p. 102, out./dez. 2015.

de Família, que refletiu essa evolução no sistema jurídico brasileiro, mormente após a promulgação da Constituição de 1988.

A grande preocupação sempre foi a estabilidade da família sob o comando do pai provedor. Essa estabilidade se construiu com a conservação do patrimônio sob o poder das famílias, justificada pela quase obsessão em garantir o futuro dos filhos, o que veio a repercutir forçosamente no Direito das Sucessões em geral e na liberdade de testar em especial.

Forçoso é observar que a proteção da família, que hoje tem uma preocupação maior com a realização da pessoa de cada um de seus membros, era então verdadeiramente vinculada ao patrimônio. Protegida estaria a família que concentrasse em seu poder o patrimônio amealhado pelo autor da herança por toda a sua vida. A realização pessoal, a experiência de vida, a entrega a paixões – que fora do modelo matrimonial tinham a pecha de violentas – eram consideradas desregramentos.

A plena autonomia do autor da herança, por sua vez, tem a capacidade de operar com maior concretude o princípio da solidariedade familiar, na medida em que o direcionamento do patrimônio pode ser concentrado nos herdeiros que demandam maior necessidade ou apresentam algum tipo de vulnerabilidade existencial, seja pela idade, seja pela sua condição física e psicológica. Vários são os sistemas jurídicos que vêm discutindo a pertinência da reserva de parte da herança forçadamente aos chamados herdeiros necessários. No Brasil, a eficácia social da preservação da legítima nos moldes hoje previstos concentra o patrimônio sob a titularidade de um grupo privilegiado de herdeiros que nem sempre correspondem àqueles com quem o falecido mantinha laços mais estreitos de relacionamento.[8]

Não há dúvida de que o aspecto patrimonial tem relevância sobre o bem-estar e a própria subsistência da família, mas sobre ele devem prevalecer os valores existenciais como norte das relações travadas entre aqueles que compõem o núcleo familiar.

Uma maior flexibilização no direito de herança permite e proporciona ao titular do patrimônio estabelecer um planejamento sucessório que atenda e socorra seus herdeiros, sua empresa, se for o caso, e até eventuais beneficiários ou a própria coletividade.

Vários são os institutos jurídicos que podem ser utilizados para fins de planejamento sucessório. Entre os negócios jurídicos indicados, Daniele Teixeira aponta, entre outros, o seguro de vida, o qual, não se consubstanciando em herança, deixa de se sujeitar às dívidas do segurado e não sofre a incidência do imposto de transmissão *causa mortis*; o usufruto como expressão de vontade testamentária; a partilha em vida (art. 2.018, CC), realizada por ato *inter vivos* ou por causa da morte, neste caso por testamento (art. 1.014, CC); e a previdência complementar.[9]

Destaque, no entanto, deve ser dado à possibilidade de instituição de uma fundação para fins de planejamento sucessório, sobretudo quando a realidade do autor da herança era o desejo de destinar parte de seus bens para uma finalidade específica, que nem sempre coincide com os interesses de seus herdeiros.

---

8 ANDRADE, Gustavo Henrique Baptista. *O direito de herança e a liberdade de testar*. Um estudo comparado entre os sistemas jurídicos brasileiro e inglês. Belo Horizonte: Fórum, 2019, p. 104.

9 TEIXEIRA, Daniele Chaves. *Planejamento sucessório* – pressupostos e limites. Belo Horizonte: Fórum, 2017, p. 128-150.

2 A disciplina das fundações no Código Civil

Entre as pessoas jurídicas de Direito Privado, no que diz respeito à sua estrutura interna, é possível perceber a existência de dois grupos bem definidos: as corporações e as fundações. As diferenças entre esses dois grupos são bem nítidas. Enquanto as corporações caracterizam-se pela pessoalidade, isto é, por envolver um conjunto de pessoas que se reúnem visando à realização de fins internos, as fundações, por vontade de seu instituidor, voltam-se para fins externos, pois o aspecto dominante é o material, consubstanciando-se basicamente num patrimônio destinado a um determinado fim.[10]

Entre todas as espécies de pessoas jurídicas, as fundações de direito privado têm um elemento distintivo importante. Neste caso, não se está diante de uma reunião de pessoas que compartilham dos mesmos objetivos. Está-se diante de um patrimônio que foi afetado, vale dizer, destinado a uma finalidade específica pela vontade de seu instituidor, manifestada por ato *inter vivos* (escritura pública de dotação de bens) ou *mortis causa* (testamento). São constituídas através de um ato formal, praticado pelo instituidor sem prejuízo de sua própria subsistência ou comprometimento de mais da metade do seu patrimônio, se tiver herdeiros necessários ao tempo da instituição (art. 1.845).

Perceba-se que esta espécie de pessoa jurídica não é formada por pessoas naturais. Resume-se a um conjunto de bens reunidos por ato unilateral do instituidor, cuja aquisição de personalidade exige a observância de duas fases distintas. Inicialmente cria-se a fundação com a definição dos bens a serem destinados, a finalidade escolhida pelo instituidor, o que se denomina ato de instituição, e a elaboração do estatuto que disciplinará seu funcionamento.

Paulo Lôbo adverte que "a dotação patrimonial que o instituidor faz à fundação é negócio jurídico unilateral gratuito, não se confundindo com o contrato de doação".[11] Além disso, o modo de destinação dos bens para a criação da fundação determina a possibilidade ou não de revogação de tal medida. Se o ato de instituição for *inter vivos,* ou seja, a escritura pública, não se admite revogação (vide art. 64, CC/02), providência possível apenas para os casos de instituição *mortis causa,* com a criação de fundação por testamento. Nesta hipótese, ocorrendo revogação do testamento pelo testador, será evidentemente ineficaz o ato de instituição da fundação.

Neste ponto, a fundação já existe como ente despersonificado, cabendo ao instituidor decidir se ele próprio ficará responsável pela confecção do estatuto e pela administração da fundação, uma vez que tais tarefas podem ser delegadas a terceiros.

Importante consignar que, com o advento do Código Civil vigente, o direito brasileiro "não mais admite fundações criadas no interesse do instituidor, de sua família ou de sua atividade econômica".[12] Em sua redação original, o parágrafo único do art. 62 somente admitia instituição de fundações para fins religiosos, morais, culturais ou de assistência. Com o advento da Lei nº 13.151/2015, a nova redação do dispositivo mencionado contempla as seguintes hipóteses: (a) assistência social; (b) cultura, defesa

[10] GONÇALVES, Carlos Roberto. *Direito Civil Brasileiro,* vol. I, 4. ed. São Paulo: Saraiva, 2007, p. 196.

[11] Cf. *Direito Civil. Parte Geral.* São Paulo: Saraiva, 2009, p. 191.

[12] LÔBO, Paulo Luiz Netto. *Direito Civil. Parte Geral.* São Paulo: Saraiva, 2009, p. 192.

e conservação do patrimônio histórico e artístico; (c) educação; (d) saúde; (e) segurança alimentar e nutricional; (f) defesa, preservação e conservação do meio ambiente e promoção do desenvolvimento sustentável; (g) pesquisa científica, desenvolvimento de tecnologias alternativas, modernização de sistemas de gestão, produção e divulgação de informações e conhecimentos técnicos e científicos; (h) promoção da ética, da cidadania, da democracia e dos direitos humanos; e (i) atividades religiosas.

Anote-se, neste particular, que a finalidade religiosa referida deve ser entendida como a intenção do instituidor de promover sua fé, em nada se confundindo com a criação de culto ou liturgias que constituem o objeto social das organizações religiosas, espécie diversa de pessoa jurídica, igualmente disciplinada no CC/02. Um dos modos de evitar confusão acerca dos entes (organização religiosa *x* fundação com fins religiosos) é considerar que as fundações diferem das organizações religiosas por não serem corporações, ou seja, integradas por pessoas naturais, consubstanciando-se num patrimônio destinado a certa finalidade.

Muito se tem discutido se o rol de finalidades definidas neste dispositivo pode sofrer interpretação extensiva. Existem alguns enunciados do CJF que apontam no sentido de que a enumeração não seria taxativa, isto é, não exaustiva, permitindo-se outras finalidades desde que excluídas as fundações com fins lucrativos (Enunciado nº 9).

O estatuto que disciplina o funcionamento da fundação necessita de aprovação do Ministério Público para poder ser levado a registro no Cartório de Registro de Pessoas Jurídicas. Só após tal providência é que a fundação adquire personalidade e todos os direitos e deveres a ela inerentes. O art. 66 do CC/02 dispõe que compete ao Ministério Público do Estado onde se acha situada a fundação a atribuição de fiscalizar a atuação desta.

Nada obstante, havia intenso debate doutrinário acerca da redação original do §1º do referido dispositivo, que atribuía ao Ministério Público Federal tal encargo em relação às fundações em funcionamento no Distrito Federal – "em face do princípio da especialidade, o art. 66, §1º, deve ser interpretado em sintonia com os arts. 70 e 178 da LC nº 75/93" –, tendo o referido dispositivo sido questionado em sua constitucionalidade mediante a ADIN nº 2.794-8, cujo julgamento concluiu que:

> (...) a circunstância de serem sediadas ou funcionarem no Distrito Federal evidentemente não é bastante nem para incorporá-las à Administração Pública da União – sejam elas fundações de direito privado ou fundações públicas, como as instituídas pelo Distrito Federal –, nem para submetê-las à Justiça Federal. 6. Declarada a inconstitucionalidade do §1º do art. 66 do Código Civil, sem prejuízo, da atribuição ao Ministério Público Federal da veladura pelas fundações federais de direito público, funcionem, ou não, no Distrito Federal ou nos eventuais Territórios (...).[13]

[13] Para melhor compreensão, o inteiro teor da decisão é o seguinte: (...). IV. Atribuições do Ministério Público: matéria não sujeita à reserva absoluta de lei complementar: improcedência da alegação de inconstitucionalidade formal do art. 66, caput e §1º, do Código Civil (L. 10.406, de 10.1.2002). 1. O art. 128, §5º, da Constituição, não substantiva reserva absoluta à lei complementar para conferir atribuições ao Ministério Público ou a cada um dos seus ramos, na União ou nos Estados-membros. 2. A tese restritiva é elidida pelo art. 129 da Constituição, que, depois de enumerar uma série de "funções institucionais do Ministério Público", admite que a elas se acresçam a de "exercer outras funções que lhe forem conferidas, desde que compatíveis com sua finalidade, sendo-lhe vedada a representação judicial e a consultoria jurídica de entidades públicas". 3. Trata-se, como acentua a doutrina, de

Após o advento da Lei nº 13.151/15, o §1º passou a ter nova redação, estabelecendo que, se as fundações funcionarem no Distrito Federal ou em Território, caberá o encargo ao Ministério Público do Distrito Federal e Territórios. Diante do exposto, competirá ao Ministério Público Federal apenas a fiscalização das fundações federais de Direito Público.[14]

O Ministério Público não é competente apenas para aprovar o estatuto da fundação, mas também para indicar modificações que julgar necessárias ou até mesmo para denegar sua aprovação ou eventual alteração que se mostre necessária para que a fundação continue atingindo os fins estabelecidos pelo instituidor.

Em qualquer das hipóteses mencionadas, é possível requerer ao juiz o suprimento de tal aprovação,[15] sendo a atuação do magistrado disciplinada no art. 764 do Código de Processo Civil, que determina que o juiz decidirá sobre a aprovação do estatuto das fundações (e de suas alterações), a requerimento do interessado, quando ela for negada previamente pelo Ministério Público ou por este forem exigidas modificações com as quais o interessado não concorde, ou ainda quando o interessado discordar do estatuto elaborado pelo Ministério Público.[16]

Deve-se consignar que, via de regra, a finalidade da fundação não pode ser modificada, nem mesmo por vontade unânime de seus dirigentes, do mesmo modo

uma "norma de encerramento", que, à falta de reclamo explícito de legislação complementar, admite que leis ordinárias – qual acontece, de há muito, com as de cunho processual – possam aditar novas funções às diretamente outorgadas ao Ministério Público pela Constituição, desde que compatíveis com as finalidades da instituição e às vedações de que nelas se incluam "a representação judicial e a consultoria jurídica das entidades públicas". V – Demarcação entre as atribuições de segmentos do Ministério Público – o Federal e o do Distrito Federal. Tutela das fundações. Inconstitucionalidade da regra questionada (§1º do art. 66 do Código Civil) -, quando encarrega o Ministério Público Federal de velar pelas fundações, "se funcionarem no Distrito Federal". 1. Não obstante reserve à União organizá-lo e mantê-lo – é do sistema da Constituição mesma que se infere a identidade substancial da esfera de atribuições do Ministério Público do Distrito Federal àquelas confiadas ao MP dos Estados, que, à semelhança do que ocorre com o Poder Judiciário, se apura por exclusão das correspondentes ao Ministério Público Federal, ao do Trabalho e ao Militar. 2. Nesse sistema constitucional de repartição de atribuições de cada corpo do Ministério Público – que corresponde substancialmente à distribuição de competência entre Justiças da União e a dos Estados e do Distrito Federal – a área reservada ao Ministério Público Federal é coextensiva, *mutatis mutandis* àquela da jurisdição da Justiça Federal comum e dos órgãos judiciários de superposição – o Supremo Tribunal e o Superior Tribunal de Justiça – como, aliás, já o era sob os regimes anteriores. 3. O critério eleito para definir a atribuição discutida – funcionar a fundação no Distrito Federal – peca, a um só tempo, por escassez e por excesso. 4. Por escassez, de um lado, na medida em que há fundações de direito público, instituídas pela União – e, portanto, integrantes da Administração Pública Federal e sujeitas, porque autarquias fundacionais, à jurisdição da Justiça Federal ordinária, mas que não tem sede no Distrito Federal. 5. Por excesso, na medida em que, por outro lado, a circunstância de serem sediadas ou funcionarem no Distrito Federal evidentemente não é bastante nem para incorporá-las à Administração Pública da União – sejam elas fundações de direito privado ou fundações públicas, como as instituídas pelo Distrito Federal –, nem para submetê-las à Justiça Federal. 6. Declarada a inconstitucionalidade do §1º do art. 66 do Código Civil, sem prejuízo, da atribuição ao Ministério Público Federal da veladura pelas fundações federais de direito público, funcionem, ou não, no Distrito Federal ou nos eventuais Territórios. (ADI 2794, Relator(a): Min. SEPÚLVEDA PERTENCE, Tribunal Pleno, julgado em 14.12.2006, DJ 30-3-2007 PP-00068 EMENT VOL-02270-02 PP-00334 LEXSTF v. 29, n. 340, 2007, p. 56-73).

14 Cf. FARIAS, Cristiano Chaves de; BRAGA NETTO, Felipe; ROSENVALD, Nelson. *Manual de Direito Civil*. Volume único. Salvador: Juspodivm, 2017, p. 369.

15 Vide art. 67, inciso III, do CC/02.

16 O referido dispositivo ainda faculta ao juiz, antes de suprir a aprovação, mandar fazer no estatuto modificações a fim de adaptá-lo ao objetivo do instituidor (vide §2º, art. 764, CPC/15). Por oportuno, cumpre consignar que qualquer interessado ou o Ministério Público tem legitimidade para promover a extinção da fundação quando se tornar ilícito o seu objeto, for impossível a sua manutenção ou vencer o prazo de sua existência (art. 765).

que é vedada, por qualquer forma, a alienação dos seus bens, "porque sua existência é que assegura a concretização dos fins visados pelo instituidor".[17]

Ponto polêmico no estudo do tema é a possibilidade de admitir o ingresso de uma fundação no quadro de sócios de outra pessoa jurídica de fins lucrativos. Cristiano Chaves, Felipe Braga Netto e Nelson Rosenvald admitem tal hipótese à luz dos princípios constitucionais da liberdade de associação e livre-iniciativa, por entenderem que tal conduta viabiliza alavancar fundos e rendimentos para a consecução de seus propósitos, não desvirtuando, em princípio, os seus fins, uma vez que eventual lucro da sociedade empresária da qual a fundação seria sócia cotista seria revertido para a implementação de suas finalidades, e não repartido entre os seus administradores.[18]

Vencido o prazo de sua existência ou se a finalidade a que visa a fundação se tornar ilícita, impossível ou inútil, determina o art. 69 do Código vigente que o órgão do Ministério Público, ou qualquer interessado, lhe promoverá a extinção, incorporando-se o seu patrimônio, salvo disposição em contrário no ato constitutivo, ou no estatuto, em outra fundação, designada pelo juiz, que se proponha a fim igual ou semelhante.[19]

Solução idêntica também é determinada para a hipótese de insuficiência dos bens dotados para a constituição da fundação. Se de outro modo não dispuser o instituidor, os bens a ela destinados serão incorporados em outra fundação que se proponha a fim igual ou semelhante, nos termos do art. 63 do CC/02.

Entre as vantagens apontadas na instituição de uma fundação para o planejamento sucessório, encontra-se a inalienabilidade de seu patrimônio, em especial no que concerne aos bens diretamente vinculados aos seus fins. Outras há como imunidades e isenções tributárias. Adverte Daniele Teixeira que, embora a Constituição da República não tenha tornado imunes as fundações, grande parte delas pode gozar de tal benefício por serem instituições de educação ou de assistência social, achando-se amparadas em seu art. 150, VI, "c".[20]

3 Testamento, fundações e o Poder Judiciário

No cotidiano forense, encontram-se situações que merecem destaque por bem ilustrar os principais problemas de ordem prática que podem ser verificados ao se escolher o caminho de instituição de uma fundação como forma de planejamento sucessório. Tanto o Tribunal de Justiça de São Paulo quanto o do Rio de Janeiro já tiveram oportunidade de julgar casos em que a controvérsia não girava em torno da constituição, em si mesma, da fundação pelo autor da herança, mas que estava relacionada à responsabilidade pelo pagamento dos custos e demais obrigações decorrentes de sua instituição. O exemplo carioca refere-se a um caso em que se discutia a responsabilidade

---

[17] GONÇALVES, Carlos Roberto. *Direito Civil Brasileiro*, vol. I, 4. ed. São Paulo: Saraiva, 2007, p. 207.

[18] Cf. FARIAS, Cristiano Chaves de; BRAGA NETTO, Felipe; ROSENVALD, Nelson. *Manual de Direito Civil*. Volume único. Salvador: Juspodivm, 2017, p. 370.

[19] Não existe previsão legal quanto ao que deve ser feito na hipótese de não existir nenhuma fundação com finalidade semelhante à daquela que está sendo extinta. Caio Mário da Silva Pereira entende que nesta situação devem-se aplicar as regras relativas à herança vacante, que implicam transferência dos bens para o Estado, *ex vi* do disposto no art. 1.822 do CC/02.

[20] TEIXEIRA, Daniele Chaves. *Planejamento sucessório* – pressupostos e limites. Belo Horizonte: Fórum, 2017, p. 152.

pelo pagamento de um empregado que fora contratado pela autora da herança, mas que permaneceu trabalhando para a fundação que foi constituída, tendo o imóvel de residência da falecida como um dos bens integrantes de seu acervo.[21]

No caso julgado pelo TJSP, a autora da herança legou bens para uma sociedade, estabelecendo como encargo a criação de uma fundação, e se discutia qual seria a extensão do acervo da fundação a ser criada, tendo o tribunal entendido que a cláusula testamentária, mesmo quando suscetível de diversas interpretações, deve receber aquela que melhor assegure a observância da vontade da testadora.[22]

O mesmo tribunal paulista também teve oportunidade de apreciar um caso sobre qual legislação deveria incidir para fins de pagamento de tributo *causa mortis* diante da situação da criação de fundação, formalmente instituída em 1970, como resultado de disposição testamentária de autora da herança, falecida em 1968. Discutia-se a incidência da legislação vigente quando da abertura da sucessão ou da instituição formal da fundação.[23]

O caso relatado demonstra que um dos pontos sensíveis no momento de definir a instituição de fundação como forma de planejamento sucessório é considerar as constantes alterações legislativas que podem alterar os efeitos pretendidos pelo autor da herança no momento da execução de seu testamento. Um modo de minimizar o impacto de tais contingências é estabelecer cláusulas condicionais no testamento, como bem ilustra a ementa transcrita:

> AGRAVO DE INSTRUMENTO. INVENTÁRIO. TESTAMENTO. Caso em que a disposição testamentária não deixa dúvida quanto à sua interpretação. A Fundação somente será instituída com o patrimônio do de cujus, caso inexistam herdeiros necessários ou legatários. A interpretação da disposição de cláusula testamentária deve considerar que a mãe do testador sobreviveu à morte deste, e o intuito do testador não poderia ser o de prejudicar a própria mãe. DERAM PROVIMENTO. (Agravo de Instrumento nº 70008638512, Oitava Câmara Cível, Tribunal de Justiça do RS, Relator: Rui Portanova, Julgado em 1.7.2004).[24]

---

21 Tribunal de Justiça do Rio de Janeiro, Agravo de Instrumento 5.590/99, Sétima Câmara Cível, Rel. Luiz Roldão, j. 15.2.2000.

22 INVENTÁRIO – TESTAMENTO – INTERPRETAÇÃO – VONTADE DA TESTADORA – INCIDÊNCIA. Testadora que determina que a Sociedade legatária deverá instituir fundação. Outrossim, quando a cláusula testamentária for suscetível de interpretações diferentes, prevalecerá a que melhor assegure a observância da vontade do testador – art. 1.899 do CC (com correspondência no art. 1.666, Cai916). RECURSO IMPROVIDO. (TJSP; Agravo de Instrumento 0134523-71.2008.8.26.0000; Relator (a): Carlos Giarusso Santos; Órgão Julgador: 5ª Câmara de Direito Privado; SÃO PAULO – FAMÍLIA – 9ª VARA DE FAMÍLIA; Data do Julgamento: 18.6.2008; Data de Registro: 26.6.2008).

23 TJSP; Agravo de Instrumento 0133185-86.2013.8.26.0000; Relator (a): Viviani Nicolau; Órgão Julgador: 3ª Câmara de Direito Privado; Foro Central Cível – 9ª Vara da Família e Sucessões; Data do Julgamento: 3.12.2013; Data de Registro: 5.12.2013.

24 Outro caso que merece destaque no cotidiano jurisprudencial, também julgado pelo TJRS, diz respeito à substituição fideicomissária para a instituição de fundação, tendo entendido o referido Tribunal que se aplicam as regras gerais do Direito Sucessório quanto aos limites das disposições testamentárias, especialmente quanto à imposição de cláusulas restritivas (Cf. Apelação Cível nº 70038514345, Oitava Câmara Cível, Tribunal de Justiça do RS, Relator: Rui Portanova, Julgado em 9.12.2010). Destaque-se ainda, quanto à interpretação de cláusulas testamentárias relativas à instituição de Fundações, a Apelação Cível nº 70065080772, Oitava Câmara Cível, Tribunal de Justiça do RS, Relator: Julgado em 10.9.2015.

Os casos relatados exigem a análise de elementos fáticos do caso concreto, razão pela qual, considerando a sistemática processual atual, não foram verificadas, durante a pesquisa, decisões relevantes sobre o tema no âmbito do Superior Tribunal de Justiça, tampouco ofensa direta a dispositivo constitucional com repercussão geral que indicasse a possibilidade de emprego de um recurso extraordinário para o Supremo Tribunal Federal.

Considerações finais

Um planejamento sucessório bem-sucedido colabora para reduzir ou até mesmo eliminar a litigiosidade, tornando mais célere a partilha dos bens em benefício da administração patrimonial, razão por que se encontra na ordem do dia o debate acerca da maior autonomia do autor da herança perante os limites impostos em nosso sistema sucessório.

No entanto, sua concretização, após abertura da sucessão, enfrenta dificuldades ainda maiores do que sua criação, pois nem sempre o cenário legislativo e o entendimento jurisprudencial serão correspondentes com o momento em que o autor da herança optou por disciplinar o modo de partilha dos seus bens, conforme ilustrado na análise dos julgados citados.

Entre tantas possibilidades de efetivação, a instituição de uma fundação, por testamento, como forma de planejamento da sucessão mostra-se medida que tem ampla tradição em nosso sistema jurídico, sendo admitida desde o advento do CC/16, que tem como vantagem a separação patrimonial de parte do acervo de bens para uma finalidade específica escolhida pelo autor da herança; este também tem a faculdade de estabelecer as diretrizes do funcionamento desse novo sujeito de direito. Perpetuam-se, desse modo, os ideais daquele que em vida sempre priorizou determinada forma de utilização de seus bens, especialmente quando considerada a repercussão no corpo social de tal medida.

Referências

ANDRADE, Gustavo Henrique Baptista. *O direito de herança e a liberdade de testar*. Um estudo comparado entre os sistemas jurídicos brasileiro e inglês. Belo Horizonte: Fórum, 2019.

BOBBIO, Norberto. *Da estrutura à função*: novos estudos de teoria do direito. Barueri: Manole, 2007.

CORTIANO JUNIOR, Eroulths. Elementos para uma pesquisa sobre as dimensões econômicas da sucessão *causa mortis*. *Revista de direito público da economia*. Belo Horizonte: Fórum, v. 13, out./dez. 2015.

FARIAS, Cristiano Chaves de; BRAGA NETTO, Felipe; ROSENVALD, Nelson. *Manual de Direito Civil*. Volume único. Salvador: Juspodivm, 2017, p. 369.

GONÇALVES, Carlos Roberto. *Direito Civil Brasileiro*, vol. I. 4. ed. São Paulo: Saraiva, 2007.

LÔBO, Paulo Luiz Netto. *Direito Civil. Parte Geral*. São Paulo: Saraiva, 2009.

LÔBO, Paulo Luiz Netto. *Direito civil*. Sucessões. São Paulo: Saraiva, 2014.

CANOTILHO, J. J. Gomes; MENDES, Gilmar Ferreira; SARLET, Ingo Wolfgang; STRECK, Lenio Luiz (Coord.). *Comentários à Constituição do Brasil*. São Paulo: Saraiva/Almedina, 2014.

MEIRELES, Rose Melo Venceslau. *Autonomia privada e dignidade humana*. Rio de Janeiro: Renovar, 2010.

MIRANDA, Pontes de. *Tratado de direito privado*. Tomo III. Negócios jurídicos. Representação. Conteúdo. Forma. Prova. São Paulo: Revista dos Tribunais, 2012.

TEIXEIRA, Daniele Chaves. *Planejamento sucessório* – pressupostos e limites. Belo Horizonte: Fórum, 2017.

Informação bibliográfica deste texto, conforme a NBR 6023:2018 da Associação Brasileira de Normas Técnicas (ABNT):

EHRHARDT JR., Marcos; ANDRADE, Gustavo Henrique Baptista. A instituição testamentária de fundação como alternativa para o planejamento sucessório. *In*: TEIXEIRA, Daniele Chaves (Coord.). *Arquitetura do planejamento sucessório*. 3. ed. Belo Horizonte: Fórum, 2022. p. 541-551. Tomo I. ISBN 978-65-5518-459-4.

TRUST

MILENA DONATO OLIVA

1 Introdução: noções gerais sobre o *trust*

A figura do *trust* encontra suas origens no Direito inglês, sendo a obra mais notável da *equity*.[1] Tal instituto revela-se extremamente versátil,[2] podendo apresentar mais de uma estrutura e promover múltiplas funções, o que justifica o crescente interesse dos países da família romano-germânica na sua compreensão.

O objetivo do presente estudo é, com base na noção de *trust* constante na Convenção de Haia sobre a Lei Aplicável aos *Trusts* e sobre o Reconhecimento Deles, assinada em 1º de julho de 1985, e em vigor desde 1º de janeiro de 1992,[3] investigar a compatibilidade do *trust* com o ordenamento brasileiro e as vantagens de sua incorporação na legislação pátria.

A compreensão do *trust* por países da família romano-germânica sempre foi marcada por dificuldades, haja vista a opinião, largamente difundida, de que o *trust* acarretaria a divisão da propriedade em formal e substancial, o que é incompatível com os sistemas da *civil law*. Diante disto, a Convenção de Haia procurou expressar os principais efeitos

---

[1] V. preâmbulo da Convenção de Haia. Cf. tb. DAVID, René. *Os Grandes Sistemas do Direito Contemporâneo*. São Paulo: Martins Fontes, 1996, p. 315-316; NERI, Arianna. *Il trust e la tutela del beneficiario*. Padova: CEDAM, 2005, p. 41-42; ROMERO, Miguel Acosta. Naturaleza Jurídica del Fideicomiso. *Revista de la Facultad de Derecho de México*, t. XLIII, n. 191-192, sept./dic. 1993, p. 15; BIANCA, Mirzia. Giornata di Studio sul Trust. *Rivista di Diritto Civile*, anno 41, n. 3, p. 335, 1995; ARESPACOCHAGA, Joaquín de. *El trust, la fiducia y figuras afines*. Madrid: Marcial Pons, 2000, p. 30; MALUMIÁN Nicolás; DIPLOTTI, Adrián G.; GUTIÉRREZ, Pablo. *Fideicomiso y Securitización. Análisis Legal, Fiscal y Contable*. Buenos Aires: La Ley, 2006, p. 10; PETRULLI, Mario; RUBINO, Francesco. *Il trust*. Matelica: Halley, 2006, p. 14; BARTOLI, Saverio. *Il Trust*. Milano: Giuffrè, 2001, p. 91; RODRIGUES, Sizino. Os 'trusts' em face do direito brasileiro. *Revista Forense*, vol. 493, ano XLI, p. 43, jul. 1944; CHALHUB, Melhim Namem. *Trust*. Rio de Janeiro: Renovar, 2001, p. 15.

[2] V. LEPAULLE, Pierre. *Traité Théorique et Pratique des Trusts en droit interne, en droit fiscal et en droit internacional*, Paris: Librairie Arthur Rousseau, 1932, p. 12 e p. 168; PETRULLI, Mario; RUBINO, Francesco. *Il trust*, cit., p. 13; BARTOLI, Saverio. *Il Trust*, cit., p. 310; CHALHUB, Melhim Namem. *Trust*, cit., p. 3 e 52.

[3] Sobre o *status* da Convenção no que concerne à sua adoção pelos países, v. http://www.hcch.net/index_en.php?act=conventions.status&cid=59.

do *trust* – que o tornam expediente flexível e seguro na *common law* – em instrumentos compatíveis com os ordenamentos da família romano-germânica.[4]

Nessa esteira, a Convenção de Haia estabelece que (i) os bens em *trust* constituem patrimônio separado, que não se confunde com o patrimônio pessoal do *trustee*; (ii) a titularidade dos bens em *trust* fica em nome do *trustee*; (iii) o *trustee* tem o poder e o dever, do qual deve prestar contas, de administrar, gerir ou dispor dos bens, de acordo com os termos do *trust* e com os deveres específicos que lhe são impostos pela lei; (iv) os credores pessoais do *trustee* não podem excutir os bens em *trust*; (v) os bens em *trust* não serão arrecadados na hipótese de insolvência ou falência do *trustee*; e (vi) os bens em *trust* não integram o patrimônio da sociedade conjugal nem o espólio do *trustee*.[5]

Tais efeitos explicitados pela Convenção de Haia podem ser incorporados por países da família romano-germânica por meio da técnica da separação patrimonial,[6] mecanismo conhecido dos sistemas da *civil law*.[7] [8]

Ressalte-se que o *trust* não é equiparável a nenhum instituto do ordenamento pátrio. Embora as hipóteses de afetação patrimonial existentes no Direito brasileiro possam se assemelhar, em maior ou menor grau, à estrutura básica do *trust*, são previstas para a tutela de interesses determinados, sem aptidão para a realização de funções variadas.[9] O *trust*, a seu turno, constitui negócio jurídico versátil, no qual a transmissão da titularidade se encontra funcionalmente relacionada com o escopo

4 "This Convention is intended to deal with an institution, the trust, which is known in certain Member States of the Conference, most often States of common law, but which is unknown in the majority of the civil law States of the Members of the Conference. In this it differs essentially from the other Hague Conventions which deal on the level of conflict of laws, of conflict of jurisdictions or of recognition and enforcement of judgments, with institutions such as adoption, divorce, sales contracts or maintenance obligations governed to be sure by divergent rules of private international law in different States, but known everywhere. If certain of these Conventions sought to reconcile the countries having the nationality principle and the countries having the principle of domicile, this Convention is more particularly intended to build bridges between countries of common law and countries of civil law" (OVERBECK, Alfred E. von. Disponível em: http://hcch.e-vision.nl/upload/expl30.pdf). "L'absence de référence à la dualité des droits, à la dualité *common law* et *equity*, dans les dispositions d'une convention internationale ayant pour objet de désigner des lois applicables au *trust*, est bien la démonstration que cette dualité n'est pas considérée comme étant de l'essence du *trust*. Le fait que la dualité de droits ne soit pas de l'essence du *trust* est d'un intérêt certain pour tout pays envisageant d'importer le *trust* dans son système juridique. En effet, ceci signifie que le système juridique souhaitant importer le *trust* n'a, pour ce faire, pas nécessairement besoin d'être fondé sur un doubel corps de droit qui permettrait la dualité des droits" (BARRIERE, François. *La réception du* trust *au travers de la fiducie*. Paris: LexNexis, 2004, p. 188).

5 Cf. arts. 2º e 11 da Convenção de Haia.

6 O patrimônio separado t*ambém* é designado autônomo, segregado, destacado, destinado, afetado ou especial.

7 LEPAULLE, Pierre. Traité Théorique et Pratique des Trusts en droit interne, en droit fiscal et en droit international, cit., 1932, p. 25-26.

8 Nesse sentido, já existiram diversas tentativas, no Brasil, de se instituir normativa geral que regulamentasse a criação de patrimônio separado pela autonomia privada, a fim de se incorporar os principais efeitos do *Trust*. É de se destacar, nesta direção, o Projeto de Lei nº 3.362, de 1957, que buscava instituir o fideicomisso *inter vivos*; o Projeto de Código das Obrigações de 1965, que instituía o Contrato de Fidúcia; o Anteprojeto de Código Civil (Orlando Gomes, 1963), que previa a possibilidade de separação patrimonial, o que foi mantido pelo Anteprojeto revisto de 1964; o Projeto de Lei nº 4.809, de 1998, que também buscou introduzir o Contrato de Fidúcia; e, mais recentemente, o Projeto de Lei nº 4.758, de 2020, que atualmente aguarda pelo fim da tramitação na Câmara dos Deputados. A iniciativa, que propõe a regulamentação dos efeitos do *Trust* no Brasil, adota anteprojeto sugerido pelo Instituto dos Advogados Brasileiros (IAB), sob a liderança de Melhim Namem Chalhub.

9 OLIVA, Milena Donato. *Do Negócio Fiduciário à Fidúcia*. São Paulo: Atlas, 2014. p. 54-55.

da afetação patrimonial estabelecido pelo *settlor*, podendo servir, por isso mesmo, à promoção de variados interesses.[10]

2 Separação patrimonial e titularidade fiduciária: elementos essenciais do *trust*

De acordo com a Convenção de Haia, como já destacado, os bens conferidos em *trust* formam patrimônio especial[11] titularizado pelo *trustee*, que não se confunde com o patrimônio geral deste, de tal sorte que os efeitos da insolvência ou da falência do *trustee* não interferem no patrimônio em *trust*. Além disso, os bens em *trust* não integram a herança do *trustee* e seu cônjuge não tem nenhum direito sobre tais situações jurídicas ativas, a despeito de serem de titularidade do *trustee*.

No *trust* é possível que haja três figurantes principais, quais sejam: o *settlor*, que institui o *trust*; o *trustee*, o qual recebe do *settlor* a titularidade das situações jurídicas subjetivas ativas para a execução do encargo contido no ato de constituição do *trust*; e o *cestui que trust* (ou beneficiário), que consiste no destinatário do proveito econômico da gestão das situações ativas objeto do *trust*.

O *settlor*, assim como o fiduciante no negócio fiduciário, por instituir o *trust*, que importa negócio translativo de direitos, deve ser o titular das situações jurídicas ativas conferidas em *trust*, bem como deve estar no pleno gozo de sua capacidade de dispor.[12] Além disso, o *settlor* tem de individualizar os bens que transmite, sob pena de ser considerada inválida a constituição do *trust* por impossibilidade de determinação do objeto.[13]

O *trustee*, embora seja o proprietário dos direitos transmitidos pelo *settlor* em *trust*, deve – assim como o fiduciário em se tratando de negócio fiduciário – gerir o patrimônio destinado em proveito dos beneficiários de acordo com o fim determinado pelo *settlor*. Afirma-se, neste sentido, que existe relação de natureza fiduciária entre o *trustee* e os *cestuis que trust*, a qual pauta a conduta do *trustee*.[14] Com efeito, na administração do patrimônio afetado, o *trustee* deve empenhar-se com diligência e lealdade, bem como prestar contas de sua gestão aos beneficiários.[15]

---

10 LEPAULLE, Pierre. Traité Théorique et Pratique des Trusts en droit interne, en droit fiscal et en droit internacional, cit., p. 31.

11 V. BARRIERE, François. *La réception du trust au travers de la fiducie*, cit., p. 382; HAYZUS, Jorge Roberto. *Fideicomiso*. Buenos Aires: Editorial Astrea, 2001, p. 32; OVERBECK, Alfred E. von. http://hcch.e-vision.nl/upload/expl30.pdf; NERI, Arianna. *Il trust e la tutela del beneficiario*, cit., p. 48; WATERS, Donovan. The Hague Trusts Convention twenty years on. *In*: GRAZIADEI, Michele; MATTEI, Ugo; SMITH, Lionel (Ed.). *Commercial Trusts in European Private Law*. Cambridge: Cambridge University Press, 2005, p. 57.

12 CHALHUB, Melhim Namem. Trust, cit., p. 42; LEPAULLE, Pierre. Traité Théorique et Pratique des Trusts en droit interne, en droit fiscal et en droit internacional, cit., p. 216-217.

13 SALOMÃO NETO, Eduardo. *O trust e o direito brasileiro*. São Paulo: LTr, 1996, p. 29; PETRULLI, Mario; RUBINO, Francesco. *Il trust*, cit., p. 38.

14 SALOMÃO NETO, Eduardo. *O trust e o direito brasileiro*, cit., p. 37; CHALHUB, Melhim Namem. *Trust*, cit., p. 48; WATERS, Donovan. *The Hague Trusts Convention twenty years on*, cit., p. 57; LUPOI, Maurizio. *Il trust nel diritto civile*. Torino: UTET, 2004, p. 299-300; MALUMIÁN, Nicolás, DIPLOTTI, Adrián G.; GUTIÉRREZ, Pablo. *Fideicomiso y Securitización. Análisis Legal, Fiscal y Contable*, cit., p. 11; PETRULLI, Mario; RUBINO, Francesco. *Il trust*, cit., p. 7.

15 CHALHUB, Melhim Namem. *Trust*, cit., p. 44.

Ademais, o *trustee* não pode ficar inerte, sendo-lhe atribuído não só o poder, mas também o dever de gerir o patrimônio especial.[16] Isso porque sua titularidade é funcionalizada à realização do escopo da afetação, de tal sorte que deve atuar positivamente no sentido de promover, da melhor forma possível, a finalidade do *trust*.

Sublinhe-se que, em abstrato, não existe limitação para a atuação do *trustee*, o qual pode dar bens em garantia hipotecária, firmar contratos de prestação periódica, bem como alienar ativos, desde que em consonância com o escopo do *trust*.[17] O fim do *trust*, assim, pautará o tipo de administração a ser empreendida pelo *trustee*, de forma que não se afigura possível a fixação de padrão único e abstrato de conduta válido para toda gestão de patrimônio em *trust*.[18]

Observe-se, neste sentido, que a transmissão de propriedade efetuada pelo *settlor* ao *trustee* em razão do *trust* – assim como a transmissão de titularidade efetuada pelo fiduciante ao fiduciário em razão do negócio fiduciário – não se esgota em si mesma, mas ocorre para que o *trustee* exerça determinada função, realizando o escopo do *trust*. A transmissão da propriedade, dessa forma, é instrumental para o desempenho do fim pretendido pelo *settlor* por meio da atuação do *trustee*. Daí a transferência do domínio vir atrelada aos deveres impostos ao *trustee* de praticar os atos necessários à realização da função definida para o patrimônio em *trust*.[19] A titularidade do *trustee*, por conseguinte, se encontra funcionalizada para a obtenção do escopo, não já para satisfação de interesses próprios. Em virtude disto, o regime jurídico aplicável ao *trust* considera não a relação de pertença, mas a função para a qual foi constituído.[20]

Como se vê, o *trust* contido na Convenção de Haia, assim como o negócio fiduciário conhecido nos países de tradição romano-germânica, trabalha com a noção de titularidade fiduciária.[21] O que diferencia o *trust* do negócio fiduciário é a ideia de separação patrimonial.[22] Por isso, os países da *civil law* que incorporaram o *trust* (*e.g.* Argentina e França),[23] aclimatizando-o à tradição romano-germânica, se valeram da técnica da separação patrimonial.[24]

---

16 CHALHUB, Melhim Namem. *Trust*, cit., p. 72.

17 LEPAULLE, Pierre. Traité Théorique et Pratique des Trusts en droit interne, en droit fiscal et en droit internacional, cit., p. 276; GIANDOMENICO, Marco Eugenio Di; FESTA, Davide. Consorzi, fondazioni e trust. Dogana: Maggioli Editore, 2006, p. 19-20; CHALHUB, Melhim Namem, Trust, cit., p. 47-48 e p. 72.

18 LEPAULLE, Pierre. Traité Théorique et Pratique des Trusts en droit interne, en droit fiscal et en droit internacional, cit., p. 41; p. 264-265 e p. 270.

19 CHALHUB, Melhim Namem. *Trust*, cit., p. 74-75; GOMES, Orlando. Contrato de Fidúcia ('trust'). *Revista Forense*, vol. 211, ano 62, p. 13, jul./ago./set. 1965; BARTOLI, Saverio. *Il Trust*, cit., p. 87.

20 OLIVA, Milena Donato. *Patrimônio Separado*: herança, massa falida, securitização de créditos imobiliários, incorporação imobiliária, fundos de investimento imobiliário, trust. Rio de Janeiro: Renovar, 2009, p. 354.

21 V. HELMHOLZ, Richard e ZIMMERMANN, Reinhard. Views of Trust and Treuhand: an introduction. *In*: HELMHOLZ, Richard; ZIMMERMANN, Reinhard (Ed.). *Itinera Fiduciae*. Berlin: Duncker & Humblot, p. 39.

22 Por definição, a titularidade sobre o patrimônio separado é fiduciária, porque o sujeito se encontra adstrito à realização do fim unificador da universalidade patrimonial autônoma. Sobre o tema, v. OLIVA, Milena Donato. *Patrimônio Separado*: herança, massa falida, securitização de créditos imobiliários, incorporação imobiliária, fundos de investimento imobiliário, trust, cit., p. 256-260.

23 OLIVA, Milena Donato, *Do negócio fiduciário à fidúcia*, cit., 68-72.

24 MONTINARO, Roberta. *Trust e negozio di destinazione allo scopo*. Roma: Giuffrè, p. 357; Mario PETRULLI; RUBINO, Francesco. *Il trust*, cit., p. 23; PORCELLI, Giacomo. *Successioni e Trust*. Napoli: Edizioni Scientifiche Italiane, 2005, p. 114; LEPAULLE, Pierre. *Traité Théorique et Pratique des Trusts en droit interne, en droit fiscal et en droit international*, cit., p. 27; GOMES, Orlando. Contrato de Fidúcia ('trust'), p. 13.

Por meio da técnica da afetação patrimonial, destacam-se ativos do patrimônio geral do sujeito, que passam a formar um todo autônomo, isto é, nova universalidade patrimonial,[25] inteiramente voltada para a realização de finalidade específica. Um mesmo sujeito, dessa forma, pode ser titular de mais de um patrimônio, cada qual a desempenhar, por meio de seus ativos, função própria.

A criação de patrimônio separado acarreta o que se entende por blindagem patrimonial: somente os credores relacionados ao escopo desse específico patrimônio podem excutir os ativos que o integram. Daí se depreende que a afetação patrimonial tem como grande vantagem a limitação dos riscos, uma vez que os credores que não se encontrarem vinculados ao escopo de determinado patrimônio afetado não poderão ter seu crédito satisfeito nos ativos que o integram.[26] Vale dizer, apenas os credores relacionados ao patrimônio separado podem excutir seus elementos, sujeitando-se, assim, somente aos riscos próprios da gestão desse patrimônio, que se encontra protegido do ataque de credores diversos.

Por outras palavras, os diversos credores do devedor não podem excutir seus bens indistintamente, apenas por serem de propriedade do devedor. Caso os bens integrem patrimônio separado, há de se examinar a pertinência do crédito a ser satisfeito com a função daquele patrimônio. Sendo um crédito vinculado ao patrimônio de afetação, poderá o credor executar os ativos que o integram. Ao revés, se o crédito não se relacionar à finalidade desempenhada pela universalidade patrimonial separada, o credor não poderá se satisfazer nos bens que a compõem, devendo excutir os ativos que integram o patrimônio geral do devedor.

Outra importante característica do patrimônio segregado consiste na possibilidade de alteração dos bens que o compõem. Significa dizer que (i) se um componente sair do patrimônio, não mais se submete às relações jurídicas a este pertinentes; e (ii) se um novo elemento nele ingressar, submete-se *tout court* às relações jurídicas que o vinculam.[27] Vale dizer, se um ativo ingressa no patrimônio, os credores deste patrimônio poderão excuti-lo para se pagarem, ao passo que a saída de um ativo do patrimônio,

---

25 Sobre a natureza jurídica do patrimônio e sua configuração como universalidade de direito, v. TELES, Inocêncio Galvão. *Das Universalidades*. Lisboa: Minerva, 1940, *passim* e OLIVA, Milena Donato. O patrimônio no direito brasileiro. *In*: TEPEDINO, Gustavo (Coord.). *O Código Civil na perspectiva civil-constitucional*. Rio de Janeiro: Renovar, 2013, p. 199-203.

26 "Sublinhe-se que o núcleo patrimonial autônomo, para que possa alcançar o escopo que o unifica sem interferências externas, é vocacionado a garantir exclusivamente as dívidas pertinentes ao fim que persegue. Não quer isto dizer, contudo, que se distinguem os patrimônios afetados pela diversa responsabilidade a que se encontram submetidos. O elemento diferenciador constitui o fim a que se destinam, o qual justifica a unificação e a consequente criação de universalidade de direito. Mas o eficiente alcance de tal finalidade só poderá ocorrer se houver a separação jurídica da massa patrimonial, traduzida na responsabilidade somente por dívidas pertinentes ao fim ensejador da separação. Daí a diversa responsabilidade ser efeito e não causa da segregação patrimonial" (OLIVA, Milena Donato. O patrimônio no direito brasileiro, cit., p. 206).

27 TELES, Inocêncio Galvão. *Das Universalidades*, cit., p. 132. Essa característica não é exclusiva do patrimônio separado, também se encontrando presente no patrimônio geral. Nessa direção, o art. 789 do CPC/2015 determina que o "devedor responde, para o cumprimento de suas obrigações, com todos os seus bens presentes e futuros, salvo as restrições estabelecidas em lei". A norma em questão retrata a natureza de universalidade do patrimônio – seja ele geral ou afetado –, ao assegurar que o credor, a um só tempo, (i) poderá executar o patrimônio do devedor tal como se encontrar na ocasião, não importando a época de aquisição dos bens ou de constituição dos débitos, e (ii) não poderá se beneficiar de direito que tenha saído do patrimônio do devedor, salvo hipótese de fraude. Por outras palavras, o credor poderá excutir, na forma da lei, os direitos que se encontrarem no patrimônio do devedor no momento da execução, em nada influindo a data de incorporação de tais direitos ou do nascimento da dívida.

salvo hipótese de fraude, impede que os credores deste patrimônio persigam o bem para satisfazerem seu crédito.[28]

Essa elasticidade própria das universalidades tem, nos patrimônios de afetação, como grande vantagem permitir a variação dos elementos que os integram com vistas a preservar a finalidade a que se dirigem. Assegura-se dinamismo na gestão dos ativos do patrimônio separado, os quais podem ser alterados pelo sujeito sempre que conveniente à realização do escopo pretendido.

A análise da gestão empreendida pelo titular do patrimônio, nessa esteira, encontra-se menos preocupada com o ativo individualmente considerado e mais centrada no conglomerado de bens e na sua aptidão a desempenhar, satisfatoriamente, a função que justificou a separação patrimonial. Por isso que, sempre que os elementos integrantes do patrimônio separado se mostrarem incapazes ou insuficientes para cumprir a finalidade a que se destinam, sua modificação deve ocorrer.

Veja-se que não se trata de substituição aos moldes do que seria um procedimento de sub-rogação, mas de alteração pura e simples dos elementos, podendo estes ser ampliados, reduzidos ou substituídos, já que a alteração do conteúdo do patrimônio mostra-se livre,[29] tendo como balizador a sua aptidão para promover adequadamente o escopo a que se volta. O escopo do patrimônio, assim, pautará o tipo de administração a ser empreendida pelo seu titular, de tal sorte que não se afigura possível a fixação de padrão único de conduta válido para toda gestão de patrimônio afetado.

3 Vantagens da incorporação do *trust* no Direito brasileiro. Alguns exemplos

A incorporação do *trust* significaria colocar à disposição da autonomia privada mais um instrumento para a realização de interesses merecedores de tutela.

---

[28] A nota distintiva das universalidades constitui precisamente a elasticidade de seu conteúdo, que pode se expandir ou se comprimir sem que a unidade do conjunto seja afetada. O titular da universalidade pode estabelecer relações jurídicas pertinentes aos elementos que a compõem, individualmente considerados, sendo possível até mesmo subtraí-los da universalidade. De outra parte, o titular pode adquirir novos componentes para integrar a universalidade, alargando-a quantitativamente. Daí a característica mais marcante da universalidade ser a maleabilidade de seu conteúdo, a atrair o olhar atento do legislador no sentido da criação de expedientes protetivos que evitem a frustração dos direitos que sobre ela recaem. Exemplo típico constitui a ação pauliana, que visa a assegurar a efetividade do direito de garantia dos credores sobre o patrimônio do devedor, concebido como universalidade. Dessa forma, a universalidade de direito forma unidade autônoma e independente de seus elementos, de sorte que pode figurar como objeto de direito, ao mesmo tempo em que seus componentes guardam autonomia jurídica e, por conseguinte, têm aptidão para figurar em negócio que o excluam da universalidade.

[29] A sub-rogação real decorre de previsão legal, ocasião em que o legislador valora os casos nos quais a função desempenhada por determinada relação jurídica deve ser mantida a despeito da perda de seu objeto original, de modo que passa a incidir sobre novo bem, ainda que tal acarrete modificação da natureza da própria relação jurídica. Em outros termos, o ordenamento se vale do instituto da sub-rogação real para assegurar que a perda do objeto afetado a uma finalidade especial não acarrete a frustração de tal escopo, haja vista que, por força da sub-rogação real, se vincula novo bem àquela função, ainda que daí decorra extinção da relação jurídica original e substituição por outra. A universalidade de direito, por sua vez, constitui objeto autônomo de direito, para além de seus componentes, os quais, por conservarem autonomia jurídica, podem participar de relações que os subtraiam da *universitas iuris* e, por conseguinte, do campo de ação daqueles que têm direitos sobre a universalidade em si considerada. Desse modo, a universalidade tem conteúdo variável, podendo se expandir ou se comprimir sem alteração qualitativa, isto é, sem que a livre mutabilidade de seus componentes modifique a configuração unitária do todo. Diante disto, não há de se confundir a livre substituição de elementos que se opera no seio de uma universalidade com o instituto da sub-rogação real. Por todos, cf. SANTORO-PASSARELLI, Francesco. *La Surrogazione Reale*. Roma: Attilio Sampaolesi, 1926, *passim*.

Exemplificativamente, no lugar de se pagar um seguro educacional para garantir a educação dos filhos, seria possível transferir ao *trustee* a titularidade de determinados ativos, que ficariam blindados e totalmente destinados a prover a educação dos filhos.

Pode-se pensar, também, na doação de bens a menores. A doação – que é perfeitamente admitida no Direito Pátrio –, quando efetuada diretamente a menores, representa severo engessamento na administração dos ativos doados. O *trust*, por outro lado, permitiria que os menores fossem os beneficiários da administração dos bens, mas sem serem donos deles, a possibilitar ágil e eficiente gestão desses ativos, conforme determinado no ato de instituição do *trust*.

A utilidade de se incorporar no Brasil o *trust* explica-se, assim, pela conveniência de se criar mecanismo que, por sua versatilidade, seja apto à realização de inúmeras funções, de modo a otimizar a tutela de importantes interesses. Se é verdade que o legislador se utiliza da técnica da titularidade fiduciária e da separação patrimonial toda vez que julga necessário, por outro lado também é verdade que nem sempre o legislador identifica as demandas sociais no devido tempo. Além disso, a incorporação do *trust* acarretaria maior democratização do instituto, por possibilitar que mais brasileiros, e não apenas aqueles com recursos para constituí-lo no exterior, a ele tenham acesso para realizar finalidades adequadas à sua realidade.

Dada a versatilidade funcional do *trust*, ele poderia ser utilizado em variados setores, para os mais diversos objetivos, como a maior proteção dos vulneráveis, novas possibilidades de planejamento patrimonial e sucessório, bem como otimização do aproveitamento das garantias fiduciárias hoje existentes. A seguir examinam-se alguns exemplos.

3.1 O *trust* como importante instrumento protetivo ao lado da tutela

A preocupação dos pais em relação aos filhos menores vincula-se à possibilidade de virem a faltar e, nessa hipótese, seus filhos, além da perda pessoal, sofrerem percalços na gestão de seus bens e de suas pessoas, em virtude dos procedimentos a que se sujeitarão, a saber, tutela[30] e inventário.

Por isso que os pais buscam formas de garantir, tanto quanto possível, por meio dos instrumentos legais existentes, a continuidade de recursos patrimoniais aos filhos para além de seu falecimento. Para tanto, podem pactuar seguro de vida ou a criação de sociedades familiares, das quais os filhos sejam quotistas, por exemplo. Cuida-se de sociedades que a rigor têm mero escopo de gestão; servem para organizar e administrar o patrimônio em benefício dos membros da entidade familiar.[31] E os pais podem, ainda, instituir tutor em testamento ou qualquer outro documento autêntico para seus filhos menores.[32]

---

30 V. BEVILÁQUA, Clóvis. *Código Civil dos Estados Unidos do Brasil*, vol. II. Rio de Janeiro: Francisco Alves, 1960, p. 310; FACHIN, Luiz Edson. Elementos críticos do direito de família. *In*: LIRA, Ricardo Pereira (Coord.). Rio de Janeiro: Renovar, 1999, p. 250; DIAS, Maria Berenice. *Manual de Direito das Famílias*. São Paulo: Revista dos Tribunais, 2011, p. 609.

31 Cf. COSTA CRUZ, Elisa; AZEVEDO, Lilibeth de. Planejamento sucessório. *In*: *Diálogos sobre direito civil*, vol. III. Rio de Janeiro: Renovar, 2012, p. 554.

32 V. art. 1.729 do Código Civil: "O direito de nomear tutor compete aos pais, em conjunto. Parágrafo único. A nomeação deve constar de testamento ou de qualquer outro documento autêntico".

Nada obstante a importância desses mecanismos, eles deixam a descoberto as preocupações dos pais em relação à forma de gestão dos bens e da pessoa dos filhos. Isso porque o tutor, embora exerça múnus público[33] do qual deve prestar contas, age consoante sua discricionariedade, tomando as decisões que melhor entender para gerir, adequadamente, o patrimônio e zelar pela pessoa que está sob sua responsabilidade.

Os pais, por tal razão, não raras vezes têm dificuldade em confiar em alguém para cuidar integralmente de todos os aspectos relacionados aos seus filhos. Pode ocorrer de haver na família um irmão atencioso e dedicado, mas que é incauto na gestão financeira. De outra parte, é possível que aquele mais centrado nos aspectos patrimoniais não tenha afinidade com crianças ou adolescentes. Difícil congregar num mesmo sujeito todas as legítimas preocupações e anseios dos pais.

A admissão em termos gerais do *trust* no Direito Pátrio se mostraria medida salutar para a tutela de relevantes necessidades patrimoniais e existenciais dos menores, em consonância com os valores sociais da livre-iniciativa.[34] Seria possível que os menores recebessem proteção moldada às suas concretas necessidades.[35] A circunstância de a propriedade dos bens ficar com o fiduciário, não já com o menor sob a administração do tutor, confere flexibilidade e agilidade na gestão do patrimônio, que tem como beneficiário o menor,[36] além de poder contar com gestão profissional e especializada.[37]

Por meio do *trust*, a gestão patrimonial ficaria a cargo de instituições responsáveis por garantir o padrão de vida dos menores e a preservação dos seus interesses. Os pais poderiam deixar inúmeras diretivas relacionadas a aspectos pessoais dos filhos, bem como aos ativos alienados em *trust*, prevendo, a título ilustrativo, verba específica para educação, cursos, lazer, esporte, saúde, cultura etc., de maneira a garantir a plena realização da pessoa de seus filhos para além da sua morte.[38]

O fiduciário, ao gerir o patrimônio dos menores para específicas finalidades, acabaria não apenas por auxiliar o tutor em seu mister, como também por fiscalizar sua atuação, verificando se efetuou a matrícula do incapaz em escola do nível indicado pelos pais, se está efetivamente investindo no lazer e na cultura destes consoante a verba para tanto destinada etc. Da mesma maneira, o tutor também fiscalizaria a gestão patrimonial empreendida pelo fiduciário, tratando-se de mútuo controle proveitoso para os interesses do menor, sem prejuízo do exame judicial. E ainda pode contribuir nessa importante atividade de fiscalização o protutor.[39] Note-se que a lógica de colocar certos bens sob gestão específica independentemente da autoridade parental ou da tutela

33 PEREIRA, Caio Mário da Silva. *Instituições de Direito Civil*, vol. V. Rio de Janeiro: Forense, 2013. p. 480-481; AZEVEDO, Álvaro Villaça. *In*: AZEVEDO, Antônio Junqueira de (Coord.). *Comentários ao código civil*, vol. 19. São Paulo: Saraiva, 2003, p. 319; FACHIN, Luiz Edson. *Elementos críticos do direito de família*, cit., p. 255; DIAS, Maria Berenice. *Manual de Direito das Famílias*. cit., p. 609-610.

34 Cf. CASAS, Eduardo; SANTAMARÍA, Sanz de. *La Fiducia*. Santa Fé de Bogotá: Temis, 1997, p. 40; LUPOI, Maurizio. *Il trust nel diritto civile*. cit., p. 334-335.

35 V. FERRARI, Chiara; UGOLINI, Sonia. I trusts in ambito successorio. *In*: *Donazioni, atti gratuiti, patti di famiglia e* trusts *successori*. diretta da Enrico del Prato, Maria Costanza e Paola Manes. Torino: Zanichelli, 2010, p. 665; PETRULLI, Mario; RUBINO, Francesco. *Il trust*. Matelica: Halley, 2006, p. 199.

36 FERRARI, Chiara; UGOLINI, Sonia. *I* trusts *in ambito successorio*. cit., p. 666-667.

37 CASAS, Eduardo; SANTAMARÍA, Sanz de. *La Fiducia*. cit., p. 52.

38 LUPOI, Maurizio. *Il trust nel diritto civile*. cit., p. 335.

39 Art. 1.742, Código Civil: "Para fiscalização dos atos do tutor, pode o juiz nomear um protutor".

se encontra no §2º do art. 1.733 do Código Civil,[40] a denotar que o legislador valorou positivamente a preocupação concernente à gestão de certos bens, que poderia não ser confiada àquele que tem a responsabilidade pelo menor.

O *trust*, ademais, poderia ser eficiente mecanismo para que os pais pudessem, à luz dos concretos interesses e necessidades de seus filhos, garantir a continuidade da qualidade de vida destes e a plena realização de sua personalidade, independentemente de eventuais mudanças que possam ocorrer com as pessoas dos tutores. O encargo imposto a determinado tutor dura, em regra, apenas dois anos[41] e a tutela termina com a maioridade, ao passo que o *trust* pode ser avençado para persistir enquanto perdurar a incapacidade ou a especial necessidade que o motivou, garantindo a constância na administração dos bens.

Claro que a necessidade da instituição do *trust* é tanto maior quanto a falta de pessoas de confiança próximas dos pais que pudessem aceitar o encargo da tutela. De todo modo, mesmo para aqueles que dispõem de alguém de confiança a importância do *trust* não pode ser subestimada. O *trust*, com efeito, não traduz alternativa à tutela, mas consubstancia instrumento adicional, que soma forças aos institutos já existentes de proteção dos menores.

Com o apoio do *trust*, os pais poderiam garantir aos filhos a manutenção de sua qualidade de vida, bem como oportunidade e acesso à educação de nível predeterminado, cultura e lazer, independentemente de terem na sua família pessoas aptas a desempenharem com rigor a importante função da tutela e independentemente de o juiz lograr indicar alguém que preencha os requisitos necessários para tanto. Universaliza-se a possibilidade de os pais poderem assegurar o cuidado dos seus filhos para após a sua morte, sem depender de ter uma família estruturada ou conhecidos aptos a tal função. A tutela decorre de imposição legal,[42] mas o *trust* é fruto do acordo de vontades que vai regulamentar seu escopo, o que garante eficiente gestão do patrimônio dos menores por meio da técnica da titularidade fiduciária agregada ao patrimônio separado.

Destaque-se que a instituição do *trust*, à evidência, não pode representar fraude ou obstáculo às normas imperativas, devendo respeitar as disposições relativas à legítima e todas as demais pertinentes ao caso concreto. O *trust* é instrumento adicional e não substitutivo, só podendo ser constituído dentro dos parâmetros legais.

---

40 Art. 1.733, §2º, Código Civil: "Quem institui um menor herdeiro, ou legatário seu, poderá nomear-lhe curador especial para os bens deixados, ainda que o beneficiário se encontre sob o poder familiar, ou tutela".

41 Art. 1.765, Código Civil: "O tutor é obrigado a servir por espaço de dois anos. Parágrafo único. Pode o tutor continuar no exercício da tutela, além do prazo previsto neste artigo, se o quiser e o juiz julgar conveniente ao menor".

42 Cf. art. 1.736 do Código Civil. Na doutrina, v. BEVILÁQUA, Clóvis. *Código Civil dos Estados Unidos do Brasil*, vol. II. cit., p. 321; AZEVEDO, Álvaro Villaça. *Comentários ao código civil*, vol. 19. cit., p. 344; FACHIN, Luiz Edson. *Elementos críticos do direito de família*. cit., p. 252.

3.2 O *trust* e as diretivas antecipadas

Tem-se cada vez mais admitido, a despeito das não poucas dificuldades teóricas,[43] as diretivas antecipadas[44] como forma de assegurar, por ocasião da futura enfermidade que afete a capacidade de manifestação de vontade, legítimas opções existenciais atinentes, por exemplo, a tratamentos médicos.[45] As diretivas antecipadas, ainda, poderiam dispor sobre quem seria o curador[46] ou o representante para específicos atos,[47] bem como sobre a forma de gestão dos bens[48] e outras orientações relacionadas à pessoa e ao patrimônio do futuro enfermo. Cuida-se de respeitar ao máximo as opções de vida de cada um, as quais continuariam vinculantes para aqueles que viessem a ser responsáveis pela pessoa com discernimento comprometido.

Da mesma forma que o testamento prestigia a vontade do *de cujus* manifestada ainda em vida, no caso das diretivas antecipadas valorizam-se as opções existenciais e patrimoniais efetuadas antes do advento da impossibilidade de decidir ou se comunicar.

Na esteira da valorização da autonomia decisória da pessoa em relação a aspectos que envolvem sua saúde e vida, a possibilidade de criação, em virtude da enfermidade que afete o discernimento, de patrimônio fiduciário gerido por profissional independente pode permitir, com segurança e flexibilidade, a concretização de decisões constantes em diretivas antecipadas relativas à forma de administrar os bens para a satisfação de necessidades existenciais.[49]

Seria possível, assim, subtrair da discricionariedade do curador determinadas escolhas já efetuadas pela pessoa atualmente impossibilitada de decidir ou se expressar. Com isso, decisões relacionadas ao custo de tratamentos, hospitais, médicos, fisioterapias etc. poderiam fazer parte de diretivas antecipadas, que disciplinariam a forma de gerir o patrimônio para a máxima realização das necessidades psicofísicas do enfermo sob a perspectiva deste. E mais: com o *trust*, o patrimônio poderia contar com gestão especializada, que não se submetesse às rígidas regulamentações aplicáveis à curatela, nem às habilidades do curador, uma vez que a propriedade dos bens ficaria com o *trustee*.

---

43 V., sobre as dificuldades concernentes às diretivas antecipadas, a Ação Civil Pública nº 0001039-86.2013.4.01.3500 que questiona a Resolução nº 1.995/2012 do Conselho Federal de Medicina.

44 Mostra-se eloquente a Resolução nº 1.995/2012 do Conselho Federal de Medicina, que dispõe sobre as diretivas antecipadas de vontade. No sentido da admissibilidade das diretivas antecipadas, v. FACHIN, Luiz Edson; RUZYK, Carlos Eduardo Pianovski; FACHIN, Melina Girardi; GONÇALVES, Marcos Alberto Rocha. *O presente do futuro incapaz*. Disponível em: www-antigo.mpmg.mp.br/portal/public/interno/arquivo/id/34114; SCHREIBER, Anderson. *Direito Civil e Constituição*. São Paulo: Atlas, 2013, p. 343-345; TEIXEIRA, Ana Carolina Brochado. *Saúde, corpo e autonomia privada*. Rio de Janeiro: Renovar, 2010, p. 349-373; MEIRELES, Rose Melo Vencelau. *Autonomia privada e dignidade humana*. Rio de Janeiro: Renovar, 2009, p. 229-240; BORGES, Roxana Cardoso Brasileiro. Direito de morrer dignamente: eutanásia, ortotanásia, consentimento informado, testamento vital, análise constitucional e penal e direito comparado. *In*: SANTOS, Maria Celeste Cordeiro Leite (Org.). *Biodireito*: ciência da vida, os novos desafios. São Paulo: Revista dos Tribunais, 2001, p. 295; BOMTEMPO, Tiago Vieira. Diretivas antecipadas: breves considerações. *Revista jurídica Consulex*, n. 364, p. 20-22, 2012.

45 Cf. FACHIN, Luiz Edson; RUZYK, Carlos Eduardo Pianovski; FACHIN, Melina Girardi; GONÇALVES, Marcos Alberto Rocha. *O presente do futuro incapaz*. cit.; TEIXEIRA, Ana Carolina Brochado. *Saúde, corpo e autonomia privada*, cit., p. 361-373; SCHREIBER, Anderson. *Direito Civil e Constituição*. cit., p. 343-345; MEIRELES, Rose Melo Vencelau. *Autonomia privada e dignidade humana*. cit., p. 232.

46 TEIXEIRA, Ana Carolina Brochado. *Saúde, corpo e autonomia privada*. cit., p. 356-357 e p. 361.

47 MEIRELES, Rose Melo Vencelau. *Autonomia privada e dignidade humana*. cit., p. 238-240.

48 TEIXEIRA, Ana Carolina Brochado. *Saúde, corpo e autonomia privada*. cit., p. 361.

49 FERRARI, Chiara; UGOLINI, Sonia. *I* trusts *in ambito successorio*. cit., p. 666; PETRULLI, Mario; RUBINO, Francesco. *Il trust*, cit., p. 201.

Tal negócio constitui expediente voltado não apenas para evitar que o curador tome decisões direcionadas para a preservação do patrimônio (pode haver situação conflituosa, em que curador seja potencial herdeiro do enfermo), como também permite valorizar a vontade do enfermo manifestada quando ele ainda se encontrava em pleno discernimento. A pessoa pode optar pelo seu patrimônio ser gasto todo ele consigo próprio. Desde que respeite suas obrigações legais, eventual dever de alimentos, responsabilidade perante credores etc., afigura-se legítimo que o patrimônio que lhe pertence seja prioritariamente destinado à satisfação de suas necessidades psicofísicas, que auxiliarão na manutenção da sua dignidade. A gestão patrimonial por meio do *trust* pode ser um grande instrumento para esse fim, que se soma aos já consagrados expedientes protetivos.

3.3 O *trust* e as cláusulas de incomunicabilidade, inalienabilidade e impenhorabilidade

As cláusulas de incomunicabilidade, inalienabilidade e impenhorabilidade acarretam inevitáveis engessamento e rigidez, os quais podem ser prejudiciais àquele que se objetivou tutelar. Por isso que, embora admitidas pelo Direito brasileiro, traduzem expediente visto com desconfiança, vez terem o efeito colateral de dificultar a circulação de riquezas, além de aprisionar o beneficiário em relação a determinado bem, o qual apenas pode ser substituído por meio do processo judicial de sub-rogação.[50]

Aludidas cláusulas geram aproveitamento estático dos bens, que restam gravados com importantes limitações que dificultam sua adaptação às vicissitudes por que passa o beneficiado ao longo da vida, bem como às alterações de mercado (neste particular, especialmente dramática é a cláusula de inalienabilidade nas ações). O Judiciário, contudo, atento à função protetiva de tais cláusulas, tem buscado valorar, à luz das concretas circunstâncias, a maneira de melhor resguardar os interesses do beneficiado.[51] A despeito

---

[50] Cf. art. 1.848, §2º, do Código Civil: "Mediante autorização judicial e havendo justa causa, podem ser alienados os bens gravados, convertendo-se o produto em outros bens, que ficarão sub-rogados nos ônus dos primeiros".

[51] "Se a alienação do imóvel gravado permite uma melhor adequação do patrimônio à sua função social e possibilita ao herdeiro sua sobrevivência e bem-estar, a comercialização do bem vai ao encontro do propósito do testador, que era, em princípio, o de amparar adequadamente o beneficiário das cláusulas de inalienabilidade, impenhorabilidade e incomunicabilidade. A vedação contida no art. 1.676 do CC/16 poderá ser amenizada sempre que for verificada a presença de situação excepcional de necessidade financeira, apta a recomendar a liberação das restrições instituídas pelo testador". (STJ, REsp 1158679/MG, 3ª T., Rel. Min. Nancy Andrighi, julg. 7.4.2011); "O Novo Código Civil adotou sistema menos rígido para o cancelamento dos gravames, sendo possível quando houver justa causa, sejam eles instituídos por testamento ou doação, conforme reza a doutrina. No presente caso as autoras demonstraram estar enfrentando dificuldades financeiras, necessitando desbloquear o valor depositado para sub-rogação. Conclui-se dos autos que nenhum prejuízo advirá da desconstituição dos gravames. A proteção que se busca através das cláusulas de inalienabilidade e impenhorabilidade do imóvel, no intuito de que as autoras tenham residência, se mostra desnecessária uma vez que as mesmas comprovaram possuir imóvel próprio. Por outro lado, a cláusula de incomunicabilidade não tem maior importância no caso concreto uma vez que as apelantes não mantêm sociedade conjugal. A conveniência em se desconstituir os gravames é evidente, ao passo que a manutenção dos mesmos mostra-se prejudicial às autoras". (TJRJ, Ap. Cív. 0007003-90.2000.8.19.0037, 9ª CC, Rel. Des. Carlos Santos de Oliveira, julg. 21.10.2008); "Pedido de cancelamento de cláusula de inalienabilidade incidente sobre imóvel recebido pelo recorrente na condição de herdeiro. 2 – Necessidade de interpretação da regra do art. 1576 do CC/16 com ressalvas, devendo ser admitido o cancelamento da cláusula de inalienabilidade nas hipóteses em que a restrição, no lugar de cumprir sua função de garantia de patrimônio aos descendentes, representa lesão aos seus legítimos interesses. (STJ. REsp nº 1422946/MG, 3ª T., Rel. Min. Nancy Andrighi, Rel. p/ Acórdão Min. Paulo de Tarso Sanseverino, julg. 25.11.2014); "O apelo nobre merece acolhimento, a fim de afastar as cláusulas de inalienabilidade e impenhorabilidade, considerando as peculiaridades do caso concreto

de tal importante esforço empreendido pelo Judiciário, mantém-se o inconveniente relativo à falta de celeridade na solução dos problemas que essas restrições possam suscitar.

Nesse contexto, o *trust* desponta como expediente de inquestionável vantagem, por tutelar os mesmos interesses valorados positivamente pelo legislador sem os inconvenientes das cláusulas de inalienabilidade, impenhorabilidade e incomunicabilidade.

De fato, por intermédio do *trust* seria possível, respeitando-se as mesmas exigências legais aplicáveis às cláusulas de inalienabilidade, impenhorabilidade e incomunicabilidade, garantir um aproveitamento dinâmico dos bens. Ou seja, haveria o alcance da mesma finalidade valorada positivamente pelo legislador sem o mesmo engessamento.[52] O *trust* permitiria que o objeto da transmissão fosse universalidade patrimonial autônoma cuja gestão ficaria a cargo de entidade diversa do beneficiário. Aliena-se não um bem gravado com as cláusulas de inalienabilidade, incomunicabilidade e impenhorabilidade, mas a atividade de gestão do patrimônio, inteiramente voltada para a promoção dos interesses do beneficiário.

O aproveitamento dos bens, assim, poderia (i) adaptar-se a concretas circunstâncias, que se alteram com o tempo, o que garantiria com mais efetividade o propósito original do testador/doador de resguardar os interesses dos beneficiários, possibilitando-se, a um só tempo, a circulação dos bens e a preservação do patrimônio, voltado a tutelar os beneficiários, e (ii) contemplar mais pessoas com os mesmos bens por intermédio de gestão unitária, independente e imparcial, sem as dificuldades próprias do condomínio, de maneira a otimizar o aproveitamento dos bens. Em uma palavra, o *trust* conferiria mais liberdade e, por isso, maior adaptabilidade.

O donatário, herdeiro ou legatário, por exemplo, podem, no decorrer de sua vida, ter de morar no exterior ou mudar o tipo de trabalho que empreendem. Um imóvel gravado de inalienabilidade, a depender das circunstâncias, pode se tornar um estorvo, além de gerar dívidas quando o beneficiário não consegue pessoalmente administrar, alugar, constituir mandatário etc.

Com o *trust*, por outro lado, o beneficiário não teria o encargo de gerir o bem, e, além disso, poderia o fiduciário, se for conveniente para a tutela dos interesses do beneficiário, substituir determinado bem por outros tipos de ativos, garantindo sustento/renda ao beneficiário conforme as suas concretas necessidades. O fiduciário, ademais, pode ser um profissional, de maneira que a gestão seria confiada a sujeito de alta especialização e apto a tomar as melhores decisões.[53]

Dessa forma, haveria, com o *trust*, novo objeto de transmissão: os benefícios da gestão de uma universalidade patrimonial afetada aos interesses dos donatários, herdeiros ou legatários. Ajusta-se o benefício pretendido à concreta situação,[54] possibilitando-se, ainda, melhor aproveitamento dos bens integrantes do patrimônio separado, que podem

relativas ao momento da doação – que ocorreu em 1943 -, a avançada idade dos donatários e a deterioração do imóvel, a qual demonstra que tais restrições contrariam os legítimos interesses dos beneficiários da doação". (STJ. REsp nº 1321542/SP 2012/0088722-4, Dec. Mon. Rel. Min. Raul Araújo, julg. 9.8.2019).

52 Cf. Exposé des motifs de loi instituant la fiducie, présentée par Philippe Marini, p. 8.

53 GOMES, Orlando. Contrato de Fidúcia ('trust'). cit., p. 11.

54 KIPER, Claudio M.; LISOPRAWSKI, Silvio V. *Tratado de Fideicomisso*. Buenos Aires: Depalma, 2004, p. 202.

servir a mais de um beneficiário, sem os inconvenientes do condomínio.[55] Opera-se a liberalidade do fiduciante ao beneficiário por meio do fiduciário,[56] responsável pela conservação e gestão dos bens até a liquidação do patrimônio afetado.[57]

Uma vez que, neste caso, a destinação vincula universalidade patrimonial, não já bens específicos, não há necessidade de se efetuar processo judicial para sub-rogação.[58] Cuida-se de sistema que atinge, repita-se à exaustão, as mesmas finalidades das cláusulas de impenhorabilidade, inalienabilidade e incomunicabilidade, sendo, contudo, mais maleável. As dificuldades na sub-rogação e na superação de tais cláusulas limitativas, de fato, podem prejudicar o aproveitamento dos bens e a tutela dos interesses que o doador/testador quis proteger.

A título exemplificativo, ressalte-se o caso dos irmãos e condôminos Sérgio, Ricardo e Roberto que, em 1997, iniciaram procedimento de jurisdição voluntária de sub-rogação de gravames de inalienabilidade, impenhorabilidade e incomunicabilidade existentes sobre imóvel de sua propriedade. Os condôminos ofereceram outros bens para que as cláusulas restritivas fossem transmitidas (sub-rogadas), ficando liberado o imóvel para alienação. Em 1998 foi proferida sentença julgando procedente o pedido nos seguintes termos:

> Isto posto, julgo procedente o pedido e determino a sub-rogação, sobre os imóveis oferecidos pelos requerentes Roberto e Ricardo Freytag de Azevedo Bastian, dos vínculos que recaem sobre o imóvel a ser alienado. Com relação à quota-parte do requerente Sérgio Freytag Bastian, deverá a mesma ser depositada em conta judicial, com rendimentos, até que o mesmo adquira imóvel, no mesmo valor, sobre o qual incidirão os gravames.

Transitada em julgado essa sentença e arquivado o processo, passados mais de dez anos, vem agora Sérgio pedir o desarquivamento do processo e a liberação do dinheiro correspondente à sua quota-parte. Veja-se que foram dez anos sem aproveitamento econômico do bem (alienado) ou do dinheiro (depositado).[59]

As cláusulas de inalienabilidade, impenhorabilidade e incomunicabilidade trabalham com a pressuposição de que o titular fará, pessoalmente, o aproveitamento do bem e desenvolverá atividades sobre ele. Mas no mundo atual o dono nem sempre é o empreendedor ou o gestor, seja por falta de tempo, de expertise ou de desejo. E mais:

---

55 HAYZUS, Jorge Roberto. *Fideicomiso*. cit., p. 88.

56 CHARLIN, Jacques. La fiducie-libéralité: essai de synthèse en vue d'un contrat. *In*: *Les opérations fiduciaires*. Colloque de Luxembourg des 20 et 21 septembre 1984, Paris: Feduci, 1985, p. 135.

57 HAYZUS, Jorge Roberto. *Fideicomiso*. cit., p. 88.

58 Consoante já ressaltado, a universalidade de direito constitui centro autônomo de imputação objetiva, para além de seus componentes, os quais, por conservarem autonomia jurídica, podem participar de relações que os subtraiam da *universitas iuris* e, por conseguinte, do campo de ação daqueles que têm direitos sobre a universalidade em si considerada. Desse modo, a universalidade tem conteúdo variável, podendo se expandir ou se comprimir sem alteração qualitativa, isto é, a livre mutabilidade de seus componentes não modifica a configuração unitária do todo. Afigura-se inerente à categoria da universalidade, assim, a livre mutação de seus elementos, como decorrência necessária da função desempenhada pelo novo objeto de direito criado pelo legislador, o qual se preserva inalterado a despeito das mudanças em seu conteúdo. A sub-rogação real não se confunde com a mera substituição de componentes inerente a toda universalidade de direito, daí a maior flexibilidade oriunda da técnica da separação patrimonial em comparação com a afetação individual de bens. Cf. SANTORO-PASSARELLI, Francesco. *La Surrogazione Reale*. Roma: Attilio ampaolesi, 1926, p. 34.

59 TJRS, AI 70051694610, 8ª CC, Rel. Des. Rui Portanova, julg. 21.3.2013.

a depender do tipo de ativo, a cláusula de inalienabilidade ainda é mais tormentosa, como no caso das ações, cuja oscilação no mercado demanda ágil atuação, nem sempre possível com o processo da sub-rogação.

Daí a técnica da segregação patrimonial ser mais afeta aos novos tempos e à atuação dinâmica que é exigida. O patrimônio separado permite que se assegure aos beneficiários determinada posição ativa sem o mesmo congelamento dos bens e com a possibilidade de a gestão ser efetivamente transferida a um profissional especializado, diferenciando-se, assim, as figuras do beneficiário e do fiduciário.[60]

Não se pretende que a vontade arbitrária do testador ou doador governe os negócios indefinidamente. A ideia é, nos limites legais, tendo como tempo de duração máxima a vida dos beneficiados, habilitar aquele que transmite o bem de instrumento que seja mais versátil e melhor adaptado às concretas necessidades dos agraciados.[61] O *trust*, advirta-se, não poderia servir para fraudar as disposições cogentes, tais como as relativas à legítima ou à substituição fideicomissária.[62]

Por tudo isso, o *trust* pode ser de extrema valia na proteção dos interesses dos donatários, herdeiros e legatários, porquanto permite (i) a proteção almejada com as cláusulas de impenhorabilidade, inalienabilidade e incomunicabilidade, pois, respectivamente, (a) os bens em fidúcia não podem ser atingidos pelos credores dos beneficiários (que apenas podem excutir os proventos recebidos pelos beneficiários), (b) os beneficiários não têm poder de disposição sobre os bens em fidúcia, vez que de titularidade do fiduciário, e (c) o cônjuge dos beneficiários apenas pode pretender direito sobre os proventos recebidos, não já sobre os bens de propriedade do fiduciário;[63] bem como a (ii) flexibilidade na gestão dos bens, o que afastaria os inconvenientes suscitados com a aposição de tais cláusulas restritivas, haja vista que possibilitaria (a) a adequação dos bens às concretas necessidades dos beneficiários, que podem se alterar ao longo da vida, (b) o benefício a mais de um donatário, herdeiro ou legatário sem os inconvenientes do condomínio, e (c) a preservação do patrimônio de maneira mais efetiva, pois essas cláusulas, dependendo do bem sobre o qual incidem, podem ser deveras prejudiciais, como a cláusula de inalienabilidade em se tratando de ações.

4 Conclusão

Há o difundido temor de a admissão do *trust* facilitar sobremaneira fraudes contra herdeiros, cônjuge e credores, haja vista a afetação patrimonial que lhe é inerente. Entretanto, a criação de patrimônio separado, como qualquer ato de disposição, sujeita-se a rigorosos controles destinados a aferir sua validade. Aplicam-se ao *trust*, portanto, todos os preceitos de ordem pública incidentes sobre o concreto regulamento de interesses.

---

[60] Assemblée Nationale, Rapport fait au nom de la Commission des Lois Constitutionnelles, de la Législation et de l'Administration Générale de la République sur la proposition de loi (n. 3385), adoptée par le Sénat, instituant la fiducie, par Xavier de Roux, p. 7.

[61] HAYZUS, Jorge Roberto. *Fideicomiso*. cit., p. 94-95; GRIMALDI, Michel; BARRIÈRE, François. *La fiducie en droit français*. Buenos Aires: Astrea, 2004, p. 256.

[62] HAYZUS, Jorge Roberto. *Fideicomiso*. cit., p. 106.

[63] Os credores pessoais, herdeiros e cônjuge do fiduciário também não podem ter qualquer pretensão, nessa qualidade, ao patrimônio separado objeto da fidúcia.

O *trust* não é diverso de qualquer outro ato de alienação e, portanto, os mesmos controles de ilicitude e abusividade atinentes aos atos de disposição incidem no *trust*. A blindagem patrimonial, nesse sentido, não surge como meio propiciador de fraude, mas como forma de tornar efetivo o *trust*, e, em última análise, o ato de alienação que por intermédio do *trustee* é realizado entre o *settlor* e os beneficiários.

Desse modo, o *trust* não carrega consigo qualquer perigo adicional de fraude que pudesse recomendar sua não absorção, em termos gerais, pelo legislador brasileiro. Ao revés, ao possibilitar um diverso aproveitamento dos bens em virtude da técnica do patrimônio separado, constitui o *trust* mecanismo de grande potencialidade funcional, a justificar sua incorporação pelo ordenamento pátrio.

A incorporação dos principais efeitos do *trust* pelo Direito brasileiro permitiria potencializar a proteção dos vulneráveis. O *trust* viabilizaria que a gestão dos bens destinados aos menores e às pessoas com discernimento comprometido ficasse a cargo de instituição especializada, que seria a titular de tais direitos e, por isso mesmo, teria liberdade para administrá-los, desde que em conformidade com as diretrizes previamente estabelecidas.

Em relação às diretivas antecipadas, o *trust* potencializaria o direito à autodeterminação da pessoa, ao possibilitar a prefixação da gestão patrimonial para o caso de futura enfermidade que comprometa o discernimento ou a possibilidade de comunicação. Seria possível escolher a maneira de o patrimônio ser administrado para a satisfação das necessidades psicofísicas na hipótese de enfermidade superveniente.

No que tange às cláusulas restritivas – impenhorabilidade, incomunicabilidade, inalienabilidade – o *trust* poderia alcançar o mesmo escopo protetivo sem os inconvenientes próprios de tais cláusulas, vez que asseguraria aproveitamento dinâmico dos bens. E quanto à proteção dos menores, o *trust* seria instrumento que garantiria gestão patrimonial perene e ágil, que não sofreria percalços com as eventuais mudanças de tutor ou com as dificuldades para a obtenção judicial de autorização para a alienação de certos ativos. Além disso, asseguraria gestão profissional à luz das diretivas dos pais, que poderiam orientar a administração patrimonial de acordo com o melhor interesse dos menores, à luz das concretas necessidades destes, das quais os pais são os melhores conhecedores.

Em definitivo, o *trust* reforçaria a proteção dos vulneráveis, ao possibilitar que a gestão de bens ocorra em atenção às suas específicas necessidades, bem como seja dotada das necessárias agilidade e segurança. Por isso que, aos moldes de outros ordenamentos, o Brasil poderia incorporar os principais efeitos do *trust* a fim de reforçar a proteção de interesses merecedores de tutela.

Referências

ARESPACOCHAGA, Joaquín de. *El trust, la fiducia y figuras afines*. Madrid: Marcial Pons, 2000.

AZEVEDO, Álvaro Villaça. *In*: AZEVEDO, Antônio Junqueira de (Coord.). *Comentários ao código civil*, vol. 19. São Paulo: Saraiva, 2003.

BARRIERE, François. *La réception du* trust *au travers de la fiducie*. Paris: LexNexis, 2004.

BARTOLI, Saverio. *Il Trust*. Milano: Giuffrè, 2001.

BEVILÁQUA, Clóvis. *Código Civil dos Estados Unidos do Brasil*, vol. II. Rio de Janeiro: Francisco Alves, 1960.

BIANCA, Mirzia. Giornata di Studio sul Trust. *Rivista di Diritto Civile*, anno 41, n. 3, 1995.

BOMTEMPO, Tiago Vieira. Diretivas antecipadas: breves considerações. *Revista jurídica Consulex*, n. 364, 2012.

BORGES, Roxana Cardoso Brasileiro. Direito de morrer dignamente: eutanásia, ortotanásia, consentimento informado, testamento vital, análise constitucional e penal e direito comparado. *In*: Biodireito: ciência da vida, os novos desafios. *In*: SANTOS, Maria Celeste Cordeiro Leite (Org.). São Paulo: Revista dos Tribunais, 2001.

CASAS, Eduardo; SANTAMARÍA, Sanz de. *La Fiducia*. Santa Fé de Bogotá: Temis, 1997.

CHALHUB, Melhim Namem. *Trust*. Rio de Janeiro: Renovar, 2001.

CHARLIN, Jacques. La fiducie-libéralité: essai de synthèse en vue d'un contrat. *In*: *Les opérations fiduciaires*. Colloque de Luxembourg des 20 et 21 septembre 1984, Paris: Feduci, 1985.

COSTA CRUZ, Elisa; AZEVEDO, Lilibeth de. Planejamento sucessório. *In*: TEPEDINO, Gustavo; FACHIN, Luiz Edson (Org.). *Diálogos sobre direito civil*, vol. III. Rio de Janeiro: Renovar, 2012.

DAVID, René. *Os Grandes Sistemas do Direito Contemporâneo*. São Paulo: Martins Fontes, 1996.

DIAS, Maria Berenice. *Manual de Direito das Famílias*. São Paulo: Revista dos Tribunais, 2011.

FACHIN, Luiz Edson. *Elementos críticos do direito de família*. *In*: LIRA, Ricardo Pereira (Coord.). Rio de Janeiro: Renovar, 1999.

FERRARI, Chiara; UGOLINI, Sonia. *I* trusts *in ambito successorio*. *In*: *Donazioni, atti gratuiti, patti di famiglia e* trusts *successori*. diretta da Enrico del Prato, Maria Costanza e Paola Manes. Torino: Zanichelli, 2010.

GIANDOMENICO, Marco Eugenio Di; FESTA, Davide. *Consorzi, fondazioni e trust*. Dogana: Maggioli Editore, 2006.

GOMES, Orlando. Contrato de Fidúcia ('trust'). *Revista Forense*, vol. 211, ano 62, jul./ago./set. 1965.

GRIMALDI, Michel; BARRIÈRE, François. *La fiducie en droit français*. Buenos Aires: Astrea, 2004.

HAYZUS, Jorge Roberto. *Fideicomiso*. Buenos Aires: Astrea, 2001.

HELMHOLZ, Richard; ZIMMERMANN, Reinhard. Views of Trust and Treuhand: an introduction. *In*: HELMHOLZ, Richard; ZIMMERMANN, Reinhard (Ed.). *Itinera Fiduciae*. Berlin: Duncker & Humblot, 1998.

KIPER, Claudio M.; LISOPRAWSKI, Silvio V. *Tratado de Fideicomisso*. Buenos Aires: Depalma, 2004.

LEPAULLE, Pierre. *Traité Théorique et Pratique des Trusts en droit interne, en droit fiscal et en droit internacional*. Paris: Librairie Arthur Rousseau, 1932.

LUPOI, Maurizio. *Il trust nel diritto civile*. Torino: UTET, 2004.

MALUMIÁN Nicolás; DIPLOTTI, Adrián G.; GUTIÉRREZ, Pablo. *Fideicomiso y Securitización. Análisis Legal, Fiscal y Contable*. Buenos Aires: La Ley, 2006.

MEIRELES, Rose Melo Vencelau. *Autonomia privada e dignidade humana*. Rio de Janeiro: Renovar, 2009.

NERI, Arianna. *Il trust e la tutela del beneficiário*. Padova: CEDAM, 2005.

OLIVA, Milena Donato. *Patrimônio Separado*: herança, massa falida, securitização de créditos imobiliários, incorporação imobiliária, fundos de investimento imobiliário, trust. Rio de Janeiro: Renovar, 2009.

OLIVA, Milena Donato. *Do Negócio Fiduciário à Fidúcia*. São Paulo: Atlas, 2014.

OLIVA, Milena Donato. O patrimônio no direito brasileiro. *In*: TEPEDINO, Gustavo (Coord.). *O Código Civil na perspectiva civil-constitucional*. Rio de Janeiro: Renovar, 2013.

PEREIRA, Caio Mário da Silva. *Instituições de Direito Civil*, vol. V. Rio de Janeiro: Forense, 2013.

PETRULLI, Mario; RUBINO, Francesco. *Il trust*. Matelica: Halley, 2006.

PORCELLI, Giacomo. *Successioni e Trust*. Napoli: Edizioni Scientifiche Italiane, 2005.

RODRIGUES, Sizino. Os 'trusts' em face do direito brasileiro. *Revista Forense*, vol. 493, ano XLI, jul. 1944.

ROMERO, Miguel Acosta. Naturaleza Jurídica del Fideicomiso. *Revista de la Facultad de Derecho de México*, t. XLIII, n. 191-192, sept./dic. 1993.

SALOMÃO NETO, Eduardo. *O trust e o direito brasileiro*. São Paulo: LTr, 1996.

SANTORO-PASSARELLI, Francesco. *La Surrogazione Reale*. Roma: Attilio Sampaolesi, 1926.

SCHREIBER, Anderson. *Direito Civil e Constituição*. São Paulo: Atlas, 2013.

TEIXEIRA, Ana Carolina Brochado. *Saúde, corpo e autonomia privada*. Rio de Janeiro: Renovar, 2010.

TELES, Inocêncio Galvão. *Das Universalidades*. Lisboa: Minerva, 1940.

WATERS, Donovan. The Hague Trusts Convention twenty years on. *In*: GRAZIADEI, Michele; MATTEI, Ugo; SMITH, Lionel (Ed.). *Commercial Trusts in European Private Law*. Cambridge: Cambridge University Press, 2005.

Informação bibliográfica deste texto, conforme a NBR 6023:2018 da Associação Brasileira de Normas Técnicas (ABNT):

OLIVA, Milena Donato. Trust. *In*: TEIXEIRA, Daniele Chaves (Coord.). *Arquitetura do planejamento sucessório*. 3. ed. Belo Horizonte: Fórum, 2022. p. 553-569. Tomo I. ISBN 978-65-5518-459-4.

O PACTO PARASSOCIAL COMO INSTRUMENTO DE PLANEJAMENTO SUCESSÓRIO

NELLY POTTER

1 Situando a questão

Enquanto as maiores economias do mundo já pulsam sob as vibrações das *unicorn companies*, que são aqueles modelos empresariais que começaram bem pequenos, mas, devido à grande inovação que trouxeram, atingiram um patamar de 1 bilhão de dólares antes de abrirem seu capital na bolsa de valores, o cenário empresarial brasileiro do século XXI ainda está repleto de empresas familiares.

Segundo consultores da PricewaterhouseCoopers (PwC), as empresas familiares no país representam quase 80% das cerca de 19 milhões de sociedades existentes no Brasil[1] e, como índice alarmante, apontam que apenas 12% destas sociedades resistem após a terceira geração. Uma das principais causas para este esfacelamento das empresas familiares[2] é a falta de um modelo de negócio que inclua um planejamento sucessório embasado e consistente.

Em similar levantamento sobre a atividade empresarial no Brasil, a International Finance Corporation (IFC), membro do Banco Mundial, voltado para o setor privado nos países em desenvolvimento, divulgou que o alto índice para a "quebra" das sociedades empresárias no Brasil,[3] além de ter relação com o elevado grau de informalidade na condução do negócio, tem como fator determinante a briga entre herdeiros. Não à toa, arremata a pesquisa da PwC, menos de 18% das sociedades de propriedade familiar no Brasil possuem um planejamento sucessório visando sua longevidade.

Este breve ensaio visa então enfrentar um tema já conhecido no cotidiano societário, que é usual para os grandes empresários, mas ainda distante das sociedades de pequeno

[1] Disponível em: https://www.pwc.com.br/pt/estudos/servicos/consultoria-negocios/2017/o-fator-humano.html. Acesso em: 07 abr. 2018, às 22:15.

[2] O outro elemento apontado nesta pesquisa, além da ausência de um planejamento sucessório, foi a falta de investimento em inovação. *Idem* n. 1.

[3] Disponível em: https://www.ifc.org/wps/wcm/connect/publications_ext_content/ifc_external_publication_site/publications_listing_page/devimpact+publications. Acesso em: 09 abr. 2018, às 11:35.

e médio porte, que, devido ao menor vulto econômico, especialmente nas sociedades limitadas, não veem a necessidade de planejar a sucessão empresarial. O problema prático, contudo, é sempre o mesmo: E se os filhos não tiverem aptidão para o negócio? E se as novas gerações não tiverem afinidade *(affectio societatis)*? Como proceder se as posições entre os herdeiros forem conflitantes? Como fazer os sócios fundadores entenderem o quão importante é planejar a sucessão? Em suma: como fugir da máxima: "Avós ricos, filhos nobres, netos pobres...?".

Para o crescimento e a consolidação da atividade empresarial no Brasil esta discussão é de grande relevo, traduz-se em tema multidisciplinar a interessar, além da sistemática jurídica, às searas da administração e da economia, ou mesmo da psicologia, porque "passar o bastão" é um ato de profundo desapego.[4]

Mas, afinal, o que é planejar a sucessão? Ora, a morte é um acontecimento futuro dotado de certeza. Não se sabe quando ou como, só que é fato inevitável para todos os seres vivos. Isto posto, a certeza e inevitabilidade do evento morte pode levar as pessoas ao pensamento de organizar-se previamente, dando uma linha de conduta aos que lhe sucederão. É de Daniele Teixeira a definição do planejamento sucessório como um instrumento jurídico realizado em vida, mas para ter efeitos *post mortem*, permitindo a adoção de uma estratégia voltada para a transferência eficaz e eficiente do patrimônio de uma pessoa após a sua morte.[5]

Com efeito, o Direito Sucessório brasileiro, malgrado as inovações do Código Civil de 2002, é extremamente engessado,[6] não permitindo a livre disposição dos bens pelo testador e, por vezes, causando imbróglios familiares eternos. Além disso, a sucessão por herança no Brasil também não é barata, se vista à luz da realidade pátria. Muitos processos param por falta de recursos e, não raro, há de se ter alvará para venda de bens do espólio para pagar custas e impostos de transmissão. Enfim, é enrolado, lento e caro, motivo pelo qual o planejamento sucessório se mostra como uma medida preventiva eficaz para que o titular da herança possa, ainda em vida, adotar procedimentos com relação ao destino de seus bens depois de sua partida.

Além do testamento, há vários caminhos para se fazer um planejamento sucessório, dentre os quais, a doação, com ou sem usufruto; a compra e venda entre ascendentes e descendentes; a formação de *holdings*; o *trust*; alguns seguros de vida; e, por fim, o pacto parassocial, chamado de acordo de acionistas ou sócios.[7]

Por tais motivos este ensaio analisa o pacto parassocial[8] à luz do Direito Pátrio como instrumento jurídico apto a disciplinar o planejamento sucessório empresarial,

---

4 No mesmo sentido, POMPEU; LONGO; KIGNEL; CIPULLO. *Planejamento Sucessório*. São Paulo: LTC, 2006, p. 17: "A primeira barreira que se percebe no planejamento sucessório não é de cunho jurídico, mas eminentemente psicológico".

5 TEIXEIRA, Daniele Chaves. *Planejamento Sucessório*. Belo Horizonte: Fórum, 2017, p. 57.

6 No mesmo sentido, TEIXEIRA, Daniele Chaves, ob. cit., p. 56: "O direito sucessório brasileiro está extremamente engessado, distante das necessidades das famílias contemporâneas e das funções patrimoniais, que devem ser atendidas à luz dos princípios constitucionais, mas que dispõem de poucas alternativas para exercer a própria autonomia".

7 Sobre todos os instrumentos hábeis ao planejamento sucessório ver TEIXEIRA, Daniele Chaves. *Planejamento Sucessório*. Belo Horizonte: Fórum, 2017, p. 109-137 e também POMPEU; LONGO; KIGNEL; CIPULLO. *Planejamento Sucessório*. São Paulo: LTC, 2006, p. 53-100.

8 O autor Modesto Carvalhosa acha imprópria a terminologia 'pacto parassocial', em especial para acordos que versam sobre o controle da companhia e acordos de bloqueio. Para Modesto Carvalhosa o nome 'pacto parassocial'

tanto em sociedades limitadas quanto em sociedades por ações, demonstrando sua eficácia e abrangência.

2 Pacto parassocial: acordo de acionistas ou de sócios

A Lei nº 6.404/76 positivou o acordo de acionistas em seu artigo 118. Embora não haja previsão correlata no Código Civil, é certo que os tipos societários ali constantes, em especial a sociedade empresária limitada e a sociedade simples, podem, por analogia, se valer desta disposição da lei acionária para entabular um acordo de sócios.[9] Assim, o pacto parassocial chamar-se-á acordo de acionistas nas sociedades por ações[10] e acordo de sócios, nas limitadas ou simples.

O pacto parassocial pode ser definido como contrato ou acordo firmado entre os acionistas/sócios visando disciplinar seus interesses comuns na sociedade. Situando-se dentro da categoria dos contratos (sua natureza jurídica), o pacto está submetido às normas comuns de validade e eficácia do negócio jurídico.[11] Além disso, por se tratar de um contrato nominado, deve ainda observar alguns requisitos próprios, relativos às partes, ao objeto e à forma.[12]

No que tange às partes, o acordo de acionistas/sócios só pode ser firmado pelos titulares das ações/quotas, aí inclusos os titulares de direitos referentes às ações, como os usufrutuários e os fideicomissários.[13] A oponibilidade deste acordo às partes substanciais, à própria sociedade e a terceiros será tratada adiante.

Quanto à forma, o acordo pode ser celebrado por tempo determinado ou indeterminado, devendo, contudo, sempre utilizar a forma escrita.[14] Nesta linha, para que o acordo possa vincular a sociedade e ser oponível a terceiros, faz-se necessário seguir as disposições do artigo 118 da Lei das Sociedades Anônimas – LSA. No *caput* do artigo diz expressamente que os acordos de acionistas deverão ser observados pela

---

somente seria aplicável aos acordos de voto dos minoritários. Vide: CARVALHOSA, Modesto. *Comentários à Lei de Sociedades Anônimas. Volume I.* São Paulo: Saraiva, 2011, p. 41. De forma contrária, Fábio Konder Comparato, utiliza a denominação 'pacto parassocial', vide seu texto COMPARATO, Fábio Konder. *Novos Ensaios e Pareceres de Direito Empresarial.* Rio de Janeiro: Forense, 1981, p. 75.

9 O Código Civil no parágrafo único do artigo 1053 prevê que as sociedades limitadas podem ser regidas supletivamente pelas normas da sociedade anônima.

10 Nas sociedades por ações, é importante lembrar que, por força do §4º do art. 118 da LSA, as ações integrantes de acordo de acionistas não poderão ser negociadas em bolsa ou em mercado de balcão.

11 CARVALHOSA, Modesto. *Acordo de Acionistas.* São Paulo: Saraiva, 2011, p. 21. Em igual sentido, BORBA, José Edwaldo Tavares. *Direito Societário.* Rio de Janeiro: Renovar, 2001, p. 320, para quem: "Sendo um contrato, a ele se aplicam os preceitos gerais, concernentes a esta categoria jurídica".

12 *Idem*, p. 22.

13 *Idem*, p. 31.

14 COELHO, Fabio Ulhoa. *Curso de Direito Comercial.* Volume II. São Paulo: Saraiva, 2008, p. 316. Sobre a exigência da forma escrita, esclarece Modesto Carvalhosa em sua obra, ob. cit., p. 51: "Não se pode dizer que a forma escrita é exigência da própria lei, como em outras hipóteses, não configurando, outrossim, um contrato formal. A lei simplesmente determina, para a eficácia *erga omnes* do acordo de acionistas, o seu arquivamento e publicidade, motivo por que o acordo de vontades deverá estar materializado em um documento vinculante, irrevogável e irretratável. Não se trata, pois, de um requisito *ad solemnitatem*, em que a validade da própria convenção *inter partes* dependa de sua forma escrita. Não haverá nulidade do acordo de acionistas pelo fato de não ter sido vinculativamente documentado, sendo, no entanto, nessa hipótese, ineficaz perante a sociedade e perante terceiros, e de cumprimento espontâneo e, portanto, voluntário entre as partes".

companhia quando arquivados na sua sede.[15] Em seu parágrafo primeiro, o legislador deixou claro que as obrigações ou ônus decorrentes destes acordos serão oponíveis a terceiros, depois de averbados nos livros de registro e nos certificados das ações, se emitidos.[16] É importante notar que, tratando-se de sociedade empresária limitada ou sociedade simples, a oponibilidade a terceiros e a publicidade poderão ser atendidas por meio de registro do acordo na Junta Comercial.

Já sobre o objeto, o artigo 118 da LSA prevê em seu *caput* três matérias gerais, que são a compra e venda de ações pelos acionistas,[17] o exercício do direito a voto e o exercício do poder de controle. Desta matriz surgem as várias modalidades de pactos ou acordos: acordo de votos,[18] acordo de bloqueio,[19] acordo para o exercício do poder de controle,[20] acordo de compra e venda de ações, de títulos ou de direitos conversíveis em ações ou de preferência na sua aquisição e outros.[21]

Estas matérias, tipificadas no *caput* do art. 118 da LSA, geram efeitos de obrigatoriedade perante a companhia e terceiros.[22] Entretanto nada obsta que o pacto parassocial verse também sobre matérias não previstas no *caput* do art. 118 da LSA. Em razão da liberdade de contratar e da extensão dos princípios da livre-iniciativa e da autonomia da vontade, os acordos entre sócios ou acionistas poderão versar sobre os mais variados temas de seu interesse, sejam políticas de administração, formas de eleição para o conselho de administração,[23] vínculos de investimento ou *joint ventures*,[24] enfim, objetos outros que não os elencados no dispositivo legal. Assim, com exclusão de algumas matérias consideradas ilícitas, tais como comércio de voto ou violação dos direitos essenciais do acionista, o acordo é, de forma geral, considerado válido e eficaz. Por outras palavras, a lei societária propicia que os acionistas/sócios componham livremente seus interesses

---

15 LSA. Art. 118, *caput:* Os acordos de acionistas, sobre a compra e venda de suas ações, preferência para adquiri-las, exercício do direito a voto, ou do poder de controle deverão ser observados pela companhia quando arquivados na sua sede (Redação dada pela Lei nº 10.303, de 2001).

16 LSA. Art. 118, §1º: As obrigações ou ônus decorrentes desses acordos somente serão oponíveis a terceiros, depois de averbados nos livros de registro e nos certificados das ações, se emitidos.

17 Ou a preferência para aquisição das ações.

18 POMPEU; LONGO; KIGNEL; CIPULLO. *Planejamento Sucessório.* São Paulo: LTC, 2006, p. 103: "Nos chamados acordos de comando e de defesa (ou de voto), os sócios se comprometem, antecipadamente, com a forma de votar, em casos específicos e em determinado período".

19 CARVALHOSA, Modesto. *Acordo de Acionistas.* São Paulo: Saraiva, 2011, p. 39: "No que respeita aos acordos de bloqueio, a alocação das ações dos signatários é inteiramente livre, podendo abranger parte ou todas as ações votantes, ou parte ou todas as ações preferenciais, presente ou futuras. De qualquer forma, o acordo de bloqueio vincula irrevogavelmente as ações atuais ali matriculadas e as que, no futuro, delas decorram, restando as demais sempre livres para negociação".

20 RIBEIRO, Marcia Carla Pereira. Acordo de Acionistas: um Breve Estudo Acerca das Modalidades. *In*: *Revista da Faculdade de Direito da UFPR*, vol. 36, p. 67, 2001: "O acordo de controle propicia ajustes de políticas de administração na seara de direito de controlador e não controladores, podendo ser utilizado como instrumento implementador de uma salutar administração corporativa".

21 CARVALHOSA, Modesto. *Acordo de Acionistas.* São Paulo: Saraiva, 2011, p. 91.

22 RIBEIRO, Marcia Carla Pereira. Acordo de Acionistas: um Breve Estudo Acerca das Modalidades. *In*: *Revista da Faculdade de Direito da UFPR*, vol. 36, p. 11, 2001.

23 RIBEIRO, Marcia Carla Pereira. Acordo de Acionistas: um Breve Estudo Acerca das Modalidades. *In*: *Revista da Faculdade de Direito da UFPR*, vol. 36, p. 65, 2001.

24 CARVALHOSA, Modesto, ob. cit., p. 92.

por acordo entre si celebrado, desde que estes não ofendam o ordenamento jurídico e o estatuto/contrato social.[25]

Há, contudo, um detalhe muito importante a ser levado em consideração: os acordos parassociais que versam sobre matéria diversa do previsto no *caput* do art. 118 da LSA, embora vinculem os signatários, não obrigam a sociedade, ou seja, não vinculam a companhia.[26] Por outras palavras diz-se que o acordo de acionistas enquanto instituto jurídico poderá ter outros objetos que não o direito de voto, o poder de controle e a negociabilidade das ações, mas nestes casos não haverá obediência à tipologia estabelecida na lei e a companhia não estará obrigada à observância dos termos do contrato, embora a validade e a eficácia do negócio *inter partes* sejam perfeitas.[27]

A diferença vai além, pois enquanto os acordos ditos típicos são passíveis de execução forçada com fulcro no §3º do art. 118 da LSA,[28] os acordos com objetos atípicos resolvem-se em perdas e danos.[29]

Nesta esteira cabe o questionamento de se o tratamento da sucessão empresarial em acordo de acionistas/cotistas é matéria típica ou atípica? O espólio é considerado terceiro?

3 A sucessão no pacto parassocial

O estudo já demonstrou quais são as matérias típicas a serem tratadas em acordos de acionistas/sócios, apontando também consequências jurídicas distintas para os casos tipificados em lei.

Quanto à sucessão, há de se questionar, *prima facie*, por que o pacto serve à sucessão. Veja-se à guisa de exemplo as seguintes cláusulas extraídas de acordos de acionistas sobre a matéria *sucessão*:

> Em caso de falecimento, interdição judicial ou ausência judicialmente declarada dos Acionistas *JS, OM e JR*, 01 (um) dos herdeiros de cada um destes Acionistas, e apenas 01 (um) será o

---

[25] RIBEIRO, Marcia Carla Pereira. Acordo de Acionistas: um Breve Estudo Acerca das Modalidades. *In*: *Revista da Faculdade de Direito da UFPR*, vol. 36, p. 65, 2001.

[26] CARVALHOSA, Modesto, ob. cit., p. 92.

[27] ALVES, Alexandre Ferreira de Assumpção; GAMA, Guilherme Calmon Nogueira da (Coord.). *Temas de Direito Civil-Empresarial.* Rio de Janeiro: Renovar, 2008, p. 316 e 317. Aduz o Autor, p. 316: "Tendo em vista tal dispositivo legal {art. 118 LSA}, a doutrina majoritária logo concluiu que só haveria necessidade de observância dos acordos de acionistas pela própria companhia quando, arquivados em sua sede, *versarem sobre as matérias elencadas no caput do art. 118*. Haveria assim, uma tipicidade no tocante ao objeto dos acordos de acionistas" (grifou-se).

[28] Art. 118 – §3º: Nas condições previstas no acordo, os acionistas podem promover a execução específica das obrigações assumidas.

[29] COELHO, Fábio Ulhoa. *Curso de Direito Comercial.* Volume II. São Paulo: Saraiva, 2008, p. 317. Explica o autor: "O direito sucessório, para disciplinar os acordos de acionistas, distingue duas hipóteses. De um lado, tratam dos acordos que versam sobre determinados objetos (compra e venda de ações, preferência para as adquirir, exercício do direito de voto ou poder de controle) e se encontram revestidos de uma específica formalidade (arquivamento na sede da companhia) e, de outro, aqueles aos quais falta qualquer desses pressupostos. Os primeiros sujeitam-se à disciplina do art. 118 da LSA, *ao passo que os últimos têm as suas obrigações resolvidas exclusivamente em perdas e danos*. Em outros termos, os acordos de acionistas que têm por objeto a compra e venda de ações, preferência para as adquirir, exercício do direito de voto ou poder de controle (pressuposto material) e que se encontrem arquivados na companhia *(pressuposto formal)*, por atenderem aos requisites do art. 118 da LSA, conferem aos seus partícipes duas garantias não contempladas aos demais. As garantias liberadas pelo direito societário para esses acordos de acionistas são duas; a proibição de a companhia praticar atos contrários ao contratado pelas partes e a *execução judicial específica das obrigações nele pactuadas*" (grifou-se).

representante legal de cada um desses mencionados Acionistas, ou dos respectivos espólios e poderá ser eleito e admitido como membro do Conselho de Administração da Companhia, desde que haja concordância expressa de votos que representem *66% (sessenta e seis por cento)*, no mínimo, das Ações com direito a voto da Companhia.

A nomeação e a investidura no cargo de membro do Conselho de Administração referidas na Cláusula Y acima objetiva, apenas e tão somente a participação do herdeiro ou representante legal do Acionista falecido e do respectivo espólio, ou do Acionista declarado ausente ou incapaz, no processo de deliberações das matérias de competência exclusiva do Conselho de Administração, pelo tempo necessário à realização dos processos de aquisição das ações do Acionista que falecer ou que for declarado judicialmente incapacitado ou ausente, através dos procedimentos de cisão, redução de capital ou compra das ações adiante especificados e regulados. Em nenhuma hipótese o herdeiro ou representante legal desses Acionistas referidos nesta cláusula exercerá qualquer função administrativa nos negócios ordinários ou extraordinários da Companhia, seja como diretor, gerente ou administrador.

Na Hipótese de ocorrência de qualquer forma de sucessão de cada um dos sócios do Acionista pessoa jurídica, o sucessor/herdeiro que ingressar como sócio ou acionista deste Acionista pessoa jurídica deverá respeitar e cumprir todas as cláusulas, termos e condições ora estabelecidas no presente acordo de Acionistas.

Ocorrendo o falecimento, a interdição ou ausência judicial declarada dos acionistas signatários da lista anexa, 01 (um) dos herdeiros de cada um destes Acionistas, e apenas 01 (um) será o representante legal de cada um desses Acionistas ou dos respectivos espólios. Em decorrência desses fatos e atos jurídicos, por decisão de votos de Acionistas que detenham *66% (sessenta e seis por cento)* do capital votante da Companhia e a exclusivo critério desses mesmos Acionistas, na hipótese desses referidos herdeiros dos Acionistas não serem aceitos a permanecer como Acionistas da Companhia e, ainda, se um dos herdeiros não for eleito membro do Conselho de Administração, por decisão de votos de acionistas que detenham *66% (sessenta e seis por cento)* do capital votante da Companhia, *ocorrerá uma das seguintes soluções*: i) primeiro, será realizada a cisão parcial da Companhia, com a versão correspondente à participação acionária do Acionista falecido, ausente ou incapaz para nova sociedade empresária a ser constituída; ii) segundo, alternativamente os herdeiros do Acionista falecido ou declarado ausente ou incapaz judicialmente receberão os bens e direitos referentes à participação desse Acionista através do procedimento de redução do capital da Companhia; iii) terceiro, não sendo realizada a redução de capital ou cisão da Companhia, os demais acionistas terão direito de comprar compulsoriamente as ações do Acionista falecido, ausente ou incapaz, sendo certo que qualquer um desses processos de aquisição acionária obedecerá os prazos e procedimentos adiantes estipulados no presente acordo de Acionistas.

Tratando-se a obrigação de fazer pactuada no presente Acordo, de forma irrevogável e irretratável, os Acionistas que não cumprirem a obrigação de iniciar o procedimento de redução do capital, de cisão parcial da Companhia ou de compra das ações do Acionista falecido, ausente ou incapaz, nas hipóteses e nos prazos previstos nas Cláusulas *x,y e z*, acima, pagarão multa mensal ao Acionista dissidente ou aos herdeiros/sucessores do Acionista falecido, no valor de R$1.000.000,00 (hum milhão de reais), a título de prefixação de perdas e danos, acrescida de juros à base de 1% (um por cento) ao mês, até a conclusão dos processos de cisão, redução de capital ou compra e venda de ações, além de honorários advocatícios e todos os custos e despesas do processo de arbitragem.

Tais exemplos demonstram que, ao regular a sucessão, o pacto entre sócios/ acionistas indica (i) quem poderá participar da administração; (ii) como se darão os processos deliberativos; (iii) o que ocorrerá caso os herdeiros não sejam admitidos; (iv) como se processará a saída dos acionistas/herdeiros não admitidos na companhia, ditando ainda expressamente (v) a vinculação de todos os herdeiros e sucessores ao disposto no acordo.

Ora, quando o acordo de acionistas regula a relação com os herdeiros, ele o faz no interesse da companhia, disciplinando sobre o exercício futuro do poder no seio social. Nada mais é, portanto, do que um instrumento de controle interno[30] ou, ainda, de previsão para que o controle futuro seja exercido de forma coerente e harmônica.[31]

O pacto parassocial é um contrato de execução diferida, de longa duração, cujos efeitos se protraem no tempo, justamente para garantir a longevidade da sociedade. Nas palavras de Marcia Ribeiro, é uma espécie de contrato em que as partes se comprometem a emitir declaração de vontade futura, pois "o que se estipula não é a venda de ações, mas sim a promessa de fazê-la sob tais e quais condições, o mesmo acontecendo com o exercício do direito de voto *e do poder de controle*, pois o que se pactua são determinadas *metas* e critérios a serem obedecidos no exercício destes"[32] (grifou-se).

Quando o pacto parassocial trata da sucessão, o faz, justamente, buscando dar diretrizes ao exercício do poder de controle na sociedade a longo prazo, tratando-se assim de matéria típica do art. 118 da LSA.

Tal conclusão coaduna-se ao que expôs Modesto Carvalhosa sobre o tema, pois para ele o acordo de controle transcende as matérias de administração ordinária da companhia, tratando-se de um vínculo de verdadeira condução política da empresa,[33] ou seja, um instrumento para dar direcionamento ao processo empresarial. Em uníssono Celso Barreto, para quem o acordo de acionistas/sócios como instrumento de controle interno confere estabilidade à vida da sociedade e assegura certeza aos participantes nas relações de administração e fiscalização.[34]

Outro ponto a corroborar a tipicidade da matéria "sucessão" no acordo de acionistas/sócios, conforme art. 118, *caput*, da LSA, é que a "sucessão" é uma forma de transferência de ações/cotas societárias. Como cediço, as ações ou cotas são valores mobiliários dotados de direitos pessoais[35] e direitos patrimoniais.[36] Alguns herdeiros podem vir a receber apenas os direitos patrimoniais das ações/cotas ou seu respectivo valor em liquidação, sem, contudo, virem a exercer os direitos pessoais inerentes a este título, que é a participação efetiva na sociedade.[37]

---

30 BARRETO, Celso de Albuquerque. *Acordo de Acionistas*. Rio de Janeiro: Forense, 1982, p. 75.

31 EIZIRIK, Nelson. Acordo de acionistas – Arquivamento na Sede Social – Vinculação dos Administradores de Sociedade Controlada. *Revista de Direito Mercantil, Industrial, Econômico e Financeiro*, v. 42, n. 129, p. 45-53, jan./ mar. 2003, p. 92.

32 RIBEIRO, Marcia Carla Pereira. Acordo de Acionistas: um Breve Estudo Acerca das Modalidades. *In*: *Revista da Faculdade de Direito da UFPR*, vol. 36, p. 66, 2001.

33 CARVALHOSA, Modesto, ob. cit., p. 118.

34 BARRETO, Celso de Albuquerque, ob. cit., p. 75.

35 Direito a participar efetivamente como sócio ou acionista das deliberações e das decisões sociais.

36 Direito a receber os resultados, a distribuição de perdas e lucros.

37 COMPARATO, Fábio Konder. *Novos Ensaios e Pareceres de Direito Empresarial*. Rio de Janeiro: Forense, 1981, p. 82. Ao analisar as ações ou cotas como valores mobiliários, aduz que: "As ações da companhia constituem valores

Assim, seja pelo exercício do poder de controle, seja como mecanismo de transferência de ações/cotas aos herdeiros, o tema "sucessão", quando tratado no pacto parassocial, está inserido no contexto do dispositivo legal da LSA, o que o torna passível de execução específica[38] e oponível a terceiros.[39]

A este respeito, volta-se à pergunta já formulada: o espólio é considerado terceiro?

4 O pacto e os herdeiros

Restou evidenciado neste estudo que a matéria sucessão tratada no pacto parassocial insere-se na tipicidade do instituto, obrigando assim a todos os acionistas/sócios signatários e também à companhia, desde que cumpridas as formalidades de publicidade.[40] Aliás, no que tange à companhia/sociedade, esta será sempre parte nos acordos tipificados, seja em sentido formal, nos pactos de bloqueio para compra e venda de ações[41] ou em sentido substancial, nos acordos de controle, onde os acionistas convenentes serão partes formais, e a sociedade será parte substancial, tendo em vista seu interesse direito e absoluto na execução do acordo.[42]

Recorde-se ainda que, desde que averbado nos livros de registros da companhia e nos certificados de ações,[43] o pacto parassocial é oponível também perante terceiros. A oponibilidade do acordo de acionistas/sócios perante terceiros, assim como de qualquer outro negócio jurídico, evidencia a produção de efeitos reflexos sobre a esfera jurídica alheia, permitindo que o pacto possa ser oponível aos que não o convencionaram.[44]

O espólio, por sua vez, não pode ser considerado terceiro neste contexto, embora, em linhas gerais, a noção jurídica de terceiro represente o contraposto lógico da noção de parte.[45] Ora, tal qual a sociedade, o espólio possui interesse intrínseco ao acordo de controle.[46]

Sobre o tema vale a pena recorrer à lição de Comparato, que explica que *parte* não se confunde com sujeito de direito ou com pessoa. Assim, como polo de uma relação jurídica, basta haver um centro de interesses ao qual se imputam os efeitos dessa

---

mobiliários, não só por expressa declaração da lei, mas também pela sua própria natureza e função. A posse legitimada confere ao possuidor o status de acionista, que é pressuposto para o exercício de direitos na ou contra a companhia, e para a atribuição de ônus, deveres e responsabilidades, ligados ao funcionamento da sociedade".

38 Art. 118, §3º, LSA.

39 Art. 118, §1º, LSA.

40 EIZIRIK, Nelson. Acordo de acionistas – Arquivamento na Sede Social – Vinculação dos Administradores de Sociedade Controlada. *Revista de Direito Mercantil, Industrial, Econômico e Financeiro*, v. 42, n. 129, p. 45-53, jan./mar. 2003, p. 85. O autor faz referência a um duplo regime de publicidade nos casos de acordo de acionistas, sendo necessário o arquivamento na sede para obrigar a companhia e a averbação nos livros e registros {averbação na Junta Comercial} para que o pacto possa ser oponível perante terceiros.

41 CARVALHOSA, Modesto. *Acordo de Acionistas*. São Paulo: Saraiva, 2011, p. 40. Nestes casos a sociedade será parte em sentido formal, "ao lhe ser outorgado pelos acionistas instituidores do acordo de bloqueio o direito de exercer, autonomamente, e, portanto, *diretamente, no futuro*, direitos patrimoniais inerentes a essas ações ou títulos conversíveis em ações, de sua própria emissão, com restrições próprias do regime instituído no art. 30 da lei societária" (grifou-se).

42 CARVALHOSA, Modesto. *Acordo de Acionistas*. São Paulo: Saraiva, 2011, p. 43.

43 EIZIRIK, Nelson, ob. cit., p. 85.

44 EIZIRIK, Nelson, ob. cit., p. 84.

45 COMPARATO, Fábio Konder. *Novos Ensaios e Pareceres de Direito Empresarial*. Rio de Janeiro: Forense, 1981, p. 77.

46 CARVALHOSA, Modesto. *Acordo de Acionistas*. São Paulo: Saraiva, 2011, p. 43.

relação, sem que haja, necessariamente, personalização, ou unidade de titular,[47] fato em que Comparato usou como exemplo concreto, justamente, o espólio. Neste particular, com exceção à regra geral do direito de que somente o titular pode estipular sobre seu interesse, tem-se a validade e a eficácia das estipulações em favor de quem não participa do acordo de vontades gerador da relação obrigacional,[48] tal qual o espólio nas disposições do pacto parassocial sobre sucessão.

Verifica-se pois que o titular do interesse não coincide com aquele que age ou manifesta a declaração de vontade negocial no pacto parassocial, sendo correto afirmar que o autor do negócio jurídico é a parte em sentido formal, enquanto que o verdadeiro titular do interesse (*o espólio, neste caso concreto*) é parte em sentido substancial, sendo impróprio chamar-lhe de *terceiro*.[49]

Sobre este tema também corrobora Modesto Carvalhosa, para quem o conceito de parte não diz respeito unicamente àquele que manifestou formalmente sua vontade no negócio jurídico, mas relaciona-se basicamente com o titular do interesse envolvido.[50]

Seguindo esta esteira e partindo-se da premissa da tipicidade da matéria, da mesma forma que a sociedade está obrigada a observar as cláusulas e estipulações do pacto na qualidade de parte,[51] também o espólio está obrigado na observação destas mesmas condições, uma vez que é parte substancial do acordo.[52] Por outras palavras, o pacto parassocial obriga a herdeiros e sucessores.

Deste modo, tratando-se de uma convenção sobre o exercício do controle futuro na sociedade ou ainda sobre as vias de transferência de ações/cotas, poder e gestão após o falecimento de um acionista, pode-se afirmar que, havendo qualquer recusa no cumprimento do disposto no acordo, emerge o direito à execução específica. Assim, por força do §3º do art. 118 da LSA, é possível requerer ao juiz que substitua a vontade do sócio ou acionista que não tenha proferido seu voto nos termos do acordo, tratando-se de um comando judicial ou arbitral em processo de conhecimento substitutivo da vontade da parte, o que dispensará ulterior processo executivo.[53]

Isto posto, arremata-se o seguinte: (i) a sucessão está tipificada no acordo de acionistas, nas matérias atinentes ao poder de controle e à transferência de ações; (ii) o espólio está obrigado ao pacto parassocial como parte substancial, tal qual a sociedade; (iii) a não observância do acordo poderá ensejar execução específica, conforme disposto no §3º do art. 118 da LSA.

Tal hermenêutica é a que melhor se coaduna com a hodierna doutrina do Direito Societário brasileiro, encontrando total respaldo e sinergia com o princípio da manutenção da empresa, a ser abordado mais à frente.

---

47 COMPARATO, Fábio Konder. *Novos Ensaios e Pareceres de Direito Empresarial*. Rio de Janeiro: Forense, 1981, p. 77.

48 *Idem*, p. 78.

49 *Idem*.

50 CARVALHOSA, Modesto. *Acordo de Acionistas*. São Paulo: Saraiva, 2011, p. 42.

51 Formal ou substancial.

52 CARVALHOSA, Modesto. *Acordo de Acionistas*. São Paulo: Saraiva, 2011, p. 42. Diz o autor neste trecho: "Já no caso do acordo de controle, a companhia é titular do interesse absoluto na sua execução. Por isso, a sociedade *é parte em sentido substancial do negócio jurídico do controle* a que está permanentemente vinculada" (grifou-se).

53 CARVALHOSA, Modesto. *Acordo de Acionistas*. São Paulo: Saraiva, 2011, p. 329 e 330.

5 Os terceiros

Na medida em que se asseverou que o espólio não é terceiro, faz-se salutar delinear quem são os terceiros aos quais o pacto parassocial é oponível.

Primeiro há terceiros dentro da própria companhia, como empregados e administradores. Especialmente quanto aos administradores, resta claro que há uma vinculação, pois é através deles que a sociedade atua.[54] Embora não sejam partes, os administradores devem observar as disposições do acordo nas reuniões do conselho de administração ou da diretoria e isto porque o poder de controle é exercido, *prima facie*, nos órgãos de administração da companhia.[55]

Fora da sociedade, pode se mencionar os fornecedores e, em especial, os investidores, que alocam seus recursos na sociedade.[56] Sem dúvida, em sociedades que envolvem grupos familiares, é preocupante para os investidores saber como se dará o exercício do poder de controle com a passagem das gerações, ou seja, como a problemática do procedimento ordinário da sucessão vinculará os envolvidos e direcionará a sociedade familiar.[57] Com efeito, o pacto parassocial que trata da sucessão interessa diretamente aos investidores, pois seus aportes financeiros se dão a longo prazo, perpassando, justamente, a transferência do controle dos titulares para seus herdeiros.

Vê-se, pois, que o pacto parassocial, ao tratar da sucessão, relaciona-se diretamente com a forma de condução do controle da companhia por um período que se protrai no tempo, buscando a satisfação dos interesses da empresa, dos acionistas, dos empregados, dos investidores e da comunidade onde atua.[58]

Trata-se, pois, ao fim e ao cabo, de se assegurar a preservação e a continuidade do negócio,[59] ou seja, uma preocupação com o princípio da manutenção da empresa.

6 O pacto parassocial e o princípio da manutenção da empresa

O planejamento sucessório por meio do pacto parassocial mostra-se um instrumento jurídico hábil a assegurar a todos os envolvidos, sejam partes ou terceiros, certa segurança jurídica quanto à longevidade da sociedade, ou seja, no que toca à sua preservação.[60] Neste aspecto relaciona-se diretamente com o princípio da manutenção da empresa, corolário direto do princípio da função social.

Ora, na contemporaneidade a empresa extrapolou seus próprios limites e passou a exercer um papel promocional do ser humano junto com o Estado. A empresa é *lócus* de desenvolvimento, de estudo, crescimento e de inclusão social, motivo pelo qual a

---

[54] EIZIRIK, Nelson, ob. cit., p. 86.

[55] *Idem*, p. 91.

[56] EIZIRIK, Nelson, ob. cit., p. 93 e 94.

[57] MAMEDE, Gladston. *Blindagem Patrimonial e Planejamento Jurídico*. São Paulo: Atlas, 2011, p. 73.

[58] RIBEIRO, Marcia Carla Pereira. Acordo de Acionistas: um Breve Estudo Acerca das Modalidades. *In*: *Revista da Faculdade de Direito da UFPR*, vol. 36, p. 69, 2001.

[59] POMPEU; LONGO; KIGNEL; CIPULLO. *Planejamento Sucessório*. São Paulo: LTC, 2006, p. 75.

[60] RIBEIRO, Marcia Carla Pereira, ob. cit., p. 69.

sua manutenção extrapola os interesses internos do vínculo societário para importar a toda a coletividade na qual a companhia está inserida.[61]

Por outro lado, quando se fecha um negócio, os empregos são perdidos, deixa-se de recolher tributos, extingue-se uma fonte geradora.[62] Tal consequência, muitas das vezes, ocorre pela falta de um planejamento sucessório empresarial.

Assim, além de relevar aos acionistas/sócios, à sociedade e ao espólio de forma direta, e a terceiros de forma indireta, os efeitos da sucessão no pacto parassocial, estende-se à comunidade onde atua a sociedade, corolário do princípio da manutenção da empresa.[63]

7 Conclusão

Mesmo quando não se está diante de riscos de disputa entre os herdeiros para gerir eficazmente o patrimônio e os negócios da família, o acontecimento da morte, por si só, oferece incontáveis desafios que podem ser evitados quando a família recorre a um planejamento prévio mediante a elaboração de um acordo formal entre os componentes do vínculo societário, conhecido como pacto parassocial ou acordo de acionistas/sócios. Neste documento é possível assegurar a eficiência do planejamento por meio de cláusulas de proteção ou restritivas ao patrimônio a ser transferido[64] e a sua forma de transferência.

O pacto parassocial é, portanto, um instrumento eficaz para se planejar a sucessão empresarial no seio da companhia. Longe de ser mecanismo destinado apenas a grandes empresas, é no ambiente da sociedade familiar que o acordo servirá para regular as relações de transferência de poder e de controle societário.

A matéria *sucessão* insere-se na matéria típica do art. 118 da LSA, como o exercício do poder de controle futuro, inserido em um contrato de execução diferida, vinculando desta forma a sociedade e o próprio espólio, ambos na qualidade de partes substanciais. Além disso, se observadas as formalidades de publicidade, o acordo será oponível a terceiros e passível de execução específica, nos termos da lei.

O que se busca com o tratamento da sucessão no pacto parassocial é justamente impedir a desordem gerada pelo falecimento dos detentores do poder de controle, procurando manter coeso o grupo familiar e sólida a empresa, o negócio.[65]

No cenário atual busca-se a longevidade das sociedades e sua perpetuação como agentes econômicos e sociais no seio da coletividade em que se inserem, motivo pelo qual o acordo parassocial pode ser visto como um instrumento prático de salutar relevância para o exercício do princípio da manutenção da empresa.

---

61 POTTER, Nelly. *Grupos Societários de Fato*. Rio de Janeiro: Lumen Juris, 2016, p. 62-64.

62 ALVES, Alexandre Ferreira de Assumpção; GAMA, Guilherme Calmon Nogueira da (Coord.). *Temas de Direito Civil-Empresarial*. Rio de Janeiro: Renovar, 2008, p. 206.

63 POTTER, Nelly, ob. cit., p. 218.

64 MAMEDE, Gladston. *Blindagem Patrimonial e Planejamento Jurídico*. São Paulo: Atlas, 2011, p. 75.

65 POMPEU; LONGO; KIGNEL; CIPULLO. *Planejamento Sucessório*. São Paulo: LTC, 2006, p. 103.

Referências

ALVES, Alexandre Ferreira de Assumpção; GAMA, Guilherme Calmon Nogueira da (Coord.). *Temas de Direito Civil-Empresarial*. Rio de Janeiro: Renovar, 2008.

BARRETO, Celso de Albuquerque. *Acordo de Acionistas*. Rio de Janeiro: Forense, 1982.

BORBA, José Edwaldo Tavares. *Direito Societário*. Rio de Janeiro: Renovar, 2001.

CARVALHOSA, Modesto. *Comentários à Lei de Sociedades Anônimas*. Volume I. São Paulo: Saraiva, 2011.

CARVALHOSA, Modesto. *Comentários à Lei de Sociedades Anônimas*. Volume II. São Paulo: Saraiva, 2007.

CARVALHOSA, Modesto. *Comentários à Lei de Sociedades Anônimas*. Volume IV. São Paulo: Saraiva, 2007.

CARVALHOSA, Modesto. *Acordo de Acionistas*. São Paulo: Saraiva, 2011.

COELHO, Fábio Ulhoa. *Curso de Direito Comercial*. Volume II. São Paulo: Saraiva, 2008.

COMPARATO, Fábio Konder. *Novos Ensaios e Pareceres de Direito Empresarial*. Rio de Janeiro: Forense, 1981.

COMPARATO, Fábio Konder. Perfis da Empresa. *In*: *Revista de Direito Mercantil*, São Paulo: Malheiros, n. 104.

COMPARATO, Fábio Konder; SALOMÃO FILHO, Calixto. *O Poder de Controle na Sociedade Anônima*. 4. ed. Rio de Janeiro: Forense, 2005.

COSTA, Pedro Oliveira da. *O Acordo de Quotista como Instrumento de Preservação da Empresa*: a Aplicação do Princípio da Função Social dos Contratos aos Pactos Parassociais. Rio de Janeiro: Dissertação de Mestrado UERJ, 2003.

EIZIRIK, Nelson. Acordo de acionistas – Arquivamento na Sede Social – Vinculação dos Administradores de Sociedade Controlada. *Revista de Direito Mercantil, Industrial, Econômico e Financeiro*, v. 42, n. 129, p. 45-53, jan./mar. 2003.

FERRONATTO, Adria Paula. A Empresa no Novo Código Civil: Elemento Unificador do Direito Privado. *In*: *Revista dos Tribunais*, vol. 843, jan. 2006.

LAMY FILHO, Alfredo. *Direito das Companhias*. Rio de Janeiro: Forense, 2009, vol. 1.

MAMEDE, Gladston. *Blindagem Patrimonial e Planejamento Jurídico*. São Paulo: Atlas, 2011.

POMPEU; LONGO; KIGNEL; CIPULLO. *Planejamento Sucessório*. São Paulo: LTC, 2006.

POTTER, Nelly. *Grupos Societários de Fato*. Rio de Janeiro: Lumen Juris, 2016.

RIBEIRO, Marcia Carla Pereira. Acordo de Acionistas: um Breve Estudo Acerca das Modalidades. *In*: *Revista da Faculdade de Direito da UFPR*, vol. 36, 2001.

SALOMÃO FILHO, Calixto. *Regulação da Atividade Econômica*. São Paulo: Malheiros, 2001.

TEIXEIRA, Daniele Chaves. *Planejamento Sucessório*. Belo Horizonte: Fórum, 2017.

WALD, Arnoldo. O Acordo de Acionistas e o Poder de Controle do Acionista Majoritário. *In*: *RDM*, vol. 10.

Endereços eletrônicos:

https://www.pwc.com.br/pt/estudos/servicos/consultoria-negocios/2017/o-fator-humano.html.

https://www.ifc.org/wps/wcm/connect/publications_ext_content/ifc_external_publication_site/ publications_listing_page/devimpact+publications.

Informação bibliográfica deste texto, conforme a NBR 6023:2018 da Associação Brasileira de Normas Técnicas (ABNT):

POTTER, Nelly. O pacto parassocial como instrumento de planejamento sucessório. *In*: TEIXEIRA, Daniele Chaves (Coord.). *Arquitetura do planejamento sucessório*. 3. ed. Belo Horizonte: Fórum, 2022. p. 571-582. Tomo I. ISBN 978-65-5518-459-4.

AS QUOTAS PREFERENCIAIS NA SOCIEDADE LIMITADA COMO INSTRUMENTO PARA O PLANEJAMENTO SUCESSÓRIO

OKSANDRO GONÇALVES
ANELIZE PANTALEÃO PUCCINI CAMINHA

1 Introdução

O direito societário é impactado constantemente pelo direito sucessório e, mesmo assim, existe pouca pesquisa conectando essas duas áreas do direito.

Notadamente o impacto é sentido quando a sucessão envolve as quotas de uma sociedade.

No Brasil, a maior parte das sociedades é constituída na forma de sociedade limitada, regulada pelo Código Civil, mas que também pode ter a regência supletiva da Lei de Sociedades por Ações. Não é incomum a abertura da sucessão envolver o falecimento de um sócio e impactar substancialmente sobre os destinos da sociedade que ele compunha.

Em nossa experiência, recebemos herdeiros que nos indagam sobre a sua posição, ocasião em que deve ser dito que herdeiro não é sócio, ou, ainda, cônjuges que buscam obter seus direitos em face de uma sociedade, ocasião em que também são informados da sua situação jurídica, na maioria das vezes incompatível com o *status* econômico mantido na fase anterior à abertura da sucessão. De outro lado está a sociedade e o sócio ou sócios remanescentes, que também sofrem o impacto negativo da sucessão, que muitas vezes leva a litígios com os herdeiros e a consequente derrocada do negócio em razão desse conflito.

Essas duas situações são as mais comuns e irão permear o presente trabalho, que integrará uma obra coletiva que tem por objetivo apresentar várias arquiteturas do planejamento sucessório.

A cada dia ganha mais relevância planejar a sucessão, pois o fenômeno morte é inexorável. Por isso, o mecanismo apresentado neste artigo pode ser útil para promover um planejamento sucessório eficiente quando envolve uma sociedade limitada, de modo a regular previamente os direitos e deveres dos sócios remanescentes, dos herdeiros e da sociedade.

O trabalho está estruturado, inicialmente, com um brevíssimo histórico das sociedades limitadas no Brasil, pois é preciso compreender como o tema das quotas preferenciais acompanhou a mudança legislativa desde o Decreto nº 3.708/1919, que instituiu a sociedade limitada em nosso ordenamento jurídico, até o Código Civil de 2002 que o revogou e passou a regulá-la.

Em seguida há uma apresentação das quotas preferenciais no ordenamento jurídico pátrio, uma vez que não há consenso na doutrina acerca da sua viabilidade no âmbito do direito societário para as sociedades limitas, justamente o tipo dominante em nosso sistema econômico.

2 A sociedade limitada no direito brasileiro

O presente artigo opta por abordar as quotas preferenciais nas sociedades limitadas, uma vez que não há discussão a respeito do tema nas sociedades anônimas, e porque é o tipo societário predominante no Brasil.

Inegavelmente, o planejamento sucessório ganha relevância e apresenta um grande conjunto de vantagens, notadamente no direito societário, pois as sociedades limitadas são o tipo societário mais utilizado no Brasil e desenvolvem relevante papel na comunidade, com a geração de riquezas, tributos e empregos, contribuindo, dessa forma, para o desenvolvimento econômico. Na lição de Daniele Chaves Teixeira:

> Primeiramente, o planejamento sucessório é o instrumento jurídico que permite a adoção de uma estratégia voltada para a transferência eficaz e eficiente do patrimônio de uma pessoa após a sua morte. Importante destacar que esse planejamento é realizado em vida e que sua completa aplicabilidade de efeitos ocorrerá somente com a morte. Ele é essencial para quem quer a realização de sua vontade após a morte e pode ser realizado por meio de diversos instrumentos jurídicos: o testamento e apenas um deles.[1]

Portanto, justifica-se desse modo a escolha das sociedades limitadas e da possibilidade da instituição das quotas preferenciais para promoção de um planejamento sucessório eficiente.

2.1 A sociedade limitada no Código Civil

A sociedade limitada ingressou em nosso ordenamento jurídico em 1919, através do Decreto nº 3.708, fruto da importação das experiências do direito alemão[2] e português.[3]

---

[1] TEIXEIRA, Daniele Chaves. Noções prévias do direito das sucessões: sociedade, funcionalização e planejamento sucessório. In: TEIXEIRA, Daniele Chaves (Coord.). *Arquitetura do planejamento sucessório*. Belo Horizonte: Fórum, 2019. p. 35.

[2] A lei alemã é de 20.4.1882, denominada *Gesellshaft mit beschränkter Haftung*, conhecida por *GmbH*. Sobre o tema: "[...] desde 1882 se procurava remediar, na Alemanha, o mal de que se dizia ressentir- se o comercio do país, pela falta de uma forma de sociedade que, sem o aparato e as dificuldades de constituição das sociedades anônimas pudesse reduzir a responsabilidade de seus associados à importância do capital social. Nesse sentido, o Deputado Oechelhauser, que foi um dos principais promotores da lei sobre as sociedades alemãs, preconizava a criação de uma forma de sociedade de pessoas, a qual se aproximasse, pela sua estrutura interior, das sociedades em nome coletivo, e delas se distinguisse pela redução da responsabilidade de seus sócios à soma do capital social" (REQUIÃO, Rubens. *Curso de direito comercial*. 25. ed. São Paulo: Saraiva, 2003. v. 1. p. 458).

[3] A lei portuguesa é de 1901.

Até aquele momento a experiência societária limitava-se ao Código Comercial de 1850, que contemplava basicamente sociedades que se estruturavam na forma de sociedades anônimas (arts. 295 a 310), voltadas historicamente para empreendimentos de grande porte e que exigiam grandes e complexas estruturas organizacionais, ou, então, em sociedades onde não havia limitação de responsabilidade total ou parcial, como é o caso das sociedades em comandita (arts. 311 a 314), sociedades em nome coletivo ou com firma (arts. 315 a 317), sociedades de capital e indústria (arts. 317 a 324), sociedade em conta de participação (arts. 325 a 328).

O desenvolvimento das atividades comerciais, contudo, passou a exigir a presença de duas premissas básicas: a simplicidade organizacional e a limitação da responsabilidade para mitigar os efeitos do risco da atividade.

Se o Decreto nº 3.708/1919 era econômico na regulação das sociedades por quotas de responsabilidade limitada, o mesmo já não se pode dizer do Código Civil de 2002, que tornou o tema complexo e confuso,[4] retirando ao menos em parte a vantagem da simplicidade.[5]

Atualmente a sociedade limitada é regulada de modo específico dos arts. 1.052 a 1.087, do Código Civil, afora os demais artigos, aplicáveis por força da regra de regência pelas normas das sociedades simples em caso de omissão do capítulo, ou seja, de 19 artigos houve um salto para 35, no mínimo.

Além do aumento numérico, houve um aumento da complexidade das normas de regência, pois foram instituídos vários quóruns, distribuídos de maneira assistemática pelo Código Civil (arts. 1.061, 1.063, 1.076), com variações por maioria do capital social, maioria absoluta ou maioria dos presentes, conforme o caso; estabeleceu-se a obrigatoriedade de reuniões e assembleias quando o número de sócios for superior a 10 (dez), conforme art. 1072, §1º; passou a admitir o Conselho Fiscal; o administrador não sócio; estabeleceu regras de convocação, instalação e deliberação.

Portanto, há certo consenso na doutrina de que o Código Civil tornou a disciplina das limitadas mais complexa, aproximando-a demasiadamente da sociedade anônima de capital fechado, conforme crítica que adiante resume a posição de todos:

> Imposta a inevitável comparação entre o Decerto nº 3.708/19 e o novo Código, há de se concluir que, se foi aquele acoimado de atécnico e falto de regras indispensáveis, este, embora dotado de tecnicidade, não deixará de profligado como extremamente burocratizante da constituição e funcionamento das sociedades limitadas, assim eliminando uma das vantagens que levaram à criação e à ampla aceitação desse tipo societário. Nem se compreende que, sendo as sociedades limitadas cada vez mais atraídas para a órbita das sociedades anônimas, fosse abandonada a regra do Decreto nº 3.708, de que a supletividade normativa se fizesse

4 "Não é demais ressaltar que o texto do Código Civil de 2002 vem recebendo imensas críticas pela nova disciplina das sociedades limitadas, aproximando-as das sociedades simples. Somente para ficar num dos exemplos, basta verificar que o Código Civil de 2002 rompeu com a consolidação do princípio da maioria do capital social para os quóruns gerais de deliberação, assentando uma confusa pauta de diversos volumes de capital, dispersos assistematicamente nos arts. 1.061, 1.063, §1º, e 1.076 do CC/2002" (DINIZ, Gustavo Saad. A primeira década do Código Civil e alguns problemas para as organizações empresariais. *Revista dos Tribunais*, São Paulo, v. 101, n. 917, p. 207-222, mar. 2012. p. 215).

5 "Hoje, quando muitos países adotam uma sociedade anônima simplificada, a fim de flexibilizar os pequenos e médios negócios, o novo Código Civil complica e burocratiza um modelo societário consagrado pela prática" (BORBA, José Edwaldo Tavares. *Direito societário*. 9. ed. Rio de Janeiro: Renovar, 2004. p. 100).

pela Lei das Sociedades Anônimas, para se adotar como fonte supletiva, em condenável retrocesso, as regras das sociedades simples (art. 1.053).[6]

Tal como havia ocorrido no Decreto nº 3.708, no Código Civil de 2002 a matéria das quotas preferenciais não foi regulada, inexistindo qualquer referência acerca do seu cabimento ou não. Mesmo que tenha sido ampliado consideravelmente o conjunto de normas a respeito das sociedades limitadas, e ainda que ela tenha se aproximado das sociedades anônimas fechadas, acabou por não tratar das quotas preferenciais.

3 A discussão doutrinária em torno das quotas preferenciais

Como o trabalho defende a possibilidade do uso das quotas preferenciais para promover o planejamento sucessório, é preciso resgatar a discussão em torno do seu uso e cabimento, uma vez que o tema não é tranquilo para a doutrina pátria.

Quando houve a edição do decreto, dada sua economia na regulamentação das sociedades limitadas, nenhuma menção foi feita quanto ao cabimento ou vedação à instituição de quotas preferenciais.

Assim, naquele momento, a doutrina perfilhou no sentido de admitir a instituição das quotas preferenciais nas sociedades limitadas, destacando-se Tavares Guerreiro, Osmar Brina e Egberto Lacerda Teixeira, respectivamente:

> Tendo em vista, portanto, que a função econômica da sociedade, enquanto técnica de organização de interesse, constitui o fator determinante da maior ou menos flexibilidade de sua estrutura de capital, verifica-se que não existe nenhuma incompatibilidade sistemática ou conceitual entre a sociedade por quotas e o regime preferencial das partes de capital. Mesmo no silêncio da lei aplicável (Dec. 3.708, de 1919), como deixei registrado, é admissível e plenamente justificável a criação de quotas preferenciais nas sociedades limitadas, nos moldes acima descritos, não existindo impedimento de ordem pública nem qualquer restrição legal que faça obstáculo a tal permissão [...].[7]
>
> Não se encontra, no ordenamento jurídico brasileiro, nenhuma norma que proíba a existência de cotas preferenciais na sociedade por cotas de responsabilidade limitada. E nenhum princípio de ordem pública preconiza ou recomenda a sua evitação.[8]
>
> Na verdade, não existe no Código Comercial nem no Dec. 3.708/19 vedação à existência de quotas preferenciais. A preferência pode ser na percepção prioritária de lucros ou no rateio de liquidação. O importante a acentuar é que a totalidade dos lucros não pode ser atribuída apenas a um sócio, nem seja algum deles excluído de sua participação (art. 288, do CCo). [...] Somos francamente favoráveis à aceitação das quotas preferencias nas sociedades limitadas.[9]

---

6 LUCENA, José Waldecy. *Das sociedades limitadas*. 6. ed. atual. e ampl. Rio de Janeiro: Renovar, 2005. p. 31.

7 GUERREIRO, José Alexandre Tavares. Sociedade por quotas – Quotas preferenciais. *Revista de Direito Mercantil, Industrial, Econômico e Financeiro*, São Paulo, ano XXXIII, n. 94, p. 28 34, abr./jun. 1994.

8 CORREA-LIMA, Osmar Brina. Cotas preferenciais na sociedade por cotas de responsabilidade limitada. *Revista dos Tribunais*, v. 664, p. 34-36, fev. 1991.

9 TEIXEIRA, Egberto Lacerda. *Sociedades limitadas e anônimas no direito brasileiro*. São Paulo: Saraiva, 1987. p. 29.

Naquela época, o tema foi levado às juntas comerciais que em sua maioria admitiam a instituição de quotas preferenciais.[10]

O fundamento legal para essa posição doutrinária encontrava-se no art. 18, do Decreto nº 3.708, que previa a regulação daquilo que não estivesse pactuado pela Lei das Sociedades Anônimas e, também, porque no âmbito do direito privado inexistindo vedação expressa presume-se a liberdade na contratação desse tipo de quota.[11]

Todavia, aquela posição foi modificada após o advento do Código Civil de 2002, pois estabeleceu-se, para as sociedades limitadas, a regência supletiva das sociedades limitadas pelas regras das sociedades simples, o que teria passado a impedir a existência de quotas preferenciais em nosso ordenamento, à luz do art. 1.010. Sustentam a impossibilidade do uso de quotas preferenciais nas sociedades limitadas:

> Outras figuras hão no regime jurídico do anonimato de extensão discutível as sociedades limitadas. E o caso das chamadas *quotas preferenciais*. Mesmo que se considere cabível a aplicação das disposições sobre ações preferenciais as limitadas, e evidente que nem todas são com este tipo compatíveis. Não vislumbro a menor possibilidade, por exemplo, de suprimir o direito de voto das quotas. No entanto, dada a permissão de tratamento diferenciado entre os sócios no que se refere a participação nos lucros, e de se admitir quotas que tenham preferência na percepção de dividendos. E não mais que isso. Tais quotas não concedem aos sócios o direito de eleger isoladamente representantes no Conselho Fiscal, quando existente, não há assembleia de quotistas preferenciais para deliberar sobre a modificação de seus direitos, devendo ser colhida, para tanto, a anuência de todos eles, e assim por diante.[12]
>
> As quotas preferenciais terão sempre direito e voto, além dos benefícios, vantagens e privilégios especificados no contrato social [...].[13]
>
> Não podemos deixar de registrar nossa opinião contrária à possibilidade de adoção de quotas preferenciais, isto é, quotas diferenciadas que garantam certas preferências no exercício de determinados direitos aos seus titulares.[14]

Como a matéria ensejou muita discussão porque a praxe, até a edição do Código Civil, foi a de permitir as quotas preferenciais nas sociedades limitadas, o então Departamento Nacional de Registro do Comércio (DNRC), baixou a Instrução Normativa nº 98/2003 que expressamente passou a vedar a possibilidade das quotas preferenciais.

A partir desse momento, não foi mais possível registrar contratos sociais contemplando esse tipo de quota.

---

[10] BRASIL. Junta Comercial do Estado de São Paulo. Parecer nº 71/1978 – Boletim JUCESP. *Diário Oficial do Estado de São Paulo*, São Paulo, v. 91, n. 158, 1981; BRASIL. Junta Comercial do Estado de São Paulo. Parecer nº 137/1981 – Boletim JUCESP. *Diário Oficial do Estado de São Paulo*, São Paulo, v. 91, n. 158, 1981.

[11] "A finalidade deste estudo é a de demonstrar que, no Brasil, perante o regime jurídico das sociedades por quotas de responsabilidade limitada [na vigência do Decreto n. 3.708/1919], são plenamente admissíveis as denominadas quotas preferenciais" (GUERREIRO, José Alexandre Tavares. Sociedade por quotas – Quotas preferenciais. *Revista de Direito Mercantil, Industrial, Econômico e Financeiro*, São Paulo, ano XXXIII, n. 94, p. 28-34, abr./jun. 1994. p. 28).

[12] GONÇALVES NETO, Alfredo de Assis. *Direito de empresa*: comentários aos artigos 966 a 1.195 do Código Civil. 5. ed. rev., atual. e ampl. São Paulo: Revista dos Tribunais, 2014. p. 346.

[13] LOBO, Jorge. *Sociedades limitadas*. Rio de Janeiro: Forense, 2004. v. 1. p. 144.

[14] CAMPINHO, Sérgio. *O direito de empresa*: à luz do Novo Código Civil. 11. ed. Rio de Janeiro: Renovar, 2010. p. 165.

4 As Instruções Normativas nºs 38 e 81 do DREI

O Departamento Nacional de Registro do Comércio (DNRC) foi reconfigurado e passou a ser chamado de Departamento Nacional de Registro Empresarial e Integração (DREI).[15]

Entretanto, sem que houvesse qualquer alteração legislativa relevante, por exemplo, por meio de um projeto de lei que alterasse o Código Civil, o DREI edita a Instrução Normativa nº 38, de 2.3.2017, permitindo as quotas preferenciais. A partir deste momento, então, o tema volta à discussão sem que haja qualquer consenso. Posteriormente, com a discussão em torno do tema, a Instrução Normativa nº 81 do DREI ampliou a regulação da matéria, conforme quadro a seguir apresentado:

IN nº 38/2017	IN nº 81/2020
1.4 REGÊNCIA SUPLETIVA DA LEI Nº 6.404/76 (LEI DAS SOCIEDADES ANÔNIMAS) O contrato social poderá prever a regência supletiva da sociedade limitada pelas normas da sociedade anônima, conforme art. 1053, parágrafo único do Código Civil. Para fins de registro na Junta Comercial, a regência supletiva: I – poderá ser prevista de forma expressa; ou II – presumir-se-á pela adoção de qualquer instituto próprio das sociedades anônimas, desde que compatível com a natureza da sociedade limitada, tais como: a) quotas em tesouraria; b) *quotas preferenciais*; c) Conselho de Administração; e d) Conselho Fiscal.	5.3. REGÊNCIA SUPLETIVA DA LEI Nº 6.404, DE 1976 O contrato social poderá prever a regência supletiva da sociedade limitada pelas normas da sociedade anônima, conforme art. 1.053, parágrafo único, do Código Civil. Para fins de registro na Junta Comercial, a regência supletiva: I – poderá ser prevista de forma expressa; ou II – presumir-se-á pela adoção de qualquer instituto próprio das sociedades anônimas, desde que compatível com a natureza da sociedade limitada, tais como: a) quotas em tesouraria; b) quotas preferenciais; c) conselho de administração; e d) conselho fiscal. 5.3.1. Quotas preferenciais São admitidas quotas de classes distintas, nas proporções e condições definidas no contrato social, que atribuam a seus titulares direitos econômicos e políticos diversos, podendo ser suprimido ou limitado o direito de voto pelo sócio titular da quota preferencial respectiva, observados os limites da Lei nº 6.404, de 1976, aplicada supletivamente. Havendo quotas preferenciais sem direito a voto, para efeito de cálculo dos quóruns de instalação e deliberação previstos no Código Civil, consideram-se apenas as quotas com direito a voto.

Portanto, é de extrema utilidade promover uma discussão do tema antecipando, neste momento, que o artigo se posiciona favorável à criação de quotas preferenciais e o seu uso para planejamento sucessório.

---

15 O DREI foi criado pelo Decreto nº 8.001/2013, que foi revogado pelo Decreto nº 8.579/2015 e depois ainda tivemos a Lei nº 13.833/2019.

4.1 A liberdade contratual e a regência supletiva das sociedades simples e das sociedades anônimas

No âmbito das sociedades limitadas sempre se defendeu como uma das suas vantagens, além da simplicidade e limitação da responsabilidade, o prestígio à autonomia da vontade.

Os sócios possuem uma grande margem de liberdade para suas estipulações, o que permite uma flexibilidade para promover ajustes que resolvam problemas organizacionais, promovam direitos e gerenciem obrigações, tendo como limite normas de ordem pública.[16]

Neste ponto o tema adquire especial relevância para o planejamento sucessório, pois é a partir da liberdade contratual conferida aos sócios que é possível disciplinar a sucessão futura e seus impactos sobre os sócios e a sociedade. A autonomia da vontade deve ser prestigiada nesse caso, pois permite que os sócios ajustem previamente os termos em que se darão sua sucessão futura, regulando o efeito sobre os herdeiros existentes e até mesmo para os futuros herdeiros; os efeitos sobre a sociedades e os sócios remanescentes; a forma de substituição ou a impossibilidade de ela ocorrer.

Por isso que o presente artigo oferta como uma das soluções possíveis para a sucessão a instituição ou transformação das quotas do sócio falecido de quotas ordinárias em quotas preferenciais, o que preservaria os interesses de todos os envolvidos, para os sócios remanescentes e para os herdeiros do sócio falecido.

Na mesma linha de Egberto Lacerda Teixeira, ainda se destaca Viviane Muller Prado, que advoga a tese da plena liberdade contratual para regular os interesses dos sócios por meio do contrato social:

> Em virtude da inexistência de disciplina legal rígida aplicável às sociedades por quotas de responsabilidade limitada, há várias situações que podem ser reguladas pelas partes ao formarem a "sua" sociedade, estrutura conforme os seus interesses. Esse caráter contratual é próprio deste tipo societário, no qual predomina a autonomia da vontade, que somente encontra limites nas normas de ordem pública.[17]

Essa flexibilidade contratual é potencializada pelo fato de não se tratar de um contrato bilateral, mas um contrato relacional[18] em que o objetivo de todos os contratantes é comum, ou seja, desenvolver, por meio de uma sociedade, determinada atividade empresarial visando mitigar os riscos associados através de um tipo societário capaz de limitar a responsabilidade dos sócios.

---

[16] "Desfrutam os sócios, sob o regime do Decreto 3.708, da mais ampla e irrestrita liberdade na organização administrativa das sociedades por quotas. Não existe, de fato, naquele diploma legislativo nenhuma regra imperativa ou supletiva acerca da existência e funcionamento dos órgãos deliberativos e de fiscalização das sociedades por quotas" (TEIXEIRA, Egberto Lacerda. *Das sociedades por quotas de responsabilidade limitada*. São Paulo: Max Limonad, 1956. p. 141).

[17] PRADO, Viviane Muller. As quotas preferenciais no direito brasileiro. *In*: WALD, Arnoldo (Org.). *Doutrinas essenciais de direito empresarial*. São Paulo: Revista dos Tribunais, 2011. v. III. p. 1017-1029.

[18] PIMENTA, Eduardo Goulart. Direito societário e contratos relacionais: a eficiência econômica e o papel do Código Civil no preenchimento das lacunas contratuais das Sociedades Limitadas. *UC Berkeley: Berkeley Program in Law and Economics*, 30 abr. 2007. Disponível em: https://escholarship.org/uc/item/24v4h6cg.

Entre os riscos existentes, naturais para o desenvolvimento de qualquer atividade econômica, deve-se acrescentar o risco da sucessão por morte de um dos sócios. Com efeito, não é incomum que sociedades limitadas sofram com o conflito oriundo do falecimento de um dos sócios, pois o cônjuge supérstite e os herdeiros muitas vezes entram em conflito com os sócios remanescentes, o que acaba por impactar negativamente sobre as atividades desenvolvidas pela sociedade e não é incomum gerar inclusive a sua extinção, com graves impactos econômicos e sociais, em contrariedade ao princípio da preservação da empresa.

Justamente em razão de seu caráter plurilateral,[19] em que as cláusulas do contrato social podem e devem atingir terceiros, e também porque a finalidade da sociedade limitada deve ser coordenada com os interesses não somente dos sócios, mas da própria comunidade na qual desenvolve as suas atividades, que se deve admitir a inclusão de quotas preferenciais como um instrumento válido para o planejamento sucessório.

Trata-se, portanto, de uma escolha racional, maximizadora dos interesses dos sócios, pois, de um lado, o contrato ajuda a compor os recursos dos sócios para o desenvolvimento da atividade visando ao fomento da riqueza e do bem-estar daqueles, e, de outro lado, o contrato deve ser usado para regular a sucessão futura.

Por isso, o primeiro aspecto a ser analisado é o da regência supletiva das normas aplicáveis às sociedades limitadas. Estabelece o art. 1.053, no seu *caput*, que a "sociedade limitada rege-se, nas omissões deste Capítulo, pelas normas das sociedades simples". O parágrafo único, por sua vez, afirma que o "contrato social poderá prever a regência supletiva da sociedade limitada pelas normas da sociedade anônima".

Inicialmente, o artigo parece definir que, em caso de omissão legal, aplicam-se as regras da sociedade simples. De outro lado, se o contrato social assim o previr, a partir disso aplicam-se as regras das sociedades anônimas e afastam-se as regras das sociedades simples. Alfredo de Assis Gonçalves enfrenta o tema e defende que se o contrato social não contiver previsão expressa, afasta-se a aplicação das normas do anonimato: "Interpretado o art. 1.053, parágrafo único, em sentido inverso, sem previsão contratual, a Lei do Anonimato não se aplica à sociedade limitada".[20]

José Waldecy Lucena critica fortemente essa regência supletiva, afirmando que "tal modo de disciplinar a supletividade, eis que abandona a longa construção pretoriana existente sobre o tema; surge descompaginada das mais modernas legislações", motivo pelo qual sustenta que o regime mais adequado é o das sociedades anônimas e não das sociedades simples.[21] E, mais adiante, o mesmo autor propõe a seguinte interpretação para o dispositivo:

> Quer parecer que o Código, com essa duplicidade de regência, ao atender parcialmente as críticas que lhe eram feitas, mas sem abandonar a ideia original, pretendeu, sem dizê-lo expressamente, possibilitar aos sócios a seguinte opção de supletividade, a ser escolhida segundo seus interesses e conveniências: a) a adoção de um modelo supletivo mais simples, quando reportado às pequenas e médias empresas (estas quando se pouco sócios), reservando-

---

19 ASCARELLI, Tullio. *Problemas das sociedades anônimas e direito comparado*. 1. ed. Campinas: Bookseller, 2001. p. 271.

20 GONÇALVES NETO, Alfredo de Assis. *Direito de empresa*: comentários aos artigos 966 a 1.195 do Código Civil. 5. ed. rev., atual. e ampl. São Paulo: Revista dos Tribunais, 2014. p. 321.

21 LUCENA, José Waldecy. *Das sociedades limitadas*. 6. ed. atual. e ampl. Rio de Janeiro: Renovar, 2005. p. 98.

lhes então o tipo da sociedades simples (caput); b) a adoção de um modelo supletivo mais complexo, quando referido às médias empresas (estas quando de muitos sócios) e às grandes empresas, reservando-lhes então o tipo da sociedade anônima (parágrafo único).[22]

Ainda sobre esse tema:

Nesse sentido dos pressupostos desenvolvidos pela ilustre professora das Arcadas, a sociedade simples fica no meio do caminho entre a ideia de atividade econômica de mercado e cooperação em sociedade de pessoas para uma finalidade comum. Falta-lhe identidade e, portanto, utilidade no sistema. Além disso, regras como a unanimidade de deliberação (arts. 997 e 999 do CC/2002 (LGL\2002\400)) simplesmente desconsideram que, na prática, esse preceito inviabiliza a sociedade. Não é demais ressaltar que o texto do Código Civil (LGL\2002\400) de 2002 vem recebendo imensas críticas pela nova disciplina das sociedades limitadas, aproximando-as das sociedades simples. Somente para ficar num dos exemplos, basta verificar que o Código Civil (LGL\2002\400) de 2002 rompeu com a consolidação do princípio da maioria do capital social para os quóruns gerais de deliberação, assentando uma confusa pauta de diversos volumes de capital, dispersos as- sistematicamente nos arts. 1.061, 1.063, §1º, e 1.076 do CC/2002 (LGL\2002\400).[23]

O dispositivo legal não possui a melhor redação. O sistema atual possui um regime especial, que é o da própria sociedade limitada prevista entre os arts. 1.052 e 1.087 do Código Civil. Assim, a rigor todos os problemas devem ser resolvidos à luz desse conjunto de artigos. O que a lei reclama é uma possível complementação que derive de questões não solucionadas por esse arcabouço de normas, daí porque o *caput* menciona as regras das sociedades simples. Todavia, o regime que mais se amolda somente será definido a partir do conhecimento do processo de formação daquela sociedade limitada, ou seja, sendo ela um tipo híbrido, que pode pender entre uma sociedade de pessoas ou uma de capital. Se os sócios entenderem que ela se aproxima mais de uma relação baseada no capital, então deverá prevalecer o regime do anonimato, de outro lado, caso entendam que a relação está baseada na relação interpessoal, deverá prevalecer o regime das sociedades simples, que é mais dedicado às chamadas sociedades de pessoas.

O problema que essa discussão traz para a implantação das quotas preferenciais é o de que o regime das sociedades simples não permite a sua instituição, por ser voltado a atender a relações pessoais[24] mais fortes que justificam a formação do vínculo societário.

De modo geral, contudo, é preciso observar que a maioria absoluta dos contratos sociais de sociedades limitadas preveem a regência supletiva das anônimas. Com o advento da Instrução Normativa nº 38 do DREI, o tema ganha novos contornos porque prevê que a aplicação das regras das anônimas é presumida a partir da adoção de certos institutos, entre eles as quotas preferenciais, que são tomadas como instituto compatível com as sociedades limitadas.

---

22 LUCENA, José Waldecy. *Das sociedades limitadas*. 6. ed. atual. e ampl. Rio de Janeiro: Renovar, 2005. p. 99.

23 DINIZ, Gustavo Saad. A primeira década do Código Civil e alguns problemas para as organizações empresariais. *Revista dos Tribunais*, São Paulo, v. 101, n. 917, p. 207-222, mar. 2012.

24 WALD, Arnoldo; TEIXEIRA, Sálvio de Figueiredo (Coord.). *Comentários ao Novo Código Civil*: v. XIV: Livro II, do direito de empresa. Rio de Janeiro: Forense, 2005. p. 331.

Com a devida vênia, a regência não pode ser presumida, mas expressa porque o art. 1.053, parágrafo único, do CC, afirma que "contrato social poderá prever".

Havendo previsão de regência pela LSA, então a sociedade limitada é tomada como mais próxima às sociedades de capital e, portanto, poderão ser usados os institutos que lhe são próprios, ainda que adaptados.

4.2 A possibilidade de instituição de quotas com direitos diferenciados

O art. 1.055 do Código Civil estabeleceu que o capital social se divide em quotas e que estas podem ser iguais ou desiguais. Esse dispositivo possui duas interpretações possíveis. A primeira é de que a igualdade ou desigualdade é medida tão somente pelo valor. Assim, um sócio poderá ter 10.000 (dez mil) quotas e outro, 5.000 (cinco mil).

A outra forma de interpretar, que interessa em especial para esta pesquisa, é de que igualdade e desigualdade vão além do aspecto "valor" e podem atingir o conjunto de direitos não patrimoniais que emanam da quota. Toda quota possui duas dimensões, uma delas é de índole patrimonial e outra social, ou seja, além de apontar qual é a participação sobre o patrimônio da sociedade, ou na distribuição dos lucros que serão apurados ao final do exercício, a quota também serve como parâmetro na definição de direitos políticos, como exemplo, na designação de administradores, ou nos votos necessários à aprovação das contas dos administradores.

Assume-se neste ponto que a igualdade ou desigualdade não pode ser interpretada restritivamente, sendo cabível a instituição de regimes de tratamento desigual entre sócios.

Arnoldo Wald posiciona-se favoravelmente à instituição de quotas preferenciais, assentando a sua posição na regra do art. 1.055 do Código Civil e na possibilidade de instituir quotas iguais e desiguais:

> 1.064. A legitimação do tratamento diferenciado, mediante previsão contratual específica dos diferentes direitos a serem conferidos a cada um dos sócios, possibilita que as partes estipulem a divisão do capital em classes distintas de quotas (ex.: quotas ordinárias, com direito de voto, e quotas preferenciais, sem direito de voto e com vantagens econômicas), distribuindo os direitos patrimoniais e políticos aos seus titulares da forma como melhor lhes convier. Tal ideia tem importância para a aceitação daquelas que podem ser denominadas quotas preferenciais, pois permite retirar o direito de voto e conceder-lhe vantagens pecuniárias.
> 1.065. Ressalta-se que o voto não é um direito essencial do sócio. O próprio artigo 111, da Lei n. 6.404/76, possibilita que o estatuto social não confira ou confira de forma mitigada alguns direitos às ações ordinárias, até mesmo, o direito de voto. A não previsão de direito de voto, entretanto, não retira do sócio o seu status, pois mantém uma série de direitos e obrigações próprios da posição de sócio, tais como direito de fiscalização, participação nos lucros e nas perdas, direito de subscrição no caso de aumento do capital e, se for o caso, na participação do acervo da companhia na sua liquidação.[25]

A interpretação mais flexível se justifica. Sendo a sociedade limitada o tipo societário mais utilizado no Brasil, de caráter híbrido, que unifica a simplicidade na gestão com

[25] WALD, Arnoldo; TEIXEIRA, Sálvio de Figueiredo (Coord.). *Comentários ao Novo Código Civil*: v. XIV: Livro II, do direito de empresa. Rio de Janeiro: Forense, 2005. p. 360.

a responsabilidade limitada, deve ser emprestado um maior valor à autonomia da vontade expressada pelos sócios.

A autonomia da vontade é a liberdade jurídica manifestada pelo ordenamento, ou seja, confere a possibilidade de agir livremente, desde que em conformidade com a legislação vigente.[26] Danielle Chaves Teixeira, ao tratar da autonomia da vontade, demonstra a evolução do tema, e sua passagem para autonomia privada à luz dos valores constitucionais do Estado Social, da valorização dos direitos fundamentais, em que o centro do direito civil passa do patrimônio para a pessoa. Nada obstante, a autora afirma ainda que deve prevalecer a autodeterminação patrimonial para que a pessoa possa estabelecer o seu planejamento sucessório, na medida em que isso representa a "funcionalização do direito das sucessões, para poder exercer, dentro da parte disponível tanto a sua autonomia como a solidariedade familiar, princípios constitucionais".[27]

Essa interpretação contribui para o uso das quotas preferenciais no caso de sucessão, pois os sucessores podem ter as quotas ordinárias do sócio falecido convertidas em quotas preferenciais. Isso pode ajudar a compor os interesses dos herdeiros e sucessores com os interesses dos sócios remanescentes sem comprometer a continuidade da sociedade.

José Alexandre Tavares Guerreiro se posiciona a respeito da importância das quotas preferenciais, ainda que o tenha feito antes da edição do Código Civil em vigor:

> Na realidade, convém notar, o advento das ações preferenciais no direito moderno e contemporâneo resultou muito mais da forte pressão dos interesses negociais e empresariais em geral, que da abstrata e pré-ordenada capitulação legislativa. Assim ocorreu no Brasil, como dá conta eminente jurista de São Paulo, ao assinalar que, entre nós, a experiência concreta do instituto precedeu o primeiro diploma legal a cuidar da matéria (Dec. 21.536/32). [...]
> É de se perguntar então qual seria a razão funcional que vedaria, nas sociedades limitadas, a criação de partes de capital diferenciadas, uma vez atendidas as prerrogativas originárias dos sócios e utilizadas as soluções que a lei propõe para as eventuais divergências nesse momento. Não há resposta positiva a essa pergunta: não existe nada, nem na lei nem na construção das sociedades limitadas, como modelo de organização societária, que impeça essa particularidade, da mesma forma como não se pode dizer que a desigualdade entre as quotas pudesse porventura implicar na quebra da igualdade entre todos os sócios, o que, aliás, não está previsto pela legislação aplicável.[28]

Dessa forma, ao menos à luz do art. 1.055 do Código Civil, não há impeditivo à criação de quotas preferenciais, atendendo-se ao comando que permite existirem quotas iguais e desiguais.

4.3 As quotas preferenciais e sua utilidade para o planejamento sucessório

Estabelecidas as premissas estruturantes, passa-se à situação em concreto.

---

[26] SILVA, Rafael Cândido da. *Pactos sucessórios e contratos de herança*. Salvador: JusPodivm, 2019. p. 159.

[27] TEIXEIRA, Daniele Chaves. *Planejamento sucessório*: pressupostos e limites. 2. ed. Belo Horizonte: Fórum 2019. p. 102-116.

[28] GUERREIRO, José Alexandre Tavares. Sociedade por quotas – Quotas preferenciais. *Revista de Direito Mercantil, Industrial, Econômico e Financeiro*, São Paulo, ano XXXIII, n. 94, p. 28-34, abr./jun. 1994. p. 31.

O art. 1.028 do Código Civil estabelece que a sociedade não se dissolverá pela morte do sócio, mas que a sua quota será liquidada. Institui-se, assim, no direito brasileiro, a figura da dissolução parcial que tem por objetivo salvaguardar os interesses da sociedade limitada e dos sócios remanescentes, evitando-se a dissolução total.

Entretanto, o referido artigo estabelece três salvaguardas que podem impedir a liquidação da quota do sócio falecido: se o contrato dispuser de outra forma, se os sócios remanescentes optarem pela dissolução da sociedade e, se por acordo com os herdeiros, regular-se a substituição do sócio falecido.

De modo geral, os contratos sociais das sociedades limitadas não contemplam a questão da morte do sócio, e por isso se submetem ao regime do art. 1.028. E isso tem gerado inúmeras discussões entre sócios remanescentes, sucessores e herdeiros, pois a sociedade limitada costuma continuar a produzir resultados e o debate surge em torno deste ponto e a repercussão econômica que gera.

Não ajudou em nada a disposição contida no novo Código de Processo Civil, que no seu art. 600 passou a tratar da dissolução parcial:

> A ação pode ser proposta:
> *I – pelo espólio do sócio falecido, quando a totalidade dos sucessores não ingressar na sociedade;*
> *II – pelos sucessores, após concluída a partilha do sócio falecido;*
> *III – pela sociedade, se os sócios sobreviventes não admitirem o ingresso do espólio ou dos sucessores do falecido na sociedade, quando esse direito decorrer do contrato social;*
> IV – pelo sócio que exerceu o direito de retirada ou recesso, se não tiver sido providenciada, pelos demais sócios, a alteração contratual consensual formalizando o desligamento, depois de transcorridos 10 (dez) dias do exercício do direito;
> V – pela sociedade, nos casos em que a lei não autoriza a exclusão extrajudicial; ou
> VI – pelo sócio excluído. Parágrafo único. O cônjuge ou companheiro do sócio cujo casamento, união estável ou convivência terminou poderá requerer a apuração de seus haveres na sociedade, que serão pagos à conta da quota social titulada por este sócio.

A discussão é ruim para todas as partes. Para os sócios remanescentes e a sociedade limitada têm-se insegurança da continuidade das atividades, discussão em torno das decorrências, administração etc. Para os herdeiros, a insegurança em torno dos resultados[29] que podem ser auferidos da sociedade e a sua cessação, que costumeiramente afetam ao padrão de vida até então mantido. Em julgado do Superior Tribunal de Justiça em que se discutia a legitimidade do herdeiro para propor ação de dissolução parcial da sociedade, o ministro relator resumiu os problemas gerados em torno da sucessão que envolve quotas de sociedade limitada, especialmente a questão da compatibilização dos interesses envolvidos, tanto dos herdeiros, quanto dos sócios remanescentes e da

[29] Em alguns casos, corre-se o risco da dilapidação do patrimônio da sociedade, pois a administração fica totalmente a cargo dos sócios remanescentes. A respeito: "INVENTÁRIO. MEDIDA CAUTELAR. SEQUESTRO. CABIMENTO. SOBREVINDO NO INVENTARIO CONTROVÉRSIA EFETIVA SOBRE A PERMANÊNCIA DOS HERDEIROS NOS QUADROS SOCIETÁRIOS COMO SUCESSORES DO AUTOR DA HERANÇA, ADMISSÍVEL A MEDIDA CAUTELAR DE SEQUESTRO, UMA VEZ AFIRMADO PELAS INSTANCIAS ORDINÁRIAS O RISCO DE DILAPIDAÇÃO DO PATRIMÔNIO PERTENCENTE AS EMPRESAS QUESTIONADAS. RECURSO ESPECIAL NÃO CONHECIDO" (REsp nº 61.786/ES. Rel. Min. Barros Monteiro, Quarta Turma, j. 23.9.1996. *DJ*, 11.11.1996. p. 43715).

própria sociedade, sob o manto do princípio da preservação da empresa de aplicação *erga omnes*:

> A matéria devolvida ao conhecimento do STJ se limita a definir a legitimidade ativa de herdeiro, ante a ausência de abertura de inventário e a consequente nomeação de inventariante, para propositura de ação de dissolução parcial de sociedade. Em virtude do reconhecimento da função social da empresa, desde a Lei n. 6.404/76, ampliou-se, pela via jurisprudencial, a legitimidade para promoção de dissolução parcial de empresas e da apuração de haveres consequente. Desse modo, *equilibrou-se, de um lado, os interesses particulares dos herdeiros desinteressados pelo exercício da empresa e, de outro, a continuidade da atividade pelos sócios remanescentes*. Contudo, essa ampliação da legitimidade – excepcional porque promovida por quem não detém o *status* de sócio – é assegurada, antes da partilha, apenas em defesa do interesse do espólio (REsp n. 1.505.428-RS, Rel. Min. Ricardo Villas Bôas Cueva, Terceira Turma, DJe 27/6/2016). Esse entendimento se harmoniza com a legitimidade concorrente dos herdeiros reiteradamente reconhecida para viabilizar a defesa da universalidade da herança como consectário fundamental da incidência do princípio da *saisine* (interpretação do art. 1.784 c/c 1.791, *caput* e parágrafo único, do CC/2002). Registre-se que a liquidação da quota social, em virtude da decisão dos herdeiros de não prosseguir o exercício empresarial, depende de uma manifestação do espólio, ou seja, do conjunto de herdeiros, e não de um único herdeiro. Entendimento semelhante, embora mais flexível, foi adotado expressamente pelo legislador nacional, ao disciplinar pela primeira vez o rito da ação de dissolução parcial de empresa no atual CPC. O novel Código estabeleceu expressamente que o espólio é parte legítima para iniciar a referida ação, se "*a totalidade dos sucessores não ingressar na sociedade*" (art. 600, I, do CPC/2015), restando aos sucessores a legitimidade apenas após a conclusão da partilha da participação do sócio falecido (art. 600, II, do CPC/2015), quando passam a defender direito próprio já devidamente individualizado. Noutros termos, embora se tenha dispensado a efetivação de partilha, deixou-se clara a intenção de proporcionar a todos os sucessores a possibilidade de continuidade da empresa, restando a apuração de haveres antecipada à partilha apenas quando houver consenso quanto à inexistência de interesse na sucessão do *status socii*. *Isso porque não se pode perder de vista o intuito precípuo de preservação da entidade empresária, que poderá ser inviabilizada ou, ao menos, dificultada, pela liquidação integral da quota social*. Daí a prevalência da continuidade e sucessão do *status* societário se houver interesse de algum dos herdeiros e anuência dos sócios restantes. (REsp nº 1.645.672/SP. Rel. Min. Marco Aurélio Bellizze, Terceira Turma, j. 22.8.2017. *DJe*, 29.8.2017).

Por isso, centrando-se no art. 1.028, inc. I, do Código Civil, sustenta-se que a medida mais eficiente é aquela em que o contrato dispõe a respeito da morte do sócio. Para tanto, o contrato pode estipular que as quotas ordinárias do sócio falecido sejam transformadas em quotas preferenciais.

As quotas preferenciais podem representar um importante mecanismo de ajuste dos interesses envolvidos em uma sociedade, podendo regular os interesses sucessórios com a atribuição de preferências pecuniárias que ajudem a convencer certo grupo a abdicar de conflitos de poder no ambiente interno da sociedade em troca de vantagens econômico-financeiras.

Trata-se de mecanismo importante para acomodar interesses[30] que, embora reunidos em torno de um interesse comum maior, o sucesso da empreitada desenvolvida pela sociedade limitada, possuem matizes diversos.

Em geral o vínculo originário da constituição de uma sociedade limitada está focado em qualidades pessoais dos sócios, e a proximidade entre eles tende a tornar-se mais forte ao longo dos anos de vida da sociedade. Esses sócios têm como principal objetivo a sua perpetuidade da sociedade.

Ocorrendo o falecimento de um dos sócios, a ausência de regulação prévia no contrato social atrai uma série de conflitos. Portanto, sugere-se como planejamento que o contrato promova a regulação mediante a instituição de uma cláusula que estabeleça a possibilidade da conversão das quotas ordinárias do sócio falecido em quotas preferenciais que atribuam aos herdeiros assumir a condição de sócios da sociedade limitada, mas com um caráter diferenciado, porque não possuem com os demais sócios os vínculos que sócio falecido possuía. De modo bem prático, o vínculo que os sócios mantinham com o pai, por exemplo, não é o mesmo vínculo que possuem com os filhos deste, e vice-versa.

Parece lógico que os herdeiros e sucessores não queiram o fim da sociedade ou que ela seja inviabilizada, porque isso atentaria contra seus próprios interesses. De outro lado, os sócios remanescentes são confrontados com a possibilidade de a liquidação da quota do sócio falecido representar um alto valor pecuniário que impactará negativamente sobre as finanças da sociedade. Com efeito, com a morte encerra-se o vínculo social, mas não o patrimonial, remanescendo para os herdeiros e sucessores o direito de liquidar a quota e apurar os haveres em favor do espólio.

Esses haveres podem representar uma expressiva quantia que a sociedade limitada não possui ou terá dificuldades em levantar, especialmente se o contrato social não contiver uma previsão de pagamento parcelado, pois o art. 1.031 do Código Civil estabelece que a quota liquidada será paga em dinheiro, no prazo de noventa dias, a partir da liquidação, salvo acordo ou estipulação contratual em contrário.

Portanto, os interesses são convergentes, divergindo-se acerca da melhor solução.

Daí porque a estipulação de que as quotas do sócio falecido podem ser convertidas em quotas preferenciais poderá atender aos interesses de todos. Para os herdeiros e sucessores, é uma forma eficiente de conservar seus direitos patrimoniais, ainda que se renuncie a direitos sociais, como o direito a voto. Assim, os herdeiros e sucessores serão admitidos na sociedade na qualidade de sócios preferencialistas e receberão regularmente os resultados auferidos.

---

30 "a ação privilegiada, de prioridade ou preferencial é, sim, o título societário que melhor se presta à captação de recursos no mercado, sem afetar a estabilidade do poder de controle empresarial, mecanismo que nações civilizadas não dispensam, ao estimularem a canalização de poupanças populares para o processo produtivo. Mas que também é, e talvez principalmente, o instituto mais adaptável à boa estruturação do capital das empresas, viabilizando operações de saneamento financeiro, de reestruturação do perfil econômico e do patrimônio das companhias, além de ensejar a acomodação, com equilíbrio de direitos e obrigações, acionistas e grupos de sócios com interesses contrapostos, parcialmente convergentes ou até mesmo divergentes, sobretudo nas companhias fechadas" (PENTEADO, Mauro Rodrigues. Ações preferenciais. *In*: LOBO, Jorge (Org.). *Reforma da Lei das Sociedades Anônimas*: inovações e questões controvertidas da Lei nº 10.303, de 31.10.2001. Rio de Janeiro: Forense, 2002. p. 184).

Os interesses da sociedade e dos sócios ordinários também serão preservados, porque assim não é preciso liquidar a quota e passar pela apuração de haveres, um processo sempre complexo em função de a forma de cálculo dos direitos e obrigações não possuir uniformidade na jurisprudência brasileira sobre o tema.[31]

Essa possibilidade de conversão pode constar do contrato social, mas também pode ser fruto do acordo entre os herdeiros e os sócios remanescentes, tal como permite o art. 1.028, inc. III, do Código Civil.

Outra hipótese, é a de conversão das quotas ordinárias em quotas preferenciais com direito de voto restrito. Neste caso, evita-se a discussão doutrinária acerca do cabimento das quotas preferenciais, uma vez que a crítica está assentada basicamente sobre o direito de voto. De outro lado, limita-se o exercício do direito de voto a certas matérias, o que afastaria os sócios preferenciais da administração diária da sociedade, reservada aos sócios remanescentes, mas lhes conservaria a possibilidade de votar em matérias mais sensíveis, como exemplo, em caso de transformação do tipo societário, ou de votar em separado para eleição de ao menos um dos membros da administração etc.

Também permite que sejam regulados os interesses sucessórios com a atribuição de preferências pecuniárias que ajudem a convencer o grupo de herdeiros e sucessores a abdicar de conflitos em troca de vantagens econômico-financeiras.

Dessa forma, pode-se planejar previamente mediante acordo entre os sócios como se dará a sucessão das cotas sociais ordinárias, estabelecendo inclusive no contrato social que elas serão transformadas em cotas preferenciais com o falecimento do titular. Estabelecendo, assim, uma forma de proteção da sociedade limitada evitando futuras discussões acerca da sua sucessão.

5 Conclusões

Diante dos argumentos anteriormente expostos, e dentro dos limites estabelecidos pela organização da obra, longe de ter a pretensão de esgotar um tema tão rico e cujo debate foi reavivado a partir da Instrução Normativa nº 38 do DREI e, posteriormente, pela Instrução Normativa nº 81 do DREI, visou o presente trabalho apresentar algumas nuances para buscar adequar a possibilidade admitida pela referida instrução à realidade normativa brasileira.

---

[31] Recomenda-se que o contrato social disponha a respeito da forma de apuração dos haveres. A jurisprudência sobre o tema não é uníssona, mas ruma para consolidar o balanço de determinação como forma mais segura para a avaliação dos direitos que os herdeiros teriam em função das quotas sociais do sócio falecido. Sobre o tema: "DIREITO EMPRESARIAL. DISSOLUÇÃO PARCIAL DE SOCIEDADE POR QUOTAS DE RESPONSABILIDADE LIMITADA. SÓCIO DISSIDENTE. CRITÉRIOS PARA APURAÇÃO DE HAVERES. BALANÇO DE DETERMINAÇÃO. FLUXO DE CAIXA. 1. Na dissolução parcial de sociedade por quotas de responsabilidade limitada, o critério previsto no contrato social para a apuração dos haveres do sócio retirante somente prevalecerá se houver consenso entre as partes quanto ao resultado alcançado. 2. Em caso de dissenso, a jurisprudência do Superior Tribunal de Justiça está consolidada no sentido de que o balanço de determinação é o critério que melhor reflete o valor patrimonial da empresa. 3. O fluxo de caixa descontado, por representar a metodologia que melhor revela a situação econômica e a capacidade de geração de riqueza de uma empresa, pode ser aplicado juntamente com o balanço de determinação na apuração de haveres do sócio dissidente. 4. Recurso especial desprovido" (REsp nº 1.335.619/SP. Rel. Min. Nancy Andrighi, Rel. p/ Acórdão Min. João Otávio de Noronha, Terceira Turma, j. 3.3.2015. *DJe*, 27.3.2015).

Ao final, é possível apresentar as seguintes conclusões:

a) Em função da autonomia da vontade emprestada na formação dos vínculos societários, e ante a inexistência de vedação expressa a respeito, deve ser admitida a instituição de quotas preferenciais.
b) As quotas preferenciais, sem ou com direito de voto restrito, são importantes mecanismos para um planejamento sucessório eficiente, porque permitem salvaguardar os interesses dos sócios remanescentes e dos herdeiros e sucessores do sócio falecido.
c) O ajuste das quotas preferenciais pode ocorrer *ex ante*, no contrato social, com previsão que será oponível aos herdeiros e sucessores em caso de falecimento do sócio; mas também pode ocorrer *ex post*, mediante acordo entre os sócios remanescentes e os herdeiros e sucessores, regulando-se assim a substituição.
d) A melhor solução é que a hipótese esteja contemplada *ex ante* no contrato social, dado o seu caráter *erga omnes* e a inexistência de violação à norma de ordem pública neste caso.
e) Recomenda-se que o contrato social da sociedade limitada estabeleça a regulação supletiva pela Lei das Sociedades por Ações para garantir maior força para a instituição das quotas preferenciais, pois em seu art. 17 regula a matéria de maneira expressa, diferentemente das normas que regulam as sociedades limitadas e que são omissas a respeito, resumindo-se a possibilidade da sua instituição por meio do reconhecimento da autonomia da vontade das partes em conjunção com a Instrução Normativa nº 81/2020, do DREI.

Referências

ASCARELLI, Tullio. *Problemas das sociedades anônimas e direito comparado*. 1. ed. Campinas: Bookseller, 2001.

BORBA, José Edwaldo Tavares. *Direito societário*. 9. ed. Rio de Janeiro: Renovar, 2004.

BRASIL. *Código Civil*. Lei 10.406, de 10 de janeiro de 2002. Brasília, 2002.

BRASIL. Junta Comercial do Estado de São Paulo. Parecer nº 137/1981 – Boletim JUCESP. *Diário Oficial do Estado de São Paulo*, São Paulo, v. 91, n. 158, 1981.

BRASIL. Junta Comercial do Estado de São Paulo. Parecer nº 71/1978 – Boletim JUCESP. *Diário Oficial do Estado de São Paulo*, São Paulo, v. 91, n. 158, 1981.

BRASIL. *Lei das Sociedades por Ações*. Lei 6.404, de 15 de dezembro de 1976. Brasília, 1976.

CAMPINHO, Sérgio. *O direito de empresa*: à luz do Novo Código Civil. 11. ed. Rio de Janeiro: Renovar, 2010.

CORREA-LIMA, Osmar Brina. Cotas preferenciais na sociedade por cotas de responsabilidade limitada. *Revista dos Tribunais*, v. 664, p. 34-36, fev. 1991.

DINIZ, Gustavo Saad. A primeira década do Código Civil e alguns problemas para as organizações empresariais. *Revista dos Tribunais*, São Paulo, v. 101, n. 917, p. 207-222, mar. 2012.

FERREIRA, Waldemar. *Sociedades por quotas*. 5. ed. São Paulo: M. Lobato, 1925.

GONÇALVES NETO, Alfredo de Assis. *Direito de empresa*: comentários aos artigos 966 a 1.195 do Código Civil. 5. ed. rev., atual. e ampl. São Paulo: Revista dos Tribunais, 2014.

GUERREIRO, José Alexandre Tavares. Sociedade por quotas – Quotas preferenciais. *Revista de Direito Mercantil, Industrial, Econômico e Financeiro*, São Paulo, ano XXXIII, n. 94, p. 28-34, abr./jun. 1994.

LOBO, Jorge. *Sociedades limitadas*. Rio de Janeiro: Forense, 2004. v. 1.

LUCENA, José Waldecy. *Das sociedades limitadas*. 6. ed. atual. e ampl. Rio de Janeiro: Renovar, 2005.

PENTEADO, Mauro Rodrigues. Ações preferenciais. *In*: LOBO, Jorge (Org.). *Reforma da Lei das Sociedades Anônimas*: inovações e questões controvertidas da Lei nº 10.303, de 31.10.2001. Rio de Janeiro: Forense, 2002.

PIMENTA, Eduardo Goulart. Direito societário e contratos relacionais: a eficiência econômica e o papel do Código Civil no preenchimento das lacunas contratuais das Sociedades Limitadas. *UC Berkeley: Berkeley Program in Law and Economics*, 30 abr. 2007. Disponível em: https://escholarship.org/uc/item/24v4h6cg.

PRADO, Viviane Muller. As quotas preferenciais no direito brasileiro. *In*: WALD, Arnoldo (Org.). *Doutrinas essenciais de direito empresarial*. São Paulo: Revista dos Tribunais, 2011. v. III.

REQUIÃO, Rubens. *Curso de direito comercial*. 25. ed. São Paulo: Saraiva, 2003. v. 1.

SILVA, Rafael Cândido da. *Pactos sucessórios e contratos de herança*. Salvador: JusPodivm, 2019.

TEIXEIRA, Daniele Chaves. Noções prévias do direito das sucessões: sociedade, funcionalização e planejamento sucessório. In: TEIXEIRA, Daniele Chaves (Coord.). *Arquitetura do planejamento sucessório*. Belo Horizonte: Fórum, 2019.

TEIXEIRA, Daniele Chaves. *Planejamento sucessório*: pressupostos e limites. 2. ed. Belo Horizonte: Fórum 2019.

TEIXEIRA, Egberto Lacerda. *Das sociedades por quotas de responsabilidade limitada*. São Paulo: Max Limonad, 1956.

TEIXEIRA, Egberto Lacerda. *Sociedades limitadas e anônimas no direito brasileiro*. São Paulo: Saraiva, 1987.

WALD, Arnoldo; TEIXEIRA, Sálvio de Figueiredo (Coord.). *Comentários ao Novo Código Civil*: v. XIV: Livro II, do direito de empresa. Rio de Janeiro: Forense, 2005.

Informação bibliográfica deste texto, conforme a NBR 6023:2018 da Associação Brasileira de Normas Técnicas (ABNT):

GONÇALVES, Oksandro; CAMINHA, Anelize Pantaleão Puccini. As quotas preferenciais na sociedade limitada como instrumento para o planejamento sucessório. *In*: TEIXEIRA, Daniele Chaves (Coord.). *Arquitetura do planejamento sucessório*. 3. ed. Belo Horizonte: Fórum, 2022. p. 583-599. Tomo I. ISBN 978-65-5518-459-4.

PARTILHA DA LEGÍTIMA POR MEIO DE TESTAMENTO

RENATA VILELA MULTEDO
ROSE MELO VENCELAU MEIRELES

> *un rapporto di eguaglianza è un fine desiderabile nella misura in cui è considerato giusto.*
> (Norberto Boobio)[1]

Introdução

O testamento constitui um dos instrumentos mais eficazes para o planejamento sucessório. Por ser um negócio de efeito *post mortem* tem a vantagem de antecipar a programação, sem a imediata execução. Com isso, o testador mantém a sua vontade ambulatória, de modo que poderá sofrer alteração por outro ato testamentário ou mesmo por variações do patrimônio, a permitir novos ajustes. Ademais, com o aumento da expectativa de vida, o testamento compatibiliza as eventuais necessidades econômicas do envelhecimento com a organização da sucessão de bens à causa de morte.

Quando o testador é casado, há de se observar ainda o regime de bens e se há bens comuns para o planejamento sucessório. Isso porque, se houver bens comuns a serem objeto de disposição testamentária, a deixa apenas poderá incluir a meação do testador. Assim, para que um bem comum possa ser objeto de disposição por inteiro, ambos os proprietários devem testar. Trata-se de um planejamento familiar, portanto.

Uma das características do testamento consiste em ser ato personalíssimo, logo, não pode ser realizado conjuntamente por duas ou mais pessoas. O art. 1.863 do Código Civil determina ser proibido o testamento conjuntivo, isto é, aquele em que duas ou mais pessoas fazem disposições de última vontade em um só instrumento, por isso também chamado de testamento de mão comum. Essa proibição, entretanto, não inclui a combinação entre duas pessoas a respeito do modo de dispor dos seus bens, desde

---

1 Tradução livre: "uma relação de igualdade é um fim desejável na medida em que é considerado justo" (BOBBIO, Norberto. Egualianza. *Enciclopedia del Novecento*, 1977. Disponível em: http://www.treccani.it/enciclopedia/eguaglianza_(Enciclopedia-del-Novecento)/. Acesso em: 29 jul. 2019).

que o façam em atos separados, o que se mostra essencial no planejamento sucessório familiar.

Para esse fim, do planejamento sucessório familiar, muito útil a denominada em doutrina de partilha-testamento, prevista no art. 2.014 do Código Civil. Considerando a presença de herdeiros necessários, na partilha-testamento há de se observar a igualdade das legítimas. Nessa direção, esse estudo abordará as vantagens da partilha-testamento, inclusive na partilha da legítima, bem como a compatibilidade do §1º do art. 1.857 do Código Civil[2] com a partilha-testamento. Em seguida, tratará o princípio da igualdade quantitativa e qualitativa na partilha, em especial naquela definida por testamento.

1 A partilha-testamento e suas vantagens

Enquanto instrumento para a realização do planejamento sucessório, o testamento tem se mostrado bastante vantajoso na medida em que permite a ampla manipulação do acervo patrimonial pelo testador, desde que respeitada a legítima quando da existência de herdeiros necessários.[3] Nesse sentido, o já citado art. 2.014 do Código Civil autoriza expressamente o testador a indicar os bens e valores que devem compor os quinhões hereditários, deliberando ele próprio a partilha, que prevalecerá, salvo se o valor dos bens não corresponder às quotas estabelecidas. Cuida-se da *partilha-testamento*, objeto desse estudo. Sobre a previsão legal, destaca Eduardo de Oliveira Leite:

> O que o artigo prevê, e de forma inédita, é a hipótese de o próprio testador indicar os bens e valores que devem compor os quinhões hereditários, deliberando sobre a partilha, facilitando enormemente a fase de liquidação do inventário, quando a proposta do testador corresponde à justa e equitativa divisão dos quinhões.[4]

Em verdade, a partilha-testamento feita pelo pai tinha previsão no Código Civil de 1916,[5] mas a atual normativa contempla a partilha por testamento de modo mais amplo, ao permitir a deliberação da partilha da herança não apenas pelo ascendente. Assim, além da regra anterior reproduzida no art. 2.018 do Código Civil,[6] o art. 2.014 do Código Civil abrange a partilha-testamento dos quinhões hereditários de qualquer herdeiro legítimo. Ao determinar os bens que integrarão o quinhão dos herdeiros, é possível que um herdeiro receba uma parcela maior que outro em virtude dos diferentes

---

[2] "Art. 1.857. [...]. §1º A legítima dos herdeiros necessários não poderá ser incluída no testamento".

[3] São herdeiros necessários os descendentes, os ascendentes e o cônjuge conforme redação expressa do art. 1.845 do Código Civil. Quanto ao companheiro, muito embora entenda-se que o regime sucessório deva se igualar ao do cônjuge também nesse aspecto, o STF nos recursos extraordinários (RE) nºs 646.721 e 878.694 não se manifestou expressamente a respeito, firmando a tese de que "É inconstitucional a distinção de regimes sucessórios entre cônjuges e companheiros prevista no art. 1.790 do CC/2002, devendo ser aplicado, tanto nas hipóteses de casamento quanto nas de união estável, o regime do art. 1.829 do CC/2002".

[4] TEIXEIRA, Sálvio de Figueredo (Coord.). *Comentários ao Novo Código Civil*. Rio de Janeiro: Forense, 2003. p. 792. v. XXI.

[5] "Art. 1.776. É válida a partilha feita pelo pai, por ato entre vivos ou de última vontade, contanto que não prejudique a legítima dos herdeiros necessários".

[6] "Art. 2.018. É válida a partilha feita por ascendente, por ato entre vivos ou de última vontade, contanto que não prejudique a legítima dos herdeiros necessários".

valores dos bens. Portanto, ainda que sejam herdeiros necessários, a partilha-testamento poderá desigualar os quinhões, desde que se respeite a legítima.

Com efeito, pertence aos herdeiros necessários, de pleno direito, a metade dos bens da herança, constituindo a legítima (CC, art. 1.846), conforme o procedimento para o seu cálculo previsto no art. 1.847 do Código Civil. Desse modo, calcula-se a legítima sobre o valor dos bens existentes na abertura da sucessão, abatidas as dívidas e as despesas do funeral, adicionando-se, em seguida, o valor dos bens sujeitos à colação. Mesmo se não houver testamento, deve-se separar a herança em dois montes, somando-se as liberalidades sujeitas à colação apenas na parte indisponível, sem aumentar a disponível, consoante dispõe o parágrafo único do art. 2.002 do Código Civil.[7]

Observa-se, portanto a possibilidade do aumento, por testamento, do quinhão de um ou mais herdeiros necessários, desde que se determine que tal incremento seja extraído da parte disponível. Dessa sorte, a partilha-testamento poderá abranger todo o espólio, mas não poderá violar a igualdade das legítimas na metade indisponível. Como se destaca em doutrina,[8] a reserva hereditária poderá estar incluída no ato de última vontade em algumas hipóteses, como na deserdação, quando dispõe, havendo justa causa, de aposição de cláusulas de inalienabilidade, impenhorabilidade e incomunicabilidade e quando delibera os quinhões hereditários. Em interpretação sistemática, a vedação contida no §1º do art. 1.857 do Código Civil não obsta a partilha da legítima por testamento, eis que há previsão expressa para essa hipótese nos arts. 2.014 e 2.018 do Código Civil. A legítima não pode ser prevista em testamento quando a disposição resultar na sua restrição, isto é, não pode ser reduzida na sua essência ou valor por cláusula testamentária, pois o direito das sucessões se rege pelo princípio da intangibilidade da legítima.[9] A partilha-testamento não objetiva a restrição e sim a otimização da sucessão, de modo a compatibilizar a liberdade testamentária e a intangibilidade da legítima.

A intenção do legislador com a partilha-testamento foi justamente a de não desqualificar o sucessor como herdeiro por ter sido individualizado o bem (ou bens) que integrará (integrarão) sua parte na herança. Como se sabe, herdeiro é aquele que sucede na totalidade da herança ou parte dela, sem determinação dos bens ou valores que a integram. Recebe assim fração ideal da herança. Entretanto, há a figura do herdeiro *ex re certa*, ou seja, aquele cujos bens que integrarão sua fração ideal são definidos previamente em testamento. A possibilidade de definição dos bens que compõem o quinhão hereditário não transforma o herdeiro em legatário, porque o testador apenas adianta como se dará a partilha dos bens, permanecendo o herdeiro com direito à sua fração que corresponde ao percentual equivalente ao valor dos bens especificados para compor sua parte.

Assim, antes de elaborar o testamento com a partilha dos bens, releva estimar o valor da legítima, considerando-se os bens existentes na data da feitura do ato, muito

[7] A providência se justifica a fim de não interferir na conferência das doações e eventual necessidade de redução da mesma, nos moldes do art. 2.003, parágrafo único, do Código Civil.

[8] TEPEDINO, Gustavo; BARBOZA, Heloisa Helena; MORAES, Maria Celina Bodin de. *Código Civil comentado conforme à Constituição*. Rio de Janeiro: Renova, 2014. p. 670.

[9] NEVARES, Ana Luiza Maia. O princípio da intangibilidade da legítima. *In*: MORAES, Maria Celina Bodin de (Coord.). *Princípios do direito civil contemporâneo*. Rio de Janeiro: Renovar, 2006, *passim*.

embora esse valor possa variar ao longo do tempo, em prejuízo (em caso de diminuição patrimonial) ou não (em caso de aumento patrimonial) dos herdeiros necessários. Somente a partir desse cálculo será possível planejar a futura partilha.

O modo de partilhar dos herdeiros legítimos – inclusive os necessários – ocorre de acordo com a classe de herdeiros e o modo de suceder. Existe um nexo entre o modo de suceder e a maneira de partilhar a herança.[10] Se houver igualdade de graus entre os herdeiros, desde o momento da abertura da sucessão, sucedem por direito próprio, partilhando-se a herança: i) por cabeça, se forem descendentes ou colaterais os herdeiros; ii) por linhas, se forem ascendentes do mesmo grau, mas das linhas paterna e materna. Se houver diversidade de graus entre os herdeiros, desde o momento da abertura da sucessão, em relação aos herdeiros de grau mais distante, descendem por direito de representação ao morto ou excluído da sucessão, partilhando-se a herança por estirpe. Se a igualdade ou diversidade de grau ocorrer depois da abertura da sucessão, esta tem lugar aos herdeiros do sucessor pós-morto por direito de transmissão, partilhando-se a herança: i) por estirpe – na classe dos descendentes ou colaterais, independentemente de serem iguais ou diversos os graus de parentesco; ii) por linhas – na classe dos ascendentes de mesmo grau e diversidade de linha. Acrescente-se a sucessão por cotas, quando o legislador atribui a certos herdeiros uma cota de 1/2, 1/3 ou 1/4 da herança ou uma cota do direito hereditário do outro herdeiro.

Desse modo, a principal vantagem da liberdade testamentária na partilha da legítima no testamento por meio da indicação dos bens que integrarão cada quinhão, observando-se a distribuição legal dos quinhões hereditários, revela-se na possibilidade de se antecipar ao que seria decidido pelos herdeiros consensualmente ou pelo juiz no caso de litígio sobre a partilha. Assim, por exemplo, se há dois herdeiros legítimos a quem competiria a divisão por cabeça, o testador poderá indicar o bem A no valor de $500 para um e o bem C de valor $1.500 para o outro, pois sendo, no caso, o valor da legítima de $1.000, bastaria que fosse assegurado $500 para cada, a fim de serem respeitadas as legítimas. O mesmo resultado poderia ser alcançado em partilha consensual, mas sem a previsão testamentária haveria o dever de restituição entre os herdeiros, pois, sem a partilha-testamento, os quinhões são divididos igualmente. Vale dizer, em síntese, a metade da herança se rege pela igualdade, a outra metade pela liberdade (CC, art. 1.789). Entre igualdade e liberdade, a partilha-testamento haverá de encontrar o equilíbrio, nos parâmetros da igualdade quantitativa e qualitativa da partilha.

2 Igualdade quantitativa e qualitativa na partilha-testamento

A igualdade é o critério fundamental da partilha entre os herdeiros legítimos. Na sucessão testamentária, prevalece o definido no testamento. Quando o testamento também não atribui bens a certos herdeiros, ou distribui quinhões desiguais, prevalece a igualdade.

Para a partilha judicial, o juiz facultará às partes que, no prazo comum de 15 (quinze) dias, formulem o pedido de quinhão e, em seguida, proferirá a decisão de deliberação da

---

[10] *Vide* sobre o ponto OLIVEIRA, Arthur Vasco Itabaiana de. *Tratado de direito das sucessões*. Rio de Janeiro: Livraria Jacintho, 1936. v. II. p. 99.

partilha, resolvendo os pedidos das partes e designando os bens que devam constituir quinhão de cada herdeiro e legatário (CPC, art. 647). Na partilha, serão observados os seguintes critérios: i) a máxima igualdade possível quanto ao valor, à natureza e à qualidade dos bens; ii) a prevenção de litígios futuros; iii) a máxima comodidade dos coerdeiros, do cônjuge ou do companheiro, se for o caso (CPC, art. 648).

A referida igualdade quanto ao valor, à natureza e à qualidade dos bens constitui critério adotado tradicionalmente também na legislação civil (CC, art. 2.017), a indicar que cada herdeiro deve receber "a sua parte em móveis, imóveis, bens certos e duvidosos, coisas corpóreas, direitos e créditos".[11] Trata-se de critério meramente quantitativo, com a divisão matemática, e raramente possível, dos variados bens da herança igualmente entre os herdeiros.

A igualdade quantitativa mostra-se adequada a um sistema sucessório neutro, não já a um sistema valorativo, que tem como centro a tutela da pessoa concreta,[12] não apenas a mera transmissão hereditária, centrada nos bens.

Ao lado da igualdade, o art. 505 do Código de Processo Civil de 1939 trazia os critérios da prevenção de litígios e da comodidade, omitidos no Código de Processo Civil de 1973 e retomados no Código de Processo Civil de 2015. A rigorosa igualdade matemática na divisão dos bens pode ensejar uma partilha que não atenda aos interesses dos herdeiros, e por consequência a função social da propriedade.[13] Assim, a igualdade na partilha há de observar os diferentes interesses e necessidades dos herdeiros, atingindo verdadeira igualdade substancial, material ou qualitativa.[14] Norberto Bobbio refere-se à dificuldade de se estabelecer um significado descritivo, abstrato, de igualdade, sendo necessário especificar de quais pessoas se tratam e a respeito de que são iguais, isto é, responder a duas perguntas: i) igualdade entre quem?; ii) igualdade em relação a quê?[15] Dessa forma, a igualdade há de ser auferida em relação, concretamente, considerando-se as pessoas envolvidas e não apenas os bens em si mesmos.

A prevenção de litígios futuros e a comodidade são balizas que auxiliam o alcance da igualdade material na partilha. A partilha deve possibilitar o efetivo aproveitamento do patrimônio, atribuindo aos herdeiros os bens do monte partível que lhes sejam mais proveitosos em razão da idade, profissão, saúde etc.[16] Nesse sentido, vale exemplificar:

---

11 BEVILÁQUA, Clóvis. *Código Civil dos Estados Unidos do Brasil comentado*. Rio de Janeiro: F. Alves, 1939. v. VI. p. 1.000.

12 Vale mencionar a crítica formulada por Stefano Rodotà sobre o nosso aprisionamento a certos conceitos em sacrifício do próprio sentido da vida no mundo real. Em nome de uma esquematização rígida e na pretensão de garantir um rigor científico ao sistema, inventaram certos conceitos como o de sujeito de direito que ousa, por vezes, se substituir à figura da pessoa, sujeito de carne, temporal e espacialmente localizada (RODOTÀ, Stéfano. *Dal soggetto alla persona*. Napoli: Editoriale Scientifica, 2011. p. 14-15).

13 Vale recordar que o direito sucessório tem estreita ligação com o direito de propriedade, na medida em que constitui uma das formas de aquisição da propriedade e, não sem razão, subordina-se à função social.

14 A respeito do princípio da igualdade formal e substancial, *vide* PERLINGIERI, Pietro. *Perfis do direito civil*. Rio de Janeiro: Renovar, 1997. p. 44-45.

15 BOBBIO, Norberto. Egualianza. *Enciclopedia del Novecento*, 1977. Disponível em: http://www.treccani.it/enciclopedia/eguaglianza_(Enciclopedia-del-Novecento)/. Acesso em: 29 jul. 2019.

16 Trata-se, no caso, de verificar se o princípio da igualdade disposto no art. 1.775 do CC/1916 e reproduzido no art. 2.017 do CC/2002 foi observado quando da homologação da partilha realizada pelo juízo singular e confirmada pelo tribunal *a quo*. A Turma entendeu que, na partilha, observar-se-á não só a maior igualdade formal, ou seja, a equivalência matemática dos quinhões, evitando a necessidade da constituição de condomínio, mas também a igualdade qualitativa e a natureza dos bens partilháveis. A partilha justa é aquela que, sem descuidar do

> o princípio da comodidade poderá ensejar que uma fazenda seja atribuída ao herdeiro fazendeiro, enquanto ao herdeiro menor cujo representante legal é um médico, sejam atribuídos bens de fácil administração. Já o herdeiro dentista, pelo mesmo princípio, deverá receber o consultório de seu falecido pai, também dentista.[17]

A prevenção de litígios futuros mostra-se uma consequência lógica quando cada herdeiro recebe o bem conforme seus interesses e necessidades.

O alcance de todos esses critérios em conjunto nem sempre se mostra fácil. Os interesses e necessidades dos herdeiros com frequência não restam aparentes com o pedido de quinhão. Nessa fase, poderia ser útil uma audiência especial ou mesmo a mediação (judicial ou extrajudicial com a suspensão do inventário) como forma de trazer à tona as questões subjetivas que poderão nortear uma partilha que contemple os interesses e necessidades específicos dos herdeiros, por vezes até resultando em partilha consensual, dispensando a deliberação judicial da partilha. Além disso, o valor de cada bem, conforme a comodidade de cada herdeiro, costuma ser diferente, o que reporta novamente à igualdade quantitativa, a ser obtida por meio da reposição em dinheiro da diferença.

Assim, os bens insuscetíveis de divisão cômoda, que não couberem na parte do cônjuge ou companheiro sobrevivente ou no quinhão de um só herdeiro, serão vendidos judicialmente, partilhando-se o valor apurado, a não ser que haja acordo para serem adjudicados a todos, dando ensejo à propriedade condominial (CC, art. 2.019; CPC, art. 649). Não se fará a venda judicial se o cônjuge ou companheiro sobrevivente ou um ou mais herdeiros requererem que lhes seja adjudicado o bem, repondo aos outros, em dinheiro, a diferença, após avaliação atualizada, a fim de assegurar a igualdade quantitativa. Nas hipóteses em que um bem é atribuído por inteiro a um herdeiro, o art. 1.489, IV do Código Civil estabelece a hipoteca legal ao coerdeiro para garantia do seu quinhão ou torna da partilha, sobre o imóvel adjudicado ao herdeiro reponente.

Se a adjudicação for requerida por mais de um herdeiro, observar-se-á o processo da licitação (CC, art. 2.019, §2º). O procedimento de adjudicação está previsto no art. 876 do Código de Processo Civil, aplicável também na adjudicação de bem da herança, no que couber. O §6º deste dispositivo estabelece que se houver mais de um pretendente, proceder-se-á a licitação entre eles, tendo preferência, em caso de igualdade de oferta, o cônjuge, o companheiro, o descendente ou o ascendente, nessa ordem. A licitação utiliza como critérios de preferência o valor do lance e, sendo iguais as ofertas, os vínculos familiares.

Desse modo, o tratamento da herança como uma universalidade, sem observar os eventuais vínculos entre os herdeiros e determinados bens, é adequado à igualdade formal

---

valor dos bens, destina a cada um dos ex-cônjuges todas as classes de bens e direitos, os melhores e os piores, considerando, por exemplo, custas com manutenção, liquidez, potencial de exploração econômica etc. Deve, ainda, na medida do possível, possibilitar o efetivo aproveitamento do patrimônio, atribuindo-lhes os bens do monte partível que lhes forem mais proveitosos em razão da idade, profissão, saúde etc. Assim, a Turma deu provimento ao recurso para que o tribunal *a quo* manifeste-se expressamente sobre a qualidade e a natureza dos bens do acervo e realize o cotejo das condições de cada um deles com as características e necessidades das partes, especialmente a possibilidade de servirem de moradia e fonte de renda (STJ. REsp nº 605.217-MG. Rel. Min. Paulo de Tarso Sanseverino, j. 18.11.2010).

17 PINHEIRO, Paulo Cesar. *Comentários ao Código de Processo Civil*. Rio de Janeiro: Forense, 2002. v. IX. p. 183.

dos herdeiros, não já à igualdade substancial.[18] No partilhar os bens correlacionam-se igualdade e justiça, no sentido de que, em uma relação de igualdade, é um fim desejável na medida em que é considerado justo.[19]

Na partilha-testamento, o testador indica os bens que integrarão o quinhão de cada herdeiro, antecipando-se a eventual consenso ou litígio entre os sucessores. Desse modo, após o registro do testamento, o inventário e a partilha judicial ou extrajudicial[20] seguirão cumprindo as disposições testamentárias quanto à partilha.

Ao definir a partilha da legítima no testamento, o testador tem a possibilidade de atender não apenas à igualdade quantitativa, mas, também a igualdade qualitativa entre os herdeiros. Como mencionado, as legítimas são protegidas pela igualdade quantitativa dos quinhões hereditários, na proporção estabelecida pelo legislador, conforme o modo de suceder e a classe dos herdeiros vocacionados. Assim, na partilha da legítima, isto é, na metade da herança, os quinhões devem ser quantitativamente iguais.

A depender tão somente da divisão igualmente quantitativa da herança, a liberdade testamentária encontraria limites matemáticos inconciliáveis com um planejamento sucessório eficaz, que possa minimizar conflitos, realizar os interesses dos sucessores e agilizar a transmissão hereditária. Assim, deve o testador respeitar os limites quantitativos (quanto ao valor dos quinhões) na legítima, mas poderá testar desigualmente (quanto ao valor dos quinhões) na parte disponível, sem a necessidade de reposição.

O critério quantitativo mostra-se suficiente quando a herança é composta apenas de dinheiro, mas os demais critérios são invocados quando há bens de variadas naturezas e qualidades, sobretudo se há herdeiros vulneráveis ou há alguma relação específica entre o herdeiro e o bem. A indicação dos bens a compor a legítima dos herdeiros necessários por testamento encontra esteio na própria igualdade, pois, uma vez atendidos os valores dos respectivos quinhões, o testamento instrumentaliza a igualdade qualitativa dos herdeiros.

Com efeito, se não há óbice para que o testador indique os bens que caberão aos herdeiros, respeitada a igualdade quantitativa da legítima, no caso de herdeiros necessários, cabe questionar se poderá utilizar o testamento para partilhar contrariando interesses de um, alguns ou todos os herdeiros, em desigualdade qualitativa. Exemplifique-se com o filho cervejeiro a quem o pai destinou na partilha a fazenda, enquanto que à filha fazendeira destinou suas cotas na fábrica de cerveja. Embora os valores da legítima estejam contemplados, as necessidades e interesses dos sucessores não foram observados pelo testador.

Nem a autonomia privada, tampouco a testamentária, apresentam-se como valores absolutos. O conteúdo do testamento submete-se a controle de validade e merecimento

---

18 Sobre o ponto, *vide* NEVARES, Ana Luiza Maia. *A função social do testamento*. Rio de Janeiro: Renovar, 2009. p. 62: "a partir da nova perspectiva que informa o direito civil e, em consequência, o Direito Sucessório, valorizando não mais o indivíduo abstrato, mas a pessoa em sua dimensão humana, a partir do reconhecimento de suas diversidades e peculiaridades, é preciso que a indiferença quanto aos bens transmitidos e, em especial quanto aos sucessores seja repensada".

19 BOBBIO, Norberto. Egualianza. *Enciclopedia del Novecento*, 1977. Disponível em: http://www.treccani.it/enciclopedia/eguaglianza_(Enciclopedia-del-Novecento)/. Acesso em: 29 jul. 2019.

20 Não obstante a restrição da lei processual (CPC, art. 610), em alguns estados é possível o inventário extrajudicial quando há testamento, sendo consensual e todos os herdeiros capazes, a exemplo da previsão no Provimento CGJ/SP nº 37/2016 e CGJ/RJ nº 21/2017.

de tutela como qualquer outro negócio jurídico. O herdeiro tem uma fração ideal da herança, o que não se modifica pela partilha-testamento. Não há, portanto, bens que obrigatoriamente tenham que compor a parte de certos herdeiros. Assim, por um lado, o testador possui a liberdade de escolher os bens que integrarão o quinhão de cada um, ainda que bens da legítima, respeitado o limite quantitativo. Por outro lado, sob a perspectiva funcional do direito, a função da transmissão hereditária necessária consiste em assegurar um benefício econômico à família, por razões de solidariedade. Nessa toada, não parece tutelável a disposição testamentária que contrarie essa função. Em defesa da possibilidade do afastamento da cláusula testamentária, em benefício da necessidade do herdeiro necessário, vale citar:

> na ponderação entre a autonomia privada do testador, calcada nos valores constitucionais da liberdade e da livre iniciativa, e os legítimos interesses dos sucessores legais, baseados na essencialidade do bem para a concretização da sua dignidade, a tendência é prevalecer a solidariedade e não a liberdade, já que será na solidariedade, realizada pela restrição da autonomia privada do testador, que garantirá a maioria dos casos a dignidade da pessoa humana.[21]

Não se trata de estremar a vontade do testador e a vontade do herdeiro, pois a liberdade testamentária é princípio do direito das sucessões cada vez mais destacado, como meio de realização de valores constitucionais e tutela concreta dos sucessores. É verdade que o herdeiro que não concordar com as disposições testamentárias possui a faculdade de renunciar. Contudo, está-se referindo à legítima dos herdeiros necessários[22] que, eventualmente, pela inobservância da vinculação prévia do bem ao herdeiro, pode vir a sofrer restrição vedada na partilha-testamento. A formação dos quinhões, portanto, obedece aos preceitos básicos da partilha: igualdade e comodidade.[23] Caso contrário, o herdeiro prejudicado poderá impugnar o testamento e reclamar a partilha judicial nos moldes da igualdade qualitativa. E, dessa feita:

> não ficará afastada a possibilidade de o juiz acolher pedido de quinhão em desacordo com a vontade do testador, desde que fique comprovado, sem qualquer dúvida, que ela ofende os princípios que devem reger a partilha, pois tal situação resultará em prejuízo para determinado ou determinados herdeiros.[24]

Considerando ainda que a partilha-testamento não altera a qualificação do herdeiro, que continua a ter uma fração ideal da herança, é preciso pensar na possibilidade de a partilha ser feita consensualmente de modo diverso ao previsto pelo testador, respeitados os valores das quotas de cada um. Nesse sentido, mesmo existindo partilha-testamento, "poderão os herdeiros de comum acordo deliberar sobre a partilha de forma diversa

---

[21] NEVARES, Ana Luiza Maia. *A função social do testamento*. Rio de Janeiro: Renovar, 2009. p. 213.

[22] Em relação aos herdeiros legítimos facultativos que tenham seus quinhões discriminados em testamento, entende-se que a autonomia testamentária não se submete à igualdade quantitativa ou qualitativa, na medida em que poderiam ser licitamente afastados da sucessão.

[23] OLIVEIRA, Arthur Vasco Itabaiana de. *Tratado de direito das sucessões*. Rio de Janeiro: Livraria Jacintho, 1936. v. II. p. 244.

[24] PINHEIRO, Paulo Cesar. *Comentários ao Código de Processo Civil*. Rio de Janeiro: Forense, 2002. v. IX. p. 183.

daquela constante da vontade do testador".[25] Conclui-se assim que a autonomia testamentária na indicação dos bens e valores que devem compor os quinhões hereditários limita-se também à garantia da igualdade quantitativa.

Considerações finais

A partilha-testamento é de grande utilidade na medida em que pode vir a abranger todo o espólio, contanto que não viole a igualdade das legítimas. Ao possibilitar a partilha da legítima no testamento por meio da indicação dos bens que integrarão cada quinhão, observando-se a distribuição dos quinhões hereditários, torna-se possível ao testador antecipar-se ao que seria decidido pelos herdeiros consensualmente ou pelo juiz no caso de litígio sobre a partilha.

Com efeito, a mera igualdade quantitativa tem se mostrado insuficiente para atender aos interesses em concreto dos herdeiros, haja vista que promove a transmissão hereditária centrada tão somente nos bens e não na tutela da pessoa concreta.

Nesse cenário, a partilha-testamento surge como forma atraente de promoção de uma igualdade substancial entre os herdeiros, por meio do efetivo aproveitamento do patrimônio em consonância com as necessidades concretas de cada um.

Dessa forma, ao se observar os vínculos entre os herdeiros e determinados bens, a prevenção de litígios futuros aparece como uma consequência natural de uma partilha que realiza as necessidades e os interesses daqueles que recebem os bens. Assim, o testador tem a possibilidade de promover a igualdade quantitativa e qualitativa na partilha como um todo.

A indicação dos bens que compõem a legítima dos herdeiros necessários por testamento encontra esteio na igualdade substancial, pois uma vez atendidos os valores dos respectivos quinhões, o testamento transforma-se em instrumento de promoção da igualdade qualitativa dos herdeiros.

Por fim, vale mencionar que, pelo fato de a partilha-testamento não alterar a qualificação do sucessor como herdeiro, na análise de merecimento de tutela ao tempo da sucessão, é possível que ela seja feita consensualmente de modo diverso ao previsto pelo testador, respeitados os quinhões hereditários.

Pela lente de uma perspectiva funcional, nem a autonomia privada, tampouco a testamentária, apresentam-se como valores absolutos, uma vez que o conteúdo do testamento se sujeita não só ao controle de validade, mas, necessariamente, ao controle de merecimento de tutela de acordo com os ditames constitucionais. Assim, além de a partilha-testamento não modificar a fração ideal da legítima de cada herdeiro, ela pode assegurar um benefício econômico à família, em consonância com o princípio da solidariedade familiar.

Por fim, vale mencionar que, pelo fato de a partilha-testamento não alterar a qualificação do sucessor como herdeiro, na análise de merecimento de tutela ao tempo da sucessão, é possível que ela seja feita consensualmente de modo diverso ao previsto pelo testador, respeitados os quinhões hereditários.

---

[25] PINHEIRO, Paulo Cesar. *Comentários ao Código de Processo Civil*. Rio de Janeiro: Forense, 2002. v. IX. p. 183-184.

No cenário que se desenha sobre um século já sedimentado na prevalência dos interesses existenciais sobre os patrimoniais, as situações jurídicas subjetivas devem ser individuadas em relação às circunstâncias concretas e devem, ainda, considerar a historicidade e a relatividade dos institutos jurídicos. Por essa razão, a autonomia do testador deve ser analisada a partir do contraponto entre liberdade e solidariedade – que, no caso concreto, exige o reconhecimento de garantias e de tutelas diferenciadas.

Informação bibliográfica deste texto, conforme a NBR 6023:2018 da Associação Brasileira de Normas Técnicas (ABNT):

MULTEDO, Renata Vilela; MEIRELES, Rose Melo Vencelau. Partilha da legítima por meio de testamento. *In*: TEIXEIRA, Daniele Chaves (Coord.). *Arquitetura do planejamento sucessório*. 3. ed. Belo Horizonte: Fórum, 2022. p. 601-610. Tomo I. ISBN 978-65-5518-459-4.

A DILUIÇÃO NO QUADRO SOCIETÁRIO DE PESSOA JURÍDICA E A SUCESSÃO

ROBERTO SALLES LOPES

A cultura empresarial que há alguns anos começou a se implantar no Brasil, e que já é amplamente difundida em outros países, tem na governança e na organização alguns de seus pilares mais relevantes.

Neste contexto, claramente dominante nas duas últimas gerações de gestores de empresas (a mudança é mais sensível nas empresas familiares, por motivos óbvios), poucos aspectos são deixados ao acaso. A sucessão, embora tenha sido um dos últimos aspectos a ser atingido por essa mudança de mentalidade, já deixou de ser ignorada e passou a ser considerada como um dos mais relevantes momentos da vida empresarial, a demandar especial atenção dos gestores e, principalmente, dos acionistas.

Os motivos que explicam a atual relevância do assunto, segundo a prática do dia a dia, são os mais variados, mas dentre eles podemos citar, como mais recorrentes:

a) A necessidade de segregar as sociedades operacionais de um determinado grupo das questões ou problemas da família ou das famílias que o controlam, mediante uma estrutura de governança adequada. Nesta linha, organizar a sucessão é algo natural;
b) A necessidade de preparar a sucessão para evitar, quando do falecimento dos controladores, que ocorram disputas entre seus sucessores.

Em todos os casos, fazer com que a sucessão ocorra de forma a gerar a menor carga tributária possível é uma preocupação presente e, na maioria das vezes, determinante para o caminho a ser seguido.

Na maioria das estruturações que têm por objetivo a organização de um grupo empresarial, nas hipóteses mencionadas, as alterações de quadros societários das empresas existentes e a criação de novas sociedades ("holdings" puras ou não) são recorrentes. E, por isso, uma das operações societárias mais presentes são os aumentos de capital, juntamente com as figuras jurídicas típicas de reorganizações, como as incorporações ou cisões. As fusões, por motivos tipicamente tributários (prejudicam a utilização de prejuízos fiscais de todas as pessoas jurídicas envolvidas sem nenhum ganho em contrapartida, quando comparadas com as incorporações), são praticamente inexistentes no cenário jurídico brasileiro.

As operações de aumento de capital podem gerar, em muitos casos, variações nas participações relativas dos sócios, acionistas ou quotistas, das pessoas jurídicas envolvidas. Ocorre a chamada "diluição" sempre que, num aumento de capital, um ou algum dos sócios não exerce seu direito de preferência à subscrição proporcional ou o faz apenas parcialmente. Com isso, em maior ou menor medida, sua participação percentual será "diluída" pelo aporte de capital feito pelos demais sócios ou por novos sócios. As figuras a seguir demonstram as duas hipóteses de maneira gráfica:

Figura 1 – Diluição de um dos sócios que não participa do aumento de capital.

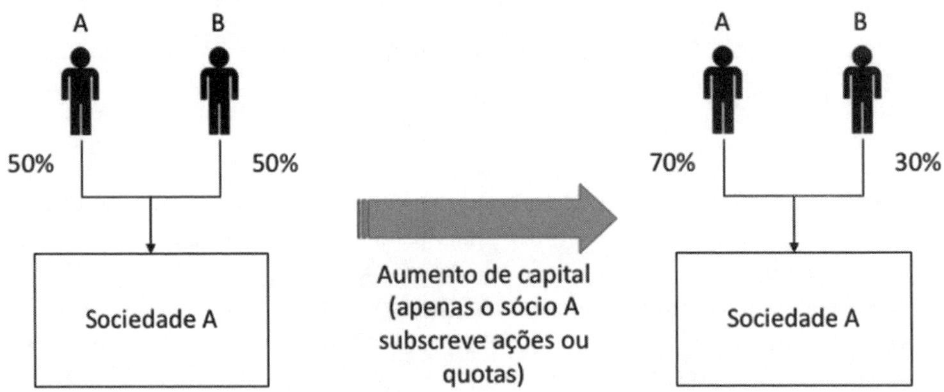

Figura 2 – Diluição dos sócios atuais que não participam do aumento de capital.

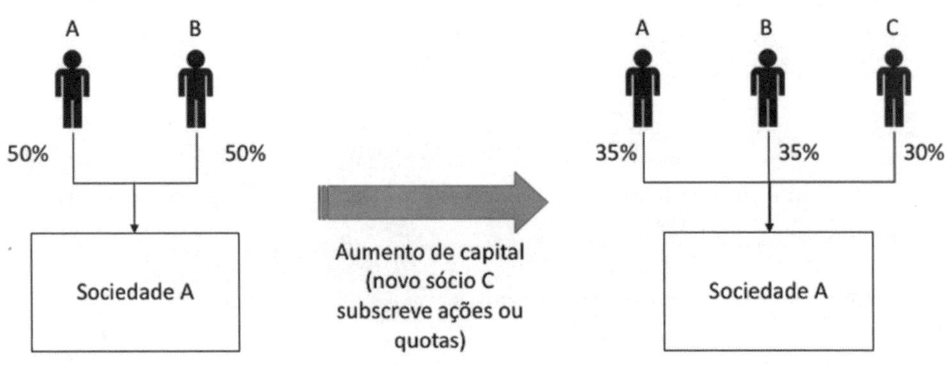

Como se percebe, portanto, por meio de um aumento de capital subscrito em desproporção aos direitos de preferência, as participações societárias que representam a propriedade direta ou indireta de um acionista ou quotista aumentam ou diminuem, quando comparadas às dos demais acionistas ou quotistas.

Nem sempre a diluição de certos acionistas é mera consequência. Por vezes, é exatamente esse o efeito que se persegue em alguma etapa do planejamento sucessório. As razões para tanto variam de caso a caso, mas, no mais das vezes, trata-se de fazer com que a formatação desejada pelos acionistas ou quotistas, para implementação da estrutura que já era preconcebida, seja corretamente implementada.

Pode ocorrer, por exemplo, que uma família cujos pais e filhos (sucedidos e sucessores em potencial, portanto) são sócios de uma única pessoa jurídica operacional tenha interesse em segregar as participações em várias holdings, uma para a família de cada um dos filhos. Neste cenário, será necessário criar as holdings e fazer com que as participações de cada filho em cada holding, e de cada holding na pessoa jurídica operacional, correspondam ao arranjo objetivado pela família, o que nem sempre significa a divisão em partes exatamente iguais deste bem em especial.

Os aumentos de capital – e com eles a possível diluição de participações societárias – funcionam, em situações como a do exemplo descrito, como um dos principais instrumentos jurídicos para viabilizar o atingimento das participações societárias finais almejadas, sem que, para tanto, seja preciso recorrer a contratos de compras e vendas ou a doações, nem sempre desejáveis do ponto de vista societário ou mesmo tributário.

De fato, uma "compra-e-venda" implica, muitas vezes desnecessariamente, o fluxo financeiro ou o registro de ativos e passivos dentro do mesmo grupo empresarial. Pode também significar a necessidade de precificação de ativos como a própria participação societária, o que frequentemente não só é difícil, quando são ativos ilíquidos, mas também desaconselhável por dificultar acordos de divisão de patrimônio, a depender das circunstâncias. Enquanto dois sócios podem estar de acordo quanto a dividir um patrimônio entre a participação no "negócio A" versus a participação no "negócio B", o mesmo talvez não ocorra quando uma avaliação coloca um "preço" no "negócio A" e outro no "negócio B". Ou talvez seja o contrário. Na dinâmica das reorganizações ou reestruturações com vistas à organização de grupos empresariais, a única regra fundamental é a que não há regra; não há duas situações iguais. Apenas diante das características de cada grupo empresarial e de cada família envolvida será possível identificar as nuances e planejar os caminhos possíveis para atingir os objetivos.

O propósito deste trabalho é identificar os aspectos mais relevantes a serem considerados quando se realiza um aumento de capital que termina por gerar diluição no quadro societário de uma pessoa jurídica. Para tanto, serão abordados, separadamente, os aspectos de natureza societária e os de natureza tributária.

1 Aspectos societários

Nas sociedades limitadas, a regra para os aumentos de capital está inserta no artigo 1.081 do Código Civil, que tem a seguinte redação:

> Art. 1.081. Ressalvado o disposto em lei especial, integralizadas as quotas, pode ser o capital aumentado, com a correspondente modificação do contrato.
> §1º Até trinta dias após a deliberação, terão os sócios preferência para participar do aumento, na proporção das quotas de que sejam titulares.
> §2º À cessão do direito de preferência, aplica-se o disposto no caput do art. 1.057.
> §3º Decorrido o prazo da preferência, e assumida pelos sócios, ou por terceiros, a totalidade do aumento, haverá reunião ou assembleia dos sócios, para que seja aprovada a modificação do contrato.

Como se pode perceber, a regra não trata do valor a ser atribuído às quotas subscritas ou dos seus possíveis efeitos, como a diluição dos quotistas. A regra trata, basicamente, dos aspectos formais do aumento de capital e da possível transferência do direito de preferência para subscrição, exigindo que observe a mesma disciplina atinente à transferência das próprias quotas.

A transferência do direito de preferência, do ponto de vista das regras societárias (artigo 1.081, parágrafos 2º e 3º do CC), costuma ser um aspecto de menor relevância no contexto de reorganizações voltadas à sucessão, pois os sócios e as pessoas jurídicas geralmente estão de acordo com todas as providências adotadas e as aprovações são, via de regra, unânimes.

As quotas das sociedades limitadas, segundo o artigo 1.055 do CC, podem ser "iguais ou desiguais":

> Art. 1.055. O capital social divide-se em quotas, iguais ou desiguais, cabendo uma ou diversas a cada sócio.
> §1º Pela exata estimação de bens conferidos ao capital social respondem solidariamente todos os sócios, até o prazo de cinco anos da data do registro da sociedade.
> §2º É vedada contribuição que consista em prestação de serviços.

O dispositivo também estabelece que cada sócio pode ter uma ou várias quotas. Somando-se a isso à possibilidade de quotas iguais ou desiguais, tem-se que a atribuição de valor a cada quota é de livre deliberação entre os quotistas.

Portanto, o valor a ser atribuído às quotas no aumento de capital de uma sociedade limitada não encontra limites rígidos nas regras do CC, estando, ao contrário, sujeito à vontade dos quotistas. A doutrina corrobora este entendimento, como se vê:

> O CC/2002 acolheu tanto a forma clássica como a evolução prática da divisão do capital social descritas pelo autor, já que aponta a divisão entre quotas iguais ou desiguais, cabendo uma ou diversas a cada sócio (art. 1.055). Dessa forma, é possível optar entre (i) 100 quotas de R$1,00 para o sócio A e 300 quotas de R$1,00 para o sócio B, (ii) 1 quota de R$100 para o sócio A e 1 quota de R$300 para o sócio B, (iii) 2 quotas de R$50 para o sócio A e 3 quotas de R$100 para o sócio B, e assim por diante. Na prática, continua consagrada a primeira opção.[1]

Da mesma forma, a Instrução Normativa DREI – Departamento de Registro Empresarial e Integração 10/2013, que aprovou o Manual de Registro de Atos de Comércio para as Sociedades Limitadas, estabelece, no seu item 1.2.16.1, o seguinte:

> As quotas de capital poderão ser: a) de valor desigual, cabendo uma ou diversas a cada sócio; e b) de valor igual, cabendo uma ou diversas a cada sócio.

Obviamente, se a sociedade limitada pode ser formada, na origem, por quotas de valor igual ou desigual, múltiplas ou únicas, o mesmo se aplica às quotas criadas por ocasião dos aumentos de capital.

---

1 TEIXEIRA, Egberto Lacerda. Das Sociedades por Quotas de Responsabilidade Limitada. 2. ed. p. 99.

Na prática, entretanto, o que se percebe, na quase totalidade dos casos de sociedades limitadas, é a divisão do capital em quotas de igual valor, e os aumentos de capital atribuindo às novas quotas o mesmo valor das já existentes. A emissão de quotas com ágio (figura regulada pela Lei das S.A.) não chega a ser inexistente, mas é rara, por conta, principalmente, da insegurança quanto aos efeitos tributários daí decorrentes, como será visto adiante.

Para as sociedades anônimas, a Lei nº 6.404/1976 prevê, em seus artigos 13 e 14, que o preço de emissão de ações: (i) com valor nominal, não pode ser inferior ao do valor nominal; e (ii) sem valor nominal, será fixado, no aumento de capital, pela assembleia-geral ou pelo conselho de administração.

Já o art. 170, §1º, da mesma lei, estabelece que o preço de emissão deverá ser fixado sem diluição injustificada da participação dos antigos acionistas, tendo em vista, alternativa ou conjuntamente: (i) a perspectiva de rentabilidade da companhia; (ii) o valor do patrimônio líquido da ação; (iii) a cotação de suas ações em Bolsa de Valores ou no mercado de balcão organizado, admitido ágio ou deságio em função das condições do mercado. O §7º, por sua vez, estabelece:

> A proposta de aumento do capital deverá esclarecer qual o critério adotado, nos termos do §1º deste artigo, justificando pormenorizadamente os aspectos econômicos que determinaram a sua escolha.

É importante notar que o objetivo essencial do §1º do art. 170, e a própria razão de sua existência e aplicabilidade, é evitar a diluição injustificada dos antigos acionistas em aumentos de capital, ainda que tenham eles direito de preferência para subscrever as novas ações, conforme expresso na norma e reconhecido pela doutrina.[2]

---

2 "O preço de emissão não deve causar 'diluição injustificada' da participação dos antigos acionistas, que pode ocorrer quando eles não subscrevem as novas ações. A diluição pode verificar-se nos direitos patrimoniais e políticos, sendo aceita pela Lei das S.A., desde que justificável.
A diluição de suas ações, entendida como diminuição do seu valor econômico, ocorre quando o acionista não exerce o direito de preferência". EIZIRIK, Nelson. *A Lei das S/A Comentada*. Vol. III, 2. ed. rev. e ampl. São Paulo: Quartier Latin, 2015. p. 280.
"De modo geral, atendidos os critérios estabelecidos no §1º, o aumento de capital somente poderá ser anulado caso se comprove que a deliberação tem por objetivo prejudicar os minoritários, diluindo sua participação injustificadamente". (LAZZARESCHI NETO, Alfredo Sérgio. *Lei das Sociedades por Ações Anotada*. São Paulo: Saraiva, 2012. p. 569).
"De fato, o objetivo principal do mencionado parágrafo 1º é a proteção dos antigos acionistas não-controladores, relativamente à diluição injustificada do valor de sua participação". (LUCENA, José Waldecy. *Das Sociedades Anônimas*. Comentários à Lei. Vol. II. Rio de Janeiro: Renovar, 2009).
"A *diluição será injustificada apenas* quando o preço da emissão, resultante da adoção de um ou mais critérios, for inconsistente e falso, *visando sua adoção diluir a participação dos acionistas não controladores*" (CARVALHOSA, Modesto. *Comentários à Lei das Sociedades Anônimas*. 3º volume. São Paulo: Saraiva, 2011).
"Segundo os autores do projeto convertido na Lei 6.404/76, porém, a regra constante do art. 170, §1º, foi estabelecida com vistas unicamente aos interesses dos acionistas minoritários (entendida essa expressão, no sentido largo e pouco técnico, de acionistas não controladores, embora titulares de ações votantes e de acionistas preferenciais). (...)
A leitura dessa explicação nos convence de que os elaboradores do projeto tiveram em mente, aí, muito mais a situação das companhias abertas, com ações cotadas em Bolsas de Valores, do que companhias fechadas. A possibilidade de "colocação de ações", a que se refere a explicação ministerial, ao que tudo indica, faz alusão ao mercado de capitais e à captação de investimentos fora do círculo acionário. Nas relações internas de de maioria e minoria, nas companhias fechadas, o problema que se põe não é o de colocação de ações, mas sim o de eventual abuso de poder de controle, o qual, digamos desde já, pode se consubstanciar muito mais sob a forma de fixação de preço de emissão excessivo para marginalizar os minoritários, do que pela emissão a preço

O primeiro ponto que deve ser ressaltado é que, nas situações em que não há o risco ou a possibilidade da diluição injustificada, a observância ao §1º do art. 170 não é exigível. Tais situações (em que não se cogita de diluição injustificada) são justamente aquelas em que todos os acionistas de uma sociedade aprovam o aumento de capital e dele participam na proporção de suas respectivas participações societárias.

Além disso, é importante, na interpretação do art. 170, §1º, da Lei nº 6.404/1976, atentar para a discricionariedade da companhia para a definição do preço de emissão das ações, conforme respaldado pela doutrina.[3]

Em seu trabalho intitulado A Fixação do Preço de Emissão das Ações no Aumento de Capital da Sociedade Anônima, Fábio Konder Comparato, de forma bastante detalhada e específica, não apenas defende a discricionariedade da escolha do critério para a precificação das ações como sendo a correta interpretação do art. 170, §1º, da Lei nº 6.404/1976, como também justifica sua razão de ser:

> Diz-se, aí, que o preço de emissão deve ser fixado 'tendo em vista', três valores econômicos dos títulos. A expressão legal 'tendo em vista' deve ser sublinhada. Ela não indica uma determinação legal precisa, do tipo 'pela média de tais e tais valores', ou então 'por este ou aquele valor'. O 'ter em vista', no caso, significa levar em consideração, ou ter em conta; o que importa em conferir ao órgão societário que fixa o preço de emissão de ações uma certa latitude de apreciação, ou um perímetro decisório.
>
> Estamos, pois, diante de um poder discricionário, no sentido técnico da expressão em direito administrativo, poder esse delimitado por diretivas legais.
>
> (...)
>
> A norma legal em exame não atribui simples faculdade nem dita comportamento estrito ne varieteur, ao órgão competente da companhia. Apenas fixa diretivas, no sentido que o vocábulo apresenta no uso comum: 'conjunto de instruções ou indicações para se tratar e levar a termo um plano, uma ação, um negócio, etc.' ou 'norma de procedimento'.

---

reduzido". (COMPARATO, Fábio Konder. A fixação do preço de emissão das ações no aumento de capital da sociedade anônima". *In: Revista de Direito Mercantil, Industrial, Econômico e Financeiro*, São Paulo: Revista dos Tribunais, n. 81, p. 80, 1991).

"Ficando *indemonstrado* que *o aumento do capital social visou tão somente prejudicar acionista minoritária*, não pode prevalecer a decisão que anulou a assembleia geral. (TJRJ, 7º Grupo de Câmaras Cíveis, Emb. na Ap. 6.809/97 – Capital; Rel. Des Mauro Fonseca Pinto Nogueira; ADCOAS 8171279)" (LAZZARESCHI NETO, Alfredo Sérgio. *Lei das Sociedades por Ações Anotada*. São Paulo: Saraiva, 2012. p. 569).

"Sociedade anônima. Anulação da assembleia em face do preço das ações emitidas quando da elevação do capital social. *Inadmissibilidade se não demonstrado que a deliberação visou tão somente prejudicar acionista minoritária*" (RT 763/338)" (LAZZARESCHI NETO, Alfredo Sérgio. *Lei das Sociedades por Ações Anotada*. São Paulo: Saraiva, 2012. p. 570).

3 "De qualquer maneira, é importante enfatizar que cabe exclusivamente à companhia escolher o parâmetro que considerar como o mais adequado para a fixação do preço de emissão de suas ações. Estando convenientemente justificada a escolha do parâmetro utilizado, nos termos do §7º do art. 170, introduzido pela Lei nº 9.457/97, e não ocasionando, o preço de emissão, diluição injustificada da participação dos antigos acionistas, não pode a CVM (tratando-se de Cia. Aberta) ou ao Poder Judiciário entrar no mérito da decisão empresarial, por considera-la inadequada ou inconveniente". (EIZIRIK, Nelson. *Reforma das S.A. e do Mercado de Capitais*. Rio de Janeiro: Renovar, 1997. p. 95).

"Diferentemente do disposto no art. 45, onde a adoção de critério alternativo de valor econômico é estatutária e insusceptível de alteração posterior, no aumento de capital dá-se exatamente o contrário. A escolha de critério de avaliação do preço de emissão não pode ser objeto de regra estatutária por incompatível com outro critério, ou seja, de oportunidade. Estará, assim, livre a administração para escolher o método de apuração do preço de emissão conforme as predisposições do mercado naquele momento ou dos acionistas e terceiros potenciais subscritores". (CARVALHOSA, Modesto. *Comentários à Lei de Sociedades Anônimas*, v. 3. 5. ed. São Paulo: Saraiva, 2011. p. 615).

> Deparamo-nos aí com aquele tipo de norma que Alf Ross denominou justamente, discricionária, por oposição, à norma por ele chamada rigorosa, porque, ao contrário desta, enseja uma certa liberdade de apreciação por parte do destinatário.
> No caso em exame, essa liberdade de apreciação, ou necessidade de ponderação, é claramente sentida pela análise dos fatores determinantes como critérios de fixação do preço de emissão. Observe-se, em primeiro lugar, que o conjunto de fatores se modifica, conforme a companhia emissora seja aberta ou fechada, pois nesta segunda hipótese não há, obviamente, cotação das ações no mercado. Mas ressalte-se também, sobretudo, o fato de que as perspectivas de lucratividade constituem um fator meramente estimativo e, portanto, impreciso, cuja realização é sujeita à influência decisiva de circunstâncias inteiramente alheias à vontade dos acionistas, ou da administração da companhia. Ademais, as perspectivas de lucratividade empresarial, quando apreciadas pelo órgão societário competente envolvem um componente subjetivo ineliminável, constituído pelo grau de ciência, experiência, ou informação dos homens que fazem o juízo estimativo. Nada há de comum, nessa apreciação prospectiva, com a leitura contábil do balanço da companhia para o cálculo, simplesmente aritmético, do valor do patrimônio líquido das ações. De resto, para que se possa apurar uma média aritmética de valores, é indispensável que se trate de quantidades de mesma natureza. Como computar, igualmente, fatores tão díspares, como a estimativa de lucros futuros e as cifras de lançamentos contábeis?
> Por aí se evidencia, com relativa facilidade de raciocínio, a natureza discricionária e não vinculada do poder decisório da assembleia-geral, ou do conselho de administração, no que tange à fixação do preço de emissão das ações de aumento de capital das sociedades anônimas.[4]

Ou seja, uma vez que o §1º do art. 170 estabelece diretivas para a escolha do critério para a definição do preço de emissão das ações, a lei admite, de antemão, que há situações em que qualquer deles poderá ter justificativas válidas. A eliminação do critério de subjetividade, por exemplo, seria uma dessas justificativas.

E não é Comparato o único autor a defender a utilização do critério de patrimônio líquido para eliminação do subjetivismo na definição do preço de emissão das ações, notadamente em companhias fechadas familiares. Modesto Carvalhosa, no mesmo sentido, ensina:

> A Lei n. 9.457, de 1997, admite a adoção isolada de um dentre os três critérios, para justificar o valor da emissão. Nas companhias fechadas de caráter nitidamente familiar, o critério mais próprio é o de patrimônio líquido, de fácil equacionamento (art. 178).[5]
> Não obstante aplicado correntemente em todo o mundo, a apuração do valor econômico de cada companhia pressupõe uma considerável dose de subjetividade.[6]

Por outro lado, o tema não é inteiramente pacífico. Segundo Nelson Eizirik, por exemplo, os critérios seriam outros:

---

4 COMPARATO, Fábio Konder. A Fixação do Preço de Emissão das Ações no Aumento de Capital da Sociedade Anônima. *In*: *Revista de Direito Mercantil, Industrial, Econômico e Financeiro*, São Paulo: Revista dos Tribunais, n. 81, p. 81-82, 1991.

5 CARVALHOSA, Modesto. *Comentários à Lei de Sociedades Anônimas*, v. 3. 5. ed. São Paulo: Saraiva, 2011. p. 614.

6 CARVALHOSA, Modesto. *Comentários à Lei de Sociedades Anônimas*, v. 3. 5. ed. São Paulo: Saraiva, 2011. p. 616.

> O critério a ser predominantemente aditado é o de perspectiva de rentabilidade, sem dúvida o mais adequado para a verificação do valor econômico da ação. [...]
> Já o valor do patrimônio líquido, embora constituindo referencial importante para hipóteses de resilição, total ou parcial do contrato de sociedade, é o menos adequado para a fixação do preço de emissão de ações por parte das companhias que desenvolvam efetivas atividades empresariais. Poderá ser utilizado, eventualmente, por companhias constituídas não para o exercício real de empreendimentos industriais, comerciais ou financeiros, mas para a mera manutenção ou consolidação de bens imóveis ou para a realização de investimentos de longa maturação ou cujas taxas de retorno sejam de difícil mensuração.[7]

A participação ou não de todos os sócios em um aumento de capital é o primeiro fator a ser observado. Se todos participam na proporção de suas participações, não há, obviamente, diluição. Se, entretanto, apenas um ou alguns dentre os atuais acionistas ou quotistas subscrevem suas ações ou quotas, surge a diluição.

A partir daí, o preço de emissão será o fator determinante para que a diluição seja maior ou menor. Quanto mais "baratas" as novas ações ou quotas, mais diluídos serão os acionistas ou quotistas que não participam do aumento de capital. Quanto mais "caras" as ações ou quotas, menos diluídos serão os acionistas ou quotistas não participantes.

No caso do aumento de capital das sociedades limitadas, como se viu, a regra do art. 1.081 do CC não traz maiores exigências quanto ao valor de cada quota emitida, ao passo que, para as sociedades anônimas, os critérios são bem definidos e, mais do que isso, não podem ser utilizados de forma a resultar numa "diluição injustificada".

Portanto, as principais conclusões, quanto a este tópico, são as seguintes:

a) nas sociedades limitadas, os quotistas dispõem de uma margem de liberdade maior do que nas sociedades anônimas para fixação do preço de emissão de novas quotas;
b) mesmo nas sociedades anônimas, uma vez adotados os parâmetros legais para precificação das ações emitidas, não há que se falar em diluição injustificada; e
c) não é toda diluição que pode ser questionada com base nos parâmetros de precificação, mas apenas as "injustificadas".

Do que se percebe que qualquer aumento de capital em que os parâmetros legais de fixação do preço são obedecidos foge à possibilidade de questionamento ou invalidação, por maior que seja a diluição dele resultante.

2 Aspectos tributários

Os aspectos tributários associados às operações de aumento de capital são muito variados, derivando direta ou indiretamente da diluição.

Como cada situação é única, em se tratando de reestruturações societárias, dependendo de inúmeros fatores, como os valores contábeis de bens e direitos, os valores declarados por pessoas físicas, etc., não é possível esgotar aqui todas as possíveis

[7] EIZIRIK, Nelson. *Reforma das S.A. e do Mercado de Capitais*. Rio de Janeiro: Renovar, 1997, p. 92 e ss.

consequências tributárias de aumentos de capital, com ou sem diluição. É possível, entretanto, tratar daquelas que são mais comuns e relevantes, e é isso que será feito neste tópico.

a) Para a sociedade investida – a reserva de ágio

Para a sociedade que "chama" o aumento de capital, ou seja, que tem o seu capital aumentado por sócios atuais ou novos, a principal figura tributária a ser considerada é a da chamada "reserva de ágio na subscrição de ações", ou simplesmente "reserva de ágio".

Em primeiro lugar, deve-se distinguir entre esta reserva de ágio, que diz respeito à parte dos valores registrados pela sociedade investida quando recebe um aporte de capital, e o ágio do investidor, que tem a ver com parcela do valor investido, calculado a partir da aplicação do método de equivalência patrimonial. Desta última figura, que se aplica ao investidor que subscreve novas ações, trataremos no tópico "c", adiante.

O ágio surge, no caso das sociedades anônimas, em duas situações distintas: (i) nas S.A. em que há valor nominal para as ações, será toda a parte do preço de emissão das ações que o excede; e (ii) nas S.A. em que as ações não têm valor nominal, a parte que for destinada à formação da reserva, conforme decisão do órgão competente para a deliberação do próprio aumento de capital. Ambas as situações estão previstas no artigo 182, parágrafo 1º, "a":

> §1º Serão classificadas como reservas de capital as contas que registrarem:
> a) a contribuição do subscritor de ações que ultrapassar o valor nominal e a parte do preço de emissão das ações sem valor nominal que ultrapassar a importância destinada à formação do capital social, inclusive nos casos de conversão em ações de debêntures ou partes beneficiárias; (...)

Entretanto, a grande relevância desta reserva de ágio, do ponto de vista tributário, está nos casos de aumento de capital por sociedades limitadas. Isso porque, no caso das sociedades anônimas, a reserva de ágio é expressamente não tributada por conta do artigo 38, inciso I, do Decreto-Lei nº 1.598/77, que estabelece:

> Art. 38 – Não serão computadas na determinação do lucro real as importâncias, creditadas a reservas de capital, que o contribuinte com a forma de companhia receber dos subscritores de valores mobiliários de sua emissão a título de: (Vide)
> I – ágio na emissão de ações por preço superior ao valor nominal, ou a parte do preço de emissão de ações sem valor nominal destinadas à formação de reservas de capital; (...)

O dispositivo é bastante específico quando se refere a "contribuinte com a forma de companhia", excluindo, aparentemente, outros tipos societários.

É interessante lembrar que, como se viu na primeira parte deste trabalho, as sociedades limitadas usufruem de grande liberdade para fixação do valor de suas quotas, podendo inclusive estabelecer quotas de valores diferentes. Por outro lado, o formato usualmente adotado pela grande maioria das limitadas é o de divisão do capital em quotas iguais, tanto em relação a valor quanto em relação a direitos políticos (uma quota, um voto, como regra). Com isso, no momento da subscrição de novas quotas, e a depender do valor que se decida atribuir a elas, pode surgir a necessidade de que, para não gerar um efeito indesejado do ponto de vista da distribuição de poder político almejada, o valor de emissão das quotas seja fixado em patamar acima do valor nominal de cada quota. A diferença, aplicando-se, subsidiariamente o artigo 182, parágrafo 1º, "a", da Lei das S.A., é usualmente registrada como uma "reserva de ágio".

O Fisco, apegando-se à literalidade do artigo 38, inciso I do Decreto-Lei nº 1.598/77, já autuou vários contribuintes, sociedades limitadas, que se encontravam nesta situação, ou seja, que registraram valores recebidos dos subscritores de quotas como "reserva de ágio".

A decisão mais recente da Câmara Superior de Recursos Fiscais, última instância do CARF – Conselho Administrativo de Recursos Fiscais, inclusive, foi no sentido de que a reserva, nas limitadas, é tributável, como se vê da ementa:

> Assunto: Imposto sobre a Renda de Pessoa Jurídica – IRPJ
> Ano-calendário: 1999
> Ementa. ÁGIO NA SUBSCRIÇÃO DE QUOTAS. SOCIEDADE ANÔNIMA (SA). SOCIEDADE DE RESPONSABILIDADE LIMITADA (LTDA).
> O ágio na aquisição de quotas de capital das sociedades de responsabilidade limitada deve compor o resultado comercial do exercício. Como inexiste disposição que determine sua exclusão para fins de determinação da base de cálculo do imposto de renda, deve compor o lucro real (Acórdão 9101-002.009, julgado na sessão de 07/10/2014)

Os argumentos não convencem, entretanto. Ainda que não seja o objeto deste trabalho expor com detalhe os argumentos que infirmam a decisão do CARF, podemos dizer, de forma resumida, que:

(i) O fato de a norma isentiva do artigo 38, I, mencionar apenas as companhias não autoriza a conclusão de que ela também determina a tributação da reserva de ágio no caso das demais sociedades;

(ii) Para que a reserva de ágio fosse tributada, ela deveria, em primeiro lugar, ser uma componente do resultado contábil da sociedade, o que não ocorre por força da própria ciência contábil. De fato, o Manual de Contabilidade Societária do FIPECAFI registra que "As reservas de capital são constituídas de valores recebidos pela companhia e que não transitam pelo resultado como receitas, por se referirem a valores destinados ao reforço de seu capital, sem terem como contrapartidas qualquer esforço da empresa em termos de entrega de bens ou de prestação de serviços. Constam como tais reservas o ágio na emissão de ações, a alienação de partes beneficiárias e de bônus de subscrição. Essas são transações de capital com os sócios".[8]

(iii) O próprio artigo 182, parágrafo 1º da Lei das S.A. – eventualmente aplicável também às sociedades limitadas, em consequência do artigo 1.053, parágrafo

[8] IUDÍCIBUS, Sérgio de et al. *Manual de Contabilidade Societária*. São Paulo: Atlas, 2010, p. 349.

único, do Código Civil –, ao classificar o ágio na emissão de ações como uma reserva de capital, explicita não se tratar de componente do resultado;

(iv) Por fim (talvez um dos argumentos mais relevantes), o fato de que a segregação desta reserva em relação ao capital social pode ser, em muitos casos, apenas fruto de uma decisão dos sócios, como é o caso das S.A. com ações sem valor nominal ou mesmo das limitadas. No primeiro caso, todo o valor pode ser destinado a capital sem que isso altere, em nada, a divisão de poder político na companhia. No segundo caso, o mesmo pode se dar, em tese, pela criação de quotas com valores diferentes, mas com os mesmos poderes políticos.

De qualquer forma, embora os argumentos contrários à tributação da reserva de ágio na sociedade investida sejam fortíssimos, a insegurança causada pela frequente interpretação diversa do Fisco federal faz com que, na prática, sejam raros os casos em que sociedades limitadas realizam operações de aumento de capital dessa forma. Na verdade, é provavelmente mais comum que, nestas hipóteses, as sociedades limitadas sejam previamente transformadas em sociedades anônimas para que se enquadrem, literalmente, na norma do artigo 38, I, do Decreto-Lei nº 1.598/77 e, apenas após a transformação, realizem o aumento de capital.

b) Para os sócios "diluídos" – os ganhos ou perdas por variação de percentual de participação

Nas situações em que uma pessoa jurídica detém participação em outra e avalia este investimento pelo método da equivalência patrimonial, um aumento de capital feito por outro sócio e não acompanhado pela pessoa jurídica investidora de forma proporcional gera diluição. Esta diluição, conforme o preço de emissão das ações ou quotas, pode gerar um ganho ou uma perda, derivada da variação no percentual de participação da investidora na investida e, obviamente, no valor de patrimônio líquido da investida.

A equivalência patrimonial é o método de avaliação exigido pela Lei nº 6.404/76 para qualquer investimento no qual a pessoa jurídica investidora tenha influência significativa na investida ou quando façam parte de um mesmo grupo (artigo 248 c/c artigo 243 da mesma Lei). Por este método, a pessoa jurídica investidora multiplica o valor do patrimônio líquido da investida por seu percentual de participação no capital social, encontrando, assim, o valor da participação a ser registrado na contabilidade.

Quando novas ações ou quotas são emitidas e não subscritas proporcionalmente pelos atuais sócios, podem ocorrer perdas ou ganhos. As figuras a seguir demonstram isso de forma gráfica, sendo que o momento 2.1 trata de uma hipótese em que há ganho para os sócios atuais, e o momento 2.2 trata de uma hipótese de perda:

Momento 1 – sócio único, pessoa jurídica, avaliação por equivalência patrimonial.

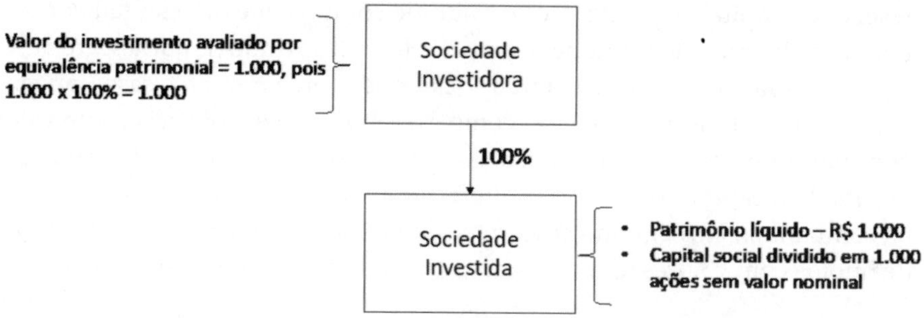

Momento 2.1 – sócio novo subscreve 1.000 novas ações
com preço de emissão de R$ 2,00 por ação.

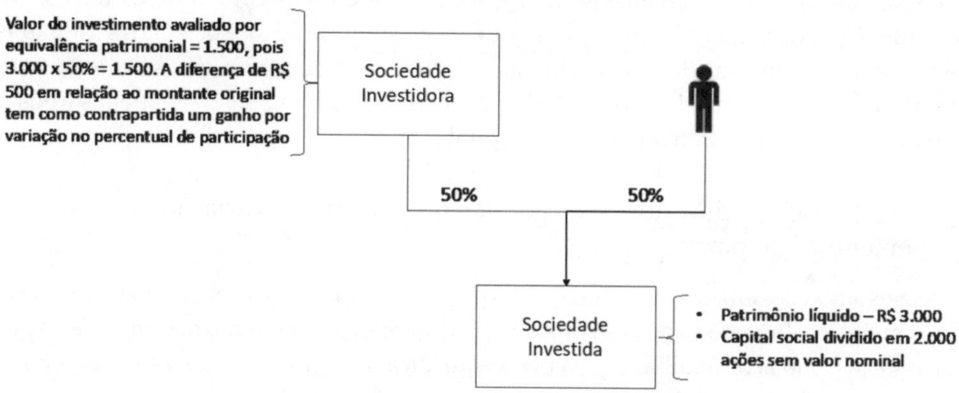

Momento 2.2 – sócio novo subscreve 1.000 novas ações
com preço de emissão de R$ 0,50 por ação.

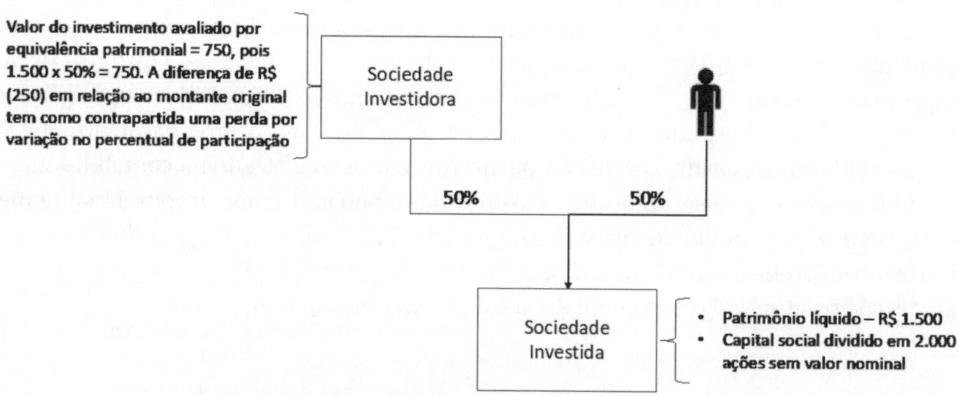

Assentado o conceito, é de se anotar que os ganhos ou perdas por variação no percentual de participação não têm, no momento de seu reconhecimento, efeitos tributários, por força do parágrafo 2º do Decreto-Lei nº 1.598/77, que estabelece que "[n]ão será computado na determinação do lucro real o acréscimo ou a diminuição do valor de patrimônio líquido de investimento, decorrente de ganho ou perda por variação na porcentagem de participação do contribuinte no capital social da investida".

Se o sócio diluído for uma pessoa física, não existem maiores considerações de cunho tributário a serem feitas, pois que os bens e direitos são avaliados pelas pessoas físicas por seu custo histórico de aquisição, que não se altera com a entrada ou saída de sócios na pessoa jurídica investida.

Do outro lado da moeda, entretanto, pode haver efeitos tributários significativos. O novo sócio que subscreve o aumento de capital, nas situações descritas, se for pessoa jurídica, pode registrar um ágio ou deságio (*goodwill* ou ganho por compra vantajosa, na nomenclatura atual) e estas figuras contábeis/tributárias terão, cada um a seu tempo e modo, efeitos tributários. É o que se vê no próximo item.

c) Para o investidor pessoa jurídica – o ágio (*goodwill*) ou deságio (ganho por compra vantajosa)

O investidor pessoa jurídica que aporta capital em outra pessoa jurídica e que avalia este investimento pelo método da equivalência patrimonial, já analisado, pode registrar um ágio ou goodwill, quando paga por cada ação um valor acima do valor que aquela ação representa na soma do patrimônio líquido da sociedade investida, ou um deságio ou ganho por compra vantajosa, quando paga um valor abaixo.

O ágio ou goodwill, a depender do cumprimento dos requisitos estabelecidos pelo Decreto-Lei nº 1.598/77, artigo 20, e pela Lei nº 12.973/2014, artigo 22, e desde que ocorra a absorção da empresa investida pela investidora ou vice-versa, por incorporação ou fusão, poderá ser amortizado fiscalmente, gerando deduções na base de cálculo do IRPJ e da CSLL ao longo de um período não inferior a 5 anos. Um dos requisitos, entretanto, é o de que a operação se dê entre "partes não dependentes", o que normalmente não ocorre quando se trata de processos de reorganização societária voltados à sucessão empresarial.

O artigo 25 da Lei nº 12.973/2014, que define o que são partes dependentes, tem um escopo de aplicação bastante amplo e termina por abranger a quase totalidade das situações em que a reorganização se dá no âmbito de um mesmo grupo econômico. Diz o artigo:

> Art. 25. Para fins do disposto nos arts. 20 e 22, consideram-se partes dependentes quando:
> I – o adquirente e o alienante são controlados, direta ou indiretamente, pela mesma parte ou partes;
> II – existir relação de controle entre o adquirente e o alienante;
> III – o alienante for sócio, titular, conselheiro ou administrador da pessoa jurídica adquirente;
> IV – o alienante for parente ou afim até o terceiro grau, cônjuge ou companheiro das pessoas relacionadas no inciso III; ou
> V – em decorrência de outras relações não descritas nos incisos I a IV, em que fique comprovada a dependência societária.
> Parágrafo único. No caso de participação societária adquirida em estágios, a relação de dependência entre o(s) alienante(s) e o(s) adquirente(s) de que trata este artigo deve ser verificada no ato da primeira aquisição, desde que as condições do negócio estejam previstas no instrumento negocial.

É importante ressaltar, entretanto, que a mesma limitação não ocorre quando se trata do deságio ou ganho por compra vantajosa, nas mesmas circunstâncias, ou seja, quando ocorra a absorção da empresa investida pela investidora ou vice-versa, por incorporação ou fusão. Assim, mesmo que gerado numa operação que envolva partes dependentes, o deságio ou ganho por compra vantajosa será tributado ao longo de um período não superior a cinco anos.

Se o novo sócio for, contudo, pessoa física, as preocupações serão outras e podem, inclusive, gerar efeitos tributários imediatos. É desta hipótese que se trata no próximo tópico.

d) Para o investidor pessoa física – o cuidado necessário com um potencial deságio ou ganho de capital

Antes de mais nada, é importante ter em mente que, quando pessoas físicas subscrevem capital em uma pessoa jurídica, ocorre um momento de interação entre dois subsistemas tributários que são quase estanques, pois as regras de tributação das primeiras são substancialmente diversas das aplicáveis à segunda.

As possíveis consequências tributárias vêm do fato de que as pessoas físicas registram seus investimentos em participações societárias ou em qualquer outro bem ou direito pelo valor do custo histórico de aquisição. Assim, se uma pessoa física adquire uma participação societária qualquer pagando por ela 100, este será o valor pelo qual esta participação permanecerá registrada até que seja alienada e, neste momento, apure-se ganho ou perda de capital. As únicas hipóteses de aumento de valor da participação societária registrada são as bonificações em ações por distribuição de lucros ou reservas, ou a capitalização destes lucros ou reservas.

Nas pessoas jurídicas, por outro lado, as diversas operações que acontecem diuturnamente fazem com que o patrimônio líquido aumente ou diminua mês após mês. Apenas essa diferença já acarreta a possibilidade de efeitos tributários numa eventual alienação, mesmo que feita pelo valor contábil do patrimônio, já que este evolui no tempo, enquanto o custo registrado pelo acionista ou quotista, pessoa física, permanece imutável.

Quando há operações que envolvem participação societária detida por uma pessoa física e transferida a uma pessoa jurídica que avalia seus investimentos pelo método de equivalência patrimonial (que se viu acima), ou vice-versa, a "área de atrito" entre os sistemas aumenta, e ainda mais hipóteses de consequências tributárias podem surgir.

A melhor maneira de ilustrar uma dessas hipóteses é por meio de um exemplo que demonstre, numericamente, como se daria essa interação entre os dois sistemas normativos, do IRPJ, de um lado, e do IRPF, de outro. Nessa linha, tome-se a seguinte situação:

Uma pessoa física (PF) tem a propriedade de 100.000 ações de uma pessoa jurídica (A), com atividade imobiliária, ações estas adquiridas por subscrição de capital na criação de A, ao custo de R$100.000,00 (cem mil reais). Para fins de facilitar o exemplo, a empresa A não tem outros acionistas.

No momento da subscrição das ações, o único lançamento contábil que a empresa A realiza é o crédito na conta de capital social, no patrimônio líquido, e o débito em conta de caixa (assumindo que as ações foram integralizadas com pagamento em dinheiro). Neste momento, portanto, o balanço da empresa A teria o seguinte aspecto:

Ativo			Passivo	
Caixa	100.000,00		Patrimônio Líquido	
			Capital Social	100.000,00
Total	100.000,00		Total	100.000,00

A empresa A aplica o caixa recebido no aporte de capital e, ao final do primeiro ano, registra um lucro (derivado da receita financeira) de R$20.000,00. Neste momento, o balanço da empresa A teria o seguinte formato:

Ativo			Passivo	
Aplicação financeira	120.000,00		Patrimônio Líquido	
			Capital Social	100.000,00
			Lucros	20.000,00
Total	120.000,00		Total	120.000,00

O que se nota, neste ponto, é que há um aumento de patrimônio líquido na empresa A. Enquanto isso, o acionista pessoa física (PF), que é titular da totalidade das ações, as mantém registradas em sua declaração de rendimentos pelo custo de aquisição, pois esta é a regra vigente para fins do Imposto de Renda das Pessoas Físicas.[9]

Suponha-se, ainda, que o acionista PF resolve criar uma empresa holding B, a qual terá por função ser a controladora de A. Nesta linha, uma das possíveis operações societárias que correspondem ao efeito almejado é a subscrição, pelo acionista PF, de novas ações emitidas por B, com a integralização destas sendo realizada pela entrega das ações da empresa A, anteriormente detidas diretamente pelo acionista PF. A estrutura almejada poderia ser assim descrita, graficamente:

[9] A Instrução Normativa nº 84, de 2001, da SRF, consolida as regras vigentes para definição do custo. Eu seu artigo 5º está dito que "Considera-se custo dos bens ou direitos o valor de aquisição expresso em reais". Os artigos 6º, 7º e 8º tratam das hipóteses de atualização deste valor, o que hoje não é mais possível. Portanto, o custo histórico corresponde ao valor de aquisição, sem qualquer correção.

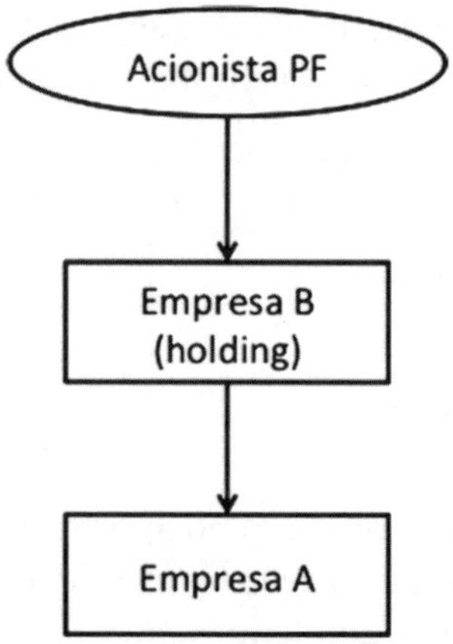

A regra vigente para o aumento de capital por subscrição de novas ações, por uma pessoa física em uma pessoa jurídica, é o artigo 23 da Lei nº 9.249/1995, que tem a seguinte redação:

> Art. 23. As pessoas físicas poderão transferir a pessoas jurídicas, a título de integralização de capital, bens e direitos pelo valor constante da respectiva declaração de bens ou pelo valor de mercado.
> §1º Se a entrega for feita pelo valor constante da declaração de bens, as pessoas físicas deverão lançar nesta declaração as ações ou quotas subscritas pelo mesmo valor dos bens ou direitos transferidos, não se aplicando o disposto no art. 60 do Decreto-lei nº 1.598, de 26 de dezembro de 1977, e no art. 20, II, do Decreto-lei nº 2.065, de 26 de outubro de 1983.
> §2º Se a transferência não se fizer pelo valor constante da declaração de bens, a diferença a maior será tributável como ganho de capital.

Traduzindo em miúdos: é direito da pessoa física que subscreve e integraliza as ações escolher se atribui aos bens que está utilizando para subscrição o valor pelo qual estão registrados em sua declaração de bens ou o valor de mercado. Se o valor escolhido for o da declaração de bens, não há efeitos tributários. Se for o valor de mercado e este for superior ao valor da declaração, há um ganho de capital tributável.

No exemplo, portanto, o acionista PF, no momento em que subscrever e integralizar as ações emitidas pela empresa B, poderá escolher entre atribuir às ações de A o valor de R$100.000,00, constante de sua declaração de bens, ou o valor de mercado. Se fizer a transferência pelos R$100.000,00 que constam da declaração, não sofrerá nenhum efeito tributário como acionista. Se, por outro lado, utilizar o valor de mercado, a diferença a maior será tributada como ganho de capital. Surge aqui a primeira possível consequência tributária de um aumento de capital feito por uma pessoa física: se o acionista PF escolher realizar a transferência das ações pelo valor contábil, haverá um ganho de capital tributável, conforme o §2º do artigo 23, transcrito anteriormente.

Diante disso, portanto, a escolha pode parecer simples, pois bastaria ao acionista PF optar pelo valor de declaração para evitar os efeitos tributários de uma transação que, de fato, não implica mesmo nenhum acréscimo patrimonial.

Ocorre que, também nesta alternativa, poderia surgir um efeito tributário indesejado. É que, se o acionista PF optar por realizar a transferência das ações da empresa A para a empresa B pelo valor de declaração dos bens, ou seja, R$100.000,00, este valor será considerado por B, como o custo de aquisição das ações da empresa A. E, como B passa a ter a propriedade de 100% das ações da empresa A, torna-se "controladora" de A, nos termos do artigo 243, parágrafo 2º, da Lei das SA,[10] e fica obrigada a utilizar o método de avaliação pela equivalência patrimonial, já tratado anteriormente.[11]

Este método, como se viu, estabelece que "o valor do investimento será determinado mediante a aplicação, sobre o valor de patrimônio líquido referido no número anterior, da porcentagem de participação no capital da coligada ou controlada". Ou seja, no exemplo em tela, o valor do investimento a ser registrado no balanço da empresa B, após a aquisição das ações de A, será de R$120.000,00, que é o resultado da multiplicação do patrimônio líquido de A pelo percentual de participação de 100%.

Se o acionista PF opta, como já dito, por utilizar o valor de declaração das ações de A, de R$100.000,00, e a empresa B, uma vez que tenha recebido tais ações por este valor, avalia o investimento em A pelo método da equivalência patrimonial, como terá que fazer, surge, no balanço da empresa B, uma diferença de R$20.000,00, decorrente da diferença de valores entre aquele que foi atribuído pelo sócio na integralização das ações e aquele que deriva do método de avaliação prescrito pela lei societária. Trata-se do deságio ou ganho por compra vantajosa.[12]

No exemplo – que está obviamente eivado de simplificações – o deságio só aparece porque há um lucro que ainda não foi capitalizado ou distribuído (a capitalização ou distribuição prévia do lucro, em casos como este, é, aliás, uma solução possível e utilizada frequentemente, sempre que as circunstâncias permitem). Se não houvesse o lucro, o valor de patrimônio líquido da empresa A e o valor de declaração das ações da empresa A para o acionista PF teriam permanecido iguais, e nenhum efeito tributário decorreria da operação que foi descrita no exemplo.

O problema mais relevante, na verdade, surge quando se percebe que o deságio não é neutro para fins tributários. Embora, na maioria dos casos, sua tributação possa ser diferida para o momento da realização, por alienação ou liquidação do investimento,

10 "§2º Considera-se controlada a sociedade na qual a controladora, diretamente ou através de outras controladas, é titular de direitos de sócio que lhe assegurem, de modo permanente, preponderância nas deliberações sociais e o poder de eleger a maioria dos administradores".

11 Importante lembrar que é assim nos casos em que a reorganização não implica transferência de controle para a própria pessoa jurídica que recebe o aporte, ou seja, uma mera reorganização, mas com manutenção das relações de controle. No caso em que a empresa B, como no exemplo citado, adquire o controle da empresa A e não é controlada pelo acionista PF que subscreve capital, possivelmente estaria configurada uma "combinação de negócios", nos termos do CPC 15, e seria necessário avaliar tanto a participação adquirida quanto a contraprestação (no caso, as ações ou quotas emitidas) a valor justo.

12 Embora não seja possível aprofundar a análise do tema neste trabalho, é importante anotar que a natureza deste efeito é controversa, uma vez que as normas que tratam do ganho por compra vantajosa o definem como sendo o "excesso do valor justo dos ativos líquidos da investida, na proporção da participação adquirida, em relação ao custo de aquisição do investimento" (art. 178, §10 da IN RFB 1.700/2017). Portanto, em operações que não geram avaliação por valor justo, a situação parece não se encaixar perfeitamente na norma. No passado, quando o critério padrão para qualquer operação, com ou sem transferência de controle ou aquisição de influência significativa, era a equivalência patrimonial, e utilizava-se o termo "deságio", não havia esse descompasso. De toda forma, é importante ter em mente que a operação feita nos moldes comentados pode gerar um efeito tributário.

ele permanece integrando os controles fiscais da empresa e, no momento da realização, será tributado.

Assim, o resumo da situação descrita no exemplo é:

a) A variação do patrimônio líquido da empresa investida faz com que o valor contábil desta participação passe a ser diferente daquele que consta da declaração de bens e direitos do sócio pessoa física;
b) Sendo os valores diferentes, uma operação societária como a descrita termina não sendo neutra para fins fiscais. Ou há um ganho de capital, tributável pela pessoa física que realiza a subscrição, ou há um deságio, que pode ser tributável no futuro pela pessoa jurídica (empresa B) que recebe as ações da empresa A.

É importante notar que este tipo de situação poderá ocorrer sempre que um bem qualquer, seja ele participação societária, imóvel, crédito, etc., for avaliado, quando do aumento de capital, por um valor diferente daquele que consta da declaração de bens e direitos do acionista ou quotista.

3 Conclusão

Em virtude de tudo o que se viu, é possível concluir que, no ambiente de crescente preocupação com a governança e com a organização empresarial, que inclui o momento de sucessão como um evento potencialmente relevante para a vida das pessoas jurídicas, a sucessão organizada por meio de reestruturações societárias é cada vez mais comum. E, no âmbito de tais reorganizações, a diluição da participação societária de acionistas ou quotistas, ocorrida por força de aumentos de capital, é um dos mais valiosos instrumentos jurídicos à disposição das pessoas físicas e jurídicas envolvidas.

Na realização de um aumento de capital que gere uma diluição, a principal preocupação de cunho societário, especialmente quando a pessoa jurídica investida é uma sociedade anônima, é o preço de emissão das ações, para que não se configure uma diluição injustificada.

Do ponto de vista tributário, são várias as questões que devem ser previamente avaliadas, destacando-se:

(i) a escolha do correto tipo societário e do preço de emissão das ações ou quotas para que seja evitado o risco de questionamento fiscal quanto à tributação de uma possível reserva de ágio na emissão de quotas;
(ii) o cuidado necessário com a possível geração de um deságio ou ganho por compra vantajosa tributável, se o sócio investidor que subscreve o aumento de capital é uma pessoa jurídica; e
(iii) o cuidado necessário com a possível geração de um deságio ou ganho por compra vantajosa para a sociedade investida, ou de um ganho de capital tributável imediatamente, se o sócio investidor que subscreve o aumento de capital é uma pessoa física.

Informação bibliográfica deste texto, conforme a NBR 6023:2018 da Associação Brasileira de Normas Técnicas (ABNT):

LOPES, Roberto Salles. A diluição no quadro societário de pessoa jurídica e a sucessão. *In*: TEIXEIRA, Daniele Chaves (Coord.). *Arquitetura do planejamento sucessório*. 3. ed. Belo Horizonte: Fórum, 2022. p. 611-629. Tomo I. ISBN 978-65-5518-459-4.

REFLEXÕES SOBRE *HOLDING* FAMILIAR NO PLANEJAMENTO SUCESSÓRIO

SIMONE TASSINARI CARDOSO FLEISCHMANN
VALTER TREMARIN JUNIOR

1 Considerações introdutórias

O planejamento sucessório, a partir da constituição de *holdings* tem-se mostrado um excelente instrumento para organização e perpetuidade do patrimônio familiar, entretanto, nem sempre sua organização desta forma gera verdadeiros benefícios aos envolvidos. Trata-se, de fato, de assunto delicado, na medida em que envolve o interesse de diversos familiares e, ao fim e ao cabo, falar em planejamento sucessório implica enfrentar a situação de ausência de um ou mais entes familiares em razão do falecimento. Antecipar esta discussão e reflexão para momento mais confortável do que aquele que se tem logo após a perda daquele que administrava o patrimônio e os negócios da família pode minimizar danos significativos.

Isso permite uma discussão consciente – e com mais tempo –, a identificação e o treinamento daqueles familiares que terão aptidão para administrar o patrimônio. Há necessidade de estudar a situação familiar especializada e optar pelas melhores ferramentas para cada uma. Embora muitos profissionais da área jurídica tenham vendido o serviço de criação de *holdings* como uma grande vantagem, especialmente, no que diz respeito aos tributos, tem-se que nem sempre corresponde à verdade. Em algumas circunstâncias, pode-se acabar efetuando pagamentos de tributos a maior.

Tendo esse pano de fundo, no presente escrito serão analisados os objetivos do planejamento sucessório, dividindo-se a reflexão em dois momentos. Na primeira parte, trata-se da organização familiar visando à perpetuidade do patrimônio familiar, explorando sua importância, as formas usualmente adotadas, especialmente no que tange à constituição de uma *holding* familiar, bem como as etapas e os cuidados a serem adotados, para a reestruturação patrimonial da família. Abordam-se temas significativos, como a importância da eficiência tributária e ao mesmo tempo a sua configuração, ou não, como um dos objetivos que necessariamente se pretende alcançar com o planejamento sucessório.

Já na segunda parte do presente estudo, foca-se na análise dos aspectos tributários, primeiro, em relação à integralização de capital na *holding* familiar – considerando esse modelo como um dos mais utilizados no planejamento sucessório –, expondo as diferenças tributárias que se pode obter dependendo da forma como essa integralização é realizada, e, segundo, em relação à tributação na *holding* familiar, analisando os impactos decorrentes da escolha pelo regime de tributação pelo Lucro Real ou pelo Lucro Presumido.

2 Objetivos do planejamento sucessório em empresas familiares

2.1 Organização familiar visando à perpetuidade do patrimônio

A organização é reconhecida como aspecto fundamental em qualquer empresa ou grupo econômico. Planos de ação, estrutura, direção, administração, distribuição de trabalho, preocupação com funcionários são temas que circundam o aspecto organizacional de empresas e que são determinantes para o sucesso ou para o fracasso. Em empresas familiares isso não é diferente.

Um estudo realizado pela PricewaterhouseCoopers ("PwC") em 2016 constatou que, em geral, apenas 12% das empresas familiares chegam à terceira geração e somente 3% passam de quatro gerações. Além disso, verificou-se que 43% das empresas familiares no mundo não têm plano de sucessão.[1] Tal estudo revela que a ausência de organização sucessória ou de um planejamento mal elaborado – ou mal executado – é devastadora para o patrimônio familiar.

Com efeito, a interrupção abrupta da administração da sociedade em razão do falecimento daquele que administrava o patrimônio pode ter um efeito bastante negativo. Não são raros os casos em que se verifica a prosperidade do negócio empresarial até o falecimento daquele que o administrava, como, aliás, pode-se inferir a partir dos dados obtidos no referido estudo realizado pela PwC. A partir de então, a assunção do negócio por alguém despreparado e que não estava integrado à vida da empresa pode levar ao esfacelamento do patrimônio familiar.

Além disso, a divisão da participação societária entre dois ou mais herdeiros pode conduzir a uma fragmentação das quotas ou ações e, com ela, à perda do poder de controle que a família mantinha sobre o negócio. Assim, o principal objetivo de um planejamento sucessório é a organização familiar visando à perpetuidade do patrimônio,[2] na medida em que se impede a interrupção abrupta da administração. Com tempo e antecedência permite-se identificar as pessoas aptas a administrar os negócios da família e prepara-se gradualmente a sucessão para, no momento em que for necessário, assumir a frente dos negócios.

Outra característica marcante do planejamento sucessório diz respeito à minimização dos conflitos e redução de disputas familiares que possam surgir em decorrência de

---

1 Fonte. https://www.pwc.com.br/pt/setores-de-atividade/empresas-familiares/2017/tl_pgef_17.pdf, acesso em: 14 fev. 2018.

2 Veja-se, nesse sentido, STEINBERG, Herbert; BLUMENTHAL, Josenice. *A família empresária:* organizando as relações de afeto, poder e dinheiro por meio da governança corporativa. São Paulo: Editora Gente, 2011, p. 107-135.

casamentos, divórcios, conflitos familiares, dentre outros.[3] O plano antecipado leva ao esclarecimento sobre expectativas e relações de confiança que devem facilitar o dia a dia empresarial e familiar. Ainda que o costume seja permitir a distribuição de partes iguais entre os herdeiros, "a existência de personalidades, perfis e vocações diversas pode recomendar que essa distribuição se faça de uma maneira mais refinada, compreendendo as necessidades e as potencialidades de cada herdeiro, bem como da própria empresa ou grupo empresarial".[4] É importante frisar que todas as opções empresariais nas relações que se implicam família e empresa atuam e "repercutem em trabalhadores, fornecedores, consumidores e na comunidade em geral".[5]

Assim, o planejamento permite a organização familiar em si, a organização das relações que integram família e a empresa e a estruturação específica empresarial relacionada à continuidade. Destaca-se a importância de

> que o processo de sucessão à frente da(s) empresa(s) seja conduzido pelo próprio empresário ou empresária, na sua condição de chefe e orientador da família, além de responsável direto pela atividade negocial. Isso permite que uma nova administração empresarial seja ensaiada e implementada, com a possibilidade, inclusive, de se perceber, em vida, que alguém de quem se esperava capacidade gerencial não a tem. Quando esse trabalho é bem conduzido, a nova estrutura organizacional assenta-se enquanto está viva a geração anterior. A morte causa apenas danos sentimentais e não danos patrimoniais. Já está definido que todos os herdeiros são sócios da *holding* e, assim, participam dos lucros da(s) empresa(s), assim como já está definida a administração das atividades negociais, por herdeiros ou administração profissional.[6]

Tem-se, portanto, uma oportunidade de balização e implementação do planejamento, a fim de que a morte seja sentida com os menores efeitos no seio familiar. Ao viabilizar que a nova administração empresarial seja realizada "em vida", somam-se os elementos de respeito à geração anterior, aos conhecimentos negociais, oportunizando-se, inclusive, condições de aquisição de conhecimentos técnicos àqueles que desejam participar da empresa e não os possuem.

A forma usualmente adotada no planejamento familiar é a constituição de uma *holding* patrimonial, também chamada de *holding* familiar, cuja finalidade tradicional é a de controlar o patrimônio familiar. "A *holding* patrimonial (pessoa jurídica) se torna a possuidora dos bens da pessoa física, visando facilitar a administração e proteção desses bens, bem como a sucessão hereditária".[7] Têm-se então duas hipóteses distintas apresentadas neste texto como importantes. A primeira referente ao planejamento

---

3 ROSALEM JUNIOR, Laerte. A tributação das sociedades *holdings* patrimoniais. *Revista dos Tribunais*, v. 976, p. 401-416, fev. 2017.

4 MAMEDE, Gladston; MAMEDE, Eduarda Cotta. *Holding familiar e suas vantagens*: planejamento jurídico e econômico do patrimônio e da sucessão familiar. 9. ed. rev., atual e ampl. São Paulo: Atlas, 2017, p. 99.

5 MAMEDE, Gladston; MAMEDE, Eduarda Cotta. *Holding familiar e suas vantagens*: planejamento jurídico e econômico do patrimônio e da sucessão familiar. 9. ed. rev., atual e ampl. São Paulo: Atlas, 2017, p. 99.

6 *Idem, ibidem*, p. 100.

7 ROSALEM JUNIOR, Laerte. A tributação das sociedades *holdings* patrimoniais. *Revista dos Tribunais*, v. 976, p. 401-416, fev. 2017.

sucessório para a sucessão empresarial em negócios familiares e a segunda, mera organização patrimonial familiar para facilitar as lidas em situação pós-morte.

Oportuno referir que o termo "*holding*" não reflete um tipo de sociedade especificamente considerado na legislação, não se constituindo, portanto, numa espécie societária autônoma e não precisando se revestir sob a forma de alguma das espécies disciplinadas no Código Civil, para que possa assumir personalidade jurídica.[8]

A expressão *holding* tem origem no Direito norte-americano e "é usada no Brasil para definir a sociedade que tem como atividade o exercício do controle acionário de outras empresas e a administração dos bens das empresas que controla".[9] Trata-se da empresa que administra outra empresa, ou grupamento patrimonial. As *holdings*, portanto, tratam do "desenvolvimento do planejamento estratégico, financeiro e jurídico dos investimentos do grupo, devendo não interferir na operacionalização das empresas controladas, mas prestar serviços que elas não podem executar eficientemente, ou que, para cada empresa, isoladamente, seja oneroso e para a *holding* não, tendo em vista a pulverização dos custos".[10]

Habitualmente, as *holdings* brasileiras são criadas para gerenciar outras empresas operacionais, centralizando decisões e a administração empresarial.

De forma geral, as *holdings* são classificadas como puras ou mistas.

> (i) *holding* pura: "quando de seu objetivo social conste somente a participação no capital de outras sociedades, isto é, uma empresa que, tendo como atividade única manter ações de outras companhias, as controla sem distinção de local, podendo transferir sua sede social com grande facilidade";[11] e
> (ii) *holding* mista: "quando, além da participação, ela exerce a exploração de alguma atividade empresarial".[12]

No planejamento sucessório, a *holding* mista é a mais utilizada, pois geralmente envolve a sua participação em outras empresas, na medida em que se transferem as cotas dessas outras empresas que estavam em nome da pessoa física para a *holding* familiar e desenvolve atividade empresarial relativa ao patrimônio da família, como a compra e venda de imóveis, por exemplo.

Em termos de referências históricas, destaca-se que as *holdings* ganharam força no Direito Civil e Empresarial brasileiro com o advento da Lei nº 6.404/76 (Lei das Sociedades Anônimas) e com o Código Civil de 2002.[13]

---

8 BARBOSA, João Eutálio Anchieta; JESUS, José Lauri Bueno de. *Holding*: uma alternativa de planejamento tributário e sucessório. *Revista de Administração e Contabilidade (IESA)*, São Paulo, v. 14, n. 27, p. 72-95, 2015, p. 73.

9 TEIXEIRA, João Alberto Borges. *Holding* familiar: tipo societário e seu regime de tributação. *Revista Tributária e de Finanças Públicas*, v. 85, p. 234-247, mar./abr. 2009.

10 TEIXEIRA, João Alberto Borges. *Holding* familiar: tipo societário e seu regime de tributação. *Revista Tributária e de Finanças Públicas*, v. 85, p. 234-247, mar./abr. 2009.

11 *Idem, ibidem*, p. 3.

12 *Idem, ibidem*, p. 3.

13 BARBOSA, João Eutálio Anchieta; JESUS, José Lauri Bueno de. *Holding*: uma alternativa de planejamento tributário e sucessório. *Revista de Administração e Contabilidade (IESA)*, São Paulo, v. 14, n. 27, p. 72-95, 2015, p. 73.

Especificamente o artigo 2º, §3º, da Lei nº 6.404/1976 prevê que a "companhia pode ter por objeto participar de outras companhias".[14] Assim, em termos de origem, as *holdings*, "inicialmente, foram idealizadas pelo Direito Positivo brasileiro para serem sociedades anônimas que detivessem a participação de outras sociedades anônimas e, com isso, absorvessem das empresas controladas apenas o resultado financeiro positivo produzido por elas".[15]

Com o advento do Código Civil de 2002, ampliou-se essa configuração de companhia com participação em outras empresas, dispensando-se a hipótese da forma jurídica de sociedade anônima. A legislação civil admite, portanto, a constituição de *holding* de todos os modos em que as sociedades empresariais podem ser configuradas. Como exemplos, têm-se a empresa de responsabilidade limitada e a EIRELI – EMPRESA Individual de Responsabilidade Limitada, além da própria sociedade anônima.

Nessa estrutura societária, habitualmente, "o patrimônio é transferido para a *holding* e, através da antecipação da legítima, o controlador poderá doar aos seus herdeiros as suas quotas, possivelmente gravadas com cláusula de usufruto, além de cláusulas de impenhorabilidade"[16] e incomunicabilidade, o que afasta a necessidade de inventariar todos os bens do de cujus, sendo necessário apenas dividir a participação societária dele na *holding*.[17]

Porém, para identificação do melhor planejamento sucessório, é necessário avaliar a situação patrimonial familiar, bem como traçar uma linha com os projetos futuros. Só assim será possível decidir se, por exemplo, a constituição de uma *holding* é realmente a forma recomendável para garantir a perpetuidade do patrimônio.

Nesse processo, costuma-se levar em consideração o "modelo de três círculos" criado na década de 1970 – sendo John Davis um de seus propositores[18] –: (i) negócio, (ii) família e (iii) estrutura da propriedade, como ilustra a figura:[19]

---

[14] MANSUR, Augusto de Andrade. Aspectos tributários da constituição patrimonial de *holdings* familiares como mecanismo de planejamento sucessório. *Revista Tributária e de Finanças Públicas*, v. 13, p. 29-40, jan./fev. 2017.

[15] MANSUR, Augusto de Andrade. Aspectos tributários da constituição patrimonial de *holdings* familiares como mecanismo de planejamento sucessório. *Revista Tributária e de Finanças Públicas*, v. 13, p. 29-40, jan./fev. 2017.

[16] ROSALEM JUNIOR, Laerte. A tributação das sociedades *holdings* patrimoniais. *Revista dos Tribunais*, v. 976, p. 401-416, fev. 2017.

[17] Neste especial, importa destacar que a minimização de procedimentos não implica a redução de custos – como se "vende". É preciso destacar que o "de cujus" tem patrimônio familiar e o fato de constituir-se apenas de quotas empresariais não o dispensa do inventário, tampouco do pagamento dos tributos a ele atinentes – a saber o ITCMD – Imposto de Transmissão Causa Mortis e Doação. As quotas sociais terão avaliação e os custos de inventário deverão ser os mesmos, a fim de que não se realize fraude ao fisco. Ao afirmar a possibilidade de redução de complexidade jurídica, destaca-se a existência de um grupo apenas de bens – quotas – e não de imóveis variados e bem móveis em geral, o que consumiria tempo da sucessão para a reunião de documentos e elenco correto do acervo.

[18] DAVIS, J. A. Uma radiografia da relação empresa + família + propriedade. *HSM Management*, São Paulo, n. 41, p. 96-103, nov./dez. 2003. Disponível em: file:///C:/Users/tamara.schenkel/AppData/Local/Microsoft/Windows/INetCache/Content.Outlook/IGIPKO5M/John%20Davis.pdf. Acesso em: 19 fev. 2018. Entrevista de John Davis a HSM Management.

[19] Fonte: http://www.gruporbs.com.br/governanca-corporativa/, acesso em: 23 nov. 2017.

Figura 1 – Modelo de três círculos de John Davis.

O círculo da família inclui "todos os componentes da família proprietária, independentemente do papel que qualquer um deles desempenhe em sobreposição em um círculo, em dois ou em três círculos".[20] Aqui é importante destacar que devem ser tomados os cuidados necessários para a inclusão de todos os herdeiros, principalmente, os necessários, pois este tem assegurada a quota legal da legítima, e o planejamento sucessório não pode estar imbuído do propósito de fraudar a lei. De outro lado, há de se ter em mente que a presença de pessoas vulneráveis entre os herdeiros deve ter tratamento especial. Crianças e adolescentes, ou reconhecidos pela ordem jurídica como relativamente incapazes,[21] devem ter seus interesses preservados e a comprovação do destaque de proteção é imputada aos organizadores da *holding*. A não ser assim, a constituição empresarial específica tem risco de ser considerada ineficaz pelo Poder Judiciário, quando não nula, por conta de simulação ou fraude à lei.[22]

O círculo da propriedade "é composto por todos os familiares que são proprietários da empresa. Podem-se ter também herdeiros que ainda não são proprietários da

---

[20] STEINBERG, Herbert; BLUMENTHAL, Josenice. *A família empresária:* Organizando as relações de afeto, poder e dinheiro por meio da governança corporativa. São Paulo: Editora Gente, 2011, p. 31.

[21] Destacam-se as alterações recentes introduzidas na ordem jurídica brasileira a partir da Convenção de Nova Iorque e do Estatuto da Pessoa com Deficiência, que retirou a possibilidade de incapacidade absoluta por conta de situação diversa da idade. Assim, aqueles que antes eram identificados como tal – artigo 3º do Código Civil – não mais se encontram nesta condição. Podem, apenas, em caso de não possibilidade de expressão de vontade – artigo 4º do Código Civil – ser declarados relativamente incapazes.

[22] Em julgado de 22.10.2017, o Ministro Paulo de Tarso Sanseverino tornou ineficazes as criações e operações subsequentes referentes às *holdings* constituídas, por decisão monocrática, exigindo-se a partilha na forma como a lei estabelece. Tal fato reafirma a responsabilidade do operador do Direito no que tange à efetivação do planejamento sucessório. Vide decisão na íntegra nos autos do processo RMS 053531 do Superior Tribunal de Justiça.

empresa".[23] O direito de propriedade é o mais amplo dentre os direitos reais, pois envolve as três faculdades dominiais conjugadas – usar, fruir e dispor do bem – e a possibilidade de propor ao organizador vários arranjos de desdobramento dominial, seja com a implementação de usufruto, direito real de uso, direitos reais em garantia a fim de encontrar arranjo patrimonial significativo para aquele grupo de pessoas. Quanto às propriedades, destacam-se os titulares ou futuros titulares de direitos.

Já no círculo do negócio (empresa) está a gestão, na qual "estão alinhados os membros que atuam na operação do negócio".[24] Nele incluem-se, "além dos familiares que trabalham na gestão e que podem ser proprietários ou não, todos os funcionários da empresa que não fazem parte da família".[25] No ambiente da empresa estão articuladas as práticas empresariais operacionais que geram sustento à família.

Este gráfico com círculos concêntricos permite identificar eventual fonte dos conflitos interpessoais, distinguir as prioridades e limitações das empresas familiares e compreender o comportamento de seus integrantes. Há razões múltiplas para eventuais dificuldades de planejamento. Por vezes, encontra-se em um dos espaços, por vezes no encontro de dois deles e, em alguns momentos, no encontro dos três. Esta complexidade familiar é, de fato, o maior desafio do planejamento sucessório.

Para que se viabilize um plano efetivo, é importante elencar prioridades e assegurar, na sequência de opções, as melhores para cada proposta específica. O primeiro passo para verificar se a *holding familiar* é efetivamente o instrumento adequado a um determinado ambiente é identificar os bens que integram o patrimônio daquele que será sucedido, o que geralmente se faz a partir dos bens e dos seus respectivos valores declarados na Declaração do Imposto sobre a Renda da Pessoa Física (DIRPF).

Isso permite verificar a natureza de cada um desses bens (imóveis, móveis, investimentos financeiros, investimentos societários, bens de família etc.), traçar as possíveis destinações desses bens (como venda, locação, doação e integralização em *holding*) e avaliar os respectivos impactos tributários, para promover a reorganização. A reorganização pode ser realizada adotando-se instrumento de doação das quotas ou ações da *holding* criada para concentrar o patrimônio – bem como daquele patrimônio que eventualmente tenha ficado fora da *holding* –, podendo a doação ser realizada com incomunicabilidade, ou com condição resolutiva e reserva de usufruto. Além disso, outros instrumentos podem ser utilizados, como a compra e venda e mesmo a cessão gratuita ou onerosa, cada uma com seus impactos jurídicos, operacionais e tributários distintos.

Porém, alguns cuidados devem ser observados nessa reorganização, sob pena de torná-la ilegítima e causar mais problemas, ao invés de resolver a sucessão familiar.

Na distribuição dos bens, deve ser observada a existência de herdeiros necessários (artigo 1.845[26] do Código Civil), a fim de que seja respeitada a disponibilidade desses bens (legítima) por aquele que será sucedido. Isso porque, conforme prevê o artigo 1.846 do Código Civil, "pertence aos herdeiros necessários, de pleno direito, a metade dos bens da herança, constituindo a legítima", sendo que, de acordo com o artigo 1.849 do

---

[23] *Idem, ibidem*, p. 31.

[24] *Idem, ibidem*, p. 31.

[25] *Idem, ibidem*, p. 31.

[26] "Art. 1.845. São herdeiros necessários os descendentes, os ascendentes e o cônjuge".

mesmo Código, o "herdeiro necessário, a quem o testador deixar a sua parte disponível, ou algum legado, não perderá o direito à legítima".

Ainda sobre a cautela no planejamento são destacados os riscos de sua interdição, ou seja,

> haverá o planejador que adotar também muita cautela, haja vista o conteúdo do bem sob proteção – o direito à herança. Direito esse de sede constitucional [artigo 5º, XXX] que guarda proteção sob a égide de significativas constrições à liberdade de contratar que, em nossa opinião, impedem a dimensão que alguns "planejadores" que tentam impingir a certos figurinos de planejamento sucessório. Certamente não se deseja aqui estipular cláusula genérica de que planejamento sucessório constitua negócio jurídico interditado. Tampouco se pretende dissuadir quem, motivado pela cautela ou precaução, pretenda planejar sucessão. O que se há de projetar é a desmistificação das panfletárias soluções que grassam em considerável progressão e em incautos diagnósticos cuja terapêutica por vezes implica ilegalidade civil de consequências impensadas.[27]

Longe de ser um "produto pronto vendável" por escritórios que trabalham com este serviço, a constituição de *holdings* apresenta complexidades posteriores que necessitam ser explicadas. De nada adianta a promessa de redução de impostos, de eliminação do inventário, minimização de custos se nenhuma destas é juridicamente possível, sem instrumento duvidoso. O dono do patrimônio originário, geralmente, tem por objetivos a minimização de conflitos futuros e não sua maximização, com longas causas jurídicas perante o Poder Judiciário.

A doação para descendentes importa antecipação de herança, conforme o disposto no artigo 544[28] do Código Civil, o que também deverá ser considerado no planejamento sucessório. Se dispensados da coleção, retiram-se da parte disponível, se não, deverão ser levados ao *monte mor* para equiparar os quinhões.

Ainda em relação à doação, deve ser observado o artigo 548 do Código Civil, o qual garante a subsistência do doador ao determinar que "é nula a doação de todos os bens sem reserva de parte, ou renda suficiente para a subsistência do doador". E também deve ser considerado que o doador pode estipular que bens doados retornem ao seu patrimônio, se sobreviver ao donatário (artigo 547 do Código Civil – pode-se utilizar a reversibilidade), e que a doação permite gravar bens doados com cláusula de inalienabilidade, impenhorabilidade e de incomunicabilidade (art. 1.911 do Código Civil), cabendo, neste caso, destacar que não pode ser estabelecida cláusula de inalienabilidade, impenhorabilidade e de incomunicabilidade sobre os bens da legítima, salvo se houver justa causa, declarada em testamento (artigo 1.848 do Código Civil).

Já para o caso de haver compra e venda na reestruturação familiar, é necessário obter o consentimento dos herdeiros necessários (descendentes, ascendentes e cônjuge, conforme artigo 1.845 do Código Civil) no caso em que essa compra e venda se der

---

[27] APOCALYPSE, Sidney Saraiva. PGBL: a falácia da blindagem patrimonial e do planejamento sucessório. *Revista Tributária e de Finanças Públicas*, v. 66, p. 222-231, jan./fev. 2006.

[28] "Art. 544. A doação de ascendentes a descendentes, ou de um cônjuge a outro, importa adiantamento do que lhes cabe por herança".

entre ascendente e descendente, conforme determina o *caput*[29] do artigo 496 do Código Civil – sendo dispensado o consentimento do cônjuge, somente se o regime de bens for o da separação obrigatória (parágrafo único[30] do artigo 496 do Código Civil).

Assim, verifica-se que o principal objetivo do planejamento sucessório é a organização familiar visando à perpetuidade do patrimônio e a minimização do risco de futuros litígios. Nessa organização, costuma-se utilizar uma *holding* familiar, concentrando o patrimônio da família, para depois promover a divisão. No entanto, para definição do melhor planejamento, é necessária uma análise criteriosa dos bens da família e seus objetivos presentes e futuros, bem como um cuidado em relação à observância das regras de sucessão – especialmente em relação à legítima – e doação.

Qualquer imperícia nestes detalhes conduz à ineficiência operacional da empresa, o que impacta diretamente nas possibilidades conflitivas futuras.

2.2 Eficiência tributária (?)

Em muitos casos, a falta de um estudo criterioso para realização do planejamento sucessório faz com que sejam praticados diferentes atos, muitos deles ensejadores da incidência de tributos que poderiam ser evitados ou alíquotas maiores do que aquelas que poderiam ser aplicáveis, resultando, consequentemente, em um desembolso maior de valores para o pagamento de tributos. Ou seja, um plano que deveria importar em eficiência acaba por aumentar gastos.

No entanto, ao contrário do que de início se possa imaginar, a eficiência tributária, aqui referida como a economia lícita de tributos, não é, necessariamente, um dos objetivos do planejamento sucessório patrimonial. Da mesma forma, é falsa a afirmação de que o planejamento sucessório, com a constituição de uma *holding* familiar, tem por mérito sempre a obtenção de vantagens fiscais.[31] Demonstra-se, na sequência que a promessa de redução tributária pode constituir-se em falácia.

Com efeito, o

> resultado fiscal pode ser vantajoso ou não, conforme o caso e, principalmente, conforme a engenharia que seja proposta para a estrutura societária. Portanto, não é correto ver a constituição de uma *holding* familiar como a solução para todos os problemas e, principalmente, uma garantia de recolhimento a menor de tributos. Não é assim. É indispensável a avaliação por um especialista que, para cada situação, faça uma avaliação dos cenários fiscais para definir, em cada caso, qual é a situação mais vantajosa, sendo possível que, no fim das contas, a constituição da *holding* se mostre desaconselhável por ser mais trabalhosa e onerosa. Isso pode decorrer, inclusive, da incidência de tributos a que a pessoa natural não está submetida, como a Cofins e o PIS.[32]

---

[29] "Art. 496. É anulável a venda de ascendente a descendente, salvo se os outros descendentes e o cônjuge do alienante expressamente houverem consentido. (...)".

[30] "Art. 496 (...) Parágrafo único. Em ambos os casos, dispensa-se o consentimento do cônjuge se o regime de bens for o da separação obrigatória".

[31] MAMEDE, Gladston; MAMEDE, Eduarda Cotta. *Holding familiar e suas vantagens:* planejamento jurídico e econômico do patrimônio e da sucessão familiar. 9. ed. rev., atual e ampl. São Paulo: Atlas, 2017, p. 102.

[32] *Idem, ibidem*, p. 102.

Porém, mesmo que se mostre desaconselhável do ponto de vista tributário, o planejamento sucessório pode ser aconselhável do ponto de vista de perpetuidade do patrimônio, sendo que isso pode determinar – como, na prática,[33] muitas vezes determina – que se vá adiante com o planejamento. Há várias motivações que conduzem à constituição de uma *holding*. O que se destaca, neste ponto, é a necessidade de ciência acerca das consequências.

É claro que isso não significa que o estudo da eficiência tributária deva ser negligenciado. Pelo contrário, deve ser realizada uma análise dos cenários fiscais e buscar-se a melhor eficiência tributária. É o Estudo de Impactos Tributários (EIT) elemento indispensável no planejamento sucessório. O que precisa ficar claro, porém, é que a constituição da *holding* não necessariamente resultará em uma economia de tributos.

De qualquer sorte, no próprio planejamento pode-se construir o suporte tributário a ser realizado pela sociedade, o que libera – de certa forma – a percepção de haveres por parte dos sócios. Como os ônus fiscais são suportados pela(as) sociedade(es), há algum impacto na recepção de haveres pelos familiares "não apenas em função do montante dos rendimentos, mas considerando outros fatores, como o tipo de atividade exercida".[34] Além disso, impactos de IR, CSLL, PIS e COFINS podem ser, efetivamente, reduzidos, caso adote-se a estrutura e o regime de tributação adequados em uma *holding* familiar.

É em razão disso que se faz importante conhecer aspectos tributários do planejamento sucessório, que serão analisados a seguir.

3 Alguns aspectos tributários do planejamento sucessório

Ainda que, como se viu, a eficiência tributária não seja, necessariamente, um dos principais objetivos ou uma consequência necessária, os aspectos tributários são uma constante na análise do planejamento sucessório. Há uma necessidade de apresentar àqueles que procuram realizar o planejamento sucessório a constatação sobre a existência, ou não, de economia lícita de tributos. É responsabilidade do planejador apresentar as consequências práticas de seu plano, a fim de que os clientes possam, conscientemente, tomar uma decisão. Destaca-se aqui que a imperiosa determinação de planejamento seja realizada com a observância da legislação tributária, a fim de evitar futuras autuações e, assim, um custo muito maior do que aquele inicialmente previsto.

As principais análises tributárias no planejamento sucessório devem se dar em relação à integralização de capital e à tributação em *holding* familiar, de modo que são esses os dois aspectos que serão verificados no presente estudo.

---

[33] Essa afirmação decorre da prática profissional em um universo evidentemente limitado. Não se verifica um dado estatístico sobre casos em que o planejamento sucessório significou economia tributária, ainda que se estime que isso ocorra na maioria dos casos.

[34] MAMEDE, Gladston; MAMEDE, Eduarda Cotta. *Holding familiar e suas vantagens:* planejamento jurídico e econômico do patrimônio e da sucessão familiar. 9. ed. rev., atual e ampl. São Paulo: Atlas, 2017, p. 104.

3.1 Integralização de capital em *holding* familiar

Na integralização de capital em *holding* familiar, devem ser analisados, fundamentalmente, os impactos do Imposto de Renda (IR) e do Imposto sobre a Transmissão de Bens Imóveis (ITBI).

Em relação ao IR, há duas opções para realizar a integralização: (i) integralização pelo valor de mercado; ou (ii) integralização pelo valor declarado na DIRPF. Cada uma dessas opções traz consequências distintas.

No caso da integralização pelo valor de mercado, o IR é pago pela pessoa física sobre o ganho de capital (diferença entre o custo de aquisição e o valor pelo qual está sendo integralizado o bem). De acordo com o artigo 21 da Lei nº 8.981/1995, com a redação dada pela Lei nº 13.259/2016, são as seguintes as alíquotas do IR sobre o ganho de capital:

> Art. 21. O ganho de capital percebido por pessoa física em decorrência da alienação de bens e direitos de qualquer natureza sujeita-se à incidência do imposto sobre a renda, com as seguintes alíquotas: (Redação dada pela Lei nº 13.259, de 2016) Produção de efeito
> I – *15%* (quinze por cento) sobre a *parcela dos ganhos que não ultrapassar R$5.000.000,00* (cinco milhões de reais); (Redação dada pela Lei nº 13.259, de 2016)
> II – *17,5%* (dezessete inteiros e cinco décimos por cento) sobre a parcela dos ganhos que *exceder R$5.000.000,00* (cinco milhões de reais) *e não ultrapassar R$10.000.000,00* (dez milhões de reais); (Redação dada pela Lei nº 13.259, de 2016)
> III – *20%* (vinte por cento) sobre a parcela dos ganhos que *exceder R$10.000.000,00* (dez milhões de reais) e *não ultrapassar R$30.000.000,00* (trinta milhões de reais); e (Redação dada pela Lei nº 13.259, de 2016)
> IV – *22,5%* (vinte e dois inteiros e cinco décimos por cento) sobre a parcela dos ganhos que *ultrapassar R$30.000.000,00* (trinta milhões de reais). (Redação dada pela Lei nº 13.259, de 2016) (...) (Grifou-se).

Assim, por exemplo, se um determinado bem for adquirido por R$3.000.000,00 e o valor de mercado desse bem adotado na data da integralização de capital na *holding* for de R$9.000.000,00, o IR sobre o ganho de capital (R$9.000.000,00 – R$3.000.000,00 = R$6.000.000,00) será calculado a uma alíquota de 15% sobre R$5.000.000,00 e a uma alíquota de 17,5% sobre R$1.000.000,00.

Tratando-se de imóveis familiares – que, em razão disso, muitas vezes foram adquiridos há muitos anos –, é importante destacar as reduções que podem ser aplicadas ao IR a ser pago sobre o ganho de capital pela pessoa física.

Com efeito, o artigo 18[35] da Lei nº 7.713/1988 prevê percentuais de redução sobre o ganho de capital apurado na alienação de bens imóveis, segundo o ano de aquisição ou incorporação do bem, de acordo com a seguinte tabela:

---

[35] "Art. 18. Para apuração do valor a ser tributado, no caso de alienação de bens imóveis, poderá ser aplicado um percentual de redução sobre o ganho de capital apurado, segundo o ano de aquisição ou incorporação do bem, de acordo com a seguinte tabela: (...)".

Ano de Aquisição ou Incorporação	Percentual de Redução	Ano de Aquisição ou Incorporação	Percentual de Redução
Até 1969	100	1979	50
1970	95%	1980	45%
1971	90%	1981	40%
1972	85%	1982	35%
1973	80%	1983	30%
1974	75%	1984	25%
1975	70%	1985	20%
1976	65%	1986	15%
1977	60%	1987	10%
1978	55%	1988	5%

Por sua vez, a integralização de capital em *holding* familiar pelo valor do bem declarado na DIRPF afasta a incidência do IR a ser pago pela pessoa física no ato da integralização.

Com efeito, como o valor na integralização é o mesmo daquele declarado na DIRPF, não haverá ganho de capital, na medida em que a diferença entre esses dois valores será "0" (zero).

No entanto, ao promover a integralização pelo valor da DIRPF, perde-se a possibilidade de aplicar as reduções previstas no artigo 18 da Lei nº 7.713/1988 já citado, na medida em que tais reduções são aplicáveis apenas às aquisições ou incorporações de bens imóveis ocorridas até o ano de 1988. Assim, no momento da venda desse imóvel pela *holding* familiar ao qual ele foi integralizado, o valor do IR a ser pago sobre o ganho de capital poderá ser maior do que aquele que seria pago pela pessoa física caso a integralização fosse feita pelo valor de mercado e fossem aplicáveis as reduções do artigo 18 da Lei nº 7.713/1988.[36]

Sobre este item específico, a falta de cuidados na integralização dos bens conduz a torná-los "capital da *holding*", logo, a venda de quaisquer destes bens por parte da própria empresa caracterizará ganho de capital – pois o imóvel que anteriormente pertencia à pessoa física e como tal era considerado na natureza jurídica de bem imóvel somente, com o ganho de capital vinculado a quantia a maior a ser recebida em caso de venda, agora, impacta 100%. Todo o bem imóvel é capital da empresa, logo, a partir da escolha do regime de tributação – se lucro real ou presumido – pode-se, na venda, ter de recolher imposto de renda sobre todo o capital.

[36] Além disso, também deve ser considerado o regime de tributação ao qual a *holding* estará sujeita, se ao lucro real ou lucro presumido. Se estiver no lucro presumido e a atividade da *holding* envolver a venda de imóveis, é possível que se tenha uma redução no valor de IR a ser pago, na medida em que, nesse regime de tributação, a base de cálculo do imposto de renda é de 32% da receita operacional bruta. Os regimes de tributação serão mais bem analisados no item "3.2" do presente estudo.

Já em relação ao ITBI, deve ser observada a regra prevista no artigo 156, §2º, inciso I, da Constituição Federal, que prevê a imunidade desse imposto sobre a transmissão de bens ou direitos incorporados ao patrimônio de pessoa jurídica em realização de capital:

> Art. 156. Compete aos Municípios instituir impostos sobre:
> (...)
> II – transmissão "inter vivos", a qualquer título, por ato oneroso, de bens imóveis, por natureza ou acessão física, e de direitos reais sobre imóveis, exceto os de garantia, bem como cessão de direitos a sua aquisição;
> §2º O imposto previsto no inciso II:
> I – não incide sobre a transmissão de bens ou direitos incorporados ao patrimônio de pessoa jurídica em realização de capital, nem sobre a transmissão de bens ou direitos decorrente de fusão, incorporação, cisão ou extinção de pessoa jurídica, salvo se, nesses casos, a atividade preponderante do adquirente for a compra e venda desses bens ou direitos, locação de bens imóveis ou arrendamento mercantil;

Oportuno observar que, apesar do texto do dispositivo transcrito se referir à "não incidência" do ITBI, trata-se, em verdade, de evidente hipótese de imunidade, como dito anteriormente.

Com efeito, na "não incidência" tributária, como o nome sugere, determinado fato não está previsto na Constituição Federal como ensejador da incidência de determinado tributo. Assim, por exemplo, não há incidência de IPTU sobre a propriedade de bicicletas, na medida em que a hipótese de incidência do referido imposto é a "propriedade predial e territorial urbana" (artigo 156, inciso I, da Constituição Federal).

Já a imunidade é supressão do poder de tributar, pela Constituição Federal, em relação a fatos que, não fosse essa supressão, estariam sujeitos à incidência de determinado tributo. Na lição de Humberto Ávila:

> A competência tributária, no entanto, é resultado da análise conjunta de duas espécies de normas jurídicas: de um lado, das normas que atribuem poder ao Estado para instituir tributos por meio da especificação dos fatos e situações que se tornam suscetíveis de tributação (normas de competência); de outro, das normas que subtraem poder do Estado sobre determinados fatos e situações que se tornam insuscetíveis de tributação (normas limitativas da competência). A parcela de poder do Estado para instituir tributos é resultado do poder que se lhe atribui menos o poder que lhe é subtraído, nos termos da Constituição. (...) A supressão (interna) de uma parcela do poder de tributar por meio de norma constitucional recebe o nome de imunidade.[37]

Esse esclarecimento é importante, na medida em que há teoria e posicionamento jurisprudencial próprios em relação à aplicação das imunidades tributárias que as distinguem da não incidência e que, apesar de não serem objeto do presente estudo, devem ser conhecidos pelos operadores do Direito Tributário.

[37] ÁVILA, Humberto. *Sistema Constitucional Tributário*. 5. ed. São Paulo: Saraiva, 2012, p. 272-273.

Feito esse esclarecimento, cumpre analisar as condições previstas no artigo 156, §2º, inciso I, da Constituição Federal, para que se aplique a imunidade tributária do ITBI sobre a integralização de bens imóveis em *holding* familiar.

O referido dispositivo prevê:

> Art. 156. Compete aos Municípios instituir impostos sobre:
> (...)
> II – transmissão "inter vivos", a qualquer título, por ato oneroso, de bens imóveis, por natureza ou acessão física, e de direitos reais sobre imóveis, exceto os de garantia, bem como cessão de direitos a sua aquisição;
> (...)
> §2º O imposto previsto no inciso II:
> I – não incide sobre a transmissão de bens ou direitos incorporados ao patrimônio de pessoa jurídica em realização de capital, nem sobre a transmissão de bens ou direitos decorrente de fusão, incorporação, cisão ou extinção de pessoa jurídica, salvo se, nesses casos, a atividade preponderante do adquirente for a compra e venda desses bens ou direitos, locação de bens imóveis ou arrendamento mercantil;

O entendimento que se tinha acerca desse dispositivo, até o julgamento do Recurso Extraordinário nº 796.376/SC, era o de que *não* se aplicaria a imunidade do ITBI aqui tratada "se a atividade preponderante do adquirente for a compra e venda desses bens ou direitos, locação de bens imóveis ou arrendamento mercantil".

Para a aplicação desse entendimento, a definição de "atividade preponderante", para fins de ITBI, está no artigo 37, §1º, do Código Tributário Nacional – observada a competência tributária atribuída à lei complementar[38] pelo art. 146 da Constituição Federal –, que dispõe:

> Art. 37. O disposto no artigo anterior[39] não se aplica quando a pessoa jurídica adquirente tenha como atividade preponderante a venda ou locação de propriedade imobiliária ou a cessão de direitos relativos à sua aquisição.
> §1º *Considera-se caracterizada a atividade preponderante referida neste artigo quando mais de 50% (cinquenta por cento) da receita operacional da pessoa jurídica adquirente, nos 2 (dois) anos anteriores e nos 2 (dois) anos subsequentes à aquisição, decorrer de transações mencionadas neste artigo.*
> §2º Se a pessoa jurídica adquirente iniciar suas atividades após a aquisição, ou menos de 2 (dois) anos antes dela, apurar-se-á a preponderância referida no parágrafo anterior levando em conta os 3 (três) primeiros anos seguintes à data da aquisição.
> §3º Verificada a preponderância referida neste artigo, tornar-se-á devido o imposto, nos termos da lei vigente à data da aquisição, sobre o valor do bem ou direito nessa data.
> §4º O disposto neste artigo não se aplica à transmissão de bens ou direitos, quando realizada em conjunto com a da totalidade do patrimônio da pessoa jurídica alienante.

---

38 O Código Tributário Nacional (Lei nº 5.172/1966) foi recepcionado pela Constituição Federal de 1988 com *status* de lei complementar.

39 O artigo 36 do Código Tributário Nacional repete a previsão constitucional acerca da impossibilidade de cobrança do ITBI em operações societárias.

A bem da verdade, o dispositivo do Código Tributário Nacional nada mais faz do que deixar claro aquilo que é possível extrair do texto do artigo 156, §2º, inciso I, da Constituição Federal.

Com efeito, o dispositivo constitucional refere-se à "atividade preponderante" relativa à venda ou locação de propriedade imobiliária ou à cessão de direitos relativos à sua aquisição, à qual o artigo 37 do Código Tributário Nacional conceitua como sendo aquela que representa mais de 50% da receita operacional da pessoa jurídica adquirente. Ora, para haver preponderância, é suficiente que se verifique mais da metade de algo que se esteja medindo, o que evidentemente pode ser aplicado à verificação de uma atividade preponderante de pessoa jurídica.

Oportuno referir que o §1º do artigo 37 do Código Tributário Nacional se reporta a uma situação em que a empresa adquirente já existe há, pelo menos, dois anos, ao referir que deve ser verificada a receita operacional "nos 2 (dois) anos anteriores e nos 2 (dois) anos subsequentes" à integralização do capital com o imóvel.

Assim, o referido §1º do artigo 37 do Código Tributário Nacional não se aplica aos casos em que está sendo constituída uma *holding* familiar.

Para essa situação, deve ser observado o previsto no §2º do mesmo artigo 37 do Código Tributário Nacional, que dispõe que, se a pessoa jurídica iniciar suas atividades após aquisição do imóvel ou a menos de dois anos antes dela, a preponderância, para fins de imunidade do ITBI na integralização de capital, será apurada "levando em conta os 3 (três) primeiros anos seguintes à data da aquisição".

É importante salientar que essas são as diretrizes gerais e que é necessário analisar a legislação do município no qual estiver localizado o bem imóvel – lembrando que o ITBI é imposto de competência municipal e que a Constituição Federal não institui tributos, mas apenas outorga competência para que União, Estados, Distrito Federal e Municípios possam fazê-lo.

Evidentemente, a legislação municipal não poderá contrariar o disposto na Constituição Federal e no Código Tributário Nacional. Porém, pode estabelecer determinadas formalidades, para o reconhecimento da imunidade do ITBI na integralização do capital.

Em regra, para usufruir dessa imunidade, as legislações municipais exigem uma declaração da empresa na qual o bem está sendo integralizado, no sentido de que a atividade dela não é preponderantemente imobiliária, e determinam que seja apresentado à fiscalização o demonstrativo da receita operacional dessa empresa dentro de determinado prazo contado do término do período que serviu de base apara a apuração da preponderância.

Caso confirme-se, ao final do período, que não há a preponderância de atividade imobiliária, há a consequente confirmação da imunidade, de modo que o ITBI não é exigido. Já na hipótese em que se verifique a preponderância da atividade imobiliária, há a exigência do ITBI que deixou de ser pago à época da integralização de capital, que deve ser calculado aplicando-se a alíquota e os acréscimos que estejam previstos na legislação do respectivo município.

Assim, no que tange ao ITBI, em resumo, até o julgamento do Recurso Extraordinário nº 796.376/SC, o entendimento era o de que esse imposto não seria devido na integralização de capital em *holding* familiar, no caso em que a atividade dessa *holding* não for preponderantemente imobiliária (compra e venda, locação de bens imóveis ou arrendamento mercantil). Se a atividade for preponderantemente imobiliária, o ITBI seria devido, sendo que deveria ser verificado na legislação do respectivo município no qual estiver localizado o imóvel qual seria a alíquota aplicável.

No entanto, com o julgamento do referido Recurso Extraordinário nº 796.376/SC, a análise tornou contornos diferentes e hoje é possível questionar no judiciário a incidência do ITBI mesmo nas situações em que a empresa que está recebendo o imóvel em integralização de capital for preponderantemente imobiliária.

Com efeito, ao analisar o Recurso Extraordinário nº 796.376/SC, que teve sua repercussão geral reconhecida, o Supremo Tribunal Federal entendeu que a imunidade do ITBI na integralização de capital é incondicionada, de modo que seria irrelevante a atividade da empresa que estiver recebendo os imóveis na integralização.

Apesar de não haver sido o tema principal em debate, o entendimento expressado no voto do Min. Alexandre de Moraes (relator do caso) foi o de que a atividade do adquirente só é relevante, para fins da imunidade do ITBI, nos casos de fusão, incorporação, cisão ou extinção de pessoa jurídica. Ainda que se trate de entendimento que pode gerar discussões, fato é que se trata de uma decisão do STF com efeito vinculante no judiciário e que tende a favorecer muitos contribuintes em determinadas situações.

Cumpre referir, por fim, que, se ao invés da integralização em *holding* optar-se pela doação dos bens, haverá a incidência do Imposto sobre Transmissão Causa Mortis e Doação (ITCD).

Nesse ponto, é importante ressaltar que alguns autores ignoram que o ITCD é um imposto de competência estadual e fazem afirmações genéricas acerca das situações tributadas e das alíquotas aplicáveis.

No entanto, como se trata de um imposto de competência estadual, deverá ser analisada a legislação do respectivo Estado onde estiver localizado o bem ou a empresa, para verificar a incidência e a alíquota aplicável. A responsabilidade tributária leva o planejador a analisar as circunstâncias práticas do Imposto de Renda (competência federal), Imposto de Transmissão de Bens (competência municipal) e Imposto de Transmissão Causa Mortis e Doação (competência estadual).

3.2 Tributação em *holding* familiar

Outro aspecto relevante no estudo da eficiência tributária no planejamento sucessória é definir a qual regime de tributação a *holding* familiar deverá ser submetida: lucro real ou lucro presumido.

Deixa-se de mencionar aqui a possibilidade de tributação pelo Simples Nacional, na medida em que, como se está tratando de *holding*, presume-se a sua participação em outras empresas, hipótese na qual não é permitido optar por esse regime diferenciado de tributação, observado o disposto no artigo 3º, §4º, inciso VII, da Lei nº 123/2006:

> Art. 3º Para os efeitos desta Lei Complementar, consideram-se microempresas ou empresas de pequeno porte, a sociedade empresária, a sociedade simples, a empresa individual de responsabilidade limitada e o empresário a que se refere o art. 966 da Lei nº 10.406, de 10 de

> janeiro de 2002 (Código Civil), devidamente registrados no Registro de Empresas Mercantis ou no Registro Civil de Pessoas Jurídicas, conforme o caso, desde que:
> (...)
> §4º *Não poderá se beneficiar do tratamento jurídico diferenciado previsto nesta Lei Complementar,* incluído o regime de que trata o art. 12 desta Lei Complementar, para nenhum efeito legal, *a pessoa jurídica:*
> (...)
> VII – *que participe do capital de outra pessoa jurídica;*
> (...)
> (Grifou-se).

Na hipótese de haver *holding* familiar como empresa gestora da própria empresa, sem ter participação em outras sociedades – o que parece fugir do conceito usualmente atribuído a *holding*, mas não é descartado por todos[40] –, poder-se-ia optar pelo regime do Simples Nacional, o que em regra significa uma menor carga tributária, além de menor custo para o cumprimento das chamadas obrigações acessórias, que nesse regime de tributação, como o nome sugere, são mais simples.

A definição do regime de tributação é importante, na medida em que a carga tributária é distinta entre os regimes do lucro real e do lucro arbitrado, sendo que somente as características de cada pessoa jurídica poderão definir em qual dos dois regimes se terá uma carga tributária menor.

Inicialmente, cumpre referir que somente haverá a possibilidade de optar por um dos dois regimes no caso da pessoa jurídica não ter receita bruta anual superior a R$78 milhões no ano-calendário anterior àquele da opção. Se a atividade da pessoa jurídica no ano-calendário anterior for inferior a 12 meses, o valor não poder ser superior a R$6,5 milhões multiplicados pelo número de meses de atividade. Caso o valor da receita bruta anual seja superior a esses, a pessoa jurídica estará obrigada[41] à apuração pelo lucro real – e, consequentemente, não poderá optar pelo lucro presumido –, observado o disposto nos artigos 13 e 14, inciso I, da Lei nº 9.718/1998, ambos com redação dada pela Lei nº 12.814/2013:

> Art. 13. A pessoa jurídica cuja receita bruta total no ano-calendário anterior tenha sido igual ou inferior a R$78.000.000,00 (setenta e oito milhões de reais) ou a R$6.500.000,00 (seis milhões e quinhentos mil reais) multiplicado pelo número de meses de atividade do ano-calendário anterior, quando inferior a 12 (doze) meses, poderá optar pelo regime de tributação com base no lucro presumido. (Redação dada pela Lei nº 12.814, de 2013)
> §1º A opção pela tributação com base no lucro presumido será definitiva em relação a todo o ano-calendário.
> §2º Relativamente aos limites estabelecidos neste artigo, a receita bruta auferida no ano anterior será considerada segundo o regime de competência ou de caixa, observado o

---

40 Vide, por exemplo, JUNGBLUTH, Carla; FRÍES, Laurí Natalício. *Holding* como estratégia de negócios familiar. *Revista Eletrônica de Ciências Contábeis*, São Paulo, n. 7, 2015. Disponível em: https://seer.faccat.br/index.php/contabeis/login . Acesso em: 24 nov. 2017, na qual se analisa *holding* familiar sem participação em outras sociedades.

41 Observa-se que há outras situações em que a pessoa jurídica está obrigada à apuração do lucro real, conforme previsto no artigo 14 da Lei nº 9.718/1998. Porém, por tratar-se de situações específicas, não serão abordadas no presente estudo.

critério adotado pela pessoa jurídica, caso tenha, naquele ano, optado pela tributação com base no lucro presumido.
Art. 14. Estão obrigadas à apuração do lucro real as pessoas jurídicas:
I – cuja receita total no ano-calendário anterior seja superior ao limite de R$78.000.000,00 (setenta e oito milhões de reais) ou proporcional ao número de meses do período, quando inferior a 12 (doze) meses; (Redação dada pela Lei nº 12.814, de 2013)
(...)

Considerando que no planejamento sucessório se esteja constituindo uma *holding* familiar, poder-se-á[42] optar-se pelo lucro real ou pelo lucro presumido, tendo em vista que a pessoa jurídica não terá desenvolvido qualquer atividade no ano-calendário anterior àquele da opção, de modo que, nessa hipótese, não se aplicam os artigos 13 e 14, inciso I, da Lei nº 9.718/1998 já referidos.

Pois bem. Na apuração pelo lucro real, permite-se a dedução de custos e despesas, para apuração da base de cálculo do Imposto sobre a Renda das Pessoas Jurídicas (IRPJ) e da Contribuição Social sobre o Lucro Líquido (CSLL). Daí a denominação de lucro "real", na medida em que se terá a efetiva apuração do lucro, com base na realidade da empresa.

Assim, se se verificar que a *holding* irá incorrer em diversos custos e despesas no decorrer do ano-calendário – geralmente identificados como custos operacionais –, será importante verificar se não será mais benéfico optar pelo lucro real, de modo a permitir a dedução desses custos e despesas da base de cálculo do IRPJ e da CSLL, do que optar pela presunção do lucro presumido – que será visto logo em seguida.

A alíquota do IRPJ no lucro real é de 15% (artigo 3º da Lei nº 9.249/1995 e artigo 541 do Decreto nº 3.000/1999 – Regulamento do Imposto de Renda), com adicional de 10% sobre o que exceder R$240 mil anuais (artigo 3º, §1º, da Lei nº 9.249/199[43] e artigo 542 do Regulamento do Imposto de Renda).[44]

Já a alíquota da CSLL é de 9% (artigo 3º, III, da Lei nº 7.689/1988)[45] e a apuração da Contribuição para o PIS e da COFINS dá-se pelo regime não cumulativo (Lei nº 10.637/202 e Lei nº 10.833/2003), no qual as alíquotas são de 1,65% e 7,6%, respectivamente.

---

[42] Devendo ser observadas as demais hipóteses de obrigatoriedade de apuração do lucro real previstas no artigo 14 da Lei nº 9.718/1998 e no artigo 246 do Regulamento do Imposto de Renda.

[43] "Art. 3º A alíquota do imposto de renda das pessoas jurídicas é de quinze por cento.
(...)
§1º A parcela do lucro real, presumido ou arbitrado, que exceder o valor resultante da multiplicação de R$20.000,00 (vinte mil reais) pelo número de meses do respectivo período de apuração, sujeita-se à incidência de adicional de imposto de renda à alíquota de dez por cento. *(Redação dada pela Lei 9.430, de 1996)*
(...)".

[44] "Art. 542. A parcela do lucro real, presumido ou arbitrado que exceder o valor resultante da multiplicação de vinte mil reais pelo número de meses do respectivo período de apuração, sujeita-se à incidência de adicional de imposto à alíquota de dez por cento (*Lei nº 9.249, de 1995, art. 3º, §1º, e Lei nº 9.430, de 1996, art. 4º*).
(...)".

[45] "Art. 3º A alíquota da contribuição é de: *(Redação dada pela Lei nº 11.727, de 2008)*
(...)
III – 9% (nove por cento), no caso das demais pessoas jurídicas. *(Incluído pela Lei nº 13.169, de 2015) (Produção de efeito)*".

No lucro presumido, por sua vez, há uma presunção de custos e despesas da ordem de 68%. Isso significa que a base de cálculo do IRPJ e da CSLL é de 32% da receita operacional bruta.

Assim, se, por exemplo, a *holding* familiar tiver como atividade a venda de imóveis e houver optado pelo lucro presumido, caso tenha uma receita decorrente dessa atividade no montante de R$10.000.000,00 no ano-calendário, a base de cálculo sobre a qual incidirá o IR e a CSLL será de R$3.200.000,00 (= R$10.000.000,00 x 32%), o que pode significar uma expressiva economia tributária se comparada à opção pelo lucro real, no caso em que os custos e despesas dessa *holding* não cheguem ao referido percentual de 68%.

Apesar das bases de cálculo serem distintas no lucro real e no lucro presumido, as alíquotas do IRPJ e da CSLL são as mesmas: 15%, com adicional de 10% sobre o que exceder R$240 mil anuais, para o IR; e 9% para a CSLL.

A apuração da Contribuição para o PIS e da COFINS, porém, dá-se pelo regime cumulativo (Lei nº 9.715/198 e Lei nº 9.718/1988), cujas alíquotas são, respectivamente, de 0,65% e 3%, bastante inferiores àquelas do regime não cumulativo aplicadas no lucro real (1,65% e 7,6%).

Dessa forma, verifica-se ser necessária uma análise criteriosa das características da *holding* familiar, bem como a realização de cálculos, a fim de definir qual dos regimes – lucro real ou lucro presumido – apresentará uma carga tributária menor.

Cumpre referir que a opção por um dos dois regimes é válida para todo o ano-calendário. Porém, encerrado o ano, pode-se novamente exercer a opção por um dos regimes – caso não se verifique a exigência pelo lucro real. Isso significa que pode haver situações nas quais seja mais eficiente do ponto de vista tributário optar, por exemplo, pelo lucro real no primeiro ano de atividade da *holding* familiar, em razão dos custos e despesas inicialmente incorridos e do baixo faturamento, e nos anos seguintes optar pelo lucro presumido, aproveitando-se da presunção de custos e despesas na ordem de 68%. Aqui, é fundamental levar a efeito os cálculos, para definição do regime mais benéfico aplicável ao caso.

Por fim, ressalta-se que os lucros ou dividendos distribuídos pela *holding* familiar, calculados com base nos resultados apurados a partir do mês de janeiro de 1996, não se sujeitam à tributação do Imposto de Renda – não há Imposto de Renda Retido na Fonte – IRRF, bem como os valores distribuídos não integram a base de cálculo do imposto do beneficiário, pessoa física ou jurídica –, independentemente do regime tributário adotado ser o lucro real ou o do lucro presumido (artigo 10 da Lei nº 9.249/1995 e artigos 654 e 662 do Regulamento do Imposto de Renda). Este pode ser um benefício.

4 Considerações finais

Do que foi exposto, verifica-se que o principal objetivo do planejamento sucessório é a perpetuidade do patrimônio familiar, mediante a organização e a estruturação desse patrimônio, sempre levando em conta os objetivos e as características de cada caso. Nesse sentido, a *holding* familiar mostra-se um importante instrumento de organização e facilita a sucessão.

A reestruturação dos negócios da família passa por uma análise prévia acerca dos bens que integram o patrimônio daquele que será sucedido, o que geralmente se faz a partir dos bens e dos seus respectivos valores declarados na DIRPF. Além disso, devem ser tomados alguns cuidados nessa reestruturação e posterior divisão do patrimônio, a fim de que seja respeitada a disponibilidade desses bens (legítima) por aquele que será sucedido, bem como as regras relativas à doação.

Apesar de ser um elemento de análise essencial, a eficiência tributária não pode ser considerada como um dos principais objetivos do planejamento sucessório, que não significa uma necessária economia de tributos. Haverá situações nas quais, do ponto de vista tributário, o planejamento sucessório será desaconselhável, mas aconselhável do ponto de vista de perpetuidade do patrimônio. Nessas situações, caberá à família decidir entre pagar mais tributos em um primeiro momento e ter maior segurança em relação à perpetuidade do patrimônio, ou simplesmente deixar de lado o planejamento sucessório.

Em relação à análise específica de alguns aspectos tributários, verificou-se que a integralização de capital em *holding* familiar deve, necessariamente, ser precedida de uma análise em relação aos impactos do IR e do ITBI.

No que tange ao IR, deve ser analisada se a melhor alternativa é a integralização dos bens pelo valor de mercado, na qual provavelmente haverá ganho de capital e, portanto, necessidade de pagamento do IR, ou pelo valor declarado pela pessoa física na DIRPF, na qual não haverá IR a recolher no momento da integralização, mas poderá ter um impacto maior quando houver a venda pela *holding* familiar. Nesse ponto, deve ser analisado o enquadramento em uma das hipóteses de reduções de IR sobre o ganho de capital no caso de imóvel adquirido até o ano de 1988, conforme prevê o artigo 18 da Lei nº 7.713/1988. Tal redução, se existente, somente poderá ser aplicada no momento da atual integralização, perdendo-se essa condição quando o imóvel for vendido pela *holding*.

Já em relação ao ITBI, apontou-se a importância de verificar-se o enquadramento da integralização de bem imóvel em *holding* familiar na hipótese de imunidade desse imposto prevista no artigo 156, §2º, I, da Constituição Federal. Essa imunidade somente será aplicável se a atividade preponderante da *holding* familiar, na qual será feita a integralização, não for preponderantemente de "compra e venda desses bens ou direitos, locação de bens imóveis ou arrendamento mercantil", conforme definição do artigo 37 do Código Tributário Nacional.

Ainda em relação aos aspectos tributários, verificou-se que é de extrema importância a definição do regime de tributação ao qual a *holding* familiar deverá ser submetida: lucro real ou lucro presumido – devendo ser observado que há hipóteses nas quais é obrigatória a tributação pelo lucro real, conforme artigo 14 da Lei nº 9.718/1998 e artigo 246 do Regulamento do Imposto de Renda. Não se analisou a tributação pelo Simples Nacional, na medida em que, tratando-se de *holding*, presume-se sua participação em outras empresas, hipótese na qual não é permitido optar por esse regime diferenciado de tributação, observado o disposto no artigo 3º, §4º, inciso VII, da Lei nº 123/2006.

Como a apuração pelo lucro real permite a dedução de custos e despesas, para apuração da base de cálculo do IRPJ e da CSLL, a opção por esse regime poderá significar uma diminuição da carga tributária caso a *holding* incorra em custos e despesas que superem o valor da dedução no lucro presumido. Como efeito, no lucro presumido, há uma presunção de custos e despesas na ordem de 68%. Isso significa que a base de cálculo do IRPJ e da CSLL é de 32% da receita operacional bruta. É necessário, porém, realizar os cálculos, para definição do regime mais benéfico aplicável ao caso.

Apesar das bases de cálculo serem distintas no lucro real e no lucro presumido, as alíquotas do IRPJ e da CSLL são as mesmas: 15%, com adicional de 10% sobre o que exceder R$240 mil anuais, para o IR; e 9%, para a CSLL.

Há diferença, porém, nas alíquotas da Contribuição para o PIS e da COFINS: no lucro presumido, a apuração dessas contribuições dá-se pelo regime cumulativo (Lei nº 9.715/198 e Lei nº 9.718/1988), cujas alíquotas são, respectivamente, de 0,65% e 3%. Já no lucro real, a apuração da Contribuição para o PIS e da COFINS dá-se pelo regime não cumulativo, cujas alíquotas são, respectivamente, de 1,65% e 7,6% (Lei nº 10.637/2002 e Lei nº 10.833/2003).

Em síntese, pode não haver efetivas vantagens tributárias na constituição de *holdings* familiares sem operação. A opção pelo lucro real ou presumido pode majorar significativamente o imposto de renda com relação à pessoa física. Os bens que antes estavam regidos sob um regime de tributos agora se agregam de complexidade. O que implica a contratação de técnicos para calcular e efetivar recolhimentos. De outro lado, a falsa ideia de "livrar-se" do inventário também não é verdadeira. Sabe-se que a integralidade da *holding* deverá ser incluída no inventário, pois há propriedade sobre quotas sociais e, se não mais houver, conforme jurisprudência consolidada, estas têm sido tornadas sem efeito pelo Poder Judiciário. Assim, no momento do inventário, será realizada a avaliação empresarial mercadológica, a fim de fiscalizar se as efetivas transferências de quotas – por doação, cessão ou compra e venda – poderiam ter sido realizadas à época que foram e, mais, calcular o valor efetivo que a empresa tem a ser partilhado. Logo, a *holding* também é bem incluído no monte mor e sujeita à tributação do ITCMD característica dos inventários.

Neste sentido, antes da opção pelo sistema de *holding*, talvez seja importante analisar as tradicionais formas de planejamento e compará-las com a exposta neste texto, pois o que leva à opção por uma ou outra forma são os objetivos do plano. Minimizar hipóteses de conflitos futuros, planejar melhor o pagamento de tributos ou planejar o momento da morte nem sempre são mais bem atendidos com a criação de *holding*.

Referências

ÁVILA, Humberto. *Sistema Constitucional Tributário*. 5. ed. São Paulo: Saraiva, 2012.

APOCALYPSE, Sidney Saraiva. PGBL: a falácia da blindagem patrimonial e do planejamento sucessório. *Revista Tributária e de Finanças Públicas*, v. 66, p. 222-231, jan./fev. 2006.

BARBOZA, Heloisa Helena. Aspectos Controversos do Direito das Sucessões: considerações à luz da constituição da república. *In*: TEPEDINO, Gustavo. *Direito Civil Contemporâneo*: novos problemas à luz da legalidade constitucional. São Paulo: Atlas, 2008.

BARBOSA, João Eutálio Anchieta; JESUS, José Lauri Bueno de. *Holding*: uma alternativa de planejamento tributário e sucessório. *Revista de Administração e Contabilidade (IESA)*, São Paulo, v. 14, n. 27, p. 72-95, 2015.

DAVIS, J. A. Uma radiografia da relação empresa + família + propriedade. *HSM Management*, São Paulo, n. 41, p. 96-103, nov./dez. 2003. Disponível em: file:///C:/Users/tamara.schenkel/AppData/Local/Microsoft/Windows/INetCache/Content.Outlook/IGIPKO5M/John%20Davis.pdf. Acesso em: 19 fev. 2018. Entrevista de John Davis a HSM Management.

HIRONAKA, Giselda Maria Fernandes Novaes. *Morrer e Suceder*: passado e presente da transmissão sucessória concorrente. 2. ed. rev. São Paulo: Revista dos Tribunais, 2014.

JUNGBLUTH, Carla; FRÍES, Laurí Natalício. Holding como estratégia de negócios familiar. *Revista Eletrônica de Ciências Contábeis*, São Paulo, n. 7, 2015. Disponível em: https://seer.faccat.br/index.php/contabeis/login. Acesso em: 24 nov. 2017.

LONGO, José Henrique; COSTALUNGA, Karine; PRADO, Roberta Nioac; PEIXOTO, Daniel Monteiro. Sucessão familiar e planejamento tributário II. p. 269-309. *In*: *Direito societário*: estratégias societárias, planejamento tributário e sucessório. São Paulo: Saraiva, 2009.

MAMEDE, Gladston; MAMEDE, Eduarda Cotta. *Holding familiar e suas vantagens:* planejamento jurídico e econômico do patrimônio e da sucessão familiar. 9. ed. rev., atual e ampl. São Paulo: Atlas, 2017.

MANSUR, Augusto de Andrade. Aspectos tributários da constituição patrimonial de holdings familiares como mecanismo de planejamento sucessório. *Revista Tributária e de Finanças Públicas*, v. 13, p. 29-40, jan./fev. 2017.

ROSALEM JUNIOR, Laerte. A tributação das sociedades holdings patrimoniais. *Revista dos Tribunais*, v. 976, p. 401-416, fev. 2017.

STEINBERG, Herbert; BLUMENTHAL, Josenice. *A família empresária*: Organizando as relações de afeto, poder e dinheiro por meio da governança corporativa. São Paulo: Editora Gente, 2011.

TEIXEIRA, Daniele Chaves. *Planejamento Sucessório* – Pressupostos e Limites. Belo Horizonte: Fórum, 2017.

TEIXEIRA, João Alberto Borges. Holding familiar: tipo societário e seu regime de tributação. *Revista Tributária e de Finanças Públicas*, v. 85, p. 234-247, mar./abr. 2009.

TEPEDINO, Gustavo (Org.). *Direito Civil Contemporâneo*: novos problemas à luz da legalidade constitucional. São Paulo: Atlas, 2008.

TEPEDINO, Gustavo. A Disciplina Civil-Constitucional das Relações Familiares. *In*: TEPEDINO, Gustavo. *Temas de Direito Civil*. 4. ed. Rio de Janeiro: Renovar, 2008.

TEPEDINO, Gustavo. *Usufruto Legal do Cônjuge Viúvo*. 2. ed. Rio de Janeiro: Forense, 1991.

TEPEDINO, Gustavo; BARBOSA, Heloísa Helena; MORAES, Maria Celina Bodin de. *Código Civil Interpretado*: conforme a Constituição da República. v. 4. Rio de Janeiro: Renovar, 2014.

VELOSO, Zeno. *Direito Sucessório dos Cônjuges*. Pará: ANOREG/PA, 2008.

Informação bibliográfica deste texto, conforme a NBR 6023:2018 da Associação Brasileira de Normas Técnicas (ABNT):

FLEISCHMANN, Simone Tassinari Cardoso; TREMARIN JUNIOR, Valter. Reflexões sobre *holding* familiar no planejamento sucessório. *In*: TEIXEIRA, Daniele Chaves (Coord.). *Arquitetura do planejamento sucessório*. 3. ed. Belo Horizonte: Fórum, 2022. p. 631-652. Tomo I. ISBN 978-65-5518-459-4.

A PREVIDÊNCIA PRIVADA ABERTA COMO INSTRUMENTO AO PLANEJAMENTO SUCESSÓRIO

VIVIANE GIRARDI
LUANA MANIERO MOREIRA

1 Introdução

Estima-se, atualmente, que cerca de 13,4 milhões de brasileiros possuem algum tipo de previdência complementar.[1]

A previdência privada no Brasil surge da constatação quanto à impossibilidade da previdência oficial atender a todos condignamente.[2] Por razões que vão desde a sonegação das contribuições até o desfalque do caixa previdenciário, o sistema compulsório da previdência social limita-se a proporcionar um mínimo de subsistência, que, em termos de manutenção do nível de vida, fica muito aquém do necessário. Essa insuficiência ou ineficiência do Estado abriu espaço para o surgimento de soluções previdenciárias complementares, inspiradas nas antigas caixas de pensões e pecúlios.[3]

Nesse contexto, foi editada a Lei nº 6.435/1977, que instituiu formalmente as bases da previdência privada complementar, pautada na ideia central de permitir ao cidadão uma complementação à renda da aposentadoria oficial, como meio de propiciar a manutenção de um padrão de vida seguro e economicamente razoável na fase de inatividade profissional.

Com o advento da Emenda Constitucional nº 20/1998, que modificou o sistema previdenciário brasileiro e deu nova redação ao artigo 202 da Constituição Federal, a previdência privada foi inserida no quadro da Seguridade Social e incluída no sistema da previdência social *lato sensu*, atualmente composta pelo *(i)* regime geral

---

1 Segundo dados da Fenaprevi, nos últimos 3 anos, de fevereiro de 2015 a fevereiro de 2018, o aumento de participantes em previdência privada foi de mais 1 milhão, totalizando 13.405.144 milhões de participantes (disponível em: http://fenaprevi.org.br/fenaprevi/estatisticas/, acesso em: 21 fev. 2018).

2 A previdência oficial possui um teto máximo para pagamento de aposentadoria, o qual, como se sabe, é baixo e na maioria das vezes não reflete os ganhos do indivíduo em sua fase ativa.

3 Antes da promulgação da Lei nº 6.435/77, os esquemas da previdência privada limitavam-se aos montepios e aos fundos contábeis, que não passavam de meras provisões das empresas em seus balanços contábeis, com a finalidade de pagar um prêmio de fim de carreira, sem, entretanto, qualquer garantia de direito.

da previdência social, *(ii)* regime próprio dos servidores públicos e *(iii)* regime da previdência complementar, este subdividido em previdência complementar privada e previdência complementar pública.

A regulação da previdência complementar privada, que interessa a este artigo, coube à Lei Complementar nº 109/2001, ainda hoje vigente, que em oito capítulos trouxe as regras e disposições gerais aplicáveis ao regime privado, subdividindo-o em dois segmentos: "previdência privada aberta" e "previdência privada fechada" – classificação que remete à relação entre o participante e a entidade.

No segmento fechado, os planos são administrados por entidades fechadas (fundações), constituídas por iniciativa de uma empresa ou um grupo econômico de empresas especificamente para gerir o plano de previdência de seus empregados, associados ou dirigentes. Desse modo, nos planos de previdência fechados há que existir necessariamente, entre patrocinador e participantes, vínculo de caráter empregatício, associativo, profissional ou de classe. Já no segmento aberto, os planos (individual ou coletivo) são ofertados e administrados pelas entidades abertas (empresas privadas com finalidade lucrativa e seguradoras do ramo de vida) e podem ser adquiridos por qualquer pessoa física. Ou seja, são abertos a qualquer pessoa que deseje aderir a um plano previdenciário.

Mas, além de diferenças conceituais, há especificidades estruturais que diferem esses dois segmentos. Tanto que são subordinados a órgãos fiscalizadores distintos: as entidades fechadas se submetem ao Conselho Nacional de Previdência Complementar e Superintendência Nacional da Previdência Complementar (PREVIC), vinculados ao Ministério da Previdência Social; enquanto as entidades abertas (com finalidade lucrativa) estão sujeitas ao Conselho Nacional de Seguros Privados (CNSP) e à Superintendência de Seguros Privados (SUSEP), órgãos vinculados ao Ministério da Fazenda.

Assim, os planos fechados, por serem estruturados de forma a atender um grupo específico de pessoas, podem variar conforme as especificidades do público ao qual se destinam.[4] Por essa razão, por seguirem regras jurídicas próprias e contratualmente específicas, os planos fechados não serão objeto desse estudo; trataremos apenas dos planos abertos, comercializados no mercado usualmente sob a forma de modelos padronizados (os chamados "planos-padrões", conforme denominação da SUSEP), que, dadas as suas peculiaridades, vêm permitindo sua utilização também como modalidade de investimento e como instrumento de planejamento sucessório. O que tem gerado reflexos nas questões envolvendo o Direito de Família e o Direito Sucessório.

Nesse cenário, o objetivo deste ensaio, sem a pretensão de querer esgotar o tema, é adentrar nas peculiaridades e especificidades dos planos de previdência privada oferecidos pelas entidades abertas, que, nada obstante a natureza previdenciária, têm

[4] Sobre o assunto, destacam-se as lições de Patrícia Bressan Linhares Gaudenzi: "no tocante aos planos de benefícios operados por entidades fechadas de previdência complementar, diferentemente dos planos abertos, não há "produtos" ou "modelos" de planos (como PGBL, por exemplo). Os planos são estruturados segundo o perfil do grupo de pessoas a que se destina, a atividade laboral por elas desenvolvida e a cobertura previdenciária que se procura oferecer (benefícios de aposentadoria vitalícia, por invalidez, pecúlio, etc.)". In: GAUDENZI, Patrícia Bressan Linhares. *Tributação dos Investimentos em Previdência Complementar Privada* – Fundos de Pensão, PGBL, VGBL, FAPI e outros. São Paulo: Quartier Latin, 2008, p. 80.

tido, muitas vezes, características multifacetárias, afastando-se da finalidade *prima facie* de proporcionar complementação à aposentadoria do participante.

2 Principais diferenças entre a previdência privada, a previdência oficial e o seguro privado

No sistema da Seguridade Social, a previdência privada está disposta horizontalmente frente à previdência social,[5] organizada de forma autônoma com a particularidade de complementá-la.[6] Porém, a complexidade e as características desse tipo de produto o diferem, em muito, do regime da previdência oficial, nos moldes assegurados pelo Estado.

O regime geral da previdência social é obrigatório a todos os trabalhadores da iniciativa privada, submetida às regras de Direito Público, e está baseado na solidariedade, "um verdadeiro pacto social",[7] no qual os participantes ativos contribuem para o pagamento dos benefícios dos inativos. Esse regime segue o modelo chamado de repartição simples, por não haver individualização das contribuições arrecadadas, e tem por base um plano de benefício definido, ou seja, já se sabe de antemão o valor do benefício que será pago ao beneficiário.

Para os servidores públicos, o artigo 40 da Constituição Federal assegura um regime próprio de previdência oficial, de caráter contributivo, tal como existente para os trabalhadores da iniciativa privada. Porém, além desse regime próprio, os servidores têm ainda a seu dispor – e sem prejuízo da possibilidade de adesão a planos de previdência privada operados por entidades abertas – a previdência complementar específica, dependendo da instituição da lei pelo respectivo Poder Legislativo, por intermédio de entidade fechada de natureza pública.

A previdência privada, por sua vez, tem caráter facultativo e contributivo, submetido às normas de Direito Privado, e está baseada no regime financeiro de capitalização, no qual as contribuições dos participantes são aplicadas em contas individuais e direcionadas ao pagamento do benefício do próprio participante.

Conforme explica Patrícia Bressan Linhares Gaudenzi:

> Com isso, têm-se diferenças essenciais na forma de tratamento financeiro das contribuições arrecadadas para o regime geral da previdência social e para o regime da previdência complementar, o que acaba por criar discrepâncias quanto ao equilíbrio atuarial e financeiro de suas contas. Enquanto a previdência privada tende a direcionar os recursos arrecadados com as contribuições dos seus participantes para o benefício a ser gozado, na fase de aposentadoria, por estes mesmos participantes, na previdência pública as contribuições

---

5 WEINTRAUB, Arthur Bragança de Vasconcellos. *Previdência Privada*: Doutrina e Jurisprudência. São Paulo: Quartier Latin, 2005, p. 75.

6 Conforme ensina Patrícia Bressan Linhares Gaudenzi, "no caso específico das entidades de previdência privada, o texto constitucional e o texto legal mencionam o termo complementar, a fim de indicar que, efetivamente, não se trata de substituir benefícios assegurados pelo regime geral da previdência social, ou de instituir um regime previdenciário alternativo ao regime geral, mas, sim, de servir como meio para complemento, como um adicional aos benefícios assegurados pela previdência social geral" (*Op. cit.*, p. 50).

7 PÓVOAS, Manuel Sebastião Soares. *Previdência Privada*. Filosofia, Fundamentos Técnicos. Conceituação Jurídica. 2. ed. São Paulo: Quartier Latin, 2007, p. 226.

arrecadadas destinam-se ao pagamento dos benefícios de terceiros num sistema de genuíno mutualismo e solidariedade.[8]

Essa diferença entre os dois esquemas previdenciários revela a primordial peculiaridade da previdência privada, pois nesta há direito incorporável ao patrimônio do titular desde a adesão ao plano de benefício, configurando uma poupança individual em formação que futuramente garantirá o benefício contratado.

Além disso, a previdência privada também se distingue dos planos de seguro privado, apesar de possuírem existência paralela.[9] Na previdência privada, o objetivo é a acumulação de reserva que, no futuro, irá gerar renda ao participante. Portanto, seu direito restringe-se ao montante que acumular, sendo o evento gerador querido e até feliz: a sobrevivência do participante.[10] Já nos seguros de vida, o objetivo não é a acumulação de recursos, tampouco os prêmios pagos à seguradora são considerados como patrimônio do segurado. Não há uma complementação de renda, apenas um acréscimo de segurança em favor da família caso ocorra o evento coberto – morte ou invalidez do segurado; de modo que o objeto dos seguros privados é a "cobertura de riscos", enquanto da previdência privada é "cobertura de riscos sociais".[11]

3 Natureza jurídica do instituto da previdência privada

Para uma melhor compreensão do instituto da previdência privada, importante entender os elementos essenciais que o definem.

O primeiro destaque diz respeito ao caráter *contratual privado* da previdência complementar, sendo definindo por Patrícia Bressan Linhares Gaudenzi como um acordo de vontade entre partes de Direito Privado, no qual "a participação do Estado restringe-se à fiscalização e ao controle da observância de normas gerais aplicáveis à relação contratual instaurada",[12] jamais atuando como parte ou interveniente. Assim, há na previdência privada certa liberdade contratual, desde que observados os limites normativos e cogentes, como, por exemplo, quanto à forma de custeio, valor das contribuições, coberturas asseguradas, etc.

Ao lado do caráter contratual privado, a previdência privada é marcada pela *complementariedade* e, também, *autonomia* frente ao regime geral da previdência social. É complementar porque atua como um adicional, uma renda extra àqueles que já são segurados da previdência oficial, e autônoma porque é oferecida a todos os indivíduos, independentemente de estarem vinculados ao regime da previdência oficial.

Com relação à autonomia da previdência privada, há, no entanto, que se fazer uma importante ressalva no que diz respeito à fruição das vantagens tributárias. Isso

8 GAUDENZI, Patrícia Bressan Linhares. *Op. cit.* p. 31.

9 WEINTRAUB, Arthur Bragança de Vasconcellos. *Op. cit.*, p. 75.

10 Nesse sentido, os ensinamentos de Eduardo Rocha Dias: "o risco, na previdência privada, muitas vezes é um evento querido e até feliz, a sobrevivência do participante até alcançar as condições de elegibilidade para o pagamento do benefício. Ou seja, não é um perigo face ao qual se pretende proteger o segurado". (DIAS, Eduardo Rocha. Liberdade de Indicação dos Beneficiários nos Planos de Previdência Privada: um Diálogo entre a Constituição, o Código Civil e a Legislação Previdenciária. *Revista dos Tribunais*, v. 948, p. 117-134, 2014).

11 PÓVOAS, Manuel Sebastião Soares. *Op. cit.*, p. 225.

12 GAUDENZI, Patrícia Bressan Linhares. *Op. cit.*, p. 46.

porque o artigo 11 da Lei nº 9.532/97, com a redação dada pelo artigo 13 da Lei nº 10.887/04, apenas permite a dedução no imposto de renda das contribuições pagas à previdência privada para aqueles que também contribuem para o regime público da previdência. Em outras palavras, a concessão do benefício previdenciário privado não depende da contribuição à previdência pública, porém as deduções tributárias do imposto de renda sim.

Além desses aspectos, impera na previdência privada a *facultatividade*, ou seja, qualquer pessoa capaz pode aderir e, enquanto desejar, permanecer num plano de previdência privada. E também a *transparência*, *segurança* e *flexibilidade*, pois o intuito do legislador foi proteger o participante e o próprio sistema, proporcionando conhecimento tanto da sua situação pessoal frente ao plano quanto da higidez financeira da própria entidade que o administra, o que é essencial para a segurança (proteção do patrimônio previdenciário) e a flexibilidade (portabilidade de reservas, *e.g.*,) do instituto.[13]

4 Principais características da previdência privada aberta

Como visto, a finalidade da previdência privada é, *prima facie*, garantir um planejamento para o período futuro de inatividade, por meio da acumulação de valores periodicamente depositados em um fundo, que, após uma data contratualmente prevista, irá se transformar numa renda mensal complementar ou, então, num recebimento único, ambos resultados das contribuições depositadas (*quantum* acrescido dos rendimentos e deduzidos os impostos e custeio administrativo).

Portanto, a previdência privada se baseia no regime de capitalização, no qual as contribuições dos participantes são aplicadas em conta (fundo de investimento, com patrimônio segregado ao da entidade)[14] e direcionadas ao pagamento do benefício do próprio participante.

Segundo ensina Marcele Caroline Maciel de Alencar:

> O direito acumulado é figura de extrema relevância no âmbito da previdência complementar, uma vez que a formação da reserva matemática do participante representa um direito incorporado, mês a mês, ao seu patrimônio jurídico. A bem da verdade, as contribuições vertidas ao plano, mesmo antes desta destinação, já pertenciam ao patrimônio individual do participante, posto se tratar de privações momentâneas do usufruto desta pecúnia para capitalizá-la e gozá-la em momento futuro. Assim, o direito acumulado corresponde às reservas constituídas pelo participante ou à reserva matemática, a depender da modalidade de plano contratado. A preservação do direito acumulado é integral, considerando o que foi reunido até o momento da alteração contratual, uma vez que objetiva manter aquilo que já é do patrimônio individual, enquanto ainda não implementadas as condições para o início do gozo de complementação de aposentadoria.[15]

---

[13] WEINTRAUB, Arthur Bragança de Vasconcellos. *Previdência Privada*: Doutrina e Jurisprudência, p. 87.

[14] Artigos 76 a 78 da Lei nº 11.196/2005.

[15] ALENCAR, Marcele Caroline Maciel de. Defesa do contrato previdenciário das entidades fechadas de previdência complementar: aspectos jurídicos relevantes e proposições. Monografia vencedora do Concurso de Monografias – PREVIC. Brasília: MPS, 2010, p. 31.

Assim, diferentemente do que ocorre no regime da previdência social, no qual só há direito incorporável ao patrimônio individual quando implementadas todas as condições exigidas por lei para a aposentadoria, não tendo o titular, de qualquer modo, direito ao capital acumulado, nos planos privados abertos, é obrigatório e assegurado, durante a fase de diferimento, o direito ao resgate,[16] total ou parcial, das reservas acumuladas no fundo, de modo que o participante pode vir a ter acesso ao seu numerário, sem que precise obrigatoriamente alcançar as condições mínimas ou os requisitos pactuados para o recebimento do benefício de aposentadoria, cabendo-lhe apenas respeitar o período de carência (mínimo de 60 dias da contratação). O resgate, no entanto, é direito personalíssimo do titular-participante e implica quebra de contrato e, consequentemente, perda do caráter previdenciário do montante resgatado.

Outra característica dos planos de previdência privada é a possibilidade de concessão do benefício, quando alcançada a data estipulada no contrato, na forma de renda mensal ou, então, num "pagamento único", ou seja, o participante recebe de uma só vez o benefício – o que jamais ocorre na previdência oficial, cujo pagamento se dá necessariamente na forma de renda mensal.

Há que se mencionar ainda o tratamento tributário exclusivo conferido aos planos de previdência privada. Nos planos PGBL (e desde que, como visto, o participante também seja contribuinte ou beneficiário da Previdência Social), as contribuições pagas ao plano podem ser abatidas da base de cálculo do Imposto de Renda, em até 12% da renda bruta anual, na opção de declaração de ajuste anual completa.

São essas as características, a depender das disposições contratuais e da intenção do participante, que vêm afastando a essência da previdência privada como complementação à aposentadoria, pois o fato de conceder vantagens tributárias e, consequentemente, uma melhor rentabilidade da carteira quando comparado aos fundos de investimento tradicionais, aliado à possibilidade de resgate e acesso ao montante acumulado a qualquer tempo durante a fase de acumulação dos recursos, permite que a previdência privada seja também utilizada como um verdadeiro investimento a longo prazo. A propósito, chama a atenção o fato de que o próprio órgão regulatório e fiscalizador – SUSEP, em cartilha elaborada e direcionada aos consumidores, intitulado *Guia de Orientação e Defesa do Consumidor dos Mercados de Seguros, Previdência Complementar Aberta e Capitalização*, se reporta aos participantes dos planos de previdência privada aberta como "investidores".[17]

Por isso, nas questões de família, em especial nas dissoluções de casamento e união estável sob o regime da comunhão de bens, tem-se verificado um número cada vez mais frequente de ações judiciais envolvendo a discussão da (in)comunicabilidade

---

16 Apesar do instituto do resgate ser permitido tanto nos planos abertos quanto nos fechados, neste último, o resgate diz respeito apenas às contribuições do participante, não incluindo as da empresa. Nesse sentido, a Súmula 290 do STJ: "Nos planos de previdência privada, não cabe ao beneficiário a devolução da contribuição efetuada pelo patrocinador", estando o resgate condicionado à cessação do vínculo empregatício.

17 Diz a referida cartilha: "VGBL (Vida Gerador de Benefícios Livres) e PGBL (Plano Gerador de Benefícios Livres) são planos por sobrevivência (de seguro e de previdência, respectivamente) que, após um período de acumulação de recursos, proporcionam aos *investidores* (segurados e participantes) uma renda mensal – que poderá ser vitalícia ou por período determinado – ou um pagamento único. O primeiro (VGBL) é classificado como seguro de pessoa, enquanto o segundo (PGBL) é um plano de previdência complementar". Susep: Guia de Orientação e Defesa do Consumidor dos Mercados de Seguros, Previdência Complementar Aberta e Capitalização. Superintendência de Seguros Privados, 1ª edição, Rio de Janeiro: SUSEP, 2017, p. 71 (disponível em: http://www.susep.gov.br/menu/informacoes-ao-publico/orientacao-ao-consumidor/guia-de-orientacao-e-defesa-do-consumidor).

da previdência privada, especialmente sob o enfoque da fraude à meação e ao regime de bens.

Também no âmbito sucessório, têm surgido discussões judiciais tendo a previdência privada aberta como palco, por força da liberdade de se indicar o beneficiário que, em caso de falecimento do participante, receberá o montante acumulado, bem como da previsão legal da dispensa do inventário, o que será mais bem tratado adiante.

5 Produtos de natureza previdenciária e produtos de natureza securitária

Manuel Sebastião Soares Póvoa conceitua o contrato previdenciário como sendo:

> O ato jurídico bilateral pelo qual uma pessoa – o participante, querendo garantir-se e aos seus contra as consequências da materialização de certos riscos sociais, acorda com uma pessoa legalmente autorizada a efetuar, no domínio privado, a compensação desses riscos – a entidade, mediante o pagamento (único ou continuado) de uma importância – a contribuição, receber, por ele ou pelas pessoas que designou como beneficiário a respectiva compensação ou reparação, na forma de benefícios pecuniários ou de serviços previdenciários.[18]

No entanto, considerando a gama de produtos oferecidos pelas entidades abertas, convém esclarecer que nem todos são voltados a uma renda de aposentadoria.

Segundo autoriza a própria SUSEP, os planos previdenciários (ou "planos de cobertura por sobrevivência") podem ser combinados com outros tipos de coberturas, denominados "coberturas de risco",[19] que consistem em benefícios (extras) de natureza securitária contratados para a ocorrência de morte ou invalidez permanente do participante, pagos uma única vez ("pecúlio por morte" e "pecúlio por invalidez") ou em forma de renda mensal ("pensão por morte" e "renda por invalidez").

Normalmente, essas coberturas de risco (maior parte dos planos de pecúlio e pensão) são estruturadas sob o regime financeiro de repartição, no qual as contribuições pagas por todos os participantes do plano em um determinado período propiciam o pagamento do benefício daqueles que forem acometidos pelo infortúnio naquele período. Essa forma de regime acaba tornando os custos mais baixos, porém, se o plano for estruturado sob o regime financeiro de repartição, não há direito ao resgate ou devolução das contribuições pagas – o que é fator importante a ser considerado quando a intenção é utilizar a previdência privada como instrumento sucessório.

6 Principais planos de previdência privada aberta

Para os planos de benefícios de previdência privada aberta, por serem acessíveis a todos, até mesmo visando uma fácil disseminação no mercado, convencionou-se criar modelos padronizados, conhecidos por siglas (com inspiração nos modelos norte-americanos).

---

[18] PÓVOAS, Manuel Sebastião Soares. *Op. cit.*, p. 274.

[19] Regulamentação dada pela Resolução CNSP nº 201/2008 e Circular SUSEP nº 418/2011.

O plano denominado PGBL (Plano Gerador de Benefício Livre) é o mais conhecido e difundido no mercado previdenciário brasileiro. Nele, garante-se a acumulação de recursos para pagamento de benefício futuro, tendo como critério de remuneração a rentabilidade da carteira de investimento do Fundo de Investimento Exclusivo (FIE),[20] que poderá ser estruturado sob os seguintes perfis de aplicação: *(i) títulos públicos de renda fixa, (ii) renda fixa de crédito privado* ou *(iii) multimercado incluindo renda variável*, que permite a aplicação de até 49% do patrimônio do fundo em renda variável. Portanto, no PGBL, durante o período de diferimento, não há garantia de rentabilidade mínima e de atualização de valores.

Além do PGBL, há outros planos-padrões similares, comercializados sob a sigla PRGP (Plano com Remuneração Garantida e Performance), PAGP (Plano com Atualização Garantida e Performance), PRSA (Plano com Remuneração Garantida e Performance sem Atualização) e PRI (Plano de Renda Imediata), cuja distinção está na forma de acumulação das reservas, que variam "desde o pagamento total das contribuições adicionadas aos rendimentos produzidos durante a fase de acumulação dos recursos, até o pagamento do total das contribuições remuneradas segundo uma taxa de juros ou um índice de atualização, previamente contratados".[21]

Seja qual for o tipo de plano, o evento gerador ao pagamento do benefício previdenciário será sempre a sobrevivência do participante ao período de diferimento contratado. Sobrevivendo a fase de acumulação, o pagamento do benefício ao participante poderá ser feito, a depender das disposições contratuais, na forma de *pagamento único* (jamais permitido na previdência oficial) ou na modalidade de *renda mensal*, que poderá ser: *vitalícia, temporária, vitalícia com prazo mínimo garantido, vitalícia reversível ao beneficiário e vitalícia reversível ao cônjuge com continuidade aos menores.*

Porém, ocorrendo a morte do titular durante o período de diferimento, a reserva acumulada será revertida ao beneficiário por ele indicado, ou na falta deste, aos seus sucessores, conforme a lei civil. Se o falecimento ocorrer quando o participante já estiver em fase de recebimento do benefício, somente nos casos de "renda reversível" ou de "prazo mínimo garantido", o benefício será concedido ao beneficiário. Nos demais casos, em situação de falecimento do participante ou, então, alcançado o fim preestabelecido, o benefício cessa, sem a possibilidade de reversão, indenização ou compensação de qualquer espécie ou natureza ao beneficiário.

Portanto, a escolha por uma ou outra modalidade de recebimento do benefício terá reflexos para a definição de eventual direito do beneficiário ou dos sucessores.

7 Planos de natureza securitária com cobertura de sobrevivência

Paralelamente aos planos previdenciários, são frequentemente oferecidos no mercado os planos denominados sob a sigla VGBL (Vida Gerador de Benefícios Livres)

---

[20] Importante esclarecer que esse fundo de investimento (FIE) é exclusivo e especialmente instituído pela entidade administradora para manter os recursos destinados ao plano previdenciário. Com o advento da Lei nº 11.196/05, esses fundos de investimento tornaram-se patrimônio segregado e independente, não respondendo, por exemplo, pelas dívidas das entidades abertas e seguradoras.

[21] GAUDENZI, Patrícia Bressan Linhares, *op. cit.*, p. 82.

e, em menor escala, suas derivações: VRGP (Vida com Remuneração Garantida e Performance), VRSA (Vida com Remuneração Performance sem Atualização), VAGP (Vida com Atualização Garantida e Performance) e VRI (Vida com Renda Imediata). Há ainda, segundo as informações da SUSEP, os Planos Dotal Puro, Dotal Misto e Dotal Misto com Performance.

No entanto, apesar de oferecidos como previdência privada, trata-se de "seguros de pessoas com cobertura por sobrevivência".[22] São assim chamados porque o evento gerador do pagamento do capital segurado é a sobrevivência do segurado, diferentemente do que ocorre nos "seguros de vida com cobertura de risco", que pressupõe o falecimento do titular.

Assim, a finalidade do VGBL e suas derivações é garantir o pagamento do capital segurado, de uma única vez ou sob a forma de renda (vitalícia, temporária, reversível, etc.), sobrevivendo o participante ao período de diferimento contratualmente previsto.

É, portanto, um seguro de vida resgatável pelo próprio titular. Seguro com contornos de previdência privada, porque, sobrevivendo ao tempo determinado no contrato, o participante receberá o benefício, correspondente aos aportes por ele realizados ao plano, sob a forma de pagamento único ou sob a forma de renda; se vier a falecer, seu beneficiário receberá a indenização, exatamente como ocorre em um seguro de vida.[23]

Sobre as peculiaridades desse tipo de plano e sua diferença com relação aos seguros de vida com cobertura de risco, destacam-se as lições de Patrícia Bressan Linhares Gaudenzi:

> o seguro de vida é a modalidade de contrato em que o seu titular efetua o pagamento do prêmio para a obtenção da cobertura da seguradora caso se efetive o sinistro, que, para este tipo, é o falecimento do titular. Assim, o contratante assegura que, diante do seu falecimento, os beneficiários por ele indicados possam receber uma indenização financeira.
> Note-se, portanto, que há dois elementos que distinguem o seguro de vida tradicional: (i) o seu titular jamais se beneficiaria da cobertura contratada ou dos valores pagos à seguradora; (ii) o valor pago pela seguradora corresponde a uma indenização, isto é, uma reposição financeira paga de uma única vez, ao beneficiário, cujo montante poderá não se correlacionar com o valor dos prêmios já pagos pelo titular. Porém, no VGBL ou no "seguro de vida com cobertura por sobrevivência", justamente esses dois elementos perdem a sua essência: o titular do seguro receberá o valor em vida e o valor a ele pago guardará correspondência com os aportes de recursos (prêmios) por ele realizados ao plano. Assim, dá-se contornos de "previdência complementar" a um contrato securitário (...).[24]

Porém, apesar de possuírem contornos previdenciários, inclusive com estrutura financeira e atuarial bastante similar aos planos PGBL e derivações, os VBGL são planos de seguro de vida e, portanto, não se subordinam ao regime jurídico da previdência privada. Tanto que os partícipes são denominados "segurado", "estipulante" e "sociedade seguradora".

---

22 Artigos 2º e 7º da Resolução CNSP 140/2005, com redação alterada pela Resolução CNSP 148/2006.

23 WEINTRAUB, Arthur Bragança de Vasconcellos. Manual de Direito Previdenciário Privado. *Op. cit.*, p. 29.

24 GAUDENZI, Patrícia Bressan Linhares, *op. cit.*, p. 84.

Por essa razão, os planos VGBL não oferecem a vantagem tributária de dedução dos prêmios pagos da base de cálculo da declaração de imposto de renda, benefício somente concedido à previdência privada com relação às contribuições. A vantagem tributária do VGBL, no entanto, é a incidência do imposto de renda apenas sobre os rendimentos e não sobre o montante total (lembrando que os seguros de vida são isentos de IR).

8 A previdência privada aberta como instrumento ao planejamento sucessório

Por força do comando expresso do artigo 73 da Lei Complementar nº 109/01, às entidades de previdência aberta aplicam-se, de forma supletiva, as normas relativas às sociedades seguradoras.[25] Desse modo, aplicável subsidiariamente à previdência privada o Decreto-Lei nº 73/66 e o Código Civil de 2002, mais precisamente o Capítulo XV – Do Seguro.

Nesse sentido, prevê o artigo 794 do Código Civil que, no seguro de vida ou de acidentes pessoais para o caso de morte, o capital acumulado não se sujeitará às dívidas do titular do plano, nem será considerado herança para todos os efeitos de direito. Assim, em matéria de seguros, ocorrendo a morte do segurado, os beneficiários indicados na proposta receberão uma indenização. Não havendo indicação, diz o artigo 792 do Código Civil, o capital segurado será pago metade ao cônjuge não separado judicialmente e o restante aos herdeiros do segurado, obedecida a ordem da vocação hereditária; na falta destes, os que provarem dependência econômica ao segurado (parágrafo único do indigitado artigo).

Na previdência social é também pacífico que o valor não recebido em vida pelo segurado será pago aos seus dependentes habilitados ou, na falta deles, aos sucessores na forma da lei civil, independentemente de inventário ou arrolamento.[26]

Por conseguinte, também nos planos de previdência privada aberta, em caso de falecimento do participante antes da concessão do benefício, os beneficiários indicados no contrato deverão receber o saldo acumulado, a título de benefício previdenciário, sem a necessidade do inventário.

Esse entendimento foi reforçado com o advento da Lei nº 11.196/2005, que, ao regulamentar, no artigo 76, a possibilidade das entidades abertas e seguradoras constituírem fundo de investimento exclusivo, com patrimônio segregado, vinculado aos planos de previdência e seguros de vida com cobertura por sobrevivência, frisou expressamente no artigo 79 a dispensa do inventário ou arrolamento no caso de morte do participante ou segurado. Dispôs o artigo 79: "no caso de morte do participante ou segurado dos planos e seguros de que trata o art. 76 desta Lei, os seus beneficiários poderão optar pelo resgate das quotas ou pelo recebimento de benefício de caráter

---

[25] Por isso, as entidades que operam os planos de previdência aberta estão sob a supervisão do Conselho Nacional de Seguros Privados (CNSP) e da Superintendência de Seguros Privados (SUSEP).

[26] Art. 165, do Decreto nº 3.048/99: "O valor não recebido em vida pelo segurado somente será pago aos seus dependentes habilitados à pensão por morte ou, na falta deles, aos seus sucessores na forma da lei civil, independentemente de inventário ou arrolamento".

continuado previsto no contrato, independentemente da abertura de inventário ou arrolamento".

A Circular da SUSEP nº 338/2007, editada para regulamentar a cobertura por sobrevivência oferecida em planos de previdência aberta, previa expressamente em seu artigo 21 que "nos planos com capitalização exclusivamente financeira, na ocorrência de invalidez ou morte do participante, durante o período de diferimento, os saldos da provisão matemática de benefícios a conceder e da provisão técnica de excedentes financeiros, mediante solicitação devidamente instruída e registrada na EAPC, serão postos à disposição do participante ou beneficiário(s) ou sucessores legítimos, para recebimento à vista ou para pagamento de renda, sem qualquer período de carência". Redação idêntica era extraída da Circular da SUSEP nº 339/2007, artigo 20, que regulamentava os planos de seguro de vida com cobertura de sobrevivência (i.e., VGBL).

Assim, expressamente previa-se, em caso de morte do participante, o pagamento do capital acumulado diretamente aos beneficiários ou, na falta de indicação, aos sucessores legítimos. Curiosamente, as circulares da SUSEP atualmente vigentes, Circular nº 563/17 (cobertura por sobrevivência de previdência privada) e Circular nº 564/2017 (seguro de vida com cobertura de sobrevivência), deixam de mencionar o pagamento direto aos sucessores legítimos – o que poderia ser um indicativo de um novo entendimento quanto à dispensa absoluta do inventário e arrolamento.

Mas o fato é que no momento da contratação do plano, dispõem o artigo 62, inciso XVI da Circular SUSEP 563/17, e o artigo 64, inciso XVI da Circular 564/17, inalterados pela Circular 585, de 19 de março de 2019, que o participante deverá indicar o seu beneficiário, inclusive o percentual destinado a cada um quando mais de um for indicado, devendo constar na proposta a informação de que, na ausência de identificação dos beneficiários, será observado o que dispuser a legislação em vigor.

Assim, segundo a SUSEP:

> Beneficiários são as pessoas indicadas na proposta de inscrição ou em documento específico, para receber o pagamento relativo ao benefício contratado, no caso dos planos cujo evento gerador do benefício seja a morte do participante, ou o próprio participante no caso dos planos cujo evento gerador seja a sobrevivência ou a invalidez. Caso esteja previsto em regulamento e, a estrutura técnica do plano o permita, a provisão matemática de benefícios a conceder será disponibilizada aos beneficiários em caso de óbito do participante durante o período de diferimento.

Essa liberdade de, em tese, indicar os beneficiários, independentemente da ordem de vocação hereditária e sem necessidade de inventário, conferindo agilidade e liquidez aos beneficiários, vem permitindo que os planos de previdência privada sejam alternativas ao planejamento sucessório. Somado a isso, tem-se que grande parte dos Estados brasileiros confere isenção do imposto *causa mortis* sobre os valores recebidos pelos beneficiários e oriundos do plano de previdência privada, o que confere também vantagem econômica ao instituto como ferramenta sucessória.[27]

[27] Na legislação paulista, a isenção do ITCMD nas transmissões *causa mortis* referente a previdência privada está prevista no artigo 6º, inciso I, alínea 'e', da Lei nº 10.705/2000, com as alterações da Lei nº 10.992/2001.

No entanto, é importante ter em mente que o direito dos beneficiários ou, na falta destes, dos sucessores legítimos do participante (artigo 792 CC) ao recebimento do valor acumulado dependerá do tipo de plano contratado e também do momento em que ocorrer a morte do participante.

9 As problemáticas envolvendo a previdência privada como instrumento ao planejamento sucessório

Nesse sentido, a primeira ressalva que se faz no que tange à previdência como instrumento ao planejamento sucessório é o fato de que, como visto, somente nos planos de benefício por sobrevivência (aposentadoria) sob o regime da capitalização financeira, e na ocorrência do óbito do participante durante o período de acumulação, os beneficiários terão direito ao recebimento do saldo acumulado, sob a forma de benefício previdenciário de complementação de pensão. Nos planos estruturados sob o regime financeiro de repartição, devido à natureza do regime, não há direito de reversão ao beneficiário ou a devolução de quaisquer contribuições pagas, uma vez que cada contribuição, como já dito, é destinada a custear o risco de pagamento de benefício no período.

Portanto, importante consignar que nem todo o valor vertido ao plano voltará à esfera patrimonial do participante ou, em caso de sua morte, será direcionado aos seus beneficiários.

Também a fase do plano repercutirá para a definição dos direitos dos beneficiários em caso de morte do participante. Na fase de diferimento, é assegurada a reversão aos beneficiários ou sucessores. No entanto, na hipótese de o óbito ocorrer na fase de concessão do benefício, será necessário verificar as condições e termos do contrato, pois somente nos planos do tipo "renda mensal vitalícia com prazo mínimo garantido", "renda mensal vitalícia reversível ao beneficiário" ou "renda mensal vitalícia reversível ao cônjuge com continuidade aos menores", o benefício poderá ser pago aos beneficiários conforme os percentuais indicados na proposta de inscrição. Nos demais tipos ("renda mensal vitalícia" e "renda mensal temporária") o benefício cessa com o falecimento do participante, sem qualquer direito aos beneficiários.

Por sua vez, com relação à liberdade de indicação do beneficiário, importante ressalva é feita por Eduardo Rocha Dias quanto à substituição do beneficiário inicialmente indicado. Segundo esclarece o autor, a substituição encontra "certos limites ligados à estrutura atuarial do plano", mormente quando o perfil do beneficiário foi considerado para fins de estipular o beneficio (pensão ou pecúlio) contratado. Assim, para esses casos a liberdade é relativa, já que tecnicamente a estrutura do contrato não permitirá a substituição.[28]

Destarte, é fundamental que o participante, antes de optar por um planejamento sucessório que envolva a contratação de um plano de previdência privada, tenha clareza do que pretende e ciência das cláusulas e condições do contrato e tipos de cobertura, pois, a depender das disposições contratuais e do tipo do plano, pode não se verificar o direito ao recebimento pelo beneficiário conforme pretendido pelo participante.

---

[28] DIAS, Eduardo Rocha. *Op. cit.*, p. 132.

Mas não é só. Embora, sob o ponto de vista do regramento legal e contratual, a previdência privada pareça uma boa alternativa ao planejamento sucessório, por conta das vantagens oferecidas (dispensa do procedimento de inventário, agilidade, liquidez e economia fiscal), para que seja efetivamente assegurada a "autodeterminação da pessoa e de escolha do destino a dar a seu patrimônio", é importante que a indicação do beneficiário respeite as normas de caráter cogente do Direito Sucessório e também do Direito de Família, como é o caso do direito de herança (garantido constitucionalmente), das normas de proteção à legítima e do direito de meação, sob pena de, não o fazendo, correr o risco de o ato ser anulado judicialmente pelo abuso de direito e pela fraude, como bem adverte Mauro Fiterman:

> A princípio, então, se um indivíduo, em vida, aportar valores em contratos de previdência privada, esses valores, no futuro, quando de sua morte, não integrarão a sua herança. Entretanto, esses complexos contratos de previdência privada têm-se caracterizado, a cada novo momento, como multifacetários. Essas facetas todas acabam por retirar desses contratos a essência daquilo que os afastou da condição de herança, com base em um exame do conteúdo material do tema, podendo, por vezes, servir à violação dos direitos decorrentes da necessariedade como princípio, violando o instituto da colação.
>
> Observe-se que, pela análise formal do tema, um indivíduo poderia transferir valor superior à metade de seus bens, indicando como beneficiário desse valor um dos seus herdeiros necessários ou até mesmo terceiros. Por se tratar de uma previdência privada, esse valor recebido pelo herdeiro não estaria sujeito à colação.
>
> Evidente que tal postura rompe com a finalidade do instituto da colação antes explicitada, uma vez que, notadamente, a postura estaria violando a boa-fé objetiva como princípio, consagrando-se o abuso do direito nos termos do disposto no art. 187 do CC/2002'.[29]

E nesse sentido, ainda que a discussão, sobretudo no âmbito sucessório, seja relativamente nova, o assunto não é pacífico nos tribunais pátrios, o que reforça a necessidade de cautela na utilização da previdência privada aberta como instrumento de planejamento sucessório, sobretudo como único instrumento, pois, como bem ressalta Daniele Chaves Teixeira, "um planejamento bem-sucedido não pode dar origem a demandas judiciais, tendo em vista que um dos seus objetivos é, exatamente, evitar litígios jurídicos". Sendo assim, a análise da questão, como complementa a autora,

> deve ser sempre realizada com base nos direitos e garantias fundamentais expressos na CRFB/1988. Na Constituição, não só estão presentes direitos à propriedade privada, à livre-iniciativa, à herança, como também princípios da solidariedade, da proteção familiar e, principalmente, da funcionalização dos institutos do direito civil.[30]

Embora, até o momento, a posição majoritária da jurisprudência seja no sentido da não sujeição dos valores vertidos em previdência privada às regras do Direito

---

[29] FITERMAN, Mauro. Os complexos contratos de previdência privada e a colação: por um exame da teoria do abuso de direito. *Revista dos Tribunais*, ano 104, vol. 953, p. 107-108, mar. 2015.

[30] TEIXEIRA, Daniele Chaves. *Planejamento sucessório*: pressupostos e limites. Belo Horizonte: Fórum, 2017. p. 59.

Sucessório,[31] encontra-se julgados que adotaram entendimento diverso, a depender das circunstâncias do caso concreto.[32]

Assim, atos indicativos de fraude, como idade avançada do titular quando da contratação do plano, aporte único e de significativo valor, proporção da previdência privada superior a 50% do total do patrimônio, foram utilizados casuisticamente como substrato para descaracterizar a natureza previdenciária e tratá-la como investimento financeiro, incluindo, consequentemente, no acervo hereditário, para fins de partilha entre os herdeiros necessários.[33]

Em setembro de 2021, o tema foi pauta de discussão na Terceira Turma do E. Superior Tribunal de Justiça, por ocasião do julgamento do Recurso Especial nº 1.726.577/SP, de Relatoria da Ministra Nancy Andrighi.

No caso em questão, houve o falecimento simultâneo[34] entre o titular do plano, sua esposa e os filhos do casal durante a fase de diferimento do plano e, aparentemente, não havia beneficiários indicados no contrato. Em razão da comoriência, a sucessão entre eles foi excluída, sendo a única herdeira do titular do plano sua genitora e, da esposa falecida, seus dois ascendentes.

Assim, por 3 votos a 2, e tendo como base a fundamentação esposada no Recurso Especial nº 1.698.774/RS,[35] concluiu-se pelo reconhecimento do direito de meação à

---

31 STJ: AgInt no EDcl no AREsp 947.006/SP, Relator: Ministro Lázaro Guimarães, j. 15.05.2018; EDcl no REsp 1.618.680/MG, Relatora: Ministra Maria Isabel Gallotti, j. 27/06/2017; AgRg no Agravo em Recurso Especial nº 472.757/RJ, Relator: Ministro Raul Araújo, j. 06.08.2015; REsp 1.132.925/SP, Relator: Ministro Luis Felipe Salomão, j. 03/10/2013. No mesmo sentido, TJSP: AI 2158550-69.2017.8.26.0000, Relator: Desembargador Miguel Brandi, j. 04.04.2018; AI 2208765-49.2017.8.26.0000, Relator: Desembargador Erickson Gavazza Marques, j. 21.02.2018; AI 2055091-51.2017.8.26.0000, Relator: Desembargador Vito Guglielmi, j. 06.06.2017; AI 2022656-58.2016.8.26.0000, Rel. Des. Alvaro Passos, j. 15.09.2016 AI 0056147-95.2013.8.26.0000, Relator: Desembargador James Siano, j. 10.04.2013.

32 TJSP: AI 2154811-88.2017.8.26.0000, Relator: Desembargador Donegá Morandini, j. 14.11.2017; AI 2011776-70.2017.8.26.0000, Rel. Des. José Roberto Furquim Cabella, j. 28.09.2017; Ap. 0022280-94.2012.8.26.0114, Rel. Des. Donegá Morandini, j. 28.09.2016; Ap. 1007555-33.2015.8.26.0032, Rel. Des. Claudio Godoy, j. 20.09.2016; Ap. 1015490-23.2014.8.26.0562, Rel. Des. Viviani Nicolau, j. 19.05.2015.

33 Em voto proferido no Agravo de Instrumento nº 2034728-43.2017.8.26.0000, Eminente Desembargador Enéas Costa Garcia, do E. Tribunal de Justiça de São Paulo, resumiu a posição atual da jurisprudência: "Em que pese determinação legal no sentido de que referidos valores não se sujeitam ao processo de inventário, devendo ser atribuído o montante existente ao beneficiário indicado, aplicando-se subsidiariamente as regras relativas ao seguro, o fato é que a jurisprudência vem adotando entendimento no sentido de aferir em cada caso a natureza da operação realizada, especialmente verificando se não haveria, por meio da constituição do fundo, burla às limitações do direito de testar (v.g. preservação da legítima) ou direitos de terceiros. Atribuir de forma absoluta o caráter de indenização securitária aos valores constantes do fundo poderia dar ensejo a que a parte destinasse grande parte de seu patrimônio, violando a legítima dos herdeiros necessários, a beneficiário que não poderia ser de outra forma contemplado. De outro lado, dada a forma de funcionamento destes fundos, muitas vezes estes valores funcionam como verdadeira aplicação financeira, inclusive ofertados por gerentes como opção mais vantajosa que as demais aplicações, permitindo resgate parcial e imediato, com dedução de imposto etc. Em razão desses fatos, a jurisprudência busca identificar se no caso concreto existe efetiva natureza securitária ou se apenas estar-se-ia diante de aplicação financeira comum, bem integrante do patrimônio (TJSP. AI 2034728-43.2017.8.26.0000, Relator: Desembargador Enéas Costa Garcia, j. 18.09.2017).

34 Art. 8º CC. Se dois ou mais indivíduos falecerem na mesma ocasião, não se podendo averiguar se algum dos comorientes precedeu aos outros, presumir-se-ão simultaneamente mortos.

35 No julgamento do REsp nº 1.698.774/RS, julgado em 01.09.2020, a Terceira Turma entendeu que "no período que antecede a percepção dos valores, ou seja, durante as contribuições e formação do patrimônio, com múltiplas possibilidades de depósitos, de aportes diferenciados e de retiradas, inclusive antecipadas, a natureza preponderante do contrato de previdência complementar aberta é de investimento, razão pela qual o valor existente em plano de previdência complementar aberta, antes de sua conversão em renda e pensionamento ao titular, possui natureza de aplicação e investimento, devendo ser objeto de partilha por ocasião da dissolução do vínculo conjugal por

cônjuge falecida dos valores acumulados na previdência privada aberta e pela necessidade de colacionar o saldo da previdência no inventário do titular, para posterior partilha da meação da esposa por seus herdeiros-ascendentes.

Todavia, como ressaltado pelo Ministro Paulo de Tarso Sanseverino, pelos votos proferidos pelos Eminentes Ministros integrantes da Terceira Turma, ficaram bem evidenciados "os contornos da interessante e relevante controvérsia, marcada por divergência doutrinária e jurisprudencial".

Além das discussões judiciais envolvendo a aplicação ou não das regras de Direito Sucessório aos planos de previdência privada, outro ponto que merece destaque é o fato de que alguns Estados brasileiros, como, por exemplo, Minas Gerais, Paraná e Rio de Janeiro),[36] passaram a incluir a previdência complementar na base de calculo do imposto *causa mortis*.

Portanto, ante esse cenário exposto, é fundamental a ponderação desses elementos e os eventuais riscos que envolvem a utilização da previdência privada como ferramenta ao planejamento sucessório, podendo ser uma alternativa a contratação do plano de previdência privada (cobertura de sobrevivência) conjugado a um plano com cobertura de risco (pecúlio por morte ou pensão por morte) ou também a um seguro de vida, de forma a assegurar a vontade do titular do patrimônio e o efetivo recebimento por seu beneficiário (ainda que não integralmente o capital acumulado).

Conclusão

Conclui-se, portanto, que a previdência privada aberta pode ser utilizada como instrumento ao planejamento sucessório; porém, depende das cláusulas e condições do plano, cobertura e benefícios contratados. Somente nos planos de benefício por sobrevivência (aposentadoria), sob o regime da capitalização financeira, e na ocorrência do óbito do participante durante o período de acumulação, os beneficiários terão direito ao recebimento do saldo acumulado. Ocorrendo a morte do participante quando este já estiver em fase de pagamento do benefício, somente nos casos de "renda reversível" ou de "prazo mínimo garantido", o benefício será revertido aos beneficiários indicados.

Por sua essência previdenciária, com expressa previsão de aplicação das normas securitárias, a princípio, os valores vertidos ao plano e pagos aos beneficiários não serão considerados herança para todos os efeitos de direito. Logo, há dispensa do procedimento do inventário e arrolamento, o que confere agilidade no pagamento e isenção tributária (com ressalva para alguns Estados brasileiros).

No entanto, o instituto da previdência privada deve ser aplicado de modo a não se tornar um mecanismo apto a fraudar as normas cogentes de Direito Sucessório,

---

não estar abrangido pela regra do art. 1.659, VII, do CC/2002". O mesmo entendimento foi adotado pela E. Quarta Turma do STJ, no julgamento do REsp nº 1.593.026/SP, em 23.11.2021.

[36] Em decisão proferida em 10 de junho de 2019, o Órgão Especial do Tribunal de Justiça do Rio de Janeiro, por unanimidade, declarou inconstitucional a cobrança do ITCMD sobre as quantias aplicadas em planos VGBL, por considerá-lo seguro pessoal fora da herança, sendo mantida a incidência, porém, sobre os planos PGBL ao fundamento de que se trata de aplicação financeira de longo prazo, com natureza de poupança previdenciária, transmissível aos beneficiários (TJRJ, Órgão Especial, Ação Direta de Inconstitucionalidade, Autos nº 0008135-40.2016.8.19.0000, *DJE* 13.06.2019).

como o direito à herança, a legítima, e do Direito de Família, como o regime de bens, que devem ser necessariamente respeitadas, para que seja efetivamente respeitada a vontade do titular do plano de previdência privada.

Referências

ALENCAR, Marcele Caroline Maciel de. Defesa do contrato previdenciário das entidades fechadas de previdência complementar: aspectos jurídicos relevantes e proposições. Monografia vencedora do Concurso de Monografias – 2º Prêmio PREVIC de Monografias: previdência complementar fechada. Brasília: MPS, Previc, 2010.

BARBOZA, Heloísa Helena. Aspectos Controversos do Direito das Sucessões: considerações à luz da Constituição da República. *In*: TEPEDINO, Gustavo (Org.). *Direito Civil Contemporâneo*: Novos problemas à luz da legalidade constitucional. 1. ed. São Paulo: Atlas, 2008.

CANUTO, Alessandra Mihailidou; FERNANDES, Maria Fernanda Otero. O crescimento da previdência privada face a crise da previdência oficial. Disponível em: http://www.mackenzie.br/fileadmin/Graduacao/CCSA/Publicacoes/Jovens_Pesquisadores/02/2_2_09.pdf, acesso em: 3 nov. 2012.

CASSA, Ivy. *Contrato de previdência privada*. São Paulo: MP Ed., 2009.

DIAS, Eduardo Rocha. Liberdade de indicação dos beneficiários nos planos de previdência privada: um diálogo entre a Constituição, o Código Civil e a legislação previdenciária. *Revista dos Tribunais*, v. 948, 2014.

FACHIN, Luiz Edson. *Sentidos, transformações e fim*. Rio de Janeiro: Renovar, 2015.

FITERMAN, Mauro. Os complexos contratos de previdência privada e a colação: por um exame da teoria do abuso de direito. *Revista dos Tribunais*, ano 104, vol. 953, mar. 2015.

GAUDENZI, Patrícia Bressan Linhares. *Tributação dos Investimentos em Previdência Complementar Privada* – Fundos de Pensão, PGBL, VGBL, FAPI e Outros. São Paulo: Quartier Latin, 2008.

GIRARDI, Viviane. *Famílias contemporâneas, filiação e afeto*: a possibilidade juridica de adoção por homossexuais. Porto Alegre: Livraria do Advogado, 2005.

MADALENO, Rolf. Planejamento Sucessório. *Revista IBDFAM*: Família e Sucessões, Belo Horizonte, v. 1, jan./fev. 2014.

MARTINEZ, Wladimir Novaes. *Comentários à Lei Básica da Previdência Complementar*. São Paulo: LTr, 2003.

MARTINS, Sergio Pinto. *Direito da Seguridade Social*. São Paulo: Atlas, 2005.

NEVARES, Ana Luiza Maia. O princípio da intangibilidade da legítima. *In*: MORAES, Maria Celina Bodin de (Coord.). *Princípios do direito civil contemporaneo*. Rio de Janeiro: Renovar, 2006.

PÓVOAS, Manuel Sebastião Soares. *Previdência Privada*: Filosofia, Fundamentos Técnicos, Conceituação Jurídica. São Paulo: Quartier Latin, 2007.

TEIXEIRA, Ana Carolina Brochado; RIBEIRO, Gustavo Pereira Leite (Coord.). *Manual de direito das famílias e sucessões* – 3ª edição revista e atualizada de acordo com o novo CPC. Rio de Janeiro: Processo, 2017.

TEIXEIRA, Daniele Chaves. *Planejamento sucessório*: pressupostos e limites. Belo Horizonte: Fórum, 2017.

Informação bibliográfica deste texto, conforme a NBR 6023:2018 da Associação Brasileira de Normas Técnicas (ABNT):

GIRARDI, Viviane; MOREIRA, Luana Maniero. A previdência privada aberta como instrumento ao planejamento sucessório. *In*: TEIXEIRA, Daniele Chaves (Coord.). *Arquitetura do planejamento sucessório*. 3. ed. Belo Horizonte: Fórum, 2022. p. 653-668. Tomo I. ISBN 978-65-5518-459-4.

DO TESTAMENTO PARTICULAR

ZENO VELOSO

1 Esta forma testamentária não era conhecida em Roma até o tempo do Imperador Valentiniano III, que o criou através da Novela 21,2, do ano 446. Para elaborá-lo, bastava que o testador o escrevesse de sua mão e não havia necessidade de testemunhas. Todavia, Justiniano repeliu esta espécie de testamento, admitindo-o apenas em favor dos filhos (*inter liberos*). Por meio da *Lex Romanus Burgundiorum* (45,1) esse testamento particular penetrou no Ocidente, passando, depois, para as modernas legislações (cf. Silvio Meira, *Instituições de Direito Romano*. 4. ed. São Paulo: Max Limonad, 1971, v. 2, n. 277, p. 463; Zeno Veloso, *Testamentos*. Belém: Cejup, 1993, n. 575, p. 262).

No Direito brasileiro, o testamento particular estava regulado nas Ordenações Filipinas (Livro 4, Tít. LXXX, §3º), na Consolidação das Leis Civis, de Teixeira de Freitas (art. 1.060), e no Código Civil revogado, de 1916 (arts. 1.645 a 1.649).

Testamento particular é o ato de disposição de última vontade, escrito de próprio punho ou mediante processo mecânico, assinado pelo testador, e lido a três testemunhas, que também o assinam.

Este conceito é alcançado com os elementos que se extraem do art. 1.876 do Código Civil, que inovou – e muito – com relação ao Código de 1916.

O testamento particular é conhecido, ainda, como privado, aberto, de próprio punho (*eigenhändiges Testament*, do Direito alemão), ológrafo e hológrafo. Pelas duas raízes gregas do vocábulo – *holos*, inteiro, completo, e *graphein*, escrever –, hológrafo é melhor que ológrafo.

1.1 Não se exige que a redação do testamento particular seja contínua, feita sem interrupções ou hiatos, num só momento. O testador pode ir decidindo e resolvendo aos poucos, até completar as suas disposições. Luiz Paulo Vieira de Carvalho (*Direito das Sucessões*. 3. ed. São Paulo: Atlas, 2017, p. 616) leciona: "É de assinalar que a tarefa de elaboração do testamento particular pode ser realizada aos poucos, permitindo ao testador refletir melhor sobre o que realmente deseja, bem como consultar pessoas versadas na ciência jurídica sob o modo de melhor elaborá-lo, pois todos sabemos que, face a qualquer das formas de disposição de última vontade, na maioria das vezes, o testador não conhece os meandros do direito sucessório". O Código Civil argentino (Lei nº 26.994, de 2014), art. 2.478, esclarece que não é indispensável redigir o testamento particular de uma só vez, nem na mesma data: "El testador puede consignar sus disposiciones en épocas diferentes, sea fechándolas y firmándolas por separado, o poniendo a todas ellas la fecha y la firma el día en que termine el testamento".

2 Nas legislações estrangeiras modernas, o testamento particular é a forma mais singela e a mais utilizada. Paul-Henri Steinauer (*Le droit des successions*. 2. ed. Berna: Stämpfli Editions, 2015, §26, p. 373), a respeito da Suíça, afirma: "On peut estimer que 90% environ des testaments sont olographes". Philippe Malaurie e Laurent Aynés (*Les Successions Les Libéralités*. 6. ed. Lextenso éditions, 2014, n. 512, p. 261) garantem: "Le testament olographe est la forme testamentaire de beaucoup la plus pratiquée en France". Na Alemanha, o testamento particular, desde que foi introduzido, difundiu-se rapidamente, atesta Theodor Kipp (*Tratado de Derecho Civil* – Lehrbuch des Bürgerlichen Rechts, por Ludwig Enneccerus, Theodor Kipp e Martin Wolff, tomo V, v. 1 – Derecho de Sucesiones, por Theodor Kipp, tradução: Blas Péres Gonzáles e José Alguer. 2. ed. Barcelona: Bosch, Casa Editorial, 1976, §26, I, p. 292). De um modo geral, exige-se, somente, que o testamento seja escrito – de próprio punho – pelo testador, datado e assinado. Só, e mais nada (cf. Código Civil francês, art. 970; belga, art. 970; espanhol, art. 688, al. 2; italiano, art. 602, al. 1; suíço, art. 505; alemão, art. 2.247, al. 1; argentino, art. 2.477; peruano, art. 707, al. 1; mexicano, arts. 1.550-1.551; paraguaio, art. 2.628; cubano, art. 485,1). O Código Civil de Québec, art. 726, enuncia: "Le testament olographe doit être entièrement écrit par le testateur et signé par lui, autrement que par un moyen technique. Il n'est assujetti à aucune autre forme". A Inglaterra só tem o testamento particular. Em Portugal, todavia, o testamento particular foi abolido.

3 O Projeto de Código Civil havia copiado, praticamente, as disposições do Código de 1916 a respeito do testamento particular, apesar de o dito Código ter regulado a matéria com excesso de solenidades, minúcias, inviabilizando a utilização de tal forma de testamentificação. É figura raríssima, entre nós. Na Câmara dos Deputados, o Projeto recebeu mais de mil emendas. Nenhuma relativa ao testamento particular. No Senado Federal, igualmente, nenhuma das emendas apresentadas versou sobre o tema. Corria-se o risco de um novo Código ser aprovado, mantendo a fisionomia arcaica, pesada, ultrapassada que a antiga legislação deu ao testamento particular.

Mas interveio o mestre Miguel Reale, que ficou acompanhando, o tempo todo, incansavelmente, a tramitação do Projeto no Congresso Nacional, e ele sugeriu uma emenda ao Relator-geral no Senado Federal, senador Josaphat Marinho, que reconheceu ser necessário fazer alteração no Projeto, a respeito do testamento particular, para introduzir inovações reclamadas pelo tempo, resguardada a segurança, pela natureza do ato e de seus efeitos. Foi aprovada, então, a Emenda nº 481-R, apresentada pelo ilustre e saudoso parlamentar, recebendo o testamento particular, afinal, um tratamento mais moderno, que, não obstante, ainda carece de uma reforma (infra, n. 9). Mesmo com a diminuição de formalidades que o Código Civil de 2002 apresenta, o testamento particular, na prática, é muito pouco utilizado no Brasil.

4 Em nosso ordenamento, o testamento particular pode ser feito de dois modos: ou escrito de próprio punho, ou mediante processo mecânico (art. 1.876, *caput*). Nos países estrangeiros que admitem o testamento particular – por sinal, é a forma mais utilizada –, ele deve ser inteiramente escrito de próprio punho, à mão, pelo testador, não sendo permitida a utilização de meios mecânicos (cf. Fraçois Terré, Yves Laquette e Sophie Gaudemet. *Droit Civil* – Les successions. Les libéralités. 4. ed. Paris: Dalloz, 2014, n. 417, p. 382).

4.1 Não pode haver nenhuma dúvida de que o testamento particular elaborado conforme o art. 1.876, §1º, deve ser escrito "de próprio punho", isto é, redigido manualmente, produzido direta e pessoalmente pelo testador. Tem de ser manuscrito.

Quanto ao testamento elaborado por processo mecânico, admitido no art. 1.876, §2º, não há exigência na lei de que o documento seja redigido pessoalmente pelo testador. Carlos Roberto Gonçalves (*Direito Civil Brasileiro*, v. 7, Direito das Sucessões. 10. ed. São Paulo: Saraiva, 2016, p. 288) expõe que, numa inovação importante, o §2º do art. 1.876 permite que o testamento particular seja elaborado por processo mecânico, acrescentando: "Mas não afirma que tenha que ser escrito *pessoalmente* pelo testador. Não se pode, com efeito, impor que a redação mecânica seja do testador, mesmo porque, se tal requisito fosse exigido, não se afiguraria possível realizar a prova da autoria". Caio Mário da Silva Pereira (*Instituições de Direito Civil*, v. VI, Direito das Sucessões, 23. ed., atualizada por Carlos Roberto Barbosa Moreira, Rio de Janeiro: Forense, 2016, n. 460, p. 227), no caso previsto no art. 1.876, §2º, defende que não se exige que o próprio testador tenha datilografado ou digitado o texto: "basta que o assine, observando as subsequentes formalidades", e apresenta um argumento importante: "Considerada a evolução tecnológica no campo da informática, pode o testador, se dispuser dos meios para tanto necessários, ditar o conteúdo do testamento ao *próprio computador*: o que importa, neste caso, é a posterior confecção da cédula, mediante impressão daquilo que a máquina captou". Entendem, igualmente, que o testamento particular referido no §2º do art. 1.876 pode ser confeccionado pessoalmente pelo testador, ou através da ajuda material de outra pessoa, Luiz Paulo Vieira de Carvalho (*Direito das Sucessões*. 3. ed. São Paulo: Atlas, 2017, p. 616) e Maria Berenice Dias (*Manual das Sucessões*. 5. ed. São Paulo: Revista dos Tribunais, 2018, p. 374). Obviamente, a pessoa que datilografa ou digita o testamento deve seguir fielmente as disposições que o testador indica. Realmente, como o testamento ainda vai ser lido pelo testador na presença de pelo menos três testemunhas, e assinado pelo testador e pelas testemunhas, não há risco ou problema que a redação material do instrumento tenha sido feita por outra pessoa, mas sob as ordens e orientações do testador.

Este é um tema novo, que ainda vai ensejar muitos estudos. Impressiona-me o argumento de que não cabe exigir que o testamento digitado no computador tenha sido elaborado pessoalmente pelo testador, pois a prova desse fato é impossível e já se pode imaginar o número de questões que surgiriam, as alegações de nulidade do testamento, favorecendo a insegurança jurídica. O fato é que vivemos, hoje, inexoravelmente, a era do computador, da digitação, numa sociedade de informação, envolvidos no fenômeno da cibercultura. A possibilidade de elaborar o testamento por meios eletrônicos faz parte deste contexto. Não se pode tentar compreender e interpretar este quadro avançado com base no entendimento que se tem de coisas antigas, e pensar e resolver as questões do presente, que se projetam para o futuro, com a cabeça de velho. E não estou usando a expressão para me referir aos idosos, que, muitos desses, têm mente e coração conectados com o tempo contemporâneo, enquanto há jovens que estão impregnados pela ancianidade e senescência.

Temos muito de lamentar que os inventários e partilhas fiquem paralisados e se eternizem por causa de inúmeras ações de nulidade ou de anulação de testamento que são propostas por parentes que não foram beneficiados ou aparecem menos aquinhoados por testadores, a quem acusam de que não estavam com a sua consciência livre, não exibiam o juízo perfeito, testaram sob o peso de pressões, coação, ameaças, captação, que sua assinatura é falsa, ou nem compareceram ao ato de última vontade etc. Em alguns casos, a ação vem coberta de razões; entretanto, num incontável número de vezes, o despeito, o rancor, o puro interesse material, a cobiça, a inveja são o verdadeiro motivo que impulsiona os autores, e vira tudo uma guerra de pareceres, de testemunhos conflitantes, de opiniões técnicas díspares e laudos diversos. Imagine-se o que ainda poderia acontecer se, diante de um testamento particular feito no computador, pudesse alguém requerer a sua nulidade sob a alegação de que não foi o próprio testador que digitou o documento, mesmo que o tenha lido perante três testemunhas, e assinado o instrumento, juntamente com estas. Interessante é que o juiz, afinal, prolataria e assinaria a sentença, que foi redigida num computador, e ninguém ousa questionar se foi o próprio juiz que digitou, ou se a sentença, sob a orientação e o comando dele, foi digitada por um auxiliar, um estagiário, um assessor...

Pontes de Miranda (*Tratado de Direito Privado*. 3. ed. Rio de Janeiro: Borsoi, 1972, t. LVI, §5.725, p. 334) conta que certa vez Andreas Von Tuhr definiu testador como a pessoa que "os juristas ordinariamente contrariam", complementando o nosso jurisconsulto: "E não só o jurista: as gentes do foro, os práticos, os interessados, todo o mundo". Passadas muitas décadas de quando foram escritas, essas lições permanecem atuais, como se o mestre as tivesse enunciado hoje mesmo.

4.2 Não devemos ler e interpretar o art. 1.876 com rigor literal. O que a lei quer é que o testador, ele mesmo, escreva inteiramente o seu testamento (holografia). Uma pessoa que não tem mãos pode redigir o testamento colocando a caneta na boca. Pontes de Miranda (*Tratado de Direito Privado*. 3. ed. Rio de Janeiro: Borsoi, 1973, tomo LIX, §5.892, p. 160) adverte que não importa qual a parte do corpo com que o testador costuma (ou somente pode) escrever. O aleijado que aprendeu a escrever com o pé pode escrever e assinar com o pé, ou com os pés, o testamento particular: "O manuscrito é a regra; mas a escrita com outro órgão que a mão, se é o que o testador emprega, é elemento suficiente".

5 Se escrito de próprio punho, deve ser lido e assinado pelo testador, na presença de, pelo menos, três testemunhas, que o devem subscrever (art. 1.876, §1º).

5.1 No REsp 1.444.867-DF, a Terceira Turma do Superior Tribunal de Justiça – STF decidiu a respeito da falta da assinatura do testador em um testamento particular. O documento tinha sido inteiramente escrito (manuscrito) pelo testador, aliás, advogado, que, entretanto, não assinou o instrumento; assinaram as testemunhas, embora não tivesse sido feita a leitura do testamento a elas. Isso tudo ocorreu na data de 7.7.1988. Posteriormente, em 19.11.2006, o autor do documento redigiu uma carta, de próprio punho, com a firma reconhecida, em que confirmou as suas disposições de última vontade anteriores, reiteradas com minúcias.

Os Ministros João Otávio de Noronha e Marco Aurélio Belizze entenderam que era possível dar um temperamento para a formalidade referente à assinatura do testador, diante da carta que ele deixou assinada, considerada ratificadora do testamento, e observando a real intenção do testador. Formaram a minoria.

De outro lado, o Relator, Ministro Ricardo Villas Bôas Cueva, votou pelo não abrandamento, no caso, da formalidade legal, não sendo possível mandar cumprir testamento particular sem a assinatura de seu autor, e acompanharam o seu voto os Ministros Moura Ribeiro e Paulo de Tarso Sanseverino. O julgamento ocorreu na data de 23 de setembro de 2014. Transcrevo a Ementa:

> 1 Cuida-se de procedimento especial de jurisdição voluntária consubstanciado em pedido de abertura e registro de testamento particular.
> 2 Cinge-se a controvérsia a determinar se pode subsistir o testamento particular formalizado sem todos os requisitos exigidos pela legislação de regência, no caso, assinatura do testador e a leitura perante as testemunhas.
> 3 A jurisprudência desta Corte tem flexibilizado as formalidades prescritas em lei no tocante às testemunhas do testamento particular quando o documento tiver sido escrito e assinado pelo testador e as demais circunstâncias dos autos indicarem que o ato reflete a vontade do testador.
> 4 No caso dos autos, o testamento é apócrifo, não sendo, portanto, possível concluir, de modo seguro, que o testamento redigido de próprio punho exprime a real vontade do testador.

Penso que o caso narrado e decidido é inédito. Não conheço situação semelhante na jurisprudência, nem na doutrina, nacional e estrangeira. Vou dar minha opinião sobre o julgado, advertindo que a matéria é extremamente complexa.

Há um tema que poderia ser convocado, utilizado por analogia, para análise da questão antes exposta, que é o chamado testamento *per relationem*. É doutrina comum a de que a última vontade do testador deve estar expressa e contida no próprio texto, ou no contexto do testamento. Pode a vontade do testador ser buscada em elementos que não estão presentes no instrumento deixado pelo *de cujus?* Em princípio, não.

O que se admite – e muito restritivamente – é que a vontade do finado possa ser mais bem revelada, esclarecida, completada, por um escrito assinado por ele, utilizando-se este instrumento para tirar alguma dúvida que o contexto testamentário apresente. Este documento pode servir para interpretar a vontade já externada no testamento, para auxiliar a sua compreensão, e só isso. A pesquisa *aliunde*, a prova externa, complementar, só pode ser recebida – e com cuidados, reservas – para o esclarecimento de alguma disposição. A vontade já está no testamento, e o elemento externo pode ser utilizado, exclusivamente, para esclarecê-la. Mas o essencial lá já ficou, no contexto.

Por exemplo: o testador deixou um legado para sua sobrinha Maria Augusta. Mas ele tem três sobrinhas com este nome. Pelos termos do testamento, pelo contexto testamentário, não se consegue descobrir a qual das sobrinhas se referia. E já morreu, não pode depor, não pode mais falar, esclarecer. *Quid juris?* Neste caso, é possível recorrer-se a um elemento extratestamentário, como um documento que foi encontrado no espólio do testador, assinado por este, em que ele afirma que tem grande apreço por uma sobrinha, Maria Augusta, que bem identifica, informa qual delas é, e diz que vai beneficiá-la com um legado. Esta prova extrínseca é utilizável para tornar certa a declaração constante no testamento.

Muito diferente disto é se admitir um documento externo, com instruções ou recomendações, dos quais depende a disposição testamentária. Aí já estaríamos diante da figura do testamento *per relationem* (cf. art. 2.184 do Código Civil português). Nos *Comentários ao Código Civil* (São Paulo: Saraiva, 2003, coordenador Antônio Junqueira de Azevedo, v. 21, p. 45), dei o meu parecer: "Pelas características de pessoalidade, solenidade e formalidade, que marcam o ato de disposição de última vontade, não se admite, em nosso direito, o testamento *per relationem*, assim chamado porque o testador dá instruções ou recomendação a outra pessoa sobre o destino da herança, ou declara que as suas determinações mortuárias se encontram em outros documentos ou escritos".

Na referida assentada, tentou-se salvar o instrumento escrito, e não assinado pelo declarante, argumentando que o documento posterior, assinado por ele, que se refere expressamente ao anterior instrumento, confirmando seus dados, reafirmando a forma da partilha dos bens, "com firma reconhecida", essa recomendação posterior, muito bem podia ser considerado "ratificador" ou "confirmador" das disposições mortuárias anteriores.

O esforço para aproveitar a vontade manifestada pelo defunto, pelos que estão certos da autenticidade do instrumento produzido, é louvável. Mas este caminho, da confirmação, parece-me cheio de obstáculos intransponíveis, *data maxima venia*.

No livro *Invalidade do Negócio Jurídico*: Nulidade e Anulabilidade (2. ed. Belo Horizonte: Del Rey, 2005, n. 59, p. 278 s.) abordei o instituto da confirmação. O princípio da conservação – de que são exemplos a conversão, a redução, a confirmação, a ratificação – baseia-se no *favor negotii*, funda-se na boa-fé, justifica-se no interesse social de manter, dentro do possível, as situações jurídicas criadas pela autonomia da vontade e contidas no negócio viciado. O negócio inválido pode salvar-se, convalescer, se for confirmado. Pela confirmação ocorre a sanação do negócio e consiste na manifestação consciente e livre de vontade do interessado, com a intenção de superar o defeito que o macula, suprir a falha, purgar o vício que o mancha. A confirmação atua no plano da validade e não da eficácia. Com a confirmação, o negócio se alimpa, cura-se, posto a salvo de qualquer ataque ou impugnação.

Ocorre que aquele escrito, que não foi assinado pelo seu autor, e denominado testamento, não cumpriu duas rigorosas exigências formais: deixou de ser assinado pelo testador; não foi lido pelo testador às testemunhas. Sendo assim, é um negócio nulo, e a nulidade é absoluta, de pleno direito. O negócio anulável pode ser confirmado pelas partes, salvo direito de terceiro (C.C., art. 172). Mas isto não se aplica se a invalidade é do grau máximo de nulidade: "O negócio jurídico nulo não é suscetível de confirmação, nem convalesce pelo decurso do tempo" (C.C., art. 169).

5.2 Não pode o testamento particular previsto no art. 1.876, §1º, ser escrito a rogo. O próprio testador tem de redigi-lo, de próprio punho, mas, se elaborado por processo mecânico (C.C., art. 1.876, §2º), o próprio testador pode produzir o escrito ou solicitar que uma outra pessoa o faça (digitando no computador, por exemplo), e fazer a leitura do escrito a três testemunhas, no mínimo. Não atino com a razão de serem três, pelo menos, as testemunhas, quando, nas outras formas ordinárias, de cinco testemunhas, que o Código Civil de 1916 exigia, baixou-se o número para duas testemunhas. Não é o número excessivo de testemunhas que dá mais certeza ou segurança ao negócio jurídico. Testemunhas não se contam, mas se pesam, segundo a ótica mais moderna. O que importa é a sua veracidade, seriedade, sinceridade.

Essa leitura *pelo testador* às testemunhas – que devem estar simultaneamente presentes – é requisito essencial. Se o testador apenas assinou e assinaram as testemunhas, o testamento é nulo por falta de solenidade indispensável. Cristiano Chaves de Farias e Nelson Rosenvald (*Curso de Direito Civil*, v. 7, Sucessões. São Paulo: Atlas, 2015, p. 354) afirmam que, no que diz respeito, especificamente, às testemunhas do testamento particular, nota-se no Direito brasileiro, diferentemente de outros sistemas, a exigência de que todas as três estejam presentes, concomitantemente, ao ato de declaração de vontade: "Além disso, é preciso que, posteriormente à morte do testador, venham a confirmar em juízo a vontade manifestada".

Entretanto, no REsp. 828616/MG, 3ª T., Relator Ministro Castro Filho, data do julgamento 05.09.2006, o STJ abrandou este rigor formal e decidiu: "I – A reapreciação das provas que nortearam o acórdão hostilizado é vedada nesta Corte, à luz do enunciado 7 da Súmula do Superior Tribunal de Justiça. II – Não há falar em nulidade do ato de disposição de última vontade (testamento particular), apontando-se preterição de formalidade essencial (leitura do testamento perante as três testemunhas), quando as provas dos autos confirmam, de forma inequívoca, que o documento foi firmado pelo próprio testador, por livre e espontânea vontade, e por três testemunhas idôneas, não pairando qualquer dúvida quanto à capacidade mental do *de cujus*, no momento do ato. O rigor formal deve ceder ante a necessidade de se atender à finalidade do ato, regularmente praticado pelo testador".

Já observamos que, invocando o princípio da conservação dos negócios jurídicos (que, acentua Emilio Betti, é impensável em um sistema de rígido formalismo), e quando não há dúvidas quanto à capacidade do testador e à autenticidade do ato, a jurisprudência tem dado eficácia e mandado cumprir testamentos, mesmo quando algum requisito formal não tenha sido cumprido. Exemplo disto é o decidido no REsp 1.667.931/MG, STJ, 3ª T., Relatora Ministra Nancy Andrighi, j. 15.08.2017, bem como no REsp 828616/MG, 3ª T., Relator Ministro Castro Filho, anteriormente citado, e no REsp 701.917/SP, Relator Ministro Luis Felipe Salomão, 4ª T., j. 02.02.2010.

Mas, já vimos, não tem havido transigência ou flexibilização quando no testamento particular apresentado com as disposições de última vontade de alguém *falta a própria assinatura* de seu autor (supra, n. 5.1).

Em 24 de outubro de 2017, o STJ (REsp 1.639.021/SP, 3ª T., Relator Ministro Ricardo Villas Bôas Cueva) considerou inválido e não deu confirmação a testamento particular redigido de próprio punho pela testadora, que não foi assinado por pelo menos três testemunhas. Invocando o que determina o art. 1.876, §1º, do Código Civil, o Relator mencionou em seu voto: "o olögrafo, enquanto forma privada de testar, deve ser elaborado pela mão do próprio testador e na presença de, pelo menos, três testemunhas, que o devem subscrever. A dispensa destas testemunhas e de suas assinaturas somente tem lugar no chamado 'testamento de emergência' – inovação trazida pelo atual diploma civil – e desde que conste, no bojo do documento, os motivos que assim ensejaram" (infra, n. 12).

6 Mas o testador pode preferir elaborar o testamento com a utilização de processo mecânico – computador, máquina de datilografia, por exemplo (supra, n. 1). O documento não pode conter rasuras ou espaços em branco. Nada, enfim, que possa causar suspeita, dúvidas. O testamento deve ser assinado pelo testador, depois de tê-lo lido na presença de pelo menos três testemunhas, que o subscreverão (art. 1.876, §2º).

A assinatura do testador, como "fecho" do documento, deve ser aposta no final do escrito, obviamente, numa cabal demonstração de que a vontade do seu autor está definitivamente concluída e acabada. Mas o testamento feito por meio mecânico pode ter sido redigido em mais de uma folha, sendo a última assinada pelo testador, e não aparecendo nenhuma assinatura nas demais folhas. É possível que surja uma dúvida a respeito dessas folhas impressas, não assinadas. Representam, mesmo, a última vontade do testador? Teriam sido forjadas, introduzidas maliciosamente?

Realmente, se o testamento se apresenta com mais de uma página, mas foi escrito de próprio punho, à mão, manuscrito, vê-se, clara e inquestionavelmente, a escrita cursiva de seu autor, a autenticidade e a continuidade são percebidas, facilmente: basta a assinatura do testador ao final do documento, na última página, sendo desnecessária a rubrica na outra página (se o testamento tem outra página), ou nas outras páginas (se são várias). Todavia, se o testamento foi elaborado por meio mecânico (ou eletrônico), sendo impresso em máquina de escrever ou computador, e o testamento tem várias páginas, a lei não exige, mas deveria exigir a rubrica do testador nas outras páginas, para garantir a sua veracidade e autenticidade, que não contêm um sinal inequívoco, uma marca, um indício extrínseco da individualidade do testador, considerando que na última página, no encerramento do testamento, o testador já tem de assinar. Para efeito comparativo, vejamos os arts. 1.864, parágrafo único, e 1.868, parágrafo único, do Código Civil, referentes ao testamento público e ao cerrado, respectivamente.

O requisito da leitura do testamento pelo testador, às testemunhas, diminui consideravelmente o risco da falsificação. Mas, sem dúvida, a prudência aconselha que o testador rubrique a(s) outra(s) folha(s) do testamento particular, além de assinar a última.

7 Diante da exigência legal da leitura, e tendo esta que ser feita pelo próprio testador, o mudo e o surdo-mudo (bem como o que estiver impossibilitado de falar, por outro motivo) não podem fazer este testamento. Nem o cego pode testar por esta forma, pois a ele só se permite o testamento público (art. 1.867).

8 Assim como o testamento cerrado (art. 1.871), o particular pode ser escrito em língua estrangeira, "contanto que as testemunhas a compreendam" (art. 1.880). Não há esta ressalva no testamento cerrado porque, ordinariamente, a cédula testamentária é mantida em segredo, não é feita a sua leitura às testemunhas (o que se lê é o auto de aprovação). Mas o testamento particular tem de ser lido às testemunhas, e essas, obviamente, devem entender o idioma em que o documento foi escrito. Não fosse assim, estariam ouvindo sem compreender nada, o que equivale a não ouvir, deixando de ter qualquer utilidade essa providência. Ademais, na fase de confirmação do testamento, após a morte do testador (art. 1.878), não poderiam as testemunhas certificar ao juiz todo o ocorrido. *A fortiori*, e a lei nem disse, tão evidente que é, o próprio testador deve compreender a língua estrangeira em que escreve o seu testamento.

8.1 Como vimos, as formalidades do testamento particular foram enunciadas no art. 1.876, incisos I e II, do Código Civil. E são apenas estas, aí expostas, que têm de ser seguidas, obedecidas. Nenhuma mais, pois formalidades são as que a lei indica, expressamente, não havendo formalidades "implícitas", ou formalidades "criadas" pelo intérprete ou aplicador da lei. Observa Paulo Lôbo (*Direito Civil*: Sucessões, v. 6, 4. ed. São Paulo: Saraiva, 2018, p. 249) que, entre os requisitos essenciais para a validade do testamento particular, a lei não inclui a data ou o lugar em que foi escrito o testamento, e sua ausência pode acarretar dúvida se o testador tiver deixado outro testamento, para que se saiba qual o posterior, que revoga o anterior, concluindo o mestre: "Mas essa circunstância é matéria de prova a ser apreciada em juízo. Tampouco é requisito essencial a unicidade do ato, podendo o testador redigir o testamento em uma data e convidar as testemunhas em outra data para leitura e assinatura". Outra coisa é a solenidade da leitura pelo testador na presença das testemunhas e aqui, sim, precisa ser observado que todos os participantes devem estar simultaneamente presentes (supra, n. 5.2).

8.2 Cumpridas as formalidades do testamento particular, o próprio testador trata de depositar o documento num cofre, ou em outro local seguro, ou pede para que uma pessoa de confiança o guarde, e pode ser o próprio herdeiro nomeado. Com a morte do testador – e abertura da sucessão –, o testamento tem de ser apresentado em juízo.

A legislação de alguns países permite o depósito ou custódia do testamento particular perante um notário (cf. art. 505, al. 2, do Código Civil suíço; art. 608, do Código Civil italiano), com vistas a dar mais segurança ao ato de disposição de última vontade, garantir melhor a sua conservação, evitar os riscos de perda, falsificação, apropriação dolosa, destruição (atos que, na maioria das vezes, são praticados por parentes que não foram contemplados no testamento, herdeiros desonestos, decepcionados ou enraivecidos porque o testador deslembrou-se deles). Na França, o depósito do testamento em um notário, durante a vida do testador, é facultativo, opcional; mas, depois da morte do seu autor, e para que o testamento seja executado e cumprido, qualquer pessoa que o detenha tem o dever de depositá-lo num notário (*Code Civil*, art. 1.007). Na Alemanha, o testamento particular (*Eigenhändiges Testament*), a pedido do testador, pode ser colocado em custódia oficial (BGB, art. 2.248).

Sugiro que seja introduzida, entre nós, a possibilidade de ser feito o depósito (voluntário, facultativo) do testamento particular, por parte do testador, no tabelionato, ficando o testamento sob a custódia e responsabilidade do notário.

9 Lamentavelmente, apesar dos avanços já registrados, o atual Código Civil ficou preso às Ordenações Filipinas (Livro IV, Tít. 80, §3º), aos arts. 1.646 a 1.648 do Código Civil de 1916, e prevê a confirmação judicial do testamento particular, procedimento que devia ter sido abolido.

Com a morte do testador, o testamento particular precisa ser publicado em juízo, com citação dos herdeiros legítimos (art. 1.877). O juiz convoca as testemunhas e as inquire. Se elas forem contestes sobre o fato da disposição, ou, ao menos, sobre a sua leitura perante elas, e se reconhecerem as próprias assinaturas, assim como a do testador, o testamento *será* confirmado (art. 1.878, *caput*). Aqui, o verbo está no imperativo. O juiz tem de confirmar o testamento, não se tratando de uma faculdade, de uma decisão que dependa de seu arbítrio.

Se faltarem testemunhas, por morte ou ausência, e se pelo menos uma delas o reconhecer, o testamento *poderá* ser confirmado, se, a critério do juiz, houver prova suficiente de sua veracidade (art. 1.878, parágrafo único). Neste caso, a confirmação do testamento particular depende do convencimento judicial.

A falta das testemunhas pode ocorrer por outras razões, além da morte e da ausência: a testemunha pode ter se recusado a comparecer, pode estar gravemente enferma, pode ter perdido as faculdades mentais etc., isto para não falar em corrupção, pressão e ameaças de herdeiros que são prejudicados pelo testamento, e outras hipóteses desse tipo.

O juiz só pode confirmar o testamento se, pelo menos, uma das testemunhas o reconhecer. Se *todas* as testemunhas faltarem, o testamento está irremediavelmente perdido, ainda que não reste dúvida alguma de que ele é autêntico, firme, verdadeiro, que contém a última vontade do *de cujus*. Não me canso de apontar este absurdo, as injustiças que pode gerar esta anacrônica confirmação testemunhal, *post mortem*, do testamento particular.

No *Código Civil Comentado* (10. ed. obra coletiva, coordenadora Regina Beatriz Tavares da Silva, primitivo coordenador Ricardo Fiuza, São Paulo: Saraiva, 2016, p. 1974) escrevi: "se há prova suficiente da veracidade do testamento, inquirir as testemunhas para quê? Enfim, esse procedimento judicial, após o falecimento do testador, que pode redundar na ineficácia do testamento, e submeter a sucessão aos ditames da lei, quando o *de cujus* quis dispor dos seus bens, quiçá beneficiando alguém com sua metade disponível, ou fazendo legados, ou excluindo da herança os colaterais, é um dos maiores inconvenientes, um risco flagrante do testamento hológrafo, residindo aí a razão principal de sua quase nenhuma utilização em nosso país".

O testamento particular é *válido*, se observados os requisitos do art. 1.876. Mas não é *eficaz* só com a morte do testador, o que ocorre tratando-se das demais formas testamentárias. E pode ser *ineficaz* se as testemunhas não comparecerem ao procedimento de confirmação judicial. O testamento que era deixa de ser.

Neste passo – como tenho feito há tanto tempo, em palestras, aulas, livros –, aproveito para advertir da absoluta necessidade de ser estudado e bem compreendido o tema "Planos do mundo jurídico", magistralmente exposto pelo genial jurisconsulto Pontes de Miranda (*Tratado de Direito Privado*, cit., tomo IV, §359, p., 15), que leciona: "Existir, valer e ser eficaz são conceitos tão inconfundíveis que o fato jurídico pode ser, valer e não ser eficaz, ou ser, não valer e ser eficaz. As próprias normas jurídicas podem ser, valer e não ter eficácia (H. Kelsen, *Hauptproblem*, 14). O que se não pode dar é valer e ser eficaz, sem ser, porque não há validade, ou eficácia do que não é".

9.1 Todavia, esta situação extremamente grave e injusta, de ser desprezado um testamento, se faltarem todas as testemunhas que o subscreveram, tornando vã e nenhuma a última vontade de um defunto, pode ser remediada se for dada à questão uma interpretação sistemática e, ademais, progressista, teleológica.

Neste Código Civil introduziu-se o art. 1.879, admitindo-se que, em circunstâncias excepcionais, declaradas na cédula, o testador pode redigir o testamento particular, *sem* testemunhas, que, mesmo assim, poderá ser confirmado, a critério do juiz (infra, n. 12). Ora, diante disso, é razoável e justo que se desconsidere um testamento particular, feito sob uma forma ordinária, assinado pelo testador, que o leu para três testemunhas, que também o assinaram, pelo fato de as três testemunhas não terem comparecido, depois da morte do testador, para confirmá-lo?...

Parece-me que o juiz – um bom juiz – pode e deve mandar cumprir testamento particular, mesmo faltantes as três testemunhas instrumentárias, se não houver qualquer dúvida quanto à identidade, à capacidade do testador e a respeito da verdade e autenticidade do ato de disposição de última vontade.

Subscrevo a lição de Mauro Antonini (*Código Civil Comentado*. 9. ed. coordenador Ministro Cezar Peluso, Barueri, SP: Manole, 2015, p. 2149): "Portanto, se todas as testemunhas estiverem mortas ou ausentes, a fim de preservar a coerência entre o parágrafo único do art. 1.878 com o novo instituto do art. 1.879, o juiz poderá confirmar o testamento particular, se reputar haver prova suficiente de sua veracidade. Só assim se dará valia à regra de hermenêutica segundo a qual deve prevalecer a interpretação que seja equitativa e lógica, em vez da que conduza a resultado absurdo, conforme lição de Carlos Maximiliano (*Hermenêutica e aplicação do direito*. 10. ed. Rio de Janeiro: Forense, 1988, p. 166-7)".

10 Em meu livro *Testamentos* (cit., n. 680, p. 310), critiquei o Código de 1916 por manter essa esdruxularia, que é a confirmação judicial do testamento particular, e apresentei uma sugestão para que a matéria ficasse regulada num dispositivo assim redigido: "Morto o testador, apresentar-se-á o testamento em juízo, determinando-se a citação dos interessados, e, se for verificada a inexistência de vício externo que o torne eivado de nulidade, ou suspeito de falsidade, será publicado, registrado e cumprido".

Como se trata de um livro relativamente antigo e já esgotado, vou transcrever a proposta que apresentei, pela qual o testamento particular seria regulado no Código Civil da seguinte maneira:

> Art. São requisitos essenciais do testamento particular:
> I – que seja escrito, datado e assinado pelo testador;
> II – que o testador apresente o escrito a duas testemunhas, que também o assinam.
> Art. O testamento particular pode ser escrito em língua estrangeira.
> Parágrafo único. Pode, também, ser redigido com a utilização de meios mecânicos, desde que o testador enumere e autentique, com a sua assinatura, todas as folhas.
> Art. Se o testamento particular não contiver a data, será, não obstante, validado, se o tempo da outorga puder comprovar-se de outro modo.
> Parágrafo único. Só se admitem questões sobre a veracidade da data quando se discutir a capacidade do testador, a prioridade da data entre vários testamentos, ou outras pendências que se tenham de decidir com base no tempo do testamento.
> Art. Morto o testador, apresentar-se-á o testamento em juízo, determinando-se a citação dos interessados, e, se for verificada a inexistência de vício externo que o torne eivado de nulidade, ou suspeito de falsidade, será publicado, registrado e cumprido.

Passados tantos anos com relação ao tempo em que ofereci esta proposta, eu somente a mudaria num ponto: no caso de o testamento ser redigido por meio mecânico e, se tiver mais de uma página, o testador assinaria na última e rubricaria na outra, ou outras páginas.

11 O modo como foi regulado o testamento particular no Código Civil anterior mereceu a repulsa de Pontes de Miranda (*Tratado de Direito Privado*, cit., t. LIX, §5.888, p. 144): "A lei brasileira cercou de tais cautelas, ameaçou de vida tão precária o testamento particular, que em verdade quase o proibiu. Raro se vê. Exigiu-lhe holografia e assinatura autógrafa, exigiu-lhe cinco testemunhas, exigiu-lhe leitura perante elas e assinaturas por todas elas. Tudo isto era razoável e bastava. Mas o legislador, que tão liberal fora com o testamento cerrado, continuou em obstinado exigir, num como sonambulismo de perseguição: se morrerem três testemunhas, fica o dito pelo não dito, o testado pelo não testado (art. 1.648). Lei absurda, lei inconsequente, lei má, lei que devolveria a herança a pessoa de quem o testador não cogitou, porque num desastre morreram ele e três testemunhas!".

O saudoso jurisconsulto diminuiria a altura e a intensidade de sua crítica, diante do Código Civil, de 2002, não tenho dúvida. A regulamentação do testamento particular evoluiu, graças à emenda do senador Josaphat Marinho, por interferência do Professor Miguel Reale. Entretanto, até por essa melhoria, por esse avanço, não devia ter sido mantida a confirmação testemunhal, e, para esta, as imprecações pontianas ainda cabem. Como uma luva! Em suma: é imperioso e urgente que seja eliminada de nosso ordenamento a necessidade de as testemunhas serem convocadas, morto o testador, para confirmar o testamento.

Dois eminentes autores nossos, Paulo Lôbo (*Direito Civil* – Sucessões, cit., n. 11.4, p. 251) e Maria Berenice Dias (*Manual das Sucessões*, cit., n. 35.2.3, p. 375) argumentam que o problema está superado, pois o CPC/2015 não mais prevê o depoimento das testemunhas, não se aplicando o que assim estabelecia o art. 1.878 do Código Civil. O tema é controvertido e ainda não consegui aderir à lição desses dois notáveis mestres, embora desejasse muitíssimo. Poderia a lei processual, implicitamente, revogar a lei material (C. C., art. 1.878) que exige, expressamente, a oitiva das testemunhas?

12 Prevê o art. 1.879 que, em circunstâncias excepcionais declaradas na cédula, o testamento particular de próprio punho e assinado pelo testador, sem testemunhas, poderá ser confirmado, a critério do juiz.

Este dispositivo foi sugerido também pelo Professor Miguel Reale ao senador Josaphat Marinho, tendo sido objeto da Emenda nº 483-R, que foi aprovada. A inspiração veio do Código Civil alemão (BGB), que, no art. 2.250, regula o *Nottestament* (testamento de emergência).

Trata-se de uma inovação, e muito importante. O que regula, na verdade, não é um subtipo, uma subespécie de testamento particular, porém, uma outra forma de testamento especial.

É uma forma simplificada, que deve ser escrita de próprio punho, não se admitindo, portanto, a utilização de meios mecânicos, e assinada pelo testador. Não requer testemunha alguma. Mas só pode ser elaborado em "circunstâncias excepcionais", que impedem ou dificultam extremamente o testador de se servir de outra forma testamentária, ou do próprio testamento particular, em sua configuração normal (art.

1.876). E o testador precisa mencionar, no escrito, a referida circunstância, que, afinal, justifica a facção testamentária por esse modo.

As circunstâncias excepcionais, que dão uma ideia de urgência, imprevisibilidade, de fatos graves, podem ser as mais diversas: o testador está no meio de uma enchente, de um incêndio, num lugar isolado, sem comunicação, perdido; está no hospital, num CTI, e sente a proximidade da morte etc. Salomão de Araújo Cateb (*Direito das Sucessões*. 3. ed. São Paulo: Atlas, 2003, p. 142) salienta a crescente onda de crimes contra cidadãos e inclui a hipótese do sequestro: "e a pessoa, presa no 'cativeiro', também tem o direito de fazer seu testamento".

Em qualquer caso, morrendo o testador, o testamento será apresentado ao juiz, e poderá, a critério deste, ser confirmado.

12.1 Quanto ao art. 1.879 do Código Civil, que introduziu em nosso ordenamento o testamento em *circunstâncias excepcionais*, e numa prova de que o direito, no seu constante desenvolvimento, dá passos para a frente inspirado em instituições do passado, ao tempo das Ordenações Filipinas, os antigos praxistas incluíam dentre os testamentos privilegiados o feito em tempo de peste, que, sem dúvida, é uma circunstância excepcional (cf. Gouvêa Pinto, *Tractado Regular e Practico de Testamentos e Successões*. Rio de Janeiro: Eduardo e Henrique Laemmert, editores, 1877, anotada por Antonio Joaquim de Macedo Soares, cap. VII, p. 80 s.). E podemos retroagir mais ainda, em busca de um passado longínquo, bimilenar, ao encontro das fontes. No Direito romano, já encontramos como forma especial o testamento feito em tempo de peste (*testamentum pestis tempore*), criado por uma constituição de Diocleciano.

Enfim, vamos concluir afirmando: *non nova, sed nove* = não há coisas novas, mas tratadas de modo novo.

Informação bibliográfica deste texto, conforme a NBR 6023:2018 da Associação Brasileira de Normas Técnicas (ABNT):

VELOSO, Zeno. Do testamento particular. *In*: TEIXEIRA, Daniele Chaves (Coord.). *Arquitetura do planejamento sucessório*. 3. ed. Belo Horizonte: Fórum, 2022. p. 669-681. Tomo I. ISBN 978-65-5518-459-4.

ALGUMAS FERRAMENTAS JURÍDICAS UTILIZADAS EM UM PLANEJAMENTO SUCESSÓRIO: SEGURO DE VIDA, DOAÇÃO E FUNDO DE RENDIMENTO

DANIELE CHAVES TEIXEIRA

1 Notas introdutórias

O atual Direito Sucessório brasileiro está sem nenhuma flexibilidade, ou seja, encontra-se extremamente rígido, principalmente, frente à sociedade contemporânea. A problemática no Direito das Sucessões provoca tormentosos debates na doutrina e entre os operadores do Direito. O Código Civil de 2002 trouxe alterações na ordem de vocação hereditária ao inserir o cônjuge como herdeiro necessário e, em recente decisão sobre a inconstitucionalidade do art. 1.790 do CC, o Supremo Tribunal Federal em julgamento do RE 878694 equiparou os regimes jurídicos do casamento e da união estável.[1]

A falta de liberdade no Direito das Sucessões demonstra a insuficiência do Livro VI do Código Civil para atender às demandas da sociedade. Exatamente por essa carência de instrumentos no Direito da Sucessão, que, para além do testamento, do fideicomisso e do codicilo, passa a ter atualmente grande relevância o planejamento sucessório no ordenamento jurídico brasileiro.

O planejamento sucessório é um instrumento jurídico que permite a adoção de uma estratégia voltada para a transferência eficaz e eficiente do patrimônio de uma pessoa após a sua morte. Ele é "essencial para quem quer a realização de sua vontade após sua morte e pode ser realizado por meio de diversos instrumentos jurídicos".[2] Dessa forma, para realizar um planejamento sucessório, buscam-se instrumentos em outras áreas do Direito Civil, além do Direito das Sucessões, dentre os quais citam-se o Direito Societário, o Direito Tributário e o Direito Internacional Privado.

Vale lembrar que a escolha das ferramentas para tal fim irá variar conforme algumas circunstâncias, tais como: a qualificação da pessoa, a dimensão e a natureza do patrimônio e a intenção do autor da herança. Importante destacar que o planejamento

---

1 Trânsito em julgado ocorreu em 04.12.2018.

2 TEIXEIRA, Daniele. *Planejamento Sucessório*: pressupostos e limites. 2ª reimpr. Belo Horizonte: Fórum: 2018. p. 57.

só pode incidir sobre a parte disponível, caso haja herdeiros necessários, haja vista que a legítima no Brasil é quantificativa, ou seja, reserva-se 50% do montante dos bens do patrimônio do autor da herança.

Assim, este artigo tem como objetivo fazer uma breve introdução de três instrumentos – seguro de vida, doação e fundo de rendimento –, que podem ser aplicados em um planejamento sucessório. Cabe destacar que são apresentados, simplesmente, de forma exemplificativa. As ferramentas adequadas para o planejamento sucessório alternar-se-ão conforme as características e elementos que compõem o patrimônio do autor da herança.

2 Seguro de vida

Entre os negócios realizados para fins de planejamento sucessório encontra-se o seguro. O contrato de seguro,[3] segundo o art. 757 do Código Civil, caracteriza-se quando uma das partes (segurador) se obriga com a outra parte (segurado), mediante o recebimento de um prêmio, a garantir interesse legítimo, relativo à pessoa ou à coisa, contra riscos futuros predeterminados. O contrato de seguro é: a) bilateral; b) oneroso; c) aleatório; d) consensual; e e) por adesão.[4]

O desenvolvimento dos seguros se deve ao crescimento da técnica e da industrialização, à medida que sua disseminação está intimamente ligada ao progresso econômico. Ultrapassa a esfera nacional e insere-se no campo internacional, pois se apresenta como premissa de toda atividade no campo da indústria ou do transporte.[5] O seguro no século XIX assistiu ao fim da resistência a sua utilização, embora não estivesse em códigos importantes, como o francês, que só o cita como exemplo de contrato aleatório, e o *BGB*.[6]

No Brasil, o Código Civil de 1916 pretendeu dar ao seguro um ordenamento definitivo, e muito se avançou; contudo, houve sensível transformação de 1916 até os dias de hoje. Isso porque, com os fenômenos econômicos atingindo variedade enorme de situações, os riscos seguráveis e sua aplicação em numerosas atividades foram se ampliando.

A estrutura fundamental do seguro reside no atual Código Civil de 2002 e na legislação especializada, advinda da Superintendência de Seguros Privados (SUSEP), que cuida de minúcias.[7] O Código Civil brasileiro apresenta os contratos de seguro de duas formas: seguros de pessoa (arts. 789 a 802) e seguros de dano (arts. 778 a 788).

---

3 As origens do seguro são desconhecidas. Diz-se ter ocorrido na Antiguidade um seguro mútuo contra a mortalidade de rebanhos. Os gregos e os romanos tinham organizações sociais como o seguro mútuo. O mais antigo documento referente a seguro, do escritor italiano Giovanni Villani, falecido em 1348, dizia que judeus expulsos da França em 1182 foram para a Lombardia e iniciaram um sistema de seguros. O seguro marítimo cresceu com as navegações do século XV. O seguro contra incêndio surgiu em 1667 com o incêndio de Londres. Em Londres também tiveram origem o seguro de vida, em 1600, e o seguro de acidentes, no século XIX. (WALD, Arnoldo. *Direito civil*: direito das sucessões. Vol. VI. 14. ed. reform. São Paulo: Saraiva, 2009. p. 281-283).

4 PEREIRA, Caio Mario da Silva. *Instituições de direito civil*: contratos. Vol. III. rev. e atual. por Regis Fichtner. Rio de Janeiro: Forense, 2004. p. 450-454.

5 WALD, Arnoldo. *Direito civil*: direito das sucessões. Vol. VI. *Op. cit.*, p. 283.

6 PEREIRA, Caio Mario da Silva. *Instituições de direito civil*: contratos. Vol. III. *Op. cit.*, p. 451.

7 *Ibidem*, p. 451-452.

O seguro de pessoa distingue-se do seguro de dano "por não desempenhar a função indenizatória própria desse motivo pelo qual pode ser pactuado em favor de terceiros, bem como seu valor pode ser livremente estipulado".[8] Para fins de planejamento sucessório, pode ser utilizado o seguro de pessoa, especificamente o seguro de vida[9] com cobertura por morte. Este é um bom exemplo de estipulação em favor de terceiro,

> na medida em que uma pessoa contrata com a seguradora o pagamento de um prêmio a terceiro ou terceiros por ocasião de sua morte ou de outrem. Se a contratação tem por objeto risco inerente a terceiro que não o contratante, há a necessidade de declarar-se o interesse na contratação.[10]

Entretanto, conforme dispõe o art. 790 do Código Civil,[11] o interesse na contratação do seguro é presumido caso se trate de ascendente, descendente ou cônjuge.

No âmbito do planejamento sucessório, o seguro de vida[12] apresenta diversas vantagens, tais como: a indenização do seguro não é herança; assim, a liquidação do sinistro não está sujeita às dívidas do segurado, nem recai sobre ele o imposto de transmissão *mortis causa*. Não deve, também, levar-se seu valor à colação, caso o beneficiado seja herdeiro necessário, nem se computa na meação do cônjuge supérstite. Embora o cônjuge adúltero não possa beneficiar a concubina,[13] a lei admite expressamente o benefício em favor do companheiro, se o segurado fosse separado judicialmente ou separado de fato ao tempo do contrato.[14] Com efeito,

> uma apólice de seguro de vida guarda certa relação com o planejamento sucessório, em virtude do beneficiário adquirir uma soma de capital com a morte do segurado cujo

---

[8] TEPEDINO, Gustavo; BARBOZA; Heloisa Helena; MORAES, Maria Celina Bodin de. *Código Civil interpretado conforme a Constituição da República.* Vol. II. Rio de Janeiro: Renovar, 2006. p. 598.

[9] As modalidades dos seguros de vida são: a) seguro durante toda a vida do segurado; b) seguro temporário: o segurador obriga-se a pagar indenização no caso de o segurado morrer ao longo do tempo determinado; c) seguro de sobrevida: o segurador obriga-se a pagar valor ao beneficiário, caso ele sobreviva ao segurado; e d) seguro misto comum: o segurador obriga-se a, em data prefixada, pagar soma ao segurado ou a terceiros por ele determinados, desde que o segurado esteja vivo e, em caso de morte, pague a seus herdeiros ou a terceiros designados (TEPEDINO, Gustavo; BARBOZA; Heloisa Helena; MORAES, Maria Celina Bodin de. *Código Civil interpretado conforme a Constituição da República.* Vol. IV. Rio de Janeiro: Renovar, 2014. p. 599).

[10] CRUZ, Elisa; AZEVEDO, Lilibeth. Planejamento sucessório. In: TEPEDINO, Gustavo; FACHIN, Luiz Edson (Org.). *Diálogos sobre direito civil.* Vol. III. Rio de Janeiro: Renovar, 2012. p. 547.

[11] O parágrafo único do art. 790 não inclui o companheiro nos casos de presunção de interesse, omissão que deve ser suprida pela doutrina e pela jurisprudência.

[12] Importante no seguro de vida é a questão dos casos de suicídio. O Código Civil de 2002 conferiu tratamento inusitado às hipóteses de suicídio: no art. 798, determinou um prazo de dois anos após a contratação do seguro para que se presuma o suicídio como não premeditado. No caso de o suicídio ocorrer menos de dois anos após o contrato, a seguradora terá de demonstrar que o segurado o fez exclusivamente para obter em favor de terceiro o pagamento da indenização. A prova é imprescindível, pois existem muitos casos da patologia da depressão e ocorreria, por parte da seguradora, enriquecimento sem causa. (PEREIRA, Caio Mario da Silva. *Instituições de direito civil*: contratos. Vol. III. *Op. cit.*, p. 467).

[13] Art. 793 do CC: "É válida a instituição do companheiro como beneficiário, se ao tempo do contrato o segurado era separado judicialmente, ou já se encontrava separado de fato".

[14] Surge dúvida sobre se a lei, no art. 793, ao dizer "tempo do contrato", exige que, ao momento da contratação, já haja separação judicial ou de fato. A melhor interpretação, segundo Caio Mario da Silva Pereira, é a de que esses requisitos estejam preenchidos no momento do sinistro para que a soma seja paga. (PEREIRA, Caio Mario da Silva. *Instituições de direito civil*: contratos. Vol. III. *Op. cit.*, p. 465).

montante é desligado do patrimônio deixado pelo sucedido, pois sai do patrimônio da companhia seguradora.[15]

A soma paga pela seguradora nunca passou pelo patrimônio do estipulante; por isso, o capital está inacessível aos herdeiros necessários e a possíveis credores, a não ser que o segurado tenha efetuado o seguro com esse fim específico. Vale ressaltar uma vez mais que a soma paga pela seguradora não é herança e, portanto, não está incluída no inventário, por isso há uma rápida liquidez, bem como não se encontra sujeita às dívidas do segurado.

3 Doação

Em um planejamento sucessório a doação é muito aplicada e tem se tornado uma das principais ferramentas, principalmente pela tendência de elevação da alíquota de ITCMD nos Estados e no DF.[16] Em 2015 somente quatro Estados chegavam ao teto constitucional[17] de 8%; atualmente, vários outros chegaram a esse patamar, além de que vários Estados que não alcançaram esse teto estão com projetos de leis para que ocorra uma progressividade até o limite permitido pela Constituição Federal.

No presente tópico, além da doação, abordar-se-ão de modo sucinto outros dois, quais sejam: o usufruto e a partilha em vida. Este por se assemelhar à doação e aquele por ser aplicado, muitas vezes, em concomitância com a doação.

O Código Civil no art. 538 estabeleceu a seguinte definição para doação: "considera-se doação o contrato em que uma pessoa, por liberalidade, transfere do seu patrimônio bens ou vantagens para o de outra". Ao sair de sua orientação habitual, quis o Código de 2002 tomar posição diante da controvérsia existente, em que um lado defendia a ideia de que doação não é contrato e sim modalidade particular de aquisição da propriedade, ao passo que outra posição defendia a ideia contratualista.[18]

Dessa forma, o Código Civil brasileiro, convenientemente, além de inserir a disciplina entre as várias espécies de contrato, reafirma em seu conceito no dispositivo indicado a sua natureza contratual. A doação[19] é um contrato unilateral, gratuito e formal. São elementos desse negócio jurídico: um subjetivo e outro objetivo. O subjetivo é o

---

[15] MADALENO, Rolf. Planejamento sucessório. *Revista IBDFAM: Famílias e Sucessões*, Belo Horizonte, vol. 1, p. 26, jan./fev. 2014.

[16] BUCAR, Daniel; PIRES, Caio Ribeiro. *Sucessão e Tributação*: Perplexidades e Proposições Equitativas. Arquitetura do planejamento sucessório. Belo Horizonte: Fórum 2019, nesta edição.

[17] Em julgamento de recurso repetitivo, o STF entendeu ser constitucional a variação de alíquotas do ITCMD entre os Estados. A variação da alíquota cobrada pelos Estados vai de 4% a 8%. Esse valor máximo fixado pelo Senado, contudo, em agosto de 2015, recebeu do Conselho Nacional de Política Fazendária – Confaz, que atualmente tramita no Congresso PEC nº 60/2015 – proposta para elevar o teto de tal alíquota para 20% (TEIXEIRA, Daniele. *Planejamento Sucessório*: pressupostos e limites. *Op. cit.*, p.196).

[18] PEREIRA, Caio Mario da Silva. *Instituições de direito civil*: contratos. Vol. III. *Op. cit.*, p. 245.

[19] O histórico das doações remete ao Direito romano, no qual se estabeleceram limitações ao direito de doar. Ocorreu grande evolução de doação no final do Direito romano, devido à importância da influência da Igreja Católica, que desenvolve a ideia de caridade, transformando o conceito de doação e restringindo as reservas que o instituto fazia no Direito romano. O Direito medieval herdou o formalismo do Direito romano, embora a influência canônica tenha evitado o rigorismo excessivo, destinando-se as doações, como os testamentos, à transmissão gratuita de bens à Igreja (WALD, Arnoldo. *Direito civil*: contratos em espécie. Vol. III. 18. ed. reform. São Paulo: Saraiva, 2009. p. 60-62).

animus domandi, que tem como essência a liberalidade, ou seja, a vontade de enriquecer o beneficiário a expensas próprias. Já o elemento objetivo é a diminuição do patrimônio do doador e o correspondente enriquecimento do donatário.[20] Para que a doação[21] seja válida, além dos requisitos gerais de quaisquer negócios jurídicos, têm-se os requisitos como: a) capacidade das partes – ativa e passiva; b) consentimento; c) objeto; e d) forma.[22]

Destaque-se que a doação é negócio jurídico que se realiza mediante ato *inter vivos*, pois é o que a diferencia da herança testamentária e do legado, que são liberalidades que se praticam *causa mortis*.[23] O art. 539 do Código Civil trata da questão da aceitação[24] no contrato de doação, o consentimento ou a aceitação podem ser classificados em quatro tipos: expresso(a), tácito(a), presumido(a) e ficto(a).[25] Sendo o contrato de doação formal, sua eficácia está sujeita a esse requisito; assim, no art. 541, o Código impõe a forma escrita, seja o objeto móvel ou imóvel. Como exceção, em seu parágrafo único, a lei admite que a doação se realize verbalmente, em certas e especiais circunstâncias, quando envolver bens móveis e de pequeno valor.[26]

Para que se possa doar, é necessário que a pessoa tenha legitimação para o ato; assim, existem restrições, ou seja, pessoas que não podem fazer doação. Estão, por exemplo, sob a restrição de doar: a) os tutores e curadores a seus tutelados ou curatelados; e b) o cônjuge adúltero a seu cúmplice.[27] Outro tipo de restrição na doação ocorre com pessoas casadas, pois a validade do negócio jurídico necessita da outorga do outro cônjuge, conforme o art. 1.647, IV, do Código Civil, salvo as doações remuneratórias, as de pequeno valor e aquelas realizadas em razão de casamento do filho ou de estabelecimento de economia separada por este.

A vantagem do contrato de doação no planejamento sucessório "consiste em permitir que, ainda em vida, o titular do patrimônio disponha de seus bens e verifique

---

20 TEPEDINO, Gustavo; BARBOZA; Heloisa Helena; MORAES, Maria Celina Bodin de. *Código Civil interpretado conforme a Constituição da República*. Vol. II. *Op. cit.*, p. 214.

21 Ao se observar a classificação do contrato de doação, pode-se verificar algumas semelhanças com outros contratos gratuitos por suas características peculiares, como: i) mandato – não há a transferência de um bem, somente a prestação de serviço; ii) comodato – não se transfere a propriedade de uma coisa, somente o seu uso por certo tempo; iii) mútuo – existe o dever de reembolso da quantia mutuada, que deve ser feita por quem recebeu. (WALD, Arnoldo. *Direito civil*: contratos em espécie. Vol. III. *Op. cit.*, p. 64).

22 PEREIRA, Caio Mario da Silva. *Instituições de direito civil*: contratos. Vol. III. *Op. cit.*, p. 238-252.

23 "No sistema brasileiro, enfatize-se, se uma pessoa desejar, por ocasião de sua morte, contemplar outra, os instrumentos jurídicos de que pode dispor são apenas o testamento e o codicilo, não a doação" (TEPEDINO, Gustavo; BARBOZA; Heloisa Helena; MORAES, Maria Celina Bodin de. *Código Civil interpretado conforme a Constituição da República*. Vol. II. *Op. cit.*, p. 538).

24 O aceite da doação não exige maiores formalidades, pois, como se viu, pode ser realizado de outras formas além do expresso, como disposto no art. 538. O importante é que o donatário tenha capacidade de fato para os atos da vida civil, conforme o art. 539 do CC. Os nascituros, segundo o art. 542, e os incapazes, conforme o art. 543, ambos da legislação civil codificada em vigor, são os casos em que a aceitação da liberalidade ocorrerá por meio de seus representantes legais. Contudo, no caso dos incapazes, o dispositivo legal diz que a aceitação é dispensada no caso de doação pura, ou seja, quando não há nenhuma contraprestação por parte do donatário.

25 PEREIRA, Caio Mario da Silva. *Instituições de direito civil*: contratos. Vol. III. *Op. cit.*, p. 251.

26 Enfatize-se que Caio Mario da Silva Pereira relata que formal não é apenas o contrato que exija instrumento público; se tiver valor superior a 30 vezes o maior salário-mínimo vigente no país, o instrumento público é indispensável, conforme art. 108 do CC (*Ibidem*, p. 252).

27 Tutores e curadores não podem doar os bens que administram, sob pena de nulidade do negócio jurídico, conforme art. 1.749, II, do CC. No mesmo sentido, também a concubina de homem casado está proibida de receber doação do concubinário; entretanto, o impedimento afeta o doador, que pode ter ato anulável pelo cônjuge ou herdeiros necessários. (GOMES, Orlando; BRITO, Edvaldo (Coord.). *Contratos*. 26. ed. atual. por Antônio Junqueira de Azevedo e Francisco Paulo De Crescenzo Marino. Rio de Janeiro: Forense, 2008. p. 257).

se os atos de disposição atenderam aos seus desígnios, podendo, se for o caso, revogar a liberalidade".[28]

Entretanto, apesar das vantagens de se utilizar a doação como instrumento jurídico para o planejamento sucessório, existem, dependendo do caso, algumas restrições: a) a doação não pode compreender todos os bens do titular; b) a doação não pode exceder a parte disponível do titular do patrimônio, se houver herdeiros necessários; c) a doação feita a herdeiro necessário se torna adiantamento da legítima e o bem vem à colação, salvo se, expressamente, consignar-se que o bem seja destacado da parte disponível.

A primeira restrição disposta no art. 548 do Código Civil impede a doação em sua totalidade, ou, ainda, deixar ao doador bens que sejam insuficientes à própria sobrevivência.[29]

A outra restrição, disposta no art. 549[30] do Código Civil,[31] dispõe sobre a impossibilidade de doar além do que se poderia dispor em testamento, para o caso de haver herdeiros necessários. O excedente constitui doação inoficiosa,[32] nula em seu excesso da legítima,[33] cujo valor deverá ser apreciado no momento da doação.

A última restrição citada trata da doação para herdeiros necessários, que importa em adiantamento da legítima[34] e impõe o dever de trazer o bem à colação, salvo se expressamente consignado que o bem ou vantagem seja destacado da parte disponível.[35]

---

28 Ver os arts. 555 e 557 do Código Civil, que tratam dos casos de revogação, como pode o doador determinar que haja a reversão dos bens doados caso sobreviva ao donatário, conforme art. 547 do Código Civil. (CRUZ, Elisa; AZEVEDO, Lilibeth. Planejamento sucessório. In: TEPEDINO, Gustavo; FACHIN, Luiz Edson (Org.). *Diálogos sobre direito civil*. Vol. III. *Op. cit.*, p. 544).

29 Conforme o art. 548 do Código Civil, o impedimento de doar a totalidade dos bens do titular ou de deixar-lhe bens que sejam insuficientes à sobrevivência é caso de nulidade do negócio jurídico. Por isso, quando acontece de a doação compreender a totalidade ou grande parte do patrimônio do titular, o ato está associado à cláusula de reserva de usufruto vitalício, em que o doador reserva a posse, o uso, a administração e a percepção dos frutos para si até a sua morte.

30 Art. 549, CC: "Nula é também a doação quanto à parte que exceder à de que o doador, no momento da liberalidade, poderia dispor em testamento".

31 Nos dispositivos dos arts. 544 e 549 do Código Civil, "o que o legislador quer impedir é que o doador disponha gratuitamente de mais da metade da sua herança, com violação da legítima dos herdeiros necessários" (STOLZE, Pablo Gagliano. *O contrato de doação*: análise crítica do atual sistema jurídico e os seus efeitos no direito de família e das sucessões. 2. ed. rev. e atual. São Paulo: Saraiva, 2008. p. 40).

32 Entende-se por doação inoficiosa "aquela em que o doador, no momento da liberalidade, excede a legítima dos herdeiros. Não se lhe concede que doe, além do que poderia dispor em testamento, mas a ineficácia não atinge todo o contrato, senão apenas na parte excedente. Faz-se, portanto, a *redução*. Há, na inoficiosidade, uma relação entre doação, a legítima e mais a metade, disponível" (GOMES, Orlando; BRITO, Edvaldo (Coord.). *Contratos. Op. cit.*, p. 258).

33 Há crítica a essa limitação por parte da doutrina, mais adiante se analisará a força que a legítima possui no ordenamento jurídico, pois interfere além *mortis causa*. Isso porque essa vedação limita, em vida, uma significativa restrição de autonomia.

34 "É importante destacar a distinção do regimento de doações que não estão subordinadas à colação, por não serem adiantamento de legítima, pois se costuma confundir os regimes. [...] A liberalidade para ser inoficiosa deverá lesar a parte a que tem direito o herdeiro legitimário. Desse modo, somente será inoficiosa a doação a descendente, cônjuge ou companheiro, aquela que além de atingir toda a parte disponível, ultrapassar a parte a que o donatário teria direito da legítima (art. 2007, §3º). Justifica-se porque só assim será lesado o direito do outro herdeiro reservatário" (TEPEDINO, Gustavo; BARBOZA; Heloisa Helena; MORAES, Maria Celina Bodin de. *Código Civil interpretado conforme a Constituição da República*. Vol. IV. *Op. cit.*, p. 879).

35 Importante ressaltar que, embora o doador tenha feito dispensa expressa da colação do bem doado, os interessados podem alegar que o benefício foi imoderado e a doação, inoficiosa. A dispensa da colação não pode ser tácita, exige solenidade especial. Mas, se o autor da liberalidade nada disse, omitiu-se, vigorando a disposição do art. 544, de que a doação importa adiantamento do que cabe ao donatário por herança (*Ibidem*, p. 422-423).

Destaque-se que a violação da restrição constante do referido art. 2.005 do CC caracteriza sonegação,[36] que acarretará ao herdeiro a perda do direito sobre o bem sonegado.

Ainda no campo das restrições na doação, pode-se efetuar uma doação gravada com cláusula de inalienabilidade,[37] que, conforme o art. 1.911 do Código Civil, implica impenhorabilidade e incomunicabilidade, quando impostas aos bens por ato de liberalidade. Vale destacar que o Código Civil

> não afastou por completo a ingerência do testador sobre a legítima, dispondo sobre as cláusulas de inalienabilidade, impenhorabilidade e incomunicabilidade (art. 1.911), mas inovou ao exigir justificação para a instituição dos gravames, requisito inexistente ao CC1916.[38]

A doação diferencia-se da partilha em vida, ou seja, "a partilha em vida não é doação, nem testamento, ainda que o autor da herança possa lançar mão dessas formas para exteriorizar a sua vontade".[39]

Cabe frisar, por fim, que o contrato de doação se mostra como uma vantajosa ferramenta para o planejamento sucessório, pois permite que o doador antecipe a transmissão patrimonial. Quando associado ao usufruto, o vínculo do contrato de doação dá maiores garantias ao doador, por isso, a sua aplicabilidade no planejamento sucessório.

3.1 Institutos afins: usufruto e partilha em vida

O usufruto é um instituto que teve sua origem no Direito romano. É direito real de gozo ou fruição e é muito difundido em outras áreas do Direito Civil, como demonstram os seguintes exemplos: nas relações de família, usufruto dos bens dos filhos sob poder familiar; no direito das sucessões, como expressão de vontade testamentária; no direito das obrigações, em aliança com o contrato de doações; e no direito das coisas, como direito real de gozo ou fruição.[40]

No entendimento de Caio Mario da Silva Pereira, na constituição do usufruto "dá-se um desmembramento da propriedade, permanecendo esta na titularidade de uma pessoa (nu proprietário), enquanto a outra tem o uso e fruição da coisa, como se fosse o seu proprietário".[41]

---

36 "O art. 1.992 do Código Civil se dirige a três hipóteses que configuram a sonegação: i) a falta de descrição de bens que estejam sob o poder do herdeiro ou de outrem, mas com o seu conhecimento; ii) a omissão de bens doados em vida como adiantamento de legítima; iii) a não restituição de bens que pertencem à herança. A sonegação que pode abranger bens móveis e imóveis, até dívidas ativas do de cujus" (*Ibidem*, p. 855).

37 "A cláusula de inalienabilidade é restrição imposta pelo testador ou pelo doador ao direito de propriedade do herdeiro, legatário ou donatário, proibindo a alienação da coisa a título gratuito ou oneroso. Consiste no aniquilamento do poder de dispor, temporário ou vitalício, oriundo da vontade do particular" (*Ibidem*, p. 743).

38 *Ibidem*, p. 660.

39 LEITE, Eduardo de Oliveira. *Comentários ao Novo Código Civil*: do direito das sucessões (arts. 1.784 a 2.027). Vol. XXI. Rio de Janeiro: Forense, 2009. p. 963-965.

40 PEREIRA, Caio Mario da Silva. *Instituições de direito civil*: direitos reais. Vol. IV. 18. ed. rev. e atual. por Carlos Roberto Barbosa Moreira. Rio de Janeiro: Forense, 2003. p. 289.

41 Vale ressaltar a distinção entre usufruto e fideicomisso: "o que se torna tanto mais necessário quanto mais frequente têm sido as confusões a respeito, no plano doutrinário como no jurisprudencial (v. n. 472, vol. VI). Num e noutro – usufruto e fideicomisso – ocorre a utilização e fruição de um bem, em caráter temporário, e ao fim de certo tempo, sob certa condição, ou pela morte de uma pessoa, a propriedade se reintegra num destinatário.

As características jurídicas do usufruto são: a) direito real – distingue-se, assim, da utilização pessoal de coisa alheia, como a locação e o comodato, como direito real grava o bem sobre o que incide, acompanhando-o em poder de quem quer que o adquira; b) objeto – usufruto pode ser sobre todos os bens frugíferos, sejam móveis ou imóveis individualmente considerados, como também bens corpóreos ou incorpóreos; c) fruição – faculdade de fruir as utilidades das coisas aos acessórios e aos acrescidos, salvo cláusula expressa em contrário (art. 1.392, CC); d) posse – para a utilização da coisa, atribui a posse direta e a indireta ao nu proprietário; e) temporariedade – pode ser constituído em caráter vitalício, como a termo ou sob condição; e f) constituição – por convenção, por testamento e por usucapião.[42]

Importante destacar que o usufruto, quando recair sobre bens imóveis, exigirá o registro no Cartório de Registro de Imóveis, quando não resultar de usucapião conforme art. 1391 do CC. A possibilidade da constituição de usufruto sobre patrimônio é questionada pela doutrina. Nesta, afirma-se que a incidência do usufruto sobre o patrimônio recairia sobre cada bem que o compõe.[43] Dessa forma, alguns autores afirmam a possibilidade da "constituição de usufruto por meio de herança, desde que subsistam os pressupostos técnicos da vocação universal, embora em geral o testador o institua por meio de legado".[44]

Pode-se ceder o exercício do usufruto tanto gratuito quanto onerosamente, mas não se pode aliená-lo. São direitos do usufrutuário: posse, uso, administração e percepção dos frutos, como dispõe o art. 1.394 do CC. Entre os deveres dos usufrutuários, antes de assumir o usufruto, está o de inventariar os bens que receber, à sua custa. Pode, assim, determinar o estado em que os bens se encontram e fornecer caução fidejussória ou real, caso o dono exija que zele pela conservação, e entregá-los ao fim do usufruto. Entretanto, existe exceção ao fato de o usufrutuário não ser obrigado a pagar a caução ao doador que se reservar o usufruto da coisa doada, conforme parágrafo único do art. 1.400 do CC.

Não é obrigado o usufrutuário a pagar pelas deteriorações resultantes do exercício regular. Contudo, é responsável pelo pagamento das despesas ordinárias de conservação dos bens no estado em que os recebeu e das prestações e dos tributos devidos pela posse ou pelo rendimento da coisa. Consequentemente, são incumbências do dono as reparações extraordinárias e as que não são de custo módico; todavia, o usufrutuário pagará os juros do capital despendido com as que forem necessárias à conservação, ou aumentarem o rendimento da coisa usufruída. Vale destacar que a referência de

---

Não obstante as semelhanças, os pontos de diversificação repontam, permitindo estremar os dois institutos" (PEREIRA, Caio Mario da Silva. *Instituições de direito civil*: direitos reais. Vol. IV. *Op. cit.*, p. 290-291).

42 *Ibidem*, p. 291-294.

43 TEPEDINO, Gustavo; BARBOZA; Heloisa Helena; MORAES, Maria Celina Bodin de. *Código Civil interpretado conforme a Constituição da República*. Vol. II. *Op. cit.*, p. 811.

44 "Se alguém se apega à afirmação de que usufruto de patrimônio é a soma dos usufrutos sobre bens singulares, caindo na superficialidade, com aparência analítica, da concepção pluralista, elimina o conceito mesmo de usufruto de patrimônio; e uma das consequências lógicas seria a de não ter o usufrutuário qualquer responsabilidade pelas dívidas que pesam sobre o patrimônio, e não sobre cada bem, ou algum bem, de per si" (TEPEDINO, Gustavo; BARBOZA; Heloisa Helena; MORAES, Maria Celina Bodin de. *Código Civil interpretado conforme a Constituição da República*. Vol. III. Rio de Janeiro: Renovar, 2011. p. 811).

modicidade no art. 1.404, CC, §1º é em relação às despesas superiores a dois terços do líquido rendimento em um ano.

Extingue-se o usufruto nas seguintes hipóteses: pelo cancelamento no registro de imóveis; pela renúncia ou morte do usufrutuário; pelo termo de sua duração; pela extinção da pessoa jurídica; pela cessação do motivo de que se origina; pela destruição da coisa; pela consolidação; pela culpa do usufrutuário, quando for o caso de alienação, deterioração, destruição dos bens, não solucionando os reparos de conservação; ou, ainda, quando no usufruto de título de crédito não se dá às importâncias recebidas a aplicação prevista no parágrafo único do art. 1.395 do CC; e, por fim, pelo não uso, ou não fruição da coisa sobre a qual o usufruto recai. Pode ocorrer a pluralidade usufrutuária, ou seja, pode ser constituído o usufruto em favor de duas ou mais pessoas, e a extinção ocorrerá por parte, em relação a cada uma das que falecerem, salvo se, por estipulação expressa, o quinhão deste couber ao sobrevivente.

O segundo instituto a ser visto é a partilha em vida, que se encontra regulada no art. 2.018 do Código Civil. Quando realizada por ascendente, é ato unilateral, "podendo ser feita por ato entre vivos ou ato *causa mortis*, a primeira, por meio de escritura pública ou instrumento particular (art. 108), e a segunda, por testamento (art. 1.014). Aquela costuma ser designada de *partilha-doação*, esta de *partilha-testamento*".[45] A partilha realizada por ato entre vivos[46] deve obedecer aos requisitos de forma e de fundo das doações e tem efeito imediato à divisão entre os herdeiros. Dessa forma, ocorre uma antecipação do que eles iriam receber com a morte do ascendente; "se foi omitido algum herdeiro necessário, a partilha é nula; se sobrevém herdeiro necessário, a partilha é ineficaz".[47]

Sua formalização deverá obedecer aos pressupostos de validade e eficácia do testamento ou da doação e compreenderá todos os herdeiros e todos os bens do titular. No caso de existirem novos bens na data da abertura da sucessão, os quais não estejam incluídos no adiantamento da legítima, eles serão partilhados conforme as regras do Direito Sucessório.

Vale destacar que a doutrina brasileira sempre fez adequada distinção entre a *partilha em vida* e a *doação*. Reconhece que a primeira deveria abranger todos os herdeiros necessários, mas poderia também incluir a utilização da cota disponível, não se lhe aplicando, de modo algum, o art. 1.711 do CC, pois a intenção, no caso, é de uma partilha definitiva, com o reconhecimento de direitos atribuídos a terceiros. Não

---

[45] TEPEDINO, Gustavo; BARBOZA; Heloisa Helena; MORAES, Maria Celina Bodin de. *Código Civil interpretado conforme a Constituição da República*. Vol. IV. *Op. cit.*, p. 894.

[46] À partilha em vida incide a norma do art. 548 do CC: "É nula a doação de todos os bens sem reserva de parte, ou renda suficiente para a subsistência do doador". Segundo Luiz Edson Fachin, o art. 548 do CC "veda a doação de todos os bens sem reserva de uma parte suficiente a garantir a subsistência do doador, é dispositivo que autoriza a formulação do conceito aqui discutido. De fato, percebe-se que o dispositivo legal procura evitar a situação de miséria do indivíduo, obrigando-o a manter-se com bens suficientes para a sua sobrevivência, de modo que se pode haurir que há preocupação do estatuto civilístico com a subsistência patrimonial do indivíduo, mediante a percepção de um patrimônio líquido" (FACHIN, Luiz Edson. Bem de família e o patrimônio mínimo. In: PEREIRA, Rodrigo da Cunha (Org.). *Tratado de direito das famílias*. Belo Horizonte: IBDFAM, 2015. p. 682).

[47] VELOSO, Zeno; AZEVEDO, Antônio Junqueira de (Coord.). *Comentário ao Código Civil* – Parte especial: direito das sucessões. Arts. 1.857 a 2.027. Vol. XXI. São Paulo: Saraiva, 2003. p. 437.

constitui um adiantamento da legítima, pelo fato de, em tese, abranger todos os bens a serem distribuídos, descabe qualquer outra partilha e a própria abertura do inventário.[48]

As consequências dessa distinção estão em seus efeitos. Isso porque, no caso de doação para herdeiros necessários, "constitui adiantamento da legítima e, portanto, se sujeita à colação, não se pode afirmar que a partilha em vida seja doação. Não se trata de adiantamento da legítima, mas de adiantamento da partilha. Tanto é assim, que a partilha em vida não está sujeita à colação".[49]

Nesse sentido, Gustavo Tepedino afirma que "a partilha efetuada em vida por meio de sucessivas liberalidades não se submete à disciplina aplicável às doações, praticadas isoladamente, mas ao regime jurídico próprio da divisão de bens efetuada pelo autor da herança entre seus herdeiros [...]". Da mesma forma que ocorre no testamento, negócio jurídico unilateral no qual ocorrerá a partilha *mortis causa*.[50]

A questão nodal é distinguir partilha em vida de doação, por isso, a "necessidade de cumprimento de uma série de formalidades para que reste configurada a partilha em vida e, consequentemente, afastada colação".[51] A diferença, nesse momento, se o bem será ou não colacionado, sofreu significativa alteração[52] com o Código de Processo Civil de 2015, que ingressou no ordenamento pátrio em 18.2.2016. O art. 639 do CPC de 2015, em seu parágrafo único, determina: "Os bens a serem conferidos na partilha, assim como as acessões e as benfeitorias que o donatário fez, calcular-se-ão pelo valor que tiverem ao tempo da abertura da sucessão".

A partilha em vida tem sido "utilizada para o chamado planejamento sucessório, notadamente quando o interessado é titular de participações em atividades empresárias. É também meio lícito para afastar a sucessão concorrente do cônjuge ou do companheiro".[53]

Entretanto, apesar de a partilha ser muito aplicada no planejamento sucessório, a possibilidade de se afastar o cônjuge ou companheiro só ocorre no momento anterior ao

---

48 LEITE, Eduardo de Oliveira. *Comentários ao Novo Código Civil*: do direito das sucessões (arts. 1.784 a 2.027). Vol. XXI. *Op. cit.*, p. 963-965.

49 TEPEDINO, Gustavo; BARBOZA; Heloisa Helena; MORAES, Maria Celina Bodin de. *Código Civil interpretado conforme a Constituição da República*. Vol. IV. *Op. cit.*, p. 894.

50 TEPEDINO, Gustavo. *Direito de preferência previsto em estatuto societário e o direito das sucessões*. Soluções práticas. Vol. II. São Paulo: Revista dos Tribunais, 2011. p. 369.

51 TEPEDINO, Gustavo; BARBOZA; Heloisa Helena; MORAES, Maria Celina Bodin de. *Código Civil interpretado conforme a Constituição da República*. Vol. IV. *Op. cit.*, p. 895.

52 Cabe traçar histórico do assunto no ordenamento brasileiro. O direito anterior à codificação, coligido nas Ordenações Filipinas, elegia o do momento da abertura da sucessão para verificar a existência ou não de excesso, conforme exposto no L. IV, T. 97, §4º O Código Civil de 1916, em seu art. 1.792, levava em consideração o valor dos bens doados, em confronto com o acervo patrimonial do doador no momento da doação e não na abertura da sucessão. Posteriormente, o Código de Processo Civil de 1973 alterou o princípio, mandando [que] calcula-se pelo valor que tiverem ao tempo da abertura da sucessão (art. 1.014, parágrafo único) e desta sorte alterou a sistemática do Código Civil de 1916. O Código de 2002, no entanto, reproduziu, em seu art. 549, a regra da verificação do valor dos bens doados em relação ao patrimônio do doador no momento da liberalidade, revogando, assim, a regra do Código de Processo Civil. O art. 2.004 do CC revoga o art. 1.014 do CPC e reintroduz a solução que era dada pelo art. 1.792 do CC de 1916, o valor da colação dos bens doados será aquele, certo ou estimativo, que lhes atribuir o ato de liberalidade. O tema sofreu nova alteração pelo CPC de 2015. O novo diploma, em relação ao direito sucessório, estatui o momento da colação em seu art. 639, reproduzindo o disposto citado no art. 1.014 do Código de Processo Civil de 1973. Assim determina o parágrafo único do art. 639 que o valor dos bens a serem colacionados será aquele que eles tiverem ao tempo da abertura da sucessão. Vale destacar que a apuração do valor da doação sujeita à colação consoante o momento da liberalidade não garante a finalidade da conferência. Isso porque a legítima só pode ser calculada no momento da abertura da sucessão.

53 LÔBO, Paulo Luiz Netto. *Direito civil*: sucessões. São Paulo: Saraiva, 2013. p. 290.

casamento ou constituição de união estável.[54] Cabe frisar que se deve aplicar na partilha em vida[55] a restrição contida no art. 548, de modo que se deixa reserva de parte ou da renda suficientes para a subsistência do partilhante.

4 Fundo de rendimento

O fundo de investimento, em suas diversas espécies, é uma forma de aplicação financeira formada pela união de vários investidores que se juntam para a realização de um investimento financeiro.[56] Não possui personalidade jurídica, ele contém uma estrutura semelhante ao condomínio,[57] visando a um retorno esperado, dividindo as receitas geradas e as despesas necessárias para o empreendimento. A administração[58] e a gestão do fundo são realizadas por especialistas contratados, pessoas físicas ou jurídicas, especificamente para tal.[59]

Dada a crescente importância dos fundos de investimento na economia, este permite a aplicação de recursos de pequeno volume, visando, desta forma, a proporcionar o acesso a uma administração especializada, a qual "constitui um dos mais notáveis e democráticos instrumentos de alocação de poupança dos investidores".[60]

---

54 Atualmente, todo regime de bens na sucessão tem participação entre os cônjuges, com exceção da separação de bens obrigatória (art. 1.641 do CC). Entretanto, existem pessoas que não querem que os bens se comuniquem após a morte por diversos motivos. A partilha antes da constituição de novo vínculo familiar faz com que o casal inicie a relação sem bens. O que os cônjuges adquirirem daquele momento para frente será partilhado conforme o regime que tenham adotado. É dessa forma que a partilha em vida vem auxiliando no planejamento e atendendo às escolhas dos cônjuges dentro da legalidade.

55 "A partilha em vida abrange apenas os bens presentes no momento do ato, enquanto a partilha por ato de última vontade pode incluir bens futuros, pois a primeira produz efeito desde logo, já a partilha em testamento somente terá efeito após a morte do testador. A partilha em vida pode ser conjuntiva, não sendo admitido o testamento conjuntivo, seja simultâneo, conjuntivo ou recíproco (art. 1.863). E regra, é irrevogável, enquanto a partilha em testamento, por ser ato de última vontade, poderá ser revogada a qualquer momento, na medida em que o testador tenha capacidade de testar. A partilha em vida pode ser revogada por ingratidão e esta sujeita à rescisão pelos credores que por ela forem fraudados" (TEPEDINO, Gustavo; BARBOZA; Heloisa Helena; MORAES, Maria Celina Bodin de. *Código Civil interpretado conforme a Constituição da República*. Vol. IV. *Op. cit.*, p. 896).

56 PFEIFFER, Roberto Augusto Castellanos. Aplicação do Código de Defesa do Consumidor aos administradores de fundos de investimentos. *Revista de Direito do Consumidor*, São Paulo, vol. 61, p. 190, jan./mar. 2007.

57 EIZIRIK, Nelson; GAAL, Ariadna B.; PARENTE, Flavia; HENRIQUES, Marcus de Freitas. *Mercado de Capitais* – Regime Jurídico. Rio de Janeiro: Renovar, 2008, p. 78-80.

58 Importante aspecto, ao tratar da temática dos fundos de investimento, é atinente à responsabilidade dos administradores. As normas de aplicação imediata aos fundos de investimentos deverão ser obrigatoriamente observadas pelo administrador, tais como a prestação de informações de forma adequada, o dever de cautela na oferta dos fundos (em especial no material publicitário), com atenção principal à citação dos riscos existentes, prévio conhecimento e clareza nas disposições contratuais. O autor enfatiza que o administrador somente responderá civilmente perante os quotistas por perdas sofridas pelos fundos quando tal prejuízo for decorrente de vícios na prestação de seus serviços (PFEIFFER, Roberto Augusto Castellanos. Aplicação do Código de Defesa do Consumidor aos administradores de fundos de investimentos. *Revista de Direito do Consumidor*. *Op. cit.*, p. 190).

59 LONGO, José Henrique; PHEBO, Márcia Setti. Fundos de investimento. *Revista Tributária das Américas*, São Paulo, vol. 6, p. 284, jul./dez. 2012.

60 EIZIRIK, Nelson, GAAL; Ariadna B.; PARENTE, Flavia; HENRIQUES, Marcus de Freitas. *Mercado de Capitais* – Regime Jurídico. *Op. cit.*, p. 77.

Ademais, em virtude da flexibilidade, investidores estrangeiros se utilizam destas "ferramentas de negociação"[61] como "veículo de seus negócios no país".[62] Identifica-se, assim, dentre outros aspectos, o aumento do volume da negociação transnacional de valores mobiliários, bem como a aplicabilidade da regulamentação brasileira diante desta realidade. Tal dinâmica fomenta as mudanças necessárias quanto ao desenvolvimento do mercado brasileiro, o qual possui instituições fundadas no sistema tradicional forçando uma adaptação à realidade internacional.

A Comissão de Valores Mobiliários ("CVM"), através da Instrução Normativa nº 555, de 17.12.2014, que revogou a Instrução Normativa nº 409, de 18.08.2004, determinou as regras gerais aplicadas para a constituição e o funcionamento para os fundos de investimento e fundo de investimento[63] em cotas (de fundo de investimento) registrados junto à autarquia.

Não obstante, o conceito de fundo de investimento constante na instrução normativa anterior se manteve e continua sendo uma "comunhão de recursos, constituído sob a forma de condomínio, destinado à aplicação em ativos financeiros" (art. 3º da IN 555 e art. 2º da IN 409).

Existem outros com regulamentação própria, dentre eles, o Fundo de Investimento em Participações, o Fundo de Investimento Imobiliário e o Fundo de Investimento em Direitos Creditórios.[64] Mudanças recentes na legislação levaram a um aumento considerável da atuação e competência da CVM, bem como à integração mais eficaz entre esta e o Banco Central.[65]

Quanto à tributação[66] dos fundos de investimentos, esta merece tratamento diferenciado, sendo necessário dar atenção à incidência do Imposto de Renda (IR) e do Imposto sobre Operações Financeiras (IOF). Assim, refletindo a importância crescente

---

61 MELO, Renato Schermann Ximenes de. Tecnologia e Integração no Mercado de Capitais. In: CANTIDIANO, Luiz Leonardo; MUNIZ, Igor (Org.). *Temas de Direito Bancário e do Mercado de Capitais.* Rio de Janeiro: Renovar, 2014, p. 169. Ao abordar a temática, o autor trata de questões relativas ao mercado de bolsas (balcões não organizados e não organizados), formação de preços, negociação de valores mobiliários e sistemas de negociação, bem como destaca que os "movimentos em direção à internacionalização dos mercados de valores mobiliários e a abertura dos mercados de capitais no mundo a investidores de outras jurisdições têm sido fortemente impulsionados pelas inovações tecnológicas neste campo".

62 LONGO, José Henrique; PHEBO, Márcia Setti. Fundos de investimento. *Revista Tributária das Américas. Op. cit.*, p. 284.

63 A constituição do fundo de investimentos é feita através de deliberação do administrador, responsável pelo fundo. É obrigatória a existência e aprovação de um regulamento que deve conter, dentre outros, informações sobre a espécie do fundo, prazo de duração, distribuição de resultados. O prévio registro também é necessário. Dentre as obrigações do administrador, destaca-se a de prestar de forma adequada informações relativas ao fundo de investimento, em absoluta conformidade com o princípio de *disclosure* presente no funcionamento do mercado de valores mobiliários (EIZIRIK, Nelson; GAAL, Ariadna B.; PARENTE, Flavia; HENRIQUES, Marcus de Freitas *Mercado de Capitais* – Regime Jurídico. *Op. cit.*, p. 91).

64 LONGO, José Henrique; PHEBO, Márcia Setti. Fundos de investimento. *Revista Tributária das Américas. Op. cit.*, p. 286.

65 MONTEIRO, Rogério. Responsabilidade do administrador de fundo de investimento. *Revista de Direito Bancário e do Mercado de Capitais,* São Paulo, vol. 30, p. 283, out. 2005.

66 No tocante a tributação, importa salientar que os investidores não residentes que realizam operações financeiras em fundos de investimentos gozam de um regime especial de tributação de Imposto de Renda. A regra geral é a prevista no art. 1º da Lei nº 11.033/2004, segundo a qual os rendimentos auferidos em qualquer aplicação ou operação financeira de renda fixa sujeitam-se à incidência do Imposto de Renda na fonte, de acordo com as alíquotas. LONGO, José Henrique; PHEBO, Márcia Setti. Fundos de investimento. *Revista Tributária das Américas. Op. cit.*, p. 287.

da aplicação de recursos em fundos de investimento, a CVM possibilitou e aumentou a aplicação destes no exterior através da retirada de limites de aplicação antes existentes.[67]

Os fundos de investimento vêm alargando o seu conceito jurídico de condomínio de cotas, ou reunião de pessoas que se organizam para aplicar seus recursos no mercado financeiro e distribuir os frutos conforme regras determinadas, tornando-se ferramentas eficazes de gestão de ativos e de oferta pública de investimentos em diversas modalidades e setores, alavancando recursos e movimentando sobremaneira a economia do país, contando com normas de funcionamento padronizadas pela CVM, tendo alguns deles regras e designação própria a depender de como e onde o patrimônio comum é investido e de qual a finalidade de seu investimento.

A utilização dos fundos de investimento, dessa forma, pode ser um importante mecanismo de gestão e administração do patrimônio familiar para fins sucessórios, haja vista a impessoalidade da administração. Com efeito, para funcionar, depende de autorização da CVM, além de observar as regras impostas por esta, com a imposição de penalidades ao administrador que as descumprir.

Acrescente-se, ainda, a segurança propiciada pela estrutura dos fundos, a existência de diversas classes e tipos de fundos (fundos de investimento em renda fixa, fundos de investimento multimercado, fundos de investimento em participações, fundos de investimento em direitos creditórios, fundos de investimento imobiliários)[68] e a possibilidade de serem firmados acordos de cotistas, por meio dos quais poderão ser previstas e resolvidas determinadas situações, prevenidos conflitos e conferida transparência e estabilidade às relações.

Cláudia Viegas e Gabrielle Cristina Menezes Ferreira Bonfim trazem um exemplo prático que demonstra a importância do planejamento sucessório por meio do uso de fundos de investimento.[69]

O Grupo empresarial Randon S/A foi criado, em 1949, como empresa de caráter meramente familiar, por dois irmãos para produzir freios de ar. Com o passar dos anos, com o processo de industrialização e modernização pelo qual passava o país, começou a expandir suas instalações e a diversificar sua linha de produtos, transformando-se em uma sociedade anônima de capital aberto em 1972.

Tendo em vista as diversas dificuldades financeiras que o Grupo enfrentou nas décadas de 80 e 90, foram aplicadas práticas de profissionalização da gestão, pautando-se em artifícios que, em um primeiro momento, trariam a transparência dos atos diretivos da empresa e, em um segundo momento, atenderiam a questões sucessórias.

Assim, para que esta sociedade empresária se desenvolvesse ao longo dos anos e ultrapassasse todos os obstáculos de crescimento, bem como vencesse os conflitos familiares internos, foi necessária a implantação de práticas da governança corporativa.

---

67 MORAES, Luiza Rangel de. Novas regras para aplicação de recursos de fundos de rendimentos no exterior. *Revista de Direito Bancário e do Mercado de Capitais*, São Paulo, vol. 40, p. 339, abr. 2008.

68 CARVALHO, Mário Tavernard Martins de. Planejamento sucessório no âmbito da empresa familiar. In: COELHO, Fábio Ulhoa; FÉRES, Marcelo Andrade (Coord.). *Empresa familiar*: estudos jurídicos. São Paulo: Saraiva, 2014, p. 462.

69 VIEGAS, Cláudia Mara de Almeida Rabelo; BONFIM, Gabrielle Cristina Menezes Ferreira. Governança corporativa nas empresas familiares: profissionalização da administração e viabilidade na implantação de planos jurídico-sucessórios eficientes. *Revista de Direito Empresarial*, vol. 14, p. 73-91, mar./abr. 2016.

Com isso, desde 2001, aderiu ao Nível 01 de governança corporativa da Bovespa, compondo o primeiro grupo que atende às exigências estabelecidas para este nível. Dentre as práticas de governança, estava justamente a constituição de um fundo de investimentos familiar, como medida que, diante da mudança da estrutura empresária para um ambiente mais profissional e competitivo, minimiza possíveis conflitos trazidos pelo crescimento da família.

5 Conclusão

Muito já se falou sobre o engessamento do atual Direito das Sucessões, principalmente frente às demandas da sociedade contemporânea. Neste cenário, a relevância do planejamento sucessório, por insuficiência de instrumentos jurídicos no Direito das Sucessões, que basicamente tem somente o testamento como ferramenta, já que o codicilo se aplica a bens de pequena monta e o fideicomisso, com o Código Civil de 2002, limitou-se a prole eventual.

Cabe ressaltar que no planejamento sucessório aplicam-se variados instrumentos jurídicos capazes de promover um planejamento que pode ocorrer por transmissão *causa mortis*, ou por negócio *inter vivos*, com eficácia imediata ou somente após a morte. O objeto deste artigo foi apresentar algumas ferramentas, de eficácia *inter vivos*, com ambas as formas de eficácia. Entretanto, merece destaque que o testamento não só é importante em um planejamento como ganhou maior relevância, pois emprega um planejamento sucessório maior segurança jurídica. Com efeito, para um planejamento sucessório ser bem-sucedido, ele deve ser eficaz, ou seja, não deve ter risco de ser questionado juridicamente, pois entre as vantagens de um planejamento sucessório está a celeridade no inventário, evitar litígios jurídicos e, principalmente, que não ocorra a dilapidação patrimonial pela demora em processos jurídicos.

O planejamento sucessório não tem modelo para ser aplicado, pois as escolhas dos instrumentos jurídicos vão alternar, conforme determinadas circunstâncias da vontade do autor da herança, a qualificação da pessoa e o levantamento de todo um ativo ou passivo do patrimônio. Vale lembrar que as ferramentas jurídicas apresentadas são apenas exemplificativas, já que o planejamento sucessório tem essa peculiaridade de autonomia para se fazer as escolhas dos melhores instrumentos conforme os pressupostos apresentados e os limites legais.

Dessa forma, entre as vantagens das ferramentas jurídicas destacadas neste artigo: a) o contrato de seguro de vida tem o fato de não entrar no inventário, que tem liquidez mais rápida; b) o contrato de doação, com um incentivo de sua aplicação, devido à tendência de aumento das alíquotas de ITCMD nos Estados brasileiros, a doação é muito aplicada também, associada ao usufruto, por fornecer maiores garantias ao doador, como também mereceram destaque as semelhanças e diferenças entre a doação e a partilha em vida, que é um instrumento jurídico aplicado em um planejamento sucessório quando o interessado é titular de participações empresariais e/ou afastar da sucessão o cônjuge ou companheiro, esta possibilidade só ocorre no momento anterior ao casamento ou à constituição da união estável; c) o fundo de rendimento pode ser um relevante mecanismo de gestão e administração do patrimônio familiar em um planejamento sucessório, principalmente pela característica da impessoalidade da administração, com destaque para a necessidade da autorização e regras da CVM para seu funcionamento.

Assim, comprova-se que entre as vantagens de um planejamento sucessório está a liberdade de escolha dessas ferramentas jurídicas, que se adéquam aos pressupostos e limites legais, conforme a sofisticação do patrimônio. Destaca-se ainda que o planejamento sucessório não visa a fraudar a legítima, mas sim a organização de uma sucessão com mais ferramentas jurídicas possíveis, com base em princípios constitucionais, como a autonomia e solidariedade, que não são antagônicos, pelo contrário, são complementares para a realização de um planejamento sucessório.

Referências

BUCAR, Daniel; PIRES, Caio Ribeiro. *Sucessão e Tributação*: Perplexidades e Proposições Equitativas. Arquitetura do planejamento sucessório. Belo Horizonte: Fórum, 2019.

CARVALHO, Mário Tavernard Martins de. Planejamento sucessório no âmbito da empresa familiar. *In*: COELHO, Fábio Ulhoa; FÉRES, Marcelo Andrade (Coord.). *Empresa familiar*: estudos jurídicos. São Paulo: Saraiva, 2014.

CRUZ, Elisa; AZEVEDO, Lilibeth. Planejamento sucessório. *In*: TEPEDINO, Gustavo; FACHIN, Luiz Edson (Org.). *Diálogos sobre direito civil*. Vol. III. Rio de Janeiro: Renovar, 2012.

FACHIN, Luiz Edson. Bem de família e o patrimônio mínimo. *In*: PEREIRA, Rodrigo da Cunha (Org.). *Tratado de direito das famílias*. Belo Horizonte: IBDFAM, 2015.

GOMES, Orlando; BRITO, Edvaldo (Coord.). *Contratos*. 26. ed. atual. por Antônio Junqueira de Azevedo e Francisco Paulo De Crescenzo Marino. Rio de Janeiro: Forense, 2008.

EIZIRIK, Nelson; GAAL, Ariadna B.; PARENTE, Flavia; HENRIQUES, Marcus de Freitas. *Mercado de Capitais* – Regime Jurídico. Rio de Janeiro: Renovar, 2008.

LEITE, Eduardo de Oliveira. *Comentários ao Novo Código Civil*: do direito das sucessões (arts. 1.784 a 2.027). Vol. XXI. Rio de Janeiro: Forense, 2009.

LÔBO, Paulo Luiz Netto. *Direito civil*: sucessões. São Paulo: Saraiva, 2013.

LONGO, José Henrique; PHEBO, Márcia Setti. Fundos de investimento. *Revista Tributária das Américas*, São Paulo, vol. 6, jul./dez. 2012.

MADALENO, Rolf. Planejamento sucessório. *Revista IBDFAM*: *Famílias e Sucessões*. Belo Horizonte, vol. 1, p. 11-33, jan./fev. 2014.

MELO, Renato Schermann Ximenes de. Tecnologia e Integração no Mercado de Capitais. *In*: CANTIDIANO, Luiz Leonardo; MUNIZ, Igor (Org.). *Temas de Direito Bancário e do Mercado de Capitais*. Rio de Janeiro: Renovar, 2014.

MONTEIRO, Rogério. Responsabilidade do administrador de fundo de investimento. *Revista de Direito Bancário e do Mercado de Capitais*, São Paulo, vol. 30, out. 2005.

MORAES, Luiza Rangel de. "Novas regras para aplicação de recursos de fundos de rendimentos no exterior". *Revista de Direito Bancário e do Mercado de Capitais*, São Paulo, vol. 40, abr./2008.

PEREIRA, Caio Mario da Silva. *Instituições de direito civil*: contratos. Vol. III. rev. e atual. por Regis Fichtner. Rio de Janeiro: Forense, 2004.

PEREIRA, Caio Mario da Silva. *Instituições de direito civil*: direitos reais. Vol. IV. 18. ed. rev. e atual. por Carlos Roberto Barbosa Moreira. Rio de Janeiro: Forense, 2003.

STOLZE, Pablo Gagliano. *O contrato de doação*: análise crítica do atual sistema jurídico e os seus efeitos no direito de família e das sucessões. 2. ed. rev. e atual. São Paulo: Saraiva, 2008.

PFEIFFER, Roberto Augusto Castellanos. Aplicação do Código de Defesa do Consumidor aos administradores de fundos de investimentos. *Revista de Direito do Consumidor*, São Paulo, vol. 61, jan./mar. 2007.

TEPEDINO, Gustavo; BARBOZA; Heloisa Helena; MORAES, Maria Celina Bodin de. *Código Civil interpretado conforme a Constituição da República*. Vol. IV. Rio de Janeiro: Renovar, 2014.

TEPEDINO, Gustavo. *Código Civil interpretado conforme a Constituição da República*. Vol. III. Rio de Janeiro: Renovar, 2011.

TEPEDINO, Gustavo. *Código Civil interpretado conforme a Constituição da República*. Vol. II. Rio de Janeiro: Renovar, 2006.

TEPEDINO, Gustavo. *Direito de preferência previsto em estatuto societário e o direito das sucessões*. Soluções práticas. Vol. II. São Paulo: Revista dos Tribunais, 2011.

TEIXEIRA, Daniele. *Planejamento Sucessório*: pressupostos e limites. 2ª reimpressão. Belo Horizonte: Fórum, 2018.

VELOSO, Zeno; AZEVEDO, Antônio Junqueira de (Coord.). *Comentário ao Código Civil* – Parte especial: direito das sucessões. Arts. 1.857 a 2.027. Vol. XXI. São Paulo: Saraiva, 2003.

VIEGAS, Cláudia Mara de Almeida Rabelo; BONFIM, Gabrielle Cristina Menezes Ferreira. Governança corporativa nas empresas familiares: profissionalização da administração e viabilidade na implantação de planos jurídico-sucessórios eficientes. *Revista de Direito Empresarial*, vol. 14, mar./abr. 2016.

WALD, Arnoldo. *Direito civil*: contratos em espécie. Vol. III. 18. ed. reform. São Paulo: Saraiva, 2009.

WALD, Arnoldo. *Direito civil*: direito das sucessões. Vol. VI. 14. ed. reform. São Paulo: Saraiva, 2009.

Informação bibliográfica deste texto, conforme a NBR 6023:2018 da Associação Brasileira de Normas Técnicas (ABNT):

TEIXEIRA, Daniele Chaves. Algumas ferramentas jurídicas utilizadas em um planejamento sucessório: seguro de vida, doação e fundo de rendimento. *In*: TEIXEIRA, Daniele Chaves (Coord.). *Arquitetura do planejamento sucessório*. 3. ed. Belo Horizonte: Fórum, 2022. p. 683-698. Tomo I. ISBN 978-65-5518-459-4.

Adriano Marteleto Godinho
Professor de Direito Civil do curso de Direito da Universidade Federal da Paraíba. Professor do Programa de Pós-Graduação *Stricto Sensu* (Mestrado e Doutorado) do Centro de Ciências Jurídicas da UFPB. Doutor em Ciências Jurídicas pela Universidade de Lisboa. Mestre em Direito Civil pela Faculdade de Direito da Universidade Federal de Minas Gerais.

Alexandre Miranda Oliveira
Mestre em Direito Empresarial pela Universidade de Deusto-Bilbao, na Espanha. Professor de Direito Processual Civil da PUC Minas. Advogado. Membro da Comissão de Direito das Sucessões da OAB/MG.

Ana Beatriz Lima Pimentel Lopes
Doutoranda em Direito Constitucional nas Relações Privadas pela Universidade de Fortaleza (UNIFOR). Mestre em Direito Público – Ordem Jurídica Constitucional pela Universidade Federal do Ceará (UFC). Especialista em Direito Privado pela Universidade de Fortaleza (UNIFOR). Graduada em Direito pela Universidade de Fortaleza (UNIFOR). Professora de Direito Civil do Curso de Direito da Universidade de Fortaleza (UNIFOR) e do Centro Universitário Christus (UNICHRISTUS).

Ana Carla Harmatiuk Matos
Vice-Presidente do IBDCIVIL. Vice-Coordenadora Programa de Mestrado e Doutorado em Direito da UFPR. Diretora Regional Sul do IBDFAM. Professora de Direito Civil e de Direitos Humanos. Mestre e Doutora em Direito pela UFPR. Mestre em Derecho Humano pela Universidad Internacional de Andalucía, na Espanha. Tutora in Diritto na Università di Pisa, na Itália. Autora de livros e artigos. Advogada.

Ana Carolina Beneti
Advogada, com atuação como árbitra, com experiência em arbitragens internacionais e nacionais, casos de ADR e contencioso relacionado à arbitragem em diversas áreas de Direito Civil e Comercial. LL.M. pela London School of Economics and Political Science – LSE (University of London), com especialização em Arbitragem Internacional e Processo Civil (The British Council Scholarship – Chevening Award). Doutoranda em Direito Internacional Privado pela Faculdade de Direito da Universidade de São Paulo (USP). Pesquisadora (*guest*) do Max Planck Institut für Ausländisches und Internationales Privatrecht, na Alemanha. Diretora de Arbitragem da Câmara de Comércio Brasil-Canadá (CCBC).

Ana Carolina Brochado Teixeira
Doutora em Direito Civil pela UERJ. Mestre em Direito Privado pela PUC Minas. Especialista em Direito Civil pela Scuola di Diritto Civile – Camerino, na Itália. Professora de Direito Civil do Centro Universitário UNA. Coordenadora Editorial da *RBDCivil*. Advogada.

Ana Luiza Maia Nevares
Doutora e Mestre em Direito Civil pela UERJ. Professora de Direito Civil da PUC-Rio. Coordenadora do curso de Pós-Graduação *Lato Sensu* de Direito das Famílias e das Sucessões da PUC-Rio. Membro do IBDFAM, do IBDCIVIL e do IAB. Advogada.

André Luiz Arnt Ramos
Doutorando e Mestre em Direito das Relações Sociais pela Universidade Federal do Paraná (UFPR). Pesquisador visitante junto ao Instituto Max Planck para Direito Comparado e Internacional Privado. Membro do Grupo de Pesquisa Virada de Copérnico, associado ao Instituto Brasileiro de Estudos em Responsabilidade Civil (IBERC) e ao Instituto dos Advogados do Paraná (IAP). Professor de Direito Civil na Universidade Positivo. Advogado em Curitiba.

Anelize Pantaleão Puccini Caminha
Professora da UniDomBosco. Mestre em Direito pela UFRGS. Doutoranda em Direito pela Pontifícia Universidade Católica do Paraná (PUCPR). Advogada. *E-mail*: anelize@caminhaadvogados.com.br.

Angélica Carlini
Pós-Doutora em Direito Constitucional. Doutora em Direito Político e Econômico (2012 – Universidade Presbiteriana Mackenzie). Doutora em Educação (2006 – PUC-SP). Mestre em Direito Civil (2002 – Universidade Paulista – UNIP). Mestre em História Contemporânea (1992 – PUC-SP). Graduada em Direito (1982 – PUC-SP). Docente do curso de Direito da UNIP. Professora convidada do PPG em Administração da UNIP. Professora da Pós-Graduação da Escola Paulista de Direito – EPD e da Escola Nacional de Seguros.

Caio Ribeiro Pires
Mestrando em Direito Civil pela Universidade do Estado do Rio de Janeiro (UERJ). Graduado em Direito pela Pontifícia Universidade Católica de Campinas (PUC-Campinas). Advogado.

Camila Grubert
Especialista em Direito Processual Civil pela Pontifícia Universidade Católica do Paraná (PUCPR). Graduada em Direito pelo Centro Universitário Curitiba (Unicuritiba). Pesquisadora do Núcleo de Estudos em Direito Civil-Constitucional da Universidade Federal do Paraná (UFPR – Grupo Virada de Copérnico). Membro Coordenador da Comissão de Direito de Família da OAB/PR. Membro do Instituto dos Advogados do Paraná (IAP). Advogada certificada pelo portal www.testamentovital.com.br para prestar consultoria a pessoas que desejam fazer testamento vital. Atualmente é advogada no Escritório Pedroso Xavier Advogados Associados. Tem experiência na área de Direito Civil, com ênfase em Direito das Famílias e Direito das Sucessões.

Daniel Bucar
Doutor e Mestre em Direito Civil pela Universidade do Estado do Rio de Janeiro (UERJ). Especialista em Direito Civil na Università degli Studi di Camerino. Pesquisador visitante do Max Planck Institut für Ausländisches und Internationales Privatrecht, na Alemanha. Professor de Direito Civil no IBMEC/RJ. Procurador Geral do Município do Rio de Janeiro.

Daniela de Carvalho Mucilo
Mestre em Direito das Relações Sociais pela Pontifícia Universidade Católica de São Paulo (PUC-SP). Especialista em Direito Civil pela Scuola di Specializzazione in Diritto Civile pela Università degli Studi di Camerino, na Itália. Professora de Direito Civil e Coordenadora da Pós-Graduação em Direito de Família e das Sucessões da Faculdade de Direito do Sul de Minas (FDSM/MG). Coordenadora adjunta da Pós-Graduação em Direito de Família na Faculdade Damásio. Advogada.

Daniela Trejos Vargas
Mestre em Direito Constitucional pela Pontifícia Universidade Católica do Rio de Janeiro (PUC-Rio). Doutora em Direito Civil pela Universidade do Estado do Rio de Janeiro (UERJ). Coordenadora Central de Graduação da PUC-Rio (Pró-Reitora de Graduação). Professora no Departamento de Direito da PUC-Rio.

Daniele Chaves Teixeira
Doutora e Mestre em Direito Civil pela Universidade do Estado do Rio de Janeiro (UERJ). Pesquisadora bolsista no Max Planck Institut für Ausländisches und Internationales Privatrecht, na Alemanha. Especialista em Direito Civil pela Università degli Studi di Camerino, na Itália. Especialista em Direito Privado pela Pontifícia Universidade Católica do Rio de Janeiro (PUC-Rio). Professora de cursos de pós-graduação de Direito. Advogada e Parecerista.

Eduardo Nunes de Souza
Doutor e Mestre em Direito Civil pela Universidade do Estado do Rio de Janeiro (UERJ). Professor adjunto de Direito Civil da Faculdade de Direito da UERJ.

Eroulths Cortiano Junior
Doutor em Direito. Professor da UFPR. Associado do IBDCIVIL, do IBDFAM e do IBERC. Líder do Núcleo de Pesquisas em Direito Civil-Constitucional do PPGD/UFPR – Grupo Virada de Copérnico. Procurador do Estado do Paraná. Advogado em Curitiba.

Flávio Tartuce
Doutor em Direito Civil e Graduado pela USP. Mestre em Direito Civil Comparado e Especialista em Direito Contratual pela PUC-SP. Professor Titular permanente dos Programas de Mestrado e Doutorado da Faculdade Autônoma de Direito (FADISP). Coordenador e Professor dos cursos de Pós-Graduação *Lato Sensu* da Escola Paulista de Direito (EPD, São Paulo). Patrono do curso *on-line* de Direito Negocial e Imobiliário da Escola Brasileira de Direito (EBRADI). Autor, entre outras obras, da coleção *Direito civil*, em seis volumes, pela GEN/Forense. Advogado, Consultor Jurídico, Parecerista e Árbitro.

Gabriel Honorato de Carvalho
Mestre em Direito Econômico pela Universidade Federal da Paraíba. Pós-Graduado em Direito Civil e Processo Civil pela Escola Superior da Advocacia, Seccional Paraíba. Advogado, Consultor Jurídico, Sócio do Escritório Honorato Advogados.

Giselda Maria Fernandes Novaes Hironaka
Professora Titular de Direito Civil da Faculdade de Direito da Universidade de São Paulo (USP). Doutora e Livre-Docente pela Faculdade de Direito da USP. Coordenadora Titular e Professora Titular do Programa de Pós-Graduação *Stricto Sensu* em Direito da Faculdade Autônoma de Direito de São Paulo (FADISP). Coordenadora e Professora do Programa de Pós-Graduação *Lato Sensu* em Direito Civil da Escola Paulista de Direito (EPD). Patronesse do curso *on-line* de Direito de Família e Sucessões da Escola Brasileira de Direito (EBRADI). Autora de diversas obras. Palestrante e Conferencista no Brasil e no exterior. Advogada, Árbitra, Consultora Jurídica e Parecerista.

Gustavo Henrique Baptista Andrade
Pós-Doutorado em Direito Civil pela UERJ. Mestre e Doutor pela UFPE. Pesquisador do Grupo de Pesquisa Constitucionalização das Relações Privadas (CONREP/UFPE). Pesquisador do Grupo de Pesquisa Historicidade e Relatividade do Direito Civil (UERJ). Pesquisador visitante do Max Planck Institut für Ausländisches und Internationales Privatrecht, na Alemanha. Procurador do Município do Recife.

Guilherme Magalhães Martins
Promotor de Justiça titular da 5ª Promotoria de Tutela Coletiva do Consumidor da Capital, do Ministério Público do Estado do Rio de Janeiro (MPRJ). Professor adjunto de Direito Civil da Faculdade Nacional de Direito da Universidade Federal do Rio de Janeiro (UFRJ). Doutor e Mestre em Direito Civil pela Faculdade de Direito da Universidade do Estado do Rio de Janeiro (UERJ). Ex-Professor visitante do Mestrado em Direito da Faculdade de Direito da UERJ. Membro honorário do Instituto dos Advogados Brasileiros, junto à Comissão de Direito do Consumidor. Professor adjunto (licenciado) de Direito Civil da Universidade Cândido Mendes – Centro.

Professor dos cursos de Pós-Graduação *Lato Sensu* da UERJ, PUC-Rio, EMERJ, INSPER, Damásio de Jesus, Universidade Cândido Mendes, UFRGS e UFJF. Diretor do Instituto Brasileiro de Política e Direito do Consumidor (Brasilcon).

Heloisa Helena Barboza
Professora Titular de Direito Civil da Faculdade de Direito da Universidade do Estado do Rio de Janeiro (UERJ). Doutora em Direito pela UERJ e em Ciências pela ENSP/FIOCRUZ. Procuradora de Justiça do Estado do Rio de Janeiro (aposentada). Advogada.

Isabela Hümmelgen
Mestre em Women's and Gender Studies na University of York, pelo Programa Erasmus Mundus GEMMA. Graduada em Direito pela Universidade Federal do Paraná. Pesquisadora do Núcleo de Estudos em Direito Civil-Constitucional – Virada de Copérnico. Advogada.

Jânio Urbano Marinho Júnior
Defensor Público Federal. Mestre em Direito pela FADISP.

José Fernando Simão
Livre-Docente, Doutor e Mestre em Direito Civil pela Faculdade de Direito da Universidade de São Paulo (USP). Professor associado do Departamento de Direito Civil da Faculdade de Direito da USP. Advogado em São Paulo.

José Luiz de Moura Faleiros Júnior
Mestre em Direito pela Universidade Federal de Uberlândia (UFU). Especialista em Direito Processual Civil, Direito Civil e Empresarial, Direito Digital e *Compliance* pela Faculdade de Direito Prof. Damásio de Jesus (FDDJ). Participou de curso de extensão em Direito Digital da University of Chicago. Bacharel em Direito pela Universidade Federal de Uberlândia (UFU). Professor de cursos preparatórios para a prática advocatícia. Pesquisador do Grupo de Estudos em Direito Digital da Universidade Federal de Uberlândia (UFU). Autor de obras e artigos dedicados ao estudo do direito e às suas interações com a tecnologia. Advogado.

Joyceane Bezerra de Menezes
Doutora em Direito pela Universidade Federal de Pernambuco. Mestre em Direito pela Universidade Federal do Ceará. Professora titular do Programa de Pós-Graduação *Stricto Sensu* em Direito (Mestrado/Doutorado) da Universidade de Fortaleza, na disciplina de Direitos de Personalidade. Professora adjunta da Universidade Federal do Ceará. Coordenadora do Grupo de Pesquisa CNPq: Direito Constitucional nas Relações Privadas.

Jussara Maria Leal de Meirelles
Graduada em Direito pela Universidade Federal do Paraná, com Mestrado e Doutorado em Direito das Relações Sociais pela Universidade Federal do Paraná. Pós-Doutora pelo Centro de Direito Biomédico da Universidade de Coimbra. Professora Titular de Direito Civil da Pontifícia Universidade Católica do Paraná. Professora do Programa de Pós-Graduação em Direito Econômico e Socioambiental (Mestrado e Doutorado) e do Programa de Pós-Graduação em Bioética (Mestrado), da Pontifícia Universidade Católica do Paraná. Procuradora Federal aposentada.

Livia Teixeira Leal
Doutoranda e Mestre em Direito Civil pela Universidade do Estado do Rio de Janeiro (UERJ). Pós-Graduada pela Escola da Magistratura do Estado do Rio de Janeiro (EMERJ). Professora convidada da PUC-Rio, da EMERJ e da ESAP. Assessora no Tribunal de Justiça do Rio de Janeiro (TJRJ).

Luana Maniero Moreira
Especialista em Direito de Civil pela Universidade do Estado do Rio de Janeiro (UERJ). Associada da Associação dos Advogados de São Paulo (AASP). Advogada.

Luciana Pedroso Xavier
Professora da Graduação da Faculdade de Direito da UFPR. Doutora e Mestre em Direito Civil pela UFPR. Diretora do Instituto Brasileiro de Direito Contratual – IBDCONT. Advogada. Contato: luciana@pxadvogados.com.br.

Maici Barboza dos Santos Colombo
Doutoranda em Direito Civil pela Faculdade de Direito da Universidade de São Paulo (USP). Mestre e Especialista em Direito Civil Constitucional pela Faculdade de Direito do Estado do Rio de Janeiro (UERJ). Professora Substituta de Direito Civil da Faculdade Nacional de Direito (UFRJ). Advogada.

Marcos Ehrhardt Jr.
Doutor pela Universidade Federal de Pernambuco (UFPE). Mestre em Direito pela Universidade Federal de Alagoas (UFAL). Professor de Direito Civil da UFAL. Professor de Direito Civil e Direito do Consumidor do Centro Universitário CESMAC. Pesquisador visitante do Instituto Max-Planck de Direito Privado Comparado e Internacional (Hamburgo/Alemanha). Líder do Grupo de Pesquisa Direito Privado e Contemporaneidade (UFAL). Membro do Grupo de Pesquisa Constitucionalização das Relações Privadas (CONREP/UFPE). Editor da *Revista Fórum de Direito Civil* (RFDC). Diretor Nordeste do Instituto Brasileiro de Direito Civil (IBDCIVIL). Membro do Instituto Brasileiro de Direito de Família (IBDFAM) e do Instituto Brasileiro de Estudos de Responsabilidade Civil (IBERC). Advogado.

Marília Pedroso Xavier
Professora da Graduação e da Pós-Graduação *Stricto Sensu* da Faculdade de Direito da UFPR. Doutora em Direito Civil pela USP. Mestre e Graduada em Direito pela UFPR. Coordenadora de Direito Privado da Escola Superior de Advocacia do Paraná. Diretora do Instituto Brasileiro de Direito Contratual – IBDCONT. Advogada. Contato: marilia@pxadvogados.com.br.

Mário Luiz Delgado
Doutor em Direito Civil pela USP. Mestre em Direito Civil Comparado pela PUC-SP. Especialista em Direito Processual Civil pela Universidade Federal de Pernambuco. Professor titular da Faculdade Autônoma de Direito de São Paulo (FADISP). Professor de Direito Civil na Escola Paulista de Direito (EPD). Diretor do Instituto dos Advogados de São Paulo (IASP). Presidente da Comissão de Assuntos Legislativos do Instituto Brasileiro de Direito de Família (IBDFAM). Membro da Academia Brasileira de Direito Civil (ABDC) e do Instituto de Direito Comparado Luso-Brasileiro (IDCLB).

Milena Donato Oliva
Professora do Departamento de Direito Civil da Faculdade de Direito da Universidade do Estado do Rio de Janeiro (UERJ). Professora do programa de Pós-Graduação *Stricto Sensu* da UERJ. Doutora e Mestre em Direito Civil pela UERJ. Advogada sócia do Escritório Gustavo Tepedino Advogados.

Nelly Potter
Doutora em Direito Civil pela UERJ/RJ. Mestre em Direito Civil (UERJ/RJ). Mestre em Direito Público (UCAM/RJ). Especialista em Contratos FGV. Especialista em contratos empresariais pela Universidade de Colônia, na Alemanha. Professora de Direito Empresarial. Consultora de Direito Empresarial e Societário.

Oksandro Gonçalves
Professor Titular da Pontifícia Universidade Católica do Paraná (PUCPR). Professor Permanente do Programa de Pós-Graduação *Stricto Sensu* da Pontifícia Universidade Católica do Paraná (PUCPR). Pós-Doutor pela Faculdade de Direito da Universidade de Lisboa com bolsa CAPES. Doutor em Direito pela da Pontifícia Universidade Católica de São Paulo (PUC-SP). Mestre em

Direito pela Pontifícia Universidade Católica do Paraná (PUCPR). Advogado. *E-mail*: oksandro.goncalves@pucpr.br.

Régis Gurgel do Amaral Jereissati
Mestre em Direito Constitucional nas Relações Privadas pela Universidade de Fortaleza – UNIFOR. Especialista em Direito Público pela Universidade Federal do Ceará – UFC. Professor da Universidade de Fortaleza – UNIFOR e do Centro Universiário Christus – UNICHRISTUS. Defensor Público do Estado do Ceará. Secretário Executivo da Controladoria Geral de Disciplina do Estado do Ceará. *E-mail*: regisjereissati@yahoo.com.br.

Renata Vilela Multedo
Professora Titular de Direito Civil do Grupo IBMEC. Professora dos cursos de pós-graduação da PUC-Rio. Doutora e mestre em Direito Civil pela Universidade do Estado do Rio de Janeiro (UERJ). MBA em administração de empresas pela PUC-Rio. Advogada e Mediadora.

Ricardo Calderón
Doutor e Mestre em Direito Civil pela Universidade Federal do Paraná (UFPR). Pós-Graduado em Teoria Geral do Direito e em Direito Processual Civil. Coordenador da Especialização em Direito das Famílias e Sucessões da Academia Brasileira de Direito Constitucional (ABDConst). Professor de diversos cursos de Graduação e Pós-Graduação. Pesquisador do Núcleo de Estudos em Direito Civil-Constitucional da Universidade Federal do Paraná (UFPR – Grupo Virada de Copérnico). Membro do Instituto Brasileiro de Direito de Família (IBDFAM). Membro do Instituto Brasileiro de Direito Civil (IBDCIVIL). Membro do Instituto Brasileiro de Direito Contratual (IBDCONT). Membro Coordenador da Comissão de Direito de Família da OAB/PR. Membro da Comissão de Educação Jurídica da OAB/PR. Membro do Instituto dos Advogados do Paraná (IAP). Sócio do Escritório Calderón Advogados, em Curitiba.

Roberto Salles Lopes
Formado em Direito pela PUC Minas. Mestre em Direito Público pela UERJ. Doutor em Direito Tributário pela UFMG. Sócio de Fialho Salles Advogados. Atua em planejamento, consultoria tributária e fiscal e contencioso tributário, tendo iniciado sua carreira em empresas de auditoria e consultoria. Professor e instrutor de cursos diversos na área de tributação, no Brasil e no exterior.

Rolf Madaleno
Advogado nas áreas de Direito de Família e Direito das Sucessões. Diretor Nacional e Cofundador do IBDFAM. Conselheiro estadual da OAB/RS. Foi Professor na Graduação e Pós-Graduação da PUCRS. Autor do *Direito de família*, 8ª edição, e *Manual de direito de família*, 2ª edição, pela ed. Forense.

Rose Melo Vencelau Meireles
Doutora em Direito Civil. Professora de Direito Civil da UERJ. Procuradora. Advogada e Mediadora. Membro do IBDCIVIL e IBDFAM. Presidente da Comissão Especial de Direito de Órfãos e Sucessões (CDOS) – OAB/RJ

Sergio Marcos Carvalho de Ávila Negri
Doutor e Mestre em Direito Civil pela Universidade do Estado do Rio de Janeiro. Professor adjunto do Departamento de Direito Privado da Faculdade de Direito da Universidade Federal de Juiz de Fora (UFJF) e do Programa de Pós-Graduação *Stricto Sensu* em Direito e Inovação da Faculdade de Direito da UFJF.

Simone Tassinari Cardoso Fleischmann
Professora do Mestrado, Doutorado e Graduação da UFRGS. Advogada, Mediadora de Conflitos, atua na área de Planejamento Sucessório, sendo responsável pelo Projeto de Pesquisa Família, Sucessões, Mediação de Conflitos e Empresas. Coordenadora do grupo de pesquisa em Direito

de Família e Sucessões da UFRGS. Mestre e Doutora em Direito pela Pontifícia Universidade Católica do Rio Grande do Sul. Secretária adjunta do Instituto Brasileiro de Direito de Família/RS.

Thiago Rodovalho
Professor-Doutor da Unimar (Universidade de Marília) e da PUC-Campinas. Professor convidado da Pós-Graduação *Lato Sensu* do Mackenzie (São Paulo e Campinas) e da Toledo Prudente. Doutor e Mestre em Direito Civil pela Pontifícia Universidade Católica de São Paulo (PUC-SP), com estágio pós-doutoral no Max Planck Institut für Ausländisches und Internationales Privatrecht, na Alemanha. Membro do Instituto dos Advogados de São Paulo (IASP), do Instituto de Direito Privado (IDP), do Instituto Brasileiro de Direito Processual Civil (IBDP), e do Centro de Estudos Avançados de Processo (CEAPRO). Sócio de Rodovalho Feitosa Vollet Advogados.

Valter Tremarin Júnior
Bacharel em Direito pela UFRGS. Especialista em Direito Tributário pelo IBET. Mestrando em Direito Tributário pela UFRGS. Sócio integrante da área de Direito Tributário e Aduaneiro do Escritório Souto, Correa, Cesa, Lummertz & Amaral Advogados (Souto Correa). Possui experiência em consultivo e em contencioso tributário e aduaneiro. Entre os clientes aos quais atende, estão indústrias da área de tecnologia, petroquímica, construção civil e energia elétrica. Possui trabalhos publicados voltados especificamente ao Direito Tributário e Aduaneiro no Brasil e no exterior, além de haver ministrado aulas em universidades e participado de diversos cursos nessas áreas. Associado à Câmara de Comércio Americana (AMCHAM/RS) e à Câmara Brasil-Alemanha (AHK).

Vitor Almeida
Doutor e Mestre em Direito Civil pela Universidade do Estado do Rio de Janeiro (UERJ). Professor adjunto de Direito Civil da Universidade Federal Rural do Rio de Janeiro (ITR/UFRRJ). Professor dos cursos de Especialização do CEPED-UERJ e EMERJ. Professor convidado da Escola Superior de Advocacia Pública da PGE-RJ. Advogado.

Viviane Girardi
Doutora pela Faculdade de Direito do Largo de São Francisco (USP). Mestre em Direito pela Universidade Federal do Paraná. Especialista em Direito Civil pela Universidade de Camerino, na Itália. Autora de trabalhos especializados em Direito de Família e Sucessões. Membro do IBDFAM e do IBDCIVIL. Ex-Presidente da Associação dos Advogados de São Paulo (AASP). Advogada.

Zeno Veloso
Professor de Direito Civil e de Direito Constitucional aplicado na Universidade Federal do Pará (aposentado) e na Universidade da Amazônia. Doutor *Honoris Causa* da Universidade da Amazônia. Notório Saber reconhecido pela Universidade Federal do Pará. Membro da Academia Brasileira de Direito Civil, do Instituto Brasileiro de Direito Civil e da Academia Brasileira de Letras Jurídicas. Diretor nacional e membro fundador do Instituto Brasileiro de Direito de Família (IBDFAM). Membro da comissão de professores que assessorou o Deputado Ricardo Fiuza, Relator-Geral do Projeto de Código Civil. Autor de vários livros jurídicos, especialmente de Direito Civil e de Direito Constitucional. Parecerista.

Esta obra foi composta em fonte Palatino Linotype, corpo 10
e impressa em papel Offset 75g (miolo) e Supremo 250g (capa)
pela Gráfica Impress.